ÖSTERREICHISCHE TEXTE ZUR GESELLSCHAFTSKRITIK
BAND 36

Emmerich Tálos, Ernst Hanisch, Wolfgang Neugebauer (Hg.)

NS-HERRSCHAFT IN ÖSTERREICH 1938 - 1945

Herausgegeben vom Verein Kritische Sozialwissenschaft
und Politische Bildung

Gedruckt mit Unterstützung des Bundesministeriums
für Wissenschaft und Forschung

CIP-Kurztitelaufnahme der Deutschen Bibliothek

NS-Herrschaft in Österreich 1938 - 1945
Sammelbd. Projekt
"Nationalsozialist. Herrschaft in Österreich 1938 - 1945"
Emmerich Talos... (Hg.) - Wien : Verl. für Gesellschaftskritik, 1988
(Österreichische Texte zur Gesellschaftskritik ; Bd. 36)
ISBN 3-900351-84-8
NE: Talos, Emmerich (Hrsg.); Verein Kritische Sozialwissenschaft und Politische Bildung; GT

ISBN 3-900351-84-8

Umschlagentwurf: Andrea Zeitlhuber
Druck: rema print, A-1160 Wien, Neulerchenfelder Straße 35

Emmerich Talos, Ernst Hanisch, Wolfgang Neugebauer (Hg.)

NS-HERRSCHAFT IN ÖSTERREICH 1938-1945

Verlag für Gesellschaftskritik

INHALT

Emmerich Tálos, Ernst Hanisch, Wolfgang Neugebauer

EINLEITUNG

I.

Auch wenn es kaum glaubhaft klingt: der hier vorliegende Sammelband ist der *erste Versuch* österreichischer Historiker und Sozialwissenschaftler, eine Gesamtdarstellung der NS-Herrschaft in Österreich zu wagen. Fünfzig Jahre nach dem sogenannten "Anschluß"! Das Defizit an Forschung wird in seinen Dimensionen erst sichtbar, wenn man vergleicht, welche Forschungsleistungen in der Bundesrepublik Deutschland mittlerweilen erbracht worden sind.[1] Für Österreich kann lediglich das verdienstvolle Buch des aus der CSR stammenden US-Historikers Radomîr Luza "Österreich und die großdeutsche Idee in der NS-Zeit" als Vorläufer einer Gesamtdarstellung gelten.[2] Was sind die Ursachen für dieses Defizit?

Die für die Selbsteinschätzung nach 1945 bestimmende und die Realität verkürzende These, Österreich sei das erste Opfer der nationalsozialistischen Aggression gewesen, hat es ermöglicht, die Jahre der NS-Herrschaft aus der österreichischen Geschichte auszublenden. Solange man nur die Annexion von außen in den Blick nahm, konnte man diese Jahre der deutschen Geschichte zuweisen und Österreich als Opfer deutscher Fremdherrschaft 1938 verschwinden und 1945 neu erstanden sehen.[3] Die Mitverantwortung der Österreicher für die nationalsozialistischen Verbrechen wurde höchstens einigen wenigen Personen - "NS-Tätern" - zugeschrieben. Österreich als Staat existierte nicht, ergo könne es auch keine österreichische Geschichte dieser Zeit, keine österreichische Mitverantwortung geben. Aber Österreich ist nicht nur der Staat, Österreich ist auch die Gesellschaft, und die bestand weiter: zwar in einen anderen Staat integriert, aber voll entwickelt, mit all ihren sozialen Klassen und Schichten, mit dem vielfältigen Netzwerk sozialer Beziehungen, bestehend aus "duldenden, strebenden und handelnden Menschen" (Jacob Burkhardt); wir müssen hinzufügen: aus irrenden Menschen. Das heißt eben, hier geht es *auch* um theoretische und methodische Probleme der Geschichtswissenschaft. Wer Geschichte nur als Geschichte der Staatspolitik zu begreifen vermag, der kann für die Zeit von 1938 bis 1945 ruhigen Gewissens eine Pause machen. Die "österreichischen Politiker" saßen im KZ, lebten in der Emigration oder schrieben in der Provinz Gedichte (wie Karl Renner). Wer indessen eine "Gesellschaftsgeschichte" als Paradigma moderner Geschichtswissenschaft anstrebt, muß weiter im Joch bleiben, muß die Zeit von 1938 bis 1945 in ihrer vollen Ambivalenz zu erfassen suchen: als Teil der deutschen wie der österreichischen Geschichte.

Die wissenschaftliche Zeitgeschichte konnte sich in Österreich erst viel später als in der Bundesrepublik etablieren, bei schmalen Ressourcen und mit weniger Kontakten nach außen. Sie stürzte sich zunächst auf andere neuralgische Punkte der österreichischen Geschichte im 20. Jahrhundert: Zusammenbruch der Habsburgermonarchie, Bürgerkrieg, Zerstörung der Demokratie, jeweils sensible Bereiche für aktuelle Parteienpolitik und gegenseitige Schuldzuweisung.[4]

Obendrein wurde in den Archiven mit einer fünfzigjährigen Archivsperre "gemauert". Während in der BRD sehr bald alle Quellen bis 1945 frei zugänglich waren, mußten und müssen die österreichischen Historiker um Sondergenehmigungen für den Archivzugang raufen. In der Regel sind die Politiker noch einsichtiger als die Archivbeamten. Nichtaufarbeitung der österreichischen "Vergangenheit" heißt auf der wissenschaftlichen Ebene auch ganz simpel: Archivsperre! Der Druck der internationalen Öffentlichkeit wäre in dieser Frage dringend notwendig. Es ist ein beispielloser Skandal, wenn für Forschungen über die NS-Zeit in Kärnten zwar die Archive in den USA, in London, Koblenz, Freiburg und Potsdam benützt werden können - ausgerechnet das Kärntner Landesarchiv jedoch weitgehend versperrt bleibt.

Ein weiteres Handicap kommt hinzu. Die kontinuierliche Quellenüberlieferung reißt im Jahr 1940 abrupt ab. Mit der Etablierung der Reichsgaue setzte eine neue Verwaltungsorganisation ein, und deren Schriftgut wurde auf Befehl Martin Bormanns 1945 fast vollständig vernichtet. Übrig blieben in der Regel nur spärliche Reste. Eine schlechthin katastrophale Situation für Forscher, die die letzten, den NS-Terror betreffend, wichtigsten Jahre des Regimes mühsam aus den zentralen Reichsbeständen rekonstruieren müssen.

Die staatspolitische Notwendigkeit der Selbstrechtfertigung privilegierte zunächst das Thema Widerstand gegen den Nationalsozialismus: siehe das Rot-Weiß-Rot-Buch von 1946.[5] Dann folgte eine lange Pause. Die Eingliederung der ehemaligen NSDAP-Mitglieder in den politischen Prozeß hatte Vorrang. Erst die mühevolle Gründung des Dokumentationsarchives des österreichischen Widerstandes im Jahre 1963 unter der rührigen Leitung von Herbert Steiner setzte neue Akzente.[6] Die breit angelegte Sammlung von Dokumenten, dann Quelleneditionen, nach Bundesländern gegliedert, gaben der Forschung neue Impulse.[7] Im katholischen Herold-Verlag erschien die Reihe "Das einsame Gewissen" mit Büchern von Maria Szecsi, Karl Stadler und Ludwig Jedlicka.[8] Erika Weinzierl begann auf wissenschaftlicher Grundlage das Verhältnis der Katholischen Kirche zum Nationalsozialismus zu diskutieren.[9]

Diese wichtigen Aktivitäten hatten jedoch zur Folge, daß das Thema "Widerstand und Verfolgung" ein übermäßiges Gewicht bekam und die österreichische "Kollaboration" mit dem Nationalsozialismus weitgehend ausgespart blieb. Das ist kein bloßer Eindruck, sondern läßt sich auch belegen: Der Klagenfurter Zeitgeschichtler Ulfried Burx hat 300 längere und kürzere Arbeiten zum Nationalsozialismus thematisch zusammengestellt, den weitaus stärksten Block bilden die Themen Widerstand und Verfolgung. Das ist aber nur ein Aspekt der NS-Herrschaft in Österreich. Die andere Seite, die NS-Herrschaft selbst, ihre Struktur, Reichweite und Zusammensetzung, blieb unbelichtet. Keine günstige Situation für eine Gesamtdarstellung.

Sehr rasch entstand dann eine Kluft zwischen weit verbreiteten Meinungen, die sich an den Innovationsangeboten des Nationalsozialismus wie der Beseitigung der Arbeitslosigkeit, der Modernisierung von Industrie und Landwirtschaft, einzelnen Verbesserungen der Sozialpolitik bzw. ihrer Ankündigung durch die NS-Propaganda orientierten, und einer Forschung, die auf das Terrorsystem und den Widerstand spezialisiert blieb. Die große Aufgabe, die Alltagserfahrungen der Menschen aufzugreifen, aber diese nicht apologetisch-isoliert stehen zu lassen, sondern sie in den konkreten historischen Zusammenhang mit den unfaßbaren Verbrechen des Regimes zu stellen, diese Aufgabe blieb bis heute unerledigt. Sie wird Historiker und Sozialwissenschaftler in den nächsten Jahren verstärkt beschäftigen müssen. Es wird ein schwieriger Balanceakt werden, die Nahsicht auf die oft triviale Normalerfahrung mit der Fernsicht auf die NS-Herrschaft insgesamt, im Kern: den Massenmord an Millionen Menschen, zu verknüpfen.[10]

II.

Bislang am besten erforscht ist die "Anschluß"-Periode. Das hängt wiederum mit der staatspolitischen Notwendigkeit zusammen, Österreich als überfallenes Land darzustellen.[11] Aber selbst diese breite Forschung wird in der Öffentlichkeit kaum rezipiert. Thomas Chorherr beispielsweise kann noch 1987 ein Buch mit dem Titel "1938 - Anatomie eines Jahres" herausgeben und dabei diese Forschung souverän-ignorant fast vollständig übergehen.[12]

Relativ gut dokumentiert ist die NS-Herrschaft auf regionaler Ebene. Mit unterschiedlichen theoretischen und methodischen Zugriffen, einmal mehr narrativ, dann wieder mehr analytisch orientiert, gibt es bisher Monographien über Wien, Oberösterreich, Salzburg, Kärnten und die Steiermark.[13] Jede regionale Studie steht freilich in der Gefahr, sich in Einzelheiten zu verlieren und übergreifende Gesichtspunkte zu vernachlässigen.

Damit ist das Theorieangebot ganz allgemein angesprochen. Die vorliegenden Großtheorien - Faschismus-, Totalitarismus-, Modernisierungstheorien, Theorien über Monokratie oder Polykratie etc. - sind von der internationalen bzw. der deutschen Forschung entwickelt und erprobt worden.[14] Wenn man es ironisch formulieren will: intellektuell ist Österreich nach wie vor "angeschlossen". Lediglich der Austromarxismus, vor allem Otto Bauer, hat eine originelle Variation der Faschismustheorie beigesteuert.[15]

Eine wissenschaftliche Theorie ist eine Hierarchie von relativ gut geprüften Hypothesen. Der österreichische Beitrag zur Theoriendebatte müßte empirische Beobachtungen gewichten und Erklärungsmuster bereitstellen. Ein theoriefähiger Ansatzpunkt könnte sein, Österreich als Experimentierfeld für die "kumulative Radikalisierung" (Hans Mommsen) der NS-Herrschaft zu sehen, wobei die wesentliche Teilnahme von Österreichern mit zu berücksichtigen wäre. Eine solche "kumulative Radikalisierung" läßt sich in verschiedenen Bereichen der österreichischen NS-Politik feststellen:

in der Politik gegen Juden[16],
in der Kirchenpolitik,
in der Verwaltung (Einheit von Staat und Partei).

Auf allen drei Gebieten setzte sich in Österreich die radikale Variante durch und wirkte im "Altreich" dann als Vorbild.

Ein anderes theoriefähiges Forschungsfeld eröffnet die Debatte über die NS-Periode als Nukleus eines eigenständigen österreichischen Nationsbildungsprozesses. Hier müßte die Diskussion stärker von der politikgeschichtlichen, geistes- und ideologiegeschichtlichen zur sozial- und mentalitätsgeschichtlichen Dimension dieses Prozesses verschoben werden.[17]

Und letztlich wird es notwendig sein, die Kontinuitätsdebatte auch in Österreich zu führen. Solange Österreich nur als Opfer gesehen wurde, war eine österreichische "Sonderweg"-Diskussion unnötig.[18] In diesem Kontext wurde die Kontinuität des deutschen Imperialismus und der Heißhunger des deutschen Kapitals auf den österreichischen "Happen" nachgezeichnet.[19] Relativiert man diese These, so wird die Frage zu stellen sein, welcher Beitrag von Österreich her zum Konstituierungsprozeß des Nationalsozialismus ganz allgemein geleistet wurde und vor allem: welche antidemokratischen Verwerfungen die österreichische Gesellschaft und die österreichische Politische Kultur längerfristig (über den "Austrofaschismus" hinaus) aufwiesen.[20] Ein weites Feld, gewiß; doch die österreichischen Historiker und Sozialwissenschaftler können sich nicht länger davor drücken, obrigkeitsstaatliche autoritäre Potentiale der österreichischen Gesellschaft nüchtern zu bilanzieren.

III.

Dem vorliegenden Sammelband liegt die Intention zugrunde, durch die Bearbeitung einer breiten Palette von Themen die wichtigsten Aspekte und damit auch Gesamtkonturen nationalsozialistischer Herrschaft in Österreich deutlich zu machen. Die Beiträge stützen sich dabei auf bisherige Forschungsergebnisse, auf eingehende Studien von Archivquellen, Materialien und "Oral History".

Die Bedingungen dafür, die Entwicklung in den Jahren 1938 bis 1945 in ihren verschiedenen Dimensionen zu begreifen, sind für Nachgeborene wie die meisten Autoren und Autorinnen unstrittig günstiger. Für die Zeitgenossen der NS-Herrschaft war es weitaus schwieriger, die Zusammenhänge zwischen Versprechungen, Erwartungen, Zielsetzungen, realisierter Politik und deren Auswirkungen zu durchschauen. Die Nutzung dieser günstigeren Bedingungen ist jedoch, wie gezeigt, keine Selbstverständlichkeit.

Bei unterschiedlichen theoretischen und methodischen Zugängen, auch unterschiedlichen Einschätzungen in einzelnen Fragen, ist den Autoren und Autorinnen ein kritischer und emanzipatorischer Umgang mit Wissenschaft und

Geschichte gemeinsam. Insofern ist der Sammelband auch Ausdruck des Selbstverständnisses einer jüngeren Generation von Historikern und Sozialwissenschaftern.

Worum geht es in diesem Sammelband im einzelnen, welche Ergebnisse haben die Analysen der verschiedenen Bereiche erbracht?

Hanns Haas analysiert die Vorgeschichte der Etablierung der nationalsozialistischen Herrschaft in Österreich. Das vielschichtige Phänomen des "Anschlusses" von außen und von innen seit dem Juliabkommen 1936, insbesondere in den Monaten November 1937 bis April 1938, wird dabei ebenso ausgeführt wie die internationale Konstellation. Letztere ist unter anderem durch die Änderung des Stellenwertes des Anschlusses Österreichs in der expansionistischen Ost-Mitteleuropa-Strategie des deutschen Faschismus gekennzeichnet. Unverändert jedoch hielt Hitler - wie der Autor verdeutlicht - seit dem gescheiterten Juliputsch 1934 an der evolutionären Anschlußstrategie durch Angleichung und Infiltration auf wirtschaftlichem, politischem, militärischem und kulturellem Gebiet fest. Diese Strategie wurde durch das Juliabkommen begünstigt, konnte sich aber keineswegs auf ein bedingungsloses Entgegenkommen zum Beispiel der britischen Regierung stützen. Die Begeisterung in den Märztagen 1938 ist nach Haas vor allem ein Zeugnis politischer Desorientierung. Arbeitslosigkeit und ländliche Not bildeten dafür den sozialen Nährboden.

Der Frage der sozialstrukturellen Entwicklung von 1938 bis 1945, der Tradierung vorhandener Strukturen und/oder bemerkenswerter Veränderungen als Resultat nationalsozialistischer Politik geht *Klaus-Dieter Mulley* nach. Der Autor konstatiert Veränderungen auf den untersuchten Ebenen (Bevölkerungsentwicklung, Struktur der Erwerbstätigkeit, soziale Integration und Desintegration), er sieht darin jedoch keinen Bruch mit der Entwicklung bis 1938. Zum Teil sind diese Veränderungen auch für die Entwicklung nach 1945 von Belang.

Ökonomische Interessen des Nationalsozialismus an Österreich und wirtschaftspolitische Maßnahmen wie Arbeitsbeschaffung, Ausbau und Anpassung der Produktion an Aufrüstung und Kriegswirtschaft werden im Beitrag von *Hans Kernbauer* und *Fritz Weber* analysiert. Die "Germanisierung" österreichischer Industriebetriebe, Banken und Versicherungen erreichte ein beachtliches Ausmaß und bildete nach 1945 den Kernpunkt für Verschiebungen der Eigentumsstruktur. Zum wirtschaftlichen "Erbe" des Nationalsozialismus zählt darüberhinaus die nachhaltige Änderung der Wirtschaftsstruktur: ein relativer Rückgang der Konsumgüterproduktion, die Zunahme der Großbetriebe und die Verschiebung der bisherigen regionalen und industriellen Konzentration.

Wichtige Aspekte des in der bisherigen Forschung weitgehend ausgeblendeten Problemkomplexes Landwirtschaft und Agrarpolitik untersuchen *Michael Mooslechner* und *Robert Stadler*: die Organisierung in Form des Reichsnährstandes, die Neuordnung des Boden- und Anerbenrechtes (Reichserbhofgesetz), agrarpolitische Maßnahmen zur Förderung der Produktion (Verbilligung von Waren, Mechanisierung), finanzielle Aufbauaktionen, Entschuldung, Landflucht, Ernährungswirtschaft und Ablieferungsverpflichtungen der Bauern. Trotz verschiedener Förderungsmaßnahmen blieben nicht nur zum Teil Erwartungen von Bauern, sondern auch das oberste Ziel der NS-Agrarpolitik (höchstes Produktionsniveau zur Erreichung der Autarkie) unrealisiert. In der Technisierung der Landwirtschaft blieb ein großes Gefälle zum "Altreich" bestehen. Die Neuordnung des Boden- und Anerbenrechtes erwies sich ebenso wie die Entschuldungsaktion als Einschränkung des Spielraums der Bauern.

Nicht weniger Forschungsneuland betreten *Florian Freund* und *Bertrand Perz* in ihrem Beitrag über die Zwangsarbeit von zivilen Ausländern, Kriegsgefangenen und KZ-Häftlingen in der Rüstungsindustrie der sogenannten Ostmark. Die Autoren zeichnen die verschiedenen Phasen dieses Arbeitseinsatzes nach und untermauern, daß der Beitrag der Zwangsarbeit von Ausländern zur Industrialisierung für Österreich bedeutungsvoller war als für das Deutsche Reich, daß die Expansion der Industrie in Österreich spätestens ab Mitte 1941 von der zwangsweisen Rekrutierung ausländischer Arbeitskräfte abhängig war und der Anstieg der Zahl der Beschäftigten in der Industrie überwiegend auf diesen zwangsweisen Einsatz zurückzuführen ist.

Zentrale Bereiche nationalsozialistischer Sozialpolitik (Arbeitsrecht, Sozialversicherung, Lohn- und Arbeitseinsatzpolitik) werden von *Emmerich Tálos* untersucht. An diesen Bereich knüpften nicht nur viele Österreicher ihre Erwartungen einer Verbesserung der Lebensbedingungen. Sozialpolitische Aktivitäten des Nationalsozialismus, wie Arbeitsbeschaffung, die Einbeziehung von ausgesteuerten Arbeitslosen oder die Einführung der Altersrente für Arbeiter, bildeten einen wichtigen Legitimations- und Stabilisierungsfaktor und darüber hinaus ein Substrat für selektiv positive Einschätzungen des Nationalsozialismus auch nach 1945. Daß entgegen diesen positiven Einschätzungen die Versprechungen, Erwartungen und sozialpolitischen Realisierungen auseinanderklafften, was sich vor allem auch am sozialen Gefälle zwischen "Altreich" und "Ostmark" zeigt, wird für diesen Politikbereich deutlich aufgewiesen.

Die NS-Frauenpolitik thematisiert *Karin Berger*. Aus der Analyse der Gebär-, Lohn- und Hausarbeit wird offenkundig, daß der Nationalsozialismus - zum Teil mit Erfolg - versuchte, Frauen in allen ihren Arbeitsbereichen für die Interessen des Herrschaftssystems zu funktionalisieren. Die Durchsetzung der auch heute nicht unbekannten Strategie, die Frauen in Krisenzeiten auf ihre Rolle als Hausfrau und Mutter zu verweisen und sie in Phasen wirtschaftlichen Aufschwunges doppelt und dreifach zu belasten, wurde 1938 bis 1945 entscheidend vorangetrieben. Nach Berger ist mit dem Nationalsozialismus auch die schärfste Form des Patriarchats an die Macht gekommen.

Wolfgang Neugebauer bringt in seinem Beitrag einen Überblick über die vielfältigen Formen, Institutionen, Maßnahmen, Täter und Verantwortlichen sowie über Opfer, Ausmaß und Funktionen des Terrors während der NS-Herrschaft in Österreich. Der Autor macht deutlich, daß dieser Terror keineswegs nur ein Produkt der Fremdherrschaft des deutschen Faschismus war. Die pogromartigen Ausschreitungen gegen Juden, die Aktionen gegen Zigeuner, das brutale Vorgehen gegen Zwangsarbeiter und Kriegsgefangene in der "Ostmark", das Konzentrationslager Mauthausen, die Praxis der Euthanasie in österreichischen Anstalten sind ebenso wie die Handlungen prominenter österreichischer Nationalsozialisten (Kaltenbrunner, Brunner, Stangl, Seyß-Inquart) Beispiele für die Involvierung von "Ostmärkern" in NS-Verbrechen.

Die besondere Ausprägung des nationalsozialistischen Antisemitismus mit ihren gravierenden sozialen und wirtschaftlichen Auswirkungen für die österreichischen Juden wird von *Jonny Moser* dargestellt. Unstrittiges Faktum ist, daß die Praxis der Diskriminierung und Judenverfolgung in der Ostmark Vorreiter- und "Vorbild"-Funktion für das "Dritte Reich" insgesamt hatte. Die Opferbilanz nationalsozialistischer Politik gegen Juden in Österreich besteht nicht nur in der fast vollständigen Vertreibung der jüdischen Bevölkerung (insbesondere in Wien), sondern auch und vor allem darin, daß von ca. 200.000 österreichischen Juden insgesamt 65.459 umgebracht worden sind.

Hans Witek analysiert einen spezifischen Aspekt der NS-Politik gegen Juden: die sogenannten Arisierungen am Beispiel der Wiener Privatwirtschaft. Über den bisherigen Forschungsstand hinausgehend werden die Organisierung der NS-Enteignungspolitik - wobei das Wiener Vorgehen "Modellcharakter" für das "Dritte Reich" hatte - sowie die damit verbundenen unterschiedlichen Interessen und Ergebnisse erläutert. Die Liquidierung von Kleinbetrieben bildete den Hauptaspekt der NS-Enteignungspolitik und beförderte einen beachtlichen wirtschaftlichen Umschichtungs- und Konzentrationsprozeß.

Herbert Dachs thematisiert Art, Intensität und Rasanz der Instrumentalisierung von Schule und außerschulischer Jugenderziehung - mit Schwerpunkt auf der Phase der Gleichschaltung. Diese Gleichschaltung wurde in Österreich ungemein rasch und ohne größere Widerstände unter aktiver Mithilfe und Leitung österreichischer Nationalsozialisten durchgeführt. Nach Dachs stellen die Prägungen, die nationalsozialistische Erziehung bewirkt hat, eine große, nur schwer zu bewältigende Hypothek für die Zweite Republik dar.

Daß trotz aller Bemühungen eine Gleichschaltung der Jugendlichen nicht gänzlich gelang, aber auch die Verhaltensweisen im Nationalsozialismus nicht in der Dichotomie "Widerstand" - "Begeisterung" adäquat zu fassen sind, machen *Christian Gerbel, Alexander Mejstrik* und *Reinhard Sieder* in ihrer Mikrostudie unangepaßter Jugendlicher in Wien, der sogenannten Schlurfs, deutlich. Diese überwiegend aus der Arbeiterschaft stammenden Jugendlichen fielen durch ihre Haartracht und die Art, sich zu kleiden, durch ihre Treffpunkte und Vorlieben für bestimmte Modetänze auf. Sie stellen, wie die Autoren herausstreichen, ein eigenständiges historisches Phänomen dar. Die "Schlurfs" entzogen sich weitgehend der Integration in die "Staatsjugend" der HJ und wurden von dieser ebenso wie von der Gestapo verfolgt. Ihre Verhaltensweisen sind nur zum Teil als politischer Widerstand, vielmehr jedoch als Verweigerung und Opposition gegen den NS-Staat zu bezeichnen.

Die Entwicklung der Hochschulen und Universitäten, die Gleichschaltung, nationalsozialistische Hochschulpolitik, die Zahl der Studierenden und ihre Anpassung an Kriegserfordernisse untersucht *Brigitte Lichtenberger-Fenz*. Die personellen Konsequenzen der Gleichschaltung, d.h. der "Säuberungen" bei Hochschullehrern und Studenten, waren, so ihr Ergebnis, insgesamt beträchtlich, in den verschiedenen Hochschulen allerdings sehr unterschiedlich. Während beispielsweise an der Montanistischen Hochschule in Leoben keine Lehrkräfte entlassen wurden, waren es an der Wiener Universität mehr als die Hälfte, an der Medizinischen Fakultät sogar 78 Prozent aller Hochschullehrer. Die rasche, weitgehend reibungs- und widerstandslose Gleichschaltung der Universitäten steht mit der vorausgehenden Entwicklung in Zusammenhang.

Letzteres wird auch in der Analyse des Literaturbetriebes durch *Klaus Amann* deutlich untermauert. Der in Huldigungs- und Bekenntnistexten als "Umbruch" stilisierte "Anschluß" war End- und Höhepunkt einer längerfristigen Entwicklung. Es handelte sich letztlich nur um eine "längst überständige Familienzusammenführung", wie der Autor belegt, - angebahnt in Texten von Weinheber, Jelusich, Wenter, Mell und anderen sowie in legalen und illegalen Organisationsversuchen der nationalsozialistischen Künstler und Schriftsteller Österreichs seit Beginn der 30er Jahre. Von den nach 1938 ca. 800 österreichischen Mitgliedern der Reichsschrifttumskammer dürften 50 bis 70 (darunter u.a. Brehm, Fussenegger, Grengg oder Waggerl) eine größere Rolle im Literaturbetrieb des "Dritten Reiches" gespielt haben. Die Instrumentalisierung von Literatur blieb in der Strategie der nationalsozialistischen Kulturpolitik nicht auf politische Inhalte und Stoffe beschränkt, sondern bezog sich - vor allem im Krieg - auch auf die Unterhaltungsliteratur.

Die Entwicklung im Rundfunk vor 1938, dessen Übernahme durch Nationalsozialisten, die damit verbundenen organisatorischen und personellen Konsequenzen sowie die Funktion des Rundfunks für die Stabilisierung der "inneren Front" erläutert *Theodor Venus*. Der Rundfunk erreichte nach 1938 größte Breiten- und Tiefenwirkung, ablesbar daran, daß er durch den enormen Zuwachs an Hörern praktisch die gesamte erwachsene Bevölkerung des Landes erreichte, im Hinblick auf Aktualität, Raschheit und Unmittelbarkeit der Berichterstattung die Tagespresse übertraf sowie wesentlich zur Schaffung und Festigung von Feindbildern und zur Mythenbildung beitrug. Das vor allem auch durch den Rundfunk realisierte Konzept der politischen Desinformation hat lange Zeit - trotz zunehmender Zweifel und verstärktem Abhören ausländischer Sender - verfangen.

Die über die Beschränkungen seit 1933 hinausgehenden gravierenden Veränderungen im Bereich der Presse ab 1938 behandelt *Fritz Hausjell*: die völlige Zerstörung der Pressefreiheit, die Entlassung, Inhaftierung und Gleichschaltung von Journalisten, den Kampf um den politischen Einfluß in der Presse zwischen den verschiedenen Gruppierungen innerhalb der NSDAP, die Ausweitung des NSDAP-Besitzes an Zeitungsverlagen und die Konzentration im Pressewesen. Bei der totalen Gleichschaltung der österreichischen Presse arbeiteten deutsche und österreichische Nationalsozialisten Hand in Hand, die Presselenkung war durch Partei- und Staatsapparat abgesichert.

Wenn auch aufgrund des derzeitigen Forschungsstandes ein differenzierter Gesamtüberblick über den Einsatz und die Rolle österreichischer Soldaten und Offiziere im Zweiten Weltkrieg nicht möglich ist, bringt der Beitrag von *Walter Manoschek* und *Hans Safrian* neben der Beschreibung der reibungslosen Überleitung des Bundesheeres in die Wehrmacht doch einigen Aufschluß über Aktivitäten von Wehrmachtseinheiten am Balkan, die zu einem großen Teil aus Österreichern, Offiziere und Soldaten, bestanden. An Fallbeispielen wird aufgezeigt, welche Rolle diese Einheiten im Rahmen der von der Wehrmacht durchgeführten Bekämpfung von "Partisanen" in Serbien und Griechenland spielten und inwiefern sie dabei zu Mittätern an Greueln des Nationalsozialismus wurden. Die Massaker in Kraljevo, Kragujevac und Kalavryta sind eindrückliche Belege dafür, daß am Balkan auch von der Wehrmacht Kriegsverbrechen begangen wurden. Ein Faktum, das in Österreich nach 1945, wenn überhaupt, mit der Phrase "Pflichterfüllung" erinnert wird.

Die Politik des Nationalsozialismus gegenüber ethnischen Minderheiten wird von *Valentin Sima* am Beispiel der Kärntner Slowenen - mit Hauptaugenmerk auf die Entnationalisierungspolitik vor dem Angriff auf Jugoslawien - untersucht. Deren Realisierung erfolgte nicht zusammenhanglos mit der Volkstumspolitik vor 1938. Der Nationalsozialismus verwirklichte die antislowenische Politik allerdings in aller Offenheit - dies trotz der loyalen, auf das Überleben der Volksgruppe ausgerichteten Haltung der slowenischen Führung. Für die nationalsozialistische Strategie, die Slowenen als eigenständige ethnische Gruppe zum Verschwinden zu bringen, stellte der Angriff auf Jugoslawien eine Zäsur dar: Die Aussiedlungsaktion ist merkbarer Beleg dafür. Die sich verschlechternde militärische Lage ließ den darüber hinausgehenden Plan zur Deportation von 50.000 Bewohnern Südkärntens nicht mehr zur Ausführung gelangen.

Den Abschluß der Politikfeldanalysen des Sammelbandes bildet der Beitrag von *Gert Kerschbaumer* mit einigen Schlaglichtern auf die Alltags-, Feiertags- und Festkulturen in der Region Salzburg: 1. Mai-Feiern als Ritual der Klassenpartnerschaft; Freizeit- und Glücksversprechungen wie "Traumreisen"; Diskrepanzen zwischen Konsumentenhoffnungen auf Verbesserungen und sozialer Realität; die Fassade eines satten Friedensmilieus, die das Problem der Kontingentierung und Verknappung von lebensnotwendigen Produkten überdecken sollte; das über die Individuen gestülpte bürokratische Gehäuse und die Schaffung von Abhängigkeitsverhältnissen; Verhaltensweisen wie Hamstern, Wucher oder Tausch als unausweichliche Folgen der Kriegswirtschaft. Nach Kerschbaumer war Österreich in den Jahren 1938/39 vom Stadium einer "modernen Konsumgesellschaft" weit entfernt, 1939 bis 1945 war es dessen krasses Gegenteil.

Die Entwicklung der NS-Herrschaft in ihren regionalen Ausprägungen wird in vier Beiträgen analysiert. Obwohl diesen Analysen keine einheitliche Fragestellung zugrunde liegt, lassen sich Gemeinsamkeiten, regionale Unterschiede und Spezifika, sei es hinsichtlich Etablierung, Strukturen oder der realisierten Politik ablesen.

In der Untersuchung der NS-Gaue Wien und Niederdonau thematisiert *Maren Seliger* die Machtergreifung, die Volksabstimmung, die Judenverfolgung unter dem Aspekt ihrer sozial- und wirtschaftspolitischen Ersatzfunktionen und verschiedene Aspekte der Herrschaftsstruktur und -organisation. Der rasche "Umbruch" in diesen beiden Gauen war unter anderem durch den Einbau von

Nationalsozialisten auf allen Ebenen des austrofaschistischen Staates sowie die Nazifizierung und Anpassungsbereitschaft der Verwaltung nach dem 11./12. März 1938 ermöglicht worden. Eine Besonderheit der Machtergreifung stellten in Wien die pogromartigen Ausschreitungen gegen die jüdische Bevölkerung dar. Der Prozeß der "Wiedervereinigung", der unter der Prämisse der Liquidierung Österreichs stand, hatte für Wien besondere Konsequenzen: den Verlust der Hauptstadtfunktion und die Aufwertung der Provinz.

Die Analyse des Gaues "Oberdonau" durch *Brigitte Kepplinger* ist auf drei Untersuchungsbereiche konzentriert: Modernisierungsprozesse, Machtübernahme und Konsolidierung der Macht. In der Einleitung von partiellen Modernisierungsprozessen, deren Hauptaspekt die politische und ökonomische "Entprovinzialisierung der Provinz" ist, sieht die Autorin ein wichtiges Erklärungsmoment dafür, warum der Nationalsozialismus gerade in der Provinz eine wesentliche soziale Basis seiner politischen Herrschaft fand. Die Relativierung nationalsozialistischer Herrschaft als Fremdherrschaft wird daran offenkundig, daß diese in Oberösterreich vorwiegend von Oberösterreichern errichtet und getragen wurde. Eine spürbare Distanzierung der Bevölkerung ist erst ab 1943 konstatierbar.

Den "Anschluß" in seinen verschiedenen Dimensionen, die unterschiedlichen Konstellationen zwischen Ost- und Westösterreich, die Verwaltungsorganisation, den exemplarisch ausgewählten Herrschaftsträger Wehrmacht und das Verhältnis Wehrmacht - Wirtschaft - SS in der Region Westösterreich (Salzburg, Tirol, Vorarlberg) untersucht *Ernst Hanisch*. Der Autor macht deutlich, daß Österreich tatsächlich ein Opfer der Aggression des deutschen Faschismus war, in der nach 1945 verbreiteten Opferthese jedoch der innere "Anschluß" verschwiegen wird. Hinweise sprechen dafür, daß die Zustimmung zum Nationalsozialismus im Westen deutlich stärker war als im Osten. Die Etablierung der regionalen Herrschaftsstruktur ging auch in Westösterreich mit dem Kampf um Machtpositionen einher. Salzburg konnte sich dabei besser behaupten, ablesbar unter anderem daran, daß sich hier zwei Herrschaftsträger mit überregionaler Bedeutung, Wehrmacht und SS, konzentrierten. Die politische Entprovinzialisierung zeigt sich an der totalen Abkoppelung Westösterreichs von Wien. Daß die Wehrmacht auch in Westösterreich in NS-Verbrechen involviert war, belegt die Vernichtung sowjetischer Kriegsgefangener im Lager St. Johann in Salzburg.

Die "Südmark", umfassend die Gaue Steiermark und Kärnten, analysiert *Stefan Karner* - mit Schwerpunkt auf den wirtschaftlich-sozialen und politischen Bedingungen für den Aufstieg des Nationalsozialismus bis 1938 und politischen Aktivitäten, insbesondere im Bereich der Wirtschaftspolitik, nach 1938. Ausdruck für den "inneren Anschluß" ist nicht nur die auf sozialen und wirtschaftlichen Erwartungen basierende breite Zustimmung zum Nationalsozialismus, die im Bundesdurchschnitt bei weitem höchste Rate von illegalen Nationalsozialisten, sondern auch die in Graz bereits im Laufe des Februar 1938 erfolgte "Volkserhebung". "Entprovinzialisierung der Provinz" lief hier im konkreten über die ideologische Aufwertung der Grenzländer. Steiermark und Kärnten sollten zu Mustergauen und Aushängeschildern nationalsozialistischer

Leistungen im Südosten des "Reiches" werden. Konstatierbar ist, daß in diesen vom Nationalsozialismus stark durchdrungenen Ländern gegen Ende des Krieges auch die Widerstands- und Partisanenbewegung besonders stark war.

Gerhard Jagschitz verdeutlicht durch die Darstellung einer Reihe von Aspekten die Konturen des Phänomens NSDAP: die bruchreiche Entwicklung vor 1938, den unterschiedlichen Beitrag von Parteiführung, regionalen Organisationen, Gliederungen und Mitgliedern der NSDAP zum "Anschluß", das Verhältnis von "Bewegung" und Parteibürokratie, den Kampf um Machtpositionen und aus der "Verpreußung" der Partei resultierende Konflikte, die spezifischen Aufgaben der Partei und die Organisierung von Österreichern in der NSDAP. Die organisatorische Absicherung des Anspruches der Partei, in alle Lebensbereiche einzudringen, belegt das dichte Netz von Ortsgruppen, Zellen und Blocks. Die Integration eines bedeutenden Anteils der österreichischen Bevölkerung in die NSDAP wird daran offenkundig, daß die Zahl der Mitglieder von 105.035 im Dezember 1937 - trotz zeitweiliger Aufnahmesperren - bis zum März 1943 auf 693.000 Personen anstieg. Während die "Bewegung" in den Wochen nach dem "Anschluß" ihre Hochblüte erlebte, wurden bereits hinter den Kulissen bürokratische Strukturen aufgebaut. Im Krieg begann die Partei immer mehr zu erstarren, die ideologische "Aufrüstung" der Bevölkerung hatte nicht viel Erfolg. Bei aller organisatorischer Durchdringung begannen Angst und Mißtrauen das Verhältnis zwischen Partei und Bevölkerung zu bestimmen, Kritik und Mißfallensäußerungen nahmen zu.

Die Rolle der Kirchen - in einigen Beiträgen des Sammelbandes kurz angesprochen - wird von *Walter Sauer* eingehend untersucht. Der Autor fragt nach dem Beitrag der österreichischen Kirchen zur Etablierung und Stabilität der nationalsozialistischen Herrschaft, nach den übergeordneten strategischen Zielen des Verzichts des Nationalsozialismus in Österreich auf ein Bündnis mit den Kirchen und letztlich nach den Bedingungen und der Realisierung von Opposition und Widerstand im kirchlich-katholischen Milieu. Die unterschiedliche Position der katholischen und evangelischen Kirche zum Nationalsozialismus vor 1938 resultierte wesentlich aus der je verschiedenen Position zum Austrofaschismus. Zählte die katholische Kirche zu seinen Trägern, waren Gegnerschaft zum Austrofaschismus und illegale Parteimitgliedschaft vieler Pfarrer bei der NSDAP Kennzeichen der Position der evangelischen Kirche. Während der "Anschluß" unmittelbar einen politischen Umsturz innerhalb der evangelischen Kirche (z.B. die Einsetzung einer neuen Kirchenleitung) zur Folge hatte, kam es auf seiten der katholischen Kirche zu einem Arrangement mit dem Nationalsozialismus, dessen Träger der Episkopat war und das sich in der bekannten feierlichen Erklärung von Ende März 1938, die nie widerrufen wurde, niederschlug. Der Autor weist auf, daß gleichzeitig mit dem Dissens der katholischen Kirche zur nationalsozialistischen Religionspolitik die Loyalität gegenüber dem faschistischen Staat fortbestand - was nicht ohne Konsequenzen für den antifaschistischen kirchlichen Widerstand blieb. Allerdings bildeten sich "unter der Oberfläche" Potentiale und Strukturen von Opposition und Widerstand im kirchlich-katholischen Milieu heraus.

Einen Überblick über verschiedene Ausprägungen von Opposition und Widerstand gegen den Nationalsozialismus in Österreich gibt *Wolfgang Neugebauer*. Die im Vergleich zu anderen Ländern spezifischen Bedingungen (kampfloser Untergang Österreichs, Flucht und Vertreibung potentieller Gegner, "innerer Anschluß") wirkten sich nach dem "Anschluß" vorerst blockierend für den Widerstand in Österreich aus. Von Kommunisten, Sozialisten, Vertretern des katholisch-konservativ-bürgerlichen Lagers, aber auch von einzelnen getragen, war der Widerstand kein gemeinsamer und hatte entsprechend unterschiedliche Motive. Die praktischen Ergebnisse des Widerstandes im Hinblick auf die Destabilisierung der NS-Herrschaft waren bescheiden und die Befreiung Österreichs war ausschließlich Verdienst der alliierten Streitkräfte. Die brutale Verfolgung des Widerstandes durch die Gestapo zeitigte gravierende Konsequenzen: ca. 100.000 Österreicher wurden inhaftiert, 2.700 als aktive Widerstandskämpfer hingerichtet, ca. 32.000 Österreicher kamen in KZs und Gefängnissen um.

Eine spezifische Opferbilanz nationalsozialistischer Herrschaft in Österreich thematisieren *Peter Eppel* und *Ulrich Weinzierl*: Exil bzw. Emigration. Peter Eppel beschreibt die Vertreibung, die unterschiedlichen Aufnahme-, Lebens- und Arbeitsbedingungen sowie politische Aktivitäten der mehr als 130.000 Österreicher/innen - der Großteil von ihnen waren Juden -, die ins Exil getrieben wurden. Der Autor zeigt auch auf, daß Widerstandsaktivitäten österreichischer Exilanten durchaus als "eigener Beitrag" zur Befreiung Österreichs im Sinne der Moskauer Deklaration betrachtet werden können. Eppel und Weinzierl belegen, daß die Etablierung der nationalsozialistischen Herrschaft in Österreich einen einschneidenden kulturellen Aderlaß zur Folge hatte. Exemplarisch aufgezeigt: sämtliche österreichische Nobelpreisträger, die bis 1938 an österreichischen Universitäten wirkten, wurden entlassen und ins Exil getrieben; beinahe alle Schriftsteller, die heute internationalen Rang haben, flohen oder konnten nicht mehr einreisen, einige wurden in KZs und Gefängnissen umgebracht. Ebenso deutlich wird in beiden Beiträgen, daß die Heimkehr nach 1945 - wenn überhaupt angestrebt - schwierig war.

Das damit angesprochene Problem des Umgangs der Österreicher mit ihrer Geschichte der Jahre 1938 bis 1945 wird in den zwei abschließenden Artikeln aufgegriffen. *Peter Malina* und *Gustav Spann* untersuchen die Darstellung des Nationalsozialismus in österreichischen Geschichtsbüchern entlang zentraler Fragestellungen: Ursachen und Entstehung des Faschismus, Bestimmung faschistischer Herrschaft, Träger und Entscheidungsstrukturen, Vernichtung der Juden, "Anschluß", Kooperation, Unterstützung und Widerstand sowie Beginn der Zweiten Republik. Die Darstellung des Faschismus als unabwendbares Schicksal, die Ausblendung von Interessen- und Machtkonstellationen, die Personalisierungstendenz, das stillschweigende Übergehen der Frage der Mitbeteiligung, Zustimmung und Unterstützung des Nationalsozialismus in Österreich oder die Betonung der Fremdbestimmung zum einen, der Opferrolle zum anderen sind für die Autoren Beleg dafür, daß bislang nicht erreicht wird, was das Schulbuch bewirken soll: "die eigenständige, kritische, lebensbezogene Aneignung der jüngsten Vergangenheit".

Bedingungen, Facetten und Auswirkungen des Umgangs mit der österreichischen "Vergangenheitsbewältigung" skizzieren *Siegfried Mattl* und *Karl Stuhlpfarrer*. Sie konstatieren, daß die Bereitschaft, sich "offiziell" Rechenschaft zu geben über den moralischen und materiellen Anteil Österreichs und der Österreicher an Krieg, Besetzung und Ausbeutung fremder Länder, an Grausamkeiten und Verbrechen, gering geblieben ist. Die Flucht aus der Vergangenheit ist das permanente österreichische Problem seit dem Nazi-Faschismus. Den Autoren zufolge gehe es heute darum, ein historisches Wissen herzustellen, das die ganze, nicht segmentierte NS-Vergangenheit enthält, und die entsprechenden Lehren daraus zu ziehen.

Mit diesem Sammelband ist die Aufarbeitung der bisher weitgehend tabuisierten österreichischen Geschichte 1938 bis 1945 keineswegs abgeschlossen. Zu den vorrangigen Forschungsthemen der nächsten Jahre zählen wir eine eingehendere theoretische Durchdringung, eine detaillierte empirische Aufarbeitung des Alltags im Faschismus, der Interessenkonstellationen und des Verhältnisses zwischen NSDAP, staatlicher Verwaltung und Kapitalinteressen.

Ob allerdings die Tabuisierung dieses Teils unserer Geschichte im öffentlichen Diskurs aufgebrochen werden kann, ein kritisches Erinnern und Begreifen des Faschismus an die Stelle der bisherigen Verdrängung treten wird, hängt nicht nur von der Vermittlung von Forschungsergebnissen ab; dazu bedarf es der Bereitschaft zur Auseinandersetzung in allen Bereichen des politischen und kulturellen Lebens in Österreich.

Anmerkungen

1 Zusammenfassend: K. Hildebrand, Das Dritte Reich, München 1980²; G. Schreiber, Hitler. Interpretationen 1923-1983. Ergebnisse, Methoden und Probleme der Forschung, Darmstadt 1984; zuletzt: H.-U. Thamer, Verführung und Gewalt. Deutschland 1933-1945, Berlin 1986.

2 R. Luža, Österreich und die großdeutsche Idee in der NS-Zeit, Wien 1977; vgl. dazu: E. Hanisch, Vierzig Jahre nach dem "Anschluß": neue wissenschaftliche Literatur, in: Zeitgeschichte 6 (1978), S. 117-127.

3 Vgl. dazu prägnant: G. Botz, Eine deutsche Geschichte 1938 bis 1945? Österreichische Geschichte zwischen Exil, Widerstand und Verstrickung, in: Zeitgeschichte 14 (1986), S. 19-38.

4 Vgl. hierzu die Symposien und Publikationen der Wissenschaftlichen Kommission des Theodor-Körner-Stifungsfonds und des Leopold-Kunschak-Preises zur Erforschung der österreichischen Geschichte der Jahre 1927 bis 1938.

5 Rot-Weiß-Rot-Buch. Darstellungen, Dokumente und Nachweise zur Vorgeschichte und Geschichte der Okkupation Österreichs (nach amtlichen Quellen), 1. Teil, Wien 1946.

6 W. Neugebauer, Neuere Forschungen und Forschungslücken zur Geschichte des Widerstandes, in: 16. Österreichischer Historikertag, Krems/Donau 1984, S. 168-180.

7 Erschienen sind: Wien, Burgenland, Oberösterreich, Tirol, Niederösterreich.

8 M. Szecsi, K. Stadler, Die NS-Justiz in Österreich und ihre Opfer, Wien 1962; L. Jedlicka, Der 20. Juli in Österreich, Wien 1965; K.R. Stadler, Österreich 1938-1945 im Spiegel der NS-Akten, Wien 1966.

9 E. Weinzierl, Österreichs Katholiken und der Nationalsozialismus 1918-1933, in: Wort und Wahrheit 18 (1963); dies., Ecclesia semper reformanda. Beiträge zur österreichischen Kirchengeschichte im 19. und 20. Jahrhundert, Wien 1985.

10 D. Diner, Zwischen Aporie und Apologie. Über Grenzen der Historisierung des Nationalsozialismus, in: Ist der Nationalsozialismus Geschichte? hg. von D. Diner, Frankfurt/M. 1987, S. 62-73.

11 Literaturhinweise im Artikel von Hanns Haas in diesem Band.

12 1938 - Anatomie eines Jahres, hg. von T. Chorherr, Wien 1987.

13 G. Botz, Wien vom "Anschluß" zum Krieg. Nationalsozialistische Machtübernahme und politisch-soziale Umgestaltung am Beispiel der Stadt Wien 1938/39, Wien 1978; H. Slapnicka, Oberösterreich als es "Oberdonau" hieß 1938-1945, Linz 1978; E.B. Bukey, Hitlers Hometown. Linz, Austria, 1908-1945, Indiana University Press 1986; E. Hanisch, NS-Herrschaft in der Provinz. Salzburg im Dritten Reich, Salzburg 1983; Stefan Karner, Die Steiermark im Dritten Reich 1938-1945, Graz 1986; ders., Kärntens Wirtschaft 1938-1945, Klagenfurt 1976; W. Wadl, Das Jahr 1945 in Kärnten. Ein Überblick, Klagenfurt 1985; A. Walzl, Kärnten 1945, Klagenfurt 1985.

14 Siehe Überblick bei E. Hennig, Bürgerliche Gesellschaft und Faschismus in Deutschland. Ein Forschungsbericht, Frankfurt 1977; R. Kühnl, Faschismustheorien, Reinbek 1979; Kontroversen um Hitler, hg. von W. Wippermann, Frankfurt/M. 1986.

15 G. Botz, Genesis und Inhalt der Faschismustheorien Otto Bauers, in: International Review of Social History 19 (1974), S. 28-53; E. Hanisch, Otto Bauer, in: Deutsche Historiker, 6. Bd., hg. von H.U. Wehler, Göttingen 1980, S. 69-88.

16 G. Botz, Stufen der Ausgliederung der Juden aus der Gesellschaft. Die österreichischen Juden vom "Anschluß" zum "Holocaust", in: Zeitgeschichte 14 (1987), S. 359-378.

17 F. Heer, Der Kampf um die österreichische Identität, Wien 1981; F. Kreissler, Der Österreicher und seine Nation. Ein Lernprozeß mit Hindernissen, Graz-Wien 1984; E. Bruckmüller, Nation Österreich. Sozialhistorische Aspekte ihrer Entwicklung, Wien 1984.

18 Vgl. zur deutschen Debatte: T. Nipperdey, 1933 und die Kontinuität der deutschen Geschichte, in: Nachdenken über die deutsche Geschichte, München 1986, S. 186-205; H.U. Wehler, "Deutscher Sonderweg" oder allgemeine Probleme des westlichen Kapitalismus?, in: Preußen ist wieder chic..., Frankfurt/M. 1983, S. 19-32; D. Blackbourn/G. Eley, Mythen deutscher Geschichtsschreibung. Die gescheiterte bürgerliche Revolution von 1848, Frankfurt/M. 1980; Deutscher Sonderweg - Mythos oder Realität, München 1982; H. Grebing, Der "deutsche Sonderweg" in Europa 1806-1945. Eine Kritik, Stuttgart 1986.

19 Vgl. das wichtige Buch: N. Schausberger, Der Griff nach Österreich. Der Anschluß, Wien 1978.

20 E. Hanisch, Historische Überhänge in der österreichischen Politischen Kultur, in: Österreichische Zeitschrift für Politikwissenschaft 13 (1984), S. 15-19.

Hanns Haas

DER ANSCHLUSS

Der Begriff Anschluß umfaßt unterschiedliche politische Ereignisse und Konzeptionen.[1] Anschluß im engeren Sinne bezeichnet den Einmarsch der deutschen Truppen in Österreich am 12. März 1938 und das "Bundesverfassungsgesetz über die Wiedervereinigung Österreichs mit dem Deutschen Reich" sowie ein entsprechendes deutsches Reichsgesetz vom 13. März 1938[2], ferner die "Machtergreifung" der österreichischen Nationalsozialisten am 11./12. März 1938. Anschluß meint weiters die Vorbereitung und Durchführung der Volksabstimmung vom 10. April 1938 über den Anschluß Österreichs ans Deutsche Reich[3], sowie die verwaltungsmäßige "Eingliederung Österreichs in das Deutsche Reich".[4]

Sodann läßt sich die ganze siebenjährige deutsche Herrschaft in Österreich generell als Anschlußära interpretieren.[5] In langfristiger Perspektive deckt der Begriff die Anschlußbewegung der Zwischenkriegszeit.[6]

Die vorliegende Übersicht über den Forschungsstand befaßt sich mit der Vorgeschichte des Anschlusses seit dem Juliabkommen 1936 sowie insbesondere mit dem Anschlußgeschehen der Monate November 1937 bis April 1938. Sie beruht nur in ihren außenpolitischen Abschnitten auf eigenen Forschungen.

Der Griff nach Österreich

Der Anschluß ist auf einer deutschen und einer österreichischen Ebene zu betrachten, als Anschluß von außen und von innen. Die Vorgeschichte der deutschen Anschlußpolitik reicht in die Frühzeit der Weimarer Republik.[7] Die gesamtdeutsche Parole war stets ein Teil des revisionistischen Programms zur Wiederherstellung und Verbesserung der deutschen Machtposition von 1914.

Parteien, Vereine, Wirtschaftskräfte, einzelne Persönlichkeiten und vor allem "gesamtdeutsche" Vereinigungen hielten die Forderung am Leben.[8]

Anfänglich schwächte die Sorge um die Existenz des Deutschen Reiches und die gefährdeten Gebiete an Rhein und Weichsel die Anschlußeuphorie. Sie trat erst Mitte der Zwanzigerjahre aus dem Schattendasein der Vereinspolitik. Außenminister Stresemann wirkte seit 1924 mit wirtschaftlichen, kulturellen und politischen Mitteln für ein gesamtdeutsches Mitteleuropa unter Einschluß benachbarter ethnischer Mischzonen.[9] Die wirtschaftliche Penetration sowie die rechtliche, kulturelle und politische Angleichung Österreichs gingen rasch voran.[10] Die Weltwirtschaftskrise ermunterte sodann das revisionistische Deutschland zum Versuch, einen autarken mittel- und südosteuropäischen Wirtschaftsraum zu schaffen. Der wirtschaftliche Anschluß Österreichs sollte den politischen vorbereiten. Der deutsch-österreichische Zollunionsplan scheiterte dennoch an seiner Unvereinbarkeit mit dem Anschlußverbot von St. Germain und Versailles sowie an den Folgewirkungen der Bankenkrise.[11]

Die nationalsozialistische Österreichpolitik setzte die bisherige Linie fort. Die erprobten Instrumente der wirtschaftlichen, finanziellen und siedlungspolitischen Durchdringung Österreichs fanden weiterhin Verwendung.[12] Das deutsche imperiale Machtstreben umschloß nunmehr nicht bloß Mitteleuropa, sondern ganz Osteuropa. Österreich bildete mit der Tschechoslowakei, Südosteuropa und Polen das räumliche Vorfeld zur Eroberung der Sowjetunion. Gesamtdeutsche Erinnerungen und völkische Schlagworte dienten zur Vorbereitung einer hegemonialen Position.

Die Methoden der Anschlußpolitik wurden dennoch geändert, da die bis dahin überparteiliche österreichische Anschlußbewegung auf das zum Nationalsozialismus abdriftende "Dritte Lager" zusammenschmolz. (Sozialdemokraten und Konservative lehnten aus unterschiedlichen Erwägungen den Anschluß an ein nationalsozialistisches Deutschland ab.) Österreich sollte daher nunmehr durch eine Kombination von politischer und militärischer Gewaltandrohung sowie nationalsozialistischer Irredenta angeschlossen oder wenigstens gleichgeschaltet werden. Diese "revolutionäre" Anschlußpolitik scheiterte im "Putsch" der österreichischen Nationalsozialisten vom 25. Juli 1934.[13]

Der Anschluß wurde nunmehr dem Primat der "großen Politik" untergeordnet. Rüstung und Bündnispolitik mit Italien, Japan und England hatten den Vorrang, um die Eroberung Osteuropas vorzubereiten. Österreich war nicht mehr ein singuläres Ziel deutscher Aggressionspolitik. Der nach Wien entsandte Botschafter Franz von Papen sollte die innere Angleichung Österreichs auf "evolutionärem" Wege durch wirtschaftliche, kulturelle und geistige Infiltration beschleunigen. Österreich sollte aus den Schlagzeilen der internationalen Presse verschwinden.[14]

Das deutsch-österreichische Abkommen vom 11. Juli 1936 bildete die Ausgangsbasis für diesen "kalten Anschluß". Im "Julibakommen" anerkannte zwar die deutsche Reichsregierung die Souveränität Österreichs und verzichtete pro forma auf jede weitere Einmischung in innere österreichische Angelegenheiten. Österreich hatte seine künftige Politik jedoch dem Bekenntnis als "deutscher Staat" anzupassen. Das geheime Gentleman-Agreement verpflichtete Österreich zur Zulassung verbotener deutscher Zeitungen, zu einer weitreichenden Amnestie angeklagter bzw. verurteilter Nationalsozialisten, zum Meinungsaustausch in außenpolitischen Fragen sowie zur Hereinnahme von Vertretern der "nationalen Opposition" in die politische Verantwortung. Die deutsche "Tausend Mark-Sperre" für Österreichreisende wurde aufgehoben.[15]

Anschluß von innen

Das Juliabkommen erleichterte weitere deutsche, sprich nationalsozialistische Terraingewinne in Österreich. Weder Hitler noch sonst irgendwie maßgebliche Kräfte in Staat und NSDAP sind bis in die Märztage 1938 vom "evolutionären"

Anschlußkurs abgewichen. Instrument dieser Politik war die autochthone "nationale Opposition", welche das Vertrauen des Bundeskanzlers Schuschnigg fand und dennoch in engster Beziehung zum illegalen Nationalsozialismus sowie zur NS-Führung des Deutschen Reiches stand.

Dieser "Anschluß von innen" wurde durch ältere Traditionen gespeist. Er war das Ergebnis der komplexen österreichischen Nationswerdung. Die politisch partizipierenden Schichten Altösterreichs lebten bis 1918 in einer schwebenden Nationalitätenbindung zwischen österreichischem Staatspatriotismus und deutschem Volksbewußtsein.[16] Die wirtschaftlichen Schwierigkeiten des Kleinstaates Österreich und der innenpolitische Dissens verhinderten sodann einen demokratischen Nationalkonsens auf der Basis kompromißfähiger Interessen. Anschlußorganisationen hielten die großdeutsche Idee am Leben. Die Tiefenwirkung der Anschlußidee unter Arbeitern und Bauern ist nicht erforscht.

1934 wurden der Österreichbegriff vom austrofaschistischen System und die gesamtdeutsche Idee vom Nationalsozialismus beschlagnahmt. Nur intellektuelle Randgruppen des konservativen Milieus kultivierten die Idee einer eigenständigen österreichischen Nation.[17] Auch die verfolgte Arbeiterbewegung war in nationalen Fragen dissident. Die Kommunisten entwarfen zur Abwehr der drohenden deutschen Okkupation eine national-österreichische Konzeption, welche die Arbeiterbewegung und Bürgerliche gegen die Nationalsozialisten zu verbünden trachtete.[18] Die Sozialdemokraten hingegen propagierten weiterhin die Idee einer gesamtdeutschen, später einer europäischen Revolution gegen den Nationalsozialismus.[19] Die Österreicher sind eine "verspätete Nation", ihr fehlender Nationalkonsens erleichterte die nationalsozialistische Infiltration, weil sie einen "großdeutschen" Gestus kopierte.

Die Abgrenzung der einzelnen nationalen Bewußtseinsebenen war nie ganz eindeutig. Die ständestaatliche Österreichideologie war kräftig gesamtdeutsch eingefärbt[20] und der heimische Nationalsozialismus emotional an österreichische Traditionen und Eigenständigkeiten fixiert. Die sogenannte "gemäßigte nationale Opposition" repräsentierte einen nationalen Mischtypus, der weit ins christlichsoziale und austrofaschistische Lager hineinreichte. Deutschtum, Österreichertum und politischer Katholizismus wurden in diesem Milieu von Seipel, Dollfuß und Schuschnigg seit der Jahrhundertwende verschmolzen. Das ständestaatliche Österreich galt als "zweiter deutscher Staat", die Österreicher als die "besseren", weil katholischen Deutschen.[21] "Österreichisches und Reichsdeutsches in einer Synthese zu vereinigen", definierte Schuschnigg als sein nationales Bekenntnis.[22] Die "nationale Opposition" verschob lediglich die Gewichte zur Trias: Deutschtum, Österreichertum, Katholizismus.

Grundlage der Zusammenarbeit bildete der Katholizismus. Praktizierende Katholiken fanden leicht Schuschniggs Vertrauen. Schuschnigg transponierte die Reichsidee ins Geistige, um die Angleichung an das nationalsozialistische Deutschland hinauszuzögern. Die Repräsentanten des "nationalen Lagers" hingegen kooperierten mit dem inneren und äußeren Nationalsozialismus, um die Angleichung zu beschleunigen. Doch auch sie wollten vorläufig ein unabhängiges Österreich oder bei einem unvermeidbaren Anschluß "an österreichischem

Eigenleben retten, was zu retten war".[23] Ihre Rechnung ging nicht auf, sie wurden zu bloßen Erfüllungsgehilfen der deutschen Anschlußpolitik. Nach dem Anschluß hatten sie ausgedient.

Österreich wird unterwandert

Das Juliabkommen ermöglichte die deutsche Infiltration auf legalem und illegalem Wege. Am 11. Juli 1936 wurden Papens Vertrauensmann, der Militärhistoriker Edmund Glaise-Horstenau, Minister ohne Geschäftsbereich, und der notorisch deutschfreundliche Guido Schmidt Staatssekretär für auswärtige Angelegenheiten. Glaise-Horstenau war seit 3. November 1936 Innenminister ohne Sicherheitsressort.[24] Er befaßte sich hauptsächlich mit "Interventionen" zugunsten von Nationalsozialisten.[25] Amnestien füllten die Reihen der illegalen Nationalsozialisten, bisher verbotene deutsche Zeitungen und Hitlers "Mein Kampf" wurden zugelassen, Presse, Rundfunk, Theater und Film unterwandert.

Der Einbau von "Nationalen" in das politische System verzögerte sich. Schuschnigg duldete lediglich einen Siebenerausschuß aus "gemäßigten" nationalsozialistischen Vertrauensleuten. Ein von Minister Glaise-Horstenau und dem Landesleiter der illegalen NSDAP Josef Leopold ventilierter "Deutsch-Sozialer Volksbund" wurde nicht zugelassen. Leopold verstand es nicht, seine Politik der neuen deutschen Anschlußpolitik anzupassen. Er verzichtete zwar auf terroristische und spektakuläre politische Mittel, aber nicht auf die Hegemonie der NSDAP im nationalen Lager. Wie Glaise-Horstenau wollte auch er den Nationalsozialismus legalisieren.[26]

Eine mehr realitätskonforme Variante der evolutionären Anschlußpolitik entwickelten die Kärntner "Erneuerer" um Hubert Klausner, Friedrich Rainer und Odilo Globočnik. Sie akzeptierten die Trennung von illegaler Partei und legaler nationaler Arbeit. Ihre straff geführte illegale Partei sollte durch Schulung und Propaganda innerlich gefestigt werden und die Beziehungen zum Reich intensivieren. Besonders enge Kontakte bestanden zur SS. Die "nationale Opposition" hingegen sollte durch einzelne Ideenträger Machtpositionen im Staat erobern und Informationen beschaffen.[27] Als Vorbild galt die von Josef Bürckel an der Saar aufgebaute, nicht parteigebundene "deutsche Front", welche den fulminanten Abstimmungserfolg 1935 ermöglichte.

Seit Frühjahr 1937 urgierte Papen die Integration von "Betont-Nationalen" in die Staatsorganisationen. Arthur Seyß-Inquart wurde im April 1937 in den Staatsrat berufen, ein allerdings wenig einflußreiches vorbereitendes Organ der Bundesgesetzgebung. Seyß-Inquart war von Schuschnigg beauftragt, die Nationalen für die Vaterländische Front zu gewinnen. Er gab die erwartete Loyalitätserklärung, daß die nationale Opposition in eigener Verantwortung an der politischen Willensbildung teilnehmen wolle.[28] In Wahrheit unterhielt er beste Kontakte zur Gruppe der Kärntner "Erneuerer", welche mit Hitler, Göring und Himmler eng kooperierte.

Der Hauptakzent der "Befriedungspolitik" lag auf den traditionellen deutschnationalen Vereinen der Turner und Sänger, im Alpenverein, im Deutschen Schulverein-Südmark sowie im reaktivierten Österreichisch-Deutschen Volksbund, der unter dem geschäftsführenden Obmannstellvertreter Seyß seine Satzungen dem Juliabkommen anpaßte.[29] 10.000 Österreicher nahmen 1937 am Deutschen Sängerfest in Breslau teil.[30] In diesem Dunstkreis gedieh der illegale Nationalsozialismus prächtig. In Vorarlberg waren die Jugendsektionen des Alpenvereins sowie der Turnvereine praktisch identisch mit der Hitler-Jugend.[31]

Im Juni 1937 wurde schließlich im Rahmen der Vaterländischen Front das "Volkspolitische Referat" unter der Leitung Walter Pembaurs eingerichtet, um die Integration der Nationalen zu beschleunigen.[32] Die im Oktober 1937 eingesetzten Landesreferenten waren in einigen Ländern Kristallisationskerne der illegalen Nationalsozialisten.[33] Die erhoffte "Befriedung" zwischen Nationalen und Ständestaat blieb aus. So konnte der Eindruck entstehen, die Volkspolitischen Referate degenerierten zur "Klagemauer" für Nationalsozialisten.[34]

Papen und die "Erneuerer" unterstützten Seyß-Inquart vorbehaltlos, während Leopold vom "Komplizen Schuschniggs" sprach.[35] Am 12. Juli 1937 beauftragte Hitler den SS-Gruppenführer Wilhelm Keppler "mit der zusammenfassenden Bearbeitung der österreichischen Frage innerhalb der NSDAP im Reich".[36] Keppler war als enger Mitarbeiter Görings eine der führenden Persönlichkeiten des "Vierjahresplans".[37] Damit wurde das steigende wirtschaftliche Interesse an Österreich betont. Kepplers Mission spricht aber kaum für die "deutschen Bestrebungen, den Anschluß in absehbarer Zeit herbeizuführen"[38]. Sie sollte vielmehr die Konflikte in der österreichischen NSDAP beilegen, um die wirtschaftliche Kooperation mit dem Ständestaat zu erleichtern. Keppler erreichte aber nur kurzfristige Waffenruhe zwischen den verfeindeteten Gruppierungen. Leopold wurde der Zugang zu Hitler verwehrt, eine Maßnahme, welche nicht geeignet war, die Wogen zu glätten.

Was in Österreich zu holen war

Die letzte Phase des Ständestaates war von einem "verhängnisvollen Machtvakuum" gekennzeichnet, welches nicht nur der oppositionellen Arbeiterbewegung, sondern vor allem den Nationalsozialisten Handlungsspielräume gewährte.[39] Österreich erholte sich außerdem nur langsam von den Folgen der Weltwirtschaftskrise, im Gegensatz zum wirtschaftlichen Aufschwung und zur Vollbeschäftigung der deutschen Rüstungswirtschaft. Das alles schwächte die Resistenz der österreichischen Bevölkerung gegen die großdeutschen Illusionen und gegen den Nationalsozialismus, je länger andererseits die demokratische Arbeiterbewegung unterdrückt wurde.

Die "innere Befriedung" war auf der Grundlage des Juliabkommens nicht zu erwarten. Auf jedes österreichische Zugeständnis folgte eine neue deutsche Forderung. Papens Rechenschaftsbericht vom 1. Juli 1937 sah den Zweck des Juliabkommens erreicht: Österreich ist aus der internationalen Diskussion verschwunden, eine Habsburgerrestauration verhindert, ein "kulturelles österreichisches Eigengewächs" ausgemerzt und "den geistigen Einflüssen des Reiches in allen Domänen des öffentlichen Lebens Tür und Tor geöffnet".[40] Papens Leseart zwei Monate später, am 31. August 1937: "Die Linie des 11. Juli kann mit Bundeskanzler Schuschnigg nicht ausgebaut werden", ob nicht ein Kanzlerwechsel anzustreben ist?[41]

Dazu kamen temporäre Bremsversuche Schuschniggs, einmal die erleichterte legitimistische Propaganda, dann Rückversicherungen beim Vatikan und Kontakte mit dem tschechoslowakischen Ministerpräsidenten Milan Hodža, die eine außenpolitische Orientierung an die Linie Prag-Paris-Moskau - nie ernstgemeint - androhten.[42] Die Rückkehr der nationalsozialistischen Emigranten aus Deutschland verzögerte sich, die Amnestien waren nie umfassend. Von Zeit zu Zeit wurden illegale Organisationsnester ausgehoben. Der für 1. November 1937 verfügte Aufnahmestopp in die Vaterländische Front vertagte die Eingliederung der "Nationalen".[43]

Ferner wurde der wirtschaftspolitische Druck auf Österreich stärker. Die deutsche Rüstung erschöpfte Rohstoffe, Nahrungsmittel, Gold und Devisen; Arbeitskräfte waren knapp.[44] Norbert Schausberger hat aufgelistet, was in Österreich zu holen war.[45] Die österreichische Deflations- und Hartwährungspolitik verzögerte den Konjunkturaufschwung und damit die Ausweitung des bilateralen Handels im Clearingverkehr. Der geringe deutsche Reiseverkehr nach Österreich bot keine Kompensation, sodaß notorisch ein österreichischer Aktivsaldo entstand. Mit Wirkung vom 1. November 1937 reduzierte Deutschland seine Warenimporte aus Österreich um 40%,[46] zur Abdeckung des österreichischen Clearing-Überschusses und zugleich "als politisches Druckmittel".[47]

Gleichzeitig forderten Papen, Göring und Keppler ständig neue Formen der wirtschaftlichen Verflechtung, nicht zuletzt als Basis der "geistigen Durchdringung".[48] Die geplante Währungsunion sollte das evolutionäre Konzept beschleunigen, "ohne daß darin schon eine konkrete staatsrechtliche Bindung Österreichs an Deutschland enthalten sein mußte".[49] Sie scheiterte bis zuletzt am anhaltenden Widerstand der österreichischen Nationalbank unter Präsident Viktor Kienböck, welcher die Eingliederung Österreichs in die "künstliche" deutsche Konjunktur ablehnte.[50] Die wirtschaftliche Verflechtung zwischen Österreich und Deutschland war ein vorrangiges Anliegen Görings, der gelegentlich sogar mit einem baldigen Anschluß drohte.[51] Hitler zügelte Görings Ungeduld.[52] Es ist nicht bewiesen, daß Göring vor März 1938 von der evolutionären Anschlußlinie abwich.

Festung Österreich?

Zugleich mit der wirtschaftlichen wurde die "militärische Annäherung" betrieben.[53] Nach Auskunft von Militärhistorikern war das österreichische Bundesheer 1936-1938 seit Einführung der allgemeinen Wehrpflicht mit italienischen Rüstungskrediten "zu einem schlagkräftigen Kampfinstrument" ausgebaut worden.[54] Die Frontmiliz diente als Landwehrorganisation, vor allem im Grenzschutz. Die Waffenarsenale waren vielfach erneuert, neuralgische Verkehrspassagen und Donaubrückenköpfe befestigt. Das Offizierskorps war im Geiste der österreichischen Unabhängigkeit erzogen,[55] auf die Truppe in einem Verteidigungskrieg gegen Deutschland Verlaß. Dem "Nationalsozialistischen Soldatenring" gehörten jeweils 5% von Offizieren und Mannschaft an.[56] Der vom Chef des Generalstabes, Feldmarschallleutnant, Alfred Jansa, im Jänner 1936 entworfene Verteidigungsplan konzentrierte "das gesamte militärische Potential Österreichs zur Abwehr eines deutschen Angriffes"[57]. Die "Weisungen für den Alarmfall Deutsches Reich" durften allerdings auf Anordnung des Staatssekretärs für Heerwesen vom 20. November 1937 "erst im Falle einer drohenden Kriegsgefahr" an die Kommandostellen ausgegeben werden.[58] Im März 1938 blieben sie in den Schubladen des Ministeriums liegen.

Hitler betrachtete "die Heranbildung und Verstärkung der österreichischen Armee ... als Gefahrenpunkt ... und Stützpunkt kommender Verschweizerung".[59] Bei Besprechungen auf höchster Ebene erwähnte er die "Konsolidierung der inneren Werte der österreichischen Armee im Laufe der Jahre".[60] Die evolutionäre Anschlußstrategie verlangte daher engere Beziehungen durch Offiziersaustausch sowie die Angleichung der Dienstvorschriften und der Generalstabsausbildung.[61] Deutsche Waffenlieferungen sollten die Abhängigkeit erhöhen. Im Dezember 1937 sagte Außenminister Schmidt schließlich die Entlassung Jansa's für März 1938 zu.[62]

Der evolutionäre Anschlußkurs verschärfte erwartungsgemäß die Spannungen und er steigerte die deutsche Begehrlichkeit. Die Beschleunigung der Evolution entsprach nicht einem festen Plan, sondern einem darwinistischen Gehen-Lassen. Hitler hielt nur im äußersten Falle ein "Aufplatzen" der österreichischen Frage für möglich. Als Anlaß galt eine Habsburgerrestauration. Mussolini sollte aber bei seinem Deutschlandbesuch Ende September 1937 hören, daß die evolutionäre Linie eingehalten werde. "Es müsse nur eine Sicherung dafür erreicht werden, daß bei Aufplatzen der österreichischen Frage von anderer Seite her ein Eingreifen Deutschlands möglich werde".[63]

Dafür galt der "Sonderfall Otto", eine seit Mai 1937 entworfene und in der "Weisung des Kriegsministeriums für die einheitliche Kriegsvorbereitung der Wehrmacht" vom 1. Juli 1937 vorgesehene Besetzung Österreichs, um den "Verzicht auf eine Restauration" zu erzwingen.[64] Doch "Sonderfall Otto" wurde als einziger der Sonderfälle nicht weiter bearbeitet.[65] Am 12. März 1938 war die Wehrmacht auf Improvisation angewiesen.

Österreich und das Ende der kollektiven Sicherheit

Der evolutionäre Weg zum Anschluß wurde aber vor allem aus Sorge vor unerwünschten internationalen Komplikationen beibehalten.[66] Österreichs Unabhängigkeit zählte seit 1919 unter die Garantien eines europäischen Friedens. Sie war durch die Verträge von St.Germain und Versailles völkerrechtlich verankert sowie durch Anleihen von Genf und Lausanne zusätzlich in das

System der Friedenssicherung eingebunden. Frankreich, England und Italien bekundeten 1933-1935 mehrmals ihr gemeinsames Interesse an einem unabhängigen Österreich. Italien galt als Garant der österreichischen Souveränität.[67]

Die deutsch-italienische Annäherung und die "Achse Berlin-Rom" vom 25. Oktober 1936 brachten Österreich daher in eine prekäre Lage. Hitler und Mussolini wollten die österreichische Frage "ruhigstellen", doch mit unterschiedlichen Erwartungen: Hitler dachte an einen späteren Anschluß, Mussolini an ein dauernd unabhängiges, zugleich deutsch- und italienfreundliches Österreich. So traf man sich auf der Linie des Juliabkommens. Mussolini forderte von der österreichischen Regierung den Einbau von Nationalen in Regierung und Vaterländische Front.[68] Andererseits urgierte er schon 1936 eine rasche österreichische Aufrüstung, damit Österreich bei dem in zwei Jahren erwarteten deutschen Angriffskrieg gegen die Tschechoslowakei und den europäischen Osten "sich halten und Politik machen könne".[69]

Mussolini zog also die schützende Hand zurück, er gab aber nie grünes Licht für den Anschluß.[70] Auch sein Berliner Besuch Ende September 1937 brachte nicht diese letzte Entscheidung, da Mussolini diesesmal sogar einen Viererpakt mit Österreich ins Spiel brachte, der "die Unabhängigkeit Österreichs immanent gesichert hätte".[71] Hitler beeilte sich, die weitere Gültigkeit der evolutionären Anschlußlinie zu bestätigen.[72]

Ferner war die Haltung der Westmächte in Betracht zu ziehen. Der deutsche Einmarsch in das entmilitarisierte Rheinland im März 1936 zerstörte die Grundlagen des Systems der kollektiven Friedenssicherung.[73] Das französische Bündnissystem mit Ostmitteleuropa verlor an Wert, die "Kleine Entente" zwischen der Tschechoslowakei, Jugoslawien und Rumänien kehrte zu ihrer ursprünglichen Aufgabe der Verhinderung einer Habsburgerrestauration in Ungarn zurück.[74] Jugoslawien näherte sich Italien und Deutschland, welches seine Agrargüter übernahm.[75] Von ungarischer Seite war kein Einwand gegen den Anschluß zu erwarten.[76] Die französische Osteuropapolitik wünschte seit 1936 vergeblich eine innere Festigung des Donauraums durch eine Kooperation zwischen Prag, Wien und Budapest. Das 1935 zwischen Frankreich und der Sowjetunion abgeschlossene und im März 1936 ratifizierte Verteidigungsbündnis beruhte auf der unrealistischen Voraussetzung einer gemeinsamen französisch-britischen Aktion gegen Deutschland.[77] Die Sowjetunion erklärte im Februar 1936 ihre Bereitschaft, bei einer militärischen Völkerbundhilfe für Österreich ihre satzungsgemäßen Pflichten zu erfüllen. Österreich zeigte sowjetischen Annäherungsversuchen die kalte Schulter.[78]

Kein britisches "Ja" zum "Anschluß"

Während die französische Regierung die Bruchstücke ihrer Bündnisse kittete, faßte der britische Ministerpräsident Chamberlain eine Änderung der europäischen Territorialordnung ins Auge, aber stets unter der Voraussetzung einer Rekonstruktion des europäischen Sicherheitssystems. Diese Appeasementpolitik sollte dem schlecht gerüsteten England eine Atempause gewähren, um mit Deutschland gleichzuziehen.[79]

Das Empire war an drei Seiten durch Deutschland, Italien und Japan bedroht. Daher sondierten im Herbst 1938 britische Unterhändler bei Mussolini und Hitler die Bedingungen, unter welchen eine Erneuerung des Völkerbundes oder ein Viermächteareopag Großbritannnien, Frankreich, Deutschland und Italien möglich schien.

Sie kamen nicht mit leeren Händen. Lord Halifax hat in seiner bekannten Unterredung mit Hitler vom 19. November 1938 ein deutsches Recht auf Kolonien anerkannt.[80] Ferner sollten "Änderungen der europäischen Ordnung früher oder später eintreten". Zu diesen Fragen gehöre "Danzig, Österreich und die Tschechoslowakei".[81] Doch "England sei nur daran interessiert, daß diese Änderungen im Wege friedlicher Evolutionszustände gebracht würden und daß nicht Methoden verwendet würden, die weitergehende Störungen... verursachen könnten". Hitler wurde aber vor allem befragt, "ob er unter der Voraussetzung einer zufriedenstellenden Lösung der schwebenden Fragen die Möglichkeit sehe, Deutschland zu einer engeren Zusammenarbeit mit den anderen Völkern in den Völkerbund zurückzuführen".[82] Es entspricht somit nicht den dokumentarischen Aufzeichnungen, daß Halifax "Hitler mehr oder weniger freie Hand gegen Österreich und die Tschechoslowakei zugestand, falls er auf die Kolonialforderungen verzichte".[83]

Britisch-französische Regierungsverhandlungen vom 29. und 30. November kamen gleichfalls zum Ergebnis, daß Deutschland für jedes Zugeständnis Gegenleistungen zu erbringen habe. Vorläufig galt auch in Ostmitteleuropa der status quo. Er war durch diplomatische Interventionen zu schützen. Britische Militärhilfe für Österreich und die Tschechoslowakei schloß Chamberlain aus.[84] Diese militärische Schwäche, nicht ein bedingungsloses Entgegenkommen nützte Hitlers Anschlußpolitik. Man kann also nicht davon sprechen, daß die Appeasementpolitik seine aggressiven Absichten bestärkte.

Denn die geforderte Rückkehr in ein Sicherheitssystem kam für Hitler gar nicht in Frage. Die hinhaltende britische Politik enttäuschte Hitlers langjährige Hoffnung auf das deutsch-britische Bündnis.[85] Die Unterredung mit Halifax verlief "in einer eisigen Atmosphäre".[86] "Das unveränderte Ziel, die Kontinentalexpansion, sollte daher nicht mehr im Verein mit England, sondern gegen England angestrebt werden".[87] Zuletzt scheiterte zu Jahresbeginn 1938 die Londoner Mission Ribbentrops, "weil Deutschland sich seine Zukunft anders gestalten will, als England anscheinend bereit ist, sie bei einem Zusammengehen mit Deutschland uns zuzubilligen". Da gab es nur einen Ausweg: "Eine Änderung des status quo im deutschen Sinne ist nur gewaltsam durchzuführen".[88]

Planziel Weltkrieg

Hitlers Absichten waren weitreichend. Am 5. November 1937 präsentierte er dem Außen- und Kriegsminister sowie den Oberbefehlshabern der drei Waffengattungen seinen Plan zur Eroberung Osteuropas.[89] Sein zweistufiges Eroberungskonzept erforderte Ostmitteleuropa als Aufmarschgebiet, zum Flankenschutz und zur Steigerung der Ressourcen. Hitler ersparte seiner engeren Umgebung gesamtdeutsche Sentimentalitäten. "1. Ziel" deutscher Machtpolitik war es schlicht, "die Tschechoslowakei und Österreich niederzuwerfen". Hitlers Ungeduld war grenzenlos. Er wollte schon 1938 losschlagen, aber nur im Windschatten eines erwarteten Krieges zwischen Italien und den Westmächten.[90] Der Anschluß war also kein singuläres Ziel. Österreich war gewissermaßen im Vorübergehen zu erledigen, sobald alle Interessenten anderswo beschäftigt waren. Was Italien betraf, so kam es darauf an, ob der Duce im Konfliktfall noch am Leben sei - so Hitlers beziehungsreiche Spekulation.

Der "1. Nachtrag zur Weisung für die einheitliche Kriegsvorbereitung der Wehrmacht" vom 7. Dezember 1937 rechnete wiederum mit einer anderweitigen Bindung der Westmächte. Im Planspiel wurde die Tschechoslowakei als Basis einer "Südostaktion" erobert, und zwar "unter gleichzeitiger Lösung der österreichischen Frage im Sinne einer Einbeziehung Österreichs in das Deutsche Reich. Um dieses letztere Ziel zu erreichen, werden militärische Mittel nur dann erforderlich sein, wenn andere Mittel nicht zum Erfolg führen oder geführt haben... Ein geschlossener anhaltender Widerstand der österreichischen Wehrmacht ist nicht zu erwarten".[91] Auch diese Überlegung erforderte eine Beschleunigung der Evolution.

Hitlers Enttäuschung über die britische Mitteleuropapolitik äußerte sich in hysterischen Ausfällen gegen die kollektive Sicherheit. Am 12. Dezember 1937 verwarf die deutsche Regierung erstmals endgültig die Rückkehr nach Genf.[92] Die erhoffte Ablenkung der Westmächte durch einen anderweitigen Konflikt blieb aus. Vorläufig war nur in Österreich unter dem Vorwand des Selbstbestimmungsrechtes ein außenpolitischer Erfolg möglich. Österreich wurde gewissermaßen aus dem engen Zusammenhang mit der tschechoslowakischen Frage herausgelöst und wieder zu einem eigenständigen Ziel deutscher Aggressionspolitik. Die Angleichung auf wirtschaftlichem, militärischem und kulturellem Gebiet wurde daher intensiviert. Seit Mitte Dezember 1937 war die deutsche Außenpolitik hauptsächlich mit Österreich beschäftigt.[93] Ein militärisches Eingreifen oder ein baldiger förmlicher Anschluß waren nicht geplant, die illegalen Nationalsozialisten wurden nicht zu Störmanövern ermuntert. Aber "wenn ein Dampfkessel fortwährend geheizt wird und kein Sicherheitsventil eingebaut ist, muß er explodieren" - so Außenminister Neurath am Diplomatendinner am 20. Jänner 1938.[94]

Der Weg nach Berchtesgaden

Seit Herbst 1937 hatten alle Beteiligten "das Gefühl, daß sich die Politik des ‚11. Juli' leergelaufen hatte".[95] Schuschnigg war über die fortdauernden nationalsozialistischen Störmanöver verärgert. Die Konflikte im illegalen Nationalsozialismus erreichten ihren Höhepunkt, als Leopold die Beziehungen zu Papen einstellte und den Parteimitgliedern jeden Verkehr mit Seyß-Inquart und Hitlers Sonderbeauftragten Keppler untersagte. Leopold setzte schließlich alles auf die Karte des Putschismus.[96] In der Nacht vom 24./25. Jänner entdeckte die Polizei den "Tavs-Plan", welcher in Wahrheit von Leopold stammte. Seinem Verfasser schien die Weltlage günstig. Deutschland sollte durch diplomatischen Druck und militärische Drohgesten Schuschniggs Absetzung, eine Übergangsregierung und die Legalisierung der NSDAP erzwingen. Vom Anschluß war nicht die Rede. Der Plan war mit R.H. gezeichnet, was gelegentlich als Rudolf Heß gedeutet wird. Auch sonst gibt es vereinzelte Hinweise auf die Verbindung deutscher Parteistellen mit Leopold, ohne daß das ganze Intrigenspiel ausgelotet ist.[97]

Göring rückte seit dem jüngsten Affront von Leopold ab, da dieser allzu eigenmächtig vorging. Parallel dazu gewann die Gruppe Klausner/Globočnik/Jury an Boden, in Österreich und in Berlin.[98] Sie fügte sich - im Gegensatz zu Leopold - den Weisungen Kepplers. Im übrigen scheute auch sie nicht "eine planmäßige Radikalisierung"[99], Seyß-Inquart wurde zur reinen Galionsfigur der Nationalsozialisten und suchte daher dringend einen Erfolg seiner Infiltrations- und Angleichungspolitik. Schuschnigg gab nach, um durch weitere Zugeständnisse die Lage zu stabilisieren. Hitler wiederum konnte mit einem Kanzlertreffen die Weltöffentlichkeit von der Blomberg-Fritsch-Affäre ablenken. Am 4. Februar 1938 wurden bekanntlich der Reichswehrminister und der Oberbefehlshaber des Heeres, sowie der Außenminister und Botschafter Papen ihrer Ämter enthoben, da sie sich Hitlers Politik "immer hemmend in den Weg stellten".[100]

Zugleich ergab sich eine günstige Gelegenheit, die Gleichschaltung zu beschleunigen. Bereits die mit Seyß-Inqart in Wien ausgehandelten "Punktationen" konzedierten die Berufung einzelner namentlich genannter Nationalsozialisten in Staat und Kammern sowie eine Intensivierung der wirtschaftlichen und militärischen Zusammenarbeit. Aber jede deutsche Einmischung sollte künftig unterbleiben und alle Nationalen Seyß-Inquart unterstellt werden. Das Verhandlungsergebnis wurde auf diplomatischer Ebene bestätigt.[101] Seyß übermittelte die Punktationen ohne Schuschniggs Wissen sofort nach Berlin. Hitler und der neue Außenminister Ribbentrop ergänzten sie zu einem "großen Programm", welches sie Schuschnigg in Berchtesgaden am 12. Februar präsentierten.[102]

Schuschniggs erste Kapitulation

Schuschnigg war in Berchtesgaden massiven Pressionen ausgesetzt, die herbeizitierten Generäle bildeten eine martialische Staffage. Hitler drohte mehrmals mit einem deutschen Einmarsch, da ohnehin keine Macht der Welt Österreich beistehen werde. "Der hochfahrende, solchen Auswüchsen aber doch nicht gewachsende Kanzler"[103] war eingeschüchtert.

Aber Schuschniggs Haltung ist nicht von Widersprüchen frei. Offenbar kam in Berchtesgaden sein gesamtdeutsches Bekenntnis zur Sprache. "Daß er auf lange Sicht mitmachen könne", ließ er seine Gesprächspartner wissen.[104] Auch Keppler gewann - nach einer Unterredung vom 5. März - "den Eindruck, daß Schuschnigg keineswegs vergewaltigt werden will, daß er aber bei vernünftiger Behandlung in größerem Umfange mitgehen wird für den Fall, daß ihm dies prestigemäßig ermöglicht wird".[105]

Kurz gesagt, Schuschnigg schien kooperationsbereit. Der Kanzler vermochte einige deutsche Forderungen abzuwehren. Das Ergebnis war immer noch eine reine Kapitulation: Diplomatischer Gedankenaustausch in außenpolitischen Fragen, Absetzung von Generalstabschef Jansa; Offiziersaustausch; Intensivierung des Wirtschaftsverkehrs - statt der verlangten Angleichung an das deutsche Wirtschaftssystem; allgemeine Amnestie für Nationalsozialisten; sodann Zulassung von Nationalsozialisten zur Vaterländischen Front und anderen Einrichtungen. "Die große Kanone des Abkommens wurde natürlich Seyss-Inquart, der selbst zum Führer und Treuhänder der nationalsozialistischen Politik auserkoren und zum (Innen- und) Sicherheitsminister designiert wurde".[106] Widerwillig billigte die österreichische Regierung das Abkommen. Der evolutionäre Anschlußkurs war durch diese erneute Proskynese gerettet. Hitler war zufrieden. Am 21. Februar verabschiedete er Leopold in Ungnaden und übertrug Klausner die Nachfolge, aber nicht als Landesleiter, sondern als Führer der nationalsozialistischen "Bewegung".[107] Die Partei und alle ihre Organisationen sollten aufgelöst werden. Allen Beteiligten schärfte Hitler ein, "eine gewaltmäßige Lösung sei ihm ... jetzt unerwünscht, da für uns die außenpolitische Gefährdung von Jahr zu Jahr geringer werde".[108] Man müsse also wie an der Saar vom illegalen auf das legale Feld, um Positionen zu erobern.[109]

Das war leichter gesagt als getan. Berchtesgaden öffnete dem Nationalsozialismus die Schleusen. Hitlers Reichstagsrede vom 20. Februar stachelte die Leidenschaften gehörig an. Hitler über die "Auslandsdeutschen":

> "Es ist auf die Dauer für eine Weltmacht von Selbstbewußtsein unerträglich, an ihrer Seite Volksgenossen zu wissen, denen aus ihrer Sympathie oder ihrer Verbundenheit mit dem Gesamtvolk, seinem Schicksal und seiner Weltauffassung fortgesetzt schwerstes Leid zugefügt wird."

Hitler schwankte offenbar zwischen Rücksichtnahme auf sein europapolitisches Langzeitprogramm und dem Wunsch nach einem Erfolgserlebnis, zwischen Anschluß mit oder ohne Schuschnigg, zwischen "geregelter Lösung oder einem ungeregelten revolutionärem Ausbruch".[110]

Die Nationalsozialisten dankten Hitler seit 20. Februar mit Demonstrationen in Graz, Salzburg, Innsbruck, Linz, Villach und vielen kleineren Orten.[111] Am 24. Februar nötigte eine nationalsozialistische Demonstration den Grazer Bürgermeister, am Rathaus die Hakenkreuzfahne aufzuziehen.[112] Ein Grazer "Deutscher Tag" wurde am 27. Februar mit Militärassistenz verhindert.[113] Der neue Innen- und Sicherheitsminister Seyß-Inquart war außerstande, das - nicht zentral gesteuerte - "Brodeln in der Provinz" zu dämpfen.[114]

Schwarz und Rot gegen Hitler

Schuschnigg wurde allmählich "nachdenklich und mißtrauisch".[115] "Rot-Weiß-Rot bis in den Tod" war der Tenor seiner Rede in der Bundesversammlung vom 24. Februar[116] und das Stichwort für "patriotische Kundgebungen" am Wiener Ring und in anderen österreichischen Städten.[117] Die Instabilität des Systems gewährte schließlich auch der unterdrückten Arbeiterbewegung einen bescheidenen Freiraum. Am 17. Februar kam es zu einer Versammlung der Obmänner aller Gewerkschaften und der Hauptvertrauensmänner der Wiener Großbetriebe.[118] Ihre Resolution sprach vom "leidenschaftlichen Willen ... für die Freiheit, Unabhängigkeit und Würde Österreich einzutreten".[119] Schuschnigg empfing am 3. März sogar eine Delegation der Wiener Arbeiter, die "nur soviel Freiheit" forderte, "kämpfen zu können, denn mit gebundenen Händen geht das nicht".[120]

Eine Versammlung von 350 Vertrauensleuten der illegalen Gewerkschaft im ehemaligen Floridsdorfer Arbeiterheim bekräftigte den Willen, Österreich gegen Hitler zu verteidigen, und zugleich die Forderung nach politischer Gleichberechtigung mit den Nationalsozialisten, freien Wahlen im Gewerkschaftsbund, Genehmigung einer Tageszeitung und verbesserter Sozialgesetzgebung.[121]

Weitere Verhandlungen brachten am Vormittag des 11. März die Einigung, die Reichsleitung der "Sozialen Arbeitsgemeinschaft" innerhalb der Vaterländischen Front mit sieben sozialdemokratischen bzw. kommunistischen sowie fünf christlichsozialen Delegierten zu besetzen.[122] Doch die "Öffnung nach links" kam zu spät, die Kapitulation Schuschniggs überholte sie. Es ist bemerkenswert, daß in dieser Situation selbst Otto Habsburg "vorerst die Befriedung nach links" urgierte. Die verlangte Bundeskanzlerschaft verweigerte ihm Schuschnigg.[123] Der ehemalige Wiener Vizebürgermeister Ernst Karl Winter und der nunmehrige Wiener Bürgermeister Richard Schmitz unterstützten die Bestrebungen, "Rot und Schwarz zum gemeinsamen Kampf wider Braun zusammenzufassen".[124]

Am Tag nach der Begegnung mit dem Arbeiterkomitee beschloß Schuschnigg die Abhaltung einer Volksabstimmung, am 9. März verkündete er in Innsbruck die Abstimmungsparole des 13. März:

> "Für ein freies und deutsches, unabhängiges und soziales, für ein christliches und einiges Österreich. Für Friede und Arbeit und die Gleichberechtigung aller, die sich zu Volk und Vaterland bekennen."

Das Zentralkomitee der Revolutionären Sozialisten, die Kommunistische Partei, die Freien Gewerkschaften und sogar die Trotzkisten forderten die Arbeiterschaft auf, mit "Ja" zu stimmen.[125] Der Kanzler rechnete mit annähernd 3/4 der Stimmen. Die nationalsozialistischen Aktivisten bildeten gewiß nicht eine Mehrheit unter der Bevölkerung. Solange der österreichische Staat intakt blieb, konnte Schuschnigg außerdem mit den Stimmen der politischen Mitläufer rechnen. Seine Erwartungen scheinen nicht unrealistisch.

Das Ultimatum

Die Volksbefragung hätte das Berchtesgadener Abkommen "durch das Volk" revidiert.[126] Hitler "sprach vom schlechten Willen Schuschniggs, der ihm in Berchtesgaden nur eines versetzte". (sic!)[127] Er war fest entschlossen, das Plebiszit "nicht zu dulden".[128] Am Vormittag des 10. März wurde auf diplomatischem Wege die Absetzung der Volksbefragung verlangt. Gleichzeitig schuf Hitler die *Voraussetzungen* für eine Besetzung Österreichs. Der Generalstabschef des Heeres wurde beauftragt, Pläne für einen Einmarsch am 12. März zu erstellen.

Die deutsche Anschlußpolitik erfuhr durch das Verlangen nach Absetzung der Volksabstimmung eine qualitative Änderung. Der evolutionäre Kurs - indirekter Druck von außen und relative Eigenständigkeit der nationalen Opposition - wurde durch die direkte deutsche Intervention ersetzt. Die "nationale Opposition" war seither zum reinen Befehlsempfänger degradiert. Seyß-Inquart hatte seit Abend des 10. März jede eigene Initiative zu unterlassen. Nun war alles möglich. Hitler selbst "doktorte"[129] am Nachmittag des 10. März und in der folgenden Nacht an einem Operationskalender. Am 11. März vormittags informierten Seyß-Inquart und Glaise-Horstenau den Bundeskanzler, daß Hitler bis Mittag die Absetzung der Volksabstimmung verlange; widrigenfalls müßten sie demissionieren, als "provisorische Regierung" die nationalsozialistische Machtergreifung koordinieren sowie schließlich zur Aufrechterhaltung von Ruhe und Ordnung den Einmarsch deutscher Truppen erbitten.[130] Im wenig später überreichten schriftlichen Ultimatum verlangten sie in eigenem Namen bis 14 Uhr die Verschiebung der Volksbefragung um vier Wochen sowie eine Änderung des Wahlmodus, ansonsten würden sie zurücktreten.[131]

Das Ultimatum versetzte die Regierung in eine ernste Lage. Nun kam es darauf an, vor der eigenen Bevölkerung und der Weltöffentlichkeit eine feste Haltung zu zeigen. Das Bundesheer galt als verläßlich, Probleme gab es in der Exekutive und teils in der Frontmiliz. Da in den Morgenstunden des 11. März die deutschen Alarmierungen und Bereitstellungen bekannt wurden, erging um 10.30 die Weisung zur "Grenzbeobachtung Deutsches Reich - ohne Sperrmaßnahmen". Dieser Beobachtungs- und Meldedienst des Bundesheeres und der Frontmiliz war bis 17 Uhr eingerichtet. Der Jahrgang 1915 wurde einberufen und vereinzelt Truppen verlegt. Doch alle diese Maßanhmen sind nur "als Bereitstellung gegen innere Unruhen und als Demonstration gegen das Deutsche Reich zu werten".[132] Schuschnigg und seine Regierung haben nie den Einsatz des Bundesheeres gegen die deutsche Okkupation in Erwägung gezogen. Generaltruppeninspektor Sigismund Schilawsky hielt gleichfalls Widerstand für "aussichtslos", da Österreich nicht "auf eine sofortige Unterstützung von außen rechnen könne".[133] Die Auswirkungen dieser militärischen Selbstaufgabe auf die politische Moral der Bevölkerung und auf die internationale Öffentlichkeit blieben unberücksichtigt.[134]

Schuschnigg gibt auf

Um 14.45 teilte schließlich Seyß-Inquart Göring mit, daß der Kanzler die Volksbefragung aufgehoben habe und zum Rücktritt bereit sei.[135] Dieser Rückzug aus der politischen Verantwortung öffnete eine breite Einbruchstelle gegen außen und innen. Göring berichtete später vom augenblicklichen "Gefühl, daß jetzt die Sache ins Rutschen gekommen" sei.[136] Auch Hitler begann vom evolutionären Kurs abzuweichen. Er benachrichtigte um die Mittagsstunde Mussolini von einer möglichen bevorstehenden militärischen Intervention in Österreich und garantierte die Brennergrenze.[137] Göring verlangte mit Hitlers Einverständnis knapp nach 15 Uhr die Demission Schuschniggs und die Betrauung von Seyß mit der Kanzlerschaft binnen Stundenfrist. Weiters forderte er Seyß auf, "das verabredete Telegramm (um eine deutsche Besetzung) an den Führer zu schicken".[138] Die illegale Partei wurde beauftragt, die Machtergreifung vorzubereiten.

Die folgenden Entscheidungen lagen in Händen des Bundespräsidenten. Miklas nahm erst gegen 18 Uhr den Rücktritt Schuschniggs an, akzeptierte aber nicht eine Regierung Seyß. Diese Verzögerung gefährdete den deutschen militärischen Operationsplan, da noch immer das rettende "österreichische" Hilfsbegehren ausstand. Daher wurde der deutsche Militärattaché Wolfgang Muff zu Miklas beordert, um ultimativ bis 19.30 die Ernennung Seyß-Inquarts zu verlangen, andernfalls Österreich unvermittelt besetzt werde.[139] Der nach Wien entsandte Keppler wiederholte in einer Unterredung mit Miklas die Forderung. "Damit war allerdings das scheinbar österreichische Ultimatum Seyß-Inquarts zu einer offenen Intervention von Vertretern des Reiches geworden."[140]

Miklas zeigte sich wenig beeindruckt. Doch das von ihm gewünschte "Widerstandskabinett" kam nicht zustande. Mit ausländischer Hilfe war nicht zu rechnen. Mussolini ließ sich verleugnen.[141] Die beinahe gleichlautenden britischen und französischen Demarchen in Berlin protestierten scharf gegen die "Gewaltandrohung" durch das Ultimatum. Sie sprachen von "schwerwiegendsten Reaktionen", aber diese waren gewiß politischer und nicht militärischer Natur. Hitler nahm auf die internationale Lage keine Rücksicht mehr. Der Einmarsch in Österreich wurde befohlen, ehe eine Reaktion Mussolinis vorlag und obwohl die Westmächte Konsequenzen ankündigten.

Machtergreifung und Okkupation

Als das österreichische Radio um 19 Uhr die Absetzung der Volksbefragung und den Rücktritt des Kabinetts bei Verbleib Seyß-Inquarts als Innen- und Sicherheitsminister meldete, begann die nationalsozialistische Machtergreifung.[142] Landesregierungen, Bezirkshauptmannschaften und Gemeindeämter sowie die Einrichtungen der Vaterländischen Front usw. fielen den Illegalen widerstandslos in die Hände. Erste Übergriffe gegen Personen und Eigentum kündigten den Unrechtstaat an, manche Bedrohte flüchteten rechtzeitig, viele wurden von den Nationalsozialisten an den Grenzen zurückgehalten. Der Nachtzug aus Wien kam in Prag ohne Österreicher an.

Schuschnigg kapitulierte endgültig. Um 20 Uhr sprach er im Radio zum österreichen Volk,

> "daß wir der Gewalt weichen. Wir haben, weil wir um keinen Preis, auch in diesen ernsten Stunden nicht, deutsches Blut zu vergießen gesonnen sind, unserer Wehrmacht den Auftrag gegeben, für den Fall, daß der Einmarsch durchgeführt wird, ohne Widerstand sich zurückzuziehen."[143]

Zwischen 19.30 und 20.00 Uhr erging der Befehl:

> "Wenn deutsche Truppen die Grenze überschreiten, so haben sich unsere Truppen nach Osten zurückzuziehen. Es darf kein Schuß abgegeben werden."

Jetzt erst, da österreichischer Widerstand nicht zu erwarten war, gab Hitler um 20.45 den Einmarschbefehl ohne das heißersehnte österreichische Bittgesuch. Nachdem erste verbürgte Nachrichten über die anlaufende Militäraktion Wien erreichten, akzeptierte Miklas das Kabinett Seyß-Inquart. Angeblich war dieser nun auch mit der Absendung des Hilfsbegehrens einverstanden.[144] Seyß-Inquart versuchte schließlich seit 23 Uhr den Einmarsch zu stoppen. Doch Hitler ließ sich nicht mehr umstimmen. In den Morgenstunden des 12. März wurde das Land besetzt, und der Reichsführer SS und Chef der deutschen Polizei, Heinrich Himmler, traf auf dem Flughafen Wien-Aspern ein.[145] Das österreichische Bundesheer lag in den Kasernen. Mussolini gab die unvermeidbare Zustimmung, Hitler war sichtlich erleichtert.

Freiwillige und erzwungene Zustimmung

Hitler zog mit den deutschen Truppen in Österreich ein. Tausende säumten begeistert die Straßen und Plätze seiner Triumphfahrt über Braunau und Linz nach Wien.[146] Angeblich 250.000 Menschen hörten am 15. März auf dem Wiener Heldenplatz und längs der Ringstraße seine "Vollzugsmeldung" an die Geschichte: den Eintritt Österreichs ins Reich. Sie waren zum geringen Teil überzeugte Nationalsozialisten, sonst Schaulustige, Mitläufer, Opportunisten.[147]

Die Begeisterung der Märztage 1938 ist vor allem ein Zeugnis politischer Desorientierung. Vier Jahre Austrofaschismus reduzierten die politische Entscheidungsfreiheit in den Augen vieler Bürger auf die Alternative eines schwarzen oder braunen Faschismus. Der Ständestaat verzichtete bis knapp vor seinem jähen Ende auf die Hilfe der Arbeiterbewegungen gegen Hitler. Der paternalistische und noch dazu deutsch verfremdete ständestaatliche Österreich-Begriff erschwerte den nationalen Konsens. Die würdelose Kapitulation vor Hitler entfremdete die eigenen Anhänger dem österreichischen Patriotismus.

Dazu kamen strukturelle Ursachen, vor allem die starke emotionale Komponente eines großdeutschen Gefühls, welches seit Jahrzehnten durch Schule, Parteien und Vereine genährt wurde, ohne der Bewährungsprobe einer "deutschen Einheit" ausgesetzt zu werden. Sodann ist die geringe politische Reife einer Bevölkerung in Betracht zu ziehen, der viele Instanzen Gehorsam und Unterordnung statt Denken und Selbstbestimmung anerzogen haben. In diesem Zusammenhang sind vor allem die virulenten antisemitischen Regungen zu nennen, die von jeher und jetzt erst recht Juden und Außenseiter für soziale Bedrängnis verantwortlich machten.[148] Die bis zuletzt nicht wesentlich verringerte Arbeitslosigkeit und die ländliche Not bildeten sodann den sozialen Nährboden, auf dem die anfängliche Begeisterung für Hitler prächtig gedieh.[149]

Die "Organisierung der Zustimmung"[150] zum NS-System und zum Anschluß belebte diese diffusen Ängste, Wünsche und Hoffnungen mit Versprechungen auf Arbeit, Brot und eine glänzende nationale Zukunft. Prominente Fürsprecher erleichterten schließlich die Einfindung in die neuen Verhältnisse.

> "Am Tage der Volksabstimmung (über die Wiedervereinigung Österreichs mit dem Deutschen Reich) ist es für uns Bischöfe selbstverständlich nationale Pflicht, uns als Deutsche zu bekennen, und wir erwarten auch von allen gläubigen Christen, daß sie wissen, was sie ihrem Volke schuldig sind."

Diese Erklärung unterschrieb der österreichische Episkopat am 18. März für die am 10. April anberaumte Volksabstimmung.[151] Die katholische Kirche zählte bisher zu den festen Stützen des Ständestaates. Katholische Priester gehörten nach dem Anschluß zu den ersten Verhafteten. Sogar Bischöfe wurden eingesperrt und unter Hausarrest gestellt. Die Bischofserklärung sollte offenbar die als unvermeidbar erachtete Annäherung an das System erleichtern. Sie hat dennoch viele Gläubige in ernste Zweifel gestürzt, anderen aber bei der Volksabstimmung Gewissenskonflikte erspart. Die Bischofserklärung wurde in unzähligen Exemplaren plakatiert und als Flugschrift verbreitet.

Vielleicht weniger öffentlichkeitswirksam, aber nicht minder bedenklich war sodann eine Erklärung des ehemaligen Staatskanzlers und Nationalratspräsidenten Karl Renner, der als Sozialdemokrat und seinerzeitiger Leiter der österreichischen Friedensdelegation von St.Germain den Anschluß begrüßte, obwohl dieser "nicht mit jenen Methoden errungen war", zu denen er sich bekenne. Diese Erklärung veröffentlichte "Das Neue Wiener Tagblatt" am 3. April. Derartige politische Blindheit ist auf ererbte deutschnationale Traditionen der Sozialdemokratie zurückzuführen.[152]

Das NS-System verzichtete aber auch nicht auf terroristische Mittel. Während Hitler im Siegeszug durch Österreich fuhr, füllten sich die Kerker.

50-70000 Österreicher wurden in den ersten sechs Wochen ihrer Freiheit beraubt, sei es für wenige Tage, sei es für immer. Prominente des Ständestaates, Kommunisten und Sozialisten, antifaschistische Künstler und vor allem jüdische Mitbürger wurden öffentlich gedemütigt, beraubt, enteignet, inhaftiert, in Konzentrationslager verbracht, ermordet, zum Selbstmord getrieben. Die pogromartigen Ausschreitungen begannen bereits am 11. März, ehe noch das Land besetzt war. Juden wurden von öffentlichen Ämtern und Schulen ausgeschlossen.

Der Anschluß

Die Volksabstimmung vom 10. April 1938 sanktionierte einen Zustand, den Hitler angesichts der jubelnden Menge in Linz bereits am 13. März beschlossen hatte. Okkupation und Anschluß kamen für Hitler überraschend. Hitler dachte anfänglich an den formellen Weiterbestand eines nationalsozialistischen Österreich mit engen Bindungen an Deutschland. In Rede stand auch eine Personalunion Hitlers als deutscher Reichspräsident und österreichischer Bundespräsident.[153] Von Linz aus wurde sodann am 13. März veranlaßt, daß das Kabinett Seyß-Inquart sofort ein "Bundesgesetz über die Wiedervereinigung Östereichs mit dem Deutschen Reich" zu unterzeichnen habe. Da Bundespräsident Miklas mittlerweile zurückgetreten war, unterzeichnete Seyß-Inquart das Gesetz auch als stellvertretender Bundespräsident. Einem entsprechenden deutschen Reichsgesetz stand nichts mehr im Wege.

In der Volksabstimmung vom 10. April 1938 bestätigten 99,6% der Wahlberechtigten - bei einer Wahlbeteiligung von 99,7% - Österreichs "Wiedervereinigung" mit dem Deutschen Reich. Dabei waren 360.000 oder 8% der Österreicher als Juden und politische Verfolgte nicht wahlberechtigt, es gab praktisch kein Wahlgeheimnis, die Flüsterpropaganda ließ geheime Kontrolle befürchten, die Einschüchterung war erheblich, alternative Propaganda undenkbar, eine förmliche Manipulation des Volksabstimmungsergebnisses gar nicht notwendig.[154] Der Völkerbund nahm die Ereignisse kommentarlos zur Kenntnis.[155] Lediglich Mexiko und Spanien protestierten gegen den Anschluß, da beide Staaten selbst dem Druck mächtiger Nachbarn bzw. der Großmächte ausgesetzt waren.[156] Der sowjetische Volkskommissar für Auswärtiges, Maxim Litwinow, nahm am 17. März 1938 die Okkupation Österreichs zum Anlaß, erneut auf die Gefährlichkeit Hitler-Deutschlands hinzuweisen. Die Sowjetunion erklärte ihre Bereitschaft, "unverzüglich mit anderen Mächten im und außerhalb des Völkerbundes praktische Maßnahmen zu ergreifen, um das Problem der kollektiven Rettung der Welt" zu bewältigen.[157]

Anmerkungen

1 Sammelwerke und Überblicksliteratur zum Thema:
Anschluß 1938. Protokoll des Symposiums in Wien 1978. Wien 1978 (Wissenschaftliche Kommission. Veröffentlichungen. 7.); Norbert Schausberger, Der Griff nach Österreich. Der Anschluß, Wien-Münschen 1978; Sozialdemokratie und "Anschluß". Historische Wurzeln. Anschluß 1918 und 1938. Nachwirkungen, Wien-München-Zürich 1978 (Schriftenreihe des Ludwig Boltzmann Instituts für Geschichte der Arbeiterbewegung. 9.); Wien 1938. Wien 1978 (Forschungen und Beiträge zur Wiener Stadtgeschichte. 2.); Gerhard Botz, Der 13. März 38 und die Anschlußbewegung. Selbstaufgabe, Okkupation und Selbstfindung Österreichs 1918-1945, Wien 1978 (Zeitdokumente. 14.); Ulrich Eichstädt, Von Dollfuß zu Hitler. Geschichte des Anschlusses Österreichs 1933-1938, Wiesbaden 1955 (Veröffentlichung des Instituts für Europäische Geschichte Mainz. 10.); Wolfgang Rosar, Deutsche Gemeinschaft. Seyss-Inquart und der Anschluß, Wien-Frankfurt-Zürich 1971; Erwin A. Schmidl, März 38. Der deutsche Einmarsch in Österreich, Wien 1987; Finis Austriae. Österreich, März 1938. Hgg. v. Franz Danimann, Wien-München-Zürich 1978; Ludwig Jedlicka, Die außen- und militärpolitische Vorgeschichte des 13. März 1938, in: Österr. Militär. Zeitschrift 6 (1968), S. 77-84; Österreich 1927 bis 1938. Protokoll des Symposiums in Wien 1972, Wien 1973 (Wissenschaftliche Kommission. Veröffentlichungen. 1.); Jacques B. Benoist-Méchin, Griff über die Grenzen 1938. Der Anschluß Österreichs und seine Vorgeschichte, Oldenburg-Hamburg 1966.

2 Helfried Pfeifer, Die Ostmark. Eingliederung und Neugestaltung, Wien 1941, S. 20 f.

3 Gerhard Botz, Schuschniggs geplante "Volksbefragung" und Hitlers "Volksabstimmung" in Österreich. Ein Vergleich, in: Anschluß 1938, S. 220-243.

4 ders., Die Eingliederung Österreichs in das Deutsche Reich. Planung und Verwirklichung des politisch-administrativen Anschlusses (1938-1940), Wien 1972 (Schriftenreihe des Ludwig Boltzmann-Instituts für Geschichte der Arbeiterbewegung. 1.).

5 Radomír Luza, Österreich und die großdeutsche Idee in der NS-Zeit, Graz-Wien-Köln 1977 (Forschungen zur Geschichte des Donauraumes. 2.).

6 Die Anschlußfrage in ihrer kulturellen, politischen und wirtschaftlichen Bedeutung. Hgg. v. Friedrich Kleinwächter und Hans Palla, Wien-Leipzig 1930.

7 Andreas Hillgruber, Das Anschlußproblem (1918-1945) - Aus deutscher Sicht, in: Deutschland und Österreich, Wien-München 1980, S. 161-178; Gerhard Botz, Das Anschlußproblem (1918-1945) - Aus österreichischer Sicht, in: ebenda, S. 179-198; Margaret Ball, The Anschluss Movement, Stanford 1935; Gordon Brook-Shepherd, Der Anschluß, Graz-Wien-Köln 1963; Felix Kreissler, Von der Revolution zur Annexion. Österreich 1918-1938, Wien 1970; Nikolaus Preradovich, Die Wilhelmstraße und der Anschluß Österreichs 1918-1933, Bern-Frankfurt 1971; Jürgen Gehl, Austria, Germany and the Anschluss, 1931-1938, London 1963; Charles A. Gulick, Österreich von Habsburg zu Hitler, Bde. 1-5, Wien 1948/49.

8 Winfried Garscha, Die Deutsch-Österreichische Arbeitsgemeinschaft. Kontinuität und Wandel der deutschen Anschlußpropaganda und Angleichungsbemühungen vor und nach der nationalsozialistischen "Machtergreifung", Wien-Salzburg 1984.

9 N. Krekeler, Revisionsanspruch und geheime Ostpolitik der Weimarer Republik. Die Subvention der deutschen Minderheit in Polen, Stuttgart 1973 (Schriftenreihe d. Vierteljahrshefte für Zeitgeschichte. 27.); Karl Stuhlpfarrer und Leopold Steurer, Die Ossa in Österreich, in: Vom Justizpalast zum Heldenplatz. Studien und Dokumentationen 1927 bis 1938, Wien 1975, S. 35-64; Gustav Stresemann, Der Schutz der Minderheiten, Berlin 1929; Anneliese Thimme, Gustav Stresemann. Legende und Wirklichkeit, in: Historische Zeitschrift 181 (1956), S. 323-327; Hanns Haas, Das Minderheitenschutzverfahren des Völkerbundes und seine Auswirkungen auf Österreich, in: Arbeiterbewegung - Faschismus - Nationalbewußtsein, Wien-München, Zürich 1983, S. 349-486.

10 Botz, Das Anschlußproblem, S. 185 ff.; Schausberger, Griff, S. 127 ff.

11 Schausberger, Griff, S. 174-212; Internationale Beziehungen in der Weltwirtschaftskrise 1929-1933, München 1980.

12 Diese Kontinuität haben Regionalstudien und Arbeiten zur deutschen Volkstumspolitik bestätigt. Vgl. Stuhlpfarrer/Steurer, Die Ossa, S. 38 ff.; Leopold Steurer, Südtirol zwischen Rom und Berlin 1919-1939, Wien-München-Zürich 1980, S. 85 ff.; Hans Adolf Jacobsen hingegen wollte 1933/34 "einen revolutionären Umbruch" der deutschen Außen-

politik konstatieren. Nationalsozialistische Außenpolitik 1933 bis 1938, Frankfurt-Berlin 1968, S. 618.

13 Gerhard Jagschitz, Der Putsch. Die Nationalsozialisten 1934 in Österreich, Graz-Wien-Köln 1976; Das Jahr 1934: 25. Juli. Protokoll des Symposiums 1974, Wien 1975 (Wissenschaftliche Kommission. Veröffentlichungen. 3.); Karl Gottfried Kindermann, Hitlers Niederlage in Österreich. Bewaffneter NS-Putsch. Kanzlermord und Österreichs Abwehrsieg 1934, Hamburg 1984.

14 Peter Broucek, Edmund Glaise-Horstenau und das Juliabkommen 1936, in: Das Juliabkommen von 1936. Vorgeschichte. Hintergründe und Folgen. Protokoll des Symposiums 1976, Wien 1977, S. 119-135; Der Hochverratsprozeß gegen Dr. Guido Schmidt vor dem Wiener Volksgericht. Die gerichtlichen Protokolle mit den Zeugenaussagen, unveröffentlichten Dokumenten, sämtlichen Geheimbriefen und Geheimakten, Wien 1947; Franz von Papen, Der Wahrheit eine Gasse, Innsbruck 1952.

15 Eichstädt, Von Dollfuß zu Hitler, S. 61 ff.

16 Ernst Bruckmüller: Nation Österreich. Sozialhistorische Aspekte ihrer Entwicklung, Wien-Köln-Graz 1984; Hanns Haas, Nationalbewußtsein und Salzburger Landesbewußtsein, in: Salzburg und das Werden der Zweiten Republik. VI. Landes-Symposium am 4. Mai 1955, S. 34-43 (Salzburg Diskussionen. 7.).

17 Karl Hans Heinz, E.K. Winter. Ein Katholik zwischen Österreichs Fronten 1933-1938, Wien-Köln-Graz 1984.

18 Alfred Klahr, Zur nationalen Frage in Österreich. Erstveröffentlichung in: Weg und Ziel, März/April 1937. Wiederabgedruckt als Sonderdruck von Weg und Ziel, 1979.

19 Dazu die Beiträge von Helene Maimann, Rudolf G. Ardelt und Wolfgang Neugebauer, in: Sozialdemokratie und Anschluß.

20 Anton Staudinger, Zur "Österreich"-Ideologie des Ständestaates, in: Das Juliabkommen, S. 198-240.

21 Staudinger, ebenda.

22 Schuschnigg an Glaise-Horstenau, Brief vom 31. Mai 1937, zitiert bei Rosar, Deutsche Gemeinschaft, S. 117; dazu Michael Siegert, Anschluß von innen. Was Dokumente Österreichs weiland Diktator Schuschnigg nachrufen, in: Neues Forum 15 (1978), Heft 289/290, S. 86-92.

23 Ein General im Zwielicht. Die Erinnerungen Edmund Glaises von Horstenau, Bd.2, hgg. v. Peter Broucek, Wien-Köln-Graz 1983, S. 123; Rosar, Deutsche Gemeinschaft, S. 135.

24 Vgl. Anmerkung 14.

25 Glaise von Horstenau, Erinnerungen, S. 37 ff.

26 Ludwig Jedlicka, Gauleiter Josef Leopold (1889-1941), in: Geschichte und Gesellschaft. Festschrift f. Karl R. Stadler zum 60. Geburtstag, Linz 1974, S. 143-159; Gerhard Jagschitz, Illegale Bewegungen während der ständischen Ära 1933-1938, in: Revolutionäre Bewegungen, hgg. v. Erich Zöllner, Wien 1981, S. 141-162; Rosar, Deutsche Gemeinschaft, S. 125; Glaise von Horstenau, Erinnerungen, S. 218; Luza, Österreich, S. 27-33.

27 Rosar, Deutsche Gemeinschaft, S. 93; Glaise von Horstenau, Erinnerungen, S. 218.

28 Rosar, Deutsche Gemeinschaft, S. 133 ff.; dazu H.J. Neumann, Arthur Seyss-Inquart, Graz-Wien-Köln 1970, S. 46 ff.

29 Rosar, ebenda, S. 159.

30 Schausberger, Griff, S. 406 und 412.

31 Harald Walser, Die illegale NSDAP in Tirol und Vorarlberg 1933/1938, Wien 1983 (Materialien zur Arbeiterbewegung. 28.); Gerhard Jagschitz, NSDAP und "Anschluß" in Wien 1938, in: Wien 1938, S. 147-157; Rosar, Deutsche Gemeinschaft, S. 175-176; Stefan Karner, Die Steiermark im Dritten Reich. 1938-1945. Aspekte ihrer politischen, wirtschaftlich-sozialen und kulturellen Entwicklung, Graz-Wien, 2. Aufl. 1986, S. 37 ff.

32 Walter Pembaur, Im letzten Kampf um Österreich, Wien-Leipzig 1939; Franz Langoth, Kampf um Österreich. Erinnerungen eines Politikers, Wels 1951.

33 Walser, NSDAP in Tirol, S. 139-140; Karner, Steiermark, S. 43.

34 Seyss-Inquart, in: Rosar, Deutsche Gemeinschaft, S. 147.

35 Ebenda, S. 140.

36 Die offizielle parteiinterne Bestätigung erfolgte am 14. Dezember 1937; Schausberger, Griff, S. 408 ff.

37 Ebenda, S. 411; dazu Dieter Petzina, Autarkiepolitik im Dritten Reich. Der nationalsozialistische Vierjahresplan, in: Schriftenreihe der Vierteljahreshefte für Zeitgeschichte. 16 f., Stuttgart 1968.

38 Schausberger, Griff, S. 410.
39 Gerhard Botz, Faschismus und "Ständestaat" vor und nach dem "12. Februar 1934", in: Der 12. Februar 1934. Ursachen. Fakten. Folgen. Hgg. v. Erich Fröschl und Helge Zoitl, Wien 1984 (Thema Zeitgeschichte. 2.), S. 325 f.
40 Akten zur deutschen Auswärtigen Politik 1918-1945. Serie D (1937-1945). Bd. 1, Baden-Baden 1950, Dokument Nr. 233, S. 356-359 (Papen an Hitler).
41 Papen an Außenminister Neurath, ebenda, Dokument Nr. 251, S. 375 f.
42 Eichstädt, Von Dollfuß zu Hitler, S. 250-255; Walter Hummelberger, Österreich und die Kleine Entente im letzten Halbjahr vor dem Anschluß, in: Anschluß 1938, S. 44-67.
43 Rosar, Deutsche Gemeinschaft, S. 160 ff.
44 Ausführlich bei Schausberger, Griff, S. 451-488.
45 Ders., Der Anschluß und seine ökonomische Relevanz, in: Anschluß 1938, S. 244-270.
46 Ebenda, S. 257.
47 Dieter Riesenberger, Österreich - von der innenpolitischen Deformation bis zur außenpolitischen Handlungsfähigkeit, in: Innen- und Außenpolitik unter nationalsozialistischer Bedrohung. Determinanten internationaler Beziehungen in historischen Fallstudien, Opladen 1977, S. 253.
48 Papen an Hitler, 14. September 1937, zitiert nach Karl Stuhlpfarrer, Der deutsche Plan einer Währungsunion mit Österreich, in: Anschluß 1938, S. 286.
49 Stuhlpfarrer, ebenda, S. 287 ff.
50 Ebenda.
51 Am 10. Oktober 1936 sprach Göring Bundeskanzler Schuschnigg wegen eines österreichisch-deutschen "Zusammenschlusses" in Währung und Zollpolitik an. Schausberger, S. 369; Göring berührte dasselbe Anliegen in einem Gespräch mit Staatssekretär Guido Schmidt am 18. September 1937, ebenda, S. 415; schon im Juni "poltert" er in Anwesenheit einer Delegation des Bundes österreichischer Industrieller, daß man in der Anschlußfrage "die Welt vor vollendete Tatsachen stellen müsse"; ebenda, S. 397; in halbprivaten Gesprächen mit Österreichern war gar die Rede von Waffengewalt, ebenda, S. 427 f.
52 Hitler instruierte Göring, daß er Mussolini anläßlich seines Deutschland-Aufenthaltes wissen lassen solle, daß Deutschland weiterhin die evolutionäre Linie verfolge. Aktennotiz Kepplers über eine Unterredung mit Neurath am 1. Oktober 1937. AdAP, D, 1, Dokument Nr. 252, S. 376.
53 Stuhlpfarrer, Währungsunion, S. 288.
54 Erwin Steinböck, Die bewaffnete Macht Österreichs im Jahre 1938, in: Anschluß 1938, S. 133; ders., Die österreichischen Landesbefestigungen von 1918 bis 1938, in: Politik und Gesellschaft im alten und neuen Österreich. Festschrift für Rudolf Neck zum 60. Geburtstag, Bd. 2, Wien 1981, S. 227-251.
55 Peter Broucek, Die militärische Situation Österreichs und die Entstehung der Pläne zur Landesverteidigung, in: Anschluß 1938, S. 153.
56 Schmidl, März 38, S. 52-57.
57 Broucek, Militärische Situation, S. 145. Es gab zwar gleichzeitig operative Planungen für den Fall eines gemeinsamen Vorgehens Österreichs und Deutschlands gegen die Tschechoslowakei (siehe Beitrag von Safrian/Manoschek in diesem Sammelband), aber das militärisch-strategische Konzept war hauptsächlich defensiv gegen eine deutsche Okkupation ausgerichtet.
58 Ebenda, S. 150.
59 Hitler in der bekannten Unterredung mit den Oberbefehlshabern der drei Waffengattungen und dem Außen- sowie dem Kriegsminister am 5. November 1937 ("Hoßbach-Protokoll"). AdAP, D, 1, Dokument Nr. 19, S. 25-32; dazu Walter Bußmann, Zur Entstehung und Überlieferung der "Hoßbach-Niederschrift", in: Vierteljahreshefte f. Zeitgeschichte 4. (1968), S. 373-384; H. Gackenholz, Reichskanzlei, 5. November 1937, in: Forschungen zu Staat und Verfassung, Berlin 1958.
60 Ebenda.
61 Diese Forderung enthält Görings Wunschkatalog vom 11. November 1937, als Voraussetzung eines - nicht zustandegekommenen - Österreichbesuches. Hochverratsprozeß Guido Schmidt, S. 311-314.
62 Broucek, Militärische Situation, S. 158.
63 Vgl. Anmerkung 52.
64 Zitiert bei Schausberger, Griff, S. 400.
65 Ebenda, S. 400 f.; Schmidl, März 38, S. 32 f.

66 Hanns Haas, Österreich im System der kollektiven Sicherheit, Der Völkerbund und Österreichs Unabhängigkeit im Jahre 1934, in: Der 12. Februar 1934, S. 407-450; Karl Stuhlpfarrer, Zur außenpolitischen Lage Österreichs im Jahre 1934, ebenda, S. 451-462.

67 Jens Petersen, Hitler-Mussolini. Die Entstehung der Achse Berlin-Rom 1933-1936, Tübingen 1973; Manfred Funke, Sanktionen und Kanonen. Hitler, Mussolini und der internationale Abessinienkonflikt, Düsseldorf 1970; Karl Haas, Die römische Allianz 1934, in: 4. März 1933. Vom Verfassungsbruch zur Diktatur, hgg. v. Erich Fröschl und Helge Zoitl, Wien 1984, S. 69-92 (Thema Zeitgeschichte).

68 H. James Burgwyn, Italy, The Heimwehr and the Austro-German Agreement of 11 July 1936, in: Mitteilungen des Österreichischen Staatsarchivs 38 (1985), S. 305-325.

69 Ludwig Jedlicka, Mussolini und Österreich 1936, in: Österreich in Geschichte und Literatur 9 (1962), S. 415 f.

70 Ders., Ein österreichischer Militärdiplomat in Rom 1933 bis 1938. Oberst des Generalstabes Dr. Emil Liebitzky, in: Vom Justizpalast, S. 221-226.

71 Stuhlpfarrer, Währungsunion, S. 287.

72 Siehe Anmerkung 52.

73 Dazu: Die Westmächte und das Dritte Reich. 1933-1939, Paderborn 1982.

74 Günter Reichert, Internationale Beziehungen im Donauraum von 1933-1938, Wien 1964.

75 Bernd-Jürgen Wendt, Economic Appeasement. Handel und Finanz in der britischen Deutschlandpolitik 1933-1939, Düsseldorf 1971; ders., England und der deutsche "Drang nach dem Südosten". Kapitalbeziehungen und Warenverkehr in Südosteuropa zwischen den Weltkriegen, in: Deutschland in der Weltpolitik des 19. und 20. Jhdts., Festschrift Fritz Fischer, Düsseldorf 1973, S. 483-512.

76 Lajos Kerekes, Allianz Hitler-Horty-Mussolini. Dokumente zur ungarischen Außenpolitik (1933-1944), Budapest 1944.

77 Hanns Haas, Österreich und das Ende der kollektiven Sicherheit. Zur Rolle der französischen und sowjetischen Politik der Friedenssicherung in bezug auf Österreich, in: Das Juliabkommen von 1936, S. 11-52; André François-Poncet: Botschafter in Berlin 1931-1938, Mainz 1962.

78 Hanns Haas, Österreichisch-sowjetische Beziehungen bis 1918, in: Österreich und die Sowjetunion 1918-1945. Beiträge zur Geschichte der österreichisch-sowjetischen Beziehungen, hgg. von der Historikersektion der Österreichisch-Sowjetischen Gesellschaft, Wien 1984, S. 21-37.

79 William R. Rock, British Appeasement in den 1930s, London 1972; Keith Middlemas, Diplomacy of Illusions. The British Government and Germany 1937-39, London 1972; Lothar Höbelt, Die britische Appeasementpolitik. Entspannung und Nachrüstung 1937-1939, Wien 1983 (Militärgesch. Diss. Österr. Univ. 1.); Reinhold Wagnleitner, Die britische Österreichpolitik 1936 oder "The Doctrine of Putting off the Evil Day", in: Das Juliabkommen, S. 53-83.

80 AdAP, D, 1, S. 47.

81 Ebenda.

82 Ebenda.

83 Schausberger, Griff, S. 431.

84 Documents Diplomatiques Français 1932-1939. 2e série, Bd. 7, Paris 1972, S. 530.

85 Gottfried Niedhart, Deutsche Außenpolitik und internationales System im Krisenjahr 1937, in: Nationalsozialistische Außenpolitik, Darmstadt 1978, S. 360-376.

86 Josef Henke, England in Hitlers politischem Kalkül 1935-1939, Boppard/Rhein 1973, S. 118 (Schriften d. Bundesarchivs. 20.).

87 Ebenda, S. 104.

88 Ribbentrops "Notiz für den Führer", 2. 1. 1938. AdAP, D, 1, S. 135; dazu Wolfgang Michalka, Ribbentrop und die deutsche Weltpolitik 1933-1940, München 1940.

89 Hoßbach-Protokoll, siehe Fußnote 59, S. 379.

90 Ebenda.

91 AdAP, D, 7, S. 547-550.

92 Am 11. Dezember 1937 teilte auch Italien seinen Austritt aus dem Völkerbund mit. Hermann Graml, Europa zwischen den Kriegen, München 1969, S. 347 ff. (dtv-Weltgeschichte d. 20. Jhdts. 5.).

93 Belegstellen bei Haas, Okkupation Österreichs, S. 28.

94 Unterredung mit dem österr. Gesandten Tauschitz. Hochverratsprozeß G. Schmidt, S. 131-132.

95 Glaise von Horstenau, Erinnerungen, S. 211.
96 Gerhard Jagschitz, NSDAP und "Anschluß" in Wien 1938, in: Wien 1938, Wien 1978, S. 147 ff.
97 Glaise von Horstenau, Erinnerungen, S. 217; Rosar, Deutsche Gemeinschaft, S. 188; Jagschitz, NSDAP, S. 149.
98 Luža, Österreich, S. 38.
99 Rosar, Deutsche Gemeinschaft, S. 186.
100 Glaise von Horstenau, Erinnerungen, S. 234.
101 Aktenstücke bei Rosar, Deutsche Gmeinschaft, S. 201-205.
102 Eichstädt, Von Dollfuß zu Hitler, S. 272 ff.
103 Glaise von Horstenau, Erinnerungen, S. 222.
104 Hitler zu Ribbentrop und Keppler, AdAP, D, 1, S. 450; dazu Siegert, Anschluß von innen, S. 90-91; Kurt Schuschnigg, Ein Requiem in Rot-Weiß-Rot. Aufzeichnungen des Häftlings Dr. Auster, Zürich 1946, S. 44 ff.; ders., Im Kampf gegen Hitler. Die Überwindung der Anschlußidee, Wien-München-Zürich 1969.
105 AdAP, D, 1, S. 465 f. Schuschnigg hat in seinem mit 11. Juni 1938 datierten "Gesuch" an Hitler im Rückblick seine Ziele folgendermaßen skizziert: "Österreich als selbständiger Staat in staatsrechtlicher Bindung mit dem Reich, eben so, daß Außenpolitik und Militärhoheit gemeinsam in Berlin geführt und Österreich ein moderner Bundesstaat werde". Zitiert nach Otto Leichter, Zwischen zwei Diktaturen. Österreichs Revolutionäre Sozialisten, Wien 1968, S. 333 ff. Auch Schuschniggs glücklicherweise erhaltene "Gefängnisaufzeichnungen" belegen diese föderalistische Anschlußkonzeption. Vgl. Hochverratsprozeß G. Schmidt, S. 613 ff.; dazu Siegert, Anschluß von innen, S. 88; Schuschniggs "Requiem in Rot-Weiß-Rot" ist eine stark überarbeitete Fassung der Gefängnisaufzeichnungen. Original und Druckfassung wurden 1946 von der KPÖ publiziert: "Des dritten Österreich Weg zur Ostmark." Österreichische Nationalbibliothek 596.038-C.
106 Glaise von Horstenau, Erinnerungen, S. 224.
107 Ebenda, S. 229.
108 Hitler am 26. Februar 1938 zu Rainer und Globočnik, in Anwesenheit Ribbentrops und Kepplers, AdAP, D, 1, S. 450.
109 Hitler am 21. Februar 1938 zu Klausner, Aktennotiz Kepplers, ebenda, S. 443 f.
110 Rede vom 25. März 1938 über seine Haltung im "Winter" 1937/38. Hitler-Reden und Proklamationen 1932-1938, hgg. v. M. Domarus, Bd. 1, Würzburg 1962, S. 834.
111 Dazu Ernst Hanisch, 1938 in Salzburg, in: Mitteilungen der Gesellschaft für Salzburger Landeskunde 118 (1978), S. 260 ff; Karner Steiermark, S. 44 ff.; Walser, NSDAP in Tirol, S. 148 ff.; Schausberger, Griff, S. 540 (über Kärnten).
112 Karner, S. 45.
113 Ebenda, S. 45 f.
114 Glaise von Horstenau, Erinnerungen, S. 230.
115 Ebenda, S. 231.
116 Kreissler, Der Österreicher, S. 54 ff.
117 Guido Zernatto, Die Wahrheit über Österreich, New York-Toronto 1938, S. 260; Theodor Heinisch, Österreichs Arbeiter für die Unabhängigkeit 1934.1945, Wien 1968, S. 18; Felix Kreissler, Der Österreicher und seine Nation. Ein Lernprozeß mit Hindernissen, Wien-Köln-Graz 1984, S. 54 ff.
118 Christl Kluwick-Muckenhuber, Anton Staud - Ein Leben für die Arbeiterbewegung, Wien-München 1969, S. 141 ff.; Die Kommunistische Partei Österreichs. Beiträge zu ihrer Geschichte und Politik, Wien 1987, S. 264 ff.
119 Zitiert bei Schausberger, Griff, S. 547.
120 Schuschnigg, Im Kampf, S. 175.
121 Schausberger, Griff, S. 552.
122 Schmidl, März 38, S. 92.
123 Schuschnigg, Im Kampf, S. 18-22.
124 Glaise von Horstenau, Erinnerungen, S. 254.
125 Kreissler, Der Österreicher, S. 68.
126 Glaise von Horstenau, Erinnerungen, S. 246; dazu Isabella Ackerl, Die Propaganda der Vaterländischen Front für die geplante Volksabstimmung vom 13. März 1938, in: Wien 1938, S. 18-24.
127 Papen in Hochverratsprozeß G. Schmidt, S. 381.

128 Tagebuch Alfred Jodl, zitiert bei Schausberger, Griff, S. 554; dazu Friedrich Fritz, Der deutsche Einmarsch in Österreich 1938, Wien 1985; G.E.R. Gedye, Die Bastionen fielen. Wie der Faschismus Wien und Prag überrannte, Wien 1947; Georges Castellan, Chronologie de l'Anschluss, in: Austriaca. Cahiers universitaires d'information sur l'Autriche 4 (1978), Hft. Mai-Juni, S. 11-50.
129 Glaise von Horstenau, Erinnerungen, S. 251.
130 Rosar, Deutsche Gemeinschaft, S. 266 f.; Eichstädt, Von Dollfuß zu Hitler, S. 386 ff.
131 Rosar, Deutsche Gemeinschaft, S. 268 f.
132 Broucek, in: Glaise von Horstenau, Erinnerungen, S. 259, Fußnote; ders. Militärische Situation, S. 161-163.
133 Schmidl, März 38, S. 110.
134 Stephan Verosta, Politische und völkerrechtliche Aspekte der Besetzung Österreichs durch Deutschland, in: Österreich 1927 bis 1938, Wien 1973 (Wissenschaftl. Kommission, Veröff. 1.), S. 207-226.
135 Eichstädt, Von Dollfuß zu Hitler, S. 377.
136 Zitiert bei Rosar, Deutsche Gemeinschaft S. 272.
137 Eichstädt, Von Dollfuß zu Hitler, S. 381.
138 Rosar, Deutsche Gemeinschaft, S. 273.
139 Ebenda, S. 280 f.
140 Schmidl, März 38, S. 104.
141 Haas, Okkupation Österreichs, S. 42.
142 Vgl. Hanisch, 1938 in Salzburg; Karner, Steiermark; Walser, NSDAP; Werner Hochfellner, Der politische Umbruch im Frühjahr 1938 unter Berücksichtigung der Vorgänge in der Steiermark im Spiegel österreichischer Presse. Phil. Diss. Graz 1971, zusammenfassend Schmidl, März 38, S. 111-134.
143 Wiener Zeitung, 12. März 1938.
144 Die Zustimmung hat Seyß später bestritten, siehe Schmidl, März 38, S. 109; Glaise von Horstenau, Erinnerungen, S. 265 f.
145 Schmidl, März 38, passim.
146 Ebenda, S. 212-219.
147 Luža, Österreich, S. 46 f.; Kreissler, Österreicher, S. 95 ff.; Bernhard Denscher, Nationalsozialistische Propaganda zur "Volksabstimmung" am 10. April 1938, in: Wien 1938, S. 89 ff.
148 Das österreichische Judentum. Voraussetzungen und Geschichte. Wien-München 1974, passim.
149 Gerhard Botz, Schuschniggs geplante "Volksbefragung" und Hitlers "Volksabstimmung" in Österreich, in: Anschluß 1938, S. 220-243; Dieter Stiefel, Arbeitslosigkeit. Soziale, politische und wirtschaftliche Auswirkungen am Beispiel Österreichs 1918-1938, Berlin 1979.
150 Botz, Der 13. März 1938, S. 23 ff.
151 Weinzierl, Erika, Christen und Juden nach der NS-Machtergreifung in Österreich, in: Anschluß 1938, S. 183; dazu Maximilian Liebmann, Die Geheimverhandlungen zwischen NS und Kirche 1938 in Österreich (I. Teil), in: Geschichte und Gegenwart 1 (1982), S. 42-78.
152 Sozialdemokratie und "Anschluß", Diskussion S. 94 ff.
153 Botz, Eingliederung, S. 32 ff.; ders., Hitlers Aufenthalt in Linz im März 1938 und der "Anschluß", in: Historisches Jahrbuch der Stadt Linz 1970, S. 185-214.
154 Ders., Schuschniggs "Volksbefragung", passim.
155 Eichstädt, Von Dollfuß zu Hitler, S. 445.
156 Friedrich Katz, Mexiko und der Anschluß Österreichs, in: Zeitschrift für Lateinamerika (Wien) 1976, Nr. 11, S. 113-120.
157 Handbuch der Verträge 1871-1964. Verträge und andere Dokumente aus der Geschichte der internationalen Beziehungen. Hgg. v. Helmuth Stoecker, Berlin 1968, S. 288.

Klaus-Dieter Mulley

MODERNITÄT ODER TRADITIONALITÄT?

Überlegungen zum sozialstrukturellen Wandel in Österreich 1938 bis 1945

Inwieweit haben die sieben Jahre nationalsozialistischer Gewaltherrschaft die Gesellschaft Österreichs, seine "Sozialstruktur" und die damit verbundenen Einstellungen, Lebensweisen und Werthaltungen nachhaltig verändert? Anders gefragt: War der Nationalsozialismus innerhalb der langfristigen, kapitalistischen Entwicklung eine Phase, welche die "Sachgesetzlichkeit"[1] industriewirtschaftlicher und damit sozialer Entwicklungstendenzen einfach fortschrieb? Oder stellt er einen Bruch in der Kontinuität[2] eines durch Veränderungen im wirtschaftlichen und technologischen Bereich überwiegend bedingten "sozialen Wandels" dar? Das heißt: Bei der Betrachtung von einigen, das Gesamtgefüge[3] der Gesellschaft beeinflussenden sozialstrukturellen Faktoren muß zwischen kapitalismusimmanenten, gleichsam "allgemeinen" und (nur) durch den Faschismus bedingten (tendenziell verstärkten) Entwicklungen unterschieden werden. Grundlegend dafür erscheint ein Verständnis von Faschismus, welches diesen im allgemeinen und den Nationalsozialismus im besonderen, als eine (mögliche) Phase in der Entwicklung marktwirtschaftlich geprägter Gesellschaften ansieht.

"Modernität" meint eine dem jeweiligen technologischen und wirtschaftlichen Niveau entsprechende Umformung gesellschaftlicher Strukturen. Ein Vorgang, der zwar prinzipiell dauernd im Rahmen des "sozialen Wandels" stattfindet, doch auch Beschleunigung erfahren kann. "Traditionalität" wäre in einer Phase des raschen ökonomischen "Umbruchs" die Tradierung älterer, nicht dem kapitalistischen, industriegesellschaftlichen Typus entsprechender, "vormoderner" Lebenswelten. Der Nationalsozialismus hat in Österreich das technologische und wirtschaftliche Niveau, gemessen am Maßstab westlicher Industrienationen, zweifellos gehoben. Die Kenntnis der wirtschaftlichen Maßnahmen, deren bekannteste die Mechanisierung der Landwirtschaft und große Industriegründungen darstellten, wird für das Folgende großteils vorausgesetzt. Die Frage ist somit, wie bereits oben angedeutet, ob dieser - kurzfristigen - wirtschaftlichen "Modernisierung" ein meß- und beschreibbares Äquivalent in der sozialstrukturellen Entwicklung gegenüberstand, welche außerhalb des quasi "normalen" Wandels stattfand.

Ralf Dahrendorf[4] hat sich für Deutschland schon Mitte der sechziger Jahre diese Frage nach den Folgen der nationalsozialistischen Herrschaft gestellt und die These von einer "gewaltsamen Modernisierung" der deutschen Gesellschaft formuliert. David Schoenbaum[5] folgte in vielem diesem Konzept und sah in der Erreichung der "Modernität" ein Ergebnis der durch den Nationalsozialismus angeblich hervorgerufenen "sozialen Revolution". Dahrendorf und Schoenbaum wurden damit zu den wichtigsten Vertretern einer, aus dem Optimismus westlicher "Wohlstandsgesellschaften" der sechziger Jahre verständlichen, Betrachtungsweise des Nationalsozialismus, die zwar seine Wahl der (terroristischen) Mittel verurteilte, ihm aber - unter Aussparung jeglicher kapitalismuskritischer Ansätze - eine wichtige soziale Funktion für die Erreichung industriewirtschaftlicher "Modernität" zusprach. Obwohl gerade heute die hinter dem damals verwendeten Modernitätsbegriff liegenden optimistischen Erwartungen das Konzept als ganzes fragwürdig erscheinen lassen, Solidarität, Mitmenschlichkeit und Toleranz nicht als notwendige Bestandteile einer "modernen" demokratischen Gesellschaft thematisiert werden, erscheint es dennoch wichtig, auch die österreichische Gesellschaft unter freier Bedachtnahme auf jene Konzeption der "Modernisierung" zu untersuchen, zumal damit ein zentraler Problembereich in der unlängst geforderten "Historisierung"[6] des Nationalsozialismus angesprochen wird. Scheint doch im heutigen Sprachgebrauch, wenn auch bereits qualitativ durch die Hereinnahme ökologischer Betrachtungsweise etwas verändert, "Modernität" positiv besetzt, während "Traditionalität" der Geruch des Überkommenen und Negativen anhaftet. Besteht somit die Gefahr einer zumindest partiellen Relativierung des angesichts tausendfachen Mordes unrelativierbaren Regimes über die Hintertür eng sozialgeschichtlicher Betrachtungsweisen, so soll diese durch die Betonung der Funktionalität faschistischen Handelns[7] im allgemeinen und durch die Sicht einer nicht nur auf die "Friedenszeit" 1938/39 beschränkten zeitlichen Erstreckung hintangehalten werden. Denn gerade darin liegt eines der Dilemma historischer Forschung über die NS-Zeit in Österreich: In den Erinnerungen von Zeitgenossen, welche auch heute noch das öffentliche Bild über die NS-Zeit beeinflussen, dominieren jene, von vielen damals "positiv" erlebten Maßnahmen, wie Abbau der Arbeitslosigkeit, wirtschaftliche Besserstellung etc.[8] Schon die Verbrechen der ersten Jahre nationalsozialistischer Herrschaft, besonders aber die der sogenannten "Kriegsjahre" mit all ihren restriktiven Maßnahmen, soziostrukturellen Umgliederungen etc. werden verdrängt und nicht als genuiner Bestandteil des "deutschen Faschismus an der Macht" erkannt.

Der Nationalsozialismus stellte eine Form der Herrschaft von Bourgeoisie und Kapital dar.[9] Unter dem identitätsstiftenden Schlagwort der "Volksgemeinschaft" sollten "in gemeinschaftlichem" Handeln jene inneren Reformen in der Gesellschaft durchgeführt werden, welche für die expansive Wirtschaftsstrategie und die imperialistische Eroberungspolitik notwendig schienen. In dieser funktionalistischen Betrachtungsweise, welche real existierende und bestimmende Formen gesellschaftlichen Handelns in den Bereich der "symbolischen Ersatzhandlungen des Nationalsozialismus" verbannt und sie weitgehend als praxislose Bewußtseinsbeeinflussung behandelt[10], bleibt allerdings jenes, das politisch-soziale "Klima" der Nachkriegszeit determinierende Erleben von faschistischen Formen der Vergesellschaftung und ihrer konkreten, individuell positiv besetzten Erlebnisse ausgespart. Eine Behandlung der Sozialstruktur des Nationalsozialismus kann sich somit nicht nur auf die Beschreibung und Erklärung von Datenreihen beschränken, sondern muß versuchen, wenn auch nur marginal, auf die nationalsozialistische Um- und Neuformierung sozialer Gruppen einzugehen.

In der Präsentation nachfolgender "Zahlen" bzw. Tabellen, die offiziellen, veröffentlichten Statistiken entnommen wurden, besteht eine große Schwierigkeit, abgesehen von rein technischen Unzulänglichkeiten mancher Zählungen: Die veröffentlichten Statistiken stellen bereits per se eine Interpretation der Wirklichkeit dar, die auf Grund politischer, wirtschaftlicher oder gesellschaftspolitischer Vorgaben angefertigt wurden und somit große Probleme bei der Reinterpretation bieten. Dennoch scheinen sie mit allen kritischen Vorbehalten die einzige Quelle für eine Darstellung langfristiger soziostruktureller Entwicklungen darzustellen und geben ein zumindest ungefähres Bild der Dynamik möglicher Veränderungen.

In Fortschreibung der von Ernst Bruckmüller skizzierten Entwicklung der Sozialstruktur der Ersten Republik[11], unter Außerachtlassung wirtschafts- und sozialpolitischer Maßnahmen, wird im folgenden, nach einem Blick auf die demographischen Kennzahlen (I.), die Struktur der Erwerbstätigkeit (II.) sowie die Auflösung und Neubildung von gesellschaftlichen Gruppen (III.) betrachtet.

I. Bevölkerungsentwicklung

Die österreichische Bevölkerung vermehrte sich in der ersten Hälfte des 20. Jahrhunderts gegenüber dem westeuropäischen Durchschnitt nur langsam.[12] In den zwanziger und dreißiger Jahren schien sie numerisch zu stagnieren. Ab Mitte der dreißiger Jahre setzte eine Entwicklung ein, welche auf "ungewöhnliche" Vorgänge schließen läßt: In fünf Jahren (1934-1939) nahm die Bevölkerung um 107.000 Personen ab. Im folgenden Jahrfünft nahm sie um mehr als diese Abnahme zu, allein 1944-1946 war dann nochmals eine Zunahme von 200.000 zu verzeichnen. Trotz der Verluste des Zweiten Weltkrieges stieg die Bevölkerung in Österreich 1939-1945 um 318.000, insgesamt 1934 bis 1951 um über 170.000. Die Bevölkerungsbewegung (welche sich aus Geburten- und Wanderungsbilanz zusammensetzt) spiegelt so die "Dynamik" der politischen und wirtschaftlichen Ereignisse der Jahre 1934 bis 1951 wider.

Tabelle 1
Bevölkerungsbewegung in Österreich 1910 bis 1961

		1. +/-	2. VZ	3. 39/46
1910	6,648.310			
1923	6,534.742	- 113.568		
1934	6,760.233	+ 22.549	+ 22.549	
1939	6,652.720	- 107.513		
1944	6,768.267	+ 115.547		
1946	6,971.664	+ 203.397		+ 318.944
1951	6,933.905	- 37.759	+ 173.672	
1961	7,073.807	+ 139.902	+ 139.902	

Legende: Jeweils Volkszählungsergebnisse (VZ) mit dem damaligen Gebietsstand, Ausnahme: 1944 (Februar) und 1946 (Dezember). Diese Zahlen wurden von der Arbeiterkammer über die Verteilung der Lebensmittelausweise berechnet (durch welche allerdings die in Lagern untergebrachten "Gemeinschaftsverpflegten" nicht erfaßt wurden!) Exakte Aussagen für die Zeit 1939 bis 1951 sind wohl nicht möglich, Umrechnungen auf einen bestimmten Gebietsstand kompliziert und meist auch fehlerhaft. Beispiel: Nach dem 1. Gemeindeverzeichnis wurde als Gesamtbevölkerung (Berechnung auf Grund der Lebensmittelkarten) mit Stand Oktober 1946 6,818.593 angegeben. Bereits für Dezember 1946 wird in den Quellen die Bevölkerung (wieder auf Grund der Lebensmittelkarten berechnet) mit 6,971.664 angeführt. Dies wäre in zwei Monaten ein Zuwachs um rund 150.000. Eine Aufrechnung, wie sie etwa F. Butschek, Die österreichische Wirtschaft 1938 bis 1945, Wien 1978, S 121 versucht, erscheint mir nicht zielführend. Die AK-Wien stellte für 1946 dazu fest: "Eine Ermittlung des Bevölkerungsstandes auf Grund der letzten Volkszählung durch Hinzurechnung der Geburten und Abzug der Sterbefälle, würde infolge der Binnenwanderung sowie der in den letzten Jahren sich ergebenden zwangsweisen Umschichtung großer Bevölkerungsteile, kein richtiges Bild geben" (Jahrbuch 1946, S. 66). Die Zahl für die VZ 1939 wurde für das Staatsgebiet Österreich umgerechnet.

1. Veränderung gegenüber dem genannten Vorjahr
2. Veränderung gegenüber der letzten österreichischen Volkszählung
3. Bilanz 1939 - 1944

Quelle: Monatsbericht des österreichischen Instituts für Wirtschaftsforschung 1962/H. 11, S. 496 ff.; Kammer für Arbeiter und Angestellte für Wien (Hg.), Wirtschafts- und Sozialstatistisches Handbuch 1945-1969, Wien 1970. Arbeiterkammer in Wien (Hg.), Jahrbuch 1946, Wien 1947, S. 66 ff. Bruckmüller, Ernst, Sozialstruktur und Sozialpolitik, in: E. Weinzierl/K. Skalnik (Hg.), Österreich - Die erste Republik, Wien 1985, S. 381 ff.

A) Geburten- und Sterbefälle

Eine demographische Erklärung muß in Hinblick auf diese und die spezifisch nationalsozialistische Bevölkerungs- und Kriegspolitik denn auch von folgendem ausgehen:

Die relativ geringe Geburtenbilanz 1923 bis 1937, einem Jahr, in dem sie überhaupt einen Tiefstand erreichte, kann mit der wirtschaftlichen Dauerkrise der Zwischenkriegszeit in Verbindung gebracht werden.

Das extreme Ansteigen der Eheschließungen und die damit verbundene Geburtenhäufigkeit 1939 bis 1944 läßt auch auf gezielte nationalsozialistische bevölkerungspolitische Maßnahmen schließen.

Zu einem ersten Anstieg der Anzahl der Eheschließungen kam es bereits unmittelbar nach dem "Anschluß", der auch auf einen "Rückstau" an Eheschließungen hinweist.

> "Im ersten Vierteljahr 1938, in dessen drittem Monat sich der Umbruch vollzog, hatte sich die Zahl der Eheschließungen gegenüber dem gleichen Zeitraum im Vorjahr um 958, d.i. um rund 10 v.H. erhöht. Im zweiten Vierteljahr stieg aber die Zahl der Eheschließungen so außerordentlich an, wie es ähnlich nur nach dem Weltkrieg zu beobachten war. Fast 20.000 Ehen wurden von April bis Juni 1938 in Österreich geschlossen, d.i. um rund 50 v.H. mehr als im zweiten Vierteljahr 1937, in dem nur 13.139 Ehen geschlossen wurden. In Wien allein wurden um 2.210 oder um 66,3 v.H. Eheschließungen mehr als in der Vergleichszeit gezählt, in Salzburg sogar 74 v.H."[13]

Die Zunahme der Eheschließungen war im Burgenland mit 8,6% am geringsten, was auf die starke Landflucht zurückgeführt wurde. Nach dem zitierten Bericht nahmen auch im "Deutschen Reich" die Eheschließungen im "Jahr der Machtergreifung" 1933 im Vergleich zu 1932 um 24% zu.

Eine Erklärung für die überproportionale Zunahme der Ehen in den ersten Monaten nach dem "Anschluß" muß mit der allgemeinen sozialen und wirtschaftlichen Situation der Bevölkerung im 2. Vierteljahr des Jahres 1938 in Zusammenhang gebracht werden, zumal die familienpolitischen Maßnahmen erst später in ihrem Gesamtumfang eingesetzt hatten (das Gesetz zur "Förderung der Eheschließungen" allerdings bereits am 6. April 1938). Mögliche Erklärungsmuster wären:

a) Bedingt durch die nationalsozialistische Propaganda zur "Volksabstimmung", durch die Verkündigung der diversen Wirtschaftsprogramme und durch Versprechen zur Schaffung von Wohnungen hofften viele auf eine Verbesserung ihrer sozialen Lage. Die durchgeführten Maßnahmen zum Abbau der Arbeitslosigkeit und erste scheinbare Verbesserungen am Arbeitsplatz bestärkten diesen Glauben. Man konnte wieder an Familiengründung denken.
b) Die deutsche (Rüstungs-)Industrie wartete bereits auf das freie Arbeitskräftepotential in Österreich. Angeblich 100.000 Arbeiter wurden zumindest kurzfristig zur Arbeitsleistung in das sogenannte "Altreich" verschickt. Arbeit in der Ferne: Was lag näher als den - bisher aufgeschobenen - Schritt zur Ehe zu vollziehen.
c) Ein interessanter, bisher noch kaum beachteter Aspekt, findet sich in der Pfarrchronik von Schwarzenau am Gebirge: "Die Einführung der deutschen Ehegesetze veranlaßte einige, noch rasch vorher die kirchliche Trauung vornehmen zu lassen."[14] Die "Zwangszivilehe" (H. Pfeifer) wurde erst durch das "Gesetz zur Vereinheitlichung des Rechtes der Eheschließung und der Ehescheidung" ab 1. August 1938 wirksam.[15]

Tabelle 2
Geburten 1938-1943 in Prozent zum Bevölkerungsstand 1939

	1938	1939	1940	1941	1942	1943
Wien	0,7	1,5	1,6	1,5	1,3	1,5
NÖ	1,4	2,1	2,2	1,9	1,6	1,7
OÖ	1,5	2,4	2,5	3,1	2,0	2,0
Stmk	1,7	2,3	2,5	2,3	1,9	1,9
Tirol/Va	1,7	2,4	2,6	2,6	2,3	2,3
Kärnten	1,9	2,6	2,9	2,7	2,3	2,4
Slzbg	1,6	2,5	2,6	2,5	2,2	2,3
"Ostmark"	1,3	2,1	2,2	2,2	1,7	1,8

Quelle: Berechnet nach den Angaben von K. Berger. Zwischen Eintopf und Fließband, Wien 1984, S. 116; Wohnbevölkerung der "Reichsgaue" nach den Angaben in: Ostmark-Jahrbuch 1942 (Gebiets- und Bevölkerungsstand nach VZ 1939).

Zur Erreichung der bevölkerungspolitischen, imperialistischen Ziele des Nationalsozialismus wurden verschiedene familienpolitische Maßnahmen eingeführt, die besondere Anreize zur Kinderzeugung bieten sollten. Die "Fortpflanzung" der "arischen Rasse" sollte damit forciert werden. Die "Züchtung eines Herrenvolkes" schien zur Ausweitung des "Lebensraumes im Osten" notwendig: "Der nationalsozialistische Staat sieht in der Familie die Keimzelle der Sippe und des Volkes. Sie ist dazu berufen, den Fortbestand des Volkes zu sichern."[16]

Die Werbung zur Kinderzeugung wurde offensiv vorgetragen, finanzielle Anreize wurden angeboten. Die Bevölkerung stieg darauf ein, wobei die regionale Verteilung der Geburten durchaus im "traditionellen Trend" blieb: Im mehr industrialisierten Osten, in dem infolge der Arbeitsorganisation und der damit verbundenen Betreuungs- und Erhaltungsprobleme die "Kleinfamilie" vorherrschend war, stieg die Geburtenrate geringer als im landwirtschaftlich dominierten Westen. 1940 erreichte die Geburtenhäufigkeit einen Höhepunkt, um dann bis 1942 wieder abzusinken. 1943 und 1944 stieg die Zahl der Geburten wieder leicht an, was einerseits auf die nun wieder einsetzende nationalsozialistische Propaganda, andererseits auf Wehrmachtsurlaube, Abwehr von Arbeitsdienstverpflichtungen etc. zurückgeführt werden könnte. Inwiefern "sozialer Protest" (Kindesverweigerung von Frauen, die sich dagegen richtete, als "Gebärmaschine" mißbraucht zu werden) gegen den NS sich insgesamt hier auswirkte, läßt sich nur individuell beweisen.[17] Die Daten allein geben dafür keinen Hinweis.

Überhöhte Sterblichkeit (Selbstmorde 1934 und 1938/39!), Auswanderung (Emigrationswellen 1934 und 1938/39, Ausweisung österreichischer Juden nach dem 12. 3. 1938), Deportationen (ab März 1938) und Dienstverpflichtung österreichischer Arbeitsloser in das "Deutsche Reich"[18] dezimierten die Bevölkerung zusätzlich bis zur nationalsozialistischen Volkszählung vom Mai 1939. 1938 wurden über 2.000 Selbstmorde statistisch erfaßt, unverhältnismäßig hoch war die Anzahl der "unbestimmten Todesursachen" (2.517) und der "anderen Krankheiten der Kreislauforgane" (13.039).[19] Insbesondere ist die Beseitigung der jüdischen Bevölkerung zu berücksichtigen: Diese betrug nach der Volkszählung 1934 191.481 Einwohner, das waren 2,8% der Gesamtbevölkerung, über 5.000 Juden hatten Österreich bereits 1934 bis 1938 verlassen. In Wien, wo 176.034 Juden 1934 wohnten (9,4% der Wiener Gesamtbevölkerung), verblieben 1938 169.978. Am 17. Dezember 1939 wurden noch 63.852 Juden mit Lebensmittelkarten in Wien beteilt:

> "Am 31. Dezember 1944 leben noch in Wien 5.799 Juden nach den Nürnberger Gesetzen, hievon 3.388 in privilegierter Mischehe, 1.358 in nichtprivilegierter Mischehe, 1.053 Geltungsjuden, Ausländer und sonstige. 118 Juden wohnen in Niederdonau."[20]

65.000 österreichische Juden wurden von den Nationalsozialisten im Rahmen der sogenannten "Endlösung" ermordet...

B) Wanderung

Die ‚natürliche Bevölkerungsbewegung' der Jahre 1938 bis 1945 spiegelt nicht die reale Bevölkerungsbewegung jener Zeit wider. Bevölkerungsabnahmen, wie etwa die Kriegsverluste (welche infolge der meist spät erfolgten Meldungen an die Standesämter nicht in die Statistik aufgenommen wurden), die nationalsozialistischen Morde an Widerstandskämpfern sowie die Auswanderung, Deportation und Vernichtung des österreichischen Judentums und der österreichischen Zigeuner, wurden statistisch überlagert durch Zunahmen, welche sich aus der Zwangsverpflichtung sogenannter "ausländischer Arbeitskräfte" und die NS-Umsiedlungsaktionen von sogenannten "Volksdeutschen" und Südtiroler Bauern ergaben.

Das Ende der nationalsozialistischen Herrschaft ließ auf österreichischem Staatsgebiet mehr als eine halbe Million sogenannter "Displaced persons" zurück[21], die zum überwiegenden Teil - der numerisch größer war, als die vermißten oder in alliierter Kriegsgefangenschaft außerhalb des Landes befindlichen Österreicher - zwischen 1946 und 1951 das Land verließen. Nach einer Aufstellung der Arbeiterkammer Wien gliederten sich die DP's, von welchen rund 70.000 in Lagern untergebracht waren, in:

Tabelle 3

Repatriierbare Reichs- und Volksdeutsche	199.610
Repatriierbare Ausländer	25.290
Nicht repatriierbare Volksdeutsche	165.476
Südtiroler	45.553
Nicht repatriierbare Ausländer	150.434
Ausländische Juden	11.905
Summe "Displaced persons" 1946	598.268

Quelle: Arbeiterkammer in Wien (Hg.), Jahrbuch 1946, S. 67

Insgesamt bedeutete die nationalsozialistische Herrschaft in Österreich somit eine Bevölkerungsbewegung größten Ausmaßes, die auch regionale Auswirkungen haben mußte:

Tabelle 4
Bevölkerungsbewegung 1937 bis 1947 in den Bundesländern (in tausend)

	Fläche	1937	1939	1947
Wien	393	1936	1767	1947
Burgenland	3952	277	289	259
Niederösterreich	19208	1447	1461	1375
Oberösterreich	12451	912	938	1016
Salzburg	7153	246	257	282
Steiermark	15916	1005	1005	1017
Kärnten	11554	436	450	480
Tirol	10628	318	330	344
Vorarlberg	2602	155	158	163
Österreich	83857	6754	6652	6367

Legende: Für 1947 Berechnung nach ausgegebenen Lebensmittelkarten nach Stand v. 2.2.1947; ohne 534.326 DP's.
Quelle: AK-Wien (Hg.), Jahrbuch 1947, Wien 1948, S. 259.

Bereits in der Ersten Republik war eine, wenn auch noch sehr geringe Binnenwanderung nach dem Westen bemerkbar. Jedenfalls nahm der Anteil der Bevölkerung Wiens an der Gesamtbevölkerung kontinuierlich von 31,3% im Jahre 1910 auf 28,6% 1934 ab.[22] Zwischen 1934 und 1951 folgte ein großer Sprung nach unten auf 23,3% der Gesamtbevölkerung Österreichs. Dieser Trend setzte sich nicht in dem Ausmaß fort, denn bis 1961 sank der Anteil Wiens nur mehr um 0,3%. Die Tabelle verdeutlicht diese Entwicklung, und unterstreicht für die demographische Entwicklung die Hypothese von der "Entprovinzialisierung". Unter "Entprovinzialisierung" soll hier ganz allgemein die Zunahme von Lebenschancen und Lebensqualität in den westlichen Bundesländern und die damit zusammenhängenden demographischen, sozialen etc. Veränderungen verstanden werden.[23] Ein Vergleich der Volkszählungsergebnisse 1934 und 1951 scheint diese These denn auch nahezulegen: Zeigt die Bevölkerungsveränderung in den westlichen Bundesländern zwischen 1934 (=100) und 1951 besonders für Salzburg (133), Vorarlberg (125), Oberösterreich (123) und Tirol (122) eine hohe Zunahme, so muß für den Osten, Niederösterreich (97), Burgenland (92) und Wien (83) eine Abnahme festgestellt werden, die im gesamtösterreichischen Vergleich (103) in erster Linie die Bundeshauptstadt zu tragen hatte[24] (s. Grafik S. 33).

Vergleicht man die Bevölkerungsbilanz der Bundesländer, so fällt auf, daß der Rückgang des Ostens in den Jahren 1934/39 lag, die Zunahme des Westens dagegen in der Zeit zwischen 1939 und 1944, sowie in den Jahren 1944 bis 1946. Dies korrespondiert mit der oben präsentierten Tabelle, eine Interpretation muß somit folgendes beachten:

1. Der Osten wurde vom Geburtenrückgang, von Emigration, Zwangsausweisungen und den Deportation stärker betroffen als der Westen. Der größte Teil der österreichischen Juden lebte in Wien, Niederösterreich und dem Burgenland.
2. Der Aufbau und die Verlagerung von Industrien in die genannten westlichen Bundesländer, führte dort zu einer Zunahme der Bevölkerung. Diese Zunahme ging vorerst weniger auf eine innerösterreichische Binnenwanderung, denn auf den verstärkten Einsatz (in der NS-Terminologie) "fremdvölkischer Arbeitskräfte" zurück. Erst 1945 setzte eine Binnenwanderung ein, die aus der Furcht der Bevölkerung vor der sowjetischen Besetzung des Landes entstand. Der "goldene Westen" wurde zumindest kurzfristig interessant.[25]
3. Allerdings: Der "Trend nach dem Westen" hielt bis heute an, wenn auch insgesamt abgeschwächt. Die rasante industrie-kapitalistische Entwicklung der fünfziger und sechziger Jahre, die damit - schon in der NS-Zeit einsetzende - räumliche Trennung zwischen Produktions- und Reproduktionssphäre (Stichworte: Fremdenverkehr, Salzburg als "Gau der guten Nerven") und die marktwirtschaftlich bedingte innerregionale Differenzierung (Abwanderungsgebiete, Entstehung von "Problemregionen" etc.) schienen nun die demographische Entwicklung zu beeinflussen.

Grafik 1
Bevölkerungsentwicklung östliche/westliche Bundesländer

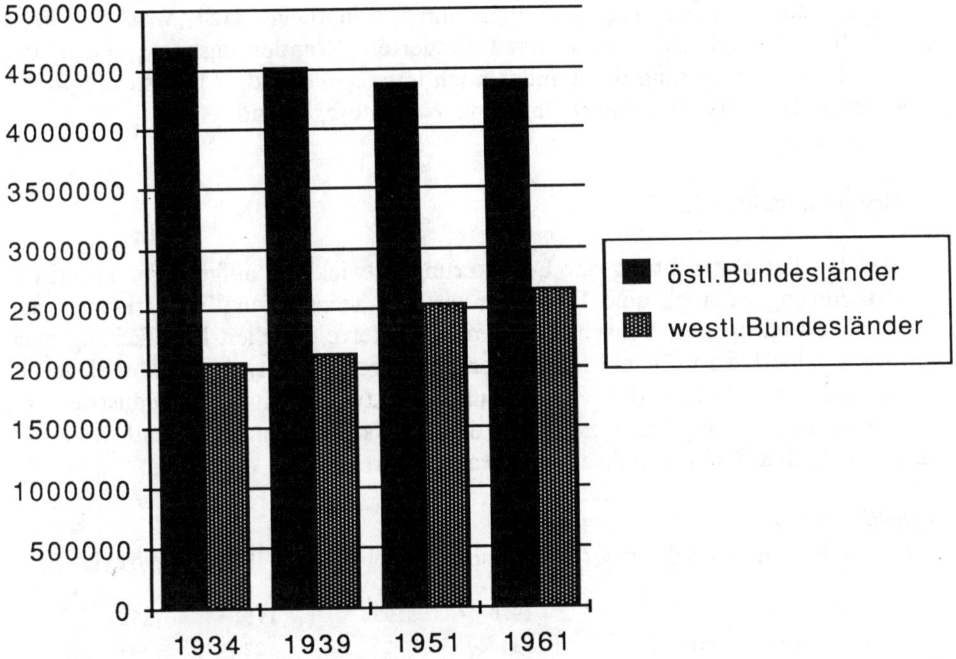

Legende:
Östl. Bundesländer = NÖ, Wien, Bgld., Stmk.
Westl.Bundesländer = Kärnten, OÖ, Szbg., Tirol, Vlbg.

C) Verstädterung

Bezog sich die "Entprovinzialisierung" auf die Territorien der westlichen Bundesländer, so zeigt eine Betrachtung der "Verstädterung"[26] für die Zeit 1934 bis 1951 eine Dynamik, die sich dann in den fünfziger Jahren verstärkt fortsetzte. "Verstädterung" bezeichnet den Trend zur Entstehung größerer Ballungsräume, und wird großteils mit der "Landflucht", als Folge zunehmender Industrialisierung, in Zusammenhang gebracht: Von 1934 bis 1951 erhöhte sich der Anteil an größeren Ansiedlungen mit einer Einwohnerzahl über 10.000 um 1,4%. Mit einem Zuwachs von 2,0% setzte er sich bis 1961 fort. Die Anzahl dieser Städte stieg von 31 (1934) auf 36 (1951) und 44 (1961). In der Tat war die "Landflucht" auch ein Problem der NS-Zeit, welches vor allem in den Jahren 1938/39 auftrat, und durch die ersten Beschäftigungsprogramme und durch die Zunahme industrieller Produktion bedingt war. (Auf sie soll weiter unten noch eingegangen werden, da sie mit dem wirtschaftsstrukturalen Wandel in Zusammenhang steht.)

Der "Bevölkerungsschwerpunkt"[27], jene geographisch bestimmbare Kennziffer, welche durch die Verschiebung der Balance alle Bevölkerungsbewegungen, also nicht nur ein Ost-West-Gefälle miteinschließt, hat sich von 1934, wo er südwestlich vom Ötscher lag, bis 1951 nur geringfügig nach West-Süd-West verschoben, zumal sich trotz der skizzierten Wanderungsbewegungen der Großteil der Bevölkerung des Landes noch immer in den drei Industrieregionen, Wiener Becken, Obersteiermark und Linz-Wels-Steyr, befand.

II. Erwerbsstruktur

Der bei der Betrachtung der Bevölkerungsentwicklung aufgezeigte Trend der "Verstädterung ist auch eine Folge der ab 1938 verstärkten "Industrialisierung". Diese läßt sich an den Umschichtungen der österreichischen Bevölkerung nach ihrer wirtschaftlichen Zugehörigkeit demonstrieren: Der typisch industriegesellschaftliche Trend von der "Land- und Forstwirtschaft" zu "Industrie und Gewerbe" beschleunigt sich zwischen den Volkszählungen 1934 und 1951 und setzt sich in den fünfziger Jahren ungebrochen fort.

Tabelle 5
Die Bevölkerung nach ihrer wirtschaftlichen Zugehörigkeit 1910 bis 1961 (in %)

	1910	1934	1951	1961
Land- und Forstwirtschaft	31	27	22	16
Industrie und Gewerbe	32	33	37	39
Handel und Verkehr	15	13	12	13
Freie Berufe und öffentl. Dienst	7	7	9	10
Haushaltung	4	3	1	1
Ohne Betriebsangabe	1	2	1	1
Zusammen	90	85	82	80
Pensionisten/Rentner, unbekannt	10	15	18	20
Insgesamt	100	100	100	100

Quelle: Volkszählungsergebnisse 1951, Heft 14 (Textband) S. 48 (Übersicht 2); AK Wien (Hg.), Wirtschafts- und sozialstatistisches Handbuch 1945-1969, Wien 1970, S. 61.

Während 1934 27% der Wohnbevölkerung von Land- und Forstwirtschaft und 33% von Industrie und Gewerbe lebten, verschob sich dieser Prozentsatz bis 1951 auf 22% bzw. 37%. Noch deutlicher kann diese Entwicklung gezeigt werden, wenn man die Teilnahme der Bevölkerung am Erwerbsleben in ihrer Zugehörigkeit zu den klassischen Wirtschaftssektoren betrachtet. Unter "Berufstätige" werden die Beschäftigten, Arbeitslosen, in beruflicher Ausbildung Stehenden und im Betrieb mithelfenden Familienangehörigen verstanden.

Tabelle 6
Berufstätige nach wirtschaftlichen Sektoren 1910 bis 1971 (in %)

	1910	1934	1951	1961	1971
Primärer Sektor	39,4	37,1	32,6	23,0	13,8
Sekundärer Sektor	31,1	32,2	37,8	41,5	41,9
Tertiärer Sektor	29,5	30,7	29,6	35,5	44,3
Insgesamt	100	100	100	100	100

Legende: Primär = Land- und Forstwirtschaft; Sekundär = Bergbau, Industrie und Gewerbe ohne Dienstleistungen; Tertiär = Dienstleistungen; Zahlen für 1910 Schätzungen.
Quelle: E. Bodzenta, Gesellschaft im Wandel, in: O. Schulmeister, Spectrum Austriae, Wien 1980, S. 286 (Tab. 7).

Die Tabelle macht die Entwicklung Österreichs zur fortgeschrittenen Industriegesellschaft deutlich, wie sie in der klassischen Theorie formuliert wurde:

> "Mit fortschreitender Industrialisierung würden die Berufstätigen zunächst in die Fabrikation abwandern, dann steige aber mit dem Volkseinkommen auch der Bedarf an Dienstleistungen, wodurch sich die Zahl der Beschäftigten schließlich zum tertiären Sektor verschiebe. Jede Veränderung gehe zunächst immer auf Kosten der landwirtschaftlichen Bevölkerung vor sich, bis in einer späteren Phase die Produktion Arbeitskräfte an die Dienstleistungsbetriebe abgebe."[28]

Während die Veränderungen zwischen 1910 und 1934 relativ gering sind, zeigt sich 1934/51 eine deutliche Verschiebung im Anteil der Berufstätigen zwischen primärem und sekundärem Sektor. Der Anteil der Berufstätigen in den Dienstleistungsberufen blieb bis 1951 konstant.

Wie wurde von den Nationalsozialisten jenes Spannungsfeld zwischen Industrialisierung und Intensivierung der Landwirtschaft bewältigt? Der Nationalsozialismus legte Wert auf Stärkung des "Bauerntums" zur Erreichung einer möglichst autarken Ernährungsbasis. Ein Ziel, welches ihren sinnfälligen Ausdruck in der bei allen Kundgebungen immer wieder betonten "Blut und Boden"-Programmatik fand. So etwa, wenn der NS-Landwirtschaftsminister der Regierung Seyß-Inquart, der NS-Landesbauernführer der "Ostmark", Anton Reinthaller im Mai 1938 betonte:

> "Der nationalsozialistische Staat weist dem Bauerntum als dem Blut- und Nahrungsquell der Volksgemeinschaft höchste Aufgaben zu. Sie rechtfertigen besondere Maßnahmen zum Schutze und zur Förderung der Bauernschaft, verpflichten diese aber auch, mit vollem Einsatz aller Kräfte an der Verwirklichung der großen Ziele des Staates mitzuarbeiten (...) Mit der Parole ‚Anspannen und Brot schaffen' wird sich diese (die 'Bauernschaft der Ostmark'; Anm. d. Verf.) einreihen in die große Front der deutschen Ernährungsschlacht."[29]

Dies war eine Voraussetzung für die "Lebensraum"-Politik der NS-Machthaber, aber eben nur ein Teilziel. Die Befriedigung großindustrieller Interessen durch Rüstungsinvestitionen und durch Stärkung ihrer Kapitalbasis korrespondierte mit den imperialistischen Zielsetzungen der NS-Außenpolitik.[30] Während es den deutschen Konzernen und Banken um Stärkung ihrer industriellen

Basis,[31] um Kapitalausstattung für weitere Expansionen (etwa in den Südosten) und um effizientere Durchführung der Rüstungsprogramme ging, somit in der "Ostmark" alte Industrien ausgebaut und neue gegründet, gleichzeitig die Bauern durch "Entschuldung" und Erbhofgesetzgebung "an die Scholle" gebunden wurden, wodurch die Autarkie am Ernährungssektor weitgehend erreicht werden sollte, versuchten die NS-Machthaber genau jene Projekte durchzuführen, an welchen man bisher durch Deflations- und wirtschaftliche Restriktionspolitik gehindert worden war.[32] Die für die Etablierung des NS-Regimes notwendige Beseitigung der Arbeitslosigkeit gab die Möglichkeit, eine dem technologischen Niveau des "Altreichs" entsprechende Wirtschafts- und Gesellschaftsstruktur zu errichten. Die Kontinuität im Planen und Denken der "bürgerlichen" Mittelschichten läßt sich deutlich an den im März 1938 verkündeten Arbeitsbeschaffungs-, Wirtschaftsaufbau- und Verwaltungsreformprogrammen, die alle zumindest zum Teil durchgeführt wurden und mit sozialstrukturellen Veränderungen verbunden waren, verdeutlichen.

Tabelle 7
Anteil der in der Industrie beschäftigten Personen an der Gesamtbevölkerung des jeweiligen Bundeslandes (in %),Verteilung der Großindustrie (über 1.000) und Entwicklung des Bundesländeranteils (in %) der in der Großindustrie Beschäftigten 1930 und 1948.

Industriebeschäftigte an der Gesamtbev.				Vertlg.d.Großbetr.		Beschäft.
	1937	1947	+/-	1930	1948	+/-
NÖ	5,0	6,7	+ 1,7	13	9	- 21,9
Wien	5,7	7,2	+ 1,5	6	7	- 7,3
OÖ	3,2	6,6	+ 3,4	3	8	+ 20,0
Salzburg	2,3	4,0	+ 1,7	-	-	-
Tirol	2,9	4,2	+ 1,3	-	-	-
Vorarlberg	8,3	8,7	+ 0,4	-	2	+ 1,5
Kärnten	3,1	4,7	+ 1,6	-	1	+ 3,5
Steiermark	5,0	6,9	+ 1,9	8	15	+ 8,4
Burgenland	1,3	1,5	+ 0,2	1	-	-
Ö ges.	5,6	6,3	0,7	31	43	-

Quelle: HK NÖ (Hg.), Niederösterreich an der Arbeit, Horn 1948, S. 166; Angaben über die Industriebeschäftigung für 1937 nach der Statistik des "Bundes österreichischer Industrieller", für 1947 nach den Erhebungen der Bundessektion Industrie; Bevölkerungsziffern 1937 nach der VZ 1934, für 1947 nach den Angaben des öStZ./Verteilung d. Großbetriebe und Zu- bzw. Abnahme der Beschäftigung in der Großindustrie nach F. Butschek, Wirtschaft 1938 bis 1945, S. 111.

Der Anteil der in der Industrie Beschäftigten nahm während der NS-Herrschaft, bedingt durch den skrupellosen Einsatz ausländischer Zwangsarbeiter, in Österreich zu. Wenn auch die Zahlen der Jahre 1947/48 sowohl für die Anzahl der Betriebe wie für Beschäftigte in Hinblick auf die erwähnte Wanderungsproblematik infolge der Kriegswirren und der Besatzung sowie die Zerstörung von Fertigungseinheiten nur Näherungswerte darstellen können, so machen sie die für die Wirtschafts-, Sozial- und politische Struktur relevanten Veränderungen deutlich:

1. Der Westen erhielt industrielle Impulse. Einige Beispiele: Die Hütte Linz, die Stickstoffwerke, die Aluminiumwerke Ranshofen und die Zellwollefabrik Lenzing waren NS-Industriegründungen.[33]
2. Damit "entstand" in diesen Gebieten eine Industriearbeiterschaft, die "Industrialisierung" hatte entscheidende Auswirkungen auf die soziale und wirtschaftliche Bedeutung der betroffenen Regionen.
3. In Österreich setzte der "Trend zum Großbetrieb" mit seinen effizienteren Automatisierungs- und Fertigungstechniken, seinen Planungs- und Forschungsstäben und mit einem importierten "know-how" in der NS-Ära ein.
4. Dies wiederum schien österreichischen Arbeitern, Angestellten und Lehrlingen bessere Berufseinstiegs-, Ausbildungs- und Aufstiegschancen zu bieten.

Allerdings: Inwieweit sich durch die Forcierung vor allem der Rüstungsindustrie und die Verlagerung von Produktionsstätten aus dem sogenannten "Altreich" in den "Luftschutzkeller" der Alpen nicht insgesamt wirtschaftsstrukturelle Nachteile in Standortwahl und Produktionsspartenwahl ergaben, erscheint noch nicht ausreichend erforscht.

Jedenfalls brachte die erste "Industrialisierung" 1938/40 zusammen mit den "Aufbauprogrammen" des Jahres 1938, welche die Umschichtung von der Landwirtschaft zur Industrie verstärkte, für das NS-Regime Probleme. Forcierte Ankurbelung der (Rüstungs-) Industrie, Durchführung von "modernisierungskonformen" infrastrukturellen Vorhaben und "Ernährungsschlacht" mußten am Arbeitsmarkt bis 1939 infolge der verschiedenen Lohnniveaus und Arbeitsbedingungen zu Verschiebungen führen. Das NS-Regime wurde mit einer "Landflucht" größten Ausmaßes konfrontiert.[34]

Die folgende Tabelle zeigt deutlich das Ziel der Abwanderung:

Tabelle 8
Abwanderung landwirtschaftlicher Arbeitskräfte 1938/39 (zeitgenössische Quelle)

Berufsziel	Von 100 landw. Arbeitern wanderten ab	
	Donauland	Südmark
Zu Straßen-, Flugfeld- und anderen Bauten	41,7	57,9
Zu Gewerbe und Industrie	43,3	20,9
Zum öff. Dienst oder Heirat mit Nichtlandw.	6,2	2,4
Zur Forstwirtschaft	4,8	11,5
Zur Landwirtschaft anderer Gaue	4,0	7,3
Summe	100	100

Quelle: L. Löhr, Beiträge zum Landfluchtproblem in der Ostmark, in: Berichte über Landwirtschaft, 25. Bd., Berlin 1940, S. 108

Weder durch Zwangsverpflichtungen, wie etwa Abwanderungsverbote im Sommer 1938, noch durch Lohnerhöhungen, die gleichzeitig das Arbeitseinkommen der Bauern schmälern mußten und somit nicht auf der Linie nationalsozialistischer Agrarpolitik zur "Erhaltung des Bauernstandes" liegen konnten, gelang es vorerst, diese Entwicklung zu stoppen.[35] Die Klagen der Bauern, keine "Arbeitskräfte" zu bekommen, ziehen sich mit unterschiedlicher Intensität, was zum Teil auch von der jeweiligen Ernte abhängig war, durch die Jahre 1938 bis 1945.[36] Die Folge: Familienangehörige, Frauen, Kinder und Jugendliche mußten verstärkt zur Arbeitsleistung herangezogen werden. Ab 1939/40 wurden sogenannte "Ausländische Arbeitskräfte" zwangsverpflichtet und Kriegsgefangene zu Arbeiten in der Landwirtschaft gezwungen.[37]

Auch die soziale Struktur der Erwerbstätigen[38] wandelte sich: Absolut verringerte sich die Anzahl der selbständig Berufstätigen zwischen 1934 und 1951 um ca. 60.000. Dazu trugen für die NS-Zeit auch Betriebsstillegungen während des Krieges, "Bereinigung" des Gewerbes, Ausschaltung der Juden etc. bei. Zwischen 1951 und 1961 sank die Anzahl der Selbständigen um rund 53.000, 70% davon betrafen nun den land- und forstwirtschaftlichen Sektor. Die folgende Tabelle gibt dazu einen prozentualen Überblick: So ist für 1934 bis 1951 sogar ein Ansteigen des Anteils der in Land- und Forstwirtschaft berufstätigen Selbständigen 1951 gegenüber 1934 zu registrieren.

Tabelle 9
Selbständige und Unselbständige in Prozent der Berufstätigen

	Selbst.	(in LFW)	Mith.Fam.Ang.	Unselbst.	gesamt (%)
1934	19,1	(8,6)	17,7	63,2	100
1951	17,6	(9,3)	17,7	64,7	100
1961	15,9	(8,1)	13,2	70,9	100

Quelle: Monatsberichte des österr. Instituts für Wirtschaftsforschung 1962/H. 11, S. 502.

Am Beispiel der mithelfenden Familienmitglieder läßt sich demonstrieren, daß auch dieser Anteil an der Gesamtheit der Berufstätigen erst in den fünfziger Jahren dramatisch sank, was zum großen Teil auf die erst in diesem Jahrzehnt auf breiter Ebene erfolgte Motorisierung der Landwirtschaft zurückzuführen sein wird, auch wenn Anstöße dazu zweifellos in die NS-Ära fallen. Insgesamt ergibt sich somit für Österreich unter dem NS-Regime auch hier in Hinblick auf die nachfolgenden Jahrzehnte das Bild einer sozialstrukturellen "Proto-Modernisierung", welche für eine Industriegesellschaft typische, aber bisher durch die wirtschaftliche Dauerkrise verzögerte Entwicklung in einem ersten Anlauf nachzuholen versuchte.

Genau jenes Bild ergibt sich auch, wenn man die Stellung im Beruf näher untersucht. Allgemein gilt eine Zunahme der Angestellten als Indikator industriegesellschaftlicher "Modernität".[40] Höherqualifizierte Arbeit, bedingt durch kompliziertere Produktionsabläufe, Planungs- und Vermarktungsstrategien im Industrie- und Verwaltungsbereich, verlangte nach sozialrechtlicher und finanzieller Besserstellung. Zwischen 1910 und 1939 kam es trotz der wirtschaftlichen Stagnationsphase, welche die 1. Republik durchmachte, zu einem beschleunigten nummerischen Wachstum der Angestellten. Eine Entwicklung, die sich aus der ökonomischen Aufschwungphase der letzten Jahrzehnte der Monarchie fortsetzte. Dieser "Wachstumsschub" beschleunigte sich in den fünfziger Jahren. Die nationalsozialistische Ära fügt sich hier nahezu bruchlos in den üblichen Entwicklungstrend ein. Es besticht die gleichmäßige prozentuelle Zunahme der Angestellten. Einzelne Zahlen bedürfen allerdings einer Erläuterung: So dürfte die hohe Zunahme im Bereich des öffentlichen Dienstes/Freie Berufe auf die hohe Zahl von Parteiangestellten und auf die zumindest kurzfristige Aufblähung des Verwaltungsapparates zurückzuführen sein. Ebenso scheint das Anwachsen im Handels- und Verkehrsbereich mit den nach dem "Anschluß" gestiegenen Anforderungen im Warenaustausch sowie im Güterverkehr zusammenzuhängen.

Tabelle 10
Prozentanteile der Angestellten (und Beamten) an den Berufstätigen nach Wirtschaftssektoren in Österreich 1910 bis 1961)

	1910	1923	1934	1939	1951	1961
A: LFW	0,3	0,4	0,9	0,7	0,8	1,3
B: IG	4,2	6,3	9,6	10,2	11,5	15,0
C: HV	16,7	26,2	25,1	38,7	40,5	56,2
D: öffD/FB	42,3	53,8	56,1	71,0	72,1	77,4
A - C	4,5	6,5	9,7	11,0	13,5	19,2
A - D	7,0	9,5	13,5	16,5	19,7	25,9

Legende: LFW = Land- und Forstwirtschaft; IG = Industrie und Gewerbe; HV = Handel und Verkehr; öffD = Öffentlicher Dienst; FB = Freie Berufe.
Quelle: G. Botz, Angestellte zwischen Ständegesellschaft, Revolution und Faschismus, in: J. Kocka (Hg.), Angestellte im europäsichen Vergleich, Göttingen 1981, S. 203; Anteile nach dem jeweiligen Gebietsstand. Die Zahlen für 1961 v. Verf. berechnet nach AK-Wien (Hg.), Wirtschafts- und Sozialstatistisches Handbuch 1945-1969, Wien 1970, S. 96 ff.

Fügte sich die Zunahme der Angestellten/Beamten auf Kosten der Lohnarbeiterschaft 1938 bis 1945 in den seit der zweiten Hälfte des 19. Jahrhunderts zu beobachtenden Trend ein, scheinen hier weder Indikatoren einer durch politische oder wirtschaftliche Maßnahmen bremsenden oder beschleunigenden Entwicklung auf, noch ein, eventuell als "Modernisierungsschub" zu bezeichnender, gleichsam ungewöhnlicher "sozialer Wandel". Wurde somit die "soziale Struktur" in diesem Bereich kapitalismusimmanent fortgeschrieben, so scheint es dagegen im Zugang von Frauen zur Arbeitswelt zu Weichenstellungen gekommen zu sein.

Eine 1965 durchgeführte Untersuchung des österreichischen Instituts für Wirtschaftsforschung stellte fest: "Erst zwischen den Volkszählungen 1951 und 1961 hat die Frauenarbeit (sic! soll wohl "Frauenerwerbstätigkeit" heißen; Anm.d.Verf.) an Bedeutung gewonnen."[41] Hatte die Frauenarbeit in vielen Industriestaaten seit der Jahrhundertwende, besonders aber in den dreißiger Jahren zugenommen, so kann für Österreich dieser Trend nicht verfolgt werden, er hatte sogar gegenläufige Tendenz: Der Anteil der Frauen an den

Berufstätigen sank von 38,9% (1910) auf 38% (1934) und stieg bis 1950 wieder leicht an. Doch selbst der Frauenanteil (an den Berufstätigen) von 38,8% des Jahres 1950 lag noch immer unter jenem von 1910.[42] Auch die sogenannte "Aktivitätsrate", die den Anteil der berufstätigen Frauen an der weiblichen Wohnbevölkerung mißt, war rückläufig: Waren 1910 noch über 40% der Frauen berufstätig, so sank diese bis 1934 auf 36,7% und 1950 auf 35,0%. Erst zwischen den Volkszählungen 1951 und 1961 setzte eine statistisch meßbare Trendumkehr ein: Der Frauenanteil an den Berufstätigen und die Aktivitätsrate stiegen auf 40% bzw. auf 36%.

Auch bei Betrachtung der Frauenarbeit muß rudimentär auf die besondere Bedeutung des propagandistisch stark verbreiteten nationalsozialistischen Frauenbildes hingewiesen werden, zumal sich gerade hier dann fundamentale Unterschiede zur geübten Praxis ergaben. Kurzum: Die den Frauen zugewiesene Rolle als "Mutter, Gattin oder Braut", die "Kampf und Arbeit des Mannes" begleitet, und der somit für die Expansion und Reproduktion der "arischen Rasse" eine scheinbar herausragende Stellung zugewiesen wurde, mußte durch die politisch-wirtschaftlich-kriegerische Dynamik des Regimes erweitert werden. Unter dem Begriff der "Pflichterfüllung" wurde nun die Arbeitskraft von Frauen nicht nur für die Produktion von Gütern und Leistungen zur Fortführung des Krieges, also deren Eintritt in die Wirtschaft gefordert, sondern Frauen auch für die Aufrechterhaltung "innerer Ruhe und Ordnung" durch die Organisation von Vergnügungs- und "Wohltätigkeits"-Veranstaltungen etc. sowie für die außerindustrielle, unbezahlte Herstellung von Kleidung und Ausrüstung für die Soldaten verantwortlich gemacht. In der Tat verfolgte die faschistische Frauenpolitik grundsätzlich[43] genau jene, nur qualitativ durch Rassismus und Wahl der terroristischen Mitteln zur Durchsetzung abgehobenen Ziele, die Bestandteile einer von Männern dominierten und marktwirtschaftlich organisierten Gesellschaft sind: Ausschaltung der Frau aus dem Wirtschaftsleben in Rezessionsphasen durch Betonung der Haushaltsarbeit und Mutterrolle, Integration in Aufschwungphasen bei gleichzeitiger Aufrechterhaltung der bisher zugewiesenen Aufgaben. Hatte die Industrie im Herbst 1938 nach Beseitigung der Arbeitslosigkeit und ersten Anzeichen eines Arbeitskräftemangels Interesse an Frauen als billigeren Arbeitern, so schien Frauenarbeit bald notwendig zur Aufrechterhaltung der Rüstungsmaschinerie.[44]

Allerdings: Wie noch zu zeigen sein wird, entschied sich das NS-Regime in der Option Ausländer- oder Frauenbeschäftigung sehr bald eindeutig für die ausländischen Zwangsarbeiter/innen (siehe Grafik S. 41).

Der Einsatz von inländischen Frauen in der Rüstungsindustrie gelang nur zu einem relativ geringen Teil: 38.077 Frauen konnten vom NS-Regime für einen Einsatz in der Rüstungsindustrie mobilisiert werden. Diesen standen allein über 43.500 ausländische Zwangsarbeiterinnen gegenüber. Der Anteil österreichischer Frauen an den Gesamtbeschäftigten in der Rüstungsindustrie sank von 27,44% (1939) auf 25,2% (1944). Es gelang vielen Frauen, sich durch Kinderzeugung und Protektion der Erwerbstätigkeit zu entziehen. Besonders traf dies auf jene Frauen zu, die noch nie erwerbstätig waren. 1943, als es per Verordnung zur

Grafik 2
Frauenarbeit in der Rüstungsindustrie 1939-1944 in der "Ostmark"

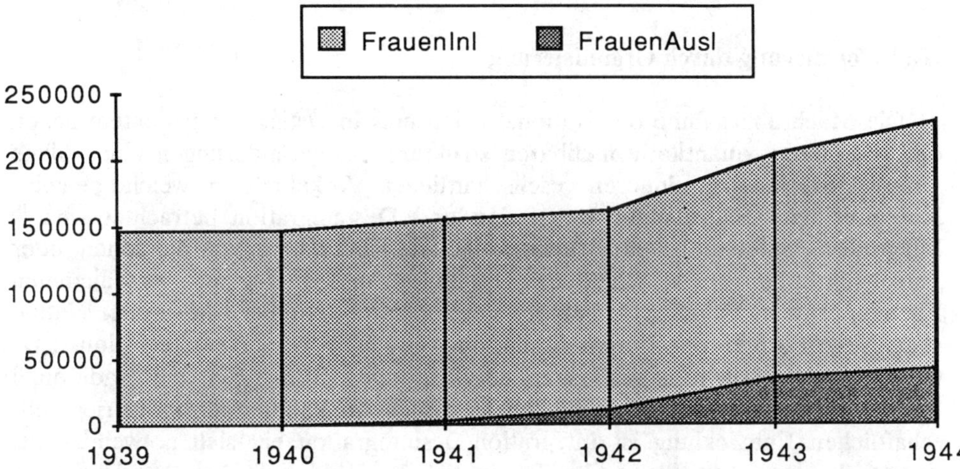

Legende: FrauenInl = Österreichische Frauen; FrauenAusl = Zwangsarbeiterinnen
Quelle: Nach R. Wagenführ, Die deutsche Industrie im Kriege 1939-1945, Berlin (2. Auflage) 1963, S. 148 ff.

"Mobilisierung von Männern und Frauen für die Aufgaben der Reichsverteidigung" kam, verweigerten sogar die "Wiener Damen" ihrem "Führer" die Gefolgschaft. In einem Lagebericht des Sicherheitsdienstes der SS hieß es: "Besonders unter den Kreisen der sogenannten ‚Gesellschaftsdamen' hat diese Verordnung erhebliches Mißbehagen ausgelöst und Äußerungen, wie ‚wir lassen uns nicht zwingen' oder ‚das sind bolschewistische Methoden' sind bei ihnen an der Tagesordnung."[45]

Konnte die Frauenerwerbsarbeit im Nationalsozialismus nicht in jenem Umfang durchgesetzt werden, wie es die Wirtschaft wünschte, so konnte das Regime dennoch nicht auf das Arbeitspotential von Frauen verzichten. Erfaßt und organisiert durch die NS-Frauenschaft, mußten sie unentlohnt für die Fortführung des Krieges arbeiten: An Heimabenden und in unzähligen Stunden mußte für die "Wehrmacht" geschneidert, genäht und gestickt werden. Darüberhinaus wurde von Frauen die Betreuung bei NS-Versammlungen übernommen, sie mußten für die Partei sammeln, um Spenden bitten gehen, und ab 1944/45 wichtige Aufgaben an der sogenannten "Heimatfront" übernehmen.

Bedeutete dies auch eine von Ziel, Zweck und Mittel negative Eingliederung von Frauen in das gesellschaftliche Leben, so hatte es doch sozialpsychologische Folgen für die Nach-NS-Ära: Das Selbstbewußtsein der Frauen insgesamt wurde gestärkt, die kollektive Erfahrung, nahezu alle Tätigkeiten ausüben zu können, blieb. Die Frauen wurden im Rahmen der industriekapitalistischen Entwicklung der Arbeits- und Bedürfniswelt erst wieder in die Erwerbstätigkeit gerufen, als es für die Erreichung eines bestimmten "Lebensstandards" notwendig schien.[46]

III. Deformierung durch Organisierung

Die Machtübernahme des Nationalsozialismus in Österreich bedeutete neben den genannten, quantitativ meßbaren strukturellen Veränderungen eine völlige Umstrukturierung der inneren gesellschaftlichen Verkehrsform, welche gemeinhin unter dem Begriffspaar Integration und Desintegration betrachtet wird.[48] Integration bedeutet, nach Bruckmüller, die Einbindung von Personen oder Personengruppen in verschiedenen Einheiten und findet auf verschiedenen Ebenen, etwa in Familie, Gemeinde, Verein, Partei, Kirche, Klasse oder Nation statt. Neue Formen der Vergesellschaftung, also Um- oder Neuintegration, setzten Desintegration, also Auflösung der bisherigen Bindungen, der traditionell etablierten Formen des Zusammenlebens voraus. Im Rahmen der industriegesellschaftlichen Entwicklung ist Integration/Desintegration ein sich notwendig aus dem technologischen Stand der Produktivkräfte und den damit verbundenen Produktionsverhältnissen ergebender Vorgang, ein Teil des "sozialen Wandels". Der Nationalsozialismus schien diesen - langfristig gesehen - zu beschleunigen. Einige dieser Entwicklungen seien in der Folge kurz angedeutet.

Das Konzept der "Volksgemeinschaft", als rassistisch-ideologischer "Überbau", sollte nicht nur helfen, eine Untertanengesellschaft zu konstituieren, Klassenbindungen zu zerstören, sondern auch zur Durchsetzung neuer systemkonformer Gemeinschaften beizutragen. Volksgemeinschaft hieß Ausgrenzung und "Eindeutschung". Ausgrenzung bedeutete vielfach Vernichtung von Juden, Zigeunern, sogenannten "Asozialen" und "lebensunwertem Leben". Eindeutschung[49] hieß nicht nur "Konkretisierung von Deutschnationalismus durch den Nationalsozialismus", wie er sich in der genannten "Ausgrenzung" manifestierte, sondern meinte auch jenen politisch-sozialen Umgestaltungsprozeß auf völkisch-rassistischer Grundlage, dem sich die Österreicher durch die Etablierung der NSDAP als Staatspartei, durch die Umgestaltung oder das Verbot bestehender Verbände und Vereine und durch Einflußnahme und Eingriffe in den bisher scheinbar privaten Bereich gegenübergestellt sahen. Die Präsentation der nationalsozialistischen Volksgemeinschaft, als deren Hüter und Wächter die NSDAP mit einem weitverzweigten Netz von "Gliederungen" auftrat, welche nahezu jeden Lebensbereich des Menschen zu umfassen suchten, war der wohl größte politisch geplante und terroristisch durchgesetzte gesellschaftliche Integrationsversuch in der neueren Geschichte. Ohne nun im einzelnen die vielfältigen Organisationen, die teils auf ständischer Grundlage, teils nach sozial-organisatorischen Kriterien, die Menschen zu organisieren suchten, von der NSDAP über "Hitlerjugend" und "SS" bis zur "Deutschen Arbeitsfront", "Reichsnährstand" und den einzelnen Wirtschaftsverbänden, zu beschreiben, sollen punktuell einige Grundtendenzen der "Deformierung durch Organisierung" aufgezeigt werden:

1. Die Machtübernahme der NSDAP in Österreich bedeutete zum Teil im politischen Bereich einen Elitenaustausch: Die alten zuerst christlichsozialen, später austrofaschistischen Politiker in den Landesregierungen, Stadt- und Gemeindeverwaltungen mußten "illegalen" NSDAP-Funktionären weichen. Allerdings in vielen Bereichen, so etwa auf mittlerer Beamtenebene, in der Wirtschaftsverwaltung und im Kultur- und Bildungswesen gelang es vieles ihre zum Teil einflußreichen Posten zu behalten.
2. Durch den Ausbau der Parteiorganisation besonders im regionalen Bereich mußte eine Unzahl von Posten, vom Kreisleiter über den NSV-Amtswalter bis hin zum Zellenleiter neu besetzt werden. Individuelle Aufstiegschancen schienen sich für Bevölkerungskreise zu öffnen, die bisher nur marginal "Führungspositionen" innehatten. Die hierarchische Gliederung einer auf Besitz und "Ansehen" in zwischenmenschlichen Beziehungen aufgebauten Gesellschaft geriet ins Wanken.
3. Durch den nationalsozialistischen Totalitätsanspruch, welcher sich nicht nur im Verbot jeglicher Opposition, sondern auch in der Zerstörung nahezu des gesamten bürgerlich-bäuerlichen sowie des kirchlichen Vereinsleben (die sozialistische und kommunistische Arbeiterbewegung, ihre politischen und kulturellen Organisationen waren 1934 vom Austrofaschismus aus dem "öffentlichen Leben" ausgeschaltet worden) zeigte, fand eine propagandistisch, kulturell und materiell geförderte Organisierung in "Gliederungen" der Partei statt. Die Vereinsverbote führten zu einem kurzfristigen Stillstand des "sozialen Lebens", waren aber überlagert von sozialen Erwartungshaltungen, welche die Eingliederung in die Parteiformationen vorbereiten halfen.
4. Die bereits im Jahre 1938 als Realität empfundene Überwachung durch Staats-, Polizei- oder Parteidienststellen, die Angst vor Denunziationen, bedeutete eine Einschränkung gesellschaftlicher Kontakte, die Zerstörung von Freundschaften - somit einen Rückzug ins "private Leben", welches spätestens mit Erlassung des Heimtückegesetzes ab 26. 1. 1939 nicht mehr als solches empfunden wurde.
5. Von nicht wenigen Menschen wurde der Eintritt in die "Wehrmacht" als Chance empfunden, jene in der "Heimat" verloren gegangene "Kameradschaft" wiederzufinden.
6. Mit Fortdauer des Krieges kamen besonders Jugendliche in Positionen, die sie vorher nie hatten. Nachdem ein Großteil der "politischen Leiter" der Partei zum Kriegsdienst verpflichtet worden war, mußte die Jugend nicht nur die Verbindung zwischen den einzelnen Dienststellen aufrechterhalten, Versorgungsaufgaben übernehmen und als "Flakhelfer" verpflichtet an der "Reichsverteidigung" teilnehmen, sondern erhielt mancherorts auch ein gewichtiges Mitspracherecht an politischen Entscheidungen. Auch dies sollte die "Wiederaufbaugeneration" der fünfziger Jahre prägen.
7. Der Nationalsozialismus, welcher die Rolle der Frau als Mutter - wie bereits erwähnt - betonte, trat in der Erziehung für eine Trennung vom Elternhaus ein. Die Kinderverschickung zu Erholungszwecken, die Forcierung des Baues von Kindergärten und die Übernahme von staatlichen Kindergärten durch die

NSV ("Nationalsozialistische Volkswohlfahrt") waren "soziale" Maßnahmen, welche die Versuche zur Eingliederung von Frauen in die Rüstungsproduktion vorzubereiten halfen. Die Errichtung zahlreicher "Erntekindergärten" (die es in Österreich schon früher, allerdings nicht in großem Ausmaß gegeben hatte) erfüllte eine doppelte Funktion: Einerseits sollte die "Landfrau" den "Ernteeinsatz" unbehindert von Kinderbetreuung durchführen können, andererseits boten diese Kindergärten der Partei einen (erstmaligen) "Zugriff" auf die Erziehung der bäuerlichen Bevölkerung. Kinder und der Jugendliche sollten, möglichst unbeeinflußt von der familiären Sozialisation, zu Mitgliedern der "Volksgemeinschaft" werden.

8. Durch den Abbau der Arbeitslosigkeit, durch die Propagierung einer "Betriebsgemeinschaft" und die Ankündigung von Erholungsfahrten ("Kraft durch Freude") gelang es den Nationalsozialisten, den überwiegenden Teil der Arbeiterschaft zumindest vorübergehend zu gewinnen. In einzelnen Betrieben im ersten Halbjahr 1938 machten Arbeiter erstaunt die Erfahrung, daß sich NSBO-Vertreter tatsächlich um ihre Interessen kümmerten, daß sich Vorgesetzte plötzlich um vieles freundlicher als in den Jahren des Austrofaschismus benahmen. So sehr dies auch nur erste, durch die weitere Entwicklung der "Arbeitswelt" nicht mehr bestätigte Eindrücke waren, sie schienen zusammen mit den Aktionen der "NS-Gemeinschaft Kraft durch Freude" (KdF) der "Deutschen Arbeitsfront" (DAF) dazu angetan, die objektive Klassenlage vorerst zu vergessen. Erstmals wurden "Erholungsreisen" in Aussicht gestellt. Selbst wenn diese nie stattfanden, die Erinnerung an die Möglichkeit einer Teilnahme blieb unauslöschbar. Damit setzte der Nationalsozialismus wohl einen für die Nachkriegszeit gesellschaftlich relevanten Aspekt: Die nach dem Austrofaschismus nun vollendete Zerstörung der Arbeiterkultur und aller subkulturellen Einflüsse trug mit dazu bei, daß es nach 1945 nicht mehr zur Etablierung einer eigenen, von der "bürgerlichen" bewußt abgesetzten "Kultur" der Arbeiterklasse kam.

Auf Ebene der staatlichen Verwaltung zerschlug der Nationalsozialismus den Bundesstaat Österreich in sieben Reichsgaue, die Berlin direkt unterstellt waren. Obwohl nur als Übergangslösung gedacht - Ziel war eine wirtschaftlich rationale Gliederung in vier Reichsgaue -, setzte dies in den einzelnen Herrschaftsgebieten spezifische Erwartungshaltungen - Hanisch nannte diesen Prozeß "Entprovinzialisierung"[50] - frei. Unbelastet von den wirtschaftlichen Schwierigkeiten des "alten Österreich", glaubte man nun all jenes verbessern, technisieren und modernisieren zu können, woran man bisher aus Geldmangel oder aus Rücksicht auf den Bundesstaat nichts hatte ändern können. Dies sollte nicht zuletzt nur der Ausdruck einer neuen Form von Integration sein.

Der Wunsch nach administrier- und überschaubaren Verwaltungseinheiten zeigte sich auch in den Gemeindezusammenlegungen, welche dann nach 1945 wieder rückgängig gemacht, in den späten fünfziger und sechziger Jahren doch durchgeführt wurden. Natürlich sollten diese Gemeindezusammenlegungen[51], die zweifellos eine Rationalisierung und Modernisierung der staatlichen Verwaltung und eine Neuorganisation des gesellschaftlichen Lebens darstellten, deren großräumige Realisierung aber 1939/40 aus kriegswirtschaftlichen Gründen zurückgestellt wurde, die Durchsetzung der NSDAP am Lande fördern. Die kleinen Dorfbürgermeister, die in vielen Fällen zumindest 1938 keine Mitglieder der NSDAP waren, fühlten sich ihren Bewohnern um vieles mehr verantwortlich als dem Willen der Partei, die in vielen kleinen Gemeinden keine Ortsgruppenleitungen hatte. Es gelang hier dem Nationalsozialismus nicht immer, die politisch-soziale Umgestaltung durchzuführen und traditionelle historisch-gesellschaftliche Strukturen zu durchbrechen.

Dies traf besonders auch für einen Bereich zu, der abschließend noch erwähnt werden sollte und welchem Ernst Hanisch[52] den "Rang" eines "Herrschaftsträgers" im "Dritten Reich" zuspricht: die katholische Kirche. Sie behielt als einzige gesellschaftliche Gruppe ihre Integrationskraft. Wohl 1938 mit dem Vorwurf der Kollaboration behaftet, gelang es ihr, besonders im regionalen Raum desintegrierend gegenüber der NSDAP zu wirken. Und dies, obwohl sie etwa in ihrem Kampf gegen "Marxismus" und "Bolschewismus" durchaus Affinitäten zum Nationalsozialismus aufwies. Allerdings wurde sie ihrer politisch tragenden Rolle, die sie in der Ersten Republik und im Austrofaschismus innehatte, entkleidet. Vorerst durch eine Welle von Kirchenaustritten dezimiert, wurde sie vom NS-Regime durch mannigfaltige Repressionen in ihrer seelsorgerischen Wirkungsmacht eingeschränkt. In den Jahren 1943 bis 1945 bildete sie neben den meist kommunistischen Widerstandsorganisationen die einzige intakte gesellschaftliche Gruppe, welche außerhalb regimekonformer Vereinigungen Wirkung auf Teile der Bevölkerung ausübte. Gerade in diesen Jahren begannen die Kirchenaustritte in -eintritte umzuschlagen, ein Zeichen, daß der Nationalsozialismus seine Massenanziehungskraft vollends verloren hatte. Die Erfahrungen der katholischen Kirche mit dem Nationalsozialismus sollten für die Entwicklung der österreichischen Gesellschaft nach 1945 eine wichtige Rolle spielen: Die Trennung von Kirche und Staat, welche die NS-Herrschaft in Österreich erzwang, ein Zeichen fortgeschrittener Industriegesellschaften, setzte sich in der Zweiten Republik fort.

Resümee

Versucht man auf Grund der gebotenen sozialstrukturellen Daten und Entwicklungen ein Resümee über sieben Jahre nationalsozialistischer Herrschaft in Österreich zu ziehen, so zeigt sich, daß das Begriffspaar Tradition und/oder Modernität (wobei hier an die idealtypische Gegenüberstellung von H.-U. Wehler zu erinnern ist) nicht ausreicht, um den Nationalsozialismus der historischen Realität entsprechend zu beschreiben:

Es ließ sich zeigen, daß die NS-Ära Impulse für die gesellschaftliche Entwicklung der folgenden Jahrzehnte brachte. Bedingt durch den wirtschaftlichen und politischen Wandel haben sich genuin industriegesellschaftliche Entwicklungstendenzen verstärkt. Die sogenannte "Traditionalität" - als Teil einer ungleichzeitigen Entwicklung (etwa in der Familienpolitik oder in Organisierungsversuchen etc.) und aus der Sozialisation der Trägerschichten des Nationalsozialismus verständlich - war aber bestimmendes Moment. Von "Entprovinzialisierung" über berufsstrukturelle Veränderungen bis zu bevölkerungspolitischen Weichenstellungen beeinflußte die nationalsozialistische Herrschaft die folgende politische, wirtschaftliche und gesellschaftliche Entwicklung. Allerdings: Die Veränderungen lagen im Rahmen einer industriegesellschaftlichen "Sachgesetzlichkeit", die sich besonders kraß infolge der sozioökonomischen Statik des Austrofaschismus auswirkte. Durch die Bildung des Großraumes "Deutsches Reich" schien all das möglich, von dem intellektuelle Mittelschichten geträumt hatten. Daß jene Träume nur auf Kosten anderer - Juden, Minderheiten oder der Bevölkerung anderer Länder - erfüllt werden konnten, mußte damals schon jedem einsichtig gewesen sein. Vielleicht läßt sich der industrielle Aufschwung der Jahre 1938/39, der eine langfristige sozialstrukturelle Umwandlung einleitete, in Hinblick auf die sich dann in den fünfziger und sechziger Jahren beschleunigende industriegesellschaftliche Entwicklung als "Modernisierung vor der Modernisierung" beschreiben. Mit dem Terminus "Proto-Modernisierung" könnte dann eine Zeitspanne bezeichnet werden, die technischen und wirtschaftlichen "Fortschritt" mit traditionalen Werthaltungen und Integrationsversuchen verband und eine erste Beschleunigung der soziokulturellen Entwicklung gegenüber den zwanziger und dreißiger Jahren, insbesondere gegenüber dem Austrofaschismus, bedeutete.

Betrachtet man aber die damit verbundenen "sozialen Kosten", die von der Vernichtung des österreichischen Judentums über den Aufbau wichtiger Teile der jetzt verstaatlichten Industrie durch Zwangsarbeiter/innen bis zu pathologischen Verdrängungsmechanismen reichen, so scheint jede Kosten/Nutzen-Analyse überflüssig.

Anmerkungen

1 Vgl. dazu grundlegend: E. Hennig, Thesen zur deutschen Sozial- und Wirtschaftsgeschichte 1933 bis 1938, Frankfurt/Main 1973, S. 30 ff.

2 Zur Gesamtproblematik vgl. G. Botz, Von der Ersten zur Zweiten Republik. Kontinuität und Diskontinuität, in: G. Botz u.a. (Hg.), Perspektiven und Tendenzen in der Sozialpolitik. Oswin Martinek zum 60. Geburtstag, Wien 1984, S. 33 ff.

3 E. Bruckmüller, Sozialstruktur und Sozialpolitik, in: E. Weinzierl/K. Skalnik (Hg.), Österreich 1918-1938. Geschichte der Ersten Republik, Graz-Wien-Köln 1983, Bd. 1, S. 318.

4 R. Dahrendorf, Gesellschaft und Demokratie in Deutschland, München (3. Aufl.) 1974.

5 D. Schoenbaum, Die braune Revolution. Eine Sozialgeschichte des Dritten Reiches, München (dtv Tb 1590) 1980; H. Mommsen, Nachwort, in: ebenda, S. 352 ff.; H.A. Turner jr., Faschismus und Antimodernismus, in: H.A. Turner jr., Faschismus und Kapitalismus in Deutschland, Göttingen 1972, S. 157 ff.; R. Kühnl, Faschismustheorien. Texte zur Faschismusdiskussion 2, Reinbek b. Hamburg 1979, S. 152 ff.; H. Matzerath/H. Volkmann, Modernisierungstheorie und Nationalsozialismus, in: J. Kocka (Hg.), Theorien in der Praxis des Historikers, Göttingen 1977, S. 86 ff.; neuerdings: D. Petzina, Soziale und wirtschaftliche Entwicklung, in: K.G.A. Jeserich u.a. (Hg.), Deutsche Verwaltungsgeschichte, Bd. 4, Stuttgart 1985, S. 39 ff.; D. Peukert, Volksgenossen und Gemeinschaftsfremde, Köln 1982, S. 208 ff.; H.-U. Thamer, Verführung und Gewalt, Berlin 1986, S. 771 ff.; allgemein zur "Modernisierungstheorie" die noch immer gute Orientierung von H.-U. Wehler, Modernisierungstheorie und Geschichte, Göttingen 1975.

6 M. Broszat, Plädoyer für eine Historisierung des Nationalsozialismus, in: Merkur 39 (1985), S. 373 ff. (wiederabgedruckt in: H. Graml/K.D. Henke (Hg.), Nach Hitler. Der schwierige Umgang mit unserer Geschichte. Beiträge von Martin Broszat, München 1986, S. 159 ff.); zur Diskussion vgl. D. Diner, Ist der Nationalsozialismus Geschichte? Zu Historisierung und Historikerstreit, Frankfurt/Main 1987.

7 Hennig, Thesen, S. 24 ff.

8 F. Freund/G. Spann, Zur Auseinandersetzung mit der Apologie des Nationalsozialismus, in: Zeitgeschichte 8 (1981), 5, S. 192 ff. u. 9 (1982), 6, S. 211 ff.

9 Diese Erkenntnis erscheint heute in der Zeit der "Reprivatisierungen" etc. nicht mehr "modern", was nicht heißen darf, daß sie nicht doch zutrifft, vgl. als nach wie vor lesenswerte zeitgenössische Analyse z.B. O. Bauer, Zwischen zwei Weltkriegen? Bratislava 1936, S. 94 ff.; vgl. dazu: G. Botz, Genesis und Inhalt der Faschismustheorien Otto Bauers, in: Intern. Review of Social History, Vol. 19 (1974), S. 28 ff.

10 Vgl. zu dieser Kritik die Beiträge in M. Behrens u.a. Faschismus und Ideologie, 2. Bde., Berlin 1980.

11 Für die nachfolgende Betrachtung wurde als grundlegende Basislektüre verwendet: E. Bodzenta, Änderung der österreichischen Sozialstruktur in der Ersten und Zweiten Republik, in: E. Zöllner, Österreichs Sozialstrukturen in historischer Sicht, Wien 1980, S. 155 ff; E. Bodzenta, Gesellschaft im Wandel, in: O. Schulmeister, Specktrum Austriae, Wien 1980, S. 272 ff.; H. Firnberg, Wesen und Wandel der Sozialgeschichte Österreichs, in: W. Weber (Hg.), Österreichs Wirtschaftsstrukturen gestern - heute - morgen, Berlin 1961, S. 839 ff.

12 Die folgenden Informationen, soweit nicht angeführt, sind entnommen aus: E. Bruckmüller, Sozialgeschichte Österreichs, Wien 1985 sowie insbesonders dem Artikel "Entwicklungstendenzen der österreichischen Bevölkerung" (Mitteilungen des österr. Instituts für Wirtschaftsforschung 1962, H. 11, S. 496).

13 Statistische Nachrichten 1938, Nr. 16, S. 162.

14 F. Loidl, Die politischen Ereignisse der Jahre 1938 und 1945 aus dem Blickwinkel der Pfarrchronik Schwarzenau am Gebirge, in: H. Konrad/W. Neugebauer, Arbeiterbewegung-Faschismus-Nationalbewußtsein, Wien 1983, S. 85.

15 H. Pfeifer, Die Ostmark, Wien 1941, S. 419.

16 Gesetz zum Schutze der Erbgesundheit des deutschen Volkes, in: ebenda, S. 195.

17 Vgl. dzau grundlegend: K. Berger, Zwischen Eintopf und Fließband, Frauenarbeit und Frauenbild im Faschismus in Österreich 1938 bis 1945, Wien 1984; vgl. auch den zusammenfassenden Aufsatz v. K. Berger in diesem Band.

18 Besonders Facharbeitskräfte waren davon betroffen: N. Schausberger, Rüstung in Österreich 1938-1945, Wien 1970, S. 31; R. Luza, Österreich und die großdeutsche Idee in der NS-Zeit, Wien-Köln-Graz 1977, S. 130.

19 Bundespressedienst (Hg.), Österreichisches Jahrbuch 1950, Wien 1951, S. 337.

20 Zahlen nach H. Rosenkranz, Verfolgung und Selbstbehauptung. Die Juden in Österreich 1938-1945, Wien 1978; G. Botz, Wohnungspolitik und Judendeportationen in Wien 1938 bis 1945, Wien-Salzburg 1975, S. 115.

21 Vgl. Th. Albrich, Exodus durch Österreich. Die jüdischen Flüchtlinge 1945-1948, Innsbruck 1987, S. 11 ff.

22 Das folgende nach: Entwicklungstendenzen, S. 497.

23 Zum Konzept der "Entprovinzialisierung" vgl. grundlegend E. Hanisch, Nationalsozialistische Herrschaft in der Provinz. Salzburg im Dritten Reich, Salzburg 1983, S. 10 ff.

24 Entwicklungstendenzen, S. 498.

25 Vgl. z.B. über Salzburg: H. Dachs, Das politische, soziale und wirtschaftliche System im Bundesland Salzburg, Salzburg 1985.

26 Entwicklungstendenzen, S. 497.

27 Ebenda, S. 499 u. S. 502 f.

28 E. Bodzenta, Gesellschaft im Wandel, S. 155 ff.

29 Monatsberichte d. Inst. f. Konjunkturforschung 12 (1938), Nr. 4/5, S. 1.

30 T.W. Mason, Innere Krise und Angriffskrieg 1938/1939, in: F. Forstmeier/H.-E. Volkmann, Wirtschaft und Rüstung am Vorabend des Zweiten Weltkrieges, Düsseldorf (2. Auf.) 1981; zur Kontroverse um die NS-Außenpolitik vgl. vor allem die verdienstvolle Sammlung und den Wiederabdruck älterer Aufsätze in: W. Michalka, Nationalsozialistische Außenpolitik, Darmstadt 1978; sowie als Überblick, K. Hildebrand, Das Dritte Reich, München 1979.

31 Vgl. N. Schausberger, Der Anschluß und seine ökonomische Relevanz, in: Wissenschaftliche Kommission (Hg.), Anschluß 1938, Wien 1981, S. 244 ff. u. 420 ff.; N. Schausberger, Der Griff nach Österreich, Wien 1978.

32 Dies ergibt sich aus den Forschungen d. Verf. über Niederösterreich 1938-1945; vgl. E. Bezemek/K.D. Mulley, "Niederdonau". Alltag und Herrschaft im Nationalsozialismus, St. Pölten 1988.

33 Vgl. F. Weber, Österreichs Wirtschaft in der Rekonstruktion nach 1945, in: Zeitgeschichte 15 (1987) 5, S. 267 ff.

34 L. Löhr, Beiträge zum Landfluchtproblem in der Ostmark, in: Berichte über die Landwirtschaft 1940, NF Bd. 25, S. 109.

35 Ansätze zu einer Kompensation für die nunmehrige Mehrbelastung der Bauern zeigten sich allerdings im Bereich des Sozialversicherungswesen: Vgl. die Studie v. E. Tálos in diesem Band.

36 NöLA (Niederösterr. Landesarchiv): Lageberichte der Landräte; H. Boberach, Meldungen aus dem Reich, Herrsching 1984.

37 Vgl. zum Einsatz "fremdvölkischer Arbeitskräfte" in der Landwirtschaft in einem niederösterreichischen Verwaltungsbezirk als Fallbeispiel: K.D. Mulley, Nationalsozialismus im Bezirk Scheibbs, Scheibbs 1987.

38 Entwicklungstendenzen, S. 498.

39 HK Niederösterreich, Niederösterreich an der Arbeit, Horn 1948, S. 306.

40 Vgl. G. Otruba, Zur Geschichte der "Angestellten" und ihrer wachsenden Bedeutung in Österreich bis 1918 (im Vergleich zu Deutschland), in: ÖGL 21 (1977) 2, S. 74 ff.; G. Botz, Angestellte zwischen Ständegesellschaft, Revolution und Faschismus, in: J. Kocka, Angestellte im europäischen Vergleich, Göttingen 1981, S. 196 ff.; G. Botz, Angestellte zwischen Sozialdemokratie und Nationalsozialismus, In: O. Martinek u.a. (Hg.), Arbeitswelt und Sozialstaat, Wien 1980, S. 45 ff.; F. Fürstenberg, Angestellte und Gesellschaft, in: G. Botz u.a. (Hg.), Geschichte und Gesellschaft, Wien 1974, S. 351 ff.

41 Frauenbeschäftigung, S. 22.

42 Ebenda.

43 Berger, Eintopf und Fließband, S. 4.

44 Vgl. Die Reserve an weiblicher Arbeitskraft, in: Die Wirtschaftskurve Jg. 1941, S. 148 ff. sowie V. Siebrecht, Der Fraueneinsatz - ein Resümee, in: Die Wirtschaftskurve, Jg. 1943, S. 153 ff; vgl. bes. I. Schupetta, Frauen- und Ausländererwerbstätigkeit in Deutschland von 1939 bis 1945, Köln 1983.

45 H. Boberach (Hg.), Meldungen aus dem Reich, Herrsching 1984, Bd. 12, S. 4789 (Meldungen Nr. 358 v. 11. 2. 1943).

46 Vgl. dazu K.D. Mulley, Wo ist das Proletariat? In: G. Jagschitz/K.D. Mulley, Die ‚wilden' fünfziger Jahre, St. Pölten 1985, S. 20 ff.

47 Vgl. Rigler, Frauenleitbild.

48 E. Bruckmüller, Zur Sozialstruktur Österreichs in den dreißiger Jahren, in: E. Fröschl/H. Zoitl (Hg.), Februar 1934, Wien 1984, S. 35.

49 A. Staudinger, Zur "Eindeutschung" Wiens 1938, in: 14. österr. Historikertag, Tagungsbericht, Wien 1979, S. 92.

50 E. Hanisch, Struktur und Ereignis. Überlegungen eines Regionalhistorikers am Beispiel des Faschismus, in: 16. österr. Historikertag 1984, Tagungsbericht, Wien 1985, S. 722.

51 NÖLA: Bericht des Landrates Scheibbs 1983.

52 Hanisch, Salzburg, S. 166 ff.

Hans Kernbauer/Fritz Weber

ÖSTERREICHS WIRTSCHAFT 1938 - 1945

1. Zwei Konjunkturen

Als der *Anschluß* in die Tat umgesetzt wurde, herrschte im Deutschen Reich dank der Wirtschafts- und Rüstungspolitik des Nationalsozialismus eine Hochkonjunktur, welche die wirtschaftlichen Ressourcen bis an ihre Grenzen in Anspruch nahm. Die Arbeitslosigkeit war praktisch beseitigt. Österreich hatte sich demgegenüber von der Weltwirtschaftskrise nur sehr zaghaft erholt; das Produktionsniveau lag 1937 noch beträchtlich unter dem Niveau von 1929. Die Arbeitslosenrate betrug 1937 im Jahresdurchschnitt 21,7%; nach anderen Schätzungen machte sie fast 35% aus, was einer Zahl von 670.000 Beschäftigungslosen entsprach.[1]

Diagramm 1
Brutto-Nationalprodukt in Österreich und Deutschland 1913 bis 1937
1913 = 100

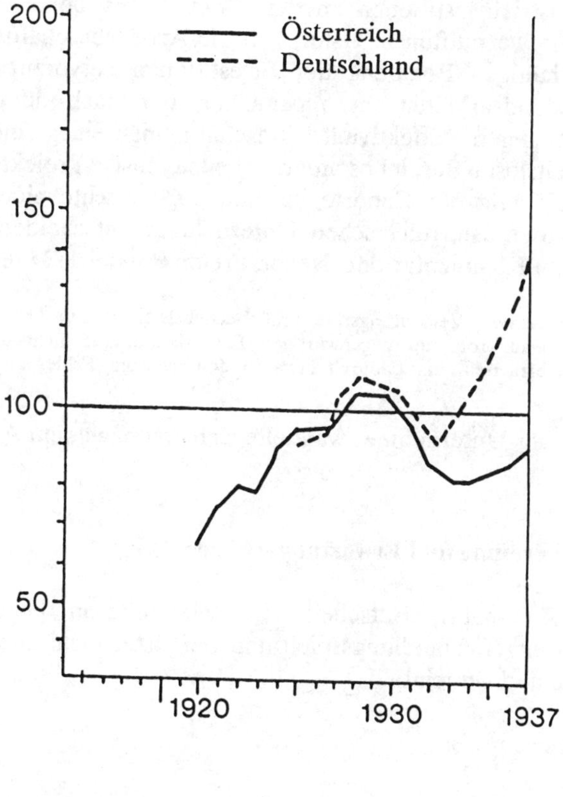

Es kann daher nicht Wunder nehmen, daß die Zustände im Deutschen Reich eine gewisse Attraktivität auf viele Österreicher ausübten. Die Unfähigkeit, mit den Beschäftigungs- bzw. Konjunkturproblemen fertigzuwerden, war eine der wesentlichen Ursachen für den geringen Rückhalt des Austrofaschismus selbst bei jenen sozialen Schichten, die seine Machtübernahme anfangs begrüßt hatten.[2]

Dollfuß hatte der Demokratie in Österreich auch mit dem Anspruch auf wirtschaftspolitische Kompetenz ein Ende bereitet: Mittels einer autoritären Stabilisierungspolitik sollte das Fundament für einen künftigen Aufschwung gelegt werden. Was der österreichische "Ständestaat" anstrebte, war das Gegenteil der "keynesianischen" Krisenlösung des Nationalsozialismus. Die Politik Österreichs war (nach der Gewährung der *Lausanner Anleihe* von 1932) ganz an der "Erfüllung der Ansprüche seiner ausländischen Gläubiger"[3] orientiert, entsprach jedoch zugleich den anti-interventionistischen Auffassungen der führenden österreichischen Ökonomen und des Präsidenten der Nationalbank Viktor Kienböck. Diese setzten alle Hoffnungen auf eine Steigerung der Exporte.

Arbeitsbeschaffung wurde daher halbherzig und nur aus politischen Motiven betrieben, um der nationalsozialistischen Propaganda den Wind aus den Segeln zu nehmen.[4] Während in Deutschland die staatliche Wirtschaftspolitik die privaten Investitionen stimulierte - ablesbar an der Erhöhung der Nettoinvestitionsquote von 10,5% (1925/30) auf 13% (1935/38) und der Zunahme des Anteils der Industrieinvestitionen an den Gesamtinvestitionen von 19% (1928) auf 25% (1938)[5] -, verpufften in Österreich die Arbeitsbeschaffungsmaßnahmen, ohne eine nachhaltigen Belebung der Investitionen hervorzurufen. Denn hier waren die Notstandsarbeiten im allgemeinen nur nach dem Kriterium der möglichst kurzfristigen Effektivität (Beschäftigung einer möglichst großen Anzahl von Arbeitslosen durch besonders arbeitsintensive Projekte) ausgewählt.[6]

Auch die Belebung der Exporte im Jahr 1937 reichte nicht aus, das Investitionsverhalten der österreichischen Unternehmer entscheidend zu verändern. So wurde in einem Kommentar der "Neuen Freien Presse" 1937 festgehalten,

> "daß alle maßgebenden Verwaltungsräte und Betriebsleitungen in Österreich sich darüber einig sind, daß man trotz der gegenwärtigen Exportkonjunktur nicht daran denken dürfe, neue Werke zu errichten, um dadurch etwa in den gleichen Fehler zu verfallen wie ...vor 1930".[7]

Die Psychologie der Unternehmer wandelte sich erst nach dem Anschluß.

2. Handlungsspielräume und Erwartungszwänge

In jüngster Zeit hat F. Butschek - in Anlehnung an die deutsche Diskussion[8] - auf den engen Handlungsspielraum der österreichischen Wirtschaftspolitik hingewiesen und gemeint:

"(A)uch eine Regierung mit anderen Prioritäten (hätte) die Gegebenheiten der österreichischen wie der internationalen Situation nicht zu ignorieren vermocht. Es hätten also wohl Akzente anders gesetzt, kaum aber eine grundlegend andere Politik betrieben werden können."[9]

Gegen ein solches Urteil läßt sich einwenden, daß der "Ständestaat" nicht einmal alle im Rahmen des "Möglichen" vorfindbaren Chancen wahrgenommen hat. Dies gilt für die Verwendung von Anleiheerlösen (Trefferanleihe 1933, Arbeitsanleihe 1935, Investitionsanleihe 1937) zur Rückzahlung bzw. Konsolidierung kurzfristiger Schulden[10] ebenso wie für die Nichtabwertung des Schillings im Jahr 1936 oder die Nichtausnützung des potentiellen Staatseinflusses bei der Creditanstalt (ab 1934: Creditanstalt-Bankverein). Selbst die Erhöhung der Rüstungsausgaben von 81 Mio. S (1932) auf 242.4 Mio (1937) bzw. 219.7 Mio. (Voranschlag 1938)[11] - von der Regierung unablässig als Beweis ihrer Arbeitsbeschaffungsaktivität zitiert[12] - hatte keine expansive Wirkung, da sie auf der Kürzung anderer Budgetposten beruhte.[13] Eine demokratisch gewählte (und abwählbare) Regierung wäre vermutlich auf Grund solcher beschäftigungspolitischer Mißerfolge früher oder später zum Rücktritt gezwungen gewesen. Aber selbst das autoritäre Regime geriet nach der Nichtabwertung des Schillings und dem Sparbudget von 1936 zunehmend unter Druck[14] und mußte 1937 erneut der Forderung nach Arbeitsbeschaffung Rechnung tragen. Der politische Druck - ablesbar an beinahe jeder Rede irgendeines Regierungsmitgliedes - nahm insbesondere in den letzten Monaten vor dem "Anschluß" stark zu.[15] Die Regierungsumbildung nach Berchtesgaden kam der "keynesianischen" Opposition (die über das NS-Lager weit hinausging) weitgehend entgegen: Nicht nur wurde ein *Staatssekretariat für die Angelegenheiten der Industrie* geschaffen, dessen Leiter, Oberstleutnant Stepski-Doliva dem interventionistischen Flügel der Industrie angehörte[16]; auch der neue Handelsminister Julius Raab beeilte sich zu betonen, daß er es "unter den gegenwärtigen Verhältnissen" grundsätzlich für notwendig erachte, "dem Staate einen gewissen Einfluß auf die Wirtschaft einzuräumen".[17]

Wenige Tage nach der Regierungsumbildung wurde in einer Ministerratssitzung ein "Arbeitsbeschaffungsprogramm" in der Höhe von 300 Mio. S beschlossen, das Schuschnigg am 24. Februar anläßlich der Sitzung des Bundestages der Öffentlichkeit präsentierte.[18] Es wurde von den Ereignissen ebenso überrollt wie die geplante Volksabstimmung, scheint jedoch zum Teil (z.B. beim Straßenbau) als Grundlage für die NS-Wirtschaftspolitik unmittelbar nach dem "Anschluß" gedient zu haben.[19]

3. Anschluß-Probleme

Die Miteinbeziehung des österreichischen Wirtschaftspotentials in das Kalkül der deutschen Aufrüstung (Vier-Jahres-Plan Görings von 1936) und die kruden ökonomischen Motive für den "Anschluß", die nur notdürftig hinter den nationalistischen Heim-ins-Reich-Phrasen verborgen waren[20], sind von N. Schausberger und anderen Historiker(inne)n detailliert dargestellt worden.[21] An Österreich interessierten vor allem die Bodenschätze (Erzberg, Magnesit, Erdöl), der Holzreichtum, die unausgenützten Reserven an Wasserkraft, aber auch das Heer der (zum Großteil hochqualifizierten) Arbeitslosen, die brachliegenden Industriekapazitäten, die Banken (mit ihrem Know-how für eine Südost-Expansion) und - nicht zuletzt - die Gold- und Devisenreserven der Oesterreichischen Nationalbank. Denn die ausgewiesenen Währungsreserven der Reichsbank waren Ende 1937 auf den symbolischen Betrag von 77 Mio. Reichsmark (RM) gesunken.[22]

Die Eingliederung der modernisierungsbedürftigen, exportorientierten österreichischen Industrie in die auf vollen Touren laufende deutsche Volkswirtschaft warf eine Reihe von komplizierten Problemen auf, die mit dem formellen Vollzug des "ökonomischen Anschlusses" durch Gesetze und Verordnungen nicht zu lösen waren.[23]

Als erstes stellte sich bereits in der Nacht des 12./13. März die Frage nach der Festlegung der Währungsrelation zwischen Schilling und Reichsmark.[24] Sie betraf zugleich die Gestaltung des Lohn- und Preisniveaus, die Gläubiger-Schuldner-Verhältnisse sowie - nicht zuletzt - die Konkurrenzfähigkeit der österreichischen Industrie auf dem deutschen und internationalen Markt.

Die gewählte Währungsrelation 2 RM = 3 S entsprach zwar, wie aus Akten der Deutschen Reichsbank hervorgeht[25], einigermaßen der Kaufkraftparität (als realistisch wurde ein Kurs von 2:3 bis 3:4 angesehen); sie wurde jedoch von Hitler persönlich - unter dem Einfluß der österreichischen Nazi und gegen den erklärten Willen der Reichsbank, die für ein Verhältnis 1:2 eintrat - aus "politischen und propagandistischen" Erwägungen[26] durchgesetzt. Wie viele andere Maßnahmen und Deklarationen der ersten Zeit war auch die Aufwertung des Schillings gegenüber der offziellen Berliner Notierung um 36% im Hinblick auf die geplante Volksabstimmung vom 10. April konzipiert.[27] Das Ergebnis war,

> "daß die Löhne und Gehälter sowie die der Landwirtschaft für ihre Erzeugnisse gezahlten Preise denen des Altreiches etwa entsprachen, die Lebenshaltungskosten, die Preise der industriellen Produkte und vor allem die Produktionsgüter wurden aber so im Verhältnis viel zu hoch."[28]

Durch die Aufrechterhaltung des Zollschutzes für Österreich bis zum 1. Oktober 1938 (danach in der verschleierten Form des "Gebietsschutzes") versuchte man, die Übergangsschwierigkeiten der österreichischen Industrie zu mildern.[29] Die erhoffte Rationalisierungswelle (die Preisunterschiede zu Deutschland waren im allgemeinen die Folge technischer Rückständigkeit) scheiterte jedoch an der Stockung der Maschinenlieferungen aus dem "Altreich". Auch andere Probleme wie mangelnde Rohstoffzuteilungen oder die hohen Strom- und Transportkosten konnten bis zum Kriegsausbruch so wenig gelöst werden, daß noch 1941 die Notwendigkeit eines neuen Entwicklungsprogramms für die "Ostmark" diskutiert wurde.[30]

4. Arbeitsbeschaffung

Im Jahresdurchschnitt 1938 nahm die Zahl der unselbständig Beschäftigten in Österreich um 180.000 zu. Die Beschäftigung erreichte ihren saisonalen Höhepunkt völlig untypisch erst im November; sie lag zu diesem Zeitpunkt um 23% über dem Stand des Jahres 1937 (siehe Diagramm 2). Die Arbeitslosenrate, die 1937 noch mindestens 22% betragen hatte, sank (im Jahresdurchschnitt) auf 12,7% (1938) und 3,7% (1939).

Diagramm 2
Der österreichische Arbeitsmarkt 1937 und 1938

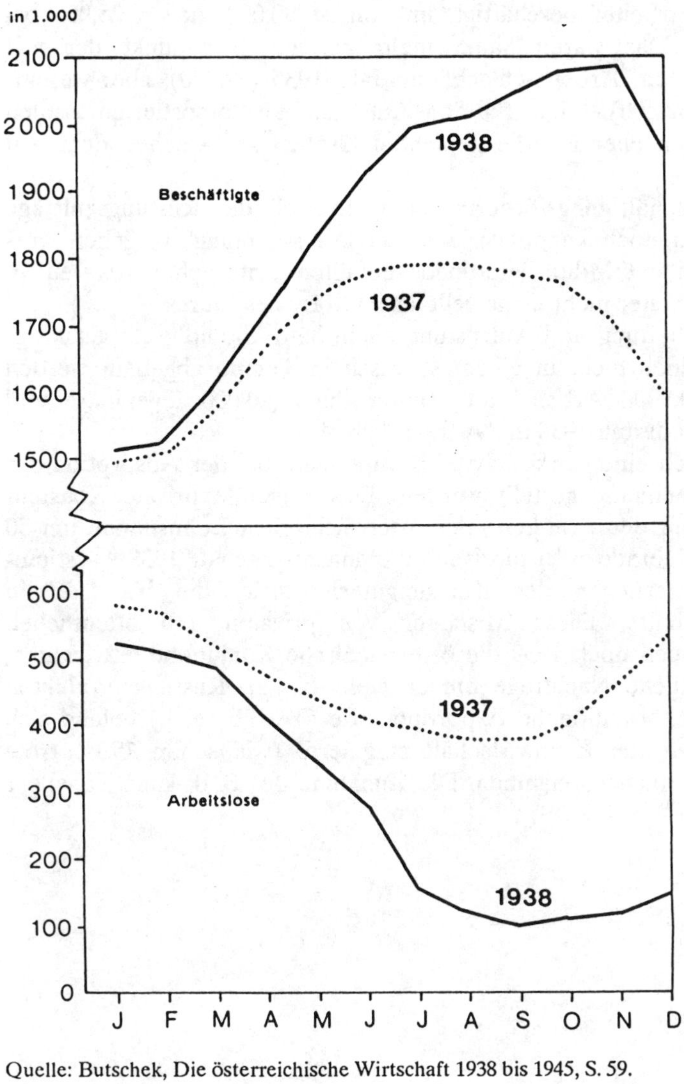

Quelle: Butschek, Die österreichische Wirtschaft 1938 bis 1945, S. 59.

Die alten Prophezeiungen des Nationalsozialismus und seine mit großem propagandistischen Aufwand kurz vor und nach der "Volksabstimmung" vom 10. April inaugurierten Projekte (Autobahnbau, Ybbs-Persenbeug, Kaprun, Göring-Werke in Linz etc.) schienen 1938 Realität zu werden.[31] (Später gerieten die "zivilen" Bauten bald ins Stocken.) 1938 jedoch wurden - nach offiziellen Angaben - in Österreich öffentliche Aufträge in der Höhe von 750 Mio. S vergeben, was einem Anteil von 8% am BNP von 1937 entsprach.[32] 1937 hatte der österreichische Staat Bestellungen von rund 300 Mio. S plaziert.[33]

Dabei scheint der direkte Beschäftigungseffekt der öffentlichen Arbeiten weniger ins Gewicht gefallen zu sein als die Wirkung auf die Beschäftigung in den vor- und nachgelagerten Industrien: Bei öffentlichen Bauprojekten waren im Juli 1938 71.000 Arbeiter beschäftigt, im August 90.000, davon 25.000 bei Wehrmachtsbauten.[34] Das waren kaum mehr als am Höhepunkt der von Schuschnigg propagierten "Arbeitsschlacht" im Jahr 1935 (77.200), aber wesentlich mehr als 1937 (52.800).[35] Die für den Autobahnbau kolportierten Zahlen (15.000)[36] scheinen sich eher auf die geplanten Größen zu beziehen denn auf die Realität.

Als besonders beschäftigungsfördernd erwiesen sich die Rüstungsaufträge (von denen die ersten noch knapp vor der "Volksabstimmung" vergeben wurden): Allein in sieben mit Militärlieferungen befaßten Unternehmen waren im Herbst 1938 18.000 Arbeiter mehr eingestellt als im März des Jahres.[37]

Durch Arbeitsbeschaffung und Aufrüstung allein hätte die hohe Arbeitslosigkeit in Österreich jedoch nicht in einem so raschem Tempo abgebaut werden können: Ungefähr 100.000 Arbeitskräfte (unter ihnen 10.000 Ingenieure und viele Facharbeiter) wanderten 1938 ins "Altreich" ab.[38]

1938 muß auch noch eine starke "zivile" Komponente bei der Absorption der Arbeitslosigkeit in Rechnung gestellt werden: Die steigende private Konsumnachfrage - ablesbar an der Erhöhung der österreichischen Lohnsumme um 50 bis 65%[39] und einem geradezu "explosiven" Weihnachtsgeschäft 1938[40] - stimulierte Kapazitätserweiterungen der Konsumgüterindustrie, die bis 1937 in Stagnation verharrt hatte. Diese Mischung von privaten und öffentlichen Impulsen bestimmte auch noch 1939 die österreichische Konjunkturentwicklung, wobei sich die öffentliche Nachfrage immer mehr hin zu Rüstungsprodukten verlagerte.[41] Einzig die traditionelle Exportindustrie (Textilbereich) befand sich in Schwierigkeiten und die Landwirtschaft stagnierte (wie schon 1938) trotz aller staatlichen Förderungsmaßnahmen. Die Zunahme des BNP kann Tabelle 1 entnommen werden.

Tabelle 1
Brutto-Nationalprodukt in Österreich 1938 - 39
(real; Veränderung gegenüber dem Vorjahr in %)

	Land- und Forstwirt-wirtschaft	Industrie	Baugewerbe	Energie	BNP ins-gesamt	BNP ohne Land- u. Forstw.
1938	- 0,5	+ 18	+ 23	+ 7	+ 12,8	+ 15,0
1939	- 7,1	+ 30	+ 25	+ 13	+ 13,3	+ 16,3

Quelle: Butschek, Die österreichische Wirtschaft 1938 bis 1945, S. 65

Bei all diesen Zahlen über Konjunkturbelebung und Arbeitsbeschaffung darf nie vergessen werden, daß die finanziellen Mittel dazu indirekt aus Österreich selbst stammten: Nach Berechnungen der Deutschen Reichsbank flossen 1938 unter dem Titel "Einmalige Sondergeschäfte" rund 415 Mio. RM (ca. 622 Mio. S) von Österreich nach Deutschland: der Gold- und Devisenbestand der Österreichischen Nationalbank sowie von privater Seite abgelieferte Wertpapiere.[41a] Andere Schätzungen sprechen von weitaus höheren Beträgen. Danach wurden allein von Privaten Goldbestände und Auslandsguthaben im Wert von 1250 Mio. S abgeliefert; die Nationalbank steuerte 450 Mio. S bei. Dazu kamen noch die Nettoforderungen Österreichs aus dem Clearingverkehr mit dem Ausland in der Höhe von 94 bis 129 Mio. Schilling.[41b]

5. Germanisierung

Österreich wurde dem Deutschen Reich in vielfacher Hinsicht wirtschaftlich "angeschlossen": Zum einen erfolgte der Ausbau der Kapazitäten nach den "wehrwirtschaftlichen" Bedürfnissen des "Altreichs"; dies gilt für die Wasserkräfte, die Ölförderung, das Ranshofener Aluminiumwerk, die Hermann Göring-Werke in Linz und Rüstungsbetriebe wie die Flugzeugwerke (und das geplante Flugzeugmotoren-Werk) in Wiener Neustadt, die Eisenwerke Oberdonau (Linz), das Nibelungenwerk in St. Valentin und andere.[42] Aus Österreich stammten 29% der im 2. Weltkrieg erzeugten Me 109 Jagdflugzeuge, 52% aller Panzer vom Typ IV, aber auch rund 20% der gesamtdeutschen Lokomotivproduktion (Wiener Lokomotivfabrik).[43]

Zum anderen war die Ausrichtung der Produktion nach Deutschland begleitet von einer "Germanisierung" der österreichischen Industriebetriebe, Banken und Versicherungen. Nur ein geringer Teil dieser Eigentumsverschiebungen ging auf das Konto der Errichtung neuer Werke[44] oder der "Arisierung" (die sich im allgemeinen auf Klein- und Mittelbetriebe erstreckte und von der hauptsächlich österreichische Ariseure profitierten); der größte Teil betraf den Übergang von Eigentumstiteln bestehender Großunternehmen in die Hände des deutschen Staates, der sich dabei zumeist der Holdinggesellschaft VIAG bediente, bzw. deutscher Banken oder Industrieunternehmen. Das Ergebnis kann Tabelle 2 entnommen werden.[44]

Tabelle 2
Deutscher Anteil am Aktienkapital österreichischer Unternehmen 1938 und 1944

Wirtschaftszweig	Deutscher Anteil in % 1938	1945
Banken	8	83
Versicherungen	6	51
Berg- und Hüttenwesen	25	72
Maschinen- u. Metallindustrie	7	54
Chemische Industrie	4	71
Elektroindustrie	19	72
Bauindustrie	0,2	36
Glas- u. Porzellanindustrie	0	59
Holzindustrie	0	39
Papierindustrie	1	12
Lederindustrie	0	33
Textilindustrie	3	37
Nahrungsmittelindustrie	0	1
Zuckerindustrie	0	6
Brauindustrie	0	1
Transportwesen	0	48
Hotels	0	26
Ölindustrie	0	13
Verschiedene	0	92
	9	57

Quelle: Klambauer, Die Frage des deutschen Eigentums in Österreich, S. 148.

Der Modus der Eigentumsübertragungen (Zwang, Intervention von NS-Größen, Niedrigbewertung der Aktiva) findet sich detailliert bei L. Wittek-Saltzberg beschrieben[45]. An dieser Stelle müssen wenige Beispiele genügen: Die Friedrich Krupp AG in Essen hatte sich schon vor dem März 1938 für die Berndorfer Metallwarenfabrik A. Krupp interessiert (die zu 86,9% im Besitz der Creditanstalt war). Die Firma mußte unter dem persönlichen Druck Görings zu ungünstigen Bedingungen an das deutsche Unternehmen abgegeben werden. In ähnlicher Weise gelang es der IG-Farben, den chemischen Konzern der Creditanstalt-Bankverein und die Betriebe der Dynamit-Nobel AG in Besitz zu nehmen und zur Donau-Chemie-AG zu verschmelzen. Die zuständigen NS-Behörden erteilten dieser Fusion die Genehmigung, noch *bevor* der Verkauf der Aktienmajorität der Konzernunternehmen der CA-BV stattgefunden hatte.[46]

Am vielleicht interessantesten war das Schicksal der Österreichischen Creditanstalt-Wiener Bankverein. Diese Bank nahm damals eine überragende Position im österreichischen Wirtschaftsleben ein, nicht nur im Hinblick auf ihren Marktanteil im Bankgeschäft, sondern vor allem durch ihre Funktion als Eigentümer einer großen Anzahl wichtiger Industrieunternehmen. Die Aktienmehrheit der CA-BV befand sich vor dem "Anschluß" de facto im Besitz der öffentlichen Hand. Nach dem 12. März gingen zuerst 48% des Aktienkapitals (aus dem Besitz des Bundes und der Oesterr. Nationalbank) in die Hände der VIAG über; im April wurde die VIAG-Quote auf 71% erhöht.[47] Später ging die Aktienmehrheit der Bank sukzessive an die Deutsche Bank über.[48]

Im Fall der Creditanstalt kreuzten sich die divergierenden Interessen von Berliner NS-Behörden (die den gesamten Industriekonzern der Bank in eine reichseigene Holdinggesellschaft einbringen wollten), von österreichischen Nazis und dem neuen Management der Bank selbst (die diesen Berliner Plan verhindern wollten) sowie zwischen Staatswirtschaft (Hermann-Göring-Konzern) und Privatwirtschaft (in Gestalt der Deutschen Bank, die bereits im März/April 1938 die Creditanstalt in ihren Besitz bringen wollte).[49]

Das "Vorgriffsrecht" auf die Industriebeteiligungen der Creditanstalt sicherte sich Hermann Göring, in dessen Konzern Unternehmen wie die Steyr-Daimler-Puch AG, die Simmeringer Waggonfabrik (später mit anderen Betrieben zur Simmering-Graz-Pauker AG verschmolzen), die Judenburger Gußstahlwerke und die DDSG eingegliedert wurden.[50] Nach dem 10. April 1938 folgten die privaten "Interessenten". Insgesamt mußte die Creditanstalt-Bankverein gegen ihren Willen Anteile an 21 Großunternehmen abgeben.[51]

Im Bereich der Elektrizitätswirtschaft wurde die Auseinandersetzung zwischen Staat und Privatwirtschaft wenige Wochen nach dem "Anschluß" durch die Gründung der Alpen-Elektro-Werke (zu 100% im Besitz der VIAG) entschieden, die - von wenigen Ausnahmen abgesehen - die österreichischen Großwasserkraftanlagen bei sich konzentrierte. Auch in diesem Fall spielte Göring eine zentrale Rolle.[52]

6. Die deutsche Wirtschaft während des Krieges

Die deutsche Wirtschaft war nach der Machtübernahme durch die Nationalsozialisten immer stärker in den Dienst der Aufrüstung gestellt worden. Ungeachtet der Bestimmungen des Versailler Vertrages sollte in möglichst kurzer Zeit eine schlagkräftige Wehrmacht aufgestellt werden, die zur Erreichung der außenpolitischen Ziele Hitler-Deutschlands, insbesondere zur Gewinnung von "Lebensraum" im Osten, unerläßlich war.[53] Da die aggressive Außenpolitik Deutschlands auch in den Augen der nationalsozialistischen Führungsclique früher oder später zu einem Krieg führen mußte, waren auch auf wirtschaftlichem Gebiet alle Vorbereitungen für den Ernstfall zu treffen. Der 1936 inaugurierte Vierjahres-Plan kombinierte Rüstungs- und Autarkiepolitik, d.h. er stellte den Versuch dar, Deutschland in Vorbereitung eines erwarteten kriegerischen Konflikts wirtschaftlich vom Ausland möglichst unabhängig zu machen.[54] Vorrangiges Ziel war die Entwicklung von Ersatzstoffen (etwa für Gummi und Erdöl); für nichtsubstituierbare Güter mußte die Versorgung aus neutralen Ländern (Beispiel: Eisenerz aus Schweden) sichergestellt oder eine Bevorratung in Angriff genommen werden.[55] Dieser Vierjahresplan kann nicht mit den Wirtschaftsplänen in zentralverwalteten Wirtschaften verglichen werden. Es gab keine planmäßige Erfassung aller vorhandenen menschlichen und materiellen Ressourcen und keine umfassende staatliche Lenkung der Investitionstätigkeit. Vielmehr sollte bei relativ geringfügigen Eingriffen in den zivilen Sektor der Wirtschaft ein staatlicher Rüstungssektor aufgebaut werden

(Hermann Göring-Konzern), der den expansionistischen Zielen der Staatsführung dienstbar gemacht werden sollte. Zu einer umfassenden, zentralen Wirtschaftsplanung kam es auch während der Kriegszeit niemals. Rüstungsminister Speer erhielt zwar nicht lange vor dem Beginn des Zusammenbruchs weitreichende Kompetenzen, doch das Wirtschaftsimperium der SS blieb auch seinem Zugriff entzogen.[56] Gerade auch auf wirtschaftlichem Gebiet zeigte sich die "totalitäre Anarchie im Führerstaat", die Goebbels einmal mit folgenden Worten beschrieb:

"Wir leben in einem Staatswesen, in dem die Kompetenzen sehr unklar verteilt sind. Daraus entwickeln sich die meisten Zwistigkeiten unter den führenden Personen wie unter den führenden Behörden... Die Folge ist eine völlige Direktionslosigkeit..."[57]

Die geringen kriegswirtschaftlichen Planungen Deutschlands korrespondierten mit dem "Blitzkriegkonzept", demzufolge die hochgerüstete Wehrmacht in einer Reihe kurzer Kriege einen Gegner nach dem anderen vernichten und in dazwischenliegenden Regenerationsphasen die eingetretenen Verluste an Menschen und Material jeweils ersetzen sollte. Auch der nationalsozialistischen Führung war klar, daß ein Krieg an mehreren Fronten nicht zu gewinnen war und daß das deutsche Wirtschaftspotential für eine längere Kriegsdauer nicht ausreichte. Freilich hoffte man durch die Eroberungen einen autarken Großwirtschaftsraum schaffen zu können, der auch wirtschaftlich verteidigungsfähig war.[58]

Das Blitzkriegskonzept war in den beiden ersten Kriegsjahren erfolgreich. Der Krieg konnte geführt werden, ohne daß die Produktion für den zivilen Bedarf nennenswert eingeschränkt werden mußte. Der englische Wirtschaftshistoriker Milward hat daher zurecht die Periode bis 1941 als "Friedenswirtschaft im Krieg" bezeichnet.[59] Erst als der Vormarsch der deutschen Armeen im Herbst 1941 ins Stocken geriet und mit dem Fall von Stalingrad das Scheitern der deutschen Expansionsstrategie offenbar wurde, ging man dazu über, die Wirtschaft ganz in den Dienst der Kriegsproduktion zu stellen.

Tabelle 3
Deutsche Industrie: Anteil verschiedener Industriegruppen an der Nettoproduktion (%)

	1939	1940	1941	1942	1943	1944
Grundstoffindustrien	21	22	25	25	24	21
Rüstung	9	16	16	22	31	40
Bau	23	15	13	9	6	6
Andere Investititonsgüter	18	18	18	19	16	11
Konsumgüter	29	29	28	25	23	22

Quelle: D. Petzina, Autarkiepolitik im Dritten Reich. Der nationalsozialistische Vierjahresplan, Stuttgart 1967, S. 187

Die zunächst von Todt und dann von Speer organisierte Umstellung der Wirtschaft führte bis 1944 beinahe zu einer Verdreifachung der Rüstungsproduktion gegenüber 1941 - ein Produktionsanstieg, der von den Alliierten nicht für möglich gehalten worden war.[60] Diese Ausstoßerhöhung wäre ohne die Ersetzung der zum Militärdienst eingezogenen Arbeitskräfte durch zwangsverpflichtete Ausländer, Kriegsgefangene und KZ-Häftlinge nicht zu erreichen gewesen. Die Frauenbeschäftigung nahm demgegenüber - absolut gesehen - auch in den letzten Kriegsjahren kaum zu.

Tabelle 4
Beschäftigungsentwicklung in Deutschland* (in Millionen)

Ende Mai	Männer	Deutsche Frauen	Summe	Ausländer und Kriegsgefangene	Einberufungen (kumulativ)
1939	25,5	14,6	39,1	0,3	1,4
1940	20,4	14,4	34,1	1,2	5,7
1941	19,0	14,1	33,1	3,0	7,4
1942	16,9	14,4	31,3	4,2	9,4
1943	15,5	14,8	30,3	6,3	11,2
1944	14,2	14,8	29,0	7,1	12,4

* Altreich einschließlich Österreich und Memelgebiet
Quelle: H.A. Jacobsen, Der Weg zur Teilung der Welt. Politik und Strategie von 1939 bis 1945, Koblenz 1977, S. 269.

7. Kriegswirtschaft in Österreich

Die Wirtschaftsentwicklung in Österreich während der deutschen Okkupation unterscheidet sich in einigen Punkten signifikant vom "Altreich". Nach dem *Anschluß* wurde die österreichische Wirtschaft besonders stark von der Rüstungskonjunktur erfaßt, weil hier im Gegensatz zu Deutschland noch freie Kapazitäten vorhanden waren. Die Expansion der Industrieproduktion wurde von der Grundstoff- und der Investitionsgüterindustrie getragen, während die relative Bedeutung der Konsumgüterindustrie auch schon in der Periode 1939 bis 1941 zurückging (siehe Tabellen 3 und 5).

Tabelle 5
Industriebeschäftigung in Österreich (in 1.000)

	1939	1940	1941	1942	1943	1944
Grundstoffe	116	124	122	127	160	179
Anteile in %	23,7	25,8	24,5	24,2	25,6	26,0
Investitionsgüter	167	179	202	236	305	358
Anteile in %	34,1	37,3	40,6	45,0	48,8	52,0
Konsumgüter	207	177	174	160	161	152
Anteile in %	42,2	36,9	34,9	30,0	25,8	22,1
Insgesamt	490	180	498	524	625	689

Quelle: R. Wagenführ, Die deutsche Industrie im Kriege 1939-1945, Berlin 1954.

Zwischen 1939 und 1944 stieg die Industriebeschäftigung in Österreich um rund 200.000 Personen oder um über 40%, die Beschäftigung in der Grundstoffindustrie erhöhte sich um 50%; im Investitionsgütersektor, zu dem die Rüstungsproduktion zählte, arbeiteten 1944 mehr als doppelt so viele Menschen wie im Jahr 1939. Die Bedeutung der Konsumgüterproduktion sank insbesonders in den Jahren ab 1942, weil zahlreiche Rüstungsbetriebe aus dem "Altreich" in den "Reichsluftschutzkeller Ostmark" verlagert wurden.[61]

Auch in Österreich nahm der Anteil der zwangsrekrutierten Fremdarbeiter und Kriegsgefangenen an der Beschäftigung zu. Im Unterschied zum "Altreich" stieg hier auch die Zahl der in der Industrie beschäftigten Frauen - 1943 um knapp 26% und 1944 um rund 12%. Der Frauenanteil in der österreichischen Industrie betrug im letzten Kriegsjahr ca. 33%. Der Anteil der Zwangsarbeiter erreichte 1944 einen Wert von 28%.[62]

Neben der Zunahme der Beschäftigung trugen auch kapazitätserhöhende Investitionen zur Steigerung der Rüstungsproduktion in Österreich bei. Detaillierte Angaben über die Investitionstätigkeit sind für die Kriegsjahre nicht verfügbar, doch zeigt der Anstieg des Werkzeugmaschinenbestandes, daß die Kapitalausstattung kriegswichtiger Industriezweige verbessert wurde.

Tabelle 6
Werkzeugmaschinenbestand in Österreich

Industrie	Dezember 1937	April 1945	%-Veränderung
	Stück		
Eisen- und Metallwaren	23.693	29.471	+ 24,4
Fahrzeuge	13.508	21.043	+ 55,8
Elektro	12.038	19.327	+ 60,5
Maschinenbau	8.868	18.096	+104,1
Eisen- und Stahlbau	2.624	4.296	+ 63,7

Quelle: Monatsberichte 1/3 1947

Die Investitionstätigkeit konzentrierte sich hauptsächlich darauf, Engpässe in der deutschen Rüstungswirtschaft zu beseitigen. Dies gilt für staatliche Projekte, wie beispielsweise die Hütte Linz der Reichswerke Hermann Göring, die zur Verhüttung der am steirischen Erzberg abgebauten Erze errichtet wurden.[63] Auch die Erschließung der Energiereserven Österreichs sollte den Autarkiegrad der reichsdeutschen Wirtschaft erhöhen. Hier kam es aber, wie auch in anderen Bereichen, zu umfangreichen Fehlinvestitionen, weil der Krieg zu Prioritätsänderungen zwang, die wegen des teilweise anarchischen "Führungsstils" nur mit großen Reibungsverlusten durchzuführen waren. So wurde die Erschließung einiger Wasserkraftreserven nach kurzer Bauzeit (Ybbs-Persenbeug 1939, Kaprun 1943) eingestellt, weil der Energiemangel zur Errichtung kalorischer Kraftwerke zwang, die mit weniger Aufwand und in kürzerer Zeit fertiggestellt werden konnten. Dennoch verdoppelte sich die Stromerzeugung in Österreich im Zeitraum von 1937 bis 1944, wobei die Produktion der kalorischen Kraftwerke auf das 3,5fache anstieg[64].

Tabelle 7
Stromerzeugung in Österreich 1937 bis 1944 (in Mio kWh)

	Wasserkraft	Dampfkraft	Insgesamt
1937	2.390	500	2.890
1944	4.033	1.774	5.890
%-Veränderung	68,7	254,8	100,9

Quelle: St. Koren, Struktur und Nutzung der Energiequellen Österreichs, S. 172.

Auch die Ausbeutung der Erdölvorräte Österreichs wurde während der Zeit der deutschen Besetzung intensiv vorangetrieben. Während der Ersten Republik war die Erschließung der österreichischen Erdölfelder am Kapitalmangel und an der stagnierenden Nachfrage gescheitert. Nach dem *Anschluß* wurden die Aufschließungsarbeiten auf den niederösterreichischen Ölfeldern stark forciert. Durch die Einführung des deutschen Bitumengesetzes in Österreich im August 1938 verlor die Rohölgewinnungs-AG (RAG), die im Besitz der Shell-Vacuum Gruppe war, den Großteil ihrer Schürfrechte, die nun hauptsächlich an deutsche Unternehmen vergeben wurden. Die Ölförderung stieg in der Folgezeit rasch an. Sie erreichte 1944 1,2 Mio. t gegenüber 37.000 t 1937.[65]

Im Zusammenhang mit der Energieversorgung muß noch die Hydroforming-Anlage in Moosbierbaum erwähnt werden, mit deren Bau 1940 begonnen wurde. Sie sollte aus rumänischem Rohbenzin im Jahr 120.000 t Hochleistungs-Flugtreibstoff erzeugen.[66] Ende 1942 ging dieses wichtigste Treibstoffwerk in der "Ostmark" in Betrieb. Im Mai 1944 erreichte die Produktion mit 7.100 t ihren Höchststand. Im folgenden Monat mußte wegen Bombentreffern die Erzeugung teilweise eingestellt werden. Weitere Luftangriffe setzten das Werk in der zweiten Jahreshälfte 1944 wiederholt außer Betrieb. Anfang 1945 wurde es total zerstört.[67]

Die Bedeutung Österreichs als Rüstungsproduzent stieg seit dem Jahr 1942 an, weil die Rüstungsbetriebe im "Altreich" immer häufiger Luftangriffen der Alliierten ausgesetzt waren. Die Verlagerung von Fabriken nach Österreich, die in den Jahren 1943 und 1944 ihren Höhepunkt erreichte, erfolgte vor allem deshalb, weil man sich im Alpenraum vor den feindlichen Bombenflugzeugen sicher wähnte.[68] Im Sommer 1943 setzten aber auch die Luftangriffe auf Österreich ein. Der erste schwere Angriff auf die Wiener Neustädter Flugzeugwerke, das "größte Jägerwerk des Reiches", in dem vor allem die Me 109 erzeugt wurde, erfolgte noch von nordafrikanischen Stützpunkten der US-amerikanischen Luftwaffe aus. Als im September 1943 die alliierten Truppen Foggia, die größte Luftbasis in Süditalien besetzten, verstärkten sich die Bomberangriffe auf Ziele in Österreich, da nun die Anflugstrecke um rund die Hälfte kürzer war.[69] Immer häufiger wurden nun Produktionsanlagen zerstört und Verkehrsverbindungen unterbrochen. Um die Erzeugung von als besonders wichtig eingestuften Rüstungsgütern ungestört vorantreiben zu können, begann man 1944 damit, Produktionsanlagen zu dezentralisieren und zum Teil unter Tag zu verlegen. Dies führte zu einem bedeutenden Produktionsrückgang. Trotz weitgehender Standardisierungs-, Rationalisierung- und "Entfeinerungsmaßnahmen" konnte die Wehrmacht 1944 nur in ungenügendem Ausmaß mit Rüstungsmaterial versorgt werden. Zu diesem Zeitpunkt war der Führung des Rüstungsministeriums schon längst klar, daß der Krieg wegen der wirtschaftlichen Unterlegenheit Deutschlands verloren war. Nur einige unverbesserliche "Optimisten" hofften noch darauf, daß die "Wunderwaffen" dem Kriegsverlauf eine Wende geben könnten.[70]

8. Das wirtschaftliche "Erbe" des Nationalsozialismus

Die Ausrichtung der österreichischen Wirtschaft auf die Rüstungsproduktion führte zu einer nachhaltigen Änderung der Wirtschaftsstruktur. Das zeigte sich im Bereich der Industrie in einem relativen Rückgang der Konsumgüterproduktion (siehe Tabelle 8), in einer Zunahme der Großbetriebe sowie in einer Dekonzentration, d.h. in der Errichtung von Industriebetrieben außerhalb der traditionellen Industriezentren.[71]

Tabelle 8

Struktur der Industrieproduktion 1937 und 1948 (Anteile in %)

	1937	1948
Industrieproduktion insgesamt	100,0	100,0
Konsumgüter	57,0	48,1
Investitionsgüter und Grundstoffe	43,0	51,9

Quelle: St. Koren, Die Industrialisierung Österreichs, S. 325

Die in der Nachkriegszeit bestehenden Produktionskapazitäten gingen zwar zu einem nicht unwesentlichen Teil auf Gründungen während der Periode von 1938 bis 1945 zurück. Da aber zahlreiche Betriebe am Kriegsende schwer beschädigt waren und erst mit beträchtlichem Aufwand wieder in Gang gesetzt werden konnten (insbesondere in der Grundstoffindustrie), muß die Kapazitätserweiterung der Aufbauleistung nach dem Krieg gutgeschrieben werden.

Die Zahl der Betriebe mit mehr als 1.000 Beschäftigten stieg zwischen 1930 und 1948 um rund 50%, die Zahl der in Großbetrieben beschäftigten Arbeitskräfte um ca. 80%. Für die Nachkriegszeit konnten die unter sowjetischer Verwaltung stehenden Betriebe (USIA) nicht berücksichtigt werden, was zu einer Unterschätzung der Zunahme der Großbetriebe führt.[72]

Da der Trend zu Großbetrieben in Oberösterreich und in der Steiermark besonders ausgeprägt war, kam es zu einer "Westverschiebung" des industriellen Produktionsschwerpunktes (siehe Tabelle 9). Geografisch war die Industriestruktur in der Nachkriegszeit ausgeglichener als vor 1938, was zweifellos als ein Startvorteil für den Wiederaufbau gewertet werden kann.[73]

Tabelle 9
Anteil der in der Industrie West- und Ostösterreichs Beschäftigten an der Gesamtzahl der in der österreichischen Industrie beschäftigten Personen (in %)

Zone	September 1937	September 1947
Ostösterreich (NÖ, Wien, Bgld.)	60,4	48,6
Westösterrreich	39,6	51,4
	100,0	100,0

Quelle: Niederösterreich an der Arbeit. Entwicklung und Leistung der gewerblichen Wirtschaft des Landes, hrsg. von der Handelskammer Niederösterreich, Horn 1948, S. 167.

Die Erweiterung der Energiebasis durch den Bau von Wasser- und Dampfkraftwerken und die Aufschließung der Erdölfelder erhöhte den Realkapitalbestand der österreichischen Wirtschaft. Die Energiebasis schien - gemessen an den Vorkriegsverhältnissen - zunächst überdimensioniert, wegen des exponentiellen Wirtschaftswachstums reichte sie aber bald nicht mehr hin, die erhöhte Nachfrage zu befriedigen.[74]

Ob die kapazitätserweiternden Investitionen zwischen 1938 und 1945 größer waren als die Zerstörungen durch die Kriegseinwirkungen (inklusive der 1945 erfolgten Demontagen) und als die Abnützung des alten Kapitalbestandes, konnte und kann nicht mit Sicherheit festgestellt werden. Nach Butschek[75] hielten sich die Nettoinvestitionen und die Kriegsschäden ungefähr die Waage, während Schausberger[76] die Auffassung vertritt, daß die österreichische Wirtschaft "nach Beseitigung der Kriegsschäden bessere Bedingungen vorgefunden" hat als 1937. Daraus läßt sich allerdings auch nicht ableiten, daß 1945 der Realkapitalbestand höher war als 1937, solange keine Aussage über die Relation zwischen Nettoinvestitionen (1938 bis 1945) und den Kosten der Beseitigung der Kriegsschäden gemacht wird.

Zu den bedeutendsten Veränderungen nach dem *Anschluß*, die einen nachhaltigen Einfluß auf die Wirtschaftsentwicklung der Zweiten Republik haben sollten, gehörte die Verschiebung der Eigentumsstruktur in der österreichischen Wirtschaft. Infolge der "Germanisierung" der bestehenden Unternehmen und der Neugründung von Betrieben durch deutsche Firmen befand sich 1945 der Großteil der Industrie, des Energie- und Bankwesens in reichsdeutschen Händen. In der Absicht diese Vermögenswerte, die nach dem Potsdamer Abkommen für Reparationszwecke verwendet werden konnten, dem Zugriff der Besatzungsmächte zu entziehen, trafen sich nach dem Krieg die Anschauungen der Großparteien. Nur so ist es zu erklären, daß sie sich verhältnismäßig problemlos über die Verstaatlichungsgesetze von 1946 und 1947 einigen konnten.[77]

Manche Strukturveränderungen wie der Ausbau der Grundstoffindustrie, die Gründung von Großbetrieben in den westlichen Bundesländern sowie die forcierte Erschließung der Energiereserven während der Zeit der deutschen Besetzung Österreichs haben sich im Licht der Nachkriegsexpansion als vorteilhaft erwiesen. Man kann in der Gesamtbeurteilung der Entwicklung nach 1937 Schausberger zustimmen, der dazu folgendes schrieb:

"Hitler, der durch den Anschluß Österreich als Begriff auslöschen und die österreichische Wirtschaft völlig auf deutsche Bedürfnisse und Interessen ausrichten wollte, hat wie bei den meisten seiner Unternehmungen das genaue Gegenteil erreicht. In den sieben Jahren der Annexion waren die Bewohner der "Alpen- und Donaugaue" zu bewußteren Österreichern geworden. Die in einem modernen Krieg unvermeidliche Vergrößerung des Wirtschaftspotentials bewirkte, daß das befreite Österreich seine Industrie auf erweiterter Basis wieder aufbauen bzw. ausbauen und so seine wirtschaftliche und politische Unabhängigkeit stützen konnte."[78]

Anmerkungen

1 Die Wirtschaft Österreichs von 1918 bis 1938, Monatsbericht des Österr. Institutes für Wirtschaftsforschung 1/1945, S. 37. (Im folgenden zitiert als Monatsbericht, bis 1938 des Österr. Instituts für Konjunkturforschung, ab 1938 des Wiener Instituts für Wirtschaftsforschung.)

2 Vgl. dazu S. Mattl, Die Finanzdiktatur. Wirtschaftspolitik in Österreich 1933-1938, in: E. Talos/W. Neugebauer (Hg.), Austrofaschismus, Wien 1985[3], S. 131 ff.; U. Kluge, Der österreichische Ständestaat 1934-1938, Wien 1984, S. 100 ff.

3 Monatsbericht 3/1938, S. 76. Ganz ähnlich bezeichnete die "Financial Times" vom 21. Februar 1938 Österreich als "model debtor". (Alle im folgenden erwähnten ausländischen Zeitungen werden zitiert nach ZStA Potsdam, 25.01 Deutsche Reichsbank, wo sich eine umfangreiche Zeitungsdokumentation befindet.)

4 Vgl. als charakteristisches Beispiel die Diskussion um die Trefferanleihe von 1933 in: Protokolle des Ministerrates der Ersten Republik. Kabinett Dr. Engelbert Dollfuß, Bd. 4, Wien 1984, S. 445 f.

5 D. Petzina, Krisen und Krisenstrategien: Die deutschen Erfahrungen der Zwischenkriegszeit und die Gegenwart, in: I.T. Berend/K. Borchardt (Hg.), The Impact of the Depression of the 1930's And Its Relevance for the Contemporary World, Budapest 1986, S. 176.

6 Die unterschiedlichen längerfristigen Auswirkungen von Notstandsarbeiten und investitionsstimulierenden Projekten wird diskutiert bei: V. Hentschel, Wege aus der Arbeitslosigkeit - USA, Frankreich, Japan, in: Vierteljahreshefte zur Konjunkturforschung, hg. v. Deutschen Institut für Wirtschaftsforschung 1/1984, S. 62 ff.

7 Neue Freie Presse (NFP), 29. August 1937.

8 Vgl. K. Borchardt, Wachstum, Krisen, Handlungsspielräume der Wirtschaftspolitik, Göttingen 1982, S. 165 ff.

9 F. Butschek, Die österreichische Wirtschaft im 20. Jahrhundert, Wien 1985, S. 58.

10 Lt. Mattl, Finanzdiktatur, S. 137 kamen nur etwa 40% des Erlöses der drei Anleihen produktiven Zwecken zugute.

11 Zahlen nach: A. Fibich, Die Entwicklung der österreichischen Bundesausgaben in der Ersten Republik (1918-1938), Sowi. Diss., WU Wien 1977, S. 189.

12 Vgl. die Budgetrede Finanzminister Neumayers, NFP, 22. Oktober 1937.

13 NFP, 21. Oktober 1937.

14 Und zwar von "allen" Seiten, angefangen vom Bauarbeiterverband der Regimegewerkschaften, dem Generalsekretär der Vaterländischen Front Guido Zernatto, dem Gewerbe und der Industrie. Siehe dazu NFP, 8. November und 13. Dezember 1936, 13. März 1937, 17. Februar, 1., 5. und 8. März 1938; Stuttgarter Neues Tagblatt, 21. 12. 1936, Berliner Börsen-Zeitung, 23. Februar 1938.

15 Bezeichnenderweise sollte selbst im ersten Monatsbericht des Konjunkturforschungs-Institutes 1938 - in Abwesenheit des Leiters - ein Artikel von Ernst John erscheinen, der sich für Arbeitsbeschaffungsmaßnahmen und Krediterleichterungen einsetzte. Das Erscheinen wurde vom Präsidenten der Notenbank (Kienböck) verhindert (Mitt. von J. Steindl).

16 Völkischer Beobachter, 17. Februar 1938.

17 J. Raab, Aufgaben der österreichischen Wirtschaftspolitik, in: NFP, 20. Februar 1938.

18 NFP, 22., 23. und 25. Februar 1938.

19 Deutsche Bergwerks-Zeitung, 30. März 1938.

20 Vor und nach dem "Anschluß" erschienen in deutschen Zeitungen eine Reihe von Artikeln, die sich mit den wirtschaftlichen Aktiva Österreichs befaßten. Vgl. Wirtschaftsdienst Hamburg 7.Mai, 11.Juni und 16.Juli 1937, Deutsche Bergwerks-Zeitung, 13.März 1938 usw.

21 Vgl. N. Schausberger, Rüstung in Österreich 1938-1945, Wien 1970, S. 25 ff.; ders., Der Anschluß und seine ökonomische Relevanz, in: Anschluß 1938, Wien 1981, S. 244 ff.; ders., Der Griff nach Österreich, Wien 1978, S. 451 ff. L. Wittek-Saltzberg, Die wirtschaftspolitischen Auswirkungen der Okkupation Österreich, Phil. Diss, Wien 1970, S. 22 ff.

22 F. Butschek, Die österreichische Wirtschaft 1938 bis 1945, Wien 1978, S. 41.

23 Zu den gesetzgeberischen Einzelheiten vgl. Wittek-Saltzberg, Auswirkungen, S. 61 ff.

24 Vgl. dazu: ZStA Potsdam, 25.01 Deutsche Reichsbank (DR), 6675: Bericht des Reichsbankdirektors Wilhelm über seine Mission in Wien vom 12. 3. 1938 bis 3. 4. 1938.

25 ZStA Potsdam, 25.01 DR, 6673: Volkswirtschaftl. und stat. Abt. "Auf welche Weise ließe sich eine deutsch-österreichische Währungsunion durchführen" (26. Februar 1938), Bl. 123/24. Notiz vom 12. März 1938 "Währungsrelation Deutschland-Österreich", Bl. 315.

26 ZStA Potsdam, 25.01 DR, 6675: Vermerk (H. Schacht). Die Festlegung auf die Relation 1 RM = 2 S war im Zusammenhang mit Alternativplanungen für eine deutsch-österreichische Währungsunion im Februar 1938 erfolgt, endgültig in einer Besprechung am 1. März. (6673, Aktennotiz vom 3. März 1938, Bl. 199.) Zum Währungsunion-Plan siehe: K. Stuhlpfarrer, Der deutsche Plan einer Währungsunion mit Österreich, in: Anschluß 1938, Wien 1981, S. 272 ff.

27 Zweck der gewählten Relation war es, "der Bevölkerung des Landes Österreich eine größere Kaufkraft zu geben". (ZStA Potsdam, 25.01 DR, 6675, Bl. 70) Es war also das genaue Gegenteil dessen, was manche Autoren vermuten: Es handelte sich "nicht" um einen Kurs, der österreichsiche Waren für deutsche Käufer und Investoren "billig" machte. Daß Deutsche aus dem "Altreich" in Wien und anderen Städten die Geschäfte leerkauften, lag nicht an der Unterbewertung des Schilling, sondern daran, daß in Österreich noch Waren verfügbar waren, die in Deutschland wegen der Außenhandelskontrollen schon längst vom Markt verschwunden waren.

28 ZStA Potsdam, 25.01 DR, 6675: Volkswirtschaftl. und stat. Abt. "Die Ostmark im Aufbau" (29. März 1939) Bl. 306.

29 Vgl. Wittek-Saltzberg, Auswirkungen, S. 65 ff.; AVA Wien, Akten des Reichskommissars für die Wiedervereinigung Österreichs mit dem Deutschen Reich (ARW), Karton 63/125, Karton 91/179.

30 R. Luža, Austro-German Relations in the Anschluss Era, Princeton University Press 1975, S. 205 f.

31 Der Spatenstich zum Bau der Reichsautobahn bei Salzburg wurde von Hitler selbst am 7. April 1938 vorgenommen. Zu diesem Zeitpunkt waren auch die Vorarbeiten für den Bau des Donaukraftwerkes Ybbs-Persenbeug bereits in Gang gekommen (vgl. Berliner Börsen-Zeitung, 9. April 1938). Die Göringschen Spatenstiche für das Linzer Werk und das Tauernkraftwerk (Kaprun) fanden am 13. bzw. 16. Mai statt.

32 Monatsbericht 2-3/1939, S. 128. Andere Quellen nennen eine etwas geringere Summe (675 Mio. S). Siehe: ZStA Potsdam, 25.01 DR, 6675, Bl. 304.

33 Lt. den Angaben von Finanzminister Neumayer, NFP, 22. Oktober 1937.

34 Wittek-Saltzberg, Auswirkungen, S. 77.

35 Monatsberichte 2/1936, S. 45 und 2/1938, S. 44. Vgl. dazu auch D. Stiefel, Arbeitslosigkeit. Soziale, politische und wirtschaftliche Auswirkungen - am Beispiel Österreichs 1918-1938, Berlin 1979.

36 E. Hanisch, Nationalsozialistische Herrschaft in der Provinz. Salzburg im Dritten Reich, Salzburg 1983, S. 86, unter Berufung auf K. Lärmer, Autobahnbau in Deutschland 1933 bis 1945, Berlin 1975.

37 AVA Wien, ARW, Karton 83/164: Resumé einer Besprechung des Gauleiters mit Betriebsführern und Betriebsobmännern der Rüstungsindustrie vom 28. 10. 1938. Die genannte Zahl schließt eine Reihe wichtiger Unternehmen nicht ein wie Alpine Montan, Schoeller-Bleckmann, Hirtenberger Patronenfabrik.

38 In diese Rechnung müßten auch alle jene Arbeitsplätze miteinbezogen werden, die durch Emigration oder Einkerkerung "frei" wurden. Diesem Arbeitsplatzzuwachs standen jedoch Verluste durch die Liquidierung jüdischer Kleinunternehmen, die Schließung von Betrieben etc. gegenüber.

39 Butschek, Die österreichische Wirtschaft, S. 60.

40 Ebenda, S. 61.
41 Vgl. Schausberger, Rüstung, S. 46 ff.
41a ZStA Potsdam, 25.01 DR, 6675: "Zahlungsbilanz Österreichs 1938", Bl. 298 ff.
41b Ebenda, Bl. 110, 137, 212. Die Zahlen für die privaten Werte stammen von S.L. Gabriel, Österreich in der großdeutschen Wirtschaft, in: Jahrbücher für Nationalökonomie und Statistik, Bd. 148 (1938), S. 648 ff.
42 Ebenda, S. 47, 74 f.; Wittek-Saltzberg, Auswirkungen, S. 49 ff.
43 Schausberger, Rüstung, S. 139, 178.
44 Nach einer sowjetischen Untersuchung, die sich auf •deutsche Statistiken stützte, waren 1943 deutsche Firmen an 326 österreichischen Unternehmen beteiligt, von denen nur 78 nach dem 13. März 1938 gegründet worden waren. O. Klambauer, Die Frage des Deutschen Eigentums in Österreich, in: Jahrbuch für Zeitgeschichte 1978, S. 146.
45 Siehe: Wittek-Saltzberg, Auswirkungen, S. 168 ff.
46 Ebenda, S. 170 f., 187 f.
47 Ebenda, S. 150 f.; Klambauer, Deutsches Eigentum, S. 138 f., 143 f.
48 F. Seidenzahl, 100 Jahre Deutsche Bank 1870-1970, Frankfurt/Main 1970, S. 365 f.; OMGUS, Ermittlungen gegen die Deutsche Bank, Nördlingen 1985, S. 205 ff. Die Länderbank geriet von Anfang an in den Interessenkreis der Dresdener Bank. Siehe: A. Piberger, 100 Jahre Österreichische Länderbank 1880-1980, Wien 1980, S. 125 ff.; OMGUS, Ermittlungen gegen die Dresdener Bank, Nördlingen 1986, S. 13 f.
49 Wittek-Saltzberg, Auswirkungen, S. 168 f.; OMGUS, Ermittlungen gegen die Deutsche Bank, S. 205 ff.; AVA Wien, ARW, Karton 75/147: Exposè der Deutschen Bank vom 31. Mai 1938.
50 Wittek-Saltzberg, Auswirkungen, S. 173 f.
51 Privatarchiv F. Rauscher: "Verzeichnis der Beteiligungen, die die Creditanstalt-Bankverein nach dem 13. März 1938 unter Druck der reichsdeutschen Konzerne abgeben mußte" (10. Mai 1946).
52 Wittek-Saltzberg, Auswirkungen, S. 145; AVA Wien ARW, Karton 72/141; Geschäftsbericht der Alpen-Elektrowerke für das Jahr 1938.
53 Vier Tage nach seiner Ernennung zum Reichskanzler sagte Hitler in einer Rede zu den Befehlshabern der Reichswehr u.a. folgendes: "Das Ziel der Gesamtpolitik sei allein die Wiedergewinnung der politischen Macht. Hierauf müsse die gesamte Staatsführung eingestellt werden. Im Inneren erfordere das die Stärkung des Wehrwillens mit allen Mitteln, straffste autoritäre Staatsführung und Beseitigung des Krebsschadens der Demokratie. Nach außen bedeute das den Kampf gegen Versailles. Im Bereich der Wirtschaft müsse der Bauer gerettet werden. Im Siedeln liege die einzige Möglichkeit, da der Lebensraum für das deutsche Volk zu klein sei. Für die Wiedererringung der politischen Macht sei der Aufbau der Wehrmacht die wichtigste Voraussetzung, die allgemeine Wehrpflicht müsse wiederkommen. Wie aber, so fragte er dann, solle die politische Macht, wenn sie gewonnen sei, gebraucht werden? Das sei jetzt noch nicht zu sagen. Vielleicht zur Erkämpfung neuer Exportmöglichkeiten, vielleicht und wohl besser zur Eroberung neuen Lebensraumes im Osten und zu dessen rücksichtloser Germanisierung." Zitiert nach E. Jäckel, Hitlers Herrschaft, Stuttgart 1986, S. 68 f.
54 Vgl. W. Treue, Hitlers Denkschrift zum Vierjahresplan 1936, in: Vierteljahreshefte für Zeitgeschichte 3 (1955), S. 204 ff.
55 A.S. Milward, Die deutsche Kriegswirtschaft, Stuttgart 1966.
56 Speer erhielt erst am 1. August 1944 die Zuständigkeit für die Rüstungsproduktion der Luftwaffe, die bis zu diesem Zeitpunkt von Göring ausgeübt wurde. Vgl. Milward, Die deutsche Kriegswirtschaft, S. 133.
57 Zitiert nach W. Michalka (Hg.), Das Dritte Reich, Bd. 2., Dokumente, München 1985, S. 297 f.
58 Zum Blitzkriegskonzept als eine militärische und wirtschaftliche Aspekte umfassende Strategie, vgl. Milward, Die deutsche Kriegswirtschaft, S. 9 ff. Über seine Pläne zur Schaffung eines Großwirtschaftsraumes unter deutscher Führung sprach Hitler u.a. am 3. März 1939 vor führenden Vertretern der Wirtschaft, der NSDAP und der Generalität. Dabei sagte er, daß Prag "benötigt werde" als Ausgangspunkt zur Gewinnung wichtiger Rohmaterialien. "Polen wird folgen. Wir brauchen nicht auf einen starken Widerstand von dieser Seite zu rechnen. Deutsche Herrschaft über Polen ist notwendig, um polnische Lieferung landwirtschaftlicher Produkte und Kohle für Deutschland zu sichern.
Was Ungarn und Rumänien anbetrifft, so gehören sie ohne Frage in das lebenswichtige

Gebiet Deutschlands. Der Fall Polens sowie auch ein angemessener Druck wird sie unzweifelhaft dazu bringen klein beizugeben. Dann werden wir uneingeschränkte Kontrolle über ihre unermeßlichen landwirtschaftlichen Quellen und ihre Petroleumschätze haben. Dasselbe kann von Jugoslawien gesagt werden."
Zit. n. D. Eichholtz/ W. Schumann (Hg.), Anatomie des Krieges. Neue Dokumente über die Rolle des deutschen Monokapitalismus bei der Vorbereitung und Durchführung des Zweiten Weltkrieges, Berlin 1969, S. 204 f.

59 A.S. Milward, Der zweite Weltkrieg, Krieg, Wirtschaft und Gesellschaft 1939-1945, München 1977, S. 362 ff.

50 Michalka (Hg.), Das Dritte Reich, Bd. 2, S. 396 und Milward, Der Zweite Weltkrieg, S. 84.

61 Schausberger, Rüstung, S. 129 ff.

62 Butschek, Die österreichische Wirtschaft, S. 91 u. 124 ff. Im Frauenanteil sind auch die "Fremdarbeiterinnen" mitinbegriffen.

63 Schausberger, Rüstung, S. 34 f.

64 St. Koren, Struktur und Nutzung der Energiequellen Österreichs, in: W. Weber (Hg.), Österreichs Wirtschaftsstruktur gestern-heute-morgen, Bd. 1, Berlin 1961, S. 172 ff.

65 Koren, Energiequellen Österreichs, S. 176 ff.

66 Schausberger, Rüstung, S. 71.

67 Schausberger, Rüstung, S. 152, 164 u. 169.

68 Die wichtigsten Betriebsverlagerungen nach Österreich sind bei Schausberger, Rüstung, S. 199 ff. angeführt.

69 Schausberger, Rüstung, S. 130 f.

70 Milward, Die deutsche Kriegswirtschaft, S. 142 ff.

71 K.W. Rothschild, Wurzeln und Triebkräfte der Entwicklung der österreichischen Wirtschaftsstruktur, in: W. Weber (Hg.), Österreichs Wirtschaftsstruktur gestern-heute-morgen, Bd. 1, Berlin 1961, S. 105 ff.

72 St. Koren, Die Industrialisierung Österreichs, in: Weber (Hg.), Österreichs Wirtschaftsstruktur, Bd. 1, S. 325.

73 Koren, Industrialisierung, S. 326.

74 Koren, Energiequellen Österreichs, S. 172 ff.

75 Butschek, Die österreichische Wirtschaft, S. 107.

76 Schausberger, Rüstung, S. 185.

77 E. Langer, Verstaatlichung in Österreich, Wien 1966, S. 22 ff.; H. Kernbauer/E. März/S. Mattl/F. Weber/R. Schediwy, Les nationalisations en Autriche, in: Le Mouvement Social, No 134 (Janvier-Mars 1986).

78 Schausberger, Rüstung, S. 185.

Michael Mooslechner/Robert Stadler

LANDWIRTSCHAFT UND AGRARPOLITIK

1. Vorbemerkungen

Teile der Bauernschaft, die in Folge der ökonomischen Krise der 30er Jahre in ihrer Existenz bedroht waren, setzten sicherlich in die nationalsozialistische Agrarpolitik Hoffnungen, die sich vor allem auf die in Aussicht gestellten Besitzfestigungsmaßnahmen und die Öffnung des deutschen Wirtschaftsraumes als neues Absatzgebiet gründeten.

Zum einen wurde zwar nach dem "Anschluß" in einigen Bereichen, wie zum Beispiel in der Ausstattung mit landwirtschaftlichen Maschinen, ein Aufholprozeß in Gang gesetzt, der jedoch nicht nur aufgrund der kriegsbedingten Einflüsse bald stagnierte. Zum anderen bewirkte die Integration der Bauern in das System des Nationalsozialismus eine massive Einschränkung der persönlichen Wirtschafts- und Verfügungsfreiheiten. Da das oberste Ziel der NS-Agrarpolitik, höchstes Produktionsniveau zur Erreichung der Autarkie mit den Vorstellungen traditionellen Besitzindividualismus nicht erfüllt werden konnte, erschloß man sich mittels agrarbürokratischer Institutionen vielfältige Interventionsmöglichkeiten, die die landwirtschaftlichen Betriebe letztlich zu Produktionskolonien der Kriegsernährungswirtschaft degradierten.

Entgegen den Erwartungen der Bauern, ja selbst der nationalsozialistischen Agrarpolitiker, trat keine Verbesserung der Ertragslage ein, und Landesbauernführer Anton Reinthaller, zugleich Unterstaatssekretär im Reichsministerium für Ernährung und Landwirtschaft, gestand im Jänner 1941 das Scheitern der getroffenen Maßnahmen:

> "Leider ist nach vollzogenem Anschluß die erhoffte nachhaltige Aufwärtsentwicklung des Agrarsektors ausgeblieben. Die Erklärung liegt hauptsächlich darin, daß die auch im Altreich bekannte Landflucht hier in einem Tempo in Erscheinung trat, das mit allen nachteiligen Einwirkungen, voran mit unerwarteten Lohnerhöhungen, alle anderen Faktoren mit positiven Vorzeichen in den Schatten stellte."[1]

Der vorliegende Beitrag kann sich auf keine umfassende Darstellung der Lage der österreichischen Landwirtschaft in der NS-Zeit stützen. Das Fehlen derartiger Arbeiten ist deshalb besonders bedauerlich, da in den 30er Jahren noch ein Drittel der erwerbstätigen Bevölkerung im Agrarsektor beschäftigt und die Gesamtkonzeption des Nationalsozialismus wesentlich von der dem "Bauerntum" und der Landwirtschaft zugesprochenen Stellung mitgeprägt war.[2] Selbst die agrarischen Interessenvertretungen klammern in ihren historischen Selbstdarstellungen die Zeit zwischen 1938 und 1945 mit bemerkenswerter Hartnäckigkeit aus.[3]

Der geringe uns zur Verfügung stehende Raum bedeutet notwendigerweise den Verzicht auf die Behandlung wichtiger Bereiche, wie etwa eine alltagsgeschichtliche Perspektive, innerösterreichische Disparitäten, die Systemloyalität der Bauern bzw. ihr Resistenzverhalten und die bedeutende Rolle der Kriegsgefangenen und Fremdarbeiter zur Aufrechterhaltung der Produktion.

2. Reichsnährstand und Marktordnung

Die dem Agrarsektor von den Nationalsozialisten zugewiesenen entscheidenden politischen und wirtschafltichen Aufgaben setzten zu ihrer Realisierung einen effizienten Apparat voraus, der in Form der Organisation des Reichsnährstandes in Deutschland bereits seit dem September 1933 existierte. Dabei handelte es sich nicht um eine originär nationalsozialistische Erfindung, sondern um die Übernahme von ständestaatlichen Ordnungskonzeptionen konservativer Theoretiker.[4] Wie alle anderen Organisationen innerhalb des NS-Regimes war auch der Reichsnährstand nach dem Führerprinzip organisiert. An seiner Spitze stand Reichsbauernführer Richard Walter Darre, zugleich Minister für Ernährung und Landwirtschaft.

In Österreich nahm bereits ab dem 18. März 1938 ein "gewissermaßen illegaler Reichsnährstand, dessen Zentrale sich in Wien befand"[5], seine Tätigkeit auf. Die gesetzlichen Interessenvertretungen wurden aufgelöst und die meist zum System des Austrofaschismus loyalen Spitzen der Beamtenhierarchie entlassen.[6]

> "Kurze Zeit nach der Machtergreifung der NSDAP berichtete eine Beamtenzeitung höhnisch, daß das Bundesministerium für Land- und Forstwirtschaft die einzige Zentralstelle gewesen sei, bei der sich niemand gefunden hatte, um eine illegale Betriebszelle zu gründen oder einer solchen anzugehören."[7]

Zeitgenössische Quellen berichten davon, daß "ein gutgeschulter Apparat aus der Kampfzeit der nationalsozialistischen Bauernbewegung in der Ostmark zur Verfügung stand"[8]. Vom Reichsernährungsminister wurde die Leitung der organisatorischen Vorarbeiten zum Aufbau des Reichsnährstandes in Österreich dem späteren Landesbauernführer der Landesbauernschaft Donauland Ing. Anton Reinthaller übertragen. Er war bereits seit 1930 innerhalb des "Agrarpolitischen Apparates" der NSDAP für die Österreich betreffenden Fragen zuständig gewesen. Während der Aufbauphase trug diese Vorläuferorganisation die Bezeichnung "NS-Bauernschaft Deutsch-Österreich".[9]

Zur Bildung eines provisorischen Organisationsgefüges setzte Reinthaller interimistisch Hauptbeauftragte für das Landvolk, die landwirtschaftliche Erzeugung und für die Marktordnung ein.[10] Die übereifrigen österreichischen NS-Agrarbürokraten, die sich eine rasche Inkraftsetzung der im "Altreich" geltenden einschlägigen Gesetzte erwartet hatten, wurden jedoch "überrascht und enttäuscht, daß ungeahnte Schwierigkeiten sich dem entgegenstellten und Wochen über Wochen ins Land zogen."[11] Mit einer im Reichsgesetzblatt vom 18. Mai veröffentlichten Verordnung trat schließlich das Reichsnährstandsgesetz im Land Österreich in Kraft.[12]

Um das Erfahrungsdefizit der österreichischen Agrarbürokraten zu beseitigen, wurden noch Ende Mai Beamte und Angestellte zu einer mehrmonatigen Ausbildung für Stabsleiterstellungen ins "Altreich" abgestellt. Während dieser Zeit übernahmen ihre Positionen in Österreich Reichsdeutsche Beamte. Viele Spitzenpositionen bis hinunter zur Ebene der Kreisbauernschaften blieben jedoch auch nach Abschluß dieser Ausbildungsphase bis Ende des Krieges von Deutschen besetzt.[13]

In Zusammenhang mit der Inkraftsetzung des Reichsnährstandsgesetzes galten in der Folge auch am Agrarsektor neue Verwaltungseinheiten, die im ehemaligen Österreich von drei "Landesbauernschaften" gebildet wurden[14]:

a) Landesbauernschaft Donauland mit den Gauen Niederdonau, Oberdonau und Wien (Dienstsitz: Linz); ab Dezember 1938: Wien[15]
b) Landesbauernschaft Südmark mit den Gauen Kärnten und Steiermark (Dienstsitz: Graz)
c) Landesbauernschaft Alpenland mit den Gauen Salzburg und Tirol-Vorarlberg (Dienstsitz: Salzburg)

Das ehemalige Bundesland der Republik Österreich Burgenland teilte man zwischen "Donauland" und "Südmark" auf. Diese drei Landesbauernschaften bildeten die oberste Ebene der agrarischen Verwaltungsstruktur. Diese setzte sich nach unten in die etwa 70 Kreisbauernschaften und weiters in die Ortsbauernschaften, die "in ihrem Bereich meist über keinen eigenen Beamtenstab mehr verfügten", fort.[16] Der Landesbauernschaft Donauland stand Ing. Anton Reinthaller als Landesbauernführer vor, der LB Alpenland Jörg Wurm und der LB Südmark Sepp Heinzl.

Vom Sommer des Jahres 1942 an begann in der "Ostmark" aus "politischen und wirtschaftlichen Überlegungen"[17] eine neuerliche Umstrukturierung der bisher geltenden administrativen Einteilung. Die drei großen Landesbauernschaften wurden in ihre vor 1938 bestehenden Gebietsgrenzen "zurückgegliedert" und waren beinahe mit den Bundesländergrenzen der Republik Österreich ident, einzig, daß das Burgenland weiterhin zwischen den ebenfalls neu gegründeten Landesbauernschaften Niederdonau und Steiermark aufgeteilt blieb und Vorarlberg mit Tirol eine Landesbauernschaft bildete.[18]

Bei der Integration der österreichischen Bauernschaft in den Reichsnährstand glaubten die Nationalsozialisten auf geringere Probleme zu stoßen als etwa bei der Durchsetzung der Marktordnung, da man auf ein "reiches Organisationswesen"[19] traf, das einen Großteil der bäuerlichen Bevölkerung über die bereits bestehenden Landwirtschafts- und Bauernkammern bzw. über das gut ausgebildete Genossenschaftswesen erfaßte. Es ist hierbei darauf zu verweisen, daß während der Zeit des Austrofaschismus von den österreichischen "Ständen" "außer der Gruppe öffentlicher Dienst bis 1938 nur die Hauptgruppe Land- und Forstwirtschaft organisiert werden konnte."[20]

Die interne Gliederung des Reichsnährstandes verkörperten vor allem drei Hauptabteilungen, "die ihrem Aufgabengebiet entsprechend mit ‚der Mensch', ‚der Hof' und ‚der Markt' umschrieben waren."[21] Die sog. Reichshauptabteilung I hatte sich vorwiegend um die Durchsetzung nationalsozialistischer Ideologie innerhalb der Bauernschaft zu kümmern, der Reichshauptabteilung II oblag die Führung der Landwirtschaft im engeren Sinne (Steigerung der Produktion, Bodenbearbeitung, Tierhaltung usw.), die Reichshauptabteilung III repräsentierte die zentrale Stelle für die Durchführung der "Marktordnung" und hatte somit die Aufgabe, "die Verteilung der den Hof verlassenden Lebensmittel und ihre weitere Be- und Verarbeitung im Dienste der Volksernährung zu regeln."[22]

Erst auf der Basis des Reichsnährstandsgesetzes war es möglich, die nationalsozialistische Agrarideologie (Reichserbhofgesetz) und ihre wirtschaftspolitischen Zielsetzungen (Autarkie bzw. "Nahrungsfreiheit") in die Tat umzusetzen. In die Kompetenz des Reichsnährstandes fiel jedoch nicht nur die Land- und Forstwirtschaft, sondern auch "Gartenbau, Fischerei, Jagd, die landwirtschaftlichen Genossenschaften, der Landhandel (Groß- und Kleinhandel) und die Be- und Verarbeitung landwirtschaftlicher Erzeugnisse, also die gesamte Nahrungsmittelindustrie."[23] Somit war man - unter Zuhilfenahme einer dirigistischen Marktordnung - in der Lage, den Warenfluß vom Erzeuger bis zum Verbraucher zu kontrollieren und zu lenken. Das Festpreissystem, die Anpassung der Importe an die Bedürfnisse des inländischen Marktes (geregelt durch die sog. "Reichsstellen") und die Manipulation von Angebot und Nachfrage stellten die wichtigsten Instrumente dar, um dem Staat uneingeschränkte Interventionsmöglichkeiten auf dem Lebensmittelsektor zu sichern.[24] Als unmittelbare Träger der Marktordnung fungierten auf Reichsebene die sog. Hauptvereinigungen, die nach den verschiedenen Wirtschaftszweigen der Landwirtschaft gegliedert waren und weitreichende Kompetenzen wie z.B. die Vorschreibung von "Ablieferungs-, Annahme-, Einlagerungs- und Verarbeitungsverpflichtungen"[25] besaßen oder auch Preise und Preisspannen bestimmten.[26] Ihnen kam die Funktion des Monopols des Innenhandels und den Reichsstellen die Funktion des Monopols des Außenhandels zu.

Auf Ebene der Landesbauernschaften wurden diese Zusammenschlüsse als "Wirtschaftsverbände" bezeichnet, wobei es in Österreich mit einer Verordnung vom 17. August 1938 zur Bildung folgender Verbände kam:

Getreidewirtschaftsverband
Viehwirtschaftsverband
Milchwirtschaftsverband
Kartoffelwirtschaftsverband
Eierwirtschaftsverband
Brauwirtschaftsverband
Zuckerwirtschaftsverband
Gartenbauwirtschaftsverband
Weinbauwirtschaftsverband
(Außenstelle der deutschen Fischwirtschaft)

Grundsätzlich deckte sich der Wirkungsbereich der Wirtschaftsverbände mit dem der Landesbauernschaften Donauland, Südmark und Alpenland.[27] Der "Anschluß" Österreichs erfolgte zu einem Zeitpunkt, als im Deutschen Reich die "Kriegsernährungswirtschaft im Frieden" bereits auf vollen Touren lief, und die Forderung an den österreichischen Bauern, sich diesen Verhältnissen anzupassen, war - zwar ideologisch verbrämt - oberstes Gebot. Viel weniger als bei der organisatorischen Neugestaltung, konnte man bei der Zielsetzung einer totalen Marktlenkung auf bereits vorhandene Strukturen zurückgreifen. Marktregelnde Gesetze waren während des "Ständestaates" nur auf dem Gebiet der Milch- und Viehwirtschaft geschaffen worden. Um sich Zugriff zu allen Betrieben und ihren Produktionskapazitäten zu verschaffen, bedienten sich die Nationalsozialisten eines verpflichtenden, ausgefeilten Systems statistischer Erfassung aller Betriebsdaten, dessen wesentlichstes Mittel die sog. "Hofkarte" darstellte. Sie enthielt mehr als 150 Einzelinformationen über den jeweiligen Betrieb und kam Ende 1938 in Österreich zur Verteilung, denn "die Frage der Erzeugungslenkung ist (...) nur möglich, wenn der Apparat bis zum letzten Bauern reicht."[28] Die ersten "fertigen Hofkarten"[29] langten bereits Ende Jänner 1939 bei den Kreisbauernschaften ein.

Die "ordnungsgemäße" Erfassung und Verteilung der Lebens- und Futtermittel am Sektor der Ernährung und Landwirtschaft war durch die Errichtung der bereits erwähnten Hauptvereinigungen bzw. der Wirtschaftsverbände garantiert.

Im "Altreich" wie in der "Ostmark" wurden die bereits bestehenden Institutionen des Reichsnährstandes noch vor Kriegsausbruch durch die Landesernährungsämter bzw. Ernährungsämter ergänzt, die jeweils aus zwei Abteilungen mit unterschiedlicher Aufgabenstellung bestanden. Die Abteilung A war zuständig für

> "die Aufrechterhaltung der landwirtschaftlichen Erzeugung (...), die Erfassung der Erzeugnisse und ihre(r) Weiterleitung bis zum Kleinverteiler bzw. Verarbeiter sowie (für) die Aufrechterhaltung der notwendigen Verarbeiter- und Großverteilerbetriebe. Die Aufgabe der Abteilung B bestand in der Regelung der Versorgung der Bevölkerung durch die Kleinverteiler entsprechend den festgesetzten Rationen."[30]

Gemeinsam mit der "Verordnung über die öffentliche Bewirtschaftung landwirtschaftlicher Erzeugnisse" vom 27. August 1939 wurden so wenige Tage vor Kriegsbeginn die Voraussetzungen geschaffen, um vom System der Marktregulierung zur für die Kriegswirtschaft notwendigen totalen Bewirtschaftung der Produkte auf dem Agrarsektor überzugehen. Alle lebenswichtigen landwirtschaftlichen Güter galten nach Kriegsausbruch als "zugunsten des Reiches beschlagnahmt".[31]

Das "Schlüsselereignis zur Charakterisierung dieser Organisation des Reichsnährstandes" war "seine reibungslose Einordnung in die Staatsverwaltung mit Kriegsbeginn. So reibungslose Statusänderungen sind ohne langfristige Festlegung im voraus auf genau das mit der Statusänderung bezweckte Organisationsziel sonst unmöglich."[32]

Auch der Reichsminister für Ernährung und Landwirtschaft, Richard Walter Darre, legte in einer geheimen Denkschrift vom 27. 11. 1939 offen, daß die "ganze Arbeit der Agrarpolitik seit der Machtergreifung (...) bereits unter dem Zeichen der Vorbereitung für einen eventuellen Krieg" stand.[33]

3. Das Reichserbhofgesetz

Mit einer Verordnung vom 27. Juli 1938 und den dazu ergangenen Durchführungsvorschriften trat auch für das Gebiet der "Ostmark" das in Deutschland bereits seit 1933 gültige "Reichserbhofgesetz" in Kraft.

Diese grundsätzliche Neuordnung des Boden- und Anerbenrechtes fußte auf in das 19. Jahrhundert zurückreichenden Vorstellungen der Herauslösung des bäuerlichen Grundbesitzes aus dem kapitalistischen Markt.[34] Eng damit verbunden war eine mythisierende Definition des Bauern als "Lebensquell der Nordischen Rasse", wie es der bestimmende Agrarideologe Nazi-Deutschlands, Richard Walther Darre, schon 1928, noch vor seinem Eintritt in die NSDAP, formuliert hatte.

Das folgenschwere Gesetz verlieh dem bäuerlichen Grund und Boden den Charakter einer "res extra commercium"[35] und stellte ein unmittelbares Zwangsanerbenrecht sowohl in bisherigen Anerben- als auch Realteilungsgebieten in Geltung. In der Präambel des Reichserbhofgesetzes sind seine Grundgedanken formuliert:[36]

> Land- und forstwirtschaftlicher Besitz in der Größe von mindestens einer Ackernahrung und von höchstens 125 Hektar ist Erbhof, wenn er einer bauernfähigen Person gehört.
> Der Eigentümer des Erbhofs heißt Bauer.
> Bauer kann nur sein, wer deutscher Staatsbürger, deutschen oder stammesgleichen Blutes und ehrbar ist.
> Der Erbhof geht ungeteilt auf den Anerben über.
> Die Rechte der Miterben beschränken sich auf das übrige Vermögen des Bauern. Nicht als Anerben berufene Abkömmlinge erhalten eine den Kräften des Hofes entsprechende Berufsausbildung und Ausstattung; geraten sie unverschuldet in Not, so wird ihnen die Heimatzuflucht gewährt.
> Das Anerbenrecht kann durch Verfügung von Todes wegen nicht ausgeschlossen oder beschränkt werden.
> Der Erbhof ist grundsätzlich unveräußerlich und unbelastbar.

Unabhängig vom Willen des Hofbesitzers wurden Vollerwerbsbetriebe mit der produktionspolitisch erwünschten Größe von 7,5 bis 125 Hektar zu Erbhöfen ernannt. Voraussetzung war das Alleineigentum des Hofbesitzers und dessen "Ehrbarkeit" und "Bauernfähigkeit". Mittels dieser Begriffe hatte der Nationalsozialismus sein ideologisches Elite-Ideal des Bauern als "Neuadel" rechtlich fixiert.[37] Diese Kategorien dienten nicht nur der Ausgrenzung nicht-arischer Bevölkerungsgruppen, sondern ermöglichten es den Behörden darüberhinaus, Betriebsinhabern bei körperlichen Gebrechen oder Alkoholismus die Wirtschaftsfähigkeit abzusprechen[38] und nicht selten ein "Abmeierungsverfahren" einzuleiten.

Die im Reichserbhofgesetz verfügte "Unveräußerbarkeit" des landwirtschaftlichen Bodens" sollte die bestehenden Bodeneigentumsverhältnisse im Erbhofbereich festschreiben und die Bauern und ihre Nachkommen an die ererbte Scholle binden".[39] Die Folge war eine weit verbreitete Unzufriedenheit der Bauern, die sich nicht mehr als Herren, sondern bloß als Verwalter ihres Eigentums fühlten. Weiters bewirkte die starke Einschränkung der innerlandwirtschaftlichen Bodenmobilität eine Verknappung und Verteuerung der noch verfügbaren Flächen und verhinderte dadurch Aufstiegsmöglichkeiten von Landarbeitern und weichenden Bauernkindern.

Der von den Bauern wohl einhellig begrüßte "Vollstreckungsschutz" sollte neben der "Entschuldungsaktion" der Besitzfestigung gefährdeter Betriebe dienen und bewahrte tatsächlich in Österreich viele Höfe vor der Zwangsversteigerung. Infolge dieser Bestimmung und des damit verbundenen "Belastungsverbotes" für Erbhöfe entstand auch in der "Ostmark" das sog. "Erbhofkreditproblem". Vornehmlich für modernisierungswillige Bauern errichtete das Gesetz "beinahe unüberwindliche Hindernisse auf dem Zugang zum Kapitalmarkt. Durch das Verbot der Belastung und Zwangsvollstreckung wurde der bäuerliche Investor bewußt vom Realkredit ausgeschlossen..."[40] In Österreich kamen als Ausgleich für die fehlenden Hypothekarkredite sehr oft die Betriebsaufbaudarlehen des Reichsnährstandes zur Anwendung.[41] Neben diesen genannten Einschränkungen der Vertrags- und Kreditfreiheit negierten die Anerbenbestimmungen des Reichserbhofgesetzes traditionelle Sitten und die Testierfreiheit des Bauern. Die verordnete starre Erbfolgeordnung im § 20 des Gesetzes sah Vererbungsmöglichkeiten in erster Linie für die männliche Verwandtschaft des "Bauern" (im Sinne des Reichserbhofgesetzes) vor und diskriminierte eindeutig die weiblichen Familienmitglieder.[42]

Die rigorose Durchsetzung der geschlossenen Vererbung (bzw. Hofübergabe) stieß naturgemäß v.a. in Realteilungsgebieten auf Unverständnis und Widerstand. Die üblichen Abfindungszahlungen an Miterben wurden auf minimale Versorgungsleistungen und das Recht der "Heimatzuflucht" im Falle unverschuldeter Not eingeschränkt, um die Leistungsfähigkeit des Hofes nicht anzutasten. Vor allem bei kleineren Erbhöfen bedeutete dies jedoch "vielfach den Verlust der erwarteten Entlohnung für jahrelange unentgeltliche Mitarbeit im elterlichen Betrieb".[43] Auf diese Zurücksetzung der weichenden Erben wurde nicht selten mit Arbeitsunlust und Abwanderung reagiert. Ein massiver Einsatz von speziell ausgebildeten "Erbhofrednern"[44] sollte im Sinne der Parolen "Erzeugungsschlacht" und "Schollenverbundenheit" derartige unerwünschte Effekte verhindern helfen. Kruedener bezeichnet diese Instrumente der Lösung des Konflikts zwischen (ideologischen) Ordnungs- und (leistungsorientierten) Ablaufzielen der nationalsozialistischen Agrarpolitik als "moral suasion"[45].

Die oftmals realitätsfernen und disfunktionalen Bestimmungen des Reichserbhofgesetzes erfuhren durch die Rechtsprechung der "Anerbengerichte" nicht selten eine Milderung. Diese Anerbenbehörden, die in jeder Kreisbauernschaft eingerichtet waren, setzten sich aus je einem Berufsrichter und zwei "Bauern" als Laienrichter zusammen. Sie hatten Veräußerungen zu genehmigen, über Belastbarkeit, Hofübergabe, Teilung und dergleichen zu entscheiden. Auch die Entziehung der Verwaltung bzw. Nutznießung und Erbstreitigkeiten fielen in ihre Kompetenz.[46] Vor allem die Anerbengerichte der 1. Instanz bemühten sich oftmals, den ihnen durch die Generalklausel "Wichtiger Grund" eingeräumten Ermessensspielraum extensiv zu nutzen und den Wünschen der betroffenen Bauern im Einzelfall entgegenzukommen.[47]

Die Teilrevision des Erbrechtes 1943

Seit der Einführung des Reichserbhofgesetzes 1933 wurde die Zurücksetzung der Ehegatten, aber besonders der Frauen, im süddeutschen Raum scharf kritisiert. Auch widersprach "die Bevorzugung irgendwelcher Onkel und Neffen gegenüber den Töchtern, der Sippe vor der eigentlichen Familie"[48], dem Rechtsbewußtsein breiter Bevölkerungskreise. Zwar milderte der §54 EHRV, der in besonderen Härtefällen eine Ausnahmeregelung der Erbfolge durch Reichsjustiz- und Ernährungsminister vorsah, die Lage[49]; mit beginnendem Krieg verschärfte sich die Kritik v.a. in Österreich an der Erbfolgeregelung aber zusehends, denn "die ‚Bauern' wollten für den Fall ihres Todes die Erbfolge geordnet und ihre Familie versorgt wissen".[50]

1940 übermittelte die NSDAP-Gauleitung Niederdonau dem Reichsjustizministerium eine Denkschrift, die ausführlich auf die ungesicherte rechtliche und soziale Lage des einheiratenden Ehegatten einging und vom Ausbleiben geplanter Eheschließungen aus den genannten Gründen berichtete. In Übereinstimmung mit der Landesbauernschaft Niederdonau schlug man vor, Ehegattenerbhöfe allgemein wieder anzuerkennen.[51] Darüberhinaus sollte ein eingeschränktes Anerbenrecht des Ehegatten wieder zugelassen werden. Obwohl die OLG-Präsidenten von Wien und Linz die Denkschrift unterstützten, verzögerte Darre bis zu seiner Absetzung im Mai 1942 eine grundlegende Neuregelung.[52] Nachdem auch der neue Reichsernährungsminister Herbert Backe auf eine Verbesserung der Rechtsstellung der Bäuerin drängte, berief das Reichsjustizministerium für 15. bis 19. Februar 1943 in Salzburg eine Erbhofrechtstagung ein. Diese Tagung führte unmittelbar zur Erbhoffortbildungsverordnung vom 30.9. 1943[53], die in wesentlichen Punkten mit Glaubenssätzen des Reichserbhofgesetzes und dem ideologischen Erbe Darres brach. Die Stellung des einheiratenden Ehegatten wurde verbessert, "sippengebundene Ehegattenerbhöfe" konnten errichtet werden, die Töchter erhielten im Erbrecht Vorrang vor dem Vater und den Seitenverwandten des Erblassers und "die Mutter des Erblassers trat in der Anerbenfolge an die Stelle des Vaters, wenn der Hof von ihr stammte."[54]

Österreichische Erbhofrechtstraditionen

Neben der Anerkennung der Tatsache, daß sich in Vorarlberg und im Burgenland die Freiteilbarkeit durchgesetzt hatte[55], rekurrierten die NS-Agrarpolitiker wiederholt auf die traditionelle "Anerbensitte der Ostmark"[56], das Reichsrahmengesetz 1889, das Tiroler "Höfegesetz" vom 12. Juni 1900 und auf sein Kärntner Pendant aus dem Jahre 1903.[57]

Auch im Bundesland Salzburg gab es bereits in den 30er Jahren Berührungspunkte: Auf eine gemeinsame Initiative der Nationalsozialisten und des christlichsozialen Abgeordneten Neureiter hin, hatte der Salzburger Landtag am 17. März 1933 ein Erbhöfe-Gesetz beschlossen. Dieses Landesgesetz sah ein Ehrendiplom für jene Höfe vor, die nachweislich seit wenigstens 200 Jahren von ein und derselben Familie bewohnt und bewirtschaftet worden sind. Es enthielt zwar im Gegensatz zu den Kärntner und vor allem Tiroler Regelungen keine Eingriffe in die Rechtssphäre des Besitzers[58], doch ist die gemeinsame ideologische Wurzel erkennbar und die beabsichtigte Wirkung dieselbe: mittels ordnungspolitischer Eingriffe in das Erbrecht der Bauern die Landflucht und die Tendenz zur Entagrarisierung zu stoppen.[59]

Die antimodernistische Konzeption des Reichserbhofgesetzes, mit Hilfe gesetzlicher Verhinderung der Bodenmobilität den Strukturwandel einer modernen Industriegesellschaft aufhalten zu können, scheiterte aber nicht nur an der Tatsache, daß sich der Agrarsektor keineswegs aus der "übergreifenden Dynamik der kapitalistischen Industriegesellschaft"[60] isolieren ließ, sondern sie scheiterte auch am subtilen Widerstand der Betroffenen.

4. Die agrarpolitischen Maßnahmen nach dem "Anschluß"

Schon in den ersten Monaten nach dem "Anschluß" unterzogen einschlägige Periodika die Struktur der österreichischen Landwirtschaft einer detaillierten Analyse.[61] Vor allem mit der Agrarpolitik der "Systemzeit" wurde hart ins Gericht gegangen, ihrer außenwirtschaftlichen Orientierung und ihren produktionseinschränkenden Maßnahmen die Schuld am desolaten Zustand des österreichischen Agrarsektors zugeschrieben.

In einem Bericht vom Mai 1938 konnte das Organ des Reichsministeriums für Ernährung und Landwirtschaft programmatisch melden:

> Mit der Wiedereingliederung Österreichs ist die Periode der künstlichen Einschränkung der landwirtschaftlichen Erzeugung endgültig vorbei. Während bisher die Rücksichtnahme auf den industriellen Export der Landwirtschaft Fesseln anlegte, ist es jetzt das Ziel, die landwirtschaftliche Erzeugung möglichst schnell zu erhöhen.[62]

Zwar mußte man konstatieren, daß aufgrund des gebirgigen Charakters Österreichs und des hohen Anteils von wenig ertragreichen Almen und Hutungen an der landwirtschaftlichen Nutzfläche eine "Erweiterung des deutschen Nahrungsraumes" nicht eintreten würde.[63] Die relativ niedrige Produktivität der österreichischen Landwirtschaft nährte aber die Zuversicht, daß durch entsprechende Intensivierungsmaßnahmen schlummernde Produktionsreserven in Österreich für die "Erzeugungsschlacht" des Vierjahresplanes nutzbar gemacht werden könnten[64].

Ernteerträge in Doppelzentner (100 kg) je ha (Durchschnitt der Jahre 1930-1934)

	Roggen	Weizen	Gerste	Kartoffel	Zuckerrüben
Altreich	17,3	21,6	19,9	160,0	294,0
Österreich	15,1	15,8	16,3	133,0	254,0
Österreich in % des Altreichs	87	73	82	83	86

Quelle: Feichtinger, Eingliederung der österr. Landwirtschaft, S. 747

Im folgenden sollen die produktionsfördernden Maßnahmen und Effekte im Jahr 1938 skizziert werden.

"Der Anschluß an Deutschland bewirkte nicht nur eine beträchtliche Ausweitung des Absatzmarktes"[65], sondern wegen des günstigen Umwertungsverhältnisses von 1 RM = 1,50 S (bisheriger clearing-Kurs: 1 RM = 2 S) auch eine Steigerung der Exporterlöse österreichischer Produzenten[66]. Durch die Währungsüberführung verbilligten sich umgekehrt deutsche Waren in Österreich erheblich, was sich besonders im Falle von landwirtschaftlichen Maschinen, Futter- und Düngemitteln günstig auf die Produktionsintensität auswirkte. Für landwirtschaftliche Maschinen deutschen Ursprungs brachte darüberhinaus die Aufhebung der Zölle mit 26. April 1938 Verbilligungen zwischen 33,3 und 50%[67]. Mit Gesetz vom 1. April 1938 wurde das Einfuhrverbot für Futtermittel aufgehoben und die Futtermittel-Lizenzgebühr gestrichen. Vor allem für die in Österreich dominierende Viehzucht bedeutete dies eine wesentliche Kostenentlastung[68]. Besondere produktionsintensivierende Effekte sollten auch von den Düngergesetzen (7. und 23. April) ausgehen, die neben der Aufhebung der Einfuhrzölle eine Abschaffung des Krisenzuschlages zur allgemeinen Warenumsatzsteuer für die wichtigsten Kunstdünger brachten.

Vergleich des Kunstdüngerverbrauchs in Österreich und Deutschland in kg je ha landwirtschaftlicher Nutzfläche

Nährstoffe	Altreich 1936/37	Österreich 1933/34
Stickstoff	19,8	1,5
Kali	32,7	2,7
Phosphorsäure	ca. 21,0	2,7

Quelle: Monatsberichte, (12) 1938, Heft 4/5, S. 115.

Bei Kalidüngemitteln ergaben sich so Preissenkungen von ca. 45%, bei Stickstoffdünger von ca. 32%[69]. Im Jahre 1940 konnte Anton Reinthaller berichten, "daß der Kunstdüngerverbrauch in der Ostmark sich seit dem Umbruch im Durchschnitt verdreifacht hat."[70]

Trotz des weitgehenden Zollabbaus für deutsche Waren bei der Einfuhr nach Österreich blieben die beiden Territorien bis zum 1. Oktober 1938 verschiedene Zollgebiete mit eigenen Verpflichtungen gegenüber dem Ausland.[71] Mit der Aufhebung der letzten Zölle traten zugleich 250 Gebietsschutzabkommen in Kraft, die sich auf bestimmte Warengruppen und Regionen bezogen.[72] Diese oftmals geänderten Abkommen legten wert- oder mengenmäßig Höchstkontingente für die Einfuhr von bestimmten Waren in die sog. "Ostmark" fest, wobei mehrfach untere Preisgrenzen verordnet wurden[73]. Die Gebietsschutzabkommen übernahmen de facto die Funktion von Einfuhrzöllen und sollten die österreichische Landwirtschaft vor den billig gewordenen deutschen Waren schützen; somit beinhalteten sie "die letzten Reste der gewaltigen Zollmauern der Ostmark gegenüber dem Reich."[74]

Das Scheitern im Kampf gegen die landwirtschaftliche "Preisschere"

Mit der Verbilligung der sächlichen Betriebsmittel (Maschinen, Dünger, Futtermittel) wollte die NS-Agrarpolitik der weit "zu ungunsten der Landwirtschaft geöffneten Preisschere"[75] entgegenwirken, d.h. die wachsende Kluft zwischen den landwirtschaftlichen Produktpreisen und den Preisen der zur Produktion benötigten Industrieartikel schließen. In der Tat war es gelungen, bis Ende 1938 die durchschnittlichen Preise für sächliche Betriebsmittel um 18% zu senken, während zugleich ein leichtes ·Ansteigen der Produktpreise zu erkennen war[76]. Dieses Bild einer verbesserten Ertragslage der landwirtschaftlichen Betriebe wurde oft beschworen, erwies sich letztlich aber als Trugschluß. In einer detaillierten zeitgenössischen Untersuchung vom Juli 1939 mußte einbekannt werden, daß wegen der immens gestiegenen Landarbeiterlöhne die Wirkung der oben genannten "Preisherabsetzungen für die sächlichen Betriebsmittel wieder wettgemacht, ja sogar überkompensiert worden" ist[77].

Als Folge der sprunghaft angestiegenen Landflucht waren die Löhne der Landarbeiter bis Ende 1938 um durchschnittlich mindestens 35% gestiegen[78]. Für Oberösterreich errechnete man zwischen 1938 und 1941 sogar Lohnsteigerungen von 133% bei männlichen und 176% bei weiblichen Landarbeitern[79]. Da in Österreich aufgrund des niedrigen Einsatzes von Maschinen und Dünger der Anteil der Löhne an den Barausgaben der Betriebe noch bei 40% lag[80], ergab sich eine "Senkung der landwirtschaftlichen Kaufkraft von 1937 auf 1938 um 2,8 v.H."[81]. Der Kampf gegen die landwirtschaftliche Preisschere in der "Ostmark" war verloren, die Ertragskraft der Betriebe und damit ihr Investitionspotential weiter geschwächt.

5. Die Mechanisierung der Landwirtschaft

Eine der Maßnahmen zur Erhöhung der Produktion war der programmatische Versuch, den Mechanisierungsgrad der österreichischen Landwirtschaft zu erhöhen, denn

> "im Durchschnitt des Altreiches gab es 1933 dreieinhalbmal mehr Elektromotoren, viereinhalbmal mehr Motorschlepper und Motorpflüge, fast viermal so viel Sä- und mehr als achtmal so viel Mähmaschinen, fast 60 v.H. mehr Milchzentrifugen je 1000 ha landwirtschaftlicher Kulturfläche (ohne Wald) als in der Ostmark 1930."[82]

Man war sich zwar bewußt, daß die topographischen Voraussetzungen Österreichs dem Maschineneinsatz teilweise hinderlich waren, erhoffte sich aber doch, daß durch die Mechanisierung der Produktion "sich einer der wichtigsten Strukturunterschiede - die niedrigen Hektarerträge der Ostmark - mehr und mehr abschwächen" würde.[83]

Neben den weiter oben beschriebenen Verbilligungen der aus dem "Altreich" importierten Geräte waren es staatliche Förder- und Zuschußaktionen (Beihilfen und Baukostenzuschüsse bis zu 75%), die eine Belebung der betrieblichen

Investition bewirken sollten.[84] Befürchtete Preiserhöhungen wegen der Verknappung von Produktionsmitteln im Krieg versuchte man mit der Einführung von Festpreisen für landwirtschaftliche Maschinen im Jahre 1940 zu verhindern[85]. Bis 1939 führten die genannten Maßnahmen jedoch zu beträchtlichen Erhöhungen des Landmaschineneinsatzes. So wurden etwa in der Landesbauernschaft "Südmark" in einem Jahr 26.500 landwirtschaftliche Maschinen und Geräte neu angeschafft, für die mehr als 2,2 Mill. RM flüssig gemacht worden waren.[86] Im März 1940 meldete die Landesbauernschaft Donauland, daß ca. 2.000 Traktoren in den zwei Jahren seit dem "Anschluß" neu eingesetzt worden sind.[87]

Verwendung landwirtschaftlicher Maschinen in Österreich

	1930	1939	1945	1946
Traktoren	753	1.782	4.900	7.237
Elektromotoren	50.384	88.051	110.000	142.526
Verbrennungsmotoren	19.336	38.892	37.000	44.237
Sämaschinen	26.535	40.724	60.000	53.892
Mähmaschinen igs.	24.866	41.502	60.000	58.223

Quelle: 1930, 1939: Lw. Betriebzählungen, 1946: Landmaschinenzählung[88], 1945: Masset, Ed.: L'agriculture en Autriche. Wien 1946 (Schätzung)

Trotz der offensichtlich beschleunigten Technisierung diagnostizierte 1942 das Statistische Amt für die Alpen- und Donaureichsgaue, daß die Mechanisierung der Landwirtschaft in Österreich "nicht annähernd so weit fortgeschritten sei" wie im "Altreich"[89]. Auch kam sie überwiegend nur den Flachlandbauern in Ostösterreich zugute, die aufgrund ihrer Produktionsstruktur das dafür nötige Kapital leichter beschaffen konnten (diese Tendenz ergaben eigene Berechnungen auf Basis der Landwirtschaftlichen Betriebszählung 1939).

Genauere Auskunft über die Verteilung der Maschinen auf die einzelnen Betriebsgrößen gibt folgende Tabelle, deren Ziffern sich auf die gesamte sog. "Ostmark" beziehen:

	Betriebe	E-Motoren	Schlepper	Düngestreuer	Güllepumpen
Insgesamt	487.121	85.626	2.275	3.296	11.870
%		17,6	0,5	0,7	2,4
bis 2 ha	124.995	3.322	32	11	212
%		2,7	0,03	0,009	0,2
2 - 5 ha	118.901	10.210	114	23	1.067
%		8,6	0,09	0,02	0,9
5 - 20 ha	171.801	46.040	589	474	5.976
%		26,3	0,3	0,3	3,5
20 - 100 ha	64.790	23.949	992	1.900	4.174
%		36,9	1,5	2,9	6,4
über 100 ha	6.634	2.098	548	888	441
%		31,6	8,3	13,4	6,6

Quelle: Landwirtschaftliche Betriebszählung 1939, Eigene Berechnungen

Im Laufe des Krieges litt die Versorgung Österreichs mit landwirtschaftlichen Geräten zunehmend darunter, daß die Industrie in Deutschland bevorzugt den eigenen Markt mit den sich verknappenden Maschinen versorgte[90]. Darüberhinaus verhinderte ab 1940 der Stopp von weiteren Meliorationen und Boden-Kommassationen die sinnvolle Ausweitung maschineller Bodennutzung.[91] Es kam zunehmend zu Fehlinvestitionen, da die auf Basis von Zuschußmitteln beschafften Landmaschinen in traditionellen Familienbetrieben keiner rationellen Nutzung zugeführt werden konnten. Verknappungen bei Treibstoff und Ersatzteilen taten das Übrige, um gegen Ende des Krieges die Hoffnung zu zerstreuen, Mechanisierung könnte durch die Verbesserung der landwirtschaftlichen Arbeitsbedingungen dem Arbeitskräftesog des Gewerbes und der Industrie entgegenwirken und die extreme Landflucht bremsen.

6. Die "Aufbauaktion"

Da die Liquidität der bäuerlichen Betriebe äußerst schlecht war und Erbhöfe bzw. Höfe, die im Entschuldungsverfahren befindlich waren, sich nicht aus freien Stücken neu verschulden konnten, fehlte das für die Mechanisierung und Modernisierung nötige Kapital. Es mußten also Reichsmittel zur Verfügung gestellt werden, um die Investitionen tätigen zu können. Diese Betriebsaufbaumittel wurden für Inventaranschaffungen, Viehergänzungen und Verbesserungen an Wohn- und Wirtschaftsgebäuden als sog. "Aufbaudarlehen" oder als verlorene Zuschüsse vergeben. Die Darlehen waren mit 2% verzinslich und innerhalb von 5 bis höchstens 30 Jahren je nach Leistungsfähigkeit des Hofes zu tilgen[92].

Grundlage der Bedarfsfeststellung war das Protokoll der Betriebsbesichtigung durch einen Sachbearbeiter der Landstelle. Unter Berücksichtigung der betrieblichen Leistungsfähigkeit wurde das Verhältnis von Zuschuß- und Darlehensmitteln festgesetzt und die jährlich zumutbare "Jahreslast" ermittelt. Im sog. "Aufbauplan", der in der Regel mit dem Entschuldungsplan gekoppelt war, listete die zuständige Landstelle die für notwendig befundenen Investitionen detailliert auf und wies den Betriebsinhaber abschließend darauf hin, daß die gewährten Mittel "im Falle eines Verkaufes des Betriebes oder wesentlicher Teile davon dem Deutschen Reich (...) zurückzuzahlen" sind. Diese Bestimmung bewirkte natürlich eine unauflösliche Verkettung der Bauern mit ihren Höfen. Da nur wenige Einzelne in der Lage gewesen wären, diese teilweise beträchtlichen Aufbaumittel zurückzuzahlen, bedeutete die Zuschuß- und Darlehensgewährung im Rahmen der Aufbauaktion letztlich die Suspendierung jeglicher bäuerlicher Autonomie.

Das Ausmaß der betroffenen Höfe ist für die Landstelle Wien (Reichsgaue Wien und Niederdonau) dokumentiert. Bis 30. Juni 1944 wurden insgesamt 27.327 Aufbauanträge eingebracht, das waren 13,3% aller landwirtschaftlichen Betriebe. Davon wurden 13.358 (48,9%) positiv - in Form von Aufbauplänen - behandelt[93]. Die Landstelle Wien hatte bis 30. 6. 1944 20,242.038,-- RM (incl.

Bergbauernhilfe) als Aufbaumittel vergeben, d.h. jeder betroffene Betrieb erhielt im Durchschnitt 1,515,34 RM zugewiesen. 15% der Gelder waren explizit für Maschinen und Geräte verwendet worden, 43% für Baumaßnahmen[94].

Wenn Betriebsinhaber ihre Höfe in technischer oder finanzieller Hinsicht nicht ordnungsgemäß führten oder ihre "charakterliche Haltung nach bäuerlicher Standesauffassung nicht ganz einwandfrei war",[95] konnte der "Landwirtschaftliche Treuhandverband" mit der faktischen Zwangsbewirtschaftung betraut werden. Die Landstelle Wien verordnete dies in 747 Entschuldungs- und Aufbaufällen.[96]

Im Gegensatz zum "Altreich" maß man der sog. "inneren Verschuldung" der österreichischen Landwirtschaft größte Bedeutung zu, d.h., daß "bei vielen Betrieben der innere Verfall zufolge erheblicher Verminderung des Sachkapitals größer gewesen ist als die Verschuldung."[97] Diese Bedeutung der Ausstattungsverbesserung und der investiven Mittelzuführung kommt letztlich darin zum Ausdruck, daß für das gesamte österreichische Gebiet bis 1945 50% mehr Aufbau- als Entschuldungsmittel vergeben wurden. Abschließend eine Tabelle, die einen Überblick über die bis kurz vor ihrer Auflösung 1945 von den Landstellen gewährten Mittel bietet. Hiebei kam den Bergbauernhilfsmitteln, die vornehmlich als Zuschuß gewährt wurden, einige Bedeutung zu.

Aufbaumittel nach Landstellen in RM

Landstelle	Aufbaumittel	Bergbauern-hilfsmittel	insgesamt
Bregenz	4,416.636,33	2,215.842,75	5,632.479,08
Innsbruck	10,077.825,07	2,736.939,47	12,814.764,54
Salzburg	9,413.094,32	2,171.556,24	11,584.650,56
Linz	22,239.912,54	1,946.325,44	24,186.237,98
Wien	18,113.885,60	2,577.044,94	20,690.930,54
Leoben/Graz	17,663.150,15	5,641.838,25	23,304.988,40
Klagenfurt	16,859.958,95	5,391.690,73	22,251.649,68
Summe	98,784.462,96	21,681.237,82	120,465.700,78

Quelle: Lombar: Entschuldung, S. 80

7. Die "Entschuldungsaktion"

Die Ursachen für die bis 1938 stark gestiegene Überschuldung der österreichischen Landwirtschaft können im Rahmen dieses Beitrages nur angedeutet werden: hoher Kreditbedarf aufgrund der substanzschädigenden Raubbauwirtschaft im Ersten Weltkrieg, schlechte Ertragslage, hohe Zinsen und die oft mittels Besitzkrediten abgedeckten Erbteils- und Übergaberestforderungen.[98] Tatsache ist, daß die Hektarverschuldung etwa in Niederösterreich von durchschnittlich 8,35 S (1925) auf 121,90 im Jahr 1929 gestiegen war.[99] Das Institut für Wirtschafts- und Konjunkturforschung schätzte in einer Studie aus dem Jahre 1937, daß die Gesamtverschuldung der österreichischen Landwirtschaft in diesem Jahr 1,04 Mrd. Schilling erreicht hatte[100]. Die Folge war eine wachsende Zahl von Zwangsversteigerungen, so etwa in der Steiermark: 1932: 684 Versteigerungen, 1934: 1228, 1935: 1465.[101] Von 1933 bis einschließlich 1937 kamen in Österreich 71.135 Betriebe unter den Hammer, das waren 16,7% der Gesamtzahl. Insgesamt wurde dabei eine Fläche von 114.513 ha tatsächlich versteigert. Dies entsprach etwa der Hälfte der Kulturfläche Vorarlbergs.[102]

Unter diesen Bedingungen fiel das propagandistische Versprechen der Nationalsozialisten, die Landwirtschaft zu entschulden, auf fruchtbaren Boden. Nach dem "Anschluß" wurde mit der "Österreichischen Entschuldungsverordnung" vom 5. Mai 1938 ein im Gegensatz zu Deutschland für alle Betriebsklassen einheitlich gültiges Verfahren festgelegt. Demnach konnten Höfe bis 31. Dez. 1938 bei der zuständigen Landstelle (in jedem Bundesland eine, ausgenommen in der Steiermark: Leoben und Graz) um Entschuldung ansuchen, mußten allerdings ihre Entschuldungsbedürftigkeit, Entschuldungsfähigkeit und Entschuldungswürdigkeit nachweisen.[103] Gerade in Zusammenhang mit dieser letztgenannten Voraussetzung flossen alle Leistungs- und Ehrbarkeitsnormen der NS-Ideologie in das Verfahren ein. Ziel war es, die zu entrichtenden Zins- und Tilgungsbeträge eines Hofes an die durch amtliche Begutachtung festzustellende Leistungskraft anzupassen. Um in diesem Sinne eine jeweils der betrieblichen Leistungsfähigkeit entsprechende "Jahreslast" zu erreichen, bedienten sich die Behörden mehrerer Mittel:

1. Die Festschreibung beteiligter Forderungen bedeutete ihre Umwandlung in unkündbare Tilgungsforderungen mit 4,5% Zinsen und Tilgungsraten von meist einem halben Prozent jährlich. Durch die lange Laufzeit dieser Tilgungshypothek von 51 Jahren ergab sich eine geringe Jahresrückzahlungsrate.
2. Mit der Ablösung von Forderungen durch das Deutsche Reich erhielten die betroffenen Gläubiger ihre Forderungen oder einen Anteil davon in bar oder in Ablösungsschuldverschreibungen der Deutschen Rentenbank ausbezahlt. Neuer Gläubiger des Bauern wurde das Deutsche Reich. Diese "Entschuldungsrente" war mit 4,5% bei einer Laufzeit von 30 bis 60 Jahren verzinslich und konnte bei besonders niedriger Leistungskraft des Hofes gesenkt werden.

Festgeschriebene Forderungen bedeuteten für die Gläubiger (Handwerker, Angehörige etc.) eine wesentliche finanzielle Einbuße. Die Landstellen versuchten in der Regel Familienangehörige mit der Drohung, ihre Forderungen festzuschreiben, zu einem "freiwilligen" Nachlaß etwa von Erbteilsforderungen zu zwingen.[104] Für den umgeschuldeten Bauern brachte das Verfahren eine Bündelung und Umwandlung vieler kündbarer Einzelschulden in die langfristige Finanzierungsform der Entschuldungsrente des Reiches und eine Abstimmung der Annuitäten an seine Leistungsfähigkeit. Der Vollstreckungsschutz nach Einleitung des Entschuldungsverfahrens beseitigte in vielen Fällen die unmittelbare Gefahr einer Zwangsversteigerung.

Damit waren allerdings wesentliche Einschränkungen der bäuerlichen Wirtschaftsfreiheit verbunden: Neuverschuldung und Veräußerungen wurden genehmigungspflichtig und Betriebsüberwachungen konnten angeordnet werden[105]. Gerade diese Folgen des "Entschuldungsverfahrens" scheinen wohl der Grund dafür gewesen zu sein, daß eine große Zahl von Bauern ihre Anträge wieder zurückzog. Bei der Landstelle Wien (Niederösterreich und nördliches Burgenland) waren 22.000 Anträge eingebracht worden, bis 16. Jänner 1940 hatten jedoch nicht weniger als 8.000 Bauern (36%) ihr Entschuldungsansuchen wieder zurückgezogen[106]. In der Steiermark betrugen die Verzichte je nach Region von 30 bis 60%[107]. Bis zur Einstellung ihrer Tätigkeit am 28. Februar 1945 hatten die Landstellen in Österreich insgesamt 30.331 Entschuldungsfälle erfaßt. Das waren 6,2% aller österreichischen Betriebe[108]. Die Summe des aushaftenden Rentenkapitals hatte zu diesem Zeitpunkt 79,882.875,12 RM erreicht.

Aufgewendete Entschuldungsmittel in RM

Landstelle	Barablösungsmittel	Ablösungsschuldverschreibungen	Insgesamt
Bregenz	1,043.128,13	612.000	1,655.128,13
Innsbruck	3,722.760,53	4,162.000	7,884.760,53
Salzburg	2,591.413,75	1,133.400	3,724.813,75
Linz	11,241.476,95	2,388.800	13,630.276,95
Wien	11,894.451,93	8,617.600	20,517,051,93
Leoben/Graz	12,231.600,48	3,946.200	16,177.800,48
Klagenfurt	11,853.543,35	4,444.500	16,298.043,35
Summe	54,578.375,12	25,304.500	79,882.875,12

Quelle: Lombar, Entschuldung, S. 54

In den meisten Fällen waren Entschuldungspläne mit Aufbauplänen verbunden, wodurch zwar wesentliche Betriebsmittel zugeführt wurden, die Verschuldung der Höfe jedoch wegen der hinzutretenden Annuitäten für die Aufbaudarlehen wenig abgenommen, ja teilweise sich sogar erhöht hatte (insbesonders bei Zwerg- und kleinbäuerlichen Betrieben)[109]. Darüberhinaus ergaben sich auch durch die Bevorzugung von leistungsstarken Betrieben krasse Disparitäten in der Verteilung der zugeführten Mittel auf die einzelnen Betriebsgrößenklassen.[110]

Die "Entschuldungsaktion" stellte eines der wesentlichsten Mittel der NS-Agrarpolitik dar, für den Zweck einer auf Autarkie ausgerichteten Kriegsernährungswirtschaft ökonomisch stabile Betriebe zu schaffen. Neben diesem funktionalen Ziel sollte sie de facto die Aufhebung der bäuerlichen Autonomie legitimieren helfen und die erzwungene Marktintegration mit all ihren bürokratischen und dirigistischen Begleiterscheinungen möglichst reibungslos gestalten. Der Leistung des Bauern, seinen Autonomieanspruch aufzugeben und sich den Imperativen des neuen Staates unterzuordnen, stand als Gegenleistung die versprochene Existenzsicherung gegenüber.

8. "Flucht aus der Landwirtschaft"

Eines der größten Probleme, mit denen die Nationalsozialisten sich im "III. Reich" anschickten, aufzuräumen, war die massenhafte Abwanderung aus dem landwirtschaftlichen Sektor, die jedoch als Phänomen auch bei anderen sich industrialisierenden Staaten festgestellt werden kann. Der Staatssekretär im Reichslandwirtschaftsministerium, Herbert Backe, beklagte 1939, daß der "Entzug von rund 400.000 Landarbeitern seit 1933 erstens die Beibehaltung der heutigen Intensität (gefährdet), zweitens hat er über sehr große Lohnerhöhungen zu einer Krise in der Landwirtschaft geführt."[111]

In Österreich wurde die Landflucht vor allem wegen des Arbeitskräftemangels in der deutschen Industrie und der vorangetriebenen Industrialisierung nach dem "Anschluß" akut, und man versuchte dieser "Gefahr zu Leibe zu rücken, die an den Grundfesten des Staates zu rütteln beginnt"[112].

Das Besondere an der Entwicklung der "Landflucht" in Österreich war ihr "schlagartiges"[113] Einsetzen und die ungeheure Dynamik, die sie innerhalb nur eines einzigen Jahres erreichte[114]. Nach einem Vergleich der Berufszählung vom 17. Mai 1939 mit der des Jahres 1934 mußte festgestellt werden, daß "das Landvolk in den meisten Ostmarkgauen zurückgegangen ist"[115]. Am stärksten von der Abwanderungsbewegung waren dabei die Gaue Steiermark, Kärnten, Salzburg und Tirol betroffen.

Nachdem die Prioritäten im Vierjahresplan von 1936 bereits eindeutig zugunsten der Rüstungsindustrie gesetzt wurden, trat immer mehr die tendenzielle Widersprüchlichkeit zwischen der vorrangig durchgeführten Bedarfsdekkung an Arbeitern in der Industrie und des gleichzeitigen Bedarfes an diesen Landarbeitern zutage, die am Agrarsektor für die Sicherstellung der Ernährung "Großdeutschlands" zu sorgen hatten, jedoch von dort mit unverminderter Hartnäckigkeit wegstrebten.

Ein katastrophales Bild dieser "tragischen Entwicklung"[116] des Landfluchtproblems in vorwiegend bäuerlichen Gebieten Österreichs zeichnet eine von Landesbauernführer Reinthaller in Auftrag gegebene Untersuchung von igs. 60 donauländischen und südmärkischen Ortsbauernschaften[117]. Sie zeigt, daß die Abwanderungsrate vom Hof bei erwachsenen Kindern im Durchschnitt 10% beträgt, was zwangsläufig zu einem stärkeren Heranziehen von Minderjährigen und vor allem einer gesteigerten Ausbeutung der Arbeitskraft der Frauen führen mußte, denn gleichzeitig wanderten zwischen 22 und 30% an ständig in der Landwirtschaft tätigen Fremdarbeitskräften in Industrie und Gewerbe ab. Bei einigen Ortsbauernschaften des Donaulandes und der Südmark lag dieser Prozentsatz sogar zwischen 50 und 70%.

Zwar gab es für einzelne Berufe innerhalb des Agrarsektors Lohnsteigerungen zwischen 17 und 45%[118], doch auch mit Hilfe dieser finanziellen Anreize gelang es nicht, "Leute, die den Entschluß zur Abwanderung gefaßt hatten, an den Hof zu binden."[119] Die überlange Arbeitszeit in der Landwirtschaft war nur eines der Kriterien, die die Landflucht verursachten. Hinzu kamen noch die meist schlechten Wohnverhältnisse, der geringe soziale Status oder die verminderte Heiratsmöglichkeit für Landarbeiter oder weichende Kinder. Aus der Perspektive des Bauern war es ebenso schwierig, die eigenen Kinder oder fremde Arbeitskräfte zu halten. Die Preise landwirtschaftlicher Produkte waren mit wenigen Ausnahmen seit dem "Anschluß" durch die Preisstoppverordnung nicht gestiegen, umgekehrt trat bei den Betriebsmitteln kaum eine Verbilligung ein, sodaß dies zusammen mit den erhöhten Lohnkosten eine Verminderung bäuerlichen Einkommens bedeutete.[120] Diese Verschlechterung der Ertragslage betraf insbesondere die Bergbauern.

1941 mußte Landesbauernführer Reinthaller im "Leistungsbericht der Landesbauernschaft Donauland" ausdrücklich einbekennen, daß sich ein "Rückgang der Kaufkraft seiner (der Bergbauern) Erzeugnisse in den Jahren seit dem Umbruch" vollzogen hatte.[121]

Indexziffern über die Wirtschaftslage der Landwirtschaft in der "Ostmark"
(1929 = 100)

	Talbauern		Bergbauern	
	1937	1939	1937	1939
für die landwirtschaftl. Erzeugnisse (Rohertrag)	89	90	77	82
für Betriebsmittel und Arbeit	93	99	95	116
für Erlöse in Prozenten der Ausgaben	96	91	81	70

Quelle: Leistungsbericht, S. 6

Weder die zunehmende Mechanisierung noch Maßnahmen, die einen erhöhten Lebensstandard am Lande ermöglichen sollten (z.B. Ehestandsdarlehen für Landarbeiter), vermochten es, die entscheidenden Ursachen der Abwanderung aus der Landwirtschaft auszugleichen. In immer stärkerem Maße bediente sich daher der nationalsozialistische Staat einer "repressiven Arbeitsmarktpolitik"[122], um der Landflucht Herr zu werden.

Bereits 1935 wurde im "Altreich" ein "Gesetz zur Befriedigung des Bedarfs der Landwirtschaft an Arbeitskräften" erlassen, das die Rückführung von Personen aus anderen Berufszweigen in die Landwirtschaft ermöglichte, falls sie in diesem Sektor einmal beschäftigt gewesen waren.

Eingriffe dieser Art wurden auch in Österreich notwendig, obwohl eben wegen des schlagartigen Einsetzens der Landflucht die Arbeitsämter ohnehin nur landwirtschaftliche Berufe anboten. Doch die "Volksgenossen (...) zogen sich von den Vermittlungsstellen wieder zurück und versuchten, ‚hintenherum' in der gewerblichen Wirtschaft Arbeit zu erhalten, was ihnen zufolge der Unaufgeklärtheit eines Großteils der Betriebsführer in vielen Fällen auch gelang."[123] Wenn unter Umgehung des Arbeitsamtes Landarbeiter in Industrie oder Gewerbe unterkamen, drohte ihnen ihre Entlassung und die sofortige Rückführung zu ihrem "eigentlichen Beruf"[124].

Als wesentlich effektiver erwies sich eine Kundmachung des Reichsstatthalters von Österreich, Josef Bürckel, vom 13. 2. 1939, die dem NS-Staat die totale Kontrolle über den Arbeitskräftemarkt sicherte:

> "§ 1. (1) Für Aufgaben, die der Beauftragte für den Vierjahresplan als besonders bedeutsam und unaufschiebbar bezeichnet, kann das Arbeitsamt Bewohner des Reichsgebietes zur Dienstleistung verpflichten. Hiezu kann privaten und öffentlichen Betrieben und Verwaltungen vom Arbeitsamt die Abgabe von Arbeitskräften auferlegt werden."[125]

Auch bedurfte nach dieser Kundmachung jeder Arbeitsplatzwechsel der Genehmigung des Arbeitsamtes.

Daß das Produktionsniveau infolge der Landflucht - besonders zur Erntezeit - keinen völligen Einbruch erlitt, konnte durch ein "regelrechtes System zur komplementären Arbeitsreservenerfassung"[126] verhindert werden. Dazu gehörte das Pflichtjahr für die weibliche Jugend, der Reichsarbeitsdienst, der Frauenarbeitsdienst usw. An dieser Stelle muß auf die entscheidende Rolle, die Fremdarbeiter und Kriegsgefangene bei der Sicherstellung der Ernährung spielten, hingewiesen werden.

9. Die Ernährungswirtschaft im Krieg

Unter dem Eindruck der katastrophalen Versorgung der Bevölkerung mit Nahrungsmitteln gegen Ende des Ersten Weltkrieges, verfolgten die Nationalsozialisten nach ihrer Machtergreifung in Deutschland eine auf Autarkie ausgerichtete Agrarpolitik, die Erreichung der sog. "Nahrungsfreiheit". Der offizielle Beginn dieses Versuches, die Produktion in der Landwirtschaft mit Hilfe verschiedenster Maßnahmen zu erhöhen, ist mit November 1934 (am Reichsbauerntag in Goslar) anzusetzen, wo mit einem "magnificent spectacle"[127] der Startschuß zur "Erzeugungsschlacht" gegeben wurde. Es ging dabei, neben der gewünschten Steigerung der Produktion, auch darum, die Bevölkerung propagandistisch auf "Kriegsbereitschaft"[128] einzustimmen, denn "daß man eine vollständige Selbstversorgung nicht erreichen konnte, ist (...) schon in der Kriegsvorbereitungszeit von den Agrarwissenschaftlern und auch den Politikern immer wieder konstatiert worden."[129] Im Autarkiekonzept der Nationalsozialisten war schon die Ausbeutung der nach "imperialer Erweiterung des Reiches nach Osten"[130] hinzukommenden Gebiete eingeplant. Auch für Österreich wurde es nach dem "Anschluß" notwendig, "dem Beispiele des Altreichs zu folgen",[131] und den Selbstversorgungsgrad, der bis dorthin nur etwa 73 - 74% betragen hatte, zu erhöhen.[132]

Die organisatorische Umstellung auf eine Zwangsbewirtschaftung bereiteten die NS-Behörden planvoll vor[133], ja sie war zum Großteil schon durch die Marktordnung vorweggenommen. Mit Beginn des Zweiten Weltkrieges, Anfang September 1939, konnten mit entsprechenden legislativen Maßnahmen schnellstens die zwei wichtigsten Grundpfeiler der NS-Kriegsernährungswirtschaft eingeführt werden: die "öffentliche Bewirtschaftung der gesamten Nahrungsmittel- und Futterproduktion" sowie die strikte Lebensmittelrationierung.[134]

Wesentliche Instrumente der Produktionsplanung und der Ortung von Reservekapazitäten stellten die Hofkarte und die Kreiswirtschaftsmappe (Hofakte) mit ihren minuziösen betriebsstatistischen Aufzeichnungen dar.

In der Entwicklung der einzelnen Produktionssparten führten ab 1940 folgende drei Gründe zu einer Extensivierung der Bodenproduktion: Zunehmender Entzug tierischer Arbeitskraft für militärische Zwecke, Schwächung des Arbeitskräftepotentials infolge von Krieg und Landflucht und schließlich die wachsenden Probleme in der Maschinenverwendung wegen Verknappung bei Treibstoffen, Ersatzteilen und Wartung[135]. Die Produktionsstatistik belegt den Einbruch 1940, der allerdings auch durch Witterungseinflüsse mitbedingt war.

Erntemengen in 100 kg

	Weizen	Roggen	Gerste	Kartoffel	Futterrüben
1938	5.174	5.489	3.016	31.008	20.327
1939	4.473	4.893	2.855	27.648	19.374
1940	2.849	3.131	2.798	26.033	17.248
1941	3.417	3.884	2.338	26.021	19.950
1942	2.760	2.701	2.218	22.515	20.156
1943	3.434	3.557	2.147	17.728	18.084
1944	2.938	2.790	1.808	17.509	17.456

Quelle: Ergebnisse der landwirtschaftlichen Statistik 1937-1944

Diese Produktionsverminderungen waren einerseits Folge eines beträchtlichen Rückgangs der Anbauflächen, zum anderen aber auch durch das Absinken des ha-Ertrages mangels Betriebsmittel und Arbeitskräfte verursacht worden. So sank etwa der ha-Ertrag bei Weizen von 1.900 kg/ha im Jahre 1938 auf 1.320 kg/ha im Jahre 1942, was eine Qualitätsverschlechterung bei Brot wegen der Erhöhung der Ausmahlungssätze bei Weizenbrotmehl auf 94% im Jahre 1942 und die zunehmende Heranziehung von Gerste bewirkte.[136] Die Erträge von Futterpflanzen, insbesondere von Futterrüben, konnten trotz einer Ausweitung der Anbauflächen nicht gesteigert werden, obwohl ihr verstärkter Anbau der Verwendung des lebenswichtigen Getreides zur Tierfütterung entgegenwirken sollte. Die Forcierung der Futterpflanzen wurde von strengen Fütterungsverboten und besonders rigorosen Bewirtschaftungsmaßnahmen bei Brotgetreide und Kartoffeln begleitet[137].

Der Nutzviehbestand entwickelte sich in den Jahren 1939 bis 1944 widersprüchlich:

Nutzviehbestand 1938 bis 1944 in Stück

	Pferde	Rinder	Schweine	Kaninchen
1938	246.555	2,578.804	2,868.148	541.010
1939	230.581	2,619.508	2,830.126	-
1940	225.767	2,582.830	2,189.642	589.481
1941	226.351	2,493.504	2,043.468	-
1942	220.593	2,505.386	1,772.815	1,233.203
1943	223.641	2,530.302	1,872.364	1,491.168
1944	239.689	2,536.337	1,697.261	1,062.455

Quelle: Ergebnisse der landwirtschaftlichen Statistik 1937 - 1944

Die Abnahme des Pferdebestandes findet 1943 ihr Ende, da zunehmend Wehrmachtspferde zurückgestellt wurden[138], und die Bauern verstärkt wieder die Aufzucht von Zugtieren betrieben, um der einsetzenden Verknappung bei Transportgeräten und Maschinen entgegenzuwirken. Die Rinderhaltung erfuhr während des Krieges eine starke Förderung, da man sich mit einer hohen Milchproduktion - ab März 1940 unter Zuhilfenahme der "Milchleistungsausschüsse" - die Befriedigung des Fettbedarfes, die Schließung der sog. "Fettlücke", erwartete.[139] Infolge der Umstellung des allgemeinen Frischmilchverbrauches auf entrahmte Milch, gelang es, die Butterproduktion von September bis Dezember 1939 um 30 bis 40 % zu steigern.[140]

Neben dem agrarpolitischen Willen, den Versorgungsgrad bei Fett zu erhöhen, zeigt die relativ stabile Rinderhaltung aber auch die Tendenz zur Extensivierung der Bodennutzung im allgemeinen; denn während sog. "Ackerland" in Österreich von 1,890.157 ha (1938) auf 1,689.681 (1944) abnahm, stieg der Anteil an Wiesen von 980.202 ha (1938) auf 1,075.104 ha im Jahre 1944[141]. Auch die stete Zunahme der Schafhaltung deutet diesen kriegsbedingten Strukturwandel hin zu jeweils extensiveren Produktionsweisen an.

Im starken Sinken des Schweinebestandes kommt die Verknappung der Futtergrundlage zum Ausdruck, obwohl man zu einer allgemeinen Umstellung der Schweinemast von Getreide auf Kartoffeln und Zuckerrüben aufrief, da diese Mastform nur die Hälfte der Futtermittelanbaufläche benötige.[142] Die dadurch verlängerte Mastdauer führte aber zu einer Bestandsüberalterung mit ihren negativen Auswirkungen auf die Bestände an Zuchttieren.[143]

Noch zu Beginn des Krieges wurde die Kleintierhaltung vehement propagiert. Dies änderte sich aber zusehends, als die Bauern durch diese Zuchtform dem Ablieferungsdruck auszuweichen trachteten und damit aber dem Bewirtschaftungssystem beträchtliche Ressourcen vorenthielten. Die Agrarpresse rechnete den Bauern 1944 vor, "daß mit den hochwertigen Futtermitteln, die zur Zeit an Kleintiere verschwendet werde, 985.000 - fast eine Million Schweineschlachtreif gefüttert werden könnte."[144]

10. Die "Ablieferungsschlacht" im Krieg

Um auch während des Krieges die Produktion auf einem erträglichen Niveau zu halten, verstärkte man die Wirkung der schon bestehenden Bewirtschaftungsmaßnahmen durch eine Verschärfung der Ablieferungspflichten. Den einzelnen Landesbauernschaften wurden Ablieferungskontingente auferlegt, die sich wiederum aus den Beiträgen der einzelnen Kreisbauernschaften "gemäß ihrer Größe und Produktionskraft"[145] zusammensetzten.

Veranschaulicht am Beispiel der Landesbauernschaft Donauland betrug das Landeskontingent zwischen den Jahren 1939 bis 1944 im Schnitt 220.000 t Brotgetreide, 38.000 t Gerste, 30.000 t Hafer, 23.000 t Mais und 480.000 t Kartoffeln.[146]

Auch am Agrarsektor verfügten die Nationalsozialisten über einen repressiven Maßnahmenkatalog, der nichtgefügige bäuerliche "Volksgenossen" zu den geforderten Leistungen zwingen konnte. Am 20. Jänner 1943 trat eine Neufassung der Verordnung zur Sicherung der Landbewirtschaftung (22. 4. 1937) in Kraft, die bereits vorhandene Sanktionsmöglichkeiten für säumige Bauern noch ausweitete und verschärfte.

1. Aufforderung an den Nutzer landwirtschaftlicher Grundstücke durch das Amtsgericht
2. Wirtschaftsüberwachung durch einen Vertrauensmann des Reichsnährstandes
3. Bewirtschaftung durch einen Treuhänder
4. Verpachtung des Betriebes
5. Veräußerung des Betriebes auf dem Wege der Zwangsversteigerung[147]

Zusätzlich gestattete die am 4. 9. 1939 erlassene "Kriegswirtschaftsverordnung", alle jene "mit Zuchthaus oder Gefängnis zu bestrafen, (die) Rohstoffe oder Erzeugnisse, die zum lebenswichtigen Bedarf der Bevölkerung gehören, vernichten, beiseiteschaffen oder zurückhalten."[148]

Dieses dichte Netz von Sanktionsandrohungen, von Geld- und Gefängnisstrafen, spiegelt jedoch auch die Versuche der bäuerlichen Bevölkerung wider, dem Ablieferungsdruck durch Umgehung gesetzlicher Bestimmungen zu entkommen. Darüberhinaus war die Angst der Bauern, zur Wehrmacht eingezogen zu werden oder die UK-Stellung zu verlieren, mit ein Grund, daß die Ablieferungsverpflichtungen im wesentlichen erfüllt wurden. Der wichtigste Träger dieses Denunziationssystems im Dorf war die lokale Parteistruktur, insbesonders die Ortsbauernführer. Ab dem Frühjahr 1943 kam auch den "Hofbegehungskommissionen" verstärkte Bedeutung bei der Sicherstellung der Ablieferungsquoten zu. Die damit bezweckte massive Einschränkung des Eigenverbrauchs zeigt sich anschaulich in der Entwicklung der Milcherzeugung und -verwertung. So sank der Milchverbrauch in landwirtschaftlichen Haushalten in Österreich von 50,1% im Jahre 1939 auf 39% 1944; der Direktverkauf an Verbraucher kam praktisch zum Erliegen.[149]

Die durch den Krieg Jahr für Jahr verschärfte Situation am Ernährungssektor "zwang" den nationalsozialistischen Agrarapparat, jegliches Ausscheren aus der "Ernährungsfront" als Verbrechen an Deutschland zu brandmarken. In diesem Zusammenhang werden auch mehr und mehr "Pflichtvergessene", wie Hamsterer oder Schwarzschlächter, in den Medien an den Pranger gestellt und sogar Todesurteile für ebendiese Delikte vollstreckt. Angesichts der angespannten Versorgungslage gegen Ende des Krieges, verbunden mit einer sinkenden Loyalität der bäuerlichen Bevölkerung gegenüber dem Regime, zeigt der immer rigoroser gehandhabte Strafvollzug den enger werdenden Spielraum der Nationalsozialisten.

Anmerkungen

1 Leistungsbericht der Landesbauernschaft Donauland. Erstattet von Landesbauernführer Dipl.-Ing. Anton Reinthaller, Wien 1941.

2 Es existieren lediglich einige Arbeiten zu Teilgebieten, so etwa: J. Großpötzl, Die Situation der österreichischen Landwirtschaft zur Zeit der nationalsozialistischen Herrschaft. Hausarbeit am Institut für Geschichte der Univ. Sbg., Salzburg 1980; R.A. Haiden, Österreichische Landwirtschaft und Agrarpolitik der letzten drei Jahrzehnte, Diss. Wien 1953; W. Reichert, Die landwirtschaftliche Entschuldung 1938 als Folge der Grundentlastung 1848, in: Geschichte und Gegenwart 6 (1987), S. 31-53, und A. Lombar, Entschuldung und Aufbau der österreichischen Landwirtschaft, Klagenfurt 1953 (teilweise apologetisch); F. Butschek, Die österreichische Wirtschaft 1938 bis 1945, Stuttgart 1978, S. 65 f. u. 136-140.

3 Eine Ausnahme bildet die Publikation: Bauernland Oberösterreich. Entwicklungsgeschichte seiner Land- und Forstwirtschaft, hg. v. der Landwirtschaftskammer für Oberösterreich, Linz 1974.

4 Vgl. H. Gies, Der Reichsnährstand - Organ berufsständischer Selbstverwaltung oder Instrument staatlicher Wirtschaftslenkung, in: Zeitschrift für Agrargeschichte und Agrarsoziologie 21 (1973), S. 216-233; ders., Landbevölkerung und Nationalsozialismus. Der Weg in den Reichsnährstand, in: Zeitgeschichte 13 (1986).

5 Ostmarkbeilage zum Zeitungsdienst des Reichsnährstandes v. 16. 5. 1939.

6 Vgl. Bauernland Oberösterreich, S. 186.

7 100 Jahre Landwirtschaft. Eine Festschrift, hg. vom Bundesministerium für Land- und Forstwirtschaft, Wien 1967, S. 121.

8 Ostmarkbeilage v. 16. 5. 1939.

9 Ebda.

10 Vgl. Leistungsbericht, S. 13.

11 Ebda., S. 12.

12 Wochenblatt der Landesbauernschaft Donauland v. 28. Mai 1938.

13 Vgl. Bauernland Oberösterreich, S. 186.

14 Leistungsbericht, S. 14.

15 Ostmarkbeilage, Folge 185, S. 3.

16 Salzburger Agrarreport, Salzburg 1985 (= Schriftenreihe des Landespressebüros Serie "Salzburg Informationen", Nr. 47), S. 14.

17 Wochenblatt der Landesbauernschaft Alpenland v. 26. 12. 1942.

18 Ostmarkbeilage, S. 127-128, 130 u. 134. Die konkreten Beweggründe für diese bedeutende Umstrukturierung der Verwaltungseinheiten in der "Ostmark" mitten im Krieg, die eines beträchtlichen bürokratischen Aufwandes bedurfte, konnten aus den uns zur Verfügung stehenden Quellen nicht nachgewiesen werden.

19 Der Deutsche Volkswirt, 12 (1938), S. 1679.

20 G. Jagschitz, Erbhof und Politik, in: Dworsky/Schieder (Hrsg.): Die Ehre Erbhof, Salzburg 1980, S. 73.

21 Bauernland Oberösterreich, S. 185.
22 B. Mehrens, Die Marktordnung des Reichsnährstandes, Berlin 1938, S. 12, zit. in: L. Zumpe, Wirtschaft und Staat in Deutschland 1933 bis 1945, Vaduz 1980, S. 104.
23 Zumpe, Wirtschaft und Staat in Deutschland, S. 100.
24 A. Hanau, R. Plate, Die deutsche landwirtschaftliche Preis- und Marktpolitik im Zweiten Weltkrieg, Stuttgart 1975, S. 25.
25 Ebda., S. 26.
26 K. Hoeft, Die Agrarpolitik des deutschen Faschismus als Mittel zur Vorbereitung des Zweiten Weltkrieges, in: Zeitschrift für Geschichtswissenschaft 7 (1959), S. 1224.
27 Ostmarkbeilage, Folge 157/XIII, S. 8.
28 Wochenblatt d. Landesbauernschaft Donauland v. 28. 5. 1938.
29 Ostmarkbeilage v. 7. 2. 1939.
30 Hanau/Plate, S. 28.
31 Bibliothek der LWK Linz, Zit. in: Großpöltzl, Die Situation der österreichischen Landwirtschaft, S. 132.
32 M. Kutz, Kriegserfahrung und Kriegsvorbereitung. Die agrarwirtschaftliche Vorbereitung des Zweiten Weltkrieges in Deutschland vor dem Hintergrund der Weltkrieg I - Erfahrung, in: Zeitschrift für Agrargeschichte und Agrarsoziologie 32 (1984), S. 150.
33 R.W. Darre, zit. in: F. Grundmann, Agrarpolitik im "Dritten Reich". Anspruch und Wirklichkeit des Reichserbhofgesetzes, Hamburg 1979 (= Historische Perspektiven Bd. 14), S. 102.
34 Vgl. Grundmann, Agrarpolitik, S. 15-20.
35 Ebda., S. 42.
36 Reichserbhofgesetz, zit. in: Grundmann, Agrarpolitik, S. 44.
37 Vgl. D.R. Hartmann, Die faschistische Kategorie "Bauer", in: Wissenschaftliche Zeitschrift der Universität Rostock, Gesellschafts- und Sprachwissenschaftliche Reihe, 21 (1972), Heft 1, S. 234 und das 1930 erschienene Buch von R.W. Darre: "Neuadel aus Blut und Boden".
38 Vgl. Grundmann, Agrarpolitik, S. 117 f.
39 Ebda., S. 75.
40 J. Kruedener, Zielkonflikt in der nationalsozialistischen Agrarpolitik, in: Zeitschrift für Wirtschafts- und Sozialwissenschaften, 1974, S. 342.
41 Vgl. M. Mooslechner u. R. Stadler, die nationalsozialistische "Entschuldung der Landwirtschaft". Analyse der "Hofakten" der Gemeinde St. Johann im Pongau 1938-1945, in: Zeitgeschichte 14 (1986), S. 66.
42 Vgl. Grundmann, Agrarpolitik, S. 46.
43 Ebda.
44 Ebda, S. 130.
45 Vgl. Kruedener, Zielkonflikt, S. 336.
46 Grundmann, Agrarpolitik, S. 145.
47 Vgl. J.E. Farquharson, The Plaugh and the Swastika. The NSDAP and Agriculture in Germany 1923 - 1945, London, Beverly Hills 1976, (= Sage Studies in 20th Century History, Vol. 5), S. 140 und Grundmann, Agrarpolitik, S. 145-150.
48 Grundmann, Agrarpolitik, S. 137.
49 Ebda., S. 139.
50 Ebda., S. 140.
51 Ebda., S. 141.
52 Ebda., S. 142.
53 W. Tornow, Chronik der Agrarpolitik und Agrarwirtschaft des Deutschen Reiches von 1933-1945, Hamburg-Berlin 1972 (= Berichte über Landwirtschaft 188, Sonderheft), S. 152.
54 Grundmann, Agrarpolitik, S. 144.
55 Berichte über Landwirtschaft. Zeitschrift für Agrarpolitik und Landwirtschaft. Hg. im Reichsministerium für Ernährung und Landwirtschaft, Berlin, Neue Folge (23) 1938, S. 715.
56 So Reinthaller in: Die Deutsche Volkswirtschaft. Nationalsozialistischer Wirtschaftsdienst, Berlin, 9 (1940), Heft 12, S. 366.
57 Vgl. V. Rambauske, Die Entwicklung der bäuerlichen Agrarverfassung in der Ostmark, Wien 1939. Rambauske spricht explizit von einer Verwandtschaft des Tiroler Höfegesetzes mit dem Reichserbhofgesetz (S. 62).
58 Vgl. Jagschitz, Erbhof und Politik, S. 70-76.

59 Vgl. ebda., S. 74 und Rambauske, Agrarverfassung, S. 65.
60 Grundmann, Agrarpolitik, S. 151.
61 Monatsberichte des Wiener Instituts für Wirtschaftsforschung, 12 (1938), Heft 4/5, Berichte über Landwirtschaft, 23 (1938) und F.K. Feichtinger, Die Eingliederung der Österreichischen Landwirtschaft, in: Der Vierjahresplan. Zeitschrift für Nationalsozialistische Wirtschaftspolitik, Berlin 2(1938), S. 747 f.
62 Berichte über Landwirtschaft, 23 (1938), S. 292.
63 Monatsberichte, 12 (1983), H. 4/5, S. 109.
64 Feichtinger, Die Eingliederung, S. 747.
65 Haiden, Österreichische Landwirtschaft, S. 58.
66 Ebda., S. 66.
67 Monatsberichte, 12 (1938), Heft 4/5, S. 124.
68 Ebda.
69 Ebda.
70 Der Deutsche Volkswirt, 14 (1940), S. 367.
71 Haiden, Österreichische Landwirtschaft, S. 60.
72 Ebda.
73 Monatsberichte, 12 (1938), Heft 9/10, S. 221.
74 Ebda.
75 Ebda. 13 (1939), Heft 7, S. 193.
76 Ebda., S. 201.
77 Ebda., S. 200.
78 Vgl. Ostmarkbeilage v. 28. 4. 1939.
79 H. Slapnicka, Oberösterreich - als es "Oberdonau" hieß (1938-1945), Linz 1978, S. 256, zit. in: Großpötzl, Die Situation der österr. Landwirtschaft, S. 47.
80 Monatsberichte, 13 (1939), Heft 7, S. 199.
81 Ebda., S. 201. Butschek errechnete ein Sinken des Anteils der Land- und Forstwirtschaft am Brutto-Nationalprodukt gegenüber dem Vorjahr von 0,5% (1938), 7,1% (1939) und 16,1% (1940), in: Butschek, Die österreichische Wirtschaft 1938-1945, S. 65.
82 Monatsberichte, 13 (1939), Heft 8, S. 235.
83 Ebda., S. 236.
84 Vgl. Monatsberichte 12 (1938), Heft 4/5, S. 124; Wochenblatt Alpenland, 1 (1938), S. 8 und Großpötzl, Die Situation der österreichischen Landwirtschaft, S. 104.
85 Haiden, Österreichische Landwirtschaft, S. 88.
86 Ostmarkbeilage v. 13. 3. 1940.
87 Ebda.
88 Zit. in: E. Altrichter, Mechanisierung der österreichischen Landwirtschaft, Diss. Wien 1948, S. 8.
89 Landwirtschaftliche Betriebszählung 1939, zusammenfassende Darstellung für die Alpen- und Donau-Reichsgaue, Wien 1942, S. 46.
90 Haiden, Österreichische Landwirtschaft, S. 92.
91 Ebda.
92 Lombar, Entschuldung, S. 57-76.
93 Ebda., S. 60-61.
94 Ebda., S. 81.
95 Ebda., S. 63.
96 Ebda., S. 12.
97 Ebda., S. 12.
98 Ebda., S. 21-22.
99 Untersuchung der Buchstelle der niederösterreichischen Landes-Landwirtschaftskammer, zit. in: Lombar, Entschuldung, S. 24.
100 Monatsberichte, 13 (1939), Heft 2/3, S. 56.
101 Ebda.
102 Die Landwirtschaft, Heft 5, Wien 1938, zit. in: Lombar, Entschuldung, S. 31.
103 Reichert, Entschuldung, S. 40.
104 Vgl. Wochenblatt Alpenland v. 20. 8. 1938.
105 Lombar, Entschuldung, S. 48.
106 Reichert, Entschuldung, S. 45.
107 Ebda., S. 43.

108 Lombar, Entschuldung, S. 53.
109 Vgl. Mooslechner/Stadler, Entschuldung, S. 62.
110 Ebda.
111 H. Backe, zit. in: G. Fahle, Nazis und Bauern. Zur Agrarpolitik des deutschen Faschismus 1933-1945, Köln 1986 (= Pahl-Rugenstein-Hochschulschriften, Gesellschafts- und Naturwissenschaften 218. Serie Faschismusstudien), S. 257.
112 Wochenblatt Alpenland v. 11. 2. 1939.
113 Deutscher Volkswirt, 13 (1939), S. 1457.
114 Vgl. Berichte über Landwirtschaft, Neue Folge 25 (1940), S. 109.
115 Monatsberichte, 14 (1940), Heft 9/10, S. 167.
116 Berichte über Landwirtschaft, Neue Folge 25 (1940), S. 109.
117 Vgl. ebda., S. 101-110.
118 Vgl. Ostmarkbeilage v. 28. 4. 1939.
119 Berichte über Landwirtschaft, Neue Folge, 25 (1940), S. 107.
120 Vgl. ebda.
121 Leistungsbericht, S. 6.
122 Fahle, Nazis und Bauern, S. 268.
123 Wochenblatt Donauland, 1938, S. 232.
124 Vgl. ebda.
125 Wochenblatt Alpenland, 2 (1939), S. 425.
126 Fahle, Nazis und Bauern, S. 273.
127 The Times, London, 7. 10. 1933, zit. in: C.R. Lovin, Die Erzeugungsschlacht, in: Zeitschrift für Agrargeschichte und Agrarsoziologie, 22 (1974), S. 211.
128 Fahle, Nazis und Bauern, S. 171.
129 Kutz, Kriegserfahrung, S. 142.
130 Ebda., S. 143.
131 Ostmarkbeilage 1938, Folge 160, S. 1.
132 Ebda.
133 Tornow, Chronik, S. 155.
134 Ebda.
135 Haiden, Österreichische Landwirtschaft, S. 67.
136 Ebda., S. 83.
137 Ebda., S. 75.
138 Ebda., S. 77.
139 Berichte über Landwirtschaft, Neue Folge 26 (1941), S. 172.
140 Ebda.
141 Ergebnisse der landwirtschaftlichen Statistik in den Jahren 1937-1944. Bearbeitet vom Österreichischen Statistischen Zentralamt, Wien 1948.
142 Berichte über Landwirtschaft, Neue Folge 26 (1941), S. 165.
143 Haiden, Österreichische Landwirtschaft, S. 77.
144 Die Deutsche Volkswirtschaft, 13 (1944), S. 191.
145 Bauernland Oberösterreich, S. 19.
146 Vgl. ebda., S. 189.
147 Vgl. J. Lehmann, Maßnahmen der faschistischen Führung zur Aufrechterhaltung der Produktion in der deutschen Landwirtschaft während des zweiten Weltkrieges, in: Probleme der Agrargeschichte des Feudalismus und Kapitalismus, Teil VII, Rostock 1977, S. 91. In dieser Publikation findet sich ein interessanter Quellenhinweis: ZStA, REM, Nr. 2009, Bl. 215, Zusammenfassung der Vierteljahresberichte der Landesbauernschaften, abgeschlossen am 1. 4. 1943.
148 R. Melzer, Studien zur Agrarpolitik der faschistischen deutschen Imperialisten in Deutschland im System der Kriegsplanung und Kriegsführung 1933-1941, Phil. Diss. Rostock 1966, S. 68, zit. in: Großpötzl, Die Situation der österreichischen Landwirtschaft, S. 150.
149 Ergebnisse der landwirtschaftlichen Statistik in den Jahren 1937-1944, S. 200.

Florian Freund/Bertrand Perz

INDUSTRIALISIERUNG DURCH ZWANGSARBEIT

"Die Ausländer tauchen aber in den Erinnerungen Älterer meist als eher beiläufige Selbstverständlichkeit auf, sind im Gedächtnis nicht bei Krieg, Nationalsozialismus oder NS-Verbrechen sortiert, sondern eher unter "Privates", das mit Krieg und Nazismus gar nicht in unmittelbarem Zusammenhang zu stehen scheint; und es wird durchaus nicht als etwas NS-Spezifisches betrachtet, daß während des Krieges Ausländer in größerer Zahl in Deutschland arbeiteten. Der Arbeitseinsatz der Fremdarbeiter und Kriegsgefangenen in Deutschland hat in der westdeutschen Öffentlichkeit gewissermaßen nicht den Status des Historischen als etwas Besonderem, als etwas, was Geschichte gemacht hat."[1]

Es ist zu befürchten, daß für Österreich die von Ulrich Herbert getroffene Feststellung über die Erinnerung der westdeutschen Bevölkerung an die in der Landwirtschaft, in der Rüstungsindustrie, bei Bauvorhaben und Aufräumungsarbeiten nach Luftangriffen eingesetzten Zwangsarbeiter/innen und KZ-Häftlinge uneingeschränkt gilt.

Wie groß das Ausmaß der Zwangsarbeit auch in Österreich war, läßt sich an wenigen Zahlen ablesen. Allein in Niederösterreich mußten 1944 über 190.000 ausländische Zivilarbeiter/innen (ca. 78.000 in über 500 Lagern[2]) und Kriegsgefangene arbeiten, denen noch ca. 30.000 Häftlinge in den niederösterreichischen Außenlagern des KZ Mauthausen hinzuzurechnen sind. Die mangelnde Erinnerung daran scheint ein Anzeichen dafür zu sein, daß es den Nationalsozialisten weitgehend gelungen ist, eine in der Bevölkerung akzeptierte, nach rassistischen Kriterien hierarchisierte Gesellschaftsordnung zu etablieren, innerhalb deren die Ausübung von Herrschaft über "rassisch Minderwertige" im Alltag erfahrbar wurde und zur Statuserhöhung beitrug, die bis heute ihre Wirkung im Hinblick auf die mangelnde Akzeptanz demokratisierter politischer Strukturen nicht gänzlich verloren hat.[3]

Ist für die Bundesrepublik Deutschland in den letzten Jahren eine verstärkte Auseinandersetzung mit der Zwangsarbeitspolitik des "Dritten Reiches" zu bemerken, die nicht zuletzt durch die Diskussion um Zahlungen von deutschen Konzernen an ehemalige ausländische Arbeitskräfte und der aktuellen politischen Diskussion um die Stellung von "Gastarbeitern" und das Asylrecht auch in der Öffentlichkeit eine gewisse Beachtung fand, so kann für Österreich eine derartige Entwicklung nicht ausgemacht werden. Im öffentlichen Bewußtsein kommt das Thema Zwangsarbeit nicht vor.

Bis heute ist über den "Ausländer"- bzw. Zwangsarbeitereinsatz in Österreich unter NS-Herrschaft keine grundlegende wissenschaftliche Untersuchung geschrieben worden. Weder existieren Gesamtzahlen über den "Ausländereinsatz", noch verläßliche Zahlen über die regionale und sektorale Verteilung. Auch Untersuchungen über die Behandlung und die Erfahrungen von Ausländern stehen noch aus. Allerdings stößt schon die Zusammenstellung verläßlicher Grunddaten auf erhebliche Schwierigkeiten: Bruchstückhafte Unterlagen, wechselnde Erhebungsmethoden statistischer Ämter, veränderte Grenzen und Gebietsaufteilungen machen Quantifizierungen schwer bis unmöglich.[4]

Bisher liegen nur überblicksartige, regional oder thematisch eingeschränkte Darstellungen vor, eine Analyse steht weitgehend aus.[5]

Der folgende Aufsatz hat nicht den Anspruch, die empirischen und analytischen Defizite wettzumachen, vielmehr sollen durch das Aufzeigen einiger hervorstechender und bisher zuwenig beachteter Besonderheiten der Ausländerbeschäftigung in Österreich weitere Forschungen angeregt werden. Dabei beschränken wir uns auf die Bedeutung der Ausländer-Zwangsarbeit für die industrielle Entwicklung; Fragen der Behandlung, der rechtlichen und der sozialen Stellung werden im folgenden nicht thematisiert.

Der von uns benutzte Begriff der "Zwangsarbeit" wird, um den Begriff "nicht so weit aus(zu)dehnen und (zu) entwerten, daß jede Form der Arbeitsaufnahme aus sozialer Not als Zwangsarbeit im Sinne des Zwanges zur Reproduktion" darunter fällt, nur auf außerökonomischen Zwang zur Arbeit angewandt.[6] Die im Nationalsozialismus in Deutschland arbeitenden Ausländer waren unter sehr verschiedenen Umständen zur Arbeit gelangt. Bis auf eine Minderheit angeworbener Freiwilliger (vor allem zu Anfang des Krieges) wurde der größte Teil der Ausländer zwangsweise zur Arbeit verpflichtet: Unter den Zwangsarbeiter/innen gab es neben nationaler-rassistischer Differenzierung drei große Gruppen mit unterschiedlichem Status: Zivilpersonen, Kriegsgefangene und KZ-Häftlinge.

Die Rüstung im Nationalsozialismus bewirkte gewaltige Umschichtungen in der deutschen Wirtschaft "zugunsten der kapital-intensivsten und arbeitsteiligsten Unternehmen."[7] Aufbauend auf massiven staatlichen Investitionen, "auf der Ausbeutung ausländischer, insbesondere weiblicher Arbeitskräfte und auf der Abschöpfung der durch Zwangssparen und Tribute der besetzten Gebiete ziemlich geräuschlos finanzierten Rüstungsausgaben entstand eine neue Industriestruktur, die so nur durch die Rüstungsproduktion entstehen konnte."[8]

Die Kosten des Umstrukturierungsprozesses der Industrie und der Arbeitsplätze - der gewöhnlich mit (massiven) Auseinandersetzungen zwischen Unternehmen und ganzen Industriesektoren um Kapital und mit Protest der Arbeiterschaft gegen die Dequalifizierung verbunden ist - wurden somit systematisch abgewälzt und "sie waren abwälzbar wegen des nationalsozialistischen Krieges und der Okkupation."[9]

Die hier skizzierte Entwicklung gilt auch für Österreich, wobei jedoch einige Besonderheiten festzuhalten sind. Der in einem enormen Tempo durchgeführte Industrialisierungsprozeß wird durch eine wirtschaftliche Großmacht stimuliert, deren Wirtschaft bereits auf Hochtouren läuft. Im Gegensatz zum Deutschen Reich fällt der Aufbau der Industrie in Österreich fast zur Gänze in die Kriegszeit mit ihren spezifischen politischen, militärischen und ökonomischen Rahmenbedingungen. Im Unterschied zum Deutschen Reich expandierte die Industrie in Österreich, was sich an den Beschäftigungsziffern und Produktionsindices ablesen läßt. Es erfolgte eine akzentuiertere Umschichtung der Ressourcen von der Landwirtschaft zur Industrie und innerhalb der Industrie eine Umstrukturierung zur kapitalintensiven arbeitsteiligen Grundstoff- und Investitionsgüterindustrie, wobei besonders letztere für die Rüstungsvor- und -endfertigung maßgeblich war.[10]

In der Bewertung der ökonomischen Auswirkungen dieser Industrialisierung und Umstrukturierung kommen die einschlägigen Untersuchungen, auch im Hinblick auf die Nachkriegswirtschaft, zu weitgehend übereinstimmenden Schlüssen.

Auch wenn, wie Norbert Schausberger zusammenfassend feststellt, es "auf Grund der vorhandenen bruchstückhaften Unterlagen wahrscheinlich unmöglich" sei, "zu genauen Größenangaben über die Gesamtkosten der Rüstungsproduktion in Österreich und der Kriegswirtschaft überhaupt zu kommen" und nur schwer abzuschätzen sei, "ob die Kriegszerstörungen und Demontagen das durch die Rüstungskonjunktur vergrößerte Potential der österreichischen Wirtschaft egalisiert hatten", so stehe jedenfalls fest, "daß von 1938 bis 1945 sowohl auf dem Sektor der Rohstoffausbeutung als auch in den Grundindustrien bedeutende Erweiterungen vorgenommen wurden und daß Österreich teilweise an dem hohen Stand der deutschen Technik partizipierte.(...) Die in einem modernen Krieg unvermeidliche Vergrößerung des Wirtschaftspotentials bewirkte, daß das befreite Österreich seine Industrie auf erweiterter Basis wieder aufbauen, beziehungsweise ausbauen" konnte. [11]

Der Beitrag der Zwangsarbeit von Ausländern - einschließlich der Zwangsarbeit von KZ-Häftlingen - zur Industrialisierung Österreichs gerät in der Literatur kaum ins Blickfeld, obwohl der Zusammenhang - wie zu zeigen sein wird - für die Entwicklung in Österreich vermutlich noch bedeutungsvoller als für das Deutsche Reich war.

Die unter Kriegsbedingungen aufgebauten neuen Industrien in Österreich hatten kaum die Möglichkeit, inländische Arbeitskräfte in ausreichender Zahl zu erhalten. Schon zur baulichen Errichtung der Betriebe und erst recht später für die Produktion wurden ausländische Arbeiter/innen herangezogen. Die Expansion der Industrie in Österreich war spätestens ab Mitte 1941 von der zwangsweisen Rekrutierung ausländischer Arbeitkräfte abhängig.[12]

Der Schluß drängt sich auf, daß eine der wesentlichen Grundlagen der positiven ökonomischen Entwicklung der 2. Republik durch die Arbeit von zum großen Teil zwangsweise eingesetzten Ausländern geschaffen wurde. Wir vertreten darüberhinaus die These, daß der Anteil der ausländischen Zwangsarbeiter/innen an der Industrialisierung Österreichs größer war als in Deutschland. Dies ist schon an der Tatsache abzulesen, daß die Zahl der Beschäftigten in der Industrie wesentlich anstieg (während sie im Deutschen Reich trotz Zwangsarbeit von Ausländern stagnierte) und dieser Anstieg fast ausschließlich auf den zwangsweisen Einsatz von Ausländern zurückzuführen ist.

Zur Entwicklung der Zwangsarbeit bis 1941

In allen größeren am Krieg beteiligten Volkswirtschaften gab es trotz extensiver Umverteilung der Beschäftigten[13] und trotz der Möglichkeit längerer Arbeitszeiten und höherer Produktivität[14] das Phänomen einer Knappheit an Arbeitskräften.[15] Die Lösungsmodelle und politischen Möglichkeiten waren je nach den politischen Systemen der einzelnen Länder grundsätzlich unterschiedlich.

Zur Beseitigung des Arbeitskräftemangels stand die NS-Führung vor der Alternative, entweder vermehrt deutsche Frauen oder Ausländer/innen in den Arbeitsprozeß zu integrieren.[16] Aus Sicht der Nationalsozialisten hatten beide Alternativen Nachteile. Besonders der Einsatz von Menschen aus den osteuropäischen Ländern weckte bei den NS-Ideologen, die ein "rassenreines" Deutschland anstrebten, die Furcht vor "Überfremdung". Bei der Beschäftigung von inländischen Frauen, die bei großen Teilen der NSDAP-Elite noch wesentlich unpopulärer war als die Ausländerbeschäftigung innerhalb der Grenzen des Deutschen Reiches, befürchtete die NS-Führung, durch eine forcierte Doppelbelastung der Frauen, die durch die im Krieg ausgeweitete Reproduktionsarbeit ohnehin besonders belastet waren, die Balance des Regimes zu gefährden. Der Zugriff auf inländische Frauen war auf Grund des bereits hohen weiblichen Beschäftigungsanteils und der relativ großen Anzahl von Frauen mit Kindern unter 14 Jahren tatsächlich nur beschränkt möglich.[17]

Der Import ausländischer Arbeitskräfte entsprach an sich nicht den rassen- und raumideologischen Vorstellungen der Nationalsozialisten, denen eher der Export "deutsch-mittelständischer Herrenmenschen ins benachbarte Ausland vorschwebte."[18]

Außerdem fürchteten die Nazis den Kontakt zwischen Ausländern/innen und der deutschen Industriearbeiterschaft, derjenigen Gruppe der deutschen Bevölkerung, bei der sie nach wie vor das größte Oppositionspotential vermuteten. Auch wenn der Zwangsarbeitseinsatz im Deutschen Reich nicht von vornherein geplant war, war er aufgrund der Militarisierung der Arbeitsbeziehungen[19], des Ausbaus der Arbeitsverwaltung und der Polizeiorgane sowie eines rassistisch geprägten Bildes anderer Nationen in Teilen der Bevölkerung möglich und durchführbar, wenn die ideologischen Barrieren, die einem solchen Einsatz entgegenstanden, beiseite geräumt wurden.[20] Der Rassismus als eine der Säulen der NS-Ideologie legitimierte die Zwangsarbeit von Angehörigen als "minderwertig" betrachteten Völker.

In der Industrie spielte die Beschäftigung von ausländischen Arbeitskräften zunächst eine untergeordnete Rolle. Das Konzept des "Blitzkrieges" sollte es den Verantwortlichen möglich machen, mit den vorhandenen Arbeitskräften auszukommen. Die für einen Feldzug benötigten Rüstungsgüter sollten in kurzen und intensiven Produktionsstößen hergestellt werden.

Nach jedem als selbstverständlich siegreich angenommenen Feldzug sollte ein Teil der Soldaten zurückkehren, um in der Industrie die für den nächsten Feldzug spezifisch benötigten Waffen zu produzieren. Durch die Ausbeutung jedes neu eroberten Gebietes und der dort lebenden Menschen und Industrien sollten die Lasten der Kriegsführung von Deutschland abgewälzt werden. Tatsächlich war bis zum endgültigen Scheitern der "Blitzkriegstrategie" in der Sowjetunion die Landwirtschaft Schwerpunkt des Einsatzes von Kriegsgefangenen und zivilen Ausländern.[21]

Waren in den ersten Wochen und Monaten nach der Eroberung Polens noch Freiwillige nach Deutschland zur Arbeit gekommen, so änderte sich das durch die von der deutschen Besatzungsmacht ergriffenen Zwangsmaßnahmen schnell.[22] Eine spezielle "Polengesetzgebung" sicherte die Verfügbarkeit der zivilen polnischen Arbeitskräfte und sorgte für eine besondere Diskriminierung entsprechend der NS-Rassen- und Herrenmenschenideologie.[23]

Mit dem Zwangsarbeitseinsatz der Polen (Zivilisten und Kriegsgefangene) war ein Modell entstanden, das für die deutsche Volkswirtschaft einen stark entlastenden Effekt hatte. Die extreme Diskriminierung der Polen durch straf- und arbeitsrechtliche Erlässe, die später für jede Nationalität ausdifferenziert wurden, trug den Bedenken der Nationalsozialisten gegen die Ausländerbeschäftigung im Reichsgebiet in weitem Maße Rechnung.[24]

Durch die schnellen Siege im Westen verfügte das Deutsche Reich über ein schier unerschöpfliches Arbeitskräftereservoir.[25] Insgesamt waren im Herbst 1940 bereits mehr als zwei Millionen Ausländer im Deutschen Reich zur Arbeit eingesetzt, das waren fast zehn Prozent aller beschäftigten Arbeitskräfte.[26] Die Zwangsarbeit von Kriegsgefangenen und Zivilarbeitern war zu diesem Zeitpunkt für die Kriegswirtschaft bereits unentbehrlich, obwohl nach wie vor der Schwerpunkt des Arbeitseinsatzes in der Landwirtschaft lag.

Ausländerbeschäftigung in Österreich in der ersten Kriegshälfte

Österreich erlebte nach dem "Anschluß" einen wirtschaftlichen Aufholprozeß gegenüber der auf Hochtouren laufenden Konjunktur im Deutschen Reich. Die deutschen Rüstungspläne hatten die Einbindung des österreichischen Industrie- und Rohstoffpotentials zum Ziel. Die damit verbundene Beseitigung der Arbeitslosigkeit und das rapide Ansteigen des Konsums hatten aber auch eine starke Ausweitung der Konsumgüterindustrie zur Folge.

In Österreich gab es nach dem "Anschluß" ein riesiges Reservoir an Arbeitslosen. Allerdings machten sich auf Grund des wirtschaftlichen Booms schon im Frühjahr 1939 in einigen Wirtschaftssparten, vor allem in der Land- und Bauwirtschaft, erste Anzeichen eines Mangels, vor allem an Facharbeitern, bemerkbar.[27] Zu dieser Zeit kamen tschechische, slowakische, italienische und jugoslawische Arbeiter/innen - zum Teil im Rahmen von zwischenstaatlichen Abkommen als Freiwillige angeworben - nach Österreich.[28] In der Bauwirtschaft konnte durch die Einstellungen von privaten Bauten der Mangel an Bauarbeitern für die öffentlichen Großbauvorhaben begrenzt werden.[29] Eine der Ursachen für den Beschäftigtenmangel war der Abzug von ca. 100.000 Österreichern, darunter eine große Anzahl von Facharbeitern, nach Deutschland.[30]

Der Bedarf an Arbeitskräften in der Industrie konnte 1939 noch weitgehend aus dem heimischen Reservoir gedeckt werden.[31] So waren am 31. Mai 1939 erst 5.222 Ausländer in der österreichischen Industrie, etwa ein Prozent, beschäftigt. Mit Kriegsbeginn sank zwar die Gesamtbeschäftigung in ähnlicher Größenordnung wie im gesamten Reichsgebiet, die Industriebeschäftigung reduzierte sich aber in einem wesentlich geringeren Umfang.[32] Vermutlich sollte die für die gesamte Kriegswirtschaft wichtige Expansion in Österreich, vor allem der Großbauvorhaben der Grundstoff- und Rüstungsindustrie, möglichst nicht gebremst werden. Am deutlichsten wird dies an der Beschäftigtenentwicklung der Bauwirtschaft. Während die Zahl der am Bau Beschäftigten im Deutschen Reich 1940 um 23 Prozent sank, stieg sie in Österreich um 2,8 Prozent.[33]

Trotz dieser Entwicklung kam es durch die Einberufungen zur Wehrmacht und die Ausweitung der Produktion im Winter 1939/40 zu verstärkten Schwierigkeiten in der Beschaffung von Arbeitskräften. Versuchen, weitere Abwerbungen von dringend benötigten Facharbeitern nach Deutschland zu verhindern und abgeworbene Österreicher zurückzuführen, war wenig Erfolg beschieden.[34] In der Industrie konnte der Mangel an Arbeitskräften weiterhin durch sektorale Umverteilung in den einzelnen Bezirken ausgeglichen werden. Voraussetzung dafür war die zunehmende Beschäftigung von Ausländern in der Landwirtschaft, um dort die zur Industrie abwandernden Kräfte zu ersetzen. So kamen bald nach der Besetzung Polens die ersten größeren Gruppen von Kriegsgefangenen zur Zwangsarbeit nach Österreich. Zusätzlich wurden für die Landwirtschaft zur Vermeidung von Produktionseinbußen polnische Zivilisten angeworben.[35]

Arbeitseinsatz der Kriegsgefangenen in Österreich 1940:[36]

Februar	10957	August	63998
März	11025	September	80589
April	4587	Oktober	87977
Mai	3944	November	89887
Juni	16201	Dezember	87768
Juli	45057		

Im Frühjahr 1940 ging die Zahl der Kriegsgefangenen kurzzeitig zurück. Das Absinken erklärt sich aus der Entlassung eines Großteils der polnischen Kriegsgefangenen aus diesem Status, die jedoch als zivile Arbeitskräfte im Deutschen Reich bzw. in Österreich verbleiben mußten.[37] Gleichzeitig führten die laufenden Einberufungen zur Wehrmacht und der saisonbedingte Bedarfsanstieg in Land- und Bauwirtschaft zu einer ernsten Krise, der man durch teilweise Erhöhung der Wochenstunden, Einstellung von Schichten in Industriebetrieben und Anwerbung weiterer Ausländer aus Italien und Osteuropa beizukommen versuchte.[38]

Die durch Arbeitskräftemangel behinderte Bau- und Rüstungswirtschaft setzte ihre Hoffungen auf die zu erwartenden Kriegsgefangenen aus dem Westen. Die Zuweisung von französischen Kriegsgefangenen, der weitaus größten Gruppe aus den westeuropäischen Ländern, in die "Ostmark" blieb jedoch anfänglich weit hinter den Erwartungen zurück und die Tendenz, die Kriegsgefangenen der Landwirtschaft zuzuweisen, blieb vorherrschend.[39]

Einsatz der Kriegsgefangenen in den Wehrkreisen, aufgegliedert nach Berufsgruppen, Stichtag 31.3.41[40]

Wehrkreis	KGF gesamt	Land/Forst %	Bergbau %	Bau %	Sonstige %
XVII*	58672	38,5	0,4	44,3	16,8
XVIII**	38327	46,1	2,7	46,1	5,1
Dt.Reich	1217420	51,6	2,2	23,0	23,2

* Gaue Wien, Niederdonau, Oberdonau
** Gaue Salzburg, Tirol, Steiermark, Kärnten

Der im Vergleich zum gesamten Deutschen Reich auffallend hohe Anteil der Kriegsgefangenen in der Bauindustrie ist auf die großen neuen Rüstungs- und Energiebauvorhaben in der "Ostmark" zurückzuführen.[41] Besonders die zahlreichen Baustellen im Raum Linz/Wels/Steyr und im südlichen Wiener Becken bewirkten ein rasches Ansteigen der in dieser Sparte beschäftigten Ausländer.[42] Die steigende Bedeutung von Industriebauten ließ bei den Rüstungsdienststellen ab Anfang 1941 die Forderung nach der Einstellung von nicht kriegswichtigen Vorhaben (Autobahn, Donau-Oder-Kanal) laut werden.[43]

Im April 1941 waren in Österreich in der gesamten Wirtschaft bereits über 8 Prozent aller Beschäftigten Ausländer, der Durchschnitt im Deutschen Reich betrug zur selben Zeit 6,6 Prozent.[44] In der österreichischen Industrie (inklusive der Bauwirtschaft, die zum erheblichen Teil bei industriellen Vorhaben tätig war) waren zu diesem Zeitpunkt ca. 43 Prozent aller Ausländer und Kriegsgefangen eingesetzt, was einem Anteil von 9,9 Prozent der Industriebeschäftigten entsprach.[45] Trotz dieses Anstiegs des Ausländeranteils blieb die Beschäftigungslage angespannt.

Der Überfall auf Jugoslawien eröffnete dem Deutschen Reich neue Möglichkeiten zur Rekrutierung von Arbeitskräften. Vor der Besetzung des Balkans waren im Deutschen Reich bereits ca. 44.000 Jugoslawen beschäftigt.[46] Aus Serbien wurden nun 160.000 Kriegsgefangene[47] nach Deutschland überstellt und mit dem neugegründeten Satellitenstaat Kroatien wurde ein Abkommen über die Zurverfügungstellung von 50.000 Arbeitern für 1941 geschlossen. Auf Basis dieses Vertrages wurde noch im Mai 1941 eine Werbestelle in Agram eingerichtet.[48] Für die Kriegswirtschaft in Österreich sollte der Zugriff auf das Arbeitskräftepotential der südosteuropäischen Länder und insbesondere Jugoslawiens besondere Bedeutung bekommen.

Tendenzen der nationalsozialistischen Zwangsarbeitspolitik zwischen 1941/42 und 1944

Nach den schnellen Siegen über Polen und Frankreich war die deutsche Führung von einem raschen Sieg über die Sowjetunion überzeugt. Zwar war der "Rußlandfeldzug" als gigantischer Beutefeldzug geplant, doch die "Blitzkriegs"-

Euphorie ist auch der Grund dafür, daß an eine Beschäftigung sowjetischer Kriegsgefangener[49] oder Zivilarbeiter/innen innerhalb des Deutschen Reiches nicht gedacht wurde. Vielmehr wollte die NS- und Wehrmachtsführung Millionen sowjetischer Bürger aussiedeln oder sterben lassen, wie es in den "Wirtschaftspolitischen Richtlinien für Ost" vorgeschlagen wurde: "Viele 10 Millionen Menschen werden in diesem Gebiet überflüssig und werden sterben oder nach Sibirien auswandern müssen."[50]

Obwohl mit Millionen Kriegsgefangenen gerechnet wurde, traf die Wehrmacht keine Vorbereitungen, diese zu ernähren und unterzubringen. Das Oberkommando der Wehrmacht war sich über die Folgen dieser Unterlassung, den Hungertod von Millionen Menschen, im Klaren. Ein Interesse, die Arbeitskraft dieser Gefangenen zu nutzen, und sie dafür zumindest kurzfristig am Leben zu erhalten, bestand zu diesem Zeitpunkt nicht.[51] Bis Ende des Jahres 1941 starben 60 Prozent der 3,350.000 Gefangenen. Von den insgesamt 5,7 Millionen sowjetischen Kriegsgefangenen, die während des gesamten Krieges in deutsche Hand gerieten, kamen 3,3 Millionen ums Leben.[52]

Erst mit der deutschen Niederlage vor Moskau veränderte sich die Haltung der NS-Führung zur Frage des Einsatzes von sowjetischen Kriegsgefangenen innerhalb des Deutschen Reiches. Unter dem Druck des Arbeitskräftemangels wurde trotz weiterhin bestehender ideologischer Bedenken der "Russeneinsatz" beschlossen.

Die ab Herbst 1941 verstärkten Einberufungen zur Wehrmacht, sowie der (durch die nun defensive Kriegsführung) steigende Bedarf an Rüstungsgütern führten zu einem sprunghaften Ansteigen der offenen Stellen in der deutschen Wirtschaft. Die Industrie konnte nicht mehr mit der teilweisen Rückkehr deutscher Soldaten an ihre Arbeitsplätze rechnen und überbot sich nun in Forderungen nach Zuweisung weiterer ausländischer Arbeitskräfte. Sie setzte ihre ganzen Hoffnungen auf die Rekrutierung in den besetzten Ostgebieten. Die Aufrechterhaltung und eine weitere Expansion der Kriegswirtschaft hing nun völlig vom Einsatz zusätzlicher ausländischer Arbeitskräfte ab.[53]

Den größten Teil der sowjetischen Kriegsgefangenen, der sofort verfügbar gewesen wäre, hatte man verhungern lassen. Im Februar 1942 begann der Masseneinsatz der noch lebenden sowjetischen Kriegsgefangenen. Wegen ihres schlechten Gesundheitszustandes konnten diese vorerst nicht wie vorgesehen in der Rüstungsindustrie verwendet werden. Sie wurden daher in die Landwirtschaft umdirigiert, um dort zu Kräften zu kommen.[54]

Um dennoch sofort weitere Arbeitskräfte für die Industrie zu bekommen, ging man nun zur "Anwerbung", das heißt, zur gewaltsamen Aushebung von sowjetischen Zivilarbeitern/innen über. Im Frühjahr 1941 wurde analog zu den Polenerlassen vom März 1940, in denen ein diskriminierendes Sonderrecht geschaffen worden war, eine entsprechende rassistische Behandlung der sowjetischen Zivilarbeiter/innen in den sogenannten "Ostarbeiter-Erlassen" beschlossen.[55]

Mit der gleichzeitigen Installierung des thüringischen Gauleiters Sauckel als "Generalbevollmächtigter für den Arbeitseinsatz" wurde der gesamte Arbeitseinsatzbereich erstmalig zentralisiert.[56] Sauckels wesentlichste Aufgabe war, in möglichst kurzer Zeit mit allen Mitteln möglichst viele Ausländer in das Deutsche Reich zu bringen und für deren maximale Ausbeutung zu sorgen.[57]

Die Deportation von Sowjetbürgern ins Deutsche Reich, unter ihnen ein großer Anteil von Frauen, ging rasch voran. Ende 1942 befanden sich bereits 1,7 Millionen Zivilarbeiter/innen und russische Kriegsgefangene im Deutschen Reich, von denen der größte Teil in der Industrie eingesetzt wurde.

Anzahl der in Deutschland jeweils am 31. Mai beschäftigten ausländischen Arbeitskräfte und deren prozentueller Anteil an der Gesamtzahl der Beschäftigten (in tausend)[58]

	1939		1940		1941		1942		1943		1944	
	Zahl	%	Zahl	%	Zahl	%	Zahl	%	Zahl	%	Zahl	%
Ausl.Arb.gesamt	301	0,8	1148	3,2	3020	8,4	4115	11,7	6260	17,1	7126	19,7
Landwirtschaft	120	1,1	681	6,4	1459	13,6	1976	17,6	2293	20,3	2478	22,1
Industrie	110	1,0	256	2,6	965	9,5	1401	14,3	2829	25,7	3163	29,3
Handwerk	29	0,5	108	2,6	310	7,7	296	8,5	430	12,7	537	16,4
Transport	16	0,7	35	1,8	97	4,5	171	7,7	289	12,6	407	17,4

Klar lassen sich die Auswirkungen der Umstellung der Kriegswirtschaft auf die sektorale Verteilung der beschäftigten Ausländer dokumentieren. Von 1942 auf das Jahr 1943 stieg die Anzahl ausländischer Arbeitskräfte von 11,7 auf 17,7 Prozent der Beschäftigten und gleichzeitig fand eine Umschichtung von der Landwirtschaft zur Industrie statt.

Mit der sich zunehmend verschlechternden militärischen Position Deutschlands verringerten sich auch die Möglichkeiten zur Rekrutierung zusätzlicher Arbeiter/innen. Die Schere zwischen dem Bedarf der Kriegswirtschaft und den verfügbaren Menschen vergrößerte sich. So war es ab Herbst 1943 kaum noch möglich, aus Frankreich weitere Arbeitskräfte nach Deutschland zu deportieren.[59] Allerdings konnte durch die politische Entwicklung in Italien zumindest für kurze Zeit durch den Zugriff auf 600.000 italienische "Militärinternierte" Ersatz beschafft werden, die, als "Verräter an der gemeinsamen Sache" gebrandmarkt, besonderer Diskriminierung ausgesetzt waren.[60] Für 1944 sahen die Pläne Sauckels die Rekrutierung von weiteren 1,5 Millionen Italienern, 1 Million Franzosen und 600.000 Arbeitern aus dem Osten vor. Im ersten Halbjahr 1944 konnten demgegenüber, trotz brutalster Zwangsmaßnahmen, nur ca. 500.000 Menschen nach Deutschland gebracht werden.[61]

Rüstungsexpansion und Zwangsarbeit in Österreich

Die Umstellung der deutschen Kriegswirtschaft ab 1942 hatte auch auf die wirtschaftliche Entwicklung der "Ostmark" unmittelbare Auswirkungen. Das starke Wachstum in der Industrieproduktion[62] ist jedoch nur zum Teil auf diese Umstrukturierung zurückzuführen, zum Teil hat es seine Ursachen in den Besonderheiten der österreichischen Entwicklung.

Da Österreich erst nach 1938 in die deutsche Aufrüstung einbezogen worden war, blieb die Rüstungsproduktion bis Mitte 1941, in der Aufbauphase der Großbetriebe, auf sehr niedrigem Niveau. Die Umstellung der Wirtschaft auf die Erfordernisse eines lang andauernden Abnützungskrieges fiel hier also mit der vollen Produktionsaufnahme der neu errichteten Rüstungsindustrie zusammen. Verstärkt wurde diese Entwicklung noch durch die zunehmende Verlegung west- und norddeutscher (Rüstungs-)Industriebetriebe in die noch als "luftsicher" geltenden "Donau und Alpengaue", um Zerstörungen durch die immer intensiveren Luftangriffe der Alliierten zu entgehen.[63]

Beginnender Vollauf der Rüstungsindustrie, Umstrukturierung und Verlegung von Betrieben führten, entsprechend der Ausweitung des Industriepotentials und im Unterschied zum Deutschen Reich, trotz verstärkter Einziehungen zur Wehrmacht zwischen 1942 und 1944 zu einem steilen Anstieg der Beschäftigtenzahlen in der gesamten und im besonderen in der Rüstungsindustrie.

Zwar sank die Zahl der inländischen Männer in der Industrie, so wie schon zwischen 1939 und 1941, kontinuierlich ab, jedoch nicht im Ausmaß der Einziehungen zur Wehrmacht. Umschichtungen von der Landwirtschaft zur Industrie dürften das Absinken der inländischen männlichen Beschäftigten gebremst haben. Allerdings sank ihr prozentueller Anteil an den Industriebeschäftigten von ca. 59 Prozent (1942) auf ca. 39 Prozent (1944). Die Zahl der inländischen Frauen in der Industrie stieg von ca. 150.000 (1942) auf 185.000 (1944), ihr Anteil blieb mit ca. 25 Prozent nahezu gleich. Insgesamt sank die Zahl der inländischen Beschäftigten deshalb nur geringfügig. Dagegen stieg der Anteil der Ausländer/innen (inkl. der Kriegsgefangenen) von ca. 10 Prozent 1942 auf fast 36 Prozent 1944, in absoluten Zahlen von fast 86.000 auf 260.000.[64] Die Zahl der Kriegsgefangenen verdoppelte sich in diesem Zeitraum, die der zivilen ausländischen Frauen und Männer vervierfachte sich, ein Indiz dafür, daß Ausländer mangels militärischer Erfolge immer weniger über die Kriegsgefangenen rekrutiert werden konnten. Dementsprechend verschob sich das Schwergewicht der Rekrutierung auf die Zivilbevölkerung.

Vergleicht man die Beschäftigtenstruktur der "Ostmark" mit der des Deutschen Reiches (ohne "Ostmark"), so wird die unterschiedliche Entwicklung augenfällig. Während im Deutschen Reich nach 1942 die Zahl der Industriebeschäftigten in etwa gleich blieb, stieg sie in Österreich stark an. Eine der Ursachen war das wesentlich stärkere Absinken der Zahl inländischer Männer im Deutschen Reich, eine andere die unterschiedliche Entwicklung der inländischen Frauenbeschäftigung. Während diese in der "Ostmark" von 1942 an deutlich anstieg, blieb sie im Deutschen Reich trotz eines kurzfristigen Anstiegs 1943 bis 1944 etwa gleich hoch. Obwohl sich der prozentuelle Anteil der Ausländer an den Industriebeschäftigten parallel entwickelte (ausgenommen 1944)[65], konnte im Deutschen Reich nur der Ausfall an inländischen Männern ausgeglichen, also der Beschäftigtenstand etwa gehalten werden, während die Ausländerbeschäftigung in der "Ostmark" für die enorme Steigerung der Industriebeschäftigten verantwortlich war.

Beschäftigte in der Industrie[66]

Deutsches Reich ohne "Ostmark"

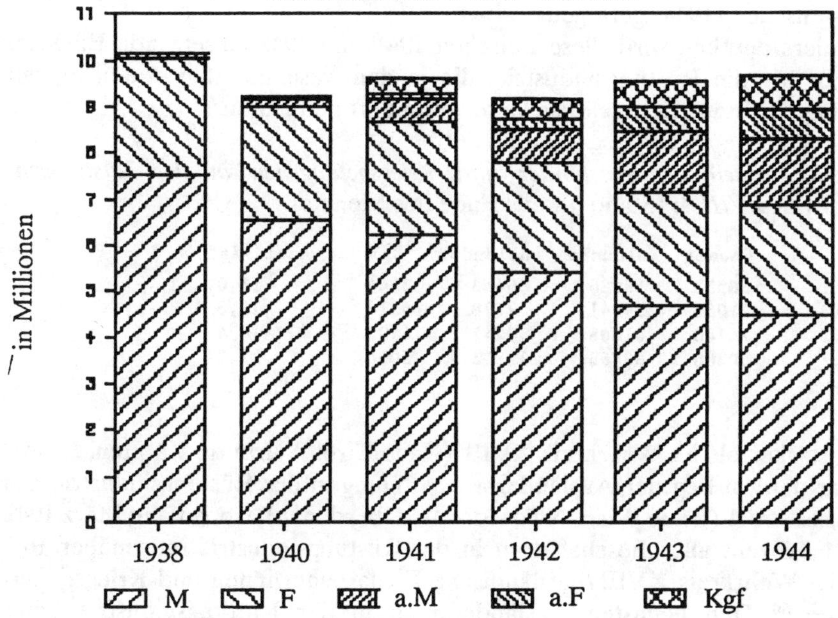

"Ostmark"

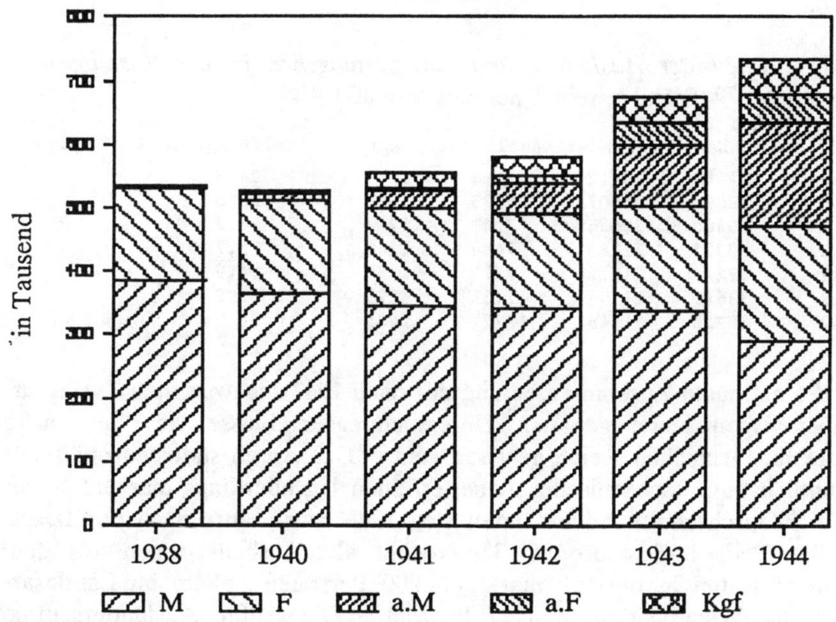

Legende: M = inländische Männer, F = inländische Frauen, a.M = ausländische Männer, a.F = ausländische Frauen, Kgf = Kriegsgefangene

Die Ausweitung des Industriepotentials bzw. der -produktion in Österreich war also fast ausschließlich durch die Zwangsarbeit von über einer Viertel Million Menschen (1944) getragen.

Besonders deutlich wird diese zwischen 1941 und 1942 einsetzende Entwicklung, wenn wir die Rüstungsindustrie, die ja den wesentlichsten Anteil an der Ausweitung des Industriepotentials hatte, gesondert betrachten.[67]

Prozentueller Anteil der Ausländer und Kriegsgefangenen in der Rüstungsindustrie des WK XVIII[68]: (Stand jeweils Ende des Monats)

	Gesamt	Inländer	Ausländer*	Kgf	Ausl.+Kgf in %
Dez. 1941	68533	58936	6453	3144	13,0
März 1942	71033	59441	7278	4314	16,3
Juni 1942	74740	61008	9242	4490	18,4
Sept. 1942	80360	62463	12803	5094	22,2

Noch stärker als im Wehrkreis XVIII (Gaue Tirol, Salzburg, Kärnten, Steiermark) war der Anstieg der Ausländerbeschäftigung in der Rüstungsindustrie des Wehrkreises XVII (Gaue Wien, Niederdonau, Oberdonau), wo Anfang März 1942 bereits 21 Prozent aller Beschäftigten in der Rüstungsindustrie (gegenüber 16,3 Prozent im Wehrkreis XVIII) ausländische Zivilarbeiter/innen und Kriegsgefangene waren.[69] Den höchsten Ausländeranteil in der Rüstungsindustrie hatte "Oberdonau", das Gebiet mit der stärksten rüstungsindustriellen Expansion in Österreich.

Prozentueller Anteil der Ausländer und Kriegsgefangenen in der Rüstungsindustrie "Oberdonau":[70] (Stand jeweils Ende des Monats)

	Gesamt	Inländer	Ausländer	Kgf	Ausl.+ Kgf in %
Juni 1942	27184	20412	5693	1079	24,9
Juli 1942	28090	20607	6393	1090	26,6
Aug. 1942	29465	20656	7541	1268	29,9
Sept. 1942	30323	21285	7454	1248	28,7
Okt. 1942	32275	21012	9975	1288	34,9
Nov. 1942	33619	21198	11134	1278	36,9
Dez. 1942	35258	21546	12227	1485	38,9

Über die nationale Zusammensetzung der nach 1942 zugewiesenen Zwangsarbeiter/innen liegen keine genauen Untersuchungsergebnisse vor. Sie dürfte ähnlich der im Deutschen Reich gewesen sein.[71] Der Anteil südosteuropäischer und vermutlich auch tschechischer Arbeiter/innen lag allerdings markant höher als im Reichsdurchschnitt. So befanden sich 1943, zwei Jahre nach der Besetzung großer Teile Südosteuropas, 32 Prozent aller Arbeiter/innen aus dem Donau-Balkan-Raum in der "Ostmark" (74.000 Personen), allein im Landesarbeitsamtsbezirk Wien/Niederdonau 17 Prozent.[72] Die größte Ausländergruppe dürften die Sowjetbürger gebildet haben, gefolgt von den Polen, Tschechen, Franzosen, Italienern und allen anderen Nationalitäten.[73]

Eine besondere Bedeutung erlangte der Zwangsarbeitseinsatz von Ausländern sowohl beim Aufbau als auch in der Produktion der Großbetriebe der Rüstungsindustrie. Diesen Betrieben war es im Unterschied zu deutschen Rüstungsfirmen, die bereits vor Kriegsbeginn in Produktion gingen, nicht möglich, eine "deutsche" Stammbelegschaft aus Facharbeitern zu bilden. Sie waren deshalb in hohem Maße von einer ausreichenden Zuweisung von Zwangsarbeitern abhängig, wie die Rüstungsinspektion XVII beklagte:

> "Die Arbeitseinsatzlage ist vor allem durch den starken Mangel an Facharbeitern gekennzeichnet. Die bedeutende Erweiterung der Rüstungsfertigung im Wehrkreis XVII hat einen starken Bedarf gerade an qualifizierten Kräften zur Folge, zu dessen Deckung wenig oder gar keine Reserven zur Verfügung stehen. (...) Auch die Zuweisung von Hilfskräften (Ostarbeiter, Kriegsgefangene) war eine ungenügende (...). Es macht sich hierbei die starke Abgabe von Fachkräften aus dem Wehrkreis XVII an die Industrie im Westen des Reiches im ersten Kriegsjahr, durch die etwa 18000 qualifizierte Kräfte abdirigiert wurden, stark fühlbar. In einzelnen Fertigungen hat der Anteil an ausländischen Arbeitskräften schon 70 Prozent erreicht."[74]

Die völlige Abhängigkeit vom Zwangsarbeitereinsatz in diesen Betrieben soll an einigen ausgewählten Beispielen verdeutlicht werden:

Bei den Eisenwerken Oberdonau, einem im Rahmen des Vierjahresplanes vom Hermann-Göring-Konzern in Linz neu gegründeten Betrieb, betrug der Prozentsatz der am Fabriksaufbau beschäftigten Ausländer bereits Anfang 1941 35 Prozent, beim Bau der Werkswohnungen 80 Prozent.[75] In der Produktion waren im Mai 1942 2.666 Arbeiter beschäftigt, unter ihnen 689 zivile ausländische Arbeitskräfte und 169 Kriegsgefangene (31 Prozent). Der Anteil der Ausländer in der Fertigung lag damit weit über dem vergleichbarer Betriebe im Deutschen Reich. Im Mai 1941 beschwerte sich die Werksführung, daß in "Panzerwerken des Altreiches" nur 2 Prozent Ausländer beschäftigt wären. Da man mit einem Ansteigen der Beschäftigten bis Ende Oktober 1942 auf 5.500 rechnete, - das Stahlwerk, Blechwalzwerk, die Gesenkschmiede und die Stahlgießerei waren gerade im Anlaufen - bemühte sich die Direktion, einen "gewissen Stamm an deutschen Facharbeitern" zu bekommen, um die "ausländischen Arbeiter zu überwachen, anzulernen und einzuarbeiten".[76] Sie befürchtete, daß der Anteil der ausländischen Arbeiter/innen bis Ende 1942 in der Produktion auf über 70 Prozent steigen könnte.[77] Tatsächlich stieg der Ausländeranteil bis Ende Februar 1943 auf über 60 Prozent.[78]

Ein ähnliches Beispiel bietet der 1941 begonnene Aufbau der "Flugmotorenwerke Ostmark" mit seinem Hauptwerk in Wiener Neudorf. Von Anfang an waren in diesem als größtes Flugmotorenwerk des "Dritten Reiches" konzipierten Unternehmen zwischen 70 und 80 Prozent vorwiegend kriegsgefangene Franzosen, Serben und Sowjetbürger tätig[79], ein Anteil, der den örtlichen Parteistellen - Gauleiter Schirach warnte vor den Gefahren einer "überhandnehmenden Überfremdung"[80] - aus ideologischen Gründen bedenklich schien. Dieser Prozentsatz wurde auch in der 1943 anlaufenden Produktion erreicht. Indirekt Bezug nehmend auf die "Flugmotorenwerke Ostmark" beklagte die zuständige Rüstungsinspektion, daß sich der produktionshemmende Facharbeitermangel in der Rüstungsindustrie auch durch die Zuweisungen von Ausländern nicht beheben ließe, da sich unter diesen nur 10 Prozent Fachkräfte befänden. Um für die Rüstung genügend Arbeitskräfte zu bekommen, müßten sie bereits von "weniger dringlichen Rüstungsfertigungen" abgezogen werden. Im Sommer 1943 konnte durch die Zuweisung von italienischen "Militärinternierten" bei den Hilfsarbeitern zwar eine "Erleichterung" erreicht werden, "trotzdem muß das Gesamtbild hinsichtlich des Arbeitseinsatzes als ernst betrachtet werden, nachdem der Anteil an deutschen Facharbeitern bei führenden Rüstungsbetrieben, wie z. B. in der Flugmotorenfertigung, auf etwa 6 Prozent des Gesamtstandes gesunken ist."[81]

Auch im Rax-Werk in Wiener Neustadt, einem nach 1938 aufgebauten Tochterunternehmen des deutschen Henschel-Konzerns zur Erzeugung von Lokomotivtendern und (für kurze Zeit) Raketen waren in der Fertigung in überwiegender Zahl Ausländer beschäftigt[82].

> "Der Arbeitseinsatz war besonders schwierig, weil das Verhältnis der Ausländer zu den Deutschen besonders ungünstig ist. Rein zahlenmäßig sind in den Produktions- und Hilfswerkstätten 34 % Deutsche und 66 % Ausländer beschäftigt. Dabei muß berücksichtigt werden, daß die Schreibkräfte, Kontrolleure, usw. Deutsche sind, während in den Werkstätten selbst einschl. der Meister nur 10 % Deutsche und 90 % Ausländer beschäftigt sind. Da die Erkenntnis ihrer Führungsaufgabe noch nicht bei allen deutschen Gefolgschaftsmitgliedern Gemeingut ist, ist die Führung der ausländischen Arbeitskräfte erschwert."[83]

Daß es sich hier um keine Einzelfälle handelte, belegen Meldungen über den Ausländeranteil in verschiedenen Großbetrieben des Linzer Raumes aus dem Jahr 1943[84]:

Linzer Stickstoffwerke	69,7 Prozent
Aluminiumwerke Ranshofen	64,7
Schiffswerft Linz	53,1
Zellwolle Lenzing	50
Steyr-Daimler-Puch	41,5
Nibelungenwerke	44,8

Der hohe Ausländeranteil machte die Großbetriebe in besonderem Maße vom Erfolg der faschistischen Zwangsarbeitspolitik abhängig. Den drei oben beispielhaft angeführten Betrieben gelang es, negative Auswirkungen der immer erfolgloseren Rekrutierungspolitik auf den Beschäftigtenstand durch die Einrichtung von eigenen Konzentrationslagern zu kompensieren und damit die Produktion aufrecht zu erhalten.[85]

Zwangsarbeit von KZ-Häftlingen

Den Konzentrationslagern, nationalsozialistisches Herrrschafts- und Vernichtungsinstrument, kam im System der Zwangsarbeit eine besondere Rolle zu. Bis 1942 war Arbeit in den Konzentrationslagern vorwiegend Mittel der Strafe, "Erziehung" oder "Rache", nicht Ziel der Haft, auch wenn KZ-Häftlinge in verschiedenen, vor allem SS-eigenen Betrieben, produktiv tätig sein mußten.

Jedoch standen die politischen Aufgaben und nicht Profitmaximierung im Vordergrund.[86]

Erst mit den durch militärische Rückschläge bedingten Schwierigkeiten bei der Rekrutierung ausländischer Arbeitskräfte nahm die ökonomische Bedeutung der Konzentrationslager zu. Die Häftlinge waren eine der letzten verfügbaren Arbeitskraftreserven. Verstärkt wurden Häftlinge auch in kriegswirtschaftlich relevanten Bereichen zur Arbeit gezwungen. Hand in Hand damit erfolgte die verstärkte Einweisung verschiedenster Personengruppen in die Konzentrationslager, was zu einem starken Anstieg der Häftlingszahlen führte. Wiesen die KZ im ersten Halbjahr 1942 eine durchschnittliche Belegstärke von ca. 95.000 Häftlingen auf[87], so stieg diese bis August 1943 auf 224.000 Personen. Ein Jahr später befanden sich bereits über 524.000 Personen in den KZs. Anfang 1945 wurden über 700.000 Menschen in Konzentrationslagern festgehalten.[88]

Die ausländischen Zivilarbeiter/innen und Kriegsgefangenen stellten für die SS, die durch eine vermehrte Zurverfügungstellung von Häftlingen ihren Einfluß in der Kriegswirtschaft zu vergrößern hoffte, das größte Reservoir an potentiellen KZ-Häftlingen dar. Die Einweisung in die KZ diente gleichzeitig als schärfstes Mittel zur Disziplinierung der "Fremdarbeiter" und Kriegsgefangenen. Tatsächlich stellten ausländische Zwangsarbeiter/innen einen großen Teil nicht nur aller neu eingewiesenen, sondern überhaupt aller Häftlinge.[89]

Ohne daß die SS die herrschaftssichernden und ideologischen Zielsetzungen der KZ-Haft aufgab, wurde der Arbeitseinsatz von KZ-Häftlingen in der Rüstungsindustrie ein bestimmendes Moment für die SS. Als Folge dieser Funktionserweiterung und auf Initiative von Rüstungsfirmen kam es ab 1942/43 zur Einrichtung zahlreicher Außenlager bei Industriebetrieben. KZ-Häftlinge konnten nur jene Firmen bekommen, die besonders kriegswichtige Produkte erzeugten (Flugzeuge, Raketen, Panzer, Chemie) oder der Zulieferung und Versorgung dieser Produktionen dienten (Kugellager für Panzer und Flugzeuge, Kraftwerke zur Stromversorgung dieser Industrien).

Ab Herbst 1943 domininierte die Entstehung von Außenlagern bei Bauvorhaben zur Errichtung von Stollenanlagen, in denen Teile der Industrie vor Luftangriffen geschützt untergebracht werden sollten.

Auch in Österreich erlangte in der zweiten Kriegshälfte die Zwangsarbeit von KZ-Häftlingen eine besondere Bedeutung. In über 40 Lagern waren Häftlinge vorwiegend für Rüstungs- und Baufirmen tätig. Der im Sommer 1939 und 1940 bei den Mauthausener Granitsteinbrüchen[90] eingerichtete Konzentrationslagerkomplex Mauthausen/Gusen diente als Lager der "Lagerstufe III" vorwiegend der Vernichtung der politisch-ideologischen Gegner.[91] Produktive Arbeit hatte demgegenüber untergeordnete Bedeutung. Die Sterblichkeit unter den Häftlingen war mit 76 Prozent (1940) eine der höchsten der Konzentrationslager innerhalb des Deutschen Reiches. Mit der Übernahme ökonomischer Funktionen durch die Konzentrationslager kam es zur Errichtung zahlreicher Außenkommandos und zu einem markanten Ansteigen der Häftlingszahlen. Befanden sich Anfang 1943 ca. 14.000 Personen in Mauthausen und seinen Außenlagern in Haft, so verdoppelte sich diese Zahl bis Anfang 1944. Bis Oktober 1944 stieg die Zahl der Häftlinge auf ca. 73.000. Mit den Evakuierungen der in Polen gelegenen Konzentrationslager vor der heranrückenden Roten Armee erreichte die Belegstärke im März 1945 mit über 84.000 Personen den Höhepunkt.[92]

Hatte das Interesse an einem effizienten Arbeitseinsatz 1943 ein Absinken der Todesrate zur Folge, so stieg diese mit der Einrichtung von Außenlagern bei den unterirdischen Bauvorhaben auf Grund der schweren körperlichen Arbeit und der leichteren Ersetzbarkeit von Häftlingen auf Arbeitsplätzen mit geringer Qualifikation wieder deutlich an.[93] Mit der Überfüllung der Lager in den letzten Monaten vor der Befreiung und der sich abzeichnenden Niederlage verlor die SS das Interesse an der Erhaltung der Arbeitskraft der Häftlinge, was einen steilen Anstieg der Todesrate zur Folge hatte.

Regionale Schwerpunkte für die Errichtung von Außenlagern in Österreich waren der oberösterreichische Zentralraum (Linz, Steyr, Wels) mit seinen neuen Rüstungsindustrien (Steyr-Daimler-Puch, Hermann-Göring-Werke) und das Industriegebiet um Wien (Heinkel Schwechat, Flugmotorenwerke Ostmark in Wiener Neudorf, Rax-Werk in Wiener Neustadt).[94]

Durch die ab Herbst 1943 beginnenden Bauvorhaben zur Verlagerung der Rüstungsindustrie in unterirdische Anlagen wurden abseits dieser Rüstungszentren nach geologischen und verkehrstechnischen Gesichtspunkten Standorte für Außenlager gewählt. Die größten Stollenbauten wurden in der Nähe von Melk (für Steyr-Daimler-Puch), bei Ebensee (für die Erzeugung und Entwicklung von Raketen) und in Gusen (für Messerschmitt) realisiert. Die Lager Ebensee und Melk entwickelten sich neben dem Komplex Mauthausen/Gusen zu den größten Konzentrationslagern in Österreich.

Die Bedeutung der KZ-Zwangsarbeit in der Spätphase der NS-Herrschaft macht der Vergleich der Häftlingszahlen in Mauthausen und den Außenlagern (einschließlich Gusen) deutlich. Ende 1944 befanden sich in Mauthausen ca. 10.000, in allen Außenlagern über 60.000 Häftlinge, was ca. einem Viertel der zur selben Zeit in der Industrie beschäftigten ausländischen Zivilarbeiter/innen und Kriegsgefangenen entsprach.

Schlußbemerkung

Ein großer Teil der unter nationalsozialistischer Herrschaft errichteten Betriebe wurde nach dem Krieg als "Deutsches Eigentum" beschlagnahmt und verstaatlicht. Die "Verstaatlichte" bildete zumindest bis Ende der 70er Jahre mit ihrer großindustriellen Struktur unbestritten das Rückgrat der österreichischen Nachkriegswirtschaft. Das Schicksal jener Ausländer/innen, die diese Betriebe unter Zwang aufbauen mußten, blieb bis heute im Dunkeln. Der "Wiederaufbau" Österreichs nach 1945, ausgehend vom Mythos einer "Stunde Null", einer angeblichen totalen Zerstörung durch Krieg und darauffolgender Demontage durch die (sowjetischen) Besatzungstruppen, vor dem sich das "Wirtschaftswunder" (und mit ihm die Kriegsgeneration) erst als solches feiern lassen konnte, wäre durch das Bewußtsein der Tatsache, daß der massive

Industrialisierungsschub im Nationalsozialismus nur durch die Ausbeutung der Arbeitskräfte besetzter Länder realisierbar war, in ein schiefes Licht geraten. Die ausländischen Zivilarbeiter/innen, Kriegsgefangenen und KZ-Häftlinge mußten die "Modernisierung" Österreichs zu Zehntausenden mit ihrem Leben bezahlen. Die das Glück hatten zu überleben, erhielten für ihre Arbeit weder von Firmen noch von der Republik Österreich eine Entschädigung.

Anmerkungen

1 Ulrich Herbert, Fremdarbeiter. Politik und Praxis des "Ausländer-Einsatzes" in der Kriegswirtschaft des Dritten Reiches, Berlin / Bonn 1985, S. 11 f.

2 Schreiben Reichspropagandaamt Niederdonau an RM für Volksaufklärung und Propaganda, 19.6.1944, Bundesarchiv Koblenz (BAK) R 55/617 fol. 20 ff.

3 Vgl. Michael Geyer, Deutsche Rüstungspolitik 1860 - 1980, Frankfurt/M. 1984, S. 158 ff.

4 Die von uns wiedergegebenen Zahlen aus NS-Quellen beziehen sich auf die damaligen Gaugrenzen und die Wehrkreise XVII und XVIII, die nicht nur das Gebiet Österreichs, sondern auch die der "Ostmark" angegliederten Gebiete umfaßten.

5 Wesentliche Beiträge zum Thema Ausländerbeschäftigung in Österreich 1938-1945 stammen von Norbert Schausberger, Stefan Karner, Roswitha Helga Gatterbauer, Harry Slapnicka, und von der Johann-August-Malin-Gesellschaft. Zu erwähnen sind in diesem Zusammhang auch die Beiträge in der vom Dokumentationsarchiv des Österreichischen Widerstandes herausgegebenen Reihe "Widerstand und Verfolgung 1934 - 1945".

6 Ulrich Herbert, Geschichte der Ausländerbeschäftigung in Deutschland 1880 bis 1960. Saisonarbeiter, Zwangsarbeiter, Gastarbeiter, Berlin/Bonn 1986, S. 82.

7 Michael Geyer, Deutsche Rüstungspolitik 1860 - 1980, Frankfurt am Main 1984, S. 16.

8 Ebend.

9 Ebend.

10 Der Strukturwandel läßt sich auch an der Veränderung in der Beschäftigtenverteilung zwischen 1934 und 1951 ablesen:

Sektor	1934	1951
Land- und Forstwirtschaft (primärer Sektor)	36 %	32 %
Industrie und Handwerk (sekundärer Sektor)	32 %	40 %
Handel, Verkehr, freie Berufe, Dienstleistungen, Verwaltung etc. (tertiärer Sektor)	32 %	28 %

Statistik zit. nach Edmond Langer, Die Verstaatlichung in Österreich, Wien 1966, S. 13.

11 Norbert Schausberger, Rüstung in Österreich 1938-1945. Wien 1970, S. 184 f; Felix Butschek kommt zu ähnlichen Schlüssen wie Schausberger: "Die außerordentliche Konzentration der Ressourcen auf die Industrie hatte auch dann günstige Voraussetzungen für deren Expansion geschaffen, wenn ihr Anteil am Brutto-Nationalprodukt in der unmittelbaren Nachkriegszeit sehr niedrig war." Felix Butschek, Die österreichische Wirtschaft 1938 bis 1945. Wien/Stuttgart 1978, S. 112 f; vgl. Roland Bardy, Die österreichische Wirtschaft während des Zweiten Weltkrieges (Ein Überblick), in: ÖGL, 10. Jg. (1966) Folge 5, S. 220 f.

12 Industrialisierung bedeutete nicht nur die Errichtung von Großbetrieben, sondern auch die Modernisierung der Infrastruktur in Energie und Verkehr, sowie den Ausbau von zahlreichen Zulieferbetrieben. Gerade der Ausbau der Mittelbetriebe als Unterlieferanten - in Österreich von großer Bedeutung - wird in der Betrachtung des Industrialisierungseffektes zu wenig beachtet. So kommt Geyer für die BRD und DDR zum Ergebnis: "Hier erreichte die (Re-)Industrialisierung der Provinz ihren ersten Höhepunkt, die für den wirtschaftlichen Aufschwung (...) von entscheidender Bedeutung werden sollte. Sie wurde wieder durch die Zuführung ausländischer Arbeitskräfte ermöglicht und durch beschlagnahmtes Kapital und Zwangskontributionen finanziert." Geyer, Rüstungspolitik, S. 166.

13 Siehe dazu Alan S. Milward, Die deutsche Kriegswirtschaft 1939-45. Stuttgart 1966, S. 74f., S. 96 ff.

14 Die Industrieproduktivität konnte in den USA um durchschnittlich 25 Prozent erhöht werden, während in Deutschland nur 10 bis 12 Prozent erreicht wurden. Alan S. Milward, Arbeitspolitik und Produktivität in der deutschen Kriegswirtschaft unter vergleichendem

Aspekt. In: Kriegswirtschaft und Rüstung 1939 - 1945. Hrsg. Friedrich Forstmeier und Hans-Erich Volkmann. Düsseldorf 1977, S. 75.

15 Alan S. Milward, Der Zweite Weltkrieg. Krieg, Wirtschaft und Gesellschaft 1939-1945. München 1977, S. 239.

16 Vgl. Milward, Der Zweite Weltkrieg, S. 223 ff.

17 Vgl. USSBS, The Effects of Strategic Bombing on the German War Economy, Washington 1945, S. 35; Ingrid Schupetta, Frauen- und Ausländererwerbstätigkeit in Deutschland von 1939 bis 1945, Köln 1983.

18 Herbert, Fremdarbeiter, S. 64.

19 Vgl. ebenda, S. 41 f.

20 Ebenda, S. 65.

21 "Die Fiktion des baldigen Kriegsendes hatte zur Folge, daß über eine massenhafte Beschäftigung von Ausländern in der Industrie nicht weiter nachgedacht werden mußte" (Herbert, Fremdarbeiter, S. 95).

22 Ebenda, S. 86.

23 Ebenda, S. 80 ff.

24 Ebenda, S. 95.

25 Vgl. Eberhard Jäckel, Frankreich in Hitlers Europa. Die deutsche Frankreichpolitik im Zweiten Weltkrieg, Stuttgart 1966, S. 223.

26 USSBS, The Effects of Strategic Bombing on the German War Economy, Washington 1945, S. 206.

27 Der Arbeitseinsatz in der Ostmark, Jg 1939, Nr.1, S. 5 f.

28 Vgl. Schausberger, Mobilisierung, S 1; Siehe dazu: Der Arbeitseinsatz in der Ostmark, Jg. 1939 Nr.3: "Außer den fortdauernden Maßnahmen des Landwirtschaftlichen Arbeitseinsatzes zur Beschaffung von Dauerkräften haben die Arbeitsämter auch die Beschaffung der nur saisonweise benötigten Wanderarbeiter durchzuführen (...) Die Arbeitskräfte werden auf Grund von Abkommen mit den ausländischen Staaten (Italien, Ungarn, Jugoslawien, Slowakei) im Ausland auf Arbeitsverträge angeworben (...). Im Zusammenhang mit der Beschaffung von Wanderarbeitern vollzieht sich auch die Hereinnahme von ausländischen Gesindekräften (aus Jugoslawien, Slowakei, Bulgarien), die jedoch dauernd mindestens für ein Jahr in der Landwirtschaft verwendet werden sollen."

29 Ebenda.

30 Schreiben Reichswirtschaftskammer an die Mitglieder, 19.4.1938, BAK R 11/1203 fol.117ff.

31 Der Bedarf der Industrie dürfte noch großteils durch Umschichtungen der Beschäftigen innerhalb der Industrie und durch Abwanderung aus der Landwirtschaft gedeckt worden sein.

32 Butschek, Wirtschaft, S. 79; vgl. auch Ludolf Herbst, Der Totale Krieg und die Ordnung der Wirtschaft. Die Kriegswirtschaft im Spannungsfeld von Politik, Ideologie und Propaganda 1939-1945, Stuttgart 1982, S. 120.

33 Rolf Wagenführ, Die deutsche Industrie im Kriege 1939 - 1945, Berlin 1955, S. 139 ff.

34 National Archives, Washington DC., Mikrofilm (NA MF) T 77/747/1980386; vgl. Besprechung über wirtschafts- und sozialpolitische Fragen in den Wirtschaftsgebieten Wien, Niederdonau und Oberdonau vom 17.12.1940, BAK R 11/73 fol. 88 ff.

35 So waren etwa in der Steiermark schon im Dezember 1939 Kriegsgefangene und kurz darauf auch polnische Zivilarbeiter eingesetzt. Siehe dazu: Stefan Karner, Die Steiermark im Dritten Reich 1938 - 1945. Aspekte ihrer politischen, wirtschaftlichen, sozialen und kulturellen Entwicklung, Graz 1986, S 335 f.

36 Statistisches Jahrbuch für das Deutsche Reich, Jg. 59, 1941/42, S. 424.

37 Vgl. Pfahlmann, Fremdarbeiter, S. 86.

38 Schausberger, Rüstung, S. 68.

39 Schausberger, Mobilisierung, S. 3.

40 BAK R 41/166, fol. 23; vgl. auch die entsprechende Übersicht für das Jahr 1940: "Der Arbeitseinsatz der Kriegsgefangenen nach Arbeitsvorhaben 1940", in: Statistisches Jahrbuch für das Deutsche Reich Jg. 59, 1941/42.

41 Das waren großangelegte Bauvorhaben für die neue Luftwaffenfertigung (Flugmotorenwerke Ostmark) und die Aluminiumwerke (Ranshofen), der Ausbau der Erdölgewinnung und -verarbeitung und Wasserkraftwerke. Vgl. Schausberger, Rüstung, S. 75.

42 Schausberger, Mobilisierung, S. 2; Harry Slapnicka, Oberösterreich, als es "Oberdonau" hieß. 1938 - 1945, Linz 1978, S. 162.

43 Schausberger, Rüstung, S. 78 f.

44 Hans Pfahlmann, Fremdarbeiter und Kriegsgefangene in der deutschen Kriegswirtschaft 1939-1945, Darmstadt 1968, S. 126 f., vgl. S. 119; Für die vier Landesarbeitsamtsbezirke der "Ostmark" wird ein durchschnittlicher Ausländeranteil von 8,15 Prozent angegeben. Die vom RAM durchgeführte Erhebung über den Einsatz von Ausländern ist nur begrenzt aussagekräftig, da "Protektoratsangehörige" bei dieser Erhebung nicht einbezogen wurden. Gerade Personen tschechischer Nationalität waren aber in den angrenzenden Gebieten Nieder- und Oberösterreichs in großer Zahl beschäftigt. Es ist daher anzunehmen, daß der Ausländeranteil zu diesem Zeitpunkt bereits wesentlich höher lag.

45 Schausberger, Mobilisierung, S. 11 f.; USSBS, The Effects, S. 212.

46 Dr. Hans Zeck, Erfahrungen mit dem Einsatz südosteuropäischer Arbeiter, Wien 1943, S. 2, BAK R 63/269.

47 Pfahlmann, Fremdarbeiter, S. 91.

48 Holm Sundhaussen, Wirtschaftsgeschichte Kroatiens im nationalsozialistischen Großraum 1941 - 1945. Das Scheitern einer Ausbeutungsstrategie, Stuttgart 1983, S. 181 ff.

49 Zur Behandlung der sowjetischen Kriegsgefangenen siehe: Christian Streit, Keine Kameraden. Die Wehrmacht und die sowjetischen Kriegsgefangenen 1941-1945. Stuttgart 1978.

50 Nürnberger Dokument (IMT) EC 126, zitiert nach Herbert, Fremdarbeiter, S. 133.

51 Streit, Keine Kameraden, S. 79.

52 Alle Zahlen nach Streit, Keine Kameraden, S. 128 ff.

53 Zum Übergang von der "Blitzkriegstrategie" zum Abnützungskrieg siehe: Milward, Kriegswirtschaft, S. 53 ff.; Ludolf Herbst, Der Totale Krieg und die Ordnung der Wirtschaft. Die Kriegswirtschaft im Spannungsfeld von Politik und Propaganda 1939-1945. Stuttgart 1982, S. 171 ff.

54 Streit, Keine Kameraden, S. 238 ff.

55 Herbert, Fremdarbeiter, S. 137 ff.

56 Zu Sauckel vgl. Eichholtz Dietrich, Die Vorgeschichte des "Generalbevollmächtigten für den Arbeitseinsatz". In: JfG, 1973, Bd. 9, S. 366; ders., Geschichte der deutschen Kriegswirtschaft 1939 - 1945. Bd. 2, 1941 - 1943. Berlin 1985, S. 202 ff.

57 Herbert, Fremdarbeiter, S. 153.

58 USSBS, The Effects, S. 206; vgl. Milward, Der Zweite Weltkrieg, S. 225 f. Die Zahlen sind wegen der konfusen Verwaltungsvorgänge bei der Registrierung und Zuteilung der Zwangsarbeiter nicht exakt (Milward, Der Zweite Weltkrieg, S. 225).

59 Milward, Der Zweite Weltkrieg, S. 230.

60 Herrenmenschen und Badoglioschweine. Italienische Militärinternierte in deutscher Kriegsgefangenschaft 1943 bis 1945. Erinnerungen von Attilio Buldini und Gigina Querzé in Buldini aufgezeichnet von C.U. Schminck-Gustavus. In: Herrenmenschen und Arbeitsvölker. Ausländische Arbeiter und Deutsche 1939 bis 1945, Berlin 1986, S 55 ff.

61 Milward, Der Zweite Weltkrieg, S. 230.

62 "Geschätzt mittels Produktivitäten für das gesamte Reichsgebiet ist die österreichische Industrieproduktion 1942 um 18 Prozent, 1943 um 34 Prozent und auch 1944 noch um 4 Prozent gewachsen." Butschek, Wirtschaft, S. 92.

63 Norbert Schausberger, Die Auswirkungen der Rüstungs- und Kriegswirtschaft 1939 - 1945 auf die soziale und ökonomische Struktur Österreichs. In: Kriegswirtschaft und Rüstung 1939 - 1945. Hrsg. F. Forstmeier / H.E. Volkmann, Düsseldorf 1977, S. 241.

64 Butscheks Angaben über die Zunahme inländischer weiblicher Industriebeschäftigter sind irreführend. Die von ihm angegebenen Zuwachsraten (1943 25,8 Prozent, 1944 12,1 Prozent) sind im Gegensatz zu seinen Angaben nicht allein auf vermehrte Heranziehung inländischer Frauen, sondern auch auf den zunehmenden Zwangsarbeitseinsatz von Ausländerinnen zurückzuführen. Vgl. Butschek, Wirtschaft, S. 91.

65 1944: Deutsches Reich (ohne "Ostmark") ca. 29 Prozent, "Ostmark" ca. 35 Prozent.

66 Wagenführ, Die deutsche Industrie im Kriege 1939 - 1945, Berlin 1963, S. 139 ff:
Beschäftigte in der Industrie der "Ostmark"

	31.5.39	31.5.40	31.5.41	31.5.42	31.5.43	31.5.44
inl. Männer	383474	366006	346213	343010	338110	289126
inl. Frauen	147263	146170	151779	150546	167376	185340
ausl. Männer	4208	11902	29988	46200	93400	162302
ausl. Frauen	1014	1470	4558	11944	36860	43549
Kriegsgefangene	1513	20904	27724	37983	54705	
Beschäft.ges.	535959	527061	553442	579424	673729	735022

67 Butschek, Wirtschaft S.91; Schausberger, Auswirkungen, S. 242. Während bei Kriegsbeginn nur ein Fünftel der Industriebeschäftigten in der Rüstung tätig war, stieg ihr Anteil bis 1944 auf ca. 60 Prozent.
Als Rüstungsindustrie galten jene Betriebe, die unmittelbar von den Rüstungsdienststellen der Wehrmacht (Rüstungsinspektionen und -kommandos) betreut wurden. Aus dieser Definition ergeben sich methodische Probleme, da im Laufe des Krieges immer wieder neue Industriesparten zu Rüstungsbetrieben erklärt wurden, wie z.B. 1942 die Lokomotivindustrie mit ihrer großen Anzahl an Beschäftigten.

68 NA MF T 77/740/970059, 970420 f., bzw. 970518; vgl. Schausberger, Mobilisierung, S. 7.

69 "Der Gesamtstand der in der Rü-Industrie Beschäftigten beträgt 163.016, hievon (...) 18054 Ausländer 16158 Kriegsgefangene." NA MF T 77/747/980519, KTB Rü In XVII, 9.3.1942.

70 KTB Rü Ko Linz, 4. Quartal 1942, NA MF T77/744/976317; T77/744/976269.

71 Die nationale Zusammensetzung der Kriegsgefangenen ist zum Teil bekannt. Vgl. Gatterbauer, Arbeitseinsatz, S. 283 ff.

72 Zeck, Erfahrungen, S. 40, BAK R 63/269.

73 Vgl. Slapnicka, Oberösterreich, S. 172. Es ist zu vermuten, daß es in den einzelnen "Donau- und Alpengauen" erhebliche Unterschiede in der nationalen Zusammensetzung gab.

74 Überblick über die wirtschaftliche Entwicklung (2. Quartal 1943), KTB Rü In XVII, NA MF T 77/747/980571.

75 Schreiben Eisenwerke Oberdonau an das Reichsarbeitsministerium, 7.5.1942, BAK R 41/273 fol 1 f.

76 Ebenda.

77 Schreiben des Beauftragten für den Vierjahresplan an RMfBuM vom Juni 1942, BAK R 41/273.

78 KTB Rüstungskommando Linz, 1. Quartal 1943, NA MF T 77/744/976360.

79 Flugmotorenwerke Ostmark, Monatsberichte Jän. bis Juni 1942, NA MF T 177/39/3729986 ff.

80 KTB Rü In XVII 13.7.1942, NA MF T 77/747/198053.

81 KTB Rü In XVII, 3. Quartal 1943, Überblick über die Rüstungswirtschaftliche Entwicklung, NA MF T 77/747/980596 f.

82 Vgl. Florian Freund/Bertrand Perz, Das KZ in der Serbenhalle. Zur Kriegsindustrie in Wiener Neustadt, Wien 1988.

83 Bericht der technischen Geschäftsführung. Entwicklung der Tenderfertigung in der Zeit vom Juli bis November 1943, Institut für Zeitgeschichte Wien, DO 183, NL 10 (Dr. Theodor Veiter), Mappe 6.

84 KTB Rüstungskommando Linz, 1. Quartal 1943, NA MF T 77/744/976360.

85 Zum Konzentrationslager Linz siehe: Helmut Fiereder, Nebenlager des Konzentrationslagers Mauthausen in der Hütte Linz der Reichswerke "Hermann Göring", Jahrbuch der Stadt Linz, Linz 1986.

86 Falk Pingel, Häftlinge unter SS-Herrschaft. Widerstand, Selbstbehauptung und Vernichtung im Konzentrationslager. Hamburg 1978. Vergleiche dazu auch den Beitrag von Wolfgang Neugebauer über das NS-Terrorsystem in diesem Band.

87 Martin Broszat, Nationalsozialistische Konzentrationslager 1933 - 1945. In: Anatomie des SS-Staates, Bd. 2, München 1979, S. 125.

88 Ebenda, S. 132.

89 Falk Pingel, Häftlinge, S. 129.

90 Gerhard Botz, Das Geschäft mit dem Tod. Die Errichtung des Konzentrationslagers Mauthausen, in: Zukunft 9/10 (1970), S. 22 ff.

91 Vgl. Hans Marsalek, Die Geschichte des Konzentrationslagers Mauthausen. Dokumentation. Wien 1980.

92 Marsalek, Mauthausen, S. 134.

93 Pingel, Häftlinge, S. 182 f.

94 Eine komplette Aufstellung der Außenlager findet sich bei Marsalek, Mauthausen, S. 81ff.

Emmerich Tálos

SOZIALPOLITIK 1938 BIS 1945

Versprechungen - Erwartungen - Realisationen

"Der Lebensstandard soll sich heben. Der kleine Mann auf der Straße und die Hausfrau sollen sich darauf verlassen können, daß sie nicht durch Erhöhungen der Preise für das Lebensnotwendigste um ihren gerechten Lohn oder Gehalt oder ihre Unterstützung betrogen werden. Nach der Befreiung Österreichs werden es der Führer und der Beauftragte für den Vier-Jahres-Plan, Generalfeldmarschall Göring, nicht zulassen, daß der breiten Masse in Österreich der Brotkorb höher gehängt wird; im Gegenteil: die Lebensverhältnisse aller Österreich sollen besser werden. Dieses Versprechen hat der Führer im Altreich wahr gemacht und so solle es nunmehr im ganzen Großdeutschland werden."

(Völkischer Beobachter, Wiener Ausgabe, 31.3.1938)

Einleitung: Sozialpolitische Ausgangslage 1938

Mit den ab März 1938 ergriffenen Maßnahmen zur Angleichung Österreichs an den deutschen Nationalsozialismus auf sozialpolitischem Gebiet haben die inhaltlichen Konturen staatlicher Sozialpolitik in Österreich neuerlich merkbare und einschneidende Veränderungen erfahren. Diese gingen zum Teil in Richtung des auch durch den Austrofaschismus eingeschlagenen und 1933 bis 1938 realisierten Weges: Beseitigung der frei organisierten Arbeiterbewegung und der Betriebsräte, Beschränkung der eigenständigen Interessenpolitik der Arbeiterschaft, Eindämmung des Klassenkampfes durch Ausschaltung der traditionellen Formen gesellschaftlicher Konfliktaustragung, Anbindung der Sozialpolitik an wirtschaftspolitische Optionen.[1]

Die nationalsozialistische Sozialpolitik ab 1933 war nicht nur durch eine radikalere Ausprägung dieser Ausrichtung, sondern auch durch neue Facetten gekennzeichnet. Bei expliziter Ablehnung wirtschaftsliberaler und marxistischer Auffassungen stellte die Ausschaltung des Klassenkampfes einen zentralen Punkt der sozialpolitischen Veränderungsoptionen des Nationalsozialismus dar. Dies bedeutete in erster Linie die gewaltsame Beseitigung der organisierten Arbeiterbewegung (siehe z.B. die Ausschaltung der Gewerkschaften in Deutschland am 2. Mai 1933), den Ausschluß jeder selbständigen Vertretung der Arbeiterinteressen (Unternehmerorganisationen wurden neu errichtet) und die auch mittels Terror erfolgte Einschränkung des Handlungsspielraums der Lohnabhängigen. Die nationalsozialistische Konzeption der Neugestaltung der Arbeitsbeziehungen hat im "Gesetz zur Ordnung der nationalen Arbeit" (AOG) aus 1934 ihren Niederschlag gefunden.[2] Ausgehend von der den Klassenkampfvorstellungen entgegengesetzten Ideologiealternative "Volksgemeinschaft", sollte die Gemeinschaft aller Arbeitenden - was hieß die Betriebsgemeinschaft zwischen Unternehmer (Führer) und Beschäftigten (Gefolgschaft) - zum gestaltenden Grundprinzip der Arbeitsbeziehungen werden. Analog der politischen Struktur wurde auch auf die Betriebe das autoritäre Führerprinzip übertragen und den Unternehmern ein - auf Vertrauen der Belegschaft zu begründendes, staatlich kontrollierbares - Entscheidungsrecht (Erlassung der Betriebsordnung, Regelung der Höhe des Arbeitsentgeltes) eingeräumt. Der staatliche Einfluß auf die Betriebe sowie die Verlagerung traditioneller Kompetenzen wirtschaftlicher Interessenvertretungen (Tarifpolitik) ist in den sogenannten Reichstreuhändern (bzw. bis 1937 Treuhändern) der Arbeit institutionalisiert. Zu deren Aufgaben zählte im allgemeinen die "Erhaltung des Arbeitsfriedens", im konkreten: die Kontrolle des Erlasses von Betriebsordnungen und die Korrektur unsozialer Betriebsordnungen, die Kontrolle von Massenentlassungen, die Überwachung der Durchführung von Richtlinien für Betriebsordnungen und Einzelarbeitsverträge sowie die Festsetzung von Tarifordnungen. Trotz dieser Sicherung des staatlichen Einflusses stellte die ursprüngliche Konzeption des AOG aus 1934 auf die Betriebe als Zentrum der künftigen arbeitsrechtlichen Gestaltung ab.[3] Der überbetrieblichen Gestaltung der Arbeitsbedingungen kam - vorerst - eine geringe Bedeutung zu.

Im Vergleich zur Neugestaltung des Arbeitsrechtes wurden im Bereich der Sozialversicherung mit Ausnahme organisatorischer Änderungen (wie die Einführung des Führerprinzips) bestehende Traditionen weitgehend fortgeschrieben. Weitergehende Vorstellungen, wie sie insbesondere wiederholt von der Deutschen Arbeitsfront (DAF) in die politische Diskussion eingebracht wurden (siehe z.B. das Programm eines umfassenden "Volksschutzes" oder des "Sozialwerks des deutschen Volkes"), scheiterten sowohl am Widerstand maßgeblicher Ressorts (Reichsarbeitsministerium, Reichswirtschaftsministerium) als auch an entgegenstehenden politischen Prioritäten.[4] Neue Facetten sozialpolitischer Aktivitäten des Nationalsozialismus stellten die Arbeitsmarkt- bzw. Arbeitseinsatzpolitik wie auch die zunehmende Dominanz der staatlich geregelten Lohnpolitik dar. Der Versuch des Nationalsozialismus, das Verhältnis zwischen staatspolitischen Erfordernissen, Wirtschaft- und Sozialpolitik neu zu gestalten, fand (bereits) bis 1938 in diesen Bereichen Niederschlag (Lohnregulierung, Einführung von Arbeitsbüchern, Einführung der Dienstverpflichtung usw.).

Ebenso wie der Austrofaschismus hat auch der Nationalsozialismus den Anspruch vertreten, die sozialen Lebensverhältnisse zu verbessern. Letzteres ist an einschlägigen Parolen des Nationalsozialismus "Brot und Arbeit" oder "Schönheit der Arbeit" ablesbar. Anspruch und soziale Realität korrelierten im Austrofaschismus negativ. Das im Gefolge der Weltwirtschaftskrise enorm angestiegene Niveau der Arbeitslosigkeit (ca. 25% Arbeitslosenrate) hat sich nicht zuletzt durch eine restriktive Budget- und Hartwährungspolitik bis 1938 nur wenig verändert.[5] Eingeordnet ihren budget- und wirtschaftspolitischen Prioritäten betrieb die Regierung sozialpolitisch Abbaupolitik, von der insbesondere Arbeitslose ebenso wie Rentner betroffen waren.

Im Vergleich dazu erfolgte in Deutschland im Zusammenhang mit der Forcierung der Aufrüstung und staatlicher Nachfragepolitik eine beträchtliche

Ausweitung der Beschäftigtenzahl. Der Abbau der Arbeitslosigkeit brachte für die Betroffenen eine Verbesserung der materiellen Lebensbedingungen. Materiellen Verbesserungen durch Lohnerhöhungen allerdings stand die offizielle Lohnstoppolitik entgegen, Preiserhöhungen führten zur Senkung der Kaufkraft der Löhne. Die Politik der Stabilisierung des Lohnniveaus wurde im Gefolge der zunehmenden Ausschöpfung des Arbeitskräftepotentials und der Nachfrage nach Facharbeitern z.T. durch betriebliche Strategien unterlaufen.[6] Neben den ökonomischen Bedingungen spielten politische Gründe eine Rolle dafür, daß das Niveau sozialer Sicherungsleistungen weitgehend fortgeschrieben wurde. Damit zeichnet sich allerdings - wie Mason belegt - ein Dilemma ab, das für die Entwicklung der Sozialpolitik ab 1935 von wesentlicher Relevanz ist: "Die Sicherung der inneren Stabilität des Regimes ließ es geboten erscheinen, der Arbeiterklasse Zugeständnisse zu machen; diese wiederum waren nur auf Kosten der Aufrüstung und damit der zentralen außenpolitischen Intentionen durchzusetzen."[7]

Die Bemühungen um das "Wohlwollen" der Beherrschten und die Verschränkung konfligierender Interessen in der Sozialpolitik, deren Träger Vertreter des Staatsapparates (Reichsarbeits-, Reichsfinanz-, Reichswirtschafts-, Reichsinnenministerium), des Parteiapparates (Stellvertreter des Führers, DAF) sowie die Gauleiter - bei Einbeziehung von Unternehmerorganisationen - sind, schlug sich in Inkonsistenzen nieder.[8] Die Spitze im Entscheidungsprozeß, der "Führer", trug selbst dazu bei.[9]

Versprechungen - Erwartungen

Die unterschiedliche Entwicklung in den sozialen Lebensverhältnissen und der realisierten Politik in Deutschland und Österreich vor 1938 bildete einen wichtigen Anknüpfungspunkt für die nationalsozialistische Propaganda zum einen, für Erwartungen von Österreichern an den Nationalsozialismus zum anderen. In Flublättern und Streuzetteln[10] wurde seitens der illegalen NSDAP auf die im Vergleich zu Deutschland prekäre soziale Situation der Arbeiter verwiesen. Die Förderung von Erwartungen wurde im März 1938 und vor der Volksabstimmung im April intensiviert: "Gulaschkanonen" zur Gratisausspeisung fuhren zuerst in Arbeiterbezirken auf.[11] Der Aktivitätsradius der nationalsozialistischen Volkswohlfahrt wurde ausgeweitet.[12] Bei Massenveranstaltungen[12a] kündigten Göring und Bürckel, der auch mit der Vorbereitung der Volksabstimmung betraut war, eine Verbesserung der sozialen Lebensverhältnisse der Arbeiter durch die Arbeitsbeschaffung und das Inkrafttreten der Alters- bzw. Invalidenversicherung sowie die Einführung von Ehestandsdarlehen und Kinderbeihilfen[13] an. Die Gratisausspeisung in Simmering wurde mit "Führer"-grüßen an die Arbeiter verbunden:

"Arbeitskameraden von Wien! Deutsche Männer und Frauen. Das ist immer so, daß wir zuerst in die Viertel gehen, in denen Not und Elend zu Hause sind, so wie hier bei Euch in Simmering... Der Führer weiß, daß Ihr seit Jahren zu lachen verlernt habt, da Euch Not

und Elend tiefe Sorgenfurchen zogen und Ihr, zur Arbeitslosigkeit verdammt, nicht wußtet, wie Ihr Eure Familien und Euch selbst ernähren solltet. Um Euch zu zeigen, daß Ihr nicht allein steht, sind wir ohne viel Aufhebens davon zu machen, zu Euch gekommen. Der Führer schickt uns und bittet Euch, seine Grüße entgegenzunehmen."

(zitiert in: Völkischer Beobachter vom 18.3.1938, S. 14)

Der Wiener Bürgermeister Neubacher forcierte die Bemühungen zur Integration und Gewinnung insbesondere der oppositionellen sozialdemokratischen Arbeiter - bekannt als "Aktion Neubacher".[13a] Der "Völkische Beobachter" fungierte - wie das einleitende Zitat exemplarisch zeigt - als unermüdlicher Propagandist sozialpolitischer Versprechungen.

Der Sozialpolitik kam nicht nur zur Sicherung der Loyalität und Legitimation unmittelbar in Zusammenhang mit dem Anschluß/der Annexion, sondern auch in den folgenden Jahren bei der Sicherung der inneren Stabilität und bei der Absicherung der Kriegs- und Rüstungspolitik intentional und zum Teil real eine wichtige Rolle zu. Selektiv positive Einschätzungen des Nationalsozialismus - auch nach 1945 - basieren vor allem auf den sozialpolitischen Aktivitäten des Nationalsozialismus vor Kriegsbeginn, wie Arbeitsbeschaffung, Kinderbeihilfen, Einbeziehung von ausgesteuerten Arbeitslosen oder Einführung der Altersrente für Arbeiter.

In meinem Beitrag geht es darum, die Sozialpolitik ab 1938, den Veränderungs- bzw. Angleichungsprozeß, Ansprüche, Intentionen und Maßnahmen sowie deren Auswirkungen für die sog. Ostmark zu explizieren. Daß die durchgeführte Angleichung nicht lückenlos war und bei allen Vereinheitlichungstendenzen die "Ostmark" bzw. "Reichsgaue des Alpen- und Donaulandes" Besonderheiten aufwiesen, soll ebenso exemplarisch aufgezeigt werden.

Der Beitrag behandelt nicht alle sozialpolitisch relevanten Facetten (z.B. die rassistische Gesundheitspolitik). Gegenstand der Analyse sind folgende zentrale Bereiche: 1. Arbeitsrecht, 2. Sozialversicherung, 3. Lohnpolitik, 4. Arbeitseinsatzpolitik.

1. Arbeitsrecht

Der Angleichungsprozeß im Bereich des Arbeitsrechtes vollzog sich in mehreren Etappen. Die Verordnung über die Einführung sozialrechtlicher Vorschriften vom 26. 3. 1938 stellte einen ersten Ansatz zur Übertragung von Regelungen des "Gesetzes zur Ordnung der nationalen Arbeit" (AOG) dar (Kündigungsschutz, Schutz bei Entlassungen einer größeren Zahl von Beschäftigten, Wahrnehmung bestimmter Aufgaben durch den Reichstreuhänder der Arbeit).

Darüberhinaus bestimmte diese Verordnung, daß die geltenden Lohn- und Gehaltssätze sowie die bestehenden sonstigen Arbeitsbedingungen nicht zuungunsten der Arbeiter und Angestellten abgeändert werden können. Schließlich ist auch die Ankündigung von der Anwendung reichsrechtlicher Vorschriften über die Renten- (Invaliden-) Versicherung der Arbeiter enthalten. Legitimationsbemühungen gegenüber der Arbeiterschaft standen bei dieser Verordnung Pate. Göring behielt sich vor, diese ersten sozialpolitischen Maßnahmen selbst bei seinem Wien-Aufenthalt bekanntzugeben.[14]

Führerprinzip und staatliche Beeinflussung der Arbeitsbedingungen

Zentrale Punkte des Grundgesetzes des nationalsozialistischen Arbeitsrechtes, wie Führerprinzip, alleinige Entscheidungskompetenz des Führers, Rolle der Gefolgschaft, Treueverhältnis, Vertrauensrat als beratendes Organ, erlangten durch die zweite Verordnung über die Einführung sozialrechtlicher Vorschriften im Lande Österreich vom 10. Juli 1938 Geltung.[15] Wie bereits angemerkt, gehen diese Bestimmungen über die im Austrofaschismus realisierten Veränderungen der Arbeitsbeziehungen hinaus. Der formalen Verankerung der alleinigen Entscheidungsbefugnis des Betriebsführers in allen betrieblichen Angelegenheiten korrespondiert der Ausschluß jeglicher Form einer eigenständigen Interessenorganisierung der Arbeiter und Angestellten. Den Vertrauensmännern, die in Betrieben mit mindestens 20 Beschäftigten bestellt werden sollten - in der Ostmark durch den Gauleiter der NSDAP oder den von ihm Beauftragten - war selbst noch die im Austrofaschismus bereits stark eingeschränkte Selbständigkeit aberkannt. Sie bildeten mit dem Betriebsführer den Vertrauensrat, dessen Aufgabe ausschließlich in der Beratung des Betriebsführers bestand. Im Unterschied zum Betriebsrat bis 1933 war der Vertrauensrat "nicht Organ der Belegschaft, hat nicht deren Interessen gegen den Arbeitgeber zu vertreten, sondern ist Organ des Betriebes."[16] Zugleich trat die vom Nationalsozialismus durchgeführte Änderung im Bereich der Tarifregelung in Kraft: diese fällt in die Kompetenz des Reichstreuhänders der Arbeit. Mit der Wahrnehmung der Aufgaben des Reichstreuhänders der Arbeit war vorerst der Reichsstatthalter von Österreich vom Reichsarbeitsminister betraut worden. In seinem Auftrag führte diese Aufgabe der Minister für soziale Verwaltung (Proksch) durch.[17] Nach einem neuerlichen Provisorium bezüglich der Reichstreuhänderverwaltung im Oktober 1938 (ein Reichstreuhänder für das gesamte Wirtschaftsgebiet der Ostmark)[18] kam es im Zusammenhang mit dem Abschluß des Umbaues der politisch-organisatorischen Struktur der Ostmark 1940 zu einer definitiven Regelung. Die Ostmark wurde in vier Wirtschaftsgebiete gegliedert, mit Sitz der Reichstreuhänder in Wien, Linz, Graz und Innsbruck.[19]

Die Übertragung des AOG auf die Ostmark erfolgte in einer Phase, die bereits durch eine Modifikation der ursprünglichen Konzeption dieses Gesetzes gekennzeichnet ist: Die überbetriebliche, staatliche Beeinflussung der Löhne und Arbeitsbedingungen wurde ab 1936 durch den Ausbau der Befugnisse der Treuhänder der Arbeit verstärkt.[20]

Der Anpassungsprozeß bei anderen arbeitsrechtlich relevanten Fragen wie Arbeitszeit und Jugendschutz erfolgte mit zeitlichen Verzögerungen, da Bemühungen um eine Neufassung dieser Materien im "Altreich" selbst erst 1938 zu einem Abschluß kamen.[21] Zugleich mit einer Reihe von Verordnungen über die

Arbeitszeit in spezifischen Bereichen (z.B. Kokereien und Metallbetrieben) trat die Arbeitszeitordnung im März 1939 in der Ostmark in Kraft.[22] An der Beratung des Entwurfes der Einführungsverordnung des Reichsarbeitsministeriums waren neben Vertretern der österreichischen Regierung der Reichstreuhänder, Vertreter der DAF und von Wirtschaftsorganisationen beteiligt.[23] Die Arbeitszeitordnung fixierte eine achtstündige regelmäßige tägliche Arbeitszeit, sah jedoch sowohl Möglichkeiten zur Verlängerung bis 10 Stunden (z.B. durch Tarifordnung) als auch darüber hinausgehend (z.B. aus dringenden "Gründen des Gemeinwohles") vor. Für die Mehrarbeit war eine Vergütung vorgesehen.

Die rassistische Ausrichtung der nationalsozialistischen Sozialpolitik fand sowohl im Arbeitsrecht wie in den Leistungen der sozialen Sicherungssysteme ihren Niederschlag. Juden hatten z.B. Anspruch auf Entgelt nur für tatsächlich geleistete Arbeit, nicht in Krankheitsfällen. Sie waren vom Bezug der Familien- und Kinderzulage ausgeschlossen und ihre Leistungen aus der Arbeitslosenhilfe auf das zum Lebensunterhalt Notwendige beschränkt.[23a]

Arbeitsrecht und Kriegspolitik

Ebenso wie in anderen sozialpolitischen Bereichen (Lohnpolitik, Arbeitseinsatz) kam es im Bereich des Arbeitsrechtes bei Kriegsbeginn zu Veränderungen, "um einen möglichst reibungslosen Anlauf der Kriegswirtschaft zu gewährleisten".[24] Für männliche Beschäftigte über 18 Jahre traten die Bestimmungen der Arbeitszeitordnung über die Dauer der Arbeitszeit außer Kraft, was heißt, daß es keine Begrenzung mehr gab. Der obersten Verwaltungsbehörde wurde zudem die Möglichkeit eingeräumt, auch Arbeitsschutzbestimmungen für Frauen und Jugendliche für einzelne Betriebe ganz oder teilweise außer Kraft zu setzten.[25] Die Kriegswirtschaftsverordnung vom 4. 9. 1939 enthielt darüber hinaus die Streichung von Zuschlägen für Mehrarbeit, für Nacht-, Sonntags- und Feiertagsarbeit sowie die Außerkraftsetzung der Vorschriften über den Urlaub.

Die Rücknahme einiger zu Kriegsbeginn ergriffener Maßnahmen in den nächsten Monaten wurde von nationalsozialistischen Machtträgern in der Öffentlichkeit damit begründet, daß es sich dabei nur um befristete Umstellungsmaßnahmen gehandelt habe.[26] Es spiegelt sich darin jedoch das angesprochene Dilemma der nationalsozialistischen Sozialpolitik (Zugeständnisse an Arbeiter, Angestellte versus Erfordernisse der Kriegspolitik) wider. Berichte über Unmut, sinkende Arbeitsmoral und Leistungsabfall, über Beeinträchtigung des Produktionsablaufes sowie Kritik der DAF, von Vertretern der Industrie und der Gauleiter bildeten den Hintergrund für teilweise Revisionen[27]: Ende November 1939 Wiedereinführung der Zuschläge für Sonntags-, Feiertags- und Nachtarbeit[28]; im Dezember 1939 Einführung der Vergütung für Mehrarbeit ab der 11. Stunde[29]; im Jänner 1940 Begrenzung der täglichen Arbeitszeit für männliche Beschäftigte ab 18 Jahren auf 10 Stunden[30], Verbot der Nachtarbeit für Jugendliche und Frauen[31] sowie die Wiedereinführung der Vorschriften und Vereinbarungen über den Urlaub.[32]

Mutterschutz

Abgesehen von Änderungen hinsichtlich der Rolle und Aktivitäten des Reichstreuhänders im Bereich der Lohnpolitik, die in einem eigenen Abschnitt behandelt werden, sei als wichtiger Aspekt der Entwicklung des Arbeitsrechtes in der Kriegszeit die Regelung des Mutterschutzes angeführt. 1940 traten vorerst die geltenden deutschen Bestimmungen über die Beschäftigung vor und nach der Geburt in Kraft - soweit die bisherigen österreichischen Vorschriften nicht günstigere Regelungen (z.B. für Angestellte und Schauspielerinnen) enthielten. Die Vorarbeiten zu einer Neuregelung des Mutterschutzes[33] kamen 1942 zum Abschluß. Dieses Gesetz erweiterte nicht nur den Adressatenkreis (Geltung auch für Landarbeiterinnen), sondern brachte auch für die Mehrzahl der Frauen wesentliche Verbesserungen, so z.B. die Verlängerung der Schutzfrist nach der Niederkunft, den Ausschluß der Mehrarbeit, den Ausbau des Kündigungsschutzes, die Erhöhung des Wochengeldes. Im Mutterschutzgesetz überschneiden sich rassistische, bevölkerungspolitische, biologistische, legitimatorische und arbeitseinsatzpolitische Motivationen.[34] Wie an der realen Entwicklung der Frauenarbeit 1938-1945 deutlich wird, hat der vermehrte Arbeitseinsatz von Frauen weder traditionelle Rollenzuschreibungen (Zuständigkeit der Frau für den sozialen Reproduktionsbereich) noch die Ungleichstellung im Bereich der Entlohnung verändert. Dennoch beförderten die unterschiedlichen Ansprüche und befürchteten Legitimationsdefizite eine inkonsistente "Frauenpolitik" (Arbeitseinsatz, Sicherungs- und Schutzmaßnahmen, Zugeständnisse). Diese Inkonsistenz galt jedoch nur gegenüber deutschen Frauen und Müttern. Ihrer Besserstellung korrespondiert - als Ausfluß der rassistischen Komponente in der Sozialpolitik - die formale und reale Ungleichstellung von Jüdinnen und - mit Abstufungen - von Ausländerinnen. Exemplarisch heißt es in einer Besprechung von Gewerbeaufsichtsbeamten über die Durchführung des Arbeitsschutzes beim Fraueneinsatz in der Rüstungsindustrie am 18. Mai 1943:

> "Für den Einsatz deutscher Frauen werden soweit möglich Sicherungen verlangt. Wo eine völlige Sicherung nicht erreicht werden kann, ist der Einsatz ausländischer Frauen vorgesehen. An Arbeitsplätzen, die sehr schmutzige oder mit starken Belästigungen verbundene Betriebsverhältnisse mit sich bringen, werden Ostarbeiterinnen eingesetzt."[35]

Absicherung der Unterdrückung durch außerbetriebliche Disziplinierungsmaßnahmen

Um die Realisierung der im nationalsozialistischen Arbeitsrecht verankerten Beseitigung des Handlungsspielraumes der Lohnabhängigen abzusichern, kamen über innerbetriebliche Disziplinierungsmaßnahmen hinausgehende außerbetriebliche Zwangsmaßnahmen zum Einsatz. Beispielhaft sei dies an den Erlässen des Reichsstatthalters in Niederdonau über die "Bekämpfung von Arbeitsuntreue deutscher Arbeiter" illustriert:

"Um eine schnelle und erfolgreiche Bekämpfung der Arbeitsuntreue deutscher Arbeiter zu gewährleisten, bestimme ich im Einvernehmen mit dem Reichstreuhänder der Arbeit und mit der Geheimen Staatspolizei, Staatspolizeileitstelle Wien, nach Genehmigung durch das Reichssicherheitsamt Berlin folgendes: Das unberechtigte Verlassen des Arbeitsplatzes, jede unberechtigte Arbeitsverweigerung und alle Disziplinwidrigkeiten der Arbeitnehmer sind - sofern nicht innerbetriebliche Maßnahmen des Betriebsführers und des Betriebsobmanns oder Maßnahmen der Reichstreuhänder der Arbeit (Arbeitsamt) ausreichend erscheinen - auf Antrag des zuständigen Arbeitsamtes von den Kreispolizeibehörden, die sich zur Durchführung des Erlasses der Ortspolizeibehörden bedienen, durch Festnahmen zu ahnden."[36]

Im Namen der Geheimen Staatspolizei waren damit die Kreispolizeibehörden ermächtigt, "vorläufige Festnahmen anzuordnen und die betreffenden Personen bis zu 8 Tagen in Arbeitserziehungshaft zu nehmen".

Bei ausländischen Zivilarbeitern wurde differenziert: Gegen italienische Arbeitskräfte sollte grundsätzlich mit Verwarnung, bei Angehöriger "germanischer Völker" (z.B. Flamen, Dänen, Holländer) mit entsprechender Belehrung vorgegangen werden. Für polnische Zivilarbeiter dagegen war eine Erziehungshaft bis zu 21 Tagen vorgesehen.[37]

Über die Praxis der Disziplinierung, wozu als schärfstes Mittel die Einweisung in Konzentrationslager insbesondere von ausländischen Zwangsarbeitern und Kriegsgefangenen zählte[37a], geben Tagesberichte und Statistiken der Staatspolizeileitstelle Wien Aufschluß.[38]

2. Sozialversicherung

Bildete den Kernpunkt der sozialpolitischen Entwicklung im Bereich des Arbeitsrechtes nach dem März 1938 die Institutionalisierung der nationalsozialistischen Neugestaltung der Arbeitsbeziehungen, so bedeutete die Angleichung im Bereich der Sozialversicherung die Übertragung von Regelungen, die der Nationalsozialismus aus der vorausgehenden Tradition weitgehend übernommen hatte zum einen, die Ausgestaltung der Sozialversicherung nach politischen Prioritäten des Nationalsozialismus zum anderen. Denn die Fortschreibung im Bereich der Sozialversicherung nach 1933 schloß Gestaltungsansprüche des Nationalsozialismus keineswegs aus. Nach Reichsarbeitsminister Seldte konnte erst im Nationalsozialismus

"ohne Rücksicht auf Parteimeinungen und Interessengegensätze das dem Wohle der Gesamtheit Dienende getan und angestrebt werden. Erst hier ist es gelungen, den gerechten Ausgleich zu finden, das richtige Verhältnis zwischen Wirtschaft und Sozialversicherung herzustellen, eine zweckentsprechende, der Volksgesamtheit nützende Wechselwirkung zwischen beiden zu sichern..."[39]

Zu den Facetten dieses "Ausgleichs" zählen die Fortschreibung des Leistungsniveaus von 1933 (inklusive der Leistungseinschränkungen im Rahmen der Notverordnungspolitik von 1931/32) ebenso wie die sozialpolitischen Zugeständnisse in Form von Leistungsverbesserungen während des Krieges oder die Ablehnung weitreichender Sozialversicherungspläne der DAF bzw. deren Vertagung auf die Zeit nach dem Krieg.

Dem Anspruch nach sollten nach dem März 1938 bei der Angleichung der Ostmark an das "Altreich" auf dem Gebiet der Sozialversicherung die Positiva der österreichischen Tradition erhalten, durch die "Eingliederung" darüber hinaus die Lohnabhängigen in den Genuß der angesagten Verbesserungen der Lebensbedingungen kommen. Wie die Entwicklung ab 1938 zeigt, bildeten Versprechungen/Erwartungen eine politisch nicht unbedeutende Hypothek. Aufgrund des Quellenmaterials läßt sich die Annahme erhärten, daß politische Legitimationsverluste - ablesbar an verbreitetem und steigendem Unmut und Kritik - aus dem konkreten Anpassungsprozeß im Bereich der Sozialversicherung resultierten. Kennzeichen dieses Prozesses ist zum einen, daß die Anpassung ab 1938 die Übertragung der im Altreich bestehenden ungünstigeren Regelungen bedeutete, zum anderen, daß die versprochenen Verbesserungen gerade im politisch sensiblen Bereich der Renten/Pensionen ausblieben. Die reale Ungleichstellung der Ostmark-Arbeiter/innen in der Altersversorgung blieb aufrecht. Daran änderte auch die Politik sozialpolitischer Zugeständnisse während der Kriegszeit nicht viel.

Einführung des deutschen Sozialversicherungsrechtes

Auf organisatorisch/institutionellem Gebiet brachte die Angleichung einige Veränderungen[40]: an die Stelle der bisherigen Gebietskrankenkassen traten die allgemeinen Ortskrankenkassen, in die auch die Angestelltenkrankenkassen eingegliedert wurden. Bei den für den Bergbau bestehenden Kassen erfolgte eine Überführung in die Reichsknappschaft, bei der Unfallversicherung in die in Deutschland bestehenden gewerblichen Berufsgenossenschaften. Während für die Durchführung der neu eingeführten Renten- (bzw. Invaliden-) Versicherung der Arbeiter vier Landesversicherungsanstalten errichtet wurden, war für die Rentenversicherung der Angestellten ausschließlich die Reichsversicherungsanstalt für Angestellte in Berlin zuständig. Durch die Einführung des Führergrundsatzes wurde die im Austrofaschismus bereits eingeschränkte Selbstverwaltung gänzlich beseitigt. Die Abwicklung der Arbeitslosenhilfe erfolgte im Rahmen der Reichsanstalt für Arbeitsvermittlung und Arbeitslosenversicherung. Die Einrichtungen der Meisterkrankenkassen, der Versicherungsanstalt des österreichischen Notariats und der Träger der Pensionsversicherung der Bediensteten der privaten Eisenbahn blieben vorerst in der bisherigen Form erhalten.

Ebenso wie in organisatorisch-institutioneller bildete in materiell-inhaltlicher Hinsicht die mit 1. 1. 1939 in Kraft getretene Einführungsverordnung den wichtigsten Schritt im Angleichungsprozeß. Nach einigen Detailmaßnahmen (wie die Ausweitung des Personenkreises in der Arbeitslosenversicherung oder die Ausdehnung des Bereichs der kassenärztlichen Vereinigung Deutschlands)[41] kamen die Vorbereitungsarbeiten und Beratungen hinsichtlich der Verordnung über die Einführung der Sozialversicherung Ende 1938 zum Abschluß. Interessant in diesem Zusammenhang ist, daß vorerst eine Reihe von Vorstößen seitens des Reichskommissars und seines Beauftragten[42] sowie von Gauleitern[43] für eine Neuordnung der Sozialversicherung und für Sofortmaßnahmen im Bereich der Renten für Arbeiter und Bergarbeiter unternommen worden sind. Diese liefen auf die Erhaltung der günstigeren Regelungen der österreichischen Sozialversicherung und auf eine Verbesserung der Leistungen im Zuge der Angleichung hinaus. Diese Aktivitäten und Initiativen begründete der Beauftragte des Reichskommissars für die Sozialversicherung, Jakob, der zugleich Leiter der Abteilung Sozialversicherung im Ministerium für Wirtschaft und Arbeit war, damit, "um zu verhindern, daß eine unseren Auffassungen entgegenstehende Entscheidung angestrebt wird."[44] Trotz breiten Konsenses der in Österreich involvierten Stellen[45] und der Zustimmung der DAF[46] und des Stellvertreters des Führers[47] zum Entwurf einer ersten Verordnung über die Neuordnung der Sozialversicherung, ist aus dieser "Ostmark-Initiative" nichts geworden.[48] Ablehnende Stellungnahmen kamen vom Reichsärzteführer[49], vom Reichsarbeitsminister und vom Reichsminister der Finanzen[50]. Die weitere Entwicklung ist durch die Verhandlungen über den vom Reichsarbeitsministerium vorgelegten Entwurf gekennzeichnet, wobei in diese Verhandlungen von österreichischen Stellen neben dem Reichskommissar und seinem Beauftragten (und damit das Ministerium für Wirtschaft und Arbeit), der Reichsstatthalter (als Vertreter der österreichischen Regierung) sowie die DAF eingeschaltet waren.[51] Der ursprüngliche Entwurf des Reichsarbeitsministeriums wurde dabei in einigen Punkten in Richtung Verbesserung modifiziert.[52] Doch bereits vor Abschluß dieser Vorarbeiten dürfte klar gewesen sein, daß es einer eigenen Durchführungsverordnung zur Einführungsverordnung bedarf, um die durch die Angleichung bedingten Härten auszugleichen.[53]

Kernpunkte der mit 1. 1. 1939 in Kraft getretenen Einführungsverordnung sind[54]: die Fortschreibung österreichischer Regelungen für die bisher Versicherten im Bereich der Altersfürsorgerenten, hinsichtlich der Versicherungspflicht und der Altersgrenzen; die Möglichkeit zur Erweiterung der Dauer der Krankenhilfe (über 26 Wochen bis auf ein Jahr); die Möglichkeit in der Land- und Forstwirtschaft, die Leistungen und Beiträge bis 1944 abweichend vom Reichsrecht zu regeln[55]; die Erhaltung des weiter gefaßten Personenkreises in der Unfallversicherung. Ein wichtiger Punkt ist, daß die reichsrechtlichen Vorschriften[56] über die Leistungen erst auf jene Versicherungsfälle Anwendung fanden, die nach dem 31. 12. 1938 eingetreten sind - d.h. unter anderem, daß nur jene Arbeiter/innen in der Ostmark in den Genuß der neu eingeführten Alters- (in Deutschland bezeichnet als Invaliden-)rente kamen, die nach dem 31. 12. 1938 aus der Erwerbstätigkeit ausgeschieden sind. Diese Altersrente setzte sich aus einem Grundbetrag und Steigerungsbeträgen zusammen. Da es vor 1939 diese Altersrente in Österreich nicht gab, wurden nur bestimmte Zeiten als Vordienstzeiten angerechnet.[57] Eine Änderung für die - entgegen den Ankündigungen - aufrechterhaltenen Altersfürsorgerenten bestand im wesentlichen nur darin, daß im Unterschied zu den österreichischen Bestimmungen die Hinterbliebenen in den Genuß einer Witwen-, Witwer- und Waisenrente kamen. Durch die Einführung der knappschaftlichen Pensionsversicherung wurden die Leistungen für die im Bergbau Beschäftigten verbessert.

Enttäuschte Erwartungen

Wenn auch durch Durchführungsverordnungen[58] zur Einführungsverordnung bestimmte Härten der Rechtsangleichung beseitigt wurden, hielt die Kritik und der Unmut über die Anpassung - selbst angesichts der während der Kriegszeit realisierten Verbesserungen im Bereich der Renten an. Gauleiter, DAF-Stellen und zuständige Versicherungsstellen unternahmen wiederholt Vorstöße zur Verbesserung von Leistungen, und zwar sowohl in der Kranken- wie in der Pensionsversicherung. Worum ging es bei dieser Kritik?

Wie eine Gauleitertagung, unter Einbeziehung von Vertretern der Versicherungsanstalten, über Krankenversicherungsfragen im Oktober 1940 eindrücklich belegt, richtete sich die Kritik im generellen gegen den Angleichungsprozeß:

> "Nach dem Anschluß Österreichs an das Reich wurden ... grundsätzlich die Gesetze und Verordnungen eingeführt, die im Altreich seit Jahren und Jahrzehnten üblich waren. Keine Rücksicht oder wenig wurde darauf genommen, ob in dem angeschlossenen Gebiet der Ostmark etwas besseres vorhanden war."[59]

Bei den Versicherten habe dies großen Unwillen ausgelöst. Im einzelnen bezog sich die Kritik[60] auf die Verschlechterung des Versicherungsschutzes durch die Einführung einer Einkommensgrenze (von 300 RM) für die Versicherungspflicht der Angestellten, auf das Inkrafttreten der dreitägigen Wartezeit für das Krankengeld und einer Krankenscheingebühr sowie auf die Beschränkung der Krankenpflege für die Angehörigen und die Auflösung der Unterstützungsfonds. Den Forderungen nach Aufhebung dieser Verschlechterungen schlossen sich auch die anwesenden Vertreter der DAF[61] an. Nach Interventionen beim Reichsarbeitsministerium und in Verhandlungen konnten Modifikationen erreicht werden.[62]

In den sozialpolitischen Auseinandersetzungen im Anschluß an die Einführungsverordnung spielte das Problem der Renten trotz Inkrafttreten der deutschen Invalidenversicherung für Arbeiter eine große Rolle. Die Diskrepanz zwischen sozialpolitischen Versprechungen von Leistungsverbesserungen, Erwartungen und sozialer Realität ist hier am offenkundigsten geworden. Für jene, die bis zum 31. 12. 1938 bereits Altersfürsorgerenten bezogen, d.h. für einen Großteil der Rentner, hatte sich mit der Einführungsverordnung nichts geändert: Sie bezogen weiterhin die von den Nationalsozialisten als unzulänglich bezeichneten Leistungen dieses österreichischen Provisoriums. Gewerbliche Arbeiter erhielten je nach Beitragsklassen Renten zwischen 26,60 RM und 34,60 RM - ohne Kinderzuschuß. Der Wohnungszuschuß für Familienerhalter betrug 4 RM. Die Leistungen der Altersfürsorgerenten für Hausgehilfen und arbeitslosenversicherte Land- und Forstarbeiter waren noch beträchtlich geringer.[63]

Kritik an und Enttäuschung über die ausgebliebenen positiven Veränderungen, ja sogar - aufgrund der gestiegenen Lebenshaltungskosten - eingetretenen Verschlechterung der materiellen Versorgung eines Teiles der Rentner findet sich exemplarisch in einem anonymen Schreiben eines Altersfürsorgerentners an den Deutschen Rundfunk vom 11. 2. 1941. Dieses lautete:

"Im Radio wurde schon öfter die finanzielle Lage der englischen Arbeiter besprochen und die englische Regierung gebrandmarkt, daß sie so wenig für ihre Arbeiter tut. Nun ist aber das Los der alten ostmärkischen Arbeiter, der Altersfürsorgerentner, auch kein beneidenswertes. Vor dem Anschluß an das Reich hatten diese alten Arbeiter zwar auch kein sorgenfreies Alter, da die Rente von 58 Schilling und die Zuwendungen von Seite der Gewerkschaften zu gering war, um ein solches zu gewährleisten, aber immerhin waren sie besser dran als heutzutage. Seit dem Umbruch sind leider alle Lebens- und Bedarfsartikel konsequent im Preise gestiegen, die Spannung beträgt heute bis zu 35% und darüber hinaus; wenn Sie nun bedenken, daß aber die Rente die gleiche geblieben 58 Schilling = 38 RM, so muß es Ihnen doch klar werden, daß das Leben der alten Arbeiter heute zu einem Problem für dieselben geworden ist. Man spricht sehr viel herum was in Zukunft alles geschehen wird, kritisiert über unsoziale Zustände anderer Länder, was aber in der Ostmark vonnöten wäre, die Not der alten Arbeiter zu lindern, das sieht keine Deutsche Arbeitsfront, keine hierfür verantwortlichen Stellen, Niemand. Wäre es nicht klüger, zuerst im eigenen Land Ordnung zu schaffen, dann erst die Unfähigkeit anderer Länder aufzuzeigen?"[64]

Interessant ist dieses Schreiben auch insofern, als in diesem Zusammenhang das Oberversicherungsamt um Prüfung dieser Kritik ersucht worden war. Das Ergebnis lautete:

"Es ist richtig, daß sich durch die Angleichung der Preislage in der Ostmark an die des Altreiches für die Altersfürsorgerentner ... eine Verschlechterung ihrer wirtschaftlichen Lage ergab, weil der ihnen seinerzeit bezahlte Betrag in Schilling einen beträchtlich höheren Kaufwert hatte als derselbe nunmehr in Reichsmark umgerechnete Betrag. Es ist auch richtig, daß in der Ostmark allgemein die Ankündigung der Einführung der Invalidenversicherung Hoffnungen bei den Altersfürsorgerentnern erweckte, daß sie nunmehr anstelle der als vorläufige Maßnahme durchgeführten Altersfürsorgerenten eine auskömmliche Rente erhalten werden. Diese erhoffte Ersetzung der Altersfürsorgerenten durch die Invalidenrenten unterblieb jedoch."[65]

Zudem wurde durch die Preisbildungsstelle Wien bestätigt, daß sich - entgegen der Behauptung des Reichsarbeitsministeriums (basierend auf Untersuchungen des Statistischen Reichsamtes) - "gegenüber der Zeit vor dem Anschluß die Lebenskosten erheblich erhöht" haben.[66]

Die generelle Kritik am Rentenniveau und an der realen Schlechterstellung der Ostmarkrentner bezog sich ebenso auf die neueingeführten Altersrenten. Aufgrund der Modalitäten der Anrechnung von österreichischen Vordienstzeiten unterschieden sich diese in der Höhe der Leistungen nur wenig von den Altersfürsorgerenten, sie lagen zum Teil noch darunter.[67] Das Resümee in der Übersicht des Oberversicherungsamtes lautet: "Die Lage ist also so, daß nicht nur die Bezieher der österreichischen Altersfürsorge, sondern auch die ostmärkischen Bezieher der jetzt anfallenden Altersinvalidenrenten vergleichsweise gegenüber den Rentnern des Altreiches schlechter gestellt sind."[68]

Unterblieb im Bereich der Altersfürsorgerenten die angesagte bzw. erhoffte Veränderung, kam es im Bereich der neueingeführten Renten für Arbeiter/innen de facto zu keiner Angleichung an das Niveau der Renten des Altreiches, so erfolgte im Bereich der Angestelltenrenten zum Teil eine Anpassung an das niedrigere Leistungsniveau der deutschen Angestelltenversicherung. Wenn auch in der Angestelltenversicherung bisher geltende - im Vergleich zur deutschen Angestelltenversicherung günstigere - Leistungsbestimmungen (für bestehende Renten, für Grundbetrag und Steigerungsbeträge für anrechenbare Beitragsmonate)[69] aufrecht erhalten wurden, kamen für die nach dem 1. 1. 1939 erworbenen Beitragsmonate modifiziert auch die niedrigeren Leistungsansprüche zur Anwendung. Darüberhinaus blieben die im Rahmen des Gewerblichen Sozialversicherungsgesetzes von 1935 realisierten beträchtlichen Leistungskürzungen mit der Einführungsverordnung aufrecht. Eine Rücknahme wurde - anders als im Fall[70] der Leistungseinschränkungen durch die Notverordnungen von 1931/32 in Deutschland - vom Reichsarbeitsministerium mit dem Hinweis darauf abgelehnt, daß die Renten der österreichischen Angestelltenversicherung noch bedeutend höher als die entsprechenden Renten nach dem Reichsrecht wären.[71]

Leistungsverbesserungen, wie sie das Gesetz aus 1941 vorsah (Krankenversicherung für Pensionisten, Erhöhung der laufenden Renten um 7 RM)[72] wurden von Gauleitern, Vertretern der Versicherungsämter und der DAF begrüßt, aber selbst von diesen für nicht ausreichend eingeschätzt.[73] Die 1942/43 noch durchgeführten Änderungen im Leistungsbereich[74] hielten sich - von der Bevorzugung der Bergarbeiter abgesehen[75] - in engen Grenzen. Unter anderem wurden für Arbeiter und Angestellte in den Alpen- und Donaugauen Zusatzrenten "zum Ausgleich für die dort eingetretenen, besonderen Erhöhungen der Lebenshaltungskosten"[76] gewährt.[77] Die auch vom Reichsarbeitsministerium geforderte allgemeine Erhöhung des Rentenniveaus scheiterte am Widerstand der zuständigen Ressorts ebenso wie des Leiters der DAF, Ley.[78] Für den Reichsminister der Finanzen war eine allgemeine Anhebung der Renten nicht bloß finanziell nicht tragbar, sondern auch aus Gründen der daraus resultierenden Erhöhung der Kaufkraft nicht vertretbar.[79]

3. Lohnpolitik

Die Übertragung der lohnpolitischen Vorstellungen auf die Ostmark erfolgte in einer Entwicklungsphase des Nationalsozialismus, die durch merkbare Probleme bei der Realisierung der seit 1933 geltenden Devise von der Stetigkeit der Lohn- und Preisentwicklung wie auch bei der Realisierung der Ziele des Vier-Jahres-Planes von 1936 gekennzeichnet ist.[80] Angesichts auftretenden Arbeitskräftemangels war durch betriebliche Strategien die staatliche Option für einen Lohnstopp und die Beschränkung des Konsums - im Hinblick auf die Forcierung der Rüstung sowie die Allokation der Arbeitskräfte - durch Lohnerhöhungen unterlaufen worden. Entgegen der vom Reichskommissar in Österreich verkündeten "Lohnruhe" haben in der Ostmark - so lautete die Klage des Reichsarbeitsministers - "in den einzelnen Betrieben Kommissare, Vertreter der NSBO und sonstige Personen Lohnerhöhungen entweder selbständig vorgenommen oder von den Unternehmen durch politischen Druck erzwungen"[81]. Reichskommissar Bürckel[82] und Reichstreuhänder Proksch[83] versuchten, betrieblichen Strategien durch Anordnungen und auf Basis der Verordnung über die Lohngestaltung vom 25. 6. 1938 gegenzusteuern. Um die Durchführung der Wehrhaftmachung und des Vier-Jahres-Planes zu gewährleisten, wurde mit dieser Verordnung den Reichstreuhändern über die im AOG festgelegten Aufgaben hinaus neue Kompetenzen und Sanktionsmöglichkeiten eingeräumt. Sie hatten die Lohn- und Arbeitsbedingungen zu überwachen und alle erforderlichen Maßnahmen zu treffen, um eine Beeinträchtigung dieser Ziele durch die Entwicklung der Löhne und sonstiger Arbeitsbedingungen zu verhindern. Die angepeilte Verstetigung der Löhne schloß Lohnerhöhungen, sofern sie auf Leistungssteigerungen basierten[84], nicht aus.

Ebensowenig wie im "Altreich"[85] kann bis Kriegsbeginn von einer konsequent durchgezogenen Lohnpolitik in der Ostmark die Rede sein. Die Situation in Österreich unterschied sich allerdings merkbar von der des "Altreichs". Die Währungsumstellung hatte zwar aufgrund der "Aufwertung" des österreichischen Schillings gegenüber der Reichsmark um 36% eine Erhöhung der Nominallöhne zur Folge. Abgesehen von einigen Branchen war nach dem "Anschluß" das Lohnniveau niedriger, das heißt eine Angleichung an das "Altreich" nicht gegeben.[86] Begründet wurde dies mit der durchwegs niedrigeren Produktivität in Österreich. Noch gravierender war, daß die Lebenshaltungskosten in der "Ostmark" höher waren.[87]

Wenn auch die Datenlage nicht sehr günstig ist (selektive Daten, unterschiedliche Angaben verschiedener Stellen), gibt es einige Anhaltspunkte für die Lohnentwicklung nach dem März 1938. Nach Butschek sind die Wochenverdienste der Industriearbeiter vom Juni bis Dezember 1938 um 9 % gestiegen.[88] Das Wiener Institut für Wirtschaftsforschung spricht für 1938 von einer Annäherung[89] der Nominallöhne an die des "Altreiches" und berechnete 1941 für die Zeit seit dem Anschluß eine Erhöhung der Bruttolöhne der Arbeiter in Wien um 19 % [90]. Daß es trotz der Bemühungen um Verhinderung von Lohnbewegungen zu Lohnerhöhungen gekommen war, wurde von offiziellen Stellen ebenso wie von Betriebsführern eingeräumt. Nach Ansicht des Reichstreuhänders der Arbeit ging es bei diesen Erhöhungen um den Ausgleich[91] großer Verschiedenheiten des Lohnniveaus im "Altreich" und in der "Ostmark". Darüberhinaus bildete die veränderte Arbeitsmarktlage, wie zum Beispiel Landflucht oder die verstärkte Arbeitskräfte- und Facharbeiternachfrage, die Basis betrieblicher Strategien für Lohnerhöhungen.[92]

Lohnerhöhungen, insbesondere die rasche Beschäftigungsexpansion und gesteigerte Überstundenarbeit schlugen sich in der Zunahme der Unselbständigeneinkommen - ablesbar am Wachstum der Lohnsumme (1938 Steigerung um 50% bis 65%) - ebenso wie (vorerst) am Anstieg des Absatzes von Verbrauchsgütern nieder.[93] Die private Konsumnachfrage wurde zudem durch die Integration der ausgesteuerten Arbeitslosen in das Leistungssystem, durch Kinderbeihilfen oder Ehestandsdarlehen stimuliert. Trotz dieser - im Vergleich zu den vorangehenden Jahren - konstatierbaren Verbesserung der materiellen Bedingungen der Lohnabhängigen nach dem "Anschluß" blieb die angekündigte Angleichung des Lebensstandards an den im "Altreich" unrealisiert.

Ungleicher Lebensstandard

Die Kritik richtete sich nicht nur darauf, daß dem "Anschluß" Österreichs keineswegs die von den politischen Machtträgern in Aussicht gestellte Angleichung im Lohnbereich folgte.[94] Gewichtiger noch war die Kritik an der - bereits im Zusammenhang mit der Rentenentwicklung angesprochenen - Verschlechterung des materiellen Standards in Folge der Diskrepanz zwischen Löhnen und steigenden Lebenshaltungskosten. Enttäuschte Erwartungen spiegelt eindrücklich das Schreiben eines Betriebsführers an Bürckel wider:

> "Wenn entgegen allen berechtigten Erwartungen und zusätzlichen Versprechungen nach sieben Monaten das Lebensniveau aller Angestellten und Arbeiter nicht nur nicht gehoben, sondern in Folge der allgemein zugegebenen Preiserhöhungen stark gesunken ist, so kann der beste Betriebsführer und Betriebsobmann nur beruhigend einwirken und eingreifen, aber niemals Wunder wirken und volle Zufriedenheit schaffen."[95]

Das Wiener Institut für Wirtschaftsforschung stellte in einem streng geheimen Bericht fest, daß sich in Wien die gesamten Lebenshaltungskosten von 1938 bis 1941 - je nach Kauf von höherer oder niedriger Qualität aufgrund von Preissteigerungen, Qualitätsverschlechterungen und Rationierungen - um 31 bis 38% verteuert haben. Anders formuliert: Das Realeinkommen der (1938 und 1941 beschäftigten) Arbeiter in Wien sei in diesem Zeitraum im Durchschnitt bis zu 20% gesunken.[96] Die ganz anders lautenden Berichte des Statistischen Reichsamtes - der offizielle Index des Statistischen Reichsamtes blieb praktisch in dieser Periode unverändert[97] - wurden (wie oben aufgezeigt) auch durch Stellungnahmen amtlicher Einrichtungen und parteiintern in Frage gestellt. Wiederholte Klagen aus den Betrieben über die Nichtangleichung an das Altreich bzw. die Diskrepanz zwischen Löhnen und Preisen sind in Stimmungsberichten belegt.[98]

Die verstärkte lohnpolitische Regulierung am Kriegsbeginn[99], die im Oktober 1939 eine Modifizierung in Richtung eines allgemeinen Lohn- und Preisstopps erfuhr[100], hat zusammen mit der Ausweitung der Arbeitszeit und den Dienstverpflichtungen nicht nur zur Verschlechterung der sozialen und materiellen Lebensbedingungen der Arbeiter und Angestellten insgesamt, sondern auch zur Perpetuierung der im Vergleich zum "Altreich" ungünstigeren materiellen Lage der Arbeiterschaft in der Ostmark bzw. den Alpen- und Donau-Reichsgauen beigetragen. Mittels des nach 1939 zementierten Lohnstopps, der nur für spezifische Leistungssteigerungen (in der Eisen- und Metallindustrie) "aufgebrochen" wurde, und steigender Preise - trotz Preisstopp - war es in der Kriegszeit möglich, den Konsum zu beschränken und wirtschaftliche Ressourcen zugunsten der Kriegs- und Rüstungserfordernisse umzulenken. Verletzungen von Lohnstoppvorschriften wurden zum Teil bestraft[101], Anträge auf Lohn- und Gehaltserhöhungen abgelehnt. Denn, so der Reichstreuhänder für Steiermark und Kärnten: "Im übrigen müssen Härten, welche sich aus der grundsätzlichen Stabilisierung der Löhne und Gehälter auf dem Vorkriegsstand hie und dort notwendig ergeben, in Kauf genommen werden."[102]

An der Lohndiskriminierung der Frauen haben die forcierten Bemühungen um den Arbeitseinsatz der Frauen nichts verändert. Betrug beispielsweise der Bruttoverdienst der Arbeiter in der metallverarbeitenden Industrie insgesamt im Dezember 1940 59,59 RM, der angelernten Arbeiter 52,59 RM, der Hilfsarbeiter 39,59 RM, so der Bruttoverdienst der Arbeiterinnen nur 26,97 RM[103]. Zudem sei angemerkt, daß die Löhne der österreichischen Arbeiterinnen unter denen der deutschen Arbeiterinnen lagen[104]. Die Ungleichstellung der Frauen in der Entlohnung ist eine durchaus mit den anderen Facetten kohärente Ausprägung des "Frauenbildes" des Nationalsozialismus[105]: Mutterrolle, Zuständigkeit für die familiale Reproduktion, Bestandteil der industriellen Reservearmee. Die dieser Ungleichstellung zugrundeliegenden patriarchalischen und ökonomischen Gründe hat der Reichsarbeitsminister einprägsam formuliert, nachdem an das Ministerium verschiedentlich Wünsche zur Anpassung bzw. Gleichstellung von Frauen und Männern in der Entlohnung herangetragen worden waren. Selbst wenn bei Ersetzung der Männer durch Frauen diese die gleichen Leistungen erbrächten, so sprächen folgende Gründe gegen eine Gleichstellung:

> "Würde für die Entlohnung ausschließlich die Leistung maßgebend sein, so würden sich, abgesehen von der dann mit gleichen Gründen zu rechtfertigenden Forderung einer gleichen Entlohnung jugendlicher und erwachsener Gefolgschaftsmitglieder, Verdienstverhältnisse herausbilden, die zu sozialen Erschütterungen führen ... soll also verhindert werden, daß in einer Familie die Frau das gleiche oder sogar ein höheres Einkommen hat als der Mann, die Tochter mehr verdient als der Vater, so wird man sich dazu entschließen müssen, um die sich daraus ergebenden Unzuträglichkeiten innerhalb der einzelnen Familie zu vermeiden, den Frauenlohn selbst dann unter dem Stand des Männerlohnes zu halten, wenn die Leistungen gleichsein sollten."

Weiters sprächen wirtschaftliche Gründe dagegen, da Frauen überwiegend in der leistungsschwachen Verbrauchsgüterindustrie beschäftigt würden. Eine Gleichstellung würde zu erheblichen Kostenerhöhungen führen. Zusammenfassend:

> "Aus diesen Gründen halte ich nach wie vor daran fest, daß in der Regel der Lohn der Frauen niedriger als der des Mannes festgesetzt wird. Im allgemeinen gehe ich davon aus, daß ein Abschlag von etwa 25 % gerechtfertigt ist. Dabei ist dann gleichzeitig berücksichtigt, daß der Arbeitsverdienst der Frau in der Regel ein zusätzliches Einkommen der Familie ist, das zu dem Lohne des Mannes, zu irgendwelchen Renten oder zum Familienunterhalt ganz oder teilweise hinzutritt."[106]

4. Arbeitslosigkeit - Arbeitseinsatz - Militarisierung der Arbeit

Angesichts der Massenarbeitslosigkeit und der damit verbundenen sozialen Verelendung in Österreich war es für die nationalsozialistische Propaganda nicht schwer, mit Losungen wie "Brot und Arbeit" Erwartungen nach Verbesserung der Lebensbedingungen durch einen "Anschluß" zu befördern. Zur gleichen Zeit als in Deutschland bereits ein Arbeitskräftemangel auftrat, gab es in Österreich 1937 im Jahresdurchschnitt 464.000 registrierte Arbeitslose. Die

Arbeitslosenrate lag bei ca. 22%, nur noch die Hälfte der Arbeitslosen bezog eine Unterstützung.[107] Arbeitsbeschaffungsmaßnahmen und die Aufnahme von ausgesteuerten Arbeitslosen in die Arbeitslosenunterstützung zählten zu jenen Programmpunkten, die unmittelbar nach dem "Anschluß" propagiert wurden.[108] Wirtschaftliche Maßnahmen[109] (z.B. Investitionen in Aufrüstung, Ausbau der Verkehrsinfrastruktur, Erschließung von Rohstoffen), Produktionsausweitung, und die Vermittlung von Arbeitslosen nach Deutschland (1938: ca. 100.000) trugen zum Abbau der Arbeitslosigkeit bei. Die Zahl der Arbeitslosen sank von 276.000 im Jahresdurchschnitt 1938 auf 66.000 1939 und 22.000 1940.[110] Dieser Prozeß am Beispiel Wiens aufgezeigt[111]: im April 1938 waren 204.306 Arbeitslose[112] registriert, Ende Jänner 1939 84.027, Ende Jänner 1940 37.502, Ende Jänner 1941 4.291 und Ende Jänner 1942 599 Arbeitslose.

Bedeutete für die Betroffenen dieser Prozeß die Realisierung von "Brot und Arbeit", so für die nationalsozialistischen Machtträger die Nutzbarmachung brachliegender Arbeitskräftereserven - angesichts von Arbeitskräfteknappheit im "Altreich" und im Hinblick auf die Absicherung der Politik der Kriegsvorbereitung. Dem dienten nicht nur die politisch forcierte "Arbeitsbeschaffung", sondern ebenso ein weiterer Schwerpunkt der nationalsozialistischen Sozialpolitik: die Politik des Arbeitseinsatzes bzw. die mittels einer breiten Palette staatlicher Zwangsmaßnahmen organisierte Allokation der Arbeitskräfte. Diese reichte von der Einführung des Arbeitsbuches, des Arbeitsdienstes, der Dienstpflicht, des weiblichen Pflichtjahres bis zur Beschränkung des Arbeitsplatzwechsels oder der Meldepflicht unter dem Motto des "totalen Arbeitseinsatzes".

Wenn auch in Österreich 1938 ein quantitativ beträchtliches Arbeitslosenpotential vorhanden war, fanden die seit 1936 forcierten Bemühungen um eine straffere Lenkung des Arbeitseinsatzes[113] schon bald nach dem "Anschluß" in der Ostmark ihren Niederschlag: das Arbeitsbuch[114] und der Reichsarbeitsdienst[115] wurden eingeführt, die Verordnung zur Sicherstellung des Kräftebedarfs für Aufgaben von besonderer staatspolitischer Bedeutung vom 22. 6. 1938 erlangte Geltung. Diese Verordnung bildete die gesetzliche Grundlage für eine allgemeine, zeitlich begrenzte Dienstpflicht von Reichsangehörigen. Beim Bau des Westwalls 1938 kam dieses Instrument zum ersten Mal in größerem Umfang (400.000 Dienstverpflichtete) zur Anwendung. Die Dienstverpflichtung wurde im Februar 1939 noch ausgedehnt (Möglichkeit zur Verpflichtung von Einzelpersonen wie von ganzen Belegschaften auf unbegrenzte Zeit).[116] Für die Militarisierung der Arbeit im Nationalsozialismus sind diese Verpflichtungen eindrücklicher Beleg. In Worten des Reichstreuhänders Proksch: "Die Dienstverpflichtung schränkt die persönliche Freizügigkeit weitestgehend im Interesse des Volksganzen ein und kann mit Recht als wirtschaftlicher Gestellungsbefehl bezeichnet werden."[117] Zugleich erfuhr die staatliche Regulierung des Arbeitseinsatzes durch die Möglichkeit zur Beschränkung des Arbeitsplatzwechsels eine bedeutende Erweiterung. Kam letztere vorerst in einigen "neuralgischen" Bereichen (Landwirtschaft, Forstwirtschaft, Bergbau, Chemische Industrie, Baustoffherstellung, Eisen- und Metallwirtschaft) zur Anwendung, so wurde mit Kriegsbeginn der Arbeitsplatzwechsel noch stärker restringiert. Betriebsführer und Arbeiter durften - von einigen Ausnahmen abgesehen - das Arbeitsverhältnis nur kündigen, wenn das Arbeitsamt der Lösung des Arbeitsverhältnisses zugestimmt hat.[118]

Trotz intensiver Bemühungen und Maßnahmen zur Steigerung des Arbeitseinsatzes, wozu die Einführung des weiblichen Pflichtjahres[119], die Einstellung von Pensionisten, Betriebsstillegungen oder "Auskämmungen" von Betrieben zur Freimachung von Arbeitskräften zählten, verzeichnete auch die Ostmark merkbare Probleme auf der "Arbeitsfront": Die Maßnahmen der Einsatzlenkung stießen in Betrieben auf Schwierigkeiten. Dem gestiegenen Bedarf der Rüstungsindustrie und bei Bauvorhaben sowie der Nachfrage in der Landwirtschaft standen zu geringe Reserven an Arbeitskräften gegenüber - trotz der quantitativ beträchtlichen Ausweitung der Zwangsarbeit von zivilen Ausländern/innen und Kriegsgefangenen.[120] Der Facharbeitermangel wurde - auch im Zusammenhang mit Dienstverpflichtungen von Facharbeitern in das "Altreich"- akut.[121] Die Forcierung des Arbeitseinsatzes von inländischen Frauen zeitigte - wie Berichte zeigen - keineswegs immer den gewünschten Erfolg.[122]

Um eine bessere Koordinierung des Arbeitseinsatzes, der zunehmend für die Kriegspolitik und Kriegswirtschaft zentrale Bedeutung erlangte, zu erreichen, wurde 1942 per Führererlaß die Funktion eines Generalbevollmächtigten für den Arbeitseinsatz (Gauleiter Sauckel) geschaffen - mit Kompetenzen für die Rekrutierung und Verteilung der Arbeitskräfte wie auch zur Bestimmung von Lohn- und Arbeitsbedingungen.[123] Trotz weiterer Vorkehrungen (wie Bekämpfung des "Bummelanten-Wesens" und der "Arbeitsuntreue", weitere Einschränkung des Arbeitsplatzwechsel) verschlechterten sich die Bedingungen für die nationalsozialistische Arbeitseinsatzpolitik insgesamt ab Herbst 1942 - aufgrund der Veränderungen der militärischen Lage.[124]

Die Reaktion darauf war die Ausrufung des "totalen Arbeitseinsatzes". Diese Losung zielte in erster Linie auf eine striktere Ausschöpfung des bisher noch nicht erfaßten Frauenarbeitskräftepotentials. Das Instrument dazu stellten die Meldepflichtverordnungen aus 1943 und 1944 dar.[125] Wenn damit auch keineswegs der offene Bedarf gedeckt werden konnte[126], zeitigte diese Aktion ansatzweise Erfolge. So wurden beispielsweise laut Bericht aus Niederdonau bis September 1943 aufgrund der Meldepflichtverordnung vom Jänner 1943 ca. 30.000 Personen (davon 25.000 Frauen) eingesetzt.[127] Der Anstieg der Industriebeschäftigung inländischer Frauen in der Ostmark 1943/44 dürfte ebenso damit in Zusammenhang stehen.[128] Die Ausweitung der Frauenbeschäftigung in der Ostmark insgesamt resultierte allerdings in erster Linie aus der beträchtlichen Zunahme von ausländischen Zwangsarbeiterinnen.

1944 wurde ein weiterer Versuch unternommen, durch Verschärfung der Meldepflichtverordnung eine Umschichtung des Arbeitskräftepotentials zu erzwingen. Dieser Versuch wurde "schon bald von der militärischen Entwicklung überrollt".[129]

Resümee

Im Hinblick auf das Ziel der Befriedung der "Inneren Front" sind Bemühungen konstatierbar, die Auswirkungen der Aufrüstungs- und Kriegspolitik auf die Arbeitsbedingungen für die "deutschen Arbeiter" abzuschwächen. Trotzdem ist offenkundig, daß die Neugestaltung der Arbeitsbeziehungen durch den Nationalsozialismus, die in ihren wesentlichen Punkten bis 1945 aufrecht blieb, die strukturelle Ungleichheit der Lohnabhängigen durch die Ausschaltung jeglicher eigenständiger Interessenorganisierung, durch die Unterordnung unter die Aufrüstungs- und Kriegspolitik sowie durch die - auch gesetzlich verankerte - alleinige Entscheidungsbefugnis des Unternehmers verstärkt hat. Der staatliche Gewaltapparat sicherte außerbetrieblich die im Arbeitsrecht fixierte Entrechtung der Lohnabhängigen ab.

In der subjektiven Wahrnehmung konnte diese Entrechtung auf dem Hintergrund der bereits im Austrofaschismus realisierten Einschränkungen des Handlungsspielraumes, vor allem aber - vorerst zumindest - durch die Erfahrung der nationalsozialistischen Umwerbung von Arbeitern, von innerbetrieblichen Verbesserungen ("Schönheit der Arbeit") oder in Aussicht gestellten Freizeitvergnügungen ("Kraft durch Freude") relativiert werden.

Integrations-, Legitimations- und Befriedungsstrategien der nationalsozialistischen Machtträger spielten auch für die Entwicklung der Sozialversicherung eine wichtige Rolle. Diese Strategien standen im Spannungsfeld zu der politischen Priorität der materiellen Ressourcenallokation zugunsten der Rüstungs- und Kriegspolitik, der die Versuche einer zunehmenden Beschränkung des Konsums und der Kaufkraft korrespondierten.

Die materiellen Zugeständnisse im Bereich des Leistungswesens hielten sich in engen Grenzen, weitreichende Veränderungen - wie die von der DAF propagierte Neuordnung des Gesundheits- und Sozialversicherungswesens - wurden auf die "Friedenszeit" vertagt. Für die Lohnabhängigen der Ostmark im speziellen zeitigten diese Begrenzungen nicht unbeträchtliche Konsequenzen - ablesbar an der offenkundigen Diskrepanz zwischen Versprechungen, Erwartungen und tatsächlich realisierten Maßnahmen insbesondere im Bereich der Altersversorgung. Die als sozialpolitische Großtat propagierte Neueinführung der Alters- (bzw. Invaliden-)versicherung der Arbeiter hatte nicht bloß keine wesentliche Änderung für jene gebracht, die bis Ende 1938 in Pension gingen. Aufgrund der Einführungsmodalitäten blieben vielmehr auch die neuen Renten auf einem vergleichbar niedrigen Niveau.

Unstrittig hat die Beschäftigungsexpansion nach dem "Anschluß" zur Verbesserung der materiellen Bedingungen der Lohnabhängigen im Vergleich zu den vorausgehenden Jahren beigetragen. Diesem Positivsaldo nationalsozialistischer Politik stand das auch politisch relevante Faktum der nichtbeseitigten Ungleichstellung der Ostmark gegenüber dem "Altreich" im Hinblick auf den materiellen Lebensstandard (Löhne, Renten) entgegen. Zudem bildete "Brot und Arbeit" nur die eine Seite nationalsozialistischer Arbeitsbeschaffungs- und Arbeitseinsatzpolitik. Die andere Seite ist die Nutzbarmachung brachliegender

Arbeitskräftereserven im Sinne der expansionistischen Kriegs- und Rüstungspolitik - verbunden mit der Militarisierung der Arbeit, mit Arbeitszwang, mit der Beseitigung der persönlichen Freizügigkeit und der intensivierten Ausbeutung "deutscher Arbeiter/innen", mehr noch von ausländischen Arbeitskräften und Kriegsgefangenen.

Die nationalsozialistische Sozialpolitik stellt eine extreme Variante einer "Sozialpolitik von oben" dar. Nach der gewaltsamen Zerschlagung der Arbeiterbewegung und unter den Rahmenbedingungen der inner- und außerbetrieblich abgesicherten Unterdrückung der Arbeiterschaft war der sozialpolitische Entscheidungsprozeß durch die zuständigen Träger des Staatsapparates (Arbeits-, Finanz-, Wirtschafts- und Innenminister), die Führungsspitze der Partei ("Führer", Stellvertreter des "Führers"), durch die Gauleiter (Repräsentanten sowohl des staatlichen wie des Parteiapparates), die Vertreter der DAF und von Unternehmerorganisationen geprägt.

Die Polykratie der Herrschaftsstruktur zeitigte auch im sozialpolitischen Bereich Auswirkungen. Bei Konsens in grundsätzlichen Fragen - beispielsweise betreffend die Unterordnung der Sozialpolitik unter die kriegs-, rüstungs- und wirtschaftspolitischen Prioritäten oder die Privilegierung des "deutschen Arbeiters" auf Basis der verschärften Ausbeutung der materiellen und personellen Ressourcen der besetzten Gebiete - ist die konkrete Ausgestaltung der Sozialpolitik geprägt von Kompetenzkonflikten und kontroversiellen Positionen - insbesondere im Bereich der materiellen Leistungen. An den Aktivitäten und sozialpolitischen Vorstößen der Gauleiter und der DAF wurde deren funktionsbedingter größerer Legitimationsbedarf offenkundig. Diese Aktivitäten fanden an den Prioritäten einer expansionistischen Aufrüstungs- und Kriegspolitik ihre Grenze. Hand in Hand mit dem Ende der Blitzkriegerfolge ging zudem eine Veränderung der innenpolitischen Strategien einher - ablesbar an der Verschlechterung der Lebensbedingungen: beträchtliche Einschränkung in der Versorgung mit Bedarfsgütern, Verschärfung des Arbeitszwangs, Intensivierung des Terrors gegenüber verschiedenen, meist individuellen Widerstandsformen in den Betrieben.

Selektive Problemwahrnehmung - auch nach 1945 kein Einzelphänomen in der Auseinandersetzung mit dem Nationalsozialismus - vermag mit dieser Politik Positives zu assoziieren. Diese Selektivität wurde durch die gezielt eingeschränkte Durchschaubarkeit von Strategien und realisierter Politik im Nationalsozialismus gefördert. Ebenso kann dazu das Akzeptieren von Ankündigungen beigetragen haben, daß große sozialpolitische Vorhaben des Nationalsozialismus erst nach der "siegreichen Beendigung" des Krieges durchgeführt werden könnten. Bemerkenswert ist, daß auch heute noch - obwohl durch wissenschaftliche Analysen die nationalsozialistische Herrschaft insgesamt differenzierter erfaßt werden kann - derlei selektive Wahrnehmungen überdauern.

Anmerkungen

1 Siehe E. Tálos, Sozialpolitik im Austrofaschismus, in: E. Tálos/W. Neugebauer (Hg.), "Austrofaschismus". Beiträge über Politik, Ökonomie und Kultur 1934-1938, 3. Auflage, Wien 1985, S. 166 ff.
2 Gesetz vom 20. 1. 1934 (RGBl I, S. 45).
3 Siehe nähere Ausführungen über das AOG bei A. Kranig, Das Gesetz zur Ordnung der nationalen Arbeit, in: H. Steindl (Hg.), Wege zur Arbeitsrechtsgeschichte, Frankfurt 1984, S. 461 ff., 468.
4 Siehe dazu z.B. M.-L. Recker, Nationalsozialistische Sozialpolitik im Zweiten Weltkrieg, München 1985, S. 98 ff., 114 ff.
5 Daten über Arbeitslosigkeit siehe bei D. Stiefel, Arbeitslosigkeit, Berlin 1979, S. 29.
6 Siehe Hinweis über Löhne und Lebenshaltung bei T.W. Mason, Sozialpolitik im Dritten Reich, Opladen 1978, S. 147 ff., 229 ff.
7 Ebenda, S. 31.
8 Siehe ebenda, S. 214, 240, 255, 260; Recker, Sozialpolitik, S. 45 ff, 193 ff., 217 f.
9 Siehe z.B. Recker, Sozialpolitik, S. 114 ff., 299.
10 Siehe Bestand im Dokumentationsarchiv des Österreichischen Widerstandes (Wien).
11 Siehe Berichte im Völkischen Beobachter v. 18. 3. 1938, S. 4.
12 Siehe das Schreiben Hilgenfelds an Bürckel vom 9. 4. 38 sowie den Bericht der Dienststelle Ostmark des Amtes für Wohlfahrtspflege und Jugendhilfe im Hauptamt für Volkswohlfahrt v. 31. 5. 38, in: Allgemeines Verwaltungsarchiv Wien (=AVA), Bestand Reichskommissar für die Wiedervereinigung, Karton 167.
12a Siehe Rede Görings vom 26. 3. 38, zit. in: Völkischer Beobachter v. 28. 3. 38; Rede Bürckels v. 24. 3. 38, in: Völkischer Beobachter v. 25. 3. 38.
13 Verordnung über die Einführung von Vorschriften auf dem Gebiet der Förderung der Eheschließungen und der Gewährung von Kinderbeihilfen an kinderreiche Familien im Lande Österreich v. 30. 3. 1938 (RGBl I, S. 341), in Kraft mit 1. 4. 1938.
13a Siehe R. Luža, Österreich und die großdeutsche Idee in der NS-Zeit, Wien-Köln-Graz 1977, S. 103 ff.; G. Botz, Wien vom "Anschluß" zum Krieg, Wien-München 1978, S. 129 ff.
14 Siehe AVA, Reichskommissar, Karton 37/Zahl 1909/1: Bürckel wollte in seiner Rede v. 24. 3. 38 diese Maßnahmen ankündigen. Mit dem Hinweis darauf, daß Göring das selbst machen wolle, wurde der Reichskommissar vom Reichsarbeitsminister ersucht, davon Abstand zu nehmen.
15 Zweite Verordnung über die Einführung sozialrechtlicher Vorschriften im Lande Österreich v. 9. 7. 1938 (RGBl I, S. 851).
16 R. Dietz, Gesetz zur Ordnung der nationalen Arbeit, München-Berlin 1939, S. 18.
17 Siehe Kundmachung des Reichsstatthalters in Österreich zu den Verordnungen über die Einführung sozialrechtlicher Vorschriften im Lande Österreich v. 8. 4. 1938.
18 Verordnung über die Einrichtung der Reichstreuhänderverwaltung im Lande Österreich v. 14. 10. 38 (RGBl I, S. 1515).
19 Verordnung über die Arbeitseinsatz-, die Reichstreuhänder- und die Gewerbeaufsichtsverwaltung in der Ostmark v. 7. 3. 1940 (RGBl I, S. 552).
20 Siehe dazu die interessanten Ausführungen bei Kranig, Gesetz zur Ordnung, S. 472 ff.
21 Gesetz über Kinderarbeit und über die Arbeitszeit der Jugendlichen (Jugendschutzgesetz) v. 30. 4. 1938 (RGBl I, S. 437); Arbeitszeitordnung v. 30. 4. 1938 (RGBl I, S. 447).
22 Verordnung zur Einführung von Arbeitszeitvorschriften im Lande Österreich vom 7. 2. 1939 (RGBl I, S. 155).
23 Siehe dazu: Berichte der Abt. IV des Ministeriums für Wirtschaft und Arbeit/Aufgabenkreis Arbeit, in: AVA, Fischböck Nachlaß, Karton 735.
23a Siehe Verordnung zur Durchführung der Verordnung über die Beschäftigung von Juden v. 31. 10. 1941 (RGBl I, S. 681). Zur Rentenfrage: P. Kirchberger, Die Stellung der Juden in der deutschen Rentenversicherung, in: Sozialpolitik und Judenvernichtung, Berlin 1987.
24 Pfundtner - Neubert, Das neue deutsche Reichsrecht. Ausgabe Österreich, Loseblattausgabe IV e 17, S. 5.
25 Verordnung zur Abänderung und Ergänzung von Vorschriften auf dem Gebiet des Arbeitsrechts vom 1. 9. 1939 (RGBl I, S. 1683). Der Reichsarbeitsminister hatte in einer Anordnung vom 11. 9. 39 eine Verlängerung der Arbeitszeit für Frauen und Jugendliche bis 10 Stunden zugelassen.

26 Siehe z.B. den Vorspann der Verordnung über den Arbeitsschutz v. 12. 12. 39 (RGBl I, S. 2403); Reichsarbeitsminister Seldte, zit. in: Kameradschaft der Arbeit 21/1940, S. 608-610.
27 Siehe ausführlich dazu: Recker, Sozialpolitik, S. 43 ff.
28 Verordnung zur Ergänzung des Abschn. III der Kriegswirtschaftsverordnung v. 16. 11. 1939 (RGBl I, S. 2254).
29 Verordnung über Arbeitsschutz v. 12. 12. 39 (RGBl I, S. 2403), in Kraft ab 18. 12. 39. Mit Verordnung vom 3. 9. 1940 (RGBl I, S. 1205) wurde die Vorkriegsregelung in vollem Umfang wiederhergestellt.
30 Da die Arbeitszeitbestimmung vom 12. 12. 39 nach 1945 nicht explizit aufgehoben wurde, bestanden noch in den 50er Jahren Unklarheiten über die Geltung des Acht- oder Zehnstundentages (siehe E. Tálos, Staatliche Sozialpolitik in Österreich, Wien 1981, S. 334).
31 Verordnung vom 12. 12. 39.
32 Siehe Recker, Sozialpolitik, S. 52.
33 Gesetz zum Schutz der erwerbstätigen Mutter v. 17. 5. 42 (RGBl I, S. 321); siehe dazu K. Berger, Zwischen Eintopf und Fließband, Wien 1984, S. 119 ff.; R. Münz/G. Neyer/M. Pelz, Frauenarbeit, Karenzurlaub und berufliche Wiedereingliederung, Linz 1986, S. 41 ff.
34 Siehe den Beitrag von K. Berger in diesem Sammelband.
35 Niederösterreichisches Landesarchiv: Mikrofilm N. 27/Akt. Nr. 93/1943.
36 Erlaß vom 20. 8. 1942, in: Niederösterreichisches Landesarchiv, IV d 3, Mikrofilm Nr. 27, Akt. Nr. 88/43; weiters: Erlaß vom 29. 9. 1942.
37 Siehe Schreiben des Reichsstatthalters in Niederdonau v. 19. August 1943, in: ebenda.
37a Siehe den Beitrag von Freund/Perz in diesem Sammelband.
38 AVA, Geheime Staatspolizei, Staatspolizeileitstelle Wien. Über Probleme der Durchführung (z.B. schleppende Behandlung der Strafanträge) siehe den Bericht des Sicherheitsdienstes v. 8. 10. 42 in: Bundesarchiv Koblenz (BAK) R58/176.
39 F. Seldte, Sozialpolitik im Dritten Reich 1933-1938, München-Berlin 1939, S. 81
40 Siehe Verordnung über die Einführung der Sozialversicherung im Lande Österreich v. 22. 12. 1938 (RGBl I, S. 1912).
41 Siehe Verordnung über die Ausdehnung des Bereichs der Kassenärztlichen Vereinigung Deutschlands und der Kassenzahnärztlichen Vereinigung Deutschlands auf das Land Österreich v. 8. 9. 1938 (RGBl I, S. 1165).
42 Siehe Briefverkehr, Aktenvermerke, Vorschläge und Gesetzentwürfe, in: AVA, Reichskommissar, Karton 42/1938 sowie Karton 43/1938/1.
43 Siehe z.B. Gauleiter Eigruber (Oberdonau) am 27. 7. 38 an Bürckel: für Aufrechterhaltung der österreichischen Sozialversicherung, in: AVA Reichskommissar, Karton 42; Gauleiter Hofer (Tirol) am 27. 8. 38 an Bürckel: für Angleichung der Beamten an die Pensionsbezüge des Altreiches, in: AVA, Reichskommissar Karton 45/1942.
44 Schreiben Jakobs v. 9. 9. 38 an Hofmann (Stab des Reichskommissars), in: AVA, Reichskommissar Karton 42/1938.
45 Siehe Schreiben Hofmanns v. 12. 8. 1938; Schreiben des Ministeriums für Wirtschaft und Arbeit v. 21. 9. 38, in: AVA, Reichskommissar, Karton 42; Wochenbericht der Abt. IV des Ministeriums für Wirtschaft und Arbeit v. 6.-19. September 1938, in: AVA, Fischböck, Nachlaß, Karton 735.
46 Siehe Stellungnahme des Sozialamtes DAF, Berlin, v. 1. 9. 38 sowie Schreiben v. 19. 10. 38, in: AVA, Reichskommissar, Karton 42.
47 Siehe Schreiben v. 10. 9. 38, in: ebenda.
48 Bürckel schrieb am 20. 10. 38 an Thiele (Stab des Stellvertreters des Führers), daß die von Jakob vorgelegten Gesetzentwürfe "mehr oder weniger überholt sind und einer intensiveren Durcharbeitung zur Zeit daher nicht bedürfen" (in: AVA, Reichskommissar, Karton 42).
49 Aktenvermerk v. 12. 10. 38, in: AVA, Reichkommissar, Karton 42; Schreiben Bürckels v. 20. 10. 38, in: ebenda.
50 Aktenvermerk v. 19. 10. 38: Der Reichsarbeitsminister und Reichsfinanzminister lehnten die Einführung der Volksversorgung im gegenwärtigen Zeitpunkt als finanziell untragbar ab (AVA, Reichskommissar, Karton 42).
51 Siehe Vermerk der Abt. III E v. 18. 11. 38: Hinweis auf Verhandlungen Jakobs mit dem Reichsarbeitsministerium, in: AVA, Reichskommissar, Karton 43; Schreiben Jakobs an Regierungspräsident Barth v. 21. 11. 38; Schreiben Abt. III E v. 22. 11. 1938; Vermerk v. 12. 12. 38 (Hofmann), in: ebenda.

52 Siehe dazu Ausführungen im Vermerk der Abt. III E v. 18. 11. 38, in: ebenda.

53 Siehe Schreiben Jakobs am 10. 12. 38 an das Reichsarbeitsministerium, in: AVA, Reichskommissar, Karton 43.

54 Siehe nähere Erläuterungen z.B. bei W.F. Funke, Verordnung über die Einführung der Sozialversicherung im Lande Österreich, Stuttgart-Berlin 1938; R. Jakob, Neues Sozialversicherungsrecht in der Ostmarkt, Wien 1939.

55 Seitens des Ministeriums für Landwirtschaft wurde in der Phase der Beratungen über die Einführungsverordnung Kritik geübt, daß ihm keine Möglichkeit zur Stellungnahme eingeräumt wurde (Schreiben v. 20. 10. 38 und 6. 1. 39 in: AVA, Reichskommissar, Karton 43). Bei den weiteren Auseinandersetzungen nach Inkrafttreten der Einführungsverordnung ging es im wesentlichen um die Belastung der Landwirtschaft durch Erhöhung der Beiträge für die Alters- bzw. Invalidenversicherung der Landarbeiter. Ein Konsens - mit Zustimmung des Reichsfinanzministers - wurde im Sommer 1939 erzielt: Beitragskürzungen für die in Notstandsgebieten lebenden Ostmarkbauern (siehe Schreiben Jakobs v. 10. 7. 39, in: AVA, ebenda).

56 D.h. die Reichsversicherungsordnung vom 19. Juli 1911; das Angestelltenversicherungsgesetz v. 28. Mai 1924, das Reichsknappschaftsgesetz vom 1. Juli 1926 und - mit Einschränkungen - das Gesetz über Arbeitsvermittlung und Arbeitslosenversicherung v. 16. Juli 1927.

57 Siehe dazu § 20 der Einführungsverordnung sowie die Verordnung zur Vereinfachung der Berechnung von Invalidenversicherungsrenten in den Reichsgauen der Ostmark v. 7. 10. 1940 (RGBl I S. 1338) und Verordnung über Leistungsverbesserungen in der Rentenversicherung v. 10. 12. 1942 (RGBl I S. 697).

58 Siehe Verordnung zur Durchführung und Ergänzung der Verordnung über die Einführung der Sozialversicherung im Lande Österreich v. 9. 2. 1938 (RGBl I S. 196), 2. Verordnung zur Durchführung und Ergänzung v. 5. 2. 1940 (RGBl I S. 270).

59 Niederschrift über die am 21. 10. 1940 in Linz unter Vorsitz des Gauleiters und Reichsstatthalters von Oberdonau, Eigruber, stattgehabte Tagung in Krankenversicherungsfragen, in: AVA, Bundesministerium für Soziale Verwaltung, Oberversicherungsamt, Karton 1084, Akt Ö-R 1925/40.

60 Siehe die Wortmeldung von Kassenleiter Scheck, Oberdonau, und Sektionschef Schromm, Wien, in: ebenda.

61 Die DAF, Gauleitung Wien, hatte bereits in einem Schreiben v. 23. 5. 39 die Leistungsverschlechterungen in allen Versicherungszweigen aufgelistet (in: AVA, Reichskommissar, Karton 44).

62 So z.B. die Aufhebung der Pflichtversicherungsgrenze für Angestellte von jährlich 3.600 RM auf 7.200 RM. Informationen dazu in der "Niederschrift über die Dienstbesprechung betreffend Fragen der Sozialversicherung in der Ostmark" in Salzburg am 8. 4. 1941, in: AVA, Oberversicherungsamt, Karton 1087.

63 Siehe Daten bei Jakob, Neues Sozialversicherungsrecht, S. 188. Nähere Hinweise über die Höhe der Altersfürsorgerenten finden sich in der "Übersicht über die Altersfürsorgerenten und Invalidenrenten in der Ostmark", erstellt von Ministerialrat Rudolph, v. 2. 5. 1941, in: AVA, Oberversicherungsamt, Karton 1082. Nach Interventionen des Ministeriums für Wirtschaft und Arbeit wurde durch Erlaß des Reichsarbeitsministeriums mit 25. 6. 40 eine Zusatzrente bis zu 6 RM monatlich aus Reichsmitteln zu jenen Altersfürsorgerenten gewährt, die unter 20 RM lagen (siehe Schnellbrief des Reichsarbeitsministers, in: AVA, Oberversicherungsamt, Karton 1083).

64 AVA, Oberversicherungsamt, Karton 1082. Siehe auch die Kritik im Rahmen der Dienstbesprechung betreffend Fragen der Sozialversicherung, in: Niederschrift über die Dienstbesprechung, S. 9, sowie die Kritik des Gauleiters von Salzburg, Rainer, in einem Schreiben vom 28. 8. 1941 an Bormann, in: AVA, Oberversicherungsamt, Karton 1082.

65 Übersicht über die Altersfürsorgerenten, S. 3 f.

66 Stellungnahme der Preisbildungsstelle v. 14. 5. 41 zur Übersicht des Oberversicherungsamtes, in: AVA, Oberversicherungsamt, Karton 1082/Zahl 909/41.

67 Siehe Angaben in: Niederschrift über Dienstbesprechung betreffend Fragen der Sozialversicherung, S. 9, 12.

68 Übersicht über die Altersfürsorgerenten, S. 5; siehe auch Briefentwurf Schirachs v. 10. 9. 41 an Bormann und den Reichsarbeitsminister, der einen Bericht über die Auswirkungen des Gesetzes über die Verbesserung der Leistungen in der Rentenversicherung enthält:

Darin wird der Durchschnittsbetrag der neu angefallenen Invalidenrenten im Mai 1941 mit 27,70 RM (einschließlich Kinderzuschüsse) angegeben. Im Vergleich dazu habe der Durchschnittsbetrag im "Altreich" im Jahr 1937 bereits 31,92 RM betragen (AVA, Oberversicherungsamt, Karton 1082/Zahl 909/41).

69 Siehe Erläuterungen bei Jakob, Neues Sozialversicherungsrecht, S. 210.

70 Aufhebung der Leistungskürzungen durch das Gesetz über die Verbesserung der Leistungen in der Rentenversicherung v. 24. 7. 1941.

71 Siehe Vermerk des Oberversicherungsamtes v. 2. 5. 1941, in: AVA, Oberversicherungsamt, Karton 1087/Zahl Ö-R 564/41.

72 Gesetz vom 24. 7. 1941 (RGBl I, S. 443).

73 Siehe Niederschrift über die Dienstbesprechung betreffend Fragen der Sozialversicherung; Schreiben des Reichsstatthalters und Gauleiters von Salzburg, Rainer, an Bormann v. 28. 8. 41 (in: AVA, Oberversicherungsamt, Karton 1082).

74 2. Gesetz über die Verbesserung der Leistungen in der Rentenversicherung vom 19. 6. 1942: Erhöhung der Kinderzuschüsse für die beiden ersten Kinder, Erleichterung des Bezugs einer Witwenrente in der Invalidenversicherung.

75 Verordnung über die Neuregelung der Rentenversicherung im Bergbau v. 4. 10. 1942 (RGBl I 9.569/42).

76 Entwurf eines zweiten Gesetzes über die Verbesserung der Leistungen in der Rentenversicherung, in: BAK, R 89/3171.

77 1942 vorerst nur für Arbeiter (siehe Verordnung über Leistungsverbesserungen in der Rentenversicherung in den Alpen- und Donau-Reichsgauen v. 10. 12. 1942); 1943 auch für Angestellte (siehe Verordnung v. 12. 10. 1943).

78 Siehe Recker, Sozialpolitik, S. 217.

79 Siehe Schnellbrief v. 26. 5. 1942 an Göring, in: BAK R 41/28; Schreiben an Lammers v. 23. 12. 42, in: BAK R 41/28.

80 Siehe Mason, Sozialpolitik, S. 208 ff. sowie Pfundtner/Neubert, IV e 16, S. 1.

81 Schreiben an Bürckel, in: AVA, Reichskommissar, Karton 36/Zahl 1910.

82 Siehe Anordnung v. 27. 5. 1938, in: Kameradschaft der Arbeit N. 1/1938, S. 27 f.

83 Siehe Amtliche Mitteilungen des Reichstreuhänders, 1. Jg., 1. Heft, 1. 10. 38 (abgedruckt in Kameradschaft der Arbeit 1/1938); Proksch an alle Gauleiter am 16. 9. 38, in: AVA, Reichskommissar, Karton 36.

84 Siehe z.B. Proksch an alle Gauleiter, in: ebenda.

85 Siehe Mason, Sozialpolitik, S. 208 ff.; Recker, Sozialpolitik, S. 21 ff.

86 Siehe Proksch in seinem Bericht an Bürckel v. 22. 8. 38 (AVA, Reichskommissar, Karton 36); Stellungnahme der Arbeitsgemeinschaft für Wohnungswesen in der Reichsarbeitskammer v. 7. 7. 38 zu Fragen der Mietenerhöhung in der Ostmark (AVA, Reichskommissar, Karton 83).

87 Siehe z.B. Monatsberichte des Wiener Instituts für Wirtschafts- und Konjunkturforschung, Heft 2 und 3/1939, S. 67, 73 f.

88 F. Butschek, Die österreichische Wirtschaft 1938 bis 1945, Wien 1978, S. 60.

89 Monatsberichte, Heft 2/3/1938, S. 38.

90 Die Entwicklung der Lebenshaltungskosten und Löhne in Wien seit der Wiedervereinigung, Wien 1941, S. 50.

91 Siehe Bericht des Reichstreuhänders Proksch an Bürckel (AVA, Reichskommissar, Karton 36). Bürckel schreibt im März 1939 an Proksch, daß er eine Verordnung über einen Lohnstop in der Ostmark nicht zulassen werde, "bevor nicht das Ziel der Gleichstellung erreicht ist. Erst von diesem Augenblick an gibt es bei uns einen Lohnstop" (AVA, Reichskommissar, Karton 37/Zahl 1910).

92 Siehe Proksch, Bericht an Bürckel, in: ebenda; Bericht des Betriebsführers der Solo-Zündwaren- und chemischen Fabriken Linz, in: Besprechung des Reichskommissars mit den Betriebsführern und Betriebsobmännern der Rüstungsindustrie der Ostmark am 28. 10. 38 (AVA, Reichskommission, Karton 83); Schreiben Rafelsbergers am 30. 1. 39 (Reichskommissar, Karton 82/Zahl 2102).

93 Siehe Informationen in "Das Jahr der Eingliederung" in: Monatsberichte des Wiener Instituts für Wirtschafts- und Konjunkturforschung Heft 2/3/1939, S. 36 ff.; Butschek, Wirtschaft 1938 bis 1945, S. 57 ff.

94 Siehe dazu auch Botz, "Anschluß", S. 303 ff.; Luza, Österreich, S. 111 f.

95 Schreiben v. 29. 10. 38, in: AVA, Reichskommissar, Karton 62/Zahl 2100; Stimmungsberichte, zit. bei Berger, Eintopf und Fließband, S. 150 f.
96 Die Entwicklung der Lebenshaltungskosten, S. 49, 57; Butschek, Wirtschaft 1938 bis 1945, S. 84, spricht von 15%.
97 Siehe Butschek, ebenda, S. 83.
98 Siehe Berger, Eintopf und Fließband, S. 150 f.; St. Karner, Die Steiermark im Dritten Reich 1938-1945, Graz 1986, S. 325. Kerschbaumer in diesem Sammelband.
99 Kriegswirtschaftsverordnung v. 4. 9. 39 (RGBl I S. 1609).
100 Zweite Durchführungsbestimmungen zum Abschnitt III (Kriegslöhne) der KWVO v. 12. 10. 1939 (RGBl I, S. 2028). Zu Diskussionen und Auseinandersetzungen über die Lohnpolitik im Krieg siehe ausführlich Recker, Sozialpolitik, S. 37 ff.
101 A. Riedler, Realitäten des Lohnstopp, in: Kameradschaft der Arbeit 9/1942, S. 292, führt an, daß vom Reichstreuhänder Wien-Niederdonau 247 Betriebsführer wegen Verletzung der Lohnstoppvorschriften bis zu 10.000 RM im Einzelfall bestraft wurden.
102 Opitz, Reichstreuhänder für Steiermark/Kärnten, in: Kameradschaft der Arbeit 8/1942, S. 276.
103 Die Entwicklung der Lebenshaltungskosten, S. 51 f.
104 Siehe Berger, Eintopf und Fließband, S. 154.
105 Siehe den Beitrag Bergers in diesem Sammelband.
106 Schreiben des Reichsarbeitsministers an Göring am 21. 12. 39, in: BAK R41/69.
107 Siehe Stiefel, Arbeitslosigkeit, S. 29.
108 Siehe Rede Görings v. 26. 3. 38, in: Völkischer Beobachter v. 28. 3. 38; Monatsberichte des österreichischen Instituts für Konjunkturforschung 3/1938, S. 82 ff.; Gesetz über besondere Maßnahmen auf dem Gebiet der Arbeitslosenfürsorge (GBlfÖ 206/38).
109 Siehe zu wirtschaftlichen Maßnahmen den Beitrag von Kernbauer und Weber in diesem Sammelband.
110 Siehe Butschek, Wirtschaft 1938 bis 1945, S. 122.
111 Siehe Monatsberichte des Wiener Instituts für Wirtschaft- und Konjunkturforschung 8/1938, S. 205; 4/1939, S. 127; Der Arbeitseinsatz. Hg. v. Landesarbeitsamtsbezirk Wien-Niederdonau, Jahrgang 1941 und 1942. Botz, "Anschluß", S. 301. Für die Steiermark siehe Karner, Steiermark, S. 303 f.; für Salzburg siehe E. Hanisch, Nationalsozialistische Herrschaft in der Provinz. Salzburg im Dritten Reich, Salzburg 1983, S. 85 f.; für Oberdonau den Beitrag von Kepplinger in diesem Sammelband.
112 Die hohe Zahl der Arbeitslosen hängt auch damit zusammen, daß durch die sog. Göring-Aktion bisher in Österreich Ausgesteuerte jetzt Arbeitslosenunterstützung beziehen konnten. Laut Monatsberichte des Wiener Instituts 7/38, S. 187 waren dies für Wien 48.173 Personen.
113 Siehe Mason, Sozialpolitik, S. 269 ff.; Recker, Sozialpolitik, S. 21.
114 Im Rahmen der Verordnung über die Eingliederung der Landesarbeitsämter und Arbeitsämter in die Reichsanstalt für Arbeitsvermittlung und Arbeitslosenversicherung v. 20. 5. 1938; siehe auch F. Danimann, Die Arbeitsämter unter dem Faschismus, Wien 1966, S. 35 ff.
115 Verordnung über die Einführung des Reichsarbeitsdienstes im Lande Österreich v. 19. 4. 1938 (RGBl I S. 400).
116 Verordnung zur Sicherstellung des Kräftebedarfes für Aufgaben von besonderer staatspolitischer Bedeutung v. 13. 2. 1939 (RGBl I S. 206).
117 A. Proksch, Zehn Jahre nationalsozialistische Arbeitsgestaltung, in: Kameradschaft der Arbeit 3/1943, S. 54; siehe ähnlich R. Strigl, Planmäßiger Arbeitseinsatz, in: Kameradschaft der Arbeit 13/1940, S. 341-343.
118 Verordnung über die Beschränkung des Arbeitsplatzwechsels v. 1. 9. 1939 (RGBl I S. 1685).
119 Anordnung über den verstärkten Einsatz von weiblichen Arbeitskräften in der Land- und Hauswirtschaft im Lande Österreich und in den sudetendeutschen Gebieten v. 13. 3. 39.
120 Siehe z.B. Berichte der Zweigstelle Ostmark des Reichsarbeitsministeriums für den Arbeitseinsatz v. 5. 4. 1940 sowie des Überleitungskommissars für die Landesarbeitsämter v. 9. 5. 40 (in: AVA Reichskommissar, Karton 35). Zur Zwangsarbeit von Kriegsgefangenen siehe den Beitrag von Freund und Perz in diesem Sammelband.
121 Siehe Hinweise im Schreiben des Reichsarbeitsministers v. 24. 4. 41 (BAK R 43II/1358b).

122 Siehe z.B. Bericht der Zweigstelle Ostmark des Reichsarbeitsministeriums für Arbeitseinsatz v. 7. 3. 40 (in: AVA, Reichskommissar, Karton 35).
123 Erlaß v. 21. 3. 1942 (RGBl I S. 179).
124 Siehe Recker, Sozialpolitik, S. 176 ff.
125 Verordnungen v. 27. 1. 1943 (RGBl I S. 67), v. 10. 6. 1944 (RGBl I S. 1331), v. 28. 7. 44 (RGBl S. 1681), v. 29. 8. 44 (RGBl I, S. 190).
126 Siehe z.B. Der Arbeitseinsatz im Gau Niederdonau, Jahrgang 1943/44, S. 7.
127 Siehe Tabelle ebenda.
128 Siehe Beitrag von Freund/Perz in diesem Sammelband.
129 Recker, Sozialpolitik, S. 293.

Karin Berger

"HUT AB VOR FRAU SEDLMAYER!"*

Zur Militarisierung und Ausbeutung der Arbeit von Frauen im nationalsozialistischen Österreich

Freude am Dienen, intellektuelle Minderwertigkeit und eine "ureigene" Bestimmung für reproduktive Tätigkeiten wurde Frauen von der NS-Ideologie zugeschrieben. Emanzipatorische Gedanken und Bewegungen sollten eliminiert und Frauen in all ihren Arbeitsbereichen - als Gebärerinnen und Erzieherinnen, als Berufstätige und als Hausfrauen - für die Interessen des NS-Staates funktionalisiert werden. Terror und Gewalt drangen in alle Bereiche weiblichen Lebenszusammenhanges. Mit dem Nationalsozialismus war auch die schärfste Form des Patriarchats an die Macht gekommen.

In Deutschland sollten nach der Machteinsetzung des NS-Regimes Frauen von außerhäuslichen und vor allem von qualifizierten Arbeitsplätzen verdrängt und ihre Tätigkeitsbereiche hauptsächlich auf landwirtschaftliche und pflegerische Berufe eingeschränkt werden. Hausfrau- und Muttersein wurde als ihre "eigentliche" Aufgabe propagiert. Schon ab 1936 aber wurden sie auch wieder für außerhäusliche Arbeit gebraucht, da durch die forcierte Aufrüstung ein stärkerer Bedarf an Arbeitskräften entstanden war.

Der Anschluß Österreichs fiel bereits in die Phase des Mangels an Arbeitskräften - bereits 1938 wurde im "Völkischen Beobachter" Frauenarbeit in der Fabrik propagiert. Während des gesamten Kriegsverlaufs sollten durch propagandistische Maßnahmen einerseits und durch Zwang andererseits Frauen verstärkt für die Arbeit an den Fließbändern der Rüstungsindustrie gewonnen werden. Gleichzeitig aber wurde von ihnen gefordert, "ihren" Beitrag zur Steigerung der Geburtenrate zu leisten und nebenbei - da angeblich ihrem "ureigenen" Wesen entsprechend - mit ihrer Arbeit im "wehrhaften Haushalt" die Kriegswirtschaft zu unterstützen. Für die Durchsetzung der imperialistischen Interessen des NS-Systems wurden zunehmend alle weiblichen Arbeitsbereiche - z.T. schon vor Kriegsbeginn - auf die Erfordernisse des Krieges ausgerichtet und weitgehend militarisiert.

Verschiedene Aspekte der NS-Frauenpolitik in Österreich, ihre konkreten Auswirkungen und Widersprüche sollen im folgenden anhand von NS-Quellen und "Oral-History"-Interviews mit Frauen, die diese Zeit in Österreich erlebt haben, ansatzweise nachgezeichnet werden. Die Bereiche der Gebär-, Haus- und Lohnarbeit werden in dieser Darstellung thematisiert, wobei die Erwerbsarbeit auf die industrielle Frauenarbeit beschränkt bleibt, da sich daran am deutlichlichsten die Antagonismen der NS-Frauenpolitik nachweisen lassen.

---

* Völkischer Beobachter (Wiener Ausgabe) vom 27. 5.1939

Wie bei den meisten die NS-Zeit in Österreich behandelnden Fragestellungen ist der Forschungsstand auch in bezug auf die NS-Frauenpolitik dürftig.[1] Vor dem Hintergrund dieses nicht zufälligen Defizits haben die folgenden Ausführungen den Charakter einer ersten Annäherung an eine Analyse der NS-Frauenpolitik und ihrer Auswirkungen in Österreich.

Gebären für den Krieg

Faschistische Mutterideologie war in Österreich nicht neu, der Austrofaschismus hatte gute Vorarbeit geleistet. Das NS-Regime suchte sich davon jedoch abzugrenzen: Von allem "Süßlich-Sentimentalen" und jeglichem Individualismus sollte das "Muttertum" befreit und nun in seiner Bedeutung für das "Volksganze" erfüllt werden. Charakteristische Elemente der NS-Ideologie wie Rassismus und Chauvinismus manifestierten sich in der Bevölkerungspolitik; sie griffen in die privatesten Entscheidungsbereiche der Frauen ein. Bestand die Gefahr körperlicher oder geistiger Schäden für das Kind, so wurde die Frau gezwungen, sich sterilisieren zu lassen.[2] "Deutsche" Frauen durften nur mehr mit "deutschblütigen Männern" Beziehungen aufnehmen. Von emanzipatorischen Bestrebungen befürchtete das System die "Gefahr", "daß die ‚Emanzipierte' für sich das Recht auf Verkehr mit Niggern, Juden, Chinesen in Anspruch nehmen (darf), und aus der Frau als der berufenen Erhalterin der Rasse wäre dank der Emanzipation die Vernichterin aller Grundlagen des Volkstums geworden."[3]

Im bodenständigen Heimatroman wurde aus dem "sauberen Dirndl" ein "blutsauberes"[4] und in dem speziell an österreichische Leserinnen gerichteten Buch "Kämpfende Frau - Erlebnisberichte aus der Ostmark" meint die Autorin: "Wir Frauen sind auch dazu erkoren, unseren Kindern die Reinhaltung des Blutes zu lehren. Dazu aber müssen wir es selber reinhalten, denn jedes Tier hat nur dann Wert, wenn es rassenrein ist."[5]

Die rassistische und chauvinistische Ideologie war Voraussetzung und Teil der imperialistischen Aggressionspolitik. Durch die Propaganda sollte sie in das Denken und Fühlen der Menschen eingeprägt werden, mit Mitteln des Terrors wurde sie durchgeführt. Schon im Oktober 1939 wurden beispielsweise in einer geheim ergangenen Anordnung des stellvertretenden Gauleiters Scharizer Anweisungen zum Umgang mit ausländischen Gefangenen und Zwangsarbeitern gegeben:

> "Der Einsatz volksfremder Arbeitskräfte und die Unterbringung der grossen Masse polnischer Gefangener in Deutschland erfordern eine intensive Aufklärung des Volkes über die Gefahr einer Vermischung mit Fremdvölkischen. Die Reinerhaltung deutschen Blutes ist nationalsozialistisches Gebot. Wer sich dagegen versündigt, verliert Ehre und Achtung. Ich mache es daher allen Hoheitsträgern zur Pflicht, unter Heranziehung der NS-Frauenschaft und des BDM, insbesondere alle Frauen und Mädchen zu nationalsozialistischer, rassenbewusster Haltung gegenüber allen Fremdvölkischen zu erziehen. Wo das Volksempfinden verletzt wird, sind die örtlich zuständigen Polizeidienststellen bezw. die Geheime Staatspolizei zu sofortigem Einschreiten zu veranlassen."[6]

In Österreich schnellte etwa ein Jahr nach dem Anschluß die Geburtenrate in die Höhe. Eine erste Zunahme ließ sich im Dezember 1938 bemerken, ab Jänner 1939 kam es in allen "Gauen" zu einem deutlichen Sprung, der sich ab März noch verstärkte.[7] 1940 war mit 154.361 Geburten - beinahe um die Hälfte mehr als 1937 - der Höhepunkt des Anstieges erreicht.[8]

Zahl der Geburten von September 1938 bis April 1939 in den einzelnen "Gauen"

	Sept.	Okt.	Nov.	Dez.	Jän.	Feb.	März	April
		1938				1939		
Wien	1.129	1.274	1.267	1.482	2.155	1.992	2.348	2.238
Niederdonau	1.778	1.989	1.983	2.194	2.954	2.912	3.019	3.031
Oberdonau	1.296	1.291	1.358	1.558	1.998	1.977	2.079	2.167
Steiermark	1.578	1.643	1.673	1.842	2.059	1.825	2.178	2.134
Salzburg	332	353	397	369	431	502	562	548
Kärnten	695	765	764	925	922	849	966	948
Tirol/Vbg.	713	731	730	842	890	924	1.006	1.026
	7.521	8.046	8.172	9.212	11.409	10.981	12.158	12.092

Quelle: Statistische Übersichten, 1.Jg. 1941, Tabelle "Bewegung der Bevölkerung"

Worin aber lagen die Gründe, die diesen Anstieg bewirkten?

Zu einem geringen Teil dürften sie in der im April 1938 eingeführten Maßnahme der Ehestandsdarlehen zu finden sein. Für jedes in der Ehe geborene Kind verringerte sich der Rückzahlungsbetrag dieser "Produktionskredite" um 25%, mit vier Kindern, der idealen nationalsozialistischen Familie, war er abgegolten. Sie wurden aber nur an jene Paare ausgezahlt, welche die wirtschaftliche, politische und eugenische Eignungsprüfung bestanden hatten. War 1933 in Deutschland dieser Kredit noch an die Aufgabe der Berufstätigkeit der Frau nach der Heirat gebunden gewesen,[9] so wurde diese Bestimmung schon 1936 - mit zunehmendem Bedarf an Arbeitskräften - gelockert und Ende 1937 vollkommen aufgehoben.[10] Der Anteil der Bezieher von Ehestandsdarlehen war 1938 in der "Ostmark" im Verhältnis zu den geschlossenen Ehen mit 15,8% gering und blieb es auch in den Jahren 1939 und 1940 mit 25,8% und 25,4%. Dieser Prozentsatz lag wesentlich unter dem der meisten deutschen "Reichsteile", am niedrigsten war er im Sudetengebiet.[11]

Eine weitere Maßnahme, welche die Geburtenrate beeinflußte, war das Verbot, für empfängnisverhütende Mittel zu werben und die verschärfte Ahndung von Abtreibungen, die mit Zuchthaus oder dem Tod für die Frauen[12] und mit Gefängnis für die Ärzte bestraft wurden. Außerdem war nun auch in der "Ostmark" die Zivilehe eingeführt worden; im Falle einer Scheidung konnten beide Partner wieder heiraten.[13] Dies stand u. a. unter dem Aspekt, kinderlose Ehen zu lösen.[14]

> "Eine kinderlose Ehe wird als Fehlehe hingestellt. (...) Ist die Frau krank und schwächlich, so ist der Mann nach dem Ehegesetz berechtigt, sich scheiden zu lassen. Sogar eine Frau, die bereits Kinder hat, kann von ihrem Mann geschieden werden, wenn sie nicht mehr gebären kann oder will,"

schrieb dazu die antifaschistische Presse aus der Emigration in Paris.[15]

Wesentlicher als die angeführten Gründe scheint meines Erachtens jedoch zu sein, daß die veränderte politische Situation sehr deutliche Auswirkungen auf den sogenannten privaten Lebensbereich vieler Menschen hatte. Die Motive allein in einer Übernahme der NS-Frauenideologie zu suchen, scheint aufgrund der so raschen Reaktion so großer Teile der österreichischen Bevölkerung nicht sinnvoll. Außerdem: Hätte dann während des Austrofaschismus die Geburtenrate nicht ebenfalls hoch sein müssen? Einem kurzen Anstieg nach dem 1. Weltkrieg war jedoch in den zwanziger und dreißiger Jahren aufgrund der immer größer werdenden wirtschaftlichen Not ein kontinuierlicher Abfall gefolgt.[16]

Einer der Hauptgründe dafür, daß nach dem März 1938 soviele Kinder in die Welt gesetzt wurden, dürfte in einem veränderten Lebensgefühl liegen, das seine Ursachen in dem Glauben hatte, nun endlich würde es aufwärts gehen. Die ersten materiell fühlbaren Veränderungen wurden dafür als greifbarer Beweis genommen. Ausgesteuerte bekamen wieder Arbeitslosenunterstützung, erwerbslose Männer und Frauen wurden in Betriebe aufgenommen, mit den Ehestandsdarlehen stand eine größere Summe Geldes ins Haus. Große Teile der Bevölkerung hatten offensichtlich immerhin so viel Vertrauen zu dem neuen System, sich den - vielleicht seit längerem aufgeschobenen - Wunsch nach Familiengründung und einem Kind zu erfüllen. Daß dies den Intentionen des NS-Staates entsprach, dürfte nur in verschwindend geringem Ausmaß Grund für diese "private" Entscheidung gewesen sein.

Ab 1941 begann die jährliche Geburtenzahl mit 142.607 leicht zu sinken, und fiel 1942 auf 121.964 und 1943 auf 127.511 Geburten.[17] Die Gründe dafür liegen auf der Hand: Viele Männer waren an den Fronten, ein Großteil der Frauen sah sich mit enormen physischen und psychischen Belastungen konfrontiert. Man wolle "bei den ‚derzeitigen Verhältnissen' nicht die Verantwortung übernehmen (...), Kinder in die Welt zu setzen,"[18] heißt es 1943 in einem Stimmungsbericht aus Linz. Als Beispiel dafür wird die Aussage einer Arbeiterin angeführt: "Wir wollen vorläufig kein zweites Kind mehr haben, es ist ja alles so unsicher, da hat man mit einem genug Sorge."[19] Außerdem wird darin vermerkt, die Nachfrage nach Verhütungsmitteln sei "in letzter Zeit größer denn je."[20] Auch Abtreibungen kamen wieder häufiger vor: "Das Delikt der Abtreibung der Leibesfrucht war nach dem Umbruch des Jahres 1938 bis in die erste Kriegszeit fast ganz verschwunden. Straffälle aus der letzten Zeit deuten jedoch darauf hin, daß sich die Abtreibungsfälle wieder mehren."[21]

Das Fallen der Geburtenrate stellte sowohl die praktische Politik als auch die Propaganda vor Probleme. In einer Rede vor der Gauleitung Wien, die an alle Gauamtsleiter und Kreisleiter geschickt und deren weitere Verbreitung untersagt war, wendete sich 1941 Oberdienstleiter Gross dagegen,

> "deutlich das auszusprechen, worüber wir uns im Augenblick unterhalten, daß wir im Jahre 1941 voraussichtlich einen erheblichen Rückgang der Geburtenzahl haben werden.
> (...)
> Die Propaganda hat schon einen guten Grund, sie muß nach außen hin klappern. Wir können uns nicht vor die Welt hinstellen und, nachdem wir 10 Jahre lang gesagt haben, wir haben zu wenig Raum, jetzt sagen, daß wir diesen Raum nicht verdauen können. Das kann die Propaganda nicht und hier muß es die Politik im ganzen fertig bringen - damit

komme ich zu dem Schnittpunkt zwischen politischer Praxis und Wirklichkeit einer wissenschaftlichen Erkennung der Tatsachen -, hier müssen wir das Zauberkunststück fertig bringen, nach außen ein gewisses Machtbewußtsein, ein gewisses Gefühl der Überfülle an Kraft zu erwecken und trotzdem nicht durch unsere eigene Propaganda uns besoffen zu quatschen." [22]

Angesichts der Kriegssituation scheint es allerdings bemerkenswert, daß die Geburtenrate nicht weit stärker gesunken war. 1943 lag sie noch um etwa 40.000 Geburten höher als 1937. Sowohl aus NS-Quellen als auch aus Interviews mit Frauen über ihre Erfahrungen im Nationalsozialismus geht hervor, daß offenbar viele Frauen die Möglichkeit nützten, sich durch die Geburt eines Kindes der Dienstverpflichtung in einen Rüstungbetrieb zu entziehen. So konnten sie zumindest einen ihrer Ausbeutungsbereiche durch einen anderen unterlaufen. Schon 1940 gab es Beschwerden wie z.B. der NSDAP-Ortsgruppe Alt-Währing, daß sich 17-18jährige Mädchen durch Heirat dem Arbeitsdienst entzögen [23] und 1944 hieß es in "Die Wirtschaftskurve":

"Von der Dienstverpflichtung und der Arbeitsmeldepflicht sind werdende Mütter und Mütter von Kleinkindern befreit, und (...) die Arbeitsämter und die Chefs öffentlicher Verwaltung (müssen) den Kündigungszustimmungen - beziehungsweise Entlassungsanträgen werdender Mütter stattgeben. Damit wird die Erwartung eines Kindes zu dem in den meisten Fällen einzigen Ausweg aus dem großstädtischen Bereich des Bombenterrors. Die Fälle, in denen die ‚Flucht ins Kind' ergriffen wird, sind ziemlich zahlreich."[24]

Frau Jan. in einem Interview:

"Naja, 43 hab ichs (das Kind) kriegt und vorher war ich halt schwanger. Wie ich erfahren hab, daß ich arbeiten gehen soll, war ich schon schwanger. Das war ja sowieso die Zeit, wo alle haben müssen arbeiten. Damit hab ich gerechnet. Wenn ich nicht das Kind krieg, dann muß ich arbeiten gehen. Das haben übrigens viele Frauen ausgenutzt, die Kinder wollten und das aus irgendeinem Grund solange aufgeschoben haben, wie sie jetzt gesehen haben, wenn ich jetzt kein Kind krieg, dann muß ich arbeiten für die Nazi. Und bei mir war's genauso."[25]

Frau P., Beamtin des Arbeitsamtes einer niederösterreichischen Kleinstadt und zuständig für Dienstverpflichtungen beantwortete die Frage, ob Frauen geheiratet und Kinder bekommen hätten, um sich dem Arbeitszwang zu entziehen folgendermaßen:

"O ja, das war oft der Fall, wo wir das genau gewußt haben. Da haben wir nichts machen können. Da sind junge Burschen oft geschwind auf Heimaturlaub dagewesen. Da haben sie sich verbandelt, dann sind sie oft gar nicht zum Heiraten gekommen. Dann hat sie ein Kind gekriegt und war dann daheim. Da haben wir nichts machen können. Wir habens eh gewußt."[26]

Nur wenige Frauen lehnten bewußt ihre Funktionalisierung als "Gebärmaschine" ab. Franziska Koch wurde verhaftet, weil sie laut Gestapoakt "im Hofe ihres Wohnhauses im lauten Ton geäußert" habe: "Zwölf Hunde sind mir lieber als ein Kind, ich scheiße auf Kinder, der Hitler soll sich selber Kinder machen." [27]

Bei den Arbeitsbedingungen in den Betrieben wurde auf schwangere Frauen keine Rücksicht genommen. In einem Lagebericht wird beispielsweise ein Vorfall in der Schuhfabrik Langfelder in Atzgersdorf erwähnt, der unter der Arbeiterschaft große Mißstimmung hervorgerufen hatte:

> "In diesem Betrieb arbeitet u.a. eine Frau, die im 7. Monat schwanger ist, noch immer an einem Platz, der als äußerst gesundheitsschädlich bezeichnet werden muß. Die Frau hat trotz ihres Zustandes dauernd mit Azeton und ähnlichen Flüssigkeiten zu arbeiten. Eine Vorsprache der Frauenwalterin des Betriebes, dieser Kameradin einen anderen Arbeitsplatz zuzuweisen, wurde vom Betriebsführer Hinteregger schroff abgelehnt."[28]

Durch ein neues, verbessertes Mutterschutzgesetz,[29] eingeführt am Muttertag 1942, wollte man einer Verminderung der "Fortpflanzungs-und Leistungsfähigkeit" der Frauen entgegentreten und sie gleichzeitig dazu motivieren, nach der Karenzzeit wieder in den Betrieb zurückzukehren.

Im "Völkischen Beobachter" (im folgenden VB genannt) wurde die Einführung dieses Gesetzes als "Krönung der bisherigen gesetzgeberischen Arbeit"[30] bezeichnet und in einer "Reportage" am Muttertag 1942 wurden "Arbeiterinnenmütter" vorgestellt: ",Sechs Kinder habe ich aufgezogen', erzählte eine Maschinenarbeiterin in der Wienerbergstraße, ,die meisten von ihnen sind noch in der Lehre, nur unser Ältester kommt nicht mehr nach Hause.'"[31] BDM-Mädchen gratulierten dazu.

Für Jüdinnen, ausländische Zwangsarbeiterinnen und andere ausländische Frauen galt das Mutterschutzgesetz nicht. Vor allem "Ostarbeiterinnen" waren nicht nur als Frauen, sondern auch als "slawische Untermenschen" diskriminiert. Bekamen "deutsche" Frauen ab dem fünften Monat ihrer Schwangerschaft zumindest noch zusätzliche Kleiderkarten, so war "Ostarbeiterinnen" "in diesen Fällen lediglich ein Bezugsschein über diejenige Stoffmenge auszustellen, die zur Änderung eines vorhandenen Kleides benötigt"[32] wurde.

Auch die Einrichtung von Kindergärten wurde nun propagiert. Sie seien die "Kinderzimmer von tausenden Wiener Buben und Mädchen"[33], heißt es 1940 im VB, und 1944:

> "Seit Monaten schon wird Heinzi von seiner Mutter, die in einem Rüstungsbetrieb dienstverpflichtet ist, täglich in die Kindertagesstätte gebracht, wo wir ihn anläßlich eines Besuches (...) wiederfinden. (...) sonnengebräunt mit roten Backen, ein reizendes Bild kräftiger Gesundheit."[34]

Betriebskindergärten sollten eingerichtet werden, existierten aber nur in sehr geringem Ausmaß und nur in großen Betrieben. In Wien gab es 1940 insgesamt neun Betriebskindergärten, u.a. bei Herzmansky, bei der Tabakregie, der Wienerberger Ziegelei oder im Allgemeinen Krankenhaus.[35] Sowohl im Verhältnis zu den vor 1938 in den Kindergärten eingeschriebenen Kindern als auch zur gestiegenen Geburtenrate ab 1939 blieb die Zahl der in Kindertagesstätten eingeschriebenen Kinder relativ niedrig.[36] In Einzelfällen dürfte es zu Boykottmaßnahmen gekommen sein. So zählte der Kindergarten in Grünburg/OÖ, solange ihn eine Katholikin leitete, 25 Kinder:

> "Seit der Einstellung der neuen Kindergärtnerin ist die Kinderzahl, die den Kleinkindergarten besuchen, auf 8 bis 10 Kinder gesunken. Es scheint, daß wegen der Absetzung der katholischen Kindergärtnerin eine Opposition in der Beschickung des Kindergartens vorliegt."[37]

"Geschickte Hände"

Das Bestreben, möglichst viele Frauen zum freiwilligen Arbeitseinsatz in Rüstungsbetriebe zu motivieren oder sie dienstzuverpflichten, konfrontierte das NS-System mit den Widersprüchen der eigenen Ideologie. Eine alle Frauen umfassende zwangsweise Dienstpflicht wurde in Kreisen der Führung während des ganzen Kriegsverlaufs wiederholt diskutiert, jedoch nicht eingeführt. Die Richtlinien für die Dienstverpflichtung konzentrierten sich 1939 auf

> "Frauen, die bereits berufstätig sind, und zwar in wehrwirtschaftlich nicht wichtigen Betrieben und dort entbehrlich sind, sowie ledige und ledig gehende Frauen im Alter vom vollendeten 16. bis zum vollendeten 50. Lebensjahr, sofern sie nicht für Familienangehörige, insbesondere Kinder, zu sorgen haben, nicht als mithelfende Familienangehörige dringend benötigt werden und sich nicht auf einer allgemein-bildenden Schule oder in ordnungsgemäßer Berufsausbildung befinden."[38]

Den bis Juni 1940 dienstverpflichteten Frauen wurde meist nur ein neuer Arbeitsplatz in der Rüstungsindustrie zugewiesen - eine Maßnahme, die für österreichische Frauen und Mädchen mitunter noch unangenehmere Folgen hatte, da sie nicht nur in andere Bezirke, sondern auch in das "Altreich" dienstverpflichtet wurden. Arbeitsbedingungen und Unterbringung waren häufig schlecht, wie auch aus einem Inlandslagebericht aus dem Jahr 1939 hervorgeht:

> "Von einer Munitionsfabrik in Berlin erhielt das Arbeitsamt Bregenz die telegraphische Anweisung, 400 Arbeiterinnen nach Berlin zu bringen. Bisher wurden 80 Arbeiterinnen nach dort abgesandt. Dies durchzuführen war äußerst schwierig, da bei den Arbeiterinnen die schlechte Behandlung von Arbeiterinnen, die durch das Arbeitsamt an eine andere Firma, und zwar an die Hartfaserspinnerei der Firma Spohn in Neuheuren Krs. Ravensbrück vermittelt wurden, bekannt war, und diese nun eine ähnliche Behandlung in der betreffenden Berliner Fabrik befürchteten. Aus diesem Grunde mußten einige dienstpflichtige Arbeiterinnen von der Gendarmerie dem Arbeitsamt zugeführt werden."[39]

Außerdem beschwerten sich 1940 nach Deutschland dienstverpflichtete Vorarlberger Mädchen, daß "Unterkunft und Verpflegung absolut unzulänglich" seien.[40] Von den in der NS-Literatur beschriebenen Schlafsälen, die angeblich "Musterbeispiele deutscher Ordnung, Sauberkeit und Hygiene" waren und "durch Bildschmuck, Blumen, Pflanzen usw." verschönert sein sollten[41], berichteten sie nichts.

Häufig wurde auf den Arbeitsämtern die Dienstverpflichtung als Drohmittel eingesetzt, um eine freiwillige Arbeitsaufnahme zu erreichen. Dieser Hinweis "genügt dann meistens, um etwa bestehende Widerstände zu beseitigen," lautet eine Einschätzung in der NS-Literatur.[42] Frau P., tätig auf dem Arbeitsamt einer niederösterreichischen Kleinstadt:

> "Die eine hat gesagt, ich muß bei meinen alten Eltern bleiben und wenn wirs überprüft haben, wars gar nicht so arg. Dann haben wir sie dienstverpflichten müssen. Das war dann ein Zwang. Das ist ja auch blöd. Naja, sie haben genug Ausreden gehabt, aber die meisten haben gewußt, daß es nichts nützt. Zu einer hab ich einmal gesagt: Lassen Sie sich doch nicht dienstverpflichten. Da ist ein Zwang und da hat der Betrieb schon von vornherein die Haare aufgestellt. Mit so was haben die Chefs keine Freude gehabt. Ich hab oft einer

zugeredet: Schauns, lassen Sie sich doch nicht dienstverpflichten. Die meisten habens eingesehen und sind dann freiwillig gegangen." [43]

Die Angst vor noch größerem Druck, die Furcht vor dem KZ waren ständig präsent. Auch wenn so viele "nichts gewußt" hatten. Frau Jur., die in einen anderen, weiter entfernten Betrieb dienstverpflichtet werden sollte:

"Ich hab nur gesagt, was ist, wenn ich nicht geh? Habens gesagt, Sie haben keine Kinder und jung sinds noch, ich muß gehn. Also, sag ich, ich muß, na dann muß ich halt. Dann hab ich nichts mehr gesagt. Wenn ich mich gespreizt hätt, dann hättens mich vielleicht ins Konzentrationslager geschickt. Da hat man überhaupt viel den Mund halten müssen, da hat man nicht viel reden dürfen."[44]

Während der ersten Kriegsmonate stieg entgegen den vielfach gehegten Erwartungen die Frauenerwerbstätigkeit nicht an, sondern ging merklich zurück.[45] Dies traf sowohl auf Deutschland als auch auf Österreich zu. Zwischen 1939 und Mitte 1940 war in Österreich zwar ein Anstieg des relativen Frauenanteils von 4% bei Arbeitern und Angestellten zu verzeichnen, absolut fiel er jedoch von 722.277 auf 713.528.[46] Der Grund dafür lag in der Einführung der Familienunterstützung[47]: Frauen von Wehrmachtsangehörigen erhielten eine Unterhaltszahlung; diese durfte zwar nicht höher als das Einkommen des Ehemannes vor der Einberufung sein, war aber doch so hoch bemessen, daß kein Erwerbszwang auftrat - das NS-Regime hatte aus den Erfahrungen des 1. Weltkrieges gelernt. Die Versuche, Frauen zu einer Arbeitsaufnahme zu bewegen, die eine Familienunterstützung bezogen, blieben relativ erfolglos. Aus Neunkirchen wurde berichtet, erst 10% der aufgeforderten Frauen hätten sich zur Arbeitsaufnahme gemeldet und auch in Bruck an der Mur waren die Erfolge - trotz Mithilfe der NS-Frauenschaft - offenbar gering:

"Dem Arbeitsamt Bruck wurden von der NS-Frauenschaft 500 Namen von einsatzfähigen Frauen bekanntgegeben, die Familienunterstützung beziehen und keine Kinder haben. Das Arbeitsamt war so vorsichtig, davon nur 200 Frauen für Böhler zu nennen, wo solche dringend gebraucht werden. Tatsächlich konnte Böhler jedoch nur 1 oder 2 Frauen von den gesamten 200 Frauen in den Betrieb einstellen. Ohne die geplante, gesetzliche Regelung dieser Frage werden tatsächliche Erfolge kaum erzielt werden können."[48]

Mitte 1941 wurde das Gesetz dahingehend geändert, daß jenen Frauen, die eine Arbeit annahmen, die volle Summe der Familienunterstützung weiterbezahlt wurde,[49] was ebenfalls keinen nennenswerten Anstieg an berufstätigen Frauen nach sich zog. Im gesamten "Deutschen Reich" stieg von Ende 1939 bis Ende September 1944 die Zahl berufstätiger Frauen nur um etwa 300.000 an. 1939 war geschätzt worden, im Kriegsfall rund fünf Millionen Frauen zusätzlich zu den bereits berufstätigen zu einer Arbeitsaufnahme bewegen zu können.[50]

Die Mobilisierung der Frauen stieß auf nicht vorhergesehene Probleme. Aus allen Teilen des Reiches gingen Meldungen ein über "steigende Schwierigkeiten bezüglich des Arbeitseinsatzes der Frauen".[51] Daß vorwiegend Frauen der Arbeiterklasse dienstverpflichtet wurden, blieb der Bevölkerung nicht verborgen:

"Am 12. Jänner 1940 ging ein neuer Transport nach Braunschweig ab. Es waren diesmal größtenteils Mädchen aus besser situierten Kreisen; dieser Umstand wirkte sich sehr günstig aus, da den Gerüchten, daß wiederum nur die ärmeren Volksschichten dienstverpflichtet würden, hierdurch der Wind aus den Segeln genommen wurde",[52]

heißt es in einem Inlandslagebericht aus Wien. Zwar wurden die Richtlinien für die Dienstverpflichtungen nicht veröffentlicht, es war aber offensichtlich, daß vor allem Frauen, die nach Kriegsbeginn ihre Berufstätigkeit aufgegeben hatten, wieder herangezogen wurden. Mitte 1941 heißt es in einem internen Schreiben über eine neue Anordnung:

"Die vertraulich (...) ergangene neue Anordnung hat viel böses Blut geschaffen. Wenn auch nicht bekannt gemacht wird, daß nur die Frauen, die nach Kriegsbeginn ihre Arbeit aufgegeben haben, herangezogen werden, so hat doch die Praxis gezeigt, daß diejenigen Frauen, die früher nicht gearbeitet haben, auch jetzt nicht zum Einsatz kommen."[53]

Alibiaktionen wie die genannte konnten den Klassencharakter der Dienstpflicht nicht verschleiern. Äußerte sich aber jemand öffentlich darüber, war mit Strafen zu rechnen. Leopoldine Scharach wurde wegen Vergehens gegen das Heimtückegesetz in Haft genommen,

"weil sie am 26. August 1940 während der Bahnfahrt von Wiener Neustadt nach Sollenau öffentlich folgende Äußerung gemacht hat: ‚Zuerst haben sich die anderen die Säcke gefüllt und jetzt füllen sichs die. Wenn es anders wird, werden sie schon spucken. Die Hurenweiber von den Besseren sind daheim und uns zahlen sie einen Dreck. Die armen Soldaten müssen kämpfen und die Großen bleiben hinten und lassen es sich gut gehen.'"[54]

Allerdings nahmen Angehörige der Arbeiterklasse die Tatsache, daß "besser gestellte" Frauen auch während des Krieges nicht berufstätig waren, nicht immer kritisch auf. Frau Jan., beschäftigt in einem Rüstungsbetrieb im Waldviertel:

"Naja, es hat allerweil schon bessere Frauen gegeben und Arbeiterfrauen. Mit dem hat man sich abgefunden. Da hab ich mir nie was gedacht dabei. Ich hab mir niemals gedacht, die soll arbeiten gehen in den Betrieb, da hätt ich überhaupt keinen Gedanken dran verschwendt. Im Gegenteil: Die Frau vom Chef von der Fallschirmfabrik hat noch ein Dienstmadl ghabt, die war aus der Tschechoslowakei.
I.:Aber Sie sagten doch, daß es notwendig war, daß die Leute arbeiten gehen?
Ja, aber die Frau vom Chef hat niemals gearbeitet. Die haben vorm Krieg nicht gearbeitet, haben unterm Krieg nicht gearbeitet und auch nach dem Krieg nicht. Eine Cheffrau arbeitet nicht, nein, die geht doch nicht in die Fabrik, was glaubns, wie man da verdreckt war oft und verstaubt und verschwitzt auf d'Nacht, wenn man heimkommen ist, ist der Schwitz heruntergronnen von der Hitz im Sommer. Die Cheffrau hat sich das nicht bieten lassen braucht." [55]

Die Frage einer alle Frauen umfassenden Dienstpflicht blieb auch 1941 und 1942 weiterhin Diskussionsthema zwischen politischer Führung auf der einen, Militärs und Industrie auf der anderen Seite. Hitler war mit der Begründung, "daß man ein Übel nicht dadurch verbessert", indem man es "bis zur letzten Konsequenz verallgemeinert und über alle heraufbeschwört", gegen die Einführung einer allgemeinen Dienstpflicht.[56] Saukel als Verantwortlicher für den

Arbeitseinsatz hatte sie einführen wollen, war aber nun gezwungen, offiziell die Meinung der politischen Führung wiederzugeben.

In immer größerem Ausmaß wurde der Bedarf an Arbeitskräften durch ausländische ZwangsarbeiterInnen und kriegsgefangene Frauen und Männer gedeckt.[57] Im Februar 1943 befahl Hitler Sauckel: "Sauckel, bringen Sie uns Russinnen herein, die zehn Stunden arbeiten können. Eine Million Frauen, russische Frauen brauchen wir!"[58]

Einen neuen Anlauf, um weitere Arbeitskräfte zu mobilisieren nahm das Regime im Jänner 1943 mit einer "Meldepflichtverordnung", die Männer zwischen 16 und 65 betraf und Frauen zwischen 17 und 45 Jahren, die keine Kinder, nur ein Kind oder schon erwachsene Kinder hatten. [59] Der Anteil der eingesetzten zu den gemeldeten Frauen war in Österreich mit 28,3% höher als in Deutschland mit 24,8%. Ein Teil dieser Frauen wurde durch Dienstverpflichtung zur Arbeit gezwungen - im gesamten Deutschen Reich waren dies nur 3,6%, während sich in Österreich ihr Anteil auf 12,4% belief. Auch war der Anteil der weniger als 48 Wochenstunden Beschäftigten in Österreich um etwa 10% geringer als im gesamten Deutschen Reich.[60]

Da sich weniger Frauen als erwartet gemeldet hatten, wurde die Meldepflichtaktion bis Juni 1943 weitergeführt, brachte aber keine wesentlichen Erhöhungen mehr. Von den 3,048.000 meldepflichtigen Frauen im Deutschen Reich wurde 1,260.000 Frauen ein Arbeitsplatz zugewiesen.[61] Ende 1943 befanden sich allerdings nur mehr halb so viele meldepflichtige Frauen wie im Juni auf ihren Arbeitsplätzen.[62]

Die Frauen litten unter ihrer vielfachen Belastung und blieben oft unentschuldigt dem Betrieb fern. Schon 1938 beklagten sich die Betriebe bei Arbeitsämtern und Rüstungsinspektionen laufend über eine "Lockerung der Arbeitsdisziplin" durch Zuspätkommen, unentschuldigtes Fernbleiben und eine steigende Aussschußrate in der Produktion vor allem bei den Arbeiterinnen.[63] 1941 schrieb das Reichsarbeitsblatt: "Leider werden von Unternehmern Klagen laut, daß willkürliche Feierschichten und Arbeitsunterbrechungen - besonders von jungen Frauen und Mädchen - oft in recht erheblichem Umfange vorkommen."[64] Und 1944 beschwerten sich Unternehmer, "daß die durch die Meldepflichtverordnung eingesetzten Frauen sehr stark dazu neigten, Krankheitstage und Bummelschichten einzulegen, die sie zur Erledigung hauswirtschaftlicher Arbeiten benützten."[65]

Das Regime wagte nicht, mit noch schärferen Mitteln und in größerem Umfang Frauen zur Arbeit zu zwingen. Der Preis dafür - eine Destabilisierung der "inneren Front" durch Unruhe vor allem in Schichten des Kleinbürgertums, die großteils gegen die Frauenfabriksarbeit eingestellt waren - war offensichtlich zu hoch.

Der Meldepflichtverordnung stand man in der Bevölkerung auch in Hinblick auf deren Klassencharakter skeptisch gegenüber:

"Insbesondere befürchtet man, daß die Frauen von den ‚Herren Oberregierungsräten, Höheren Beamten, Direktoren und sonstigen besser Gestellten' nicht zum Arbeitseinsatz gelangen, sondern mit Hilfe von ärztlichen Attesten oder getarnten Posten weiter ‚faulenzen'." 66

In einem anderen Stimmungsbericht aus Linz werden "klassenkämpferische Tendenzen" vermerkt,

"d.h. es sei bei den unteren Berufsschichten nicht selten die mit einer gewissen ‚Schadenfreude' verbundene Anschauung verbreitet, der Zweck der Verordnung werde nur dann sinngemäß erfüllt, wenn die Angehörigen der besseren Stände zum größten Teil in der Rüstungswirtschaft, bzw. bei manueller Arbeit eingesetzt werden."67

Diese Hoffnungen gingen nicht in Erfüllung. Scheinarbeitsverhältnisse, bei denen Frauen mit "Beziehungen" nur wenige Stunden arbeiteten oder nur formal angemeldet waren, blieben trotz weiterer Verordnungen und Aufrufe verbreitet. Da solche Arbeitsverhältnisse nur sehr halbherzig bekämpft wurden, versuchte man im VB der Kritik, daß "für gewisse Leute doch noch ein Hintertürchen" offen sei, da "in Lokalen (...) arbeitsfähige Männer und Frauen müßig herum-(sitzen)", den Wind aus den Segeln zu nehmen:

"Wer von der Sonne abgebrannt ist, steht im Verdacht, über sehr viel Freizeit zu verfügen. (Von den Glühlampen im Betrieb wird man nicht so braun, net wahr?) Und wer gepflegte Hände hat (besonders bei Frauen sehr unangenehm auffallend), gibt sich glatt der Verachtung der scharfen Kritiker preis. (...) Die Braungebrannten haben ihre schöne Farbe vielfach auch davon, daß sie an ihrem freien Tag sich freiwillig zur Erntehilfe meldeten und die so verachteten Frauen mit den gepflegten Händen sitzen meistens bei der Schreibmaschine von früh bis spät, daß sie der Rücken schmerzt. Wenn ihre sogenannten ‚Handerln' noch so viel Ärgernis bei den Kritikern erregen, es nützt nichts, bei der Schreibmaschine kriegt man eben keine Schwielen und Risse in der Haut."68

Im Frühjahr 1944 kam man in der NSDAP zur Ansicht, daß dem größten Teil der Frauen der "Gedanke an das große Ziel des Krieges und die Kriegsgemeinschaft" immer noch fremd sei.69 Auch die vielen, 1944 intensivierten Aufrufe zum "Freiwilligen Ehrendienst" für die "Notlage des Vaterlandes", die mit Hilfe von Rundfunk, Presse und Mundpropaganda der NS-Frauenschaftsleiterinnen an die Frau gebracht werden sollten, führten zu keinen Erfolgen mehr. Erst im September 1944 entschloß man sich zur Überprüfung der Anstellung von Hausgehilfinnen. Noch in vielen bürgerlichen Haushalten war Dienstpersonal beschäftigt, obwohl auch dies immer wieder Stein des Anstoßes in der Bevölkerung war.

Die Propaganda zur Aufnahme von Fabriksarbeit70 trieb im Verhältnis zum früher verlautbarten Frauenbild immer groteskere Blüten. Im VB hieß es beispielsweise 1941, auch Frauen mit langen Anmarschwegen seien "alle mit Feuereifer bei der Arbeit und möchten ihren Arbeitsplatz nicht mehr missen. Auf die Frage, ob sie nur für die Dauer des Krieges hier arbeiten, sagen sie: ‚Oh, nein, wenn's geht, möchte ich schon ganz bleiben.'" 71

In der Wiener Ausgabe des VB wurde mehrmals an den sprichwörtlichen "Charme der Wienerin" appelliert; so meinte Baldur von Schirach in einer Rede, die Wienerin sei nicht nur "Repräsentantin der modischen Kultur und der leichtbeschwingten Fröhlichkeit. Die Wiener Frauen verstehen (...) auch zu arbeiten und es ist ein Triumph ihres Wesens, daß sie den grauen Alltag mit einem Schimmer Fröhlichkeit ihres heiteren Wesens umgeben."[72]

Zwar entsprachen solche Aussagen eher dem Wunschdenken der Verantwortlichen für den Arbeitseinsatz, doch dies war kein Hindernis, in immer häufiger publizierten Artikeln die Fabriksarbeit zu romantisieren. Sogar deren Bedeutung für die Persönlichkeitsentwicklung der Frau, das Gefühl der Kameradschaft im Betrieb wurden plötzlich entdeckt. Die Angst vor der Fabrik, "diesem rußigen, lärmenden Ungetüm"[73] sollte den Frauen genommen werden, immer öfter versicherte man, auch sie könnten mit "leichter Hand", mit "starker Hand", mit "ruhiger und sicherer Hand" "deutsche Wertarbeit" leisten. 1941 heißt es in Richtlinien für die Presse,

> "daß bei Veröffentlichungen über den Fraueneinsatz in Handwerk und Industrie keinesfalls der Eindruck erweckt werden darf, als ob die Frauen im Krieg schwerste körperliche Arbeit anstelle von Männern verrichten oder etwa nach kurzer Anlaufzeit Berufstätigkeiten beherrschen, für die ein Mann eine lange Ausbildungszeit braucht."[74]

Aber nicht nur die "starken", sondern auch die "geschickten" Hände der Frauen wurden im Nationalsozialismus gebraucht. Die Rüstungsproduktion sollte effizient und rasch vorangehen, Rationalisierungsmaßnahmen wurden in großem Ausmaß durchgeführt, die Erfahrungen des "Fordismus" in den USA mit extrem taylorisierten Arbeitsprozessen dafür genützt. Meßgeräte, Stoppuhren und Filmaufnahmen dienten dem Errechnen kürzestmöglicher Arbeitszeiten. "Optimale Arbeitsbewegungen nach den Gesetzen des psychophysischen Gesamtbildes" sollten erstellt werden, "Monotonie" beschrieb man als die "rhythmische Wiederkehr von Bewegungen, die gestalthaft zu gegliederten motorischen Komplexen, zu ganzheitlichen ‚Bewegungsmelodien' verbunden werden". Auch Berieselung durch Musik zählte zu den Methoden, die das Arbeitstempo am Fließband beeinflussen sollten. Frau L.:

> "In die Arbeitsräume hast überall die Musik gehört. Wennst da zuhörst, arbeitest. Wenn das nicht ist, na dann würdest halt a bißl tratschen. Auf das kommt man auch heut erst drauf, daß das eingeplant war oder für die Leistung besser ist, wenn die Musik machen. Radiomeldungen haben sie auch durch die Lautsprecher durchgeschaltet, hauptsächlich, wenn Sondermeldungen waren und wenn Kriegsschiffe versenkt worden sind."[75]

Wem besondere Eignung für monotone, geisttötende Arbeiten auf den Leib geschrieben wurde, liegt nach der Unlogik patriarchaler Ideologie auf der Hand. Die Frau, hieß es, verfüge über eine besondere "Verbundenheit des Seelisch-Geistigen mit den vitalen Körperfunktionen", sie freue sich

> "auch an körperlichen Leistungen, aber mehr in dem Sinne, daß es ihr gelingt, in leicht ablaufender Griffolge, bei der es weniger auf die Besiegung von Widerständen als auf die mit Gewandtheit ausgeführten Bewegungsfolgen ankommt, eine Arbeit durchzuführen. Auch der Rhythmus spielt bei der Frau im allgemeinen eine stärkere Rolle."[76]

Im Vergleich dazu bietet sich ein Zitat über die "Industriefähigkeit der Frau" aus den 60er Jahren an: "Die Frau, die in der Regel ein bewußt positives, körperlich betontes Lebensgefühl besitzt, hat meistens eine besondere Freude am leichten Ablauf der Griffolgen; die fließenden Bewegungen eines Arbeitsganges bereiten ihr häufig geradezu einen ästhetischen Genuß."[77]

Die taylorisierte Produktionsmethode war willkommenes Argument für die niedrige Entlohnung des "weiblichen Rationalisierungsproletariats"[78]. Mit der Zuschreibung repetitiv-monotoner Arbeitsvorgänge als dem "Wesen" der Frauen gemäß wurde die Dequalifizierung weiblicher Arbeitskräfte auf ideologischer Ebene abgesichert - ein Trend, der in den zwanziger- und dreißiger-Jahren während der ersten Rationalisierungswelle begonnen hatte und nun durch die massive Ideologisierung der "Andersartigkeit" der Frau und die forcierten Rationalisierungsmaßnahmen intensiviert wurde.

Schon damals wurde damit kalkuliert, daß Frauen ihre intellektuellen Fähigkeiten während der Arbeit am Fließband für die Planung und Organisierung des Reproduktionsbereiches einsetzen. Manche Arbeit sei eben so beschaffen, hieß es Anfang 1945 im Reichsarbeitsblatt, "daß sie die Aufmerksamkeit nicht übermäßig stark in Anspruch nimmt, so daß es der Frau möglich ist, sich in ihren Gedanken mit ihren häuslichen Aufgaben zu beschäftigen."[79]

Auf weniger Schwierigkeiten, billige Arbeitskräfte zu gewinnen, stieß das Regime bei den Jugendlichen. In der "Ostmark" wurde die Reichsarbeitsdienstpflicht mit 1. Oktober 1938 eingeführt[80] und im November im VB eine "Reportage" über die ersten Mädchenlager im Waldviertel - in Zwettl, Nondorf und Großsiegharts - veröffentlicht. Der mit vielen Photos von freudig bei der Arbeit zupackenden Mädchen bebilderte Bericht hob hervor, daß es sich hier nicht um eine "straffere Haushaltungsschule" handle wie sie

> "unter Schuschnigg in der Ostmark versucht worden war. (...) Indem die ideallosen Taktiker jenes Systems die weibliche Jugend lediglich anhielten an weißen Häubchen herumzuhäkeln oder Schürzen zu stärken, haben sie ihrer Kraft keinen Auftrieb oder Haltepunkt gegeben. Die frömmelnden Mädchenzirkel des früheren, mißverständlich kopierten Arbeitsdienstes nationalsozialistischer Prägung kamen aus der Dumpfheit des Bloß-Haushälterischen nie hinaus."[81]

Die Mädchen wurden vorwiegend in der Landwirtschaft eingesetzt und gemeinsam untergebracht. Sie bekamen keinen Lohn, sondern nur Taschengeld. In der Freizeit wurden sie auf vielfältige Weise mit der NS-Ideologie indoktriniert, durch das Gemeinschaftsleben sollten sie sich - fern vom Elternhaus - mit dem neuen Staat und seiner Zukunft identifizieren. Im Juli 1941 wurde zusätzlich der sechsmonatige Kriegshilfsdienst (KHD) eingeführt, der im Anschluß an den Reichsarbeitsdienst (RAD) geleistet werden mußte.[82] Auf Regierungsebene war der Einsatz der Mädchen - ähnlich wie bei der Dienstpflicht der Frauen - zu einem Punkt der Auseinandersetzung geworden. Wollten Wehrmacht und Industrie den Einsatz in der Landwirtschaft vollkommen stoppen, um Arbeitskräfte für die Rüstungsindustrie freizubekommen, so widersetzte sich RAD-Führer Hierl als Vertreter der politischen Führung dieser Forderung. Die spätere Entwicklung des KHD zeigt, daß mit zunehmendem Arbeitskräftemangel in der Industrie das Arbeitskräftepotential der Mädchen stärker in den Produktionsbereich verlagert wurde. In Österreich wurden 1942 durch eine Sonderaktion 40.000 Mädchen des RAD in der Rüstungsindustrie eingesetzt.[83] Brachte man die Mädchen anschließend an den RAD in der Nähe von Fabriken unter, so wurde darauf geachtet, möglichst die gleiche Gruppe zu "verpflanzen". "Das bedeutet für die Maiden eine Fortsetzung der gewohnten Lagergemeinschaft mit ihren Vorzügen und Freuden."[84]

Aus dem Interview mit Frau B. geht hervor, daß diese Taktik im Sinne des Systems gut kalkuliert war: "Ich hätt vielleicht auch weiter beim RAD auf dem Land bleiben können. Warum ich dann zum KHD bin, weiß ich eigentlich nicht mehr genau. Aber ich glaub, die, mit denen ich gut war, die sind alle zum KHD. Wir sind nach Graz zu den Puch-Werken gekommen."[85]

Von vielen Frauen wird heute die Ableistung des RAD wie des KHD nicht als Zwang erinnert, sondern als eine schöne, erlebnisreiche Phase der Jugend, die von einem starken Gemeinschaftsgefühl getragen war.

Der Einsatz des KHD war dem Ministerium Speer unterstellt, 1944 wurden die Mädchen auch zu militärischen Einheiten eingezogen, wie beispielsweise zur 6. Flakbatterie, Einheit 61 in Wien Kagran.[86]

Im September 1944 forderte Bormann die "sofortige Aufbringung von 100.000 Frauen" für die Übernahme von Scheinwerferbatterien - 20.000 Mädchen sollten dafür aus dem aktiven Arbeitsdienst, 80.000 weitere neu eingezogen werden.[87] Schon im April 1944 waren die Mädchen des KHD durch Führerbefehl notdienstverpflichtet, die Dauer ihrer Dienstzeit war auf 18 Monate verlängert worden. Im November 1944 wurde sie für unbefristet erklärt.[88]

1935 hatte Hitler in Nürnberg vor der NS-Frauenschaft gesagt: "Es gibt Dinge, die macht ein Mann und für die steht er allein ein. Ich würde mich schämen, ein deutscher Mann zu sein, wenn jemals im Falle eines Krieges auch nur eine Frau an die Front gehen müßte."[89]

"Kampfabschnitt Haushalt"

Arbeiten erwerbstätige Frauen zumindest noch für einen geringen Lohn, so arbeiten sie im Haushalt aus "Liebe". Im Nationalsozialismus sollte sich diese, den Frauen angeblich angeborene Arbeitsmotivation über die eigene Familie hinaus auf die ganze "Volksgemeinschaft" erstrecken:

> "Als Führerin ihres Haushaltes vollbringt die Frau ebenso eine volkswirtschaftliche Leistung wie jeder andere berufstätige Mensch. Sie untersteht daher aber auch dem gleichen Gesetz des Dienens, jener neuen Berufsauffassung, die menschliche Arbeit nicht allein danach wertet, wie weit sie dem einzelnen nützt, sondern darüber hinaus danach, ob sie dem ganzen Volke dient."[90]

Mit der "Vereinzelung der Systemzeit" sei es nun vorbei, meinte Gertrud Scholtz-Klink, der Nationalsozialismus hätte "die deutsche Frau wieder zu den alten Werten der Gemeinschaft geführt."[91] Durch die Ideologie der "Volksgemeinschaft" wurde der Ausbeutungscharakter der Hausarbeit zusätzlich verschleiert und scheinbar vergesellschaftet, um ihren Ausbeutungsgrad zu intensivieren. Für das große, gemeinsame Ziel der Weltherrschaft sollten nun Marmeladen eingekocht, sollte gespart und gesammelt werden. Die Tätigkeit im

Haushalt - bisher von so vielen Frauen als selbstverständlich und von der Öffentlichkeit unbeachtet verrichtet - wurde propagandistisch aufgewertet:

"So rücken die Haushalte in das Scheinwerferlicht der volkswirtschaftlichen Betrachtung, und die Hausfrauen, die im Zeitalter der Emanzipation und des Gewinnstrebens ein oft allzu bescheidenes Dasein führten und stiefmütterliche Behandlung gewohnt waren, sehen sich nunmehr als wichtige und in ihrer Bedeutung auch anerkannte Glieder der Volkswirtschaft."[92]

Mit der propagandistischen Aufwertung war eine scheinbare Professionalisierung der Hausarbeit verbunden. In zweijährigen Meisterinnenkursen sollten "Meisterhausfrauen" ausgebildet werden, pseudowissenschaftlich gehaltene Broschüren und Bücher mit exakt durchkalkulierten Plänen für eine optimale Zeit- und Geldeinteilung, in denen auch die Ausgaben für den "Völkischen Beobachter", für NS-Volkswohlfahrt und NS-Frauenschaft nicht fehlten, wurden den Frauen angeboten. Hausfrausein war nun ein Beruf, in dem die Zeit nicht mit unnützen Dingen vergeudet, sondern rationell durchorganisiert werden sollte: "Alle Betriebe haben es versucht, sich zu ‚rationalisieren', die Arbeitsvorgänge zu vereinfachen, um so viel wie möglich in immer kürzeren Zeitspannen zu erzeugen und den Gewinn zu erhöhen, denn die Welt wird doch immer wieder von diesem Antrieb fortgerissen. Nur ein sehr wichtiger Betrieb arbeitet zumeist noch nach Urgroßmutterart, ganz altmodisch: der Haushalt!"[93] heißt es 1942 zwischen verschiedenen Schwänken und Haushaltstips in einem Jahreskalender.

Um die Hausfrauen organisatorisch weitgehend zu erfassen und einzubinden, waren das Deutsche Frauenwerk und die NS-Frauenschaft gegründet worden. Schon vor dem März 1938 war die NS-Frauenschaft in Österreich aktiv gewesen, ihre Organisationsstruktur hatte beim Einmarsch bereits bestanden. Sie sollte die Frauen für die zu erwartende Mangelwirtschaft schulen; Unruhen, wie sie aufgrund der schlechten Versorgung gegen Ende des 1. Weltkrieges entstanden waren, sollte dadurch vorgebeugt werden. Man meinte, der 1. Weltkrieg hätte "leichter (...) durchgehalten werden können, wenn alle Frauen noch dieselben hauswirtschaftlichen Kenntnisse besessen hätten, die zur Zeit der naturalen und noch weitgehend autarken Hauswirtschaft Allgemeingut gewesen waren."[94]

Um in diesem neuen Krieg derartige Schwierigkeiten möglichst zu vermeiden, schloß das NS-System den "wehrhaften Haushalt" offensiv in die Pläne des Krieges und seiner Vorbereitung ein.

Die Aufgaben der NS-Frauenschaft waren in bestimmte Abteilungen aufgegliedert. Für die praktische Schulung und Beratung in hauswirtschaftlichen Fragen waren vor allem die Abteilungen "Mütterdienst" und "Volkswirtschaft-Hauswirtschaft" zuständig. Letztere sollte als "Mittlerin" zwischen den wirtschaftlichen Bedürfnissen des Staates und den einzelnen Haushalten fungieren, ihre Aufgaben waren in den Vierjahresplan eingebunden.

"Obgleich diese ‚Mittelstelle' ihre Bemühungen den zunächst friedlichsten Aufgaben innerhalb der Volksgemeinschaft widmete, die sich denken lassen, erwies sich ihre weitverzweigte Erziehungsarbeit an allen deutschen Hausfrauen zugleich als die beste Ertüchtigung für den Fall des Krieges. Indem sie die Frauen zu tüchtigen Müttern und Hauswirtinnen machte, zugleich aber die Rolle des Haushaltes im Zusammenwirken der volkswirtschaftlichen Kräfte umriß und betonte, schuf sie den wehrhaften Haushalt, den es bis dahin in diesem Sinne nicht gegeben hatte."[95]

Mit Mütterrunden, Kundgebungen und nachmittäglichen Treffen wurde versucht an Frauen heranzukommen, Filme wurden gezeigt und Lichtbildvorträge gehalten. Vorhandene Lebensmittel und Textilien sollten optimal verwertet, mit Energiequellen sparsam umgegangen, kleine Reparaturen selbst durchgeführt und aus Altem Neues gemacht werden.

Nach Kriegsbeginn wurde die Propaganda für die "Verbrauchslenkung" und die Schulung der Hausfrauen intensiviert. Der Rundfunk strahlte Sendungen zu diesem Themenbereich aus, Plakate mit den Aufschriften "Heize richtig", "Vielerlei Brotaufstriche" oder "Gemüse als Frischkost" wurden verteilt[96] und Lichtbildervorträge wie z.B. 1941 im Kaufhaus Herzmansky in Wien[97] gehalten. In den Ortsgruppen gab es regelmäßige Beratungsstunden, in der Nähe von Märkten und in verschiedenen Schulungskursen sollten die Frauen mit neuen, auf die vorhandenen Lebensmittel abgestimmten Eßgewohnheiten vertraut gemacht werden. Verstärkt wurden "Verbrauchslenkungskurse", Schaukochen und Probeessen angeboten. Besonderer Wert wurde auf die Konservierung von Obst und Gemüse gelegt. Die NS-Frauenschaft unterwies die Frauen in neuen Kochrezepten und Speisefolgen. Frau B.:

"Da hats Rezepte geben, die tollsten Sachen. Naja, hast eh nix kriagt, net. Aber was uns die verzapft hätten, des hamma a net gmacht. Weil da hätts a Wursthautsuppen sogar geben. Da hättst die Wursthaut (...) auskochen sollen. Und wannst Knochen ghabt hast für a Suppen, noch amal kochen und wieder kochen. Vielleicht geht no a weng was aussa."[98]

Durch die ab 1939 im VB erscheinende, in anbiederischem Dialekt verfaßte Rubrik "Am Naschmarktstand", die sich speziell an Wiener Leserinnen richtete, wurde versucht, eine offensichtlich vorhandene Abwehr gegen ungewohnte Speisen aufzufangen. Wiederholt wurde beispielsweise Sauerkraut mit Mayonnaise angepriesen, eine Speisenzusammensetzung, die offenbar keinen Anklang gefunden hatte: "Verantwortungslos redens jetzt oft daher: Sauerkraut kann man net als Salat mit Majonäs essen(...)"[99]

Auch der Fischvorrat sollte konsumiert werden: "Aber heut, heut rümpft jede Nockn die Nasn, den Gruch kann's net vatragn und verlangt Lokalkost."[100]

Und auf der Lokalseite des VB wird unter dem Titel "Hut ab vor Frau Sedlmayer!" bemerkt, Frau Sedlmayer hätte nach einer Massenversammlung eingesehen: "Nie, nie im Leben wird sie sich auf Kochsalat kaprizieren, wenn es nur Spinat auf dem Markte gibt."[101]

Ein eventueller Widerwille von Frauen, sich nun belehren zu lassen, wurde ebenfalls aufgegriffen und darauf hingewiesen, daß bei rund 20 Millionen Haushalten im Großdeutschen Reich nicht einerlei sei, "was jede kocht".[102] Auch auf mögliche kritische Fragen von Familienmitgliedern gab der VB eine exemplarische Antwort: "Tschapperl! Aber Neues lerne ich, jetzt, wo doch alles neu aufgebaut wird im Vierjahresplan und man die Nahrungsmittel ganz anders auszunützen versteht."[103]

Während des Krieges wurde die gesamte Arbeit im Reproduktionsbereich immer aufwendiger und komplizierter, dem Haushalt als "Subökonomie der Gesellschaft"[104] kam immer größere Bedeutung zu. Die Versorgung mit Lebensmitteln lief nicht so reibungslos wie in der Propaganda dargestellt. Schon Ende 1939 heißt es in einem Stimmungsbericht aus Wien:

> "Die Stimmung der Bevölkerung auf dem Ernährungssektor ist vorwiegend durch die Hausfrauenschaft beeinflußt. Deren Stimmung ist derzeit, wenn schon nicht schlecht zu nennen, so doch gereizt, da sie sich durch die verschiedenen Ankündigungen in der Presse und im Rundfunk über bevorstehende Erhöhungen der Rationen genarrt fühlen."[105]

1942 wird von "beträchtlicher Mißstimmung" in der "Hausfrauenschaft" berichtet, eventuelle Auswirkungen auf die Männer an der Front wurden befürchtet.[106] Nicht nur gegen die allgemeine Lebensmittelknappheit richtete sich der Unmut, sondern auch gegen ungleiche Verteilung: "In Arbeiterkreisen wird oft erklärt, daß der ‚Reiche' seine Wünsche befriedigen könne, da ja Luxusartikel frei wären. Hier wird besonders eine neue Maßnahme kritisiert, die besagt, daß Kakao in Packungen über 2,-RM frei ist."[107]

Auch auf die ständigen Sammlungen verschiedener Rohstoffe reagierten Teile der Bevölkerung zunehmend unwillig. 1943 wird in einem internen Bericht die Meinung wiedergegeben, daß "man glaubt, die neue Spinnstoff- und Schuhsammlung wird in der Hauptsache doch wieder nur von der Arbeiterbevölkerung getragen, während man sich an die besseren Kreise nicht herantraut."[108]

Obwohl mit der massiven Ideologisierung der Hausarbeit als "eigentlichem" Beruf der Frau die Reproduktionsarbeit so stark betont wurde, war die Doppel- und Dreifachbelastung berufstätiger Frauen selten Thema für die NS-Medien. Wenn darüber berichet wurde, dann in dem Sinn, daß mit einer guten Zeiteinteilung alles spielend bewältigt werden könne:

> "Frau Kiesling erzählt uns, sie könne sich ihr Leben ohne Betriebsarbeit nicht mehr vorstellen und die Arbeit für die Familie und den Haushalt bereite ihr keine Schwierigkeiten, weil alles nach ihrer planvollen Einteilung ablaufe. Mittwoch abends wird die Wäsche gewaschen, Freitag gebügelt, Samstag wird die Wohnung in Ordnung gebracht, und dies alles am Abend nach Arbeitsschluß. (...) Frau Kiesling ist stets guter Dinge und arbeitsfreudig, weil sie weiß, daß jetzt im Kriege der Führer jede schaffende Hand braucht, um unserem Volke den Endsieg und damit eine bessere Zukunft zu erringen.[109]

Berufstätige Frauen litten aber während des Krieges immer stärker unter den vielfachen Belastungen. Die Arbeitszeiten wurden verlängert, dienstverpflichtete Frauen hatten oft lange Wege zum Betrieb, die Organisation des Haushaltes wurde immer schwieriger. Aufgrund des häufigen Fernbleibens der Frauen von den Betrieben wurde von Unternehmern 1940 ein planmäßiges Eingreifen der Gestapo gefordert und von der faschistischen Führung genehmigt.[110] Da aber durch die Anwendung allein terroristischer Methoden eine Gefährdung der Stabilität der "inneren Front" befürchtet wurde, war das Regime gezwungen, sich auch auf sozialpolitischer Ebene mit dem Problem der

Überlastung berufstätiger Frauen auseinanderzusetzen. Halbherzige Maßnahmen, wie etwa ein monatlicher "Waschtag", waren Versuche, die Doppelbelastung zu "gestalten"[111] und damit weiter aufrechtzuhalten.

Auch der zwischen dem zu Beginn der NS-Herrschaft und dem später propagierten Frauenbild entstehende Widerspruch wurde in den NS-Medien weitgehend ignoriert. Durch die massiv betriebene Propaganda zur Aufnahme außerhäuslicher Arbeit wurde die angeblich naturwüchsige Eignung von Frauen für reproduktive Tätigkeiten nicht in Frage gestellt. Ihr "eigentlicher" Aufgabenbereich sollte weiterhin der Haushalt bleiben. Wozu also qualifizierte, adäquat entlohnte Arbeitsplätze für Frauen?

Das NS-System forcierte die Entwicklung eines geschlechtsspezifisch geteilten Arbeitsmarktes, der die zunehmende Dequalifizierung des weiblichen "Rationalisierungsproletariats" nach sich zog. Damit wurde die Durchsetzung der heute so vertrauten Arbeitsmarktstrategie, die Frauen in Krisenzeiten auf ihre Rolle als Hausfrau und Mutter verweist und sie in Phasen wirtschaftlichen Aufschwunges mit dem Problem der Doppel- und Dreifachbelastung konfrontiert, entscheidend vorangetrieben.

Anmerkungen

1 Arbeiten, die mehr oder weniger intensiv auf die NS-Frauenpolitik und ihre Auswirkungen in Österreich eingehen sind:
Elfriede Kurz, "Frauen helfen siegen"? Der Arbeitseinsatz der deutschen Frau in der nationalsozialistischen Pressepropaganda, Dissertation, Wien 1978; Georg Tidl, Frauen im Nationalsozialismus, Wien 1984; Karin Berger, Zwischen Eintopf und Fließband. Frauenarbeit und Frauenbild im Faschismus. Österreich 1938-1945, Wien 1984. Veränderungen weiblichen Alltags im Nationalsozialismus werden ansatzweise deutlich in: Karin Berger u.a. (Hg.), "Der Himmel ist blau. Kann sein. Frauen im Widerstand. Österreich 1938-1945. Wien 1985". Diese Untersuchung basiert auf Interviews mit Frauen, die in verschiedener Weise gegen das NS-Systems agierten.

2 Gesetz zum Schutz der Erbgesundheit des deutschen Volkes, DRGBl. I, S. 2230;Gbl.f.Ö. Nr. 1438/1939 und Gesetz zur Verhütung erbkranken Nachwuchses vom 4.2.1939, DRGBl.I, S.119.

3 Zit.nach: Petra Schneider, Weg mit dem § 218, Berlin 1975, S. 99 f.

4 F. Schrönghammer-Heimdal, Die saudumme Lieb', Berlin 1944, S. 8.

5 H. Czepek-Schulz, Kämpfende Frau. Erlebnisberichte aus der Ostmark 1932-1938, Wien-Leipzig 1940, S. 101.

6 DÖW 18938/2, Anordnung Nr. 197/39 zum Arbeitseinsatz volksfremder Arbeitskräfte, insbesondere von Kriegsgefangenen, Wien, 26. 0kt. 1939.

7 Siehe Statistische Übersichten, Statistisches Amt für die Reichsgaue der Ostmark, 1. Jg., 1941, Tabelle "Eheschließungen, Geburten und Sterbefälle nach Monaten 1937 bis 1940" für jeden "Gau".

8 Siehe Statistische Übersichten 1. Jg. 1941 und 4. Jg. 1944 jeweils Tabelle "Eheschließungen, Geburten und Sterbefälle nach Monaten" für jeden "Gau".

9 Gesetz zur Verminderung der Arbeitslosigkeit vom 1. Juni 1933, DRGBl. I, 1933, S. 323.

10 3.Gesetz zur Änderung des Gesetzes über die Förderung der Eheschließungen vom 3.11.-1937, DRGBl.I, S. 1158 f.

11 Siehe Statistisches Jahrbuch für das Deutsche Reich 1941-1942, Tabelle "Die Zahl der Ehestandsdarlehen und der Erlasse von Darlehensbeträgen für lebendgeborene Kinder 1933 bis 1940", S. 75.

12 Schneider, Weg mit dem § 218! S.99.

13 Gesetz zur Vereinheitlichung des Rechts der Eheschließung und der Ehescheidung im Lande Österreich und im übrigen Reichsgebiet vom 6.7.1938, DRGBl. I, S. 807.

14 Auch die Zahl der Eheschließungen war nach dem März 1938 stark angestiegen. Mit 121.011 Eheschließungen war 1939 ein Höhepunkt erreicht, während der folgenden Jahre fiel die Zahl um mehr als die Hälfte. 1937 hatte es nur 46.308 Eheschließungen gegeben. Siehe dazu: Statistische Übersichten, Wien 1944, S. 6.

15 Der deutschen Frauen Glück und Leid, zit. nach: K. Jurczyk, Frauenarbeit und Frauenrolle. Zum Zusammenhang von Familienpolitik und Frauenerwerbstätigkeit in Deutschland von 1918-1975, Frankfurt-New York 1977, S. 64.

16 Siehe Statistische Übersichten 1944, Tabelle "Bewegung der Bevölkerung"
Vgl.: Franz Danimann, Die Arbeitsämter unter dem Faschismus, Wien 1966, S. 28.

17 Statistische Übersichten 1941 und 1943, a.a.o.

18 DÖW MF 54, Stimmungsbericht, Linz vom 28.5.1943.

19 Ebda.

20 Ebda.

21 DÖW E 17846, Schreiben an das Reichsministerium der Justiz. Oberlandesgericht Linz vom 1.9.1942.

22 DÖW E 18.938, Rede des Oberdienstleiters Gross, 5.10.1941, S.9 .

23 DÖW 211, Stimmungsbericht der NSDAP-Ortsgruppe Alt-Währing, Wien vom 13.Sept.1940.

24 Die Wirtschaftskurve, Frankfurt/Main 1944, September, S. 569 .

25 Interview Jan. 1/1 .

26 Interview P 1/2.

27 DÖW MF 99/T84/R16, Tagesrapport der Gestapo, 11.-13.11.1939, S.7.

28 DÖW MF 99/T84/R14, Inlandslagebericht, Wien vom 27.10.1939.

29 DRGBl.I,S.324/1942.

30 VB vom 2.7.1942, S.4.

31 VB vom 17. Mai 1942, S. 7.

32 VO über die Verbrauchsregelung für Spinnstoffwaren in der Fassung vom 17.12.1943, in: Pfundtner/Neubert III/RV/S.15.

33 VB vom 29.6.1940, S.9.

34 VB vom 13.9.1944, S.6.

35 Handbuch des Reichsgaues Wien 1941, Jg.63/64, S.47.

36 Siehe dazu: Statistisches Jahrbuch der Stadt Wien, 1938, S. 54; Stat. Jb. d. St. Wien 1939-1942, Wien 1946, S. 131 und Stat. Jb. d. St. Wien, Wien 1948, S. 109.

37 DÖW E 17.846, Stimmungsbericht, Grünburg vom 24.11.1939.

38 G. Jaerisch, Dienstpflicht und Arbeitsplatzwechsel, Berlin-Leipzig-Wien 1943, S. 142 f.

39 DÖW MF 99/T84/R14, Täglicher Inlandslagebericht, Wien vom 20.11.1939.

40 DÖW MF 99/T84/R14, Schreiben des Inspektors der Sicherheitspolizei und des SD Wien vom 29.1.1940, S. 17.

41 G. Grünig, E. Zellmer, Arbeitsschutzvorschriften für die erwerbstätige Frau und Mutter, Berlin 1942, S. 136.

42 G.Jaerisch, Dienstpflicht und Arbeitsplatzwechsel, S. 154.

43 Interview P. 1/1.

44 Interview Jur. 1/1.

45 Siehe Reichsarbeitsblatt, Sonderveröffentlichung, Schutz der werktätigen Frau, Berlin 1941, S. 78.

46 Statistisches Jahrbuch für das Deutsche Reich, 1941/42, S. 62 f. und S. 416, eigene Berechnungen.

47 Eingeführt wurde das Gesetz in Österreich im April 1939, DRGBl.I, S. 738, GBl.f.Ö., Nr. 574/1939. Im Juli 1939 wurden mit dem Familienunterstützungsgesetz und der Verordnung zur Ergänzung und Durchführung des Familienunterstützungsgeesetzes vom 11.7.1939, DRGBl.I, S. 1225, GBl.f.Ö., Nr. 877/1939 alle vorangegangenen Erlässe und Verordnungen aufgehoben.

48 Kriegstagebuch des Rüstungskommandos Graz vom 16.7.1940, zit.nach: Stefan Karner, Zur sozialen Lage der österreichischen Arbeiterschaft unter dem Nationalsozialismus, in: Aufrisse, Zeitschrift für politische Bildung, Wien 1981, Nr.3, S.32.

49 BA R 41/162/Bd.II, Schreiben des Reichsarbeitsministeriums vom 21.8.1941, in: Ursula v. Gersdorff, Frauen im Kriegsdienst 1914-1945, Stuttgart 1969, S.343.

50 Stefan Bajohr, Die Hälfte der Fabrik, Geschichte der Frauenarbeit in Deutschland 1914 bis 1945, Marburg 1979, S.251.
51 BA R 58/148, zit. nach: Bajohr, Die Hälfte der Fabrik, S.263.
52 DÖW MF 99/T84/R14, Schreiben des Inspektors der Sicherheitspolizei und des SD Wien vom 29.1.1940, Indlandslagebericht, S. 18.
53 BA R 58/163, 11.8.1941, zit.nach: Bajohr, Die Hälfte der Fabrik, S.273.
54 Zit. nach: Karl Flanner, Widerstand im Gebiet Wr. Neustadt 1938-1945, Wien 1973, S.86.
55 Interview Jur.1/2.
56 BA R 36/554, zit.nachDörte Winkler, Frauenarbeit versus Frauenideologie. Probleme der weiblichen Erwerbstätigkeit in Deutschland 1930-1945, in: Archiv für Sozialgeschichte, Bonn-Bad Godesberg 1977, S.117.
57 Zum Zusammenhang von Frauen- und Ausländererwerbstätigkeit siehe die Arbeit von Ingrid Schupetta, Frauen- und Ausländererwerbstätigkeit in Deutschland von 1939 bis 1945, Köln 1983.
58 BA R 41/25a, zit.nach: Winkler, Frauenarbeit, S. 120.
59 Siehe Verordnung über die Meldung von Männern und Frauen für Aufgaben der Reichsverteidigung vom 27.1.1943, DRGBl., S. 67.
60 Siehe Statistik über den Einsatz von Männern und Frauen für die Aufgaben der Reichsverteidigung, Ergebisse bis 31. März 1943, in: Gersdorff, Frauen, S. 382; eigene Berechnungen.
61 BA R 43 II/654 b, Bericht der Reichskanzlei, in: Gersdorff, Frauen, S. 339.
62 BA R 43 II/654, siehe Winkler, Frauenarbeit, S. 119.
63 Siehe ebda, S. 111.
64 Schutz der werktätigen Frau, S. 16.
65 Kameradschaft der Arbeit. Mit den amtlichen Mitteilungen des Reichstreuhänders für das Wirtschaftsgebiet der Ostmark, 1944, S. 234.
66 DÖW MF 54, Stimmungsbericht Linz vom 30.1.1943.
67 DÖW MF 54, Stimmungsbericht, Linz vom 8.2.1943.
68 VB vom 3.9.1944, S.8.
69 BA R 12 I/226, zit.nach: Winkler, Frauenarbeit, S.120.
70 Siehe dazu auch die Arbeit von Kurz, "Frauen helfen siegen"? Wien 1978.
71 VB vom 25.5.1941, S.6.
72 VB vom 3.11.1943, S.5.
73 VB vom 2.12.1944, S.4.
74 Vertrauliche Informationen für die Presse, 1.1.1941, BA Koblenz, Slg. Oberheitmann, in: Gersdorff, Frauen, S. 324.
75 Interview L. 1/2.
76 Martha Moers, Die seelische Eigenart der arbeitenden Frau, in: Reichsarbeitsblatt Nr. 1, 1945, S. V 14.
77 H. Läge, Die Industriefähigkeit der Frau, Schriftenreihe der Landesvereinigung des industriellen Arbeitgeberverbandes Nordrhein-Westfalen Nr. 17, Düsseldorf 1962, S. 58.
78 Siehe dazu den Aufsatz von Annemarie Tröger, Die Frau im wesensgemäßen Einsatz, in: Frauengruppe Faschismusforschung (Hg.), Arbeitsbuch und Mutterkreuz. Zur Geschichte der Frauen in der Weimarer Republik und im Nationalsozialismus, Frankfurt/M. 1981, S. 246-272.
79 Moers, Eigenart der arbeitenden Frau, S. V 13.
80 Verordnung über die Einführung des RAD im Lande Österreich vom 19.4.1938, DRGBl.I, S. 400.
81 VB vom 13.11.1938, S.4.
82 Erlaßdes Führers und Reichskanzlers über den weiteren Kriegseinsatz des RADwJ vom 29.7.1941, DRGBl.,I,S.463.
83 DÖW MF T-77/743.
84 IlseBuresch-Riebe, Frauenleistung im Kriege. Schriftenreihe der NSDAP, Bd. 6, Berlin 1941, S.102.
85 Interview B. 1/2.
86 Siehe BA NS 26/358, zit.nach: Dagmar Reese, Bund Deutscher Mädel - Zur Geschichte der weiblichen deutschen Jugend im Dritten Reich, in: Frauengruppe Faschismusforschung (Hg.), Mutterkreuz und Arbeitsbuch, S. 184.

87 BA R 43/II/666 c, Schreiben des Reichsleiters Bormann vom 27. September 1944, in: Gersdorff, Frauen, S. 446.
88 Siehe Lore Kleiber, "Wo ihr seid, da soll die Sonne scheinen!" Der Frauenarbeitsdienst am Ende der Weimarer Republik und im Nationalsozialismus, in: Frauengruppe Faschismusforschung (Hg.), Mutterkreuz und Arbeitsbuch, S. 214.
89 Rede Hitlers am 13.9.1935 vor der NS-Frauenschaft während des Nürnberger Parteitages, zit. nach Bajohr, Die Hälfte der Fabrik, S. 296.
90 Else Vorwerck, Wirtschaftliche Alltagspflichten der Frau beim Einkauf und Verbrauch, in: NS-Frauenbuch, München 1934, S. 9 f.
91 Gertrud Scholtz-Klink, in:Frau und Mutter, Lebensquell des Volkes, München 1943, o.S..
92 Vorwerck, Wirtschaftliche Alltagspflichten der Frau, S. 90 f.
93 Der Hausschatz. Kalender für das Jahr 1942, Winterberg 1942, 1.Bd., S. 260.
94 Theodor Sonnemann, Die Frau in der Landesverteidigung. Ihr Einsatz in der Industrie, Oldenburg-Berlin 1939, S. 20.
95 Buresch-Riebe, Frauenleistung im Kriege, S. 13.
96 Gertrud Scholtz-Klink, Die Frau im Dritten Reich, Tübingen 1978, S. 85.
97 Siehe VB vom 10.5.1941, S.5.
98 Interview B. II/ 2/1.
99 VB vom 26.5.1939, S. 14.
100 Ebda.
101 VB vom 27.5.1939, Wr. Beobachter.
102 VB vom 25.3.1939, S.12.
103 VB vom 4.2.1939, Aus den Heimatgauen.
104 Siehe Tröger, Die Frau im wesensgemäßen Einsatz, S. 246-272.
105 DÖWMF 99/T84/R14, Inlandslagebericht, Wien, 29.11.1939.
106 DÖW 7508, Stimmungsbericht, Wien 20.7.1942 und 27.7.1942.
107 DÖW MF 99/T84/R14, Wien 25.10.1939.
108 DÖW MF 54, Linz 28.5.1943.
109 VB vom 22.5.1943, S. 3.
110 Siehe Bajohr, Die Hälfte der Fabrik, S. 262.
111 Siehe Tröger, Die Frau im wesengemäßen Einsatz, S. 254 u. S. 270.

Wolfgang Neugebauer

DAS NS-TERRORSYSTEM

In der durch den Fall Waldheim ausgelösten Diskussion und Auseinandersetzung steht die Frage nach dem österreichischen Anteil am Nationalsozialismus und dessen Verbrechen, die sogenannte "Mittäterschaft" der Österreicher, im Mittelpunkt. Auf der einen Seite werden Widerstand und Verfolgung während des NS-Regimes einseitig hervorgehoben, wird Österreich ausschließlich als Opfer Hitlerdeutschlands hingestellt und die österreichische Involvierung in das NS-System, in Krieg und Verbrechen bagatellisiert oder verschwiegen; auf der anderen Seite werden der "Opfer"-Status Österreichs in Frage gestellt, die österreichischen Widerstandskräfte unterbewertet, eine gleichrangige "Mittäterschaft" der Österreicher, ja sogar eine überproportionale Beteiligung an den NS-Verbrechen behauptet, wobei aus Teilbereichen (wie etwa der starke Anteil von Österreichern im Stab Eichmann bei der "Endlösung der Judenfrage") auf das Ganze geschlossen wird. Tatsächlich existieren jedoch für die verschiedenen Bereiche der NS-Verbrechen keine speziellen und detaillierten wissenschaftlichen Untersuchungen über die zahlenmäßige Beteiligung von Österreichern, sodaß auch in dem folgenden Beitrag keine Schlüsse und Beurteilungen in dieser Frage erfolgen können. Im wesentlichen wird ein Überblick über die vielfältigen Formen der Repression während des NS-Regimes in Österreich 1938-1945 gegeben, insbesondere über Institutionen, Maßnahmen, Täter und Verantwortliche, Opfer, Ausmaß und Funktion der Repression.

Vorbereitungen und erste Maßnahmen

Zum Zeitpunkt der Besetzung Österreichs im März 1938 konnte der NS-Staat bereits auf eine mehr als fünfjährige Praxis in der Beherrschung und Unterdrückung der Bevölkerung und in der Verfolgung und Ausschaltung von Gegnern und Feindgruppen aller Art zurückblicken. Längst hatten die zentralen Behörden auch alle Vorbereitungen zum Aufbau eines Repressionsapparates und für die Durchführung eines Terrorfeldzuges in Österreich getroffen. Der Chef des Sicherheitshauptamtes hatte schon vor dem 11. März eine umfangreiche Denkschrift ausgearbeitet, in der im einzelnen festgelegt wurde, wie das Sicherheitswesen in Österreich aufzubauen sei.[1]

Als besonders verhängnisvoll erwiesen sich die Vereinbarungen von Berchtesgaden vom Februar 1938, in denen Schuschnigg unter den Drohungen Hitlers unter anderem das Sicherheitsressort an die Nazis auslieferte. Am 16. Februar 1938 wurde der Wiener Rechtsanwalt Arthur Seyß-Inquart - nach eigenen Worten "ein Werkzeug des Führers" - zum Innen- und Sicherheitsminister bestellt.[2] Nicht zuletzt dadurch fielen den Nazis beim "Anschluß" sämtliche polizeilichen und gerichtlichen Unterlagen des Schuschnigg-Regimes in die Hände, was die Verfolgungsmaßnahmen bedeutend erleichterte. Es liegt auch eine Reihe von Dokumenten vor, aus denen hervorgeht, daß das Geheime Staatspolizeiamt (Gestapa) in Berlin schon vor dem 11. März 1938 von staatspolizeilichen Maßnahmen in Österreich in Kenntnis gesetzt wurde.[3]

Mit der Deutschen Wehrmacht, zum Teil sogar schon vorher, kamen die deutsche Polizei und die SS nach Österreich, Heinrich Himmler, als Reichsführer SS und Chef der deutschen Polizei im Reichsministerium des Inneren der Hauptverantwortliche für den NS-Terror, landete mit einem Stab ausgewählter SD- und Gestapobeamter schon vor Tagesanbruch des 12. März 1938 auf dem Flugplatz Aspern[4]. Später, 1943, brüstete Himmler sich damit, für den Einsatz in Österreich 20.000 Mann mobile Polizei eingesetzt zu haben[5]. Himmler entließ sofort den Staatssekretär für das Sicherheitswesen Michael Skubl und ernannte zu dessen Nachfolger den Rechtsanwalt Ernst Kaltenbrunner, den Führer der österreichischen SS, dem er die Polizei unterstellte. Noch am selben Tag erschien Reinhard Heydrich, der Chef des Sicherheitsdienstes (SD) der SS und der Sicherheitspolizei, bei Kaltenbrunner in Wien; Heydrich beschlagnahmte das Hotel Metropol als Hauptquartier für die SS und den SD[6].

Die österreichische Polizei, die sich z. T. schon am Abend des 11. März mit Hakenkreuzarmbinden versehen hatte, wurde, nach einer ersten Säuberung von Juden und Nazigegnern, in die deutsche Sicherheits- bzw. Ordnungspolizei integriert und auf den "Führer" Adolf Hitler vereidigt.[7]

Der Feldzug des Terrors, der nun im Auftrag Himmlers und Heydrichs in Österreich begann, übertraf alles, was bis dahin im Deutschen Reich geschehen war. Es ist für diktatorische Regimes aber charakteristisch, daß sie ihren Terror mit dem Mantel der Legitimität verhüllen wollen. So hatte Reichsinnenminister Frick schon am 18. März 1938 in der zweiten Verordnung zum Wiedervereinigungsgesetz Himmler einen legistischen Freibrief ausgestellt; im Paragraph 1 hieß es:

> "Der Reichsführer SS und Chef der Deutschen Polizei im Reichsministerium des Innern kann die zur Aufrechterhaltung der Sicherheit und Ordnung notwendigen Maßnahmen auch außerhalb der sonst hiefür bestimmten gesetzlichen Grenzen treffen."[8]

Der ersten großen Verhaftungswelle im März und April 1938 fielen vor allem Funktionäre des untergegangenen "vaterländischen" Regimes, Kommunisten, Sozialisten und bekannte Antinazis sowie Juden zum Opfer. Die Zahlenangaben schwanken zwischen 50.000 und 76.000[9]. Dem Tagesrapport der Gestapo Wien vom 10. bis 12. Dezember 1938 ist zu entnehmen, daß allein von dieser Stapoleitstelle "insgesamt 20.973 Schutzhäftlinge behandelt wurden"[10]. Allein von den über 22.000 im Zugangsbuch des KZ Dachau 1938 verzeichneten Neuzugängen waren mehr als die Hälfte Österreicher[11]. Der überwiegende Teil der im März und April 1938 in nahezu allen Orten von NS-Gliederungen Festgenommenen wurde meist vor der Volksabstimmung freigelassen.[12]

Im allgemeinen zog die Verhaftung auch den Verlust der Stellung oder des Arbeitsplatzes, unter Umständen, vor allem bei Juden, auch den des Geschäftes und der Wohnung nach sich; es wurde also die ganze Familie in Mitleidenschaft gezogen. Dadurch wurde eine Atmosphäre des Schreckens geschaffen, die jeden Widerstand, jede oppositionelle Regung von vornherein ausschalten sollte.

Die NSDAP und ihre Gliederungen

Der NS-Terror in Österreich darf nicht allein als Produkt deutsch-faschistischer Fremdherrschaft gesehen werden. Vor allem für die Zeit unmittelbar nach dem 11. März 1938 sind zwei, einander ergänzende Bereiche festzustellen:

a) der vom Deutschen Reich vorbereitete systematische staatliche Terror und
b) der spontane Terror österreichischer Nationalsozialisten. Von Anfang an konnten sich die reichsdeutschen Sicherheitsbehörden in ihrer Tätigkeit auf österreichische Nationalsozialisten stützen, die aus eigenem Antrieb schon während des "Umsturzes" am 11. März 1938 mit der Festnahme von bekannnten Nazigegnern begonnen hatten, nicht selten blutig mit ihnen abrechneten. In diesem Zusammenhang ist besonders auf die "Selbstmorde" von General Wilhelm Zehner und Vizekanzler a. D. Emil Fey hinzuweisen.[13] Vor allem die pogromartigen Ausschreitungen gegen die Juden, mit dem Höhepunkt in der "Reichskristallnacht" am 10. 11. 1938, auf die in einem anderen Beitrag eingegangen wird[14], waren das Werk einheimischer Nazis.

Die im Ausland hervorgerufene Empörung und die geringe Begeisterung der Bevölkerung sowie der enorme wirtschaftliche Schaden ließen jedoch die NS-Führung von den "Novemberverhältnissen" abgehen.[15] Der Terror wurde den zuständigen staatlichen Organen vorbehalten; die Partei und ihre Gliederungen spielten dabei nur mehr eine untergeordnete Rolle, etwa als Denunzianten oder Zuträger für Gestapo und SD sowie als überall in Österreich vorhandene Repräsentanten des Regimes. Darüberhinaus waren österreichische Nationalsozialisten - wie Kaltenbrunner, Eichmann, Brunner, Stangl, Seyß-Inquart u.v.a. - an den unzähligen Verbrechen des NS-Regimes beteiligt. Die Erforschung dieser österreichischen "Mittäterschaft" steht noch weitgehend aus.

Der SS- und Polizeiapparat

Das NS-Terrorsystem hatte zwei Hauptbereiche:

a) den von Gesetzen und rechtsstaatlichen Prinzipien nahezu unbeschränkten SS- und Polizeiapparat, und
b) den durch überkommende rechtliche Normen und gesetzliche Bindungen schwerfälligen und im Sinne des NS-Regimes weniger effizienten Justizapparat, der trotz Durchdringung mit NS-Vorstellungen und terroristischer Radikalisierung in seiner Bedeutung gegenüber dem Polizeiapparat zurückging.

Mit der "Wiedervereinigung" Österreichs mit dem Deutschen Reich war - der NS-Rechtsauffassung zufolge - die Polizeihoheit des Bundes und der Bundesländer auf das Reich übergegangen. Die österreichische Polizei unterstand nun unmittelbar dem Reichsführer SS und wurde sofort in das deutsche Organisationsschema übergeführt. Der mit der Bearbeitung aller Polizeiagenden beauftragte Kaltenbrunner bildete eine Abteilung Ordnungspolizei (uniformierte Polizei: Schutzpolizei, Gendarmerie, Gemeindevollzugspolizei) und eine Abteilung Sicherheitspolizei (Geheime Staatspolizei und Kriminalpolizei) mit je einem Inspekteur an der Spitze. Nach Bildung der neuen Reichsgaue und Fortfall des Reichsstatthalters in Österreich (Österreichische Landesregierung) und damit auch des Staatssekretärs für das Sicherheitswesen nahmen je ein Höherer SS- und Polizeiführer in den beiden "ostmärkischen" Wehrkreisen XVII (Wien) und XVIII (Salzburg) Kaltenbrunners Funktion wahr.[16] In diesem Zusammenhang interessiert vor allem die Sicherheitspolizei, die mit dem SD verbunden war, während die Ordnungspolizei lediglich Hilfsfunktionen für Gestapo und Kripo ausübte.

Die Geheime Staatspolizei[17]

Die Geheime Staatspolizei (Gestapo) war das wichtigste Instrument des NS-Terrors in Österreich. In der schon erwähnten Denkschrift des Chefs des Sicherheitshauptamtes war der Aufbau der Gestapo in Österreich genau vorbereitet worden. Für die geplanten Gestapodienststellen in Österreich wurde ein erster Personalbedarf von 2059 Mann errechnet; dafür sollten nur "einwandfreie Nationalsozialisten in Frage kommen"[18].

Bereits einer der ersten Erlässe Himmlers, am 18. März 1938 betraf die Organisation der Gestapo in Österreich.[19] Es wurden eine Staatspolizeileitstelle Wien sowie Staatspolizeistellen in Linz, Salzburg, Klagenfurt, Innsbruck und Eisenstadt errichtet, welche die gesamten politisch-polizeilichen Aufgaben der bisherigen Generaldirektion für die öffentliche Sicherheit und der Polizeidirektionen bzw. -kommissariate übernahmen und für die jeweiligen Bundesländer zuständig waren. 1939 wurde eine Anpassung an die neue Reichsgaueinteilung vorgenommen, wobei die Stapostelle Eisenstadt zwischen Wien und Graz aufgeteilt wurde.[20] Außenstellen der Stapoleitstelle Wien bestanden in Wiener Neustadt, St. Pölten und Znaim.

Die Stapoleitstelle Wien (mit Sitz im ehemaligen Hotel Metropol am Morzinplatz) war den anderen Stapostellen insofern übergeordnet, als sie Weisungen erteilen und Berichte anfordern konnte. Alle Stapostellen unterstanden unmittelbar dem Chef der Sicherheitspolizei und des SD bzw. dem diesem unterstehenden Geheimen Staatspolizeiamt (Gestapa), später dem Reichssicherheitshauptamt (RSHA), doch konnte auch der jeweilige Höhere SS- und Polizeiführer Weisungen geben. Den Stapostellen wurde das Recht eingeräumt, sich der Kreis- und Ortspolizeibehörden (Ordnungspolizei) als Hilfsorgane zu bedienen[21]. Wie wichtig die Stellung der Gestapo war, geht z. B. aus dem Erlaß der

Landeshauptmannschaft Niederdonau vom 15. September 1939 hervor, in dem alle Abteilungsleiter angewiesen wurden, alle Geschäftsstücke, die staatspolizeiliche und politisch wichtige Angelegenheiten behandeln, dem politischen Referenten der Gestapo Wien, Reg.-Rat SS-Obersturmbannführer Dr. Pifrader, zur Kenntnis, Stellungnahme oder Gegenzeichnung zuzusenden.[22]

Zwischen 1940 und 1944 wurden die Stapostellen ohne Einschaltung der Stapoleitstelle Wien direkt von Berlin mit Aufträgen befaßt und hatten auch dorthin zu berichten. Im September 1944 erfolgte wieder eine Aufwertung der Stapoleitstelle Wien, als hier ein "Informationslenkungsstab" mit Sondervollmachten zur Bekämpfung der gesamten Widerstandsaktivitäten auf dem ehemaligen österreichischen Gebiet errichtet wurde.[23]

Personell wurden die Spitzenpositionen der Gestapo vorerst mit reichsdeutschen Beamten besetzt, zu denen illegale österreichische Nationalsozialisten sowie anpassungsfähige Polizeibeamte des Schuschnigg-Regimes hinzukamen. Der österreichische Gestapobeamte Dr. Karl Ebner charakterisierte seinen Vorgesetzten, den 27jährigen Reichsdeutschen Dr. Rudolf Lange, "als radikalen Verfechter der weltanschaulichen Grundsätze des Nationalsozialismus", der "die österreichischen Juristen immer wieder in brüsker Weise als weich und ohne Rückgrat" bezeichnete.[24] Nach dem Geschäftsverteilungsplan I (1938-1942) betrug der Anteil der Reichsdeutschen beim Führungspersonal der Stapoleitstelle Wien ca. 1/3, er sank im Geschäftsverteilungsplan II (1942-1944) auf weniger als 1/4 ab, während im Geschäftsverteilungsplan III (1944/45) wieder etwas mehr als 1/3 der Führungskräfte Reichsdeutsche waren. 1942 betrug der Personalstand der Gestapo in Österreich 1998 (das waren 11% des Gesamtpersonalstandes), davon 934, also fast die Hälfte, in der Gestapoleitstelle Wien.[25]

Leiter der Stapoleitstelle Wien vom März 1938 bis Dezember 1944 war SS-Brigadeführer Franz Josef Huber, später auch Inspekteur bzw. Befehlshaber der Sipo und des SD (er lebte nach 1945 unbehelligt in der BRD); sein Nachfolger wurde SS-Standartenführer Dr. Rudolf Mildner. Als stellvertretende Leiter fungierten Dr. Hubert Pifrader, SS-Obersturmbannführer Dr. Karl Ebner und (bis zu seiner Leiterernennung) Mildner. Auf den Aufbau der Gestapo Wien, der dem des Gestapa Berlin bzw. des RSHA entsprach, kann hier nicht näher eingegangen werden. Die Hauptarbeit wurde vom Referat II A (später IV A) "Linksbewegung" geleistet, dem die Verfolgung der Sozialisten, Kommunisten und anderer Linker oblag.[26] Von Unternehmerseite wurde die Gestapo auch skrupellos in Arbeitskonflikte eingeschaltet, und unbotmäßige Arbeitnehmer wurden staatspolizeilich behandelt[27], d. h. verwarnt, inhaftiert, mißhandelt oder an die Front geschickt. Im Laufe des Krieges wurden in zunehmendem Maße die zu Hunderttausenden in der Kriegswirtschaft eingesetzten Kriegsgefangenen, Fremdarbeiter, Zwangsarbeiter zu bevorzugten Gestapoopfern. Wegen geringfügiger Delikte (wie Zuspätkommen zur Arbeit, unerlaubte Entfernung vom Arbeitsplatz, etc.) wurden Einweisungen in KZ und Arbeitslager vorgenommen. Hinrichtungen von Polen und Ostarbeitern wegen "verbotenem Umgang" mit deutschen (österreichischen) Frauen wurden - ohne gesetzliche Grundlage - öffentlich von der Gestapo vollzogen.[28]

Von besonderer Wichtigkeit war auch das Referat II B (später IV B), dem außer den Religionsgemeinschaften und Sekten das die längste Zeit von Dr. Karl Ebner geleitete Judenreferat II B 4 (später IV B 4) unterstand. In seinem Gnadengesuch an den Reichsführer SS rühmte sich der wegen Defätismus von einem SS-Gericht zum Tode verurteilte Ebner:

> "Insbesondere auf dem Gebiet der Judenmaßnahmen ist wohl mein Name mit der Tatsache aufs engste verknüpft, daß ich es gewesen bin, der die Judenfrage in Wien, wohl der verjudetsten Großstadt des Großdeutschen Reiches, in einwandfreier und kompromißloser Weise gelöst habe. Unter meiner Leitung des Judenreferates wurde Wien eine judenfreie Stadt. Rund 1 Milliarde Sachwerte wurde durch die von mir aufgezogene Organisation dem Reiche zugeführt."[29]

Die Tätigkeit der Gestapo war durch äußerste Brutalität gekennzeichnet. Mißhandlungen, Folterungen der Häftlinge zwecks Erzielung von Geständnissen, terroristische Bestrafung waren nicht Ausnahme, sondern die Regel.[30] Dadurch sowie durch den gezielten Einsatz von V-Männern (Spitzeln) und durch Denunziationen durch "Partei"- und "Volksgenossen" gelangen der Gestapo in der Bekämpfung der politischen und sonstigen Gegner des NS-Regimes beträchtliche Erfolge.

Die Kriminalpolizei

Der Staatlichen Kriminalpolizei (Kripo) fiel die Bekämpfung des "nichtpolitischen Verbrechertums" zu. Da dies mit Methoden geschah, die mit rechtsstaatlichen Grundsätzen unvereinbar sind, muß auch die Kripo als Bestandteil des NS-Terrorapparates angesehen werden.[31]

Im Rahmen der Asozialenbekämpfung war der Kriminalpolizeileitstelle Wien die "Bekämpfung der Zigeunerplage" übertragen, für welche die Inspektion I B ("Dienststelle für Zigeunerfragen") zuständig war.[32] Schon im Mai und Juni 1938 wurden im Zuge der "vorbeugenden Verbrechensbekämpfung" großangelegte Aktionen durchgeführt, bei denen viele Zigeuner in "Verwahrungshaft" genommen und in KZ eingewiesen wurden.[33] Der burgenländische Gauleiter und Landeshauptmann Dr. Tobias Portschy wirkte dabei als treibendes Element.[34] Mit Erlaß vom 8. Dezember 1938 ordnete der Reichsführer SS Himmler an, alle Zigeuner karteimäßig zu erfassen.[35] Wie im Falle der Juden war dies der erste Schritt auf dem Wege zur Vernichtung.

Der Kriminalpolizeileitstelle Wien (Leiter: SS-Standartenführer Regierungs- und Kriminaldirektor Kaphengst) unterstand auch das Ende 1940 errichtete Anhaltelager Lackenbach (Burgenland). Obwohl die "Lackenbacher" nach 1945 lange Zeit um die Anerkennung als KZler kämpfen mußten, waren die Haftbedingungen zumindest zeitweise KZ-ähnlich. Hunger, Kälte, mangelnde Hygiene, Seuchen, Übergriffe rafften viele hinweg. Offiziell wurden in Lackenbach - bei einem Höchststand von 2335 Häftlingen im November 1941 - 229 Tote registriert.[36] Kleinere Zigeunerlager befanden sich in Maxglan/Salzburg und in Weyer/Oberösterreich sowie bei verschiedenen Firmen.[37] Von dem als Sammellager eingerichteten Lackenbach erfolgten die Deportationen nach Litzmannstadt (Lodz), Auschwitz und in andere Vernichtungsstätten. Letztlich unterschied sich das Schicksal der von der Kripo behandelten Zigeuner nicht von dem der Juden: Mehr als die Hälfte der österreichischen Zigeuner kam im KZ um oder fiel der "Endlösung" in Auschwitz zum Opfer[38].

Der Sicherheitsdienst der SS

Im Gefüge des NS-Terrorapparates hatte der Sicherheitsdienst (SD) der SS eine besondere Funktion. Er war gleichzeitig innen- und außenpolitischer Geheimdienst und ein Apparat zur Bespitzelung sowohl der Bevölkerung als auch der NSDAP, deren Gliederungen, der Wehrmacht und anderer Institutionen; vor allem spielte er später eine führende Rolle bei der faschistischen Okkupationspolitik in Europa.[39] Durch die schon skizzierte Struktur des Polizeiapparates - Personalunion von Sipo und SD - bekam der SD aber auch Einfluß auf die Gestapo und die Kripo, zu denen zeitweise ein Konkurrenzverhältnis bestand. So war etwa der Wiener Gestapoleiter Huber gleichzeitig Befehlshaber der Sipo und des SD.

Als oberste Maxime für die Tätigkeit des SD in Österreich galten Heydrichs Worte: "Oberstes Gesetz, oberster Richter über alle Eingriffe in die persönliche Freiheit, das Eigentum und, wenn es notwendig werden sollte, über Leben und Tod ist danach auch in Österreich der Führer allein."[40]

Systematisch wurde nun in Österreich ein SD-Apparat mit haupt- und ehrenamtlichen Mitarbeitern sowie zahlreichen V-Männern (sprich: Spitzeln) aufgebaut.[41] Ein am 1. April 1938 im Amt II gebildetes Sonderkommando sichtete alle in Österreich geraubten Akten. Es legte neue Personal- und Sachakten belasteter Personen und interessierender öffentlicher Einrichtungen an, die in Duplikat auch den österreichischen SD- und Gestapostellen zugestellt wurden.[42] Die SD-Außenstellen wurden im SD-Leitabschnitt Wien zusammengefaßt, der wiederum Bestandteil des SD-Oberabschnittes Donau war. Die verschiedenen SD-Stellen verfaßten ständig Tätigkeits-, Lage- und Stimmungsberichte, die zum Großteil jedoch sehr allgemein gehalten waren und nicht die terroristische Zielgerichtetheit und Konsequenz der Gestapo-Berichte aufwiesen.

In Österreich spielte der SD vor allem bei der Judenverfolgung eine entscheidende Rolle. Der Linzer Adolf Eichmann, der Judenreferent des SD Wien und der Leiter der Zentralstelle für jüdische Auswanderung in Wien, wurde später zum Hauptorganisator der "Endlösung der Judenfrage".[43]

Konzentrations- und Arbeitslager

Sein volles Ausmaß erreichte der von der Gestapo u. a. ausgeübte Terror erst durch das Zusammenwirken mit der Einrichtung der Konzentrationslager (KZ). Die KZ waren staatliche Straf- und Zwangsarbeitslager, die der SS (Reichsführer SS Himmler, Reichssicherheitshauptamt, SS-Wirtschaftsverwaltungshauptamt) unterstanden. Die Einweisung erfolgte ohne (Gerichts-) Verfahren aufgrund eines Schutzhaftbefehles der Gestapo, oft auf bloßen Verdacht "staatsfeindlicher" Gesinnung. Über mehrere zehntausend politische und "rassische" Gegner, aber auch "Asoziale", Kriminelle, Homosexuelle u. a. wurde in Österreich "Schutzhaft" verhängt. Schwerste Arbeit, oft in Steinbrüchen, in Verbindung mit unzureichender Ernährung und schlechten sanitären und medizinischen Verhältnissen, Übergriffe der SS, systematische Selektionen und Mordaktionen ließen den Häftlingen kaum eine Lebenschance.[44]

Schon am 1. April 1938 ging der erste Transport von Österreichern in das KZ Dachau, der sich aus führenden Funktionären des Schuschnigg-Regimes, Kommunisten, Sozialisten und Juden zusammensetzte. Unzählige weitere Transporte nach Dachau und in andere Konzentrationslager und Vernichtungsstätten folgten. Insgesamt sind 16.493 Österreicher in Konzentrationslagern umgekommen.[45]

Die Vorbereitungen zur Errichtung eines KZ in Österreich liefen bereits unmittelbar nach der Besetzung im März 1938 an. Der Reichsführer SS Himmler fuhr mit SS-Obergruppenführer Oswald Pohl, Chef des SS-Wirtschaftsverwaltungshauptamtes von Wien nach Mauthausen und Gusen, um die dortigen Steinbrüche zu inspizieren. Von April bis August 1938 erfolgte der Ankauf von Grund und Boden sowie die Pachtung der Steinbrüche in Mauthausen, welche der Stadt Wien gehörten. Am 7. April 1938 berichtete der Wiener Magistratsdirektor Hornek an den Bürgermeister, daß die Reichsführung SS mit dem dringenden Ersuchen um Verpachtung der Mauthausener Steinbrüche zur Errichtung eines staatlichen Konzentrationslagers an ihn herangetreten sei. Der Magistratsdirektor schlug dem Bürgermeister die Zustimmung vor, worauf am 5. Mai 1938 eine Besprechung des Wiener Bürgermeisters mit SS-Vertretern aus München über die Verpachtung stattfand. Schon am 16. Mai 1938 nahm die SS den Betrieb im Steinbruch Mauthausen auf, und am 8. August 1938 kamen die ersten Häftlinge mit SS-Bewachungspersonal aus Dachau nach Mauthausen.[46] Über das Geschehen im KZ Mauthausen (KLM) im Jahre 1938 berichtet Hans Marsalek:

> "Am 18. 8. 1938 verübte der erste Häftling Selbstmord, am 5. 9. 1938 erfolgte die erste Verbrennung einer Leiche des KLM im Krematorium Steyr, am 2. 10. 1938 gab es den ersten tödlichen Arbeitsunfall, am 11. 10., 10. 11., 23. 12. und 29. 12. 1938 gab es insgesamt 5 Selbstmorde, am 15. 11. 1938 wurde der erste und am 19. 12. 1938 der zweite Häftling auf der Flucht erschossen."[47]

Das 1938 geschaffene KZ Mauthausen wurde eines der gefürchtetsten KZ Hitlerdeutschlands; es war ein Vernichtungslager mit Gaskammer und Krematorien, in dem rund 100.000 Menschen zugrunde gingen. Von den mehr als 200.000

in das KLM eingelieferten Häftlingen stammten jedoch nur 1650 aus Österreich. Mauthausen wurde vor allem für Polen, Sowjetbürger, Ungarn, Franzosen, Jugoslawen, Italiener und Spanier zur Hölle. Viele von ihnen waren als Kriegsgefangene oder Fremdarbeiter nach Österreich gekommen.[48]

Die KZ waren aber nicht nur Stätten des Sadismus und der Barbarei, sie waren auch Wirtschaftsbetriebe und -komplexe, in denen tausende Häftlinge für deutsche Unternehmen Zwangsarbeit leisten mußten. Allein das KZ Mauthausen verfügte über 49 Nebenlager und Außenstellen, über ganz Österreich verstreut; dazu kamen in Westösterreich auch einige Außenstellen des KZ Dachau.[49]

Neben diesen KZ mit ihren vielen Außenstellen gab es noch Arbeitserziehungslager. In sie wurden in den Augen der NS-Machthaber arbeitsunwillige, arbeitsvertragsbrüchige Arbeitskräfte, sogenannte "asoziale Elemente", eingewiesen, die hier zur Zwangsarbeit angehalten wurden. Das Arbeitserziehungslager Oberlanzendorf im Reichsgau Niederdonau wurde 1942 auf Anregung des Wiener Gauleiters Baldur von Schirach errichtet. Die Einweisung erfolgte durch die Stadt Wien; die Waffen SS bzw. von der Volksdeutschen Mittelstelle vermittelte Volksdeutsche stellten die Lagerwache. Die Aufsicht oblag der Gestapoleitstelle Wien.[50]

Ein anderes Arbeitserziehungslager, Weyer in der Gemeinde St. Pantaleon im Bezirk Braunau, existierte nur 1940. Es unterstand der Deutschen Arbeitsfront (DAF), das Lagerpersonal kam von der SA Salzburg. Etwa 130 Männer wurden hier zu Entwässerungsarbeiten eingesetzt. Wegen Übergriffe des Lagerpersonals leitete schon damals die Staatsanwaltschaft beim Landgericht Ried im Innkreis Ermittlungen wegen Verbrechens des Totschlags ein, die auf Anordnung des "Führers" 1942 eingestellt wurden. Erst 1949 wurde ein SA-Mann zu 15 Jahren schweren Kerkers verurteilt. Die Insassen des im Jänner 1941 aufgelösten Lagers Weyer wurden nach Mauthausen überstellt.[51]

Unzulängliche sanitäre Verhältnisse, mangelnde Verpflegung und Übergriffe schufen in den Arbeitserziehungslagern KZ-ähnliche Verhältnisse, die sich zu Kriegsende erheblich verschärften. So wurden im April 1945 ca. 400 Häftlinge von Oberlanzendorf in Richtung Mauthausen evakuiert, zum Teil mit Ketten und Stricken zusammengehängt, wobei während des Fußmarsches etwa 40 bis 50 Häftlinge ermordet wurden.[52] Kleinere Zwangsarbeitslager für Juden befanden sich in Traunkirchen und Doppl/Altenkirchen im Reichsgau Oberdonau und in anderen Orten, wo Juden beim Straßenbau eingesetzt wurden.[53]

Der drückende Arbeitskräftemangel führte dazu, daß ab Mitte 1944 ca. 12.000 ungarische Juden von der damals durchgeführten Vernichtungsaktion ausgenommen und zur Zwangsarbeit nach Wien, Niederdonau und Oberdonau gebracht wurden. Sie waren vornehmlich in Lagern in der Nähe Wiens untergebracht, wurden äußerst schlecht behandelt und waren ständigen Übergriffen seitens des bewachenden SS-Personals ausgesetzt. Die organisatorische Leitung hatte das Sondereinsatzkommando Ungarn in Wien 2., Castellezgasse 35, inne, dessen Leiter Dr. Siegfried Seidl wegen zahlreicher Kriegsverbrechen nach 1945 hingerichtet wurde.[54]

Im Herbst 1944 wurden weitere, etwa 25.000 bis 30.000 ungarische Juden, sogenannte jüdische Arbeitsdienstsoldaten, zum Bau des Südostwalles in den Raum des heutigen Burgenlandes gebracht, wobei schon beim Transport große Verluste zu beklagen waren. Insbesondere in der Endphase der NS-Herrschaft im April und Mai 1945 fielen unzählige dieser Menschen Massakern bei Evakuierungen zum Opfer. Das Massaker von Rechnitz zu Ostern 1945, einen Tag vor dem sowjetischen Einmarsch, begangen von der örtlichen NS-Prominenz während eines Gelages im Schloß Rechnitz an über 200 Juden, zählt zu den grauenhaftesten NS-Verbrechen auf österreichischem Boden überhaupt.[55]

Der während des Krieges zutage tretende Arbeitskräftemangel veranlaßte die NS-Machthaber, ausländische Arbeitskräfte ("Fremdarbeiter") mehr oder weniger zwangsweise ins Reich zu holen. Insgesamt waren 14 Millionen ausländische Arbeitskräfte in Hitlerdeutschland tätig. Zum Stichtag 31. 5. 1944 waren in der österreichischen Industrie 205.851 "Fremdarbeiter" (ohne 54.705 Kriegsgefangene), d. s. 28% der Beschäftigten, eingesetzt, wozu noch die in der Land- und Forstwirtschaft Tätigen kamen. Die schlechten Arbeitsbedingungen (72-Stunden-Woche) und die ungeheure Ausbeutung führten dazu, daß immer mehr Ausländer von ihren Arbeitsstellen flüchteten und in ihre Heimat zurückzukehren versuchten. Besonders benachteiligt waren die "Ostarbeiter", also Zwangsarbeiter aus der Sowjetunion, die in Lagern gehalten wurden. Für aufgegriffene geflüchtete Fremdarbeiter wurden Auffanglager geschaffen, von wo sie der Zwangsarbeit, vielfach im KZ Mauthausen und seinen Nebenlagern, zugeführt wurden. Dieses Zwangsarbeitssystem war keineswegs nur für die Kriegszeit gedacht, sondern auch in der Zukunft sollten "Untermenschen" für die deutsche "Herrenrasse" Arbeit unter schlechtesten Bedingungen verrichten, gleichsam ein Rückfall in eine Sklavengesellschaft.[56]

Angesichts des Holocaust und anderer Massenverbrechen des NS-Regimes ist das tragische Schicksal der Kriegsgefangenen in Hitlerdeutschland bislang zuwenig beachtet worden. In Konsequenz der NS-Rassenlehren wurde das Kriegsgefangenenrecht von seiten Hitlerdeutschlands systematisch verletzt. Während Kriegsgefangene aus westlichen Ländern besser behandelt wurden, wurden insbesondere sowjetische Kriegsgefangene dem Massentod durch Verhungern, Erfrieren oder Erschießen preisgegeben; über 3 Millionen sowjetische Soldaten und Offiziere kamen in deutscher Kriegsgefangenschaft ums Leben, wobei auch der sogenanne "Kommissarbefehl", die von Hitler angeordnete sofortige Ermordung von Juden und politischen Kommissaren der Roten Armee, eine große Rolle spielte.[57]

Entgegen der Genfer Konvention wurden Kriegsgefangene zur Zwangsarbeit in der Kriegswirtschaft verwendet. Im Jänner 1945 befanden sich 6.691.000 ausländische Arbeitskräfte in Deutschland, davon 4.795.000 Zivilarbeiter und 1.873.000 Kriegsgefangene. Auf österreichischem Boden wurden 6 Lager im Wehrkreis Wien und 7 Lager im Wehrkreis Salzburg errichtet, wobei zwischen Stalag (Stammlager), Oflag (Offizierslager), Dulag (Durchgangslager) und Heilag (Genesungslager) unterschieden wurde. Auch Offiziere wurden entgegen der Genfer Konvention zur Arbeit herangezogen. Die Arbeitszeit betrug in der

Regel 72 Stunden pro Woche; die Lagerverhältnisse waren schlecht. Der Zivilbevölkerung wurde unter Strafandrohung der Umgang mit Kriegsgefangenen verboten.[58] Sowjetische Kriegsgefangene kamen in großer Zahl auch in das KZ Mauthausen, wo viele zugrunde gingen. Bislang ist nur das Geschehen im "Stalag 317 Markt Pongau" in St. Johann einigermaßen erforscht. In diesem von 1941-1945 bestehenden Lager waren zeitweise bis zu 30.000 Kriegsgefangene inhaftiert, von denen täglich Dutzende durch Hunger oder Erschießen umkamen. Eine Gedenkstätte erinnert an den Tod von 3542 Gefangenen - nach Ernst Hanisch das größte Verbrechen auf Salzburger Boden.[59]

Terroristische Maßnahmen im Gesundheitswesen (Zwangssterilisierung, "Euthanasie")

Zu den bislang weniger beachteten, aber zutiefst typischen Bereichen der NS-Verfolgungsmaßnahmen zählen die Verbrechen an den Geisteskranken, Behinderten und nicht mehr voll leistungsfähigen Gruppen.[60] Die sozialdarwinistischen Theorien vom Kampf ums Dasein und von der natürlichen Auslese waren - vom Tierreich auf die menschliche Gesellschaft übertragen - zu Hauptinhalten der nationalsozialistischen Ideologie geworden und wurden nach der Machtergreifung der Nationalsozialisten mit barbarischer Konsequenz in die Wirklichkeit umgesetzt. Für "unnütze Esser" war im faschistischen Deutschland, das auch das menschliche Leben einem erbarmungslosen Kosten-Nutzen-Kalkül unterwarf, kein Platz. Weit über den Kreis der Geisteskranken hinaus sollten alle "Erbkranken" und "Minderwertigen" im Interesse einer "rassischen Höherentwicklung" des Volkes ausgemerzt werden - entweder durch Verhinderung der Fortpflanzung oder durch physische Vernichtung.

Mit dem Gesetz zur Verhütung erbkranken Nachwuchses vom 14. Juli 1933, das am 1. Jänner 1940 in der "Ostmark" in Kraft trat, wurde die zwangsweise, letztlich gewaltsam durchzuführende Sterilisierung von "Erbkranken" - angeborener Schwachsinn, Schizophrenie, zirkuläres (manisch-depressives) Irresein, erbliche Fallsucht, erblicher Veitstanz (Huntingtonsche Chorea), erbliche Blindheit, erbliche Taubheit, schwere erbliche körperliche Mißbildung sowie schwerer Alkoholismus - angeordnet. Amtsärzte und Anstaltsleiter waren zur diesbezüglichen Antragstellung sogar verpflichtet.[61] Die systematische Zwangssterilisierung, von der im Deutschen Reich schätzungsweise 250.000 bis 350.000 "Erbkranke" betroffen waren[62], erreichte zwar in Österreich nicht mehr ein solches Ausmaß wie im Altreich, da zu dieser Zeit bereits weitergehende Maßnahmen durchgeführt wurden, doch mußten sich auch hierzulande einige tausend "Erbkranke" diesem damals nicht ungefährlichen medizinischen Eingriff unterziehen.[63] Obwohl in einem einschlägigen Merkblatt von einem "schmerzlosen ärztlichen Eingriff von fast völliger Gefahrlosigkeit" die Rede war, waren die Folgen in physischer und psychischer Hinsicht beträchtlich; insbesondere war das Verhältnis Arzt-Patient zutiefst erschüttert.[64]

An dieser Stelle muß auch darauf hingewiesen werden, daß Vorschläge zur Massensterilisierung ganzer Volksgruppen und Völker aus dem Reichsgau Niederdonau kamen. Am 24. August 1941 hatte der stellvertretende Gauleiter von Niederdonau, SS Oberführer Karl Grund, an den Reichsführer SS Heinrich Himmler geschrieben, daß Menschenexperimente auf dem Gebiet der medikamentösen Sterilisation "in Zusammenarbeit mit dem Pharmakologischen Institut der Wiener Medizinischen Fakultät an Insassen des Zigeunerlagers Lackenbach in Niederdonau" vorgenommen werden sollten.[65] Die Pläne zur Massensterilisierung von Juden, Ostvölkern, sowjetischen Kriegsgefangenen und anderern Feindgruppen der Nationalsozialisten kamen nicht mehr zur Verwirklichung, zum Teil weil sie technisch undurchführbar waren, zum Teil weil man bereits zur Massenvernichtung übergegangen war.

Die Zwangssterilisierung genügte den nationalsozialistischen Rassenbiologen jedoch nicht, da sie erst nach vielen Generationen Resultate zeigen konnte; die NS-Medizin zielte auf die völlige Ausschaltung aller "Psychopathen", "Schwachsinnigen" und anderer "Minderwertiger" ab. Es ist kein Zufall, daß der Ausrottungsfeldzug gegen die Geisteskranken im Jahr des Kriegsausbruches 1939 begann, hatte doch Hitler bereits 1935 derartige Maßnahmen für diesen Fall angekündigt. Damit sollte der in den Augen der Nationalsozialisten vor sich gehenden "negativen Auslese" durch den Krieg - Tod oder Verstümmelung der Gesunden, Überleben der Kranken - entgegengewirkt werden. Unmittelbarer Anlaß für die Aktion war die Notwendigkeit, Lazarettraum zu schaffen, Ärztepersonal freizustellen und damit soziale Kosten zugunsten der Kriegswirtschaft einzusparen.[66] So wurde z.B. die der Stadt Wien gehörende Anstalt in Ybbs a.d. Donau nach ihrer weitgehenden "Entleerung" zuerst in eine Jugendfürsorgeanstalt und 1942 in ein militärisches Reservelazarett umgewandelt. Auch in Mauer-Öhling wurde in einem Teil der Anstalt ein Militärlazarett eingerichtet.[67]

Die Nationalsozialisten begannen die zu Unrecht "Euthanasie" (griechisch: schöner Tod) oder "Gnadentod" genannte Vernichtung des "lebensunwerten Lebens" mit kranken Kindern. Ab Sommer 1939 wurden mißgebildete und idiotische Kinder bis zum dritten (später 17.) Lebensjahr in speziellen "Kinderfachabteilungen", in die sie aus verschiedenen Anstalten ohne Einwilligung der Eltern gebracht wurden, ermordet.[68] Eine solche Anstalt war die Klinik "Am Spiegelgrund" in der großen Wiener Anstalt "Am Steinhof", wo einige hundert Kinder mittels Gift, Injektionen oder Aushungern von Ärzten und Pflegepersonal ums Leben gebracht wurden.[69]

Kurze Zeit nach dem Beginn der "Kinder-Euthanasie" wurde aufgrund einer auf den 1. September 1939 rückdatierten "Ermächtigung" des Führers Adolf Hitler, die keinerlei Gesetzeskraft oder Legalität hatte, mit der "Euthanasie" der erwachsenen Geisteskranken begonnen. Im Rahmen dieser von der "Kanzlei des Führers" organisierten Tötungsaktion (nach der Adresse Berlin, Tiergartenstraße 4, "T4" genannt) wurde ein Großteil der Patienten der psychiatrischen Anstalten im Deutschen Reich in "Euthanasieanstalten", u. a. nach Schloß Hartheim bei Eferding, abtransportiert und dort mit Giftgas getötet. In die

"Euthanasie" wurden auch Pfleglinge kleinerer Anstalten und - über den Kreis der Geisteskranken weit hinaus - Insassen von Pflegeheimen und Altersheimen einbezogen.[70]

Es war nicht zuletzt dem mutigen Widerstand aus den Reihen der Evangelischen und Katholischen Kirche (im "Altreich", kaum in Österreich!), welche die "Vernichtung lebensunwürdigen Lebens" stets entschieden bekämpften, zuzuschreiben, daß die "Euthanasie"-Aktion auf Befehl Hitlers am 24. 8. 1941 eingestellt wurde. Damit kam die "Euthanasie" jedoch keineswegs vollständig zum Erliegen. Die "Kinder-Euthanasie" wurde weitergeführt, und in den "Euthanasie"-Anstalten wurden im Zuge der Aktion "14f13" Häftlinge aus den Konzentrationslagern vergast.[71] Auch die zu Millionen in das Deutsche Reich gebrachten Ostarbeiter und polnischen Fremdarbeiter wurden in die "Euthanasie"-Aktion einbezogen. In einem Runderlaß des Reichsministers des Innern vom 6. 9. 1944 an die Reichsstatthalter und andere Behörden wurde angeordnet, daß unheilbar Geisteskranke, nichteinsatzfähige Ostarbeiter und Polen zu nahe gelegenen Sammelstellen - für die Alpen- und Donaugaue war dies die Heil- und Pflegeanstalt Mauer-Öhling - gebracht und der "Zentral-Verrechnungsstelle Heil- und Pflegeanstalten in Linz/Oberdonau" gemeldet werden sollten. Die massenhafte Tötung von geisteskranken Fremdarbeitern in Hartheim wurde in den Nachkriegsprozessen nachgewiesen. Insgesamt wurden in Schloß Hartheim 1940-1944 rund 20.000 Geisteskranke und an die 10.000 kranke Häftlinge aus den KZ Dachau und Mauthausen ermordet.[72]

In einzelnen Anstalten wurde die Ermordung von Geisteskranken durch Verhungernlassen, Vergiften u.ä. fortgesetzt. Eine zentrale Anweisung für diese ungeregelten Mordaktionen dürfte nicht vorgelegen sein; diese entsprangen meist der Initiative von Gauleitungen, Anstaltsleitungen oder einzelnen Ärzten. Viktor Brack, einer der Hauptverantwortlichen für die "Euthanasie"-Aktion in der Kanzlei des Führers, prägte dafür die Bezeichnung "wilde Euthanasie".[73] Die wohl ärgsten Vorkommnisse im gesamten Deutschen Reich spielten sich in den niederösterreichischen Anstalten Gugging und Mauer-Öhling ab, wo der von der Gauleitung Niederdonau eingesetzte Dr. Emil Gelny, illegaler Nazi und Juliputschist, mehrere hundert Patienten mittels umgebauten Elektroschockgeräts tötete.[74]

Es liegt auf der Hand, daß in dieser Zeit der Geringschätzung des Lebens von psychisch Kranken auch Gesundheitsschädigungen durch medizinische Versuche, Unterversorgung mit Medikamenten und Mißhandlungen seitens des Pflegepersonals häufig vorkamen. Übergriffe in den einzelnen Anstalten wurden durch Anweisungen von zentralen Stellen ergänzt. So wurde beispielsweise durch ein Rundschreiben des Reichsministers für Wissenschaft, Erziehung und Volksbildung die Insulinkur für Schizophrene in den Heil- und Pflegeanstalten untersagt.[75] Während die medizinischen Versuche im Nationalsozialismus, insbesondere in den KZ, bereits seit längerem aufgearbeitet werden[76], sind erst in letzter Zeit neue Bereiche nationalsozialistischer Massenverbrechen - wie etwa der Massenmord an TBC-Kranken - ins Blickfeld der Forschung gekommen.[77] Für Österreich liegt hier ein beträchtliches Forschungsdefizit vor.

Tendenziell waren Zwangssterilisierung, "Euthanasie" und andere "rassenbiologische" Maßnahmen keineswegs auf Geisteskranke beschränkt; bedroht waren alle den "rassischen" und "erbbiologischen" Normen des Nationalsozialismus nicht Entsprechenden, alle, die keine Leistung für die "Volksgemeinschaft" mehr erbringen konnten ("unnütze Esser"). So wurde schon 1939 mit dem systematischen Aufbau von Karteien von "Erbkranken" ("Erbbiologische Bestandsaufnahme") begonnen, in die neben Geisteskranken auch "Asoziale", verwahrloste Kinder und Jugendliche, Alkoholiker u. dgl., einschließlich der gesamten Verwandtschaft ("Sippschaft") aufgenommen wurden. Im Reichsgau Wien waren etwa von der Abteilung "Erb- und Rassenpflege" im Hauptgesundheits- und Sozialamt bereits 350.000 Einzelverkartungen vorgenommen worden.[78] Daß diese Menschen als zukünftige Opfer nationalsozialistischer Rassenpolitik ins Auge gefaßt waren, liegt in der Logik des nationalsozialistischen Systems. Manche Forscher nehmen an, daß eine Art "Endlösung der sozialen Frage" geplant war, welche alle "Minderwertigen" der Gesellschaft erfassen sollte.[79]

Die Strafjustiz

Sofort nach der Besetzung Österreichs wurde die Justiz zu einem Werkzeug nationalsozialistischer Machtausübung und Terrors gemacht, wobei weitverbreitete NS-Sympathien der österreichischen Richterschaft und die autoritären Rechtspraktiken 1934-1938 diesen Prozeß beschleunigten. Zur Durchsetzung der nationalsozialistischen Rechtsvorstellungen in Österreich wurden die schon im "Altreich" bewährten Methoden angewendet: personelle Säuberungen bzw. Durchsetzung mit Parteigängern, politische Druckausübung und Beeinflussung der Richter, Eingriffe in Rechtsprechung, Ausgrenzung ganzer Gruppen aus der Justiz und Überantwortung an den SS- und Polizeiapparat. Dazu kam die Übernahme der deutschen Gerichtsorganisation, d. h. Volksgerichtshof, Besondere Senate der Oberlandesgerichte, Sondergerichte bei den Landgerichten, Militärgerichtsbarkeit, SS- und Polizeigerichte, Standgerichte. Österreich, genauer gesagt die an Stelle Österreichs getretenen, direkt Berlin unterstellten sieben Alpen- und Donaureichsgaue, unterschieden sich im Bereich der Justiz in nichts von den anderen deutschen Reichsgauen (Nebensächlichkeiten wie die teilweise weiterbestehenden österreichischen Rechtsvorschriften ausgenommen).[80] Die umfassenden Verhaftungs- und Säuberungsaktionen der neuen Machthaber richteten sich mit besonderer Schärfe gegen den Schuschniggschen Justizapparat, mit dem nicht wenige österreichische Nazis eine persönliche Rechnung zu begleichen hatten. Die bekanntesten Opfer des NS-Terrors im Justizbereich waren der frühere Justizminister Robert Georg Winterstein und OLGR Alois Osio, die im KZ ihr Leben lassen mußten. Die gesetzliche Grundlage für die Beamtensäuberung bildete die Verordnung zur Neuordnung des österreichischen Berufsbeamtentums vom 21. 5. 1938. "Die Verordnung", kommentierte der NS-Verwaltungsjurist und Universitätsprofessor (auch der Zweiten Republik) Helfried Pfeifer[81], "verfolgte so wie seinerzeit im Altreich das

Gesetz über die Wiederherstellung des Berufsbeamtentums ... den Zweck, das Beamtentum von fremdrassigen und politisch unzuverlässigen Elementen zu säubern". Nach Angaben des verstorbenen Justizministers Christian Broda sind von 1550 österreichischen Richtern 205 außer Dienst gestellt worden, davon 130 am Oberlandesgerichtssprengel Wien.[82] Richter und Staatsanwälte wurden wie alle Beamte aufgrund des Führererlasses vom 15. 3. 1938 auf Adolf Hitler persönlich vereidigt, wobei Juden ausdrücklich ausgenommen waren.

Schon in der März-Ausgabe der "Österreichischen Richterzeitung" verkündete der "österreichische Minister für Justiz und Landesführer des Nationalsozialistischen Rechtswahrerbundes" Hueber, die Vorstellungen der neuen Machthaber:

> "In wenigen Jahren wird das Ziel erreicht sein: ein einheitliches, wahrhaft deutsches Recht. Bis dahin gilt es, bei voller Wahrung der Gesetzestreue, schon heute die Buchstaben des alten österreichischen Rechtes mit dem Geiste des Großen Deutschen Reiches Adolf Hitlers zu erfüllen."[83]

Aus den Untersuchungen von Dieter Stiefel über die Entnazifizierung in Österreich geht hervor, daß die Justiz stark vom Nationalsozialismus durchsetzt war. Im Zuge der Entnazifizierung wurden 1945/46 2982 Personen aus diesem Bereich (Richter, Staatsanwälte u.a.) entlassen, das waren - gemessen am Personalstand von 1938 - 44 Prozent. Trotzdem taten im Juni 1947 in Österreich noch immer 259 minderbelastete Nationalsozialisten als Richter Dienst, was einem Drittel des Gesamtstandes entsprach.[84] Aus Willfährigkeit, Angst oder Überzeugung wurden die österreichischen - wie zuvor die deutschen - Richter und Staatsanwälte zu "Komplizen des Unrechtssystems" (Karl Dietrich Bracher).[85] "Die Verbrechen der nationalsozialistischen Blutgerichte gegen Widerstandskämpfer", meint Herbert Steiner[86], "wiegen schwerer als viele andere Verbrechen des Hitlerregimes. Sie wurden von Männern begangen, die aufgrund ihrer juristischen Ausbildung und ihres richterlichen Amtes zu besonderer Achtung vor dem Recht und der Menschenwürde verpflichtet gewesen wären." Leider spricht nichts für die Ansicht von Stephan Verosta, daß die österreichischen Richter aus "ihrer rechtsstaatlichen Überzeugung heraus keineswegs ohne weiteres der Gewalt gewichen" sind und "Anordnungen der Okkupationsmacht in ihrer Weise Widerstand geleistet" haben.[87] Im Gegenteil: Im Unterschied zum "Altreich", wo auch einige Richter in die große Widerstandsaktion des 20. Juli 1944 verwickelt waren, wo einzelne Richter mutig gegen die "Euthanasie" auftraten und wo ein Richter (Generalstabrichter Werner Lueben) Selbstmord beging, um nicht den von der Gestapo verlangten Justizmord an drei katholischen Priestern vollziehen zu müssen[88], und im Unterschied zu anderen Intelligenz- und Beamtengruppen im NS-Staat ist - zumindest nach meinem Wissensstand - in Österreich kein Fall eines Widerstandskämpfers aus den Reihen der Justiz bekannt. Die Justiz war nicht nur Opfer, passives Objekt der Willkür der politischen Macht, sie war aktiver Mittäter bei den Verbrechen des Nationalsozialismus. Ihr Verhalten ging über eine formale Anpassung an die herrschenden Verhältnisse weit hinaus: es war durch Übereifer und Beflissenheit, durch inhaltliche Akzeptierung der NS-Ideologie gekennzeichnet.

Die schärfste Waffe der NS-Justiz war der im April 1934 errichtete Volksgerichtshof (VGH), dessen Zuständigkeit am 20. Juni 1938 auf Österreich ausgedehnt wurde.[89] Diesem Gerichtshof - "eher eine Behörde zur Vernichtung politischer Gegner als ein Gericht"[90] - oblag vor allem die Aburteilung von Landes- und Hochverratsfällen, also der Widerstandskämpfer, später auch von schweren Fällen von Wehrkraftzersetzung.[91] Der VGH fällte - nach Verfahren, die jeder ordentlichen Rechtsprechung Hohn sprachen - zum Großteil Todesurteile; insgesamt erfolgten etwa 36.000 Urteile.[92] Der erste Prozeß des VGH auf österreichischem Boden, der sich gegen die Führungsspitze der illegalen sozialistischen Partei richtete, fand im Juni 1939 in Wien statt.[93] Der VGH war zwar eine zentrale Einrichtung mit Sitz in Berlin, dessen hauptberufliche Richter und Anklagevertreter (Oberreichsanwalt) meines Wissens durchwegs Reichsdeutsche waren, als beisitzende Richter fungierten aber bei den Verhandlungen auf österreichischem Boden meist einheimische Nazis, wie z. B. der - nach 1945 lange Zeit als Großdeutscher und gemäßigter Nationalsozialist gepriesene - Oberbürgermeister von Linz Franz Langoth.[94]

Die weniger schweren Fälle wurden vom Oberreichsanwalt beim VGH dem Oberlandesgericht (OLG) zugewiesen. Für Österreich waren seit dem 20. Juni 1938 die Besonderen Senate (6., 7. und 8.) des OLG Wien zuständig, die zu Verhandlungen nach Graz, Klagenfurt und in andere Städte kamen.[95] Insgesamt wurden vom OLG Wien etwa 2800 Verfahren - fast durchwegs gegen Widerstandskämpfer - durchgeführt, in die ein Mehrfaches an Personen - nach Szecsi/Stadler etwa 7500-8000[96] - verwickelt war.

Zur raschen und massenhaften Aburteilung politischer Bagatellfälle (Vergehen nach dem Heimtückegesetz, Rundfunkverbrechen, leichte Wehrkraftzersetzung und dergleichen) sowie jener Delikte, die aufgrund der diversen NS-Sondergesetze (Schwarzschlachten, Schleichhandel, Verdunkelungsverbrechen u. ä.) geschaffen wurden, dienten die Sondergerichte (SG). Sie wurden durch Verordnungen vom 20. November bzw. 23. Dezember 1938 in Österreich eingeführt und bestanden bei jedem Landesgeicht.[97] Szecsi/Stadler haben aus den Registern der Staatsanwaltschaft errechnet, daß allein beim SG beim LG Wien vom November 1938 bis April 1945 rund 14.500 Verfahren anhängig waren; insgesamt rund 10.000 SG-Akten blieben im Wiener Landesgericht erhalten.[98]

Sowohl beim OLG Wien als auch bei den Sondergerichten wirkten zum Großteil österreichische Richter und Staatsanwälte. Während beim OLG die Verfahren in der Regel formaljuristisch ordentlich abgewickelt und nur wenige Todesurteile verkündet wurden, wurden die SG-Prozesse in einem verkürzten Verfahren mit summarischen Urteilen durchgeführt. Todesurteile wurden auch in Bagatellfällen, wie etwa Postpäckchendiebstahl, ausgesprochen. In einer typischen Anklage hatte der Erste Staatsanwalt des SG beim LG Wien Dr. Walter Lillich, nach 1945 Richter am OLG Wien, eigenhändig hinzugefügt: "Das gesunde Volksempfinden erfordert wegen der besonderen Verwerflichkeit der Straftat eine Überschreitung des regelmäßigen Strafrahmens."[99]

Die Militärgerichte - Reichskriegsgericht, Zentralgericht des Heeres, Feldgerichte, Divisionsgerichte u. a. - standen in ihrer juristischen Fragwürdigkeit und Härte bei der Strafbemessung den anderen NS-Gerichten um nichts nach. Bis jetzt konnten über 500 vollzogene Todesurteile gegen österreichische Soldaten und Offiziere eruiert werden, d. i. fast 10% der Gesamtzahl aller hingerichteten Militärangehörigen.[100] In dem in Wien amtierenden Gericht der Division Nr. 177 fungierte auch der ordentliche Professor der juridischen Fakultät der Universität Wien Dr. Erich Schwinge als Feldkriegsgerichtsrat und setzte so seine Strafrechtstheorien in die Praxis um. U. a. verurteilte er den 17jährigen Soldaten Anton Reschny - auch formal rechtswidrig - wegen "Plünderung" zum Tode. Wie viele andere schwerbelastete NS-Richter blieb Schwinge nach 1945 unbehelligt, wurde Professor für Straf- und Prozeßrecht an der Universität Marburg und sogar Bearbeiter eines "wissenschaftlichen" Werkes über die NS-Militärjustiz.[101]

Die zunehmende Bedeutung und Verselbständigung der SS im NS-Staat führte im Oktober 1939 zur Schaffung einer eigenen SS-Gerichtsbarkeit, die für sämtliche SS- und Polizeiformationen, aber auch für Feuerwehren und Rotes Kreuz zuständig war. Zahlreiche österreichische Widerstandskämpfer aus den Reihen der Polizei und der Feuerwehr wurden vom Obersten SS- und Polizeigericht in München hart abgeurteilt. So wurden die Wiener Feuerwehrmänner Plackholm und Zak vor der angetretenen Wiener Feuerwehr auf dem Kagraner Schießplatz von einem Hinrichtungskommando der SS erschossen, während drei weitere bereits an Pflöcke gebundene Delinquenten "begnadigt" und ins KZ gebracht wurden.[102]

Die in der Endphase des Krieges eingesetzten Standgerichte waren ausgesprochene Terrorinstrumente, denen nicht nur unzählige Nichtdeutsche in den besetzten Gebieten Europas zum Opfer fielen, sondern auch einige tausend Deutsche (bzw. Österreicher) - Soldaten, Offiziere, Zivilisten - wurden als Verräter, Defätisten, Wehrkraftzersetzer etc. abgeurteilt, fast ausnahmslos erschossen oder gehenkt. Besonders barbarische Beispiele in Österreich waren die von SS-Sturmbannführer Otto Skorzeny angeordnete Hinrichtung der österreichischen Widerstandskämpfer Major Biedermann, Hauptmann Huth und Oberleutnant Raschke am 8. April 1945 in Floridsdorf[103] und die Exekution des Direktors des Zuchthauses Stein, Franz Kodré, und dreier seiner Mitarbeiter am 6. April 1945 in Stein. Dasselbe "Standgericht" (unter der Führung des SA-Standartenführers Leo Pilz ermordete am selben Tag über 300 Häftlinge des Zuchthauses Stein. An derselben Stelle wurden am 15. 4. 1945 weitere 44 zum Tode Verurteilte auf Veranlassung des Generalstaatsanwalts Wien Dr. Johann Stich exekutiert.[104] An unzähligen Orten in Österreich wurden so noch im April und Mai 1945 Soldaten, Zivilisten, Juden u. a. Opfer des NS-Terrors.

Auf österreichischem Boden befanden sich mehrere große Justizhaftanstalten, über deren Verhältnisse noch sehr wenig bekannt ist. Aus den Justizverwaltungsakten geht hervor, daß auch die Zuchthäuser und Gefängnisse - ähnlich wie die KZ, aber vermutlich in geringerem Maße - Stätten der Zwangsarbeit und der ökonomischen Ausbeutung der Häftlinge waren.[105]

Zur Funktion des NS-Terrorsystems

Das Terrorsystem, das 1938 in Österreich vom deutschen Faschismus unter tatkräftiger Mitwirkung seiner österreichischen Anhänger aufgerichtet und in den folgenden Jahren ausgebaut und auf das äußerste verschärft wurde, darf keineswegs nur als Ausfluß einer irrational-inhumanen Weltanschauung oder des Sadismus von Einzeltätern angesehen werden. In Österreich wie in anderen vom deutschen Faschismus beherrschten Ländern hatte der NS-Terror die Aufgabe, den Widerstandswillen aller wirklichen, potentiellen oder vermeintlichen Gegner zu brechen, die lückenlose Überwachung und Unterdrückung der Bevölkerung zu gewährleisten, um die Normen der Diktatur in allen gesellschaftlichen Bereichen durchzusetzen. Schließlich hatte der Terror das System der Zwangsarbeit von hunderttausenden politischen und "rassischen" Häftlingen, von Fremdarbeitern und Kriegsgefangenen für die Kriegsführung des deutschen Faschismus und für die Profiterzielung der deutschen Unternehmen abzusichern. So wird gerade im Bereich der Massenverbrechen der Zusammenhang von Faschismus und Kapitalismus deutlich sichtbar.

Anmerkungen

1 Eine Kopie dieses im Militärarchiv der DDR befindlichen Dokuments liegt im Dokumentationsarchiv des österreichischen Widerstandes (im folgenden: DÖW) 14 890; siehe dazu auch: A. Ramme, Der Sicherheitsdienst der SS, Berlin o. J. (1969), S. 100.

2 H. J. Neumann, Arthur Seyß-Inquart, Graz - Wien - Köln 1970, S. 77 ff.

3 Siehe dazu etwa: DÖW 1597, 1591.

4 H. Fraenkel - R. Manvell, Himmler. Kleinbürger und Massenmörder, Frankfurt/Main-Berlin 1965, S. 71.

5 Der Prozeß gegen die Hauptkriegsverbrecher vor dem Internationalen Militärgerichtshof in Nürnberg 14. November 1945 - 1. Oktober 1946, Nürnberg 1948, Bd. XXIX, S. 619.

6 Fraenkel - Manvell, S. 72. Tatsächlich bezog die Gestapo Wien dieses Gebäude. Durch Verfügung des Ministers für Wirtschaft und Arbeit vom 17. 10. 1938 wurde die Hotel Metropole AG aufgelöst und das in das Eigentum des Deutschen Reiches übergegangene Hotelgebäude der Gestapoleitstelle Wien auch offiziell als Dienstsitz zur Verfügung gestellt. Der SD Wien war bis Mai 1938 im Gebäude Herrengasse 7 und erhielt dann im Theresianum in Wien 4. seinen Hauptsitz.

7 R. Heydrich, Aufbau und Entwicklung der Sicherheitspolizei im Lande Österreich, in: Das Schwarze Korps. Zeitung der Schutzstaffeln der NSDAP, 21. 4. 1938, S. 3 f.

8 Reichsgesetzblatt I/1938, S. 262.

9 K.R. Stadler, Österreich 1938-1945 im Spiegel der NS-Akten, Wien - München 1966, S. 26.

10 National Archives, Washington , Microcopy T 84 R 13, 39 752.

11 Eine Kopie des Zugangsbuches des KZ Dachau 1938 befindet sich in DÖW 12 800.

12 Siehe dazu: W. Neugebauer - H. Steiner, Widerstand und Verfolgung in Österreich (im Zeitraum vom 12. Februar 1938 bis zum 10. April 1938), in: Anschluß 1938. Protokoll des Symposiums in Wien am 14. und 15. März 1978, Wien 1981, S. 95 ff.

13 DÖW 12 933; DÖW Fotosammlung 6885.

14 Siehe dazu den Beitrag von J. Moser über die Judenverfolgung.

15 Siehe dazu: H. Eschwege (Hg.), Kennzeichen J. Bilder, Dokumente, Berichte zur Geschichte der Verbrechen des Hitlerfaschismus an den deutschen Juden 1933-1945, Berlin 1981, S.

124 ff.; K. Drobisch u. a., Juden unterm Hakenkreuz, Berlin 1973, S. 189 ff.
16 H. Pfeifer, Die Ostmark. Eingliederung und Neugestaltung, Wien 1941, S. 256 f.
17 Für Auskünfte zu diesem Teil und für dessen Durchsicht bin ich Mag. Franz Weiß, der an einem Forschungsbericht über die Gestapo Wien arbeitet, zu Dank verpflichtet. Siehe dazu auch: R. Rürup (Hg.), Topographie des Terrors. Gestapo, SS und Reichssicherheitshauptamt auf dem "Prinz-Albrecht-Gelände", Berlin 1987.
18 Da hiefür nicht genügend illegale Nationalsozialisten gefunden werden konnten, wurden Gestapobeamten in großer Zahl nachträglich Mitgliedschaften in der illegalen NSDAP, SS u. a. Gliederungen bescheinigt (Forschungsbericht Weiß).
19 Pfeifer, S. 262 ff. Siehe dazu auch den Erlaß des Chefs der Sipo Heydrich vom 15. März 1938 (Kopie im DÖW).
20 Pfeifer, S. 264 ff.
21 ebenda.
22 DÖW 7964.
23 Forschungsbericht Weiß.
24 Aussage von Dr. Karl Ebner vor dem Landesgericht für Strafsachen Wien, 5. 7. 1947 (Vg 4b Vr 1223/47; Kopie DÖW 8919).
25 Forschungsbericht Weiß.
26 Siehe dazu die umfangreichen Beilagen im Prozeßakt Ebner (Anm. 24).
27 Siehe dazu: Widerstand und Verfolgung in Wien 1934-1945, Bd. 2, S. 401 ff.
28 Siehe dazu z.B.: Widerstand und Verfolgung in Oberösterreich 1934-1945, Bd. 2, S. 439 ff.
29 Siehe Anmerkung 26.
30 Dies geht aus zahlreichen im DÖW liegenden Volksgerichtsverfahren gegen Gestapobeamte hervor, desgleichen aus Berichten von Opfern; siehe dazu etwa: Jetzt haben wir Ihnen Meisel. Kampf, Widerstand und Verfolgung des österreichischen Antifaschisten Josef Meisel 1911-1945, Wien 1985, S. 110 ff.
31 In diesem Zusammenhang ist auf die weiter unten beschriebene Terrorjustiz (Hinrichtungen wegen Bagatelldelikten) hinzuweisen, für die die Kriminalpolizei die Vorarbeit leistete.
32 Handbuch des Reichsgaues Wien 63./64. Jg., Wien 1941, S. 677, und 65./66. Jg., S 340.
33 Siehe dazu: Widerstand und Verfolgung im Burgenland 1934-1945, S. 244 ff.
34 Siehe dazu besonders das von Portschy verfaßte Memorandum über die burgenländischen Zigeuner vom August 1938 (DÖW Bibliothek 8085).
35 H. J. Döring, Die Zigeuner im NS-Staat, Hamburg 1964, S. 197.
36 E. Thurner, Kurzgeschichte des nationalsozialistischen Zigeunerlagers in Lackenbach (1940-1945), Eisenstadt 1984; Widerstand Burgenland, S. 265 ff. Erst mit der zwölften Novelle des Opferfürsorgegesetzes vom 22. April 1961 wurde Zigeunern erstmals ein Anspruch auf Haftentschädigung eingeräumt; eine vollständige Gleichstellung mit KZ-Häftlingen ist bis heute nicht erfolgt.
37 E. Thurner, Die nationalsozialistische Zigeunerverfolgung am Beispiel des Zigeunerlagers Salzburg-Maxglan, in: Salzburg - Ein Beitrag zum 40jährigen Bestehen der Zweiten Republik, Salzburg 1985, S. 29-35; Widerstand und Verfolgung in Oberösterreich 1934-1945, Bd. 2, S. 406.
38 Siehe dazu ausführlich: E. Thurner, Nationalsozialismus und Zigeuner in Österreich, Wien-Salzburg 1983; S. Steinmetz, Österreichs Zigeuner im NS-Staat, Wien 1966, S. 7.
39 Ramme, bes. S. 60 ff. und 104 ff.; weiters: H. Boberach, Meldungen aus dem Reich. Auswahl aus den geheimen Lageberichten des Sicherheitsdienstes der SS 1939-1944, Neuwied - Berlin 1965, S. IX ff.; P. R. Black, Ernst Kaltenbrunner, Ideological Soldier of the Third Reich, Princeton 1984.
40 Heydrich, S. 3 f.
41 Aus im DÖW liegenden Materialien geht hervor, daß zahlreiche damals oder nach 1945 im Kultur- und Geistesleben prominente Personen im Dienste des SD standen.
42 Ramme, S. 102.
43 Siehe dazu u. a.: H. Rosenkranz, Verfolgung und Selbstbehauptung. Die Juden in Österreich 1938-1945, bes. S. 48 ff.; J. Moser, Die Katastrophe der Juden in Österreich 1938-1945, in: Der gelbe Stern in Österreich, Eisenstadt 1977, bes. S. 112, 114 und 122 ff.
44 Siehe dazu u. a.: F. Pingel, Häftlinge unter SS-Herrschaft. Widerstand, Selbstbehauptung und Vernichtung im Konzentrationslager, Hamburg 1978.
45 DÖW 532; siehe dazu auch: W. Neugebauer, Der Aufbau des NS-Terrorapparates im Jahre 1938, in: Forschungen und Beiträge zur Wiener Stadtgeschichte, Bd. 2, 1978, S. 132.

46 H. Marsalek, Die Geschichte des Konzentrationslagers Mauthausen, 2. Aufl., Wien 1980, S. 18 ff.
47 ebenda, S. 31 f.
48 ebenda, S. 119 ff.
49 ebenda, S. 79 ff.; G. Rabitsch, Konzentrationslager in Österreich, phil. Diss., Wien 1968, S. 124-128. Siehe dazu auch den Beitrag von F. Freund und B. Perz über Zwangsarbeit und Industrie in diesem Werk.
50 Widerstand und Verfolgung in Niederösterreich 1934-1945, Bd. 2, Wien 1987, S. 573 ff.
51 Widerstand Oberösterreich, Bd. 2, S. 493 ff.
52 Widerstand Niederösterreich, Bd. 2, S. 583 ff.
53 Widerstand Oberösterreich, Bd. 2, S. 395 f.
54 Widerstand Wien, Bd. 2, S. 306 ff.
55 Widerstand und Verfolgung im Burgenland 1934-1945, 2. Aufl., Wien 1983, S. 336 ff.
56 Siehe dazu: N. Schausberger, Mobilisierung und Einsatz fremdländischer Arbeitskräfte während des Zweiten Weltkrieges in Österreich. Österreichischer Beitrag zum 13. Internationalen Kongreß der historischen Wissenschaften in Moskau 1970, Wien 1970. Siehe dazu auch die entsprechenden Kapitel in den DÖW-Werken über Widerstand und Verfolgung.
57 Siehe dazu: C. Streit, Keine Kameraden. Die Wehrmacht und die sowjetischen Kriegsgefangenen 1941-1945, Stuttgart 1978; A. Streim, Sowjetische Gefangene in Hitlers Vernichtungskrieg. Berichte und Dokumente 1941-1945, Heidelberg 1982.
58 Siehe dazu: R. Gatterbauer, Arbeitseinsatz und Behandlung der Kriegsgefangenen in der "Ostmark" während des Zweiten Weltkriegs, phil. Diss., Salzburg 1975, sowie die entsprechenden Kapitel in den angeführten DÖW-Werken über Widerstand und Verfolgung.
59 R. Stadler - M. Mooslechner, St. Johann/Pg. 1938-1945, Salzburg 1986, S. 98-115.
60 Siehe dazu: W. Neugebauer, Zur Psychiatrie in Österreich. "Euthanasie" und Sterilisierung, in: Justiz und Zeitgeschichte. Symposion "Schutz der Persönlichkeitsrechte am Beispiel der Behandlung von Geisteskranken, 1780-1982" am 22. und 23. Oktober 1982, Wien 1983, S. 197-269.
61 Pfeifer, S. 186 ff.
62 G. Bock, Zwangssterilisierung im Nationalsozialismus, Opladen 1986, bes.S. 13 und 178 ff.
63 Widerstand Niederösterreich, Bd. 3, S. 632.
64 Siehe dazu: W. Schulte, "Euthanasie" und Sterilisation im Dritten Reich, in: A. Flitner (Hg.), Deutsches Geistesleben und Nationalsozialismus, Tübingen 1965, S. 76 f.
65 A. Mitscherlich - F. Mielke, Medizin ohne Menschlichkeit. Dokumente des Nürnberger Ärzteprozesses, Frankfurt/Main - Hamburg 1962, S. 238 f.; Volk und Gesundheit. Heilen und Vernichten im Nationalsozialismus, Tübingen 1982, S. 187.
66 ebenda, S. 176 f.; F.K. Kaul, Die Psychiatrie im Strudel der "Euthanasie", Frankfurt/Main 1979, S. 63 ff.
67 Widerstand Niederösterreich, Bd. 3, S. 633.
68 K. Dörner, Nationalsozialismus und Lebensvernichtung, in: Vierteljahreshefte für Zeitgeschichte, 15. Jg., 2. H., April 1967, S. 140 f.; H. Mausbach - B. Mausbach-Bromberger, Feinde des Lebens. NS-Verbrechen an Kindern, Frankfurt/Main 1979, S. 63 ff.
69 Neugebauer, Psychiatrie, S. 217 ff.
70 Widerstand Niederösterreich, Bd. 3, S. 634 f.; E. Klee, "Euthanasie" im NS-Staat. Die "Vernichtung lebensunwerten Lebens", Frankfurt/Main 1983, S. 76 ff.
71 Klee, S. 345; W. Grode, Die "Sonderbehandlung 14f13" in den Konzentrationslagern des Dritten Reiches, Frankfurt/Main - Bern - New York 1987.
72 Widerstand Oberösterrich, Bd. 2, S. 509 ff.; F. Zehethofer, Die Vernichtung "lebensunwerten Lebens" im Schloß Hartheim 1938-1945, Linz 1974.
73 Klee, S. 441.
74 Widerstand Niederösterreich, Bd. 3, S. 667 ff.
75 DÖW E 18 215.
76 Neben Mitscherlich - Mielke siehe dazu u. a.: B. Bromberger u. a., Medizin, Faschismus und Widerstand, Köln 1985; R. J. Lifton, The Nazi Doctors. Medical Killing and the Psychology of Genocide, New York 1986.
77 Siehe dazu etwa: K. H. Roth, Das Leben an seinen Rändern. "Asoziale" und nationale Minderheiten, in: Protokolldienst 31/83, Evangelische Akademie Bad Boll 1983, S. 120 ff.

78 Ich beziehe mich dabei auf noch nicht ausgewertete Akten des Hauptgesundheitsamtes des Reichsgaues Wien im Wiener Stadt- und Landesarchiv.
79 Roth, S. 130 ff.
80 Siehe dazu und zur Literatur über NS-Justiz: W. Neugebauer, Politische Justiz in Österreich 1934-1945, in E. Weinzierl - K. R. Stadler, (Hg.), Justiz und Zeitgeschichte, Wien o. J. (1977), S. 169-209; W. Neugebauer, Zur Frage der richterlichen Unabhängigkeit in Österreich 1933-1938 und 1938-1945 (Referat für das Symposium Justiz und Zeitgeschichte 1986, in Druck).
81 Pfeifer, S. 71.
82 C. Broda, 1938-1974: Was ist geblieben? Rede bei der Jahresversammlung des Dokumentationsarchivs des österreichischen Widerstandes am 11. März 1974 in Wien, in: Zeitgeschichte, 1. J., H. 8. Mai 1974, S. 182 f.
83 Österreichische Richterzeitung, Nr. 3, März 1938.
84 D. Stiefel, Entnazifizierung in Österreich, Wien - München - Zürich 1981, S. 150 ff.
85 K. D. Bracher, Die deutsche Diktatur. Entstehung, Struktur, Folgen des Nationalsozialismus, Berlin 1969, S. 396.
86 H. Steiner, Zum Tode verurteilt, Wien 1964, S. 19.
87 Das Jahr 1934, 12. Februar. Protokoll des Symposiums in Wien am 5. Februar 1974, Wien 1975, S. 159 (Diskussionsbeitrag S. Verosta).
88 R. M. W. Kempner, Richterbriefe und Nürnberger Juristenprozeß, in: H. Boberach (Hg.), Richterbriefe. Dokumente zur Beeinflussung der deutschen Rechtsprechung 1942-1944, Boppard am Rhein 1975, S. 478.
89 Reichsgesetzblatt I/1938, S. 640.
90 A. Wagner, Die Umgestaltung der Gerichtsverfassung und des Verfahrens- und Richterrechts im nationalsozialistischen Staat, in: Die deutsche Justiz und der Nationalsozialismus, Bd. 1, Stuttgart 1968, S. 193.
91 ebenda, S. 244; Pfeifer, S. 246 f.
92 M. Szecsi - K. Stadler, Die NS-Justiz in Österreich und ihre Opfer, Wien 1962, S. 18.
93 Widerstand Wien, Bd. 2, S. 50 f.
94 Aufgrund neuer Volksgerichtshof-Akten, die das DÖW aus der DDR erhielt und Langoth schwer belasteten, wurde nach heftigen Protesten die Langoth-Straße in Linz umbenannt (siehe dazu die im DÖW liegenden Zeitungsausschnitte).
95 Pfeifer, S. 246 f.
96 Szecsi - Stadler, S. 19 f.
97 Wagner, S. 244; Pfeifer, S. 248 f.
98 Szecsi - Stadler, S. 19 ff.
99 DÖW R 237.
100 Neugebauer, Politische Justiz, S. 188.
101 DÖW 5133; O. P. Schweling, Die deutsche Militärjustiz in der Zeit des Nationalsozialismus, Marburg 1978 (2. Auflage bearbeitet, eingeleitet und herausgegeben von Erich Schwinge). Siehe dazu kritisch: M. Messerschmidt - F. Wüllner, Die Wehrmachtjustiz im Dienste des Nationalsozialismus, Baden-Baden 1987, S. 9 ff.
102 Neugebauer, S. 188 f.; Steiner, S. 18 f.
103 Widerstand Wien, Bd. 3, S. 427 ff.
104 Widerstand Niederösterreich, Bd. 2, S. 515 ff. und 554 ff.
105 Siehe dazu im DÖW liegende Kopien aus dem Bestand Bundesarchiv Koblenz, R 22 Reichsjustizministerium.

Jonny Moser

ÖSTERREICHS JUDEN UNTER DER NS-HERRSCHAFT

Der "Anschluß" überraschte alle, am meisten jedoch die Juden Österreichs, die trotz vieler und schwerer antisemitischer Anfeindungen bis zuletzt immer an Österreich glaubten, für Österreich eintraten, mit Österreich ihr persönliches Schicksal verbunden hatten.

Der Antisemitismus war für die Juden Österreichs ein eigenartiges, ein österreichisches Phänomen, mit dem man lebte, gegen das man ankämpfte und das, wenn man hier leben wollte, hinzunehmen hatte. Seit jeher bestand in Wien und in Österreich eine gewisse Aversion gegen Juden. Seit Generationen gab es Antisemitismus, dessen Wurzeln in religiöser Diffamierung, wirtschaftlicher Intoleranz und Konkurrenzneid, in eingebildeter rassischer Überheblichkeit zu suchen sind. Dieser österreichische Antisemitismus wurde ziemlich früh schon als politisches Kampfinstrument benützt. Vertraten die Christlichsozialen und Katholisch-Konservativen einen religiös und ökonomisch verbrämten Judenhaß mit dem Ziele der Ausschaltung der jüdischen Konkurrenz[1], so verlangten die Deutschnationalen aus rassischen Gründen die Scheidung der Deutschen von den Juden.[2] Beide politischen Gruppierungen hatten seit dem Ende des 19. Jahrhunderts in ihren Parteiprogrammen der Zurückdrängung der Juden auf allen Gebieten des öffentlichen Lebens einen besonderen Stellenwert eingeräumt.[3]

Aus Mitgliedern beider politischen Lager entstand 1919 der Antisemitenbund, der es sich zur Aufgabe machte, die Juden auf allen Gebieten zu bekämpfen und aus allen Positionen und Stellungen zu verdrängen. Dieser Antisemitenbund wurde bald Hort vieler rechtsextremer Vereine und sehr schnell von Hakenkreuzlern durchsetzt, bis er letztlich 1938 ganz ins Lager der NSDAP überging.[4] Die vom Antisemitenbund ausgehende Judenhetze fiel in breiten Kreisen der Bevölkerung, die Juden gegenüber vorurteilsbehaftet waren, auf fruchtbaren Boden. Antisemitismus wurde in Versammlungen, in Zeitungen und mittels aus Deutschland importierter Antisemitica betrieben; er wurde bald überall und allerorts spürbar. Von den Nationalsozialisten wurde dieser Judenhaß in die Tat umgesetzt. Es kam zu Übergriffen, Anschlägen und Attentaten auf Juden und jüdisches Eigentum.[5]

Um dieser schäbigen Erfolge willen wurden die Hakenkreuzler von christlichsozialen Kreisen und Gruppen beneidet. Mit vermehrtem Judenhaß versuchte man daher die Position der Nationalsozialisten zu untergraben. Bischof Johannes Gföllner bezeichnete in einem Hirtenbrief "die Brechung des schädlichen Einflusses des Judentums" als "strenge Gewissenspflicht" eines jeden Christen.[6] Emmerich Czermak, 1932 österreichischer Unterrichtsminister und letzter Obmann der christlichsozialen Partei, trat für "Ordnung in der Judenfrage" ein.[7] Wiener Handelskreise unter der Führung von Vizebürgermeister Josef Kresse führten einen stillen Boykott gegen jüdische Kaufleute.[8] Pater Georg Bichlmayer SJ, Leiter des Pauluswerkes zur Bekehrung von Juden, sprach sich 1936 gegen die Zulassung von Judenkonvertiten - ihrer "bösen Erbanlagen" wegen - zu höheren Stellungen aus.[9] Und Leopold Kunschak, Obmann des Freiheitsbundes und nach 1945 Erster Präsident des österreichischen Nationalrates sowie Zeit seines Lebens ein notorischer Antisemit, meinte 1936 bedrohlich: "Entweder löst man ‚die Judenfrage' rechtzeitig nach den Eingebungen der Vernunft und Menschlichkeit oder sie wird gelöst werden in der Form des vernunftlosen Tieres, in der es seinen Feind angeht, in Formen wildgewordenen und ungebändigten Instinktes."[10]

Dieser jahrzehntelang geschürte Judenhaß kam nach dem "Anschluß" und während der "Kristallnacht" in erschreckender Form zum Ausbruch. Viele antisemitisch gesinnte Österreicher machten während dieser pogromartigen Ausschreitungen gemeinsam mit der SA und HJ die Judenhatz mit.

Die Judenschaft Österreichs hatte sich an die antisemitische Agitation mehr oder minder gewöhnt, sie nahm sie lethargisch hin. Gegen Überfälle und Anschläge hatten die jüdischen Frontkämpfer einen Wach- und Schutzdienst eingerichtet. Doch der Gefahr, die vom Nationalsozialismus ausging, waren sich alle voll bewußt; aufmerksam wurden daher alle Vorgänge und Vorkommnisse im Nachbarland beobachtet, alle Reden der führenden Männer des Dritten Reiches genauestens registriert und analysiert. Schuschniggs geheimer und unerwarteter Besuch bei Hitler in Berchtesgaden schreckte die Juden geradezu auf, beunruhigte sie sehr.[11] Der Präsident der Israelitischen Kultusgemeinde Wien, Staatsrat Dr. Desider Friedmann, sprach im Bundeskanzleramt vor, um aus erster Hand Informationen einzuholen. Schuschnigg beruhigte Friedmann und erklärte ihm dezidiert, daß die Bundesregierung an der "Gleichberechtigung aller Staatsbürger" festhalte, wie sie auch strikt "alle Minderheitsschutzbestimmungen" einhalten werde.[12] Diese Erklärung Schuschniggs kalmierte jedoch die aufgeregten Juden Wiens kaum. Einzelne, wohlsituierte Juden, gingen auf Urlaub ins benachbarte Ausland, um von dort aus die Entwicklung der nächsten Wochen in Österreich beobachten zu können.

Als Schuschnigg am 9. März 1938 in Innsbruck seinen einsamen Entschluß bekanntgab, am 13. März 1938 das österreichische Volk über seine Zukunft zu befragen, überraschte er alle. Vorsorglich informierte er tags darauf auch Dr. Friedmann über die prekäre innenpolitische Lage, die ihn bewogen hatte, die Volksbefragung anzusetzen. Dr. Friedmann versicherte ihm, daß alle österreichischen Juden loyal zu Österreich stünden und überbrachte der Vaterländischen Front am gleichen Tage noch einen Scheck über fünfhunderttausend Schilling und am folgenden Tag einen weiteren Scheck über dreihunderttausend Schilling für die Kosten der Wahlwerbung. Die Erhaltung der Souveränität Österreichs war zu einer Lebensfrage der österreichischen Juden geworden.[13]

Desider Friedmann, von der Jewish Telegraphic Agency über seine Einschätzung der Lage befragt, meinte sehr selbstsicher, daß der "Urnengang" am 13. März 1938 "ein wahres Bild von einem Volk geben werde, das den Nazismus" ablehne. Friedmann war zuversichtlich und überzeugt davon, daß die Österreicher für ein freies, unabhängiges Österreich stimmen würden. Er rief alle österreichischen Juden auf, ihre "patriotische Pflicht zu erfüllen".[14] Und als einzige Zeitungen Österreichs erschienen die jüdischen Blätter am Freitag Abend des 11. März 1938 mit dem Aufruf auf der Titelseite: "Wir bejahen Österreich! Alles an die Urnen!"[15]

Während diese Zeitungen erschienen, war Schuschniggs Rücktritt nur mehr eine Frage von wenigen Stunden. Schon am Nachmittag war klar ersichtlich, daß Schuschniggs Position schwächer geworden war, auf Wiens Straßen demonstrierten vermehrt Nationalsozialisten. Diese kurze Frist benützten noch einige politisch exponierte Personen, um sich nach Preßburg in Sicherheit zu bringen. Die Mehrheit der Gefährdeten reagierte erst nach Schuschniggs Rücktritt. Zum Abgang der internationalen Züge kamen sie zu spät, also bestiegen sie den letzten von Wien abgehenden Zug nach Lundenburg. Sie wurden jedoch von den tschechoslowakischen Grenzorganen zurückgewiesen, weil die Tschechoslowakei für Reisende mit österreichischen Reisepässen die Grenzen gesperrt hatte. Sie mußten nach Wien zurückkehren, wo sie von einer Meute triumphierender SA-Männer festgenommen wurden.[16]

In dieser Nacht setzten auch die so oft beschriebenen Privatraubzüge österreichischer Nationalsozialisten ein, wie die Plünderung jüdischer Geschäfte, die illegalen Beschlagnahmungen und Hausdurchsuchungen auf eigene Faust und für die eigene Tasche bezeichnet wurden. Alles, was den Durchsuchenden gefiel, wertvoll erschien, wurde eingesteckt, mitgenommen, weggeführt. Diese persönliche Bereicherung österreichischer Nationalsozialisten erschreckte selbst den Beauftragten für die Durchführung der Volksabstimmung am 10. April 1938, Gauleiter Joseph Bürckel. In öffentlichen Aufrufen ließ er die Wiener Bevölkerung vor diesen ungesetzlichen Requirierungen warnen.[17] Selbst die Wiener SA-Leitung fühlte sich ob dieser wilden Raubzüge ihrer Leute erschreckt und warnte die Bevölkerung vor "unverantwortlichen Elementen", die die Zeit des "Umbruchs" nützten, "um sich an fremdem Gut zu vergreifen".[18] SA- und HJ-Angehörige fingen Juden auf den Straßen zusammen, verprügelten sie und zwangen sie unter dem Gejohle des Wiener Mobs die Schuschniggschen Wahlparolen von den Straßen und Wänden abzuwaschen.[19] Andere Gruppen von Juden wurden mit Farbtopf und Pinsel ausgestattet, durch die Straßen getrieben und gezwungen, jüdische Betriebe und Geschäftslokale mit dem Judenstern oder mit der Aufschrift "Jude" zu beschmieren.[20]

Ein Vorauskommando der Gestapo unter der persönlichen Leitung von Himmler war bereits am Samstag, dem 12. März 1938, in Wien-Aspern eingetroffen, um Hitlers Einzug in Wien zu sichern und die Verhaftung prominenter politischer Gegner vorzubereiten. Dieses SS-Kommando war mit besonderen Vollmachten ausgestattet, die erst später verlautbart wurden.[21] Danach konnte Himmler "die zur Aufrechterhaltung der Sicherheit und Ordnung" notwendigen Maßnahmen auch außerhalb der gesetzlichen Grenzen treffen.[22] Diese Vollmacht war Voraussetzung für die größte Verhaftungswelle in Österreich, bei der erstmals neben politischen Gegnern auch prominente jüdische Kaufleute und die

Repräsentanten des österreichischen Judentums festgenommen wurden; sie wurden mit dem ersten, am 1. April 1938 aus Österreich abgehenden Transport in das Konzentrationslager Dachau verschickt. Unter den 151 Personen dieses Transportes befanden sich 63 Juden.[23]

Das Augenmerk der Abteilung II/112, wie das Judenreferat der Gestapo damals bezeichnet wurde, war vorerst ganz auf die Kontrolle der jüdischen Organisationen und Verbände ausgerichtet. Bei Hausdurchsuchungen wurden die Archivbestände, der Briefwechsel und die Unterlagen über die Geldgebarung beschlagnahmt. Zur Assistenz hatte das SD-Hauptamt Adolf Eichmann nach Wien abgestellt, wo er der Gestapo als Experte in Judenangelegenheiten beistehen sollte. Bei der Durchsuchung der Amtsräume der Israelitischen Kultusgemeinde Wiens am 18. März 1938 wurden auch die Spendenbelege für die Volksbefragung Schuschniggs[24] aufgefunden. Dieser Zufall leitete die spätere Karriere Eichmanns ein. Er benützte diese Belege als Vorwand für die Festnahme des Präsidiums der Israelitischen Kultusgemeinde und die vorläufige Einstellung jeder Amtstätigkeit. Es entstand daraus ein Chaos, zumal man jüdischerseits nicht wußte, wie die tausenden Bedürftigen befürsorgt werden sollten. Viele fühlten sich bemüßigt, helfend einzuspringen. Zudem waren die Juden Wiens, ihrer offiziellen Vertretung beraubt, hilflos den Schikanen der Behörden und dem Terror der Straße ausgesetzt. Eichmann nützte dieses Chaos, um den Juden nochmals dieselbe Summe Geldes abzuverlangen, nun jedoch für die Durchführung der Volksabstimmung am 10. April 1938. Eichmann hatte erkannt, wie leicht man eine Minderheitsgruppe ohne offizielle Vertretung einschüchtern und terrorisieren konnte. Und seinen Vorgesetzten hatte er damit vor Augen geführt, wie man das Judenreferat des SD-Hauptamtes mit dem Geld der Juden finanzieren konnte. In einem Brief an seinen Freund Herbert Hagen schrieb er, daß die Juden bereits "Zweihunderttausend Reichsmark" bezahlt hätten und "weitere Eintreibungen" vorgenommen würden.[25]

Die Lösung der "Judenfrage" wurde 1938 von seiten der Gestapo und des SD-Hauptamtes in Form der Vertreibung und Auswanderung der Juden betrieben. Schikanen, Drohungen, aber auch Verhaftungsaktionen, wie die vom Mai 1938, die sich gegen "unliebsame, insbesondere kriminell vorbestrafte Juden" richteten,[26] bei denen 1898 Juden festgenommen und in das Konzentrationslager Dachau überstellt wurden, sollten die Auswanderungswilligkeit der Juden anspornen. Dabei waren die Juden Österreichs von Beginn an gewillt zu emigrieren, allein schon um dem Terror der Straße zu entkommen. Die Auswanderung in den ersten Wochen nach dem "Anschluß" glich mehr einer Flucht als einer Ausreise. Ausreisen in die benachbarten Länder Tschechoslowakei und Ungarn waren nicht möglich, weil diese den Grenzübertritt Inhabern österreichischer Reisepässe verwehrten. Bis Ende März 1938 konnte man legal und unbehelligt in die Schweiz einreisen. Ab April 1938 führte auch dieses Nachbarland die Visumspflicht für Besitzer österreichischer Pässe ein. Tausende verzweifelte und persönlich gefährdete österreichische Juden versuchten daher, die Grenzen westeuropäischer Staaten illegal zu überschreiten. Möglichkeiten boten sich für die Schweiz bei Basel, für Frankreich via Luxemburg und für Belgien bei

Aachen an. Wurden diese österreichischen Juden nach dem illegalen Grenzübertritt gefaßt, so wurden sie über die deutsche Grenze zurückgebracht. Manchen gelang es neuerlich, die Grenze zu überschreiten, andere wurden, wie z.B. Jura Soyfer, von der Gestapo festgenommen und in ein Konzentrationslager eingewiesen.[27]

Das Erschütterndste in diesen Tagen waren die Selbstmorde; man besprach sie überall, es kursierten die wildesten Gerüchte, weil soviele Prominente den Freitod als Ausweg wählten. Ursache für diesen Anstieg der jüdischen Suicidquote war die schiere Angst vor einer möglichen Verhaftung, die Verzweiflung über den verlorenen Arbeitsplatz, das konfiszierte Geschäft wie das Verbot der Berufsausübung. Die Zahl der jüdischen Selbstmorde entsprach jedoch keineswegs den in der westlichen Presse veröffentlichten Meldungen.[28] Man sprach von einer "Selbstmordepidemie" und brachte Selbstmordzahlen, die in die Tausende gingen. Genaueste Untersuchungen aus letzter Zeit ergeben realiter, daß die Suicide von Juden in Wien, die anhand der aufliegenden Totenbeschauprotokolle genau erfaßt wurden, im März 1938 79 (1937: 3), im April 1938 62 (1937: 7), im Mai 1938 78 (1937: 9) und im November 1938 41 (1937: 7) betrugen.[29] Diese Zahlen über Selbstmorde in Wien wurden nur von jenen zu Beginn der Deportationen übertroffen.

Die erste Phase der antijüdischen Maßnahmen in Österreich wurde von der Regierung Seyß-Inquart eingeleitet; sie betrafen die Außerdienststellung der Beamten, die Berufsverbote für jüdische Journalisten, Schauspieler, Musiker und Rechtsanwälte.[30] Sie erfaßten die jüdischen Schüler, die durch Errichtung eigener jüdischer Schulen von den nichtjüdischen Schülern getrennt wurden, und die jüdischen Studierenden, die durch die Einführung des numerus clausus schwer betroffen wurden.[31] Viele ehemalige illegale Nazis nützten den "Umbruch", um sich als kommissarische Leiter in Betrieben von Juden einzunisten, andere wurden von Staatsstellen eingesetzt. Sie setzten ihre Entlohnung anfangs selbst fest, verrechneten zudem noch zusätzliche Überstunden und Diäten und beanspruchten je nach Betrieb auch bestimmte Deputate.[32] Schätzungen zufolge soll das "Unwesen der kommissarischen Verwalter" 25.000 "wilde Kommissare" umfaßt haben,[33] die eine "geregelte Arisierung" des Vermögens von Juden zugunsten des Vierjahresplanes, wie dies Göring und seine Berater geplant hatten, verzögerten und fallweise überhaupt zunichte machten, weil sie den Betrieb zu Grunde richteten.

In diese antijüdische Phase fiel auch der Versuch von Dr. Hans Fischböck, Minister für Arbeit und Wirtschaft, die "Judenfrage" auf eigene Faust zu lösen. Frank van Gheel Gildemeester, ein Holländer, der sich früher mit humanitären Aufgaben beschäftigt hatte, stellte sich in den Dienst der Hilfe für Juden. Die Auswanderung aus Österreich sollte forciert werden, indem man begüterten Personen Einreisen in bestimmte Länder besorgte, wofür die Betreffenden auf ihr Vermögen im Inland zu Gunsten des Reiches verzichteten. Fünf Prozent dieses Vermögens flossen in einen Auswanderungsfonds, der von Dr. Erich Rajakowitsch und Dkfm. Fritz Kraus geführt wurde und aus dem die Kosten der Ausreise mittelloser Juden finanziert wurden.[34] Diese Aktion wurde dann von Eichmann in der im August 1938 gegründeten Zentralstelle für jüdische Auswanderung in Wien übernommen.

Die meisten von österreichischen NS-Stellen eigenmächtig vorgenommenen antijüdischen Maßnahmen endeten Ende April 1938. Nach der von Hitler angeordneten Osterpause wurde Joseph Bürckel zum Reichskommissar für die Wiedervereinigung Österreichs mit dem Deutschen Reich ernannt[35], womit Seyß-Inquart entmachtet wurde. Die antijüdischen Maßnahmen traten nun in eine neue Phase ein. Das Augenmerk vieler deutscher Reichsstellen war seit dem "Anschluß" auf die Verwertung des Vermögens von Juden in Österreich gerichtet. Um jede weitere Verschleppung oder Vergeudung dieser Vermögenswerte zu stoppen, wurde am 26. April 1938 die Verordnung über die Anmeldung des Vermögens von Juden erlassen.[36] Damit wurde die "Entjudung der Wirtschaft" eingeleitet und gleichzeitig den Forderungen des gewerblichen Mittelstandes entsprochen, die lästige jüdische Konkurrenz auszuschalten. In Österreich wurden in diesem Zusammenhang die Juden von den Märkten entfernt, aus dem Getreide- und Viehhandel ausgeschlossen.[37]

In den nun anschließenden Monaten erging eine ganze Flut von diskriminierenden Anordnungen, Erlässen und Gesetzen über die Juden. Ende Mai wurden die Nürnberger Rassengesetze in Österreich eingeführt.[38] Die Juden wurden verpflichtet, mit Jahresbeginn 1939 den Zusatzvornamen "Sara" oder "Israel" zu führen.[39] Sie hatten mit "J" gezeichnete Kennkarten bei sich zu führen, die sie bei jeder Vorsprache vor Behörden unaufgefordert vorzuweisen hatten.[40] Jüdischen Ärzten wurde die Approbation per Ende September 1938 entzogen, sie durften fortan nur mehr Juden behandeln und sich nicht mehr als Arzt, sondern als Krankenbehandler für Juden betiteln.[41] Jüdischen Rechtsanwälten wurde die Gerichtszulassung entzogen, sie durften in Hinkunft nur als Rechtskonsulenten für Juden tätig werden.[42] Auch die jüdischen Patentanwälte verloren jetzt ihre Konzession.[43] Jüdische Krankenpfleger durften nur mehr Juden betreuen und in jüdischen Anstalten Dienst versehen.[43a]

Diese Fülle von antijüdischen Verordnungen zeigt deutlich, daß man in absehbarer Zeit beabsichtigte, die Juden aus dem Wirtschaftsleben ganz zu eliminieren. Bei einer Besprechung am 14. Oktober 1938 erklärte Göring deutlich: "Die Judenfrage müßte jetzt mit allen Mitteln angepackt werden", die Juden müßten aus "der Wirtschaft raus". Hierbei dürfte es jedoch nicht zu derart wilden Aktionen kommen wie in Österreich zur Zeit des "Anschlusses". Es müßte "unter allen Umständen" verhindert werden, daß die Ausschaltung der Juden aus dem Wirtschaftsleben, wie die Arisierung bezeichnet wurde, zu einem "Versorgungssystem für untüchtige Parteigenossen" würde.[44]

Im Verlaufe des Sommers 1938 war die Auswanderung der Juden Österreichs dank der Hilfe ausländischer jüdischer Organisationen, die Einreisemöglichkeiten eruierten oder beschafften, verstärkt angelaufen. Lediglich das Vorgehen Schweizer Behörden, illegal eingereiste österreichische Juden an die Grenze zurückzustellen, bedeutete einen Rückschlag. Zudem kam es zu einer Vereinbarung zwischen den Schweizer Polizeibehörden und dem Chef der Sicherheitspolizei des Sicherheitsdienstes, Heinrich Himmler, deren Resultat die

Kennzeichnung der Reisepässe von Juden mit einem "J" war. Der Schwerpunkt der Auswanderung österreichischer Juden lag in diesen Monaten in der Emigration in die USA und nach Shanghai. Eine vermehrte Auswanderung nach Palästina unter Umgehung der Bestimmungen des englischen Weißbuches von 1937 führte zu einem rapiden Anstieg der Auswanderungszahl. In diesen Monaten haben rund 50.000 österreichische Juden den Weg ins Exil angetreten.[45]

Der Anschlag des jungen Juden Herschel Grynszpan auf den Dritten Sekretär an der Deutschen Botschaft in Paris war der Vorwand zum Pogrom des 10. November 1938. Bei diesen von Goebbels anbefohlenen Ausschreitungen gegen die Juden wurden in Österreich alle jüdischen Synagogen und Bethäuser zerstört. Sinnlos wurden von den aufgehetzten SA-Leuten jüdische Geschäfte zerstört, viele ausgeplündert und ganze Warenlager abtransportiert. Es wurde soviel gestohlen und beiseite gebracht, daß "diese Novemberverhältnisse" zu einem geflügelten Wort im NS-Parteijargon wurden.[46] Durch die auf den Straßen liegenden Glasscherben, in denen sich das Licht der Straßenlampen widerspiegelte, erhielt das Pogrom die Bezeichnung "Reichskristallnacht". Alle noch bestehenden jüdischen Geschäfte - in Wien allein 4038 - wurden geschlossen,[47] im Kreis I (I., VI., VII., VII., und IX. Wiener Gemeindebezirk) wurden rund 1950 jüdische Wohnungen beschlagnahmt. Globocnik hatte nämlich die Kreisleiter bevollmächtigt, die "Umsiedlung" der Juden aus "Kleinwohnungen" in bereitgestellte, schwer vermietbare Großwohnungen vorzunehmen, um den unteren Schichten der Partei endlich den gewünschten Wohnraum zu verschaffen.[48] Zudem wurden Tausende von Juden festgenommen und 3760 von ihnen in das Konzentrationslager Dachau überstellt.[49] In Innsbruck wurden bei diesem Pogrom drei Personen getötet.[50] Diese Vorgänge hatten zur Folge, daß Göring den entscheidenden Schritt tat, die Juden aus dem Wirtschaftsleben endgültig auszuschalten.

Für den 12. November 1938 wurde im Reichsluftfahrtministerium in Berlin eine Sitzung einberufen, bei der Göring die Versammelten über Hitlers Weisung informierte, die Judenfrage zu vereinheitlichen, zu zentralisieren und einer Lösung zuzuführen. Die Juden in Deutschland sollten für die Tat Grynszpans einstehen, die von Göring als "feindliche Haltung des Judentums gegenüber dem deutschen Volk und Reich" bezeichnet wurde und die "harte Sühne" verlange. Den Juden deutscher Staatsangehörigkeit wurde die "Zahlung einer Kontribution von einer Milliarde Reichsmark an das Deutsche Reich auferlegt".[51] Die verschreckten Juden wurden jetzt auch noch veranlaßt, ihre Betriebe bis längstens 31. Dezember 1938 zu liquidieren.

Goebbels, der sich bei dieser Sitzung im Reichsluftfahrtministerium darüber mokierte, daß Juden noch immer kulturelle Veranstaltungen besuchen durften und mit Deutschen gemeinsam Schlafwagenabteile in Fernzügen benützten, verbot nun generell den Juden jeden Besuch von Theatern, Kinos, Konzerten und Sportveranstaltungen. Zudem wurden gesetzliche Möglichkeiten geschaffen, Juden den Zutritt zu bestimmten Stadtteilen oder Regionen zu verbieten und mit einer fallweisen Ausgehsperre belegen zu können.[52] Himmler konnte da nicht nachstehen, er ordnete an, den Juden die in ihrem Besitz befindlichen Führerscheine zu entziehen.[53]

Endgültig geregelt wurde die Ausschaltung der Juden aus dem deutschen Wirtschaftsleben durch die "Verordnung über den Einsatz des jüdischen Vermögens" vom 3. Dezember 1938.[54] Danach konnte dem Inhaber eines jüdischen Gewerbebetriebes oder eines landwirtschaftlichen Betriebes aufgetragen werden, sein Unternehmen innerhalb einer befristeten Zeit zu veräußern oder zu liquidieren. Kam der jüdische Betriebsinhaber diesem Auftrag nicht nach, konnte ihm von staatswegen zur Veräußerung seines Betriebes ein "Abwickler" bestellt werden. Die erzielten Veräußerungsgewinne wurden auf Sperrkonten deponiert. In derselben Verordnung wurde auch verfügt, daß die Juden alle festverzinslichen Wertpapiere, Anleihen etc. in ein Bankdepot einzulegen hatten. Ebenso wurde Juden verboten, Gegenstände aus Gold, Platin und Silber wie auch Edelsteine zu veräußern oder zu verpfänden. Verkaufen durften sie diese nur in den vom Reich eingerichteten Ankaufsstellen.

Die Diskriminierung der Juden ging rasch weiter. Juden wurden vom Besuch der Universitäten ausgeschlossen[55], Hebammen erhielten keine Zulassungsgenehmigung mehr[56]. Die Bestallungen jüdischer Zahnärzte, Tierärzte und Apotheker verloren mit 31. Jänner 1939 ihre Gültigkeit.[57] Alle steuerlichen Vergünstigungen, Kinderermäßigungen, niedrigere Steuersätze für bestimmte Berufe wurden ihnen gestrichen; sie hatten die Höchstsätze zu zahlen und erhielten selbst bei Arbeitseinsatz keine Kinderbeihilfe.[58] Die "Dritte Verordnung zur Verordnung über die Anmeldung des Vermögens von Juden" vom 21. 2. 1939 verpflichtete die Juden binnen zwei Wochen alle in ihrem Besitz befindlichen Gegenstände aus Gold, Platin und Silber sowie Edelsteine und Perlen bei den öffentlichen Ankaufsstellen abzuliefern. Behalten durften die Juden lediglich die Eheringe.[59]

Die Juden gingen durch das Gesetz über die Mietverhältnisse mit Juden des Mieterschutzes verlustig.[60] Wurde einem Juden vom Vermieter eine andere, natürlich eine schlechtere Wohnung zur Verfügung gestellt, mußte er die Kündigung entgegennehmen. Derart begann die Konzentration der Juden in bestimmten Stadtteilen und die Separierung von der nichtjüdischen Bevölkerung. In ihre neu zugewiesenen Wohnungen mußten Juden auf Verlangen der Behörde jederzeit Juden als Mieter und Untermieter aufnehmen.

Göring war es nicht gelungen, das "Judenproblem" zu vereinheitlichen, zumal regional jeder Minister und jeder Gauleiter seine eigene Judenpolitik betrieb, um die "Volksgenossen" von anderen Unzulänglichkeiten in seiner Region oder seinem Bereich ablenken zu können. Selbst Hitler schien eher an Görings Gewichtigkeit als an sein Durchsetzungsvermögen in dieser Sache zu glauben. Dementsprechend übertrug er am 24. Jänner 1939 Heydrich die Aufgabe, "die Judenfrage in Form der Auswanderung oder Evakuierung einer den Zeitverhältnissen entsprechenden möglichen günstigen Lösung zuzuführen".[61] Die "Lösung der Judenfrage" im Dritten Reich wurde also Reinhard Heydrich übertragen, der diese Aufgabe auch konsequent bis zur physischen Vernichtung der Juden durchführte.

Nach der Reichskristallnacht wurde allen klar, daß für Juden jeder weitere

Verbleib in Deutschland zu einer Lebensfrage geworden war. Wer eine Auswanderungsmöglichkeit hatte oder sich eine beschaffen konnte, benützte sie, um dem Terror zu entkommen. Der Pogrom vom 10. November 1938 hatte einen weltweiten Aufschrei zur Folge. Großbritannien, das wegen des Weißbuches über Palästina - Einschränkung der jüdischen Einwanderung - in der westlichen Presse angegriffen wurde, sah sich genötigt, eine sehr liberale Haltung gegenüber den aus Österreich flüchtenden Juden einzunehmen. Bis zum Kriegsbeginn im September 1939 gelang es rund 30.000 österreichischen Juden, in England ein Asyl zu finden. Zudem wurde die volle Einwanderungsquote für die USA und das Angebot an Schiffskarten für Shanghai restlos ausgenützt. Bis zum 14. Mai 1939 wanderten mehr als 100.000 Juden aus Österreich aus.[62]

Mit Kriegsbeginn verschlechterte sich die Lage der Juden. Waren sie bisher als ein separater Bevölkerungsteil betrachtet worden, der als minderwertig klassifiziert wurde, so erblickte man jetzt in den Juden einen inneren Feind. Sie sollten daher auch von der Außenwelt abgeschnitten werden. In einer Verfügung wurde ihnen aufgetragen, alle in ihrem Besitze befindlichen Radioapparate bei den zuständigen Polizeikommissariaten abzuliefern.[63] Sie wurden mit einem nächtlichen Ausgehverbote, im Winter von 20 bis 6 Uhr, im Sommer von 21 bis 5 Uhr, belegt.[64] Göring erhöhte die den Juden auferlegte Sühneabgabe um weitere 25 Prozent, weil er diese Mittel für den Ausbau der Rüstungsindustrie benötige.[65] Und der Reichsminister für Wissenschaft, Erziehung und Volksbildung ließ anordnen, daß in Doktor-Dissertationen beim Zitieren von jüdischen Autoren auf deren Abstammung besonders hingewiesen werde.[66]

Die große Verhaftungswelle, die sich Anfang September 1939 gegen aus Polen stammende staatenlose Juden richtete, sorgte für eine große Unruhe bei der jüdischen Bevölkerung Wiens. Bei dieser Aktion wurden insgesamt 1038 Personen verhaftet, es handelte sich dabei um sehr alte oder sehr junge Männer. Dieser extremen Altersschichtung entsprechend war deren Mortalität sehr hoch. Bis zum Sommer 1940 waren im Konzentrationslager Buchenwald 2/3 von ihnen umgekommen.[67] Anfang Oktober 1939 wurde Eichmanns Plan, in Polen ein jüdisches Reservat einzurichten, in Wien publik. 1584 jüdische Männer im arbeitsfähigen Alter sollten nach Polen verschickt werden, um dieses Reservat aufbauen zu helfen. Hitlers Disposition, die Rückkehr Volks- und Reichsdeutscher aus dem Baltikum sogleich einzuleiten, zwang das Reichssicherheitshauptamt dazu, den Plan für die Errichtung eines Judenreservates in Polen zu verwerfen. Die Umsiedlung der jüdischen Männer aus Wien nach Polen wurde aus Prestigegründen aufrechterhalten. Als diese Männer in Polen eintrafen, wurden die Transportleitung und einige Baufachleute zurückbehalten, die ein Lager aufbauen sollten, die restlichen wurden von der SS über die sowjetische Demarkationslinie gejagt. Diese in die sowjetische Zone Polens Vertriebenen fielen 1941 zum Teil den SS-Einsatzgruppen zum Opfer oder wurden von den Russen nach Sibirien verschickt. Die im Lager zurückgebliebenen 198 Personen kehrten im Frühjahr 1940 nach Wien zurück.[68]

Die Auswanderung wurde durch den Kriegsausbruch stark restringiert. Das Gros der Emigration ging jetzt in die USA und - mit besonderer Genehmigung des Reichssicherheitshauptamtes - in Form illegaler Transporte via Donau nach Konstanz und dann weiter nach Palästina. Nach dem Zusammenbruch Frankreichs 1940 wurde die Auswanderung in die USA via Spanien und Portugal bzw. nach Shanghai und Lateinamerika via Sibirien betrieben, bis von deutscher Seite 1941 die Auswanderung von Juden noch mehr eingeschränkt wurde. Ab August 1941 war die Auswanderung von arbeitsfähigen jüdischen Männer verboten und ab Ende Oktober überhaupt jede Auswanderung von Juden aus dem Dritten Reich untersagt[69]; sie sollten der "Endlösung" zugeführt werden.

Das Leben der in Österreich befindlichen Juden verschlechterte sich von Tag zu Tag. Mit der Einführung der Rationierung von Konsumgütern begann eine weitere Diskriminierung der Juden. Sie erhielten wohl Lebensmittelkarten, diese waren jedoch mit einem "J" gekennzeichnet, selbst eine eigene jüdische Kartenstelle wurde eingerichtet.[70] Kleiderkarten erhielten die Juden nicht. Die Versorgung mit Textilien und Schuhen erfolgte über die Israelitische Kultusgemeinde in Wien, die aus den von Auswanderern zurückgelassenen Beständen eine Kleiderkammer angelegt hatte. Daneben stand es Juden frei, ihren Kleiderbedarf in Trödlerläden zu decken. Sehr bald wurden die Juden gezwungen, nur in bestimmten ihnen zugeteilten Geschäften zu festgesetzten Zeiten einzukaufen. Von der Zuteilung zusätzlicher Rationen waren Juden von Beginn an ausgeschlossen.[71]

Die Separierung und totale Isolierung der Juden wurden konsequent weitergeführt. Im Herbst 1940 wurden Juden die Telefonanschlüsse aufgekündigt, ausgenommen davon waren lediglich jüdische Krankenbehandler und Rechtskonsulenten.[72] Um diese Zeit begann man, angesichts des großen Arbeitermangels Juden in die Rüstungsbetriebe einzubauen. Sozialrechtlich mußten die Juden ebenso wie die Polen die Sozialausgleichsabgabe entrichten, diese betrug 15% des Einkommens. Juden hatten keinen Anspruch auf Zahlung des Gehaltes im Krankheitsfall, sie erhielten keine Zuschläge für Sonn- und Feiertagsarbeit. Juden konnten jederzeit gekündigt werden und wurden verpflichtet, jede ihnen von den Arbeitsämtern zugewiesene Arbeit anzunehmen. Arbeitszeitbestimmungen für Jugendliche galten für jüdische Arbeiter im Alter von 14 bis 18 Jahren nicht.[73]

Auf Drängen der Wiener Gemeindeverwaltung kam es im Frühjahr 1941 zu einer neuerlichen Deportation von Wiener Juden in das Generalgouvernement, weil die Stadt Wien deren Wohnungen dringend benötigte. Einen Wohnungsbau wie im Roten Wien gab es im NS-Staat nicht. Im Rahmen dieser Verschickungsaktion wurden insgesamt 5.031 österreichische Juden in die Gegend um Opole bei Lublin verschickt.[74] Um diese Zeit erteilte Hitler auch seinen Generälen die Weisung, den Angriff auf die Sowjetunion vorzubereiten. Für diesen Kampf der zwei so entgegengesetzten politischen Systeme erließ Hitler die Anordnung, alle gefangengenommenen jüdischen Soldaten der Roten Armee und die Kommissare zu erschießen - eine Aufgabe, die Himmler übertragen wurde. Himmler stellte für diesen Zweck vier Einsatzgruppen auf, die das neu eroberte Gebiet im Osten durchkämmten und alle auffindbaren jüdischen Bewohner zu Zehntausenden ermordeten.[75]

Dieser Massenmord an den Juden, der so klaglos vor sich ging, ließ auch die Verantwortlichen für die Lösung der "Judenfrage" aufhorchen. Bei ihnen fand auch die Euthanasie, der Mord an den geistig Behinderten Zustimmung. Überlegungen wurden angestellt, ob man nicht auch die "Judenfrage" in dieser Form lösen könnte. Als erster meldete sich Hermann Göring zu Wort, der seit dem Versagen der Luftwaffe in der Schlacht um England in den Hintergrund gedrängt worden war. Im Glauben, er besäße noch immer Hitlers Vollmacht bei der Lösung der "Judenfrage", beauftragte er Heydrich, der diese Vollmacht seit langem schon besaß, die "Judenfrage" einer Endlösung zuzuführen, was dieser als Alibi für seine eigenen Pläne gern benützte.[76]

Während im Sommer 1941 noch einige Hundert Juden aus Österreich auswandern konnten, sofern sie im Besitze von Schiffskarten für die Fahrt in die USA oder nach Lateinamerika waren, ließ das Rosenbergsche Ministerium für das Ostland (Baltikum) nach einer "humaneren" Form der Judenvernichtung suchen. Eichmann stimmte diesem Vorhaben wohlwollend zu. Doch Heydrich entschied anders. Globocnik, der ehemalige Gauleiter von Wien, und Höß, der Kommandant von Auschwitz, erhielten den Auftrag, Massenvergasungen zu erproben und die entsprechenden Anlagen dafür zu bauen.[77]

Daß sich die Judenpolitik wesentlich verschärft hatte, wurde spürbar, als am 1. September 1941 die Polizeiverordnung über die Kennzeichnung der Juden bekanntgegeben wurde.[78] Darüber hinaus wurde Juden verboten, ohne behördliche Genehmigung ihre "Wohnbereiche" zu verlassen. Im Oktober 1941 wurde die Verschickung von 4.955 Juden aus Österreich nach Litzmannstadt (Lodz) angeordnet. Einige Tage später erfolgte die Anordnung des Chefs der Schutzpolizei Daluege, Deportationen in die neu eroberten Gebiete um Riga und Minsk durchzuführen. Deportationstransporte zu diesen neuen Bestimmungsorten gingen ab dem 23. November 1941 von Wien ab. Nach Riga wurden 5.183 Personen und nach Minsk 9.471 Personen verschickt. Was mit diesen dort geschah, weist der Bericht eines SS-Einsatzkommandos auf.[79] Am 17. Mai 1942 berichtete ein SS-Unterscharführer seinem Zugskommandanten, daß sie vor allem mit der Aushebung von Gruben für die Massenexekution ankommender jüdischer Deportationstransporte aus dem Reich beschäftigt waren. "Am 11. 5. traf ein Transport mit Juden (1000 Stück) aus Wien in Minsk ein und wurde gleich vom Bahnhof zu der obenerwähnten Grube geschafft. Dazu war der Zug direkt an der Grube eingesetzt. Am 13. 5. beaufsichtigten acht Mann die (Aushebung) einer weiteren Grube, da in nächster Zeit abermals ein Transport mit Juden aus dem Reich hier eintreffen soll."[80]

Während des harten Winters im Februar 1942 wurden die Deportationen gestoppt, weil die Eisenbahnwaggons für den Nachschub an die Front dringend benötigt wurden. Die antijüdische Verordnungswelle ging jedoch weiter. Juden wurden die Benützung der Straßenbahn generell verwehrt. Sie durften sie nur mit besonderer Genehmigung verwenden.[81] Juden durften keine Leihbüchereien benützen, aber auch keine eigenen Bücher verkaufen.[82] Jede Verfügung über ihr frei bewegliches Umzugsgut wurde ihnen entzogen.[83] Sie hatten alle in ihrem Besitz befindlichen Pelzsachen, Skier und Winterausrüstungsgegenstände[84] ebenso wie alle Fotoapparate, Schallplatten, Fahrräder, Schreib- und Rechenmaschinen abzuliefern.[85] Im Juli 1942 wurden die letzten jüdischen Schulen geschlossen.[86] Blinden Juden wurde das Tragen der gelben Armbinde verboten, weil vielleicht ein Deutscher ihnen zum Überqueren einer Straße hätte helfen können[87]. Schließlich gab es das Verbot, die vom Staate verliehenen Titel zu tragen. Eigenartigerweise waren die akademischen Titel von diesem Verbot ausgenommen.[88]

Im Frühjahr gingen die Deportationen weiter. Endpunkt einer Reihe von Transporten war jetzt Izbica, mit der wirklichen Endstation Sobibor. 6.000 österreichische Juden wurden in dieses Vernichtungslager verschickt.[89] Ab Juni 1942 setzte auch der Abtransport bisher ausgenommener Juden - alter Menschen über 65 Jahren, um den Staat verdienter Männer, Träger hoher Kriegsauszeichnungen und Schwerkriegsbeschädigter sowie Partner einer nicht mehr bestehenden Mischehe - in das Altersgetto Theresienstadt ein. 1942 wurden 13.776 Juden aus Österreich nach Theresienstadt deportiert, von wo der größte Teil in Vernichtungslager weitertransportiert wurde. Ein einziger Transport ging 1942 nach Auschwitz ab; er umfaßte 995 Personen.[90]

Die Juden waren seit Dezember 1941 auch der Polenstrafrechtsverordnung unterworfen.[91] Für die geringsten Vergehen und Übertretungen waren die Sondergerichte zuständig. Die dort gefällten Urteile waren drakonisch, selbst kleinste Vergehen konnten mit der Todesstrafe geahndet werden. Jüdische Häftlinge wurden nach der Strafverbüßung der Gestapo übergeben, die sie einer polizeilichen Sonderbehandlung zuführte. Das hieß Verschickung in das Vernichtungslager Auschwitz-Birkenau.

Das Reichssicherheitshauptamt sorgte sich um alles und versuchte sich auch für die Historie Alibis und Rückendeckung zu verschaffen. Eine solche Deckung war der Anlaß für die Abhaltung der Wannseekonferenz, bei der man die Administration in die Judenvernichtung einzubeziehen versuchte. Das gelang nicht in dem gewünschten Ausmaße. Die staatlichen Verwaltungsbehörden setzten der Endlösung der "Judenfrage" bei den Judenmischlingen und den jüdischen Partnern einer deutsch-jüdischen Mischehe Widerstand entgegen.[92]

Ende 1942 war Wien praktisch "judenfrei". Die hier noch Verbliebenen - meist "Mischlinge" ersten Grades, Juden in Mischehe lebend oder im Spital und Altersheim des Ältestenrates der Juden in Wien beschäftigt - wurden mit 1. Juli 1943 strafrechtlich der Polizei unterstellt. Sie waren damit auf Gnade und Ungnade dem Judenreferat der Gestapo ausgeliefert;[93] bei geringsten Verfehlungen oder Übertretungen polizeilicher Anordnungen wurden sie "verschickt". In den Jahren 1943 bis 1945 wurden 612 Personen nach Auschwitz und 1346 nach Theresienstadt gebracht.[94]

Die von den Deportationen bisher ausgenommenen Juden und "Mischlinge" sollten bis zur Regelung über die Mischehen und des "Mischlingsproblems" in Wien leben dürfen. Die vordringenden alliierten Armeen ließen eine diesbezügliche Beschlußfassung nicht mehr zu.

Wieviele Österreicher jüdischer Herkunft umgebracht wurden und umkamen, zeigen die nachfolgenden Zahlen:

1.576 Personen kamen in deutschen Konzentrationslagern um,
46.791 Personen, aus Österreich deportiert, kamen in Vernichtungslagern um,
18 Personen fielen Totschlägen zum Opfer,
8 Personen wurden im Polizeigewahrsam umgebracht,
9 Juden wurden von Gerichten zum Tode verurteilt,
363 wurden Opfer der Euthanasie und
16.692 österr. Juden, die emigriert waren, kamen in europäischen Ländern wieder unter deutsche Herrschaft und wurden in Vernichtungslager gebracht, wo sie umkamen.

Insgesamt wurden 65.459 österreichische Juden während der NS-Herrschaft umgebracht.

Anmerkungen

1 J. Moser, Die Katastrophe der Juden in Österreich 1938-1945 - ihre Voraussetzung und ihre Überwindung, in: Studia Judaica Austriaca, Bd. V., Eisenstadt 1977, S. 78 ff.
2 Ebenda, S. 85 f.
3 Ebenda, S. 82 f.
4 DÖW, Dok. 6895.
5 Das Braunbuch, Hakenkreuz gegen Österreich, Wien 1933; Jüdische Front (Wien), 8. 7. 1933, S. 7; Die Stimme (Wien), 7. 4. 1932, S. 1; 6. 10. 1932, S. 1; 22. 12. 1932, S. 1.
6 Linzer Diözesanblatt, Jänner 1933.
7 E. Czermak - Oskar Karbach, Ordnung in der Judenfrage, Wien 1934.
8 Jüdische Front, 1. 12. 1936; 20. 12. 1937.
9 Ebenda, 1. 4. 1936.
10 Mitteilungen des Freiheitsbundes, Sonderausg., März 1936.
11 ADAP, Serie D, Bd. I., Nr. 309.
12 Die Stimme, 16. 2. 1938, S. 1.
13 Das schwarze Korps, Nr. 13, 30. 3. 1938, S. 10.
14 JTA (Jewish Telegraphic Agency) New York, Bd. III., Nr. 184, 11. März 1938.
15 Die Stimme, 11. 3. 1938, S. 1.
16 G.E.R. Gedye, Als die Bastionen fielen, Wien o.J., S. 287 ff.
17 Wiener Neueste Nachrichten, 15. 3. 1938, S. 7; 18. 3. 1938, S. 11.
18 Ebenda, 15. 3. 1938, S. 7; Völkischer Beobachter (Wien), 19. 3. 1938.
19 Gedye, Bastionen, S. 291 ff.; siehe auch: H. Rosenkranz, Verfolgung und Selbstbehauptung, Wien-München 1978, S. 31 ff.
20 Moser, Die Katastrophe, S. 17, Bild 100-107.
21 18. März 1938.
22 RGBl. I., (1938), S. 262; GBl. f. Ö., Nr. 37/1938.
23 DÖW, Dok. 1792.
24 Das schwarze Korps, 30. 3. 1938, S. 10.
25 Eichmann-Prozeß Jerusalem, Beweisdokument 1512.
26 J. Moser, Die Judenverfolgung in Österreich 1938-1945, Wien 1966, S. 6.
27 Widerstand und Verfolgung in Wien 1934-1945, Wien 1975, Bd. III., S. 198 ff.
28 Luxemburger Wort, 23. und 25. 3. 1938; Das neue Tagebuch (Paris), 26. 3. 1938, S. 311.
29 J. Moser, Das Schicksal der Wiener Juden in den März- und Apriltagen 1938, in: März 1938, Wien 1978, S. 176 ff.
30 Ebenda, S. 176.
31 U. Patzer, Die Wiener Schulen im März und April 1938, in: Wien 1938, Wien 1978, S. 286 ff.
32 J. Moser, Das Unwesen der kommissarischen Leiter, Ein Teilaspekt der Arisierungsgeschichte in Wien und Burgenland, in: H. Konrad und W. Neugebauer (Hg.), Arbeitergeschichte, Faschismus, Nationalbewußtsein, Wien 1983, S. 89 ff.
34 Widerstand Wien, Bd. III., S. 235, Anm. 1.
35 RGBl. I., S. 407.
36 RGBl. I., S. 414 f.
37 Völkischer Beobachter, Wr. Ausg., 7. 5. 1938, S. 21; 9. 5. 1938, S. 14; 23. 6. 1938, S. 23.
38 Widerstand Wien, Bd. III., S. 215.
39 RGBl. I., S. 1044.
40 Ebenda, S. 922.
41 Ebenda, S. 969.

42 Ebenda, S. 1403.
43 Ebenda, S. 1545.
43a Ebenda, S. 1310.
44 IMT, Bd. XXVII, S. 163, Dok. PS 1301.
45 RGBl. I., S. 1579.
46 T. Friedmann, Die Kristallnacht, Haifa 1972, Dok. 3; siehe auch H. Rosenkranz, Die Reichskristallnacht, Wien 1968.
47 Friedmann, Kristallnacht, Dok. 28 und Dok. 11.
48 Ebenda.
49 J. Moser, Holocaust und seine Opfer in Österreich, unveröffentlichtes Manuskript, Institut für Zeitgeschichte in München.
50 Friedmann, Kristallnacht, Dok. 16.
51 RGBl. I., S. 1579.
52 RGBl. I., S. 1676.
53 B. Blau, Das Ausnahmerecht für die Juden in Deutschland 1933-1945, Düsseldorf 1954, S. 56, Nr. 197.
54 RGBl. I., S. 1709.
55 Blau, Ausnahmerecht, S. 62, Nr. 201.
56 RGBl. I., S. 1893.
57 Ebenda, S. 47.
58 Ebenda, S. 283, S. 449, S. 503, S. 989.
59 Ebenda, S. 282.
60 Ebenda, S. 864.
61 IMT, Bd. XVI., S. 266 Dok. PS 710.
62 Widerstand Wien, Bd. III., S. 272 f.; Völkischer Beobachter, Wr. Ausg., 14. 5. 1939.
63 Blau, Ausnahmerecht, S. 79, Nr. 253, 254.
64 Ebenda, S. 79, Nr. 251.
65 RGBl. I., S. 2059.
66 Blau, Ausnahmerecht, S. 80, Nr. 258.
67 Moser, Judenverfolgung, S. 9 ff.
68 Ebenda, S. 15; J. Moser, Nisko, The First Experiment in Deportation, in: Simon Wiesenthal Center Annual, Vol. 2, Los Angeles 1985, S. 1-29.
69 Widerstand Wien, Bd. III., S. 276 f.
70 J. Walk, Das Sonderrecht für die Juden im NS-Staat, Heidelberg-Karlsruhe 1981, S. 318 f.
71 Blau, Ausnahmerecht, S. 84, Nr. 282.
72 Ebenda, S. 84, Nr. 284.
73 RGBl. I., S. 681.
74 Moser, Judenverfolgung, S. 21 ff.
75 H. Jacobsen, Kommissarerlaß und Massenexekutionen sowjetischer Kriegsgefangener, in: Anatomie des SS-Staates, dtv-Taschenbuchverlag, Nr. 463, München 1967, Bd.II, S. 143 ff.
76 Moser, Judenverfolgung, S. 27.
77 Nürnbg. Dok. NO 365.
78 RGBl. I., S. 547.
79 Unsere Ehre heißt Treue, Kriegstagebuch des Reichsführer SS, Wien 1965, S. 235 ff.
80 Moser, Judenverfolgung, S. 31 ff.
81 Blau, Ausnahmerecht, S. 106 f., Nr. 377.
82 Ebenda, S. 88, Nr. 327; S. 98, Nr. 344.
83 Ebenda, S. 102, Nr. 350.
84 Ebenda, S. 103, Nr. 361.
85 Ebenda, S. 109, Nr. 391.
86 Ebenda, S. 109, Nr. 392.
87 Ebenda, S. 110, Nr. 400.
88 Ebenda, S. 111, Nr. 404.
89 Moser, Judenverfolgung, S. 39 ff.
90 Ebenda, S. 45. Siehe auch: J. Moser, Theresienstadt, das Altersgetto, in: Totenbuch Theresienstadt, Wien 1987, S. 1, 15.
91 RGBl. I., S. 759.
92 R.M.W. Kempner, Eichmann und Komplizen, Zürich-Stuttgart-Wien 1961, S. 255 ff.
93 RGBl. I., S. 372; Walk, Sonderrecht IV, S. 490 f.
94 Moser, Holocaust.

Hans Witek

"ARISIERUNGEN" IN WIEN
Aspekte nationalsozialistischer Enteignungspolitik 1938 - 1940

> "Seit dem ‚Anschluß' herrscht offener Straßenterror. Rufe: ‚Juda verrecke!' und ‚Juden heraus!' hallten vom ersten Tage an durch die Straßen. Bald begannen die Demolierungen und ‚Requirierungen', d. h. Plünderungen jüdischer Geschäfte, die Erpressungen bei jüdischen Geschäfts- und Privatleuten. In den Läden erschienen vierzehn- bis sechzehnjährige Burschen, von etwa 20- bis 25-jährigen SA-Männern angeführt und ‚requirierten' Lebensmittel, Schuhe, Anzüge, Stoffe usw. Häufig wurde die Beute mit Lastkraftwagen abtransportiert. Auf diese Weise wurden z.B. fast sämtliche jüdischen Geschäfte der Innenstadt (Kärntnerstraße, Rotenturmstraße, Mariahilferstraße, Am Graben usw.) heimgesucht. ‚Requiriert' wurden u.a. bis auf geringfügige Reste die großen Lager der Firmen Krupnik, Kleiderhaus Gerstel, Teppichhaus Schein, Juwelengeschäft Scherr, Herrenkleidergeschäft Katz. Die Ausräumung des Warenhauses Schiffmann in der Taborstraße dauerte drei Tage. Arbeiter mit Hakenkreuzbinden leerten die Lager, Männer im Braunhemd hielten die neugierige Menge fern. Vor den jüdischen Läden, die trotz dieser Vorfälle offenzuhalten versuchten, brachte man Plakate an, schmierte Inschriften auf das Pflaster, überpinselte die Schaufensterscheiben mit gröbsten Beschimpfungen. Die Polizei versagte jeden Schutz."[1]

Mit diesen Worten beschreibt ein zeitgenössischer Bericht - "Der Terror gegen die Juden. Das Schreckensregiment in Österreich" - die Wiener Judenverfolgungen in den ersten Monaten nationalsozialistischer Herrschaft 1938. Neben den Hinweisen, daß sich "Kommissarische Verwalter" Geschäfte und Betriebe jüdischer Eigentümer angeeignet haben und eine staatliche "Arisierungszentrale" errichtet wurde, heißt es im Bericht weiter:

> "Unter diesen Umständen zogen es natürlich viele jüdische Kaufleute vor, ihre Geschäfte so rasch als möglich und unter großen Verlusten zu verschleudern. Die ‚Arisierung' macht rasche Fortschritte. Von den in den ersten Wochen arisierten Unternehmen seien genannt: Wiens größtes Warenhaus ‚Gerngroß', Kaufhaus Herzmansky, die Strumpfwarenfirma Bernhard Schön, die 80 Läden in Wien unterhält, die Anker-Brotfabrik, die Glühbirnenfabriken Johann Kremenetzky und Albert Pregan. Seither sind Hunderte von jüdischen Geschäften ‚in arische Hände' übergegangen".[2]

Diese Schilderungen verdeutlichen die politische und sozioökonomische Dynamik, den lokalen Kontext der wirtschaftlichen Enteignung des jüdischen Klein- und Großbürgertums in der Wiener Privatwirtschaft[3], welche unmittelbar mit dem "Anschluß" im März 1938 begann und innerhalb eines Jahres von den zuständigen lokalen Staats-, Partei- und Wirtschaftsstellen organisiert und durchgeführt wurde. Alle Einzelfirmen, Personen- und Kapitalgesellschaften der gewerblichen Wirtschaft, deren Eigentümer oder Anteilseigner Juden waren, wurden "zwangsarisiert" oder liquidiert. Den betroffenen Industriellen, Unternehmern, Kaufleuten und Handwerkern raubten diese Zwangsverkäufe und -liquidierungen ihre Unternehmen. Die damit verbundene finanzielle Ausplünderung entzog ihnen die wirtschaftliche und soziale Basis und zwang viele - meist unter totalem Vermögensverlust - zur Auswanderung.

Der Prozeß der "Entjudung der Wirtschaft" umfaßte die Enteignung von gewerblichen Unternehmen, land- und forstwirtschaftlichen Betrieben, Privatbanken, Haus- und Grundbesitz.[4]

Die antisemitische Personalpolitik im öffentlichen Dienst und in der Privatwirtschaft führte zur Entlassung von Beamten, Angestellten und Arbeitern; die rassistische Säuberung des industriellen Managementbereiches erzwang das berufliche Ende für Direktoren, Prokuristen, Aufsichts- und Verwaltungsratsmitglieder in den Industrieunternehmen.

> "Auch aus den freien Berufen der Sparten Presse, Literatur, Theater, Film, Musik, Bildende Künste, ebenso aus den Berufsorganisationen der Ärzte, Apotheker, Rechtsanwälte und Notare wurden alle Juden und ‚Mischlinge' bis Ende November 1938 restlos ausgeschieden und verloren damit ihre Approbationen zur Berufsausübung an ihre arischen Konkurrenten."[5]

In Wien lebte der größte Teil der österreichischen Juden - 170 000 Personen[6], was 1938 einem Anteil von 10 Prozent an der städtischen Gesamtbevölkerung entsprach; die jüdische Gemeinde Wiens war die größte des "Großdeutschen Reiches". Früher als im sogenannten "Altreich", bereits Anfang 1939, war die ökonomische Entrechtung und Enteignung der Wiener Juden praktisch beendet. Wiener "Spezialisten" konnten weniger erfahrenen "reichsdeutschen Kollegen" Hinweise für die praktische Durchführung dieses Raubzuges geben, Wien hatte in dieser Hinsicht Modellcharakter.

Es stellt sich die Frage, wer die "Arisierungen" in Wien durchführte, welche unterschiedlichen Interessen dabei im Spiel waren. Grundsätzlich können vier Interessensgruppen differenziert werden: zum einen die "kleinen Ariseure", die sofort persönliche Vorteile realisieren wollten; zweitens mittelständische Interessen, die auf Ausschaltung von Konkurrenten und Übernahme der besten Geschäfte und Betriebe zielten. Industrie und Banken, als dritte Interessensgruppe, verfolgten Besitzerweiterungsstrategien. Diese waren verbunden mit der von NS- und Wirtschaftsplanern angestrebten sozial- und wirtschaftspolitischen Strukturveränderung. Zwischen diesen Interessensgruppen bestand zwar der Minimalkonsens, daß die Juden aus dem Wirtschaftsleben ausgeschlossen werden müssen, über die Frage der Durchführung der Enteignung kam es zu Konflikten.

Gerhard Botz hat in seinen Forschungen zur NS-Sozialpolitik und Judenverfolgung in Wien 1938[7] unter anderem darauf hingewiesen, daß der Wiener Antisemitismus neben einer rassenideologischen auch eine ausgeprägte soziale und ökonomische Komponente hatte und die antijüdischen Verfolgungsmaßnahmen konkret mit materiellen Interessen der Täter verknüpft waren.

> "Die Aggressivität gegen ‚den' Juden bedurfte hier keiner besonderen ‚theoretischen' Überhöhung, versprach sie doch eine Erfüllung ganz konkreter Interessen: die Beseitigung des jüdischen Konkurrenten als Händler oder Warenhausbesitzer, als Rechtsanwalt oder Arzt, die Erlangung einer Wohnung oder eines wertvollen Möbelstückes etc. Diese Art von Antisemitismus verstand jeder, der sich von der ‚Judenhatz' einen materiellen Vorteil erhoffte."[8]

In Wien konnte das nationalsozialistische Regime an die politische Tradition des "Volksantisemitismus" anknüpfen, jenes virulenten ökonomisch, kulturell und religiös begründeten Antisemitismus der Monarchie, der Ersten Republik und der austrofaschistischen Diktatur.[9] Die in Wien für breite Teile der Bevölkerung vorhandenen sozialen und ökonomischen Probleme (Wohnungsnot, Arbeitslosigkeit, unrentable Handels- und Gewerbebetriebe etc.) versuchte das nationalsozialistische Regime durch ein Konzept der Enteignung und Vertreibung einer stigmatisierten Gruppe zu lösen. Aus der Strategie der Ausgrenzung folgten, nachdem die Auswanderung ab Herbst 1939 kaum mehr möglich war, Konzentration, Deportation und als letzter Schritt der industriell betriebene Massenmord an den Juden.

Neben den unmittelbaren Interessen der "Ariseure" läßt sich aus den überlieferten Akten auch die von NS- und Wirtschaftsplanern angestrebte sozial- und wirtschaftspolitische Strukturveränderung rekonstruieren. Staatliche Institutionen strebten an, daß "jüdisches Vermögen nicht einfach geraubt und übereignet" wird, sondern daß "die Arisierung mit einem Modernisierungs- und Konzentrationsschub der rückständigen 'ostmärkischen' Wirtschaft verknüpft"[10] würde.

Es gibt bis heute keine wissenschaftliche Gesamtdarstellung über die Zerstörung der wirtschaftlichen Existenz der Wiener Juden in den Jahren 1938 bis 1940 und deren vielfältige Hintergründe. Bisher wurde diese Thematik nur partiell zum Gegenstand der Forschung gemacht.[11] Firmengeschichtliche Darstellungen oder Branchenmonographien zur "Arisierungpolitik" liegen nur vereinzelt vor.[12]

Ausgehend von diesem Forschungsstand können im vorliegenden Beitrag nur die wichtigsten Aspekte der Interdependenz von Nationalsozialismus, Ökonomie und Judenverfolgung am Beispiel der antijüdischen Enteignungspolitik in der Wiener Privatwirtschaft 1938/39 skizziert werden. Ziel dieses Beitrages ist es, die staatliche Organisierung der NS-Enteignungspolitik und ihre spezifisch österreichische Entwicklung zu zeigen (I); einen kurzen Überblick über die Methoden der Betriebsverwaltung und die Soziographie des "Kommissarsystems" zu geben (II); typische Merkmale parteipolitischer "NS - Wiedergutmachung" und protektionistischer Mittelstandspolitik herauszustellen (III); die Expansionsstrategien von Banken und Industrieunternehmen und deren Realisierungen im Prozeß der Enteignung der Juden zu skizzieren (IV); strukturpolitische Folgen, Zweck und Praxis der Betriebsliquidierungen zu beschreiben (V). Die folgende deskriptiv-analytische Darstellung ist eine Vorarbeit zu einer größeren Studie zur nationalsozialistischen "Arisierungspolitik" in Wien 1938 bis 1945.

(I) Modell Wien: Organisierung der NS-Enteignungspolitik

Die nationalsozialistische Politik der "Arisierung" im Bereich der Privatwirtschaft bedeutete die Umstrukturierung der Eigentumsverhältnisse nach "rassischen" Prinzipien. Industrie-, Handels- und Gewerbebetriebe, deren Eigentümer Juden waren oder an denen diese als Gesellschafter oder Aktionäre kapitalsmäßig beteiligt waren, wurden zwangsweise an "arische" Einzelpersonen,

Firmen, Banken etc. übertragen. Die Verträge über Eigentumsübertragungen erfolgten häufig unter Druck bzw. unter Umständen, "... die nur als direkte Nötigung bezeichnet werden können". Eine freiwillige Übereinstimmung der Vertragspartner war unter diesen Voraussetzungen nicht gegeben. "Die Eigentumsübertragungen waren nichts anderes als ein Mittel der Enteignung zugunsten des Reiches oder der neuen Besitzer."[13]

Bei Industrie- und Großhandelsfirmen, größeren Gewerbe- und Einzelhandelsbetrieben wurde deren "Sach-" und "Verkehrswert" durch Wirtschaftsprüfungen, bei Kleinbetrieben durch Schätzgutachten festgestellt. Dem ursprünglichen Eigentümer wurde ein Kaufpreis zugestanden, "der erheblich unter dem Verkehrswert lag und zudem mit einer hohen Ausgleichsabgabe an den Staat verbunden war, sodaß in der Regel weniger als die Hälfte des Betriebsvermögens vergütet wurde, der Staat aber von der Ausgleichsabgabe und der Käufer von der erheblichen Differenz zwischen Verkehrswert und Kaufpreis profitierten."[14] Jedoch wurde der Kaufpreis nicht an die ehemaligen Besitzer ausbezahlt, sondern auf Sperrkonten überwiesen. Aus diesen Sperrguthaben entnahm die Finanzverwaltung Abgaben für die "Reichsfluchtsteuer", "Judenvermögensabgabe" etc. "Für eine bescheidene Lebensführung und für die Ausreise"[15] wurden den Enteigneten Beträge freigegeben.

Zahlreiche staatliche Gesetze, Verordnungen und Erlässe - von der Ministerialbürokratie des Reichswirtschafts- und -innenministeriums und der Vierjahresplanbehörde konzipiert und erlassen - gaben der antijüdischen Enteignungspolitik ihre spezifische NS-Legalität und stellten eine Verletzung des bürgerlichen Eigentumsbegriffs dar.[16]

Von der im April 1938 verordneten Vermögensanmeldung[17] für Juden, über die am 12. November 1938 erlassene "Verordnung zur Ausschaltung der Juden aus dem deutschen Wirtschaftsleben"[18], bis zur "Verordnung über den Einsatz des jüdischen Vermögens" vom 3. Dezember 1938[19], regelte die NS-Bürokratie die Enteignungspolitik. Dieses NS-Gesetzeswerk auf dem Gebiet des Wirtschafts- und Vermögensrechtes war letztlich nichts anderes als eine Politik staatlich legalisierter Beraubung.[20] Neben der Privatwirtschaft und der NSDAP war es der NS-Staat, der aus der Enteignung der Klein- und Großunternehmen finanziellen Gewinn bezog.[21]

Das "ostmärkische Modell" der Enteignungspolitik war dieser reichsgesetzlichen Regelung 1938 in vielen Bereichen vorausgeeilt und wurde zum Vorbild für "reichsdeutsche" Stellen. Die Zentralisierung der Enteignung und ihre verwaltungstechnische Organisation, die "kommissarische Verwaltung" der Unternehmen, die finanzpolitische Durchführung der "Arisierung", die Zwangsliquidierung der Geschäfte waren in der "Ostmark" bereits die übliche Praxis der Enteignungspolitik, die erst Anfang Dezember 1938 für das gesamte Deutsche Reich vereinheitlicht wurde.[22]

"In dieser Entwicklung eines halben Jahres ist vieles komprimiert, was sich in Deutschland auf Jahre verteilte. Man verfuhr in Österreich 1938 so ‚großzügig', wie man es vielleicht in Deutschland 1933 getan hätte, wenn nicht die Rücksichtnahme auf das Ausland und das nationale Bürgertum nötig gewesen und andere Probleme vordringlicher erschienen wären.

Insofern zeigt das österreichische Beispiel die Methoden nationalsozialistischer Machtergreifung - mindestens für den wirtschaftlichen Bereich - in ‚reinerer' Form als das deutsche. Im Verlauf weniger Monate hatte Österreich das Altreich in der praktischen Verdrängung der Juden aus der Wirtschaft mindestens eingeholt und in der Vorbereitung einer Zwangsarisierung überholt, was sich nach der ‚Kristallnacht' bestätigen sollte."[23]

Als staatliche Zentralinstanz der Enteignungspolitik wurde am 18. Mai 1938 im österreichischen Ministerium für Wirtschaft und Arbeit (ehemals Ministerium für Handel und Verkehr) die Vermögensverkehrsstelle (VVST) mit Hauptabteilungen für Wirtschaftssektoren, Finanzen und Planung gegründet.[24] Ihr oblag die Kontrolle und Gesamtorganisation der "Entjudung der Wirtschaft". Sie bestellte die "Kommissare", "Treuhänder" und "Abwickler" für die Unternehmen, koordinierte die gesamtwirtschaftliche Planungsarbeit der Enteignungen im Rahmen der strukturpolitischen Vorgaben, genehmigte die "Kaufverträge", setzte die Kaufpreise für die zu "arisierenden" Unternehmen nach Wirtschaftsprüfungs- und Schätzungsgutachten fest oder verordnete die Betriebsauflösung.

Als Leiter wurde der "Staatskommissar in der Privatwirtschaft", Dipl. Ing. Walter Rafelsberger, Gauwirtschaftsberater der Wiener NSDAP, bestellt. Auf dem Gebiet der Planung kooperierte die VVST mit der Abteilung III "Staat und Wirtschaft" des Reichskommissars Bürckel und den Abteilungen und Referaten des Ministeriums für Wirtschaft und Arbeit unter Leitung von Dr. Hans Fischböck.

Von seiten der Organisationen der gewerblichen Wirtschaft waren die zahlreichen "Arisierungskommissionen" der Fachverbände und -gruppen, Innungen, Zünfte und Gilden als Planungs-, Vorschlags- und Durchführungsstellen involviert; auf Parteiebene waren es die Gau- und Kreiswirtschaftsämter, die neben der politischen Beurteilung der "Ariseure" auch lokale Aufsichts- und Organisationsarbeit leisteten.

Koordinations- und Genehmigungsstelle war ausschließlich die VVST, die ab November 1939 als "Abwicklungsstelle" und später als "Referat III Entjudung" bei der Reichsstatthalterei Wien bis zum Kriegsende 1945 weiterbestand.[25]

Zahlreiche Beamte, Funktionäre der Partei und Wirtschaft, Vertreter der Innungen etc. bildeten jenen institutionellen Apparat, der sich im Zuge der Enteignungspolitik als Normen und Verfahrensweisen setzende Instanz in der Enteignung von Juden 1938/39 herauskristallisiert und gefestigt hatte. Innerhalb dieses Apparates war man sich zwar in der Zielvorstellung der totalen "Entjudung der Wiener Wirtschaft" einig; über Ausmaß, Tempo und Methoden der Umverteilung kam es zwischen Staat, Partei und Privatwirtschaft zu Konflikten. Der Streit der Interessensgruppen hatte nicht nur einen machtpolitischen Charakter, sondern war auch untrennbar mit dem Kampf um den "Anteil an der Beute" verbunden: Einem an strukturellen und volkswirtschaftlichen Kriterien orientierten Konzept der Bürckel-Behörde standen die von lokalen NS-Führern vertretenen Versorgungsinteressen der "Alten Kämpfer" und anderer NS-Anhänger gegenüber.

Den hegemonialen Anspruch in der Enteignung hatten sich lokale Parteiorganisationen und Privatpersonen schon unmittelbar nach dem "Anschluß" gesichert: der exzessive Drang nach individueller Bereicherung bei der Vertreibung der Juden aus der Wirtschaft zwang Staatsstellen, durch nachträgliche Legalisierung die Dynamik zu kanalisieren. Die "Verstaatlichung" der Enteignung und jenes spezifische "ostmärkische" Gesetzes- und Verordnungswerk für die Legitimierung der antijüdischen Wirtschaftspolitik war wesentlich durch diese "einheimische Anfangsoffensive" determiniert.

(II) Methoden der Betriebsverwaltung und Soziographie der "Kommissare"

> "Jedenfalls, als ich meine Aufgabe hier übernahm, waren die Kommissare eingesetzt, bzw. hatten sich zum großen Teil eingesetzt. Ich stand von vornherein dieser ganzen Situation mit einigem Mißtrauen gegenüber. (...) Es geht nicht an, daß hier eine neue Berufsgruppe entsteht, für die es in einem geordneten Wirtschaftsleben auf die Dauer keine Beschäftigung geben kann. Ein oder der andere dieser Kommissare hat bereits ‚Mein' und ‚Dein' verwechselt. Dem Teil der Kommissare, der selbstlos und gewissenhaft seine Pflicht tat, spreche ich den Dank aus. (...) Wer versagte, hat seine Prüfung für Partei und Staat (...) nicht bestanden, und es wird jeden einzelnen dann die Maßnahme treffen, die es ihm verständlich macht, daß man Revolution in einem anständigem Staat nicht mit Rucksackspartakisten durchführt."[26]

Mit diesen Drohungen versuchte der "Reichskommissar für die Wiedervereinigung Österreichs mit dem Deutschen Reich", Josef Bürckel, Anfang Juli 1938 die unkontrollierte, individuelle Bereicherung am Eigentum von Juden zu beenden.

Die Politik der Enteignung hatte in Wien mit der spontanen Aneignung von Geschäften und gewerblichen Betrieben durch sogenannte "wilde Kommissare", deren Gesamtzahl anfänglich laut Fischböck rund 25.000 betragen haben soll[27], begonnen. Angehörige lokaler Parteistellen, SA-Leute, Mitglieder der Nationalsozialistischen Betriebsorganisationszellen, Kaufleute und Gewerbetreibende, die der NS-Handels- und Gewerbeorganisation angehörten, Angestellte und "Konjunkturritter" hatten die Unternehmen besetzt, die Besitzer vertrieben oder deren geschäftlichen Einfluß beschränkt, ihre eigene politische und wirtschaftliche Macht gesichert und ihre materiellen Interessen befriedigt. Die jüdischen Eigentümer hatten somit keine Verfügungsgewalt über ihre Firmen. Im laufenden Prozeß der "Arisierung und Liquidierung" war auch ihr geschäftlicher Verhandlungsspielraum eingeschränkt worden oder überhaupt nicht vorhanden.

Staatlicherseits war man gezwungen, nachträglich dieses System der "Kommissarischen Verwalter" zu legalisieren. Durch Gesetze, Verordnungen und Erlässe versuchte man seit Ende März 1938 die "Kommissarswirtschaft" zu kontrollieren.[28] Der ordnungsstaatlichen Politik mit gesamtwirtschaftlicher Ausrichtung gelang es nur langsam, der Selbstherrlichkeit der "Kommissare" Grenzen zu ziehen, ein legales Bestellungsverfahren durchzusetzen, Kontrollinstanzen zu errichten und die Zahl der "wilden Kommissare" durch Entlassung oder offizielle Weiterbestellung durch die VVST zu verringern.

Aber auch die von der VVST bestellten "Betriebs- und Geschäftsführer" waren in den ihnen anvertrauten Unternehmen kaum zu kontrollieren. Die gesetzlichen Richtlinien definierten zwar ihre Tätigkeit - Vorbereitung der "Arisierung" oder Durchführung der Firmenauflösung -, aber ihre Sonderstellung ermöglichte nur zu oft eine Verknüpfung ihres Auftrages mit eigenen materiellen und sozialen Interessen.

Viele der "Kommissarischen Verwalter" betrachteten ihre Stellung als reinen Versorgungsposten, als Möglichkeit, ihre ökonomische Situation rasch zu verbessern. Als "Alte Kämpfer" und "Illegale" wurden sie von den diversen Parteistellen protegiert und für "kommissarische Verwaltungen" bestimmt, wobei ihre fachliche Qualifikation nebensächlich war.

Der Sozialtypus des "Kommissars" in Wien läßt sich annäherungsweise folgendermaßen charakterisieren: Seine politische Zuverlässigkeit war durch die langjährige Zugehörigkeit zur Partei oder einer ihrer Organisationen unter Beweis gestellt; seiner sozialen Herkunft nach war er meist Angestellter oder kleiner Selbständiger, manchmal arbeitslos; fachlich war er größtenteils unqualifiziert und branchenfremd. Vorwiegend wurde er als "Kommissar" in Klein- und Mittelbetrieben, in Einzelhandelsgeschäften, seltener in Großunternehmen der Industrie und des Handels tätig.[29] Eine kleinere Gruppe von "Kommissaren" rekrutierte sich aus Wirtschaftsfachmännern: Rechtsanwälte, Bankangestellte, Gewerbetreibende oder Kaufleute. Bei dieser Gruppe war die notwendige Qualifikation gegeben, politische Zuverlässigkeit verlangt, die Parteizugehörigkeit jedoch nicht unbedingt erforderlich.

Vor allem ab Herbst 1938 versuchte die VVST das Kriterium der fachlichen Qualifikation bei der Kommissarsbestellung verstärkt zu berücksichtigen, nachdem den Organisationen der gewerblichen Wirtschaft (vor allem den Zünften und Innungen) ein Vorschlags- und Beurteilungsrecht bei der Bestellung durch die VVST eingeräumt wurde. Trotzdem blieb der kaufmännisch unfähige "Kommissar" weiterhin der dominierende Verwalter.

Das Spektrum seiner "Geschäftspraktiken" reichte von Bestechlichkeit, Veruntreuung bis zur maßlosen persönlichen Bereicherung. Die nur gegen eine verschwindend kleine Gruppe dieser "neuen Wirtschaftsführer" 1938/39 durchgeführten Verhaftungen und Gerichtsverfahren beweisen, daß die Kritik an korrupten "Kommissaren" vor allem deklamatorischen Charakter hatte.[30]

Die hohe Fluktuation der "Kommissare" - oft hatten Geschäfte und Betriebe innerhalb weniger Monate mehrere verschiedene Verwalter - verweist auch auf Versuche staatlicher Stellen, unfähige und korrupte "Kommissare" auszutauschen. Für die betroffenen Unternehmen bedeutete die Abfolge verschiedener "Kommissare" meist einen beschleunigten Verbrauch der betrieblichen Ressourcen. In vielen Branchen verwaltete eine Person mehrere Betriebe. Dadurch war eine "ordentliche" Geschäftsführung eher zufällig und führte tendenziell zu Geschäfts- und Betriebsauflösungen. Manche "Kommissare" konnten sich, unterstützt von örtlichen Parteistellen, durch gleichzeitige Verwaltung mehrerer Betriebe zeitweise eine gewisse Branchen- und Lokalhegemonie sichern.[31]

Im Februar 1939 begann die VVST für die noch bestehenden industriellen Unternehmen und Großhandelsfirmen sogenannte "Treuhänder" zu bestellen, welche deren "Arisierung" oder Auflösung vorbereiteten oder durchführten.

Sowohl fachliche Qualifikation als auch politische Zuverlässigkeit versuchten die staatlichen Stellen dadurch zu erreichen, daß man die beruflichen Erfahrungen stärker als bei den "Kommissaren" berücksichtigte. So wurden vor allem Rechtsanwälte, Bücherrevisoren, Wirtschaftsprüfer, Prokuristen und leitende Angestellte aus der Wirtschaft als "Treuhänder" bestellt. Nur eine geringe Anzahl ehemaliger "Kommissarischer Verwalter" befand sich unter den ausgewählten "Treuhändern".

Für die Masse der zu bewältigenden Stillegungen im Handels- und Gewerbebereich berief man "Abwickler" mit ähnlichem beruflichen Hintergrund. Die Kontinuität der "Mißwirtschaft" zeigte sich aber auch bei den "Abwicklern". Gerade die Tätigkeit der Betriebsliquidierung bot ausreichend Möglichkeiten, eigene Interessen zu verfolgen. Die Eigenmächtigkeiten der "Abwickler" widersprachen der vorgesehenen staatlichen Konzeption der "bestmöglichen" Verwertung der Warenlager und Betriebseinrichtungen.

(III) "Alte Kämpfer" und "alter Mittelstand"

Die Arisierungspraxis der VVST der ersten Monate war weniger gesamtwirtschaftlichen Intentionen verpflichtet, als vielmehr einem parteipolitischen Protektionismus: mittelständischen NSDAP-Mitgliedern, "besonders verdienten Parteigenossen", "Alten Kämpfern", meistens ohne finanzielle Mittel und fachliche Kompetenz, wurden im Sinne einer "Wiedergutmachung" (für "während der Systemzeit im Dienste der Bewegung erlittene Schäden") Kleinbetriebe und Handelsgeschäfte zugewiesen.

> "(...) Die alten Parteigenossen haben selbstverständlich meist kein Geld. Der Kaufpreis wird demnach kreditiert. Die Abtragung der Kaufschuld oder des in ihrer Höhe gewährten Kredits sowie etwaiger Zinsen geschieht in Raten aus den Betriebsmitteln (...) Weil nur schwer die künftige Entwicklung eines Unternehmens vorauszusehen ist, wird der Kaufpreis wohl regelmäßig möglichst niedrig bemessen. Der Unterschied gegenüber dem wirklichen Verkehrswert ist Schenkung, aber auch der Kaufpreis selbst trägt mehr oder minder den Charakter der Schenkung (...)"[32]

Weiters haben Kreditaktionen kapitalschwachen Gewerbe- und Handelstreibenden, vermögenslosen "Alten Kämpfern" der NSDAP die "Arisierungen" finanziert. Im Zuge der Reichswirtschaftshilfe wurden "Arisierungskredite"[33] gewährt; bis Ende 1938 wurden aus dem "Arisierungsfond" der VVST, 1939 aus jenem der Kontrollbank, finanzielle Zuschüsse für minderbemittelte Parteigenossen geleistet[34], quasi nach dem Prinzip "wonach also der Enteignete dem Enteigner finanzieren half".[35] Eine weitere Möglichkeit, "Kaufpreis" und "Auflage" zu bezahlen, waren die von den Banken gewährten Privatkredite.

Im folgenden sollen am Beispiel der "Arisierungen" von Wiener Kinos einige politische und soziale Implikationen der NS-Enteignungspolitik, deren organisatorische und ökonomische Durchführung, beschrieben werden.

"Die Arisierungskommission im Kinotheaterfach", die von der VVST, Bürckel-Behörde, NS-Betreuungsstelle und Reichsfilmkammer, Außenstelle Wien, gebildet wurde, vertrat "die Ansicht, dass das Abwandern jüdischer Kinotheaterbesitzer benützt werden muss, um einer Vielzahl von schwerstens geschädigten Parteigenossen eine Lebensmöglichkeit zu bieten" und faßte daher "die Arisierung als eine Sozialaktion auf", wie es in einem Kommunique Anfang Sommer 1938 hieß.[36] Mit dieser an die Wiener Staats- und Parteistellen abgegebenen Erklärung wurde gegen die Absichten des "Reichstreuhänder für das Filmwesen" Stellung genommen. Er wollte mit der neu gegründeten "Ostmärkischen Filmtheater GmbH, Wien" (vormals "KIBA GmbH") ursprünglich sämtliche Kinobetriebe, die Juden gehört hatten, übernehmen; das wurde aber von der VVST verhindert.[37]

Bis Ende 1938 wurden von der "Arisierungskommission" Eigentumsübertragungen bei ca. 90 Kinobetrieben mehrheitlich an Wiener NSDAP-Mitglieder bewilligt, von denen viele bereits als "kommissarische Verwalter" der Filmtheater von der Reichsfilmkammer-Außenstelle Wien seit März 1938 eingesetzt worden waren.

Die neuen Kinobesitzer waren in der Mehrzahl "Alte Kämpfer", viele davon Teilnehmer am NS-Putsch 1934, "32 Anwärter auf den Blutorden und 17 Ehrenzeichenträger"[38], denen im Rahmen der "NS-Wiedergutmachung" 1938 materielle Existenzsicherung und sozialer Aufstieg gesichert wurde. Ihre Biographien waren geprägt von ökonomischen Krisen, Arbeitslosigkeit und sozialer Deklassierung, unter anderem auch als Folge ihrer NS-Parteiaktivitäten und deren gerichtlicher Verfolgung vor 1938. Ihre politische Laufbahn fand "Abschluß und Erfüllung in der durch Einfluß und Protektion der Partei erworbenen individuellen Reproduktionsbasis."[39]

Jenen NS-Parteigenossen, "die über wenig oder gar kein Kapital und keinerlei fachliche Vorkenntnis"[40] verfügten, wurden die Kaufpreise nach Schätzwerten des Betriebsinventars berechnet, die "Arisierungsauflage" erlassen und den meisten "Juliputschisten" durch eine Kreditaktion aus dem "Arisierungsfonds" der Kontrollbank die Übernahme und Weiterführung der Kinos ermöglicht.[41]

Ähnliche "Sozialprogramme" im Sinne "nationalsozialistischer Wiedergutmachung" verwirklichten die lokalen Staats- und Parteistellen bei der "Arisierung" der Trafiken und Lottokollekturen. Diese wurden an "Veteranen des Krieges, der Arbeit und der Partei"[42] vergeben.

Die Praxis der "Arisierung" unter dem Vorzeichen der "Wiedergutmachung" brachte den Nepotismus am deutlichsten zum Vorschein, "denn die Arisierung war ihrer Natur nach eine Quelle der Korruption".[43] Bei der übergroßen Anzahl der NSDAP-Mitglieder und "Alten Kämpfer", die ein gewerbliches Unternehmen "erwerben" wollten, brauchte der einzelne Protektion und Bestechung zur Ausschaltung der "arischen" Mitkonkurrenten. Das "Prinzip der politischen Klientel und Cliquen"[44] war bei diesen "Arisierungstransaktionen" dominierend. Nicht nur kleine Parteigenossen, sondern auch höchste Funktionäre bedienten sich dieses Prinzips. "Was sich jedoch ansonsten auf diesem Gebiet durch kleinere oder größere Schiebungen und die bekannte ‚Wiener Freunderl- oder Vetternwirtschaft' getan hat, wird derzeit kaum durch SS-gerichtliche Untersuchung feststellbar sein," befürchteten hohe Parteistellen.[45] Auch in Berlin wußte man über die "Wiener Zustände" Bescheid. Himmler schrieb im Herbst 1939 an Heydrich: "Ausserdem müssten in Wien - am besten durch eine Kommission unter Führung eines höheren SS-Führers - die ganzen Arisierungsgeschäfte überholt und durchgesehen werden. Wir müssen nach Kriegsschluss - wenn der Krieg nicht zu lange dauert - ganz energisch durchgreifen."[46]

Eine äußerst effizient praktizierte Enteignungsmethode mit mittelständischer Konzeption war die Ausschaltung der Juden aus der Wiener Uhren- und Juwelenbranche. Planung und Durchführung der "Arisierung", Auflösung und der "kommissarischen Verwaltung" der Gewerbebetriebe und Handelsgeschäfte dieses Wirtschaftszweiges wurden in engster Zusammenarbeit zwischen den zuständigen Fachorganisationen und der VVST organisiert. Schon unmittelbar nach dem "Anschluß" war es durch Initiative der Innung zur Einsetzung von "wilden Kommissaren" in vielen Geschäften gekommen.[47]

Zentrale Instanz der Enteignungspolitik war die "Arisierungsstelle der Wiener Zunft der Juweliere und Uhrmacher und der Gilde des Uhren- und Juwelenfaches". Die VVST genehmigte als zuständige staatliche Behörde weitgehend die wirtschaftspolitischen Entscheidungen dieses Gremiums nachträglich. Von den ca. 700 bestehenden Einzelhandelsgeschäften und Handwerksbetrieben wurde der Großteil aufgelöst. Zwecks Steuerung der Verwertung ihrer Liquidationsmassen wurde im Sommer 1938 die "Einkaufs- und Treuhandgenossenschaft für die Uhren- und Juwelenbranche" gegründet, eine "im ganzen Deutschen Reich einzigartige Institution."[48] Dem Vorstand und Aufsichtsrat dieser Genossenschaft gehörten mit Ausnahme eines Vertreters der VVST nur leitende Zunft- und Innungsfunktionäre an.

> "Die Genossenschaft setzt sich zusammen aus den Mitgliedern der Fachgruppen Juweliere und Uhrenhändler, von denen allerdings nur diejenigen aufgenommen werden, die politisch und charakterlich zuverlässig sind. An diese kann nach den Satzungen der Genossenschaft nur der Verkauf von Juwelen und Uhren aus jüdischem Besitz erfolgen."[49]

Im Frühjahr 1939 betrug der Mitgliedsstand der Genossenschaft ca. 350 Juweliere und Uhrmacher, die sich durch Bezahlung einer Genossenschaftseinlage von 50 RM am Abverkauf der sichergestellten Warenlager etc. beteiligen konnten.[50]

Bei der "Arisierung" der größten Unternehmen wurde eine Methode angewandt, die sich von der üblichen Praxis der VVST unterschied. Bei Geschäftsübernahme wurde "der Schätzwert des Unternehmens am Übernahmstag"[51] als Kaufpreis festgesetzt. Als Schätzwert galt der Wert des Warenlagers und der Betriebseinrichtungen. So stellte der "Generalabwickler" für die Uhren und Juwelenbranche im nachhinein folgendes fest: "Die Schätzungen der Waren wurden zum Liquidationswerte vorgenommen. Diese lagen mitunter sogar unter dem Materialwerte, was gerade in dieser Branche mit Hinblick auf die im Altreich bestehenden Preise als unrichtig bezeichnet werden muss".[52] War in anderen Branchen in der Regel zumindest der "Sachwert" als "Kaufpreis" vorgeschrieben, so zeigt diese Vorgangsweise, zu welchen Rahmenbedingungen in dieser Wirtschaftssparte "Geschäftsübernahmen" vorgenommen wurden.

(IV) Industrie und Banken

Die ersten nach dem "Anschluß" eingeleiteten "Arisierungen" im großindustriellen Bereich wurden vom "Keppler-Büro" getätigt. Göring bestellte Wilhelm Keppler am 19.3.1938 zum "Reichsbeauftragten für Österreich". Die Arisierungspolitik des "Keppler-Büros" zwischen März und Juni 1938, das sich im Rahmen des Vierjahresplanes "nur mit der Arisierung von Großunternehmen"[53] beschäftigte, diente der Befriedigung der Expansionsinteressen reichsdeutscher Industrieunternehmen. Die bedeutendsten Transaktionen dieses Büros waren die "Arisierung" der "Hirtenberger Patronen- und Waffenfabrik" durch Eingliederung in den Konzern der "Wilhelm Gustloff-Stiftung" und die Ausgliederung der "Lenzinger Zellstoff und Papierfabrik AG" aus dem "Bunzel & Biach Konzern" und deren "Arisierung" durch die "Thüringische Zellwolle AG".[54]

Auch die Creditanstalt-Wiener Bankverein, um nur ein Beispiel aus dem Bereich der Großbanken zu nennen, führte "Arisierungen" von Industrieunternehmen durch. So stellt ein Amtsvermerk der VVST fest: "Von den Aktien (der Schuhfabrik, d. V.) Del-Ka besitzen 24,6% Creditanstalt-Wr.Bankverein, 66.7% hat Creditanstalt-Wr.Bankverein aus dem Besitz der jüdischen Familie Klausner treuhändig erworben (...)."[55]

Die "Arisierungstätigkeit" von Großbanken bestand aus Erwerbungen auf eigene Rechnung, der treuhändigen Verwaltung von Aktien, der Finanzierung von Käufen durch Gewährleistung von Krediten für ihre Kunden, der Bewertung von "Arisierungsobjekten" sowie der Suche und Vermittlung von Partnern, die an Käufen interessiert waren.

Auch private österreichische Firmen und Industrielle versuchten, am "Arisierungsmarkt" ihre Geschäftsinteressen zu verwirklichen. Beispielhaft sei die "Arisierung" der "Kuffnerschen Brauerei, Preßhefe- und Spiritusfabrik" im April 1938 durch die "Harmersche Gutsinhabung und Spiritusfabrik-KG" erwähnt, welche der Firma den auch heute noch bekannten Namen "Ottakringer Brauerei" gab.[56]

Eine wichtige Rolle bei den "Arisierungen" von Industriebetrieben nahm die seit 1914 bestehende "Österreichische Kontrollbank für Industrie und Handel" ein. Im Oktober 1938 wurde per Erlaß Fischböcks eine eigene "Arisierungsabteilung" eingerichtet.[57] Walther Kastner, österreichischer Beamter der Reichsstatthalterei, Beauftragter Fischböcks in der Kontrollbank und Leiter der "Arisierungsabteilung", beschrieb rückblickend den Zweck dieser Maßnahme:

> "Das Ziel war eindeutig: Der rein parteipolitisch ausgerichteten Arisierung durch die Vermögensverkehrsstelle, die Parteimitgliedern Unternehmungen zum Liquidationswert günstig zuschanzen wollte, sollte die Veräußerung von Großunternehmen entzogen werden. Für die Arisierung im Wege der Kontrollbank wurde der Grundsatz aufgestellt, daß zwar die jüdischen Veräußerer nur den Liquidationswert erhalten dürfen, da ihnen ja der weitere Betrieb ihres Unternehmens untersagt sei, die Erwerber jedoch den Verkehrswert zu zahlen haben. Die Differenz zwischen diesen Werten nach Abzug der Bankaufwendungen war an das Reich abzuführen."[58]

Bis Ende 1942 wurden 102 industrielle Großunternehmen und Großhandelsfirmen, die von der Abteilung treuhändig übernommen worden waren, an Einzelunternehmer, Firmen und Banken weiterverkauft[59], darunter so bekannte Unternehmen wie die "Bunzl & Biach AG" und die "Montana AG für Bergbau, Industrie und Handel". Als das "Arisierungsgeschäft" beendet war, wurde die Kontrollbank Anfang 1943 von ihren Gesellschaftern (CA, Länderbank, E.v. Nicolai & Co.) aufgelöst. "Ich hatte Zweifel", schreibt Kastner, "ob der Nationalsozialismus den Weltkrieg gewinnen werde, für den Fall seines schlechten Ausganges schien es aber zweckmäßig, die Kontrollbank nicht mehr als die für Arisierungen verantwortliche Rechtsperson aufrechtzuerhalten; ehemalige Gesellschafter konnten hierfür nicht in Anspruch genommen werden. (....) Die Abwicklung ergab einen Erlös, der das Grundkapital überstieg. Der Arisierungsauftrag hatte sich als Regieträger günstig ausgewirkt."[60]

Eine ähnliche "Sonderaufgabe" hatte der "Wiener Giro- und Cassenverein" 1938 von Bürckel, Fischböck und der VVST übertragen bekommen: Die kollektive "kommissarische Verwaltung" und die Auflösung von 77 kleinen und mittleren Privatbanken von insgesamt 85 Firmen jüdischer Eigentümer.[61]

Die "Flurbereinigung bei den Privatbankhäusern"[62], wie Fischböck die Liquidierung von 77 Firmen und die damit verbundene Konzentration in diesem Sektor nannte, war Ende 1938 abgeschlossen. "Arisiert" wurden die finanz- und industriepolitisch wichtigsten Privatbankhäuser, darunter das "Bankhaus S.M. Rothschild", das die Münchner Bank "Merck, Finck & Co." kommissarisch verwaltet und 1940 an die Firma "E.v.Nicolai & Co." weitergegeben hatte[63]; weiters das Wiener Privatbankhaus "Ephrussi & Co", das vom langjährigen Mitgesellschafter und Prokuristen der Firma, C.A. Steinhäusser, "arisiert" wurde.[64]

(V) Modernisierung durch Firmenauflösungen

Bürckels ökonomischen und politischen Richtlinien in der Enteignungspolitik lagen verschiedene Motive zugrunde. In bürokratischer Hinsicht sollte die Ausschaltung der Juden aus der Privatwirtschaft nach staatlich verordneten Prinzipien erfolgen und die parteipolitischen und privaten "Einzelaktionen" verboten, in volkswirtschaftlicher Hinsicht eine Modernisierung der Wiener Wirtschaftsstruktur im Zuge der Enteignung erreicht werden. Deswegen bestand die Planung, nur die "wertvollen" Betriebe zu einem "angemessenen Kaufpreis" in "arische" Hände überzuleiten; zudem sollten die staatlichen Finanzbedürfnisse im Zuge der "Entjudung" befriedigt und private "Arisierungsgewinne" durch Auflagenzahlungen gemindert werden. Weiters sollte eine genaue Auswahl der Käufer nach fachlicher und politischer Qualifikation und nach Kreditbedürfnissen vorgenommen werden.[65]

Ein Ergebnis dieses Konzeptes resümierte Rafelsberger Anfang Februar 1939:

"Die Strukturwandlungen in der gewerblichen Wirtschaft durch die Entjudung bedeuten einen Umschichtungsprozeß von ungeheurem Ausmaße...Der große Liquidationssatz und die Umlagerungen (Standortverlegungen im Zuge der Arisierung) beseitigen in vielen Sparten

die Übersetzung restlos und schaffen in den übrigen bessere Bedingungen. Eine restlose Berufsbereinigung konnte nicht durchgeführt werden, da diese Planung den arischen Sektor in der Wirtschaft nicht erfassen konnte.
Für die Zukunft wurden durch die Planung zur Entjudung der gewerblichen Wirtschaft in der Ostmark Voraussetzungen geschaffen, die nach Überwindung der durch diese ungeheure Umschichtung aufgetretenen Hemmnisse sicherlich auch wesentlich zur Stärkung der ostmärkischen Wirtschaft beitragen und somit der wirtschaftlichen Eingliederung der Ostmark in den großdeutschen Raum förderlich sind."[66]

Der Hinweis Rafelsbergers, daß eine restlose "Berufsbereinigung" nicht durchgeführt werden konnte, da der "arische" Sektor der Wirtschaft 1938/39 nicht mit einbezogen wurde, weist auf das übergeordnete Konzept der Modernisierung der Wiener Wirtschaftsstruktur hin. Die Wiener Juden konnten aufgrund ihrer Stigmatisierung und Entrechtung am leichtesten aus dem Wirtschaftsleben ausgeschaltet werden. Das war jedoch nur der erste Schritt.[67]

Die nationalsozialistische Enteignungspolitik war daher im wesentlichen durch das Primat der Betriebsauflösung bestimmt. Die Stillegung der Klein- und Kleinstbetriebe in Handwerk und Einzelhandel 1938/39 konnte "einen Konzentrationsschub und eine Strukturverbesserung in der ohnehin gegenüber dem ‚Altreich' nachhinkenden Wirtschaft Wiens bewirken."[68]

Das Orientierungsmuster der staatlichen Enteignungsplanung war der mittlere, der "gesunde", lebensfähige und "arisierungswürdige" Betrieb, eine Vorstellung, die den Kleinbetrieb weitgehend ausschloß. Bis zu einem gewissen Grad entsprach diese Konzeption einer allgemeinen Mittelstandspolitik, welcher der Gedanke der Branchenbereinigung inhärent war.[69] Die an der Gesamtplanung der Enteignung beteiligten Fachverbände und Organisationen der gewerblichen Wirtschaft drängten auf Ausschaltung der "jüdischen Konkurrenz":

"Das Bestreben der Innungen, Zünfte, usw. aus Gründen der Beseitigung lästiger Konkurrenz die Auflösung jüdischer Geschäfte herbeizuführen, ist unverkennbar. Hier fehlt es an der Sachlichkeit des Urteils. Selbstverständlich sind manche Gewerbezweige weit überbesetzt, sodass Liquidierungen erheblichen Umfangs zwingend notwendig sind. Dieser Zustand darf aber nicht zur wahllosen Geschäftsauflösung führen, ..."[70]

So schrieb Wagner, Generalreferent Bürckels bei der VVST, in einem Rechenschaftsbericht im Herbst 1938. "Jedenfalls treibt der Konkurrenzneid üble Blüten".[71]

Die Liquidierungspolitik der VVST kam den spezifischen mittelständischen Interessen entgegen. Die forcierte Verdrängung der Konkurrenten sollte die Wettbewerbschancen des "arischen" Kaufmanns und Gewerbetreibenden, dessen eigene ökonomische Basis durch die Krise der Dreißiger Jahre relativ instabil war, verbessern. Wenn ein Großteil der Gewerbetreibenden infolge Kapitalmangels selbst nicht imstande war, seine wirtschaftliche Situation zu verbessern, so wollte man wenigstens die Konkurrenz beseitigt wissen.

Der zeitliche und organisatorische Ablauf der Betriebsauflösungen variierte in seinem Umfang und seiner Intensität. Bedingt durch die Geschäftsplünderungen und "wilde Kommissarswirtschaft" fand die erste große Schließungsaktion im Frühjahr 1938 statt, von der ca. 7000 Geschäfte betroffen waren.[72] Durch behördlichen Konzessionsentzug wurden im Spätsommer 1938 zahlreiche weitere

Betriebe geschlossen. Die Anzahl der durch "Kommissarische Verwalter" durchgeführten Firmenliquidierungen bis zum November 1938 war relativ gering, ungefähr ein Fünftel von ca. 26.000 Betrieben.[73]

Die Geschäftsplünderungen während des Novemberpogroms 1938, des "Tages und der Nacht der langen Finger"[74], waren der Auftakt zur massenweisen Schließung von Betrieben. Bis Kriegsausbruch im September 1939 war der Prozeß der Firmenstillegungen mehr oder weniger beendet.

In Wien wurden über 80% der Betriebe und Geschäfte, die Juden gehört hatten, liquidiert; den geringsten Teil an Auflösungen gab es im Bereich der Industrie (26%), während der Handels- und Handwerkssektor mit 83% bzw. 87% extrem hohe Schließungsraten aufwiesen. Im Privatbankgewerbe wurden 91% der Firmen aufgelöst.[75] Differenziert man nach Branchen im Handwerk und Einzelhandel, so wird nach offiziellen NS-Statistiken das Ausmaß der Betriebsauflösungen deutlich sichtbar.[76]

	GESAMTSTAND DER BETRIEBE 1938	DAVON BETRIEBE VON JUDEN	AUFGELÖST	ARISIERT
HANDWERK IN WIEN				
Glaser	549	58	51	7
Schlosser	1787	98	85	13
Tischler	3963	102	87	15
Tapezierer	1063	259	251	8
Kleidermacher	13434	1797	1681	116
Schuhmacher	5112	391	368	23
Modewaren	3413	1093	938	155
Bäcker	806	30	14	16
Fotografen	822	182	143	39
Baugewerbe	1647	160	149	11
Gast-und Schankgewerbe	7970	1119	852	267
Mieder- und Wäscheerzeuger	4769	1571	1449	122
EINZELHANDEL IN WIEN				
Nahrungs- und Genußmittel	15163	2609	2419	190
Textil	3642	2630	2163	467
Möbel	313	159	107	52
Eisenwaren	863	304	251	53
Drogen	1849	713	557	156
Maschinen	187	68	54	14
Papier- und Galanteriewaren	1494	458	419	39

An der Verwertung der Warenlager, Betriebseinrichtungen und freiwerdenden Geschäftsräume meldete die Privatwirtschaft nachdrückliches Interesse an. In der Regel wurden vom "Abwickler" die Warenlager und sonstigen Vermögenswerte nach erfolgter Schätzung den einzelnen Fachgruppen der gewerblichen Wirtschaft angeboten, welche sie zu niedrigen Preisen an ihre Mitglieder weiterverkauften.[77] Eine andere Verwertungsart ermöglichte Kaufleuten und Unternehmern, bei günstigster Preislage direkt aus den Liquidationsmassen Einkäufe für ihre Geschäfte und Betriebe zu tätigen.[78]

Schlußbemerkung

Anläßlich einer Ausstellung der VVST im Sommer 1939 über die "Entjudung der ostmärkischen Wirtschaft" präsentierte Rafelsberger die Ergebnisse des brutalen Vorgehens gegen die österreichischen Juden. Von ca. 26.000 Unternehmen waren rund 5.000 "arisiert", über 21.000 zwangsweise aufgelöst worden.[79] Die Interessensgruppen, die von den "Arisierungen" und Stillegungen der Unternehmen profitierten, hatten ihre jeweiligen Ziele zumindest zum Teil erreicht: Die "kleinen Ariseure" hatten sich bereichert, die mittelständischen Betriebe waren lästige Konkurrenz losgeworden und konnten ihre Warenlager billig aufstocken, Banken und Industrie ihre Expansionsbedürfnisse befriedigen und die NS- und Wirtschaftsplaner ihr Konzept der Modernisierung durchführen.

Anmerkungen

1 Deutschland-Berichte der Sozialdemokratischen Partei Deutschlands (SOPADE), 5. Jg. 1938, Nr. 7 (Juli 1938), Reprintausgabe, Salzhausen-Frankfurt/M. 1980, S. 732 ff.; eine ähnliche Beschreibung der Plünderung der Textilfirma "Gebrüder Schiffmann" findet sich bei G.E.R. Geyde, Die Bastionen fielen, Wien 1947, S. 291 f.; auch die anderen im Zitat erwähnten Geschäftsplünderungen lassen sich durch Akten belegen, vgl. Allgemeines Verwaltungsarchiv, Wien (in Hinkunft: AVA), Bestand Vermögensverkehrsstelle (in Hinkunft: VVST).

2 Ebenda, S. 738.

3 Zur Sozial- und Berufsstruktur der Wiener Juden gibt es bis heute keine Untersuchungen.

4 Von insgesamt ca. 56000 Liegenschaften in Wien sollen ca. 8000 Juden gehört haben; wertmäßig sollen es 30% gewesen sein. Vgl. Karl Schubert, Die Entjudung der ostmärkischen Wirtschaft und die Bemessung des Kaufpreises im Entjudungsverfahren, Welth. Diss., Wien 1940, S. 72 ff.

5 Gerhard Botz, Stufen der Ausgliederung aus der Gesellschaft. Die österreichischen Juden vom "Anschluß" zum "Holocaust". In: Zeitgeschichte, 14, H.9/10 (Juni/Juli 1987), S. 363.

6 Vgl. Gerhard Botz, Stufen der Ausgliederung, a.a.O., S. 360.

7 Vgl. Gerhard Botz, Wohnungspolitik und Judendeportation in Wien 1938-1945: Zur Funktion des Antisemitismus als Ersatz nationalsozialistischer Sozialpolitik, Wien 1975; G. Botz, Wien vom "Anschluß" zum Krieg: Nationalsozialistische Machtübernahme und politisch-soziale Umgestaltung am Beispiel der Stadt Wien 1938/39, 2. Aufl., Wien 1980; vgl. Anm. 5.

8 Gerhard Botz, Wohnungspolitik und Judendeportation, S. 124.

9 Zur Tradition und Kontinuität des Wiener Antisemitismus vgl. Peter G. Pulzer, Die Entstehung des politischen Antisemitismus in Deutschland und Österreich 1867-1914, Gütersloh 1966; Karl Stuhlpfarrer, Antisemitismus, Rassenpolitik und Judenverfolgung in Österreich nach dem Ersten Weltkrieg. In: Das österreichische Judentum: Voraussetzungen und Geschichte, Wien 1974, S. 141-164; Sylvia Maderegger, Die Juden im österreichischen Ständestaat 1934-1938, Wien 1973.

10 Susanne Heim, Götz Aly, Die Ökonomie der "Endlösung". In: Beiträge zur nationalsozialistischen Gesundheits- und Sozialpolitik, Bd. 5, Berlin 1987, S. 21.

11 Zum Forschungsstand: Vgl. Gerhard Botz, "Arisierungen" und nationalsozialistische Mittelstandspolitik in Wien 1938-1940. In: Wiener Geschichtsblätter, 29, 1 (1974), S. 122-136; G. Botz, Wien vom "Anschluß" zum Krieg, a.a.O., S. 328-342; Georg Weis, Arisierungen in Wien. In: Wien 1938. Forschungen und Beiträge zur Wiener Stadtgeschichte, Wien 1978, Bd. 2, S. 183-190; Herbert Rosenkranz, Verfolgung und Selbstbehauptung. Die Juden in Österreich 1938-1945, Wien 1978, S. 60-71, und S. 126 ff., S. 165 ff.; Liselotte Wittek-Saltzberg, Die wirtschaftspolitischen Auswirkungen der Okkupation Österreichs, phil. Diss. Wien 1970, S. 205-229; Helmut Genschel, Die Verdrängung der Juden aus der Wirtschaft

im Dritten Reich, Göttingen 1966, S. 160-166; zeitgenössische antisemitische Darstellung: Karl Schubert, Die Entjudung der ostmärkischen Wirtschaft und die Bemessung des Kaufpreises im Entjudungsverfahren, Welth. Diss. Wien 1940.

12 Zur Liquidierung der Fa. "Grande Distillerie Damase Hobe & Cie.A.G.", Wien; vgl. die Fallstudie: Michael Margules, Aufstieg und Fall eines jüdischen Unternehmers in Wien, Diplomarbeit WU Wien 1984; zur "Arisierung" im Verlagswesen und im Buchhandel vgl. Murray G. Hall, Österreichische Verlagsgeschichte 1918-1938, Bd.1: Geschichte des österreichischen Verlagswesens, Wien 1985, S. 353-428.

13 OMGUS. Ermittlungen gegen die Deutsche Bank 1946/47, übersetzt u. bearbeitet von der Dokumentationsstelle zur NS-Politik Hamburg, Nördlingen 1985, S. 165.

14 Karl Stuhlpfarrer, Anitsemitismus, Rassenpolitik und Judenverfolgung in Österreich nach dem ersten Weltkrieg. In: Das österreichische Judentum, hrsg. Anna Drabek u.a., Wien-München 1974, S. 155.

15 AVA, VVST, Karton 907, Rechtsakt 2231, Schreiben des Rechtsamts der VVST an die Kreisleitung der NSDAP Baden, 2.9.1938.

16 Eine andere Position vertritt Jörg Friedrich: "Das Verbrechen des Raubes wird in einer Form abgewickelt, die den Eigentumsbegriff nicht beschädigt. Beschädigt werden sollen ja nur die jüdischen Eigentümer." Jörg Friedrich, Normierung und Legalisierung staatlicher Kriminalität. Zu den Aufgaben der Justiz im Dritten Reich. In: Licht in den Schatten der Vergangenheit. Zur Enttabuisierung der Nürnberger Kriegsverbrecherprozesse, hrsg. v. Jörg Friedrich, Jörg Wollenberg, Frankfurt/M., Berlin 1987, S. 58.

17 "Verordnung über die Anmeldung des Vermögens von Juden" vom 26. 4. 1938, RGBL. I, 1938, S. 414 f.; jeder Jude mußte sein gesamtes Vermögen über 5000 RM anmelden und bewerten; weiters war jede Veräußerung und Verpachtung eines gewerblichen, land- und forstwirtschaftlichen Betriebes genehmigungpflichtig, wenn ein Jude als Vertragsschließender beteiligt war. In Österreich war die VVST die Anmelde- und Genehmigungsbehörde.

18 "Verordnung zur Ausschaltung der Juden aus dem Deutschen Wirtschaftsleben" vom 12.11.1938, RGBL I, 1938, S. 1580.

19 "Verordnung über den Einsatz des jüdischen Vermögens" vom 3. 12. 1938, RGBL. I, 1938, S. 1709.

20 Vgl. A.J. van der Leeuw, Der Griff des Reiches nach dem Judenvermögen. In: Studies over Nederland in oorlogstijd, I, Gravenhage 1972, S. 211-237.

21 Vgl. Raul Hilberg, Die Vernichtung der europäischen Juden. Die Gesamtgeschichte des Holocaust, Berlin 1982, S. 97.

22 Vgl. Verordnung v. 3.12.1938.

23 Helmut Genschel, Die Verdrängung der Juden, S. 166.

24 Vgl. Gesetzblatt f.d. Land Österreich, 1938, S. 406; Kundmachung des Reichsstatthalters über die Errichtung einer Vermögensverkehrsstelle..., 18. 5. 1938; AVA, Reichskommissar für die Wiedervereinigung Österreichs mit dem Deutschen Reich (in Hinkunft: Rk), Karton 73, Ordner 144, (2160/00, Bd. 2), Geschäftsverteilungsplan der VVST 1938.

25 Vgl. AVA, VVST, Karton 1379, Ministerium f. Wirtschaft und Arbeit, Zl. I- 15.545-1939, Internes Schreiben vom 14.11.1939, Übertragung der Zuständigkeiten im Entjudungsverfahren; VVST, Karton 1423, Schreiben von Dr. Kramer, Reichsstatthalterei Wien an Reichwirtschaftsminister vom 19.6.1940.

26 Wiener Zeitung, 3.6.1938, Nr. 181, S. 2.

27 Vgl. Institut für Zeitgeschichte München, Dok. PS 1449, Protokoll einer Besprechung unter Görings Leitung im Reichsluftfahrtministerium, 14.10.1938.

28 Vgl. Jonny Moser, Das Unwesen der Kommissarischen Leiter. Ein Teilaspekt der Arisierungsgeschichte in Wien und im Burgenland. In: Arbeiterbewegung, Faschismus, Nationalsozialismus, hrsg. v. Helmut Konrad u.a., Wien 1983, S. 90.

29 Die zusammenfassende Charakterisierung des Sozialtypus der "Kommissare" geht aus einer Unzahl von Akten der VVST hervor.

30 Zu den wenigen Verhaftungen vgl. z.B., Bundesarchiv Koblenz, R 58/1080, Tagesrapporte Gestapo Wien, Oktober 1938-Jänner 1939.

31 Vgl. AVA, VVST, Karton 813, Bericht über die Tätigkeit des kommissarischen Verwalters L. Krabath, 6.2.1939; er verwaltete vier Textilfirmen in Wien I., Rudolfsplatz und Umgebung.

32 AVA, VVST, Kt. 1408, Korrespondenz S-V, Aug. 1938-Juni 1940; Bericht über die Tätigkeit in der Ostmark von Reg. Rat. Wagner, 7. 9. 1938, S. 7 f.

33 Zur Reichswirtschaftshilfe vgl. Hans Kehrl, Krisenmanager im Dritten Reich, Düsseldorf 1973, S. 125 f.
34 Vgl. AVA, Rk, Karton 74, Ordner 145, (2160/00/1) Beschlußprotokolle über die Beiratsitzungen der VVST vom 28.9.1938 und vom 26.1.1939.
35 Herbert Rosenkranz, Verfolgung und Selbstbehauptung, a.a.O., S. 130.
36 AVA, Rk, Kt. 74, Ordner 146, (2160/14/2), Kommunique der Arisierungskommission, 7. Juli 1938.
37 Vgl. allgemein zu diesen Eigentumsveränderungen in der österreichischen Filmwirtschaft: Bundesarchiv Koblenz, R 55/758, "Ostmärkische Filmtheater-Betriebsges.m.b.H.": Übernahme von jüdischen Filmtheatern in der Ostmark.
38 AVA, Rk.,Kt. 74. Ordner 146, (2160/14/2), Schreiben der Reichsfilmkammer, Außenstelle Wien an Bürckel, 23.1.1939.
39 Christoph Schmidt, Zu den Motiven "alter Kämpfer" in der NSDAP. In: Die Reihen fast geschlossen. Beiträge zur Geschichte des Alltags unterm Nationalsozialismus, hrsg. von Detlev Peukert, Jürgen Reulecke, Wuppertal 1981, S. 42.
40 Bundesarchiv Koblenz, R 55/758 fol. 23, Schreiben von Winkler an das Reichsministerium f. Volksaufklärung und Propaganda, 23. 8. 1938.
41 Vgl. AVA, VVST, Karton 1374, Zl. D 6, Schreiben der VVST (Abwicklungsstelle) an Reichsstatthalterei Wien, 1. 10. 1940: "Im Laufe des Jahres 1939 wurden von der Österreichischen Kontrollbank 17 verdienten Parteigenossen (Angehörige der SS-Standarte 89) zum Zweck der Erwerbung von Lichtspieltheatern Kredite gewährt."
42 AVA, Rk, Karton 85, Ordner 167, (2205/15), Schreiben von Bürckel an Göring, 7.12.1938.
43 Helmut Genschel, Die Verdrängung der Juden, a.a.O., S. 248.
44 Hans Mommsen, Ausnahmezustand als Herrschaftstechnik des NS-Regimes. In: Hitler, Deutschland und die Mächte. Materialien zur Außenpolitik des Dritten Reiches, hrsg. v. Manfred Funke, Düsseldorf 1977, S. 37.
45 Berlin Document Center, Personalakt Josef Fitzthum; Schreiben von SS-Oberführer Kammerhofer an das Hauptamt SS-Gericht, 20.4.1940; Bericht von Tondock über die "Untersuchung sämtlicher in Wien von SS-Angehörigen durchgeführten Arisierungen", 8.3.1940; etc.; zit. nach Radomir Luza, Österreich und die großdeutsche Idee in der NS-Zeit, Wien, Köln, Graz 1977, S. 143 (Anm. 16).
46 Bundesarchiv Koblenz, NS 19/807, Schreiben Himmlers an Heydrich, 20. 9. 1939.
47 Vgl. AVA, VVST, Karton 774, Zl. 3614-Abw/40, Aktenvermerk vom Beauftragten der VVST (Abwicklungsstelle), Arbeitsgruppe Abwicklung, 24.6.1940.
48 AVA, VVST, Karton 918, RA 8973, Geschäftsbericht der Einkaufs- und Treuhandgenossenschaft für die Uhren- und Juwelenbranche, Wien I, über das Geschäftsjahr 1938, o. D.
49 AVA, Rk, Karton 105, Ordner 207 (2237/13), Aktenvermerk Ass. Ernst vom 23.3.1939, betr. Tätigkeit der Einkaufs- und Treuhandgenossenschaft für die Uhren und Juwelenbranche.
50 AVA, VVST, Karton 918, RA 8973, Geschäftsbericht der Einkaufs- und Treuhandgenossenschaft für die Uhren- und Juwelenbranche, Wien I, über das Geschäftsjahr 1938, o. D.
51 AVA, VVST, Karton 918, RA 8973, Anweisung betreffend die Regelung von Kaufpreis und Auflage der Betriebe der Juweliere und Uhrmacher, von Rafelsberger, 15. 3. 1939.
52 AVA, VVST, Karton 771, Zl. 52-Abw./1939, Bericht des Abwicklers für die jüdischen Einzelhandelsfirmen des Uhren- und Juwelenfaches an die VVST, 18. 11. 1939.
53 AVA, VVST, Karton 768, WS 1182, Schreiben von Staatsrat Eberhardt (Mitarbeiter Kepplers) an W. Schwarz, 6.4.1938.
54 Zur "Arisierung" der Lenzinger Zellstoff- und Papierfabrik AG, vgl. Der Kampf um Lenzing. Arisierung - Konkurs - Sanierung, hrsg. von der Österreichischen Länderbank AG, Wien 1953, S. 3 f.; zur "Arisierung" der Hirtenberger Patronen- und Waffenfabrik, vgl. Franz Mathis, Big Business in Österreich. Österreichische Großunternehmungen in Kurzdarstellungen, Wien 1987, S 148; Georg W. F. Hallgarten, Joachim Radkau, Deutsche Industrie und Politik von Bismarck bis in die Gegenwart, Frankfurt/M. 1986, S. 360.
55 AVA, VVST, Karton 1365/ Mappe Entjudungsfälle A-Z, Amtsvermerk vom 27.11.1939.
56 Vgl. AVA, VVST, Karton 648, St. 5092/ Band 2, Bericht der Deutschen Revisions- und Treuhand-Aktiengesellschaft, Zweigniederlassung Wien über die bei der Aktiengesellschaft Ignaz Kuffner & Jakob Kuffner für Brauerei, Spiritus- und Preßhefe-Fabrikation-Ottakring-Döbling, Wien XVI vorgenommene Sonderprüfung, 28.11.1938.

57 Vgl. AVA, Rk, Karton 75, Ordner 148, (2165/2/9), Erlaß des Min.f.Wirt.u.Arb. an die Österreichische Kontrollbank für Industrie und Handel, 30.9.1938.
58 Walther Kastner, Mein Leben kein Traum, Wien 1982, S. 108.
59 Ebenda, S.109.
60 Ebenda, S. 116 f.
61 Vgl. AVA, Rk., Karton 75, Ordner 148, (2165/2/5), Schreiben von Bürckel an Reichswirtschaftsminister Funk, 8. 7. 1939.
62 Hans Fischböck, Das Bankwesen der Ostmark. In: Die Deutsche Volkswirtschaft, Jg. 1940, Nr. 12, S. 384.
63 Neue Bankfirma übernimmt Rothschild-Wien. In: Die Bank, 33. Jg., 3.4.1940, Heft 14, S. 223.
64 Vgl. AVA, VVST, Karton 300, H. 5034, Schreiben Dr. Philippovich an Finanzamt Innere Stadt West, 12.2.1942.
65 Vgl. Gerhard Botz, Wien vom "Anschluß" zum Krieg, S. 331 ff.
66 Der Staatskommissar in der Privatwirtschaft, Bericht über die Entjudung der Ostmark, Wien 1. 2. 1939, S. 21.
67 Vgl. Heim/Aly, Die Ökonomie der "Endlösung", a.a.O., S. 28 ff. Der Zugriff auf "arische" Klein- und Mittelbetriebe war erst im Rahmen des kriegswirtschaftlichen Konzentrationsprozesses gegeben, als zahlreiche Betriebe geschlossen wurden, um Arbeitskräfte für Großunternehmen freizumachen.
68 Gerhard Botz, Stufen der Ausgliederung der Juden, a.a.O., S. 365.
69 Vgl. Ludolf Herbst, Der totale Krieg und die Ordnung der Wirtschaft. Die Kriegswirtschaft im Spannungsfeld von Politik, Ideologie und Propaganda 1939-1945, Stuttgart 1982, S. 157.
70 AVA, VVST, Karton 1408, Korrespondenz S-V (August 1938-Juni 1940), Bericht über die Tätigkeit in der Ostmark ab 4. Juli 1938 von Reg. Rat. Wagner, 7.9.1938, S. 13.
71 Ebenda, S. 13.
72 Vgl. AVA, VVST, Karton 1370, Mappe Mörixbauer, Anlage zu Schreiben des Stellvertretenden Gauleiters Scharizer an den Regierungspräsidenten Dr. Dellbrügge vom 25.4.1941.
73 Vgl. AVA, Handelsministerium, Nachlaß Fischböck, Karton 734, Statistischer Bericht über die Tätigkeit der Vermögensverkehrsstelle vom 19.11.1938.
74 Institut für Zeitgeschichte München, Nürnberger Dokument PS 2237, Schreiben Bürckel an Göring vom 18.11.1938.
75 Vgl. Der Staatskommissar in der Privatwirtschaft, Bericht über die Entjudung der Ostmark, Wien 1. 2. 1939, S. 10.
76 Die folgende Statistik wurde zusammengestellt aus: AVA, Handelsministerium, Präs. Auskünfte 1938, Karton 710; und: Der Staatskommissar in der Privatwirtschaft, Bericht über die Entjudung der Ostmark, Wien 1. 2. 1939, S. 48 f. (Die Statistik stellt eine Auswahl verschiedener Handwerks- und Einzelhandelsbranchen dar.)
77 Vgl. AVA, VVST, Karton 771, Abw./79/1939, Schreiben der Wirtschaftskammer Wien, Unterabteilung Einzelhandel an die Vermögensverkehrsstelle vom 17.5.1939; vgl. auch Beschwerde der Wirtschaftsgruppe Einzelhandel über die Tätigkeit der Abwickler vom 9.5.1939.
78 Vgl. AVA, VVST, Karton 911, R.A. 3319, Sammelakt.
79 In den wichtigsten Sektoren der gewerblichen Wirtschaft waren dies:

	HANDWERK	HANDEL	INDUSTRIE	PRIVATBANKEN
BETRIEBE JÜDISCHER EIGENTÜMER UND ANTEILSEIGNER:	13046	10992	966	85
"ARISIERT"	1689	1870	719	8
LIQUDIERT	11357	9112	247	77

Zusammengestellt nach: Der Staatskommissar in der Privatwirtschaft, Bericht über die Entjudung der Ostmark, Wien 1. 2. 1939, S. 10.

Herbert Dachs

SCHULE UND JUGENDERZIEHUNG IN DER "OSTMARK"

1. Zur Stellung von Schule und Jugenderziehung im Herrschaftskonzept des Nationalsozialismus

Bevor man sich mit Schule und Jugenderziehung in der sogenannten Ostmark auseinandersetzen kann, muß zumindest kurz an den weltanschaulichen Hintergrund erinnert werden, vor dem diese Entwicklungen abgelaufen sind. *Das* verbindliche und geschlossene nationalsozialistische Erziehungs- oder Sozialisationskonzept hat es ja nicht gegeben, es existierten in diesem Bereich vielmehr konkurrierende Entwürfe und Machtansprüche, welche freilich letztlich alle darauf hinausliefen, den Menschen "schrankenlos verfügbar zu machen".[1] Adolf Hitler hat sich bekanntlich öfter aber nicht immer eindeutig über Erziehungsfragen geäußert, seine Grundideen, die vielfach schon früher Gedachtes aufnahmen, sollten aber dann doch bei den mit Erziehungsfragen Befaßten großen Einfluß haben. Immerhin eindeutig waren Hitlers Ansichten, was das Erziehungs- und Sozialisationskonzept insgesamt betraf. Wünschenswert wäre - so Adolf Hitler - eine permanente Erziehung im totalen Erziehungsstaat:

> "Diese Jugend, die lernt ja nichts anderes als deutsch denken, deutsch handeln, und wenn diese Knaben mit 10 Jahren in unsere Organisation hineinkommen und dort oft zum ersten Male überhaupt eine frische Luft bekommen und fühlen, dann kommen sie 4 Jahre später vom Jungvolk in die Hitlerjugend und dort behalten wir sie wieder 4 Jahre. Und dann geben wir sie erst recht nicht zurück in die Hände unserer alten Klassen- und Standeserzeuger, sondern dann nehmen wir sie sofort in die Partei, in die Arbeitsfront, in die SA oder in das NSKK usw. Und wenn sie dort 2 Jahre oder 1 1/2 Jahre sind und noch nicht ganze Nationalsozialisten geworden sein sollten, dann kommen sie in den Arbeitsdienst und werden dort wieder sechs Monate geschliffen ... und was dann nach sechs oder sieben Monaten noch an Klassen- und Standesdünkel da oder dort vorhanden sein sollte, das übernimmt die Wehrmacht zu weiterer Behandlung auf 2 Jahre. Und wenn sie nach 2, 3 oder 4 Jahren zurückkehren, dann nehmen wir sie, damit sie auf keinen Fall rückfällig werden, sofort wieder in die SA, SS usw. und sie werden nicht mehr frei ihr ganzes Leben."[2]

Die Schule wird in diesem Zusammenhang - und das kommt nicht von ungefähr - gar nicht erwähnt, denn das Schwergewicht der Erziehungsmächte sollte eben nicht auf dem Bereich des staatlichen Bildungswesen ruhen, sondern auf Armee und Partei. Die Zeit sei endgültig vorbei, so z.B. Reichsminister Wilhelm Frick im Mai 1933, "in der die Ausbildung der selbstherrlichen Einzelpersönlichkeit als die wesentliche Aufgabe der Schule angesehen wurde ... Die neue Schule geht grundsätzlich vom Gemeinschaftsgedanken aus ... die Schule hat im Dienste des Volksganzen zu stehen."[3] Formalem Unterricht und dem Erwerb wissenschaftlichen und objektiven Wissens wies der Nationalsozialismus geringere Bedeutung zu. "Stattdessen wurde die Betonung auf die politische Schulung der Jugend gelegt, der nicht nur ihre Verpflichtungen dem Staat gegenüber bewußt gemacht wurden, sondern auch die unerläßlichen Faktoren Rasse, Charakterschulung und natürlich körperliches (später paramilitärisches) Training und Sport."[4] Der Institution Schule gegenüber war die NSDAP also immer mißtrauisch, und Hitler selbst trug durch seine zahlreichen abfälligen Bemerkungen über die Schule und insbesondere über die Lehrer das Seine dazu bei, diese Einschätzung weiter zu verstärken. Selbstverständlich wurde sie - wie jeder andere wichtige Bereich auch - sobald und so rasch als möglich unter die Kontrolle des Staates bzw. der Partei zu bringen gesucht und als Faktor der nationalsozialistischen Macht- und Loyalitätssicherung eingesetzt. Die Schule erwies sich aber als nicht beliebig manipulierbar, und sie galt daher als letztlich inadäquates Mittel zur Realisierung der angestrebten politischen Sozialisation.[5] Nationalsozialist werde man eben erst - so der damalige Reichserziehungsminister Rust - durch "Lager und Kolonne".[6] Der Schule wurde daher gegenüber den Parteiformationen eine dienende Funktion zugewiesen. Sie hatte nicht der gesellschaftlichen Entwicklung voranzugehen, sondern die vollzogenen Veränderungen lehr- und lernbar zu machen.

Der Jugendorganisation der Partei kam hingegen eine Art Doppelaufgabe zu. Soweit wie möglich sollte von ihr auch der Schulbereich beeinflußt werden, die entscheidende Aufgabe wurde aber darin gesehen, außerhalb der Schule und wenn nötig auch gegen sie "die deutschen Jungen und Mädchen nationalsozialistisch in Haltung und Lebensauffassung zu führen und auf ihre einstige Aufgabe als Träger des Reiches körperlich und geistig vorzubereiten."[7] DJ, HJ, DM und BDM waren also die wahren Hoffnungsträger der Partei, von ihnen erhoffte man die Erziehung des für "Volk und Führer opferbereiten Menschen".

Um das zu erreichen, suchte die HJ die älteren Jugendlichen "auch durch eine breite Skala von technischen, sportlichen, kulturellen und beruflich relevanten Angeboten an ihre Organisation zu binden. Durch die Nutzung technischer Möglichkeiten, insbesondere zur Produktion kollektiver Erlebnisse, sowie durch Wettkämpfe, die sie allein durchzuführen beanspruchte, war sie der Schule überlegen."[8]

Soll man nun die einschlägigen Entwicklungen in der Ostmark skizzieren und das noch dazu auf knappstem Raum, so sind dazu einige Bemerkungen und Einschränkungen anzubringen: Erstens, wir müssen es uns versagen, den ideologischen Hintergrund der nationalsozialistischen Erziehungskonzepte - über die eben beschriebenen Funktionszuweisungen hinaus - weiter auszuleuchten. Dazu gibt es bereits eine Reihe anderer anerkannter Untersuchungen.[9] Zweitens, der Themenbereich "Erziehung in der Ostmark" ist bisher in der wissenschaftlichen Forschung eher stiefmütterlich behandelt worden, sieht man von den verdienstvollen Arbeiten Engelbrechts, Ringlers sowie einigen weiteren kleineren Untersuchungen ab.[10] Vor allem um der "Erziehungswirklichkeit" etwas näher kommen zu können, müßte die Entwicklung in den jeweiligen Gauen möglichst genau rekonstruiert werden. Für den Gau Salzburg liegt seit kurzem eine entsprechende Untersuchung vor[11], weitere ähnliche Recherchen sollten folgen. Drittens, wir wollen uns auf den folgenden Seiten - neben einer knappen Rekonstruktion der abgelaufenen Entwicklungen - auf eine eher funktional orientierte Betrachtungsweise der Problematik beschränken und fragen nach Art, Intensität und Rasanz der Instrumentalisierungsbemühungen von Schule und außerschulischer Jugenderziehung in der Ostmark, wobei naturgemäß der Schwerpunkt unseres Interesses auf die Phase der Gleichschaltung gerichtet ist. Anhand des einen oder anderen Beispiels wollen wir auch versuchen, der damaligen Erziehungswirklichkeit etwas näher zu kommen.

2. Österreichs Schulen im Nationalsozialismus

2.1. Das Schulwesen Österreichs 1933-38

Bevor wir uns dem ersten der beiden Schwerpunkte dieses Beitrages, nämlich der Entwicklung des österreichischen Schulwesens ab 1938 zuwenden, ist es nötig, zumindest in knappen Zügen die Situation an Österreichs Schulen in den Jahren unmittelbar davor zu charakterisieren. Der Schulbereich ist ja sehr rasch nach der Ausschaltung des Parlaments im Frühjahr 1933 zum Ziel autoritärer Politik geworden.[12] Die Machthaber bauten zum einen die Möglichkeiten der politisch-administrativen Kontrolle über Schüler und Lehrer systematisch aus und suchten andererseits - nach entsprechenden inhaltlichen Änderungen- den Erziehungsbereich wesentlich bewußter, direkter und zielstrebiger als das in früheren Jahren der Fall gewesen war, zur Legitimationsbeschaffung für das neue Regime zu nutzen. Lehrpläne, Unterrichtsbehelfe und Schulbücher wurden ab 1934 konsequent an den neuen Zielen auszurichten versucht, den neuen Zielen, die umschrieben wurden mit religiös-sittlich, vaterländisch und sozialvolkstreu. Jede Erziehung sollte demnach von religiös-sittlichen Inhalten und Grundhaltungen intensiv geprägt sein, das Selbstwertgefühl als Österreicher war durch eine besonders pointierte Vaterlandserziehung anzustreben, und bei alledem wurde großer Wert auf die Betonung des deutschen Charakters Österreichs gelegt. Diese Grundsätze, zu denen sich noch Elemente einer vormilitärischen Erziehung gesellten, sollten - wie ein Unterrichtsprinzip - möglichst in allen Gegenständen zum Tragen gebracht werden. Insgesamt zielte man also ab auf eine Erziehung zur Hingabe an ein christliches, deutsches und freies Österreich und zur willigen Einordnung und Pflichterfüllung.

Die Akzeptanz dieses neuen Kurses fiel nun bei den verschiedenen Lehrergruppen unterschiedlich aus.[13] Vorbehaltlos unterstützt wurde er von der katholischen Lehrerschaft, obwohl auch hier mit Fortschreiten auf dem "deutschen Weg" seit dem Juli 1936 die Zeichen des Kleinmuts und der Verunsicherung deutlich zunahmen. Die sozialdemokratischen Lehrer - zahlenmäßig bedeutsam damals nur in Wien - verhielten sich weitgehend reserviert, während die deutschnationalen und die schon klar nationalsozialistisch eingestellten Lehrer insgesamt vor allem aber an den Sekundarschulen ein Element permanenter Unruhe gewesen sind. Obwohl etwa die nationalsozialistischen Lehrer durch behördliche Verbote und die Verfolgung von Spitzenfunktionären in ihren

Aktivitäten teilweise beträchtlich behindert waren, gelang es ihnen doch-zunächst noch halb legal (indem man sich verschiedener Organisationen wie der "Vereinigung deutschvölkischer Mittelschullehrer" oder des "Kampfbundes für deutsche Kultur" bediente) und später illegal - nicht nur eine gewisse Kontinuität zu wahren, sondern sogar an Mitgliedern zu gewinnen.[14] Stolz wird nach dem März 1938 etwa darauf verwiesen, daß der NSLB in der Ostmark schon vor 1933 zu einer Organisation geworden sei, "der verhältnismäßig weit mehr Lehrer angehörten als der Schwesterorganisation im Altreich".[15] In einem Rückblick wurde für den Mai 1933 ein Mitgliederstand von 2.292 Lehrern angegeben (363 Volksschullehrer, 223 Hauptschullehrer, 469 Mittelschullehrer, 100 Junglehrer, 56 Hochschullehrer und andere).[16] Engelbrecht weist darauf hin, daß damit bis Mitte 1933 die Gruppe der nationalsozialistischen Mittelschullehrer bereits die Hälfte der deutschvölkischen Vereinigung an sich gezogen habe und daß es schon damals gelungen sei, im deutschnationalen Lager "die nationalsozialistische Tonart zum Leitmotiv zu machen".[17] Auch in der Illegalität verstummte dieser "nationalsozialistische Ton" nicht, ganz im Gegenteil. Es wurden verbotene Bücher eingeschleust, es gab getarnte Schulungslager, und die Kontakte mit dem "Altreich" wurden tunlichst gepflegt. Ende 1937 habe es dann schon, so wird ein Jahr später stolz vermeldet, 3000 Mitglieder gegeben.[18] Wir können hier keine Vergleichszahlen vorlegen und keine genaue Angaben über die regionale Verteilung anführen.[19] Soviel aber scheint klar zu sein: Das Parteiverbot vom Juni 1933 hatte den nationalsozialistischen Lehrern zwar vorübergehende Rückschläge gebracht, die aber nach dem sogenannten "Juli-Abkommen" mehr als kompensiert werden konnten. Weiters ist hervorzustreichen, daß ein großer Teil der nationalsozialistisch und deutschnational eingestellten Lehrer und deren Sympathisanten nach 1936 in Schule und Unterricht zunehmend unverfrorener und direkter ihre Vorbehalte gegenüber den offiziellen Erziehungszielen deutlich gemacht haben. Die 86 Lehrer, die während jener Jahre in Österreich wegen nationalsozialistischer Betätigung zu insgesamt 71 Jahren Kerker und Arrest verurteilt worden waren, machten nur die Spitze des Eisberges sichtbar. Daneben gab es zahlreiche weitere Sanktionen und Maßregelungen, von der einfachen Versetzung bis zur zwangsweisen Pensionierung bei reduzierten Bezügen reichend.[20]

Auch gegenüber den Schülern wandte das autoritäre Regime eine ähnliche Doppelstrategie wie bei den Lehrern an: Durch ein massiv verstärktes und auch eingesetztes Disziplinierungsinstrumentarium, das bis hin zum Schulausschluß im ganzen Bundesgebiet reichte, sollten alle oppositionellen Strömungen gebändigt bzw. eingeschüchtert werden. Gleichzeitig hoffte man durch eine attraktive politische Erziehung, die mit ihren Formen und zum geringeren Teil auch mit ihren Inhalten den nationalsozialistischen Gegner kopierte, die Loyalität der Jugendlichen zu gewinnen. Uniformen, Abzeichen, Appelle, vaterländische Feiern, Hervorhebung des Wehrhaften und Heldischen, militärische Spiele und Bewegungsformen, Führerverehrung, Festgottesdienste, das Erinnern an große Gestalten aus Österreichs Vergangenheit, Treuebekenntnisse und das Betonen politischer Symbole inner- und außerhalb der Schule, mit all diesen Mitteln konnte aber zumindest kurzfristig keine entsprechende Ausweitung der Loyalitätsbasis erreicht werden. Auch hier galt, daß die illegalen Gruppen zunahmen, wobei diese vielfach von gesinnungsmäßig nahestehenden Lehrern immer deutlicher und offener unterstützt und ermuntert worden sind. In den gedruckten Berichten über das Schuljahr 1937/38 zeichneten viele Schulen penibel und mit Stolz das Ausmaß der Illegalität und der "Verfolgungen" während der zurückliegenden Jahre auf. Als Beispiel sei hier das Staats-Realgymnasium Mödling bei Wien genannt, eine Erziehungsanstalt mit ca. 600 Schülern. Verteilt über die Jahre ab 1933 wurden hier insgesamt 25 Schüler mit großteils schweren bis schwersten Disziplinarstrafen belegt. Ca. 120 Schüler hatten sich insgesamt illegal betätigt.[21] Daneben gab es freilich viele Schulen, vor allem die katholisch geführten, in denen derartige Aktivitäten wesentlich geringer ausgeprägt waren. Laut Engelbrecht hatte das Unterrichtsministerium im Zeitraum 1933-38 nicht weniger als 2.610 Straftaten nationalsozialistischer Schüler verfolgt, das waren 16 mal so viel wie die Zahl bei sozialistischen und kommunistischen Schülern.[22]

2. 2. *Der "Anschluß" und die unmittelbaren Konsequenzen für den Schulbereich*

Die nationalsozialistische Machtergreifung in Österreich brachte auch für das österreichische Schulwesen eine Fülle von ungemein tiefgreifenden Veränderungen mit sich. Zu nennen sind dabei zu allererst die politisch motivierten personellen Säuberungen und Umbesetzungen. Diese begannen schon in den ersten Tagen nach dem 12. März und hatten vor allem profilierte katholische Lehrer und Professoren - zunächst von der Ebene der Schulleiter aufwärts - zum Ziel.

Die als untragbar empfundenen Schuldirektoren wurden dabei meist von den Kreisleitern sofort ihres Dienstes enthoben und kommissarische Leiter an deren Stelle gesetzt. In Wien etwa sind während dieser Märztage 34 Direktorenposten sofort umbesetzt worden[23], Engelbrecht gibt für Niederösterreich an, hier seien praktisch alle Direktoren Höherer Schulen abgelöst worden.[24] Im Juni kamen für den Bereich Wien nicht weniger als 135 Leiterstellen für Pflichtschulen zur Ausschreibung. Damit war aber erst der Anfang gemacht. Weitere Änderungen folgten.[25] Waren die personellen Umbesetzungen und Säuberungen in den ersten Wochen vor allem auf die Schulbürokratie und die Schulleiterposten konzentriert gewesen, so wurde in einem nächsten Schritt systematisch die ganze Lehrerschaft erfaßt, und es gab weitere personelle Verschiebungen. So sind in dem vergleichsweise kleinen Bundesland Salzburg mit seinen ca. 1.400 Lehrern im Jahre 1938 nicht weniger als 226 Stellen neu ausgeschrieben worden.[26] Karner gibt für die Steiermark an, daß von den ungefähr 4300 steirischen Pflichtschullehrern ca. 10% entlassen worden seien.[27] In den anderen Bundesländern war die Praxis ähnlich. Die Bemühungen um die "gesinnungsmäßige Gleichschaltung" der österreichischen Lehrer konnte sich ja ab Ende Mai auf die "Verordnung über die Neuordnung des österreichischen Berufsbeamtentums" stützen[28] und diese wurde auch konsequent in die Tat umgesetzt; d.h. jüdische oder jüdisch versippte sowie "politisch unzuverlässige" Lehrer wurden in den Ruhestand versetzt, desgleichen alle jene, die - so die damalige Diktion- "gegen die nationalsozialistische Bewegung und ihre Anhänger gehässig aufgetreten oder ihre dienstliche Stellung dazu mißbracht haben, um völkisch gesinnte Volksgenossen zu verfolgen...". Daneben konnte jeder Lehrer ohne Angabe von Gründen "im dienstlichen Interesse" versetzt werden. Diese Möglichkeiten wurden in hunderten von Fällen angewendet, teilweise als Strafe und um politische Kontakte zu erschweren oder zu zerstören.

Zusammen mit den jüdischen Lehrern sind auch die jüdischen Schüler "abgesondert" worden. Hier war vor allem Wien, das einzige Bundesland mit einem beträchtlichen Anteil an jüdischen Schülern (ca. 20% der Mittelschüler, insgesamt mehr als 6000), betroffen.[29] Ab Ende April ging man hier daran, gestützt auf entsprechende Weisungen des Stadtschulrates, die jüdischen Pflicht- und Mittelschüler in einigen wenigen Schulen zusammenfassen.

Kurz nach den Entlassungen und Umbesetzungen politisch mißliebiger Lehrer, wurde eine intensive Umerziehungs- und Schulungskampagne gestartet. Bereits um den 20. März herum hatten die Lehrer - in größeren Orten und Städten meist im Rahmen groß angelegter Veranstaltungen - ihren Eid auf Adolf Hitler abgelegt, und während der folgenden Wochen und Monate gab es in ganz Österreich eine dichte Abfolge von Appellen, Vorträgen, Kundgebungen, Treuegelöbnissen, Kursen und vor allem lagerähnlichen Schulungen, in deren Rahmen die wesentlichsten Inhalte der nationalsozialistischen Ideologie vermittelt worden sind. Was euphemistisch als "nationalsozialistische Lebens- und Charakterbildung" bezeichnet wurde, war nichts anderes als politische Gleichschaltung. Wer die vermittelten Inhalte und Sichtweisen nicht akzeptierte und nicht positiv aufnahm - was angesichts des vor 1938 tief verwurzelten deutschvölkischen und gesamtdeutschen Denkens ohnehin in breitem Umfang der Fall war -, dem wurde unter Hinweis auf das vorhandene Droh- und Sanktionspotential gezeigt, daß Zuwiderhandelnde unweigerlich auf der Strecke bleiben würden. Getragen und organisiert waren diese Bemühungen vom NSLB, einer Organisation, der nach dem Verbot und der Auflösung aller vorher noch bestehenden Lehrervereine Monopol- und faktischer Zwangscharakter zukam. "Im großen und ganzen vollzog sich die Vergatterung der Lehrer mit dem Nationalsozialismus in wenigen Wochen; ein Ausweichen vor der Mitgliedschaft war kaum möglich, wollte man seine Existenz nicht aufs Spiel setzen."[30]

Für die Schüler brachten die Wochen nach den Märzereignissen vielerlei "Abwechslungen" und eine lange Reihe freier Tage. Einerseits konnten sich die Schulen der allgemeinen politischen Hektik und Spannung nicht entziehen und zum anderen waren zahlreiche Lehrer und in der HJ engagierte Schüler außerhalb der Schule im Dienste der NSDAP in vielerlei Funktionen im Einsatz. Die gedruckten Berichte über das Schuljahr 1937/38 vermitteln, trotz der meist nur sehr knappen Formulierungen, ein gutes Bild von der damals weit verbreiteten und offiziell natürlich massiv geschürten Aufbruchstimmung und Erregung. Wir wollen als Beispiel die wichtigsten Ereignisse an einem Gymnasium in einer oberösterreichischen Kleinstadt, nämlich in Ried im Innkreis, zeigen. Die dortigen Geschehnisse sind mit denen vergleichbarer Schulen weitgehend austauschbar[31]: 5. März: Gemeinschaftsempfang des NSLB in Linz; Rede des Innen- und Sicherheitsministers Dr. Seyß-Inquart. - 6. März: Deutscher Turnverein wieder erlaubt; beim Aufmarsch am Hauptplatz auch Schüler und Lehrer beteiligt. - 11. März: Fackelzug der HJ. - 12. März: Zertrümmerung der Dollfuß-Bilder und Zerstörung der Dollfuß-Büste sowie der Anschlagbretter des Österreichischen Jungvolkes durch HJ; Beschlagnahme des Vereinseigentums gegnerischer Jugendvereine; schulfrei; Einrücken der deutschen Wehrmacht; Durchfahrt des Führers auf dem Weg nach Linz - HJ ist am Hauptplatz angetreten; Einquartierung der deutschen Truppen in sämtlichen Räumen des Gymnasiums. - Schulfreie Woche: Studenten-HJ half beim Umbruch mit: Absperrung, Sicherheitsdienst, Verhaftungen, Einlieferungen, Truppen-Einquartierungen, Vorbereitungen zu Feiern, beginnender Wahlkampf. - 22. März: Schulfeier zur Wiedervereinigung Österreichs mit dem Deutschen Reich. Trommler, Ansprache, Sprechchöre und Vorträge der HJ, Deutschland- und Horst-Wessel-Lied.- 27. März bis 10. April: Wahlkampf. Beurlaubung mehrerer Professoren... - 27. Mai: Kreisschulungstag des NSLB... - 28. Mai: 1. HJ-Samstag: Die HJ-Mitglieder haben schulfrei, die übrigen Schüler traten zur Schulung an: Ein Parteigenosse sprach über die Geschichte der NSDAP in Österreich und über die Rassenkunde des deutschen Volkes. - 4.-6. Juni: Pfingstagung der Illegalen des NSLB in Gmunden. - 18. Juni: Dichterlesung über Helden der Bewegung. - 20. und 21. Juni: Sonnwendfeiern der HJ und der Partei. - 2. Juli: Zeugnisverteilung. Völkische Schulschlußfeier unter Mitwirkung der HJ.

Da aufgrund dieser fortlaufenden Ablenkungen, Störungen und Unterrichtsunterbrechungen bei den bevorstehenden Reifeprüfungen schwächere Leistungen zu erwarten waren, verordnete das Unterrichtsministerium entsprechende Ausnahmeregelungen: Wegen der "starken Inanspruchnahme der Schüler im Dienste der nationalen Erhebung" entfielen bei positivem Resultat der schriftlichen Reifeprüfung die mündlichen Prüfungen. Wer zudem schon vor dem März 1938 NSDAP-Mitglied gewesen war, wurde damit belohnt, daß er von den obligaten vier nur drei Fächer schriftlich absolvieren mußte.[32] Selbstverständlich wirkten sich die geänderten politischen Machtverhältnisse auch bei der Formulierung und Aufgabenstellung für die Deutschmatura aus. Die Maturanten sollten sich z.B. den Kopf zerbrechen über Themen wie: Der Unterschied zwischen den Begriffen Mitbürger und Volksgenosse - Wie ich die Heimkehr Österreichs erlebte - Mitschüler und Kamerad - Die Schönheit des deutschen Landes - Weltpolitische Wandlungen seit 1914[33] - Adolf Hitler: ‚Es ist nicht notwendig, daß einer von uns lebt, aber es ist notwendig, daß Deutschland lebt - Die Erneuerung Deutschlands durch den Nationalsozialismus'[34] - Inwiefern beeinflußt der Anschluß Österreichs die wehrpolitische Lage Großdeutschlands[35].

Die schon in der Illegalität tätig gewesenen Schüler bekamen - zumindest für einige Zeit - an verschiedenen Schulen eine besondere und ehrende Stellung zugewiesen. Die Anzahl der illegalen Schüler und vielfach auch deren Namen wurden in den Jahresberichten vermerkt, bei Schulaufmärschen bildeten sie einen eigenen Block, kurzum, sie galten als Helden.

Die Lehrpläne und die Schulbücher konnten natürlich nicht von heute auf morgen ausgewechselt werden. Die Schulbehörden wiesen daher die Lehrer an, sie hätten - als vorübergehende Lösung - "falsche" Inhalte und Aussagen zu korrigieren und an deren Stelle Positionen zu vertreten, die mit den neuen Zielen im Einklang standen. Den Lehrer- und Schülerbüchereien sind zudem ausführliche Listen übermittelt worden, in denen genau verzeichnet war, welche Bücher auszuscheiden und welche neu anzuschaffen seien.[36]

Schon diese knappe Skizze kann - so hoffen wir - einen gewissen Eindruck darüber vermitteln, wie rasch und - von seiten der nationalsozialistischen Schulfunktionäre aus betrachtet - wie reibungslos auch im Schulbereich die Machtübernahme vor sich gegangen ist und wie tiefreichend schon die Gleichschaltungsbemühungen dieser ersten Monate gewesen sind. Vieles war freilich notgedrungenermaßen noch unbestimmt und improvisiert, die Monate bis zum Beginn des Schuljahres 38/39 sollten hier weitere Entscheidungen bringen.

2. 3. *Weitere inhaltliche und organisatorische Änderungen*

Kurt-Ingo Flessau zeigt, daß der Nationalsozialismus seine Machtübernahme in den Schulen des Deutschen Reiches auf sechs Entscheidungsfelder konzentriert hat, indem er erstens das Schulsystem radikal vereinheitlichte und daneben neue politische Schultypen schuf, zweitens die Lehrerbildung unter Kontrolle brachte, drittens neue Lehrpläne und Erziehungsinhalte vorschrieb, viertens die Stundenpläne revidierte, fünftens die Pluralität der Bildungsmächte einschränkte und sechstens Rassismus und Antisemitismus in die Schule trug.[37]

Dieser Befund gilt allgemein auch für Österreich bzw. - um in der damaligen Diktion zu bleiben - für die Gleichschaltung der "Ostmark". In Österreich spielten daneben aber noch weitere Spezifika eine Rolle. Zunächst wollen wir einen Blick auf die Organisation der staatlichen Unterrichtsverwaltung werfen. Die Tage des für die ganze Ostmark zuständigen Unterrichtsministeriums waren gezählt. Im Zuge seiner Politik, "energisch gegen Tendenzen zur Erhaltung von für die ‚Ostmark' zuständigen Zentralstellen in Wien" aufzutreten[38], degradierte der Reichskommissar für die Wiedervereinigung Österreichs mit dem Deutschen Reich Gauleiter Josef Bürckel das Unterrichtsministerium schon Ende Mai 1938 zur Abteilung IV des neu errichteten Ministeriums für innere und kulturelle Angelegenheiten.[39] Den Bestimmungen des "Ostmarkgesetzes" gemäß liquidierte sich diese Abteilung dann mit 1. 6. 1940 selbst. Ihre Kompetenzen waren auf die einzelnen Gaue und das Reichsministerium für Wissenschaft, Erziehung und Volksbildung aufgeteilt worden. Letzteres konnte in grundsätzlichen Fragen direkte Weisungen an die einzelnen Gaue ergehen lassen und Kontrollrechte ausüben, während in den Gauen jeweils eigene Abteilungen (Abteilung II, zuständig für Erziehung, Volksbildung, Kultur und Gemeinschaftspflege) mit sehr weitreichenden Kompetenzen etabliert wurden, die dem jeweiligen Gauleiter unterstanden.[40]

Die zweite Welle der Gleichschaltungsmaßnahmen für Österreichs Schulen wurde mit Herbst '38 wirksam. Sie zielte vor allem ab auf die Reduzierung und Angleichung der vorhandenen Schultypen an die im Deutschen Reich vorhandenen und weiters auf die Verstaatlichung des in Österreich bislang sehr starken konfessionellen Schulwesens. Von der Reduktion der Typenvielfalt, die auch im Deutschen Reich erst ab dem Schuljahr 1937/38 konsequent vorangetrieben wurde, war in Österreich vor allem der Sekundarschulbereich betroffen.[41] Ab sofort gab es als Hauptform nur den Typus einer achtklassigen Oberschule, für Buben und Mädchen getrennt. Gymnasien durften nur in Ausnahmefällen weiterbestehen und auch nur dort, wo es schon eine Oberschule gab. Von den 52 humanistischen Gymnasien blieben daher nur noch 16 übrig.

Von eminenter Bedeutung vor allem in politischer Hinsicht war die zweite Stoßrichtung, die Ausschaltung des konfessionellen Schulwesens und die darüber hinausreichenden Versuche, jede Art von religiösem Unterricht überhaupt auszuschalten. Die Gewichtigkeit läßt sich allein schon an dem Umstand ablesen, daß Österreichs Schulwesen bis 1938 von einem sehr hohen Anteil an Privatschulen mit Öffentlichkeitsrecht gekennzeichnet war (ca. ein Viertel der österreichischen Gymnasien), wobei die meisten dieser Schulen von der katholischen Kirche geführt worden sind (der Anteil an den Berufsbildenden Schulen war noch größer). Nachdem nun die nationalsozialistischen Machthaber davon ausgingen, daß Österreich völkerrechtlich zu existieren aufgehört habe und sie sich daher auch an das österreichische Konkordat von 1934 nicht zu halten bräuchten[42], machte man sich unverzüglich daran, die Position der katholischen Kirche im österreichischen Erziehungswesen zu brechen. Die zwei wichtigsten Etappen dazu: Schon mit Herbst 1938 sind alle konfessionellen Schulen, Internate usw. aufgehoben worden (die meisten übernahmen der Staat oder die Gemeinden), und darüber hinaus ging man daran, mittels einer ganzen Serie von Verordnungen, Repressalien und bürokratischen Erschwernissen den schulischen Religionsunterricht immer stärker an den Rand zu drängen[43] und - so hoffte man - zur Bedeutungslosigkeit zu degradieren (der Gegenstand wurde schließlich zu einem "Freigegenstand" herabgestuft, die Unterrichtszeiten wurden möglichst ungünstig angesetzt, Klerikern war der Unterricht verboten und wer den Religionsunterricht besuchen wollte, mußte sich ausdrücklich anmelden). Das Ziel war, "den Religionsunterricht als dem Schulunterricht im Grunde wesensfremd in den Schulen der Ostmark schließlich völlig zu beseitigen und ihn den Konfessionen außerhalb der Schule zu überlassen."[44] Vor allem in urbanen Bereichen erreichten die nationalsozialistischen Schulpolitiker mit dieser Vorgangsweise einige Erfolge, in ländlichen Bereichen scheint sie jedoch in den meisten Fällen kontraproduktiv gewirkt zu haben. Die demonstrative Anmeldung zum Religionsunterricht wurde vielfach zu einer Geste des Widerstandes.[45]

Die aufgehobenen Privatgymnasien wurden - wie gesagt - großteils als Regelschulen unter staatlicher Aufsicht weitergeführt, einige besonders traditionsreiche erfuhren eine Umwandlung in nationalsozialistische Sonderschulen: So richtete man z.B. nationalpolitische Erziehungsanstalten[46] u.a. ein in Göttweig, Seckau und im Theresianum in Wien (insgesamt gab es 7) und

Deutsche Heimschulen u.a. in Melk, Seitenstetten, Kremsmünster, Admont und Kreuzberg bei Bischofshofen.[47] Ganz augenfällig und demonstrativ sollte hier auf den Trümmern der "alten Zeit" das strahlende Neue errichtet werden.

Obwohl also im Herbst 1938 in dem uns hier interessierenden Bereich die Zeichen auf Angleichung und Vereinheitlichung standen, gab es doch hinter den Kulissen seitens österreichischer nationalsozialistischer Schulmänner in verschiedenen Fragen einigen mehr oder weniger hinhaltenden Widerstand. Dieser richtete sich zunächst gegen das Verschwinden verschiedener Gegenstände in den neuen Oberschullehrplänen wie Französisch, Philosophischer Einführungsunterricht oder Darstellende Geometrie (die zuletzt genannte Darstellende Geometrie wurde z.B. als "eine sehr wertvolle Eigentümlichkeit des österreichischen Unterrichtswesens" verteidigt)[48]. Kritische Nebensätze in Lehrerzeitschriften und massive Eingaben beim Reichserziehungsministerium fruchteten jedoch in diesen Angelegenheiten nichts.[48] Mehr Erfolg war den Bemühungen beim Tauziehen um die weitere Reorganisation des Schulwesens beschieden, deren Ziele auch im Deutschen Reich noch nicht endgültig ausdiskutiert waren. Vor allem gelang es im Bereich des Berufsbildenden Schulwesens die geplante Ausschaltung österreichischer Schultypen zu verhindern. "Die völlige Anpassung der Schul- und Unterrichtsorganisationen an die im Altreich bestehenden Formen war nicht zu empfehlen..."[49], so schrieb etwa Ministerialrat Dr. Josef Kampas, Leiter der Abteilung II der Behörde des Reichsstatthalters in Niederdonau rückblickend im Jahre 1942. Als ihren größten "Sieg" in diesem Zusammenhang haben die damit befaßten Schulmänner der Ostmark die dekretierte Übernahme der österreichischen Hauptschule im "Altreich" angesehen. Offenbar um die ostmärkischen Parteigenossen zu beruhigen, hatte sich Hitler 1939 für die Einführung der österreichischen Hauptschule ausgesprochen. Dieses Vorhaben ist dann auch unter Mithilfe des "Braunen Hauses" und gegen die Pläne des für Erziehung zuständigen Reichsministers Rust 1941 gesetzlich verankert worden. Und zwar sollte die Hauptschule den Charakter einer Pflichtausleseschule tragen, d.h. jedes entsprechend begabte Kind war zum Besuch dieser Schule verpflichtet. Stellvertretend sei hier das Urteil des vorhin schon erwähnten Ministerialrates Kampas zitiert, in dem auch noch leise Kritik nachschwingt. Der Entschluß des Führers, die österreichische Hauptschule auch für das Altreich verbindlich zu machen, habe in der Ostmark - so Kampas - "ungeteilte Begeisterung ausgelöst. Gehört doch das gute, reich gegliederte Schulwesen zu den besten Werten, die die befreite Ostmark ins Großdeutsche Reich mitbringen konnte." Die Hauptschule habe in diesem "wohl ausgewogenen "System einen "hervorragenden Platz" eingenommen.[50] Tatsächlich kam freilich - vor allem wegen der Kriegsereignisse - die Einführung der Hauptschule über Österreich und das Sudetenland kaum hinaus.

Änderungen im Schulbereich, für die man im "Altreich" vielfach mehrere Jahre gebraucht hatte, sind also in der Ostmark in wesentlich rascherem Tempo und radikaler umgesetzt worden. Erklärt kann das werden einerseits dadurch, daß man sich hier von keinem Konkordat beengt und gebremst sah, und andererseits sind die zuständigen, meist österreichischen Schulmänner mit massivem

Einsatz und großer Rücksichtslosigkeit an diese Sachen herangegangen. Die Eliminierung der jüdischen Schüler und Lehrer z.B. ist von den österreichischen Nationalsozialisten "mit einem weit über dem gesetzlichen Auftrag liegenden Engagement" realisiert worden. Diese "Pionierleistungen" sind auch vom "Braunen Haus" ausdrücklich gelobt worden.[51] Entsprechend selbstzufrieden sind dann auch die Rückblicke in den Lehrerzeitschriften der verschiedenen Gaue ausgefallen. Über die Entwicklung in Wien wird etwa im Jänner 1939 geurteilt, daß man die seit März '38 geleistete Arbeit, ohne sich einer Übertreibung schuldig zu machen, "als gigantisch bezeichnen" könne. An Erfolgen wurde dann aufgezählt (und damit sind auch die wesentlichen Schwerpunkte der nationalsozialistischen Schulpolitik der Ostmark zusammengefaßt):

> "...Die radikale Umbesetzung fast aller mit besonderer Verantwortung verbundenen Posten, die gleich nach dem Umbruch und später erfolgte, die schlagartige Entjudung vom 28. April, ohne die eine wirklich nationalsozialistische Unterrichtsführung auf Wiener Boden überhaupt nicht möglich gewesen wäre, auf die Reinigung der Lehrkörper von jenen Elementen, die das Recht auf weitere Belassung durch ihre Haltung in der Systemzeit verwirkt hatten, auf die Befreiung der Schule vom religiösen Zwang, auf die Beseitigung der schädlichen Privat- und Klosterschulen."[52]

Auch im Gau Salzburg verwies man mit Stolz darauf, daß hier mit "größter Energie" und "in einer für die Ostmarkgaue beispielgebenden Art" der Umbau des Schulwesens begonnen worden sei und daß man in überraschend kurzer Zeit einen Großteil der Probleme schon habe lösen können.[53]

Auch wenn bei diesen "Bilanzen" über das im Jahr 1938 im Schulwesen Veränderte ein guter Schuß Eigenlob mitgeschwungen haben mag, der Grundtenor, daß vieles radikal und rasch im Sinne der nationalsozialistischen Ziele verändert worden sei, ist natürlich richtig.

2. 4. Schulalltag

In knappen Zügen sei im folgenden zu skizzieren versucht, von welchen Besonderheiten nun der Alltag der Schule im Nationalsozialismus nach Abschluß der ebenso kurzen wie stürmisch verlaufenenen Gleichschaltungsphase geprägt war.

Festzuhalten ist zunächst, daß - ähnlich wie im "Altreich" - auch in der Ostmark starke Spannungen zwischen der Schule und den Jugendorganisationen der NSDAP zutage getreten sind. Die letztgenannten erschienen streckenweise als übermächtige Konkurrenten der Schule, und die Schulen sind ausdrücklich angewiesen worden, auf die Aktivitäten von HJ, BDM usw. entsprechend Rücksicht zu nehmen, d.h. sie mußten zeitliche Belastungen durch den HJ-Dienst etwa akzeptieren und ähnliches mehr. Die Schule sah sich damit quasi in einen Wettbewerb mit den politischen Organisationen gedrängt, den sie zunächst zumindest nicht gewinnen konnte. Vielfach fanden Aggressionen Jugendlicher gegenüber Schule und Lehrer offizielle Anerkennung, was zu einer schweren Verunsicherung vieler Lehrer und zu starken Spannungen führen mußte. Quasi als Vermittler wurden dann sogenannte "Vertrauenslehrer der HJ" installiert. Nominiert wurden sie auf Vorschlag der örtlichen HJ. Die Gegensätze konnten so zumindest gemildert werden bzw. die mit Fortdauer des Krieges zunehmenden Zwänge und Belastungen haben davon abgelenkt.[54]

Neben dem normalen Schulunterricht war den Schulen ein mehr oder weniger genau ausformulierter Raster an Feiern, Gedenktagen, Propagandaveranstaltungen, Aktionen usw. quasi zur Pflicht vorgegeben, der je nach Größe der Schule und vorhandenen Möglichkeiten unterschiedlich aufwendig umgesetzt werden mußte. Dabei gab es - wie der Vergleich der Jahresberichte etwa des Jahres 38/39 zeigt - zwischen den einzelnen Schulen deutliche Unterschiede. Auch von der Schulleitung und dem Lehrkörper hing es offenbar ab, wie dicht die Veranstaltungen aufeinander folgten. Als Beispiel für eine Unterrichtsanstalt mit einem sehr umfangreichen Festkalender sei die Oberschule Wien-Mödling genannt. Zur Illustration in Stichworten die wichtigsten Veranstaltungen im Schuljahr 38/39[55]: Schulbeginn mit Flaggenhißung, Hymnen der Nation usw.; 31. 10.: im Schulfunk Baldur von Schirach über das Jugendschrifttum; 8. 11.: Besuch der Ausstellung "Hilf mit"; 9. 11.: Gedenkfeier für die Gefallenen; 12. 11.: Langemark-Gedenkfeier; 17. 11.: Begräbnis des ermordeten Gesandtschaftsrates Rath im Rundfunk; 22. 11.: Ausstellungsbesuch "Deutschlands Schicksalskampf im Osten"; 23. 12.: Schulfunk "Sechs Jahre NSV-Arbeit"; 28. 1.: Schulfunksendung "Heimkehr ins Reich" und Vortrag; 30. 1.: Reichsgründungsfeier, Rede von Goebbels übertragen, Lieder, Sieg-Heil auf den Führer; 14. 2.: Stapellauf des Schlachtschiffes "Bismarck" im Rundfunk; Februar: Besuch der "antibolschewistischen Ausstellung"; 1. 3.: Tag der deutschen Luftwaffe und Rede von Göring, Vortrag für die 7. und 8. Klassen über den Offiziersberuf; 13. 3.: Feier zur Erinnerung an den Anschluß; 20. 3.: schulfrei zur Erinnerung an die Errichtung des Protektorates Böhmen und Mähren; 19. 4.: Flaggenappell anläßlich des Führergeburtstages; 20. 4.: Führergeburtstag, schulfrei; 28. 4.: Empfang der großen Führerrede über Rundfunk; 10. 5.: Übertragung von der Unterzeichnung des deutsch-italienischen Bündnispaktes; usw. usw.

Viele dieser Feierlichkeiten sind durch künstlerische Enunziationen umrahmt und quasi überhöht worden, wobei auch die für die Bildenden Künste zuständigen Lehrer nicht selten in den Vordergrund traten. Ein Beispiel: Im November '38 übergaben 4 an der Goethe-Realschule tätige Kunsterzieher Kunstwerke in Form von Wandmalereien und Ölgemälden zu folgenden Themen feierlich der Öffentlichkeit: "Und Ihr habt doch gesiegt". Der Einsatz der HJ. - Großer Führerkopf - Großes Hoheitszeichen - Die Jugend Wiens huldigt dem Führer-Großes Bildnis des Führers.[56]

Wir haben hier nur die wichtigsten Ereignisse an dieser Schule angeführt. Daneben gab es noch eine Reihe - meist seitens des NSLB - organisierter Veranstaltungen wie Vorträge, Appelle und Schulungen, an denen die Lehrer offenbar meist "geschlossen" teilgenommen haben, wie penibel vermerkt wird. Zudem beteiligten sich die Lehrer an Straßensammlungen (z.B. am "Tag der Solidarität"), desgleichen gab es pro Jahr mehrere schulfreie Tage für HJ/BDM-Aktionen.

Insgesamt also eine beachtliche Dichte an Aktivitäten, welche die ganze Schule betroffen haben. Daß es darüber hinaus auf Klassenebene noch vielfältige Gelegenheit gab, die Heranwachsenden politisch entsprechend zu beeinflussen, sei es in den jeweiligen Fächern, sei es in den über längere Zeit allwöchentlich abgehaltenen "Stunden des Führers" - muß dabei immer mitbedacht werden. Die zumindest in allen größeren Schulen installierten Rundfunkanlagen eröffneten weitere Möglichkeiten des quasi authentischen Miterlebens, und dieses Mittel wurde auch in den Schulen sehr intensiv und gezielt eingesetzt. Hinter dieser Szene der politisch motivierten und unterlegten Betriebsamkeit gab es freilich weiterhin oft schwerwiegende schulorganisatorische Probleme, die vielfach nicht oder nur ungenügend gelöst werden konnten. Als ein Beispiel sei das Problem der Schulneubauten angesprochen. Oft wurde in den Lehrerzeitschriften in bewegten Worten darauf verwiesen, daß unbedingt Schulneu- und Erweiterungsbauten nötig wären, auch wurden teilweise hochfliegende Pläne von Schulzentren geschmiedet und die Modelle - wie z.B. in Salzburg - hochtrabend präsentiert. Realisiert wurde von alledem fast nichts.[57]

Ein anderes Beispiel: Im Herbst 1939 schon war es für die technischen Berufsbildenden Schulen der Ostmark offenbar unmöglich, genügend Stahl und Eisen für ihre praktische Berufsausbildung in der Metallbearbeitung zugeteilt zu erhalten. In einem geharnischten Schreiben an den Reichserziehungsminister drängte man auf die Zuteilung eines entsprechenden Kontingents von ca. 30.000 kg, ansonsten könnte man pro Jahr an die 800 Ingenieure weniger ausbilden, was gegen die kriegswirtschaftlichen Erfordernisse verstoße und zudem höchst blamabel wäre - wie es in einem Brief hieß.[58]

2. 5. Schule im Krieg

Schon Anfang der Vierzigerjahre häuften sich die auch öffentlich (u.a. seitens des NSLB) geäußerten Klagen über das sinkende Niveau des Schulunterrichts und der Schulabgänger. Zurückgeführt wurde das auf "mangelnde Muße der lernenden Jugend, auf die Überfülle der Eindrücke, die sich in seelischer Verflachung und abnehmender Gedächtniskraft" umsetze[59], weiters auf den Lehrermangel, die außerschulischen Belastungen der Lehrer, die Störungen des Unterrichts und die zunehmenden Schülerzahlen in den Klassen.

Es spricht nichts dagegen, daß dieser Befund auch auf die Situation der ostmärkischen Schulen übertragen wird, wobei freilich - wollte man dieser Frage genauer auf den Grund gehen - zu unterscheiden wäre zwischen Volks- und Mittelschule, zwischen Stadt und Land. Einige der o.a. Faktoren, welche den Schulalltag bis Kriegsende bestimmt und geprägt haben, seien anhand einiger weniger Beispiele illustriert. Die Lehrerzeitschriften und Amtsblätter der verschiedenen Gaue weisen dem Lehrer, der noch nicht als Soldat an der Front stand, vom Kriegsbeginn an die Aufgabe zu, die "Heimatfront" zu verteidigen bzw. dort zu siegen. "In der Heimat aber steht die Erzieherschaft bereit, nicht nur das Errungene zu verteidigen, sondern der nationalsozialistischen Revolution nicht nur machtmäßig, sondern auch geistig und weltanschaulich zum endgültigen Sieg zu verhelfen."[60] Diese Durchhalteparolen steigerten sich im Laufe der Jahre zunehmend ins Maßlose. Die Schule wurde da etwa zu einem "Rüstungsbetrieb" erklärt, und der totale Krieg mache es nötig, "bei äußerstem politischen Einsatz die uns anvertraute Jugend restlos im Sinne des Führers zu erziehen."[61]

Tatsächlich war der allergrößte Teil der Lehrer an der Front, die dadurch frei gewordenen Stellen wurden - so gut es ging - durch weibliche Lehrkräfte und sogenannte Schulhelfer ersetzt. Die zuletzt Genannten wurden vielfach - vor allem wegen ihrer mangelnden Ausbildung - kritisiert und abgelehnt. Die verschiedensten Aktionen, welche die Schüler entweder unter Aufsicht der Lehrer oder im Rahmen der HJ durchzuführen hatten, waren fast ausschließlich auf kriegswirtschaftliche Erfordernisse abgestellt: Sammlung von Altmaterialien, Heilkräutern, Beeren, Wildfrüchten usw., Schulgärten wurden angelegt, nach Beginn der Bombardements hatten Lehrer und Schüler nachts gemeinsam die Feuerwachen in den Schulgebäuden zu stellen, vor allem in Städten wurden Schüler der oberen Klassen zu Flakhelfern ausgebildet und an den Stadträndern stationiert. Die Lehrer fuhren zu diesen sogenannten Flak-Klassen und gaben ihnen dort, so gut es eben ging, Unterricht.[62] Oftmalige, wenn auch meist nur vorübergehende Einquartierungen von Militärdienststellen in Schulgebäuden verschärfte zunehmend die Raumsituation. Luftangriffe - vor allem die nachts vorgetragenen - führten zu weiteren Beunruhigungen im schulischen Betrieb. Die damalige Situation der Angst und Gefährdung ist durch einen fast skurril anmutenden Erlaß der Salzburger Schulbehörden im Gau Salzburg zu illustrieren: Am 28. 2. 1944 wird darin dringend ermahnt, da "auch die abgelegensten Landgebiete nicht vor Luftangriffen sicher" seien, habe man bei Gefahr die Kinder sofort nach Hause zu schicken.[63] - Aus den größeren Städten wie Wien sind dann 1944 die Klassen nach Möglichkeit aufs Land ausgelagert worden, und der reguläre Unterricht ging, je nach Entwicklung der Kriegsereignisse, vorzeitig zu Ende.[64]

3. Außerschulische Jugenderziehung

3. 1. Die nationalsozialistischen Jugendorganisationen 1933-38

Wie wir einleitend schon bemerkt haben, maßen die nationalsozialistischen Machthaber der außerschulischen Jugenderziehung ein besonders großes Gewicht bei. Betroffen davon waren die Buben und Mädchen zwischen dem 10. und 18. Lebensjahr (organisiert in der Hitlerjugend, bestehend aus: 10-14: deutsches Jungvolk - DJ; Jungmädel - JM. 14-18: Hitlerjugend - HJ; Bund deutscher Mädchen - BDM. Wir verwenden "HJ" im folgenden meist als Sammelbezeichnung für alle Gliederungen).

Auch in Österreich hatten die Nationalsozialisten eine entsprechende Jugendorganisation gegründet und zwar bereits im Jahre 1927. Die österreichische Hitlerjugend bildete einen eigenen, rechtlich selbständigen Landesverband mit der Zusatzbezeichnung "Verband nationalsozialistischer Jungarbeiter, Sitz Wien". Gegliedert war dieser in 6 Gaue (1933 wurden diese dann der Reichsjugendführung in München direkt unterstellt), sonderliche Bedeutung kam ihm - ähnlich wie der nationalsozialistischen Partei während jener Jahre - nicht zu.[65] Parallel zum Bedeutungs- und Machtzuwachs der NSDAP im Deutschen Reich stieg auch der Stellenwert der nationalsozialistischen Jugend in Österreich, die im Laufe der folgenden Jahre eine Vielzahl von weiteren nationalen, bündischen und sonstigen Jugendbewegungen in ihren Bann zog.

Mit der NSDAP sind am 19. 6. 1933 auch deren Jugendorganisationen verboten worden. Der Mitgliedsstand der damals gerade als Obergau Österreich (22) neu gegliederten österreichischen Hitlerjugend (nach dem Juli-Putsch 1934 wurde dieser wieder aufgelöst) wird mit 25.000 Jungen und Mädchen angegeben, wobei wir diesen Zahlenangaben freilich mit gewissen Zweifeln begegnen sollten, weil wir nicht genau wissen, welche Quellen diesen zugrunde liegen und inwieweit hier Sympathisanten nahestehender Gruppierungen mitgezählt worden sind.[66] Die Aktivitäten von HJ, BDM und der mit diesen sympathisierenden Gruppierungen nahmen in den folgenden Jahren, trotz behördlicher Verfolgungen, aber beflügelt durch die Erfolge des Nationalsozialismus im Deutschen Reich und gestützt durch vielfältige ideologische Schulungen und organisatorische Hilfestellungen seitens der Reichsjugendführung, ständig zu.

Um sich auch in der Illegalität entsprechende Gestaltungsspielräume zu erhalten, bediente man sich in vielfachen Varianten der Taktik der Unterwanderung nahestehender, noch nicht verbotener Organisationen. Genannt seien hier als wichtigste der Deutsche Schulverein Südmark, der Deutsche Turnerbund, Deutscher und Österreichischer Alpenverein, Evangelischer Jugendbund, Österreichischer Wandervogel, Deutscher Pfadfinderbund[67], Jung-Urania, Deutsche Gemeinschaft für alkoholfreie Kultur (in der Steiermark), Kärntner Heimatbund sowie verschiedene kleinere Heimatvereine, Sport- und Skiclubs.[68] Mit der Gründung des VF-Werkes "Österreichisches Jungvolk" und mit dem Fortschreiten auf dem sogenannten "deutschen Weg" und der damit verbundenen Einrichtung der volkspolitischen Referate legte es die HJ immer stärker darauf an, in diese staatliche Jugendorganisationen einzudringen, wenn möglich die Führer und dazu möglichst viele Mitglieder zu stellen und mit wohlkalkuliertem Doppelspiel auch das Programm in vielen Gruppen zu bestimmen. Das "Österreichische Jungvolk" - so Ralf Ringler in seinem Erinnerungsbuch - "war weiterhin unsere Tarnorganisation, es war unser legales Aushängeschild. Der Betrieb wurde in unserem Sinn abgewickelt."[69] Diese Quasi-Legalisierung schritt also rasch voran und wurde dann aber von den Märzereignissen des Jahres '38 überholt. Auch das Einschleusen und der Verkauf von NS-Jugendschriften und Jahrbüchern u.ä. gestaltete sich zunehmend problemloser.

Großes Gewicht legte die HJ-Führung auch auf eine entsprechende Führerschulung. Wichtige Führer kommandierte man daher regelmäßig zu einschlägigen Veranstaltungen im Deutschen Reich, auch im Land selbst wurden pausenlos mehr oder weniger gut getarnte Schulungen veranstaltet. Im Jahre 1937 etwa konnten nicht weniger als 1078 BDM-Führerinnen in Schulungs- und Arbeitslagern erfaßt werden.[70] Zur Illustration dafür, welche Themen bei derartigen Schulungen im Mittelpunkt gestanden sind, seien die Tagessprüche des illegalen Führerinnenlagers in Liezen (28.2. - 7.3.1937) vorgestellt: "Es ist das Vorrecht des Schwachen zu verzagen, es ist das Vorrecht des Führers den Kopf hoch zu halten"; "Alle Kraft der Führung stammt aus dem Volkstum"; "Nur das Volk wird bestehen, das sein Blut rein erhält und die Verbindung mit der Heimatscholle nicht verliert"; "Grenzen scheiden Staaten, aber nie ein Volk"; "Die Kraft des Menschen wird geboren allein durch den Kampf mit sich selbst und durch die Überwindung seiner selbst"; "Du bist nichts, dein Volk ist alles".

Trotz der Kontakte mit den Stellen im Deutschen Reich hatte sich unter der österreichischen HJ während der Zeit der Illegalität ein gewisses Eigenleben und Selbstwertgefühl herausgebildet, was schon vor dem Anschluß teilweise zu beträchtlichen Spannungen bis hin zu Befehlsverweigerungen gegenüber der Reichsjugendführung geführt hat.[72] Natürlich war die HJ beträchtlichen polizeilichen und behördlichen Pressionen und Verfolgungen ausgesetzt. Über Ausmaß und Schwere der Bestrafungen fehlen uns detaillierte Angaben. Griesmayer/Würschinger geben die runde Zahl von 1500 Burschen und Mädchen an, welche wegen ihrer Mitarbeit bei der HJ die Schule wechseln, die Lehrstelle aufgeben oder überhaupt das Land hätten verlassen müssen. Insgesamt sei aber die österreichische HJ bis zum März 1938 auf insgesamt 35.000 Mitglieder angewachsen.[73] Das ist eine Zahlenangabe, die realistisch sein könnte, setzt man sie zu den von Weber-Stumfohl angeführten Zahlen über die Entwicklung des BDM (samt der dazugehörigen JM) in Beziehung.[74]

	Juli 1936		August 37		Oktober 37		Jänner 1938	
	BDM	JM	BDM	JM	BDM	JM	BDM	JM
Wien	450	250	720	450	800	500	900	640
Niederösterreich	300	20	1500	180	1730	250	2100	280
Oberösterreich	350	50	970	270	1000	300	1900	340
Salzburg	150	20	260	50	270	65	450	100
Tirol	190	30	370	70	400	90	450	150
Vorarlberg	100	-	140	-	180	-	180	30
Kärnten	720	80	870	450	1000	500	1170	500
Steiermark	410	70	2100	260	2200	300	2500	370
Burgenland	210	-	820	50	820	70	900	120
Alle Länder zus.	2880	520	7750	1780	8400	2075	10550	2530

Was für die Mitgliedsentwicklung bei der NSDAP in Österreich insgesamt galt, traf auch auf die HJ zu. Nach dem Treffen Hitler-Schuschnigg auf dem Obersalzberg stiegen die Neuanmeldungen sprunghaft an. "Immer und immer wieder wird überall nach den Führern der HJ, nach den Führerinnen des BDM gefragt. Niemand ist mehr zage, und es gibt keine Hemmungen mehr, gleichwohl das Parteiverbot noch besteht."[75] Immer weniger Hemmungen zeigte die HJ fortan auch im Alltag. Es gab Aufmärsche, Versammlungen, man zeigte - vor allem auch in den Schulen - den deutschen Gruß, man provozierte andersdenkende Lehrer, bisher schon Sympathisierende gaben sich als Parteigänger zu erkennen. Kurzum: "Gelernt wurde nur nebenbei ... Viel zu Großes stand auf dem Spiel und bahnte sich an, um sich mit solchen Lappalien wie Lernen zu belasten."[76]

3. 2. Nationalsozialistische Jugenderziehung nach dem "Anschluß"

Die Tage und Wochen um den 12. März 1938 werden von den damaligen HJ-Führern als Tage und Wochen der überschäumenden Aktivitäten, der Euphorie und des Triumphes beschrieben.[77] Zumindest in den Städten und größeren Orten lösten vielfältige Aufmärsche, Appelle, Feiern, organisatorische Aufgaben wie Ordnerdienste und ähnliches einander ab. Schon vorhin haben wir darauf verwiesen, daß die Schulbehörden auf die verminderten Schulleistungen entsprechend reagieren mußten, nämlich mit Nachsicht. Die HJ engagierte sich natürlich auch in dem der "Volksabstimmung" vom 10. April vorausgehenden sogenannten Wahlkampf massiv. Die bisher in der Illegalität wirkenden HJ-Gruppen machten auch an vielen Schulen mit Nachdruck klar, daß neue Zeiten angebrochen waren. In aller Regel hatten die Schüler unter dem Kommando von HJ-Führern im Schulhof anzutreten, dann wurden Reden geschwungen, NS-Lieder und Gedichte zum besten gegeben und zu guter Letzt Dollfuß-Büsten und -Bilder zerstört sowie die Schulfahne mit dem Krukenkreuz verbrannt.

Parallel zu dieser Betriebsamkeit lief eine massive Mitgliederwerbeaktion an, der großer Erfolg beschieden war. Im Sommer fanden dann österreichweit zahllose Schulungslager statt. In diesem Rahmen hoffte man, nationalsozialistische Ideen und Einstellungen am besten vermitteln zu können.[78] Um wieder ein Beispiel dafür anzuführen, um welche Hauptfragen es in diesen Lagern gegangen ist, seien wieder Tagesparolen erwähnt, diesmal vom ersten Führerlager des Gebietes Wien: "In Braunau am Inn", "Die Frage Österreich", "Niemals und Trotzdem", "Deutschland, Deutschland über alles", "Widerstände sind da, daß man sie bricht", "Der Arbeiter in Wien", "Arbeiter, seht euch eure Führer an", "Der Freiwillige in München".

Darüber hinaus standen vormilitärische Ausbildung, sportliche Tätigkeit, Informationen über Aufbau der Partei, der Wehrmacht usw. auf dem Programm.[79] Daß sich gleich zwei der eben erwähnten Tagesparolen bei dem Wiener Führerlager mit Fragen der Arbeiter befaßten, hatte wohl zweierlei Gründe: Einerseits mußte sich der HJ-Führer in dem vormals "roten" Wien für entsprechende Konfrontationen wappnen und zum anderen war die HJ in Wien bis zum Frühjahr 1938 zumindest tatsächlich zum Großteil von Jugendlichen aus dem Arbeitermilieu gebildet worden, nach Riegler waren bis dahin nur 12% der Mitglieder Schüler.[80]

In jenen Tagen, da allenthalben neue HJ-Gruppen aus dem Boden schossen, tauchte auch in katholisch geführten Internatsschulen das Problem auf, wie man mit derartigen Gruppen umgehen sollte. Interessant in diesem Zusammenhang ist die Initiative des Wiener Jugendseelsorgers M. Stur. Er hatte in einer Aussprache mit dem zuständigen Bannführer gebeten, daß - bei entsprechendem

Interesse der Zöglinge - in den Konvikten eigene HJ-Gruppen gebildet werden dürften, weil nur so die außerschulischen Aktivitäten und das Programm und die Hausordnung der Heime entsprechend abgestimmt werden könnten. Natürlich sollte allen Befehlen der HJ-Führung Folge geleistet werden. Nach Rücksprache mit dem Reichsjugendführer wurde von einer Mitgliedschaft von Internatsangehörigen aber dann überhaupt abgesehen, die Erfahrung lehre nämlich - so die interne Begründung -, "daß durch eine HJ-Mitgliedschaft in diesen Fällen keinesfalls eine nationalsozialistische Erziehung erreicht werden kann, sondern daß die Internatsangehörigen nur nach außen hin als Nationalsozialisten getarnt sind, in Wirklichkeit aber Vertreter der katholischen Aktion bleiben."[81] Einige Wochen später löste sich dieses Problem dann ohnehin, weil die konfessionell geführten Erziehungsanstalten ja alle aufgelöst wurden.

Gleichzeitig mit der Ausweitung des Tätigkeitsbereiches der HJ gingen die NS-Stellen mit Konsequenz daran, alle im Ständestaat noch erlaubt gewesenen Jugendgruppen (neben dem Österreichischen Jungvolk vor allem katholische Jugendvereine) aufzulösen. Die HJ begann schon am 14. März das Vereinsvermögen und die Heime von Pfadfindern, des Österreichischen Jungvolkes, der katholischen Arbeiterjugend, ehemaligen Naturfreunde, Kolpinggemeinden usw. zu konfiszieren, und zahllose katholische Jugendfunktionäre wurden verhaftet und in KZs verschickt. Dieses Vorgehen förderte ja bekanntlich die Desillusionierung in katholischen Kreisen und führte zu den bekannten Ereignissen am 7. und 8. Oktober 1938 in Wien.[82]

Am 18. 5. 1938 wurde in Salzburg festgelegt, daß die HJ in der Ostmark - deckungsgleich mit den Gauen - in folgende Gebiete eingeteilt werden sollte (in Klammer die reichseinheitliche Nummerierung): Wien (27), Niederdonau (28), Oberdonau (29), Steiermark (30), Kärnten (31), Salzburg (32) und Tirol-Vorarlberg (33).

Um die organisatorische und personelle Angleichung der österreichischen HJ möglichst rasch, effizient und vor allem genau kontrolliert über die Bühne zu bringen, wurde vorübergehend für ein Jahr in Wien eine "Befehlsstelle Süd-Ost" eingerichtet.[83] Diese wurde mit einem reichsdeutschen Funktionär namens Busch besetzt. Dieser Befehlsstelle gliederte man u.a. auch einen Beauftragten der Personalamts-Überwachung der RJF an mit dem Auftrag, im Zuge der Umstellungen für die "Reinhaltung" der HJ zu sorgen bzw. diese vor der "Schädigung durch politisch gegnerische Kräfte und durch kriminelle Einflüsse" zu bewahren sowie die Liquidation sämtlicher bisheriger Jugendverbände zu überwachen.[84]

Die nun folgenden personellen und organisatorischen Änderungen und vor allem die Art und Weise, wie diese durchgezogen worden sind, führten innerhalb der HJ zu beträchtlichen, für das damalige Verständnis vom Befehlen und Gehorchen zu geradezu ungeheuerlichen Widerständen. Schon im Herbst 1937 hatte es seitens österreichischer HJ-Führer massive Vorbehalte gegenüber verschiedenen Weisungen der RJF gegeben. Die Führer der illegalen HJ in Österreich scheinen in ihrer besonderen Situation einen Stil entwickelt zu haben, der von reichsdeutschen Stellen offenbar wenig goutiert worden ist. Die

Taktik, die Reichskommissar Josef Bürckel in anderen Bereichen angewendet hatte, nämlich wichtige Posten mit geeichten Parteigenossen aus dem Deutschen Reich zu besetzen, wurde auch bei der HJ angewandt und verschärfte damit die vorhandenen Spannungen. Bürckel schrieb z.B. im Juli 1938 von ca. 50 Jugenderziehern, die man aus dem Saarland als HJ-Führer wegholen und in der Ostmark einsetzen wolle. Junglehrer aus Österreich sollten im Gegenzug an das Saarland quasi zurückgetauscht werden.[85] Einen ähnlichen Austausch gab es zwischen Österreich und Sachsen. Im Zuge dieser "Sachsen- und Saarlandinvasion" übernahmen - wie Ringler sehr plastisch beschreibt - "aufgeputzte ‚HJ-Offiziere'" aus dem Altreich die meisten Führungsposten bis hinunter auf Bannebene.[86] Wenn der Reichsführer der Befehlsstelle Süd-Ost Busch am 15. September '38 schrieb, bis Oktober sei seine Aufgabe in der Ostmark erledigt, so hatte er sich schwer getäuscht. Die oben beschriebene Politik der "Überfremdung" und Bevormundung führte vor allem in Wien zu massiven Widerständen. Es gab Opposition, eingeschlagene Fensterscheiben, Sprechchöre, Flugblätter mit dem Aufdruck "Gauleiter Bürckel befrei uns vom Busch"[87] und Führersitzungen, in deren Verlauf es auch zu Handgreiflichkeiten kam. Obwohl die RJF schließlich gewisse Konzessionen machte und Busch ablöste, blieb bei zahlreichen Führern aus der illegalen Zeit Enttäuschung zurück.[88] Ein offenbar von der RJF bestelltes internes Gutachten über diese Vorgänge in Wien stellte sehr deutlich diese Fehler heraus. Es wurde darin dringend die Ablösung von Busch empfohlen, denn sein Weiterverbleiben schade der HJ "empfindlich". Zu Unrecht habe er die Wiener HJ- und BDM-Führerschaft "als minderwertig und unfähig" eingeschätzt und daher illegale Kämpfer kaltgestellt und überwiegend Sachsen an deren Stelle gesetzt. Andererseits hätten sich die österreichischen Führer während der Systemzeit eine gewisse "Eigenvorstellung" von der Jugendarbeit gemacht, die mit den Anweisungen seitens der RJF nicht harmonierten, und sie hätten nun nicht die Reife und Kraft, "um sich bedingungslos ... den Weisungen der Reichsjugendführung unterzuordnen, ihr Verhalten müsse also im gesamten als eine gewisse Rebellion" gegen die Politik der zentralen Reichs-, Partei- und Jugendführung gewertet werden.[89]

Abgesehen von diesen - freilich nicht geringen - internen Schwierigkeiten waren mit Oktober '38 die NS-Jugendorganisationen der Ostmark in personeller und organisatorischer Hinsicht gleichgeschaltet. Nach dem Sommer, in dem unzählige Lager abgehalten worden waren, begann nun quasi der Normalbetrieb. Der "Dienst" in den einzelnen Gliederungen der Jugendorganisation lief weitestgehend in streng reglementierten Bahnen ab. Die Themen für die wöchentlichen Heimabende waren vorgegeben, in sogenannten "Führerdiensten" wurden entsprechende Unterlagen und Informationen bereitgestellt, der Schule wurde aufgetragen, die Bemühungen der HJ - wo immer nur möglich - zu fördern (u.a. mußten die "Gemeinschaftsstunden" zur Werbung für die HJ verwendet werden). Im Zuge der sogenannten "Heimbeschaffungsaktion" suchte man dem Mangel an entsprechenden Räumlichkeiten zu begegnen, dabei wurden große Pläne gewälzt, ähnlich wie beim Schulbau aber konnten nur geringe Teile davon realisiert werden.

Eine deutliche Änderung in der außerschulischen Jugendarbeit brachte dann die 2. Durchführungsverordnung zum Gesetz über die Hitlerjugend vom 25. März 1939 (Jugenddienstverordnung). Schon mit dem Gesetz vom 1. 12. 1936 (Gesetz über die Hitlerjugend) hatte die HJ die Aufgabe übertragen bekommen, die Jugend zwischen 10 und 18 Jahren außerhalb von Schule und Elternhaus "körperlich, geistig, sittlich im Geiste des Nationalsozialismus zum Dienst am Volk und zur Volksgemeinschaft" zu erziehen. Der Beitritt war zumindest theoretisch freiwillig, faktisch kam der HJ nach der Ausschaltung aller anderen Jugendorganisationen ein Monopol zu, hatte sie doch die Kompetenzen für Sport, Jugendherbergswesen, Soziales, musische Erziehung, Jugendgerichtsbarkeit, Berufsnachwuchslenkung und ähnliches. Die Jugenddienstverordnung machte nun die HJ-Zugehörigkeit zur Pflicht. Im § 1 hieß es u.a.: "(1) Der Dienst in der Hitler-Jugend ist Ehrendienst am deutschen Volk. (2) Alle Jugendlichen vom 10. bis zum vollendeten 18. Lebensjahr sind verpflichtet, in der Hitler-Jugend Dienst zu tun..."[90]

Zuwiderhandelnde wurden mit beträchtlichen Strafen bedroht (§ 12). - Mit diesem Gesetz war der Nimbus des Auserwähltseins, der besonderen Pflichterfüllung für den Führer - an die bis dahin noch viele HJ-Jungen und Mädchen geglaubt haben mochten - angeknackst. Ringler erinnert sich an das Einsetzen eines Massenbetriebes, der immer stärker verbürokratisiert worden sei und der mit Kriegsbeginn zu immer umfangreicheren Hilfsdienstleistungen herangezogen wurde. "Alle Anstrengungen, den uns von Haus aus nicht wohlgesinnten Teil der Jugend zu begeistern, hatten dadurch wenig Erfolg."[91]

Der Stellenwert der Institution Schule - wir sprachen vorhin schon davon - wurde seitens der HJ und deren Führung von Anfang an ganz offen relativiert und herabgemindert. Mittel- und langfristig hoffte man aber, durch die Heranbildung einer neuen Generation von "Führer-Lehrern", bestehend aus "körper- und geistgestählten Kameraden ... die nicht Schulmeister sein werden, sondern Meister des Lebens"[92] auch den Erziehungsfaktor Schule in gewünschtem totalem Ausmaß kontrollieren und instrumentalisieren zu können. Um die entsprechenden Voraussetzungen dafür zu schaffen, wurde - u.a. auf Initiative österreichischer Stellen[93] - die akademische Ausbildung der Volksschullehrer im Deutschen Reich beseitigt und stattdessen die fünfstufige österreichische Lehrerbildungsanstalt eingeführt sowie der Einfluß der HJ bei Auswahl und Ausbildung massiv verstärkt. So hatte z.B. schon der Bewerber ein zweigleisiges Ausleseverfahren zu durchlaufen: Neben der Prüfung der schulischen Eignung stand mindestens gleichrangig das Urteil des zuständigen HJ-Bannführers über die "allgemeine Haltung" (basierend auf Bewährung in der HJ, Ariernachweis, politischer Zuverlässigkeit sowie die Beurteilung der Kriterien "Haltung", "Führereignung" und "Weltanschauung"). Weiters war ein von der HJ gestaltetes "Musterungslager" zu durchlaufen, wie überhaupt die "lagergebundene weltanschauliche Schulung und Ausrichtung" die ganze Lehrererziehung zu prägen hatte. Zumindest bei der Auswahl und der Erziehung des Lehrernachwuchses war also schon weitgehend die angestrebte "Verschmelzung" von Schule und HJ Wirklichkeit geworden.[94]

3. 3. Jugend im Krieg

Der Kriegsausbruch mit all seinen Konsequenzen konfrontierte die HJ in der Ostmark mit den gleichen Problemen wie in anderen Teilen des Deutschen Reiches auch. Wir wollen uns daher in unseren Ausführungen kurz fassen und nur einige markante Züge etwas deutlicher hervorheben. Anhand des HJ-Dienstplanes für das Jahr 1940 wurde deutlich, daß die HJ neben ihrem bisherigen Auftrag, "die Jungen und Mädel nationalsozialistisch zu erziehen, d.h. weltanschaulich, politisch, körperlich und charakterlich nach den Richtlinien, die uns der Führer selbst gegeben hat, zu schulen", eine zweite, immer gewichtiger werdende Aufgabe zu erfüllen hatte, nämlich "die gesamte Organisation für alle Aufgaben, die der Krieg dem deutschen Volk stellt, einsatzbereit zu erhalten".[95] Wegen des drückenden Arbeitskräftemangels hatte also die HJ in zunehmendem Maße - neben den bisher schon üblichen Aktionen und Sammlungen - weitere Aufgabenbereiche zu betreuen, die reichten von Haushaltshilfe, Unterstützung von NSV, Rotem Kreuz und Feuerwehr, Erntehilfe über das Sammeln von Altmaterialien und Heilkräutern bis zum Einsatz für die deutsche Reichspost. Zur Durchführung dieser Dienste beanspruchte die HJ u.a. den 1. und 3. Sonntag jeden Monats, eine Dispensierung davon bezeichnete HJ-Stabsführer Lauterbacher als "unmöglich".[96]

Der Kriegsausbruch brachte der HJ u.a. auch permanente Probleme mit dem Führernachwuchs. Viele Führer taten das, wofür sie jahrelang erzogen und begeistert worden waren, nämlich freiwillig zu den Waffen eilen. Der Führer rief ja. Andererseits nahm mit der vorhin erwähnten Jugenddienstverordnung die Zahl der zu betreuenden Jungen und Mädchen sprunghaft zu, was zu deutlichen Engpässen in der Führerausbildung und zu Qualitätseinbußen führte. Lauterbacher sprach im Februar 1940 in einem Brief an Bürckel davon, daß 95% der alten Führer fehlten. Man wolle diesem Manko u.a. mit einer "besonders straffen" Dienstordnung begegnen.[97]

Der "moralischen Aufrüstung" sollte auch eine breit angelegte, vom Schulungsbeauftragten der NSDAP A. Rosenberg initiierte Aktion zur weltanschaulichen Betreuung der Hitlerjugend im Krieg dienen. Um die Schwierigkeiten und Umstellungen, die der Krieg für die Jugend mit sich brachte, zu erklären, wollte man eine lange Reihe hochkarätiger Exponenten des NS-Regimes (von Hess bis zur Reichsfrauenführerin Scholz-Klink) wöchentliche Radiovorträge halten lassen, die dann in der Schule und vor allem in der HJ-Arbeit verwendet werden sollten. Diese Vorträge müßten sich - wie es in den internen Richtlinien hieß - "vor allen Dingen an den *Charakter* und an das *Gemüt* ... wenden und das *Pflichtgefühl* der deutschen Jugend immer wieder ... wachrufen." "Nach der negativen Seite hin ist zu vermeiden, Probleme zu behandeln, die umstrittener Natur sind. Es müssen deshalb ausgeschaltet werden alle Ansprachen, die auf den Kampf der Konfessionen Bezug nehmen; ... Ferner sollen nicht schwierige Probleme wirtschaftlicher Natur theoretische Behandlung erfahren, da für diese die Jugend nicht genügend vorbereitet erscheint."[98]

Der instrumentelle Charakter der HJ-Erziehung wurde in den folgenden Jahren mit immer brutalerer Deutlichkeit in die Realität umzusetzen versucht. Die früher noch vorhandenen, spielerischen und bündischen Elemente traten immer stärker zurück, während die Erziehung zur Kriegsbejahung und die Vorbereitung für den Kriegseinsatz an Gewicht gewann. Sport, weitgehend reduziert auf Kampferziehung, Übung militärischer Praxisformen und vormilitärische Erziehung, wurde als "kriegswichtig" eingestuft und auf Kosten anderer Erziehungselemente immer massiver betont.

Insgesamt bekam so die HJ zunehmend den Charakter einer Rekrutenvorschule für Wehrmacht und SS. Die 16-18jährigen Burschen suchte man möglichst weitgehend in sogenannten "Wehrertüchtigungslagern" zusammenzufassen, und es war nur konsequent, daß über die HJ auch die Rekrutierung der sogenannten Luftwaffenhelfer lief (15-16jährige) sowie die Werbung zur Meldung als "Kriegsfreiwilliger". Betroffen davon waren die 17jährigen. Ringler beschreibt etwa die teilweise von Überredungen und Pressionen begleiteten Bemühungen, um noch im Jahr 1944 in Wien den Jahrgang 1927 zu fast 100 Prozent kriegsfreiwillig zur Waffen-SS melden zu können, was auch gelungen zu sein scheint.[100] Wenig verwunderlich daher der Umstand, daß HJ-Gruppen bis zuletzt im Rahmen des Volkssturms gekämpft haben: In Wien kam es sogar im Jänner 1945 noch zur Aufstellung eines eigenen HJ-Volkssturms, der auch in Abwehrkämpfe verwickelt worden ist.[101]

4. Resumé und Ausblick

Die "Gleichschaltung" des Schulwesens und der außerschulischen Jugenderziehung ist also in Österreich ungemein rasch und ohne größere Widerstände durchgezogen worden, und zwar unter maßgeblicher Mithilfe und auch Leitung österreichischer Nationalsozialisten wie etwa Karl Springenschmid in Salzburg oder Dr. Max Fritz in Wien, um zwei besonders radikale Schulmänner zu nennen. Die politischen Säuberungen fielen schärfer aus als im Deutschen Reich, und auch die Entschlossenheit, mit der man den Einfluß der katholischen Kirche in den verschiedenen Erziehungsbereichen zurückzudrängen suchte, war in Österreich deutlicher ausgeprägt.

Organisierten Widerstand in nennenswertem Ausmaß scheint es damals im Erziehungsbereich weder im schulischen noch im außerschulischen Bereich gegeben zu haben. Weiter verbreitet dürften bei Lehrern verschiedene Formen des stillen Widerstandes und der inneren Emigration gewesen sein - im Schulbereich gab und gibt es ja immer einen gewissen Spielraum, seine Vorbehalte zumindest anzudeuten -, für uns sind diese Gesten und Signale heute freilich schwer reproduzierbar.

Widerstand finden wir gegen das - eifersüchtig gewahrte und mit Hilfe der Polizei verteidigte - außerschulische Erziehungsmonopol der HJ. Mit Fortdauer des Krieges nehmen - wie die Gestapoberichte zeigen - zumindest in den größeren Städten offene Mißfallensäußerungen und Attacken gegen HJ-Mitglieder, deren Heime und Schaukästen usw. zu.[102] Vor allem auf dem Land, aber auch in Städten versuchten unerschrockene Pfarrer und Kapläne immer wieder, die NS-Erziehung und hier vor allem die Arbeit der HJ ganz offen zu konterkarieren, indem sie z.B. mit Ministranten Ausflüge machten und Sport betrieben, in Pfarrhöfen Bibelrunden abhielten, kirchliche Veranstaltungen zeitgleich mit HJ-Feiern ansetzten und ähnliches mehr. Soweit derartige Aktivitäten bekannt wurden, ging die Polizei jeweils wegen "verbotener Freizeitgestaltung" gegen die "Übeltäter" vor.[103]

Versucht man nun rückblickend die Erziehungssituation im Österreich des Jahres '45 vorsichtig zu charakterisieren - einerseits Endpunkt einer Ära und für die Zweite Republik der Anfang -, so kann man wohl mit Recht von einem Trümmerfeld sprechen, von einem Trümmerfeld in physischer, politischer und moralischer Hinsicht. Sowohl die Institution Schule wie auch die außerschulische Jugenderziehung waren auf das Nachhaltigste kompromittiert. Seit 1933 hatte man sie als hochpolitisierte Bereiche erlebt, vielfältig geprägt von Zwang, Gebrochensein und Zynismus, von Desavouierung der Demokratie, von Begeisterung und brutaler Verdrängung sowie Eliminierung Andersdenkender, von Siegeszuversicht, Heuchelei und Unterwerfung, von Hoffnung und schließlich Enttäuschung und Bitterkeit. Die Jugend, welche während der Jahre 1933-1945 ihre politische Prägung erhalten hat, war weitestgehend geformt von Inhalten wie Rassenbewußtsein, Einordnung und Gehorsam, Loyalität gegenüber Führer und Vaterland und dem Glauben an die Notwendigkeit uneingeschränkter Selbstaufopferung. Auch wenn in vielen Familien hier gegenzusteuern versucht worden sein mag, auch wenn katholische Priester immer wieder etwa die HJ-Arbeit zu relativieren und zu unterlaufen versucht haben, so dürften doch - trotz aller Unterschiede zwischen Stadt und Land - die obengenannten Haltungen und Werte von sehr vielen internalisiert worden sein. Relativierendes Denken, Ausbildung von Kritikfähigkeit, Beschäftigung mit alternativen Denk- und Handlungsentwürfen, die Pflege des offenen Diskurses, das alles war ja seit vielen Jahren verpönt und verboten gewesen. Diese, in der Phase der sekundären politischen Sozialisation vermittelten Prägungen und Verbildungen haben sich natürlich mit der Beseitigung des NS-Regimes nicht in Luft aufgelöst, nein, sie wirkten in vielfältigster Weise - wenn auch gebrochen - fort, sie bildeten mit den zerklüfteten emotionalen Untergrund, auf dem die Zweite Republik errichtet worden ist. Diese Zweite Republik - von wenigen nur aktiv erkämpft - erschien für einen großen Teil der damaligen Jugendlichen verbunden mit der Schmach der Niederlage, mit zerbrochenen Träumen, mit grenzenloser Enttäuschung und Leere. Viele - so kann man persönlichen Gesprächen heute noch entnehmen - brauchten weit mehr als ein Jahrzehnt, um die totale Aversion gegen jede Art von Politik abzulegen, um sich in den neuen politischen Verhältnissen emotional zurechtzufinden und sich mit diesen auch innerlich anzufreunden, wobei damit noch nicht gesagt ist, daß diese auch das autoritäre Gedankengut abgelegt und überwunden haben. Das Wort von der "verlorenen Generation" ist hier wahrlich nicht zu hoch gegriffen. Nur eine breit angelegte, auf Eigenart und Milieu der verschiedenen Schichten Rücksicht nehmende, wesentlich mit Methoden der oral-history arbeitende Untersuchung könnte die damalige Situation in Österreich angemessen differenziert rekonstruieren. Die bedenkenlose, menschenverachtende und skrupellose Indienstnahme der Erziehung durch die Nationalsozialisten hat jedenfalls die politische Sozialisation zumindest einer ganzen Generation verbogen und gebrochen und damit der Zweiten Republik auch auf diesem Bereich eine große, nur schwer zu bewältigende Hypothek hinterlassen.

Anmerkungen

1 Einleitung in: M. Heinemann (Hg.), Erziehung und Schulung im Dritten Reich, Stuttgart 1980, S. 20.

2 Adolf Hitler: Rede in Reichenberg am 2. 12. 1938, zitiert im Völkischen Beobachter v. 4. 12. 1938, hier zitiert nach K.J. Flessau, Schule der Diktatur. Lehrpläne und Schulbücher des Nationalsozialismus, München 1977, S. 26.

3 Zitiert nach H. Gamm, Führung und Verführung. Pädagogik des Nationalsozialismus, München 1964, S. 75.

4 P.D. Stachura, Das Dritte Reich und Jugenderziehung: Die Rolle der Hitlerjugend 1933-1939, in: Heinemann (Hg.), Erziehung, S. 93.

5 Vgl. H. Scholtz, Die Schule als ein Faktor nationalsozialistischer Machtsicherung, in: Heinemann (Hg.), Erziehung, S. 31.

6 Zitiert nach ebenda, S. 34.

7 Zitiert nach Stachura, Das Dritte Reich, S. 98.

8 Scholtz, Die Schule, S. 38-39.

9 Neben den schon erwähnten Werken z.B.: R. Eilers, Die nationalsozialistische Schulpolitik. Eine Studie zur Funktion der Erziehung im totalitären Staat, Köln 1963; E. Nyssen, Schule im Nationalsozialismus, Heidelberg 1979; K.Ch. Lingelbach, Erziehung und Erziehungstheorien im nationalsozialistischen Deutschland, Weinheim 1970.

10 H. Engelbrecht, Die Eingriffe des Dritten Reiches in das österreichische Schulwesen, in: Heinemann (Hg.), Erziehung, S. 113-159; ders., Lehrervereine im Kampf um Status und Einfluß, Wien 1978, hier S. 90-114; R.R. Ringler, Illusion einer Jugend. Lieder, Fahnen und das bittere Ende. Hitler-Jugend in Österreich. Ein Erlebnisbericht, St. Pölten-Wien 1977; U.Patzer, Die Wiener Schulen im März und April 1938, in: Wien 1938, Wien 1978, S. 286-292.

11 G. Kerschbaumer, Alltag, Feiern und Feste im Wandel: Nationalsozialistische Regie des öffentlichen Lebens und praktizierte Kulturen in Salzburg von 1938 bis 1945, phil. Diss., Salzburg 1986.

12 Vgl. Zur Entwicklung des österreichischen Schulwesens ausführlicher: H. Dachs, Schule und Politik. Politische Erziehung an den österreichischen Schulen 1918-1938, Wien 1982, S. 223-370; ders., "Austrofaschismus" und Schule. Ein Instrumentalisierungsversuch, in: E. Talos/W. Neugebauer (Hg.), "Austrofaschismus", dritte erweiterte Auflage, Wien 1985, S. 179-197; W. Sorgo, Autoritärer "Ständestaat" und Schulpolitik 1933-1938, phil. Diss. Wien 1978.

13 Vgl. dazu Engelbrecht, Lehrervereine, S. 90-102; Dachs, Schule und Politik, S. 297-349.

14 Vgl. dazu W. Pöpperl, Geschichte des NSLB Österreichs von der Gründung bis zum Verbot, in: Der Erzieher im Donauland, 1 (1939) 1, 13-14; E. Mayer-Löwenschwerdt, Der Kampf der nationalsozialistischen Lehrer in der Ostmark, in: Weltanschauung und Schule, 2 (1938), S. 385-391; M. Petschenka, Geschichte des V.d.M., in: Der Mittelschullehrer, 20 (1938) 8/9, S. 70-72.

15 Mayer-Löwenschwerdt, Kampf, S. 385.

16 Pöpperl, Geschichte, S. 14.

17 Engelbrecht, Lehrervereine, S. 100.

18 Mayer-Löwenschwerdt, Kampf, S. 390.

19 Lt. Pöpperl gab es in Wien Ende 1932 694 NSLB-Mitglieder; nach Engelbrecht hatte der NSLB in Oberösterreich Mitte 1933 171 Mitglieder, dann kam es zu einem Rückgang auf 50, ab dem Juli-Abkommen Aufschwung: Anfang 1938 230, am 12. März 1938 345 Mitglieder.
20 Vgl. beispielhaft für das Bundesland Salzburg, Dachs, Schule und Politik, S. 314 f.
21 31. Jahresbericht des Staats-Realgymnasiums in Mödling bei Wien 1937/38, Mödling 1938, S. 6 f.
22 Engelbrecht, Lehrervereine, S. 203.
23 Engelbrecht, Eingriffe, S. 117.
24 Engelbrecht, Lehrervereine, S. 204.
25 Patzer, Die Wiener Schulen, S. 288.
26 Vgl. J. Brettenthaler, Salzburgs Schulwesen seit dem März 1938 in: Deutsche Bergschule, 1 (1939) 1, S. 11-14.
27 St. Karner, Die Steiermark im Dritten Reich 1938-1945, Graz-Wien 1986, S. 115.
28 W. Stuckart/W. Albrecht/R. Schiedermair, Neues Staatsrecht, Leipzig 1939, S. 166 f.
29 Vgl. Patzer, Wiener Schulen, S. 290 f.
30 Engelbrecht, Lehrervereine, S. 109.
31 67. Jahres-Bericht des Staatsgymnasiums in Ried im Innkreis, Oberdonau, am Schluß des Schuljahres 1937/38, Ried 1938, hier vgl. S. 10 ff.
32 Vgl. dazu: 31. Jahresbericht des Staats- und Realgymnasiums in Mödling bei Wien 1937/38, Mödling 1938, S. 25 f.
33 Ebenda, S. 26.
34 Jahres-Bericht Ried, S. 18.
35 Goethe-Realschule-Wien, Bericht über das 36. Schuljahr 1937/38, Wien 1938, S. 27.
36 Patzer, Wiener Schulen, S. 291 f.
37 Flessau, Schule der Diktatur, S. 14.
38 G. Botz, Die Eingliederung Österreichs in das Deutsche Reich, Linz 1972, S. 110 f.
39 Engelbrecht, Eingriffe, S. 117 f.; H. Fischl, Schulreform, Demokratie und Österreich 1918-1950, Wien 1950, S. 111 f.
40 Vgl. dazu: J. Kampas, Das Unterrichtswesen der Ostmark - Reichsgaue vor und nach der Wiedervereinigung mit dem Deutschen Reiche, Wien-Leipzig 1942.
41 Engelbrecht, Eingriffe, S. 126-143.
42 Kampas, Unterrichtswesen, S. 6.
43 Entkonfessionalisierung der Erziehung in der Ostmark, hg. vom Ministerium für Innere und Kulturelle Angelegenheiten, Abt. IV, Wien 1940.
44 Ebenda, S. 9.
45 Vgl. z.B. H. Tschol, Der Kampf um den schulischen Religionsunterricht in Tirol 1938-45, in: 45. und 46. Jahresbericht des Bischöflichen Gymnasiums Paulinum in Schwaz, Schwaz 1978 bzw. 1979, S. 32-57 bzw. 31-54.
46 Vgl. dazu allgemein, H. Scholtz, NS-Ausleseschulen, Göttingen 1973.
47 Handbuch des Schulwesens für Wien, Niederdonau, Oberdonau, Steiermark, Kärnten, Salzburg, Tirol, Vorarlberg, Wien 1944, S. 29 ff.
48 In: Der Mittelschullehrer, (1938) 8/9, S. 73; vgl. auch Engelbrecht, Eingriffe, S. 136 f.
49 Kampas, Unterrichtswesen, S. 6.
50 Ebenda, S. 11.
51 Engelbrecht, Eingriffe, S. 145.
52 K. Leherbauer, Über Aufbau und Verwaltung der "Höheren Schule" im Gau Wien, in: Wirtschaft und Recht, 6 (1939) 2, S. 13; ähnlich auch: Deutsche Bergschule 1939.
53 Brettenthaler, Salzburgs Schulwesen, S. 11.
54 Vgl. z.B. Ringler, Illusion, S. 73 ff.; Bundesrealschule und Bundesrealgymnasium Salzburg. Schulbericht über die Jahre 1928-1953, Salzburg 1953, S. 8; O. Ottweiler, Die Volksschule im Nationalsozialismus, Weinheim-Basel 1979, S. 80 ff.; Kerschbaumer, Alltag, S. 50 ff.
55 Vgl. Jahresbericht der Staatlichen Oberschule für Jungen in Wien-Mödling 1938-1939, Wien-Mödling 1939, S. 16-19.
56 Elternrunde an der Oberschule für Jungen (Goethe-Realschule), Wien XIV, Astgasse. Bericht zur Hauptversammlung im November 1939, Wien 1939, S. 4.
57 Vgl. z.B. Salzburg: Kerschbaumer, Alltag, S. 535 f.
58 Aktenbestand im Allgemeinen Verwaltungsarchiv: Reichskommissar für die Wiedervereinigung Österreichs mit dem deutschen Reich (RWÖ-Karton/Ordner/Nummer oder Datum) hier 131/263/92.

59 Zitiert nach Scholtz, Die Schule, S. 39.
60 Amtsblatt für die Schulen Salzburgs, (1940) 1, S. 1.
61 Ebenda (1943) 1, S. 1.
62 Ringler, Illusion, S. 116-131; BRS und BRG Salzburg, Jahresbericht, S. 9.
63 Amtsblatt-Salzburg (1944) 1, S. 8.
64 Vgl. z.B. Jahresbericht des Mariahilfer Gymnasiums, Schuljahr 1949/50, Wien 1950, S. 9.
65 G. Griesmayr/O. Würschinger, Idee und Gestalt der Hitler-Jugend, Leoni am Starnberger See, 3. Aufl. 1980, S. 238.
66 Ebenda, S. 240.
67 Ebenda, S. 242.
68 Vgl. H. Weber-Stumfohl, Ostmarkmädel. Ein Erlebnisbuch aus den Anfangsjahren und der illegalen Kampfzeit des BDM in der Ostmark, Berlin 1939, S. 209 ff.
69 Ringler, Illusion, S. 59; vgl. z.B. ähnlich auch "Die illegale HJ an der Goethe-Realschule im Schuljahr 1937/38", in: Jahresbericht der Goethe-Realschule, Wien XIII, über das Schuljahr 1937/38, Wien 1938, S. 13-14.
70 Weber-Stumfohl, Ostmarkmädel, S. 211.
71 Ebenda, S. 155-158.
72 Vgl. Ringler, Illusion, S. 65.
73 Griesmayer/Würschinger, Idee und Gestalt, S. 243.
74 Weber-Stumfohl, Ostmarkmädel, S. 209.
75 Ebenda, S. 219.
76 Ringler, Illusion, S. 60.
77 Vgl. z.B. Ringler, Illusion, S. 71 ff.; Weber-Stumfohl, Ostmarkmädel, S. 220 ff.; Jahresbericht des Goethe-Gymnasiums.
78 Vgl. Ringler, Illusion, S. 74 f.
79 AVA-RWÖ 165/323/12.8.38.
80 Vgl. Ringler, Illusion, S. 64.
81 AVA-RWÖ 165/323/30.5.38.
82 F. Kreissler, Der Österreicher und seine Nation, Wien-Köln-Graz 1984, S. 140 ff.
83 AVA-RWÖ 165/323/15.6.38.
84 AVA-RÖW 165/323/25.6.38.
85 Vgl. AVA-RWÖ 133/263/226.
86 Ringler, Illusion, S. 80, 88.
87 AVA-RWÖ 165/323/14.10.38.
88 Vgl. Ringler, Illusion, S. 88.
89 AVA-RWÖ 165/323/Stellungnahme zu den Verhältnissen der Hitler-Jugend im Gebiet Wien vom 10. 12. 38.
90 Zitiert nach E. Blohm, Hitler-Jugend soziale Tatgemeinschaft, 2. Aufl. Vlotho 1979, S. 385.
91 Ringler, Illusion, S. 89.
92 Baldur von Schirach, Revolution der Erziehung, München 1938, S. 12.
93 Engelbrecht, Eingriffe, S. 140 f.
94 Vgl. Kerschbaumer, Alltag, S. 488-509.
95 Reichsbefehl der RJF der NSDAP, 26/K, Diensplan 1940, Berlin, 7. Februar 1940, S. 3.
96 Ebenda, S. 9.
97 AVA-RÖW 165/323/16.2.40; vgl. auch Griesmayer/Würschinger, Idee und Gestalt, S. 255.
98 AVA-RWÖ 165/323/22.2.40.
99 Vgl. z.B. H. Hirschmann, Jahr der Bewährung. Der Dienst einer steirischen HJ-Einheit im Kriegsjahr 1940, Graz 1941.
100 Ringler, Illusion, S. 124.
101 Vgl. dazu ebenda, S. 141-219.
102 AVA-Staatspolizeileitstelle Wien (Gestapo), Tagesberichte, April 1942 ff.
103 Vergleiche pars pro toto: "Widerstand und Verfolgung in Niederösterreich", Bd. 3, Wien 1987, S. 238-246, 326-330.

Christian Gerbel/Alexander Mejstrik/Reinhard Sieder

DIE "SCHLURFS"

Verweigerung und Opposition von Wiener Arbeiterjugendlichen im "Dritten Reich"

In der Bundesrepublik Deutschland ist in den letzten Jahren das Interesse am sogenannten "Jugendprotest" gegen den Nationalsozialismus deutlich angewachsen. Den historischen Arbeiten, die sich mit "Edelweißpiraten", "Meuten" und "Swing-Jugend" beschäftigen[1], kommt zweifellos das Verdienst zu, einen bisher vernachlässigten Aspekt der NS-Gesellschaft thematisiert und die Behauptung einer gänzlich "gleichgeschalteten" und disziplinierten Jugend widerlegt zu haben. Gleichwohl scheint unser Thema einer besonderen Rechtfertigung zu bedürfen. In Diskussionen begegnete uns nicht nur einmal die Meinung, die Wiener "Schlurfs" seien ja "wirklich asozial" gewesen, als ob "asozial" eine überzeitlich gültige und klassenunspezifische Kategorie wäre. Damit soll offenbar ausgedrückt werden, die "asozialen" Jugendlichen seien nicht "wissenschaftswürdig", denn zum "Widerstand" gegen das "Dritte Reich" könnten sie nicht gerechnet werden. Die dahinterstehende Dichotomie von "Widerstand" und "Begeisterung" befriedigt zwar - ähnlich wie die gebräuchliche Dichotomie von "Tätern" und "Opfern" - gegenwärtig Legitimationsbedürfnisse, entspricht aber kaum der Komplexität der Phänomene. Sie verhindert, daß die Verhaltensweisen eines Großteils der Bevölkerung, die weder eindeutig aus "Begeisterung", noch aus explizitem "Widerstandsgeist" erklärt werden können, in das Blickfeld der NS-Forschung geraten. Daß sich ein Großteil der Menschen auch in der "gleichgeschalteten" nationalsozialistischen Gesellschaft keineswegs "konsequent", sondern situationsangepaßt wankend zwischen Konsens und Dissens, zwischen Selbstintegration, Anpassung, Verweigerung und Opposition bewegt haben dürfte, kann aber auch durch die differenzierteste Beschreibung der Motive nicht hinreichend erklärt werden; dazu bedarf es zunächst einer möglichst umfassenden Rekonstruktion der jeweils untersuchten Gesamtheit sozialer Beziehungen innerhalb des Systems der NS-Gesellschaft.

Unter dem Druck, die Legitimität des Themas zu beweisen, zwängen viele Autoren die Vielfalt "abweichenden" Verhaltens Jugendlicher in der NS-Gesellschaft neuerlich in eine falsche Dichotomie. Entweder werden den Jugendlichen explizit politische Motive unterstellt, oder man scheidet sie aus dem Kanon der geschichtswürdigen Themen aus. Statt sich um die Rekonstruktion der Gesamtheit der Verhaltensweisen von jugendlichen "Edelweißpiraten", "Meuten", "Swings" und "wilden Cliquen" zu bemühen, werden nur jene gesehen, von denen man meint, daß sie sich problemlos in eine Geschichte des Widerstands einordnen lassen. Jene Verhaltensweisen, die man innerhalb einer bürgerlichen Eigentumsordnung als "asozial" oder "kriminell" bezeichnet, werden dabei meist peinlichst verschwiegen. Die Folge sind unkontrollierte Selektionen, die unkritische Übernahme von Kategorien und Begriffen aus der Diktion des nationalsozialistischen Kontroll- und Unterdrückungsapparats oder Heroisierung und Romantisierung.

Beim gegenwärtigen Stand der Forschung stellt sich nur die Wahl zwischen allzu groben und verallgemeinernden Hypothesen und der detaillierten Untersuchung eng umgrenzter "Fälle". Sogenannte "Mikrostudien" betrachten wir als eine Möglichkeit, ausreichend dichtes Material zu konstituieren, auf dem eine adäquate Theorie der NS-Gesellschaft aufgebaut werden kann, die sowohl die objektiven Verhältnisse als auch die Vorstellungen und Erfahrungen der Subjekte über sie zu fassen vermag. Ein solches Projekt erfordert die Ausweitung des traditionell benützten Quellenkorpus und damit auch eine Erweiterung des Repertoires geschichtswissenschaftlicher Forschungstechniken. Mit Hilfe sogenannter Erinnerungsinterviews vermögen wir, die kulturellen Deut-, Wert- und Ausdrucksschemata der handelnden und beherrschten Subjekte in konkurrenzloser Dichte "einzuholen". Das darauf gegründete systematisierte Wissen wirkt auf den Umgang mit den herrschaftsproduzierten Quellen zurück: Es erlaubt, bislang unbeachtete Archivalien überhaupt erst aufzufinden, sie in ihrer besonderen Bedeutung zu erkennen, und über die Aussagen, Wertungen und Kategorisierungen der herrschenden Klassen hinaus Zugang zu den konkurrierenden Deutungen und Erfahrungen der beherrschten Subjekte zu gewinnen.

Die Existenz eines relativ ausführlichen herrschaftsproduzierten Diskurses über die Verfolgung und Kriminalisierung unangepaßter Jugendlicher im nationalsozialistischen Wien[2] sowie die Tatsache, daß die damaligen Jugendlichen heute zum Teil als Interviewpartner für uns erreichbar sind[3], ermöglichen eine dichte Sammlung von Texten, die wir mit nichtsprachlichen Quellen (Photos, Musik, Objekte) wesentlich ergänzen. Wir behaupten, daß uns die akribische Analyse eines Phänomens, das nach ausgewiesenen Kriterien als Spezialfall des Möglichen gelten kann, im Gegensatz zum notwendig oberflächlichen Versuch einer tour de force quer durch die unterschiedlichsten Erscheinungen erst befähigt, Modelle zu konstruieren, die so allgemein, aber auch so detailliert sind, daß sie die gesamte Klasse der möglichen Fälle zu integrieren vermögen, und dies, ohne die Besonderheiten des einzelnen durch die Anstrengung der Systematisierung unsichtbar zu machen.[4]

An dieser Stelle müssen wir auf die empfindlichste Lücke in unserem Datenmaterial hinweisen: Es ist uns bislang nicht gelungen, einigermaßen verläßliche Informationen über die Mädchen in den "Schlurf"-Gruppen zu erhalten. Wir verfügen nur über die Aussagen der ehemaligen "Schlurfs", die die Mädchen meist als Begleiterinnen erwähnen, sowie über einzelne Hinweise in den Akten des "Jugendgerichtshofes Wien" und des Wiener "Gaujugendamtes". Einen männlichen Blick spiegelt auch die Semantik des sogenannten "Volksmundes", der den Begriff "Schlurf" offenbar nur auf Burschen bezog, während für die Mädchen der Ausdruck "Schlurfkatzen" (Freundinnen der "Schlurfs") gebräuchlich war. Ist es schon schwierig, ehemalige männliche "Schlurfs" für lebensgeschichtliche Interviews zu gewinnen, da sich viele von ihnen auch heute noch stigmatisiert und kriminalisiert fühlen, trifft das auf Frauen offenbar in noch viel stärkerem Maße zu. Wir vermuten, daß die Kriminalisierung der "Schlurfkatzen" durch Fürsorge und Gestapo - wie das einer Jahrzehnte alten Fürsorge-Tradition in der Typisierung "streunender" Mädchen entsprach - über das Kriterium der "Unsittlichkeit" lief, d.h. man unterstellte ihnen unsittliches Verhalten, wenn nicht Prostitution. Wir vermuten, daß dies ein wesentlicher Grund dafür ist, daß sich ehemalige "Schlurfkatzen" heute noch mehr als ihre männlichen Kollegen hüten, ihre frühere Identität aufzudecken.

Im folgenden soll zunächst das "Idealbild" des männlichen Wiener "Schlurfs" konstruiert werden, wie es aus den Selbststilisierungen und Entwürfen[5] der "Schlurfs" komprimiert werden kann (1). Entgegen voreiligen Gleichsetzungen[6] werden sich markante Unterschiede zu den Gruppen von Arbeiterjugendlichen in mehreren deutschen Städten zeigen lassen, die in der Literatur unter den typisierenden Begriffen "Edelweißpiraten", "Meuten" etc. beschrieben werden.[7] Im zweiten Teil soll die Spannung zwischen den Entwürfen und den begrenzten Möglichkeiten ihrer "Realisierung" in zwei Bereichen aufgezeigt werden: anhand der Strategien der Jugendlichen, die begehrten Distinktionsmittel zu erlangen, und der von ihnen bevorzugten Orte der Subkultur (2). Hier wird sichtbar werden, daß sich die "Schlurfs" von den bürgerlichen "Swings" vor allem durch die gänzlich verschiedenen materiellen Bedingungen ihrer Selbststilisierung unterschieden.[8] Damit sollte es möglich sein, die Wiener "Schlurfs" als eigenständiges historisches Phänomen auszuweisen (3). Danach wenden wir uns den Formen der "Verweigerung" (4) und der "Opposition" (5) zu. Mit diesen Begriffen wollen wir das Verhältnis der jugendlichen "Schlurfs" zur NS-Gesellschaft genauer fassen. Schließlich versuchen wir eine Erklärung des Phänomens, die zum Projekt einer umfassenden Gesellschaftsgeschichte der 30er, 40er und 50er Jahre beitragen soll (6).

1. Begriff und Idealbild des "Schlurfs"

Der in Wien gebräuchlich gewesene Begriff "Schlurf" entstammt offenbar dem sogenannten "Volksmund", also dem Diskurs der Beherrschten, und galt "als gelindes Schimpfwort für Nichtstuer, Herumtreiber, denen man allerlei Unbestimmtes zutraute".[9] Seine Verwendung reicht mindestens von den frühen 30er bis in die späten 50er Jahre. Er bezeichnet sehr verschiedene Verhaltensweisen und Phänomene: eine bestimmte Art, sich zu kleiden, genauso wie "Delinquenz", die hier thematisierten Gruppen von Arbeiterjugendlichen während der 40er Jahre genauso wie die "Halbstarken" in den späteren Jahren des "Wirtschaftswunders". In den Diskurs von Schulbürokratie, Polizei, Jugendfürsorge und Justiz gelangte der Begriff offenbar erst nach 1938, als diese von den Nationalsozialisten besetzten Disziplinierungs-, Kontroll- und Integrationsinstanzen nunmehr auch in der sogenannten "Ostmark" begannen, mit wachsender Intensität in den Alltag der Beherrschten zu intervenieren.

Die betroffenen Jugendlichen selbst lehnten ihre pejorative Klassifizierung als "Schlurfs" zum Teil entschieden ab, zum Teil versuchten sie die Bezeichnung zu übernehmen und positiv umzudeuten. Diese Bemühungen fanden in den gesellschaftlichen Machtverhältnissen ihre engen Grenzen. Auch gegenwärtig stoßen ehemalige "Schlurfs" auf vorwiegend negative Konnotationen des Begriffs. Aufgrund seines noch immer pejorativen und stigmatisierenden Charakters und seiner mangelnden Trennschärfe setzen wir den Ausdruck "Schlurf" in Anführungszeichen, womit darauf hingewiesen werden soll, daß wir ihn als das in der NS-Gesellschaft gebräuchliche und umstrittene Vokabel zitieren, nicht aber als analytischen Begriff benützen.

Die von uns untersuchten Wiener "Schlurfs" stammten überwiegend aus der Arbeiterschaft und waren in den Jahren der NS-Herrschaft in Österreich etwa 14 bis 20 Jahre alt. Dazu kamen während des Weltkriegs aber auch vereinzelt etwas ältere Männer, die für den Kriegsdienst "untauglich" erklärt oder "unabkömmlich" (uk) gestellt waren. Sie alle fielen zunächst durch ihre besondere Haartracht und ihre Art, sich zu kleiden, durch die Bevorzugung bestimmter öffentlicher Plätze in den traditionellen Arbeiterbezirken Wiens, ihre Vorliebe für bestimmte Musik und Modetänze auf. Ein "Schlurf" bewegte sich zumeist in einer Gruppe, die zehn bis fünfzehn Burschen und eventuell einige Mädchen umfaßte. Die Burschen waren überwiegend Lehrlinge und Hilfsarbeiter und ab 1938 vor allem in der Rüstungsindustrie beschäftigt.

Im Kern des entworfenen Idealbildes steht der einzelne junge Mann, der, kein Kind mehr aber auch noch nicht in der Verantwortung eines Familienvaters, seine Vorlieben und Investitionen auf die kulturellen und materiellen Angebote der Großstadt zu konzentrieren vermag. Er ist sauber, elegant, lässig und modern. Im Unterschied zu späteren Formen jugendlicher Subkultur liegt die Differenz zur herrschenden Kultur nicht in der Negation eines geforderten Konsumverhaltens, sondern in der "unübersehbaren" Demonstration des Willens, modisch "elegant" zu sein und sich nicht dem herrschenden faschistischen Entwurf der soldatisch-asketischen Männlichkeit zu unterwerfen: "Also die Verkörperung des Schlurfs ist eigentlich ins Vornehme gegangen. Man hat eigentlich wollen was Vornehmes abgeben und in irgendeiner Weise vollkommen die Freiheit. Also in keiner Weise militärisch."[10] Ein ehemaliger "Schlurf" erzählt über einen vierzigjährigen Mann, der das Vorbild seiner Gruppe war:

> "Der woa vü älter und der hot net einruckn brauchn, weil er Invalid woar, der is gehinkt. Er woar dann Billeteur im (...)-Kino. Und der hat eigentlich nach unserm Sinnbild den Schluaf verkörpern können, so wie's hoit mia olle nochgeeifert haum. Von wo sich der des olles organisiert hot, waß i net. Oba wahrscheinlich in Schleich (im Schleichhandel, d. Verf.), weil er jo vadient hot und a erwochsener Mensch woar. Der woar jo an die vierzig Joahr. Der is gangen, so gekleidet, so die Hoar und so die Schuach, tip-top, picobello, der woar für uns a Wahnsinn."[11]

Die augenscheinlichste Quelle solcher Entwürfe stellen die Erzeugnisse der neuen, massenhaft produzierenden amerikanischen Kulturindustrie und ihrer deutschen Epigonen dar, allen voran der Hollywood-Film der dreißiger und vierziger Jahre, besonders Musicals, Krimis, Western u.ä., und der Swing, "das größte Musikgeschäft aller Zeiten", das Musiker, Sänger und Tänzer auch in ihrer gesamten Erscheinung vermarktete. Josef T. bringt diese neue Orientierung der Jugendlichen auf eine prägnante Formel: "Der wos si irgendwie zu de Schluafs zählt hot, muaß i schon sogn, des is amerikanisches Denken gwesen. Oiso jetzt net politisch, sondern Musik, Mode, und die Richtung woar rein amerikanisch."[12]

Die Frisur war das wesentlichste Element der Selbststilisierung der Jugendlichen. Die Haare wurden "lang" getragen, das hieß, daß sie im Nacken bis knapp oberhalb des Hemdkragens reichten. Pomade wurde verwendet, um die Frisur in der gewünschten Form zu halten und den Haaren Glanz zu verleihen. Einzelnen Teilen der Frisur gaben die Jugendlichen eigene Namen:

> "Mia trugn die Hoar laung, an Schwalbenschwanz hot ma domois gsogt. Do hot ma's hinten so schön zaumglegt. (...) Mia ham Mittelscheitel getragen und zwei Wellen: Lahmwön - Lehmwellen - hot ma des genannt. Des wurde mit da Hand nach vor gedrückt, daunn woan zwa so Wellen drinnen. Hint an Schwalbenschwanz, und natürlich unten am Gnack (im Genick) grod (gerade) ausrasiert. Jo des woar amoi unsa Zeichen."[13]

Auch die Kleidung des "Schlurf" sollte einige wesentliche Eigenarten aufweisen. Das doppelreihige Sakko sollte möglichst überlang und weit, die Schultern durch eingenähte Polster betont und die Seitentaschen schräg angesetzt sein. Nadelstreif, Esterhazy oder großgemusterte Stoffe in auffälligen Farben wurden bevorzugt. Die Hosenbeine sollten extrem weit sein, einen messerscharfen Bug und hohe Stulpen haben und die Schuhe fast völlig bedecken. Das Hemd wurde geschlossen getragen, dazu eine Krawatte in eher grellen Farben, zu einem kleinen Knopf gebunden; anstelle der Krawatte konnte ein Halstuch getragen werden. Die Halbschuhe sollten möglichst dicke, aufgedoppelte Sohlen haben, die eventuell noch mit einem Zierwulst geschmückt sein konnten. Der Hut war das in seiner Form am wenigsten vorgegebene Kleidungsstück. Er konnte entweder mit nach unten gebogener vorderer Krempe und hinten eingedrücktem Oberteil weit im Nacken sitzen, oder tief und schräg in die Stirn gezogen werden. In der kühlen Jahreszeit wurde diese Garderobe nach Möglichkeit durch einen langen, die Schultern betonenden Mantel ergänzt.

Aber die Kleidung allein machte noch keinen "Schlurf". Man nahm auch eine bestimmte Körperhaltung ein und bewegte sich auf ganz bestimmte Weise: meistens mit einer Zigarette im Mundwinkel, die Hände in den Hosentaschen, den Oberkörper leicht gebeugt. Der langsam fließende, betont lässige Gang signalisierte Desinteresse, höchstens spöttische Überlegenheit gegenüber Fremden. Nur im Zusammenhang mit "Swing" verband sich diese "kühle Eleganz" mit Hitze, Ungestüm und Wildheit. Nach codifizierten Schritten und Abläufen steigerten sich im Tanz Tempo und Intensität der Bewegung zu sonst unangebrachter Dichte. Einer der beliebtesten "songs", der "Schwarze Panther", eine in Moll transponierte Variation über einen Riff des "Tiger Rag", verschmolz alle diese Merkmale in besonders enger Weise.

2. Die Spannung zwischen Entwurf und Realisierung

Dieses hier grob skizzierte Idealbild des jugendlichen "Schlurfs" stand allerdings immer wieder in Gegensatz zu seiner materiellen Situation, denn auch nur Bruchstücke davon zu realisieren erforderte eine gewisse Kaufkraft, freie Zeit und einen halbwegs funktionierenden Markt, auf dem die genannten Utensilien gekauft werden konnten. Lehrlinge und Hilfsarbeiter verfügten jedoch nur selten über ausreichende Mittel; sie stießen bei dem Versuch, ihrem Entwurf nahezukommen, immer wieder auf enge materielle Grenzen: "Und so ham ma uns eben zamm (haben wir uns arrangiert, d. Verf.), obwohl ma gwußt ham, mia ham an gewissen Horizont, do gibts ka Weiter. Wie kummst zu an Geld? Auf reale Weise ist das unmöglich."[14]

Zur Beschaffung der Distinktionsmittel mußte oft ein hohes Maß an Energie und Phantasie aufgewendet werden. Die Fähigkeit zur Improvisation war von großer Bedeutung, um das Manko an Kaufkraft auszugleichen. Um zum Beispiel aus einem gewöhnlichen Hut "eine Hüsn" zu machen, wurde der Filz in Wasser eingeweicht, die vordere Krempe über eine Tischkante nach unten gebogen, und der Hut in dieser Stellung über Nacht zum Trocknen belassen.[15] Die einreihigen Sakkos von Vätern und Onkeln aus der Vorkriegszeit wurden zu "Doppelreihern" mit einem oder zwei Knöpfen "umgebaut".[16] Mit alten Gummisohlen versuchten Jugendliche, aus ihren einfachen Schuhen die begehrten "Doppelböck" zu machen.[17] Wenn auch eine gewisse Grundausstattung mit dem eigenen Lohn nach und nach angeschafft werden konnte, besaßen viele "Schlurfs" nur einen einzigen "schönen" Rock und eine "schöne" Hose, und selbst diese entsprachen nicht immer ihren Wünschen: "Wir woan domois schon modisch, oba es hot jo net was i wos geben, und des wirklich Schöne hot jo zu vü Göd kost."[18] Einen "Papauer Hut", ein "Heizmann Hemd" oder "Dunzinger Schuhe", von denen einige unserer Interviewpartner träumten, konnten sie sich meist nicht leisten. Viele versuchten, das rare Rohmaterial für die ersehnten Utensilien im Schleichhandel zu erwerben und es je nach finanziellen Möglichkeiten von Freunden, Nachbarn oder kleinen Handwerkern nach den eigenen Vorstellungen bearbeiten zu lassen.

Diverse "Verbindungen", ob über Verwandte im Ausland, die ab und zu Krawatten oder Schallplatten schickten, Freunde und Bekannte, die als Soldaten im besetzten Frankreich und Belgien viel besseren Zugang zu den begehrten Waren hatten, oder eigene Kontakte zum "Schwarzen Markt", und sei es nur, um sich mehr Zigaretten zu verschaffen, stellten wesentliche Möglichkeiten dar, an die begehrten Distinktionsmittel zu gelangen. Der Zusammenschluß zur Gruppe hatte für die Jugendlichen nicht zuletzt die Funktion, den "begrenzten Horizont" der materiellen Möglichkeiten des einzelnen durch ein kollektives Wissen und kollektive Strategien auszuweiten. So wurde Geld zusammengelegt, um einen Kinobesuch zu finanzieren oder eine Schallplatte zu kaufen:

> "Und die Schallplattn is dann so vor sich gangen, daß halt ein jeder irgendwas beitragt. Do hams gsagt, do werdns die und die Schallplattn kaufn, und der eine hot hoit des geben und der andere des und der andere des, und so is halt dann a Plattn erwirtschaftet worden. Und natürlich dann ham alle ghorcht, wann die neue Plattn da war."[19]

Die unter solchen Mühen beschafften Dinge hatten für die Jugendlichen entsprechend hohen Wert, und die jeweils erreichte Annäherung an den Entwurf wurde genau registriert:

"Also, zum Beispiel: I hob trogn: ein weinrotes Sakko, tennisgestreift, mit weißen Tennisstreifen drinn, weite, schräg gschnittene Taschen, die Reversspitzen grau, ziemlich breit. Das Sakko woar zu meiner Körpergröße 85 Zentimeter lang, also des is ungefähr bis zum Knie gangen. Die Hose woar 30 bis 32 Zentimeter breit und hat 10 bis 12 Zentimeter Stulpen ghabt."[20] - "Do sans jo grennt mitn Zentimetermaß: I hob a breitere Hosn! Bis 32 Zentimeter. I weiß goar net, wo ma do gmessn ham. So die Breite oder irgendwie. I kann mi nur erinnern: der hat a 28er Hosn ghabt und der a 32er. Aber des woar unten gemessen, wie breit."[21]

Die Kleidung wurde sorgfältig gepflegt und beim Tanzen achtete man auf die mühsam erworbenen Schuhe: "...Na wui, wehe do is uns ana auf die Schuach gstiegen! Das war jo a Vabrechen, auf die Schuach steign beim Tanzn. Do hamma schon a Fetzerle außegnommen und die Schuach wieda putzt."[22]

Die komplette "Schlurf-Schale" wurde nur bei besonderen Gelegenheiten getragen: in der Hauptsache bei Gruppenaktivitäten am Wochenende. Während der Arbeitstage und bei den allabendlichen Treffen blieben meist nur Frisur und Zigarette.

Kompromisse: Unterschiedliche Möglichkeiten zur Realisierung der Entwürfe (Privatbesitz)

In dieser Spannung von Entwurf und Möglichkeit waren auch manche der Handlungen angesiedelt, die normalerweise als "delinquent" oder "kriminell" bezeichnet werden. Für einige Jugendliche wurde während des Krieges der Diebstahl von Distinktionsmitteln oder von Waren, die am schwarzen Markt einen sehr hohen Kurs erreichten, wie zum Beispiel Zigaretten, zu einem subjektiv adäquaten Weg, mit den Hindernissen, die sich einem "guten Leben" entgegenstellten, fertigzuwerden.

Jenen Orten, an denen auch im nationalsozialistischen Wien immer noch exzellente Swingbands spielten, den eleganten Bars und Clubs der Wiener Innenstadt, blieben die Jugendlichen aus der Arbeiterschaft zumeist fern.[23] So wie sie bei dem Versuch, sich "elegante" Kleidung anzuschaffen, zu Kompromissen und Improvisationen genötigt waren, blieben sie auch bei der Swingmusik meistens auf den Ersatz der "Originale" angewiesen, das heißt auf Schallplatten oder auf Bands, die von jenen bürgerlichen Jugendlichen, die in den Bars der Innenstadt ihrer Begeisterung für Jazz und "mondäne" englische Kleidung nachgingen, als zweit- und drittklassig eingeschätzt wurden.

Die jugendlichen "Schlurfs" waren zumeist auf öffentliche und halböffentliche Räume angewiesen, um sich mit Gleichgesinnten zu treffen und ihren Vorlieben nachzugehen. Nur wenige Gruppen hatten das Privileg, private Orte, etwa die Wohnung der Eltern, an Wochenenden zum Tanzen und zum gemeinsamen Hören von Schallplatten zu benützen. Bezeichnenderweise spielten sich die erzählten Ereignisse und Aktivitäten der "Schlurfs" überwiegend in der warmen Jahreszeit ab. Die zentralen Orte ihres Gruppenlebens bestimmten sich aus der sozialen Topographie der Großstadt: die Gassen, Straßen und Plätze, die Parks und der Prater waren ihr Gelände. "Wilde Natur" hingegen, die das Ausflugsziel der deutschen "Edelweißpiraten" und zuvor der bürgerlichen Jugendbewegung und der organisierten proletarischen Jugendgruppen gewesen war, zog die Wiener "Schlurfe" nicht an. Sie wäre mit ihrem Anspruch, "elegant" zu sein in Konflikt geraten: "Nix! Jössas Maria! Na, do hätt i doch mein überlanges Sakkl (Sakko) net tragn können, in da Wüdnis!"[24]

Neben den Straßenecken ("Kinoeck, Trafikeck, Kaffeehauseck, do hots vaschiedane Ecken gegeben..."[25]) und den kleinen und großen Parks der Arbeiterbezirke, die auch weiterhin von den Peer Groups der Kinder und Jugendlichen bevölkert wurden, trafen sich die "Schlurfs" in bestimmten Kaffeehäusern und in einigen städtischen Bädern. Die so heiß geliebte Swingmusik mußten sie hier allerdings selbst organisieren. Das gemeinsam benützte Koffergrammophon machte es möglich.[26] Aber auch bei den Ringelspielen, die an mehreren Plätzen in den Wiener Arbeiterbezirken das ganze Jahr über aufgestellt waren, bot sich den Jugendlichen die Möglichkeit, "Swing" über die Lautsprecher zu hören. Für viele "Schlurf"gruppen waren diese Ringelspiele feste Treffpunkte; sie zogen Jugendliche aus den benachbarten Bezirken an und wurden so - gemessen an der eher kleinräumigen Territorialität traditioneller Kinder- und Jugendgruppen - zu überlokalen Versammlungsorten.[27] Bei einem Ringelspiel im Wiener Prater, beim "Dovogan"[28] im Wiental und anderswo konnten die Jugendlichen die neuesten "Schellacks" hören, die kaum im Radio gespielt wurden. Die öffentliche Zugänglichkeit dieser Orte kompensierte die fehlende Kaufkraft der Jugendlichen und eröffnete ihnen die Möglichkeit, die Produkte der neuen Unterhaltungsindustrien zu konsumieren:

> "Do haumma si hingstellt um zu lauschen der Musik. Wann guate Plattn kommen, san ma gstanden, ham unsa Zigaretten graucht, haum überhaupt nie gschaut, wies Ringelspiel foahn. Des woar goar net so wichtig. Nur die Musik woar uns wichtig. Dann sanma wieder ham."[29]

Ringelspiel in Wien 15, Schweglerstraße, ein Treffpunkt der "Schlurfs"; davor ein "Schlurf" in der typischen "lässigen" Pose (Privatbesitz)

Das während des Krieges verhängte Tanzverbot zwang die "Schlurfs" zu Heimlichkeit. In einer "stillen Ecke" zwischen den Prater-Buden zum Beispiel drehten sie schnell einen Tanz zu einer "heißen Nummer", die der Ringelspielbesitzer für sie zwischen "harmlosen Nummern" einschob.[30] Von einer anderen Gruppe wissen wir, daß sie sich in einem Park traf und die Älteren zur Musik aus dem Koffergrammophon tanzten. Die Jüngsten, die sich ihre Zugehörigkeit zu dieser Gruppe erst "erarbeiten" ("zuwiwoxn") mußten, verrichteten dabei Hilfsdienste: Sie säuberten die Parkbank für das mitgebrachte Grammophon, spritzten Wasser auf den Kies, damit die langen Hosenbeine der von ihnen bewunderten Tänzer nicht allzu staubig wurden, und standen "Schmiere", um vor herannahenden Polizei- oder HJ-Streifen zu warnen.[31]

Die einzige "offizielle", für die Arbeiterjugendlichen erschwingliche Möglichkeit, auch während des allgemeinen Tanzverbots tanzen zu gehen, war die sogenannte "Perfektion". In einigen Tanzschulen fiel an bestimmten Wochentagen der Unterricht zugunsten der "freien Übung" aus. Diese Stunden wurden häufig von den "Schlurfs" genützt, um zu tanzen und um Mädchen kennenzulernen. Einige Tanzschulen waren dafür bekannt, daß sie häufig von den Bräuten und Ehefrauen der abwesenden Soldaten frequentiert wurden.[32]

Ein weiterer, für die "Schlurfs" überaus bedeutsamer Ort war das Kino. Bis 1941 waren hier zu relativ niedrigen Eintrittspreisen amerikanische Spielfilme zu sehen.[33] Aber auch den Versuchen der UFA, die Musikfilme aus Hollywood

Das Koffergrammophon erlaubte es den Jugendlichen, Swing in Parks oder Bädern zu hören. Aufnahme: 1945, auf einer Donauwiese, kurz nach Kriegsende (Privatbesitz)

nachzuahmen, konnten die "Schlurfs" etwas abgewinnen. So taucht in ihren Erzählungen immer wieder der Schauspieler Johannes Heesters auf: "Der hot a typische Schlurffrisur damals auch getragen, net, (...) und hot breite Hosen und lange Sakkos anghobt."[34]

Unter den Plätzen der Stadt, die die "Schlurfs" frequentierten, kam dem Wiener Prater eine besondere Bedeutung zu. Abgesehen von den Ringelspielen entwickelte sich das "Zweite Kaffee" zu einem Treffpunkt einiger Gruppen aus verschiedenen Bezirken und gewann für diese Jugendlichen zentrale Bedeutung. Hier gab es die Möglichkeit, Swingmusik life zu hören:

> "Aber die Sensation woar: dann hams gspielt den ‚Tiger Rag'. Hams des Licht abdreht, des is so düster kommen, do hot ma nur die Kapelle gesehn und die ham dann gspielt: ‚Wo is der Tiger?' - und do is dann ana umananderghupft mit einer Art Tigergwandl, der hat den Tiger gspielt. Na do woar a Halloh!"[35]
> "...und die heißeste Musik woar jo des, wanns dann in Tiger-Rag brocht haum. Na dann: ‚Wieda! Wiederholung!' und noamoi (nocheinmal) poscht (applaudiert) und noamoi ‚Wiederholung!' - Oiso die hättn praktisch nua so a Musik spün können."[36]

Auch hier war die "Schlurffrisur" das zentrale Mittel der Distinktion, gleichsam der "Ausweis" der Zugehörigkeit:

> "Unter der Wochen woan ma beim Ringelspiel oder auf da Ecken, und Samstog/Sonntog sanma in Prater runtergfoan (...) Do (im Zweiten Kaffee, d. Verf.) hots überhaupt kane aundern geben, weil do hat a aunderer (einer, den die "Schlurfs" nicht zu ihresgleichen zählten, d. Verf.) eh kan Auftrog ghobt. Weil den hams scho obprasselt (geprüft, d. Verf.), bevor er bei der Tür einigangen is, wann do ana kommt mit kurze Hoar..."[37]

3. Die Abgrenzbarkeit des Phänomens

Die Spannung zwischen Entwurf und Möglichkeiten prägte also neben den oben angerissenen Versuchen und Wegen, die begehrten Waren zu erlangen, auch die Vorliebe für bestimmte Orte; ein Zwang zum Kompromiß, der aber nicht unbedingt als Mangel erfahren werden mußte, bot er doch immerhin die Chance, sich der angestrebten "Eleganz" anzunähern. Die spezifische Art der Entwürfe und Selbststilisierungen macht klar, daß die Wiener "Schlurfs" kaum dem "Typ Edelweißpiraten" oder dem "Typ Meuten" zuzuordnen sind. Die "Edelweißpiraten" trugen nach Peukert eine völlig andere Kleidung (vor allem kurze Lederhosen, weiße Strümpfe, Windjacken u.ä.), wenn sie - ganz im Unterschied zu den Wiener "Schlurfs" - in "bündischer" Tradition "auf Fahrt" gingen und an Seen und auf Hütten ihre Lieder zur Gitarre sangen. Die Leipziger "Meuten" sollen, ähnlich gekleidet wie die "Edelweißpiraten", Symbole der kommunistischen Jugend in ihrer Selbststilisierung verwendet haben. Von jenen bürgerlichen Jugendlichen, die in der Literatur dem Typus der "Swing-Jugend" zugeordnet werden und die es auch in Wien gegeben hat, unterschieden sich die "Schlurfs" vor allem durch ihre materiellen Existenzbedingungen, aus denen völlig andere Möglichkeiten zur Realisierung ihrer Entwürfe resultierten.

Die Vorliebe für Swing, Modetänze, Kino oder lässig-vornehme Kleidung war andererseits keineswegs ein Monopol der "Schlurfs", sondern läßt sich in mehr oder weniger ausgeprägter Form und Vollständigkeit und in Verbindung mit Elementen anderer Bedeutungssysteme (z.B. dem der Peer Groups der Arbeiterkinder, dem der zumindest informell organisierten sozialistischen Jugendlichen oder dem der HJ) bei vielen, damals jungen Leuten nachweisen. Die besondere Kohärenz jedoch, mit der die "Schlurfs" an der Selbststilisierung in ihrer Gesamtheit festhielten, der hohe Grad an Verbindlichkeit, den ihre Entwürfe vor allen anderen symbolischen Systemen für sie hatten (was, nebenbei bemerkt, nicht mit der Selbstzurechnung zum Begriff zu verwechseln ist), und die hartnäckige Intensität, mit der sie die Wirklichkeit ihrer Vorstellung anzunähern versuchten, lassen es dennoch begründet erscheinen, in den Wiener "Schlurfs" ein eigenständiges historisches Phänomen zu sehen. Herr S., der in einer traditionellen Peer Group aufgewachsen ist, distanziert sich nach genau diesem Modus von den "Schlurfs":

> "Der Schluaf wor mehr Dandy, so wie a Dandy: ganz glatte Hoar, mit da Brillantin fest eingschmiert. Söwa hob i des a gmocht, oiso ma hat jo des olles nachgemacht. Nur für uns woar des jo uninteressant, weil die Frisur die woar jo glei weg, bei dem wos mia gmocht ham. Oba i bin a amoi so gangen (...) Jo freili hot ma des gekannt. Schon von weitem die glottn Hoa, ganz glatt, so fett, alles hat miaßn glänzen, und scho allane wie s daher kommen san, immer etepetete. Die ham sich auch in Gruppen gebildet, ham sich meistens bei Kinos aufghalten, die warn immer im Kino, diese Schluafs. Also des woa für die wahrscheinlich das Amen im Gebet. Kino hat uns überhaupt net interessiert."[38]

Otto F. hingegen, der als linker Jugendlicher und Maschinenschlosserlehrling in einem Wiener Großbetrieb einer informellen Gruppe sozialistischer Jugendlicher angehörte, die sich auf Schitouren und Ausflügen immer wieder über ihr politisches Selbstverständnis und "die Lage" verständigten, begründet seine Distanz zu den "Schlurfs" aus deren "Asozialität"; ihre Lässigkeit und ihr mangelndes Arbeitsethos hätten ihn "irgendwie unangenehm berührt". Fast im gleichen Atemzug erzählt er jedoch, daß er sich von seinen ersten Gehältern nach und nach eine der "Schlurf-Schale" sehr ähnliche, elegante Kleidung gekauft habe.[39]

Auch die ehemaligen "Schlurfs" wissen um die Differenz zu anderen Jugendlichen der Arbeiterklasse. Sie formulieren diese Distanz meist in Vokabeln des sozialen Alters: Die Anderen wären ja "noch Kinder" gewesen und hätten sich dementsprechend nur mit "Kindereien" abgegeben.[40] Sie wissen aber auch über subtile Unterscheidungen innerhalb der sogenannten "Schlurf"-Jugend zu berichten. Auch die zu den "Schlurfs" gezählten Jugendlichen waren keine homogene und solidarische Gruppe. Unterschiede, die für unsere Interviewpartner bei ihrem Versuch der Selbstverortung von höchster Wichtigkeit sind, werden durch die eingangs erläuterte Unschärfe des Begriffs "Schlurf" verwischt. Jeder, der sich als ehemaliger "Schlurf" begreift oder begriffen weiß, grenzt sich von anderen Gruppen ab, die - obwohl ebenfalls als "Schlurfs" bezeichnet - stärker oder schwächer stigmatisiert waren als die jeweils eigene

Gruppe. Diesen höchst differenzierten Vorgang der Zuordnung und Ausschließung veranschaulicht ein Zitat aus der Erzählung von Herrn G.:

"Es hot jo, kann man ruhig sogn, drei Kategorien gegeben, was man als ‚Schluaf' bezeichnen kann. Angezogen waren alle gleich, ob da jetzt der Schluaf woar, dem's nur ums Anziehen gangen is. Dann hats eine Gruppe gegeben, die woan genauso angezogen wie die harmlosen Schluaf, aber das woarn schon die Beißer, die Stänkerer, die auf jede Raufferei gleich aus waren, wanns um Madln gangen is und so weiter. Und dann die dritte Gruppe, das woarn die Kriminellen, net, das woarn die Zuhälter. Man kann sagen, die drei Gruppen hat es gegeben. Aber die ham sich allerweil irgendwie distanziert. Weil der Raufer oder Stänkerer hot sich mit die Soliden, was mia waren, net vü abgegeben. Und vor den anderen, den Kriminellen, hot er Federn (Angst) gehabt. Do woan ungefähr so drei Gruppen, kann man sagn. Aber wie gesagt, gekleidet ham sich alle gleich."[41]

4. Formen der Verweigerung

Die von den "Schlurfs" zur Schau getragene Lässigkeit symbolisierte nicht zuletzt den Gegensatz zur Hitler-Jugend; jedenfalls erscheint das heute im Rückblick manchem ehemaligen "Schlurf" plausibel: "Das Typische woar, daß man lässig gangen is. Weil bei der HJ is ja zackig marschiert worden, der Schritt woar jo anders: Stramme Haltung, Bauch hinein, Brust heraus, Augen geradeaus (...)"[42]

Das bedeutete allerdings nicht, daß die symbolische Differenz zur NS-Kultur auch zu einer expliziten Gegnerschaft führen mußte. Wir sind auch auf Beispiele der "Vermischung" gestoßen, wenn etwa über der HJ-Uniform der lange "Schlurfmantel" getragen wurde[43], der Jugendliche mit seiner "Schlurffrisur" zum Dienst bei der HJ erschien, oder scheinbar abrupte Übertritte von einer "Schlurf"-Gruppe zur Hitler-Jugend erfolgten.[44]

Wie aus den Akten des Wiener "Gaujugendamtes", des "Jugendgerichtshofes" und aus unseren Interviews hervorgeht, entzog sich jedoch die Mehrzahl der "Schlurfs" nach ersten Erfahrungen dem Dienst in der Hitler-Jugend. Dafür wird eine Vielfalt von Motiven angegeben. Je nach Eloquenz der Interviewpartner reichen die Begründungen von der einfachen Feststellung "Es hat mir nicht gefallen" bis zu differenzierten Darlegungen, in denen auf die vorgängige Gassensozialisation Bezug genommen wird:

"Jo die Spiele und des olles, des woar recht schön natürlich die erste Zeit. (...) nachdem man da einer totalen Disziplin unterworfen ist worden, was ja einer Freiheitsberaubung in dem Sinn gleichkommt. Weil des hot uns jo nicht gepaßt, weil wir auch so unter uns, wenn ich halt wieder sag ‚Plattn' (meint die Gruppe der "Gassenkinder" d. Verf.), so hot jo da ein jeder gemacht was er wollen hat und wenn er gsogt hot, wie man so auf Deutsch sogt: Jetzt hau ich den Hut drauf, daunn is er hamgangen, hat er das stehnlassen. Und das war dort nicht. Auf einmal ist es angegangen, wenn man sich do widerspenstig zeigt hot, ja der schafft dir an zehn Liegestütz und was weiß ich, na ja, do woar des Ganze schon vorbei, weil das war jetzt ein Zwang ... und ich bin ja schließlich freiwillig dort hingegangen und hob kein Interesse ghobt in der Richtung."[45]

Die Zehn- bis Vierzehnjährigen erlebten das "Deutsche Jungvolk" (DJ) vielfach als eine Chance, die "alte" Armutskultur über die scheinbare Egalität in der Gruppe, die durch ein Angebot von Symbolen der Geltung (Dolche, Wimpel, Uniformen) und für die meisten Arbeiterkinder sonst unerreichbaren Dingen erzeugt wurde, zu verlassen.[46] Den Übertritt in die Hitler-Jugend (HJ) hingegen erlebten viele als plötzlichen Entfremdungsschub: Die hier einsetzende vormilitärische Disziplinierung - verbunden mit einer Hierarchisierung und Bürokratisierung - zerstörte den vorher erweckten Anschein der Egalität. Das, was die Attraktionen des "Jungvolkes" ausgemacht hatte, war nun nur im Wege des Aufstiegs innerhalb der HJ-Hierarchie, also vermittels einer Haltung der Askese erlangbar. Dieses Angebot konnte von vielen Arbeiterjugendlichen nicht genützt werden, da sie aufgrund ihrer materiellen Existenzbedingungen und ihrer Position innerhalb der Sozialstruktur als Beherrschte nicht über die notwendigen Neigungen und Kompetenzen verfügten, um es als solches überhaupt wahrzunehmen. Denn die dazu erforderlichen Fähigkeiten und der Hang zur Askese lassen sich in der Arbeiterklasse nur für ihre "obersten", am sozialen Aufstieg orientierten Fraktionen ausmachen. Das Ausscheiden vieler Arbeiterjugendlicher aus der HJ kann daher nicht als das Resultat eines bewußt inszenierten "Klassenkampfes" seitens kleinbürgerlicher HJ-Führer begriffen werden, sondern war die Folge einer verdeckten sozialen Selektion, die wie eine Art "Selbstausschluß" der Arbeiterjugendlichen erscheint:[47] "Na, des hot mir nicht taugt. Weils gheißen hot: Frische Luft und Bewegung! - Sag ich: frische Luft, Bewegung mach ich selber! Wann ich will und mit wem ich will und wie ich will. Aber ich laß mir den Willen nicht aufzwingen."[48]

Während sich die Mobilitätskanäle der HJ solcherart als sozial selektiv erwiesen, waren die Jugendlichen nach ihrem Eintritt in das Erwerbsleben erstmals nicht auf kostenlose Angebote angewiesen. Mit dem ersten selbstverdienten Geld konnten sie die Idee eines "guten Lebens" außerhalb der "Staatsjugend" über den Markt in Ansätzen realisieren. Die Vor-Bilder dazu lieferten ihnen die neuen Unterhaltungsindustrien, Element des neuen Reproduktionsmodus innerhalb der kapitalistischen Produktionsweise. Die Hollywood-Filme, schon in den dreißiger Jahren begeistert gesehen, konnten nun von den "Schlurfs"- im Gegensatz zu anderen Arbeiterjugendlichen - nicht bloß als Fiction, sondern als Ausdruck einer anderen, neuen Lebensweise gelesen werden: Auch für die Beherrschten sollte, so ihre Leseart, der Zugang zu den eleganten Waren und die freie Zeit, sie zu genießen, möglich sein.

Wie gelang es nun aber einem Jugendlichen, sich dem Beitritt zur HJ bzw. der regelmäßigen Teilnahme an ihren Aktivitäten zu entziehen? Bisher haben wir vor allem zwei gebräuchliche Formen gefunden: Der Jugendliche betonte seine Unabkömmlichkeit vom Betrieb und argumentierte gleichsam im Kontext der herrschenden Ideologie, zum Beispiel: Die lange Wegzeit von und zur Arbeit mache es ihm unmöglich, an den Heimabenden und Aktionen der HJ teilzunehmen. Oder er bediente sich der NS-Phraseologie:

> "Sie (Funktionäre der HJ) sind zwei, drei mal gekommen. Ich hab gesagt: Ich hab keine Zeit. Wieso hast keine Zeit? Ich muß arbeiten in der Bäckerei, ich muß ja schlafen auch. Ich muß ja schauen, daß die Volksgenossen am nächsten Tag ihr Brot haben, nicht..."[49]

Um sich einer solchen List zur Vermeidung des Konflikts zu bedienen, stützten sich die Jugendlichen auf ihre sprachliche Kompetenz. Eine andere Strategie bestand darin, einfach nicht hinzugehen und dem drohenden Konflikt durch "Untertauchen" in den angeeigneten Räumen der Großstadt zu "entfliehen". Dazu bedurfte es der intimen Kenntnis der Örtlichkeiten und der starken Eingebundenheit in eine Peer Group.

Eine weitere Form der Verweigerung kann in Kontakten zum "Schwarzmarkt" gesehen werden, die für den "Schlurf" große Bedeutung erlangen konnten, da er unter anderem über sie an die begehrten Distinktionsmittel herankam. Mit großer Wahrscheinlichkeit wurde der "Schlurf" auch zum "Schwarzhörer", der sich zwar zunächst nur für seine Swingmusik interessierte, über kurz oder lang aber über die Sender "BBC London" oder "Freies Calais" Informationen über den Kriegsverlauf erhielt, die er nun mit der NS-Propaganda verglich.

Unter der kaum bestimmbaren Anzahl von Arbeitern, die versuchten, sich dem Arbeitsdruck in den Betrieben der NS-Wirtschaft zu entziehen, befanden sich auch zahlreiche Jugendliche, unter ihnen viele "Schlurfs". Die hier praktizierten Formen der Verweigerung waren vor allem langsames Arbeiten und häufiges Fernbleiben. Darüber konnten die "Schlurfs" nicht nur mit ihren vorgesetzten Meistern und der Unternehmensleitung, sondern auch mit ihren Kollegen in Konflikt geraten. So lautet zum Beispiel die Eintragung in einem Mündelakt des Wiener "Gaujugendamtes" vom 22. 10. 1942:

> "Km (Kindesmutter, d. Verf.) teilt mit, daß der Mj. (Minderjährige) am 19. (10. 1942) nachm. seinen Arbeitsplatz verließ, nachmittags von der Polizei perlustriert, geschoren wurde, Dienstag aber von der Gestapo abgeholt wurde, da er nachdem er wegen seiner geschorenen Haare von den Arbeitskameraden gehänselt wurde, irgendetwas zu Boden warf, woraufhin ihn die Polizei abführte. Mj. dzt. in Haft."[50]

Im Bericht der Firmenleitung an das Arbeitsamt heißt es über denselben Jugendlichen:

> "Am 19. (10. 1942) hat er sich mittags ohne Erlaubnis vom Arbeitsplatz entfernt und ist herumgelungert, dabei wurde er von der Polizei aufgegriffen und vorübergehend in Haft genommen, wobei ihm strafweise die Haare geschoren wurden, da er das Benehmen eines Schlurfes an den Tag legte."[51]

Der Genannte arbeitete in einem Rüstungsbetrieb. Aus Zorn über die Hänseleien seiner Arbeitskollegen warf er hintereinander 20 Schamottröhren zu Boden. "Arbeitskameraden", so berichtete die Firmenleitung, machten ihn vergeblich darauf aufmerksam, daß diese Röhren "nur sehr schwer zu beschaffen sind" und kriegswichtige Bedeutung hätten.[52]

Manche Jugendliche blieben oft einige Tage der Arbeit fern. Solche Arbeitsverweigerungen scheinen ein beträchtliches Ausmaß angenommen zu haben, jedenfalls erweckt der in den Akten des "Jugendgerichtshofs" enthaltene umfangreiche Schriftverkehr zwischen den Betrieben und dem "Reichstreuhänder der Arbeit" diesen Eindruck. Unerlaubtes Fernbleiben von der Arbeit wurde in der Regel mit Jugendarrest bestraft. Als ein Beispiel sei die Beschwerde der Wiener "Werkstätten für Präzisionsmechanik" zitiert, die am 17. 8. 1942 den "Schlurf" Karl L. beim "Reichstreuhänder der Arbeit" zur Anzeige brachten:

"Unserem Betrieb wurde durch den zuständigen Sonderausschuß und das hiesige Rüstungskommando eine erhöhte Heeresfertigung vorgeschrieben, hierfür erhielten wir durch das Arbeitsamt einige Feinmechaniker und einige jugendliche Hilfsarbeiter und Arbeiterinnen als Anlernlinge zugewiesen. Die Arbeit mit den jugendlichen Hilfsarbeitern erweist sich als ungemein schwierig. Diese haben in der kurzen Zeit ihrer Tätigkeit in unserem Betrieb die meisten Abwesenheiten aufzuweisen. Insbesondere trifft dies für den jugendlichen Hilfsarbeiter Karl L., geb.(...) 1925 in Wien, wohnhaft in Wien X, (...) zu, welcher trotz aller Ermahnungen und Vorstellungen zur Einhaltung einer regelmäßigen Arbeitszeit nicht zu verhalten ist. (...) Am 13.ds.M. erschien er ganz kurz, um seine Arbeitsdokumente zum Zwecke einer Musterung zu holen. Am Freitag, den 14.ds.M. arbeitete er nur einige Stunden und vom 15.8.42 bis zum heutigen Tage blieb er gleichfalls ohne jede Entschuldigung und Krankmeldung von seiner Arbeitsstätte weg. L. ist demnach als arbeitsscheuer Mensch zu bezeichnen. Wir bitten um Verfügung der für solche Fälle vorgesehenen Maßnahmen."[53]

Die häufigste Form der Sanktionierung solcher Arbeitsverweigerungen war der Wochenendkarzer.[54] In dem Bericht eines Ministerialdirektors vom 1. September 1941 über die Verhältnisse im Wiener Jugendstrafvollzug wird festgestellt:

"Zur Zeit ist Wien mit der Vollstreckung von 200 (!) Wochenendkarzern im Rückstand. Man hofft diesen Rückstand bis Januar (!) aufgeholt zu haben. Ob sich diese Hoffnung erfüllt, erscheint sehr zweifelhaft, da in der Regel mindestens die Hälfte der Jugendlichen nicht zum Antritt des Arrestes erscheint und die Räume dann leerstehen."[55]

Im Verlauf des Krieges wurden immer jüngere Jugendliche zum Kriegsdienst oder zu anderen Hilfsdiensten eingezogen. Die Berufsschule Mollardgasse wurde für einen Teil der "Schlurfs" zu einem wichtigen Umschlagplatz für subversives Wissen um die Möglichkeiten, sich diesen Rekrutierungen zu entziehen: "Oiso do hots a an Schwoazmoakt geben: Wie kann i mi druckn vorm Militär, wie moch i des und so."[56] Die Jugendlichen tauschten Informationen über die Stellungskommissionen aus und vermittelten einander Wissen über Rezepte und Mittel, um schwere körperliche Erkrankungen auszulösen. Vor der Musterung tranken sie erhitztes Öl aus Sardinendosen oder rauchten in Essig getauchte Zigaretten, um Gelbsucht, Übelkeit und Kreislaufstörungen hervorzurufen. Einigen Jugendlichen scheint es darüberhinaus gelungen zu sein, vollständig in den ihnen vertrauten Vierteln der Stadt, insbesondere im Wiener Prater, "unterzutauchen".

Die "Schlurfs" verweigerten sich aber nicht nur den Zumutungen des NS-Staates, sondern gerieten über ihre Selbststilisierung auch in Distanz zu ihrer Stammkultur: "...allein schon, wenn da Bua angläutet hot mit an Schwalbenschwanz, und wollt an anderen Buam abholen, des woa schon... des sieht schon der Nachbar, - sieht man net gern."[57]

Einige "Schlurfs" verweigerten ihren Familien jene Solidarität, die in der alten Armutskultur einen notwendigen Beitrag zum Überleben dargestellt hatte. Vor allem jene, für die die soziale Organisation der Peer Group von besonderer Wichtigkeit war, unterstützten kaum ihre Familienangehörigen beim Sammeln von Brennmaterial oder bei der "Organisierung" von Nahrungsmitteln am Schwarzmarkt. "Während die Schluaf zum Beispiel diese Anti-Familie woarn - die woan lieber in der Plottn wie in der Familie - (...) des woa ihnen zehn Moi wichtiger wie die Familie."[58]

Die Mehrzahl der "Schlurfs" dürfte sich dem Dienst in der HJ entzogen haben und mit der Kultur ihrer Klasse in Konflikt geraten sein. Die zusätzliche Verweigerung der Arbeitsleistung in den Betrieben und die Verweigerung des "Wehrdienstes" hingegen lassen sich vor allem bei Gruppen nachweisen, die zudem mit HJ und Polizei in bewußt gesuchte körperliche Auseinandersetzung traten, die wir im folgenden als "Opposition" bezeichnen werden.

5. Opposition

Nur ein Teil der Wiener "Schlurfs" stand in einer "kämpferischen" Opposition zum nationalsozialistischen Regime, und zwar jener, der in dem Versuch, seine Selbststilisierung aufrechtzuerhalten, wesentlich auf die soziale Organisationsform der Peer Group angewiesen war. Die mit ihr verbundene Aneignung öffentlicher Räume stellte die provokanteste Herausforderung der Agenten des faschistischen Staates und seiner "Staatsjugend" dar.

Zur symbolischen und praktischen Aneignung öffentlicher Orte bedurften die Jugendlichen einer klassenspezifischen Kompetenz: ihrer körperlichen Fähigkeiten. Die traditionellen Strategien der "Straßenjungen" und "Platten" aus der "culture of poverty" amalgamierten mit der "modisch-eleganten" Selbststilisierung. Ihr körperlicher Einsatz richtete sich nicht nur gegen die Hitler-Jugend, sondern immer auch gegen das Eindringen oder die Anwesenheit von "Fremden", also von Personen, die nicht der eigenen Gruppe zugerechnet wurden:

> "Mia woan dort (bei einem Ringelspiel, d. Verf.) wia daham (sic!), mia hom nix zaumghaut, mia san, mia hom dort unser Zeit vabrocht. No homma gsogt: Wos is heit, gemma ins Kino? Und morgen gemma tanzen und 's nächstemoi zeigma denen in Atzgersdorf (einer anderen Schlurfgruppe bei einem Ringelspiel, d. Verf.), wos da Dovogan in Meidling is, und do hamma de aunständig birnt, weil die an von uns ghaut hom... Do worn oft fünfzig, sechzig Buam, des woar wie abgesprochen."[59]

Die Wiener "Schlurfs" benützten in der Tradition der Peer Group das Ritual der Beleidigung, um "Eindringlinge" und "Fremde" zu provozieren und sie an ihren Reaktionen zu erkennen. In der einfachsten Form wurde dabei kein Wort gesprochen, ein stummer Blickwechsel genügte, um die Fremdheit festzustellen und eine Schlägerei zu beginnen. Es konnte aber auch ein ganzes Repertoir fein abgestufter Aufforderungen zum Verlassen des Territoriums angewendet werden: "Der is schon hingangen und hot gsogt: Geh dra di doda (verschwinde von hier!) oder irgend so wos, net. So augsteßn (angestoßen) amoi vorsichtig. Is er (der Fremde) gangen, woa ois erledigt, is er net gangen, na hots meistens an Wirbel gebm."[60]

Diese territorialen Auseinandersetzungen zwischen verschiedenen "Schlurf"-gruppen dienten zur Aufrechterhaltung der sozialen Organisation: Hatte eine Gruppe den Anspruch einer anderen auf ungetrübte Dominanz in ihrem Gebiet verletzt, kam es zur Planung und Durchführung von "Vergeltungszügen" in das Gebiet der "Feinde". Auch bei anderen Verletzungen der subkulturellen Normen übernahm es die Gruppe, jedes ihrer Mitglieder zu verteidigen und gegebenenfalls zu "rächen".

"Na stö da vor, gestern geh i mit da Kotz (mit der Freundin), was i, auf amoi bin i am Ring, na de (die Feinde) hom mi birnt (verprügelt). Na schauts mi aun! Wo woar des? Wo woa des? - Herst host schon ghört, den Karli homs birnt, do miaß ma wos mochen! - ... Am Freitog, wann mochst du Schluß? - Lehrbuam olles, net - um sechse bin i do, okay, um sechse treff ma uns beim Dobal! (beim Ringelspiel, d. Verf.) Um sechse sanma daun eini, in de Tramway über Maschek (von der Rückseite, d. Verf.), zoit homma nie, und san durt umegfoan und daun is losgaunga. (...) nau homma a Vagötung (Vergeltung) gmocht, oba nur Fäust..."[61]

Die Verletzung des subkulturellen Normensystems wurde kollektiv sanktioniert. Innerhalb der Gruppe genoß vor allem derjenige Ansehen, der sich im "Faustkampf", sei es zur Verteidigung des beanspruchten Gebiets, sei es zur Vergeltung anderer Normverletzungen, bewährte. Um in einer solchen Gruppe anerkannt zu werden, mußte der "Neue" in mehreren Fällen handgreiflich demonstrieren, daß er bereit und fähig sei, die Normen der Gruppe zu verteidigen:

"Und der Neue is hingangen, hot sich mit dem aunglegt und hot dem ane prackt. Des woar schon, daß er versucht hot, von sich aus in die Gruppe integriert zu werden. Des hot er von sich aus gmocht, net, dem hot niemand gsogt, du mußt jetzt durt hingehen, (...) na, weil wann er des net von selber gmocht hot, is er immer eine Randerscheinung in der Gruppe blieben. (...) und wann sich aner dann aus der Gruppe bei so aner Schlägerei besonders auszeichnet hot, oder er hot an andern unter Umständen höfn kena, des hot eam dann a Plus brocht. (...) und so hot er sich immer mehr integriert, bis er zu der Gruppn gehört hot."[62]

Aus der Sicht der dominanten Kultur erschienen solche Auseinandersetzungen als unpolitische "Raufhändel" "unfertiger und mindergearteter Burschen, die im Gegensatz zur Zucht der Hitlerjugend den seichten Vergnügungen, Tanz, Jazzmusik und weiblichem Umgang zustreben und für das politische Geschehen überhaupt kein Interesse haben."[63] Im Tagesbericht der Gestapo vom 2. bis 5. Oktober 1942 heißt es:

"Besonderes: Der Polizeipräsident in Wien hat am 18. September 1942 21 Jugendliche festgenommen und davon 14 wegen Störung der Ordnung mit 7 bzw. 14 Tagen Arrest bestraft. Die Jugendlichen haben sich zusammengerottet, um Jugendliche eines anderen Bezirksteiles zu verprügeln. Zu einem ähnlichen Zwischenfall ist es bereits am 21. und 22. 8. 1942 in Wien-Atzgersdorf gekommen. Auch dort haben sich an den beiden Tagen Jugendliche aus verschiedenen Bezirksteilen gesammelt, um ihre Raufhändel mit anderen, ihnen feindlich gesinnten Gruppen Jugendlicher auszutragen. Die Schutzpolizei hat insgesamt 38 Personen festgenommen. Von diesen wurden 25 wieder entlassen, da ihnen eine Beteiligung an den Zwischenfällen nicht nachgewiesen werden konnte. 3 Jugendliche wurden wegen Mordversuchs, öffentlicher Gewalttätigkeit und Übertretung des Waffengesetzes dem ordentlichen Gerichte angezeigt und der Untersuchungshaftanstalt zugeführt. (...) Die an den Zwischenfällen beteiligten Jugendlichen stammen meist aus Arbeiterbezirken. Zum Teil können sie als "Schlurfe" bezeichnet werden. Einwandfrei steht fest, daß die Tathandlungen in keinem Falle aus politischen Beweggründen erfolgt sind."[64]

Hingegen gerieten die Auseinandersetzungen der "Schlurfs" mit Angehörigen der Hitler-Jugend sogleich in den Verdacht, politisch motiviert zu sein. Die

Hitler-Jugend erlangte in den Augen der "Schlurfs" alsbald den Status des erklärten Gegners, da sie von den NS-Behörden mit hilfspolizeilicher Kompetenz zur Verfolgung der "Schlurfs" ausgestattet wurde.[65] Bei Ringelspielen, in und vor den Kaffeehäusern, Kinos und Parks der Stadt ging sie mit geplanten Aktionen gegen die "Schlurfjugend" vor ("Razzien") und versuchte, die "Schlurfs" von den öffentlichen Plätzen zu verdrängen.

Im Gegensatz zu den rivalisierenden "Schlurf"-Gruppen mißachteten die Trupps der Hitler-Jugend dabei all jene Rituale und Normen, über die sich das Konfliktverhalten zwischen den "Schlurf"-Gruppen bestimmte. Sie attackierten vorzugsweise das herausragende Distinktionsmittel der "Schlurfs", ihre Frisur: "Des hob i nie vagessen, wie die Kerln zu viert, zu fünft homs di packt, homs die auf d Erd und der is daun mit der Handschermaschin is er, hot er dir a so a Stroßn einezogn in da Mittn."[66]

Die "Stroßn", auch "Gossn" genannt, - in anderen dokumentierten Fällen die totale Glatze - manifestierte für jeden sichtbar, daß hier die Herrschenden wieder einmal zugeschlagen hatten: "...und das Bitterste woar hoid wengan Hoarschneidn, net. Des woa jo des Bitterste. Jetzt bist daun mitn Huat gaunga im Summa, oda mitn Kappel. Nau do hot a jeder gwußt: Holodaroh, dea hod a Glotzn, den homs ghobt, net."[67]

Die HJ-Führer hielten sich aus solchen Kämpfen heraus, was sie in den Augen der "Schlurfs" zu illegitimen Autoritäten machte, da in ihren Gruppen vor allem derjenige Ansehen genoß, der sich durch körperliche Stärke auszeichnete. Bei großangelegten Razzien wurden die HJ-Trupps von Polizei, SA und NSKK unterstützt, eine für die "Schlurfs" völlig "undenkbare" Einschaltung von Erwachsenen. Die drastischste Attacke der HJ auf die Subkultur der "Schlurfs" bestand jedoch darin, nicht nur die personale Identität des einzelnen durch die Zerstörung der Frisur, sondern auch die soziale Identität der "Schlurfs" durch ihre Verschleppung in HJ-Heime anzugreifen. Hier war das Normensystem der Straße gänzlich außer Kraft gesetzt und den "Schlurfs" jede Definitionsmacht genommen.

Die "Schlurfs" reagierten auf solche Attacken der Hitler-Jugend zunächst in den für sie gewohnten Formen: Sie versuchten, sich an denjenigen Mitgliedern der HJ zu rächen, die einen der ihren gedemütigt hatten. Mehrfach werden in den Tagesberichten der Gestapo und in den Aufzeichnungen der Fürsorge Überfälle auf Angehörige der Hitler-Jugend berichtet. So heißt es zum Beispiel im Tagesbericht der Gestapo vom 14. bis 16. März 1941:

> "In den letzten Tagen langten verschiedentlich Mitteilungen ein, daß Angehörige der Hitler-Jugend in den Abendstunden auf dem Heimwege von ihren Versammlungslokalen von halbwüchsigen Burschen angestänkert und teilweise auch mißhandelt wurden. So wurde am 13. 3. 1941 im IX. Bezirk eine Gruppe HJ-Angehöriger in Liechtental von einer Gruppe Burschen in den Abendstunden überfallen und mißhandelt, wobei auch von unbekannter Seite ein Schuß abgegeben wurde."[68]

Die in den Augen der "Schlurfs" zunehmend illegitimen Vorgangsweisen der HJ und die Einschaltung von Polizei und Gestapo führten dazu, daß auch die "Schlurfs" ihre Strategie entsprechend veränderten. Sie begannen, nicht nur einzelne Mitglieder der HJ, die sie eines Übergriffs bezichtigten, sondern die Verfolgungsinstitutionen selbst anzugreifen. Die Eintragung einer Fürsorgerin vom 2. 5. 1943 im Mündelakt des jugendlichen Hilfsarbeiters Franz F. illustriert die daraus entstandene Austauschbarkeit der Gegner:

"Km. teilt mit, daß der Mj. während einer Rauferei bei einem Ringelspiel verhaftet wurde und sich jetzt in der Elisab. Promenade (d.i. das Polizeigefangenenhaus) befindet. Die Rauferei soll gewesen sein, weil ein Junge von der Polizei geschoren wurde und daraufhin ungefähr 30 Jugendliche über die HJ herfielen."[69]

Die Strategie der "Schlurfs" veränderte sich auch insofern, als sie nun wie die HJ begannen, die Symbole der Identität ihrer Gegner zu zerstören. Sie zerrissen ihnen im Lauf der Kämpfe die HJ-Uniformen oder nahmen ihnen die HJ-Abzeichen ab. Die Gestapo berichtete über einen solchen Fall:

"Am 24. 1. 1943 wurden im Volksprater die HJ-Angehörigen Hans Sch. und Kurt K. von ungefähr 15 bis 20 Jugendlichen umringt und aufgefordert, das an ihrem Rocke angebrachte HJ-Abzeichen abzunehmen. Als sie dieser Aufforderung nicht nachkamen, wurde ihnen das Abzeichen heruntergerissen. Bei dem entstehenden Raufhandel wurde Sch. an der Oberlippe leicht verletzt. Die Ermittlungen sind eingeleitet."[70]

Die Eskalation der Auseinandersetzungen zwischen "Schlurfs" und Hitlerjugend führte schließlich dazu, daß sich die "Schlurfs" zu einer erhöhten Mobilität gezwungen sahen. Sie erkundeten ein System von Fluchtwegen und schlossen sich - wie es ihrer Tradition durchaus entsprach - vorübergehend zu Gruppen von 50, 60 und mehr Jugendlichen zusammen, überfielen HJ-Streifen und Heime der Hitler-Jugend, um sich danach sofort wieder in alle Richtungen zu zerstreuen.[71]

Diese Auseinandersetzungen, in denen auf Seiten der HJ auch Spitzel eingesetzt wurden[72], scheinen im Wiener Prater einen Hauptschauplatz gefunden zu haben. In einer Version eines Liedtextes, der belegt, daß zumindest einige Gruppen begangen, sich selbst als "Schlurfs" zu definieren, spielt das schon erwähnte "Zweite Kaffee" eine zentrale Rolle:

BDM und HJ, gebt auf euer Leben acht,
denn der Schlurf vom zweiten Kaff,
der ist wieder aufgewacht.
Wir werden unsre Messer schwingen,
und Saint Louis Blues wird überall erklingen.[73]

Der Artikel "Wasserwellen als Weltanschauung" im "Wiener Beobachter" vom 27. 9. 1942 berichtet über die Eskalation der Auseinandersetzungen und drückt die sukzessive Kriminalisierung der "Schlurfs" aus:

"(...) Damit aber ist das Thema Schlurf vom erzieherischen zum polizeilichen Sektor, und die Bekämpfung des Schlurfunwesens von der HJ und der Schule auf die Kriminalpolizei übergegangen, die mit allen ihr zur Verfügung stehenden Machtmitteln einer Unterwelt zu Leibe rückt, die nicht mehr in unsere Zeit paßt. Es gibt keine Reservationen mehr für eine im Aussterben begriffene Jugend, die diesen Ehrennamen nicht verdient, und was sich da nicht biegen will, das wird gebrochen werden! Dort, wo eine simple Haarschneidemaschine genügt, wird sie angesetzt werden, während in fortgeschrittenen Fällen Straferziehungslager und andere mehr drastische Erziehungsmittel Verwendung finden werden. Für Handtäschchenräuber und andere Verdunklungsverbrecher allerdings sind Kamm und Schere überflüssig, weil leicht der Fall eintreten könnte, daß sie einer besonderen Haarpflege nicht mehr bedürfen..."[74]

Die Maßnahmen der Hitler-Jugend zeitigten gerade das Gegenteil dessen, was sie erreichen sollten. In einem Bericht der Gestapo über "Cliquen und Bandenbildung" heißt es dementsprechend über die "Schlurfs" und ihre Bekämpfung durch die HJ:

"Diese Maßnahmen hatten jedoch mehrmals Zusammenstöße zwischen der Hitler-Jugend und den in Betracht kommenden Jugendlichen zur Folge, ohne daß dadurch eine Besserung der Verhältnisse erreicht worden wäre. Vielmehr wurden die ‚Schlurfe' zum Teil dadurch zu einem Beharren in ihrem bisherigen Verhalten gereizt."[75]

Da es der Hitler-Jugend offenkundig nicht gelang, Existenz und Angriffslust der "Schlurf"-Gruppen erfolgreich zu bekämpfen, eskalierte der NS-Staat den Konflikt durch die massive Einschaltung der Gestapo. Zahlreiche Jugendliche wurden in Disziplinierungsanstalten eingewiesen und frühzeitig zum "Reichsarbeitsdienst" oder zur "Deutschen Wehrmacht" eingezogen.[76]

6. Zur gesellschaftlichen Bedeutung des Phänomens

Während die Nationalsozialisten bei ihrem propagandistischen Versuch, die Klassengesellschaft dem Schein nach aufzuheben, auf "regressive" symbolische Formen in der Bekleidung der "Staatsjugend" zurückgriffen, verkörperten die "Schlurfs" mit der von ihnen angestrebten neuen "Eleganz" den "Vorschein" eines späteren Konsumismus. Die Möglichkeiten und Notwendigkeiten eines neuen Modus der Reproduktion innerhalb der kapitalistischen Produktionsweise lassen sich in der Haltung der "Schlurfs" partiell nachweisen: Ausrichtung auf einen Markt massenhafter Konsumgüter; die Perspektive, mit Hilfe der Lohnarbeit zur Realisierung eines "guten Lebens" in der Freizeit zu gelangen, statt bloß das Überleben zu sichern; eine scheinbare Individualisierung der Konsumenten anstelle einer kollektiven Sicherung der Subsistenz in der alten "Armutskultur". In diesen acht, neun Jahren der zunehmenden Verfolgung und Kriminalisierung traten die "Schlurfs" mit Vehemenz in einen symbolischen Klassenkampf ein, und zwar weniger durch das, was sie sagten, als durch das, was sie - analytisch gesprochen - aus der Haltung eines "hedonistischen Konsumismus" taten und zeigten. Damit leisteten sie im Vorgriff auf künftige Entwicklungen einen sozusagen "unzeitgemäßen" Beitrag zur Neudefinition der Lebensmöglichkeit der gesellschaftlich Beherrschten.

Während viele Angehörige der Arbeiterschaft, ihrer Organisationen und ihrer Öffentlichkeit beraubt, in Isolation und politische Orientierungslosigkeit gerieten (was sie für die propagandistischen "Verführungen" des Nationalsozialismus zum Teil empfänglich machte), behaupteten die sogenannten "Schlurfs" die traditionellen Kommunikations- und Handlungsräume der Peer Groups und gewannen neue dazu. Je nach den materiellen Ausgangsbedingungen unterschieden sich ihre Vorstellungen vom "guten Leben", die spezifischen Strategien, es zu erlangen und die dabei entstehenden Konflikte mit der Stammkultur und mit der herrschenden politischen Ordnung. Beim gegenwärtigen Stand unseres Wissens differenzieren wir daher systematisch zwei verschiedene Ausprägungen des jugendlichen "Schlurfs", die sich an Unterschieden in den materiellen Existenzbedingungen, in der Selbststilisierung, im Normensystem und in den Verhaltensweisen festmachen lassen: Während für die einen Lohnarbeit das beste Mittel zur Realisierung ihres Entwurfs war, weil sie genug verdienten, um die in der Lohnarbeit verlorene Zeit durch die finanzielle Möglichkeit zur Aneignung exklusiver Distinktionsmittel wettzumachen, sahen sich andere Jugendliche gezwungen, verstärkt auf die traditionelle, kollektive Ökonomie der "Gang" zurückzugreifen, um auch nur ein Minimum eines "guten Lebens" realisieren zu können. War für die einen somit Lohnarbeit ein legitimes Mittel, konnte für die anderen Arbeitsverweigerung notwendig werden, um die für die subkulturelle Organisation erforderliche freie Zeit aufzubringen und in der Gruppe bzw. an den von ihr "besetzten" Orten körperlich präsent zu sein.

Verweigerungen der in Lohnarbeit stehenden Jugendlichen zielten eher auf die Vermeidung oder Kalmierung von Konflikten als auf offene Konfrontation. Lehrlinge und Hilfsarbeiter drosselten zum Beispiel das Arbeitstempo und entzogen sich zugleich der HJ mit dem systemaffirmativen Argument ihrer Arbeitsbelastung. Das, was bisher für den Ausdruck einer politisch motivierten "Jugendopposition" gehalten wurde, nämlich die offene Auseinandersetzung mit HJ und anderen Repräsentanten des NS-Systems, findet sich bei den Wiener "Schlurfs" nur bei jenen Jugendlichen, die aufgrund ihrer materiellen Lage gezwungen waren, die Realisierung ihrer Entwürfe mit den spezifischen Strategien der großstädtischen Arbeiterjugendbanden zu verbinden. Die Provokation der Auseinandersetzung mit der HJ wurde für sie notwendig, um in der für ihre Existenz zentralen Subkultur bestehen zu können.

Arbeitsverweigerung wie auch der offene Schlagabtausch mit der HJ sind folglich, so unsere These, nicht aus der "spontanen" Differenz zur herrschenden Ideologie oder gar explizit politischen Motiven, sondern aus der Notwendigkeit zu verstehen, die Subkultur aufrechtzuerhalten und die je eigene Position in ihr zu reproduzieren. Die Selbststilisierungen der "Schlurfs" waren ein der NS-Herrschaft zuwiderlaufender Versuch zur Selbstbefreiung aus der alten Arbeiter-Stammkultur. Ihre symbolische Selbstausgrenzung, die sich sowohl gegen die eigene Stammkultur als auch gegen die dominante NS-Kultur richtete, war kaum je mit einer *explizit* politischen Konzeption von Widerstand verbunden. Statt von politischem "Widerstand" sprechen wir daher von "Opposition" gegen den NS-Staat, und zwar immer dann, wenn die Jugendlichen den Konflikt mit den NS-Repräsentanten offensiv gesucht haben. Das galt vor allem für jene Gruppen, die in der Bemühung um ihre Selbststilisierung in besonderem Maße auf die Aneignung spezifischer öffentlicher Räume angewiesen waren. Denn genau an diesen Orten entzündete sich der Konflikt mit HJ und Polizei, die den nationalsozialistischen Anspruch auf totale Kontrolle der öffentlichen Kommunikations- und Handlungsräume durchsetzen sollten.

1947: Die "Schlurfs" in der Nachkriegsgesellschaft (Privatbesitz)

Jedoch blieben die "Schlurfs" auch für die Nachkriegsgesellschaft, in der die Leistungsbereitschaft aller Staatsbürger für den Wiederaufbau mobilisiert werden sollte, ein "soziales Problem". Auch daran läßt sich erkennen, wie verfehlt es wäre, das Phänomen der "Schlurfs" ausschließlich aus seiner Relation zur NS-Herrschaft zu erklären. Erst mit dem Beginn des "Wirtschaftswunders" und der Einbeziehung der Lohnabhängigen in den Massenkonsum verschwanden die Wiener "Schlurfs": Der hedonistische Konsumismus wurde von einer "unzeitgemäßen" zur normalen Haltung innerhalb der Arbeiterklasse und zur eingeforderten Maxime, die mit dem neuen Reproduktionsmodus des Kapitalismus untrennbar verbunden ist.

Für die Jahre von 1938 bis 1945 sind die "Schlurfs", so besehen, ein besonderer Fall des Möglichen, an dem ein Modell der "verfrühten Modernisierung" im faschistischen Staat erarbeitet und auf seine Plausibilität geprüft werden kann.[77] In einer solchen Konzeption, die wir "gesellschaftsgeschichtlich" nennen möchten, wird schließlich auch problematisierbar, was im bisherigen Diskurs über Jugend-Subkulturen im "Dritten Reich" zumeist impliziert war: die allzu selbstverständlich vertretene Annahme, der "prime-mover" soziokultureller Veränderung sei ausschließlich in der Jugend der herrschenden Klasse zu lokalisieren. In einer verbreiteten kulturellen "Sickertheorie" gehen Autoren wie Arno Klönne immer schon davon aus, daß sich die "künftigen" kulturellen Formen nur in der bürgerlichen "Swing-Jugend" entwickelt hätten und erst später in die "unteren" Schichten "abgesunken" seien. Das Beispiel der Wiener "Schlurfs" beweist zumindest die mögliche Gleichzeitigkeit von kulturellen Neuerungen in der bürgerlichen und proletarischen Jugend. Verzichtet man allerdings auf die genaue Untersuchung einer solchen Jugendsubkultur der Arbeiterklasse, begibt man sich der Möglichkeit, einen offenbar klassenübergreifenden Bruch im Modus der gesellschaftlichen Reproduktion zu konstatieren. Versäumt wird damit nicht nur ein "buntes Bild" in einer detailverliebten Alltagsgeschichte, sondern ein wesentliches Element für eine Theorie der kapitalistischen Entwicklung.

Anmerkungen

1 Vgl. u.a. die Arbeiten A. Klönnes, bes. Jugend im Dritten Reich. Die Hitlerjugend und ihre Gegner, Köln 1984; u. D. Peukert, bes. Volksgenossen und Gemeinschaftsfremde. Anpassung, Ausmerzung und Aufbegehren unter dem Nationalsozialismus, Köln 1982, S. 182-207 u. 233-245. Eine guten bibliographischen Überblick bieten: G. Helmers u. A. Kenkmann, Wenn die Messer blitzen und die Nazis flitzen... Der Widerstand von Arbeiterjugendlichen und -banden in der Weimarer Republik und im "Dritten Reich", Lippstadt 1984.

2 Für diese Darstellung haben wir auf folgende Archivmaterialien zurückgegriffen: Jugendgericht Wien: Akten des "Jugendgerichtshofes Wien"; Archiv des Jugendamtes der Stadt Wien: Akten des "Gaujugendamtes Wien"; Wiener Stadt- u. Landesarchiv: Faszikel "Rassenpolitisches Amt"; Dokumentationsarchiv des österr. Widerstands: Tagesberichte der "Gestapo-Leitstelle Wien"; Bundesarchiv Koblenz: div. Akten. Wir danken dem Präsidenten des Wiener Jugendgerichtshofes, Herrn Dr. Udo Jesionek, für seine freundliche Unterstützung.

3 Wir stützen uns auf Interviews, die wir im Zeitraum von September 1986 bis März 1987 durchgeführt haben. Die Interviewten wurden zwischen 1920 und 1930 geboren. Namen u. Daten der Interviewten u. der in den Akten zitierten ehemaligen "Schlurfs" wurden verändert, um die Anonymität zu gewährleisten. Die Tonbandaufnahmen befinden sich im Besitz d. Verf. u. können nach Rücksprache mit den Verf. u. den Interviewten zugänglich gemacht werden. - Die Auffindung der Interviewpartner erfolgte über die in den Archivalien enthaltenen Namen u. in der Folge durch weitere Vermittlung seitens der Interviewten.

4 Vgl. C. Levi-Strauss, Strukturale Anthropologie, Frankfurt 1977, S. 312, auch P. Bourdieu, Zur Soziologie der symbolischen Formen, Frankfurt 1974, S. 28 ff.

5 Die Begriffe "Entwurf", "Selbststilisierung", "symbolische Distinktionsmittel" sind unser Arbeitsvokabular, da die Angebote in der Literatur ungenügend erscheinen. Den Entwurf des "Center for Contemporary Cultural Studies" (CCCS) beurteilen wir zwar als eine durchaus fruchtbare Anregung, es sind uns allerdings auch einiger Schwächen dieses Modells bewußt: Die vom CCCS benützten Begriffe "Stil" und "Elemente des Stils" reißen eine radikale Kluft zwischen "Jugendsubkulturen" und anderen Jugendlichen einer Klasse, indem sie die Fähigkeit zur Entwicklung von "Stil" und "abweichenden" Bedeutungen nur den Subkulturen zubilligen, was zu Verkürzungen führt. Trotzdem möchten wir den zentralen Begriff "Subkultur" zumindest heuristisch verwenden, denn er hat den Vorzug, den Blick auf die Verankerung von Phänomenen, wie z.B. die Wiener "Schlurfs", innerhalb einer sozialen Klasse zu lenken; vgl. J. Clark u.a., Jugendkultur als Widerstand. Milieus, Rituale, Provokationen, Frankfurt 1981.

6 Vgl. H. Muth, Jugendopposition im Dritten Reich, in: Vierteljahreshefte für Zeitgeschichte 30 (1982) Heft 3, S. 374.

7 Vgl. v. a. D. Peukert, Die Edelweißpiraten. Protestbewegungen jugendlicher Arbeiter im Dritten Reich, Köln 1983.

8 Diesen Unterschied verkennt D. Horn, Youth Resistance in the Third Reich: A Social Portrait, in: Journal of Social History 7 (1973), S. 26-50.

9 K. Bednarik, Der junge Arbeiter von heute - ein neuer Typ, Stuttgart 1953, S. 23.

10 Interview G 1, S. 33.

11 Ebd. S. 36.

12 Ebd., S. 29.

13 Interview G/S 1, S. 1.

14 Interview G 4, S. 14.

15 Vgl. die Erzählung von Fred Schubert in der Radiosendung Memo Nr. 158: "Schlurfs und Swings", von Hildegund Amanshauser und Elisabeth Wiesbauer, gesendet am 22. 1. 1983 in Ö1, Österreichischer Rundfunk.

16 Interview G 1, S. 34.

17 Interview G 4, S. 20.

18 Ebd., S. 13.
19 Interview G 1, S. 20.
20 Interview G/S 1, S. 1 f.
21 Interview M 2, S. 7.
22 Interview M 3, S. 20 f.
23 An Lokalen der Wiener Innenstadt, die eher von der bürgerlichen Jugend besucht wurden und in denen Bands den von den Nazis bekämpften "Swing" spielten, nennt Günther Schifter: "Hot Club de Vienne" in der "Steffl-Diele" am Stephansplatz, "Splendid Bar" in der Krugerstraße, die "Bijou-Bar" in der Naglergasse u.v.a., vgl. G. Schifter, Unterhaltung in den 40er Jahren, unveröffentl. Manuskript. - Die Arbeiterjugendlichen hörten Life-Musik eher bei Matineen in den Sophiensälen, in Lokalen in den Arbeiterbezirken wie z.B. im "Zweiten Kaffee" im Prater etc.
24 Interview G 4, S. 7.
25 Interview M 3, S. 29.
26 Interview G 5, S. 10: Schlurfs mit Koffergrammophon im Eden-Bad; Interview M 3, S. 6: Schlurfs mit Koffergrammophon im Angeli-Bad.
27 Vgl. Interview G/M 1, S. 5.
28 Auch "Tobergan", Ausdruck für eine Holzrutsche, im Wiener Sprachgebrauch Synonym für Vergnügungsstätten mit Schießbuden und Ringelspiel, in besonderen Fällen auch Autodrom.
29 Interview M 3, S. 4.
30 Ebd., S. 4.
31 Interview G 1, S. 17.
32 Offenbar knüpften "Schlurfgruppen" hier mitunter freundschaftliche Beziehungen zu Soldatenfrauen, die ihnen möglicherweise auch ihre sexuellen Erfahrungen vermittelten.So heißt es in der von einem NS-Zellenleiter am 4.11.1942 an die N.S.D.A.P. Ortsgruppe Wienerfeld gerichteten Meldung über die Ehefrau eines "im Feld stehenden" Soldaten: "Während der Mann L.G. im Wehrdienst steht, (...) empfängt die Frau fast täglich Besuche junger Burschen. Ja es sind oft 5 und 6 solcher Schlurfe, welche tagsüber und bis spät nachts zu Besuch sind. - Da wird gelärmt und gejohlt, Grammophon gespielt, getanzt oder bis 2 Uhr früh Karten gespielt. - (...) Frau R. (die Nachbarin) sah von ihrem Fenster aus die Frau G. splitternackt auf dem WC, die Tür desselben offen, obwohl eine Menge solche Schlurfe zu Besuch waren." Stadt- und Landesarchiv Wien, Faszikel Rassenpolitisches Amt 1 8.
33 Vgl. G. Schifter, Unterhaltung in den Vierzigerjahren, unveröffentlichtes Manuskript.
34 Interview G 5, S. 6.
35 Interview G/M 1, S. 13 f.
36 Ebd., S. 28.
37 Ebd., S. 9.
38 Interview G 2, S. 13 f.
39 Interview S. 1.
40 Interview G 4, S. 5 und 20.
41 Interview M 3, S. 8.
42 Interview G 1, S. 29.
43 Vgl. Interview M 1, Herr H. vollzog eine prekäre Gratwanderung zwischen der HJ-Gruppe und seinen ehemaligen Schulfreunden, unter denen sich einige "Schlurfs" befanden, ehe er sich, nach einem Überfall "seiner" Schlurfgruppe auf "sein" HJ-Heim, vor die Entscheidung gestellt sah.
44 Interview G/M 2, Wandlung eines "Schlurfs" zum Hitlerjungen.
45 Interview G. 1, S. 13.
46 "Und außerdem is an natirlich die Kommandiererei dann am Hammer gangen, sozusogen, net. Hot ma gsogt: Na geh kum, is nix. Die erschte Zeit jo, woars gaunz lustig, Zelt und so, hin und her, des haumma jo olles net ghobt vurher." Interview G 5, S. 7.
47 Vgl. Horn, Youth Resistance; Horn formulierte unseres Wissens als erster den Gedanken, daß Jugendliche aus der Arbeiterschaft die Mobilitätsangebote der HJ nicht voll nützen konnten.
48 Interview M/3, S. 27.
49 Ebd., S. 17.
50 Fürsorgeakt Egon S., handschriftliche Eintragung der Fürsorgerin in der "Kinderkarte", Archiv des Wiener Jugendamtes.
51 Schreiben der Fa. Elektro-Heizungstechnik Wien 5., Schönbrunnerstr. 31 an das Arbeitsamt Wien vom 21. 10. 1942, Akten des Jugendgerichtshofes Wien, Vr 84/43.

52 Ebd.
53 Akt 89 Vr 833/42 Jugendgerichtshof Wien.
54 Vgl. Peukert, Edelweißpiraten, bes. S. 116-145.
55 Dokument R 22/1176, Bundesarchiv Koblenz: Bericht über die Reise des Ministerialdirektors Schäfer nach Wien vom 1. bis 3. September 1941 zur Besichtigung von Einrichtungen der Jugendrechtspflege, S. 11.
56 Interview G/M 2, S. 4.
57 Ebd., S. 15.
58 Ebd., S. 15.
59 Ebd., S. 3.
60 Ebd., S. 7.
61 Ebd., S. 16.
62 Ebd., S. 12.
63 Vgl. Reichsjugendführung, Personalamt - Überwachung: Cliquen und Bandenbildung unter Jugendlichen, Berlin im September 1942, S. 35. Bundesarchiv Koblenz, R 22/1177.
64 Gestapo Tagesbericht vom 2. - 5. 10. 1942, Dokument 5733 f., DÖW.
65 Vgl. Dokument R22/1177 Bundesarchiv Koblenz: "Bekämpfung jugendlicher Cliquen. Anl. I."
66 Interview G 4, S. 6.
67 Interview G/M, S. 9.
68 Geheime Staatspolizei/Leitstelle Wien, Tagesraport Nr. 7 vom 14. - 16. März 1941, Dokument des DÖW 5732.
69 Fürsorgeakt Franz F., handschriftliche Eintragung der Fürsorgerin in der "Kinderkarte", Archiv des Jugendamtes der Stadt Wien.
70 Gestapo Tagesbericht Nr. 1 vom 29. 1. - 1. 2. 1943; Dokument 5734 a, DÖW.
71 Interview G 4.
72 Interview G/M 1, S. 16.
73 Interview M 1, S. 47. Eine andere Version desselben Liedes lautet: Wir haben es vernommen, der Schlurfkampf hat begonnen. HJ, nehmt euch in acht, denn die Schlurfs sind erwacht. Wir werden drohend unsre Messer schwingen und der Saint Louis wird wieder überall erklingen. Interview G/M 1, S. 17.
74 L. Schödl, Wasserwellen als Weltanschauung, in: Wiener Beobachter (Beilage des "Völkischen Beobachters") vom 27. 9. 1942.
75 Cliquen und Bandenbildung, S. 35.
76 Vgl. das Beispiel des von uns interviewten ehemaligen "Schlurfs" Franz F., der nach wiederholten Arbeitsverweigerungen und nach Verbüßung einer dreimonatigen Gefängnisstrafe im Wiener Jugendgerichtshof in die "Staatsanstalt in Rebdorf" eingewiesen wurde, aus der er nur "entkam", indem er sich "freiwillig" zur "Wehrmacht" meldete; Mag. Abt. 7 - Jugendamt, 1925, / 015419, Schreiben der Direktion der Staatserziehungsanstalt in Rebdorf bei Eichstätt/Mittelfranken vom 13. 12. 1943; auch Interview G/S 1.
77 Unsere These von der "verfrühten Modernisierung" richtet sich implizit gegen die mitunter vertretene These von einer generellen "Modernisierung" des Lebens durch den Nationalsozialismus. Gerade das Beispiel der Wiener "Schlurfs" zeigt, wie der teilweisen "Modernisierung" im Produktionsbereich eine antimoderne, regressiv-reaktionäre, mit terroristischen Mitteln durchgesetzte Gesellschaftspolitik gegenüberstand. - Ähnliche Lebenskonzepte Jugendlicher, die von einer reaktionären NS-Politik unterdrückt und verfolgt wurden, sehen wir in den Hamburger "Swing-Heinis" und in den süddeutschen "Stenzen"; vgl. R. Pohl, "Das gesunde Volksempfinden ist gegen Dad und Jo". Zur Verfolgung der Hamburger "Swing-Jugend" im Zweiten Weltkrieg, in: Projektgruppe für die vergessenen Opfer des NS-Regimes (Hg.), Verachtet - verfolgt - vernichtet - zu den ‚vergessenen' Opfern des NS-Regimes, Hamburg 1986, S. 14 ff.; Pohl differenziert allerdings nicht ausreichend zwischen Arbeiterjugendlichen und bürgerlicher Jugend, obwohl sein Material hinreichende Möglichkeiten dazu böte. Über die Münchener "Stenzen" wurde bisher unseres Wissens nicht geforscht. In Interviews haben wir mehrfach gehört, daß deutsche Wehrmachtsangehörige die Wiener "Schlurfs" immer wieder als "Stenzen" bezeichnet haben, da ähnliche Jugendgruppen in München so bezeichnet worden seien; vgl. Interview M 3, S. 9 f.: Bei einem Konzert des unter den Wiener "Schlurfs" sehr populären Hans Neroth in den Wiener Sophiensälen seien, im Beisein von Baldur von Schirach, NS-Bonzen aufgestanden und hätten Neroth "gefragt", ob er außer dieser "Stenzen-Musik" auch anderes könne. Neroth habe daraufhin "Schenkt man sich Rosen in Tirol" aus der Operette "Der Vogelhändler" gespielt; das Publikum habe "getobt".

Brigitte Lichtenberger-Fenz

ÖSTERREICHS HOCHSCHULEN UND UNIVERSITÄTEN UND DAS NS-REGIME

Noch am gleichen Tag, als die deutsche Wehrmacht in Österreich einmarschierte, Österreich als Staat zu existieren aufhörte, die Nationalsozialisten die gesamte Macht im Staat übernahmen und Himmler eine Verhaftungswelle zur Ausschaltung und Terrorisierung von tausenden politischen Gegnern und Juden einleitete, schickten Rektor Späth und der Akademische Senat der Universität Wien ein Glückwunschschreiben an Seyß-Inquart zur Übernahme der Regierung und versicherten ihre volle Ergebenheit und Treue.[1] Drei Tage später trat Späth zurück - "im Bewußtsein, daß es der Wiener Universität nur zum Wohle gereichen kann, wenn die Amtsgeschäfte des Rektors nunmehr von einem Manne geführt werden, der Parteimitglied ist."[2] Der neue Rektor, Fritz Knoll, wurde gleichzeitig von der Landesleitung der NSDAP in Österreich beauftragt, die Interessen der Landesleitung an der Wiener Universität wahrzunehmen. Ebenfalls am 15. März begrüßten die neu eingesetzten Wiener Rektoren Hitler im Hotel Imperial. Knoll formulierte im Namen der Wiener Universitätsprofessoren:

> "Mein Führer! Die nationalsozialistischen Lehrer der Wiener Universität grüßen ihren Führer in freudiger Begeisterung. Sie sehen in der Wiedervereinigung der Ostmark mit dem Deutschen Reich die Erfüllung ihres Wirkens an dieser altehrwürdigen Hochschule, dem Bollwerk des Kampfes um Großdeutschland in schwerster Zeit."[3]

Am 22. März leisteten eben diese Professoren ihren Treueeid auf Hitler[4] - unter Ausschluß der Juden und bekanntesten politischen Gegner. "Der Rohbau der inneren Organisation der Universität ist fertig", meldete Knoll an das Unterrichtsministerium, "und es läuft alles in geordneten Bahnen."[5] Einen Monat später, am 25. April, wurde die Universität Wien mit NS-Glanz wiedereröffnet. Auch zu Ehren Hitlers, dessen Geburtstag "in einer der Größe der Zeit würdigen und feierlichen Form"[6] begangen werden sollte und wegen der Osterferien auf den 25. 4. verlegt wurde. Die erste Vorlesung hielt der Historiker Heinrich von Srbik, neuernanntes Mitglied des Reichstages und neuernannter Präsident der Akademie der Wissenschaften, am 27. April: Es bedeute nun die höchste Erfüllung, daß der tausendjährige Traum der Deutschen Wirklichkeit geworden, daß zu der geistigen Einheit nun auch die staatliche gekommen sei. Aufgabe des deutschen Österreichertums sei die Verpflichtung, mit eiserner Kraftanspannung dem Reiche zu dienen und so eine wertvolle Bereicherung des Gesamtdeutschtums zu sein. Mit "Ein Volk! Ein Reich! Ein Führer!" schloß Srbik. Im Namen der nationalsozialistischen Hörerschaft dankte der junge Historiker Dr. Adam von Wandruszka, Parteigenosse und SA-Obertruppführer, dem Lehrer für die geistige Führung und tatkräftige Unterstützung in den Jahren des Kampfes und der Unterdrückung.[7]

I. Gleichschaltung

Innerhalb kürzester Zeit bot die Universität Wien ebenso wie alle anderen Universitäten und Hochschulen Österreichs[8] das äußere Bild von nationalsozialistischen Institutionen. Der Gleichschaltungsprozeß war effektiv, setzte unmittelbar nach dem Einmarsch der deutschen Truppen ein, stieß auf keinen Widerstand und vollzog sich ähnlich jenem in der öffentlichen und staatlichen Verwaltung, im Vereinsleben und in der österreichischen Wirtschaft.[9] Allerdings: Um diesen in die gewünschten Bahnen zu lenken und zu beschleunigen, traf eine Abordnung leitender Beamter des Reichserziehungsministeriums in Wien ein - "mit Rücksicht der Dringlichkeit und Wichtigkeit der Hochschulfragen".[10] Oswald Menghin, Unterrichtsminister in der Regierung Seyß-Inquart, wurde Galionsfigur und ausführendes Organ; als Mann hinter den Kulissen, der die Fäden zog, entpuppte sich der preußische Oberregierungsrat Hans Huber, Leiter des Referates Österreich des Amtes Wissenschaft im Reichserziehungsministerium.

Als erste Maßnahmen wurden - analog zu allen anderen öffentlichen Bereichen - die Führungspositionen ausgewechselt und alle Juden und exponierten politischen Gegner sofort außer Dienst gestellt. Alle amtierenden Rektoren ebenso wie die Dekane wurden zum Rücktritt aufgefordert und durch Vertrauensleute der NSDAP ersetzt, die vorerst diese Funktionen "kommissarisch" übernahmen.

So konnte drei bis vier Tage nach dem "Anschluß" der offizielle Jubel darüber von Österreichs neuen Rektoren veröffentlicht werden.[11] Während der "jubelnde" Dank "für die langersehnte Vereinigung" (Rektor Zauner, Universität Graz) die Spalten der Zeitungen füllte, fanden in dem Zeitraum vom 16. bis 25. März die ersten Hausdurchsuchungen und Verhaftungen von Professoren statt. Zur selben Zeit wurden die österreichischen Universitäts- und Hochschulprofessoren auf Hitler vereidigt: Zu der bereits am 15. März verordneten Vereidigung aller österreichischen Beamten auf den "Führer des Deutschen Reiches und Volkes" waren "Volljuden" und "von drei jüdischen Großeltern abstammende jüdische Mischlinge" ausgeschlossen (GBl.f Ö. Nr. 3/1938).

In der nun nach der "Volksabstimmung" einsetzenden zweiten Phase der Gleichschaltung, der Konsolidierung der Macht, begann die systematische Säuberung des Lehrkörpers und die Einschränkung des Hochschulstudiums von Juden. Der deutsche Organisator der Gleichschaltung berichtete Anfang April nach Berlin:

> "Bei der ungeheuren Verjudung des Lehrkörpers, insbesondere der Universität Wien, und bei der Durchsetzung mit politisch unzuverlässigen Elementen muß schon vor Einführung des Beamtengesetzes und des Berufsbeamtengesetzes eine Beurlaubung der sicher nicht tragbaren Personen herbeigeführt werden. Dies soll unmittelbar nach dem 10. April erfolgen. Die Listen sind bereits fertiggestellt."[12]

Diese Listen wurden übrigens von den Hochschulen selbst erstellt.[13] Zum ersten wurden alle "Hochschullehrkräfte, die aus rassischen oder politischen Gründen den Eid nicht ablegen konnten", angewiesen, sich "bis auf weiteres jeglicher Dienstleistung" zu enthalten.[14] Am 6. April wurde allen jüdischen Privatdozenten die Lehrbefugnis entzogen.[15]

Das Ausmaß dieser "Säuberungen" war beachtlich.[16] An der Universität Wien wurden mehr als die Hälfte aller Hochschullehrer entfernt: Nach Franz Gall (1965) wurden 66% des gesamten Lehrkörpers enthoben; allein nach den Personalverzeichnissen waren es 54% der ordentlichen Professoren. Am stärksten betroffen war die medizinische Fakultät, an der 78% aller lehrenden Personen entlassen wurden, die meisten aufgrund ihrer jüdischen Abstammung.[17]

An der Universität Graz wurden 34% aller Professoren (35 von 102) enthoben.[18] Für die Universität Innsbruck läßt sich eine Zahl von 43 enthobenen Lehrpersonen ermitteln[19]; wobei bei den beiden letztgenannten Universitäten die Lehrkräfte der aufgelösten theologischen Fakultäten mitgezählt wurden. An zwei Hochschulen jedoch gab es keine Lehrkräfte, die zu entlassen gewesen wären: an der Tierärztlichen Hochschule in Wien und an der Montanistischen Hochschule in Leoben.[20]

Gleichzeitig wurde mit der "Säuberung" der Studentenschaft begonnen. "Um der Überfremdung der deutschösterreichischen Hochschulen durch jüdische Hörer zu steuern", verfügte das Unterrichtsministerium zuerst[21], daß inländische Juden für das laufende Sommersemester nicht mehr inskribieren und zu keinen Prüfungen zugelassen werden durften. Schließlich wurde ein Numerus Clausus für inländische Juden von 2% verfügt[22] - an der Universität Wien am Tag ihrer Wiedereröffnung bekanntgemacht -, der allerdings nur zu gelten hatte, sofern arische Studenten dadurch nicht bedrängt würden, was vor allem die Zuerkennung von Arbeitsplätzen an medizinischen, chemischen und anderen Instituten betraf. Studierende höherer Semester sollten bevorzugt werden. Letztere Bestimmung entsprach den Vorstellungen des Reichserziehungsministeriums, wonach den inländischen Juden der Studienabschluß zu ermöglichen sei, um hiedurch ihren Abgang von der Universität zu erreichen - eine Vorstellung, die alsbald hinfällig werden sollte.

Die NS-Studenten sahen sich am Ziel ihrer Wünsche angekommen - "alle Studenten deutscher Abstammung und Muttersprache Seite an Seite im Dienst für Volk und Reich" vereint.[23] Alle ständestaatlichen Studentenvertretungen wurden aufgelöst, sämtliche Organisationen und sonstige Einrichtungen vom NS-Deutschen Studentenbund (NSDStB) übernommen, dem die ausschließliche Führung der wiedererrichteten Deutschen Studentenschaft, der "deutsch-arischen" Studentenvertretung der Ersten Republik, oblag. Eine Reihe von nationalen Korporationen verfügte ihre Selbstauflösung und Eingliederung in den NSDStB, wobei ihnen der Dank für die Vorarbeit zum Sieg des Nationalsozialismus gewiß war.

> "Das große Verdienst der deutsch eingestellten studentischen Korporationen Österreichs besteht darin, daß sie sich in der Zeit des Kampfes restlos in den illegalen politischen Aufbau eingefügt haben. Jede Körperschaft bildete einen in sich geschlossenen Kampftruppenteil."

So Rektor Knoll anläßlich der Vereidigung des Professorenkollegiums am 22. März 1938.[24] Verbindungen, die sich nicht selbst auflösten, wurden zu Ende des Sommersemesters 1938 behördlicherseits aufgelöst, wie die katholischen Studentenverbindungen. Am 14. Juni 1938 schließlich wurde die Eingliederung des "NSDStB der Ostmark" offiziell bekanntgegeben, der somit zu einem der neun Bereiche des gesamten Reichsgebietes, zum "Bereich Südost" wurde.

Nach der Wiedereröffnung der Hochschulen wurde die Gleichschaltung zu Ende gebracht. Es erfolgte nun - nach der erfolgreichen Machtübernahme und einer ersten Konsolidierung der neuen Verhältnisse - die Legalisierung der getroffenen Maßnahmen bzw. die genaueste Durchführung der nunmehr in Gesetzesrang erhobenen Verordnungen. Mit 20. Mai 1938 wurden die Nürnberger Rassengesetze von 1935 Gesetz in Österreich (GBl.f.Ö. Nr. 150/1983), am 31. Mai wurde die Verordnung zur "Neuordnung des österreichischen Berufsbeamtentums" bekanntgemacht, das österreichische Gegenstück zum deutschen "Gesetz zur Wiederherstellung des Berufsbeamtentums" von 1933 bzw. dessen Neuauflage von 1937 (GBl.f.Ö. Nr. 160/1938). Laut § 3 waren "jüdische Beamte, Beamte, die jüdische Mischlinge sind, und Beamte, die mit einer Jüdin (einem Juden) oder mit einem Mischling ersten Grades verheiratet sind", in den Ruhestand zu versetzen. Dasselbe galt laut § 4 für "Beamte, die nach ihrem bisherigen politischen Verhalten nicht die Gewähr dafür bieten, daß sie jederzeit rückhaltlos für den nationalsozialistischen Staat eintreten". Auf dieser Grundlage wurde nun als letzter Akt im Säuberungsprozeß der Lehrkörper nach noch verbliebenen unliebsamen Personen systematisch durchforstet. Weitere Entlassungen wurden vor allem an den Universitätskliniken vorgenommen.

II. Österreichs Hochschulen und Universitäten als NS-Institutionen

Dem ersten Studienjahr unter dem NS-Regime schrieb der Rektor der Wiener Universität, Knoll, folgendes zum Geleit:

> "Unsere Universität wurde vor allem rasch und gründlich von allen jenen Professoren und Dozenten befreit, die als Lehrer an einer nationalsozialistischen Hochschule nicht geeignet waren. So ist nun die Bahn frei für einen neuen Studienbetrieb und für den notwendigen Aufbau."[25]

Für Österreichs Hochschulen und Universitäten bedeutete "Gleichschaltung" in erster Linie Säuberung des Lehrkörpers von Juden und politisch Andersgesinnten und Ersetzung der akademischen Würdenträger durch NS-loyale Personen. Dieser Prozeß war mit Sommersemester 1938 abgeschlossen. Die Angleichung der österreichischen Hochschulen an die reichsdeutschen erfolgte mit Wintersemester 1938/39.

Nationalsozialistische Hochschulpolitik läßt sich in ihren Grundzügen unter fünf Aspekten kennzeichnen[26]: Umgestaltung des Lehrkörpers durch "Säuberungen" und politische Rekrutierungspraxis, Heranziehen einer NS-loyalen Studentenschaft, Umgestaltung der Hochschulverfassung nach dem "Führerprinzip",

Politisierung der wissenschaftlichen Disziplinen durch Orientierung an "völkischen" Gesichtspunkten, Instrumentalisierung von Forschung und Entwicklung für den "Endsieg". 1938 waren im Deutschen Reich die Veränderungen und Reformen im Hochschulbereich im wesentlichen abgeschlossen - wenn auch mit dem endgültigen Ausschluß aller Juden vom Hochschulstudium nach der "Reichskristallnacht" im November 1938 ihr trauriger Höhepunkt erst kommen sollte. Ansonsten behandelten die nach dem März 1938 erlassenen Gesetze für den Hochschulbereich im gesamten deutschen Reichsgebiet zumeist Detailfragen und Verwaltungsangelegenheiten bzw. ab 1939 kriegsbedingte Probleme. Zwei größere Regelungswerke wurden noch bis Kriegsbeginn abgeschlossen: die Reichshabilitationsordnung vom Februar 1939 und die Reichsassistentenordnung vom Jänner 1940.[27]

Die Umgestaltung der österreichischen Hochschulverfassungen nach dem "Führerprinzip" erfolgte nach den "Richtlinien zur Vereinheitlichung der Hochschulverwaltung" von 1935[28]: "Führer der Hochschule ist der Rektor" (Pkt. 4). "Dozentenschaft" und "Studentenschaft" wurden zu selbständigen Gliedkörperschaften der Hochschulen ernannt, die dem Rektor in einem Führer-Gefolgschaftsverhältnis unterstanden; sie wurden in den "beratenden Senat" miteinbezogen und wurden - da deren Standesvertretungen mit dem NS-Dozentenbund bzw. NSDStB identisch waren - somit zu den organisatorisch-politischen Transmissionsriemen der NSDAP. Rektor Knoll erklärte das "Führerprinzip" anläßlich einer nachträglichen Vereidigung von Professoren am 23. April 1938 einfacher:

> "Die Universität wird nun nach dem Führungsgrundsatz ausgerichtet sein. Der Rektor ist der Führer der Universität, die Dekane die Führer der Fakultät, und auch die anderen Untergliederungen haben ihre Führer, und jeder ist seinem übergeordneten Führer zur treuen Gefolgschaft verpflichtet."[29]

Als mit 1. Februar 1940 die österreichischen Hochschulen und Universitäten unmittelbar dem Reichserziehungsministerium unterstellt worden sind[30], wurden gleichzeitig Kuratoren bestellt, denen die staatliche Verwaltung oblag. Auf diese Weise wurden drei Verwaltungsbereiche geschaffen: der staatliche Bereich, der dem Kurator oblag, der akademische dem Rektor (plus Senat und Ausschüsse) und der politische dem Dozentenführer. Diese Form der Universitäts- und Hochschulverwaltung bestand bis Kriegsende. Das österreichische Unterrichtsministerium, das im Juni 1938 in die "Abteilung IV, Erziehung, Kultus und Volksbildung des Ministeriums für innere und kulturelle Angelegenheiten" umgewandelt worden war, wurde im November 1940 endgültig liquidiert.

Der von Knoll apostrophierte "neue Studienbetrieb" und der "notwendige Aufbau" im Wintersemester 1938/39 bedeutete in erster Linie die völlige Vertreibung aller Juden von den Hochschulen und Universitäten. Der Numerus Clausus wurde gleich zu Semesterbeginn auf 1% gesenkt. Ebenso kam eine Neuregelung des Gasthörerrechts zur Wirkung, nach der Juden, die die deutsche Staatsbürgerschaft besitzen, als Gasthörer nicht zugelassen werden können; jüdische Mischlinge wurden noch zugelassen. Nach der sogenannten "Kristallnacht", am 11. November 1938, wurden sämtliche jüdische Studenten vom Besuch der Hochschulen und Universitäten ausgeschlossen. Durch Telegrammerlaß des Reichserziehungsministeriums vom 11. November wurden die Rektoren ermächtigt, inländischen jüdischen Studenten das Betreten der Hochschulen zu verbieten. Zur "Vermeidung von Unzukömmlichkeiten" wurde dringend empfohlen, Juden auch vom Besuch der Hochschulbibliotheken auszuschließen.[31] Ein Monat später wurden schließlich auch noch alle Sondergenehmigungen für jüdische Professoren u.ä. privat in Hochschulinstituten, Bibliotheken usw. wissenschaftlich weiterzuarbeiten oder diese Einrichtungen zu benützen, mit sofortiger Wirksamkeit zurückgezogen.[32]

Die durch Geburt bevorrechteten "arischen" Studenten fanden sich in einem engmaschigen Netz institutioneller Abhängigkeiten wieder, was sich in einer stetigen Beanspruchung ihrer Dienst- und Arbeitsbereitschaft manifestierte. Vorbedingung für einen Studenten im NS-Staat waren Ahnennachweis, Arbeitsdienstbuch, Gesundheitszeugnis und, wenn möglich, Mitgliedsbuch einer NS-Organisation. Der zur Immatrikulation notwendige Ahnennachweis bestand aus den Ahnendokumenten

> "(das sind die eigene Geburtsurkunde, die Geburtsurkunden und die Trauungsurkunde der Eltern, der Großeltern väterlicher- und mütterlicherseits; bei verheirateten Studierenden die gleichen Urkunden für die Ehegattin bzw. den Ehegatten) oder eine bereits vorhandene Bescheinigung über die arische Abstammung, an der rechts- und staatswissenschaftlichen Fakultät nicht die Ahnendokumente, sondern ausschließlich ein bestätigter Ahnenpaß oder der gausippenamtlich bestätigte Abstammungsnachweis."[33]

Weiters hatten sich alle Studenten einer Pflichtuntersuchung zu unterziehen, die nicht nur zur Feststellung des Gesundheitszustandes, sondern auch des Grades der Tauglichkeit zur Ausübung des Hochschulsports und zur "Aussonderung von Ungeeigneten" diente.[33a] Die wirtschaftliche Förderung von Studenten, wie Stipendien, Plätze in Studentenheimen u.ä., war primär nicht von der Bedürftigkeit abhängig, sondern von der rechten NS-Gesinnung, "die durch Einsatz in der Partei oder einer ihrer Gliederungen, im Reichsarbeitsdienst und Wehrdienst unter Beweis gestellt wurde"[34], ebenso wie von der vollen körperlichen und geistigen Gesundheit.

Der NSDStB, nach eigener Definition "der vom Führer beauftragte Träger der politischen Erziehung des deutschen Studententums", wurde zur obersten Instanz in allen studentischen Angelegenheiten. In seiner Hand lagen Studienvergünstigungen, Gesundheitsdienst, Einteilung des Land- und Fabriksdienstes. Trotzdem vereinigte er Schätzungen zufolge nicht mehr als 30% der Studenten.[35]

"Opferbereitschaft", "Hingabe an Volk und Führer", "im Dienste des deutschen Volkes", "Anspannung unserer Kräfte" - Schlagworte, die von nun an den studentischen Alltag beherrschten und den studentischen Einsatz als billige Arbeitskraft verklären helfen sollten. Konkret bedeutete die Parole "Student sein heißt: Dienst am Volk" eine Reihe von Verpflichtungen. Mit Verordnung des Reichsinnenminister Frick wurde die Arbeitsdienstpflicht mit 1. Oktober 1938 eingeführt.[36] Um Übergangsschwierigkeiten zu vermeiden, wurde davon abgesehen, für österreichische Maturanten die Ableistung des Arbeitsdienstes vor Beginn des Studiums schon zum Wintersemester 1938/39 verbindlich zu machen.[37] Für die Studentinnen war zusätzlich ab dem Wintersemester 1938/39 eine Grundausbildung in Luftschutz, Roten Kreuz und Nachrichtendienst verpflichtend. Ende Sommersemester 1938 wurden alle "deutschen" Studenten und Studentinnen der Wiener Hochschulen aufgefordert, sich sofort für eine zwei- bis vierwöchige Erntehilfe zu verpflichten.

III. Wissenschaft und Ideologie

Mit einem "gesäuberten" Lehrkörper und einer "gesäuberten" Studentenschaft stand der "kämpfenden Wissenschaft, die kämpft für Führer, Volk und Reich"[38], nichts mehr im Wege. Bereits zu Beginn des Wintersemesters 1938/39 gab es - nach bisher vorliegenden Forschungsergebnissen von den Universitäten Wien und Graz[39] - ein überraschend umfangreiches Lehrangebot, das sowohl an den neuen politischen Verhältnissen als auch an der nationalsozialistischen Ideologie ausgerichtet war. Quer durch alle Fakultäten lagen die Schwerpunkte in Lehre und Forschung bei Inhalten rassistischer und imperialistischer Prägung. Eine Inflation derartiger Vorlesungen läßt sich vor allem in den ersten zwei Jahren nationalsozialistischer Herrschaft feststellen. Ab 1940/41 flaute der Profilierungseifer in Sachen Nationalsozialismus merklich ab und der Studienbetrieb glich sich wieder an jenen vor 1938 an.

Als exemplarisch für die radikale Angleichung des Wissenschaftsbetriebes soll hier die *juridische Fakultät der Universität Wien* angeführt werden. Ihre Funktion, "Staatsdiener" auszubilden, prädestiniert sie für eine rasche politische Indienstnahme. Der neue Dekan der juridischen Fakultät, Ernst Schönbauer, der gleichzeitig Beauftragter der Reichsführung des NS-Rechtswahrer-Bundes für die Gruppe Hochschullehrer der Rechtsfakultäten der Ostmark und Hauptbeauftragter für das Rechtsschrifttum in Österreich war, umriß bereits Ende Mai 1938 in einem Vortrag im Auditorium Maximum der Universität Wien, die "neue Wertordnung": "Wahrer des Rechtes" sollen ausgebildet werden, die als höchste Werte "Ehre und Freiheit des Volkes, seine Verbindung in einer echten Bluts- und Volksgemeinschaft" anzuerkennen und zu schützen hätten.[40] Der neue Studienplan, der schon im Wintersemester 1938/39 in Kraft trat, sah an Stelle der bisherigen 19 Fachrichtungen neun vor: "Geschichte" (mit Schwerpunkt germanische Rechtsgeschichte), "Volk" (deutsches Recht, Volk und Staat, Familie), "Stände" ("Bauer und Boden", Arbeiter-(Arbeits-)Recht), "Staat", "Rechtsverkehr", "Rechtsschutz", "Außerstaatliches Recht", "Rechtsphilosophie" und "Wirtschaftswissenschaften". Zwar mußte gut ein Viertel der Vorlesungen zu Semesterbeginn noch mit "NN" angekündigt werden, nichtsdestoweniger ist es verblüffend, mit welcher Schnelligkeit und Leichtigkeit sich der verbliebene Lehrkörper auf die neuen, nationalsozialistischen Lehrinhalte einstellte und sich diese aneignete. Allerdings hielten sich die Ordinarien meist an ihre alten, nicht primär ideologisch besetzten Fachgebiete und überließen die "neue

Wertordnung" den Privatdozenten, die solcherart Gelegenheit bekamen, sich zu profilieren.

Mit der Justiz-Ausbildungsordnung vom 4. Jänner 1939[41] wurde die Mindeststudiendauer auf sechs Semester herabgesetzt. In den "Richtlinien für das Studium der Rechtswissenschaft" von 1935[42] sind bereits die Begriffe Rasse und Volk in den Studienplänen verankert worden. In der Ausbildungsordnung von 1939 wurde neben einer gründlichen Fachausbildung ein Überblick über das "gesamte Geistesleben der Nation" gefordert. Dazu gehörte einerseits die Kenntnis der deutschen Geschichte und der Geschichte der Völker, die die kulturelle Entwicklung des deutschen Volkes "fördernd beeinflußt haben" (gemeint sind Griechen und Römer), und andererseits die "ernsthafte Beschäftigung mit dem Nationalsozialismus und seinen weltanschaulichen Grundlagen, mit dem Gedanken der Verbindung von Blut und Boden, von Rasse und Volkstum, mit dem deutschen Gemeinschaftsleben und mit den großen Männern des deutschen Volkes."[43] Nach dem Studienplan machten in den ersten beiden Semestern bzw. später Trimestern die ideologischen Fächer zwei Drittel der zu absolvierenden Lehrveranstaltungen aus. Die Fachausbildung blieb den höheren Semestern vorbehalten. An der Abhaltung dieser Einführungsvorlesungen in den Nationalsozialismus (germanische Rechtsgeschichte, Volk und Staat, Vorgeschichte, Sippenforschung, Familie, deutsches Wirtschaftsleben, neueste politische Geschichte, Volk und Rasse, Volkskunde) wurde bis 1945 festgehalten.

Im Wintersemester 1939/40 wurden gegenüber 1938/39 einerseits die Lehrveranstaltungen ausgebaut und dem aktuellen Stand der Integration Österreichs in das "Altreich" angepaßt, andererseits der Lehrkörper wieder komplettiert, so daß ein voller Lehrbetrieb geführt werden konnte. Kaum ein Fachgebiet blieb von der Ideologisierung unberührt. Selbst das römische Recht wurde unter Schönbauer zur "nationalen Rechtsordnung des Altertums". Vorlesungen zur gültigen Rechtslage reichten von den Rassengesetzen, über das Kultusrecht bis zum Reichssteuerrecht. Die NS-Außenpolitik fand erstmals ihren Niederschlag in Vorlesungen über das osteuropäische Minderheiten- und Volksgruppenrecht und über den italienischen Faschismus, einschließlich einer Einführung in das italienische Familien- und Eherecht.

Nach den Säuberungen des Lehrkörpers 1938 wurde 1939 mit der Neuernennung von drei Ordinarien die Zahl der ordentlichen Professoren auf 10, durch weitere Berufungen bis 1944 auf insgesamt 13 erhöht (1938 waren es 15). Die neuernannten Ordinarien boten allein nach dem Berufungsverfahren die Gewähr, jederzeit für den NS-Staat einzutreten.[44] Mehr noch, sie propagierten Rassismus und Nationalsozialismus, deutschen Imperialismus und deutsches Herrenmenschentum. So las Adolf Günther, neuernannter Ordinarius für Volkswirtschafts- und Gesellschaftslehre, im 1. Trimester 1941 über Gesellschaftslehre aufgrund von Volk und Rasse. Die erstmals auf den Krieg Bezug nehmenden Vorlesungen hielt Emanuel Hugo Vogel, 1939 berufener Ordinarius für politische Ökonomie, vormals ordentlicher Professor an der Hochschule für Bodenkultur, ebenfalls im 1. Trimester 1941; Volkswirtschaftspolitik und nationalsozialistische Wirtschaftsgesetzgebung, "mit besonderer Berücksichtigung wehr- und kriegswirtschaftlicher Probleme", und Finanzwissenschaft und deutsche Finanzgesetzgebung "mit besonderer Berücksichtigung der Kriegsfinanzierung". Die zukünftigen Rechtswahrer mit den juristischen Problemen der NS-Eroberungspolitik vertraut zu machen, spielte in dieser Phase noch eine große Rolle: Vorlesungen über zwischenstaatliches Privatrecht, Anwendung fremden Rechts, Staatensukzession, Verfassungsgeschichte, Eingliederung und Neugestaltung der Ostmark, umrissen die außenpolitische Situation des Jahres 1941. Abgerundet wurden sie von den Vorlesungen Alfred Peters, seit 1940 Dozent für Soziologie, zu den ideologischen Grundlagen des italienischen Faschismus und über Volkscharakter und politische Ideologie der Franzosen. Letztere Vorlesung wurde im darauffolgenden Sommersemester 1941 fortgesetzt mit einem Bild über die Engländer- allerdings unter dem korrigierten Titel: Rasse, Volkscharakter und politische Ideologie. Vorlesungen zu Problemen in Südosteuropa sind ab dem 1. Trimester 1941 in einer eigenen interdisziplinären Vorlesungsreihe zusammengefaßt worden. Nach 1941 folgten nur mehr geringfügige Erneuerungen im Vorlesungsangebot. Im Wintersemester 1943/44 wurde das mittlerweile kriegswichtige Militärstrafrecht behandelt. Letzte Ergänzungen im Lehrangebot brachte das Sommersemester 1944.

Für die Lehramtskandidaten wurden Volkskunde, Vorgeschichte und Rassenkunde Pflicht. Überhaupt: "Vorlesungen über Rasse und Sippe, Volkskunde und Vorgeschichte, über die politische Entwicklung des deutschen Volkes, besonders in den letzten hundert Jahren, gehören an den Anfang jedes geisteswissenschaftlichen Studiums"; - so stand es im Vorlesungsverzeichnis, 1. Trimester 1941. An der philosophischen Fakultät der Universität Wien, an der schon lange vor der nationalsozialistischen Machtergreifung konservatives, deutschnationales und antidemokratisches Gedankengut vorherrschte, fiel die Umorientierung in den Lehrinhalten nicht gravierend aus und in den zentralen, ideologisch einflußreichen Studienrichtungen wie Geschichte, Germanistik und Geographie gab es kaum personelle Veränderungen.

1943 kam es an der Universität Wien zu zwei Institutsneugründungen: dem Institut für Zeitungswissenschaft und dem Institut für Theaterwissenschaft. Die Zeitungswissenschaft wurde zum letzten ideologischen Aufgebot an der philosophischen Fakultät. Neben einer Einführung in die Tätigkeit des Lokalschriftleiters und des politischen Schriftleiters wurden im Wintersemester 1943/44 Vorlesungen über publizistische Führungsmittel, den "Nachrichtenkampf der Woche" und den "Propagandakampf im Weltkrieg" gehalten.

Als praktische Durchführungstechnik nationalsozialistischen Rassenwahns erhielt die Medizin eine erschreckende Aufwertung. Hier wurden die Kriegsvorbereitungen rechtzeitig gesetzlich fixiert: Mit Erlaß vom 21. 2. 1939 wurde die Studienzeit um zwei Jahre verkürzt, der Studienplan sah nicht nur Vererbungslehre und Rassenkunde, Bevölkerungspolitik und Rassenhygiene vor, sondern auch Wehrchemie, Wehrpsychologie, Wehrpathologie, Wehrmedizin, Wehrchirurgie, Wehrhygiene, Wehrtoxikologie. Die rassenkundlichen Vorlesungen hatten allerdings schon ständestaatliche Tradition. An der Universität Wien wurde "Allgemeine Hygiene mit Einschluß der Rassen- und Gewerbehygiene" im

Wintersemester 1936/37, 1937/38 und 1938/39 gelesen; nur die Vortragenden wechselten. Unter dem NS-Regime wurden diese Vorlesungen obligatorisch und ausgebaut. Die Fachrichtung "Geschichte der Medizin" wurde mit "Biologie und Rassenkunde" erweitert, "Hygiene" mit "Rassenhygiene". Alle diese Vorlesungen wurden schließlich 1943 zu einem zentralen Fach "Rassenbiologie" zusammengefaßt.

Einer eigenen Untersuchung bedürfte die Verstrickung der Universitätsmedizin in die NS-Verbrechen. Ordinarien der Grazer medizinischen Fakultät wie Polland waren Gutachter an Erbgesundheitsgerichten, Reisch war Euthanasie-Gutachter.[45]

Von den theologischen Fakultäten war jene an der Universität Wien die einzige auf österreichischem Boden, die während der NS-Zeit weiterbestand.[46] Die katholische Fakultät wurde auf Sparflamme gehalten: Die vakanten Lehrstühle (vier von acht) blieben unbesetzt - eine Praxis, wie sie auch an anderen Universitäten zu beobachten ist, z.B. in Tübingen[47], bei den Promotionen katholischer Theologen blieb der Rektor fern. Einer größeren Förderung erfreute sich hingegen die evangelisch-theologische Fakultät in Wien. Hier wurde der Personalstand von 1938 bewahrt. Allerdings galt der 1941 mit der Wahrnehmung der Lehrkanzel für neutestamentliche Wissenschaft beauftragte Gerhard Kittel, ordentlicher Professor an der Universität Tübingen, als eigentlicher Promotor einer nationalsozialistischen Judenwissenschaft. Kittel, der der nationalsozialistischen Rassengesetzgebung positiv gegenüberstand, versuchte, das Christentum als Bollwerk gegen das Judentum darzustellen.[48]

Forschung und Lehre vermittelten immer zweierlei: weltanschauliche Maximen und konkrete politische Zielvorstellungen. Beides läßt sich an den Universitäten Wien wie Graz verfolgen.

IV. Studium in der "Ostmark"

Die Anzahl der Studenten war nach der nationalsozialistischen Machtergreifung stark zurückgegangen - ebenso wie 1933 im Deutschen Reich.[49] Im Studienjahr 1938/39 studierten an Österreichs Universitäten kaum mehr als die Hälfte der Hörer im Vergleich zum Vorjahr (7.888 gegenüber 13.233 Studenten). Im Verlauf des Krieges nahm ihre Zahl weiter ab, zeigte in den Jahren 1942/43 und 1943/44 einen Anstieg, was nach Gall[50] als eine Folge eines gewissen Zuzugs aus den "von der deutschen Wehrmacht besetzten" Staaten zu werten sei, und erreichte ihren absoluten Tiefstand 1944/45 mit 5.294 Hörern, das sind 40% gegenüber 1937/38 und 28% gegenüber 1932/33. Demgegenüber konnten die Technischen Hochschulen, an denen die Anzahl der Studenten 1938/39 gegenüber 1937/38 "nur" um ein Viertel zurückgegangen war (1.694 gegenüber 2.244) in den Jahren 1939/40 bis 1943/44 einen stetigen leichten Anstieg der Hörerzahlen verzeichnen, aber trotzdem nicht den Vorkriegsstand erreichen. Die Montanistische Hochschule in Leoben konnte ihren Hörerstand in etwa halten: Nach einem Absinken im WS 1938/39 von 137 auf 125 Studenten, erfolgte im

Wintersemester 1943/44 ein Ansteigen auf 148 Studenten. Ebenso gab es an der Hochschule für Bodenkultur in Wien nur einen leichten Rückgang - von 358 Studenten im Wintersemester 1937/38 auf 321 im Wintersemester 1943/44. Einen starken Rückgang in den Studentenzahlen hatte hingegen die Tierärztliche Hochschule in Wien zu verzeichnen, von 321 im Wintersemester 1937/38 auf 175 im Wintersemester 1943/44, während die Hochschule für Welthandel in Wien einen überraschenden Aufschwung erlebte: von 817 Studenten im Wintersemester 1937/38 auf 1.427 im Wintersemester 1942/43 und 1.341 im Wintersemester 1943/44.

Zwischen den Fakultäten verschoben sich die Relationen. Allgemein läßt sich ein Wechsel von den Geistes- zu den Naturwissenschaften und eine Abkehr von den ideologischen Fächern wie Jus beobachten - ein für das gesamte Reichsgebiet typisches Phänomen.[51] An der Universität Wien wurde nun die medizinische Fakultät am stärksten, die im Wintersemester 1936/37 noch 36%, im 1. Trimester 1941 jedoch bereits 50% aller Studenten umfaßte[52]; der Anteil der Medizinstudenten an allen Hochschulen des Deutschen Reiches betrug im Wintersemester 1943/44 52%.[53] An der juridischen Fakultät sank hingegen der Studentenanteil von 21% im Wintersemester 1936/37 auf 13% 1941. Die Gründe sind in erster Linie in der veränderten Attraktivität einzelner akademischer Berufe und der kriegsorientierten Berufspolitik des NS-Staates zu suchen.

Charakteristisch für die Kriegsjahre ist die steigende Zahl weiblicher Studenten. Nach der nationalsozialistischen Machtübernahme im Deutschen Reich hatten Numerus Clausus (10%), Weiblichkeitspropaganda und fehlende Berufsaussichten die Zahl der Studentinnen um zwei Drittel sinken lassen. Da die Zahl aller Studienanfänger jedoch bald weit unter die erwünschte Höchstgrenze gesunken war und im Hinblick auf die bevorstehende verstärkte Aufrüstung wurde der Numerus Clausus bereits 1936 wieder aufgehoben.[54] Der im Laufe des Krieges immer stärker werdende Verlust an männlichen Studenten durch den Abzug in die Wehrmacht und steigender Akademikermangel erleichterten den Frauen den Zugang zu Studium und akademischen Berufen. Ihr Anteil stieg an den Universitäten Österreichs von 21% im Wintersemester 1937/38 auf 49% im Wintersemester 1943/44, wobei in absoluten Zahlen gemessen ihr höchster Anteil vom Wintersemester 1932/33 mit 23,4% kaum übertroffen wurde (4.676 Studentinnen gegenüber 4.395). An der Universität Wien erreichten die Studentinnen gar einen Anteil von 52,6% im Wintersemester 1943/44 und selbst an der traditionell "frauenfeindlichen" Universität Innsbruck, wo die Frauen nie mehr als 17% erreichten (Wintersemester 1932/33), erlangten sie im "Rekordjahr" 1943/44 35%. Aber auch hier bewegte sich die Steigerung an weiblichen Studierenden nur in relativen Zahlen, nicht in absoluten. Eine echte Steigerung an weiblichen Studierenden hatten hingegen die Technischen Hochschulen zu verzeichnen: von 3% im Wintersemester 1932/33 (145 Studentinnen) über 2% im Wintersemester 1937/38 (52) auf 17% im Wintersemester 1943/44 (324). Da die Frauen nur als Lückenbüßer gebraucht wurden und ihr hoher Anteil an der Gesamtzahl der Studenten vor allem auf den fehlenden Anteil der Männer zurückzuführen ist, läßt sich erklären, daß nach Kriegsende der Frauenanteil sehr rasch wieder auf das "Normalmaß" sank und im Wintersemester 1952/53 26% erreichte, was wieder dem Standard zu Beginn des Krieges entsprach.

V. Resümee

Ab 1939 wurden Universitäten und Hochschulen in allen Bereichen auf die Erfordernisse des Krieges ausgerichtet und von der jeweiligen Entwicklung abhängig. In den ersten Kriegsmonaten wurde mit einer Fülle von Erlässen den kriegsbedingten Anforderungen begegnet. In erster Linie wurde den Kriegsteilnehmern eine Reihe von Vergünstigungen gewährt: diverse Prüfungserleichterungen, die sukzessive erweitert wurden. Die Sicherung des so lange vernachlässigten akademischen Nachwuchses sollte mit einer Verkürzung der Ausbildungszeit, Einteilung des Studienjahres in Trimester und Förderung der naturwissenschaftlichen Fächer wie des Frauenstudiums erreicht werden. Die Trimester-Einteilung 1940/1941 erwies sich allerdings nicht als zweckmäßig und wurde mit Sommersemester 1941 wieder aufgegeben.

Zunehmend wurde das gesamte Personal der Universitäten und Hochschulen, Lehrpersonen wie Studenten, in den Dienst der Kriegsmaschinerie gestellt. Der "totale Krieg" machte spätestens ab 1944 einen geregelten Studienbetrieb unmöglich. Ab Sommersemester 1944 wurden Neuimmatrikulationen nur noch unter besonderen Auflagen gewährt (Kriegsverletzte, Kriegerwitwen u.ä.), mit Wintersemester 1944/45 wurden Neueinschreibungen grundsätzlich gesperrt und die meisten Studenten zum "totalen Kriegseinsatz" herangezogen. Ausgenommen waren davon lediglich Studenten der sogenannten kriegswichtigen Studiengebiete - Physik, Mathematik, Ballistik, Hochfrequenztechnik, Fernmeldetechnik.[56]

Die Gründe für die rasche, reibungslose und widerstandslose Gleichschaltung 1938 sind vielfältig, liegen jedoch in erster Linie in der Geschichte der österreichischen Universitäten und Hochschulen selbst begründet, die nicht nur, bis auf wenige kurze Perioden, immer im - loyalen - Dienst der herrschenden Mächte, der staatlichen wie der kirchlichen, standen, sondern an denen auch seit Ende des 19. Jahrhunderts ein aggressiver Deutschnationalismus und Antisemitismus gepflegt und genährt wurde. Die unmittelbare Vergangenheit hatte ein übriges getan. Liberale, Demokraten und Sozialisten im Lehrkörper waren schon in der Ersten Republik kaum vertreten und wurden vom Ständestaat hinausgesäubert; die linken Studenten waren seit 1934 in der Illegalität.

"Gesäubert" wurde mit harmlosen Worten - "Beurlaubung", "Ruhestand", "bis auf weiteres"; aber sie bedeuteten Entlassung und Vertreibung auf Lebensdauer des Regimes, bedeuteten ein Todesurteil, geistig und oft auch physisch.

Anmerkungen

1 Neues Wiener Tagblatt (NWT), 13. 3. 1938.
2 Späth an Unterrichtsminister Menghin, Universitätsarchiv Wien (UA) - S.Z./699 ex 1937/1938.
3 NWT, 16. 3. 1938.
4 NWT, 23. 3. 1938; Gesetzblatt für das Land Österreich (GBl.f.Ö.) Nr. 3/1938, § 2.
5 Bericht Knoll, 23. 3. 1938, UA-S.Z. 667 ex 1937/38.
6 Erlaß Menghin, 13. 4. 1938, UA-S.Z. 783 ex 1937/38.
7 NWT, 28. 4. 1938.
8 Die Universitäten Wien, Graz und Innsbruck, die Technischen Hochschulen Wien und Graz, die Montanistische Hochschule Leoben, die Hochschulen für Welthandel und für Bodenkultur in Wien und die Tierärztliche Hochschule Wien. Die Theologische Fakultät Salzburg wurde aufgelassen, ebenso wie jene von Innsbruck und Graz.
Zu der von den Nationalsozialisten geplanten Technischen Hochschule in Linz siehe: Willi Weinert, Zu den Versuchen der Errichtung einer Technischen Hochschule in Linz (unter besonderer Berücksichtigung des Zeitraums 1938-1945), in: Oberösterreichischer Heimatblätter, 40. Jg., Heft 1/1986, S. 38-51.
9 Siehe G. Botz, Wien vom "Anschluß" zum Krieg. Nationalsozialistische Machtübernahme und politisch-soziale Umgestaltung am Beispiel der Stadt Wien 1938/39, Wien-München 1978.
10 Zitiert nach W. Weinert, Die Maßnahmen der reichsdeutschen Hochschulverwaltung im Bereich des österreichischen Hochschulwesens nach der Annexion 1938, in: H. Konrad/W. Neugebauer (Hg.), Arbeiterbewegung, Faschismus, Nationalbewußtsein, Wien 1983, S. 127.
11 Siehe Neues Wiener Tagblatt, 16. 3. 1938, ff.
12 Zitiert nach Weinert, Hochschulverwaltung, S. 129.
13 Erlaß 24. 3. 1938, ebenda.
14 Erlaß 26. 3. 1938, ebenda, S. 130.
15 UA-S.Z. 719 ex 1937/38, zit. nach M. Kowall, Die 1938 von der Universität verwiesenen Mitglieder des akademischen Lehrkörpers der philosophischen Fakultät Wien, Diss., Wien 1983, S. 29.
16 Ein dreiviertel Jahr später, am 30. 1. 1939, berichtete Huber auf einer Tagung für Universitätsbeamte, daß in fünf Jahren durchschnittlich 45% aller beamteten wissenschaftlichen Stellen innerhalb der deutschen Hochschulen neu besetzt wurden. "Ich glaube nicht, daß es einen anderen Bereich staatlicher Verwaltung gibt, in dem ein Personenwechsel in einem solchen Umfange stattgefunden hätte."
H. Huber, Der Aufbau des deutschen Hochschulwesens, Berlin 1939, S. 7.
17 J. Merinsky, Die Auswirkungen der Annexion Österreichs durch das Deutsche Reich auf die medizinische Fakultät der Universität Wien im Jahre 1938. Biographien entlassener Professoren und Dozenten, Diss., Wien 1980, S. XIX.
18 G. Lichtenegger, Vorgeschichte, Geschichte und Nachgeschichte des Nationalsozialismus an der Universität Graz, in: Grenzfeste Deutscher Wissenschaft. Über Faschismus und Vergangenheitsbewältigung an der Universität Graz, Wien 1985, S. 52.
19 G. Oberkofler, Bericht über die Opfer des Nationalsozialismus an der Universität Innsbruck, in: Zeitgeschichte, 8. Jahr, Heft 4, Jänner 1981, S. 142-149.
20 Weinert, Hochschulverwaltung, S. 130.
21 Erlaß vom 29. 3. 1938, UA-S.Z. 2 ex 1937/38.
22 Erlaß Unterrichtsministerium 23. 4. 1938, Kundmachung 25. 4. 1938, UA-S.Z. 2 ex 1937/38.
23 Reichsstudentenführer Gustav Scheel, in: Die Bewegung, Zentralorgan des NSD-Studentenbundes, 22. 3. 1938.
24 UA-S.Z. 680 ex 1937/38.
25 Jahrbuch der Deutschen Studentenschaft an den Ostmarkdeutschen Hochschulen, 1938/39, S. 60.
26 Vgl. auch P. Lundgreen, Hochschulpolitik und Wissenschaft im Dritten Reich, in: P. Lundgreen (Hg.), Wissenschaft im Dritten Reich, Frankfurt am Main 1985, S. 9-30.
27 Runderlaß 17. 2. 1939, Runderlaß 1. 1. 1940, in: Die deutsche Hochschulverwaltung. Sammlung der das Hochschulwesen betreffenden Verordnungen und Erlässe, 2 Bde., Berlin 1942, 2. Bd., S. 18 und 117.
28 Ebenda, 1. Bd., S. 34 f.

29 UA-S.Z. 680 ex 1937/38.
30 Übertragung von Aufgaben und Befugnissen des Reichsstatthalters in Österreich, 11. 1. 1940, RGBl. I, S. 52, in: Deutsche Hochschulverwaltung (1942), 1. Bd., S. 37 ff.
31 UA-S.Z. 901 ex 1937/38.
32 Erlaß Ministerium für innere und kulturelle Angelegenheiten, Abt. IV, 17. 12. 1938, ebenda.
33 Personal- und Vorlesungsverzeichnis für das 1. Trimester 1941, hrsg. vom Rektorat der Universität Wien.
33a Jahrbuch der Deutschen Studentenschaft an den Ostmarkdeutschen Hochschulen, 1938/39, S. 32.
34 Ebenda, S. 29.
35 M. Tidl, Die Roten Studenten, Dokumente und Erinnerungen 1938-1945, Wien 1976, S. 54.
36 NWT, 23. 4. 1938.
37 NWT, Abendausgabe, 8. 6. 1938.
38 NS-Studentenführer Freisleben, in: Jahrbuch der Deutschen Studentenschaft an den Ostmarkdeutschen Hochschulen, 1938/39, S. 15.
39 B. Lichtenberger-Fenz, Vorlesungsanalyse Universität Wien, unveröff. Manuskript; G. Lichtenegger, Vorgeschichte, Geschichte und Nachgeschichte des Nationalsozialismus an der Universität Graz, und W. Sauer, Akademischer Rassismus in Graz. Materialien zur Wissenschaftsgeschichte an der Universität Graz, in: Grenzfeste Deutscher Wissenschaft, 1985, S. 48-71 und S. 72-87.
40 E. Schönbauer, Der Rechtswahrer in der nationalsozialistischen Ostmark, Wien 1938, S. 11.
41 RGBl. I, Nr. 2 aus 1939, S. 6 ff.; Justiz-Ausbildungsordnung, Verordnung vom 4. Januar 1939 mit Erläuterungen, Berlin-Wien 1939, S. 13 ff.
42 Vgl. U.D. Adam, Hochschule und Nationalsozialismus. Die Universität Tübingen im Dritten Reich, Tübingen 1977, S. 120 ff.
43 Justiz-Ausbildungsordnung, 1939, S. 16.
44 Vgl. Adam, 1977, Hochschule, S. 120 ff.
45 Siehe G. Lichtenegger, Vorgeschichte; Sauer, Rassismus, in: Grenzfeste.
46 Siehe K. Hörmann, Gefährdung und Wiedererstarken 1938-1984, in: E.Chr. Suttner (Hg.), Die Katholisch-Theologische Fakultät der Universität Wien 1884-1984, Festschrift zum 600-Jahr-Jubiläum, Berlin 1984, S. 343 ff.
47 Adam, Hochschule, S. 82.
48 Ebenda, S. 38, S. 177 f.
49 Siehe im folgenden dazu I. Völlmecke, Österreichische Hochschulstatistik 1829 bis 1979, in: Geschichte und Ergebnisse der zentralen amtlichen Statistik in Österreich 1829-1979, Wien 1979, S. 67-94.
50 F. Gall, Alma Mater Rudolphina 1365-1965. Die Wiener Universität und ihre Studenten, Wien 1965.
51 Siehe Adam, Hochschule, und H. Prahl, Sozialgeschichte des Hochschulwesens, München 1978.
52 Siehe: Öffentliche Vorlesungen an der Universität zu Wien, WS 1936/37, SS 1937, WS 1937/38, WS 1938/39, WS 1939/40, hrsg. vom Akademischen Senat; Personal- und Vorlesungsverzeichnis für das 1. Trimester 1941, SS 1941, WS 1943/44, SS 1944, WS 1944/45, hrsg. vom Rektorat der Universität Wien.
53 Prahl, Sozialgeschichte, S. 323.
54 Siehe I. Weyrather, Numerus Clausus für Frauen - Studentinnen im Nationalsozialismus, in: Frauengruppe Faschismusforschung (Hg.), Mutterkreuz und Arbeitsbuch. Zur Geschichte der Frauen in der Weimarer Republik und im Nationalsozialismus, Frankfurt/Main 1981, S. 131-162.
55 Siehe diverse Erlässe in: Deutsche Hochschulverwaltung, 1942, 2. Band.
56 Verordnung Reichserziehungsministerium, 1. 9. 1944, Zentrales Staatsarchiv Potsdam, 07.01 FC Reichskanzlei, R 43 II/942 c, 45 ff.

Klaus Amann

LITERATURBETRIEB 1938 - 1945

Vermessungen eines unerforschten Gebietes

Es ist ein bezeichnendes Indiz für unseren auf kulturelle Legitimation fixierten Umgang mit der Vergangenheit Österreichs, daß 50 Jahre nach dem "Anschluß" noch keine größere wissenschaftliche Darstellung des literarischen Lebens zwischen 1938 und 1945 existiert.[1] Innerhalb der ansehnlichen zeitgeschichtlichen Literatur zum Nationalsozialismus und zum Zweiten Weltkrieg wurde bislang der kulturelle Sektor fast gänzlich außer Acht gelassen. Dies ist umso erstaunlicher, als es ja der Nationalsozialismus war, der in einem zuvor nicht dagewesenen Ausmaß "Kultur" als Instrument der Politik entdeckt und demgemäß das gesamte Kulturleben generalstabsmäßig zu organisieren und zu kontrollieren trachtete. Abgesehen von diesem spezifischen, ideologisch und herrschaftstechnisch interessanten Aspekt nationalsozialistischer Machtausübung: eine Beschäftigung mit der "österreichischen Kultur" zwischen 1938 und 1945 könnte darüberhinaus wichtige Bausteine zu einer Alltags- und Bewußtseinsgeschichte unter dem NS-Regime liefern, und zwar in zweifacher Hinsicht. Bekanntermaßen sind in "Literatur", und zwar bis in ihre trivialsten Erscheinungsformen hinein, die Hoffnungen und Ängste einer Gesellschaft unmittelbarer, anschaulicher und "individueller" repräsentiert als in jedem amtlichen Schriftstück. Literatur ist traditionellerweise jenes Organon, das die Verarbeitung, Tradierung und Aktualisierung individueller und kollektiver Erfahrung ermöglicht. Insofern könnte vielleicht auch die Literatur des Zeitraumes genauer als andere Quellen darüber Auskunft geben, weshalb und wie der Faschismus in die Köpfe und in die Herzen der Menschen kam und was er dort angerichtet hat.

Der zweite Aspekt: In dem Maße, in dem die Folgen des Krieges den Alltag der Menschen im Dritten Reich negativ zu bestimmen begannen, die anfängliche Begeisterung bei vielen der Angst, der Unzufriedenheit und der Reserve gegenüber den politischen Parolen Platz machte, förderte und propagierte - vor allem - Goebbels die Unterhaltungsfunktion der Kunst als Mittel der Ablenkung, der Entlastung und des Kräftesammelns für die "großen Aufgaben". Der Name der größten Kulturagentur und Freizeitorganisation des Reiches benennt exakt den Kern nationalsozialistischer Kulturpolitik während des Krieges: "Kraft durch Freude". Es ist evident, daß durch diese Praxis nationalsozialistischer Kulturpolitik den Aktivitäten auch jener österreichischen Künstler und Schriftsteller, die sich selbst (besonders im nachhinein) als "unpolitisch" verstanden, eine massiv politische Funktion zuwuchs.

Das entscheidende methodologische Problem bei der Analyse dieser Zusammenhänge besteht darin, daß, um bei der Literatur zu bleiben, in einem totalitären System, das nicht nur die literarische Produktion, sondern auch die Rezeption von Texten zu kontrollieren und zu steuern versucht, die Bedeutung und die Funktion von Texten nur im Rahmen dieses Systems zu begreifen und zu erklären ist. Der Blick des Interpreten muß sich deshalb zuerst auf den politischen und gesellschaftlichen Kommunikationszusammenhang, auf die institutionellen, die politischen und historischen Bedingungen der Produktion und Rezeption von Literatur richten. Erst die Beantwortung der Frage nach dem Literatursystem einer Zeit ermöglicht die Frage nach der Stellung und Funktion des einzelnen literarischen Werkes innerhalb eines bestimmten historischen Kontexts.

Die Forschungslage zwingt uns, mit der ersten Frage, mit der Frage nach den institutionellen Rahmenbedingungen, zu beginnen. Dies werde ich in meinem Beitrag, notgedrungen skizzenhaft und unvollständig, tun. Zwei Aspekte sollen dabei im Vordergrund stehen: War der "kulturelle Umbruch" im März 1938 tatsächlich ein Umbruch? Oder gab es nicht vielmehr eine jahrelange "illegale" Vorbereitung auf dieses Datum? Und zweitens: Wie ist es um die Repräsentanz der "Österreicher" innerhalb der Literatur des Dritten Reiches bestellt?

März 1938 - kultureller Bruch oder Kontinuität?

Der "Anschluß", der - wohl mentalitätsbedingt - einerseits in einer wahren Inflation an religiöser Metaphorik als "Deutsche Ostern", als "Auferstehung", als "Weg zum Licht", als "Pfingstwunder", als "Tag der Erlösung" und als "Stunde des Gerichts" sakralisiert wurde, und dem in der Charakterisierung als "heiliger", "deutscher Frühling" oder als "Sonnenwende" gleichsam naturgeschichtliche Notwendigkeit zukommen sollte[2], dieser "Anschluß" wurde vor allem in den Titeln zahlreicher Huldigungs-, Bekenntnis- und Legitimationstexte nach dem März 1938 andererseits auch als revolutionärer Akt stilisiert. Von "Anbruch" und "Umbruch" war die Rede, von "Wende", "Festlicher Revolution" und von einem "Sieg des Geistes".[3] Doch die pathetische Rhetorik der Sieger war auch durchsetzt mit mehr oder minder kryptischen Andeutungen darüber, daß das, was nach außen hin als eine spontane Aktion erschien, als ein gewiß auch Eindruck machendes Vorgehen nun legal gewordener Parteikreise, die mit Entschlossenheit und Geschick die Gunst der Stunde nutzten, im Grunde nicht der Beginn, sondern der End- und Höhepunkt einer längerfristigen Entwicklung gewesen sei. Die "Deutsche Wandlung (...) aus dem Ersten ins Dritte Reich der Deutschen" war nicht nur nach der Meinung Josef Nadlers, des angesehensten österreichischen Germanisten der Zeit, auch das wohlbedachte und wohlvorbereitete Werk österreichischer Schriftsteller. Da es sich, wiederum nicht nur in Nadlers Optik, beim "Anschluß" letztlich nur um eine längst überständige Familienzusammenführung handelte, waren auch die Erklärungsmuster dafür intimer und familiärer Art: Die "deutsche Verwandlung Wiens" sei "vor allem eine Sache des Herzens" gewesen, sie habe sich "am tiefsten und vollkommensten, ungestört und in schrankenloser Aufrichtigkeit dort vollzogen (...), wo immer Seele redet, im deutschen Liede". Dort also, in den Werken von Weinheber, Strobl, Hohlbaum, Jelusich, Wenter, Stuppäck und Mell, die Nadler neben anderen nennt, sei der Prozeß der "Deutsche(n) Verwandlung" als ein "Wandel von einer Weltanschauung zur anderen" angebahnt worden. "Es ist die Dichtung, die ihn (i.e. diesen Wandel) bewegt und bezeugt. Und es ist der Staatsmann, der ihn vollstreckt". Die "geistigen Stimmführer" des Volkes, die Genannten eben, hätten den österreichischen Staat daran gehindert, sich in der Dichtung ein "volksfremdes und volksfeindliches Urbild zu schaffen"; die Dichtung dieser "Stimmführer" sei es gewesen, die "die Stadt (Wien) auf geistige Weise aus ihrer Überfremdung freigekämpft" habe.[4] Unversehens weicht dort, wo der begrenzte Horizont des Eigenen, des Familiären überschritten wird, dem alles andere, alles Jüdische zumal, als "fremd" und "feindlich" erscheint, die Metaphorik des Herzens der Metaphorik des Kampfes. Im "Bekenntnisbuch", einem einzigartigen Dokument kollektiver Unterwerfung und intellektueller Selbstaufgabe österreichischer Schriftsteller vom Frühjahr 1938, wird den dort versammelten 71 "führenden nationalen Dichter(n)" in einem Vorspruch bescheinigt, sie hätten ihren "Kampf" mit den "makellosen Waffen des Geistes" geführt; einen Kampf, der zum Ziele hatte, ein "einiges Deutschland (aufzurichten), das alle umfaßt,/die desselben Blutes und derselben Sprache sind;/ein Deutschland, dessen Herrlichkeit und Macht/alle Länder Europas überstrahlt und überdauert..."[5]

Daß die Ausgrenzung der ‚Fremdblütigen', ‚Artfremden' und Andersdenkenden aus diesem Deutschland der Macht mit den "makellosen Waffen des Geistes" allein nicht zu bewerkstelligen war, wußten die "führenden nationalen Dichter" und ihre Interpreten nur allzugut. Einzelne bekannten sich auch öffentlich zu diesem Wissen. Josef Nadler etwa. Drei Jahre nach dem "Anschluß" schrieb er in den "Leitgedanken" zum vierten Band seiner (vielzitierten und weitverbreiteten) "Literaturgeschichte des Deutschen Volkes", daß "Heilung" des kranken und entkräfteten Volkskörpers naturgemäß "die Aussonderung der Juden aus dem deutschen Volksraum" bedeute.

> "Der Volkskörper, durch Krieg, Hunger, Krankheit entkräftet, sich selbst entfremdet, konnte nur geheilt werden durch Einsicht in das Wesen volkhafter Lebensvorgänge, durch harten Willen zu den unerläßlichen Mitteln, durch Entschlossenheit zu den äußersten Folgen. (...) Zunächst kam alles auf die Rettung und Neubildung eines Volkskernes an. Sie mußte in dessen innersten Zellen einsetzen und sie bedeutete naturgemäß Ausscheidung alles fremden Lebensstoffes willensmäßig, geistig und körperlich."[6]

Das Bekenntnis zu den äußersten Folgen macht den Literaturhistoriker, der so vehement die "Sache des Herzens" zu verfechten vorgab, schließlich zum Metaphernlieferanten für die Ausrottung der Juden. Das organisierte Treiben der Henker findet in den Vergleichen aus dem Bereich ärztlicher Diagnose und Therapie seine "literarische" Rechtfertigung: Der industrialisierte Mord, die in eben diesem Jahr 1941 anbefohlene "Endlösung"[7], ist weiter nichts als ein natürlicher Stoffwechselprozeß. Es empfiehlt sich, die Texte der literarischen "Stimmführer" des Jahres 1938 ernst zu nehmen. Das, was sie schrieben, meinten sie nicht nur, es war auch der Fall; und dort, wo sie ungeschützt glaubten reden zu können, brachten sie Text und Realität bereitwillig zur Deckung. "Ich will wahrhaftig *nichts*, als arbeiten" schrieb der katholische Autor Friedrich Schreyvogl, illegales NSDAP-Mitglied seit 1934, gleichzeitig Duzfreund Schuschniggs und Kardinal Innitzers, wenige Wochen nach dem "Anschluß" an seinen Schriftsteller- und Parteigenossen Hermann Heinz Ortner, "- jetzt haben wir ja Platz *genug*".[8]

Ein Blick zurück

In der Tat. Darum war es von allem Anfang an, und seit 1933 durch die politische Entwicklung im "Reich" begünstigt, gegangen. Die "Wiener Allgemeine Zeitung" hat schon vor dem unübersehbar symbolischen Akt der Bücherverbrennung vom 10. Mai 1933 die Motive des braunen "Kampf(es) gegen den undeutschen Geist" auf den Begriff gebracht. Dieser Kampf habe in Wirklichkeit "gar kein geistiges, sondern nur ein sehr schäbiges materielles Motiv. Es ist in Wirklichkeit ein Teil jenes Stellungskrieges - sprich: Krieg um die Stellungen - auf welchen die ganze Hitlerei hinausläuft. Es sollen Plätze freigemacht werden für die Parteigenossen". Genauso wie man aus den Fabriken die andersgesinnten Arbeiter hinauswerfe, wolle man aus Kunst und Wissenschaft "eine streng exclusive Futterkrippe für die Nazi machen".[9] Und Heinrich Mann schrieb im selben Jahr in einer anderen Wiener Zeitung: "Wo kein Geschäft mehr geht, ist es ein Trost, wenigstens die israelitischen und marxistischen Konkurrenten loszuwerden. Diese wie jene verschwinden vom Schauplatz, und wem es zu lange dauert, bis sie abhauen, der denunziert sie...".[10] Das Zeugnis der Opfer bestätigt die Prognose Heinrich Manns. Hermann Broch etwa, der 1938 mit knapper Not entkam, schrieb 1949 rückblickend: "...Was ich da (in Österreich 1933-38) an Spießbürgergemeinheit und -niedertracht erlebt habe, ist schlechterdings unschilderbar."[11]

Die entscheidende Triebkraft dieses "Kampf(es) um die Weidegebiete"[12] war bei vielen völkischen Autoren Österreichs ein - wenn man auf ihre Auflagezahlen vor 1933 blickt, vielfach unberechtigtes - Gefühl des Zukurzgekommenseins, das sich an den Minderwertigkeits- und Neidgefühlen gegenüber den erfolgreichen - und keineswegs nur den erfolgreichen jüdischen - Kollegen nährte. Mittlerweile ist für den Zeitraum 1933-1938 einigermaßen exakt dokumentiert, mit welchen Mitteln und Methoden dieser Kampf um die Futterkrippe geführt wurde.[13] Immerhin wissen wir heute, daß die protzige Verlautbarung, die Hermann Stuppäck, der ehemalige Leiter (1935-1938) des illegalen Landeskulturamtes der österreichischen NSDAP 1940 rückblickend über die Presse verbreiten ließ, durchaus den Tatsachen entspricht: "Während der Verbotszeit wurde der Umbruch auf kulturpolitischem Gebiet systematisch vorbereitet, so daß im Augenblick der Machtergreifung in Österreich binnen 24 Stunden sämtliche kulturpolitischen Positionen besetzt werden konnten."[14]

Unter dem Aspekt personeller und institutioneller Kontinuität war der März 1938 ebensowenig ein "revolutionärer" Bruch oder eine "Stunde Null" wie der

Mai 1945. Legale und illegale Organisationsversuche der nationalsozialistischen Künstler und Schriftsteller Österreichs lassen sich - parallel zu den Aktivitäten der Nationalsozialisten im "Reich" - seit dem Beginn der dreißiger Jahre nachweisen. Die bedeutendste dieser Gründungen im literarischen Bereich, der im Dezember 1936 legal konstituierte "Bund der deutschen Schriftsteller Österreichs" (mit Max Mell als Vorsitzendem, Schreyvogl, Jelusich, Wenter, Ortner, Weinheber u.a. im Vorstand, und etwa 80 Mitgliedern, - die Hälfte davon illegale Parteigenossen) war eine offiziöse Organisation der (illegalen) NSDAP. Diesem "Bund" gelang es mit massiver Unterstützung durch die Deutsche Gesandtschaft in Wien, das Propagandaministerium und die Reichsschrifttumskammer, sich bereits geraume Zeit vor dem "Anschluß" als eine Art Außenstelle der Reichsschrifttumskammer in Österreich zu etablieren, die die rassistischen Grundsätze nationalsozialistischer Literaturpolitik (Arierparagraph, Gesinnungsprüfung etc.) in Österreich exekutierte und - erfolgreich - darauf abzielte, die literarischen Kontakte mit dem Reich zu monopolisieren. Mitglieder des "Bundes", Friedrich Schreyvogl, Robert Hohlbaum und Hermann Heinz Ortner beispielsweise, betätigten sich als Denunzianten ihrer "rassisch" oder politisch stigmatisierten österreichischen Kollegen.[15]

Nach dem "Anschluß" bildete der "Bund" den personellen und organisatorischen Nukleus für den Aufbau der (Landesleitung der) Reichschrifttumskammer in Österreich. Der Geschäftsführer des "Bundes", Max Stebich, wurde nach einigem Hin und Her gleichsam in seinem Amt bestätigt und durfte (bis 1940) die Geschäfte der Reichsschrifttumskammer in Österreich führen.[16] Für die (mehr repräsentative) Funktion des Landesleiters der Reichsschrifttumskammer waren Max Mell[17], Karl Heinrich Waggerl[18] und der illegale Landeskulturleiter Hermann Stuppäck[19] im Gespräch. Die Wahl fiel schließlich auf Karl Hans Strobl, der sich in einem Brief vom 13. März 1938 (!) dem Präsidenten der Reichsschrifttumskammer, Hanns Johst, für dieses Amt angetragen hatte.[20] Vorerst noch ohne jede gesetzliche Grundlage - das Reichskulturkammergesetz wurde erst am 11. 6. 1938 in Österreich eingeführt - forderte Stebich durch eine Pressenotiz am 15. 4. 1938 die "rein arischen Schriftsteller" Österreichs zum Beitritt in die Reichsschrifttumskammer auf.[21] Einem für Goebbels bestimmten Bericht der Reichsschrifttumskammer zufolge sind daraufhin bis Juli 1938 nicht weniger als 1958 Aufnahmeanträge in Wien eingelaufen, über die allerdings vorerst nicht entschieden werden konnte, weil die Ariernachweise fehlten.[22] Drei Wochen später wurden in Berlin insgesamt 3000 Anmeldungen von österreichischen Schreibwilligen gezählt.[23] Etwa ein Drittel davon dürften schließlich aufgenommen worden sein. Das offizielle "Schriftsteller-Verzeichnis" aus dem Jahre 1942 verzeichnet insgesamt 811 Schriftsteller (darunter 181 Frauen) mit Wohnsitz in "Österreich" als Mitglieder der Reichsschrifttumskammer.[24]

Mark(t) und Gesinnung

Diese ganz offensichtliche Attraktivität der Reichsschrifttumskammer ist leicht erklärt. Wahrscheinlich war es - eine gewisse Anpassungsfähigkeit vorausgesetzt - nie leichter, literarischen Erfolg zu haben als während der Zeit des Dritten Reiches. Nicht nur, daß durch die "Ausschaltung" der jüdischen, der linken und der liberalen Konkurrenz ein Vakuum und damit ein spürbarer Bedarf an Schriftstellern entstanden war[25], *ein* Spezifikum nationalsozialistischer Literaturpolitik mußte sich als besonderer Anreiz auswirken: Die von der Reichsschrifttumskammer, dem "Vortragsamt" beim Reichsministerium für Volksaufklärung und Propaganda, der NS-Gemeinschaft "Kraft durch Freude", der Rosenbergschen Reichsstelle zur Förderung des deutschen Schrifttums und von vielen Parteistellen und kommunalen Körperschaften organisierten literarischen Aktivitäten hatten tendenziell die Aufhebung der herkömmlichen Mechanismen des literarischen Marktes zur Folge. Literarische Konkurrenz auf dem Markt wurde durch eine Gesinnungskonkurrenz im Vorfeld des Marktes ersetzt. Der staatlich kontrollierte Zugang zum Markt (über die Zwangsmitgliedschaft in der Reichsschrifttumskammer) eröffnete auch den Zugang zu einem privilegierten, prestigeträchtigen Sektor der Gesellschaft, in dem konformes Verhalten nicht zuletzt auch durch materielle Gratifikationen und Garantien abgegolten wurde: durch reiche Publikationsmöglichkeiten, Vortragsreisen, Dichtertreffen, zahlreiche und gut dotierte Literaturpreise, staatliche Druck-, Absatz- und Honorargarantien, Auftragsarbeiten, attraktive und lukrative Möglichkeiten der Mitarbeit in der umfangreichen Film- und Unterhaltungsindustrie etc. etc.[26]

Eine Analyse der Einkommensverhältnisse "österreichischer" Autoren zwischen 1938 und 1945 zeigt nicht nur, daß sich das Einkommen einzelner nach dem "Anschluß" zum Teil um das Zwanzigfache steigerte, sondern auch, daß die Spitzenverdiener unter ihnen, etwa Mirko Jelusich, auf das Sechsfache dessen kamen, was Oberbefehlshaber des Heeres und Gauleiter bezogen. Jelusich verdiente mit seiner Literatur zwischen 1940 und 1942 jährlich zwischen 150.000 und 170.000 RM. Der Jahresverdienst eines Arbeiters lag bei 2.000 RM.[27] Die Schriftsteller durften sich nicht nur als "Vorhut" und "Führer" der Nation begreifen[28] und daraus Selbstwertgefühl und Prestige ableiten, ihre Dienste wurden auch entsprechend honoriert. Daß die Marschrichtung vorgegeben war, wurde in Kauf genommen. Im "Leitheft Schrifttumswesen und Schrifttumspolitik" des Reichsführers-SS vom März 1937 werden die "Kulturschaffenden" als "Träger einer öffentlichen Sendung, (als) Mitstreiter und Mitvollzieher des Staatswillens" definiert. Deshalb werte sie der Staat auch "nach dem Grade ihrer positiven oder negativen Bedeutung für die völkische Gemeinschaft".[29]

Literarische Repräsentanten der Ostmark

Einen dokumentarischen Beleg für diese Bewertung "österreichischer" Autoren durch die amtlichen Stellen des "Reiches" bilden zweifellos die diversen Empfehlungslisten. Ein Blick in diese Listen kann die offizielle Akzeptanz und Repräsentanz der "Österreicher" belegen. In der etwa 5.000 Titel umfassenden "Ersten Grundliste für den Deutschen Leihbuchhandel", "Das Buch, ein Schwert des Geistes", - einem Gemeinschaftswerk der Dienststelle Rosenberg und der Reichsschrifttumskammer - sind ca. 70 "Österreicher" mit etwa 170 Titeln vertreten.[30] Die Liste, die neben Belletristik auch politische Literatur, Sachbücher und Übersetzungen enthält, verzeichnet Erstausgaben und Neuausgaben älterer Titel, die im Jahrzehnt vor dem 1. 4. 1939 erschienen waren. (Dies ist für die folgende Aufstellung vor allem mit Blick auf die jüngeren Autoren von Bedeutung: G. Fussenegger etwa hatte erst 1937 ihre erste Buchveröffentlichung.)

Häufigkeit der Nennungen (Auswahl)

9 Titel:	Bruno Brehm
7 Titel:	Friedrich von Gagern, Robert Hohlbaum
5 Titel:	Mirko Jelusich, Karl Springenschmid, Karl Heinrich Waggerl, Ines Widmann
4 Titel:	Josef Weinheber, Emil Ertl, Franz Nabl, Erwin H. Rainalter
3 Titel:	Franz Tumler, Josef Friedrich Perkonig, Karl Itzinger, Karl Hans Strobl, Sepp Keller, Sepp Dobiasch
2 Titel:	Rudolf Hans Bartsch, Marie Grengg, Josef Georg Oberkofler, Anton Graf Bossi-Fedrigotti, Fritz Weber, Franz Spunda
1 Titel:	Wladimir von Hartlieb, Luis Trenker, Adalbert Schmidt, Franz Braumann, Franz Karl Ginzkey, Paula Grogger, Hermann Graedener, Friedrich Schreyvogl, Max Reisch, Kurt Ziesel, Gertrud Fussenegger, Max Mell, Linus Kefer, Josef Wenter, Julius Zerzer, Josef Nadler, Herbert Tichy, Alma Holgersen, Heinz Kindermann

Auf ein Phänomen, das auf den ersten Blick als ein Widerspruch nationalsozialistischer Literaturpolitik erscheinen mag, sei bereits hier verwiesen. Obgleich in der Einleitung und in den Geleitworten zu dieser Empfehlungsliste äußerst radikale und kämpferische Töne angeschlagen werden[31], enthält die Liste selbst einen beträchtlichen Prozentsatz an Literatur, die sich mit nationalsozialistischen Vorstellungen nicht einmal von ferne berührt (Unterhaltungs- und Reiseliteratur z.B.). Im besonderen gilt dies für die Empfehlungen älterer, "klassischer" Literatur. Nicht nur die Liste der "klassischen" Österreicher läßt keinerlei ideologische oder literarische Programmatik erkennen: Rosegger (5), Stifter (3), Ebner-Eschenbach (2), Anzengruber, Saar, Sealsfield, F.M. Felder (je 1). Noch ausgeprägter zeigt sich dieses Phänomen im "Schrifttums-Verzeichnis der Zentrale der Frontbuchhandlungen", der Empfehlungsliste jener Organisation also, die die Soldaten im Felde mit Lektüre versorgte. In dieser Liste aus dem Jahr 1941, die insgesamt etwa 2.500 Titel empfiehlt, ist ein besonders hoher Prozentsatz an älterer Literatur, besonders jener des 18. und 19. Jahrhunderts, enthalten (Goethe, Hölderlin, Keller, Arnim, Alexis, Eichendorff, Fontane, Gotthelf, Kleist, Raabe, Storm u.a.) Unter den Österreichern hält Stifter die Spitze (12 Titel), gefolgt von Grillparzer (3), Saar, Ebner-Eschenbach, Rosegger, Sealsfield (je 2) und Anzengruber (1). Von zeitgenössischen "österreichischen" Schriftstellern (ca. 60) werden knapp 200 Titel empfohlen und zwar in folgender Verteilung (Auswahl):

12 Titel:	Bruno Brehm
11 Titel:	Luis Trenker, Robert Hohlbaum
7 Titel:	Mirko Jelusich, Friedrich von Gagern
6 Titel:	Karl Hans Strobl, Karl Heinrich Waggerl
5 Titel:	Franz Nabl, Josef Weinheber
4 Titel:	Josef Georg Oberkofler, Karl Springenschmid, Ines Widmann, Gerhard Ellert (d.i. Gertrud Schmirger)
3 Titel:	Josef Friedrich Perkonig, Franz Tumler, Marie Grengg, Egmont Colerus
2 Titel:	Gertrud Fussenegger, Franz Karl Ginzkey, Heinrich von Srbik, Kurt Ziesel, Hans Kloepfer, Erwin H. Rainalter, Fritz Weber
1 Titel:	Anton Graf Bossi-Fedrigotti, Rudolf Brunngraber, Emil Ertl, Linus Kefer, Sepp Dobiasch, Max Mell, Max Reisch, Paul Anton Keller, Alfons Petzold[32]

Die beiden Empfehlungslisten, die ganz unterschiedliche Zielgruppen ansprachen (hier die Wehrmachtsangehörigen, dort das Publikum der Leihbibliotheken und der Volksbüchereien), zeigen nicht nur bei den empfohlenen Autoren, sondern auch in der Häufigkeitsverteilung (die selbstverständlich auch durch die Zahl der veröffentlichten Werke eines Autors bestimmt war) auffällige Übereinstimmungen. Da aber beide Listen fast ausschließlich erzählende (in geringerem Umfang auch lyrische) Texte empfehlen, sind sie für jene Autoren, die für die Bühne oder für den Film schrieben (Friedrich Schreyvogl, Hermann Heinz Ortner, aber auch Alexander Lernet-Holenia) nicht repräsentativ. Dennoch scheint der Schluß zulässig, daß von den ca. 800 "österreichischen" Mitgliedern der Reichsschrifttumskammer kaum mehr als 50-70 eine größere Rolle im Literaturbetrieb des Dritten Reiches gespielt haben dürften. (Der große Rest ist wohl in die Kategorie der Gelegenheitsschriftsteller einzureihen, die u.a. die Feuilletons bedienten oder hin und wieder kleinere Arbeiten veröffentlichten.)

Auf die Zahl von etwa 50 kommt man auch, wenn man die Namen jener "Österreicher" kompiliert, die in den jährlichen "Vorschlagslisten für Dichterlesungen" (1938-1942) aufscheinen.[33] Diese Listen wurden vom Propagandaministerium für die (zahlreichen) Vortragsveranstalter erstellt. Die Vortragsreisen der Dichter, die in Einzelfällen bis zu einem halben Jahr dauern konnten[34], wurden vom "Vortragsamt" beim Propagandaministerium organisiert. Die Aufnahme in diese Listen ist zweifellos ein guter Indikator dafür, welche Autoren die Literaturfunktionäre des Dritten Reiches ‚unter's Volk' bringen wollten. Bei jährlich insgesamt zwischen 200 und 280 empfohlenen Autoren waren die "Österreicher" mit jeweils 30-45 Namen - gemessen an den Einwohnerzahlen im "Altreich" und in der "Ostmark" - überproportional gut vertreten. Wenn man die Einfachnennungen nicht berücksichtigt, kommt man auf folgende Liste: Bruno Brehm, Richard Billinger, Anton Graf Bossi-Fedrigotti, Egon Cäsar Conte Corti, Sepp Dobiasch, Gertrud Fussenegger, Friedrich von Gagern, Franz Karl Ginzkey, Hermann Graedener, Marie Grengg, Wladimir von Hartlieb, Robert Hohlbaum, Karl Itzinger, Mirko Jelusich, Linus Kefer, Sepp Keller, Hans Kloepfer, Max Mell, Max Millenkovich-Morold, Franz Nabl, Josef Georg Oberkofler, Josef Papesch, Josef Friedrich Perkonig, Erwin H. Rainalter, Franz Schlögl, Karl Springenschmid, Max Stebich, Erwin Stranik, Karl Hans Strobl, Hermann Stuppäck, Ingeborg Teuffenbach, Franz Tumler, Karl Heinrich Waggerl, Fritz Weber, Josef Weinheber, Josef Wenter, Ines Widmann, Julius Zerzer.

Die Tatsache, daß diese Liste "österreichischer" Autoren, die in offizieller literarischer Mission nicht nur in der "Ostmark" und im "Altreich" unterwegs waren, sondern auch in die "befreiten" Gebiete und an die Front entsandt wurden, nahezu deckungsgleich ist mit den Namen der "Österreicher" in den beiden so unterschiedlich ausgerichteten Empfehlungslisten, bestätigt die These, daß der innere Kreis der "österreichischen" Literaturprotegés nur wenig mehr als 50 Autoren umfaßt haben dürfte. Diese allerdings tauchen in allen möglichen Zusammenhängen immer wieder auf: als Literaturpreisträger, als Mitarbeiter an repräsentativen Anthologien[25], bei Dichtertreffen, in Literaturgeschichten, auf Empfehlungslisten. Nicht uninteressant ist, daß etwa die Hälfte dieser etwa 50 Autoren bereits auch Mitglieder des "Bundes der deutschen Schriftsteller Österreichs" waren. Jener 1936 legal konstituierte Verein mit dem katholischen Paradeautor Max Mell an der Spitze erweist sich so im nachhinein tatsächlich als ein äußerst effizienter politischer Stoßtrupp, der bereits vor dem "Anschluß" mit gutem Gespür dafür, wer literarisch und politisch opportun (bzw. opportunistisch genug) sein würde, den harten Kern der völkisch-nationalen und nationalsozialistischen Schriftsteller Österreichs organisatorisch zusammenfaßte. Daß ein beträchtlicher Prozentsatz der Mitglieder des "Bundes" es im Dritten Reich - in jeder Hinsicht - zu etwas brachte, spricht nicht nur für die politische Sensibilität der Autoren, die - aus ihrer Sicht - rechtzeitig auf das richtige Pferd gesetzt hatten, sondern ebenso für Geschick und Durchsetzungsvermögen des "Bundes" im ganzen.

Leserbedürfnisse und Literaturpolitik

Ergänzt man die bereits mehrfach belegte Liste dieser etwa 50 Autoren noch um jene 10-20 Namen, die aus unterschiedlichen (z.B. gattungsspezifischen) Gründen in den ausgewerteten Verzeichnissen nicht aufscheinen, so kommt man auf die erwähnte Zahl von etwa 70 Autoren, die als die literarischen Repräsentanten der "Ostmark" in z. T. erheblichem Umfang öffentliche Anerkennung, Förderung und Verbreitung erfuhren. Daß sie sich im einzelnen, im Literarischen wie auch im Umfang und Charakter ihres politischen Engagements, beträchtlich unterscheiden, liegt auf der Hand. Die notwendigen Differenzierungen in diesen Punkten sind nur auf der Grundlage von Einzelanalysen möglich.[36] Jedoch, wie auch immer künftige Arbeiten diese notwendigen Unterscheidungen treffen mögen, eine Grundtatsache nationalsozialistischer Literaturpolitik ist nicht zu eskamotieren: Die Funktion eines literarischen Textes, seine Instrumentalisierbarkeit im Rahmen nationalsozialistischer Herrschaft war nicht notwendig - und mit der Dauer dieser Herrschaft immer weniger - von den politischen Inhalten und Stoffen abhängig, die er transportierte. Ganz im Gegenteil. Bereits 1934 setzte auf höchster Ebene (durch Goebbels und Bouhler, wenig später auch durch Schirach) die Kritik an der sogenannten "Konjunkturliteratur" und am "nationalen Kitsch" ein.[37] Die Einrichtung der "Parteiamtlichen Prüfungskommission zum Schutze des nationalsozialistischen Schrifttums"

(1934) war nicht zuletzt von der Absicht getragen, die Kontrolle über die politische und politisierende Literatur zu gewinnen.[38] Zweifellos begründeten sich derartige Maßnahmen aus einem herrschaftstechnischen Kalkül, das einer allmählichen und subtilen Verinnerlichung nationalsozialistischer Ideologeme größere Chancen zusprach als der plakativen und vielfach auch von den Nazis selbst als "dilettantisch" klassifizierten Weltanschauungsliteratur der "Nichtskönner(n)".[39] Hellmuth Langenbucher, ein prominenter Literaturstratege aus Rosenbergs Imperium, formulierte diesen Standpunkt unmißverständlich: "Ein Buch, in dem kein Wort von SA, vom Dritten Reich oder vom Nationalsozialismus enthalten ist, kann doch tausendmal nationalsozialistischer sein als ein Roman, in dem es von braunen Erlebnissen nur so wimmelt..."[40]

Mit Ausbruch des Krieges wurde auch diese Strategie der subtilen Beeinflußung fragwürdig, weil große Leserkreise das Interesse an politischer Literatur fast gänzlich verloren und auch, weil sie begreiflicherweise andere Bedürfnisse entwickelten. In den wöchentlichen Geheimberichten des Sicherheitsdienstes (SD)[41], die die Stimmung in der Bevölkerung erhoben, wird immer wieder die "einheitlich(e)" und "überaus starke Nachfrage" nach schöngeistigem Schrifttum und "leichter Unterhaltungslektüre" betont. Das Bedürfnis, "im Buch Erholung, Entspannung, Kraft für den Alltag zu suchen (ist) spürbar angewachsen". In den Bibliotheken würden spannende Unterhaltungsromane verlangt, "um nicht nachts mit Sorge auf die Flieger zu warten und nachher stumpfsinnig im Keller hocken zu müssen."[42] Ähnlich gelagert seien die "Lesewünsche der Soldaten", die die "Zeit zwischen Dienst und Einsatz möglichst angenehm (...) verbringen (möchten), ohne den Geist allzuviel zu belasten".[43] Politische, propagandistische und kriegsbezogene Literatur, die in großem Umfang vorhanden sei, werde abgelehnt.

> "Die Beobachtung geht durchweg (!) dahin, daß sich die Volksgenossen mit diesem Schrifttum ‚überfüttert' fühlten. (...) In den verschiedentlich recht krassen Äußerungen hierzu heißt es z.B.: ‚Wenn man erreichen will, daß man der Kriegspropaganda überdrüssig wird, dann braucht man nur in eine Buchhandlung zu gehen und die zahlreichen Schriften vom Frankreichfeldzug, vom Krieg in Norwegen, in Griechenland, in Afrika, im Osten, vom Heer, von der Kriegsmarine und von der Luftwaffe, gegen England, den Kapitalismus, den Bolschewismus, das Judentum usw. bloß anzusehen.'"[44]

Dieser Bericht "Zur Lage im Schrifttum" vom Anfang des Jahres 1943 hält ferner fest, daß es als "ausgesprochener Glücksfall" gewertet werde, Goethes "Faust" oder Werke von Kleist, Stifter, Raabe, Keller, C.F. Meyer, Storm, Carossa oder Weinheber aufzutreiben.

> "Groß sei das Interesse an historischen Romanen (...); sehr verlangt werde nach guten Frauenromanen. Neben der schöngeistigen Literatur sei die Suche nach interessant belehrenden Büchern (z.B. Reisebeschreibungen) ziemlich stark (...). Vermißt werde ein leichtes aber gutes Unterhaltungsschrifttum und ein gesunder Humor."[45]

Wenn die Haltung der nationalsozialistischen Literaturpolitiker gegenüber der Unterhaltungsliteratur auch insgesamt ambivalent und schwankend war[46], weil man in ihr auch einen destabilisierenden Faktor sah, ein Reservat privater und eskapistischer Wunscherfüllung, das dem staatlichen Zugriff gänzlich entzogen war, so kann andererseits kein Zweifel darüber bestehen, daß dem Bedürfnis nach Entspannung, Entlastung und Ablenkung auch ganz bewußt und auf verschiedenen Wegen (eben mithilfe "älterer" Literatur, der Reise- und Unterhaltungsliteratur) entgegengekommen wurde. Dies ließe sich anhand der beiden erwähnten Empfehlungslisten im Detail belegen. Ein Hinweis muß genügen. Es ist kein Zufall, daß in der Empfehlungsliste für die Soldaten Adalbert Stifter nicht nur innerhalb der Reihe der "klassischen" Österreicher am häufigsten genannt wird, sondern mit ebensovielen Titeln vertreten ist wie der Listenerste der zeitgenössischen Autoren, Bruno Brehm. Dabei fehlt unter den empfohlenen Werken Stifters auffälligerweise gerade jenes, das einer völkischen Interpretation noch am ehesten zugänglich gewesen wäre: "Witiko". Stattdessen werden einzelne Titel aus den "Studien" ("Die Narrenburg", "Der Waldsteig", "Der Hagestolz", "Brigitta" u.a.), die "Bunten Steine", die "Mappe meines Urgroßvaters" und eigens zusammengestellte Stifter-Breviere ("In den Rosen", "Vom reifen Leben") empfohlen. Daraus folgt nicht, daß die Literaturstrategen des Dritten Reiches früher kapituliert hätten als ihre Kollegen in der Wehrmacht. Vielmehr nahmen sie die während des Krieges mit geradezu existentieller Gewalt entstehenden Bedürfnisse der Bevölkerung ernst und suchten sie für ihre Zwecke - Besänftigung und Ablenkung der Unzufriedenen durch Unterhaltung, Kräftesammeln für das Durchhalten um jeden Preis - zu nutzen[47]. Was aber sehr wohl daraus folgt, ist die Erkenntnis, daß auch jene "österreichischen" Autoren, die - vermeintlich fern jeder Politik - den Literaturbetrieb des Dritten Reiches mit ihren harmlosen oder raffinierten, lustigen oder traurigen, spannenden oder langweiligen Texten versorgten, ihren wie auch immer bescheidenen Beitrag zum Funktionieren der Todesmaschinerie geleistet haben.

Kultureller Widerstand in Wien - ein Lokalmythos

Zweifellos wäre es notwenig, dieses apodiktisch klingende Urteil, das jedoch durch die der Tendenz nach totale Funktionalisierung von Kunst und Literatur im Dritten Reich zu begründen ist, auch auf dem Hintergrund der Schirachschen Kulturpolitik in Wien zu diskutieren, die ja in den Augen mancher "den Boden für den echten kulturellen Widerstand des österreichischen Volkes bereitet" hat.[48] Dies ist aus Platzgründen nicht möglich. Ich beschränke mich deshalb darauf, einige damit zusammenhängende Probleme zu skizzieren. Bezeichnenderweise beziehen sich jene Darstellungen, die die ‚liberalistischen' und ‚separatistischen' Tendenzen der Schirachschen Kulturpolitik betonen, vornehmlich auf die Entlastungs- und Rechtfertigungsschrift des ersten "Generalkulturreferenten" Baldur von Schirachs, Walter Thomas, der 1947 den Begriff der "künstlerischen Opposition" für die kulturelle Szene Wiens 1940-45 prägte.[49] Was allerdings innerhalb eines Systems, das bekanntermaßen unter dem Gesichtspunkt politischer Nützlichkeit und Legitimation gerade im Bereich der Kultur vereinzelt erstaunliche Toleranzen zeigte, als liberalistisch, als separatistisch oder oppositionell gelten kann, ist wohl nur am Einzelfall und dort ohne ein größeres Korpus an zeitgenössischen Rezeptionszeugnissen überhaupt nicht zu beurteilen. Daß Schirach und sein Generalkulturreferent Thomas mit einigen kulturellen Projekten Schwierigkeiten bei den Berliner Zentralstellen und insbesondere mit Goebbels hatten, steht außer Zweifel[50], besagt aber vorderhand nicht mehr, als daß es innerhalb der nationalsozialistischen Führungsclique Auffassungsunterschiede in künstlerischen Dingen gab. Daß derartige Konflikte, die nicht zuletzt deshalb entstanden, weil Hitler seinem von jeher bestehenden Ressentiment gegen Wien mehr und mehr freien Lauf ließ[51], Schirach im nachhinein als politischer Bonus gutgeschrieben werden, indem seiner - auf Konkurrenz mit der Reichshauptstadt Berlin und auf Rivalität mit dem Berliner Kulturgewaltigen Goebbels basierenden - Kulturpolitik "ziemlich liberale (...) Neigungen" attestiert werden[52], das hat dieser Mann wahrlich nicht verdient. Die besondere Pflege der Kultur mit dem Ziel, die zunehmende Unzufriedenheit der Wiener Bevölkerung einzudämmen, war ursprünglich Hitlers Auftrag an Schirach.[53] Er hat ihn - anders als den anderen Teil des Auftrages: die Stadt "judenrein" zu machen - nicht zur Zufriedenheit seines "Führers" erfüllt. Die Gründe dafür liegen aber eher in Schirachs Geltungsdrang, in seiner Macht- und Prunksucht, die fast zwangsläufig den Widerstand der Berliner Führung hervorriefen, als in seinen "liberalen Neigungen". Selbst Thomas, der bezeichnenderweise immer wieder säuberlich zwischen Kultur und Politik trennt, erkannte, daß Schirach künstlerische Erfolge in Wien "aus politischen Gründen" brauchte.[54] Hintergrund dafür war sein nie aufgegebenes Ziel, in der Reichspolitik Fuß zu fassen.[55] Während des Krieges waren die Erfolge, die er brauchte eben nur "auf dem Gebiete der Kulturpolitik (zu) erringen".[56]

Die Behauptung einer eigenständigen, gar die Behauptung einer liberalen Wiener Kulturpolitik zwischen 1938 und 1945 nährt bestenfalls einen gewissen "Lokalmythos"[57], der während des Krieges und danach vordergründigen politischen Zwecken diente: der Entlastung und der Verdrängung. Die Meinung beispielsweise, daß "Gedächtnisveranstaltungen" wie die Raimundwoche (1. 6.- 9. 6. 1940), die Grillparzerwoche (15. 1. - 21. 1. 1941) oder die Mozartwoche (28. 11. - 5. 12. 1941) den "Partikularismus Wiens und Österreichs betonten"[58], ist vielleicht schmeichelhaft, aber unzutreffend. Ein Blick in die Programme und Festreden genügt. Da wird Ferdinand Raimund vom "Reichsdramaturgen" Rainer Schlösser als "großer faustischer Mensch", als Vorläufer des Nationalsozialismus und als "wesentlich nordisch bestimmte Natur" gepriesen. Heinz Kindermann spricht "gerade inmitten dieses tragisch heroischen Ringens" des Krieges dem "tiefgründigen Humor (Raimunds) als wichtiger lösenden und seelisch überwindenden Kraft eine unendlich große Aufgabe (zu)", denn im "gefühlstiefen Humor" steckten ja "alle die mutschenkenden und leidüberwindenden Kräfte". Seine "von Grund auf nordisch sittliche Haltung" aber zeigt sich so richtig im "Verschwender": "In ihm wird die Bühne zum Volksgericht über Ordnungsbereit und Ordnungszerstörend".[59] Nach diesem Auftakt bedarf es keiner großen Phantasie mehr, sich vorzustellen, daß die "Grillparzer-Festwochen" (!) nicht unbedingt dazu dienten, "das Andenken des österreichischen Dramatikers und Dichters zu ehren, der als Kritiker der Reaktion und als

Fürsprecher des Österreichertums aufgetreten war".[60] Vielmehr trat Schirach selber auf und pries Grillparzer als "großdeutsche(n) Dichter", dessen "Sendung" sich "erst heute, 150 Jahre nach seiner Geburt", erfüllt habe.[61] Und Mozart, dem "nordisch-dinarischen Mischling" erging es nicht besser. Allenthalben wurden die "starke(n) nordischen Züge" in seinem "stammesbedingten Ahnenerbe" entdeckt, so sein "nordische(r) Leistungsdrang". Schirach kam vor hunderten von geladenen Gästen aus dem befreundeten Ausland und aus den besetzten Gebieten auch aufs Eigentliche zu sprechen:

> "Die Klänge der ‚Zauberflöte' dringen unablässig in unsere Seelen. Keine Feuerprobe, die wir nicht bestehen würden, da solche magische Macht uns stärkt... - So besteht für uns gar kein Widerspruch zwischen der Tat der grauen Helden, die in der grimmigen Kälte des Ostens als Soldaten des tapfersten Heeres dieser Erde ihren Auftrag ausführen und uns, die wir in der durch die Tapferen gesicherten Heimat das Lebenswerk, oder besser, das Werk des ewigen Lebens, aufführen, das mit dem Begriff Wolfgang Amadeus Mozarts verbunden ist. Auch dies ist eine Feier der Front, mehr als ein festliches Ereignis des Theaters und Konzertsaales! Wenn wir Mozarts gedenken, bekennen wir uns zum Wesen unserer Kunst. Im Kriege aber bedeutet die Beschwörung seines Geistes eine Handlung im Sinne der kämpfenden Soldaten. Denn wer für Deutschland das Schwert zieht, der zieht es auch für ihn."[62]

Gegen Ende der Rede zitierte Schirach das bekannte Hitler-Wort, Kunst sei "eine zum Fanatismus verpflichtende Mission". Für Schirach, den zu diesem Zeitpunkt 34jährigen, der für die Deportation von fast 60.000 Wiener Juden verantwortlich ist[63], gilt auch die Umkehrung dieses Satzes. Für ihn war der Fanatismus eine Kunstform und ein integraler Bestandteil seiner Kulturmission. Was er im letzten unter "Kultur" verstand, formulierte er in seiner Begrüßungsrede vor dem "Europäischen Jugendkongreß" am 14. 9. 1942 in Wien vor aller Öffentlichkeit:

> "Jeder Jude, der in Europa wirkt, ist eine Gefahr für die europäische Kultur! Wenn man mir den Vorwurf machen wollte, daß ich aus dieser Stadt, die einst die europäische Metropole des Judentums gewesen ist, Zehntausende und aber Zehntausende von Juden ins Ghetto abgeschoben habe, muß ich antworten, ich sehe darin einen aktiven Beitrag zur europäischen Kultur."[64]

Nicht nur diejenigen, die sich der Förderung, Duldung oder Freundschaft[65] Schirachs erfreuten, sondern *alle*, die den Kultur- und Unterhaltungsbetrieb des Dritten Reiches bedienten, konnten wissen, mußten wissen, daß es *dieser* Begriff von "Kultur" war, auf den sie sich eingelassen hatten. Auf irgendeine Weise müssen sie damit zurecht gekommen sein - wie anders hätten sie weiterschreiben und weiterspielen können.

Anmerkungen

1 Die Arbeiten von Evelyn Schreiner und Gerhard Renner, die ersten auf diesem Gebiet, behandeln Teilbereiche. Vgl.: E. Schreiner: Nationalsozialistische Kulturpolitik in Wien 1938-1945 unter spezieller Berücksichtigung der Wiener Theaterszene, Diss. Wien 1980 (mschr.); G. Renner, Österreichische Schriftsteller und der Nationalsozialismus (1933-1940). Der "Bund der deutschen Schriftsteller Österreichs" und• der Aufbau der Reichsschrifttumskammer in der "Ostmark", Frankfurt/M. 1986 (= Sonderdruck aus dem "Archiv für Geschichte des Buchwesens", Bd. 27, S. 195-303).
Die atmosphärisch dichten, stilistisch und im Urteil etwas eigenwilligen Bücher von F.M. Rebhann (Wien war die Schule, Wien-München 1978; Das braune Glück zu Wien, Wien-München 1973; Finale in Wien. Eine Gaustadt im Aschenregen, Wien-München 1969) - sind faktenreiche chronikalische Darstellungen ohne wissenschaftlichen Anspruch.

2 Vgl. die zahlreichen Belege bei R. Damolin: Die Reaktion der im Lande gebliebenen österreichischen Schriftsteller auf den sogenannten "Anschluß" im Frühjahr 1938; im Spiegel einiger Tageszeitungen, Kulturzeitschriften und Anthologien, Magisterarbeit aus Germanistik, 2 Bde., Salzburg 1982 (mschr.), bes. Bd. 2 (Dokumentation).

3 Vgl.: R. List, Kulturpolitische Wende, in: Reichspost (Wien) vom 1. 4. 1938, S. 10; K.A. Prinz Rohan, Festliche Revolution, in: Neues Wiener Tagblatt vom 20. 3. 1938, S. 1 f.; F. Schreyvogl, Ein Sieg des Geistes, in: Neues Wiener Tagblatt vom 17. 4. 1938, S. 2-4; Anon., Der kulturelle Anbruch in Österreich, in: Völkischer Beobachter (Wien) vom 18. 3. 1938, S. 8; J. Nadler, Wien im Umbruch zum neuen Reich, in: Volkstum und Reich, Stuttgart 1938, S. 208-221.

4 Alle Zitate nach Nadler, Umbruch (Auslassungen und Ergänzungen in Zitaten werden durch runde Klammern kenntlich gemacht, K.A.).

5 Vgl. Bekenntnisbuch österreichischer Dichter, Hrsg. v. Bund deutscher Schriftsteller Österreichs, Wien 1938. (Der zitierte Vorspruch stammt von Max Stebich, dem Geschäftsführer des Bundes.) Unter den 71 Beiträgern findet man z.B.: Richard Billinger, Bruno Brehm, Egmont Colerus, Egon Cäsar Conte Corti, Franz Karl Ginzkey, Hermann Graedener, Paula Grogger, Wladimir von Hartlieb, Robert Hohlbaum, Mirko Jelusich, Linus Kefer, Hans Kloepfer, Erich Landgrebe, Rudolf List, Max Mell, Josef Georg Oberkofler, Hermann Heinz Ortner, Josef Friedrich Perkonig, Erwin H. Rainalter, Friedrich Schreyvogl, Karl Springenschmid, Franz Spunda, Max Stebich, Karl Hans Strobl, Herbert Strutz, Hermann Stuppäck, Franz Tumler, Karl Heinrich Waggerl, Josef Weinheber, Josef Wenter, Julius Zerzer.

6 J. Nadler, Literaturgeschichte des Deutschen Volkes. Dichtung und Schrifttum der deutschen Stämme und Landschaften. Vierte, völlig neu bearb. Aufl., 4 Bde. Berlin 1939-1941, Bd. 4, S. 5.

7 Vgl. Rudolf Höss, Kommandant in Auschwitz. Autobiographische Aufzeichnungen. Hrsg. v. M. Broszat, 4. Aufl., München 1978, S. 157 ff.

8 Schreyvogl an Ortner, 26. 5. 1938. Nachlaß Ortner, Stifter-Institut Linz, ohne Inventarnummer (Hervorhebung von Schreyvogl).

9 p. d., Der deutsche Kulturverfall, in: Wiener Allgemeine Zeitung vom 27. 4. 1933, S. 1.

10 Heinrich Mann, Sittliche Erziehung durch deutsche Erhebung, in: Bunte Woche (Wien) vom 17. 9. 1933.

11 Hermann Broch an Volkmar von Zühlsdorff, 28. 2. 1949, in: H. Broch, Kommentierte Werksausgabe. Hrsg. v. P.M. Lützeler, Bd. 13/3 (Briefe), Frankfurt/M. 1981, S. 309-313, Zit. S. 311.

12 Vgl. E. Mikoleit, Der Blubo-Krieg, in: Der Christliche Ständestaat, 1. 3. 1936, S. 213-214, Zit. S. 214.

13 Vgl. F. Aspetsberger, Literarisches Leben im Austrofaschismus. Der Staatspreis, Königstein/Ts. 1980; J. Sachslehner, Führerwort und Führerblick; Mirko Jelusich, Zur Strategie eines Bestsellerautors in den Dreißiger Jahren, Königstein/Ts. 1985; M.G. Hall, Österreichische Verlagsgeschichte 1918-1938, 2. Bde., Wien-Köln-Graz 1985; Renner (Anm. 1); J. Sonnleitner, Die Geschäfte des Herrn Robert Hohlbaum. Die Schriftstellerkarriere eines Österreichers in der Zwischenkriegszeit und im Dritten Reich, Frankfurt/M. 1988; K. Amann, Der "Anschluß" der österreichischen Schriftsteller an das Dritte Reich. Institutionelle und bewußtseinsgeschichtliche Aspekte, Frankfurt/M. 1988.

14 Kleine Volkszeitung (Wien) vom 17. 12. 1940; eine ähnliche Meldung brachte schon der Völkische Beobachter (Wien) vom 18. 3. 1938. Gemeint waren u.a. folgende Institutionen: Burgtheater, Gesellschaft der Musikfreunde, Staatsoper, Künstlerhaus, Nationalbibliothek, Akademie der Bildenden Künste, Sezession, Wiener Philharmoniker, RAVAG etc.

15 Vgl. zum "Bund" Renner, Österreichische Schriftsteller und Amann, "Anschluß", Kap. VIII.

16 Zu Einzelheiten, z.B. Kompetenzstreitigkeiten und Rivalitäten zwischen örtlichen Parteistellen (Bürckel), Reichsschrifttumskammer und Propagandaministerium vgl. Renner, Österr. Schriftsteller, S. 264 ff.

17 Vgl. ebd. S. 276.

18 Vgl. BDC (Berlin Document Center) Personalakt Paul Anton Keller. Waggerl wurde schließlich Landesobmann der Schriftsteller für den Gau Salzburg, Ortskulturwart von Wagrain und Kreisamtswalter der NS-Volkswohlfahrt (BDC/Waggerl).

19 Vgl. BA (Bundesarchiv) Koblenz, R 56V, Bd. 57, Bl. 23 und 26. Stuppäck wurde nach dem "Anschluß" kommissarischer Staatssekretär für Kunst und Kultur, Gaudramaturg, Leiter der Kulturabteilung im Reichspropagandaamt Wien und schließlich, 1944, als "Generalkulturreferent" Baldur von Schirachs der mächtigste Kulturfunktionär Österreichs (BDC/Stuppäck). 1964-1980 leitete er die Salzburger Sommerakademie für bildende Künste. Vgl. Hall (Anm. 13), Bd. 2, S. 356.

20 Strobl an Johst, 13. 3. 1938, BA Koblenz, R 56V, Bd. 57, Bl. 111. Am 4. 2. 1939 fand die "Hofübergabe" zwischen Mell und Strobl statt. Die Rede Mells, die verlesen werden mußte, weil er erkrankt war, schloß mit Mells Bitte an Strobl, die ehemaligen Mitglieder des "Bundes" als die "Kerntruppe" seiner "Getreuen" anzunehmen: "Dem Landesleiter der Reichsschrifttumskammer Karl Hans Strobl Sieg Heil"; Zit. nach Renner (Anm.1), S. 291f.

21 Vgl. Renner, Österr. Schriftsteller, S. 268.

22 Bericht vom 20. 7. 1938. BA Koblenz, R 56V, Bd. 57, Bl. 143.

23 Ungezeichnetes Schreiben der Reichsschrifttumskammer (wahrscheinlich von Geschäftsführer W. Ihde) an den Präsidenten der Reichskulturkammer, Goebbels, vom 13. 8. 1938. BA Koblenz, R 56V, Bd. 57, Bl. 16.

24 Schriftsteller-Verzeichnis. Hrsg. v. der Reichsschrifttumskammer. Leipzig 1942. Insgesamt werden in dem Verzeichnis 10.118 Personen als Mitglieder ausgewiesen.

25 Bereits Heinrich Mann schrieb in dem erwähnten Artikel (Sittliche Erziehung): "Es muß gesagt werden, daß sie (i.e. die Autoren des Dritten Reiches) an die Stelle der Verschwundenen getreten sind und daß ihre eigene Bedeutung in unverhoffter Weise zugenommen hat, weil andere auswanderten, verboten wurden und ins Elend kamen".

26 Vgl. D. Strothmann, Nationalsozialistische Literaturpolitik. Ein Beitrag zur Publizistik im Dritten Reich. 4. Aufl., Bonn 1985 (1960) und J. Wulf, Literatur und Dichtung im Dritten Reich. Eine Dokumentation, Frankfurt/M.-Berlin-Wien 1983 (1966).

27 Detaillierte Angaben bei Amann, "Anschluß", Kap. IX ("Zahltag").

28 Vgl. F. Schreyvogl, Die Dichter als Vorhut der Nation, in: Des deutschen Dichters Sendung in der Gegenwart. Hrsg. v. H. Kindermann, Leipzig 1933, S. 257-263.

29 BA Koblenz, R. 58, Bd. 1106, Bl. 35 ff.; Reichsführer-SS: Leitheft Schrifttumswesen und Schrifttumspolitik, März 1937 (Geheim).

30 Das Buch ein Schwert des Geistes. Erste Grundliste für den Deutschen Leihbuchhandel. Hrsg. v. Reichsministerium für Volksaufklärung und Propaganda, Leipzig 1940.

31 Vgl. ebd.: Der Leiter des Deutschen Buchhandels, Wilhelm Baur, in seinem Geleitwort: "Das Buch ist eine Waffe. Waffen gehören in die Hand von Kämpfern. Kämpfer für Deutschland sein, heißt Nationalsozialist sein. Seht in dieser Buchliste eine Waffensammlung für Vertiefung unserer Weltanschauung".

32 Schrifttums-Verzeichnis der Zentrale der Frontbuchhandlungen. Berlin 1941.

33 Vorschlagsliste für Dichterlesungen. Hrsg. v. der Reichsschrifttumsstelle beim Reichsministerium für Volksaufklärung und Propaganda. Berlin 1938 ff. Vgl. auch die "Einsatzliste" für Dichterlesungen (1942-1945) des "Werbe- und Beratungsamtes für das deutsche Schrifttum beim Reichsministerium für Volksaufklärung und Propaganda", enthalten im Nachlaß Max Stebich in der Wiener Stadt- und Landesbibliothek. Die "kriegswichtige Bedeutung dieses Dichtereinsatzes", heißt es 1942, liege in der "Stärkung der seelischen Widerstandskraft des deutschen Volkes" und, zwei Jahre später, in der "geistigen und seelischen Betreuung der Heimatfront". In diesen Listen erscheinen mehrfach die Namen der "Österreicher" Franz Karl Ginzkey, Sepp Keller, Franz Nabl, Josef Georg Oberkofler, Karl Hans Strobl, Bruno Brehm, Karl Heinrich Waggerl und Robert Hohlbaum. Der letzte, im Juni 1944 erstellte "Einsatzplatz" reichte bis März 1945.

34 Vgl. z.B. Josef Weinhebers Vortragsreisen, in: Neues Wiener Tagblatt vom 10. 10. 1940: "Josef Weinheber, (...) verließ Anfang Oktober seinen Landsitz in der Umgebung von Kirchstetten (...), um den aus allen Gauen des Reiches an ihn ergangenen Rufen Folge zu leisten. (...) Das Programm der Vortragsreise 1940/41 ist sehr reichhaltig. Die Monate Oktober, November, Dezember sind Lesungen in den Ostmarkgauen gewidmet: (...) Der Februar sieht ihn in Braunschweig, Düsseldorf, Köln und Aachen. Der Gau Baden wird vom 8. bis 21. Februar Gelegenheit haben, den Dichter zu hören. Im März 1941 sind als Ziele Danzig, Westpreußen und Sachsen vorgesehen. Anfang April kehrt der Dichter wieder nach Kirchstetten zurück."

35 Vgl. z.B. Die Ostmark erzählt. Ein Sammelbuch junger deutscher Dichtung. Hrsg. v. E.H. Rainalter, Berlin 1939 und Gesänge der Ostmark. Ein Dichtergruß. Hrsg. v. Bund der deutschen Schriftsteller Österreichs, Leipzig 1938.

36 Vgl. die beiden vorbildlichen Arbeiten von Sachslehner und Sonnleitner (Anm. 13).

37 Vgl. Strothmann (Anm. 26), S. 393.

38 Vgl. Ph. Bouhler, Ansprache zur "Woche des Deutschen Buches" 1936, in: "Das war ein Vorspiel nur ..." Bücherverbrennung Deutschland 1933. Voraussetzungen und Folgen, Berlin-Wien 1983, S. 390-392. (Bouhler war Reichsleiter der NSDAP und Leiter der Parteiamtlichen Prüfungskommission zum Schutze des NS-Schrifttums.)

39 Vgl. Joseph Goebbels, Rede zur Eröffnung der "Woche des deutschen Buches" 1934, in: ebd., S. 385-387.

40 H. Langenbucher, Nationalsozialistische Dichtung. Einführung und Übersicht, Berlin 1935, S. 20.

41 BA Koblenz, R 58, Bde. 150 ff. (1940 ff.).

42 Ebd., Bd. 154 (September 1940).

43 Ebd., Bd. 169 (Februar 1942).

44 BA Koblenz, R 56V, Bd. 154, Bl. 37 (Januar 1943).

45 Ebd., Bl. 35 und Bl. 38.

46 Vgl. H. Geyer-Ryan, Trivialliteratur und Literaturpolitik im Dritten Reich, in: Sprache im technischen Zeitalter 67 (1978), S. 267-277.

47 Strothmann, Literaturpolitik, beschreibt S. 356 ff. anschaulich die jeweils tagespolitisch motivierten Anstrengungen amtlicher Stellen, bestimmte Literatursparten zu fördern. Vgl. z.B. S. 416: "Der nicht abnehmende Bedarf an Entspannungs- und der Mangel an ‚gehobener' Unterhaltungslektüre" habe schließlich sogar die "Übernahme fremdsprachlicher Literatur in Übertragungen" (J. Galsworthy, M. Mitchell, E. Wallace, P.S. Buck, J. Conrad, S. Hedin, A.J. Cronin u.a.) notwendig gemacht.
Selbstverständlich spielte das Motiv der Ablenkung und Unterhaltung vor allem im Theaterbetrieb und im Rahmen der ausgedehnten Filmproduktion während der Kriegszeit eine bestimmende Rolle. Die Einspielergebnisse der "Wien-Film" etwa zeigen, daß die Rechnung in jeder Hinsicht (politisch und finanziell) aufging. Im Geschäftsjahr 1942 wurde der - auch für die Gesellschaft - überraschend hohe Reingewinn von 5,5 Mill. RM verbucht. Ein Film wie "Wiener Blut" (Herstellungskosten 2,6 Mill. RM) spielte innerhalb von 8 Monaten 7,5 Mill. RM ein. Einspielergebnisse zwischen 3 und 5 Mill. RM erzielten bis 1942: "Der Postmeister", "Operette", "Mutterliebe", "Heimkehr", "Wiener G'schichten", "Schicksal", "Wir bitten zum Tanz", "Ein Leben lang" und "Der unsterbliche Walzer". Der zuletzt genannte Film lief 1942 bereits seit 40 Monaten (vgl. BA Koblenz, R 55, Bd. 1326).

48 Vgl. V. Suchy, Der Kampf des Dritten Reiches gegen die österreichische Kultur und Österreichs Widerstand, in: Czeslaw Madjczyk (Hg.), Inter arma non silent musae. The war and the culture 1939-1945, Warszawa 1977, S. 245-264, Zit. S. 259.

49 Vgl. W.Th. Andermann (= Walter Thomas), Bis der Vorhang fiel. Berichtet nach Aufzeichnungen aus den Jahren 1940 bis 1945, Dortmund 1947. Dazu Suchy, Kampf, aber teilweise auch Rebhann, Wien und R. Luža, Österreich und die großdeutsche Idee in der NS-Zeit, Wien-Graz-Köln 1977, S. 200-206 unter der Kapitelüberschrift "Kulturelle Autonomie oder Separatismus?" Vgl. dagegen die nüchterne und vor allem durch Quellen gestützte Einschätzung durch Schreiner, Kulturpolitik, passim.

50 Vgl. M. Wortmann, Baldur von Schirach. Hitlers Jugendführer, Köln 1982, S. 187 ff.

51 Das Tagebuch von Goebbels gibt über die persönlichen und politischen Motive Hitlers authentische Auskunft. Am 30. 5. 1942 notierte Goebbels, Hitler sei entschlossen,
"die kulturelle Hegemonie Wiens zu brechen. Er will nicht, daß das Reich zwei Hauptstädte besitzt, die miteinander konkurrieren. Wien soll vor allem auch keine hegemoniale

Stellung den österreichischen Gauen gegenüber einnehmen. Wien ist nur eine Millionenstadt wie Hamburg, nicht mehr. Schirach befindet sich hier auf einem gänzlich falschen Wege (...). Der Führer billigt meine Wien gegenüber betriebene Kulturpolitik und freut sich sehr, daß ich ihm dabei behilflich bin, das Schwergewicht unserer kulturellen Betreuung von Wien nach Graz und vor allem nach Linz zu verlagern (...) Er erklärte, daß er schon andere Dinge fertiggebracht habe als diese und daß, selbst wenn die Wiener mit allen Kräften dagegen opponieren, er sein Ziel einer kulturellen Herausstellung von Linz als Gegengewicht gegen Wien unbedingt erreichen werde. Seine Pläne für Linz sind wahrhaftig grandios. Sie werden zu ihrer Durchführung ein Jahrzehnt in Anspruch nehmen (...) Die Wiener Atmosphäre ist dem Führer gänzlich verhaßt. Er hat auch in dieser Stadt so schlechte und widrige Jahre verlebt, daß man seinen Abscheu gegen Wien sehr gut verstehen kann."
Institut für Zeitgeschichte (München), MA 473 (Fragmente eines Goebbels-Tagebuches 1941-43; Eintrag vom 30. 4. 1942). Diese Stelle ist bei Louis P. Lochner (Hg.), Goebbels Tagebücher aus den Jahren 1942-43, Zürich 1948, nicht enthalten.

52 Luža, Österreich, S. 202.
53 Vgl. Wortmann, Schirach, S. 188 ff.
54 Vgl. Andermann, Vorhang, S. 112.
55 Vgl. Wortmann, Schirach, passim.
56 Andermann, Vorhang, S. 29. Vgl. auch G. Botz, Wien vom "Anschluß" zum Krieg. Nationalsozialistische Machtübernahme und politisch-soziale Umgestaltung am Beispiel der Stadt Wien 1938/39. Wien-München 1978, S. 587: Politische Bestrebungen, die "schon unübersehbar gewordenen Erscheinungen von ‚Reichsmüdigkeit' der Wiener Bevölkerung abzufangen" seien allein schon durch die Kriegspolitik des Dritten Reiches zum Scheitern verurteilt gewesen, jedoch auf einem "weitaus weniger finanzieller Mittel, Rohstoffe und Arbeitskraft bindenden Gebiet, im Bereich der Kulturpolitik, bis in die letzten Kriegsmonate hinein und einigem Erfolg verwirklicht" worden.
57 Vgl. dazu die überzeugende Argumentation von Schreiner, Kulturpolitik, passim.
58 Luža, Österreich, S. 204.
59 Vgl. Die Raimundfeier der Stadt Wien. 1. bis 9. Juni 1940. Prolog, Festreden und Bericht herausgegeben vom Kulturamte der Stadt Wien, Wien-Leipzig o.J.
60 Luža, Österreich, S. 204.
61 Zit. nach Rebhann, Das braune Glück, S. 131.
62 Baldur von Schirach, Rede zur Eröffnung der Mozartwoche 1941, Weimar 1943, S. 8 (Hervorhebung im Original) und W.A. Mozart. Hrsg. zur Mozartwoche des Deutschen Reiches in Zusammenarbeit mit dem Reichsministerium für Volksaufklärung und Propaganda und dem Reichsstatthalter in Wien von Walter Thomas. Wien 1941. Vgl. auch Schreiner, Kulturpolitik, S. 208-214.
63 Vgl. Wortmann, Schirach, S. 11 ff.
64 Zit. nach ebd., S. 212.
65 Zum Freundeskreis Schirachs zählten z.B. die "österreichischen" Dichterkollegen Bruno Brehm und Josef Weinheber. An Max Mell verlieh Schirach gegen den Willen von Goebbels den Ehrenring der Stadt Wien (1942, vgl. ebd., S. 209).

Theodor Venus

VON DER "RAVAG" ZUM "REICHSSENDER WIEN"

"Rundfunkkrieg", Putsch und Propaganda: der NS-Rundfunk Speerspitze zum "Anschluß"

Mehr noch als vermutlich Österreichs Presse und Film war der österreichische Rundfunk mit seinem Programmangebot in den Jahren 1933-1938, die dem "Anschluß" vorangingen, ein zentrales Feindbild, ja eine Zielscheibe nationalsozialistischer Politik und Propaganda geworden. Obgleich die RAVAG in der Periode des Austrofaschismus keinem dem deutschen Reichspropagandaministerium vergleichbaren Gremium unterstellt war, so bot sie sich als inhaltlich weitgehend "gleichgeschalteter" Apparat im Dienste der Regierungen Dollfuß und Schuschnigg, den ins Reich geflüchteten österreichischen Nationalsozialisten immer wieder als Reibebaum. Aller publizistischen Kampfmittel und der legalen politischen Aktionsformen beraubt, ergriffen die nach dem Parteiverbot ins Reich geflüchteten bisherigen Naziführer, allen voran Theo Habicht, die ihnen von Goebbels eingeräumte Möglichkeit, ihre Agitation nach Österreich über die grenznahen deutschen Sender (München, Stuttgart, Breslau, Leipzig) fortzusetzen, wie einen Strohhalm. Der in die Zeitgeschichte als "Rundfunkkrieg" Habichts gegen Dollfuß eingegangene und mit großer Intensität ausgetragene Konflikt begann bereits zwei Wochen nach dem Parteiverbot und entspannte sich erst nach dem fehlgeschlagenen Putschversuch aufgrund der von Hitler eingeschlagenen "neuen" Österreichpolitik: Allein in diesen 13 Monaten konnten die ihrer Führung beraubten Parteigenossen mehr als 130mal prominente Mitglieder der ehemaligen Gau- und Landesleitungen via Rundfunk hören.[1]

Die österreichische Bundesregierung, der diese Sendungen ein Dorn im Auge waren, unternahm alles, um die Ausstrahlung, die Verbreitung, den Empfang und die Wirkung dieser Sendungen zu verhindern oder wenigstens in Grenzen zu halten. Ob sie darin Erfolg hatte, mag aus heutiger Sicht bezweifelt werden.[2] Daß die Juliputschisten neben dem Bundeskanzleramt vor allem die RAVAG als zweites logistisches Ziel wählten, erscheint aus der geschichtlichen Erfahrung heute beinahe selbstverständlich zu sein, ohne von den Historikern bisher genauer untersucht worden zu sein. Bei näherer Betrachtung verdichten sich übrigens die Indizien, daß die eindringenden Putschisten logistische oder tätige Unterstützung durch einzelne Rundfunkangestellte genossen.[3]

Die Einstellung der unmittelbar politischen Propagandasendungen gegen Österreich entsprach dem von Hitler angeordneten Kurswechsel des "friedlichen Anschlusses", ohne daß diese Politik der langen Perspektive einen völligen Verzicht einer publizistischen Auseinandersetzung mit österreichischen Fragen bedeutet hätte.[4] Die Art und Weise, in der diese auf der Ebene des Rundfunks geführt wurde, gab in manchen Punkten einen Vorgeschmack auf das, was danach kam. Zunächst ist festzuhalten, daß Hitler seine grundsätzliche Anordnung, die deutsche Außenpolitik von den österreichischen Parteiangelegenheiten zu trennen und eine Einmischung österreichischer Parteigenossen in jene zu verhindern[5], in Propagandafragen anscheinend wenig konsequent verfolgte: Da blieben Österreicher in wichtigen kulturpolitischen Funktionen oder kamen, z.T. auf Hitlers ausdrücklichen Wunsch, erst nach dem Juli 1934 in solche. Als Beispiele seien etwa Alfred Eduard Frauenfeld und Richard Suchenwirth als Geschäftsführer der Reichstheater- bzw. Reichsschriftumskammer genannt. Da wäre Karl Megerle zu erwähnen, der vermutlich über speziellen Auftrag Hitlers eine Koordinationsstelle zwischen der Presseabteilung des Auswärtigen Amts und dem Reichspropagandaministerium einrichtete und noch 1937 an den deutsch-österreichischen Kulturverhandlungen teilnahm; Oskar Jölli, späterer Musikreferent der Stadt Wien, mit speziellen Überwachungsaufgaben bei der Reichssendeleitung der RRG betreffend die Verwendung österreichischer Musik eingesetzt; Balduin Naumann, der nach seiner Entlassung als Sportsprecher bei der RAVAG bereits 1934 beim Reichssender Leipzig auftauchte, um alsbald die sensible Abteilung Zeitfunk zu betreuen; Karl Goritschan, der über Vermittlung Franz Hofers schließlich als Spielleiter beim Reichssender Saarbrücken landete usw. - Die Reihe ließe sich noch fortsetzen.[6] Auf die Auswirkungen, die dieser nach wie vor massierte Einsatz österreichischer Nationalsozialisten auf die Gestaltung des Rundfunkprogramms hatte, kann hier nicht weiter im Detail eingegangen werden, doch scheint der massive Einfluß etwa im Falle Megerles[7], oder in inhaltlichen Fragen bei Jölli oder Naumann außer Zweifel zu stehen. Auch wenn daher der Umfang unmittelbar politischer Sendungen, wie die vordem sattsam bekannten Reden österreichischer Nationalsozialisten oder tendenziöse "Hörbilder" über "Land und Leute in Österreich" rigoros eingeschränkt oder gänzlich eingestellt wurden, so bedeutete dies keinesfalls Neutralität. So etwa empfahl die Reichssendeleitung der RRG bereits Ende 1934 wieder den Ausbau des politischen Nachrichtendienstes am Morgen, nicht zuletzt um so die österreichische Bevölkerung besser noch als bisher zu erreichen. Die österreichische Seite, der diese Bemühungen naturgemäß nicht verborgen blieben - die "deutschen Sender", hieß es in einer Stellungnahme Walter Adams dazu im April 1936, "geben bekanntlich in letzter Zeit in ihrem Nachrichtendienst systematisch die Stichworte für die nationalsozialistische Propaganda in Österreich" - erwog verschiedene Gegenmaßnahmen: weitere Ausdehnung der täglichen Sendezeit, Verschärfung des seit 1933 bestehenden Verbots der öffentlichen Verbreitung "ausländischer" Rundfunksendungen, Erhöhung der Sendeenergie der grenznahen österreichischen Sender, verstärkte Programmregionalisierung, "bessere Erfassung der gesamten Bevölkerung mit Rundfunk-Nachrichten" durch Gemeinschaftsempfang wie im Reich und billigere Rundfunkempfänger usw.[8] Aber auch auf anderen Gebieten, als nur dem Nachrichtendienst, wie in den Sparten Hörspiel, Literatur und Vortrag, ja selbst auf dem Gebiet der Musik verfolgte der deutsche Rundfunk eine Art negativer Auslese. Österreichische Komponisten, "die sich aktiv gegen den Nationalsozialismus" aussprachen, wurden vom deutschen Rundfunk "grundsätzlich ...

nicht gespielt", ebensowenig "jüdische", nationalsozialistische österreichische Komponisten dagegen "bevorzugt". Um im Einzelfall darüber Entscheidungen fällen zu können, wurde Oskar Jölli als Musikreferent in die Reichssendeleitung berufen, und auch als Berater in anderen Fragen herangezogen.[9] Die nach wie vor bestehende Frontstellung gegen Österreich blieb nicht ohne Folgen auf die Beziehungen zwischen den Sendeanstalten selbst, die in den Jahren 1934 und 1935 praktisch auf Eis lagen: die RAVAG, die noch bis zur Jahresmitte 1933 gute bis ausgezeichnete Beziehungen zum deutschen Rundfunk unterhalten hatte, übernahm in diesen beiden Jahren praktisch keine Sendungen aus Berlin oder den Reichssendern, ebenso wie diese umgekehrt kaum Sendungen aus Wien übernahmen.[10] Eine Änderung dieses gegenseitigen Boykotts begann sich erst seit dem Juliabkommen und der im Annex des Abkommens vereinbarten Erleichterung des kulturellen Austausches abzuzeichnen. Wie sich im Verlauf der 1937 eingeleiteten bilateralen Verhandlungen im Unterausschuß für Kulturfragen, aber auch in den diversen "Befriedungsmemoranden" nationaler Politiker zeigte[11], zielten die von deutscher bzw. nationalsozialistischer Seite vorgebrachten Forderungen über die Intensivierung des Programmaustausches beider Sendeanstalten RRG und RAVAG hinaus auf eine Reform der Führung des österreichischen Rundfunks, die den Nationalsozialisten Mitsprachemöglichkeiten im Rundfunk selbst, mindestens aber in der politischen Aufsicht über den Rundfunk bringen sollte. Die Reichweite der Forderungen erstreckten sich von der Besetzung personalpolitischer Schlüsselpositionen bis hin zur Einrichtung eines "Bundeskommissars", vielleicht sogar eines "Ministeriums für Staatspropaganda und politischen Aufbau"[12], - Forderungen, die allerdings bei den österreichischen Verhandlern auf wenig Echo stießen. So wie die Verhandlungen im zwischenstaatlichen Komitee im allgemeinen im Verlauf des Jahres 1937 nur geringe Fortschritte erzielten, gab es auch in Rundfunkfragen nur minimale Annäherungen: Der im Juli 1937 ausgehandelten Empfehlung in Rundfunkfragen einen "Ausbau der kulturellen Zusammenarbeit" anzustreben, war der österreichische Rundfunk mit seinen Übertragungen von den Olympischen Spielen in Berlin und einer Reichstagsrede Hitlers - zum ersten Mal (!) über die RAVAG-Sender ausgestrahlt - mehr als nachgekommen.[13] Die Kontakte zwischen den Spitzen des Reichsrundfunks und der RAVAG blieben jedoch weiter unterkühlt.[14]

Die negativen Auswirkungen der Annäherungspolitik Schuschniggs führten somit auf der Ebene des Rundfunks zwar nach außen hin zu keinen sichtbaren organisatorischen Veränderungen, im Inneren des Rundfunkorganismus, unter den RAVAG-Angestellten, gab es jedoch so manchen, der das "Bedürfnis" in sich verspürte, sein Verhältnis zu der noch verbotenen Partei neu zu ordnen. Die 1933 von der Entlassung nicht betroffenen Exponenten der NSBO-Zelle in der RAVAG traten bereits Ende 1937, spätestens aber nach dem Berchtesgadener Treffen Schuschniggs mit Hitler wieder offen - ja zeitweise in Uniform - auf, ohne behelligt zu werden. Manch RAVAG-Angestellter, der bisher keine NS-Sympathien gehegt hatte, entdeckte nun doch eine "nationale Ader", wenn auch nur wenige den Beitritt zur Partei vor dem "Umbruch" vollzogen. Es gab einen gut funktionierenden Draht zwischen der NSBO-Zelle und der Landesleitung der NSDAP, wahrscheinlich auch zur Deutschen Botschaft in der Metternichgasse, sodaß auch wichtige Informationen, die ja der Rundfunk nicht selten zuerst erfuhr, an das Büro Seyß-Inquarts weitergegeben wurden, so geschehen im Falle des von Schuschnigg am 8. März im kleinsten Kreis gefaßten Beschlusses zu einer Volksabstimmung.[15]

Eroberung einer Bastion: die RAVAG am 11. März 1938

Die Rundfunkrede Schuschniggs am 9. März in Innsbruck, das in der bisherigen Geschichte der aktuellen Rundfunkberichterstattung des österreichischen Rundfunks bis dahin wohl wichtigste Ereignis, leitete eine "heiße Phase" in der österreichischen Innenpolitik ein, die in ihrer Dramatik auch den Normalbürger in ihren Bann zog. Mit diesem Coup, von dem die "nationalen Minister" im Kabinett überrascht wurden, wollte Schuschnigg, wie Ackerl feststellt, verhindern, "daß von seiten des Deutschen Reiches irgendein Einfluß genommen werde", vor allem natürlich in propagandistischer Hinsicht.[16] Es ist hier nicht der Ort, über die Richtigkeit dieses taktischen Kalküls zu urteilen.[17] Fest steht, daß der Rundfunk als das schnellste und geeignetste Medium erschien, die Nation unter der Fahne Österreichs (und des Krukenkreuzes) zu sammeln und daß Schuschnigg nicht erst damals, sondern schon 1933 die große Bedeutung dieses Massenmediums erkannt hatte. Welch ein persönlicher Unterschied be-stand auch zwischen dem bäurisch-klerikalen Pathos Dollfußscher Rhetorik und dem um vieles packenderen, rhetorischen Stil Schuschniggscher Reden.[18]

"In der RAVAG war nach der Innsbrucker Rede jede Stunde angefüllt bis zum Rand". Der "Regierungs"- und Zeitbonus sollte voll zum Tragen kommen. Der 11. März war bereits in der "Geheimbesprechung" vor Beginn der Kampagne als dramaturgischer Höhepunkt fixiert worden. Für diesen Tag waren Rundfunkreden sämtlicher Landeshauptleute vorgesehen; selbst Seyß-Inquart sollte die Nationalsozialisten "zum Ja-Stimmen" bewegen.[19]

Daß dieser Tag ein Wendepunkt in der Geschichte Österreichs wurde, wurde auch dem klar, der an den Ereignissen nur als Hörer am Empfänger teilnehmen konnte.

> "Deutlicher und eindringlicher konnte nicht das Rücken des Sekundenzeigers der Geschichte verlebendigt werden, jeder Hörer ... war nicht nur Zeuge, sondern zutiefst erregter Teilnehmer, der zwangsläufig in den magischen Kreis des durch den Rundfunk zur außerordentlichen Breiten- und Weitenwirkung gebrachten Geschehens einbezogen worden war."[20]

Gegen 15 Uhr am Nachmittag des 11. März wurde die Propaganda für die Volksabstimmung plötzlich eingestellt. Nach Kenntnisnahme des von Göring mitgeteilten Ultimatums, hatte sich Schuschnigg am frühen Nachmittag zur Absage entschlossen und Miklas seine Demission angeboten. Gerüchte darüber waren lange vor der im Rundfunk offiziell verkündeten Absage im Umlauf. Die Nationalsozialisten begannen bereits am Nachmittag unangemeldet Demonstrationen zu organisieren, während der deutsche Rundfunk als Vorausrechtfertigung der zu Mittag angeordneten Invasion Meldungen über angebliche Kommunistenunruhen verbreitete. Infolge nationalsozialistischer Kundgebungen in Eisenstadt, mußte die am späten Nachmittag vorgesehene Rundfunkrede des burgenländischen Landeshauptmanns Sylvester abgesagt werden; das Technikerteam, darunter der Führer der Nationalsozialisten in der RAVAG, Max Lange, kehrte ins Funkhaus zurück. Der letzte Rundfunkaufruf am 11. März, "für ein freies und deutsches, für ein unabhängiges und soziales, für ein christliches und einiges Österreich" zu stimmen, soll - kaum zu glauben - noch um 18 Uhr vom Wiener Funkhaus an die Sender in den Bundesländern gegeben worden sein. Wenige Minuten später überbrachte der Verbindungsmann der RAVAG zur VF, Alfons Übelhör die offizielle Bestätigung von der Absage, die den Hörern um 18 Uhr 50 mitgeteilt wurde.

Alles wartete nun auf die im Rundfunk mehrfach angekündigte Rede Schuschniggs, die schließlich kurz nach dreiviertel Acht über den Sender ging und obwohl sie nur ca. drei Minuten dauerte, doch alle, die sie hören konnten, zutiefst bewegt haben muß.[21]

Von nun an begann, nachdem ein faktisches Machtvakuum für jedermann sichtbar geworden war, der Prozeß des Machtwechsels in raschem Tempo abzulaufen. Der Rundfunk blieb davon selbstverständlich nicht unberührt: Hier begannen sowohl die Nationalsozialisten in der RAVAG als auch die im Bundeskanzleramt befindlichen "aktivistischen" Naziführer, vor allem Rainer und Jury, Vorbereitungen und Anordnungen zu treffen, während einige Rundfunkangestellte in Schlüsselpositionen, wie Rudolf Henz, ihre Positionen bereits räumten.

Kurz nach der eine halbe Stunde nach Schuschniggs Rede ausgestrahlten Rede Seyß-Inquarts, die zeigte, wer nun die Macht innehatte, wurden die Nazis auch in der RAVAG offensiv. Der Techniker und Leiter der Übertragungsgruppe Max Lange setzte sich mit dem Bundeskanzleramt in Verbindung, um alle Vorkehrungen für "sogenannte ‚Sofortdurchsagen' des Bundeskanzlers" zu treffen, damit der Rundfunk unverzüglich der in Bildung begriffenen nationalsozialistischen Regierung vom ersten Augenblick an zur Verfügung stehe. Von dort erhielt Lange noch vor 21 Uhr vorläufig "die Verantwortung für alles was in der Ravag (läuft)", übertragen. Der Chef vom Dienst an diesem Tag, Dr. Otto Stein, war damit praktisch entmachtet. Zugleich veranlaßten Jury und Rainer die Entsendung einer Abteilung deutscher Turner zum Schutze Langes und seiner Mitakteure ins Funkhaus. Die Turner, die unter Führung des erst 25jährigen Franz Pesendorfer, Schriftleiter des Turnerbundorgans, standen, trafen gegen 22 Uhr in der Johannesgasse ein und wurden ohne Widerstand seitens Polizei oder Bundesheer dort eingelassen. Pesendorfer übernahm den "Sicherheitsdienst" beim Sender, Lange blieb technischer Leiter. Erst an einem der folgenden Tage wurde Pesendorfer zum "kommissarischen Intendanten", Ernst Geutebrück zum "künstlerischen Leiter" und Lange zum neuen "Personalchef" bestellt. Auch bei den Regionalsendern fand die Machtübergabe zumeist erst am 12. oder 13. März statt: Da den Nationalsozialisten qualifizierte Techniker fehlten, wurden die bisherigen Sendeleiter beauftragt, wenigstens die ersten Übertragungen anläßlich der "Machtergreifung" übertragen zu helfen.[22]

In der Metropole dagegen konnte der Rundfunk den Machtwechsel einigermaßen den Erwartungen entsprechend in Szene setzen, ehe die mit den deutschen Truppen zugleich in Marsch gesetzten Übertragungsstaffeln der RRG eintrafen und die weitere propagandistische Inszenierung bis zur "Volksabstimmung" vom 10. April übernahmen.[23] Kurz nach Mitternacht des 11. März 1938 begab sich der schon am 25. Juli 1934 durch seine Durchsage vom angeblichen Rücktritt der Regierung bekannt gewordene Sprecher Theo Ehrenberg auf die Straße, um einen ersten "Stimmungsbericht" vom Umbruch zu geben. Vorausgegangen war die Bekanntgabe der Betrauung Seyß-Inquarts als Bundeskanzler direkt aus dem Kanzleramt, von wo Ehrenberg später auch die Reden weiterer Kabinettsmitglieder und Nazigrößen übertrug.[24] Damit wurde das Sendeprogramm des 11. zum 12. März 1938 im Wortteil offiziell beschlossen. Das Musikprogramm, das seit den Abendstunden allmählich auf deutsche Marschmusik umgestellt worden war, sollte auch an den folgenden Tagen den Hauptteil des Programms des "deutschösterreichischen Rundfunks" ausmachen.

Säuberung im Rundfunk

Für den bisherigen Generaldirektor Oscar Czeija bedeutete die am 11. März gegen 23 Uhr vollzogene "Schlüsselübergabe" an Pesendorfer seine letzte "Amtshandlung". So wie er wurden auch Henz, Nüchtern, Übelhör, Sigmund Guggenberger u.a. leitende Angestellte zunächst vom Dienst suspendiert. Die ersten Hausverbote und Entlassungen wurden noch in der Siegesnacht der Nazi ausgesprochen, Befehle und Weisungen aus Berlin also gar nicht erst abgewartet.

Die Entlassungen und Beurlaubungen der "politisch unzuverlässigen Direktoren und Angestellten" erfolgten vor dem 10. April durchwegs über Anordnung des Reichsstatthalters bzw. dessen Landeskulturwalter Hermann Stuppäck, wenngleich mit dem Eintreffen von Bürckel und dessen Stab de facto bereits der von Bürckel mitgebrachte Intendant des Reichssenders Saarbrücken, Adolf Raskin seine Tätigkeit aufnahm.[25] Am 13. März früh trafen auch die ersten Reporter mit dem Troß des technischen Stabes der RRG in Wien ein, denen etwas später die zuständigen Beamten für die rechtliche und verwaltungsmäßige Eingliederung der Ravag in den Reichsrundfunk folgten.[26]

Nur wenigen gefährdeten Angestellten der Ravag war infolge der überraschenden Wendung des Schicksals Österreichs in letztem Augenblick die Flucht gelungen. Unter ihnen befand sich der spätere Schweizer Fernsehpionier Paul Bellak, bis zum 11. März Leiter der Presseabteilung und Verantwortlicher für die Zeitschrift "Radio-Wien".[27] Unter den ehemaligen "Systemgrößen" im Rundfunk wurde Oscar Czeija vorübergehend inhaftiert, von einer kurzfristig in Erwägung gezogenen Anklageerhebung aber abgesehen; Rudolf Henz ließ man - wohl auch über Fürsprache des mit ihm befreundeten Glaise-Horstenau - unbehelligt, er durfte später sogar wieder als Schriftsteller arbeiten; ähnliches gilt für Hans Nüchtern, der nach erzwungener Pause Brotarbeit in der Filmindustrie verrichten konnte, stets durch Denunziation früherer Wiener "Kollegen" gefährdet; Übelhör verbrachte zwei Jahre im KZ wegen Beteiligung am Widerstand; Guggenberger, von allen wohl der am wenigsten exponierte, fand Arbeit bei der Erzdiözese. Von den ehemaligen Direktoren überlebten Gustav Adolf Schwaiger (Technik) aufgrund seiner unbestrittenen technischen Leistungen (und wohl auch nationaler Sympathien), Erich v. Kunsti (Nachrichten) und Karl Bayer (Recht), die den Nazis tragbar erschienen, jedoch von ihren Posten entfernt und im Einkommen beschnitten wurden.[28]

Der erste Zorn der SS richtete sich gegen einige unbedeutende Heimwehrangehörige, die im Prozeß gegen die Juliputschisten 1934 als Zeugen aufgetreten waren: an ihnen nahmen Angehörige der Putschstandarte persönlich Rache. Danach erfolgte ihre Einlieferung und jahrelange Inhaftierung in Konzentrationslagern.[29]

Ein ähnliches Schicksal erlitt eine mit der "Großösterreichischen Freiheitsbewegung" in Verbindung stehende Gruppe im Reichssender Wien, die Ende 1940, bzw. 1942 aufflog; für einen von ihnen bedeutete die KZ-Haft den Tod, ein weiterer starb einige Jahre nach Kriegsende an den Folgen der Haft, die übrigen überlebten das KZ.[30]

Wie aber sah nun die Bilanz der durchgeführten Säuberungsmaßnahmen aus und welche Vorgangsweise wurde dabei angewandt? Im Rückblick lassen sich zwei Phasen unterscheiden: Die erste Welle von Dienstsuspendierungen und Kündigungen erfolgte in den ersten Tagen nach dem "Umbruch" und betraf die Führungsgarnitur sowie exponierte VF- und Heimwehrangehörige, Personalvertreter und ehemalige Betriebsräte. Sie erfaßte nach einer Zwischenbilanz von Mitte Mai 1938 22 Angestellte; "etwa 40 bis 50" wurden daneben "aus politischen, weltanschaulichen oder rassischen Gründen" als "nicht tragbar" erachtet. Allerdings würde, so hieß es in einem Bericht dazu, eine "ordnungsgemäße Kündigung dieser Angestellten ... eine außergewöhnliche Belastung" des Budgets darstellen. Es wurde daher vom Propagandaministerium bei Bürckel und Reichsinnenminister Frick darauf gedrängt, die Anwendbarkeit der Verordnung über die Neuordnung des Berufsbeamtentums in Österreich auch auf Rundfunkangestellte zu sichern, was auch geschah.[31]

Mit dem Inkrafttreten dieses Gesetzes im "Lande Österreich" wurde in der zweiten Phase die Säuberung auf eine bürokratische Grundlage gestellt. Die bisher formell vom kommissarischen Intendanten (als Arbeitgeber) ausgesprochenen Kündigungen, erfolgten nun von Staats wegen (als Mehrheitseigentümer). Eine nach dem Gesetz gebildete Überprüfungskommission[32] trat in der 2. Junihälfte zusammen und beriet jeden Fall einzeln durch. Die Angestellten mußten Fragebögen ausfüllen und der Kommission persönlich Rede und Antwort stehen, die dann ein Urteil fällte. Die Entscheidung der Kommission war endgültig; nachträgliche Abänderungen des Spruchs kamen in Einzelfällen dennoch vor.[33] Nach Abschluß der Arbeiten wurden in 24 Fällen Entlassungen ausgesprochen; in 10 (40%) wurden sie mit "rassischen", in 9 (36%) mit "politischen" und in 5 (20%) mit "Vereinfachung des Dienstbetriebes" begründet.[34] Für die Unternehmensleitung wesentlich war jedoch die durch fristlose Entlassungen sich ergebenden Einsparungsmöglichkeiten an Gehältern und Abfertigungen, die bei ordnungsmäßiger Kündigung nach dem Angestelltengesetz angefallen wären.

Von Interesse erscheint es, an dieser Stelle die personalpolitische "Gegenprobe" zu machen: einer von der Betriebszelle an die Gauleitung der DAF um diese Zeit gegebenen Übersicht zufolge, gehörten etwa 60 Rundfunkangestellte der NSBO an, hievon waren 20 auch bereits Mitglieder der NSDAP.[35] Eine Reihe von Aufnahmeanträgen waren entweder noch unerledigt oder waren aufgrund der verfügten einstweiligen Aufnahmesperre zurückgestellt. Der Anteil an Parteimitgliedern lag damit im Durchschnitt wohl kaum über dem anderer (Medien-)Betriebe. Die Führungsebene, der kommissarische Intendant und die Leiter der Programm- und Verwaltungsabteilungen allerdings wurden praktisch durchgehend mit verdienten Parteigenossen besetzt. Bevorzugte Berücksichtigung fanden dabei die in den Jahren 1933/34 aus der Ravag Entlassenen, die nicht nur Posten, sondern auch finanzielle "Wiedergutmachung" erhielten.[36]

Handelte es sich hier wenigstens um erfahrene Rundfunkmitarbeiter, die auch im Reich als solche tätig gewesen waren, so war bereits in den ersten Tagen nach dem Umbruch eine große Zahl von Neueinstellungen einzig nach Kriterien der Partei-, SA- und SS-Zugehörigkeit und nicht nach Qualifikation erfolgt. Die SS etwa konfrontierte Raskin Mitte März und erneut Ende Juni mit Wünschen nach Erhöhung ihres "Kontingents" unter der Belegschaft, während sich die SA ihrerseits bemühte, die Belegschaft möglichst vollständig in dem neu errichteten SA-Nachrichtensturm zu versammeln. Dazu kam die Mitgliedschaft bei der DAF und die obligatorische Mitgliedschaft bei der Reichsrundfunkkammer, deren Mitglieder nach erfolgter Auflösung ein Jahr später an eine der vier anderen Kammern übergeleitet wurden. Die Antwort, die Raskin auf diese Einstellungswünsche gab, zeigt, daß im Sommer 1938 der Nazifizierungsprozeß unter der Belegschaft erhebliche Fortschritte gemacht hatte:

> "...(ich) teile Ihnen mit, daß der Reichssender Wien nach der Machtübernahme bis heute insgesamt 17 SS-Männer und 11 SA-Männer eingestellt hat... Die Gesamtbelegschaft der Ravag beträgt etwa dreihundert Personen, so daß der von Gauleiter Bürckel gewünschte Prozentsatz bei weitem überschritten erscheint. Außerdem stelle ich mit Genugtuung fest, daß fast die Hälfte der gesamten Belegschaft der NSDAP angehört."[37]

Und dieses Ergebnis sollte sich bis zum Herbst noch verbessern.

Die Intendantenfrage

In einem Punkt freilich war das ansonsten befriedigende Ergebnis für die Berliner Stellen im Frühjahr 1983 unbefriedigend, wenn die in einem Bericht formulierte folgende Maxime zugrundegelegt wird:

> "Die notwendige Zerstörung jeder separatistischen Sondereinstellung des Reichssenders Wien ist nur sicherzustellen, wenn die Leitung und das Gesamtpersonal ... in geeigneter Weise durchsetzt wird mit reichsdeutschen Kräften."[38]

Dieser Maxime entsprechend hatte Bürckel zwar Raskin als "Aufpasser" für Pesendorfer und die - durchwegs österreichischen - Abteilungsleiter und am 28. April 1938 den Reichsintendant des deutschen Rundfunks, Heinrich Glasmeier, zum "kommissarischen Verwalter" bestellt, wodurch an der Spitze faktisch bereits eine Personalunion zwischen Ravag und RRG gegeben war.

Solange Pesendorfer jedoch im Amt war, haftete der Lösung aber ein Schönheitsfehler an, zumal dieser zweifellos nicht über die erforderliche Eignung, einen Reichssender zu führen, verfügte. Raskin hatte Pesendorfer bereits im Zuge der Vorbereitung der "Volksabstimmung" in den Verwaltungsbereich abgedrängt und selbst die politische Leitung übernommen. Deutsche Techniker und Verwaltungsexperten hatten, Pesendorfers Befugnisse übergehend, überdies bis zum Sommer eine weitgehende Angleichung an die der RRG durchgeführt, sodaß der Reichssender Wien de facto bereits von Berlin aus geführt wurde.

Das Reichspropagandaamt Wien, das in Rundfunkfragen auf Raskin angewiesen war, empfahl daher bereits Ende Juni, Raskin mit der "Führung des Reichssenders" zu betrauen. "Pesendorfer müsse auf alle Fälle erst einmal ins Reich" geschickt werden, da er "sich ja zunächst einmal einarbeiten muß". So geschah es auch: Am 3. Juli trat er im Auftrage der Reichsintendanz "eine Studien- und Informationsreise" ins "Altreich" an, von der er, trotz mehrfacher Versuche, nicht mehr auf seinen Posten zurückkehrte.[39]

Aber auch Raskins Tage in Wien waren nach dem Abgang Pesendorfers gezählt: er wurde nach Berlin abgezogen und kam 1940 ums Leben.[40] Zu seinem Nachfolger wurde der Breslauer Intendant Karl Gunzer bestellt, dessen Aufgabe im wesentlichen darin bestand, die rechtliche Zerschlagung des österreichischen Rundfunks durchzuführen. Nachdem er seine Aufgabe im wesentlichen erfüllt hatte, wurde auch er im Frühjahr 1939 nach Berlin geholt.[41] Nun war wieder Bürckel am Zug, der als Nachfolger den Stellvertreter Raskins in Saarbrücken, Karl Mages, durchsetzte, und der versuchte den Reichssender Wien von Saarbrücken aus zu führen. Als Stellvertreter des Intendanten kam dabei dem jeweiligen Sendeleiter eine Schlüsselstellung in der Führung des Reichssenders zu: Seit 1938 war dies Theo Ehrenberg gewesen, der jedoch wenige Monate nach Kriegsausbruch zur Wehrmacht eingezogen wurde. Zu seinem Nachfolger wurde der als geschickter Verhandler geltende, bauernschlaue Franz Huber bestellt, der als Ziehsohn Anton Rintelens schon 1924 zur Ravag gekommen, 1934 wegen mutmaßlicher Beteiligung am Juliputsch entlassen und im März 1938 wieder in seine frühere Stellung nach Graz geholt worden war.[42]

Die Frage einer Besetzung der Wiener Intendanz war bereits im Frühjahr 1940 aufgeworfen worden. Durch den übermächtigen Einfluß Bürckels hatte diese Bewerbung jedoch keine Chancen auf Erfolg.[43] Seit dem Inkrafttreten des Ostmarkgesetzes vom 14. April 1939 hatte zunächst ein selbst von seiten der österreichischen NSDAP als übertrieben empfundener Zustrom reichsdeutscher Beamter nach Wien eingesetzt.[44] Hitler hatte darauf erst mit der Berufung Baldur von Schirachs zum neuen Reichsstatthalter Anfang Juli 1940 reagiert. Von ihm erwartete sich Hitler mehr "psychologisches Taktgefühl", die der

Stellung Wiens als zweiter Kulturmetropole des Reiches und der neuen Ost- und Südostpolitik des Reiches Rechnung tragen sollte.[45]

Die Forcierung der Intendantendiskussion beim Reichssender Wien muß in diesen Zusammenhängen gesehen werden, zumal Schirach von Hitler in der Kulturpolitik "alle erforderlichen Vollmachten" selbst gegenüber dem Propagandaminister erhielt.[46] Aber auch Goebbels war der Ansicht, daß nunmehr eine personelle Trennung zwischen Saarbrücken und Wien eintreten solle und für Wien "ein eigener Intendant eingesetzt werden muß", während sein Reichsintendant unter Hinweis auf die "geringfügigen Programmaufgaben des Wiener Senders" keine Notwendigkeit dafür sah.[47] Obwohl weder bei Schirach noch im Ministerium anfangs große Neigungen für die Kür eines "Ostmärkers" in diese Funktion bestanden, kamen schließlich doch mehrere Österreicher in die engere Auswahl.

> "Die allgemeine Stimmung in Wien ist zur Zeit ausgesprochen schlecht", so die Begründung. "Die allgemeine Wirtschaftslage ist ähnlich wie in Berlin, wahrscheinlich noch in manchen Punkten ungünstiger. Es besteht zur Zeit die Gefahr einer starken Überfremdung im öffentlichen und besonders im Kunstleben. Der Rundfunk kann in dieser Situation helfend sich betätigen. Es erscheint nur dringend ratsam, die Intendanz in Wien mit einem bodenständigen Nationalsozialisten zu besetzen."[48]

Dieser für die Partei ungünstigen Situation, die auch aus anderen Berichten anklingt[49], konnte man sich offenbar in Berlin nicht verschließen. Nach monatelangem Tauziehen fiel die Wahl schließlich auf den bisherigen Wiener Sendeleiter, den Grazer Franz Huber, der von Goebbels schließlich Mitte Jänner 1941 seine Bestellungsurkunde erhielt. Mit ihm als "alte(n) verdiente(n) nationalsozialistische(n) Vorkämpfer" glaubte das Propagandaministerium jenen gefunden zu haben, der "als Ostmärker ... nur für den Reichsgedanken lebt" und zugleich dafür bürge, daß "die Großstadt Wien auf der einen und das rassisch gesunde, kerndeutsche Land der ostmärkischen Alpengaue auf der anderen Seite im Rundfunk gut gegeneinander abgewogen werden."[50] In der Tat bot Hubers Tätigkeit bis zum April 1945 den Berliner Stellen wenig Angriffsflächen.

Der Rundfunk stabilisiert die innere Front: Hörer und Programm

Zum Zeitpunkt, da die deutsche Wehrmacht das Land besetzte, verfügte der österreichische Rundfunk über etwas mehr als 620.000 registrierte Teilnehmer; die Teilnehmerdichte lag bei einem Drittel aller österreichischen Haushalte.[51] Der Rundfunk war damit zwar bereits zu einem Massenmedium geworden, das täglich zumindest ebenso viele Menschen erfaßte, wie die Zeitungen, dennoch zählte die "Ostmark" dichtemäßig zu den durch den Rundfunk am wenigsten erfaßten Teilen des Reiches. Die Tatsache, daß Österreich noch zu Beginn der dreißiger Jahre knapp vor Deutschland an vierter Stelle in Europa gelegen hatte, zeigt, wie unterschiedlich die politische Führung beider Staaten die weitere Ausdehnung des Hörerkreises bewußt als Ziel verfolgt hatte. Mit dem massiven Einsatz des Rundfunks bei der Vorbereitung der Volksabstimmung vom 10. April 1938 demonstrierten Partei und Propagandaministerium ein im Reich bereits bewährtes, aufeinander abgestimmtes Instrumentarium: Während Goebbels und seinem Ministerium die Gestaltung der Inhalte oblag, war es Aufgabe von Partei und DAF, die "Volksgenossen" möglichst zahlreich hinter den Empfängern zu versammeln. Da die "Ostmark" in der Versorgung mit Rundfunkempfängern noch beträchtlich hinter den meisten übrigen Reichsgauen zurücklag, fiel jedoch vor allem auch der Geräteindustrie und der Post mit ihrer Gebührenpolitik eine Schlüsselrolle zu.

Die geschickte Regie der Volksabstimmungskampagne sowie die Rolle des Rundfunks dabei wurden bereits von Gerhard Botz dargestellt.[52] Bereits am 21. März erging über Rundfunk an alle Gliederungen der NSDAP in Österreich die Anordnung, daß "(a)lle organisatorischen Maßnahmen auf die Durchführung der Volksabstimmung abzustellen seien."[53] Die Reichspropagandaleitung investierte 850.000,- RM in den Ankauf von Rundfunkempfängern, von denen bis zur Abstimmung zwischen 17.000 - 20.000 Stück ausgegeben wurden; Gemeinschaftsempfänger wurden vorzugsweise von der deutschen Geräteindustrie bereitgestellt.[54] Nach dem 10. April war es zunächst die deutsche Reichspost, die nicht weniger als 100.000 Österreichern die Möglichkeit einer Gebührenbefreiung aus sozialen Gründen einräumte; die Angleichung der bisher geltenden Gebühren an die etwas höheren im Deutschen Reich wurde gleichfalls bis zum Frühjahr 1939 hinausgeschoben.[55] Einen dritten Impuls zur Steigerung der Hörerzahlen in Österreich setzten die deutschen Gerätefirmen, die just zur Herbstmesse 1938 als Marktneueinführung den "Deutschen Kleinempfänger (DKE)" zum sensationellen Preis von nur 35 RM (bei Ratenzahlungsmöglichkeit) präsentierten und damit die Einstiegshürde gegenüber dem bisherigen Billigstgerät, dem "Volksempfänger (VE)" in seiner preisgünstigsten Ausführung noch einmal um 40% senkten. Die österreichischen Firmen, die sich anfangs nur skeptisch dem neuen Produktionsprogramm für den DKE anschlossen, nahmen schließlich gerne zur Kenntnis, daß sich die "Goebbels-Schnauze" in Österreich ebenso wie im Reich schon im letzten Vierteljahr 1938, vor allem im Weihnachtsgeschäft, zum Verkaufsrenner entwickelte.[56]

Der Teilnehmerzuwachs fiel daher in Österreich auch im Verhältnis zum "Altreich" mit 10% gegenüber 4,3% überdurchschnittlich aus. Neben den ökonomischen müssen dabei jedoch auch die politischen Ereignisse als Ursache für die außerordentliche Zunahme der Teilnehmerzahl genannt werden. Wie richtig diese Ergänzung ist, zeigt das darauffolgende Jahr 1939, in dem es einen seit den Gründungsjahren nie gesehenen Teilnehmerzuwachs von 184.000 Empfängern (+ 27%) gab, ein Faktum, das durch ökonomische Anreize allein wohl kaum zu erklären wäre. Mit Raten von 8,4 und 8,8% wurden in den beiden folgenden Jahren Zuwächse verzeichnet, die nicht annähernd mehr an das Rekordjahr 1939 herankamen. Neben den regionalen Disparitäten - Kärnten, Oberösterreich/Salzburg und die Steiermark lagen weit vor den übrigen Ländern - erscheint noch das Faktum bemerkenswert, daß im Jahre 1945 ein Teilnehmerrückgang von 30% gegenüber dem Höchststand von 1943 zu verzeichnen war![57]

Der faschistische Rundfunk erreichte damit, zumindest potentiell, erstmals seit seiner Gründung, praktisch die gesamte erwachsene Bevölkerung des Landes. Die gezielte Werbung für den Deutschen Klein- und den Volksempfänger sollte, ebenso wie das mit Kriegsausbruch am 1. September 1939 in Kraft gesetzte Abhörverbot ausländischer Sender, das angestrebte Ziel eines möglichst "geschlossenen Mediensystems" verwirklichen helfen. Der technische Ausbau des Senders Graz zum "Reichssender Alpen" im Sommer 1939 und der von Hitler angeordnete Ausbau des Brucknerstiftes St. Florian zu einem Musikzentrum des Großdeutschen Rundfunks, stellen zudem Ausnahmen innerhalb des Großdeutschen Rundfunks auf Reichsgebiet dar.[58]

Die besondere Stärke des faschistischen Rundfunks lag in der Aktualität vermittels einer raschen Berichterstattung über das laufende politische und militärische Geschehen. Durch gezielten Einsatz des dramaturgischen Instruments der mit Fanfaren einbegleiteten Sondermeldungen konnte eine weitere Steigerung der Aufmerksamkeit erreicht werden. Vor allem in der Phase des "Blitzkrieges" bis in die ersten Wochen des Rußlandfeldzuges blieben die Rundfunkempfänger in vielen Haushalten den ganzen Tag hindurch "durchgehend angestellt", da man "auf Sondermeldungen lauerte"; aber auch der tägliche Überblick des OKW, die Berichte der PK-Berichterstatter und die Nachrichten fanden in dieser Kriegsphase ein positives Interesse in der Bevölkerung, wie den regelmäßigen geheimen Lageberichten des Sicherheitsdienstes der SS, "Meldungen aus dem Reich", in den Jahren 1939-41 zu entnehmen ist.[59] Vor allem in der allerersten Phase erzielte die aktuelle Berichterstattung größte Breiten- und Tiefenwirkung. Goebbels hatte die Lektion aus der während der Sudetenaktion am Rundfunk geäußerten Kritik gelernt.[60] Das NS-Regime vermochte jedoch nicht, die mit zunehmender Kriegsdauer immer häufigere, intensivere und weiter verbreitete Bildung von Gerüchten in weiten Kreisen der Bevölkerung zu unterbinden: Während diese Erscheinung in der ersten Kriegsphase mit schöner Regelmäßigkeit nur am Beginn einer militärischen Aktion auftrat, gehörte sie seit Herbst 1942, vor allem aber nach dem Stalingrad-Disaster, zu den ständigen "Übeln", mit denen sich Goebbels und seine Propagandastrategen herumzuschlagen hatten.[61] Die dahinter zutage tretende Unsicherheit, die durch mangelnde oder unglaubwürdige Informationspolitik hervorgerufen wurde, verstärkte die Hinwendung zu anderen Informationsquellen, insbesondere zu ausländischen Sendern. Sobald die eigene Berichterstattung für die Bevölkerung jedoch einen sichtbaren Fortschritt der militärischen Aktionen und damit die Aussicht auf Erfolge glaubwürdig erkennbar werden ließ, schwächte sich der Einfluß ausländischer Sender auf die deutsche Bevölkerung wieder deutlich ab.[62] Die Tatsache, daß ein breites Bedürfnis nach möglichst genauen geographischen und Zahlenangaben über Geländegewinne, gegnerische und eigene Verluste bestand, zeigt, daß ein großer Teil der Bevölkerung nicht unbegrenzt den emotionalen Appellen der NS-Propaganda verfiel und unpräzisen Informationen mit Reserviertheit gegenüberstand.[63]

Im Hinblick auf Direktheit, Raschheit und Unmittelbarkeit der Berichterstattung übertraf der deutsche Rundfunk einflußmäßig die Tagespresse, vor allem seit diese beginnend mit dem Frühjahr 1940 immer stärkere inhaltliche und umfangsmäßige Einschränkungen durch Papiermangel und Ausdünnung der Redaktionen hinnehmen mußte.[64] "Wenn der Fanfarenstoß im Lautsprecher ertönt, die z. Zt. im ganzen Reich fast den ganzen Tag über eingestellt bleiben, fängt alles an zu rennen."[65], hieß es in einem Bericht vom Mai 1940. Allgemein läßt sich, insbesondere in ländlichen Gebieten, eine weitgehende Veränderung des Kultur- und Freizeitverhaltens beobachten, wobei dem Rundfunk ein immer stärkeres Gewicht zufiel, zumal dort, wo Kinos nicht in nächster Nähe lagen und diese nur an Wochenenden bespielt wurden.[66] Infolge wachsender Arbeitsintensität und Ausdehnung der Arbeitszeit wurde eine maximale Reichweite nur in den frühen Abendstunden erzielt, wobei die ländliche Bevölkerung während der Erntezeit auch für den Rundfunk nur mit Einschränkungen erreichbar war.

Der deutsche Rundfunk trug durch seine Berichterstattung wesentlich zur Schaffung und Befestigung von Stereotypen, Feindbildern, chauvinistischen Auffassungen und schließlich zur Mythenbildung bei. Er machte die Deutschen glauben, daß der jeweilige Gegner am Ausbruch des Konflikts Schuld trage und seine Waffen in besonders hinterhältiger Weise einsetze, von einer jüdisch-plutokratischen Schicht in den Krieg gehetzt worden sei oder diesen nur unter ständiger Bedrohung bolschewistischer Kommissare weiterführe usw. Der Haß gegen England, wie er sich in dem immer wieder gebrauchten Bild des "Whiskysäufers Churchill" personifizierte oder gegen das bolschewistische "Untermenschentum", faßte so tiefe Wurzeln und hielt den realen Erfahrungen lange Zeit stand. Nur widerwillig kam die Bevölkerung zur Erkenntnis, daß wirklich geknechtete und betrogene Völker einer so sieggewohnten Wehrmacht wie der deutschen niemals so lange standgehalten hätten.

In den Jahren der raschen militärischen Erfolge konnte Goebbels' Propaganda auf der soliden Basis realer militärischer Erfolge aufbauen. Die Hauptaufgabe bestand lediglich darin, die jeweilige Aggression zu rechtfertigen, den Gegner als moralisch und militärisch inferior zu denunzieren und die Motivation zum Durchhalten unter Hinweis auf den bevorstehenden, nahen Sieg zu erhalten.

Als jedoch der Krieg gegen die Sowjetunion nicht, wie viele Deutsche erwartet hatten, binnen weniger Wochen entschieden war, begann dieses Konzept brüchig zu werden. Erstmals kamen breitere Volksschichten zur Ansicht, daß dieser "Gegner unterschätzt" worden sei, und in Ansätzen wurde auch "Beklemmung" über die Dauer und den ins Haus stehenden dritten Kriegswinter sichtbar. Für die Propagandisten weitaus alarmierender noch war, daß sich nicht allein Informationsmüdigkeit breitmachte, sondern auch Zweifel am "offiziellen Gesicht" aller "Führungsmittel" geäußert und stärker denn je auf zuverlässige, direkte Informationsquellen über die Front zurückgegriffen wurde.[67] Auch ausländische Sender wurden wieder verstärkt abgehört.

Goebbels bekämpfte diesen Vertrauensschwund mit einigem Erfolg, indem er nach der Devise "Gute Laune ist kriegswichtig" Ende September 1941 neue Programmrichtlinien in Kraft setzte, "die eine erhebliche Auflockerung des Abendprogramms bewirken sollten", auf die im Frühjahr 1942 eine völlige organisatorische Neukonzeption des Politik- wie auch Unterhaltungsbereichs des Reichsrundfunks erfolgte, die im wesentlichen bis zum Ende des 3. Reichs unverändert blieb.[68] Schon einige Grundzüge des neuen Programmkonzepts, wie die Gestaltung eines mit Ausnahme der regelmäßigen Nachrichtensendungen ausschließlich unterhaltenden Abendprogramms nach 20 Uhr und die Reduzierung der Frontberichterstattung lassen erkennen, daß der Minister sich überraschend schnell auf die neue Kriegslage einzustellen vermochte.[69] Der Ausbau des Unterhaltungsbereichs gestattete überdies auch eine begrenzte Regionalisierung sowohl im musikalischen wie auch im unterhaltenden Wortbereich.

Es mag nicht sehr überraschen, daß diese Entwicklung auch das Gewicht des Reichssenders Wien innerhalb des Reichsrundfunks wesentlich stärkte. Im Gesamtbereich des Musikprogramms stand Wien etwa im Sommer 1942 gleich hinter Berlin an zweiter Stelle aller Reichssender, während es im Durchschnitt aller Sendungen zur gleichen Zeit kaum 9% ins Reichsprogramm einspeiste und damit erst den dritten Rang einnahm.[70] Mit Gerhard Slavik wurde zudem einem Österreicher die seltene "Ehre" zuteil, eine Berufung in die Reichssendeleitung zur Mitwirkung an der Umgestaltung zu erhalten.[71] Im übrigen wäre zu untersuchen, welche Rolle andere Österreicher im System des Kriegsrundfunks, sei es in Berlin oder im Einsatz bei Propagandakompanien und Soldatensendern einnahmen.[72] Wie ein Rückblick auf das musikalische Rundfunkjahr 1943 zeigt, konnte Wien seine Stellung auch im darauffolgenden vierten Kriegsjahr behaupten, wenn nicht sogar ausbauen.[72]

Im ohnedies reduzierten politischen Teil seines Programms verlor der NS-Rundfunk seit 1942 mit zunehmender Kriegsdauer an Vertrauen. Als bemerkenswerten Erfolg, den Goebbels verbuchen kann, darf allerdings die geschickte Reformulierung der deutschen Absichten und Kriegsziele genannt werden. Seit den Schlägen, denen die deutsche Wehrmacht an der Ostfront ausgesetzt war, setzte die Desinformationspolitik des deutschen Rundfunks zunehmend mehr auf Schlagworte ("Vergeltung", "Wunderwaffen") als auf Fakten; der Glaube an den "Endsieg", gepaart mit der bewußt geschürten Angst vor der heranrückenden Roten Arme sollte die zunehmend hoffnungslose militärische Lage der Achsenmächte seit Herbst 1943 bewußtseinsmäßig in den Hintergrund rücken. Es kann heute wohl kein Zweifel daran bestehen, daß dieses Konzept bei der Mehrheit der Bevölkerung bis zum Spätherbst 1944 verfangen und Wirkung gezeigt hat: sie war bereit, aus Angst den Nazis solange zu folgen, bis auch die letzten einsehen mußten, daß keine "Wunderwaffe" mehr das Ende aufzuhalten imstande war. Die glanzvollen Siegesmeldungen, denen vor nicht allzulanger Zeit ein ganzes Volk gelauscht hatte, waren längst den Lügen über planvolle Rückzüge und Frontbegradigungen gewichen. Weder "Führer"- noch Goebbels-Reden, die bis zuletzt irreale Hoffnungen geweckt hatten, konnten noch verfangen.

Der letzte erhalten gebliebene Bericht der Reichsregierung Dönitz spricht eine kaum überbietbare deutliche Sprache über das Verhältnis zwischen "Volk und Führung"[74]:

"Bisher hat man sich immer wieder gesagt: Der Führer wird es schon machen... Nun aber bricht ungestüm und gehässig die Enttäuschung darüber heraus, daß die nationalsozialI-

stische Wirklichkeit in vieler Hinsicht nicht der Idee, die Kriegsentwicklung nicht den Verlautbarungen entspricht...
Von da an vertiefte sich das Gefühl, daß wir doch nicht mehr können, daß es nicht mehr zu schaffen ist.
Von einer einheitlichen Meinungsbildung im Sinne der Führung und der Propaganda kann seither immer weniger die Rede sein. Jeder macht sich mit seinen eigenen Ansichten und Meinungen selbständig."

Wo eigene Ansichten und Meinungen wieder aufleben, stellen sie die erste Bedingung und Möglichkeit einer Redemokratisierung des politischen Lebens dar, das der Massenmedien als Mittler des "Zeitgesprächs" der Gesellschaft noch mehr bedarf als Diktaturen. Die abziehenden Einheiten von Wehrmacht und SS hinterließen nicht nur kommunikationsbeschädigte Menschen, sie zerstörten auch einen Großteil des technischen Kommunikationsapparates einer künftigen demokratischen Gesellschaft: Der Sender Bisamberg wurde unmittelbar vor der Befreiung Wiens am 13. März im Auftrag der SS gesprengt - die Täter blieben unbestraft. Eine Sprengung des Funkhauses konnte im letzten Augenblick verhindert werden.[75]

Anmerkungen

1 Auf die hierzu erschienene Literatur kann hier nur allgemein hingewiesen werden. Vgl. zum Wandel der deutschen Österreichpolitik 1918-1938: Norbert Schausberger, Der Griff nach Österreich, Der Anschluß, Wien 1978; für die Jahre 1933/34 speziell und mit zahlreichen Bezügen zum Rundfunk: Dieter Roß, Hitler und Dollfuß - Die deutsche Österreich-Politik 1933/34, Hamburg 1966. Zum Wandel der deutschen Rundfunkpolitik vgl. meinen Aufsatz: Der lange Weg zum Juliputsch 1934 - Hallwich und Hugenberg, Habicht und Huber - Kontinuität und Wandel in deutschnationaler und nationalsozialistischer Rundfunkpolitik 1924-1934, in: W. Duchkowitsch (Hg.), Mediengeschichte - Forschung und Praxis, Wien 1984, S. 143-172.

2 In einem im Herbst 1934 gezogenen Resumé hieß es dazu: "Durch Aufführungen in privaten Zirkeln und durch unbehindertes Anhören im Kreise von Hausgenossen haben aber die ausländischen, staatsfeindlichen Aussendungen trotzdem weite Verbreitung unter der Bevölkerung gefunden" (Schreiben BKA-Inneres v. 25. 9. 1934 an BMf. Justiz, AVA, BKA-Inneres, Zl. 303.340/1935, K. 4842).

3 Für diese, von mir bereits früher (S. Anm. 1) geäußerte Vermutung konnten inzwischen weitere Hinweise gefunden werden. In einem nach Kriegsende eingeleiteten Verfahren gegen vier ehemalige Ravag-Angestellte tauchte ein von ihnen verfaßtes Dokument auf, in dem sie eine Putschbeteiligung reklamierten. Da das Verfahren jedoch mangels an Beweisen eingestellt wurde, sei hier auf Namensnennungen verzichtet.

4 Vgl. für den Bereich der Presse: Ralf Richard Körner, So haben sie es damals gemacht- Die Propagandavorbereitungen zum Österreichanschluß durch das Hitlerregime 1933-1938, Wien 1958. Weiters: Gabriele Toepser-Ziegert (Hg.), NS-Presseanweisungen der Vorkriegszeit, München-New York-London-Paris 1984.

5 Zur Frage der "Änderung" der deutschen Österreichpolitik nach dem gescheiterten Putschversuch vertritt etwa Schausberger eine abweichende Meinung gegenüber Roß, vgl. Schausberger, Der Griff, S. 298 ff.

6 Erich Stockhorst, Wer war was im Dritten Reich - 5000 Köpfe, Wiesbaden, o.J., Personalakten Jölli, Naumann, Goritschan, BDC Berlin.

7 Zu Megerles im Detail noch wenig ausgeleuchteter Rolle in der Österreich-Propaganda, vgl. Wolfgang Rosar, Deutsche Gemeinschaft - Seyß-Inquart und der Anschluß, Wien 1971, S. 153 und passim; Peter Longerich, Die Presseabteilung des Auswärtigen Amts unter Ribbentrop (Studien zur Zeitgeschichte, Band 33), München 1987, S. 63; Ulrich Eichstädt, Von Dollfuß zu Hitler - Geschichte des Anschlusses Österreichs 1933-1938, Wiesbaden 1955, S. 140.

8 BA Koblenz R 78/760. Reichssendeleitung (RSL) an Staatssekretär Walther Funk v. 28. 4. 1934. Haus-, Hof- und Staatsarchiv (HHStA), NPA, K. 122, Liasse 1/12, Deutschland, Adam v. 30. 4. 1936. Zusätzlich zum erweiterten Nachrichtendienst und zum "Zeitfunk" wurde Anfang 1935 über Initiative Adams eine eigene regelmäßige Sendung des Heimatdienstes eingeführt (vgl. Venus, Der lange Weg, S. 159). Das bisherige polizeiliche Verbot wurde 1935 durch ein Gesetz verschärft. Ein von Ravag-Generaldirektor O. Czeija im September 1934 ausgearbeitetes Memorandum (AVA, BKA-Inneres, K.4842) schlug u.a. die Erzeugung eines einheitlichen "Volksempfängers" durch die österreichische Radioindustrie vor.

9 BA Koblenz, R 78/908, RSL v. 22. 5. 1934 an Abt. III, ProMi. Zur Stellung Jöllis vgl. auch Joseph Wulf (Hg.), Presse und Funk im Dritten Reich - Eine Dokumentation, Frankfurt-Berlin-Wien 1983, S. 324 f. Nach eigenen Angaben hatte J. in den Jahren 1934-1938 die Funktion eines "Sonderbeauftragter" für Österreich-Sendungen des deutschen Rundfunks" in der RSL der RRG inne (Wiener Stadt- und Landesarchiv, Gauakt O. Jölli, Lebenslauf).

10 Vgl. Tätigkeitsberichte der österreichischen Radio Verkehrs AG 1934, 1935, Wien 1935 bzw. 1936.

11 HHStA, NPA, K. 123, Liasse Deutschland I/12, Stenogramm der kommissionellen Verhandlungen über den Kulturaustausch zwischen Österreich und dem Deutschen Reich.

12 AVA, Bundesministerium für Handel und Verkehr, Auskünfte, K.690, Zl. 350/1937. Vorschläge für eine "Gesamtleitung" des österreichischen Rundfunks wurden zwischen Beamten der beteiligten Ressorts im Frühjahr 1937 diskutiert. Zu den rundfunkpolitischen Vorstellungen der nationalen Politiker vgl. AVA, BKA-Präsidium, Min. Korr., Glaise-Horstenau, K. 39/11. Als Vertrauensleute der "Nationalen" für diese Funktionen wurden Wilhelm Wolf und Fritz Flor gehandelt.

13 S. Anm. 11, Radio-Woche, 14. Jg., 1937, F.6, 6. 2. 1937. Eine Rundfunkübertragung vom Eintreffen der olympischen Staffel in Wien im Sommer 1936 wurde übrigens von den Nationalsozialisten zu einer illegalen politischen Kundgebung umfunktioniert (AVA, Handel, Präs., Auskünfte, K. 684, Zl. 3529/1936), Lt. Tätigkeitsbericht der RAVAG 1936, übernahm die RRG im Sommer 1936 nur eine einzige Aufführung der Salzburger Festspiele. Dasselbe gilt für 1937.

14 Rudolf Henz, Fügung und Widerstand, Graz-Wien 1963, S. 227 ff.

15 Information über die Tätigkeit der NSBO-Zelle in der RAVAG 1932-1938, o.V. o.D. (ca. Juni 1938) (Kopie b. Verf.). Rudolf Henz, Das Ende der Ravag - Ein Erlebnisbericht über die Märztage 1938, in: Wien 1938-Forschungen und Beiträge zur Wiener Stadtgeschichte, Band 2, Wien 1978, S. 277-311. Ob Schuschnigg seinen Plan einer Volksbefragung "bei einer Geheimbesprechung" am 6. 3. (Ackerl, ebenda, S. 18), 7. 3. (Henz, ebenda) oder 8. 3. (Rosar, Deutsche Gemeinschaft, S. 247) unterbreitete, ist hier einerlei.

16 Isabella Ackerl, Die Propaganda der Vaterländischen Front für die geplante Volksbefragung vom 13. März 1938, in: Wien 1938 (s. Anm. 15), S. 21.

17 Vgl. z.B. Felix Kreissler, Der Österreicher und seine Nation, Wien 1984, S. 58-88.

18 Schuschnigg, der kurz nach den Märzwahlen 1933 Berlin besucht hatte, plädierte nach seiner Rückkehr im Ministerrat für die Schaffung eines "Propagandadienstes" ähnlich wie im Reich. Er wurde auch zum ersten Vorsitzenden des Kuratoriums für den Heimatdienst bestellt (Protokolle des österreichischen Ministerrates 1. Republik, Abt. V, Kabinett Dollfuß, Band II, MRP 863 v. 31. 3. 1933, S. 66 ff.). Selbst Dollfuß-Intimus Henz zeigte sich nachträglich von Schuschniggs Rhetorik begeistert (S. ORF- Interview mit R.H. v. 29. 12. 1983, Transkript).

19 Henz, Fügung, S. 243; ders., Das Ende, S. 281 ff.; Rosar, Deutsche Gemeinschaft, S. 247.

20 Kurt Wagenführ, Rundfunkwende in Österreich, in: Welt-Rundfunk, II. Jg., H.2 (April 1938), S. 313-316, hier S. 315.

21 Die im folgenden gegebene kurze Skizze des Ereignisablaufs vom 11. März 1938 im Zusammenhang mit dem Rundfunk stützt sich neben der wichtigsten zeitgeschichtlichen Literatur (Rosar, Schmidt-Prozeß, Schmiedl, Eichstädt usw.) auf Aussagen der Rundfunk-Zeitzeugen, wie Oscar Czeija, Rudolf Henz, Max Lange, Franz Pesendorfer u.a., zumeist im Verlauf von VG-Prozessen nach 1945. Zu Lange z.B.: Landesgericht für Strafsachen Wien, Vg 5a 6706/1947.

22 S. Anm.21, weiters, Dieter Wagner/Gerhard Tomkowitz, Ein Volk, ein Reich, ein Führer - Der Anschluß Österreichs 1938, München 1938, S. 121 ff.; ORF-Interview mit Ing. Alfred Klimesch, Sender Linz v. 6.6.1984 und Ing. Josef Capek (o. D., 1984), Sender Salzburg.

23 Darunter befanden sich auch die ersten "Heimkehrer aus dem Reich", wie Balduin Nau-

mann, Karl Goritschan und Leopold Hainisch, BA Koblenz, R. 55/39, Verleihung der "Ostmark"-Medaille.

24 Auszug aus dem Dienstbuch der RAVAG v. 11. 3. 1938 i. Bes. v. Karl Czeija (Kopie b. Verf.).

25 Pressemitteilung des nationalsozialistischen Landeskulturamtes, Neues Wiener Tagblatt 16. 3. 1938. Im ersten Bericht des Leiters der Rundfunkabteilung im ProMi (Abt. III), Hans Kriegler an Goebbels über die Ravag v. 25. 3. 1938 wird Raskin noch nicht erwähnt; im zweiten v. 28. 3. wird seine Tätigkeit als "unterstützend" zu der Pesendorfers bezeichnet, im dritten vom 10. 5. heißt es, STS Kai Mühlmann, der die ersten provisorischen Ernennungen als Landeskulturwalter vorgenommen habe, hätte inzwischen jeden Einfluß (an Bürckel) verloren. Für kulturpolitische Fragen sei nun Anton Hassbauer, für den Rundfunk Adolf Raskin zuständig (alle Berichte: BA Koblenz, R 55/228).

26 Bericht Max Lange's verf. ca. 1947 (s. Anm. 21).

27 Zu Bellak vgl. Fernseh-Information H.24/25 (Sept. 1966) und Fernsehen, 5. Jg., 1957, H. 1.

28 Personalakten Czeija, Hans Nüchtern, Erich v. Kunsti, Gustav A. Schwaiger u. Karl Bayer, BDC Berlin. Zu Henz vgl. DÖW-Akt 13.353 sowie Theodor Venus, Rudolf Henz, Versuch über einen katholischen Medienpolitiker, in: Medien & Zeit, 1. Jg., H. 1/1986, S. 5-48. Zu Übelhör: Kurzbiografie in: Neue illustrierte Wochenschau, Nr. 31, 30. 7. 1961; zu Guggenberger: Lebenslauf verf. v. Christine Kainz, Abteilung Dokumentation, Generalpostdirektion Wien.

29 Anm. 21, Aussagen Rudolf Kauf und Friedrich Schwarzenbach; DÖW, Opferfürsorgeakt Fr. Schwarzenbach. Im Prozeß gegen die RAVAG-Putschisten war Johann Domes zum Tode, die übrigen Teilnehmer zu Haftstrafen verurteilt worden (vgl. Kriegsarchiv, MHv 23/1934).

30 DÖW, Opferfürsorgeakten Raimund Klima, Rudolf Koller, Vinzenz Skoupy. Eine positive Würdigung der Widerstandshandlungen durch den ORF wäre längst angebracht.

31 BA Koblenz R 55/228, Kriegler v. 10. 5. 1938 an Goebbels.

32 Die Kommission setzte sich aus dem Beauftragten Bürckels, Raskins, der Reichsstatthalterei/Amt Dr. Wächter, Ing. Fritz Koch, dem kommissar. Personalchef, Max Lange, einem Vertreter der NSDAP, Adolf Baumgartner, dem komm. Intendanten Pesendorfer sowie mehreren Beisitzern zusammen.

33 Wie z.B. im Falle Henz' oder Czeija's.

34 Anm. 21, vgl. auch Bericht Dr. Schenk v. (14. 5. 1938), Deutsches Rundfunkarchiv, Ordner 3. Reich, Politik, 14. 4. (für diese Quelle bin ich Herrn Dr. Ansgar Diller vom DRA zu Dank verpflichtet.)

35 DÖW, Nr. 10.955/1.

36 Siehe R 55/228, Wiedergutmachungsansuchen Franz Huber, Wilhelm v. Hillmayr, Heinz Hauk, Karl Goritschan, Egbert Friedberg, Balduin Naumann.

37 AVA, Reichskommissar für die Wiedervereinigung Österreichs mit dem deutschen Reich, Materien, Ordner 246, Raskin an Kreis I der NSDAP v. 19. 7. 1938.

38 S. Anm. 34.

39 AVA, Bürckel, Materien, K. 124, Bestellungsdekret Glasmeiers v. 27. 8. 1938. BA Koblenz, R 55/228, Kriegler an Goebbels v. 10. 5. 1938, ebenda, Pesendorfer an Goebbels v. 15. 9. 1938; ebenda, RPA Wien, Telegramm v. 24. 6. 1938 an Dr. Flügel, ProMi.

40 Ansgar Diller, Rundfunkpolitik im Dritten Reich (Rundfunk in Deutschland, Band 2), München 1980, S. 330 f.

41 AVA, Bürckel, Materien, K. 124, Glasmeier an Bürckel v. 24. 3. 1939.

42 BA, Koblenz, R 55/1013, Leiter Personalabteilung an Goebbels v. 13. 10. 1940; Viktor Ergert, 50 Jahre Rundfunk in Österreich, Wien 1974, Band 1, S. 188. Zu Huber vgl. meinen Beitrag in Duchkwoitsch (1984), S. 165 f.

44 G. Botz, Wien vom "Anschluß" zum Krieg - Nationalsozialistische Machtübernahme und politisch-soziale Umgestaltung am Beispiel der Stadt Wien 1938/39, Wien^2 1980, S. 233 ff., 467 f.

45 R. Luža, Österreich und die großdeutsche Idee in der NS-Zeit, Wien-Köln-Graz 1977, S. 178.

46 Ebenda, S. 187. Zur Position Goebbels innerhalb der NS-Elite vgl. R.E. Herzstein, The War that Hitler won - The Most infamous Propaganda Campain in History, London 1979,S. 70ff.

47 BA Koblenz, R 55/1013, Leiter Personalabt. an Goebbels v. 3. 9. 1940.

48 Ebenda, RSL an Goebbels v. 5. 12. 1940.

49 Vgl. dazu neuerdings Kreissler, Der Österreicher, S. 189 ff.

50 BA Koblenz, R 55/1013, Reichsintendant Glasmeier an Goebbels v. 11. 12. 1940.
51 Radio-Wien, 14. Jg., H. 14, 31. 12. 1937; Jahresbericht der österreichischen Radio Verkehrs AG 1936, Wien 1937.
52 Botz, Wien, S. 151-174.
53 AVA, Reichskommissar für die Wiedervereinigung Österreichs mit dem Deutschen Reich, Materien, Ordner 21. Hier auch weitere Anweisungen betr. den Rundfunkeinsatz im Rahmen der Volksbefragung.
54 BA Koblenz, R 55/228, Abt. III, Promi, Information v. 25. 3. 1938.
55 Ebenda, Reichssender Wien an Abwicklungsstelle Reichspostministerium v. 26. 7. 1938.
56 A. Diller, Der Volksempfänger - Propaganda- und Wirtschaftsfaktor, in: Mitteilungen des Studienkreises Rundfunk und Geschichte, 9. Jg., 1983, H. 3, S. 140-158. AVA, Reichskommissar, Materien, K. 83, Vortrag Ostermann auf der Wirtschaftssitzung v. 9. 12. 1938; Rundfunkwoche, 1. Jg., 1938, F. 26, 24. 9. u. F. 31, 29. 10. 1938.
57 Rundfunkarchiv, 12. Jg., 1939, S. 17. Radio-Wien, Sonderheft 25 Jahre Radio-Wien, 1949, S. 28.
58 W. Amanshauser, Fluchtversuche aus einem geschlossenen Mediensystem, phil. Diss., Wien 1984; BA Koblenz R 55/546, Materialien betr. den Ausbau des Senders Graz. Zu den Planungen um St. Florian vgl. W. Klingler, Das Bruckner-Stift St. Florian, in: Mitteilungen des Studienkreises Rundfunk und Geschichte, 7. Jg., 1981, H. 4, S. 195-205.
59 Siehe z.B. Meldungen aus dem Reich, Die geheimen Lageberichte des Sicherheitsdienstes der SS 1938-1945, hg. v. Heinz Boberach, Herrsching 1984, Bd. 4, Nr. 77, 15. 4. 1940, S. 995 u. Bd. 7, Nr. 197, 26. 6. 1941, S. 2443.
60 Siehe Deutschland-Berichte der SOPADE, 6. Jg., 1939, Bericht v. 6. 7. 1939, S. 827 ff. Meldungen, Bd. 2, Bericht zur innenpolitischen Lage (Nr. 3), 13. 10. 1939, S. 347.
61 Vgl. zahlreiche Angaben in den "Meldungen aus dem Reich" vor Beginn der Besetzung Kretas, des Balkan- und Rußlandfeldzuges.
62 Vgl. Meldungen, Bd. 4, Nr. 72, 3. 4. 1940, S. 951 u. Bd. 7, Nr. 189, 26. 5. 1941, S. 2342.
63 Ebenda, Bd. 4, Nr. 78, 17. 4. 1940, S. 1009 u. Bd. 7, Nr. 197 ff. In den Meldungen Nr. 200 v. 7. 7. 1941, S. 2488 u. 2490 heißt es dazu z.B.: "Besonders empfänglich sei die Bevölkerung für die Bekanntgabe der räumlichen Fortschritte, die auf der Karte abgesteckt werden könnten". Landkarten über die Kampfräume waren bereits wenige Wochen nach Beginn des Rußlandfeldzuges in zahlreichen Läden ausverkauft.
64 Vgl. Meldungen, Bd. 7, Nr. 193 ff. u. Bd. 10, Nr. 290, 11. 6. 1942, sowie den Beitrag Fritz Hausjells in diesem Band.
65 Meldungen, Bd. 4, Nr. 89, 20. 5. 1940, S. 1153.
66 Siehe Meldungen, Bd. 4, Nr. 82, 26. 4. 1940, S. 1063 ff., Bd. 7, Nr. 192, 9. 6. 1941, S. 2383 ff.
67 Meldungen, Bd. 8, Nr. 216, 1. 9. 1941, S. 2713, Nr. 218, 8. 9. 1941, S. 2739, Bd. 9, Nr. 253, 22. 1. 1942, S. 3195.
68 Siehe dazu ausführlich W. Klingler, Nationalsozialistische Rundfunkpolitik 1942-1945, Baden-Baden 1985, S. 62-91. Mit Hans Hinkel als Leiter der Gruppe Unterhaltung und Hans Frietzsche als Verantwortlicher für sämtliche politische Programme übernahmen zwei erfahrene Propagandisten im Herbst 1941 bzw. Frühjahr 1942 ihr Amt.
69 BA Koblenz R 55/695, 696 und 1254. Beratungen über die Gestaltung des Unterhaltungsprogramms 1941-1944. Vgl. auch die Richtlinien für die Ausführung von Unterhaltungsmusik in: Reichsrundfunk, Jg. 1942/43, H. 18, 29. 11. 1942.
70 BA Koblenz, Prüfbericht der deutschen Revisions- und Treuhand AG über die RRG 1942, R 55/548 sowie R 56 I/40, Nachweis über die Leistungen der Reichssender für das Reichsprogramm.
71 Vgl. G. Slavik, Volksmusik im Rundfunk, Rundfunkwoche, 3. Jg., 1941, H. 43, 19. 10. 1941 u. ders. Gedanken zum Musikprogramm des Rundfunks, in: Reichsrundfunk 1941/42, 21/22. Heft, S. 414-18. Slavik war zumindest seit 1935 in der RRG tätig.
72 Dieser Aspekt wurde von der Forschung bisher kaum berücksichtigt. Österreicher waren insbesondere bei den Soldatensendern in Norwegen, Paris sowie beim Sender Belgrad tätig.
73 Klingendes Rundfunkjahr, in: Reichsrundfunk, Jg. 1943/44, H. 10, S. 197-202.
74 Meldungen, Bd. 17, Bericht aus den Akten der Geschäftsführenden Reichsregierung Dönitz von Ende März 1945.
75 Der Kommandeur der für die Sprengung verantwortlichen SS-Einheit war in den sechziger Jahren Chefredakteur einer rundfunkwissenschaftlichen Zeitschrift; ein Verfahren gegen die österreichischen Beteiligten wurde 1947 "mangels an Beweisen" eingestellt.

Fritz Hausjell

DIE GLEICHGESCHALTETE ÖSTERREICHISCHE PRESSE ALS NATIONALSOZIALISTISCHES FÜHRUNGSMITTEL (1938 - 1945)

Obgleich infolge der Maßnahmen des "Ständestaates" in den Jahren 1933-38 in Österreich keine demokratische Presse mehr existierte, waren die Veränderungen in diesem gesellschaftlichen Teilbereich nach der nationalsozialistischen Machtergreifung durch den "Anschluß" gewaltig. Hatte der "Ständestaat" verschämt die Pressefreiheit zwar gesetzlich beibehalten, doch durch die Einführung der Vorzensur ab 7. März 1933 sowie mittels zahlreicher Verordnungen de facto zerstört[1], so ging das NS-Regime ganz offen gegen die Freiheit der Presse vor.

Völlige Zerstörung der Pressefreiheit

"Gegenüber den früheren chaotischen Zuständen mit einer schrankenlosen Meinungs- und Diskutierfreiheit sei Schluß gemacht worden", betonte etwa der Leiter des "Reichsverbandes der deutschen Presse", Wilhelm Weiß, als der Beirat des Landesverbandes Ostmark dieser Zwangsorganisation für alle Journalisten am 2. Juli 1938 in Wien seine erste Sitzung abführte.[2] In "Mein Kampf" hatte Adolf Hitler zuvor die Linie vorgegeben:

> "Wenn also irgendwo, dann darf gerade hier der Staat nicht vergessen, daß alle Mittel einem Zweck zu dienen haben, er darf sich nicht durch das Geflunker einer sogenannten ‚Pressefreiheit' beirren und beschwätzen lassen, seine Pflicht zu versäumen und der Nation die Kost vorzuenthalten, die sie braucht und die ihr gut tut; er muß mit rücksichtsloser Entschlossenheit sich dieses Mittel der Volkserziehung versichern und in den Dienst des Staates und der Nation stellen."[3]

SS und SA besetzten ab 12. März Redaktionen

Von der Reichspressestelle der NSDAP und der Presseabteilung des Propagandaministeriums organisiert, wurden bereits kurz nach dem erzwungenen Rücktritt des österreichischen Bundeskanzlers deutsche Journalisten mit Auto, Bahn und Flugzeug Richtung Wien in Bewegung gesetzt.[4] Sie sowie illegale österreichische Nationalsozialisten übernahmen die führenden Positionen in den österreichischen Zeitungsredaktionen. Die meisten waren zuvor in der Nacht zum 12.März bereits von SA- oder SS-Männern besetzt worden.[5] Die "Illustrierte Kronen-Zeitung" wurde wiederum von ehemaligen Redakeuren der eingestellten nationalsozialistischen "Deutschösterreichischen Tageszeitung" besetzt.[6]

Der schon am 13. März von Hitler als Reorganisator der NSDAP in Österreich eingesetzte und mit der Vorbereitung der für den 10. April angesetzten

Volksabstimmung betraute ehemalige saarländische Gauleiter Josef Bürckel hatte an seiner Seite Helmut Sündermann. Dieser koordinierte als Leiter des "Presseamtes Bürckel" den Aufbau des für die Volksabstimmung notwendigen Pressepropagandaapparates. Auf den von ihm durchgeführten Presssekonferenzen wurden die Propagandalinien vorgegeben.

Entlassung und Inhaftierung vieler Journalisten

Schon unmittelbar nach dem "Anschluß" wurden zahlreiche Journalisten entlassen und etliche in "Schutzhaft" genommen.[7] Bereits unter dem ersten Österreichertransport ins KZ Dachau am 1. April 1938 befanden sich mehrere Journalisten. Jüdische Redakteure sowie jene, die aufgrund ihrer betont antinationalsozialistischen Haltung enormen Haß von Nazis auf sich gelenkt hatten, waren davon vor allem betroffen. Andere konnten rechtzeitig untertauchen und ihre Flucht ins Ausland organisieren, während einige als einzigen Ausweg vor den Verfolgungen nur noch den selbst vorweggenommenen Tod wußten.[8]

Da auf Weisung des Gauleiters Bürckel "das äußere Bild des österreichischen Zeitungswesens bis zur Wahl (= Volksabstimmung am 10. April - F.H.) möglichst unverändert bleiben" sollte, wurden unmittelbar nach dem "Anschluß" nur wenige Blätter eingestellt.[9] Sofort von der Bildfläche verschwanden zunächst nur Zeitungen, die zuvor ganz exponiert gegen Hitlerdeutschland aufgetreten waren: "Die Stunde", "Der Wiener Tag" sowie das Montagblatt "Der Morgen".

Zumal gerade die Wiener Presse vor 1938 zu einem erheblichen Teil von Journalisten mosaischen Glaubens oder jüdischer Abstammung gestaltet worden war, die nun vertrieben oder inhaftiert wurden, wurde bald ein Mangel an qualifizierten Kräften spürbar.[10] Einerseits behalf sich das Regime mit Journalisten aus dem "Altreich", anderseits wurden auch politisch oppositionelle sowie auch jüdische Journalisten - zum Teil gegen ihren Willen - verpflichtet weiterzuarbeiten.[11] In den Bundesländern außerhalb Wiens gab es in der Presse wohl auch politisch motivierte Entlassungen, nur ganz selten jedoch "rassisch" begründete, wie die späteren Erhebungen des "Reichsverbandes der deutschen Presse" (RDP) zeigen.[12] Doch auch die politisch begründeten Personalveränderungen halten sich in Grenzen, da bei einigen Blättern die Redakteure verpflichtet wurden bzw. sich in die Pflicht nehmen ließen, weiter an der gleichgeschalteten Zeitung mitzuarbeiten.[13]

Förderung des Journalistennachwuchses

Neben den bereits genannten Maßnahmen beschritt das NS-Regime den bis dahin in Österreich wenig tradierten Weg der Journalistenaus- und fortbildung, um dem durch die Vertreibung und durch die Berufsverbote entstandenen Fachkräftemangel beizukommen. Gezielt wurde der "2. Reichslehrgang für pressefachliche Fortbildung" im Juli 1939 gerade in Wien abgehalten.[14] Alle 70 Teilnehmer kamen von "ostmärkischen" Zeitungen und Zeitschriften.[15]

Als nach Kriegsbeginn zahlreiche versierte Journalisten zur deutschen

Wehrmacht eingezogen wurden, um dort in den meisten Fällen als Kriegsberichterstatter in einer Propagandakompanie beschäftigt zu werden, verschärfte sich die personelle Situation in den Zeitungsredaktionen erheblich. Im Dezember 1943 waren zumindest 83 Journalisten aus der "Ostmark" bei der Wehrmacht.[16] Eine spätere Liste weist 113 "zur Wehrmacht einberufene Schriftleiter" aus.[17]

"Wer will als Schriftleiter mitgestalten und mitverantworten?" Unter diesem Motto startete die Reichspressekammer in der "Ostmarkt" im November 1940 eine Inseratenkampagne zur Schaffung eines politisch opportunen Journalistennachwuchses. Bis April 1942 bekundeten zumindest 88 Personen ihr Interesse. Obgleich der Werbefeldzug primär an den männlichen Nachwuchs gerichtet war, war unter den Interessenten immerhin ein Viertel Frauen.[18] Zumal junge Männer zum überwiegenden Teil durch Einberufungen nicht zur Verfügung standen, erhöhte sich - wie in anderen traditionellen Männerberufen - auch im Journalismus der Frauenanteil. Lag der Anteil der Redakteurinnen in Wiener Zeitungsredaktionen vor 1938 bei etwa 5 Prozent, so machte er Mitte 1942 beachtliche 18,1 Prozent aus. Diese Stärke erreichten Journalistinnen in Österreich erst rund 40 Jahre später wieder.[19]

Die dem Journalismus neu zugeführten Kräfte mußten als "Schriftleiter in Ausbildung" zunächst für ein Jahr in einer Redaktion arbeitend lernen und anschließend eine Prüfung ablegen. Zuvor hatten sie außerdem einen "Zeitungsfachlichen Lehrgang" zu absolvieren. Ein derartiger Kurs war von Gaupresseamt und "Reichsverband der deutschen Presse" zum Beispiel Anfang 1943 in Wien veranstaltet worden. Mehr als zwei Drittel der 21 Teilnehmer aus der "Ostmark" waren dabei Frauen.[20]

Neben der fachlichen Ausbildung stand bei diesen Veranstaltungen die politische Integration im Vordergrund. Um dabei auch die versierten, politisch dem Nationalsozialismus aber noch nicht sehr nahestehenden Kräfte zu erreichen, wurden zahlreiche "Arbeitstagungen" organisiert. Den "Schriftleitern der Ostmark den Geist der neuen Zeit nahezubringen und sie auf ihre Aufgaben hinzuweisen" war, wie Golowitsch sich auszudrücken pflegt, das Ziel einer "Sondertagung der Ostmark-Hauptschriftleiter", die bereits am 25. Oktober 1938 abgehalten wurde.[21] Eine weitere "Arbeitstagung" fand am 7. Juli 1939 statt.[22]

Einsetzung kommissarischer Leiter

Daß nach dem "Anschluß" erst relativ spät mit der Einführung des Systems der Reichspressekammer zu "geordneten" Verhältnissen übergegangen wurde, lag an den unterschiedlichen Strategien der Hauptakteure des NS-Regimes in Sachen Presse. Zunächst setzte das Presseamt des "Beauftragten des Führers für die Volksabstimmung in Österreich", Josef Bürckel, in den meisten Zeitungen "kommissarische Hauptschriftleiter" sowie "kommissarische Verlagsleiter" ein.[23] Da auch andere Dienststellen Kommissare ernannten, blieb das Chaos nicht aus.

"Es ist in den letzten Tagen kaum ein Kommissar eingesetzt worden", heißt es in einem vertraulichen Bericht des Leiters der Abteilung Deutsche Presse im Reichspropagandaamt Wien, Ritter von Gareis, "gegen dessen persönliche Ehre und Integrität nicht von irgendwelchen berufenen oder unberufenen Personen bei mir Einwendungen vorgebracht worden sind."[24] Neben dem Kampf um politischen Einfluß in der Presse zwischen den verschiedenen Gruppierungen innerhalb der NSDAP, SS und SA hatten diese Intrigen auch eine einfache, pekuniäre Ursache. So wurde im erwähnten "vertraulichen Dienstbericht" auch festgestellt, "daß Kommissare, vermutlich unter Anwendung von Druckmitteln, sich bei den ihnen anvertrauten Betrieben Direktorengehälter und Direktorsstellen mit für Österreich märchenhaften Gehältern zuwenden lassen."[25]

Zwei Strategien nationalsozialistischer Presselenkung

Max Amann, Präsident der Reichspressekammer und Leiter des NS-Parteiverlages "Franz Eher Nachf." zugleich, war die Hauptfigur jener Gruppe, die über die Eigentümerebene die Presse kontrollieren wollte, indem möglichst viele Zeitungen von der NSDAP und ihren Verlagen aufgekauft werden sollten.

Nachdem es ihm gelungen war, schon wenige Tage nach dem "Anschluß" am 15. März 1938 die erste "Wiener Ausgabe" des "Völkischen Beobachters" herauszubringen, verbot er noch am selben Tag den deutschen, nicht in Österreich ansässigen Verlegern bis auf weiteres jede Neugründung in Österreich. Ebenso durfte kein neuer Vertrieb von Blättern aus dem "Altreich" errichtet werden. Um seinen neugegründeten "Völkischen Beobachter" in Wien zu schützen, verbot Amann in seiner Eigenschaft als Präsident der Reichspressekammer sogar die Bewerbung von "Altreich"-Zeitungen im besetzten Österreich.[26]

Ausweitung des NSDAP-Besitzes an Zeitungsverlagen

Aufgrund eines Führererlasses gab Reichskommissar Bürckel die Kompetenzen betreffend die Neuordnung der Presse in der "Ostmark" an Amann ab. Amann erließ sogleich am 2. Mai 1938 vier wichtige Anordnungen. Er dehnte damit zum einen den Wirkungsbereich der Reichspressekammer auf Österreich aus. Mit Ausnahme der Journalisten, die erst später folgen sollten, mußten alle Mitarbeiter der Presse - vom Verlagsleiter bis zum Kolporteur - sich bis spätestens 16. Mai um die Mitgliedschaft beim zuständigen Fachverband der Reichspressekammer bewerben.

Weiters war aufgrund der zweiten Anordnung jede Neugründung oder Veränderung von Presseprodukten bei der Reichspressekammer im voraus anzumelden und von dieser genehmigungspflichtig. Da Amann alle Entscheidungen per Anordnung sich selbst vorbehielt, war dies ein vortreffliches Instrument, um für sich und die NSDAP-Verlage eine konkurrenzfreie wirtschaftliche Basis innerhalb Österreichs zu schaffen. Nach der Wiener Ausgabe des "VB" konnten durch diese Regelung in der Folge, ungestört von allfälligen Konkurrenten, auch außerhalb Wiens NSDAP-Gauverlage aufgebaut werden.[27]

Die dritte der vier Amann-Anordnungen verbot einerseits anonyme Kapitalgesellschaften als Verleger. Dadurch wurden "nichtarische" Personen sowie politische Gegner, die zum Beispiel in Aktiengesellschaften unerkannt saßen, ausgeschaltet, da diese wiederum nicht in den obligatorischen "Reichsverband der deutschen Zeitungsverleger" aufgenommen wurden. Zudem enthielt diese dritte Anordnung die Bestimmung, daß Zeitungen inhaltlich "nicht auf einen konfessionell, beruflich oder interessensmäßig bestimmten Personenkreis abgestellt sein" durften, womit das Verbot der deklariert katholischen Publizistik ausgesprochen war. Schließlich bestimmte Amann auch noch, daß kleinformatige Boulevardblätter, die gerade in Wien in großen Auflagen erschienen, künftig politische Themen auf der Titelseite bringen mußten.[28]

Als ein weiteres Instrument zur Lenkung der Presse von Seiten der Verleger her hatte sich Max Amann als Präsident der Reichspressekammer schon 1937 im "Altreich" die "Papierbewirtschaftungsstelle" geschaffen. Entwicklung und Existenz der einzelnen Zeitungen war von den Ermessensentscheidungen dieser Stelle weitgehend abhängig.[29]

Amann verfolgte das Ziel, die Presse in den Besitz der NSDAP zu bringen und damit auch dem totalitären Staat zu verpflichten, erfolgreich. 1944 erschienen 82 Prozent der Gesamtauflage der damals insgesamt 977 Zeitungen unter der Kontrolle des NS-Pressetrusts.[30] Und in Wien gehörte schon ab 1940 von den Tageszeitungen nur noch das "Neuigkeits-Weltblatt" einem Privatverleger.[31]

Zeitungseinstellungen und Konzentration

Anfangs legten sich Bürckel und andere noch gegen die von Amann forcierten Einstellungen einzelner österreichischer Blätter quer. Goebbels Propagandaministerium wiederum versuchte mit Subventionen aus außenpolitischen Überlegungen einerseits vor allem Wiener Blätter mit gutem Absatz in südosteuropäischen Ländern sowie aus propagandistischen Prinzipien andere Zeitungen, die eine gewisse "Vielfalt" repräsentieren sollten, zu erhalten. Die Akten des Propagandaministeriums sowie der Reichsstatthalterei bzw. der Gauleitung Wien dokumentieren die Auseinandersetzungen um Blätter wie die "Neue Freie Presse", das "Neue Wiener Journal" und die "Reichspost".[32] Die Einstellung dieser Zeitungen war der Erfolg Amanns.

Waren am 1. März 1938 in Wien noch 22 Tageszeitungen (16 Haupt- und 6 Nebenausgaben) erschienen, so waren es ein Jahr später nur mehr 12 (davon 2 Nebenausgaben). Ein weiteres Jahr danach hatte Wien nur mehr 9 Tageszeitungen.[33] Die danach erfolgten Einstellungen bzw. Zusammenlegungen geschahen als kriegswirtschaftliche Notmaßnahmen.

Dem faschistischen Staat verpflichtete Journalisten

Die enorme Konzentration auf der Eigentümerebene bedeutete für Amann und seine Freunde eine sehr beachtliche Machtposition innerhalb des "Dritten Reiches". Doch sie war durch das von Dr. Otto Dietrich, dem Reichspressechef der NSDAP und Pressechef der Reichsregierung, verfolgte und realisierte Konzept eingeschränkt.

Dietrich wie auch Propagandaminister Dr. Joseph Goebbels bemühten sich, die Presse über die Journalisten in ihre Abhängigkeit zu bekommen. Über das Schriftleitergesetz, das in Deutschland bereits im Oktober 1933 erlassen worden war, verpflichteten sie die Journalisten selbst dem Staat - und damit indirekt auch der NSDAP. Das Schriftleitergesetz wurde am 14. Juni 1938 dann auch in Österreich in Kraft gesetzt.[34] Der Schriftleiterberuf wurde dadurch zur "öffentlichen Aufgabe" erklärt und der Journalist in eine "beamtenähnliche Stellung" versetzt.[35] "Nicht jeder hat das Recht zu schreiben! Das Recht zu schreiben muß durch sittliche und nationale Reife erworben werden. Dieses Erwerben des Rechtes zu schreiben ist verbunden mit Verpflichtungen dem Staate gegenüber", faßte Goebbels im Oktober 1933 die Intention des Gesetzes zusammen.[36] Um als Journalist arbeiten zu dürfen, mußte dieser sieben Anforderungen erfüllen. Eine davon war die für viele Wiener Journalisten nicht erbringbare "arische Abstammung".

Die zweite zentrale Voraussetzung lautete: "Schriftleiter kann nur sein, wer die Eigenschaften hat, die die Aufgabe der geistigen Einwirkung auf die Öffentlichkeit erfordert." In den offiziellen Erläuterungen bekommt diese kryptische Formulierung dann klare Bedeutung: Der Gesetzgeber dachte hierbei "in erster Linie an eine Ablehnung wegen politischer Unzuverlässigkeit." Es wird jedoch betont, daß eine Nichtmitgliedschaft bei der NSDAP kein derartiger Ablehnungsgrund sei, während Kommunisten, Freimaurer und ehemalige Mitarbeiter der marxistischen Presse ausdrücklich und grundsätzlich nicht in den "Reichsverband der deutschen Presse" (RDP) aufgenommen werden sollten.[37] Eine Nichtaufnahme in den obligatorischen RDP bedeutete automatisch Berufsverbot, Verlust der journalistischen Existenz.

Die Ausgrenzung jüdischer Journalisten

"Nichtarische", das bedeutete in erster Linie jüdische Journalisten konnten sich um eine Ausnahme vom "Nachweis der arischen Abstammung" bemühen, doch wurde deren Gewährung sukzessive strenger gehandhabt. Der durch den Kriegsbeginn bedingte verschärfte Fachkräftemangel hatte hier eine Lockerung zur Folge. "Der Reichspressechef hat sich in Anbetracht der Schwierigkeiten, die bei der Besetzung wichtiger Redaktionsposten infolge des Krieges entstanden sind, entschieden, einem Antrag des Dr. Molden ... auf Eintragung in die Schriftleiterliste unter Befreiung von den Voraussetzungen des § 5,3 zuzustimmen."[38] Dr. Ernst Molden, der vor 1938 bei der "Neuen Freien Presse" sowie im Rundfunk arbeitete, war nach einem Engagement beim Amsterdamer Besatzungsblatt "Europakabel" zur Wirtschaftszeitung "Südost-Echo" nach Wien gekommen. Er galt nach den Nürnberger Rassegesetzen als jüdischer "Mischling 1. Grades". Die mittlerweile beschlossene "Endlösung" hatte auch im Bereich der Presse eine Rücknahme der kriegsbedingten Ausnahmeregelungen zur Folge: "Nachdem in der Frage der Behandlung von Mischlingen 1. Grades allgemein die Grenzen enger gezogen sind, ist es jetzt unmöglich, einen Mischling 1. Grades von der Voraussetzung der arischen Abstammung zwecks Eintragung in die Berufsliste der Schriftleiter zu befreien."[39]

Politische Überprüfung durch RDP, NSDAP und Gestapo

Die österreichischen Journalisten, die nach dem "Anschluß" nicht geflüchtet oder inhaftiert waren, mußten ihre Aufnahme in den "Reichsverband der deutschen Presse" (RDP) bis zum 30. Juni 1938 beantragen.[40] In einem umfangreichen Fragebogen wurden neben dem beruflichen Werdegang auch Mitgliedschaften bei Verbänden und Parteien genau erfaßt. Den größten Teil des "Fragebogens zur Durchführung des Schriftleitergesetzes" beanspruchte allerdings der "Ariernachweis", also die mit Geburtsurkunde und Taufschein zu belegenden Personaldaten der Eltern sowie der Großeltern. War man verheiratet, mußte er auch für den Ehegatten sowie dessen Eltern und Großeltern erbracht werden.[41]

Zur Überprüfung der "politischen Zuverlässigkeit" holte der RDP in allen Fällen ein Gutachten bei der NSDAP-Gauleitung sowie bei der Gestapo ein. Von Denunzianten beigebrachte Beurteilungen von Kollegen und Feinden flossen mehrmals auch in die Entscheidungsfindung des RDP-Leiters ein.[42] Die im "Landesverband Ostmark des RDP" getroffenen Urteile kontrollierte im übrigen die Berliner Zentrale; diese wiederum stand unter Aufsicht des Propagandaministeriums.

Presseanweisungen, Pressekonferenzen und "Vertrauliche Informationen"

Die konkurrenzierenden Strategien von Amann und Dietrich hatten letztlich zur Folge, daß die Herrschaftsansprüche der NSDAP im Bereich Presse zumindest doppelt abgesichert waren. Da auch in anderen Fragen - wie etwa der Ausschaltung jüdischer Journalisten[43] - doppelte und dreifache Bestimmungen zu registrieren sind, drängt sich die Frage auf, ob es sich auch bei der Konkurrenz zwischen Amann und Dietrich nicht vielmehr um ein für das "Dritte Reich" konstitutives System der mehrfachen Absicherung wichtiger Maßnahmen handelte. Obgleich im Schriftleitergesetz schon klar ausgesprochen wird, worüber Journalisten im "Dritten Reich" nicht schreiben durften[44], bekamen diese in umfangreichen "Presseanweisungen", täglichen "Pressekonferenzen" und "Vertraulichen Informationen" im Detail vorgegeben, wie die Berichterstattung Tag für Tag zu erfolgen hatte.[45] Manchem NS-Journalisten wurde die totale Bevormundung gelegentlich zu viel. So äußerte zum Beispiel der Leiter des Reichspropagandaamtes Salzburg Ende 1943 gegenüber einem Inspekteur des Propagandaministeriums, daß die "Vertraulichen Informationen" viel zu umfangreich wären. Beispielsweise hatte die "V.I." vom 3. November 1943 15 ausführliche Punkte samt zusätzlichen Erklärungen auf vier eng beschriebenen Seiten enthalten, "die bei der Kürze der Zeit überhaupt nicht bearbeitet werden konnten". Entweder hält "man die Hauptschriftleiter für komplette Trottel, dann müßte man die Artikel zentral über DNB (= Deutsches Nachrichtenbüro - F.H.) ausgeben", wie der Salzburger Reichspropagandaleiter im Inspektionsbericht zitiert wird, "oder aber man traue dem Hauptschriftleiter eigene Arbeiten zu, dann müßten kurze Anweisungen genügen."[46]

Das Publikum der gleichgeschalteten Presse

Die durch die hier skizzierten organisatorischen Maßnahmen erreichte totalitäre Propaganda durch die Presse erreichte allerdings den Leser und die Leserin unterschiedlich. Wie die "geheimen Lageberichte des Sicherheitsdienstes der SS" vielfach belegen, war die Wirkung der Pressepropaganda nicht immer so, wie es das NS-Regime beabsichtigte.

Im "Jahreslagebericht 1938" heißt es zum Beispiel: "Das Wissen darum, daß die Presseberichterstattung einheitlich und bewußt gelenkt ist, hat im breiten Volk eine Vielzahl psychologischer Widerstände geschaffen."[47] Im "1. Vierteljahreslagebericht 1939" wiederum wurde u.a. festgehalten: "Unerfreulich sind noch die Verhältnisse in Wien, wo ein hoher Prozentsatz altreichsdeutscher Schriftleiter der Presse ein ungewohntes Gesicht gibt."[48] Weiters stellte ein Bericht aus dem Oktober 1939 zur Situation in Linz fest, daß die parteiamtliche Tageszeitung "Volksstimme" "eine intensive Werbung in der Art durchführe, daß über Ämter und Behörden ein gewisser Druck ausgeübt wird, die ,Volksstimme' zu beziehen. Die anderen Ortszeitungen sind über diese Methode ungehalten und in der Bevölkerung wird argumentiert, daß eine aufgezwungene Zeitung mit innerlichem Widerstreben gelesen und ihr Inhalt einer wesentlich kritischeren Beurteilung unterzogen würde."[49]

Widerstand in der Presse?

Zumal ein Teil der Bevölkerung der Pressepropaganda zumindest zeitweise widerstand, stellt sich die Frage, ob im Journalismus selbst Widerstand möglich war bzw. praktiziert wurde. Leider kann auch hierbei auf keine Forschungsergebnisse zurückgegriffen werden. Als Maßstab für oppositionelles Verhalten österreichischer Journalisten unter dem NS-Regime können jedoch die Verfahren bei den "Berufsgerichten der Presse" herangezogen werden. Und hier zeigt sich, daß von den drei dokumentierten Fällen, die Österreicher bzw. auf österreichischem Gebiet tätige Journalisten betrafen, bei keinem auch nur am Rande Widerstand gegen das NS-Regime die Ursache oder erkennbares Motiv der inkriminierten Handlungen war.[50]

Daß sich das "Neue Wiener Tagblatt" wiederum einer zurückhaltenden Schreibweise befleißigte[51], wurde von den entscheidenden Personen in der NS-Presseführung nicht bloß geduldet: Gerade das "Neue Wiener Tagblatt" wurde als "liberales" Aushängeschild der gleichgeschalteten Presse gerne vorgezeigt.

Während sich beim derzeitigen Stand der Forschung keine Widerstandshandlungen von österreichischen Journalisten in der "Ostmark"-Presse feststellen lassen, stieß der Verfasser bei nichtjournalistischen Mitarbeitern der Presse durchaus auf demonstrierte Opposition gegen das "Dritte Reich". Als beispielsweise im August 1938 die "Telegraph"-Blätter in Wien eingestellt wurden, kam es zu einer Demonstration von mehreren hundert Kolporteuren vor dem Verlagshaus. Wie aus einem internen Bericht weiters hervorgeht, kam es nach Bekanntwerden der fristlosen Entlassungen auch unter den Arbeitern und

Angestellten zu einer Unruhe, "die zu Demonstrationen im Betrieb führte. In der Druckerei wurden die Maschinen mit schwarzem Stoffzeug bedeckt, mit brennenden Kerzen geschmückt und mit Tafeln versehen, auf welchen die Aufschrift ‚Das danken wir unserem Führer' angebracht war."[52]

Die Frage, was mit diesen demonstrierenden Arbeitern in der Folge passierte, ist vorerst ebenso unbeantwortet wie zahlreiche andere, da die österreichische Presse unter der NS-Herrschaft bisher selten zum Thema kommunikationshistorischer Studien gemacht wurde.

Resümee

Der als besonders niedrig zu bezeichnende Forschungsstand ist der Grund, weshalb der vorliegende Beitrag sich auf einige, zumeist bislang unbekannte Aspekte konzentriert, die zudem im Rahmen dieser Arbeit bei weitem nicht ausreichend behandelt werden konnten. So müßte in diesem Zusammenhang etwa auch die Frage geklärt werden, in welchem Ausmaß der "publizistische Anschluß" 1938 bereits davor durch reichsdeutsche Infiltration der österreichischen Presse vor 1933 und danach durch eine verdeckte und illegale NS-Presse vorbereitet war.[53] Neben diesem "inneren Anschluß" schwächte in einem besonderen Maß die Ausschaltung der kommunistischen und sozialdemokratischen Partei und deren Presse durch die autoritäre Regierung Dollfuß 1933 bzw. 1934 die Abwehr des Nationalsozialismus. In der Folge verließen noch vor 1938 zahlreiche sozialdemokratische und kommunistische Journalisten Österreich. Einer Fallstudie zufolge flüchteten rund 40 Prozent der österreichischen Exiljournalisten wegen der Maßnahmen des "Ständestaates", während 60 Prozent ab 1938 vom NS-Regime vertrieben wurden.[54] Wieviele Journalisten insgesamt ins Exil gingen, ist indes noch offen.

Die vom NS-Regime gelenkte Presse konnte ab 1938 inhaltlich an viele Einstellungen anknüpfen, die zuvor in der österreichischen Zeitungslandschaft bereits mehr oder weniger stark heimisch waren. Neben dem ausgeprägten Antisemitismus, der als Bestandteil des österreichischen Journalismus vor 1938 noch zu wenig dokumentiert wurde[55], sind hier vor allem der Antibolschewismus bzw. Antikommunismus sowie antidemokratische, insbesondere autoritäre sowie faschistische Haltungen zu nennen.

Die totale Gleichschaltung der österreichischen Presse erfolgte sowohl von außen als auch von innen. Deutsche und österreichische Naitonalsozialisten arbeiteten Hand in Hand; wie ausgeprägt bald danach eine gewisse Konkurrenz im Bereich Presse zwischen beiden Gruppen herrschte, muß durch gezielte Forschungen erst beantwortet werden. Neben dieser möglichen allfälligen Dissonanz zwischen "Altreich"- und "Ostmark"-Journalisten kamen zwei unterschiedliche Strategien der Presselenkung in Österreich zur Anwendung, die zuvor bereits im "Altreich" erfolgreich angewendet worden waren. Max Amann, der Chef des NSDAP-Verlagsimperiums, bemühte sich, auch die österreichische Presse - vor allem durch "Arisierungen" - mehrheitlich in seinen Besitz zu bekommen. Zugleich forcierte er die Einstellung vieler unrentabler Blätter, um so seine Zeitungen frei von wesentlicher Konkurrenz zu gewinnträchtigen Unternehmen auszubauen. Reichspressechef Dr. Otto Dietrich hingegen wollte die Presse politisch über die Journalisten kontrollieren. Durch das Schriftleitergesetz politisch und "rassisch" zunächst überprüft, wurden Journalisten unter der NS-Herrschaft durch ein System von "Presseanweisungen", "Vertraulichen Informationen" und "Pressekonferenzen" zu willfährigen und in beamtenähnlicher Stellung dem faschistischen Staat verpflichteten Propagandisten des "Dritten Reiches". Sowohl Amann als auch Dietrich konnten ihr Konzept weitgehend umsetzen und bewirkten damit schließlich eine zumindest zweifache Absicherung der Presselenkung durch Partei und Staat.

Die Vernichtung und Vertreibung der engagierten, demokratisch gesinnten Generationen österreichischer Journalisten durch das NS-Regime wirkt(e) durch die mehrheitliche Nichtrückholung exilierter Journalisten nach 1945 sowie wegen der letztlich gescheiterten Entnazifizierung der NS-Journalisten wesentlich negativ auf die journalistische Kultur der Zweiten Republik. Die hohe personelle Kontinuität zwischen NS-Ära und Nachkriegszeit spielte insbesondere für die Frage der medialen Aufarbeitung der österreichischen Mitschuld an Verbrechen des "Dritten Reiches" eine nachteilige Rolle.[56] Sieben Jahre NS-Herrschaft in Österreich wirkten sich ebenso nachhaltig auf die soziale Lage der österreichischen Journalisten aus. Die Tarifordnung, die 1938 erlassen wurde, brachte eine massive Schlechterstellung der Entgelt- und Urlaubsregelung der österreichischen Journalisten mit sich.[57] Erst Ende der 60er Jahre hatten die österreichischen Zeitungsjournalisten wieder jene Einkommensverhältnisse erreicht, die ihre Vorgänger schon in den 20er Jahren kollektivvertraglich erkämpft hatten.[58] Welche weiteren Nachwirkungen die NS-Herrschaft in Österreich auf den Journalismus in der Zweiten Republik hat(te), kann erst durch zusätzliche gezielte Forschungen deutlich werden.

Anmerkungen

1 Dazu siehe u.a. W. Wisshaupt, Das Wiener Pressewesen von Dollfuß bis zum Zusammenbruch (1933-1945), Phil. Diss., Wien 1950, S. 14-46.

2 Deutsche Presse (Zeitschrift des Reichsverbandes der deutschen Presse, Berlin), 16/6. 8. 1938, S. 317.

3 Zit. nach Wisshaupt, Pressewesen, S. 137.

4 H. Golowitsch, Der berufsständische Aufbau der Presse im Deutschen Reich (1933-45) und in Österreich (1936-45), Phil. Diss., Wien 1974, S. 268; Golowitsch benützte für diese Dissertation fast ausschließlich nationalsozialistische Fachzeitschriften, Handbücher, Gesetzessammlungen und Erlässe; damals bereits zugängliche Akten des Propagandaministeriums im Bundesarchiv Koblenz benützte er nicht. Die Arbeit liest sich wie ein Erfolgsbericht eines NS-Pressefunktionärs; zwar bezeichnet er den "Ständestaat" als "Schuschnigg-Diktatur" (ebda, S.382), aber das NS-Gewaltregime vorzugsweise schlicht "NS-Staat"; in diesem Duktus werden von ihm auch manche NS-Organisationen als "rührig tätig" (u.a. ebenda, S. 295) bewertet. Golowitsch war 1966 Mitbegründer der rechtsextremen NDP und in der Folge einschlägig politisch aktiv (siehe: Rechtsextremismus in Österreich nach 1945, hg. v. Dokumentationsarchiv des österreichischen Widerstandes, Wien 1979, S. 178 u. 380).

5 Z.B. die Redaktionen der Zeitungen "Telegraph am Mittag", "Echo" und "Telegraph", siehe dazu u.a. Golowitsch, Aufbau, S. 273.

6. Ebenda, S. 278 sowie W. Haney, Die "Illustrierte Kronenzeitung". Ein Beitrag zur Geschichte der Wiener Presse, Phil. Diss., Wien 1951, S. 40.
7 Siehe dazu die Kurzbiographien in F. Hausjell, Österreichische Tageszeitungsjournalisten am Beginn der Zweiten Republik (1945-1947). Eine kollektivbiographische Analyse ihrer beruflichen und politischen Herkunft, Phil. Diss., Salzburg 1985, Bd. 2 u. 3.
8 Durch Selbstmord starb z.B. der Chefredakteur der "Neuen Freien Presse", Stefan von Müller; ebenso sein Redaktionskollege Dr. Kurt Sonnenfeld.
9 Allgemeines Verwaltungsarchiv Wien (im weiteren als AVA), Bestand "Reichskommissar für die Wiedervereinigung Österreichs mit dem Deutschen Reich", Materienakten, Ordner 253,„ Dringender Dienstbericht (vertraulich!) v. Gareis an Pg. F. de La Trobe (ohne Datum, zwischen 12. 3. und 10. 4. 1938), S. 4.
10 Helmut Sündermann in einem Gespräch mit Helmut Golowitsch am 14. 9. 1967, siehe Golowitsch, Aufbau, S. 284.
11 Siehe z.B. F. Stamprech, Die "kleinen Blätter" Wiens. Ein Beitrag zur Entwicklung des Kleinformats in der Wiener Presse mit besonderer Berücksichtigung des "Kleinen Volksblattes", Phil. Diss., Wien 1954, S. 82.
12 Siehe dazu Akten des "Reichsverbandes der deutschen Presse, Landesverband Ostmark" (RDP), RDP-Akt "Warnungen" (die ohne Standort angeführten Akten wurden vom Verfasser im Archiv der Gewerkschaft Kunst, Medien, freie Berufe - Sektion Journalisten gefunden; die Originale wurden 1985 an das Institut für Publizistik und Kommunikationswissenschaft der Universität Salzburg abgegeben, eine Kopie befindet sich im Besitz des Verfassers).
13 Siehe z.B. W. Jakob, Salzburger Zeitungsgeschichte. Dissertation am Institut für Publizistik der Universität Salzburg, Salzburg 1979, S. 197; B. Rodler, Die Salzburger Presse vor und nach dem Anschluß Österreichs an das Dritte Reich. Eine Fallstudie zur Erforschung der österreichischen Presse, Phil. Diss., Salzburg 1971, S. 51.
14 RDP-Akt "2. Reichslehrgang für pressefachliche Fortbildung in Wien vom 3.-6. VII. 1939 und Arbeitstagung".
15 Ebenda, Liste der Teilnehmer am Reichslehrgang (von 74 Nennungen sind vier durchgestrichen).
16 RDP-Akt "Verschiedene Listen", Liste der eingerückten Berufskameraden des Landesverbandes Alpen-Donau (10. 12. 1943).
17 Ebenda, Liste der zur Wehrmacht einberufenen Schriftleiter (ohne Datum).
18 RDP-Akt "Anfragen betreffend Ergreifung des Schriftleiter-Berufes"; vgl. dazu Hausjell, Tageszeitungsjournalisten, S. 312.
19 Hausjell, Tageszeitungsjournalisten, S. 312 und 333.
20 Ebenda, S. 313; N.N., Zeitungsfachlicher Lehrgang in Wien, in: Deutsche Presse, 8./10. 4. 1943, S. 79 f.; RDP-Akt "Kurs: Anmeldungen für Schriftleiter i. A.".
21 Golowitsch, Aufbau, S. 338; vgl. dazu auch Deutsche Presse, 22./29. 10. 1938, S. 437.
22 Golowitsch, Aufbau, S. 339.
23 Z.B. AVA, Bestand "Reichskommissar ...", Ordner 253, Schreiben des Beauftragten des Führers für die Volksabstimmung in Österreich an Pg. von Gareis vom 18. 3. 1938.
24 Ebenda, Dringender Dienstbericht (vertraulich!) v. Gareis an Pg. F. de La Trobe (ohne Datum, zwischen 12. 3. und 10. 4. 1938), S. 2.
25 Ebenda, S. 2 f.
26 Golowitsch, Aufbau, S. 302.
27 Ebenda, S. 301-306.
28 Ebenda, S. 306 ff.
29 Ebenda, S. 237.
30 W. Hagemann, Publizistik im 3. Reich. Hamburg 1948, S. 40.
31 Es ist dies August Theodor Kirsch, der kurz nach 1945 wieder aktiv wurde und in den frühen 50er Jahren der drittgrößte Wochenzeitungsverleger Österreichs war.
32 Siehe dazu vor allem Bundesarchiv Koblenz (künftig nur BAK), Bestand R 55 (Reichsministerium für Volksaufklärung und Propaganda), Aktenband 756 sowie AVA, Bestand "Reichskommissar ...", Ordner 252 u. 253.
33 Wisshaupt, Pressewesen, S. 155.
34 Golowitsch, Aufbau, S. 310.
35 Das Schriftleitergesetz vom 4. Oktober 1933 nebst den einschlägigen Bestimmungen, erläutert von H. Schmidt-Leonhardt u. P. Gast, 2. Aufl., Berlin 1938, S. 33 f. (Erläuterungen zu § 1).

36 Ebenda, S. 18.
37 Ebenda, S. 54-58.
38 BAK, Bestand R 103 (Reichsverband der deutschen Presse), Aktenband 94, Schreiben Werner Stephan (Persönlicher Referent des Pressechefs der Reichsregierung) an die Südost-Echo Verlagsges.m.b.H. vom 18. 11. 1941.
39 Ebenda, Schreiben RDP Berlin an den Leiter des Landesverbandes Alpen-Donau im RDP betr. Dr. Ernst Molden vom 29. 10. 1943.
40 Golowitsch, Aufbau, S. 313.
41 Muster abgedruckt, in: Schriftleitergesetz, S. 228-233.
42 Siehe die rund 50 RDP-Personalakte (vgl. Anm. 12).
43 Die Ausschaltung von "nichtarischen" Journalisten bestimmte sowohl § 5,3 als auch § 5,2 sowie § 6! (Schriftleitergesetz, S. 54-60).
44 Siehe § 14 des Schriftleitergesetzes sowie die Erläuterungen dazu (Schriftleitergesetz, S. 84-92).
45 Zu den Presseanweisungen siehe u.a. F. Sänger, Politik der Täuschungen. Mißbrauch der Presse im Dritten Reich. Weisungen, Informationen, Notizen 1933-1939, Wien 1975 sowie ders., Verborgene Fäden. Erinnerungen und Bemerkungen eines Journalisten, Bonn 1978.
46 BAK, R 55, Aktenband 1212, S. 91 f. (Betrifft: Inspektionsreise des RR. Dr. Schäffer zum RPA Salzburg am 6. 11. 1943).
47 H. Boberach (Hg.), Meldungen aus dem Reich. Die geheimen Lageberichte des Sicherheitsdienstes der SS 1938-1945, Bd. 2, Herrsching 1984, S. 152.
48 Ebenda, S. 290 f.
49 Ebenda, S. 383.
50 Siehe die Fälle Dr. Harro Spoerl, Helmut Leidwein und Leo Schödl (BAK, R 103, Aktenbände 72, 76 u. 77).
51 Eine Geschichte des "Neuen Wiener Tagblattes" in den Jahren 1938-45 von "innen" bietet M. Dubrovic, Veruntreute Geschichte, Wien 1985, S. 236-289.
52 AVA, Bestand "Reichskommissar...", Ordner 253, Schreiben Dr. Ha(rtl) an die Reichspressekammer Berlin, 2. 9. 1938.
53 Vgl. dazu G. Jagschitz, Die Presse in Österreich von 1918 bis 1945, in: H. Pürer, H.W. Lang/W. Duchkowitsch (Hg.), Die österreichische Tagespresse. Vergangenheit, Gegenwart, Zukunft. Eine Dokumentation von Vorträgen des Symposions "200 Jahre Kuratoriums für Journalistenausbildung, 5/1983), S. 42-82, hierzu S. 48-52 u. 59 f.; zum Zeitungsunternehmen "Alpenland" (Innsbruck) siehe BAK, R 55, Aktenband 272; zur illegalen NS-Presse in Österreich vor 1938 siehe u.a. R. Stoppacher, Die Anschluß-Propaganda der illegalen NS-Presse in Österreich 1933-1938, Phil. Diss. Wien 1983, J. Lewonig, Die illegale Publizistik der verbotenen Parteien in der Steiermark von 1933 bis 1938, Phil. Diss. Wien 1983.
54 F. Hausjell, Österreichische Journalisten und Publizisten im Exil (1933/34 bis 1945). Eine Fallstudie. In: F. Stadler (Hg.), Vertriebene Vernunft I. Emigration und Exil österreichischer Wissenschaft 1930 bis 1940, Wien 1987, S. 304-342.
55 Ausnahmen sind etwa S. Maderegger, Die Juden im österreichischen Ständestaat 1934-1938, Phil. Diss., Salzburg 1973, W. Duchkowitsch, Die Tradition des Hassens, in: Wiener Zeitung, 12. 9. 1986, Beilage "Extra zum Wochenende", S. 1 u. 3.
56 Dazu Hausjell, Tageszeitungsjournalisten; ders., Verdränger als Aufarbeiter? Der Beitrag österreichischer Medien zum Bewußtseinsstand über Österreich(er) unter dem NS-Regime. Anmerkungen und Thesen, Unveröff. Manuskript (1987).
57 Golowitsch, Aufbau, S. 322-328.
58 E. Schmiederer, That's Life. Statistische Impressionen zur Lebenskultur österreichischer Journalisten, in: Medien-Journal, 11. Jg., Heft 1/1987, S. 15-21; F. Hausjell, Neue Wege-alte Pfade. Thesen zum Wandel journalistischer Kulturen in Österreich, in: Medien-Journal, 11. Jg., Heft 1/1987, S. 8-14.

Walter Manoschek/Hans Safrian

ÖSTERREICHER IN DER WEHRMACHT

Einleitung

Der Forschungsstand zum Thema Österreicher im Militär zwischen 1918 und 1945 ist äußerst ungleichgewichtig. Während für die Geschichte des österreichischen Bundesheeres eine Reihe von Gesamtdarstellungen, Einzeluntersuchungen und Spezialstudien[1] vorliegt, und auch die Phase der Überleitung des Bundesheeres in die deutsche Wehrmacht in einigen Arbeiten[2] abgehandelt wurde, existieren nur sehr vereinzelte wissenschaftliche Veröffentlichungen über Österreicher in der Wehrmacht für die Phase des Krieges.[3] Symptomatischerweise liegt zwar eine Publikation über den Widerstand von Österreichern in der Wehrmacht vor,[4] zum (wohl größeren) Rest der Österreicher in der Wehrmacht gibt es einen Aufsatz von J.Ch. Allmayer-Beck,[5] zu den ost- bzw. westösterreichischen Wehrkreisen XVII und XVIII und zur Luftwaffe in Österreich 1938-1945 je eine Broschüre von O. Tuider.[6]

Wenn dabei überhaupt der Versuch unternommen wird, über die deskriptive Aufzählung von Verbänden und Kriegsschauplätzen hinaus Bilanz zu ziehen, werden vor allem die "soldatischen Leistungen" hervorgehoben:

> "Fest steht die nicht aus einem verbohrten ideologischen Fanatismus, sondern aus einer natürlichen Wehrgesinnung heraus gewachsene hervorragende soldatische Leistung der Österreicher in der Deutschen Wehrmacht, und zwar vom General bis zum einfachen Mann, die sie damit völlig ebenbürtig den besten unter ihren übrigen Kameraden im grauen Rock erscheinen läßt.[7]"

Daß von der Wehrmacht auch Kriegsverbrechen begangen wurden, daß an diesen Verbrechen Österreicher beteiligt waren und daß einige von ihnen nach 1945 als Kriegsverbrecher verurteilt wurden, bleibt in österreichischen Publikationen meist unerwähnt.

Eine Bearbeitung des Themas "Österreicher in der Wehrmacht" steht vor dem Problem, daß zwar für einen Teil des Themas, nämlich der Phase bis 1938/39 Forschungsergebnisse vorhanden sind, hingegen für die Phase des Krieges die empirische Aufarbeitung noch aussteht.

Im Abschnitt "Vom Bundesheer zur Wehrmacht" soll anhand der Literatur die Situation des Bundesheeres vor dem März 1938 und die Überleitung der Offiziere und Soldaten in die Wehrmacht erörtert und dabei Widersprüchen, bisher zu wenig beachteten Aspekten und offenen Fragen nachgegangen werden.

Für das zweite Unterkapitel ist es mangels an Vorarbeiten unmöglich, einen differenzierten Gesamtüberblick über den Einsatz von ca. 1,2 Millionen österreichischen Soldaten und Offizieren im 2. Weltkrieg zu geben; es mußte von vornherein die Einschränkung des Themas auf ausgewählte Divisionen ins Auge gefaßt werden. Hierbei trat die in der Sache liegende Schwierigkeit auf, daß es innerhalb der Wehrmacht keine rein österreichischen Einheiten gab; allerdings werden auch in der militärhistorischen Literatur die in den Wehrkreisen XVII und XVIII aufgestellte Verbände, die "nur" zu einem (Groß-)Teil aus Österreichern bestanden, als "ostmärkische" Einheiten bezeichnet.

Weiters erschien es uns angezeigt, sich zwecks einfacherer Überschaubarkeit der komplexen Kriegsverhältnisse auf einen einzigen Kriegsschauplatz zu konzentrieren. Durch das Studium der Literatur stießen wir auf die 717. und 718. Infanterie-Division, die zwischen 1941 und 1945 am Balkan eingesetzt waren und dort Besatzungsaufgaben wahrnehmen sollten. Wie Tuider ausführt, hatte der Einsatz der beiden "ostmärkischen" Divisionen auf diesem Kriegsschauplatz den Hintergrund, "daß den Österreichern immer eine besondere Eignung im Umgang mit jenen Menschen zugestanden wurde, die in Gebieten der ehemaligen österreichisch-ungarischen Monarchie lebten oder bei denen eine gewisse Wesensverwandtschaft vorausgesetzt wurde."[8]

Schon beim Angriff auf Jugoslawien und Griechenland im Frühjahr 1941 nahmen Österreicher wichtige Funktionen ein. Bei der Untersuchung der Spuren, welche die genannten Divisionen in der Folgezeit durch Jugoslawien und Griechenland zogen, fanden wir eine überraschende Vielzahl von österreichischen Generälen, die auf diesem Kriegsschauplatz in wichtigen Kommandopositionen die ihnen von Allmayer-Beck zugeschriebene "natürliche Wehrgesinnung" ausleben konnten. Nach einer kurzen Beschreibung dieser Personen und ihrer Funktionen in der Hierarchie der Wehrmacht am Balkan wird im Hauptteil des Aufsatzes dem Hinweis von Tuider nachgegangen, wonach "die Österreicher mit so manchen Greueln des Partisanenkrieges (..) identifiziert wurden."[9] Zur Bearbeitung dieser Problematik haben wir als Fallstudien Aktionen der 717. ID im Rahmen der von der Wehrmacht geführten Bekämpfung der Partisanen zum einen im Herbst 1941 in Serbien,[10] zum anderen im Spätherbst 1943 in Griechenland rekonstruiert. Dabei wird auch das Wirken einiger der vorher genannten österreichischen Generäle genauer dargestellt.

Da es zur Kriegsführung der Wehrmacht am Balkan kaum deutschsprachige Untersuchungen[11] gibt, konnten die Fallstudien nur anhand der Primärquellen erarbeitet werden. Wir stützen uns dabei ausschließlich auf Akten aus Archiven in Österreich und der BRD; die von uns benützten Quellen sind bis auf wenige Ausnahmen Unterlagen der Wehrmacht. Dies muß bei der Darstellung der einzelnen Beispiele berücksichtigt werden, so u.a. bei den Zahlenangaben über die Opfer bestimmter Massaker. Die von uns referierten Zahlen aus den Wehrmachtsberichten müssen angezweifelt werden, sie sind aber als Mindestangaben schrecklich genug.

Auf die Diskussion der völker- und kriegrechtlichen Aspekte der Kriegsführung am Balkan (die nur im Kontext der NS-Expansions- und Rassenpolitik angemessen darzustellen ist) können wir im Rahmen dieses Aufsatzes nicht eingehen.[12] Grundsätzlich stimmen wir der Argumentation von Sundhaussen zu, der in bezug auf Jugoslawien zu diesem Problem folgendes ausführt:

"Der Angriffskrieg gegen Jugoslawien war eine klare Verletzung des Kellogg-Briand-Pakts von 1928, durch den der Krieg als Mittel nationaler Politik geächtet worden war. Der moderne Existenzkrieg, insbesondere der rassisch-weltanschauliche Krieg Hitlerscher Prägung - war außerdem darauf angelegt, einen Staatsnotstand zu verursachen, dessen letzter Ausweg in der Guerillakriegsführung aller Abstufungen liegen kann. Die Mißachtung des Fortbestands einer legalen jugoslawischen Regierung im Exil, die völkerrechtswidrige Aufteilung des Landes, die Überantwortung eines Landesteils an die Pavelic-Gruppe (Ustascha in Kroatien,d.Verf.) und das von den Ustase angestrebte und von den Besatzungsmächten nicht unterbundene Genocid waren zur Rechtfertigung des Widerstands genug. Einer von Vernichtung bedrohten Bevölkerungsgruppe wird man das Recht auf Notwehr nicht absprechen können."[13]

Anhand der von uns vorgelegten Fallstudien können natürlich noch keine allgemeingültigen Aussagen über die Rolle von Österreichern in der Wehrmacht gemacht werden. Wir wollen mit unserer Untersuchung vielmehr die längst überfällige wissenschaftliche Auseinandersetzung mit dieser Fragestellung und darüber hinausgehend mit dem Problem der Mittäterschaft von Österreichern an den Greueln des Nationalsozialismus beginnen bzw. fortsetzen.

Vom Bundesheer zur Wehrmacht

Als am Nachmittag des 11. März 1938 Bundespräsident Miklas dem General Schilhawsky, Truppeninspekteur der österreichischen Bundesheeres, die Kanzlerschaft eines "Widerstandskabinetts" antrug, lehnte dieser ab. General Zehner, bis vor kurzem im letzten Kabinett Schuschniggs Staatssekretär für Landesverteidigung, bestätigte, daß "die volle Einsatzfähigkeit des Bundesheeres nicht garantiert werden" könne.[14] Noch schlechter soll es bei der Exekutive und der Frontmiliz ausgesehen haben.[15]

In der Zeit nach 1945 beantwortete man die Frage nach der Abwehrbereitschaft Österreichs im März 1938 ganz anders; zum Thema "Militärischer Widerstand 1938" wurde in der Entscheidungsbegründung im Prozeß gegen den letzten Außenminister des Kabinetts Schuschnigg, Dr. Guido Schmidt, folgendes dekretiert:

"Durch das Beweisverfahren ist hervorgekommen, daß der überwiegende Teil der österreichischen Bevölkerung zu einem solchen aktiven Widerstand (gegen die gewaltsame Machtergreifung der NSDAP in Österreich 1938, d.Verf.) - sei es durch Niederwerfung eines Putsches im Inneren, sei es sogar zum Kampfe gegen eindringende bewaffnete Kräfte von jenseits der Grenze - durchaus bereit und willens war und einer Aufbietung zum Widerstand mit den Waffen in der Hand freudig und mit Begeisterung gefolgt wäre. (...) Durch die Aussagen des Zeugen Feldmarschalleutnant a.D. Jansa ist erwiesen, daß das österreichische Bundesheer, in vorzüglicher Weise und modern ausgerüstet, zu einer militärischen Verteidigung Österreichs durchaus geeignet gewesen und auch seine Schlagkraft und Verläßlichkeit über jeden Zweifel erhaben war, da die Durchsetzung des Heeres mit illegalen Nationalsozialisten nur zu einem verschwindenden Bruchteil gegeben war."[16]

Diese Eloge ist aus mehreren Gründen anzuzweifeln; unter anderem ist es bis heute umstritten, wieviele Bundesheer-Offiziere im "Nationalsozialistischen Soldatenring" organisiert waren.[17] Noch weniger weiß man über die Größe einer Gruppe im Offizierskorps, die zwar nicht beim NSR organisiert war, aber als "prodeutsch" und antislawisch eingestellt bezeichnet werden könnte. Ein ehemaliger Offizier hat diese Haltungen drastisch auf den Punkt der verletzten Männlichkeit gebracht, als er folgendes zum Anschluß ausführte: "Er (Hitler) hat uns Österreicher, die im Völkerbund hinter den letzten Tschuschen rangierten, wieder zu vollwertigen Männern gemacht."[18] Diese "Geisteshaltung" bei österreichischen Offizieren geht zum einen darauf zurück, daß sie die Friedensverträge und insbesondere die darin enthaltenen Beschränkungen für den Aufbau eines Heeres in Österreich ablehnten, zum anderen hatte sie ihren Hintergrund in der spezifischen (Nicht-)Verarbeitung der Niederlage im 1.Weltkrieg, die sozusagen eine österreichische Version der "Dolchstoß-Legende" darstellte:

"Auch im Weltkrieg haben besonders die Offiziere aus den deutschen Ländern der Monarchie sich als treue Söhne des alten Vaterlandes bewährt und zusammen mit den anderen Völkern des Reiches die härtesten Kämpfe für den Bestand der alten Monarchie geführt. Erst als es dann in der schwersten Krise des Weltkrieges diesen anderen Völkern gefiel, den Deutschen der Monarchie den Rücken zu kehren, wie die Ratten das sinkende Schiff zu verlassen und sich auf die Seite der Feinde zu stellen, (..) da wandten sich die deutschen Österreicher dem Deutschen Reiche zu. (...) Nur ein Verbündeter hatte die Treue bis zum bitteren Ende gehalten und war der schwer ringenden Armee stets helfend zur Seite gestanden; das Deutsche Reich, ihm allein wendeten sich daher die ganzen Hoffnungen zu, nachdem man sich auch im eigenen Lande verraten und verkannt fühlte."[19]

Abgeschwächt fand sich die prodeutsche und antislawische Haltung auch als ein Element der von Schuschnigg betriebenen Politik des "Deutschen Weges" und in den Maßnahmen, die das Bundesheer vor 1938 traf.

Es wäre falsch anzunehmen, daß sich die Abwehrvorbereitungen des "in vorzüglicher Weise und modern ausgerüsteten" Bundesheeres in der Zeit zwischen 1935 und 1938 ausschließlich oder nur hauptsächlich gegen das "Dritte Reich" gerichtet hätten. In der 1935 neugeschaffenen Operationsabteilung der Sektion III des Bundesministeriums für Landesverteidigung wurden die Operationsfälle "DR" (Deutsches Reich, auch "Kriegsfall 1" genannt) und "T und Ju" (Tschechoslowakei und Jugoslawien, auch "Kriegsfall 2") vorbereitet. Während bei den operativen Vorbereitungen von einer gleichgewichtigen Behandlung der Fälle "DR" und "T und Ju" gesprochen werden kann,[20] hatten die projektierten und realisierten Grenz-Sperrmaßnahmen ein deutliches Schwergewicht: "Der weitaus größere Teil der geplanten und ausgeführten Sperren lag in jenen Räumen, die gegen die Tschechoslowakei und Jugoslawien von Bedeutung waren, für diese Räume wurde eindeutig der weitaus größere materielle Aufwand betrieben."[21]

Neben diesen Abwehrplänen wurden in der genannten Abteilung auch Überlegungen zwecks gemeinsamen militärischen Vorgehens mit Verbündeten gegen andere Staaten angestellt, so z.B. 1935/36 ein Entwurf "Mit I+U gegen T+Ju" (mit Italien und Ungarn gegen CSR und Jugoslawien), wobei durch einen gemeinsamen Angriff der drei Verbündeten zunächst Jugoslawien niedergeworfen werden und ein tschechisches Vorgehen an der Donau abgewehrt werden sollte.[22] Schließlich ordnete Jansa im November 1937 die Untersuchung der "Angriffsmöglichkeiten einer um das Deutsche Reich gruppierten Mächtekoalition unter Einschluß Österreichs gegen die Tschechoslowakei und die hierfür notwendigen personellen und materiellen Voraussetzungen"[23] an. In der noch vor dem Anschluß fertiggestellten Operationsstudie wurde als Kriegsziel die "Niederwerfung der Tschechoslowakei vor dem Wirksamwerden russischer Hilfe"[24] anvisiert; die Masse des Bundesheeres sollte verstärkt durch "deutsche Kräfte" in Richtung Olmütz und Prerau angreifen, die 4.Division aus Oberösterreich auf Budweis vorstoßen.[25]

Konsequenterweise kam es auf Schuschniggs "Deutschem Weg" zu einem teilweisen Anschluß vor dem Anschluß in Form einer offiziellen Zusammenarbeit zwischen dem österreichischen militärischen Nachrichtendienst und dem deutschen Pendant, der "Abwehr" unter Admiral Canaris. Wie aus einem Schreiben des Chefs der 3. Abteilung ("Fremde Heere") des Generalstabs des Heeres, v. Tippelskirch, an den deutschen Miltärattaché in Österreich, Muff, hervorgeht, wurde diese Kooperation im Herbst 1936 vorbereitet:

"Die Tatsache des beabsichtigten Nachrichtenaustausches wird hier natürlich sehr begrüsst. Ich habe die erforderlichen Unterlagen an die Abwehr weitergegeben. An sich ist es Sache der Abwehr, die Angelegenheit nun weiter zu betreiben. Fühlung mit den zuständigen österreichischen Stellen besteht auch schon. (...) Eine gewisse Verzögerung wird insofern eintreten, als Admiral Canaris zurzeit für mehrere Wochen auf Reisen ist. Andererseits legt er natürlich Wert darauf, die Angelegenheit selbst einzuleiten. Er wäre dankbar, wenn den zuständigen Wiener Stellen der Grund der Verzögerung bekannt würde, damit nicht falsche Schlüsse aus der Verzögerung gezogen würden."[26]

Die tatsächliche Einleitung der Zusammenarbeit erfolgte Anfang 1937 bei einem Besuch von Canaris beim österreichischen Chef des Generalstabes Jansa; "Generalmajor Böhme, der Leiter des österreichsichen Nachrichtendienstes, nahm die Verbindung auf. Für die von deutscher Seite besonders gewünschte Bearbeitung der Nachrichten über die Tschechoslowakei wurde Oberstleutnant Lahousen (..) im Rahmen seiner dienstlichen Obliegenheiten namhaft gemacht."[27]

Weiters lieferten österreichische Offiziere - wahrscheinlich über inoffizielle Kanäle des NSR - nachrichtendienstliche Erkenntnisse über Jugoslawien an die deutsche Abwehr, wie aus den Unterlagen der Abwehrstelle München hervorgeht. In einem Dokument über den "Nachrichtendienst an der jugoslawischen Grenze und in Jugoslawien" werden die Kontakte des "Haupt V-Mann SO 2037" nach Jugoslawien und in Österreich beschrieben:

"Es ist die Verbindung mit den Stäben der 5. Division Graz (Oberstleutnant Ringel) unmittelbar und 7. Division Klagenfurt (Oberst Hinghofer) über Obstltn. Ringel hergestellt. Die Ergebnisse des öster. N.D. stehen daher dem SO 2037 zur Verfügung; Aufträge können erteilt werden."[28]

So war es kein Zufall, daß bei dem Treffen am Obersalzberg auf Druck Hitlers und seiner Unterhändler hinsichtlich personeller Veränderungen an der Spitze des Bundesheeres General Böhme an Stelle des zuwenig deutschfreundlichen Jansa als neuer Chef des Generalstabs vereinbart wurde;[29] es trat die an sich absurde Situation auf, daß der gefährlichste Gegner der staatlichen Souveränität Österreichs jenen General "als Garant einer deutschfreundlichen österreichischen Heerespolitik"[30] auf die Stelle des Generalstabschefs brachte,[31] der eigentlich für das frühzeitige Erkennen gegnerischer Pläne und die Abwehr feindlicher Spionage zuständig war.

Natürlich ist hier nicht genügend Platz, um in eine Diskussion aller widersprüchlichen Aspekte, die in den zitierten Behauptungen enthalten sind, also den gesamten Fragenkomplex "Warum hat das Bundesheer 1938 nicht gekämpft?"[32] einzusteigen, in eine Erörterung des "Jansa-Planes", seiner Realisierungschancen und Fehler,[33] auf die wirkliche praktische Vorbereitung des Bundesheeres[34] und der Frontmiliz. Insgesamt wurde bei der Diskussion über die "Verteidigungsbereitschaft" viel zu wenig berücksichtigt,[35] daß der Anschluß im März 1938 ein auf drei Ebenen gleichzeitig ablaufender Prozeß war; wie Botz beschreibt, eine "pseudorevolutionäre Machtübernahme von *unten*" in den Bundesländern, eine "scheinlegale Machtergreifung von *oben*" durch das Kabinett Seyß-Inquart und einer "Intervention von *außen*."[36] In diesem Rahmen müßte das mögliche Bezugsfeld des Bundesheeres abgesteckt werden; Einzelinformationen wie jene, daß im Februar/März 1938 beim Bundesheer Schwierigkeiten vorhanden waren, den Anforderungen nach militärischen Assistenzen aus den Bundesländern nachzukommen,[37] deuten darauf hin, daß bei Berücksichtigung dieser Zusammenhänge die Vorbereitungen und Planungen des Bundesheeres hinsichtlich eines deutschen Einmarsches in Österreich wohl wesentlich differenzierter als bisher betrachtet werden müssen.

Die Überleitung

Der Eintritt der Offiziere und Mannschaften des österreichischen Bundesheeres in die deutsche Wehrmacht fand am 14. März 1938 durch die Ablegung des Eides auf Adolf Hitler statt:

"Ich schwöre bei Gott diesen Heiligen Eid, daß ich dem Führer des Deutschen Reiches und Volkes, Adolf Hitler, dem Oberbefehlshaber der Wehrmacht, unbedingten Gehorsam leisten und als tapferer Soldat bereit sein will, jederzeit für diesen Eid mein Leben einzusetzen."[38]

Die Reibungslosigkeit, mit der diese Vereidigung durchgeführt werden konnte, wirft ein bezeichnendes Licht auf die politische Haltung, die im Bundesheer vorhanden war: Bis auf vereinzelte Ausnahmen leisteten diejenigen, die noch Tage zuvor auf Befehl an Österreichs Grenzen feindliche Angriffe abwehren hätten sollen, den Eid auf jenen, der eben u.a. durch den Einmarsch die Souveränität Österreichs ausgelöscht hatte. "Relevant ist, daß keine maßgebliche Persönlichkeit in diesem Ministerium (des Bundesministeriums für Landesverteidigung, d. Verf.), soweit sie nicht wie die Generäle Schilhawski und Zehner noch vorher vom Dienst suspendiert waren, und keiner der Kommandanten der großen Verbände des Bundesheeres den Eid auf Adolf Hitler verweigert hat."[39]

Obwohl es zumindest den Offizieren offenstand, den Eid nicht zu leisten (in der von Hitler am 13. März in Linz erlassenen Verfügung über das Bundesheer stand ausdrücklich der Zusatz: "Offiziere, die den Eid nicht leisten können zu glauben, sind unverzüglich zu entlassen."[40]) legten von den ca. 50 000 Mann des Bundesheeres nur 126 den Schwur nicht ab; 123 davon fielen nach den Nürnberger Rassegesetzen unter die Kategorie der "Nichtarier", einer der drei restlichen Eidesverweigerer war der Kommandant der Militärakademie, Generalmajor Towarek.[41]

Doch nicht alle, die freiwillig den Schwur abgelegt hatten, wurden auch wirklich in die Wehrmacht übernommen. Bereits am 15. März wurden die ersten Offiziere aufgrund von Listen, die vom NSR vorbereitet worden waren, entlassen und in den Ruhestand versetzt.[42] Weitere Zwangspensionierungen, deren Gründe nicht immer politischer Natur waren, sondern oft auf individuelle Karriere- und Rachemotive der Anzeiger zurückgingen, folgten:

> "Persönliche Haß- und Rachegefühle, krasser Egoismus, Eigenvorteil und Postenneid waren die Ursachen für viele Anzeigen, Denunziationen und Verleumdungen. Man schreckte vor den schlimmsten Mitteln nicht zurück: zahlreiche anonyme Anzeigen österreichischer Offiziere gegen ihre Kameraden trafen beim Personalsachbearbeiter der Heeresgruppe 5 ein."[43]

Auch der Arierparagraph des deutschen Wehrgesetzes, der den Abstammungsnachweis sowohl für den Offizier wie für dessen Ehefrau forderte, wurde als Grund bzw. als Vorwand für Entlassungen herangezogen.

> "Um einen persönlichen Gegner oder gar einen Postenkonkurrenten, dem man sonst nicht beizukommen vermochte, irgendwie in Mißkredit zu bringen, genügte es bereits, von ihm zu behaupten, daß er wahrscheinlich nicht arischer Abstammung sei. (..) Solche Praktiken sind in jenen Umsturztagen leider tatsächlich angewandt worden."[44]

Unter der Leitung des früheren deutschen Militärattachés Gen.Lt. Muff und der tatkräftigen Mitwirkung von aus dem Bundesheer entlassenen nationalsozialistischen Offizieren, wie z.B. den ehemaligen Generalmajoren Wiktorin und Nagy, wurde beim Heeresgruppenkommando 5 eine "Personalgruppe"[45] ins Leben gerufen, welche die weitere Aussiebung österreichischer Offiziere betrieb. Auch der ehemalige Oberst des österreichischen Bundesheeres Dr. Lothar Rendulic, soll sich bei dieser Kommission "durch seine Anzeigen an der 1938 aus politischen Gründen erfolgten Maßregelung ehem. Kameraden"[46] hervorgetan haben. Bis Ende 1938 wurden bei den verschiedenen Entlassungswellen auf diese Art und Weise 18 % des österreichischen Offizierskorps in Pension geschickt,[47] ca. 1600 ehemalige Offiziere des Bundesheers in die Wehrmacht übernommen.[48]

> "Ganz eindeutig aber kann gesagt werden, daß es nicht die einmarschierenden Deutschen waren, die die Ausschaltung einer so großen Zahl von österreichischen Offizieren betrieben und erreicht haben, sondern daß es die Österreicher waren, die sich hier gegenseitig ausschalteten, sie haben selbst den größten Teil der schmutzigen Arbeit erledigt."[49]

Neben den Pensionierungen gab es auch Beförderungen von österreichischen höheren Offizieren. Feldmarschall-Leutnant Beyer, der im März 1938 vertretungsweise Chef des Generalstabs der bewaffneten Macht und der rangälteste FMLt. des Bundesheeres gewesen war, wurde zum Kommandierenden General im neugebildeteten XVIII. Armeekorps ernannt; Generalmajor Löhr beförderte man rückwirkend zum Generalleutnant, er erhielt das Kommando über die Luftstreitkräfte in Österreich; Oberst de Angelis, der Kopf des NSR und kurzzeitige Staatssekretär im Anschluß-Kabinett Seyß-Inquart wurde zum Generalmajor befördert. Löhr versäumte es nicht, seinen Gedanken und Gefühlen bei der Übernahme des Kommandos beredten Ausdruck zu verleihen:

> "Mit freudiger Begeisterung übernehme ich den Befehl über alle Verbände und Einheiten der Luftwaffe in der Ostmark des Großdeutschen Reiches. Ich bin stolz darauf, daß die Heimkehr der Ostmark ins Reich es ermöglicht, Soldaten und Beamte, Angestellte und Arbeiter aus allen Gauen Deutschlands unter meinem Befehl zu vereinen; ich begrüße euch in kameradschaftlicher Verbundenheit zu gemeinsamer Arbeit. Ihr dürft stolz sein auf die herrliche Aufgabe, die unser Führer und unser Generalfeldmarschall (gemeint sind Hitler und Göring, d.Verf) in geschichtlicher Stunde uns gestellt haben: Sorge zu tragen, daß auch über den Alpen und an der Donau die stolze Luftwaffe Wacht hält. Ich erwarte, daß jeder einzelne als Nationalsozialist der Tat sich mit leidenschaftlicher Hingabe dafür einsetzt, dieses Ziel zu erreichen."[50]

Bei der Besetzung der Kommandoposten von im Wehrkreis XVII (Ostösterreich) und XVIII (Westösterreich) neu organisierten Einheiten wurde die Parität zwischen Generälen aus dem "Altreich" und der "Ostmark" peinlich genau beachtet. Der Kommandeur des Heeres in Österreich, des XVII. Armeekorps, der 3. Gebirgsdivision, der 44. Infanteriedivision und der 2. Panzerdivision waren "Altreichsdeutsche", der Kommandeur der Luftwaffe, des XVIII. Armeekorps, der 2. Gebirgsdivision, der 45. Infanteriedivision und der 4. Leichten Division waren "Ostmärker". Deutschen Kommandeuren wurden österreichische Chefs des Generalstabes beigegeben und vice versa.[51]

Der Überfall auf Jugoslawien

> "Und nun weiß ich mit einemmal, warum ich hier von diesen Leichen in Straßenkleidern und Bauernkitteln so bis ins Mark getroffen bin. Trügen sie Uniformen, es hätte mich nicht so erschüttert; das Kleid des Kriegers ist ja schließlich auch sein Sterbekleid. Doch die sind nicht gefallen wie Soldaten - ermordet hat man sie, ermordet in dem Park hier und auf den Gassen, Straßen, Plätzen, achtundzwanzigtausend, jeden zehnten Menschen also, der an jenem Sonntagmorgen des Überfalls in der Stadt Belgrad war."[52]

So beschreibt der aus seiner Heimat geflüchtete österreichische Literat Franz Theodor Csokor als Augenzeuge die Bombardierung Belgrads durch die Luftflotte 4 unter dem Kommando des österreichischen Generals Alexander Löhr.

Hitler hatte nach dem Sturz der deutschfreundlichen jugoslawischen Regierung am 26. 3. 1941 die militärische Zerschlagung des jugoslawischen Staates angeordnet. Der Überfall ließ sich mit dem bereits geplanten Einmarsch deutscher Truppen in Griechenland koppeln, der wegen der Schwierigkeiten der Italiener in Albanien und Griechenland projektiert worden war.

Dadurch wollte man in Südost-Europa Rückenfreiheit für den Krieg gegen die Sowjetunion gewinnen.[53] Neben strategischen Absichten war die Ausbeutung der wirtschaftlichen Ressourcen und des Arbeitskräftepotentials für die deutsche Kriegsproduktion im Rahmen des 4-Jahresplanes das wichtigste Ziel der deutschen Aggressionspolitik am Balkan.[54] Darüberhinaus wurde auch hier die Ideologie des Rassismus zur materiellen Gewalt, welche der deutschen Kriegsführung ihren singulären Charakter verlieh.

Jugoslawien wurde vom "3. Reich" gemäß Führerweisung vom 27. 3. 1941 "als Feind betrachtet"[55]. Löhr hatte, wie er selbst sagte, schon bei der Bombardierung Warschaus einen "Erfahrungsschatz erworben, der einzig dasteht"[56]; er erhielt die Aufgabe, "Belgrad durch fortgesetzte Tag- und Nachtangriffe durch die Luftwaffe zu zerstören".[57] Am 31. 3. 1941 befahl Löhr den Einheiten der Luftflotte 4 die "Zerstörung Belgrads durch Großangriff. (..) Es kommt darauf an, mit den Brandbomben Großbrände zu verursachen, um für den anschließend geplanten Nachteinsatz die Zielauffindung zu erleichtern."[58]

Trotz der Loyalitätserklärung, welche die neue jugoslawische Regierung gegenüber Deutschland abgegeben hatte, wurde das von keiner Luftabwehr geschützte und zur "offenen Stadt" erklärte Belgrad ohne Kriegserklärung ab dem Morgen des 6. 4. 1941 mit 611 Kampf- und Jagdflugzeugen in 5 Großeinsätzen angegriffen und mit 440 Tonnen Bomben zerstört.[59] Aus einem Bericht des Kampfgeschwaders 2 geht hervor, daß das Bombardement ohne jede Rücksicht auf die Zivilbevölkerung durchgeführt wurde:

> "Die geschlossenen Angriffe des Geschwaders auf Belgrad waren besonders erfolgreich. Es kamen an einem Tag 184 Flugzeuge mit etwa 3200 SC 50 und etwa 14 000 Brandbomben zum Einsatz auf den nördlichen Stadtteil (Zielraum A) von Belgrad. Die Wirkung ist nach Luftbild- und Erddarstellung hervorragend gewesen. Die 50kg Sprengbombe hat sich für die Zerstörung eines größeren Stadtteils im Verein mit der Brandbombe hervorragend bewährt. Die Wirkung übertrifft in ihrer Gesamtheit die mit schweren Bomben in anderen Stadtteilen Belgrads erzielten Erfolge."[60]

Nach Beendigung des Luftangriffs am 7. 4. waren in Belgrad mehr Opfer zu beklagen als bei den vorherigen Bombardierungen von Warschau, Rotterdam und Coventry zusammen.[61]

Mit der Zerstörung Belgrads hatte Löhr die "Voraussetzungen für die rasche Niederwerfung des jug. Heeres"[62] geschaffen. Am 18. 4. 1941 kapitulierte die jugoslawische Armee, drei Tage später auch die griechische. Löhr erhielt nun die Aufgabe, die noch von britischen Soldaten besetzte Insel Kreta von der Luft aus zu erobern. Auch diese Aufgabe meisterte Löhr mit Erfolg: Am 1. 6. 1941 war Kreta "feindfrei". In seiner Abschlußmeldung über die Eroberung Kretas ließ Löhr gaupatriotisch seine "ostmärkischen" Kameraden nicht unerwähnt. Er hob besonders die "sichere Führung des General Ringel und der wie immer und überall, so auch im Unternehmen Merkur ausgezeichneten soldatischen Haltung der Gebirgsjäger" hervor, die, verstärkt "durch Teile des XVIII. AK (unter dem Kommando General Böhmes, d. Verf.) (...) zur Beschleunigung und damit zur Größe des Erfolges wesentlich beigetragen haben."[63]

Nach der Kapitulation Jugoslawiens und Griechenlands wurden die beiden Länder zwischen den vier siegreichen Mächten aufgeteilt. Italien besetzte mit Ausnahme des Raumes um Saloniki und einiger Inseln (unter deutscher Besatzung) und Thraziens (unter bulgarischer Besatzung) ganz Griechenland.[64] Jugoslawien wurde, wie es Hitler angekündigt hatte, als Staat zertrümmert: Teile Sloweniens wurden Italien und dem "3. Reich" einverleibt; Kroatien wurde samt Bosnien und Herzegowina unter Führung der Ustascha ein formal selbständiger Satellitenstaat,[65] war jedoch in deutsche und italienische "Interessensgebiete" aufgeteilt; große Teile der Batschka, des Banats und ein Teil Sloweniens wurden von Ungarn besetzt, ein Teil Südserbiens von Bulgarien, das sogenannte "Altserbien" von den Deutschen okkupiert. Die Südost-Flanke der Achse schien damit abgesichert. Als der Angriff auf die Sowjetunion im Juni 1941 begann, wurden fast alle deutschen Kampftruppen vom Balkan nach dem Osten verlegt. In Griechenland verblieb nur das Gen.Kdo. XVIII unter General Böhme mit der 5. und 6. Gebirgsdivision, der 164. Infanteriedivision und dem 125. Infanterieregiment;[66] im ehemaligen Jugoslawien wurden von der Wehrmacht nur 4 Divisionen der 15. Welle und einige Einheiten Landesschützen für militärische Besatzungsaufgaben, zur Sicherung der kriegswirtschaftlich wichtigen Infrastruktur und der Produktionsstätten zurückgelassen.

Befehlsverhältnisse in Serbien und Kroatien im Herbst 1941:

Wehrmachtsbefehlshaber Südost
(Generalfeldmarschall List, Sitz Saloniki)

Kroatien

Deutscher General in
Agram(Glaise-Horstenau)

718.ID

Serbien

Bevollmächtigter Kommandierender
General in Serbien (Sept.-Dez.41
Gen. Böhme mit dem XVIII AK)

Höheres Kommando LXV — 342.ID — 125.IR
(General Hinghofer)

704.ID — 714.ID — 717.ID — Landesschützen
(u.a.724.IR) — (737., 749.IR)

Österreicher in Kommandostellen der Wehrmacht am Balkan

Die Namen der österreichischen Generäle, die in der Wehrmacht im Südost-Raum führende Positionen innehatten, lesen sich wie ein Auszug aus der Generalstabsliste des österreichischen Bundesheeres vor dem Anschluß; hier werden nur die wichtigsten aufgezählt:

Alexander Löhr: vor dem März 1938 Kommandant der österreichischen Luftstreitkräfte, Generalmajor im Generalstab; Träger des Offiziers- und des Ritterkreuzes 1. Klasse des österreichischen Verdienstordens und des k.u.k. Franz-Joseph Ordens. Am Balkan: Kommandant der Luftflotte 4 beim Überfall auf Jugoslawien, vom August 1942 bis August 1943 Wehrmachtsbefehlshaber Südost und als solcher Oberkommandant aller Wehrmachtseinheiten in Griechenland, Serbien und Kroatien; vom August 1943 bis Kriegsende Chef der Heeresgruppe E, bis zum Rückzug Oberkommandant aller deutschen Truppen in Griechenland.

Löhr wurde im Mai 1945 von den Engländern gefangengenommen, an Jugoslawien ausgeliefert, vom jugoslawischen Militärgerichtshof zum Tode verurteilt und 1947 hingerichtet.

Lothar Rendulic: 1933/34 österreichischer Militärattaché in Paris, 1935 Kommandant der Schnellen Brigade in Wien, 1936 wegen illegaler Mitgliedschaft bei der NSDAP in den zeitlichen Ruhestand versetzt, sofort nach dem Anschluß reaktiviert. Am Balkan: von August 1943 bis Juni 1944 Chef der 2. Panzerarmee in Jugoslawien. Rendulic wurde unter anderem wegen dieser Tätigkeit in Nürnberg beim "Fall 7" angeklagt, und wegen Kriegsverbrechen und Verbrechen gegen die Menschlichkeit zu 20 Jahren Gefängnis verurteilt; 1951 wurde die Strafe zunächst auf 10 Jahre herabgesetzt, im gleichen Jahr wurde er vorzeitig aus der Haft entlassen.

Franz Böhme: vor dem März 1938 Chef des österreichischen militärischen Nachrichtendiensts, Generalmajor im Generalstab, im Berchtesgadner Abkommen als Nachfolger Jansas als Chef des Generalstabs der bewaffneten Macht vorgesehen; Träger des Ritterkreuzes 1. Klasse des österreichischen Verdienstordens und des k.u.k. Ordens der Eisernen Krone 3. Klasse. Am Balkan: April bis September 1941 Kommandant der XVIII. (Geb.)AK in Griechenland, September bis Dezember 1941 Bevollmächtigter Kommandierender General in Serbien, Juni und Juli 1944 als Chef der 2. Panzerarmee Kommandant der deutschen Truppen in Jugoslawien. Er wurde bei einem Flugzeugabsturz verwundet. Als Angeklagter in einem der Nürnberger Nachfolgeprozesse ("Fall 7, Geiselmordprozeß") verübte er in der Untersuchungshaft Selbstmord.

Maximilian de Angelis: vor dem März 1938 Ausbildner bei Höheren Offizierskursen des Bundesheeres, Oberst des Generalstabes, Führer des Nationalsozialistischen Soldatenringes (NSR), im Kabinett Seyß-Inquart Staatssekretär für Landesverteidigung. Am Balkan: vom Juli 1944 bis zur Kapitulation Nachfolger Böhmes als Kommandant der 2. Panzerarmee in Jugoslawien.

Edmund Glaise-Horstenau: k.u.k. Generalstabsoffizier im 1. Weltkrieg, Juli 1936 bis März 1938 als Vertreter der "Nationalen Opposition" Minister in verschiedenen Kabinetten Schuschniggs, Vizekanzler des Kabinetts Seyß-Inquart[67]. Am Balkan: April 1941 bis September 1944 Deutscher General in Agram, als solcher Vertreter der Wehrmacht beim kroatischen Ustascha-Regime.[68] Er trat beim Nürnberger Kriegsverbrecherprozeß als Zeuge auf und beging im Juli 1946 in der Internierung im Lager Langwasser Selbstmord.

Julius Ringel: Oberstleutnant beim 5.Divisionskommando (Steiermark); führendes Mitglied des NSR; Träger des k.u.k. Ordens der Eisernen Krone 3. Klasse und des "Goldenen Parteiabzeichens der NSDAP". Am Balkan: April 1941 bis Dezember 1941 Kommandant der 5. Gebirgsdivision in Griechenland.

Dr. Walter Hinghofer: Oberst des österreichischen Generalstabes, Chef des Stabes der 7. Division in Kärnten, Mitglied des NSR; Träger des k.u.k. Ordens der Eisernen Krone 3. Klasse. Am Balkan: September bis November 1941 General der 342. ID. in Serbien, anschließend General der 717. ID.

Adalbert Lontschar: im Bundesheer Oberstleutnant beim Infanterieregiment 1 in Wr. Neustadt; Träger des Offizierskreuzes des österreichischen Verdienstordens und des k.u.k. Ordens der Eisernen Krone 3. Klasse. Am Balkan: vom Juni bis Oktober 1941 General bei der 704. ID., ab November 1941 Feldkommandant von Belgrad. Er wurde vom jugoslawischen Militärgerichtshof wegen Befehls von Geiselerschießungen zum Tod verurteilt und 1947 hingerichtet.

Erwähnt seien noch Generalleutnant *Emil Zellner* (Oberst des österreichischen Generalstabes) als Kommandant der in Kroatien eingesetzten 373. Division, deren Mannschaft aus kroatischen Soldaten bestand; sein Nachfolger ab August 1944 war Generaloberst *Eduard Aldrian* (vor 1938 Major des Steirischen Leichten Artillerieregiments Nr. 5); Generalmajor *Alois Windisch* (Oberstleutnant des österreichischen Generalstabes) war Kommandant der 264. ID. in Dalmatien; General *Johann Mickl* (Oberstleutnant des österreichischen Generalstabes) als Kommandant der 392. kroat. Division; Generalleutnant *Karl Eglseer* (Oberst des österreichischen Generalstabes) war als Kommandierender General des XVIII. Armeekorps Nachfolger Böhmes und ab Mitte 1943 Kommandant der 714. ID (später 114. Jägerdivision) in Kroatien.

Zumindest temporär hatten Böhme, Rendulic, de Angelis und Glaise-Horstenau den Rang von Territorialbefehlshabern in Kroatien und/oder Serbien inne. Löhr war drei Jahre Chef der Heeresgruppe E und ein Jahr als Oberbefehlshaber Südost Wehrmachtsbefehlshaber sämtlicher deutscher Truppenverbände am Balkan. Nicht nur bei der Wehrmacht, sondern auch in anderen Bereichen waren Österreicher in Spitzenpositionen am Balkan deutlich überrepräsentiert. Fast alle Höheren SS- und Polizeiführer (als Chef des nichtmilitärischen Repressionsapparates waren sie die Vertreter Himmlers in den besetzten Gebieten) am Balkan waren Österreicher.[69] Der erste nationalsozialistische Bürgermeister von Wien, Hermann Neubacher, war ab Oktober 1942 "Sonderbeauftragter des Reiches für wirtschaftliche und finanzielle Fragen in Griechenland" und ab August 1943 "Sonderbevollmächtigter des Auswärtigen Amtes für den Südosten".[70]

Österreicher in Wehrmachtseinheiten am Balkan

Im Frühjahr 1941 wurden vier Infanterie-Divisionen (704., 714., 717. und 718. ID) speziell als Besatzungstruppen für den Balkan zusammengestellt, zwei davon in der "Ostmark": die 717. im Mai 1941 im Wehrkreis XVII, die 718. im Wehrkreis XVIII.[71] Entsprechend war die landsmannschaftliche Zusammensetzung dieser Divisionen; 51% der Offiziere und 62% der Mannschaften der 718. ID waren "Ostmärker"[72], der Anteil der Österreicher in der 717. war noch höher; auch nach ihrer Neuaufstellung im April 1943 als 117. Jägerdivision und der Zuführung von Offizieren und Mannschaften aus anderen Wehrkreisen stellten die "Ostmärker" noch immer die Mehrheit der Mannschaften.[73] Ebenso war ein Großteil der in Jugoslawien eingesetzten Landesschützen-Einheiten in Österreich aufgestellt worden.[74] Wohl auf keinem anderen Kriegsschauplatz des 2.Weltkrieges dürfte der prozentuelle Anteil von Österreichern bei Einheiten der Wehrmacht größer gewesen sein als in Serbien und Kroatien im Jahr 1941.

Beide im Wehrkreis XVII und XVIII aufgestellten Divisionen waren bis zur Kapitulation im Südosten stationiert. Während die 718. ID (später 118. Jägerdivision) bis 1945 in Kroatien blieb, wurde die 717. ID (später 117. Jägerdivision) im Frühjahr 1943 von Jugoslawien nach Griechenland verlegt.

Serbien, Herbst 1941: "Die reine Gewalt bleibt als letztes Mittel noch!"[75]

Als die 717. ID im Mai 1941 kurz nach der Kapitulation Jugoslawiens von ihrem Aufstellungsort Wien/Strebersdorf in ihr Einsatzgebiet nach Serbien verlegt wurde, war es dort, vom Standpunkt der Besatzungsbehörden gesehen, noch relativ ruhig. Zu diesem Zeitpunkt hatten die Besatzer schon die ersten Schritte ihrer zukünftigen Ausrottungspolitik unternommen, indem sie Juden sofort registrierten, mit gelben Armbinden kennzeichneten, von bestimmten Berufen ausschlossen und ihren Besitz konfiszierten.[76] Widerstandshandlungen gegen die Wehrmacht traten nur sporadisch auf und wurden mit der Erschießung bzw. Erhängung von "Geiseln" aus den Reihen der Zivilbevölkerung geahndet. Die Leichen wurden "zur Abschreckung" tagelang öffentlich zur Schau gestellt.[77]

Das in Kroatien installierte Ustascha-Regime hatte mit Massenmorden schon begonnen. Der Deutsche General in Agram, Glaise-Horstenau, vermerkte: "Judenfrage sehr verschiedentlich gelöst, verhältnismäßig gründlich in Agram, dagegen fast gar nicht in Sarajevo und Ostbosnien, wo zumal wohlhabende Juden noch frei vorhanden".[78] Die Vertreibung und partielle Ausrottung von 1,8 Millionen in Kroatien, Bosnien und der Herzegowina lebenden Serben, der "Pravoslawen", war bereits voll in Gang. Bis September 1941 wurden nach Schätzung der Deutschen mehr als 160.000 Pravoslawen ohne ihr Hab und Gut nach Serbien vertrieben, 200.000 waren von den Ustaschi regelrecht hingeschlachtet worden.[79] Als sich in Kroatien der militärische Widerstand formierte, erkannte selbst die Wehrmacht, daß es sich dabei primär "um eine Reaktion der dortigen serbischen Bevölkerungsteile auf die blutigen und unmenschlichen Ausrottungsmaßnahmen durch die kroatischen Ustascha-Leute"[80] handelte. Wer flüchten konnte, versteckte sich in den Wäldern und schloß sich dem Widerstand an. Gemeinsam mit jenen Teilen der ehemals 300.000 Mann umfassenden jugoslawischen Armee, die nach der Kapitulation mit ihren Waffen in den Untergrund gegangen waren, bildeten sie den Grundstock des militärischen Widerstandes gegen das verhaßte Terrorregime der Ustascha[81] und die Besatzer in Serbien. Es erschien Glaise-Horstenau "aus *militärischem* Blickfeld nötig", seinem alten k.u.k. Kameraden und nunmehrigen Befehlshaber der kroatischen Armee, Marschall Kvaternik, darauf hinzuweisen, daß die Ustaschi im Umgang mit den Pravoslawen nicht "wie ein Elephant im Porzellanladen herumschlagen"[82] sollen.

Im Sommer 1941 setzte der organisierte militärische Widerstand in Kroatien, Serbien und Montenegro ein. Gestützt auf die Bevölkerung, gelang es den Verbänden der Partisanen und der Četniks[83] durch Sabotageaktionen gegen militärische und verwaltungstechnische Einrichtungen der Wehrmacht und der mit ihr kollaborierenden serbischen Organe bis Oktober 1941 große Teile Serbiens und des Banats militärisch zu bedrohen bzw. unter ihre Kontrolle zu bringen.

Die Besatzungsmacht reagierte auf den militärischen Widerstand von Beginn an mit brutalem Terror gegen die Zivilbevölkerung. Für Überfälle auf die Wehrmacht wurden nach deutschen Angaben bis August 1941 etwa 1000 Zivilisten (vor allem als Kommunisten bezeichnete Personen und Juden) erschossen oder öffentlich aufgehängt.[84] Die Auswirkungen dieser Maßnahmen entsprachen nicht der Vorstellung der Besatzer: "Sühnemaßnahmen, wie z.B. die Erschießung von 81 zufällig zusammengesuchten Personen haben keine Beruhigung und auch keine Einschüchterung herbeigeführt."[85]

Die 717. ID, bestehend aus dem 737. und dem 749. Infanterieregiment (in Hinkunft: IR), absolvierte zu diesem Zeitpunkt noch ihre Grund- und Schießausbildung. Die ca. 6000 Mann zählende Division war überaltert, weder Mannschaft noch Offiziere hatten Kampferfahrung.[86] Noch bevor die 717. ID die erste "Feindberührung" hatte, war sie in "Sühneaktionen" und "Geiselerschießungen" verwickelt. Am 6. 7. 1941 brannten Einheiten der Division 10 Häuser nieder; am 18. 7. nahm das 1. Bataillon der 2. Kompanie 11 Männer und eine Frau fest und übergab sie der von den Besatzern eingesetzten serbischen Polizei, die die Gefangenen unter Aufsicht der SS erschoß.[87] Diese "Arbeitsteilung" zwischen Wehrmachtseinheiten, den serbischen Organen und der SS fand bald ihr Ende. Die serbische Polizei der Quisling-Regierung von Milan Nedic weigerte sich in zunehmendem Maße, ihre Landsleute als "Geiseln" zu erschießen und wurde für diese Aufgaben als "nicht mehr zuverlässig"[88] angesehen. Das Ansuchen des Befehlshabers Serbien Danckelmann um Verstärkung der deutschen Polizeikräfte u.a. für Geiselerschießungen wurde vom OKW abschlägig beantwortet:

> "Zuführung weiterer Polizeikräfte und SD-Leute nach Serbien nicht möglich, da für Osten benötigt. Wegen Zunahme der Aufruhr- und Sabotageakte erwartet der Führer nunmehr Einsatz der Truppe, um durch schnelles und schärfstes Eingreifen Ruhe und Ordnung baldigst wieder voll herzustellen."[89]

Die Bekämpfung der militärisch organisierten Widerstandsgruppen in Serbien - von den Okkupanten als "Banden" bezeichnet - wurde der Wehrmacht übertragen.[90] Bei der 717. ID wurde die Ausbildung abgebrochen, mobile Jagdkommandos aus 25 - 30 Mann gebildet und speziell für den Kampf gegen die Partisanen eingesetzt;[91] mit geringem Erfolg: wo immer sie auftauchten, war "die Bande bereits geflüchtet". Die Enttäuschung darüber schlug sich in noch unkoordinierten Racheaktionen gegen die Zivilbevölkerung nieder. Im August wurden von Angehörigen der 717. ID 10 "Gefangene" erschossen und 29 Häuser angezündet.[92]

Im Spätsommer 1941 schien es, als könne Serbien von den deutschen Truppen nicht mehr lange gehalten werden: "Die Räume sind zu groß! Die eingesetzten Truppen zu schwach!"[93] Um die Kontrolle über Serbien nicht ganz zu verlieren,[94] forderte der Wehrmachtsbefehlshaber Südost, List, vom OKH und OKW die Zuführung einer Kampfdivision und die Bestellung eines Generals, der die gesamte vollziehende Gewalt in Serbien vereinigen sollte: "Als hierfür besonders geeignete Persönlichkeit, weil zugleich vorzüglicher Kenner der Balkanverhältnisse, kommt General der Infanterie Böhme in Frage".[95] Am 16. 9. 1941 ernannte Hitler General Böhme zum Bevollmächtigten Kommandierenden General in Serbien. Böhme wurden alle militärischen und zivilen Dienststellen unterstellt,[96] gleichzeitig mit ihm traf am 19. 9. die 342. ID, eine kampferprobte, 12.000 Mann zählende Einheit[97] unter dem Kommando des "ostmärkischen" Generals Hinghofer, aus Frankreich kommend in Serbien ein. Der Deutsche General in Agram Glaise-Horstenau gab sofort seine Zustimmung, die Truppen in Serbien durch ein Bataillon der in Kroatien stationierten 718. ID zu verstärken und wies dabei auch gleich auf seine militärstrategischen Kenntnisse hin:

"Marschall Kvaternik hält es auf Grund der in diesem Raum gemachten Erfahrungen für zweckmäßig, den Angriff der verstärkten 243. ID (richtig: 342. ID) aus Syrmien anzusetzen (..). Ich kann mich, auch nach den im Herbst 1914 gemachten Erfahrungen der Auffassung Kvaterniks nur anschließen."[98]

Die vom k.u.k. Generalstabschef Feldmarschall Franz Conrad von Hötzendorf als "Strafexpedition" gegen Serbien bezeichnete Operation von 1914 sollte 1941 unter dem ehemaligen k.u.k. Offizier Franz Böhme und mit zu einem großen Teil aus "Ostmärkern" bestehenden Mannschaften ihre würdige Nachfolge finden.

Die Vorgangsweise dabei legte Keitel im Befehl zur Bekämpfung der "Kommunistischen Aufstandsbewegung in den besetzten Gebieten" fest, der am Tage von Böhmes Ernennung zum Befehlshaber in Serbien vom OKW erlassen wurde. Nachdem die bisherigen Repressionsmaßnahmen den militärischen Widerstand gegen die Besatzer nicht unterbinden konnten, befahl Keitel, zu schärferen Mitteln zu greifen: "Als Sühne für ein deutsches Soldatenleben muß in diesen Fällen im allgemeinen die Todesstrafe für 50 - 100 Kommunisten als angemessen gelten. Die Art der Vollstreckung muß die abschreckende Wirkung noch erhöhen."[99] Unter Aufgabe ganzer Landesteile konzentrierte Böhme die weit auseinander liegenden Truppenteile auf bestimmte Gebiete. General Hinghofers 342. ID erhielt den Befehl, einen der Hauptstützpunkte der Partisanen im Cer-Gebirge westlich von Belgrad zu "säubern". In einer Verfügung, die nach Bekanntgabe an die Offiziere und Mannschaften der 342. ID zu vernichten war, ging Böhme auf die historische Dimension dieser Operation ein und legte ihr Ziel mit unmißverständlichem Haß fest:

"Eure Aufgabe ist in einem Landstreifen durchzuführen, in dem 1914 Ströme deutschen Blutes durch die Hinterlist der Serben, Männer und Frauen, geflossen sind. Ihr seid Rächer dieser Toten. Es muß ein abschreckendes Beispiel für ganz Serbien geschaffen werden, das die gesamte Bevölkerung auf das Schwerste treffen muß. Jeder, der Milde walten läßt, versündigt sich am Leben seiner Kameraden. Er wird ohne Rücksicht auf die Person zur Verantwortung gezogen und vor ein Kriegsgericht gestellt."[100]

Und Hinghofers 342. ID nahm Rache; in der dreiwöchigen Aktion entvölkerte die 342. ID das Operationsgebiet. Im Kampf wurden laut Wehrmachtsangaben 100 Gegner getötet, die Eigenverluste mit 11 Toten und 54 Verwundeten beziffert, mehr als 2200 Zivilisten zusammengefangen und als sogenannte "Geiseln" sofort erschossen.[101] Über 17.000 Menschen wurden in das KZ Šabac getrieben,[102] das als "Geiselreservoir" diente. Unter den KZ-Insassen dieses Lagers befanden sich auch ca. 600 österreichische Emigranten: Juden, die 1939 beim Versuch, mit einem Transport donauabwärts über das Schwarze Meer nach Palästina zu gelangen, in Jugoslawien hängengeblieben waren und sich zuletzt in Šabac aufgehalten hatten. Alle jüdischen Männer wurden im Lauf des Herbst 1941 vorwiegend von Wehrmachtseinheiten als "Geiseln" erschossen, die jüdischen Frauen und Kinder wenige Monate später im KZ Semlin bei Belgrad vergast.[103]

Das Massaker in Kraljevo

Nachdem die Partisanen- und Četnikverbände das Operationsgebiet der 717. ID fast gänzlich vom Nachschub abgeschnitten hatten, mußten im September "unter heftigen Kämpfen"[104] die Städte Užice (in der sich eine Waffenfabrik befand) und Cačak aufgegeben werden. Die Einheiten der 717. wurden in Kraljevo und Kragujevac konzentriert. Mit einer Stärke von rund 2200 Mann[105] besetzte die Wehrmacht die Stadt Kraljevo:

> "Die Räumung von Užice und Cačak - die infolge immer schwieriger werdender Versorgung notwendig wurde - wird den Gegner ermutigen, weiter nach Osten zunächst auf Kraljevo nachzurücken. Eine Aufgabe von Kraljevo kommt nicht in Frage."[106]

Die Einheiten der 717. ID. erwarteten einen Angriff. Obwohl die 717. ID, wie Böhme vermerkte, "noch nicht über die Gruppenausbildung hinaus und deshalb zu Unternehmungen nicht geeignet"[107] gewesen sei, blieben die Einheiten in Kraljevo nicht untätig. Bei einer Inspektionsreise nahm der Verbindungsoffizier zum Wehrmachtsbefehlshaber Südost, Major Jais, die Stärken des 749. IR mit Befriedigung zur Kenntnis:

> "Kdr. Infanterieregiment 749 hat bisher gegen Aufständische scharf durchgegriffen, Erschießungen, Niederbrennen von Häusern und Festnahmen wurden laufend durchgeführt. Ein großer Teil der wehrfähigen Bevölkerung von Kraljevo (650) Mann befinden sich in Haft in der Waggonfabrik. (...) Mjr. Desch macht einen sehr guten Eindruck und ist offensichtlich Herr der Lage."[108]

Am 10. 10. meldete der Divisionskommandant der 717., General Hoffmann, daß der Gegner "Kraljevo einzukreisen und ringsum abzuriegeln versucht. (..) Die Feindverbände werden absolut zweckmäßig geführt (serbische Offiziere und Soldaten!). Ihre Kampfkraft und Führung hat sich wesentlich verbessert."[109]

Schon vorher, in den ersten zehn Tagen des Oktober, hatten bei "Säuberungsunternehmen" Einheiten der 717. in der Umgebung Kraljevos 105 Zivilisten erschossen und zahlreiche Dörfer niedergebrannt; im Kampf waren nur 6 Gegner gefallen, bei 12 eigenen Gefallenen und einigen Verwundeten.[110] Die schon bei Böhme angedeutete militärische Unfähigkeit der 717. glich diese durch Erschießungen von Zivilisten aus.

Am 10. 10. erließ Böhme einen Befehl an die Wehrmachtstruppen in Serbien, der die Grundlage für die folgenden Massaker bildete und auch das Schicksal der in Serbien befindlichen männlichen Juden besiegeln sollte:

"1.) In Serbien ist es auf Grund der "Balkanmentalität" und der großen Ausdehnung kommunistischer und national getarnter Aufstandsbewegungen notwendig, die Befehle des OKW in der schärfsten Form durchzuführen. Rasche und rücksichtslose Niederwerfung des serbischen Aufstandes ist ein nicht zu unterschätzender Beitrag zum deutschen Endsieg.
2.) In allen Standorten in Serbien sind durch schlagartige Aktionen umgehend alle Kommunisten, als solche verdächtige männliche Einwohner, sämtliche Juden, eine bestimmte Anzahl nationalistischer und demokratisch gesinnter Einwohner als Geiseln festzunehmen. Diesen Geiseln und der Bevölkerung ist zu eröffnen, daß bei Angriffen auf deutsche Soldaten oder auf Volksdeutsche die Geiseln erschossen werden. (...)
3.) Treten Verluste an deutschen Soldaten oder Volksdeutschen ein, so haben die territorial zuständigen Kommandeure bis zum Regimentskommandeur abwärts, umgehend die Erschießung von Festgenommenen in folgenden Sätzen anzuordnen:
a) Für jeden getöteten oder ermordeten deutschen Soldaten oder Volksdeutschen (Männer, Frauen oder Kinder) 100 Gefangene oder Geiseln.
b) Für jeden verwundeten deutschen Soldaten oder Volksdeutschen 50 Gefangene oder Geiseln.
Die Erschießungen sind durch die Truppe vorzunehmen. Nach Möglichkeit ist der durch den Verlust betroffene Truppenteil zur Exekution heranzuziehen. (...)
5.) Die bei Kampfhandlungen von der Truppe gefangenen Kommunisten sind grundsätzlich am Tatort als abschreckendes Beispiel zu erhängen oder zu erschiessen.
6.) Ortschaften, die im Kampf genommen werden müssen, sind niederzubrennen, desgleichen Gehöfte, aus denen auf die Truppe geschossen wird."[111]

Dieser Befehl Böhmes war nicht, wie er selber schrieb, die schärfstmögliche Interpretation der Befehle seiner übergeordneten Dienststellen (OKW, Wehrmachtsbefehlshaber Südost), sondern ging in zwei zentralen, kriegsrechtsrelevanten Aspekten darüber hinaus. Während es im Keitel-Befehl noch geheißen hatte, daß je nach der Zugehörigkeit der "Täter" bei Überfällen Geiseln der entsprechenden Gruppe zu erschießen wären,[112] und List angeordnet hatte, daß die in KZs vorhandenen "Geiseln für den Fall, daß in dem gesäuberten Gebiet oder in ihren Heimatortschaften Banden auftreten oder irgendetwas gegen die Wehrmacht unternommen wird"[113], zu erschießen seien, mußten bei Böhme die zu tötenden Zivilisten weder in einem politischen noch in einem geografischen Zusammenhang mit dem Anlaßfall stehen, er ging offensichtlich von einer kollektiven "Bestrafung" aller männlichen Serben aus. Zweitens nahm Böhme selbständig, ohne ausdrücklichen Befehl von oben, Juden aufgrund der ihnen zugeschriebenen Rasse, unabhängig von ihrer politischen Zuordnung und ihren konkreten Handlungen, als eigene "Geiselgruppe" auf; bei Keitel hatte es über die als Geiseln heranzuziehenden Gruppen geheißen, daß die Militärbefehlshaber "ständig über eine Anzahl Geiseln der verschiedenen politischen Richtungen verfügen" sollen, nämlich "1) nationalistische, 2) demokratisch-bürgerliche 3) kommunistische"[114]. Von Juden war bei Keitel keine Rede.

Wenige Tage später machte die 717. ID von diesem Befehl in Form von Massenmorden Gebrauch. Am 13. 10. wurden die Wehrmachtstruppen in Kraljevo von den gegnerischen Kräften eingeschlossen und mit Artilleriefeuer belegt;[115] am selben Tag übermittelte das Höh. Kdo. LXV den "Sühnebefehl" Böhmes an die 717. ID. Tags darauf wurden von deren Einheiten in Kraljevo "Kommunisten,

Nationalisten, Demokraten und Juden - soweit Bewachung möglich - als Geiseln festgenommen"[116]. Der Angriff auf Kraljevo ging am 15. und 16. 10. mit unverminderten Artilleriegefechten weiter, von der Wehrmacht wurden auch Aufklärungsflugzeuge und Stukas eingesetzt; die 717. ID verhängte den Ausnahmezustand über die Stadt. Als am Abend des 15. Soldaten in Kraljevo aus Häusern beschossen wurden, richtete die Truppe sofort 300 Serben als "Vergeltung" hin. Am 16. führten Verbände der 717. ID Hausdurchsuchungen in der Stadt durch, Menschen wurden aus ihren Wohnungen geholt und zusammengetrieben; das Massaker an der wahllos eingefangenen serbischen Zivilbevölkerung nahm seinen Fortgang. Als "Vergeltung" für am Vortag bei den Artilleriekämpfen 14 getöteten und 20 verwundeten Soldaten erschossen Angehörige des 749. und 737. IR "insgesamt 1736 Männer und 19 kommunistische Frauen"[117]. Noch am gleichen Tag wurden an Angehörige der 717. ID zwanzig Stück E.K.II verliehen.[118]

In einem am 20. 10. erlassenen persönlichen Tagesbefehl lobte Böhme die in Serbien stationierten Wehrmachtseinheiten:

> "Weitere in der letzten Zeit von der Truppe errungenen Erfolge tragen dazu bei, das Ansehen der deutschen Wehrmacht in Serbien abermals zu stärken. (..) Am 15.10. wurde der seit Tagen vorbereitete Angriff der Aufständischen auf Kraljevo von der im Ort liegenden Truppe unter Mitwirkung des von Krusevac anrückenden I/Inf.Rgt. 737 abgewiesen. Der Feind verlor mindestens 80 Tote. 1755 Geiseln wurden als Sühne für die eigenen Verluste erschossen. (..) Allen an diesen erfolgreichen Unternehmungen beteiligten Offizieren, Unteroffizieren und Mannschaften spreche ich meine Anerkennung aus. Vorwärts zu neuen Taten! Böhme."[119]

"Vorwärts zu neuen Taten!": Das Massaker von Kragujevac

Am 28. 9. wurde die 6. Kompanie des in Völkermarkt und Lienz aufgestellten 920. Landesschützen-Bataillon in Gornji Milanovac von serbischen Kräften gefangengenommen. Obwohl aus der Gefangenschaft geflohene Offiziere übereinstimmend berichteten, daß die Gefangenen korrekt behandelt wurden und ihnen sowohl Uniform als auch ihr Eigentum belassen wurde, befahl Böhme einem Bataillon des 749. IR eine Racheaktion durchzuführen, um die Rückgabe der Landesschützen zu erwirken.[120] Am 15. 10. fiel das Bataillon in Gornji Milanovac ein, brannte die Häuser ab, nahm die noch im Ort befindlichen 133 Männer als "Geiseln" mit und zerstörte am Rückmarsch zu ihrem 35 km entfernt liegenden Standort Kragujevac alle auf der Strecke liegenden Orte. Ebenso wie beim Anmarsch, war die Einheit auch auf dem Rückweg in Kämpfe mit gegnerischen Kräften verwickelt, wobei sie 10 Tote und 26 Verwundete zu verzeichnen hatte.[121]

Der Kommandant einer Einheit des 724. IR, das in Kragujevac zu diesem Zeitpunkt der 717. ID unterstellt war, wartete bereits auf die Rückkehr des in Gornji Milanovac eingesetzten Bataillons; Major König wollte mit vereinten Kräften eine "umfassende Sühneaktion"[122] in Kragujevac durchführen. Nach deren Eintreffen am 18. 10. wurde der Plan in die Tat umgesetzt. Zuerst wurden alle männlichen Juden und als Kommunisten bezeichnete Männer der Stadt verhaftet, insgesamt 66 Personen, und zum Erschießen bestimmt. Um aber auf die vorgeschriebene Quote an "Geiseln" für die 10 toten und 26 verwundeten Soldaten aus dem Unternehmen Gornji Milanovac zu kommen, benötigte man 2300 Opfer.

Der Kreiskommandant von Kragujevac versuchte nach dem Florianiprinzip zu verhindern, daß die fehlenden ca. 2000 "Geiseln" aus der 42.000 Einwohner zählenden Stadt Kragujevac genommen werden, weil hier "nicht ein einziger deutscher Wehrmachtsangehöriger oder Volksdeutscher verwundet oder erschossen worden ist"[123]. Stattdessen riet er Major König, die "seit langem als vollkommen kommunistisch verseucht bekannten Dörfer in der näheren und weiteren Umgebung von Kragujevac zu umzingeln und die nötige Anzahl zu Erschießender dort zu holen"[124]. Der Vorschlag wurde aufgenommen, Einheiten des 724. und 749. IR brannten vier Dörfer nieder:

"Dabei wurden 422 männliche Personen ohne eigenen Verluste gleich an Ort und Stelle in den Dörfern erschossen, darunter ein Pope, auf dessen Kirchturm Munition versteckt gefunden worden war."[125] Am nächsten Tag ging das Morden in Kragujevac weiter; noch in der Stadt verbliebene Männer und Jugendliche wurden aus ihren Wohnungen gezerrt, auf der Straße festgenommen, selbst ganze Klassen mit ihren Lehrern aus Schulen geholt und auf einem Platz zusammengetrieben,[126] am Ende des Tages hatten die beiden Wehrmachtseinheiten 3200 "Geiseln" beisammen,[127] eine Massenexekution fand statt:

"20. 10. Am Abend werden die schon am 18. 10. verhafteten Kommunisten und Juden und 53 Strafgefangene aus dem Ortsgefängnis hinter dem Beutelager erschossen.
21. 10. Früh 7 Uhr beginnt die Auswahl und Erschießung der Verhafteten. Damit ist die Aktion abgeschlossen, insgesamt wurden 2300 Serben verschiedenen Alters und Berufes erschossen."[128]

Sieben Stunden dauerte das Gewehrfeuer am 21. 10. in Kragujevac; in diesen begingen die "ostmärkischen" und "reichsdeutschen" Soldaten den größten Massenmord an Zivilisten in Jugoslawien.

Die 717. ID hatte General Böhmes "zur Aneiferung der Truppe"[129] herausgegebenen Tagesbefehl beherzigt und ihren "Eifer" in dem Massaker unter Beweis gestellt. Im Kriegstagebuch von Böhmes XVIII. Armeekorp heißt es am 23. 10., daß die "erfolgreichen Unternehmungen der Divisionen des Höh.Kdo. LXV auf eine erfreuliche Zunahme des Angriffsgeistes und der Initiative der bisher ohne Zweifel zur Passivität neigenden Truppe schließen"[130] lassen.

Der "Eifer" und "Angriffsgeist" war an manchen Punkten dem eigentlichen Zweck der blutigen "Befriedung" Serbiens - nämlich der Ausbeutung der Ressourcen und der Arbeitskräfte des Landes im Dienste der deutschen Kriegswirtschaft - zuwidergelaufen. Das OKW bemerkte, daß die von Böhme und seinen Truppen praktizierte Strategie des hemmungslosen Massenmordes schon teilweise kontraproduktive Auswirkungen hatte. Am 21. 10 erließ Böhmes Chef des Generalstabs, Pemsel, "auf Grund einer Mitteilung des OKW" einen Funkspruch an das 749. IR in Kraljevo mit der Weisung, die 600 festgenommenen Arbeiter der Flugzeugfabrik Dornier in Kraljevo nicht zu erschießen, sondern sie nach Belgrad zu überstellen.[131] Und am 25. 10. lobte Böhme zwar nochmals ausdrücklich die Truppe, die "in vorbildlicher Weise und mit der gebotenen Härte die zur Niederwerfung der Aufstandsbewegung notwendigen Maßnahmen ergriffen hat"[132], aber man sollte von der wahllosen Erschießung der Bevölkerung zu einer planmäßigen Steuerung der "Geiselerschießungen" übergehen, da die Erschießungen von "ganzen Belegschaften dt. Rüstungsbetriebe nicht wiedergutzumachende Fehlgriffe"[133] gewesen seien.

Schließlich sollte die wirtschaftliche Ausplünderung nicht gestört werden; allein im Zeitraum zwischen Juni und September 1941 war aus Serbien "Ware ins Reich geschafft worden (..), die den Wert von rund 1/3 der Gesamtjahresausfuhr Jugoslawiens im Jahre 1939 erreicht"[134] hatte. Die Rücksicht auf wirtschaftliche Interessen bedeutete aber nicht, daß die Morde an Zivilisten aufhörten. Als Böhme nach drei Monaten am 6. 12. 1941 aus Serbien abberufen wurde, hinterließ er eine mörderische Bilanz: 160 Tote und 278 Verwundete der eigenen Truppe standen 3562 gefallene Gegner und 11 164 erschossene "Geiseln" gegenüber. In einer Art Buchhaltung des Massenmordes wurde exakt aufgeschlüsselt, daß bei der geltenden "Sühnequote" von 1:100 bzw. 1:50 noch 20 174 "Geiseln" zu erschießen wären.[135]

Solche militärische "Durchschlagskraft" beeindruckte auch Glaise-Horstenau. Zum Abschied wünschte er Böhme "alles Soldatenglück für die weitere Laufbahn als ruhmvoller Führer siegreicher deutscher Streiter."[136]

Das Massaker von Kalávrita

Die 717. ID war im Jahr 1942 und in den ersten Monaten 1943 weiter im Raum Serbien und Kroatien zur Partisanenbekämpfung eingesetzt. Im April 1943 wurde die Division nach Südgriechenland verlagert, zu einer Jäger-Division (ab diesem Zeitpunkt 117. Jäger-Div.) umgebildet und erhielt als neuen Kommandeur Generalmajor von LeSuire. Die Zeit der Auffüllung der Division mit neuen Mannschaften und Offizieren benützte LeSuire für weitere Ausbildungen, er hatte einiges an seiner Truppe auszusetzen. So befahl er z.B., "dass während der Zeit der Ausbildung nur in Befehlsform Anordnungen ergehen. Ausdrücke wie ‚geht's in Stellung, legt's Euch hin' u.s.w. verbiete ich."[137] Anfang Mai hielt er den Kampfwert der Division für gering, er forderte beschleunigte Zuführung "des personellen und materiellen Fehls" und weitere zwei Monate Ausbildung, "um aus der im Aufbau befindlichen Div. eine vollwertige Jägerdivision zu schaffen"[138]. Sorgen bereitete LeSuire auch die landsmannschaftliche Zusammensetzung der Division, und zwar nicht die mehr als 50% Ostmärker, sondern die neu zur Division gekommenen Elsässer:

> "So bildet doch die große Zahl der in der Division befindlichen Elsässer 713 = 4,9% des Ist-Standes eine große Gefahr für das innere Gefüge der Truppe. Rein äußerlich gesehen, scheinen die Erziehungsmaßnahmen erfolgreich zu sein, der einzelne Mann denkt und fühlt jedoch nach wie vor als Franzose oder Kommunist. Auch alle abschreckenden Strafen werden bei der Mentalität dieses Volkes ohne Erfolg bleiben. Der Elsässer ist gerade im Südostraum für die sehr geschickt arbeitende Feindpropaganda ein besonders anfälliges Objekt."[139]

Bei Fällen von Fahnenflucht waren Elsässer neben der Gruppe der "Oberschlesier und Westpreußen" deutlich überrepräsentiert, "Ostmärker" unterrepräsentiert.[140]

Im neuen Einsatzraum Südgriechenland waren bisher hauptsächlich italienische Besatzungstruppen[141] stationiert, die bei der griechischen Bevölkerung auf Ablehnung gestoßen waren; laut Interview-Bericht eines ehemaligen Unteroffiziers der 117. Jäger-Div. soll die Zivilbevölkerung gegenüber den neuen Besatzern in der ersten Zeit eher positiv eingestellt gewesen sein.[142]

Der im Juli 1943 neugebildete Deutsche Generalstab beim italienischen AOK 11 in Athen beschloß kurz nach seiner Einsetzung Aktionen gegen die griechischen Partisanen, die Andarten[143]; man wollte im Gegensatz zu den Italienern "größere Unternehmen"[144] durchführen. Im Rahmen dieser "größeren Unternehmen" wurde der Einsatz von Teilen der 117. Jägerdivision im Gebiet südostwärts von Patras vorgesehen, und das "Unternehmen Wytina" unter der Führung des Kommandeurs der 117. Jäg.Div. für Ende August u.a. im Raum Kalávrita befohlen.[145] Die Andarten entzogen sich meist den Angriffen, die Wehrmachtseinheiten meldeten nur "schwache Feindberührungen"[146].

Nach der Kapitulation Italiens und dem von der Wehrmacht organisierten Abschub der italienischen Soldaten und Offiziere aus Griechenland war die 117. Jägerdivision und ihr unterstellte Einheiten zur einzigen Besatzungstruppe auf dem Peloponnes geworden, die sowohl Abwehrvorbereitungen gegen eine befürchtete Invasion alliierter Truppen treffen als auch die immer stärker werdenden Andarten bekämpfen sollte. Wie schon in Serbien waren die Wehrmachtseinheiten für die ihnen zugedachten Aufgaben zu schwach, man griff wieder zu Terrormaßnahmen gegen die Zivilbevölkerung, wie es z.B. aus einem Befehl für das "Unternehmen Kalamata" ersichtlich ist:

> "1.) Die kommunistischen Umtriebe in Kalamata nehmen in einem Maße überhand, das nicht mehr tragbar ist. Vor allem die nördlichen Stadtteile sind völlig kommunistisch verseucht. Ein scharfes Durchgreifen der deutschen Wehrmacht zur Wiederherstellung des deutschen Ansehens, der Ruhe und Ordnung ist erforderlich.
> 2.) Die beiden nördlichen Stadtteile von Kalamata werden am 22. 10. 43 früh von deutschen Truppenteilen umstellt und die gesamte männliche Bevölkerung im Alter von 15 - 60 Jahren festgenommen und in das Konzentrationslager Athen gebracht."[147]

Bereits zwei Tage später wurde das "Unternehmen" auf mehrere Städte des Peloponnes ausgedehnt, und das Schicksal der Festgenommenen verdeutlicht:

> "Dies veranlaßt die Div., Säuberungsunternehmen in den wesentlichen Städten (Kalamata, Megalopolis, Sparta, Tripolis und Patras) zu befehlen. Zweck des Unternehmen: a) Festnahme der kommunistischen Elemente zur Überführung in Arbeitslager ins Reich. b) Festnahme von Geiseln zur Verhütung von Gewaltakten gegen Truppe oder Verkehrseinrichtungen."[148]

Bei diesen Aktionen der 117. Jägerdivision wurden laut Wehrmachtsunterlagen 2870 Griechen festgenommen und "zum Arbeitseinsatz ins Reich abtransportiert"[149]. Aber nach wie vor sah der Generalstab der 117. Jägerdivision Ende Oktober die Situation der Besatzer am Peloponnes als bedroht an, da der NW-Peloponnes, bis auf die von Wehrmachtstruppen besetzten Küstenstreifen, "gänzlich in der Hand kommunistischer Banden" sei und "nur die unmittelbare

Umgebung der von deutschen Truppen belegten Ortschaften (..) als deutsches Hoheitsgebiet angesprochen werden"[150] könne.

Mit ein Grund für diese Lagebeurteilung war ein Vorfall, der sich Mitte Oktober im Raum Kalávrita ereignet hatte: Eine Kompanie unter der Führung des Hauptmann Schober war in der Nähe von Roji bei einem Aufklärungsunternehmen von den Andarten eingeschlossen und nach einem mehrstündigen Feuergefecht gefangengenommen worden.[151] Ca. 70 Mann der Kompanie Schober befanden sich in den nächsten Wochen in der Gefangenschaft der Andarten.

Die 117. Jäger-Division unternahm wegen dieses Vorfalls keine sofortigen eigenen "Sühnemaßnahmen". Als Begründung dafür nannte ihr stellvertretender Divisionskommandeur seiner vorgesetzten Stelle folgende Motive:

> "Vergeltungsmaßnahmen wurden von der Div. noch nicht befohlen, da die in Frage kommenden Dorfbewohner mit den Banden nichts zu tun haben dürften. Mit Befehlshaber P. (Peloponnes, d.Verf.) Ic Nr.719/43 geh. v. 22. 10. 43 wurde dem Gen.Kdo. der Vorschlag gemacht, durch Einsätze der Luftwaffe mit Brandbomben entsprechende Sühnemaßnahmen durchzuführen. Augenblicklich stehen der Div. ausreichende Kräfte - mindestens 2 verst. Jg.Btle. - zu einem größeren Unternehmen im Raum Kalawrita und westl. nicht zur Verfügung."[152]

Einen Monat später befahl LeSuire dem verstärkten Jäger-Regiment 749 und der verstärkten Aufklärungs-Abteilung 116 die Durchführung des "Unternehmen Kalawrita"[153] und setzte als Ziele "a) Vernichtung der in den genannten Räumen befindlichen Banden. b) Durchsuchung der Ortschaften nach Kommunisten, Waffen, Propagandamaterial usw. c) Such- und Vergeltungsaktion für die am 18. 10. 43 in Gegend Roji aufgeriebene 5./Jg.Rgt.749."[154] Die Truppen wurden in drei Kampfgruppen gegliedert, die aus verschiedenen Richtungen kommend die Andarten im Raum Kalávrita einschließen sollten. In den allgemeinen Kampfanweisungen des 749. Jäger-Regiments zur Duchführung der Aktion wurde betont, daß "Ortschaften, aus denen geschossen wurde", niederzubrennen seien und daß im "Bandengebiet mit feindseliger Haltung der Bevölkerung gerechnet" werden müßte; besonderes Augenmerk sei "auf alle Klöster, Kapellen und einzeln stehende Häuser zu richten, da dort meist versteckte Waffenlager" vermutet wurden.[155]

Am 5. und 6. 12 begannen die einzelnen Einheiten den Vormarsch; nur die von Süden kommende "Kampfgruppe Gnaß" hatte am 5. ein Feuergefecht, die anderen Truppenteile meldeten "geringe Feindberührung", die Andarten entzogen sich der Einkreisung.

Bereits am Vormarsch, der ohne weitere Kämpfe verlief, wurden von den Wehrmachtseinheiten brutale Mordaktionen durchgeführt, so z.B. am 8. 12. beim Kloster Megalo Spileou, wo Mönche, Novizen und Klosterpersonal getötet wurden,[156] oder in Roji, wo Soldaten der "Kampfgruppe Ebersberger" am gleichen Tag die im Ort anwesenden Jugendlichen und Männer (ungefähr 60 Personen) in die Kirche trieben, sie gruppenweise herauszerrten und exekutierten und anschließend die Kirche in Brand steckten.[157] Im Tätigkeitsbericht der 117. Jäger-Division ist unter diesem Datum lapidar vermerkt: "Sühnemaßnahmen in Roji und Kerpini von Kampfgruppe Ebersberger durchgeführt."[158]

Als eine der Kampfgruppen herausfand, daß die über ein Monat gefangengehaltenen Soldaten der Kompanie Schober von den sich zurückziehenden Andarten am 7. 12 getötet worden waren, diente dieser Vorgang zur Pseudo-Legitimierung der bereits durchgeführten bzw. noch beabsichtigten Morde an der Zivilbevölkerung, für Brandschatzung und Raub. LeSuire befahl am 10. 12. 1943, daß "als Sühnemaßnahme (..) die Orte Mazeika und Kalawrita dem Erdboden gleichzumachen"[159] seien, "ebenfalls in den durchsuchten Räumen die Orte, in denen nachgewiesen Banden Unterkunft gefunden haben oder bei der Durchsuchung Widerstand, Waffen oder Munition vorgefunden wurden. Sämtliches Vieh der abgekämmten Räume, sowie entlang des Rückmarschweges ist von den Truppen mit in die Standorte zu treiben."[160]

Am 13. 12. fand das Massaker in Kalávrita statt. Die Soldaten der "Kampfgruppe Ebersberger" trieben die gesamte Bevölkerung der Stadt in der Schule zusammen und führten die männlichen Bewohner zu einem Platz oberhalb des Friedhofs. Dann wurde die Stadt an mehreren Punkten in Brand gesetzt und mit Leuchtkugeln das Signal für die Massenexekution gegeben. Laut Tagesmeldung vom 13. 12. wurden dabei 511 männliche Bewohner Kalávritas erschossen.[161] Am Rückmarsch in die Standorte führten die Wehrmachtseinheiten weitere Exekutionen und Zerstörungen durch.

Als die "Kampfgruppe Ebersberger" ihren Einsatz beim "Unternehmen Kalawrita" resümmierte, hielt sie fest, daß sie lediglich durch Unfälle einen Toten und vier Verletzte aufwies, hingegen 674 Männer erschossen und mehr als ein Dutzend Orte und zwei Klöster zerstört hatte.[162] Außerdem besagt der Bericht, daß die Massenexekutionen nicht nur aus Pflichtbewußtsein erfolgt seien: "Als dann schärfste Form der Sühnemassnahmen befohlen wurden, kamen Führer und Truppe der Kampfgruppe diesem Befehl nicht nur pflichtbewusst, sondern aus voller Überzeugung nach."[163]

Im "Abschluß- und Erfahrungsbericht Unternehmen Kalawrita" der 117. Jäger-Division wurde die größte in Griechenland durchgeführte Mordaktion so zusammengefaßt:

> "Bis auf ein längeres Feuergefecht der A.A.116 bei Pankrati, fanden während des ganzen Unternehmens keine größeren Kampfhandlungen statt.(...) Als Sühneaktion für die Ermordung von 75 Gefangenen der Kp.Schober wurde die Erschießung der männlichen Bevölkerung und Niederbrennen aller Orte im Raum des Unternehmens befohlen.(...)
>
> 3.) Sühnemaßnahmen: Folgende Ortschaften wurden zerstört: Roji, Kerpini, Bahnhof Kerpini, Ano Sachlaru, Kato Sachlaru, Suwardo, Wrachini, Kalawrita, Kloster Meg-Spilaron, Kloster Lawras, Aj.Kiriaki, Awles, Wißoka, Fteri, Klapatsuna, Pirgaki, Wallitsa, Melissia, Kloster Omblu, Lapanangos, Masi, Mazeika, Pangrati, Morochowa, Derweni, Waltos, Planeru, (..). 696 Griechen erschossen.
>
> 4.) Beute: (...) 1930 Schafe, 19 Rinder, 27 Berg-Kleinpferde, 28 Esel, 1 Pferd. 14 Jagdgewehre, 5 Trommelrevolver, 1 Leuchtpistole, 1 Fernglas, ital. Gewehr- und Jagdmunition.
>
> 5.) Haltung der Zivilbevölkerung: Ein Großteil der Zivilbevölkerung war, anscheinend aus Angst vor Geiselfestnahmen, geflohen und in der Hauptsache alte Leute in den Dörfern zurückgeblieben. Die verbliebene Bevölkerung versuchte durch übertriebene und unterwürfige Höflichkeit und Sympathiekundgebungen zu beweisen, daß sie mit den Banden nichts zu tun hat."[164]

Das "Blutbad von Kalávrita" sprach sich bei der griechischen Bevölkerung rasch herum und hatte politische Folgen, es ging auch dem mit den Besatzern kollaborierenden Premier Ioannis Rállis zu weit. Er trat in einem Brief vom 19. 12. 1943 an den Militärbefehlshaber Griechenland, General Speidel, für die Beendigung solcher Massaker ein:

"Exzellenz! Gestern erhielt ich Nachrichten, nach denen fast die ganze männliche Bevölkerung der Stadt Kalavrita in der Präfektur Achäa, den Massenhinrichtungen zum Opfer fielen. Das historische mit den Kämpfen für die griechische Unabhängigkeit des Jahres 1821 unzerbrechlich verbundene Kloster der Haghia Lavra wurde gleichfalls in Brand gesteckt, die heiligen Kleinodien in diesem vernichtet und die in diesem Kloster aufgefundenen 13 greisen Mönche erschossen. (...) Ich bin aber auch überzeugt, daß Sie, der stets Gerechte, anerkennen werden, daß die Vernichtung Griechenlands unter Gestalt von Vergeltungsmaßnahmen und die Hinrichtung von griechischen Bürgern ohne Rücksicht auf Schuld oder Unschuld, Alter und Geschlecht, Anarchismus oder Loyalität, nicht zum Kampf gegen den verabscheuungswürdigen Kommunismus beiträgt. (...) Aus diesen Gründen, Exzellenz, glaube ich, daß ich (..) berechtigt bin, Sie im Namen der Loyalität und meiner aufrichtigen Zusammenarbeit mit Ihnen, zu bitten, die nötigen Befehle zu erteilen, daß die Anwendung von Vergeltungsmaßnahmen ohne Unterschied aufhört."[165]

General Speidel rechtfertigte in einem Antwortschreiben an Rállis die Massaker mit glatten Lügen:

"1.) Als die Truppen sich Kalavrita näherte, wurde sie aus den Häusern beschossen; die Stadt wurde also im Kampf genommen.
2.) Die Bevölkerung - nicht etwa ortsfremde Banditen - hat sich unglaubliche Bestialitäten zu Schulde kommen lassen.(...)
3.) Das genannte Kloster wurde verteidigt und mußte im Angriff genommen werden. 3 Mönche wurden mit der Waffe in der Hand angetroffen!"[166]

Außerdem verwendete Speidel gegenüber Rállis eine Beschwichtigungsfloskel, die auch noch nach 1945 ein legitimatorisches Standardargument bildete: "Der Krieg ist hart und ich darf vielleicht in diesem Zusammenhang darauf hinweisen, daß die deutsche Bevölkerung ungleich schwerere Verluste durch die englisch-amerikanischen Terrorangriffe auf deutsche Städte und Kulturdenkmäler erleidet."[167] In einem Schreiben, das an den Oberbefehlshaber der Heeresgruppe E, den Militärbefehlshaber Südost und an den Oberbefehlshaber der Heeresgruppe F gerichtet war, schlug Speidel einen anderen Ton an, indem er auf die nach seiner Meinung kontraproduktiven Auswirkungen solcher "Sühneaktionen" hinwies.

"Es ist eine Tatsache, daß der "Fall Kalavrita" wochenlang die gesamte griechische Bevölkerung stärker bewegt hat als alle übrigen Probleme, und daß die psychologische Auswirkung der Truppenmaßnahmen die war, daß sie zu einer Wiederannäherung nationaler und kommunistischer Kreise führte und damit zu einer gemeinsamen Front gegen die Deutsche Wehrmacht."[168]

Deswegen schien es Speidel notwendig, daß klare Richtlinien für die Durchführung von "Sühnemaßnahmen" und "Geiselfestsetzungen" erlassen und "Kulturgüter und -Werte" geschont werden.

"Nach Abschluß einer Unternehmung ist durch sofort einsetzende Propaganda in den Augen der Bevölkerung die kommunistische Bewegung für das Geschehene verantwortlich zu machen. Zu spät kommende Erklärungen wirken nur belastend für die Deutsche Wehrmacht, da sie dann als "Entschuldigung" aufgefaßt werden!"[169]

Das Schreiben Speidels, der Briefwechsel Speidel - Rállis und die Anlagen waren unter anderem an die Heeresgruppe E geschickt worden. Aus den Eingangsstempeln ist ersichtlich, wer dieses Schreiben zu Gesicht bekommen hat. Der Eingangsstempel der Gruppe 1c/AO hat im Kasten O3 eine Paraphe "W". Dritter Ordonnanzoffizier bei der Heeresgruppe E war zu diesem Zeitpunkt der Oberleutnant Kurt Waldheim. Er hatte also Kenntnis von der Tötung hunderter Personen aus der unschuldigen Zivilbevölkerung, von der Brandschatzung von Dörfern und Klöstern, von der Ermordung von Priestern, von der von Wehrmachtsangehörigen durchgeführten Beraubung griechischer Zivilisten und Vergewaltigung griechischer Frauen, von dem, was im Jargon der Wehrmacht entlarvend verharmlosend "Wildwestsitten" hieß. Während des Präsidentschafts-Wahlkampfes antwortete der damalige Kandidat auf die Frage nach dem Krieg am Balkan mit der Floskel, die er bei Speidel gelesen hatte: "Es war ein harter Krieg."

Anmerkungen

1 So z.B. Jedlicka, L., Ein Heer im Schatten der Parteien, Die militärpolitische Lage Österreichs 1918-1938, Graz-Köln 1955.

2 Z.B. Gschaider, P., Das österreichische Bundesheer 1938 und seine Überführung in die deutsche Wehrmacht, unveröff.Diss. Wien 1967; vgl. auch die jüngste Veröffentlichung: Schmidl, E.A., März 1938. Der deutsche Einmarsch in Österreich, Wien 1987.

3 Erinnerungswerke nach dem Motto "Es war ein Edelweiß", Memoiren wie "Soldat in stürzenden Reichen" und hagiographische Elaborate (Versuche) wie jene von Diakow, J., Generaloberst Alexander Löhr, Freiburg 1964, würden wir nicht als wissenschaftliche Bemühungen qualifizieren wollen.

4 Vogl, F., Widerstand im Waffenrock, Österreichische Freiheitskämpfer in der Deutschen Wehrmacht, Wien 1977.

5 Allmayer-Beck, J.Ch., Die Österreicher im Zweiten Weltkrieg, in: Unser Heer. 300 Jahre österreichisches Soldatentum in Krieg und Frieden, Wien-München-Zürich 1963.

6 Tuider, O., Die Wehrkreise XVII und XVIII 1938-1945, Militärhistorische Schriftenreihe Heft 30, Wien o.J.;
ders., Die Luftwaffe in Österreich 1938-1945, Militärhistorische Schriftenreihe Heft 54, Wien 1985.

7 Allmayer-Beck, S. 365.

8 Tuider, S. 28.

9 Ebenda.

10 Eines der Massaker, an dem die 717.ID beteiligt war, wurde in der Anklageschrift des Nürnberger Prozeß als Beispiel für Kriegsverbrechen (Geiseltötung) herangezogen, vgl. Heydecker, J.J./Leeb, J., Der Nürnberger Prozeß, Köln 1985, Bd.2, S. 532.

11 Zumindest teilweise wird die Problematik in folgenden Publikationen aus der DDR erwähnt: Schuhmann, W., Griff nach Südosteuropa. Neue Dokumente, Berlin 1973; Deutschland im zweiten Weltkrieg, Bd. II, Berlin 1976, S. 141 ff.; Bd. III, Berlin 1979, S. 376 ff.; Bd. IV, Berlin 1981, S. 188 ff.

12 Vgl. dazu grundsätzlich die Moskauer Erklärung, die Anklage und das Urteil im Nürnberger Prozeß gegen die Hauptkriegsverbrecher, gekürzt abgedruckt in: ebenda, S. 530ff.

13 Sundhaussen, H., Geschichte Jugoslawiens 1918-1980, Stuttgart-Berlin-Köln-Mainz 1982, S. 125.

14 Rosar, W., Deutsche Gemeinschaft. Seyss-Inquart und der Anschluß, Wien-Frankfurt-Zürich 1971, S. 284

15 Ebenda.

16 Der Hochverratsprozess gegen Dr. Guido Schmidt vor dem Wiener Volksgericht, Die gerichtlichen Protokolle etc., Wien 1947, S. 683.
17 So schreibt Schausberger, N., Der Griff nach Österreich, Wien-München 1978, S. 564, daß von 128 Einheiten des Bundesheeres 18 zu mehr als 25%, 13 zwischen 15 und 25% im Offizierskorps nationalsozialistisch orientiert waren. "Die Verseuchung der bewaffneten Macht der Alpenrepublik war z.B. von Jansa zu seinen Amtszeiten gehörig unterschätzt worden, er hatte nur von etwa 5% gesprochen, was nur für einzelne Verbände zutraf."
18 Zitiert nach Gschaider, S. 158.
19 Ebenda, S. 143.
20 Vgl. Lerider, H., Die Wehrpolitik der ersten österreichischen Republik im Spiegel der operativen Vorbereitungen gegen die Nachfolgestaaten der Monarchie, in: Militärgeschichtliche Mitteilungen 2/1978, S. 66.
21 Ebenda, S. 64.
22 Ebenda, S. 60.
23 Ebenda, S. 57.
24 Ebenda, S. 65.
25 Ebenda, S. 66.
26 Bundesarchiv/Militärarchiv Freiburg (in Hinkunft BA/MA), RH 2/81, Schreiben v.Tippelskirch an Muff, 29.10.1936.
27 Jedlicka, S. 157.
28 BA/MA, RW 49/20, Generalkommando (Wehrkreis) VII, Ast VII München, Mobilmachungsvorbereitungen für den Nachrichtendienst in Spannungs- und Kriegszeiten.
29 Deutsches Zentralarchiv Potsdam, Auswärtiges Amt Pol. Abt. (1936-1945), Abkommen und Verträge mit Österreich, Bd. 1, Juli 1936-März 1938; als Fotokopie DÖW-Akt 2863, Protokoll über die Besprechung vom 12. 2. 1938.
30 Broucek, P., Ein General im Zwielicht. Die Erinnerungen Edmund Glaises von Horstenau, Bd. 2, Wien-Köln-Graz 1983, S. 223.
31 Da Böhme Mitte Februar bei Generalstabsbesprechungen in Ungarn weilte, wurde FML. Beyer "mit der Führung der Agenden des Chefs des Generalstabes betraut". Ebenda.
32 Vgl. dazu die Beiträge von Steinböck, E., Die bewaffnete Macht Österreichs im Jahre 1938, und Broucek, P., Die militärische Situation Österreichs und die Entstehung der Pläne zur Landesverteidigung, in: Anschluß 1938. Protokoll des Symposiums in Wien am 14. und 15. März 1978, Wien 1981; aufschlußreich für das damalige Problembewußtsein auch die Diskussion zu den beiden genannten Beiträgen, ebd., S. 344ff.
33 Vgl. dazu Gschaider, S.63ff. und Schmidl S. 61ff.
34 Vgl. E. Steinböck, Die österreichische Landesbefestigung von 1918 bis 1938, in: Politik und Gesellschaft im Alten und Neuen Österreich, hrsg.v. I. Ackerl u.a., Wien 1981, S. 227ff.
35 Eine Ausnahme stellt E. Schmidl dar. Die Beschreibung der "Erhebung" in den Bundesländern zählt zu den stärkeren Passagen seiner Untersuchung, umso merkwürdiger sind die Schlußfolgerungen, die er im letzten Kapitel seiner Arbeit zieht.
36 Botz, G., Wien vom "Anschluß" zum Krieg, Wien-München 1978, S. 107.
37 Bei Peball, K., Die militärische Situation in Wien im März 1938, in: Czeike, F., (Hg.), Wien 1938, Wien 1978, S. 55 wird der Leiter der Sektion I im Bundesministerium für Landesverteidigung zitiert, der bezweifelte, ob genügend Truppen für die Aufrechterhaltung der Ordnung bei der von Schuschnigg angesetzten Volksbefragung angesichts der niedrigen Stärke der einzelnen Truppenkörper zur Verfügung gestanden wären.
38 Zitiert nach: Gschaider, S. 118.
39 Peball, Kurt, S. 59.
40 Zitiert nach: BA/MA RH 2O-8/274 (Bericht: "Der Einsatz der 8. Armee im März 1938 zur Wiedervereinigung Österreichs mit dem Deutschen Reich" S. 14).
41 Vgl. D. Wagner/G. Tomkowitz, "Ein Volk, Ein Reich, Ein Führer", Der Anschluß Österreichs 1938, München 1968, S. 340.
42 Vgl. Gschaider, S. 255.
43 Gschaider, S. 250f.
44 Ebenda S. 257.
45 Vgl. Broucek, 1983, S. 295, Anm. 44.
46 Schreiben des Bundesministeriums für Finanzen, Pensionsabteilung, an das Bundeskanzleramt vom 9.1.1952, liegt bei: Lg. Linz, Vg 11 Vr414/52.

47 Vgl. Broucek, P., Heerwesen, in: Weinzierl/Skalnik(Hg.), Österreich 1918-1938. Geschichte der Ersten Republik, Graz-Wien-Köln 1983, Bd.1, S. 222.
48 Vgl. Allmayer-Beck, S. 346.
49 Gschaider, S. 250.
50 Zitiert nach: Wiener Neueste Nachrichten, 1.4.1938.
51 Vgl. Gschaider, S. 277.
52 Csokor, F.Th., Als Zivilist im Balkankrieg, Wien 1947, S. 60.
53 Vgl. Das Deutsche Reich und der Zweite Weltkrieg, Band 3: Der Mittelmeerraum und Südosteuropa. Hg. v. Militärgeschichtlichen Forschungsamt, Stuttgart 1984, insbes. S. 439ff.
54 So war z.B. dem Befehlshaber in Serbien von Beginn an der Arbeitsstab des "Bevollmächtigten des Reiches für den 4-Jahresplan" (Generalkonsul Neuhausen) zur Seite gestellt. Vordringlichste Aufgabe der Besatzer war der Schutz der Metall- und Kohlebergwerke, der Rüstungsbetriebe und der Infrastruktur. Vgl. dazu BA-MA, RH 19 XI/81, Wisshaupt, E., Die Bekämpfung der Aufstandsbewegung im Südostraum; für Kroatien: Sundhaussen, H., Wirtschaftsgeschichte Kroatiens im nationalsozialistischen Großraum 1941-1945, Stuttgart 1983.
55 Führerweisung Nr.25, 27.3.1941, zitiert nach: Hubatsch, OH.(Hg.), Hitlers Weisungen für die Kriegsführung, München 1965, S. 124ff.
56 Kriegsarchiv Wien (in Hinkunft: KA), Nachlaß Löhr, B 521, folio 13, Der Luftangriff auf Warschau. Einführung vom Chef der Luftflotte 4 und Befehlshaber Südost, General Löhr.
57 Führerweisung Nr. 25.
58 BA/MA, RL 7/657, Befehl Löhr v. 31.3.1941.
59 KA, Nachlaß Löhr, B 521, folio 29, Diakov, J., Der Luftkrieg im jugoslawischen und griechischen Feldzug aus der Blickrichtung einer Gegenüberstellung der Einsätze zur Unterstützung des Heeres und des selbständigen Luftkrieges, S. 5.
60 KA, Nachlaß Löhr, B 521, folio 20, Erfahrungsbericht über den Zeitabschnitt von der Bereitstellung zum Einsatz gegen Jugoslawien bis zur Beendigung der Kampfhandlungen gegen Griechenland, Kampfgeschwader 2, Ia Nr. 1206/41 vom 9.5.1941.
61 Rings, W., Kollaboration und Widerstand. Europa im Krieg 1939-1945, Zürich 1979, S. 55; die Angaben über die Zahl der Getöteten in Belgrad schwanken zwischen einigen Tausend und 30 000, siehe dazu Das Deutsche Reich, S. 458, Anm.7.
62 KA, Nachlaß Löhr, B 521, folio 30, Diakov, J., Überblick über den Luftkrieg auf dem Balkan im Jahre 1941, S. 26.
63 Ebenda, Abschlußmeldung "Unternehmen Merkur" an Oberbefehlshaber der 12. Armee, List, 3.6.1941.
64 Vgl. Fleischer, H., Im Keuzschatten der Mächte. Griechenland 1941-1944, Frankfurt/M.-Bern - NewYork 1986, S. 62ff.
65 Vgl. Hory, L.,/ Broszat, M., Der kroatische Ustascha-Staat 1941-1945, Stuttgart 1964.
66 Vgl. Wisshaupt, aaO., S. 2f.
67 Vgl. zu diesen Perioden der Biographie Glaise-Horstenaus seine von Peter Broucek herausgegebenen Erinnerungen: Ein General im Zwielicht, Band I, Wien-Köln-Graz 1980, Band II, Wien-Köln-Graz 1983; das Erscheinen des dritten Bandes, der die Zeit Glaise-Horstenaus in Kroatien behandeln soll, ist angekündigt.
68 Vgl. Fricke, G., Kroatien 1941-1944. Der "Unabhängige Staat" in der Sicht des Deutschen Bevollmächtigten General in Agram Glaise v.Horstenau, Freiburg 1972 und Kazimirovic, V., NDH u svetlu nemackih dokumenata i dnevnika Gleza fon Horstenau 1941-1944, Beograd 1987.
69 Vgl. Birn, R.M., Die Höheren SS- und Polizeiführer, Düsseldorf 1986.
70 Vgl. Neubacher, H., Sonderauftrag Südost 1940-1945, Göttingen 1956.
71 Tessin, G., Verbände und Truppen der deutschen Wehrmacht und der Waffen-SS 1939-1945, Osnabrück 1975, Bd.12, S. 186ff.
72 Der Rest stammte aus dem "Altreich" bzw. aus den Sudetendeutschen Gebieten. BA/MA, RH 26-718/3, KTB Ia der 718.ID, 14.5. bis 31.12.1941.
73 BA/MA, RH 26-117/15, Kommandeur 117.Jäger-Division, Bericht betr. Dienstaufsicht vom 18.9.1943.
74 In Serbien und Kroatien waren bis zum Winter 1941 vorerst sechs Landesschützenbataillone stationiert. Vier davon waren in der "Ostmark" aufgestellt worden: das 923. (Aufstellungsort Teesendorf), 924. und 925. (beide Aufstellungsort Lienz) Bataillon waren der 718.ID in Kroatien zugeteilt; das 920. Bataillon (Aufstellungsorte Völkermarkt und Lienz)

wurde in Serbien eingesetzt. Sowohl die Offiziere als auch die Mannschaften stammten überwiegend aus Österreich. Vgl. Tessin, Bd.13, S. 127ff.

75 Chef des Generalstabes des AOK 12, Foertsch, an Wehrmachtsbefehlshaber Südost, 1.9. 1941, zitiert nach Wisshaupt, S. 22.

76 Browning, Ch., Fateful months. Essays on the emergence of the Final Solution, New York-London 1985, S. 40. Ab Juni 1941 mußte die jüdische Gemeinde von Belgrad wöchentlich 40 Geiseln den Besatzern zur Verfügung stellen.

77 So wurden etwa bereits am dem Tag, an dem das jugoslawische Heer kapitulierte, vom Waffen-SS-Regiment "Großdeutschland" in Pantschewo für einen erschossenen Soldaten 18 Zivilisten erschossen und ebensoviele erhängt, vgl. Zentralstelle zur Aufklärung von NS-Verbrechen Ludwigsburg (in Hinkunft: ZS/LB), V 503 AR-Z90/74, Verfahren gegen R.K., Aussage von O.K., S. 72.

78 BA/MA, RH 31 III/2, Lagebericht Glaise-Horstenau, 9.8.1941.

79 BA/MA, RW 40/187, Lagebericht Chef der Militärverwaltung Turner, 6.10.1941.

80 NOKW-1114, Bericht des Wehrmachtsverbindungsstabes Belgrad über die Widerstandsbewegung im Gebiet des ehemaligen Jugoslawien1, 8.8.1941.

81 Ein Vertrauensmann Glaise-Horstenaus, der k.u.k. Hauptmann a.D. Arthur Haeffner, Volkdeutscher und nach eigener Aussage "kompromißloser Nazi", kritisierte scharf die Einsetzung der Ustaschi: "Dieses Regime stützt sich lediglich auf die Anerkennung der Achsenmächte, ist im Volk wurzellos und erhält sich durch die Bajonette einer Garde von Freibeutern, die an einem Tag mehr Schandtaten begehen, als das Serbenregime in mehr als 2 Jahrzehnten zu verzeichnen hatte." BA/MA, RH 31 III/13, Bericht Haeffner an Glaise-Horstenau, 18.7.1941.

82 BA/MA, RH 31 III/2, Lagebericht Glaise-Horstenaus, 19.7.1941.

83 Die Partisanenverbände standen unter kommunistischer Führung, jene der Cetnik unter der Führung des serbisch-nationalen Draza Mihailovic, ab Januar 1942 Mitglied der königstreuen jugoslawischen Exilregierung. Einen kurzen Überblick über die Widerstandsbewegungen gibt Sundhaussen, 1982, S. 124ff.

84 BA/MA, RW 40/187, Lagebericht Chef der Militärverwaltung Turner, 6.10.1941.

85 NOKW 1114, Bericht vom 8.8.1941.

86 BA/MA, RH 26-117/3, Bericht über Ausstattung der 717.ID, 27.5 und 3.7.1941.

87 Ebenda, Tagesmeldung vom 21.7.1941.

88 BA/MA, RW 24-30/277, Höh.Kdo. LXV an Wbfh.Südost, 28.8.1941.

89 BA/MA, RW 40/5, Chef des OKW Keitel an Wehrmachtsführungsstab Belgrad, 9.8.1941.

90 BA/MA, RW 24-30/277, Höh.Kdo.LXV, Bekämpfung kommunistischer Banden, 13.8.1941.

91 Ebenda.

92 Ebenda.

93 Ebenda, 28.8.1941.

94 Ab Mitte September 1941 war der Großteil Süd- und Westserbiens (Raum Ucice, Cacak, und das Gebiet um Sabac) in den Händen der Partisanen und Cetniks, vgl. BA/MA, RH 24-18/87, Bericht Major Gais an Wbfh. SO, 13.9.1941.

95 Fernschreiben List an OKW und OKH, 12.9.1941, zitiert nach Wisshaupt, aaO., S. 34.

96 Führerweisung Nr.31, 16.9.1941, zit. nach Hubatsch, aaO., S. 149f.

97 BA/MA, RH 26-342/107, Tätigkeitsbericht des Divisionsintendanten der 342.ID, 1.10.1941.

98 BA/MA, RH 24-30/107, Fernschreiben Glaise-Horstenau an List, 12.9.1941.

99 BA/MA, RH 26-104/14, Chef des OKW Keitel, 16.9.1941. Dieser Befehl war mit ausschlaggebend dafür, daß Keitel im Nürnberger Prozeß zum Tode verurteilt und hingerichtet wurde. Vgl. Nürnberger Prozeß, a.a.O., Bd. 2, S. 554.

100 BA/MA, RH 26-342/8, Böhme an alle Einheiten der 342. ID, 25.9.1941.

101 A/MA, RH 26-342/11, Zusammenstellung aus den Tagesberichten vom 24.9. bis 15.10.1941.

102 Ebenda.

103 Der Beteiligung von Österreichern in der Wehrmacht und in der SS bei der Deportation und der Vernichtung der Juden am Balkan und ihren österreichischen Opfern vom "Kladovo-Transport" werden wir eine ausführlichere Arbeit widmen. Zur Vernichtung der serbischen Juden vgl. Browning, aaO.

104 BA/MA, RH 26-117/12, Einsatzbericht der 717.ID Oktober 1941, 1.10.1941 .

105 Am 1.10. befanden sich folgende Wehrmachtseinheiten in Kraljevo: 850 Mann des 749. Infanterieregiments unter Major Desch, 550 Mann des 737. IR unter Oberstleutnant Wildermuth, außerdem 320 Landesschützen und volksdeutsche Wachmannschaften; alle stan-

den unter dem Kommando der 717.ID. Vgl. BA/MA. RH 24-18/87, Reisebericht Major Jais u.a. über Kraljevo vom 6.10.1941.

106 BA/MA, RW 24-30/277, Fernschreiben Höh.Kdo. LXV an 717.ID, 3.10.1941.

107 BA/MA, RH 24-18/87, Aktenvermerk Orientierung des Chefs AOK 12, Foertsch, über allgemeine Lage in Serbien durch General Böhme, 26.9.1941.

108 Reisebericht Major Jais, aaO.

109 BA/MA, RH 24-30/270, Bericht Kommandant 717.ID, Hoffmann an Böhme, 10.10.1941.

110 BA/MA, Rh 26-117/12, Einsatzbericht 717.ID, Okt. 1941.

111 BA/MA, RH 26-104/14, Befehl Komm.General für Serbien, 10.10.1941.

112 BA/MA, RH 24-18/213, OKW, Keitel an OKH/Gen.Quart. und Wbfh. Südost, 28.9.1941.

113 BA/MA, RH 24-18/27, List an Böhme, 4.10.1941.

114 Keitel an OKH und Wbfh.SO, aaO.

115 BA/MA, RH 26-117/3, Tagesmeldung Divisionsstab 717.ID, 13.10.1941.

116 Ebenda, Tagesmeldung 14.10.1941.

117 Ebenda, Tagesmeldungen vom 15. und 16.10.1941.

118 Ebenda.

119 BA/MA, RH 24-18/87, Tagesbefehl Böhmes, 20.10.1941.

120 BA/MA, RH 24-18/87, Fernschreiben Böhmes an Wbfh. Südost, 3.10.1941.

121 BA/MA, RH 26-117/3, Einsatzbericht der 717.ID für Oktober 1941, III/749 vom 17.-25.10., Aktion Gornji Milanovac.

122 BA/MA, RH 26-104/16, Bericht des Regiments 724 an 704. und 717.ID, 16.10.1941.

123 BA/MA, RW 40/12, Brief des Kreiskommandantenvon Kragujevac, Hptm. Bischofshausen, an die Feldkommandantur 610 Pancevo und an den Befehlshaber Serbien Ia, vom 20.10.1941.

124 Ebenda.

125 Ebenda.

126 Ebenda.

127 BA/MA, RH 26-104/16, Bericht über den Einsatz des I/724, 17.-25.10.1941.

128 Ebenda.

129 BA/MA, RH 24-18/87, Anlagen zum KTB XVIII Geb.AK, 20.10.1941.

130 BA/MA, RH 24-18/87, KTB Ia, XVIII Geb.AK., 23.10.1941.

131 BA/MA, RH 24-18/213, Anlagen zum KTB, Quartiermeister Bev.Kdr.General in Serbien, 22.10.1941.

132 Dokumentationsarchis des Österreichischen Widerstands, Akt 3609, Befehl Böhmes vom 25.10.1941.

133 Ebenda.

134 KA, B/556, Nachlaß Böhme, Kt.50, folio 209, Bericht des Generalbevollmächtigten für die Wirtschaft in Serbien, Gruppenführer Neuhausen, über die Versorgungslage in Serbien an Wbfh.SO, 25.11.1941.

135 BA/MA, RW 40/23, KTB Qu.Abt. d. Bev.Kdr.General in Serbien, Aktennotiz Sühnemaßnahmen bis 5.12.1941. Die Zahl der Ermordeten war sicherlich höher, da die Meldungen mehrerer Einheiten über die Zahl der Exekutionen fehlten.

136 KA, Nachlaß Böhme, Kt. 50, folio 13, Funkspruch Glaise-Horstenaus an Wehrkreiskommando XVIII, General Böhme, 11.12.1941.

137 BA/MA, RH 26-117/12, Kommandeur 117.Jäger-Division, Betr.: Ausbildung, 2.4.1943.

138 BA/MA, RH 26-117/13, Meldung vom 1.5.1943, Kurzes Werturteil des Kommandeurs.

139 BA/MA, RH 26-117/15, 117.Jäger-Division an Generalkommando z.b.V. LXVIII.A.K., Betr.: Elsässer, 23.8.1943.

140 Vgl. ebenda, Kommandeur 117.Jäger-Div., Betr.: Dienstaufsicht, 18.9.1943.

141 Zu den Besatzern in Griechenland, den verschiedenen Gruppen der griechischen Resistance und zur Kolloboration vgl. Fleischer.

142 Vgl. Interview mit Wilhelm Sch., Dokumentationsarchiv des Österreichischen Widerstands, Projekt "Erzählte Geschichte", Int. Nr. 071, S. 22; zu einem ähnlichen Beschreibung des Verhältnisses der Zivilbevölkerung am Peloponnes und der Andarten zu den Besatzern gelangt Fleischer, S. 182f.

143 Zu den Andarten und zur Tradition des Andartiko in Griechenland vgl. Fleischer, S. 128ff.

144 BA/MA, RH 31X/2, Der Chef des deutschen Generalstabes beim ital. A.O.K. 11, Abt. Ia, an O.B. Südost/Ia, Betr.: Bandenunternehmen, 7.8.1943.

145 Vgl. BA/MA, RH 24-68/15, KTB Gen.Kdo. LXVIII.AK, Eintragung 22.8.1943.
146 Vgl. z.B. BA/MA, RH 24-68/20, Tagesmeldung LXVIII. A.K. an Dtsch.Gen. Stab b.ital.AOK 11, 31.8.1943: "Unternehmen Wytina: Schwache Feindberührung (.) bei Säuberung Kalavrita. Eigener Sp.Tr.in Skupi (15km ostw. Liwri) kurzes Feuergefecht mit Banditen. Eigene Verluste: 1 Toter. Ort niedergebrannt.".
147 BA/MA, RH 26-117/16, 117. Jäger-Division, Ia, Befehl für das Unternehmen "Kalamata", 20.10.1943.
148 Ebenda, Tätigkeitsbericht der 117.Jäger-Div., Ia, Eintragung 22.10.1943.
149 BA/MA, RH 24-68/15, KTB. Gen.Kdo. LXVIII AK., Eintragung vom 23.10.1943.
150 BA/MA, RH 26-117/16, 117. Jäger-Division, Ia, Betr.: Lagebeurteilungen, 30.10.1943.
151 BA/MA, RH 26-117/16, Kommandeur I./Jäger-Regiment 749, 21.10.1943, Bericht über den Überfall auf die gemischte Komp. Schober (I./Jg.Rgt.749) am 16. u. 17.10.1943.
152 Ebenda, Kommandeur 117. Jäger-Division an Generalkommando LXVIII.A.K., Betr.: Unternehmen Kalawrita, 25.10.1943, Unterstreichungen im Original.
153 Ebenda, 117. Jäger-Division, Befehl für das Unternehmen "Kalawrita", 25.11.1943.
154 Ebenda.
155 Ebenda, Jäger-Regiment 749, Befehl für das Unternehmen "Kalawrita", 1.12.1943.
156 Vgl. Zentralstelle der Landesjustizverwaltungen zur Ermittlung von NS-Verbrechen, 508 AR 1293/68, Bd.1, Eidesstattliche Aussage des Archimandrit T. Andronikos vom 14.10. 1945.
157 Vgl. ebenda, Eidesstattliche Aussage Dritsos Stavros, 13.10.1945.
158 BA/MA, RH 26-117/16, Tätigkeitsbericht der 117.Jäger-Division, Eintragung 8.12.1943.
159 Ebenda, Kommandeur 117. Jäger-Division, Befehl 10.12.1943.
160 Ebenda.
161 Ebenda, Tagesmeldung der 117. Jäger-Division an Gen. Kdo. LXVIII. A.K., 13.12.1943.
162 Ebenda, Kampfgruppe Ebersberger, Abschluss- u. Erfahrungsbericht "Unternehmen Kalawrita", 22.12.1943.
163 Ebenda.
164 BA/MA, RH 26-117/16, 117. Jäger-Division, Abt. Ia, Abschluß- und Erfahrungsbericht Unternehmen "Kalawrita", 19.1.1944.
165 BA/MA, RH 19/VII/23b; Abschrift des Briefes Rállis an Befehlshaber Griechenland, 19.12. 1943.
166 Ebenda, Abschrift des Briefes Militärbefehlshaber Griechenland an den griechischen Ministerpräsidenten, 29.12.1943.
167 Ebenda.
168 Ebenda, Schreiben Militärbefehlshaber Griechenland an OB. HG.E, Mil.Bfh.SO, OB. HG.F, Betr.: Politische Auswirkungen von Unternehmungen gegen die Banden, 8.1.1944.
169 Ebenda.

Valentin Sima

DIE KÄRNTNER SLOWENEN UNTER NATIONALSOZIALISTISCHER HERRSCHAFT
Vom "Anschluß" zur Aussiedlung

Der vorliegende Beitrag beschränkt sich auf die ersten vier Jahre der NS-Herrschaft in Österreich. Das Hauptaugenmerk wird der Entnationalisierungspolitik der Nationalsozialisten vor dem Angriff auf Jugoslawien gewidmet, wobei vor allem auch die Versuche der slowenischen Führung gewürdigt werden, unter noch halblegalen Bedingungen ein Überleben der Volksgruppe zu sichern. Die Aussiedlung als Höhepunkt der Verfolgung wird noch gestreift, während der slowenische Widerstand, d.h. der Kampf der Partisanen, nicht mehr behandelt wird. Das soll weder eine Geringschätzung dieses Themas noch des Widerstandes selbst signalisieren, sondern ergab sich aus der notwendigen Konzentration auf die vorher genannten Aspekte. Am Ende werden noch einige unvollständige Anmerkungen zum "hausgemachten" Kärntner Anteil an der Entnationalisierungspolitik und zur Frage der Kontinuität einer solchen Politik gemacht, denn man muß im groben zwei Ebenen unterscheiden: 1. die Zentralstellen des Deutschen Reiches mit ihren Plänen einer ethnopolitischen Neuordnung Europas und ihrer aktuellen außenpolitischen Strategie und 2. die "lokalen" Kärntner Faktoren, einerseits mit ihrer schon traditionsreichen Volkstumspolitik gegenüber der slowenischen Volksgruppe im gemischtsprachigen (damals in vielen Bereichen noch fast völlig slowenischen) Teil Kärntens, und andererseits mit ihren weiterreichenden Zielvorstellungen zur Lösung der sogenannten "Kärntner Frage". Hanns Haas und Karl Stuhlpfarrer bringen diese Zusammenhänge auf den Punkt, wenn sie auf 1938 bezogen schreiben:

> "Jetzt bildete sich jenes Herrschaftssystem in Österreich, das in aller Offenheit das verwirklichte, was in Kärnten bisher an antislowenischer Politik nicht öffentlich, sondern nur halb im Verborgenen existiert hatte oder nur Programm geblieben war."[1]

In den Beziehungen zwischen den Kärntner Slowenen und dem nationalsozialistischen Herrschaftssystem bildete der Angriff auf Jugoslawien im April 1941 eine entscheidende Zäsur. Vor dem Angriff auf Jugoslawien hielt sich das NS-Regime bei der Behandlung der sogenannten "Kärntner Frage" noch etwas zurück und ließ der kulturellen und wirtschaftlichen Tätigkeit der Slowenen noch einen gewissen Freiraum. Das hatte außenpolitische Gründe: Deutschland war damals bemüht, Jugoslawien in die Achse Berlin-Rom-Tokio einzugliedern[2]; Jugoslawien hatte als eines der ersten Länder seine Handelsbeziehungen mit NS-Deutschland geregelt und Deutschland stand seit 1937 in seiner Ausfuhr an erster Stelle, was auch dazu führte, daß Jugoslawien sich politisch an Deutschland annäherte[3]. Ein dritter Gesichtspunkt - wenn auch untergeordnet - könnte die Rücksichtnahme auf die deutsche Minderheit in Jugoslawien gewesen sein.

"Anschluß" und Volksabstimmung

Die sogenannte "Wiedervereinigung" Österreichs mit dem Deutschen Reich hatte für die slowenische Volksgruppe in Kärnten zunächst einmal verfassungsrechtliche Konsequenzen, denn dadurch entfielen alle Minderheitenschutzbestimmungen des Staatsvertrages von Saint Germain, die zwar - wie Tischler auf der Vollversammlung des Slowenischen Kulturverbandes im Dezember 1938 rückblickend sagte - nur auf dem Papier bestanden hatten[4], aber sie waren von Österreich zumindest anerkannt worden.

Dies hatte am Anfang keine direkten Auswirkungen im Sinne eines allgemeinen Eingriffs in die Ausübung bisher bestehender staatsbürgerlicher Rechte. "Im Gegensatz zu den Juden, die sofort dissimiliert und verfolgt wurden, verwies man die nationalen Minderheiten auf die vage Hoffnung, ihre Existenz in der Chance gewahrt zu wissen, sich assimilieren lassen zu können. Denn das wirkliche Programm der nationalsozialistischen Minderheitenpolitik in dieser ersten Phase ist in einem einzigen Satz niedergelegt worden: ‚Es ist alles geschehen, um mit den Minderheiten für die Abstimmung ein gutes Verhältnis zu bekommen, ohne dass eine bestimmte Festlegung für die künftige Minderheitenpolitik erfolgte.'"[5] Daß für die Juden nicht einmal dieses "gute Verhältnis" galt, wurde bei der Volksabstimmung am 10. April auch deutlich sichtbar. Während dabei laut Gesetz nur die "deutschen" Männer und Frauen mitwirken durften, wurden durch die Ausführungsbestimmungen dann ausdrücklich nur Angehörige des jüdischen Volkes ausgeschlossen.[6]

Dr. Franc Petek, Arzt und führender Kärntner slowenischer Politiker[7], analysierte in seinen Erinnerungen rückblickend die damalige Lage der slowenischen Volksgruppe in Kärnten nach der Machtergreifung durch die Nationalsozialisten, aber auch schon angesichts des Herannahens der nationalsozialistischen Bedrohung. Er dürfte das Dilemma der Kärntner Slowenen und ihrer Führung ziemlich genau treffen, wenn er schreibt, daß es schon Anfang 1938 klar gewesen sei, daß der Nazismus in Österreich bald die Macht übernehmen werde. Von Belgrader Seite wurde er informiert, daß bei einem etwaigen Anschluß Österreichs an Deutschland auf keinen Fall mit einer Grenzrevision in Kärnten zu rechnen sei.[8] Petek sah vor allem die slowenische Geistlichkeit unmittelbar gefährdet, da sie sich großteils an der antinazistischen Politik der Vaterländischen Front beteiligt hatte und es stellte sich für ihn die Frage: "Wie verhindern, daß sie (die Nationalsozialisten, Anm. d. Vf.) ihre Absicht durchführen könnten, die Kärntner Slowenen einfach auszulöschen."[9] Er kam zum Schluß, daß sich in der gegebenen "Situation jegliches Opfer von Seiten der Slowenen erübrigt, daß in einer Situation, wo Österreich selbst nicht bereit ist seine Unabhängigkeit zu verteidigen, auch wir keinen Widerstand seinetwegen leisten können. Es ist notwendig, für die physische Existenz zu sorgen und allem auszuweichen, was den nazistischen Behörden einen Vorwand liefern könnte, ihre Absicht durchzusetzen, von der ich wußte, daß sie besteht."[10] Diese Absicht, von der Petek hier spricht, wurde ihm im Herbst 1937 vom nationalsozialistischen Landtagsabgeordneten Herzog mitgeteilt - nämlich: Liquidierung der Slowenen, sobald die Nationalsozialisten die Macht übernehmen.[11] Anscheinend war die "Vertreibung der Slowenen von ihrem Grund und Boden" schon Anfang der 30er Jahre ein auch öffentlich diskutiertes Thema, denn derselbe Hugo Herzog verwahrte sich bei einer Versammlung der NS-Partei in Ferlach 1932 gegen "diese Lüge", das heißt gegen Gerüchte, daß seine Partei solche Absichten habe.[12]

Waren der nationalsozialistischen Minderheitenpolitik in Kärnten, wie erwähnt, bis zum Angriff auf Jugoslawien noch zum Teil die Hände gebunden, so kann man bis zum 10. April 1938 noch weitere Besonderheiten im Verhalten der Machthaber gegenüber der slowenischen Volksgruppe erkennen: diese reichten von tätlichen und verbalen Einschüchterungsversuchen über Drohungen und Erpressungen bis zu feierlichen Versprechungen. Die Machtübernahme durch die Nationalsozialisten hatte sicher auf viele Slowenen und insbesondere zumindest auf Teile ihrer Führer wie ein Schock gewirkt. Hätten sie doch, großteils christlich-konservativ orientiert, alle ihre Hoffnungen auf das Regime von Kurt Schuschnigg gesetzt. In den letzten Tagen vor der Okkupation Österreichs, als Schuschnigg für den 13. März die Volksabstimmung angekündigt hatte, hatte die slowenische politische Führung noch Plakate herausgegeben, die die Slowenen aufriefen, gegen den Anschluß zu stimmen.[13] Insofern war es klar, daß exponierte Slowenen nicht nur aus nationalen, sondern auch aus politischen Gründen einiges zu befürchten hatten. Das erste bekannte slowenische Opfer wurde der ehemalige Landtagsabgeordnete und Geistliche Vinko Poljanec[14], der schon am 12. März 1938 anscheinend beim Versuch, nach Jugoslawien zu entkommen, in Bleiburg unter dem Vorwand des versuchten Devisenschmuggels verhaftet wurde. Als er Ende Mai aus der Haft entlassen wurde, war er - von Zeitgenossen für den Zeitpunkt seiner Verhaftung noch als gesunder und kräftiger Mann beschrieben - nur mehr ein physisches und psychisches Wrack und starb am 25.8.1938. Am 15. März - nur drei Tage nach dem Einmarsch der deutschen Truppen - wurde der Vorsitzende des Slowenischen Kulturverbandes, Dr. Joško Tischler verhaftet, jedoch noch am selben Tag freigelassen.[15]

Im Zusammenhang mit den Ereignissen in Österreich berichtete die jugoslawische Presse von verschiedenen Gewalttaten gegenüber den Kärntner Slowenen, wobei es anscheinend auch zu Übertreibungen kam. Die Nationalsozialisten reagierten - wie aus verschiedenen Pressemeldungen ersichtlich - gereizt und sehr scharf. Unter diesen Vorzeichen kam es zum ersten Gespräch der Slowenenvertreter mit den neuen Machthabern.

Am 17. März 1938 sprachen Dr. Tischler und Dr. Petek bei Landeshauptmann Wladimir Pawlowski vor, dem sie ihre Wünsche vortrugen.[16] Beim Gespräch war auch der Geschäftsführer des "Kärntner Heimatbundes" (KHB), Alois Maier-Kaibitsch, anwesend, der seit dem 13. März auch Regierungsmitglied (Landesrat) war. Die Slowenen gaben anläßlich des Gesprächs eine Art Loyalitätserklärung ab, die sehr eigentümlich anmutet, weil die Slowenen darin nur jegliche Verfolgung dementierten und Versprechungen der nationalsozialistischen Machthaber bestätigten. Der Text wurde im "Koroški Slovenec"[17] als "Erklärung" bzw. "Brief an Landeshauptmann Pawlowski" veröffentlicht:

"Der slowenische Kulturverband weist die in der ausländischen Presse verbreiteten Gerüchte über die Verhältnisse in Unterkärnten mit Entschiedenheit zurück und stellt fest:

1. daß das Organ der Kärntner Slowenen, "Koroški Slovenec", ungehindert weiter erscheint,
2. daß weder der Schriftleiter der erwähnten Zeitung noch irgendeine andere Person wegen volkskultureller Betätigung in Haft genommen wurde,
3. daß von den maßgebenden Personen der Landeshauptmannschaft den Vertretern des slowenischen Kulturverbandes zugesichert wurde, daß die slowenische Betätigung auf kulturellem und wirtschaftlichem Gebiet gesichert ist.

Um diese Erklärung entsprechend zu untermauern, wird sie im "Koroški Slovenec" veröffentlicht. Dr. Josko Tischler e.h."

Der Landeshauptmann nahm diese Erklärung der Slowenen "mit großer Befriedigung zur Kenntnis", sprach von den wirtschaftlichen Vorteilen, die auch die slowenische Volksgruppe im neuen Staat genießen würde, drohte aber wenig später: "Versuche jedoch, irgendwelche Fäden über die Staatsgrenze des Deutschen Reiches zu knüpfen, werden mit eiserner Faust beseitigt werden."[18]

Da man aber für den 10. April 1938 an einem guten Abstimmungsergebnis auch im gemischtsprachigen Gebiet interessiert war, wurden die Slowenen auch bei öffentlichen Versammlungen direkt angesprochen, wobei ihnen nur das Beste verprochen wurde. So wandte sich Landeshauptmann Pawlowski bei einer Kundgebung am 7. April in St. Jakob im Rosental ausdrücklich an die Slowenen: "Vor den Augen der gesamten Öffentlichkeit will ich einige Worte auch an unsere slowenischen Landsleute richten. Ich versichere euch: Deutschland, das seine ganze Größe und seine ganze Kraft auf dem Volkstum aufgebaut hat, wird auch das fremde Volkstum verstehen und beschützen." Er versprach einen besseren Schutz als unter der österreichischen Regierung und erklärte: "Slowenen! Ihr sollt euch also nicht sorgen um die Erhaltung eurer Volkskultur. Sie ist Teil unseres Kärntnerlandes und wir Kärntner könnten sie nicht vermissen."[19] Auch Alois Maier-Kaibitsch erklärte auf einer Versammlung in Ferlach am 27. März 1938 unter anderem, das nationalsozialistische Deutschland werde der Minderheit "jene Rechte zu geben wissen, die ihr kraft der Anzahl ihrer Volksgenossen zustehen und die eine schwache Regierung nur versprochen hat, ohne sie zu halten."[20] Abgesehen davon, daß ein solches Versprechen aus dem Munde des KHB-Geschäftsführers bei schon rudimentärer Kenntnis seiner bisherigen Tätigkeit völlig unglaubwürdig klingen mußte, war diese Proklamation auch nicht frei von einschränkenden Andeutungen, wie z. B. der Bedingung der zahlenmäßigen Stärke für die Gewährung von Minderheitenrechten. Damit war zugleich auch bereits ein Strang der künftigen und in Kärnten schon traditionsreichen Strategie gegenüber den Slowenen definiert, nämlich durch sozialen, ökonomischen und politischen Druck ein möglichst geringes Bekenntnis zur Volksgruppe zu erreichen und sie auf diese Weise zu marginalisieren.

Die Präparierung der Minderheit für die Volksabstimmung setzte aber auf einer noch subtileren Ebene an. In der Woche vom 21. bis 26. März 1938 waren "von der Gestapo in Klagenfurt über das f. b. Ordinariat in Klagenfurt" mehrere slowenische Priester aufgefordert worden, ihre Pfarren zu verlassen.[21] In einer anderen Darstellung wird die Zahl der vertriebenen Priester mit sechs angegeben.[22] Es ist nicht einfach, die Rolle der Kirche im Zusammenhang mit der Verfolgung slowenischer Priester zu beurteilen. Zu einem Zeitpunkt, als nach offizieller Darstellung nur der Pfarrer Poljanec in Haft war und außer diesem im ganzen gemischtsprachigen Gebiet nur "vier Kommunisten" in Ferlach verhaftet worden waren, wurde von der Landesregierung gemeldet, daß der Landeshauptmann sich zusammen mit dem Sicherheitsdirektor Dr. Isselhorst persönlich mit Fürstbischof Dr. Adam Hefter ins Einvernehmen gesetzt habe, "wobei der Fürstbischof ausdrücklich festgestellt hat, daß er sich auf keinen Fall dazu hergeben werde, irgendeinen Geistlichen zu decken, gegen den von seiten der Behörde ein Verfahren wegen strafbarer Handlung eingeleitet wurde."[23] Obwohl diese Stellungnahme des Bischofs nur indirekt wiedergegeben ist, wird man sie bei einer Beurteilung seiner Rolle doch einbeziehen müssen, um zu einer realistischen Würdigung der Politik des Ordinariats zu kommen, was bei einigen positiven Darstellungen[24] leider nicht gemacht wird.

Die Slowenenvertreter versuchten selbst mehrmals, für ihre vertriebenen Geistlichen an verschiedenen Stellen zu intervenieren, so am 24. März beim Regierungsdirektor Wolsegger und beim Leiter der Gestapo in Klagenfurt. Wie sie schon vorher vom Bischof informiert waren, wurde ihnen auch hier versichert,

> "dass die Massnahmen gegen die slowenischen Geistlichen vorübergehender Natur seien und dass das Zurückkommen der slowenischen Priester in ihre Pfarren vom Verhalten der Slowenen bei der Volksabstimmung am 10. April abhänge. In gleicher Weise äusserte sich am 31. März Landesrat Maier-Kaibitsch; bei der Vorsprache am 7. April bekamen die Slowenenvertreter dieselbe Auskunft."[25]

In diesem Klima der Erpressung - die slowenischen Priester wurden ja fast als Geiseln benutzt - kam es zum Aufruf der Slowenenführung zur Volksabstimmung am 10. April 1938, dessen voller Wortlaut hier wiedergegeben wird:

KÄRNTNER SLOWENEN, AM 10. APRIL WÄHLEN WIR: JA!

Der Führer und Kanzler Adolf Hitler hat für den 10. April d. J. eine Volksabstimmung ausgeschrieben. Auch wir sollen abstimmen,
ob wir uns zum Führer Adolf Hitler und damit zu der am 13. März vollzogenen Wiedervereinigung Österreichs mit Deutschland bekennen.
Wir werden geschlossen mit: Ja! stimmen.
Wieso? - Der Nationalsozialismus Adolf Hitlers erklärt das Volkstum zur göttlichen Sache und betrachtet die Untreue oder Gegnerschaft gegenüber dem Volk, in welches jemand geboren ist, als widernatürlich und daher schändlich. Der Nationalsozialismus ruft jeden zum tätigen Dienst in der Volksfamilie und in der Volksgemeinschaft auf.
Wie diese Grundsätze für die Deutschen und das deutsche Volk Geltung haben, so gelten sie nach den Aussagen der Führer Großdeutschlands im selben Maße auch für die völkischen Minderheiten. Wir Kärntner Slowenen werden sie am 10. April d. J. mit unserer Stimmabgabe für Adolf Hitler bestätigen.

In staatspolitischer Hinsicht ist
der Wille des Mehrheitsvolkes für die völkische Minderheit Gesetz.
Der 13. März hat für das deutsche Volk und damit auch für uns Kärntner Slowenen ein unabänderliches Faktum geschaffen. Wie die Karawanken bis zum 13. März 1938 die Staatsgrenze Deutschösterreichs waren, so sind und bleiben sie weiterhin die Grenze Großdeutschlands. Wirtschaftlich und staatspolitisch wurden wir zu einem Teil des deutschen Staates.
Der 10. April soll den Anschluß Österreichs an Deutschland formal bestätigen.
Wir Kärntner Slowenen wünschen im Land politische Befriedung, kulturellen und wirtschaftlichen Fortschritt,
dem wir im neuen, großen Staat entgegensehen können. Daher werden wir am 10. April alle ohne Ausnahme zur Wahl gehen und mit dem Stimmzettel unserem Verhalten gegenüber dem Staat mit "Ja" Ausdruck verleihen. Das "Ja" am 10. April im Sinne des Nationalsozialismus ändert nichts an unserer Zugehörigkeit zum slowenischen Volkstum und am Verhältnis zu unserem Muttervolk.
Der nationale deutsche Staat mit dem Volkstumsverständnis, wie es vom Führer des deutschen Volkes und Reiches Adolf Hitler selbst vorgezeichnet wurde, muß notwendigerweise auch das andere Volkstum achten. Diese gegenseitige Achtung verlangen auch die beiderseitigen staatlichen Interessen Deutschlands und Jugoslawiens und daher sei unser "Ja" am 10. April 1938
schließlich auch ein Ausdruck unseres Wunsches nach Freundschaft beider Nachbarstaaten.
Für die slow. Organisation in Kärnten:
Dr. Franc Petek e.h. Dr. Joško Tischler e.h.[26]

Am Text fällt auf, daß darin keine wie immer geartete Begeisterung über den Nationalsozialismus oder Bewunderung seiner Leistungen zum Ausdruck gebracht wird, sondern am Anfang nüchtern die vollzogenen Fakten anerkannt werden, um dann nach der Formel "loyal zum Staat - treu zum eigenen Volkstum"[27] die eigene Entscheidung zu begründen und mit dem Wunsch nach freundschaftlichen Beziehungen zwischen Jugoslawien und Deutschland zu schließen, womit die Slowenen vielleicht auch die vage Hoffnung nach einem Minderheitenschutz auf Basis der Reziprozität verbunden haben.

Petek charakterisierte später die damalige Politik der Slowenenführung und damit auch seine eigene folgendermaßen: "Das war eigentlich keine Politik mehr, die auf irgendwelchen politischen Zielen, auf irgendeiner Ideologie oder ähnlichem fußte, sondern nur mehr eine Lebensrettungsaktion."[28] Er wollte eben die Liquidierung hinausschieben. Auch in Tischlers Rede auf der Vollversammlung des Slowenischen Kulturverbandes am 28.12.1938 kommt rückblickend zum Ausdruck, daß die Minderheit den "Anschluß" als Datum betrachtete, das sie zu akzeptieren habe, denn "wir erachten die Art der staatlichen Verwaltung als primäre Angelegenheit des Staats-, des Mehrheits-, des deutschen Volkes. ...Wenn sich das deutsche Volk eine neue Regierungsform gegeben hat, wenn es sich einen neuen Staat bestimmt hat, so ist das seine Angelegenheit; aber auch wir haben dem neuen Staat eine Loyalität erwiesen, die schwerlich einen Vergleich in der Geschichte der Völker findet."[29]

In der Tat kam es am 10. April in vielen slowenischen Gemeinden zu einem 100%-igen Wahlergebnis. Petek meint, daß diese Tatsache den "lokalen nazistischen Machthabern viel Kopfzerbrechen bereitet hat. Ein solches Verhalten verhinderte sicherlich viele Verfolgungen im lokalen Rahmen, auf welche sie sich schon vorbereitet hatten."[30] Allerdings gilt das höchstens für die lokalen Nationalsozialisten, die vielleicht verblüfft waren. Die höheren Stellen hatten schon auf ein 100%-iges "Ja" bei den Minderheiten hingearbeitet und ab einem bestimmten Zeitpunkt auch mit einem solchen Ergebnis gerechnet.[31] Petek wendet sich in seinen Memoiren auch gegen den Vorwurf der Naivität, in dem Sinne, daß die Slowenen geglaubt hätten, die Deutschen würden der Minderheit ihre Rechte geben. "Das ist freilich ein Unsinn. Wir stimmten halt so, weil es klar war wie der hellichte Tag, daß es um unsere physische Rettung geht."[32] Es dürfte richtig sein, daß sich die Slowenenführung aufgrund der realen Entwicklung sicherlich keine allzugroßen Illusionen über die Ziele der Nationalsozialisten machte.

Versuche zu überleben

Die Slowenenführung versuchte zu dieser Zeit - und das bis hin zum Angriff auf Jugoslawien - mit dem Regime irgendwie auszukommen und das Schlimmste zu verhindern. Petek schreibt, daß vor allem er auf Gespräche mit den neuen Machthabern gedrängt habe.[33] Gemeinsam mit Dr. Tischler intervenierte er am 17. 3. - wie schon oben erwähnt - bei LH Pawlowski. Er versuchte sogar über den Präsidenten des Europäischen Nationalitätenkongresses an verschiedene deutsche Nationalitätenpolitiker heranzutreten und sie um die Vermittlung einer Vorsprache anläßlich des Besuches Adolf Hitlers in Klagenfurt zu bitten[34], woraus aber letzten Endes nichts wurde. Am 14. April gab es eine Vorsprache in der Kanzlei des Reichsstatthalters Seyß-Inquart in Wien, wo den Slowenen erklärt wurde, daß die Versetzung der Geistlichen nicht Sache der Staatspolizei, sondern ausschließlich des Bischofs sei. Dieser, am 19. April darauf angesprochen, berief sich auf den schriftlichen Auftrag der Gestapo. Am 9. Mai sprachen die Slowenenvertreter mit Reichskommissar Bürckel, wobei ihnen versprochen wurde, alle Beschwerden zu verfolgen, u.a. die Frage der Vertreibung des Geistlichen und ehemaligen slowenischen Landtagsabgeordneten Ivan Starc.

Es ist bezeichnend - und dazu gibt es Parallelen schon in der Monarchie und auch noch heute -, daß die Slowenen immer wieder versuchten, zentrale staatliche Stellen, sei es in Wien oder in Berlin, um Hilfe zu rufen. In der Angelegenheit "Starc" wurde darüberhinaus versucht, die deutschen Mitglieder des Europäischen Nationalitätenkongresses einzuschalten:

"In Bezug auf Herrn Starc können wir bzw. konnten wir bisher keine positive Lösung finden, vielleicht ergibt sich noch in Wien die Gelegenheit, daß Sie vermitteln, wenn beim Gespräch die Herren aus Berlin vertreten sein werden, ich bitte Sie sehr darum. Hier (d.i. in Kärnten, Anm. d. Vf.) gibt es nur Versprechungen oder höchstens Drohungen."[35]

In der Argumentation gegenüber den neuen Machthabern lehnten sich die Slowenen auch an einzelne Elemente der nationalsozialistischen Ideologie an, was man schon an einzelnen Passagen im Aufruf zum 10. April beobachten kann. Ein weiteres Beispiel für die Übernahme von Elementen nationalsozialistischer Ideologie ist Tischlers Argumentation, wenn er sich gegen die traditionelle Kärntner Germanisierungspolitik wendet, die ja auch im ersten Jahr der NS-Herrschaft weiterbetrieben wurde. Er versucht dabei u. a. den Widerspruch einer solchen Praxis zu den Ansichten des Führers aufzuzeigen und zitiert aus "Mein Kampf": "Germanisierung kann nur am Boden, nicht aber am Menschen vorgenommen werden, am Menschen ist das nur eine erzwungene äußerliche Annahme der deutschen Sprache. Diese erzwungene Gleichheit ist eine Bastardisierung und damit eine Vernichtung des germanischen Elementes."[36] Solche Standpunkte sind sicherlich als Taktik der Argumentation gegenüber einem mächtigen Gegner zu werten, indem man seine "Theorie" gegen die Praxis auszuspielen versucht. Andererseits gab es aber auch unter der Slowenenführung mystische Ansichten über Volk, Nationalcharakter usw., was in einigen Artikeln des "Koroški Slovenec" zum Ausdruck kommt. Klarer ist der taktische Charakter der Übernahme von Elementen der NS-Ideologie dann, wenn die Loyalität der Slowenen, ihre Pflichterfüllung und vor allem ihre soldatischen Tugenden gepriesen werden, um dann gleich darauf zu verweisen, daß sich die Slowenen mit ihren Opfern für die Heimat eine bessere, eine nicht-diskriminierende Behandlung verdient hätten.[37]

Entnationalisierungspolitik bis 1941

Die loyale Haltung der Slowenen konnte nichts am Ziel ändern, sie als eigenständige ethnische Gruppe zum Verschwinden zu bringen, wie die Fortsetzung der Verfolgungen bewußter Slowenen zeigt. Es gab Fälle wirtschaftlichen Drucks, wie z. B. die Entziehung der Konzession einem Gastgewerbebetrieb in Zell am 5. 7. 1940 mit der Begründung, daß die Pächterin eine Slowenin sei. Es gab eine ganze Reihe solcher Fälle, wobei in einem weiteren die Begründung sehr interessant ist: der Betreffende sei "ein gefährlicher und fanatischer Nationalslowene, der sich öffentlich zum slowenischen Volkstum bekennt und für keinerlei Annäherung an das Deutschtum zugänglich ist."[38]

Parallel dazu kam es zu Verboten von Kultur- und Fortbildungsveranstaltungen, aber auch von einzelnen Kulturvereinen. So verbot z. B. die örtliche nationalsozialistische Führung in Bleiburg eine Kulturveranstaltung mit der Begründung, daß slowenische Veranstaltungen ausschließlich jugoslawischen Staatsbürgern vorbehalten seien, während sich die deutschen Staatsbürger ausschließlich in deutscher Sprache zu betätigen hätten.[39] Am 26. November 1938 wurde durch eine besondere Verordnung von LH Pawlowski die Abhaltung privater slowenischer Kochkurse untersagt. Auf eine diesbezügliche slowenische Beschwerde vom 3. 3. 1939 wurde formal geantwortet, daß slowenische Kurse nicht erlaubt seien, "weil sich die staatliche Bauernorganisation die fachliche bäuerliche Ausbildung vorbehalte."[40] Auf die Berufung gegen die Auflösung des slowenischen Kulturvereins in Glainach wurde vom Reichskommissar für Vereinsangelegenheiten ebenfalls formal geantwortet, daß die Auflösung vom Kärntner Landeshauptmann angeordnet worden sei und der Kommissar daher nicht zuständig sei.[41]

Alle diese kleinen Maßnahmen, von denen man nicht annehmen kann, daß die Initiative immer "von oben" kam, verfehlten ihre Wirkung sicher nicht, sodaß die Führungen einiger örtlicher Kulturvereine eingeschüchtert werden konnten. Es habe aber auch den gegenteiligen Effekt gehabt, daß nämlich durch den Druck viele "unbewußte Elemente" erst jetzt damit "beginnen, bewußt slowenisch zu sprechen", schrieb Tischler am 7. November 1938 in einem Brief an Vilfan.[42] Der negative Effekt des Druckes war wahrscheinlich stärker, da es den Nationalsozialisten schon im ersten Jahr gelungen zu sein scheint, das slowenische kulturelle Leben weitgehend lahmzulegen. Der Lagebericht des Slowenischen Kulturverbandes vom 15. Dezember 1938 an den Reichsminister des Inneren spricht davon, daß nur die slowenischen Genossenschaften noch in der Lage seien zu arbeiten.[43] Im September 1939 stellte sogar der Sicherheitsdienst ein fast gänzliches Ruhen der Kulturarbeit der Slowenen fest.[44]

Dazu trug sicher auch die fortgesetzte Verfolgung führender Slowenen bei. Am 12. Dezember 1938 verhaftete die Gestapo den Chorleiter des Slowenischen Kulturverbandes, Valentin Hartmann, und einen Monat später wurden u. a. der Oberlehrer Franc Aichholzer und der Redakteur des "Koroški Slovenec", Lado Wutej ins KZ Buchenwald gebracht.[45] Im März 1939 wurde Dr. Tischler nach Vorarlberg versetzt[46], angeblich wegen seines aufreizenden Verhaltens und slowenisch-nationaler Aktivitäten sowie auf Wunsch der Eltern, wie die übliche Begründung lautete. In Wirklichkeit scheint der Beschluß dazu aber schon im August 1938 gefaßt worden zu sein.[47]

Entscheidende Maßnahmen wurden von den Nationalsozialisten sogleich im Bereich des Erziehungswesens gesetzt. Mit dem Schuljahr 1938/39 wurden die Reste der Zweisprachigkeit auf dem Gebiet des sogenannten utraquistischen Schulwesens abgeschafft: es verschwanden 67 bisher noch zweisprachige Schulen, das slowenische Lehrbuch wurde abgeschafft, ebenso das Lernen der lateinischen Schrift, slowenische Lehrer wurden in deutsche Orte versetzt.[48] Die Entscheidung dafür wurde auf einer höheren Lehrerkonferenz im Herbst 1938 getroffen.[49] Zugleich wurden Kindergärten eingerichtet, sowohl Erntekindergärten als auch ständige, deren Germanisierungsfunktion in der Presse offen zugegeben wurde.[50] Auf Beschwerden reagierten die Behörden mit dem Hinweis auf den Wunsch der Eltern.[51] Die Kärntner Stellen verraten jedoch intern das Gegenteil. Es ging gar nicht um die Wünsche der Eltern. So schrieb der Schulreferent Kärntens, Ernst Dlaska über die Bedeutung der Kindergärten: "Es führen über die Kleinen Wege zu den verbissensten Eltern. Es führt über die Kindergärten der Weg zur deutschen Schule." Ähnlich äußerte sich der Kärntner Landesschulrat: "Über die Grenzkindergärten und ihre Lehrkräfte führt der Weg von der gemischtsprachigen zur deutschen Schule und damit zur Klarheit der Grenze", es gehe, so wiederum Dlaska, "um die Beseitigung der einzigen verwundbaren Stelle Kärntens."[52]

Die "Auswirkungen des Kindergartenbesuchs auf die Schularbeit im gemischtsprachigen Gebiet" wurden auch genau beobachtet. Der Reichsminister für Wissenschaft, Erziehung und Volksbildung verlangte einen Bericht, "in welchem Umfange die windische Mundart auch jetzt noch in den unteren Klassen hilfsweise beim Unterricht herangezogen werden muß und inwieweit die Kindergärten im gemischtsprachigen Gebiet die Arbeit der deutschen Volksschule vorbereiten." In der Antwort des Reichsstatthalters in Kärnten wurden Kurzfassungen der Berichte der Schulen des Landkreises Klagenfurt einzeln ausgewiesen und die positive Auswirkung der Kindergärten für die Eindeutschung belegt. Interessant in diesem Zusammenhang ist die Reaktion auf den Bericht aus Köttmannsdorf, wo der Bürgermeister beantragt hatte, den Kindergarten über den Winter zu schließen, "weil die Mütter da selbst Zeit hätten, auf die Kinder aufzupassen", was zur Notiz Anlaß gab: "Bgm. und Mütter sind aufzuklären, daß der Kg. keine Bewahranstalt ist!" Offensichtlich gab es auch Widerstand unter den Eltern gegen die germanisierenden Kindergärten: so wurde aus Zell berichtet, daß der Besuch sehr schlecht sei, teils wegen der Wegverhältnisse, teils aber auch deshalb, weil die Eltern ihre Kinder nicht in einen deutschen Kindergarten schicken wollten.[53]

Man kann annehmen, daß diese Entnationalisierungspolitik, die in ihrer Struktur durchaus mit jener der Jahre 1920 bis 1938 verglichen werden kann, ausgereicht hätte, um die slowenische Volksgruppe zwar nicht so schnell, dafür aber umso sicherer zum Verschwinden zu bringen. Es ist auch kaum daran zu zweifeln, daß diese Germanisierungsmaßnahmen gemeinsam mit den gleichzeitigen tiefgreifenden sozio-ökonomischen Änderungen[54] ihre Wirkung nicht verfehlt haben.

Besondere Beachtung verdient die Volkszählung am 17. Mai 1939, die auch die notwendigen Unterlagen darüber lieferte, "wieviel deutsche Staatsangehörige slowenischer Muttersprache noch einzudeutschen wären und wieviele noch auf ihrer nationalen Identität als Slowenen beharrten."[55] Karl Prušnik erwähnt in seinen Erinnerungen, daß er sich bei der Volkszählung gegen den Widerstand des Zählkommissärs als Slowene eintragen ließ und daß dies Konsequenzen gehabt hätte. Er führt unter anderem die Tatsache, daß er keinen Wehrausweis bekam, also "wehrunwürdig" war, darauf zurück.[56] Die Volkszählung beinhaltete eine doppelte Fragestellung: nach der Muttersprache[57] und nach der Volkszugehörigkeit. Nach Veiters Berechnungen wurden 43.179 Sprachslowenen (incl. windische Varianten) sowie 7.715 Slowenen und 106 Windische nach der Volkszugehörigkeit gezählt.[58]

Die Zählung ging nicht ohne politische Einflußnahme vor sich. So wurde vor und während des Zählvorgangs jenen, die sich zum slowenischen Volkstum bekennen würden, z.B. der Entzug der Kinderbeihilfe, die Aussiedlung nach Jugoslawien (im Austausch mit den dortigen Volksdeutschen) und ähnliches angedroht.[59] So berichtete beispielsweise die NSDAP-Ortsgruppe Schiefling an Maier-Kaibitsch über "eine verbissene Slowenin und tätige Fanatikerin für diese schwindende Gruppe. Sie bezieht zum Aerger der Einheimischen Kinderbeihilfe." Als sie die Eintragung als "Slowenin" verlangte, habe der Kommissär nur bemerkt: "A so? Für die Kinderbeihilfe aber ist das Deutsche Volk und der Deutsche Staat gut genug?"[60] Mit den Ergebnissen der Volkszählung hatten die Behörden ein klares Bild über die sprachlichen Verhältnisse und auch ein Verzeichnis der "unverbesserlichen", "verbissenen" Slowenen, wie einzelne Personen auf erhalten gebliebenen Erhebungsbögen der Gemeinde Haimburg klassifiziert werden.[61]

Nach dem Angriff auf Jugoslawien

Mit dem Angriff auf Jugoslawien am 6. April 1941 entfielen bei der Behandlung der "Kärntner Frage" alle außenpolitischen Rücksichten. Viele führende Slowenen wurden noch am selben Tag verhaftet, so auch Dr. Petek, der zwar kurz darauf freikam, aber nach 14 Tagen wieder in Haft genommen wurde, um mit den meisten anderen drei Monate im Gefängnis zu verbringen.[62] Von den slowenischen Geistlichen wurden 67 arretiert und nach der Freilassung aus dem zweisprachigen Gebiet gewiesen.[63] Der Slowenische Kulturverband und 43 örtliche slowenische Kulturvereine wurden aufgelöst. Die Genossenschaftszentrale "Zveza koroških zadrug" und die in sie eingegliederten 36 Sparkassen erhielten eine besondere Behandlung, sie wurden umgebildet, denn eine Auflösung ließ schwerwiegende Stockungen in der Warenverteilung befürchten.[64] Daher wurden die slowenischen Genossenschaften mit den deutschen zusammengeschlossen oder der Leitung von Kommissaren unterstellt. Erst im November 1941 wurden jedoch die formellen Verordnungen dazu erlassen.[65] Ein streng vertraulicher Bericht des "Allgemeinen österreichischen Genossenschaftsverbandes" hatte angeblich schon am 24. 6. 1937 die Vernichtung der slowenischen Genossenschaften in Kärnten gefordert und auch die dazu notwendigen Maßnahmen genannt.[66] Die Zerschlagung aller slowenischen Organisationen war nur der logische Schlußpunkt der schon 3 Jahre währenden Schikanen und Behinderungen.

Ziemlich ein Jahr genau nach dem Angriff auf Jugoslawien begann in den Morgenstunden des 14. April 1942 die wohl am meisten bekannte Aktion des Hitler-Regimes gegen die Kärntner Slowenen, die Aussiedlung. Damit wurde der Versuch gestartet, die Volkstumsfrage endgültig zu "bereinigen", indem man die "politisch unzuverlässigen" Slowenen aus dem Gau Kärnten verjagt. Die allgemeine Anordnung dazu hatte Heinrich Himmler schon am 25. 8. 1941 im Rahmen der Planung der Umsiedlung der Kanaltaler gegeben, wobei er als deren Ansiedlungsgebiete den Reichsgau Kärnten sowie das besetzte Gebiet von Südkärnten (Oberkrain und das Miesstal) bestimmte.

"Das doppelsprachige Gebiet des Reichsgaues Kärnten (ehemaliges Abstimmungsgebiet) ist zur Bereinigung der volkspolitischen Lage für die Ansetzung der Kanaltaler besonders heranzuziehen. Die Betriebe der etwa 200 slowenischen Familien dieses Gebietes, die als volks- und staatsfeindlich bekannt sind, sind zur Besetzung mit Kanaltalern heranzuziehen... Die Feststellung, welche Slowenen als staatsfeindlich zu evakuieren bzw. in das Altreich zu überführen sind, erfolgt durch die Dienststellen des Chefs der Sicherheitspolizei und des SD."[67]

Hatte man zwischendurch noch überlegt, die Aussiedlung in Kärnten technisch und rechtlich in anderer Weise durchzuführen, so wurde letztendlich doch auf den juristischen Titel der Einziehung volks- und staatsfeindlichen Vermögens rekurriert.[68]

Von der Aussiedlungsaktion am 14. und 15. April 1942 waren 221 Bauernfamilien und 1.075 Kärntner Slowenen betroffen[69], vom 85-jährigen Greis bis zum 16 Tage alten Kind.[70] Sie wurden ins RAD-Lager nach Klagenfurt gebracht, um dann in verschiedene Lager der Volksdeutschen Mittelstelle deportiert zu werden. 158 Personen wurden durch Maier-Kaibitsch im Einvernehmen mit der Gestapo vor diesem Weitertransport "von der Umsiedlungspflicht freigestellt" und, "um unnötiges Aufsehen und Gerede zu vermeiden, von uns wieder in ihre Herkunftsgemeinden zurücktransportiert".[71] Zum Stellenwert dieser Aussiedlungsaktion in den nationalsozialistischen Plänen gibt es Hinweise, wonach sie "nur der Anfang eines großangelegten Plans zur Deportation von 50.000 Bewohnern Süd-Kärntens sein sollte. Diese Absicht, die auch von Gauleiter Rainer angedeutet worden war, trat ganz eindeutig im Himmler-Erlaß vom 6. 2. 1943 zutage, in dem der Reichsführer SS und RKFDV den Wirkungsbereich der Aussiedlung der Kärntner Bevölkerung auf das spätere zweisprachige Schulgebiet ausdehnte".[72] Dazu wäre noch zu bemerken, daß sich schon die im April 1942 durchgeführte Aussiedlung auf das gesamte Gebiet des zweisprachigen Schulwesens erstreckte, also z.B. auch auf den heutigen Bezirk Hermagor, der ja nicht zum "ehemaligen Abstimmungsgebiet" gehört, wie das "doppelsprachige Gebiet des Reichsgaues Kärnten" in Himmlers Anordnung vom 25. 8. 1941 näher definiert wurde. Die sich allgemein zunehmend verschlechternde militärische Lage Hitler-Deutschlands ließ die weitgehenderen Umsiedlungspläne der Nationalsozialisten jedoch nicht mehr zur Ausführung gelangen.

Der Aussiedlung war nicht die gewollte Auswirkung beschieden, nämlich beschleunigte Entnationalisierung. Maier-Kaibitsch mußte selbst nach Berlin berichten, daß "ein gewisser Widerstand bei den zurückgebliebenen Slowenen...immer mehr bemerkbar" werde und auch der Gebrauch der deutschen Sprache gehe wieder zurück.[73] Nicht zuletzt rief die Aussiedlung die massenhafte Unterstützung des bewaffneten Widerstandes durch die slowenische Bevölkerung hervor[74], obwohl es seitens einzelner Slowenen schon seit Kriegsbeginn 1939 zum offenen Loyalitätsbruch gegenüber dem NS-Regime kam. Einige flüchteten, als sie den Einberufungsbefehl erhielten, in die Wälder, andere flohen aus Hitlers Armee. Das waren die sogenannten "Grünen Kader". Viele von ihnen zogen sich vorerst nach Jugoslawien zurück und stießen später zu einem großen Teil zur Widerstandsbewegung.[75]

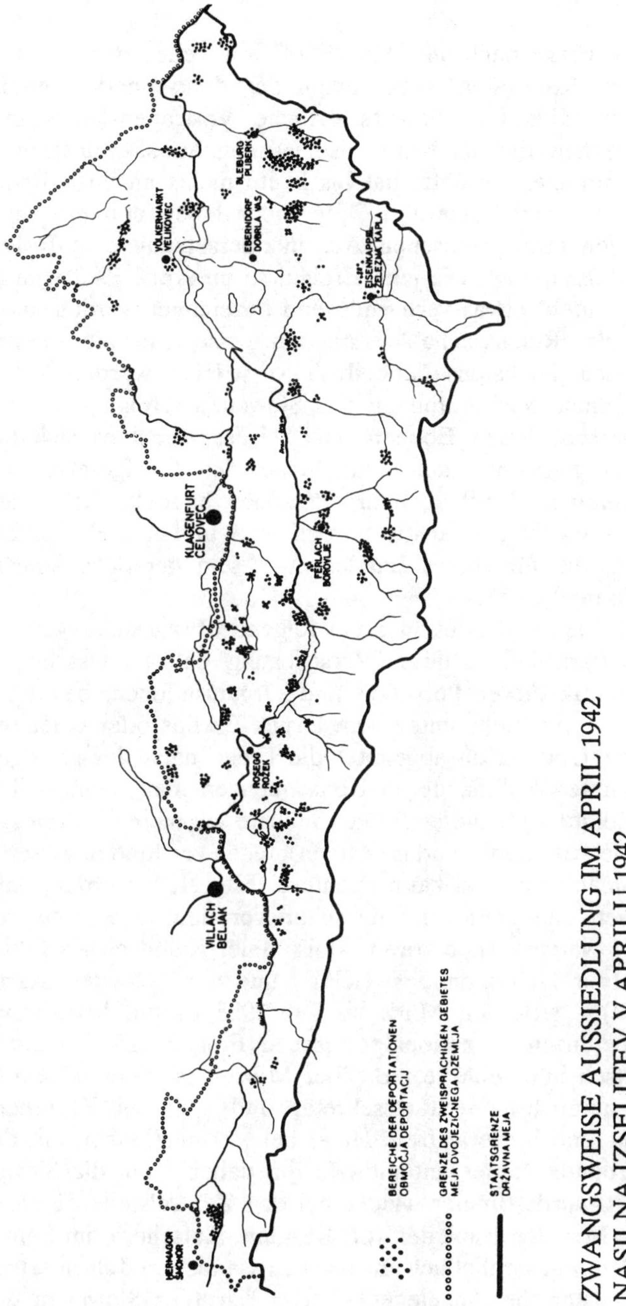

Quelle: Die Slovenen in Kärnten - Slovenci na Koroškem.
Gegenwärtige Probleme der Kärntner Slovenen - Sodobni problemi koroških Slovencev.
Borovlje-Ferlach/Klagenfurt-Celovec 1974.

Der hausgemachte Anteil an der Entnationalisierungspolitik

Die Frage nach der "Mitschuld" von Teilen der Deutschkärntner bzw. slowenischer "Renegaten" - vor allem der deutschnationalen Eliten, aber auch der kleinen Mitläufer, die das örtliche Vertrauensleute-Netz bildeten - an den Verbrechen, die der Nationalsozialismus am slowenischen Volk in Kärnten, und nicht nur hier, verübte, hat bis heute nichts an ihrer Brisanz verloren, und das nicht nur, weil Täter und Opfer noch leben, sondern vor allem weil sie in der aktuellen ethnopolitischen Auseinandersetzung eine Rolle spielt. Insbesondere die "Umsiedlung", wie jene Ereignisse im April 1942 vom FPÖ-Organ "Kärntner Nachrichten" etwas verharmlosend bezeichnet werden, möchte man "ausschließlich" als "Reichssache" verstanden wissen, in die Personen wie z.B. Maier-Kaibitsch höchstens "unheilvoll verstrickt" wurden.[76] Solche Versuche, den "hausgemachten" Anteil an der Slowenenverfolgung zu verdrängen, lassen sich auf verschiedenen Ebenen nachweisen, zumal es sich bei den Mitschuldigen ("schuldig" nicht immer im Sinne des Strafgesetzes bzw. völkerrechtlicher Bestimmungen) oft auch um Personen handelt, die im herrschenden Kärntner Landesbewußtsein positiv besetzt sind und mit Ereignissen in Zusammenhang stehen, die für dieses Landesbewußtsein geradezu konstitutiv sind (z.B. "Abwehrkampf").

Ich meine, daß es hier um folgende Fragestellungen geht: Haben die beteiligten Personen zu ihrer "Verstrickung" selbst etwas beigetragen? Welches war die Politik dieser Personen und Organisationen, bevor sie - in ihren eigenen Augen - nur mehr unter dem Druck Berlins oder einer ominösen SS gehandelt haben? Und davon abgeleitet die Frage nach der geistigen Vorbereitung einer bestimmten Politik, deren Konsequenzen man dann vielleicht ablehnte. Wegen der Komplexität dieser Fragen möchte ich meine kurzen Ausführungen dazu nur als eine Art unvollständige Anmerkungen verstanden wissen.

Zunächst einmal kann nüchtern festgestellt werden, daß jene Kärntner Institutionen und Personen, die schon vor dem "Anschluß" mit der Slowenenfrage befaßt waren - allen voran Alois Maier-Kaibitsch als führender Funktionär des "Kärntner Heimatbundes" (KHB) und vor 1924 des "Kärntner Heimatdienstes" (KHD) - sich von März bis Juli 1938 darum bemühten, die entscheidenden Kompetenzen in nationalpolitischen Fragen bei sich zu konzentrieren. Maier-Kaibitsch intervenierte z.B. über Miltschinsky bei seinem Kärntner Landsmann, dem nunmehrigen Staatssekretär und späteren Kärntner Gauleiter Friedrich Rainer und forderte freie Hand bei Verhandlungen mit dem slowenischen Kulturverband. Rainer unterstützte ihn dabei.[77] Da die Slowenen, wie schon oben gezeigt wurde, immer wieder bei den Zentralstellen Hilfe suchten, intervenierte am 2. Mai der Gauleiter von Kärnten, Kutschera, im Sinne einer "Regelung der Probleme ausschließlich im eigenen Land." Im Juli übertrug dann der Reichsinnenminister die Angelegenheit der Kärntner Slowenen dem Kärntner Landeshauptmann, der eine "Volkstumsstelle" in Klagenfurt mit den vier Grundaufgaben: Beobachtung, Planung, Beratung und Berichterstattung einzurichten hatte. Die Stelle wurde mit 1. August eingerichtet, Leiter wurde Maier-Kaibitsch.[78]

Bei einer Besprechung am 18. November 1938 erntete Maier-Kaibitsch mit seiner Volkstumsstelle bereits hohes Lob: "Die Zusammenarbeit von Partei, Staat und Schutzorganisation ist durch Personalunion gewährleistet: Maier-Kaibitsch ist Gauamtsleiter, Leiter der vom Ministerium für innere und kulturelle Angelegenheiten angeregten Volkstumsstelle, Gaubeauftragter der Volksdeutschen Mittelstelle und Vorsitzender des Kärntner Heimatbundes, ebenso wie er als Vorsitzender des Landesverbandes Kärnten des VDA in Aussicht genommen ist."[79]

Die initiative Haltung der Kärntner Stellen zeigt sich u. a. auch darin, daß verschiedene Denkschriften, so z. B. jene über die Notwendigkeit des Anschlusses des Mießtales und des Dreiecks von Assling, 1940 von der Gauleitung Kärnten bzw. von Maier-Kaibitsch verfaßt wurden[80] und daß auch der erste bekannte Hinweis auf die "Bereinigung" der Volkstumsfrage durch Umsiedlungen größeren Umfangs aus Kärnten stammt. Im September 1940 legte Ing. Nimpfer[81] einen Planungsbericht vor, worin er "das Gebiet von Eisenkappel-Zell/Pfarre, in dem rund 290 Höfe existieren, die ausschließlich in volksfremden Händen sind," als Ansiedlungsmöglichkeit für die Grödner Talgemeinschaft vorsah.[82]

Die zweite Frage ist jene nach den Kontinuitäten in der Politikstruktur bestimmter Personen oder Organisationen vor und nach 1938. Solche können sowohl für den KHB als auch für seinen Geschäftsführer nachgewiesen werden. Der Apparat des KHB konnte nahezu unverändert wahrscheinlich mitsamt der Mehrzahl der Vertrauensleute in die NS-Struktur übernommen werden und hat ihr gute Dienste geleistet. Doch schon vor dem "Anschluß" standen sowohl die Organisation als auch ihr Leiter in den Diensten des Nationalsozialismus. In der Verbotszeit stellte Maier-Kaibitsch die Organisation des Kärntner Heimatbundes der illegalen Partei zur Verfügung[83], das Haus der Heimat in Eberndorf diente als getarnter Treffpunkt illegaler Nazisten[84] und in der illegalen Gauleitung war er Referent für das gemischtsprachige Gebiet mit seinen nationalpolitischen Fragen.[85] Die Tätigkeit von Maier-Kaibitsch wurde von Friedrich Rainer, dem späteren Gauleiter, in einem Brief vom 17. Mai 1938 - gerichtet an Maier-Kaibitsch - folgendermaßen gewürdigt:

> "...Sie haben sich bereits im Jahre 1933 der NSDAP zur Verfügung gestellt, u. zw. wenn ich an die Besprechungen knapp nach dem Verbot erinnern darf, gerade nach dem Verbote der Partei, also seit dem Beginne des illegalen Kampfes. Bis zur Juli-Erhebung haben Sie wo immer Sie konnten, für die Partei gearbeitet, sowohl im Geheimen, wie auch durch ein offenes Bekenntnis, wobei Sie ja manchmal weitergingen als ich selbst es für ratsam hielt. In dieser Zeit standen Sie mir, der ich den Nachrichtendienst der SS-Standarte Kärnten über hatte, zur Verfügung und waren einer meiner wichtigsten geheimen Mitarbeiter. Ich habe in dieser Zeit wohl die wichtigsten Nachrichten aus dem gegnerischen Lager durch Sie bekommen und umgekehrt auf dem Wege über Sie immer wieder Einfluss ausüben können. Sie haben in der harten Zeit nach der verlorenen Julierhebung beim Wiederaufbau der Partei uns gedeckt und uns getarnte Arbeitsmöglichkeit geboten. Sie haben selbst, vor allem seit 1936 den Aufbau der Arbeit des Kärntner Heimatbundes in der Zone so durchgeführt, dass ich diese Arbeit immer nur als Muster einer Volkstumsarbeit hinstellen konnte. Dieser Neuaufbau war ausschliesslich von nationalsozialistischem Geiste getragen und geschah in engster Zusammenarbeit mit den illegalen Formationen der Bewegung, die auf diese Weise in der Abstimmungszone ihre Tarnung, die notwendige

Unterstützung und ihre Arbeitsgebiete bekam. Ich hatte in diesen Jahren seit 1936 die politische Leitung und habe bei dieser Aufgabe, soweit sie Kärnten betraf, in Ihnen meinen besten Mitarbeiter gefunden. Sie mussten, um Ihre Volkstumsarbeit aufrecht erhalten zu können, sich äusserlich mit der Regierung gutstellen. Dadurch waren Sie in einer Schlüsselstellung. ..."[86]

Der dritte Problembereich bezieht sich auf die Frage von Kontinuitäten in der Minderheitenpolitik. Schon bei oberflächlicher Betrachtung zeigen sich Parallelen zwischen der Aussiedlung im Jahr 1942 und den Ansiedlungsaktionen Reichsdeutscher in Kärnten in den 30er Jahren, als der KHB in Zusammenarbeit mit dem VDA ("Verein (ab 1933 Volksbund) für das Deutschtum im Ausland") und anderen einschlägigen Organisationen versuchte, "fremdvölkischen" Boden in deutsche Hände zu bekommen.[87] Die Aufgaben des KHD sind immer dieselben: Sammeln von Daten über die "nationalen Slowenen" und ihre Besitzverhältnisse. Sicher gab es einen Unterschied in den Methoden: vor 1938 war es nur wirtschaftliche Not, d.h. sozio-ökonomischer Zwang, wodurch Slowenen ihren Grund und Boden verloren hatten, nach 1938 kam manifeste Gewalt dazu. Das Germanisierungsinstrumentarium bestand schon vor 1938 im Ausnützen von politischen und ökonomischen Abhängigkeiten, der KHB wachte in engem Kontakt mit der Landesregierung über Kreditvergaben, Personalentscheidungen usw.[88]

Zuletzt stellt sich die Frage nach der geistigen Vorbereitung der NS-Politik in Kärnten. Diese beginnt m.E. nach der Volksabstimmung von 1920 spätestens mit jener denkwürdigen Erklärung des Landesverwesers Dr. Arthur Lemisch anläßlich einer Festsitzung des Kärntner Landtags am 25. November 1920, in welcher das Zurückschieben der Sprachengrenze bis zur Landesgrenze innerhalb einer Generation zum Programm erhoben wurde.[89]

Ein nach eigenen Worten "allmählich Bekehrter" bemerkt zu solchen Ideen folgendes: "Es gibt Menschen, die seit jeher in dem bloßen Vorhandensein der slowenischen Minderheit längs der ehemaligen Grenze eine Gefahr erblicken, und in ihren Reihen sind wohl die geistigen Urheber der nun erfolgten Aussiedlung zu suchen."[90]

Anmerkungen

In den Anmerkungen verwendete Abkürzungen:
MALj = Mestni arhiv Ljubljana
IfZKlag = Institut für Zeitgeschichte an der Universität in Klagenfurt

1 H. Haas/K. Stuhlpfarrer, Österreich und seine Slowenen, Wien 1977, S. 74.
2 T. Zorn, Med plebiscitom in napadom na Jugoslavijo, in: Vestnik koroških partizanov, Jg. 5, Nr. 2, Ljubljana 1972, S. 31.
3 K. Stuhlpfarrer, Germanisierung in Kärnten, in: Neues Forum, Dezember 1972, S. 40.
4 Siehe "Koroški Slovenec", Nr. 1, 4.1.1939.
5 Haas/Stuhlpfarrer, Slowenen, S. 75, mit dem Zitat eines Vermerks von Barth vom 8.4.1938.
6 Ebenda, S. 75.
7 Dr. Franc Petek (1885-1965) war 1923 bis 1934 slowenischer Landtagsabgeordneter, bis

1941 als Vertreter der Kärntner Slowenen auch auf internationalen Minderheitenkongressen tätig. Nach 1945 prägte er als Vorsitzender verschiedener slowenischer Organisationen in Kärnten das politische Leben der Minderheit entscheidend mit.

8 F. Petek, Iz mojih spominov, Ljubljana/Borovlje 1979, S 196f. Den Memoiren von Petek ist ein umfangreicher, von J. Pleterski unter Mitarbeit von T. Zorn verfaßter Anmerkungsteil hinzugefügt (S. 217-287 des Buches).

9 Ebenda, S. 198.

10 Ebenda.

11 Ebenda, S. 196.

12 T. Zorn, Koroški nacistični tisk o slovenskih vprašanjih v letih 1932-1933, in: Borec, Ljubljana, 1976, Nr. 8/9, S. 484.

13 B. Grafenauer, Germanizacija treh Avstrij, in: Koroški zbornik, hrsg. von B. Grafenauer, L. Ude und M. Veselko, Ljubljana 1946, S. 273.

14 Vinko Poljanec (1876-1938), Geistlicher und Bauer, 1908 bis 1938 Pfarrer in St. Kanzian, 1921 als slowenischer Abgeordneter in den Kärntner Landtag gewählt, 1932 auch als Vertreter der Slowenen in die Landwirtschaftskammer. Ich folge in der Darstellung der Ereignisse im Jahr 1938 hauptsächlich einem Nekrolog in "Naš tednik" Nr. 33 vom 17.8.1978.

15 Zorn, Med plebiscitom, S. 33.

16 Ebenda, S. 32.

17 "Koroški Slovenec", Nr. 12, 23.3.1938.

18 Zit. nach "Freie Stimmen", Nr. 66, 22.3.1938.

19 Zit. nach "Koroški Slovenec", Nr. 15, 13.4.1938.

20 Zit. nach "Kärntner Tagblatt" Nr. 73, 30.3.1938.

21 Bericht von Dr. J. Tischler über die "Angelegenheit Starc", November 1938, MALj, Vilfan-Nachlaß, Fasz. 10, Fol. 703. Für den Hinweis und die Überlassung der Kopien aus dem Vilfan-Nachlaß danke ich Herrn Dr. T. Domej.

22 M. Zwitter, Izselitev, in: Koroška v borbi, hrgs. von "Zveza bivših partizanov Slovenske Koroške", Klagenfurt/Celovec 1951, S. 17.

23 Aufruf der nationalsozialistischen Landesregierung, zit. nach "Freie Stimmen", Nr. 64 vom 18. 3. 1938. Diese Meldungen stehen im Zusammenhang mit jugoslawischen Presseberichten bzw. der Zurückweisung dieser Berichte.

24 Vgl. G. Putz, Die Kärntner Slowenen und die Kirche. Salzburg 1982, S. 196f.

25 Bericht Tischler über die "Angelegenheit Starc".

26 Zit. nach "Koroski Slovenec", Nr. 13, 30.3.1938, eigene Übersetzung aus dem Slowenischen, Hervorhebungen im Original. Die Begriffe "narod, narodni" usw. wurden dem damaligen Sprachgebrauch entsprechend immer mit "Volk, völkisch, Volks-" usw. übersetzt.

27 In diese Richtung argumentierte auch der slowenische Geistliche J. Starc in einer Darstellung des Hergangs und der vermutlichen Motive seiner Ausweisung, November 1938. MALj, Vilfan-Nachlaß, Fasz. 10, Fol. 528.

28 Petek, Iz mojih spominov, S. 198f.

29 J. Tischler, Rede am 28.12.1938, zit. nach "Koroški Slovenec", Nr. 1, 4.1.1939.

30 Petek, Iz mojih spominov, S. 202.

31 Haas/Stuhlpfarrer, Slowenen, S. 75f.

32 Petek, Iz mojih spominov, S. 202.

33 Ebenda, S. 204.

34 Siehe Brief von J. Vilfan an W. Hasselblatt vom 31.3.1938, MALj, Vilfan-Nachlaß, Fasz. 8, Fol. 696.

35 Brief von Dr. J. Tischler an Dr. J. Vilfan vom 14.12.1938, MALj, Vilfan-Nachlaß, Fasz. 10, Fol. 707.

36 Tischler-Rede am 28. 12. 1938, nach "Koroški Slovenec" Nr. 1, 4.1.1939.

37 Vgl. J. Tischler, Rede am 28.12.1938, zit. in "Koroški Slovenec", Nr. 2, 11.1.1939.

38 Nach Zorn, Med plebiscitom, S. 33f.

39 Siehe "Koroški Slovenec", Nr. 8, 22.2.1939.

40 "Koroški Slovenec", Nr. 10, 8.3.1939.

41 "Koroški Slovenec", Nr. 8, 22.2.1939.

42 MALj, Vilfan-Nachlaß, Fasz. 10, Fol. 701.

43 Haas/Stuhlpfarrer, Slowenen, S. 82.

44 Haas/Stuhlpfarrer, Slowenen, S. 83.

45 Zorn, Med plebiscitom, S. 33f.
46 "Koroški Slovenec" Nr. 10, 8.3.1939.
47 Haas/Stuhlpfarrer, Slowenen, S. 83.
48 "Koroški Slovenec" Nr. 1, 4.1.1939.
49 Zorn, Med plebiscitom, S. 36.
50 Ebenda.
51 Bericht über das Gespräch zwischen LH Pawlowski und Vertretern der Slowenen am 3. März 1939, nach "Koroški Slovenec", Nr. 10, 8.3.1939.
52 Zit. nach Haas/Stuhlpfarrer, Slowenen, S. 80.
53 Briefwechsel des Reichsministers für Wissenschaft, Erziehung und Volksbildung mit dem Reichsstatthalter für Kärnten im November und Dezember 1943. BA Koblenz, R 21/274. Ich bin Dr. Tone Ferenc sehr zu Dank verpflichtet, der mich auf dieses Dokument aufmerksam gemacht hat. Obwohl es aus der Zeit nach dem Angriff auf Jugoslawien stammt, illustriert es die Funktion der Kindergärten im gemischtsprachigen Gebiet auch für die frühere Periode der NS-Herrschaft sehr deutlich.
54 Vgl. T. Domej, Prvo leto pod kljukastim križem. Unveröffentl. Manuskript (1987), S. 7f.
55 Haas/Stuhlpfarrer, Slowenen, S. 83.
56 K. Prušnik-Gasper, Gemsen auf der Lawine, Klagenfurt/Ferlach 1980, S. 31.
57 Die Kategorie "Muttersprache" wurde jedoch in den Erläuterungen des "Kärntner Grenzrufs" mit der Umgangssprache gleichgesetzt. Siehe dazu: T. Zorn, Nacistično ljudsko štetje leta 1939 na Koroškem, in: Zgodovinski časopis 27(1973)1-2, S. 92f.
58 Th. Veiter, Die Sprach- und Volkszugehörigkeit in Österreich nach den Ergebnissen der Volkszählung von 1939, in: Europa ethnica 22(1965), S. 115 u. 120.
59 Zorn, Štetje leta 1939, S. 93.
60 Schreiben der NSDAP-Ortsgruppe Schiefling an Pg.Landesrat Maier-Kaibitsch vom 5.6.1939, IfZKlag.
61 Zorn, Štetje leta 1939, S. 93.
62 Vgl. Petek, Iz mojih spominov, S. 214f. Tischler war nicht darunter, denn er war ja schon Anfang März 1939 nach Vorarlberg versetzt worden.
63 Zwitter, Izselitev, S. 18.
64 T. Ferenc (Hg.), Quellen zur nationalsozialistischen Entnationalisierungspolitik in Slowenien 1941-1945, Maribor 1980, S. 344.
65 M. Zwitter, Razvoj pravnega položaja naših zadrug, in: Svoboda, Klagenfurt/Celovec, 1949, Nr. 1, S. 6.
66 Ebenda. Der Autor bezeichnet die Quelle nicht genauer, sondern erwähnt nur, daß das Dokument im Nachlaß des kommissarischen Leiters der slowenischen Genossenschaften in Kärnten gefunden wurde.
67 Anordnung Nr. 46/I des Reichsführers SS und RKFDV vom 25.8.41, zit. nach Ferenc, Quellen, S. 232.
68 A. Walzl, Die Juden in Kärnten und das Dritte Reich, Klagenfurt 1987, S. 267f.
69 Siehe Bericht der Leitstelle Klagenfurt des Stabshauptamtes des Reichskommissars für die Festigung deutschen Volkstums über die Aussiedlung von Slowenen aus Kärnten vom 18. 4. 1942, in: Ferenc, Quellen, S. 418-421. Außerdem St. Karner, Kärntens Wirtschaft 1938-1945, Klagenfurt 1976, S. 120.
70 Zwitter, Izselitev, s. 20.
71 Bericht der Leitstelle, in: Ferenc, Quellen, S. 420f. Vgl. zu diesem Thema allgemein L. Krall, Die Aussiedlung der Kärntner Slowenen. Zur nationalsozialistischen Außen- und Volkstumspolitik, Diplomarbeit, Klagenfurt 1985, wo in einem eigenen Kapitel auch das Schicksal der Ausgesiedelten und ihre Lebensbedingungen in den Lagern der Volksdeutschen Mittelstelle behandelt werden.
72 St. Karner, Kärntens Wirtschaft, S. 124. Vgl. auch Zwitter, Izselitev S. 26. Walzl weist darauf hin, daß es anscheinend schon im Sommer 1941 einen Plan gegeben habe, wonach man auf einen Schlag sofort rund 50.000 Slowenen aussiedeln wollte. Pawlowski sei, als er davon erfahren habe, zum Reichsminister des Inneren, Dr. Frick, nach Berlin gefahren, um gegen diesen Plan zu protestieren. Er "drohte angeblich mit seinem sofortigen Rücktritt, wenn eine solche Massenaussiedlung erfolgen sollte, weil er persönlich mit einer solchen Sache nicht in Verbindung gebracht werden möchte und er als Regierungspräsident in so einem Falle auch nicht mehr geordnete Verhältnisse und eine funktionierende Verwaltung in Kärnten garantieren könne." (Walzl, Die Juden, S. 267).

73 Zit. nach Haas/Stuhlpfarrer, Slowenen, S. 87.

74 Siehe dazu Pregnanstvo in upor - Vertreibung und Widerstand, hg. vom Verband ausgesiedelter Slowenen, Celovec/Klagenfurt 1982. Die Broschüre ist zwar ohne wissenschaftlichen Apparat, bietet aber einen guten Überblick. Vor allem zum militärischen Aspekt vgl. J. Rausch, Der Partisanenkampf in Kärnten im Zweiten Weltkrieg (= Militärhistorische Schriftenreihe 39/40), Wien 1979. Rausch beleuchtet z. T. auch politische Hintergründe, wobei seine Darstellung des Verhältnisses des "in Kärnten gewachsenen" Widerstandes zum gesamtjugoslawischen kritisch diskutiert werden müßte. Vgl. dazu T. Z. (= Zorn), Avstrijsko delo v NOB na avstrijskem Koroškem, in: Vestnik koroških partizanov Jg. 14 (1980), Nr. 1/2, S. 72-75.

75 Prušnik-Gasper, Gemsen, S. 32ff.

76 Aus einem Nachruf auf Maier-Kaibitsch mit dem Untertitel "Sein Lebenswerk galt dem Lande Kärnten" in den "Kärntner Nachrichten", Nr. 1, 9.1.1959.

77 Vgl. Haas/Stuhlpfarrer, Slowenen, S. 75f.

78 Ebenda, S. 77.

79 Zit. nach ebenda, S. 78.

80 Ferenc, Quellen, S. 14-20.

81 Ing. Konrad Nimpfer, SS-Untersturmführer, Leiter der Hauptabteilung II (Planung) der Dienststelle des Beauftragten des RKFDV in den besetzten Gebieten Kärntens und Krains in Veldes/Bled. Maier-Kaibitsch war damals der Leiter der Hauptabteilung I (Menschenführung), später stieg er zum Leiter der Dienststelle auf. (Siehe Ferenc, Quellen, S.261f.)

82 Haas/Stuhlpfarrer, Slowenen, S. 84.

83 T. Ferenc, Kärntner Heimatbund in njegov voditelj v službi nacizma, in: Prispevki za zgodovino delavskega gibanja, Ljubljana 1974, Nr. 1-2, S. 264.

84 T. Zorn, Kärntner Heimatbund v letih 1935-1942, in: Prispevki za zgodovino delavskega gibanja, Ljubljana 1974, Nr.1-2, S. 241.

85 Ferenc, Kärntner Heimatbund, S. 264.

86 Zit. nach Ferenc, Kärntner Heimatbund, S. 265f.

87 T. Zorn, Iz germanizacijskih prizadevanj na Koroškem med obema svetovnima vojnama, in: Zgodovinski časopis 24(1970), Nr. 1-2, S. 98f.

88 Vgl. H. Haas, Genesis und Funktion minderheitenfeindlicher Politik in Kärnten, in: Raumplanungsgespräch Südkärnten, red. von W. Brunbauer, Wien 1977, S. 17-44.

89 Vgl. "Kärntner Landsmannschaft", Nr. 85, 15.12.1920.

90 J.F. Perkonig, Aus der Denkschrift, betreffend die Aussiedlung von Kärntner Slowenen, in: J.F. Perkonig, Landschaft und Mensch, Klagenfurt 1967, S. 340.

Gert Kerschbaumer

DER DEUTSCHE FRÜHLING IST ANGEBROCHEN...

Glücksversprechen, Kriegsalltag und Modernität des Dritten Reiches - am Beispiel Salzburg

In diesem quantitativ begrenzten Beitrag können nur einige von den NS-Machthabern gezogene und einige verdeckte, zum Teil disparate Spuren aus den Macht- und Betroffenenperspektiven konturiert werden, können nur Schlaglichter und somit ein unvollständiges Mosaik der Alltags-, Feiertags- und Festkulturen in der Region Salzburg geboten werden. Die Spurenauswahl umfaßt die Erste-Mai-Feiern, Traumreisen, Preise für Bedarfsgüter (Gebietsschutz) und Reaktionen, Reklameschilder und Schaufensterdekoration, Kartensystem und Kompetenzverlagerungen sowie Tauschen. Im letzten Kapitel wird versucht, eine an die Alltagsgeschichtsschreibung gestellte Forderung zu erfüllen: Theorien zu entwickeln oder zumindest jene anzuwenden, welche es erlauben, zwischen der Makro- und Mikroebene der Geschichte, zwischen der Politik und der Welt der kleinen Leute zu vermitteln. In dieses theoretische Kapitel fließen auch einige Ergebnisse von Untersuchungsbereichen ein, die hier nicht oder nur fragmentarisch beleuchtet werden: Arbeit, Geld, Essen, Trinken und Rauchen, Kleidung, Bewegung (Infrastruktur, Fremdenverkehr, Motorisierung, Reisen u.a.), Schule und Jugenderziehung, Forschung und Lehre, Kunst, Medien und Feiern.[1]

Erster Mai - Ritual der Klassenpartnerschaft

"Der deutsche Frühling ist angebrochen, der Mai ist gekommen. Großdeutschland ist geworden, das Volk ist einig. Tausend Jahre Sehnsucht, Opfer und Glauben sind nun erfüllt. Deutsche, freut euch des Lebens, denn wir besitzen einen Adolf Hitler!"[2]

Die Substantive Frühling und Mai sind Schlüsselwörter, die im Menschen innere Vorgänge, Gefühle in Bewegung setzen, die Erlebtes, Gesehenes und Gehörtes abrufen. Die Natur erwacht, Wiesen und Wälder blühen und grünen, Vögel singen, Liebe und Freude kehren ein, Bursch und Mädel lieben sich, Menschen jubilieren und tanzen, der Einzug des Frühlings wird gefeiert.

In diesem positiven Bedeutungsfeld befinden sich die Wörter Großdeutschland, Volk, einig usw.; Natur und politisches Geschehen werden verknüpft. Der vollzogene "Anschluß" und die angeblich hergestellte "Volksgemeinschaft", politische und ideologische Vorgänge, sind auf der sprachlichen Bedeutungsebene so organisiert, daß sie Teil des Naturgeschehens werden. Soziale Kämpfe seien zum Stillstand gebracht worden, soziale Hoffnungen haben sich erfüllt, die Geschichte der Deutschen habe sich in eine erfüllte Ruhe verwandelt. Die kommerzielle Verwertung entlarvte schon im nächsten Augenblick das falsche Spiel:

"Das Leben wird schöner! Das ist die frohe Parole des 1. Mai - Nun geht nur noch ein Haupttreffer der neuen (Jubliäums)-Klassenlotterie ab. Älteste arische Klassenlotterie-Geschäftsstelle: Paul Appel (...)"[3]

Ein Tagesschriftsteller hingegen lenkte den Haß auf den Geldkapitalismus, auf die beschnittenen und unbeschnittenen Börsenjobber, Spekulanten und Parasiten, und fordert: "Laßt sie über die Klinge springen oder zu den Comanchos bringen - euern Skalp, Messieurs, euern Skalp!"[4]

Die "Deutsche Arbeitsfront" (DAF) erinnerte an den "Mißbrauch" des Ersten Mai: Zuerst habe die rote internationale Jugend für die Herrschaft des Proletariats demonstriert, Ströme von Blut seien geflossen, der Jude habe sich die Hände gerieben, dann seien die Tage "dieser lächerlichen Jugendkundgebungen" gekommen. Ein Salzburger DAF-Funktionär, Anton Resch (ehemaliger Sozialdemokrat), schürte den Haß gegen den gemeinsamen Feind von Arbeitern und Nationalsozialisten, gegen die Schuschnigg-Diktatur, unter der sie in Kerkern und Anhaltelagern geschmachtet hätten. Dem Führer sei man zu Dank verpflichtet, weil er den Frieden herbeigeführt, den Hunger beseitigt, Arbeit und Brot gegeben habe. Abschließend bestätigte Resch den Salzburger Arbeitern, daß sie mit "der Abkehr vom Juden, vom Klassenkampf und von der Internationale Moskaus" und mit der Wahl Adolf Hitlers am 10. April "wertvolle nationale Sozialisten" geworden seien.

Auch Hitler löste in seinen Maireden Frühling und Mai von der Bedeutung Klassenkampf und Not. Das Fest des Frühlings sei zum Tag des Kampfes, des Klassenkampfes geworden. Erst die nationalsozialistische Revolution habe bewirkt, daß dieser Tag wieder zum Festtag des Frühlings werden konnte, eines "wirklichen deutschen Frühlings", zum Festtag der Schaffenden und damit zum Festtag der deutschen Volksgemeinschaft. "Die Klassen werden überhaupt beseitigt, um an ihre Stelle das Volk, die Volksgemeinschaft zu setzen!"[5]

Die Maifeier bedeutete vorerst nur Präsentation des soziokulturellen Wir des Landvolkes; der Maibaum ist ein Zeichen dieser kulturellen Identität. Die NS-Regie verwandelte das "uralte germanische Lebenssymbol", das seit Jahrhunderten in den Dörfern Süddeutschlands und Österreichs im Mittelpunkt des Frühlingsfestes stand, in den symbolischen Mittelpunkt der Präsentation der "Volksgemeinschaft". Die auf dem Lande zum Brauchtum gewordenen Handlungen, das Einholen, Aufstellen und Umtanzen des Maibaums, das Maisingen usw., wurden Elemente des Ersten-Mai-Szenariums.

1938 wurde eine bayerische Fichte von Mitgliedern der HJ und der DAF an der ehemaligen Staatsgrenze abgeholt, aus den Händen der "Brüder" aus Bayern mit einer "zündenden" Ansprache übernommen, unter Musikbegleitung zum Residenzplatz gefahren, mit Bändern, Reisig, einem Kranz und zehn Zunftzeichen geschmückt und von Handwerkern fachmännisch aufgestellt. Dabei erklang das Lied "Freut euch des Lebens". 1939 wurde der vom "Sagenberg" der Salzburger (Untersberg) stammende Baum in einem festlichen Zug, an dem Betriebsgemeinschaften, Zünfte, Trachtenvereine, HJ, BdM und Musikkapellen teilnahmen, zum Volksgarten gefahren, von BdM und HJ geschmückt und von einer

Pionierabteilung aufgestellt. Ein "Maisingen" auf zehn Plätzen verwandelte Salzburg in eine "singende Stadt".

"Salzburger, rüstet für den 1. Mai! (...) Kein Haus, keine Betriebsstätte, kein Fahrzeug soll am 1. Mai ohne Festkleid sein. Jedes Schaufenster zeigt das Bild des Begründers des Großdeutschen Reiches, unseres Führers Adolf Hitler, in würdiger Form."[6]

1938 lief ein Spektakel, dem in Umfang und Wirkkraft nur die Winterhilfswerk-Veranstaltungen nahekamen. Arbeiter, Angestellte, Direktoren, Unternehmer, SA- und SS-Angehörige formierten sich am Vormittag des 1. Mai 1938 auf fünf Plätzen der Stadt Salzburg zu einem großen Festzug. 16.000 Männer marschierten sternförmig und "mit klingendem Spiel" zum Residenzplatz. Die Teilnehmer bildeten durch Kommandos, gegenseitigen Druck, Schritt, Rhythmus, Musik und Lied eine sicht- und hörbar gemachte "Gemeinschaft". Die eroberten "roten" Straßen und Plätze waren festlich dekoriert. Frauen und Kinder standen Spalier. Die "Betriebsgemeinschaften" (Arbeiter, Angestellte, Unternehmer) nahmen um den Maibaum und die Fahnenträger, NS-Formationen und Musikkapellen vor der Ehrentribüne die vorgeschriebenen Positionen ein. Ein DAF Funktionär erstattete dem "Gauleiter" die Meldung: "16.000 Arbeitende sind hier angetreten, um die Rede Adolf Hitlers zu hören, 16.000 Hand- und Kopfarbeiter, Gefolgsleute und Betriebsführer!"[7] Die Massenkundgebung gipfelte im "Gemeinschaftsempfang" der Führerrede, die eine "moderne" Anlage übermittelte. Der "Gauleiter" dankte der "Tat des Führers". Die Herrschenden und das "Volk" sangen gemeinsam die "Lieder der Nation".

Die Mitwirkenden stellten sich auf dem Residenzplatz in einer Feierordnung den Zeitgenossen. Die NS-Regie führte diese Ein- und Unterordnungshandlung nach Plan aus. Dom, Residenz, Blumen, Grün, Volkslieder und Maibaum - Symbole der Heimat - sowie Hakenkreuzfahnen, NS-Uniformen und NS-Lieder gaben den Rahmen und die Bausteine (Requisiten) für das organisierte Ritual. Zu den Wirkkräften gehörten also repräsentative Bauten, Zeichen der klerikal-absolutistischen Glanzzeit Salzburgs, eine Dekoration, Lieder, Märsche, Uniformen: ein Ensemble, das Heimat- und NS-Elemente verknüpfte. Besonderes Augenmerk legte die Regie auf die Umgrenzung des Ritualraumes. Die drei Plätze beim Dom besitzen einen "steinernen Rahmen", der das Attraktionselement "Heimat" (Identität und Geborgenheit) symbolisiert und durch die Begrenzung das Gefühl der Geschlossenheit weckt und verstärkt.

Die Regie organisierte die Mitwirkung und Unterordnung aller Leistungs- und Besitzklassen. Die Beteiligten bildeten eine durch militärische Handlungen entstandene "Gemeinschaft", die den Repräsentanten der Macht, die sich auf der Tribüne befanden, unterstellt war. Der 1. Mai bedeutete nicht mehr Demonstration der Arbeiterbewegung, sondern Präsentation der "Volksgemeinschaft", die durch das Absehen von sozialen Gegensätzen und unterschiedlichen Interessen sowie durch Unterstellung bestimmt ist.

Die Organisatoren boten darüber hinaus ein umfangreiches kulturelles Programm, das ebenfalls auf Herausbildung und Vertiefung der "Volksgemeinschaft" hinwirkte. "Kraft durch Freude" (KdF) veranstaltete Konzerte, ausgeführt vom Mozarteum- und Theaterorchester im Hochkulturmilieu. Das Stadttheater, eine Laienspielgruppe, eine Jugendtanzgruppe, der Salzburger Volksliedchor und der Volksgesangsverein traten im Festspielhaus, im Stieglkeller und in anderen Gaststätten auf. Eine Militärmusikkapelle spielte den Dr. Ley gewidmeten Arbeitsfrontmarsch "Stirne und Faust". Die so eingestimmten Werktätigen und "Betriebsführer" trafen sich zu einem "Gemeinschaftsessen".

Die NS-Volkswohlfahrt stellte im Volksgarten zehn Fahrküchen zur Massenausspeisung auf. 3.000 Arbeitslose und Arme erhielten je eine Portion Gulasch mit Brot. Außerdem wurden 4.000 Krügel Bier ausgeschenkt und 27.000 Zigaretten verteilt. Auch die Privatwirtschaft war aktiv. "Öffentlicher Dank! Die 20 arbeitslosen Frauen danken dem Besitzer des Hotels Europe für die sehr gute Bewirtung am 1. Mai. Heil Hitler!" Salzburger Betriebe organisierten "Gemeinschaftsabende". Diese Abende verliefen "in schönster Harmonie". "Gefolgschaft und Betriebsführer saßen kreuzfidel beisammen und genossen so recht die Freude der ersten nationalsozialistischen Mai-Feier." Hotelbesitzer, Gastwirte und deren "Gefolgschaften" verbrachten in "inniger Kameradschaft" einen "Freut-euch-des-Lebens"-Abend im Stieglkeller. Etliche Unternehmer korrumpierten ihre Arbeiter und Angestellten ohne Umweg über die "innige Kameradschaft"; sie machten ihnen "Geschenke" in Form von Geld.

Der Umfang des militärischen Teils (Sternmarsch und Appell) der Maifeier des Jahres 1939 war deutlich kleiner. Der Schwerpunkt lag auf dem von KdF arrangierten "Volksfest" im Volksgarten. Das Programm bestritten Heimatvereine (Volksliedchor, Alpinia u.a.), BdM- und Jungmädelgruppen sowie Betriebssportvereine. Rings um den Maibaum befand sich ein Podium für Darbietungen. Eine HJ-Laiengruppe führte ein Spiel auf, das die Austreibung des Winters und den Einzug des Frühlings zum Inhalt hatte. Beim allgemeinen Tanz habe die Stimmung den Höhepunkt erreicht.

1939 kam ein neues Element hinzu: die Ehrung von Arbeitsjubilaren. Angestellte und Arbeiter, die in einem Betrieb 10 und mehr Jahre tätig waren, erhielten als "Ehrengabe" eine Urkunde, ein "Treuedienstabzeichen", ein Führerbild oder ein Exemplar der NS-Bibel "Mein Kampf". Die Ehrung mehrerer Arbeitsjubilare im Rahmen eines Betriebsappells sollte sowohl gemeinschaftsbildend als auch leistungsmotivierend wirken. Im Krieg reduzierte sich die Feierhandlung auf Jubilarsehrungen und Fitneßmärsche. Am letzten 1. Mai der NS-Zeit dankte der "Gauleiter" den Arbeitern für die im Gedenken an Stalingrad "freiwillig" geleisteten unbezahlten 36.000 Arbeitsstunden.

Madeira - ein zerronnener Traum

Der Erste Mai, die KdF-Wagen-Aktion ("Dein KdF WAGEN"), die erste KdF-Fahrt nach Hamburg und auf Helgoland (Teilnehmer: Sozialisten und Kommunisten), KdF-Reisen für jedermann ("Reist mit K.d.F. durch die Welt!") - Viele Menschen dürften erstmals ein Wort gehört haben, an das die Propaganda Wünsche und Bedürfnisse koppelte, ein Zauberwort, das Wein, Zucker, Liebe,

Meer, Sonne, Glück und Freiheit in einem bedeutete, das im Munde der kleinen Leute förmlich zergehen und den Traum von Freiheit und Glück lostreten mußte: *Madeira*, eine Insel voll grüner und blumiger Hügel, der Schönheit und des Friedens, eine Insel, die den Beinamen "achtes Weltwunder", "letztes Paradies" trägt, eine Trauminsel im Atlantik, die zu den Ilhas Adjacentes gehört, wo die Hocharistokratie ihren Urlaub verbrachte und der letzte Kaiser bis zu seinem Tode lebte, wo in eine schöne Bucht mit tiefem Wasser Kreuzfahrtschiffe einliefen, nun auch die "Deutsche Arbeiterflotte", die dem kleinen Mann alles das, was er als Arbeiter und politisch Entmündigter nicht hatte, zu verwirklichen schien.

Einige Tage Urlaub, doch wenig oder kein Geld für Reisen, keine Devisen, das Machen von Glück und das Verwirklichen von Träumen verlernt oder nie gelernt, so könnten kurz und bündig die Lage und Inkompetenz eines Menschen in der Zeit der Weltwirtschaftskrise und des "Ständestaates" skizziert werden. Die Mitgliedschaft bei der DAF und erspartes Geld bildeten die Voraussetzungen zur Realisierung eines Traumes, einer Pauschalreise auf einem Schiff in ein fernes Land. KdF bot 1938 und 1939 je zwei einwöchige "Nordlandfahrten", Schiffsreisen mit der "Wilhelm Gustloff", der "Robert Ley" und der "Stuttgart" nach Norwegen zu Sozialtarifen (70 bis 80 RM einschließlich Verpflegung und Unterkunft), und zwei Mittelmeerreisen (rund um Italien) an.

Da hieß es: Nach dem sozialen Unrecht des verflossenen Systems können die Menschen durch die DAF mit ihren Einrichtungen sozialen Frieden, Volksgemeinschaft und soziale Leistungen erwarten. Was der Marxismus jahrzehntelang versprochen, aber niemals gehalten habe, nämlich den arbeitenden Menschen teilhaben zu lassen an den Segnungen und Gütern des kulturellen Lebens, an den Schönheiten der Natur, ihm seine Feierstunden zu gestalten, das habe der Nationalsozialismus wahr gemacht. "Kraft durch Freude" fungierte als attraktives Vehikel, das die mit der "Befreiung" aufgebrochenen Erwartungen, Hoffnungen usw. zu erfüllen schien. KdF versprach Glück, die Menschen erwarteten sich Glück, konkret: Konsumartikel, ein eigenes Auto, eine Urlaubsreise usw. Die NS-Werbung mobilisierte bestimmte Wirkmittel: kräftige systembindende Impulse. Das Regime habe "die Sehnsucht der Arbeiterschaft nach Verbürgerlichung" wachgehalten, meint Hans Dieter Schäfer.[8] Schäfer ist davon überzeugt, daß das Regime die Arbeiterschaft vor allem durch die Sicherheit und die Aufstiegschancen und die mittleren und gehobeneren Schichten mit einer breiten Konsumgüterproduktion an sich gebunden habe. - Fiktion in den Köpfen der Zeitgenossen, "deutsche Lebenswirklichkeit" oder theoretische Naivität?

In eine Falle sollte der denkende Mensch aus der Retrospektive nicht tappen: das Glücksversprechen, die Inszenierungen, die angebotenen Weltreisen etc. für das zu nehmen, was die soziale Realität des "Dritten Reiches" ausmachte. An der "Jungfernfahrt" der "Robert Ley" nach Madeira nahm lediglich das Salzburger Marionettentheater teil, das die Auserwählten mit zwei Mozartstücken erfreute; der Salzburger Arbeiter blieb zu Hause. Und von den sechs angebotenen Nordland- und Mittelmeerfahrten konnten nur 186 Salzburger

Gebrauch machen. Über die soziale Zusammensetzung findet sich kein Hinweis. In der mickrigen Zahl kommt jedenfalls das überzogene Glücksversprechen deutlich zum Ausdruck. Kam Österreich in den Genuß des vom NS-Regime fortwährend propagierten und von einigen Wissenschaftlern behaupteten "Aufbaus" in den eineinhalb "Friedens" - und fünfeinhalb Kriegsjahren? Reproduzieren die in heiliger Naivität geschriebenen Arbeiten über die "Lebenswirklichkeit" die in die kleine Welt gesetzten Mythen und Legenden?

Der nationalsozialistische Alltag unterschied sich vom republikanischen Alltag, er erhielt durch den inszenierten und theatralisierten Bruch Festcharakter. Der zu einem Festtag verwandelte Alltag, dessen Wirkmittel die Menschen aus dem Grau und Schwarz, der Vereinzelung usw. heraushoben, die "Volksgemeinschaft" festigten und die Herrschaft sicherten, dieses attraktive, emotional wirksame Szenarium unterschied sich vom Alltag hinter den Kulissen und vom Kriegsalltag (noch im April 1938 gingen die ersten Transporte politischer Gegner nach Dachau; Menschen mußten zur Existenzsicherung ständig von der Legalität in die Illegalität und zurück wechseln; die Sorge um den Sohn an der Front mündete sehr oft in unbeschreiblichem Leid). Diese verschiedenen Alltagsebenen haben tiefe und widersprüchliche Spuren im Gedächtnis der Menschen zurückgelassen.

Völlerei hinter der Wirtschaftsgrenze

Die Stadt Salzburg habe schon vor dem "Anschluß" eine "Hochpreisvorpostenstellung" behauptet, lautete eine zeitgenössische Kritik. Diese den Lebensstandard schmälernde Stellung beseitigte auch die "Wiedervereinigung" nicht, denn mit ihr kam ein Strom von KdF- und Individualreisenden aus Deutschland, deren Kaufkraft, bedingt durch niedrigere Lebenshaltungskosten und den günstigeren Umrechnungskurs, größer war als die der Österreicher. Die "Brüder aus dem Norden" hamsterten, verschoben und konsumierten Waren, die im eigenen Land knapp oder nicht mehr vorhanden waren. Auch die paradiesisch anmutende Gegenwelt des kleinen Bruders verführte zur Völlerei:

> "Und ein Essen gibt's da unten ... Backhendl, Wiener Schnitzel, Zwetschenknödel und Kaiserschmarrn - man wußte oft nicht, womit man anfangen sollte. Dazu der Heurige..."[9]

Niemand wird die Erfolge bei der Beseitigung der Arbeitslosigkeit bestreiten. Diese führten auch in Österreich zu einer Erhöhung des gesamten Lohn- und Gehaltseinkommens. Die gestiegene Nachfrage konnte aber nicht gedeckt werden, denn die Produktion von Lebensmitteln und sonstigen Gütern und damit auch das Angebot hielten nicht Schritt. Hinzu kam ein anderer Faktor, der diese Schere weiter öffnete: der von der promodernistischen Theorie ignorierte "Gebietsschutz".

Die DAF kritisierte im Oktober 1938 auf eine unüblich scharfe Weise die bisherige Wirtschafts- und Sozialpolitik. Von jedem Deutschen in der "Ostmark" sei nach dem "Anschluß" eine Angleichung der Preise der wichtigsten

Bedarfsgüter des täglichen Lebens an die des "Altreiches" und damit eine erhebliche Preissenkung bzw. Verbilligung erhofft worden.[10] Diese Hoffnungen hatten sich deshalb nicht erfüllt, weil bis Ende September 1938 die Zollgrenze, an der für die meisten Waren Zölle eingehoben wurden, aufrecht blieb. An die Stelle der Zölle rückten im Oktober Gebietsschutzzuschläge, nachdem für etliche Branchen (Lebensmittel, Möbel, Brennmaterial, elektrische Bedarfsartikel, Textilien, Schuhe) Gebietsschutzabkommen zwischen dem "Altreich" und Österreich getroffen worden waren, in denen fixiert war, daß in den genannten Branchen auf unbestimmte Zeit nichts oder nicht mehr als bisher unter der Wirksamkeit der Zölle nach Österreich eingeführt werden dürfe. Diese Gebietsschutzmaßnahmen, die im Interesse der österreichischen Industrie festgelegt wurden, waren so dicht, daß das alte Preisniveau praktisch auf allen Gebieten erhalten blieb. Die DAF, die in der erwähnten Kritik nicht nur das Sprachrohr der Konsumenten, sondern auch der Unternehmer zu sein scheint, prophezeite negative Folgen: Wirtschaftlich bedeute der Gebietsschutz den Untergang weiterer Zweige des Handels. Sozial bedeute er die Unmöglichkeit für breite Bevölkerungsschichten, ihren Lebensstandard dem des "Volksgenossen im Altreich" anzupassen, ja in manchen Fällen überhaupt die wichtigsten Lebensbedürfnisse ausreichend zu befriedigen. Politisch bedeute er eine Verhinderung "des restlosen Aufgehens der Ostmark in der Einheit des Reiches" oder mit anderen Worten eine Aufrechterhaltung des Begriffes "hüben und drüben".[11]

Der "Gauleiter" vertrat gegenüber dem Reichswirtschaftsminister die Meinung, der Gebietsschutz komme einer Einfuhrsperre gleich und führe zu Verknappungserscheinungen. Der Bedarf an Textilien von etwa 180% gegenüber dem Jahre 1937 könne durch die heimische Erzeugung nur zu etwa 70% gedeckt werden. Die Gestapo Salzburg meldete im März 1939 dem "Reichsführer SS" Klagen und Beschwerden der Bevölkerung und "reichsdeutscher" Beamter über die unerträglichen Preisverhältnisse in Salzburg. Der "Gauwirtschaftsberater" behauptete, die hohen Preise seien fast ausschließlich auf das bestehende Abkommen zurückzuführen. Die Meldung über dessen Aufhebung sei eine Täuschung, die für die Lebenshaltung der breiten Masse wichtigen Artikel seien nicht betroffen und in Salzburg seien weiter höhere Preise als im Altreich festzustellen.[12]

Ausmerzung der Kapitalismussymbole und sattes Friedensmilieu

Der "Gauleiter" ließ am 12. November 1938 eine Meldung verbreiten, die den Eindruck eines auf einer Hatz errungenen Sieges vermittelt: Das Land sei "restlos judenfrei". Im Zuge der bald darauf gestarteten Aktion "Dorfbildverschönerung" sollten die "nacktes Gewinnstreben" demonstrierenden Reklameschilder entfernt und durch handwerklich hergestellte kunstvolle Geschäfts- und Innungsschilder ersetzt werden. Die Symbole des Kapitalismus fielen erst der Metallspendeaktion des Jahres 1942 zum Opfer. Die mitten im Krieg begonnene Fassadenneugestaltung ließ die Häuser auf dem Alten Markt in "neuer Pracht" erstehen. Nach Kriegsende hätte die ganze Altstadt Salzburgs gefärbelt und dekoriert werden sollen. Kapital und Politik arbeiteten gemeinsam an der profitträchtigen Peripheriefassade des industriell fortgeschrittenen Hegemonialstaates.

Wenige Tage nach Kriegsbeginn ließ der "Gauwirtschaftsberater" den "Gauleiter" wissen, daß er Kontrollen in der Richtung vornehmen lasse, "ob das Gesamtbild der Schaufenster entsprechend würdig und politisch richtig ist".[13] Das politisch hochbrisante Problem der Kontingentierung und Verknappung von lebensnotwendigen Produkten schloß auch die Gestaltung und Dekoration der Schaufenster ein. Den Kaufleuten wurde unmißverständlich erklärt, die Verknappung dürfe unter keinen Umständen dazu führen, daß die Schaufenster und Regale das Gesicht vollkommen änderten, daß sie vernachlässigt werden oder sogar gähnende Leere böten. Eine öffentlich ausgesprochene Drohung lautete, die verfügbare Ware sei "in angemessener Form und Menge" in die Schaufenster und Verkaufsräume zu geben und dürfe nicht "ungebührlich" zurückgehalten werden. Wer zuwiderhandle, vergehe sich gegen die kriegswirtschaftlichen Gesetze und schließe sich aus der "Volksgemeinschaft" selbst aus.[14] Diese Drohungen führten dazu, daß einige Geschäfte Angebote von Mangelwaren oder schon länger nicht mehr vorhandenen Waren in Form von Attrappen oder mit "unverkäuflichen Dekorationsstücken" vortäuschten. Dieses so erzeugte satte Friedensmilieu entsprach zwar den Vorstellungen der Machthaber, provozierte auch Nachfragen und in der Folge Konflikte, die das Regime verhindern mußte.

Der vom "Salzburger Heimatwerk" 1943 abgewickelte Schaufensterwettbewerb legte Zeugnis ab für "die optisch sichtbare Kulturhöhe unserer Stadt" und "die Traditionstreue der Salzburger Heimat". Etliche Geschäfte präsentierten "Schätze" der Volks- und Handwerkskunst. Es zeige sich in einzelnen Auslagen sehr deutlich, daß auch im 5. Kriegsjahr noch volle und üppige Geschäfte beglücken können. Ein Schaufenster in Saalfelden habe neben geschmackvoller, thematisch richtiger Dekoration auf die neue 400-Gramm Brotzulage in guter Aufmachung hingewiesen, heißt es in einem Propagandabericht. Der 1. Preis des Wettbewerbes ging an ein Wäsche- und Strickwarengeschäft in der Getreidegasse. Eine Abbildung der Auslage läßt folgendes erkennen: ein über einem Hocker liegendes faltenbildendes Tuch mit dem Hakenkreuz, eine Schleife mit der Aufschrift "Die Heimat dankt", einen Blumenstrauß und ein über diesem Ensemble hängendes Hitlerbild.

Bürokratisches Gehäuse und Kompetenzverlagerung

Das Regime stülpte über die Individuen ein bürokratisches Gehäuse von zuvor nie gekannter Stärke und mit vielen Windungen, was freilich nicht ohne sozialpolitische Auswirkungen blieb. Viele Männer verloren durch Einberufung und Teilnahme am Krieg ihren Platz in der Familie, in ihrem traditionellen Milieu. Deren Kompetenzen und auch fragwürdige Autorität hätten nun auf die Frauen und Mütter übergehen können. Sie waren es, die arbeiteten, Geld verdienten und ausgaben, Lebensmittel und Bekleidung herbeischafften, die Kinder erzogen und den Platz des Vaters am Eßtisch einnahmen. Nun kam aber auf dem legalen Markt dem Geld nicht mehr jene Funktion und Bedeutung zu wie vor dem Krieg. Die Waren mußten zwar nach wie vor bezahlt werden, wurden aber nur gegen Übergabe von Marken der Lebensmittel- und Kleiderkarten verkauft. Die Zellen- und Blockwalter der NS-Volkswohlfahrt, Funktionäre und Repräsentanten der nationalsozialistischen Macht, händigten diese Karten aus, stellten sie richtig und wechselten sie aus. Sie registrierten auch die Personaldaten, wußten Bescheid über die Familienverhältnisse, über die Aktivitäten und die Spendenwilligkeit (Winterhilfswerk) der einzelnen Familienmitglieder u.a. mehr.

Die Frauen und die Block- und Zellenwalter besetzten nach und nach die durch die Ausschaltung der traditionellen Autorität vakante Position. Kompetenzen und Macht der neuen Autoritäten waren jedoch ungleich stark verteilt. Mindestens einmal im Monat erschien der NSV-Mann mit den neuen Karten und ermöglichte so der Frau den Einkauf. Auch wenn diese ein Anrecht darauf hatte, bildete sich ein neues Abhängigkeitsverhältnis, ja sogar eine Hörigkeit heraus. Der Nationalsozialismus schlüpfte in die Rolle des Quasiernährers, des allmächtigen Vaters. Der Sachverhalt, daß das Regime vielfach auch die Position des Verteilers von Arbeit, des Entscheidungsträgers über die Vergabe und den Wechsel von Arbeitsplätzen einnahm, stellt einen weiteren Faktor dar, der Kompetenzen und Macht weg von den traditionellen Milieus und den Individuen und hin zu den staatlichen Instanzen verschob. Die Einbeziehung der Frau und Mutter in den Arbeitsprozeß, die verlängerte Arbeitszeit und die Verschlechterung der Verkehrsverhältnisse schränkten die Erziehungs- und Ernährungskompetenzen ein und beschleunigten so den Prozeß der Fremdvergesellschaftung, der Verlagerung von Macht und Kompetenzen von den Individuen auf den Staat.

Legaler und illegaler Kriegsmarkt

Das Lebensmittelkarten- und Bezugsscheinsystem war das wichtigste Instrument zur Steuerung der Verteilung und des Verbrauchs. Der Lebensmittelkarte kam allerdings nur auf dem legalen Markt eine Steuerungsfunktion zu. Geld fungierte in den letzten Kriegsjahren auch auf dem Schwarzmarkt nicht mehr ausschließlich als Tausch- und Zahlungsmittel. Unter der Schlagzeile "Gibst Du mir, dann geb' ich Dir..." wetterte die "Salzburger Zeitung" gegen die "üble Unsitte" im Kriegsalltag, die Ausführung einer Arbeit, die Bereitstellung von Material und die Zurverfügungstellung von Arbeitskräften von Gegenleistungen, von der Bezahlung durch Verabreichung eines Essens ohne Marken und durch Mangelwaren ("Zigarettenwährung") abhängig zu machen. Beide Teile ("unsaubere Elemente") handelten verbrecherisch, stempelten sich zum "Volksschädling". Je stärker die Preise auf dem Schwarzmarkt stiegen und je knapper die Arbeitskräfte und die Güter ("Mangelwaren") wurden, desto stärker wurde die Bereitwilligkeit zur Arbeit vom Angebot von Mangelwaren und Gegenleistungen gesteuert. Das Wort Kompensation war früher niemandem geläufig. Kompensation half nun vielen aus der augenblicklichen Not, verwischte aber immer mehr die Grenze zwischen legal und illegal. Arbeitskräftemangel, Warenverknappung, Qualitätsverminderung, Kaufkraftüberhang, Inflation sowie die hieraus entstandenen Verhaltensweisen im Alltag der Menschen: Hamstern, Wucher, Tausch, Diebstahl usw., müssen als unausbleibliche Folgen der Kriegswirtschaft verstanden werden. Aus den bearbeiteten Spurenblöcken kann aus Platzgründen nur ein Ausschnitt vorgestellt werden.

Der Tausch beschränkte sich während des Krieges nicht auf rationierte Bedarfsgüter, er umfaßte alles Brauchbare, weil alle Güter mehr oder weniger von der Verknappung betroffen waren. Der Tausch war nicht nur erlaubt, er wurde von den Instanzen gefördert und sogar institutionalisiert. Es gab auch Ausnahmen: Wenn jemand etwa ein Piano angeboten hätte, um dafür eine halbe Sau zu bekommen, so wären kriegswirtschaftliche Bestimmungen verletzt worden. Einige "bewirtschaftete" Waren (Lebensmittel u.a.) waren vom legalen Tauschmarkt ausgeschlossen.

Bald nach Kriegsbeginn entwickelte sich die Rubrik "Tausch" im Anzeigenteil der Tageszeitungen zu einer über die NS-Zeit hinausreichenden lebensnotwendigen Einrichtung. Die Inserate geben ein Bild von den Bedarfswünschen der Bevölkerung und den in den Haushalten vorrätigen bzw. nicht vorrätigen Mangelwaren, die entbehrt werden konnten, die ihren Gebrauchswert für den Besitzer eingebüßt hatten, für andere Menschen aber nützlich waren. Hin und wieder finden sich in der Presse auch groteske Tauschwünsche, deren Realisierung vermutlich auf sich warten ließ. Im März 1945 wollte eine Salzburgerin vom Nationalsozialismus "sang- und klanglos", nicht jedoch ohne kräftiges Schuhwerk Abschied nehmen: "1 Band Sang und Klang, gut erh. z. Wahl g. D.-Goiserer 38, B 3315 Hammerer".

Die von der DAF in einem Großkaufhaus eingerichtete Umtauschsstelle führte nach drei Monaten 3.000 Kunden in der Kartei, wickelte innerhalb von sechs Monaten 3.400 Tauschgeschäfte ab. In einem Jahr seien 11.000 Gegenstände, vor allem Schuhe, Wäsche, Kleider, Stoffe, Kochgeräte und Kinderwagen zum Tausch übernommen worden; 7.000 haben den Besitzer gewechselt. Bei der Schätzung fungierte Geld als Wertmaßstab, und der Tauschvorgang war nicht wie auf dem freien Markt von der Willkür, von den Launen und Zufälligkeiten bestimmt. Besonders gefragt war der Ringtausch, dessen Durchführung sich zwar als sehr mühsam erwies, aber den Vorteil hatte, daß der Tauschkunde meist zum gewünschten Gegenstand kam. Die DAF übte eine "Treuhänderfunktion" aus: Die Gegenstände blieben bis zum erwarteten Tauschangebot im Eigentum des Kunden. Die Salzburger Umtauschstelle behauptete, daß sie die einzige im Reich sei, die den Ringtausch durchführe und die Treuhänderfunktion ausübe, und wies stolz darauf hin, daß sie von der Wochenschau aufgenommen worden sei und die Universität Freiburg sich mit ihr befaßte habe. Das Regime versuchte selbst aus einer Noteinrichtung noch propagandistisches Kapital zu schlagen.

Unser Faschismus - "Modernität" und ihre Kontinuität

Die historische Anthropologie wendet sich bei ihrer Rekonstruktion der menschlichen, vor allem der Lebensbereiche der "kleinen Leute" Quellen zu, die bislang von der Forschung ignoriert oder bestenfalls belächelt wurden; sie begibt sich auf eine Spurensuche und -sicherung, die vom Perspektivenwechsel von oben nach unten, von der Diplomatie- und Politikgeschichte zur Geschichte des All- und Festtages der Menschen geleitet wird; sie fragt und sucht nach den Bedürfnissen, Erwartungen und Erfahrungen des "gefesselten und entfesselten" Menschen; sie beschreibt und deutet gleichzeitig den *Wandel*.[15]

Die von Jürgen Habermas erarbeitete Theorie des kommunikativen Handelns erlaubt, zwischen dem System und den Erfahrungen in der "kleinen Welt" zu vermitteln und die Konzepte von Modernisierung und Fortschritt zu entkoppeln, sie als partiell deckungsgleich (Erweiterung von Lebenschancen) oder als gegensätzlich (bürokratischer Kältetod, Unterwerfung) zu deuten. Habermas verweist auf die Gefahr, daß sich bei der Konstituierung moderner Gesellschaften die Gewichte zu stark zugunsten "systemischer Ordnungen" verschieben, sodaß diese die Lebenswelten durchfluten. Der Prozeß wird als Kolonisierung von Lebenswelten bezeichnet.[16]

Auch das "Projekt Ideologie-Theorie", entwickelt aus den Faschismusanalysen Antonio Gramscis, bietet sich als ein für den anthropologischen Ansatz brauchbares Modell an.[17] Gramsci analysierte, wie die staatlichen Apparate die (halb-) autonomen Einrichtungen (Parteien, Gewerkschaften, Presse, Sportvereine usw.) entweder eliminieren oder umwandeln und schlucken, wie die freien Spielräume für kollektive und individuelle Betätigung und Entfaltung zerschlagen werden. Das genannte Projekt bestimmt das Ideologische als "ideelle Vergesellschaftung" von oben (Staat im engeren Sinn) oder von unten (Selbstvergesellschaftung). Die Bindeglieder zwischen dem Staat und den Individuen an der Basis sind Gesetze, bürokratische Maßnahmen und politisch-ideologische Rituale, welche die Unterstellung der Menschen als Tätigkeit organisieren (siehe Erste-Mai-Feiern).

Im Fokus der Untersuchung stehen die "Kompetenzen", stehen der Zuwachs und der Entzug von Handlungszuständigkeiten und Fähigkeiten zur Befriedigung von Bedürfnissen und die daraus entwickelbaren Fertigkeiten; unterschieden wird zwischen politisch-ideologischen Kompetenzen (Planen und Machen der Lebensbedingungen) und technischen und kooperativen Kompetenzen. Die Ergebnisse der auf der Basis dieser Ansätze und Modelle gemachten Untersuchungen werden mit den von einigen Forschern vertretenen Modernisierungstheorien konfrontiert.

Die moderne Gegenwart sei Fortschritt; und die Zukunft sei nur die Konsequentmachung der Gegenwart mit gegenwärtigen Mitteln, sodaß Revolution nicht nötig und allenfalls woanders (z.B. in der Dritten Welt) genehm sei, so eine Beschreibung der promodernistischen Variante der Geschichtsphilosophie.[18]

Die system- und gegenwartsaffirmativen Modernisierungstheorien sind angloamerikanischen Ursprungs (Vorbild USA: höchster Entwicklungsstand von

Industrie, Technik und Wissenschaft); Modernisierung sei ein langfristiger, zum Teil gewaltsamer Transformationsprozeß, der eine Erweiterung der Zugangschancen zu den Gütern, verstärkte Differenzierung und erhöhte Partizipation einleite. Im deutschen Faschismus habe sich ein Modernisierungsschub vollzogen, der Nationalsozialismus sei ein Wegbereiter der modernen Demokratie: Schwächung der traditionellen Bindungen, Eliminierung unkontrollierter Verhaltensweisen, Erhöhung der Aufstiegschancen, Anstieg der sozialen Mobilität, Zusammenbruch der Klassenstruktur usw. (Vertreter: Barrington Moore, David Schoenbaum, Ralf Dahrendorf u.a.).

Ernst Hanisch plädiert in bezug auf Salzburg für eine partielle Modernisierung: überproportionales Anwachsen des tertiären Sektors (Fremdenverkehr).[19] Er beruft sich u.a. auf die Thesen Jean Fourastiés (Die große Hoffnung des 20. Jahrhunderts). Der primäre Sektor verliere seine Bedeutung als Hauptarbeitgeber (Technisierung); der industrielle Sektor wachse stark an; der Bedarf nach Produkten dieser Sektoren könne zunehmend leichter gedeckt werden und nähere sich einem Sättigungspunkt; eine moderne Gesellschaft sei durch die Dominanz des tertiären Sektors gekennzeichnet (=stabiles Endstadium). Alle drei Sektoren einer Nationalwirtschaft sind also Wirkungsfelder des Modernisierungsprozesses, und der tertiäre Bereich kann nur mit einem Unterbau von primärer und sekundärer Produktion funktionieren.

Einige Thesen Jürgen Kockas (Stand-Klasse-Organisation) lauten: Die ständische Einfärbung des Klassenunterschiedes habe die Besitzklassen stärker gespalten. Für Europa seien die übergreifenden berufsständischen Einheiten (Gewerkschaftsbund, Arbeiter- und Handelskammern, Industriellenverband) typisch; in den USA hingegen gebe es berufsspezifische Einheiten, entsprechend den Leistungsklassen, z.B. die der Truckfahrer, der Hochbauingenieure usw.; freie Lohnarbeit und freie Verfügung über das Kapital seien typische kapitalistische Merkmale; alles werde über den Markt geregelt.

Die Befunde meiner Arbeit werden auf folgende Punkte gebracht: Unter dem Druck der Erwartungen und Hoffnungen der Menschen des Residenzplatzes, im Zuge der Verwirklichung der NS-Wirtschaftsprogramme, der kriegswirtschaftlichen Maßnahmen und der psychologischen Kriegsführung schwollen in erster Linie der tertiäre Sektor, vor allem die Bürokratie und der kulturelle Aktivismus an; auch ein Technisierungs- und Zentralisierungsschub ist erkennbar; die Landwirtschaft verlor jedoch ihre Bedeutung als "Arbeitgeber" nicht (Fremdarbeiter, Kriegsgefangene), trotz der Umschuldungen, des Einsatzes technischer Apparate und der Einführung der von der Zweiten Republik übernommenen zentralgesteuerten Kriegsmarktordnung; das Anwachsen des industriellen Sektors war ebenfalls kriegskonjunkturbedingt (Baumaterialien, Holz, Metall u.a.), aber eindeutig nicht konsumorientiert; der legale Markt nach dem Vorbild USA brach zusammen, an seine Stelle schoben sich parteiamtliche und sonstige bürokratische Organisationen, welche die Lebenschancen, den Zugang zu ihnen steuerten und kontrollierten; der Bedarf nach Produkten der Landwirtschaft und der Industrie näherte sich keineswegs einem Sättigungspunkt, konnte aufgrund der Steuerungs- und Kontrollmaßnahmen sowie der Ausplünderung der eroberten und besetzten Gebiete im Vergleich zum Ersten Weltkrieg jedoch leichter gedeckt werden; der "Gau der guten Nerven" (Salzburg, Österreich insgesamt?) besaß keinen soliden Unterbau von primärer und sekundärer Produktion, war abhängig von anderen Versorgungsgebieten; die Bindungen an die traditionellen Milieus (Familie, Gewerkschaft, Kirche u.a.) schwächten sich ab, die an den bürokratisch organisierten Staat wuchsen, das Gehäuse der Macht und Autoritätshörigkeit erhielt zusätzliche Windungen und Schikanen (z.B. Kartensystem, Reichskleiderkarte für Reisen); "die" Kultur oder, wie US-amerikanische Kulturkritiker spöttisch formulieren: "german culture with capital K", Kultur als etwas aus dem profanen Alltag des Normalverhaltens Herausragendes und Abgesetztes (Festspiele usw.), fand in zuvor nie gekanntem Ausmaß zu den "Massen", welche "die" Kultur nicht haben, weil sie eine andere haben oder hatten (Hochkultur als Ersatz für Selbstbestimmung und Demokratie).

Durch die betriebene Politik des Kriegs-deficit-spending verschwand die Arbeitslosigkeit, stieg das Gesamteinkommen - hätte der materielle Wohlstand vergrößert werden können, hätten nicht folgende Faktoren kontraproduktiv gewirkt: die Rüstungsausgaben; das Auseinanderklaffen von Angebot und Nachfrage, verschärft durch das enorme Anwachsen des Fremdenverkehrs (KdF-, Rüstungs- und Fronturlauber, Verwundete); die hohen Preise in Österreich und vor allem in Salzburg; das Ausplündern der Geschäfte durch "Reichsdeutsche"; die Gebietsschutzabkommen; die Einschränkung der freien Lohnarbeit (Verhinderung der Abwanderung von der Landwirtschaft in die Industrie, Arbeitsbuch, Kriminalisierung); die restriktive Schulpolitik (Durchlässigkeit reduziert, kein Aufstieg durch Bildung); die Erhöhung der Arbeitszeit (absolute Mehrwertproduktion = regressiv, Ausbeutung der Frauen); die Einberufungen zum Militär und der Tod vieler Menschen.

Österreich war schon in den Jahren 1938/39 weit entfernt vom Stadium der "modernen Konsumgesellschaft", und auch die von Hans Dieter Schäfer für Deutschland behauptete Tendenz hin zur Konsumgesellschaft ist für Österreich nicht erkennbar. Das Regime mobilisierte zwar in diese Richtung gehende Erwartungen; die Privatwirtschaft ritt auf dieser Propagandawelle mit, weckte Bedürfnisse, die in Österreich nur durch Umgehung der protektionistischen Maßnahmen (Gebietsschutzabkommen) oder durch größere finanzielle Aufwendungen befriedigt werden konnten. In den Jahren 1939 bis 1945 jedenfalls war Österreich das Gegenteil einer modernen Konsumgesellschaft.

Die Propagierung vorindustrieller und heimatlicher Inhalte und Formen wirkte dahin, die Mangelerscheinungen zu verbergen, den vom fortschrittlichen Bürgertum in Gang gebrachten und von der Arbeiterbewegung beschleunigten politisch-ideologischen Emanzipationsprozeß auszubremsen, das Bewußtsein vom sozio-ökonomischen Wandel, der vor allem der Industrie, der Mode und der Avantgardekunst anhaftet, durch das Bewußtsein von der unveränderlichen, dem Kapitalismus entgegengesetzten Ordnung der Welt, von der Wirtschaftsform des "ganzen Hauses", von der Geborgenheit und Sicherheit zu ersetzen. Proletariat und Industrie blieben aus der Kunstpalette ausgespart, das Moment der Gleichzeitigkeit von Ungleichzeitigem, der "Heimatkunst" und der sozioökonomischen

Verhältnisse, ist evident. Hinter der Fassade der Volkskunst, des Handwerks und des Erbes versteckten sich Gewalt und Ausbeutung, Kriegstechnologie und deren Zerstörungskapazität, Auflösung von Traditionen und sozialen Bindungen.

Der Nationalsozialismus war Anti-Sozialismus ("Volksgemeinschaft") auf der bestehenden "Ordnung", die auf dem Privateigentum beruht (Verfügung insbesondere in der Landwirtschaft eingeschränkt); "Volksgemeinschaft" bedeutete Absehen von den sozialen Gegensätzen, Praktizieren der Klassenlosigkeit und Unterstellung unter den Staat und die Führer; das NS-Regime "eliminierte" erstens die in die Position der ideologischen Gegner gestellten Juden (Geldkapitalismus/Liberalismus und Kommunismus), zweitens die kapitalistischen Symbole und Begriffe und drittens die ständische Einfärbung des Klassenunterschiedes; er wusch durch betriebliche Einrichtungen den Schmutz von den Arbeitern ("Schönheit durch Arbeit"), ersetzte die Klassenkampfideologie durch die Leistungsideologie US-amerikanischer Provenienz, schweißte die Besitzklassen ("Betriebsführer" und "Gefolgschaft") zusammen, verankerte das "Volk" in dem Attraktionszentrum Natur-Heimat-Rasse, neutralisierte so die durch den Austromarxismus entfesselten antikapitalistischen und sozialistischen Tendenzen, festigte das korporativistische Bewußtsein (Wir sitzen alle in einem Boot), kriminalisierte die Reste der politisch-ideologischen Kompetenzen (gewerkschaftliche Solidarität, Streik etc. = kommunistische Agitation) und plazierte an ihre Stelle technische und kooperative Kompetenzen (Fähigkeiten im Umgang mit Arbeitsmitteln, zu kameradschaftlichem Ton, "beherztes Zupacken", Leistungsidentität und Technikfaszination als Grundlage für individuelle Karriere- und Mobilitätsbedürfnisse). Der deutsche Faschismus, eine präventive Konterrevolution, veränderte die reale Klassenstruktur nicht oder gering; Hitler ist der Anti-Marx, ist einer der ideologischen Wegbereiter des bei konservativen Bürgerlichen und sozialistischen Arbeitern Konsens findenden Korporativismus der Zweiten Republik.

Der industriell fortgeschrittene Hegemonialstaat Drittes Reich mit der Metropole Berlin eignete sich die Reichsperipherie (insbesondere die Alpen- und Seengebiete Österreichs) an, kolonisierte sie als Hochkulturwelt ("deutsche" Festspiele) und als folkloristische Gegenwelt ("Volkskultur" für Industriearbeiter), in welche die ausgelaugten Menschen zur Herstellung ihrer Arbeitskompetenz verschickt werden konnten; er verordnete ihr innerhalb der nationalen Arbeitsteilung eine Kompensationsaufgabe ("Pensionopolis"), er verpaßte ihr das um 90 Grad gedrehte Infrastrukturkonzept mit seiner Nord-Süd-Orientierung, welches in der Zweiten Republik exekutiert wurde. Der Nationalsozialismus ist aus der Perspektive der promodernistischen Geschichtsphilosophie als "modern" zu qualifizieren.

Die vom Faschismus programmierte und zum Teil umgesetzte "Modernität" ist aus den Positionen der präteritalen antimodernistischen und der (futuralen) sozialrevolutionären und naturutopischen Geschichtsphilosophien heraus abzulehnen und zu bekämpfen: Die Entwicklung von der Vergangenheit hin zum Faschismus sei Verfall (Gegenwartsnegation durch Vergangenheitsaffirmation) bzw. nur die Sozialrevolution könne Fortschritt bringen bzw. an die Stelle der unterdrückten Klasse (Industrie) müsse die Natur rücken.

Seit 1945 wird die physische Vernichtung der Juden in das Blickfeld geschoben. Diese moralisch durchaus berechtigte Blickpunkteinstellung hatte Konsequenzen: Die Kontinuitäten befinden sich im toten Winkel ("Stunde Null"), eine die Erfahrungen und (Vor-)Urteile der Zeitgenossen (Täter-Opfer: Es habe auch Gutes gegeben) berücksichtigende Aufarbeitung der Vergangenheit wird verhindert, eine kritische Beleuchtung der Stränge, die in die NS-Zeit zurückreichen, unserer belasteten Gegenwart, die aus der Vergangenheit kommt, unterbleibt. Der Hitler in uns, die faschistischen Wurzeln und Triebe im parlamentarisch-demokratischen Österreich werden verheimlicht, verdrängt oder negiert. Die Dämonie der Nazis und der Österreich-Mythos sind die komplementären Hälften der staatstragenden Geschichtslüge.

Anmerkungen

1 Aufsätze über Arbeits- und Gasthauskulturen, in: Zeitgeschichte, April 1984, Heft 7; August/September 1986, Heft 11/12; Eine stark gekürzte und überarbeitete Fassung meiner Dissertation erscheint im Frühjahr 1988 im Otto-Müller-Verlag, Salzburg.
2 Dr. R. Ley, Salzburger Volksblatt (SV), 28. 4. 1938, S. 10.
3 SV 30. 4. 1938, S. 24.
4 A. Ableitner/Blasi, Börsenjobber, SV 30. 4. 1938, S. 9.
5 SV 2. 5. 1939, S. 1.
6 SV 28. 4. 1938, S. 6.
7 SV 2. 5. 1938, S. 2.
8 H.D. Schäfer, Das gespaltene Bewußtsein. Deutsche Kultur und Lebenswirklichkeit 1933-1945, Frankfurt-Berlin-Wien 1981.
9 Mit KdF im Salzburger Land. Teilnehmerinnen aus dem Altreich berichten.
10 Salzburger Landesarchiv Präsidialakten (SLA PA), 1938 9/4723.
11 Ebenda.
12 SLA PA, 1938 9/4723; 249/4606; 1939 307/6,9,18,22,24.
13 SLA PA, 1939 305/510.
14 Salzburger Zeitung, 11. 4. 1943, S. 4.
15 H. Süssmuth (Hg.), Historische Anthropologie. Der Mensch in der Geschichte, Göttingen 1984.
16 J. Habermas, Theorie des kommunikativen Handelns, Frankfurt/Main 1985.
17 A. Gramsci, Philosphie der Praxis. Eine Auswahl, Frankfurt/Main 1967. Theorien über Ideologie. Projekt Ideologie-Theorie, Berlin-West 1979; Faschismus und Ideologie 1 und 2, Berlin-West 1980.
18 O. Marquard, Die arbeitslose Angst. Der Antimodernismus in der postmodernen Gesellschaft, in: Die Zeit Nr. 51, 12. 12. 1986.
19 E. Hanisch, in: Zeitgeschichte, November 1979, H. 2.

Maren Seliger

NS-HERRSCHAFT IN WIEN UND NIEDERÖSTERREICH

Die für die Region Wien/Niederösterreich wesentlich erscheinenden Aspekte einer thematischen Beschränkung leiten sich aus der besonderen Rolle Wiens im Rahmen der "Ostmark"-Politik ab. Wien mit seiner Hauptstadttradition war Kristallisationspunkt eines Österreichbewußtseins und stellte damit das Kernproblem des Eingliederungsprozesses dar. Das Konzept Hitlers von "der Zerschlagung des Zentralstaates auf Kosten Wiens" resultierte daraus. Die davon abhängenden Fragen der regionalen Neugliederung von NSDAP und Verwaltung sowie deren Verhältnis zueinander und die politische Funktion der neuen Gebiete bilden daher einen Schwerpunkt der Untersuchung, bei der wegen des gegebenen Zusammenhangs auch Niederösterreich einbezogen wird. Die Art des vollzogenen "Anschlusses" wirkte sich nicht nur auf Wien insgesamt aus, auch die Wiener NSDAP war mit der für sie typischen "Gauleiterkrise" davon betroffen. Der Einfluß der Partei auf den Verwaltungsapparat wird in zweifacher Hinsicht untersucht: Einmal unter dem Aspekt der Nazifizierung der Bürokratie, für Wien und Niederösterreich gleichermaßen für die Machtsicherung von Bedeutung, zum anderen unter dem Gesichtspunkt des Zurückdrängens Österreich konservierender Tendenzen in der traditionalen Stadtverwaltung Wiens. Ein weiterer Schwerpunkt ergibt sich aus der in NS-Terminologie "rassischen" Struktur Wiens: Judenpolitik in der "Ostmark" war eine Wiener Thematik, deren Dynamik und besondere Ausprägung ihre politische Funktion als nationalsozialistische Sozial- und Wirtschaftspolitik bestimmte. Forschungsstand und Quellenlage bedingen eine zeitliche Einschränkung der Themenbearbeitung: diese bezieht sich vornehmlich auf die ersten Jahre der NS-Herrschaft.

1. NS-Machtergreifung

In Wien fand die nationalsozialistische "Erhebung" gleich dreimal statt: auf Bundesebene sowie auf Landesebene für Wien und Niederösterreich fiel der österreichischen NS-Bewegung die Macht ohne Widerstand zu. Hatte doch die Bundesregierung die Drohung mit dem deutschen Einmarsch mit der Selbstpreisgabe beantwortet. Dies und der Einbau von Nationalsozialisten auf allen Ebenen des austrofaschistischen Staates ermöglichten einen raschen "Umbruch". Wenn auch in der niederösterreichischen Provinz und im Landhaus die Würfel bereits etwas früher gefallen waren als im Wiener Rathaus und am Ballhausplatz, die Ereignisabläufe in Wien am 11. und 12. März 1938 entsprachen dem gleichen Muster wie in den anderen Bundesländern. Sie sollen daher auch im einzelnen nicht nachgezeichnet werden. Festzuhalten bleibt auch hier das Bemühen, den

Anschein der Legalität zu erwecken, was nicht nur durch die am Führerprinzip orientierte Verfassung des Ständestaates, sondern auch durch gegebene personelle Kontinuitäten erleichtert wurde.[1]

Die ersten Maßnahmen in Wien und Niederösterreich richteten sich gleichermaßen auf die Sicherung der politischen Führungsfunktionen sowie der Spitzenpositionen in der Verwaltung. Der neue niederösterreichische Gauleiter und Landeshauptmann Dr. Roman Jäger entließ am 12. 3. alle Mitglieder der Landesregierung und ersetzte sie durch Nationalsozialisten, "alte Kämpfer" der niederösterreichischen Partei. Als erster Spitzenbeamter war bereits am 11. 3. der Sicherheitsdirektor von Niederösterreich durch ein NS-Parteimitglied ersetzt worden. Die obersten Beamtenposten in der Landeshauptmannschaft (Regierungsdirektor, Beamte der Präsidialabteilung) wurden mit illegalen Nationalsozialisten besetzt, die schon vor der Machtübernahme leitende Funktionen in der Verwaltung innehatten. Die Mehrzahl der leitenden Referenten in den einzelnen Landesämtern blieb jedoch zunächst unverändert auf ihren Posten. Erste Veränderungen auf der untersten Verwaltungsebene folgten einige Tage später in Zusammenwirken von NSDAP und der neuen politischen Führung des Landes: in den drei landesunmittelbaren Städten wurde die Verwaltungsspitze neu besetzt und in bezeichnenderweise nur fünf von insgesamt 22 Landbezirken ein neuer Bezirkshauptmann bestellt.[2] Der Neubesetzung der niederösterreichischen Landesregierung entsprachen in Wien die von dem am 13. 3. ernannten neuen Bürgermeister, Dr. Dipl.-Ing. Hermann Neubacher[3], vorgenommenen Bestellungen von Vizebürgermeistern: der Wiener Gauleiter Franz Richter, SA-Brigadeführer Thomas Kozich und zwei Tage später SS-Sturmbannführer Dipl.-Ing. Hanns Blaschke, der bald zum 1. Vizebürgermeister aufrückte, repräsentierten die neue politische Führungsgarnitur der Stadt. Alle drei vertraten unterschiedliche Flügel in der Wiener Partei. Die Verwaltungsgruppen wurden in Wien seit 1934 nicht mehr von Stadträten, sondern von Beamten geleitet, die direkt dem Bürgermeister unterstellt waren. Neu- und Umbesetzungen im Bereich der Verwaltung erfolgten ausschließlich aus dem Reservoir der Rathausbeamten. Die wichtigsten Spitzenpositionen in der Magistratsdirektion, die in dieser Phase auch das Personalamt umfaßte, und in einigen besonders wichtigen Verwaltungsgruppen wurden ebenfalls mit "alten Kämpfern" bzw. illegalen NS-Parteimitgliedern besetzt. Andere Verwaltungsgruppen blieben vorläufig noch unter ihren bisherigen Leitern als "Verlegenheitslösung" bestehen.[4] Eine umfassendere Säuberung der Verwaltung stand damit in beiden Gebietskörperschaften noch bevor, allerdings mit Ausnahme der meisten jüdischen Beamten: deren Entlassung erfolgte bereits im Zuge der durch "Führererlaß" vom 15. 3. vorgenommenen Vereidigung der Beamten.

Noch vor Ernennung der NS-Regierung hatten Partei, SA und SS auch in Wien Polizeifunktionen übernommen und willkürliche Verhaftungen von NS-Gegnern aller politischen Couleur und von Juden vorgenommen. Die wohlvorbereitete erste Verhaftungswelle in den Märztagen, der Tausende zum Opfer fielen[5], stand allerdings unter Leitung des als Vorhut in Wien eingetroffenen Chefs der deutschen Polizei, Reichsführers SS Himmler, der auch die ersten

Schritte zur Säuberung der bereits stark nationalsozialistisch unterwanderten österreichischen Polizei und deren Eingliederung in die deutsche Polizeiorganisation unternahm. Der österreichische SS-Führer Kaltenbrunner wurde von Himmler zum Staatssekretär für das Sicherheitswesen ernannt, dem als Höherer SS- und Polizei-Führer vorerst der gesamte Polizeiapparat der "Ostmark" unterstand. Neuer Wiener Polizeipräsident wurde der Juliputschist Steinhäusl, der ebenso wie sein Stellvertreter Vitzthum der SS angehörte. Als wichtigstes Instrument des Terrors und der Gleichschaltung fungierte die Geheime Staatspolizei (Gestapo) als Teil der Sicherheitspolizei, deren Leitstelle Wien auch für Niederösterreich zuständig war. Die Spitzenpositionen der Gestapo wurden mit Beamten aus dem "Altreich" besetzt, unterstützt von österreichischen Nationalsozialisten und Polizeibeamten des Ständestaates.[6]

Als Besonderheit der NS-Machtergreifung in Wien sind die vor allem von österreichischen Nationalsozialisten getragenen, von einem Großteil der Bevölkerung unterstützten pogromartigen Ausschreitungen und Übergriffe gegen die jüdische Bevölkerung hervorzuheben, die ungeahnte Ausmaße annahmen und als Vorspiel zum späteren Massenmord anzusehen sind.[7]

In "spontanen" Aktionen entluden sich dabei die aus der Zeit der Illegalität angestauten Aggressionen der Parteimitglieder in Demütigung, Mißhandlung und Beraubung sowie in "wilden" Arisierungen von jüdischen Betrieben und Wohnungen. Die Ausbrüche eines tiefsitzenden Antisemitismus wurden zunächst von den neuen Machthabern geschürt, galten sie doch als Ventil für umstürzlerische Neigungen der eigenen Basis und als wirksames Mittel zur Einschüchterung der nicht für den "Anschluß" Begeisterten. Als die Exzesse finanzielle, wirtschaftliche und außenpolitische Interessen des NS-Systems beeinträchtigten, bemühten sich die führenden Machtträger, den spontanen Terror der ersten Wochen in bürokratisch-geordnete Bahnen zu lenken. Der Periode der "revolutionären Gärung" folgte die systematische und "legalisierte" Judenpolitik, bei der Wien gegenüber dem "Altreich" eine Vorreiterrolle spielen sollte.

2. Volksabstimmungskampagne als Vorgeschmack auf die Volksgemeinschaft

Als Höhepunkt des rund um den "Anschluß" auch in Wien und Niederösterreich inszenierten propagandistischen Riesenspektakels ist die Volksabstimmung vom 10. 4. zu sehen, die dem "Anschluß" den Schein der Legitimität verleihen sollte.[8] Die nach einer erprobten und genau vorgegebenen Regie ablaufende Propagandakampagne wurde vom saarpfälzischen Gauleiter Josef Bürckel dirigiert, der auch mit der kommissarischen Leitung der österreichischen NSDAP betraut worden war. Im Mittelpunkt der Mobilisierungsbemühungen standen Führerkult und Volksgemeinschaftsideologie als wesentliche Elemente der NS-Herrschaft zur Herstellung von Massenloyalität. Statt gesellschaftlich bedingtem Pluralismus wird Geborgenheit und konfliktfreie Welt suggeriert, die nur durch das Wirken von "Volksfeinden" gestört werde. Juden waren daher von der Abstimmung ebenso ausgeschlossen wie politische Gegner, soweit sich diese in

Haft befanden. In Wien waren von dieser Bestimmung ca. 230.000 Personen, rund zwei Drittel aller in Österreich von der Abstimmung Ausgeschlossenen betroffen, in Niederösterreich lag diese Zahl bedeutend niedriger, wohnten doch hier laut Volkszählung 1934 nur ca. 7.700 Glaubensjuden.

Terror gegenüber dem "Volksverräter" fand seine Entsprechung im Werben um den "Volksgenossen": Neben dem Anschlußgedanken erfolgte dies vor allem mit der Verheißung auf einen höheren Lebensstandard. Einen besonderen Akzent erhielt die Wiener Kampagne durch die an die Adresse der sozialdemokratischen Anhänger gerichteten sogenannten Aktion Neubacher. Der Wiener Bürgermeister versuchte durch psychologisch geschickten Appell an die gemeinsame Unterdrückung von Sozialdemokraten und Nationalsozialisten im Ständestaat die Arbeiter für das neue System zu gewinnen. Propagandistisch wirksame soziale Maßnahmen sollten das Versprechen auf eine generelle soziale Besserstellung unterstreichen, wie Sonderzahlungen von Löhnen und Gehältern, Preissenkungen bei einzelnen Waren, öffentliche Ausspeisungen und vor allem die Auszahlung von Arbeitslosenunterstützung an bereits ausgesteuerte Arbeitslose. Als Höhepunkt dieser Bemühungen muß jedoch die Einstellung von tausenden Arbeitslosen gelten, die im öffentlichen Dienst und in der Privatwirtschaft hauptsächlich auf Kosten entlassener Juden untergebracht werden konnten. Dazu gehörte auch die Wiedereinstellung von Februarkämpfern, die im Jahr 1934 aus dem Gemeindedienst entlassen worden waren. Das besondere Werben um die sozialdemokratische Arbeiterschaft - in der NSDAP selbst nicht besonders populär, aber mit Förderung von oben versehen - beruhte auf der beträchtlichen Unsicherheit der NS-Führer über das Verhalten dieser Bevölkerungsgruppe nach dem "Anschluß". Diese Bemühungen wurden durch zustimmende Erklärungen sozialdemokratischer Politiker, wie der bekannten Renners oder der des ehemaligen Wohnbaustadtrates Anton Weber unterstützt. In Niederösterreich trat u.a. der führende Funktionär Schneidmadl mit einer ähnlich lautenden Erklärung an die Öffentlichkeit, die auch die Genugtuung über die Niederwerfung des Ständestaates ansprach. Ein Resistenzverhalten größerer Teile der sozialdemokratischen Arbeiterschaft war danach kaum noch zu erwarten. Für das bürgerliche Lager wirkten in ähnliche Richtung vor allem die Zustimmungserklärungen der Repräsentanten der katholischen Kirche. In Niederösterreich gehörten die Bauern zur besonders umworbenen Bevölkerungsgruppe, die man neben den üblichen NS-Parolen über den gesellschaftlichen Stellenwert des "deutschen" Bauern ebenso wie die Arbeiter mit ganz konkreten Maßnahmen zur wirtschaftlichen Besserstellung zur Stimmabgabe motivieren wollte. Dazu gehörte die Aufschiebung von Zwangsversteigerungen von Bauernhöfen, Förderungsmaßnahmen für die Almwirtschaft und Soforthilfen für die Tilgung von Schulden bei Geschäftsleuten.

Die in Wien abgegebenen 99,4% Ja-Stimmen lagen etwas unter dem österreichischen Durchschnitt, in Niederösterreich konnte eine etwas höhere Zustimmung mit 99,7% erzielt werden.[9] Das Ergebnis in Niederösterreich könnte darauf hindeuten, daß die Bevölkerung am flachen Land der NS-Propaganda stärker erlegen war als in Wien, in hunderten niederösterreichischen Orstgemeinden gab es eine 100%ige Zustimmung. Es könnte aber auch der Schluß gezogen werden, daß sich die Landbevölkerung dem kontrollierenden Zugriff noch weniger entziehen konnte. In Wien hatte sich das Werben um die Arbeiter offensichtlich ausgezahlt: die Mehrzahl der traditionellen Arbeiterbezirke wies eine überdurchschnittlich hohe Zustimmung auf. Als wirklicher Gradmesser für die Einstellung gegenüber dem NS-System kann das Ergebnis nicht gelten, aber wohl auch nicht ausschließlich als das einer perfekten Regie: Bereitschaft zur Anpassung, ausgeprägte Autoritätsgläubigkeit, Unkenntnis über den Charakter des Systems, aber auch partielle Zustimmung mögen den Ausgang der Abstimmung mit beeinflußt haben.

3. Politische Funktion der Judenverfolgung

Eine ausführlichere Analyse der Judenpolitik erfolgte an anderer Stelle des Sammelbandes, hier soll nur auf einige für die politischen Verhältnisse in Wien wichtige Aspekte dieses Themas eingegangen werden. Dies nicht zuletzt deshalb, weil Judenverfolgung in Österreich vornehmlich Verfolgung der Wiener Juden hieß: 93% der österreichischen Juden lebten in Wien, 9,4% der Wiener Wohnbevölkerung gehörten der mosaischen Religionsgemeinschaft an - ein Prozentanteil, den keine andere Stadt im "Reich" aufwies.[10]

War schon die "Machtergreifung" in Wien von wochenlangen, unkontrollierten pogromartigen Ausbrüchen begleitet, so vollzog sich die in der Folge einsetzende Judenverfolgung von oben nach einer eigenen, dem besonders virulenten Antisemitismus entsprechenden Dynamik. Die Praxis der Judenverfolgung hatte nicht nur der Einführung der bereits im Reich geltenden diskriminierenden Vorschriften und Gesetze in der "Ostmark" in zahlreichen Fällen vorgegriffen[11], Wien spielte in der Politik gegen die Juden überhaupt eine dem Reich vorauseilende Rolle. Ohne den traditionellen Judenhaß hätte die an den Wiener Juden in viel kürzerer Zeit als im Reich vollzogene politische Entrechtung, wirtschaftliche Vernichtung sowie gesellschaftliche und kulturelle Isolierung und Vertreibung kaum stattfinden können. Daher ist auch die "Kristallnacht" für Österreich nicht als Signal einer Wende, d.h. Verschärfung der Judenverfolgung anzusehen.[12] Das von der NSDAP reichsweit organisierte Novemberpogrom im Jahr 1938 artete in Wien teilweise in unkontrollierten "Volksantisemitismus" aus, ähnlich den Ausschreitungen nach dem "Anschluß". Der von Gauleiter Bürckel, als Reichskommissar für die "Wiedervereinigung" eingesetzt, auf die Wiener Ereignisse gemünzte Ausspruch von der "Kristallnacht" als "der Tag und die Nacht der langen Finger"[13] sagt einiges über die Stoßrichtung der losgebrochenen Emotionen aus: Die Verknüpfung von materiellen Interessen und Judenhaß scheinen ihre besondere Rabiatheit auszumachen. Ökonomische Motive waren auch Ursache für die Stärke des besonders im alten und neuen Mittelstand verbreiteten Antisemitismus gewesen, der sich in Wien in der christlichsozialen Bewegung politisch organisiert hatte. Nicht das kapitalistische System, sondern der jüdische Konkurrent galt antisemitischen Kleingewerbetreibenden, aber auch Beamten und Angestellten als Ursache ihrer sozialen Probleme. Die große Bedeutung sozialökonomischer Faktoren könnte aufgrund des im Vergleich zum "Altreich" niedrigeren Lebensstandards auch die Vorreiterrolle Wiens in der Judenpolitik erklären. Der hohe Anteil der Juden an der Bevölkerung eröffnete für die NS-Politik neue Möglichkeiten: Der Jude war nicht nur Sündenbock, sondern auch Ausbeutungsobjekt, das sozial- und wirtschaftspolitische Ersatzfunktionen leisten konnte.[14]

Vor allem im Zuge der "wirtschaftlichen Ausmerzung" der Juden galt es, den "überschäumenden Radikalismus" des Wiener Antisemitismus einzudämmen und in geordnete Bahnen zu lenken.[15] Denn die "Entjudung" der Wirtschaft sollte ohne Störung des Wirtschaftslebens und unter dem Gesichtspunkt des größten Nut-zens für die Wirtschaftskraft des Reiches vorsichgehen. Individuellen Methoden der Bereicherung, die diesem Ziel entgegenstanden und nur der Befriedigung "arischer" Konkurrenten oder der Wiedergutmachungswünsche von "alten Kämpfern" dienten, wurde daher der Kampf angesagt. Ohne im einzelnen auf die Vorgänge und Instanzen bei der zunächst "wilden", dann "legalen" Arisierung von Betrieben als einem Beispiel der Zerstörung der wirtschaftlichen Existenz der Wiener Juden eingehen zu können, soll hier nur folgendes festgehalten werden. Die bereits in den ersten Tagen nach dem März 1938 von der Wiener Partei und SA eingesetzten rund 25.000 kommissarischen Verwalter jüdischer Betriebe mußten von ihren zum Teil lukrativen Posten ausgeschaltet werden. Die Abkehr vom Kommissarsystem und die Einführung "legaler" Arisierungsmethoden gingen Hand in Hand mit einer durchgreifenden wirtschaftlichen Strukturbereinigung, die auch "arische" Betriebe einschloß. Von ursprünglich ca. 33.000 jüdischen Betrieben wurden nur rund 4.300 arisiert, der Rest wurde aufgelöst. Zu den neuen Eigentümern zählten neben bewährten "alten Kämpfern" zahlungskräftige "arische" Unternehmer aus Österreich, aber auch aus dem "Altreich". Vor allem von der Arisierung der größeren Handels- und Industriebetriebe profitierten Großbanken und Großindustrie, zumeist aus dem "Altreich".[16]

Die unter den angedeuteten Bedingungen vollzogene Arisierungspolitik hatte den zunächst dominierenden Wiedergutmachungsaspekt auf ein den wirtschaftlichen Interessen der Reichsführung entsprechendes Maß zurückgedrängt. Anstelle eines umfassenden Versorgungssystems für Parteigenossen hatte sich die planmäßige Arisierung und die mit ihr verknüpfte Strukturbereinigung als Bereicherung und Stärkung der bestehenbleibenden Klein- und Mittelbetriebe sowie der Großwirtschaft erwiesen. Sie ist daher nur als sehr bedingt mittelstandsfreundlich zu charakterisieren, zumal die vom Kleinhandel als drückend betrachtete Konkurrenz der jüdischen Großkaufhäuser als "arische" weiter existierte. Vor allem große Teile der Parteibasis, und zwar die ehemals zum Teil selbst ernannten kommissarischen Verwalter, waren über den Verlust ihrer Pfründen und die Verteilung der Beute an Nicht-Parteigenossen und Reichsdeutsche bitter enttäuscht. Ihre Frustration trug wesentlich zur Klimaverschlechterung in der Wiener Partei und zur Entstehung antideutscher Gefühle bei. Der Anschlußbegeisterung von einst war ein nicht unbeträchtlicher Dämpfer versetzt worden.[17]

Die nach den Weisungen des Reichskommissars Bürckel von österreichischen Nationalsozialisten und Bürokraten unter dem Druck der wilden Arisierungen rasch durchgeführte "legale" Arisierung oder besser Beraubung - die produktivsten Betriebe waren bereits bis Ende 1938 arisiert worden - fand große Bewunderung im Altreich: Sie wurde daher dort 1939 nach dem Wiener Muster eingeführt.[18] In gleicher Weise "vorbildlich" und der Judenpolitik im Reich vorauseilend wurde die Austreibung der Juden organisiert. Die zunächst unterbundene, ab Mai 1938 aktiv durch Repressalien geförderte Abschiebung wurde im August 1938 zunächst für Wien und Niederösterreich, dann für die ganze "Ostmark" von der "Zentralstelle für jüdische Auswanderung in Wien" vorgenommen. Die dem Sicherheitsdienst der SS-Oberabschnitt Donau unterstellte Einrichtung wurde vom österreichischen Nationalsozialisten Adolf Eichmann, dem späteren Organisator der "Endlösung", so erfolgreich geleitet, daß ihm im Herbst 1939 die Führung einer zentralen Reichsstelle für denselben Zweck übertragen wurde.[19]

In viel stärkerem Maß als die Arisierung von Betrieben kam die Entfernung von Juden aus dem öffentlichen Dienst, den Freien Berufen sowie aus der Privatwirtschaft einem großen Kreis von Parteigenossen und "Ariern" zugute.[20] Der praktizierte Antisemitismus hatte daher in Wien mit der Beschaffung von Arbeitsplätzen auch sozial- und wirtschaftspolitische Funktionen. Ähnliches läßt sich für den Bereich der Wohnraumbeschaffung festhalten. Aufgrund der herrschenden Wohnungsnot und der von den Sozialdemokraten in den Jahren 1923-1933 vorgelegten Wohnbauleistungen von rund 60.000 Wohnungen erschien den NS-Führern die Wohnungspolitik als Prüfstein ihrer Wien-Politik. Da die Wohnbauleistungen der Stadt weit hinter den Versprechungen nach der Machtergreifung zurückblieben - der jährliche Zuwachs betrug im Durchschnitt zwischen 300 bis 350 Wohneinheiten - kam der Arisierung von Wohnungen eine Ersatzfunktion für das Scheitern herkömmlicher Mittel der Wohnungspolitik zu. Hatte die Stadtverwaltung unter Bürgermeister Neubacher zunächst umfassende Veränderungen der Siedlungsstruktur Wiens propagiert und damit auch die Notwendigkeit der Stadterweiterung zum Teil begründet - innerhalb von vier Jahren sollten die dichtverbauten Arbeiterquartiere in Kleinhaussiedlungen am Stadtrand aufgelöst werden -, so waren in einer späteren Phase Wohnbauprogramme präsentiert worden, die eine Neubauleistung von über 10.000 Wohneinheiten für 1939 und 1940 vorsahen.[21] Da sich diese schon bald aufgrund der Kriegsvorbereitungen als illusorisch erwiesen, verlagerte sich die Wohnungspolitik fast ausschließlich auf die Vergabe frei werdender Judenwohnungen, Pläne und Maßnahmen zur beschleunigten Arisierung und besseren Verwertung solcher Wohnungen. Diese Art der Wohnraumbeschaffung hatte sich in Wien schon bisher "wild" und unkoordiniert vollzogen, zum Teil auch ohne Kontrolle der NSDAP oder der zuständigen Stellen der Stadtverwaltung. Zwischen 1938 und 1942 wurden rund 70.000 ehemals von Juden bewohnte Wohnungen frei, die zur Deckung des dringendsten Wohnungsbedarfs herangezogen wurden.[22] Zur Beschleunigung der offiziellen Arisierungspolitik wurden auch Pläne zur Aussiedlung der in Wien noch lebenden, zumeist älteren Juden in Konzentrationslager am Stadtrand geschmiedet. Diese nach Kriegsausbruch sehr weit gediehenen

Vorarbeiten wurden im Stab Bürckels im engsten Einvernehmen mit Parteistellen und der Stadtverwaltung erstellt. Sie wurden nur deshalb nicht realisiert, weil die Deportation und anschließende Vernichtung eine "effizientere" Lösung eröffnete.[23] Nach Erschöpfung dieser Quellen der Wohnungspolitik boten sich in Wien nach den Vorstellungen der NS-Führung weitere Möglichkeiten einer pervertierten Sozialpolitik: die Deportation aller Tschechen und sonstigen "Fremdvölkischen" stellte ein weit umfassenderes Wohnungsreservoir für die "arischen" Wiener dar. Von der Bereinigung der "rassischen" Verhältnisse erhoffte man sich auch eine Verbesserung der politischen Situation in Wien, dem einzigen Gau der "Ostmark", so Hitler Ende 1941, wo der Gegensatz "Altreich-Ostmark" noch eine Rolle spielte.[24]

4. Zum Prozeß der "Einverleibung" und seinen Folgen

4. 1 Regionale Neugliederung von Partei und Verwaltung

Entgegen den Hoffnungen einiger österreichischer Nationalsozialisten[25] wurde nach der Volksabstimmung immer klarer, daß der Prozeß der "Wiedervereinigung" unter der Prämisse der Liquidierung Österreichs zu erfolgen hatte. Diese von Hitler persönlich ausgehende Konzeption bedeutete für Wien den Verlust seiner Hauptstadtfunktionen und zugleich eine Aufwertung der österreichischen Provinz. Es sollte der Entwicklung eines österreichischen Sonderbewußtseins mit seinen möglichen zentrifugalen Tendenzen der Boden entzogen werden.[26] Die Funktionalität dieser Regelung beruhte auch auf dem traditionellen Gegensatz zwischen Wien und den Alpenländern, der auf Kosten Wiens gelöst werden sollte. Außerdem war er Ausdruck der persönlichen Antipathien Hitlers gegenüber der Großstadt Wien.[27] Da Wien nach dem Willen des "Führers" nicht Mittelpunkt eines großen Gebietes werden sollte, das Träger der altösterreichischen Tradition bliebe[28], wurde die Eigenständigkeit Wiens als Parteigau bzw. als Verwaltungseinheit bei allen Überlegungen zur regionalen Neugliederung nicht in Frage gestellt.[29]

Der Zusammenhang zwischen regionaler Struktur der Partei und der staatlichen Organisation leitete sich nicht nur von dem NS-Postulat von der Einheit von Partei und Staat ab.[30] Die Absicherung des NS-Systems in der "Ostmark" sollte vornehmlich durch einen größeren Parteieinfluß herbeigeführt werden. Daher wurde für Österreich folgendes festgelegt: "Partei- und Staatsorganisation müssen sich decken; die Spitzen beider Organisationen müssen in einer Hand vereinigt sein. Denn nur durch nachhaltigen Einfluß der Partei ist die österreichische Staatsgewalt im nationalsozialistischen Sinne umzugestalten."[31] Diese Absicht schlug sich bereits in der Ernennung Gauleiter Bürckels zum "Reichskommissar für die Wiedervereinigung Österreichs mit dem Deutschen Reich" vom 23. 4. 1938 nieder. Bei ihm lag damit sowohl für den Parteisektor als auch für den staatlichen Bereich die politische Zentralleitung beim Eingliederungsprozeß. Die Doppelstellung Bürckels, die sich später auch in der Konstruktion der Reichsstatthalter neuen Typs in den Reichsgauen der "Ostmark" wiederfand, bedeutete tendenziell ein Übergewicht der Partei.

Die dann schließlich mit dem "Ostmarkgesetz" vom 14. 4. 1939 ihre grundlegende Neuregelung findende politische und verwaltungsmäßige Struktur war auch im Hinblick auf eine später im "Altreich" vorzunehmende Verwaltungsreform konzipiert worden. Mit der Errichtung von sieben Reichsgauen endete die Tätigkeit der österreichischen Landesregierung unter Reichsstatthalter Seyss-Inquart. Ihre Funktionen gingen auf das Reich bzw. die Reichsgaue über. Es entstanden dem Reich direkt unterstellte staatliche Mittelinstanzen, die jeweils im Reichsstatthalter (neuen Typs) eine Zusammenfassung sonst getrennter Funktionen darstellten. Durch Personalunion von Reichsstatthalter und oberstem "Hoheitsträger" der Partei, dem Gauleiter, war die Einheit von Partei und Staat im Reichsgau gegeben, sodaß dieser als dem "Führer" verantwortliche "Unterführer" fungieren konnte. Die Realisierung der Reichsgauverfassung fand nur schrittweise, mit zum Teil komplizierten Übergangslösungen im ohnehin durch Überorganisation gekennzeichneten NS-System statt.[32]

Die Festlegung der zunächst auf der Tagesordnung stehenden Parteigaue wurde daher nicht nur im Hinblick auf personalpolitische Weichenstellungen, sondern auch unter Berücksichtigung einer Verwaltungsgliederung getroffen.[33] Diese erforderte nach den Vorstellungen der damit befaßten reichsdeutschen Stellen eine bestimmte Mindestgröße, sodaß zunächst an die Bildung von 4 bzw. 5 Parteigauen gedacht war, Lösungsvorschläge, die von Hitler zumindest für eine Übergangszeit schließlich aufgrund des hohen Gefühlswerts der traditionellen Ländergrenzen auch für die östereichischen Nationalsozialisten verworfen wurden. Danach hätten Ober- und Niederösterreich sowie das nördliche Burgenland zu einem Donaugau mit der Hauptstadt Linz zusammengefaßt werden sollen. Die Festlegung auf sieben Gaue sicherte zwar zunächst das Bestehen eines eigenständigen Gaues "Niederdonau"[34], allerdings mit nicht unerheblichen Veränderungen gegenüber dem ehemaligen Niederösterreich: Die vorgesehene Erweiterung Wiens zum Stadtgau Groß-Wien bedeutete einen beträchtlichen Gebietsverlust. Eine dann doch nicht realisierte Variante sah außerdem die Abtretung der niederösterreichischen Industrieregion im Wiener Becken an die Steiermark vor, der auch das gesamte, als eigener Gau zu liquidierende Burgenland zugeschlagen werden sollte.[35] Die mit 1. 6. 1938 wirksam werdende Neueinteilung der Parteigaue sah für "Niederdonau" wie folgt aus: der neue Gau deckte sich mit dem Gebiet des ehemaligen Landes Niederösterreich abzüglich der zu Wien kommenden Gemeinden und zuzüglich des nördlichen Burgenlandes. Das Gebietsänderungsgesetz vom 1. 10. 1938 für den staatlichen Verwaltungsbereich der Landeshauptmannschaft "Niederdonau" richtete sich nach den Gaugrenzen. Die Annexion der sudetendeutschen Gebiete bedeutete für "Niederdonau" eine nicht unbeträchtliche Hinausschiebung seiner nördlichen Grenze um südmährische Bezirke bzw. Bezirksteile zunächst für den Parteigau, dann auch in Hinblick auf die Verwaltungsgliederung. Trotz der Gebietsabtretung an Wien hatte der Reichsgau "Niederdonau" damit seine Wohnbevölkerung um rund 200.000 auf 1,7 Millionen erhöhen können.[36]

4. 2 Zur Funktion der neuen Gaue

Im Juli 1938 wurde Krems zur Gauhauptstadt von Niederdonau erhoben, ein Akt, dem allerdings nur symbolische Bedeutung zukam, da Wien Sitz der Gauleitung und der Verwaltung "Niederdonaus" bleiben sollte. "Niederdonau" verfügte in seinen bestehenden Grenzen auch nach Auffassung seines Gauleiters Dr. Hugo Jury über keine Stadt, die mit der Anziehungskraft Wiens konkurrieren konnte. Jury, selbst aus Mähren stammend, wollte daher Brünn zur Hauptstadt machen - als Teil seines Germanisierungsplans für Böhmen und Mähren. Die Germanisierung sollte zunächst in dem mit deutschen Sprachinseln durchsetzten Mähren beginnen, das zu diesem Zweck mit Niederdonau zu vereinigen wäre. Durch "Umvolkung", Umsiedlung und Aussiedlung der tschechischen Bevölkerung sollte schrittweise ein deutscher Korridor zwischen Oder und Donau geschaffen werden. In den Worten Jurys: "Herstellung einer fortlaufenden deutschen Volkstumsgrenze im Osten und die vollkommene Abschnürung des böhmischen Tschechentums vom großslawischen Raum durch Umschließung mit deutschem Volksboden."[37] Wies sich Jury damit als österreichischer Exponent rassistischer NS-Politik aus, so scheinen seine Ambitionen im "Altreich" auf wenig Gegenliebe gestoßen zu sein: nicht wegen der Zielsetzung, sondern wegen der Rolle, die "Niederdonau" in diesem Prozeß hätten spielen sollen.[38]

Für den Gau Wien brachte die Neueinteilung beträchtlichen Zuwachs an Fläche und Bewohnern: Das Gaugebiet vergrößerte sich auf das mehr als Vierfache seiner bisherigen Ausdehnung. Abgesehen von kleineren Korrekturen war es identisch mit dem im Herbst festgelegten Verwaltungsgebiet der Stadt Wien, deren Bevölkerungszahl damit von vorher 1,8 auf über 2 Millionen gestiegen war. Die verwirklichte Stadterweiterung war nur eine der erwogenen Eingemeindungsvarianten, die im übrigen alle in ähnlicher Form bereits in früheren Perioden zur Diskussion gestanden waren. Noch weiter ausgreifende Erweiterungswünsche - danach hätten das Industriegebiet der Südbahn und das St. Pöltener Industriegebiet sowie große landwirtschaftliche Nutzflächen als "Kornkammer" zu Wien gehören sollen - scheiterten nicht nur am Widerstand der niederösterreichischen Partei, auch zentrale Reichsstellen waren daran nicht interessiert.[39] Die großstadtfeindliche Blut und Boden-Ideologie des Nationalsozialismus stand überhaupt in Widerspruch zur Bildung bzw. Förderung städtischer Agglomerationen, die aufgrund der wirtschaftlichen Dynamik tatsächlich erfolgten Zentralisierungsmaßnahmen im kommunalen Bereich belegen nur den verhüllenden Charakter dieser Ideologie.[40]

Groß-Wien war zwar zur flächenmäßig größten und bevölkerungsmäßig zweitgrößten Stadt im Dritten Reich geworden, die Bestimmung ihrer politischen Funktion, die Vorgabe von Stadtentwicklungszielen blieb diffus. Bei der Festlegung der Stadtgrenzen hatte das Muster von Groß-Hamburg als Leitlinie gedient. Wien gehörte aber nicht wie Hamburg zu den bevorzugten "Führerstädten" (außerdem: Berlin, Nürnberg, München, Linz), erst 1942 wurde Wien zur "Neugestaltungsstadt" erklärt.[41] Die viel beschriebene und bereits weiter oben zitierte Abneigung Hitlers gegen Wien und die bald alle Ressourcen absorbierende Kriegsführung ließen Bestrebungen vor allem Wiener Nationalsozialisten, Wien vor dem Abstieg zur Provinzstadt zu bewahren, nur geringe Chancen. Da aber andererseits die Reichsführung nicht daran interessiert sein konnte, in Wien eine "Reichsmüdigkeit" aufkommen zu lassen, wurden derartige Bemühungen geduldet, verbal unterstützt und zum Teil auch soweit gefördert, als nicht gewichtigere Interessen dagegen standen.[42] Durch den "Anschluß" war nach Auffassung vor allem des NS-Bürgermeisters Neubacher Wien aufgrund seiner geographischen Lage und seiner traditionellen Bindungen prädestiniert, zur Handelsmetropole des Reiches für den südosteuropäischen Raum zu werden. Mit dem Slogan von Wien als "Hamburg des Südostens" wurde eine neue wirtschaftliche und kulturelle Blüte Wiens propagiert. Diese erforderte nicht nur einen wirtschaftlichen Um- und Ausbau, sondern auch neue infrastrukturelle Schwerpunkte, die wesentliches Motiv für die Stadterweiterung gewesen waren. Dazu gehörten u.a. der Bau eines Großhafens, der Anschluß Wiens an das Wasserstraßennetz, Errichtung von Fernautobahnen, Erschließung von Betriebsbaugebieten für den sekundären und tertiären Sektor sowie die Schaffung eines leistungsfähigen Massenverkehrsmittels.[43] Die hochfliegenden Pläne wurden jedoch nicht nur durch die Kriegspolitik zunichte gemacht, strukturbedingte Schwächen der Wiener Wirtschaft, durch die Einverleibung in den großdeutschen Wirtschaftsraum noch verstärkt, aber vor allem die Wien benachteiligende Politik zentraler Reichsstellen und die Konkurrenz der den Südosteuropahandel bereits dominierenden norddeutschen Handelsstädte Hamburg und Bremen verhinderten, daß Wien zur Handelsmetropole wurde.[44] Eine Strukturpolitik zugunsten des Standortes Wien entsprach nicht den primären Bedürfnissen der NS-Wirtschaftspolitik, so daß als Ausgleich für den politischen Funktionsverlust Wiens die "Kulturmission" in den Vordergrund gestellt wurde, die auf ihre Weise zur Systemsicherung beitragen sollte.

4. 3 Bestellung der Gauleiter: Die Wiener "Gauleiterkrise"

Der Übergang der NSDAP von der Illegalität zur bewegenden Kraft im Einparteienstaat wurde unter straffer Leitung Bürckels und seines saarpfälzischen Mitarbeiterstabs vollzogen.[45] Die letzte Entscheidung über die Bestellung der Gauleiter, der Parteielite und dem eigentlichen Kern der Partei, lag beim "Führer" selbst. Einfluß auf die Entscheidungsvorbereitung nahmen neben dem mit der Neuorganisation der Partei beauftragten Gauleiter Bürckel die zentrale Parteileitung, die wichtigsten Parteigliederungen (vor allem die SS) und schließlich die verschiedenen, einander bekämpfenden österreichischen Parteifraktionen.[46] Für den Gau Niederdonau fiel die Wahl auf den St. Pöltener Arzt Dr. Hugo Jury, der daraufhin auch die Position des Landeshauptmanns, später des Reichsstatthalters, einnahm und beide Funktionen bis 1945 ausübte.[47]

Ganz anders lag die Situation in Wien. Die als besonders heikle politische Aufgabe eingeschätzte Führung von Partei und Verwaltung hatte schon im März 1938 dazu geführt, daß der vorläufig amtierende Gauleiter Richter nicht auch das Amt des Bürgermeisters eingenommen hatte. An der Leitung der von besonders heftigen Cliquenkämpfen beherrschten Wiener Partei versuchten sich nach ihm drei Gauleiter: der Kärntner Odilo Globocnik (Mai 1938-Jänner 1939) sowie die Reichsdeutschen Bürckel (Februar 1939-Juli 1940) und Baldur von Schirach (August 1940-1945).[48] Sie scheiterten alle insofern an dieser Aufgabe, als sie keine breite Loyalität an der Parteibasis erlangen konnten. Damit und dem personellen Wechsel wurde auch das Image des nationalsozialistischen Führerprinzips lädiert.[49] Wegen der Flügelkämpfe war im Frühjahr 1938 von der Bestellung eines Wiener Funktionärs Abstand genommen worden. Gerade die Leitung durch ortsfremde Gauleiter sollte sich jedoch als ein Faktor der Spannungen zwischen Führung und Parteibasis erweisen. Auch das zumindest propagandistisch starke Eingehen auf die Anliegen der Arbeiter durch die Parteiführung und Bürckel wurde von der mehrheitlich mittelständisch orientierten Mitgliedschaft und den Parteikadern nicht besonders goutiert.[50] Der nach der Machtergreifung einsetzende Kampf um Positionen und Besitz war aufgrund des Umfangs der vom NS-System Verfolgten in der Wiener Partei besonders ausgeprägt. Er trug nicht nur zu einer Klimaverschlechterung bei, sondern war auch Ursache für das Entstehen antideutscher Gefühle, soweit Reichsdeutsche als Profiteure des "Umbruchs" in Erscheinung traten.[51] Der wichtigste Grund war aber wohl die von Hitler verfolgte "Ostmark"-Politik selbst: Die Degradierung Wiens zur Provinzstadt und die von Bürckel und seinem saarpfälzischen Mitarbeiterstab ohne Rücksichtnahme auf das Selbstbewußtsein der Wiener Nationalsozialisten radikal durchgezogene Eingliederungspolitik bewirkten das Gegenteil von dem, was damit verhindert werden sollte: das Entstehen eines Österreichbewußtsein. Der Versuch von Schirachs, die Stellung Wiens als Kulturstadt zu stärken und damit das Selbstwertgefühl der Wiener anzusprechen, führten zu keiner Bereinigung der Situation. Die von ihm angestrebte "Liberalisierung" der Kulturarbeit stieß nicht nur systembedingt auf enge Grenzen, sie wurde noch dazu von der Parteibasis kaum unterstützt.[52]

4. 4 Verwaltungsbürokratie im NS-Staat: "Säuberung" und Anpassung

Zur Stabilisierung der NS-Herrschaft war das Funktionieren des staatlichen und kommunalen bürokratischen Apparates von entscheidender Bedeutung. Daher verboten sich - vor allem für die Anfangsphase - allzu einschneidende Eingriffe in die Bürokratie.[53] Die längerfristigen Intentionen der neuen Machthaber waren allerdings weitergesteckt: Der Beamte sollte neben seiner fachlichen Qualifikation dafür Gewähr bieten, daß er jederzeit rückhaltlos für den NS-Staat eintritt.[54] Der Gleichschaltungspolitik kamen von seiten der Bürokratie spezifische Beamtentraditionen sowie antiparlamentarische Tendenzen entgegen, die neben "Säuberungsmaßnahmen" und politischer Kontrolle dazu beitrugen, daß der Beamtenapparat sich bis zum Schluß als voll funktionsfähiges Instrument der NS-Herrschaft erwies.

Nach den ersten bereits erwähnten Umbesetzungen an der Spitze der beiden

Verwaltungen im Zuge der Machtergreifung und der ersten Entlassungswelle für jüdische Beamte folgte am Juni 1938 die systematische politische und "rassische" Durchleuchtung der Beamtenschaft aufgrund der Verordnung zur Neuordnung des österreichischen Berufsbeamtentums vom 31. 5. 1938. In Wien und Niederösterreich war schon vorher die Erbringung des "Ariernachweises" für alle Beamte und deren Ehepartner veranlaßt worden. Von einer Außerdienststellung waren auch jene Beamten/innen bedroht, die mit einem Juden oder einem "Mischling" 1. Grades laut Nürnberger Rassengesetz verheiratet waren. Beamte, die sich "gehässig" gegenüber der NS-Bewegung verhalten hatten, waren bereits aus dem Dienst entfernt worden.[55] Die politische Überprüfung bezog sich vornehmlich auf Bedienstete in gehobenen Positionen. Der Juliputschist und SS-Oberführer Dr. Otto Wächter war vom Reichsstatthalter zum Leiter der Säuberungsaktion bestellt worden, einem Untersuchungsausschuß aus Vertretern des Innenministeriums, der NSDAP und einem Beamtenvertreter der jeweiligen Behörde oblag die Entscheidung über die politische Tragbarkeit bzw. weitere Verwendung des betreffenden Beamten.[56] Die Zahl der insgesamt entlassenen Beamten ist bisher nicht zuverlässig rekonstruierbar. Nach offiziösen Angaben aus der Zeit nach 1945 wurden beim Wiener Magistrat 1.091 Bedienstete entlassen, ein Drittel davon waren leitende Beamte, für die Landeshauptmannschaft Niederösterreich belief sich die Zahl auf 395, davon entfielen rund die Hälfte auf gehobenen Positionen.[57] Bezogen auf die jeweilige Gesamtzahl der Bediensteten würde dies für Wien bedeuten, daß 9% entlassen wurden, in Niederösterreich beträgt der Anteil 18,7%.[58] Auffallend ist die in Niederösterreich doppelt so hohe "Säuberungsziffer" wie in Wien. In den Augen der Nationalsozialisten war dort eine besonders gründliche Säuberung der Beamtenschaft wegen der jahrzehntelang betriebenen einseitigen christlichsozialen Personalpolitik notwendig.[59] Einer Detailstudie über Wien, die die Angaben aus der Nachkriegszeit im wesentlichen bestätigt, ist zu entnehmen, daß die Hälfte der Außerdienstgestellten jüdische bzw. jüdisch "versippte" Beamte waren[60], Vergleichsziffern für Niederösterreich liegen nicht vor. Der Anteil der wegen ihrer politischen Überzeugung Ausgeschiedenen reduzierte sich damit auf einen Wert von 4,5% - in Anbetracht der christlichsozialen und sozialdemokratischen Verwaltungstradition in Wien Beleg für einen beachtlich hohen Grad politischer Anpassungsbereitschaft. Die Mitgliedschaft in Organisationen der Sozialdemokratie war noch kein Grund zur Säuberung, im Gegenteil galt generell die Richtlinie, daß vom Ständestaat entlassene Sozialdemokraten bei Vorliegen einer entsprechenden Befürwortung durch den Gauleiter wieder eingestellt werden konnten. Wie bereits angeführt, hatte die Gemeinde Wien mit der Aktion Neubacher den Vorreiter gespielt, von der vornehmliche untere Dienstränge, wie ehemalige Bedienstete der städtischen Unternehmen, profitierten.[61] Für Wien gilt aber auch festzuhalten, daß sich in den höheren Positionen kaum Sozialdemokraten nachweisen lassen[62], sie waren bereits 1934 entlassen worden. Die in ihren leitenden Funktionen nach 1938 verbleibenden Beamten waren daher in der Regel christlichsozial oder deutschnational orientiert bzw. politisch indifferent.[63]

Die Grenzen der "Säuberungsaktion" der neuen Machthaber waren schließlich auch durch den Mangel an geeigneten parteitreuen Beamten definiert. In Wien und Niederösterreich wurde daher - in allerdings unterschiedlichem Ausmaß - auf die alte Beamtenelite zurückgegriffen. Im Herbst 1938 war im Wiener Magistrat auf der Ebene der Abteilungsleiter (einschließlich der sieben Gruppenleiter) lediglich rund ein Viertel der Beamten in der NSDAP. In Niederösterreich war der Prozeß der Nazifizierung zum gleichen Zeitpunkt schon entschieden weiter fortgeschritten: dort gehörten fast zwei Drittel der Referatsleiter der Partei an.[64] In Niederösterreich waren auch 75% der leitenden Positionen neu besetzt worden, in Wien nur rund 43%. Von den in Niederösterreich aus dem Ständestaat übernommenen Referatsleitern waren ca. 25% NSDAP-Mitglieder. Unter der in Wien relativ viel größeren Zahl von Abteilungsleitern, die ihre Funktion auch nach 1938 beibehalten konnten, waren nur vereinzelt "illegale" Nationalsozialisten, viel häufiger war die Charakterisierung "Verlegenheitsbesetzung", "politisch untragbar" oder "Klerikaler". Das Etikett "politisch untragbar" erhielten im Herbst 1938 immerhin 20% der Wiener Abteilungsleiter, von denen sich nicht wenige bis in die Ära Baldur von Schirachs halten konnten.[65] Die politisch bedeutendsten Positionen waren in Wien wie in Niederösterreich mit gesinnungstreuen Nationalsozialisten bzw. mit Beamten, die sich durch besondere Anpassungsbereitschaft als zuverlässig erwiesen hatten, besetzt. Bis auf vereinzelte Ausnahmen konnten die neuen Machthaber ihren Bedarf an Führungspersonal aus dem übernommenen Beamtenapparat decken.[66] Der vor allem in Niederösterreich relativ hohe Anteil von NSDAP-Mitgliedern unter den Spitzenbeamten im Herbst 1938 wirft allerdings auch ein Licht auf den Grad der nationalsozialistischen Unterwanderung der akademisch gebildeten Beamtenschaft.

Auf der untersten staatlichen Verwaltungsebene in Niederösterreich, der der Bezirkshauptmannschaften, sowie auf der Ebene der seit 1934 ebenfalls als solche bezeichneten dezentralen Verwaltungsstellen des Wiener Magistrats in den Stadtbezirken wurde stärker aufgeräumt: Nur jeweils drei Bezirkshauptleute hatten sich in die neue Ära in Wien und Niederösterreich hinüberretten können.[67] Von den im Oktober 1938 in ihr Amt eingeführten 22 Bezirkshauptmännern für das erweiterte Stadtgebiet von Wien waren ca. 80% "alte Kämpfer" bzw. "illegale" Parteimitglieder. Für Niederösterreich läßt sich für Anfang 1939 festhalten: alle Bezirkshauptmänner waren Mitglied der Partei bzw. Parteianwärter, rund zwei Drittel fielen in die Kategorie "alte Kämpfer" und "Illegale".[68]

Politische Kontrolle der Beamtenschaft, Druck durch Vorgesetzte und Kollegen sowie politische Schulung im Sinne der NS-Ideologie führten neben einem bemerkenswerten Mangel an Widerstand[69] dazu, daß am Ende der NS-Ära in Wien rund ein Drittel der Beamtenschaft der NSDAP beigetreten war. In Niederösterreich könnte dieser Prozentsatz noch höher gewesen sein, wie ein Verzeichnis des beim ehemaligen Landrat Tulln tätigen Personals vermuten läßt: dort wurden nach Kriegsende etwas mehr als 50% Parteimitglieder bzw. Parteianwärter gezählt.[70] Wie stark auch immer die politischen Vorbehalte einzelner Beamter gewesen sein mögen, der Beamtenapparat in Wien und Niederösterreich ließ sich auch von den Nationalsozialisten in den Dienst nehmen.[71]

4. 5 Zum Verhältnis von Partei und Wiener Stadtverwaltung

Die Absicht der Stärkung des Parteieinflusses gegenüber dem Verwaltungsapparat in Österreich hatte ganz wesentlich den Eingliederungsvorgang bestimmt. Nach schrittweiser Auflösung der gesamtstaatlichen Bürokratie blieben die ehemaligen Länderverwaltungen bzw. die Stadtverwaltung Wiens als autoritärordnungsstaatliche Faktoren übrig, von denen vor allem letzterer konservierende Tendenzen im Hinblick auf den ehemaligen Hauptstadtcharakter Wiens zugeschrieben wurden.[72] Am Beispiel Wiens sollen einige, sich als vorläufig verstehende Hinweise auf das Verhältnis Partei - Verwaltungsapparat in den ersten Jahren der NS-Herrschaft gegeben werden. Dabei wird davon ausgegangen, daß Parteieinfluß nicht nur von der Wiener NSDAP, sondern in vielleicht noch stärkerem Ausmaß von der Dienststelle Bürckels ausging (sie bestand bis Ende März 1940), deren Machtstellung auf der Verschmelzung von Parteifunktion und staatlichen Kompetenzen beruhte und die ein "völlig neues Element" der NS-Machtausübung darstellte.[73]

Bis zum Wirksamwerden des "Ostmarkgesetzes" im Frühjahr 1939 hatte der Wiener Bürgermeister Neubacher aufgrund der noch geltenden ständestaatlichen Verfassung die Position eines Gemeinde-"Führers", praktisch politisch verfügte er in dem ihm von Bürckel und anderen Reichsstellen vorgegebenen Richtlinien als oberstes Vollzugsorgan des Magistrats über eine relative Autonomie. Unter seiner Leitung erfolgte die politische Umpolung des bürokratischen Apparates, in der Propagierung von Stadtentwicklungszielen konnte er - wie weiter oben angeführt - initiativ werden. Da Neubacher zugleich auch das allerdings nicht sehr gewichtige Parteiamt für Kommunalpolitik leitete, verkörperte er zumindest im Ansatz die postulierte Einheit von Partei und Staat.[74] Seine Position als Repräsentant bürokratisch-ordnungsstaatlicher Herrschaft war jedoch keineswegs unumstritten und sie entsprach in Teilbereichen zeitweilig nicht der politischen Realität. Dies sei an zwei Beispielen belegt: Die Bezirksvorsteher, im März kommissarisch mit Vertrauensmännern der Partei neu besetzt, waren laut Verfassung Organe der Stadt in Fürsorgeangelegenheiten. Sie hatten in den ersten Monaten nach der Machtergreifung einen weit darüber hinausgehenden Einfluß auf die Verwaltungsführung in den Stadtbezirken ausgeübt und verstanden sich als Parteikontrollore des Verwaltungsapparates. Ihre Forderung, als Gegengewicht zu den an Vorschriften und Weisungen gebundenen Berufsbeamten in der zukünftigen Verfassung Wiens entsprechend verankert zu werden, scheiterte nicht nur am Widerstand Neubachers, sondern auch an der von Bürckel befürworteten Beibehaltung einer zentralistisch organisierten Verwaltung in Wien.[75] Ein vorübergehend noch gravierenderer Einbruch des Bewegungselements Partei in die Autonomie der Bürokratie ist in der Wohnungsversorgung festzuhalten. Unter dem Druck ihrer Basis hatte die Partei in

Konkurrenz zu den städtischen Wohnungsämtern weitgehend die Beschlagnahme jüdischer Wohnungen und deren Zuweisung an Wohnungssuchende ansichgezogen. Erst gegen Ende des Jahres 1938 wird von Bürckel angeordnet, daß "die Zuständigkeit im Wohnungsfürsorgeverfahren wieder auf die Verwaltungsorgane" verlagert wird. Diese Verfügung, die nur nach und nach verwirklicht werden sollte, räumte allerdings ausdrücklich in Einzelfällen der Partei ein Weisungsrecht gegenüber der Verwaltung ein.[76]

Mit der Einführung der Reichsgauverfassung und der Deutschen Gemeindeordnung in Wien kam es ab 1. 5. 1939 zu einer gleichsam "zweiten Machtübernahme" durch Bürckel in Wien.[77] Bürckel vereinigte ab diesem Zeitpunkt die Funktionen des saarpfälzischen und Wiener Gauleiters, des Chefs der staatlichen Verwaltung und der Gemeindeverwaltung im Reichsgau Wien, die Stellung des Beauftragten der NSDAP für die Stadt Wien, die Befugnisse des in Liquidation befindlichen österreichischen Reichsstatthalters mit seinen ihm nach dem "Anschluß" übertragenen Aufgaben. Diese Ämterkumulation bewirkte in Kombination mit einer auf seine Person zugeschnittenen zentralistischen Organisation[78] und der Plazierung einiger seiner engsten Mitarbeiter in Spitzenpositionen der Reichsgauverwaltung[79] praktisch ein Aufgehen des kommunalen Verwaltungsapparates in dem vom Übergewicht der Partei geprägten Machtkomplex. Damit war die nach dem "Umbruch" in Wien bestehende Trennung von Partei- und Verwaltungsführung überwunden und eine vorher nicht gegebene Parteidominanz hergestellt. Die Schwächung des traditionellen Verwaltungsapparates wurde auch durch die nur im Reichsgau Wien vorgenommene behördenmäßige Trennung der staatlichen und der Gauselbstverwaltung (hier: Gemeindeverwaltung) erzielt.[80] Diese Zäsur bedeutete darüber hinaus das von Bürckel bewußt angestrebte politische Ende des betont österreichischen Gemeinde-"Führers" Neubacher, der sich als potentieller Konkurrent Bürckels eine zeitlang Hoffnungen auf den Posten des Wiener Gauleiters gemacht hatte.[81] Die Übernahme der politischen Führung in Gau und Reichsgau kann als Höhepunkt der Karriere Bürckels und als "Krönung" der von ihm zu vollziehenden "Einverleibungs"-politik betrachtet werden, deren Konzeption allerdings hinsichtlich Wiens vom Ansatz her zum Scheitern verurteilt war.

Anmerkungen

1 In beiden Gebietskörperschaften leiteten oberste Repräsentanten des Ständestaates den "Umbruch" ein: In Wien Vizebürgermeister Fritz Lahr, in Niederösterreich Landesstatthalter Julius Kampitsch. Vgl. dazu und zur Machtergreifung allgemein G. Botz, Wien vom "Anschluß" zum Krieg, Wien-München 1978, S. 51 ff., E. Bezemek, Zur NS-Machtübernahme in Niederösterreich, in: Jahrbuch für Landeskunde von Niederösterreich, NF. Bd. 50/51 (1984/85), S. 181-205. In der niederösterreichischen Provinz verlief die Machtübernahme je nach Größe der Gemeinde und organisatorischer Stärke der NS-Bewegung lokal zum Teil unterschiedlich. Vgl. dazu: K.-D. Mulley, Nationalsozialismus im politischen Bezirk Scheibbs 1930 bis 1945, Diss. Wien 1981, H. Eichinger, Die politische Situation im südwestlichen Niederösterreich 1934 bis 1945, Diss. Wien 1986.

2 Bezemek, NS-Machtübernahme, S. 184 f. Ein Spitzenbeamter im Präsidium - 1936 wegen NS-Betätigung entlassen - war der erste prominente Wiedereinstellungsfall (Dr. Sepp Mayer, später Gauhauptmann von Niederdonau). Vgl. ebenso Übersichtstabelle über die Organisation der Landesämter, Stand 13. 3. 1938, Niederösterreichisches Landesarchiv (NÖLA), Pr I/a-1-1944. Österreichischer Amts-Kalender für das Jahr 1938, 17. Jg., Wien 1938, S. 225 ff.

3 Neubacher, Jahrgang 1893, war ein Vertreter der gemäßigten, spezifisch österreichischen Richtung des Nationalsozialismus aus dem Bekanntenkreis Seyss-Inquarts. Er war führend in der Anschlußbewegung tätig, trat 1933 der NSDAP (SA) bei. Galt als Wirtschaftsexperte für Südosteuropa, verfügte über enge Kontakte zur sozialdemokratischen Stadtverwaltung Wiens, vgl. Botz, Wien, S. 63 ff.

4 Allgemeines Verwaltungsarchiv, Wien (AVA), Reichskommissar für die Wiedervereinigung Österreichs mit dem Deutschen Reich (RK), Materien-Registratur, Karton 16, Liste der Gruppen- und Abteilungsleiter der Stadt Wien. Prominenter Wiedereinstellungsfall in Wien war der "illegale" Nationalsozialist Karl Palme, der zum Leiter der Personalgruppe in der Magistratsdirektion bestellt wurde. Wiener Stadt- und Landesarchiv (WStLA), Personalakt Karl Palme. Vgl. auch Wiedereinstellung des "alten Kämpfers" Dr. Hans Helch, der nach einer Übergangszeit die Gruppe VI (Wirtschaftsamt) leitete. Ebenda, Personalakt Dr. Hans Helch.

5 Laut Botz, Wien, S. 58, betrug die Zahl der für längere Zeit Verhafteten zwischen 10.000 und 20.000.

6 W. Neugebauer, Der Aufbau des NS-Terrorapparates im Jahr 1938, in: Wien 1938. Beiträge und Forschungen zur Wiener Stadtgeschichte, Bd. 2, S. 126-135.

7 Botz, Wien, S. 93 ff., 107 f.

8 Botz, Wien, S. 113 ff. Ders., Schuschniggs geplante "Volksbefragung" und Hitlers "Volksabstimmung" in Österreich, in: Anschluß 1938. Wissenschaftliche Kommission des Theodor-Körner-Stiftungsfonds und des Leopold-Kunschak-Preises zur Erforschung der österreichischen Geschichte der Jahre 1918 bis 1938, Veröffentlichungen Bd. 7, Wien 1981, S. 220-243. E. Bezemek, Die "Volksabstimmung" vom 10. April 1938 in Niederösterreich, in: Unsere Heimat, 4/1986, S. 211-218.

9 Eine grobe Fälschung der Abstimmungsergebnisse ist nach dem bisherigen Forschungsstand auszuschließen. Vgl. Literatur in Anmerkung 8.

10 Das Schicksal der in Niederösterreich wohnenden Juden unterschied sich nicht von dem der Wiener Juden, vgl. dazu Mulley, Nationalsozialismus, S. 231 ff., Eichinger, Situation, S. 143 ff. AVA RK, ungeordneter Aktenbestand, Vorschlag des Gauwirtschaftsberaters für den Gau Nieder-Donau für die Arisierung von jüdischen Betrieben vom 22. 8. 1938.

11 Widerstand und Verfolgung in Wien 1934-1945, 3. Bd., Wien 1975, S. 213 ff.

12 R. Luža, Österreich und die großdeutsche Idee in der NS-Zeit, Wien-Köln-Graz 1977, S. 144.

13 Ebenda, S. 287, Anmerkung 22.

14 G. Botz, Wohnungspolitik und Judendeportation in Wien 1938 bis 1945, Wien-Salzburg 1975, S. 9 ff., 117 ff.

15 Völkischer Beobachter, 26. 4. 1938, zit. nach Botz, Wien, S. 248.

16 Luža, Österreich, S. 142 ff. sowie Botz, Wien, S. 328 ff.

17 Botz, Wien, S. 338.

18 Ebenda, S. 341.

19 Ebenda, S. 252 f.

20 Ebenda,. S. 244 f. Nach Vorschlag des "ostmärkischen" Wirtschaftsministers Fischböck sollten alle 200.000 Juden Wiens schlagartig ihren Arbeitsplatz an arbeitslose "Arier" abgeben. Aus wirtschaftlichen Erwägungen wurde diesem nur sukzessive entsprochen.

21 Botz, Wohnungspolitik, S. 31 ff.

22 Ebenda, S. 57 ff.

23 Ebenda, S. 89 ff.

24 Brief des Leiters der Partei-Kanzlei Bormann vom 2. 11. 1941 an Reichsstatthalter Baldur von Schirach, zit. nach ebenda, S. 199 f.

25 W. Rosar, Deutsche Gemeinschaft. Seyss-Inquart und der Anschluß, Wien 1971, S. 301 ff.

26 G. Botz, Die Eingliederung Österreichs in das Deutsche Reich, Wien 1972, S. 77 f.

27 K.R. Stadler, Provinzstadt im Dritten Reich, in: Botz, Wien, S. 15 ff.

28 AVA RK, Karton 20, Vorschläge für eine Regelung der Gebietsgliederung der Ostmark vom 24. 10. 1938. Autor der Studie war Dipl.-Ing. Walter Rafelsberger, Staatskommissar in der Privatwirtschaft, Gauwirtschaftsberater der Wiener NSDAP.

29 Auch später wurde eine Vereinigung von Wien und Niederdonau von Hitler aus denselben Überlegungen abgelehnt, vgl. Botz, Eingliederung, S. 538, Anmerkung 259. Ebenso K. Stadler, Österreich 1938-1945 im Spiegel der NS-Akten, Wien-München 1966, S. 392.

30 Vgl. "Gesetz zur Sicherung der Einheit von Partei und Staat" sowie "Erklärung des Führers über die Aufgabe der Partei und das Verhältnis Partei und Staat" zit. in H. Pfeifer, Die Ostmark, Wien 1941, S. 40 ff.

31 AVA RK, Karton 20, Unterlage vom 4. 4. 1938 (Die zukünftige parteimäßige und staatliche Organisation in Österreich).

32 "Ostmarkgesetz" samt Durchführungsverordnungen s. Pfeifer, Ostmark, S.530ff. Die Durchführungsfrist war mit 31. 3. 1940 festgesetzt. An diesem Tag endete die Tätigkeit des Reichskommissars, am 15. 3. 1940 wurden die bisherigen Landeshauptmänner zu Reichsstatthaltern ernannt, für den Reichsgau Wien der bisher mit dessen Führung beauftragte Gauleiter Bürckel.

33 Zu den verschiedenen Varianten der Gebietsgliederung vgl. Botz, Eingliederung, S. 82 ff.

34 Bereits im Oktober 1938 wurde die Auflösung Niederdonaus empfohlen, siehe Vorschlag Rafelsberger Anmerkung 28.

35 Zur Frage des Gaues Burgenland siehe A. Ernst, Zur Auflösung des Burgenlandes im Jahr 1938, in: Burgenländische Forschungen, Sonderh. 2 (1969), S. 40-53.

36 Gemeindeverzeichnis für die Reichsgaue der Ostmark auf Grund der Volkszählung vom 17. Mai 1939, Wien 1940.

37 Germanisierungsplan Jurys abgedruckt in: Die Vergangenheit warnt, Prag 1960, S. 141-144. Kommentierung des Plans durch Jurys innerparteilichen Konkurrenten Josef Leopold siehe L. Jedlicka, Gauleiter Josef Leopold (1889-1941), in: Geschichte und Gesellschaft. Festschrift für Karl R. Stadtler, Wien 1974, S. 156 f.

38 Luža, Österreich, S. 273, Anmerkung 45.

39 Botz, Wien, S. 266 ff.

40 Ebenda, S. 270 f., sowie H. Matzerath, Nationalsozialismus und kommunale Selbstverwaltung, Stuttgart 1970, S. 334 ff.

41 J. Thies, Nationalsozialistische Städteplanung: "Die Führerstädte", in: Die alte Stadt, 5. Jg. (1978), S. 29, sowie Reichsgesetzblatt Teil I, 29. 8. 1942, S. 535.

42 Botz, Wien, S. 261, 265 sowie Luža, Österreich, S. 106 ff.

43 Botz, Wien, S. 264 f.

44 Luža, Österreich, S. 108 f. Zum Scheitern einer den Wirtschaftsstandort Wien fördernden Politik siehe auch Brief Rafelsbergers (Stadtrat für Wirtschaftliche Unternehmen sowie Gauwirtschaftsberater der Wiener NSDAP) vom 8. 1. 1942 an Bürgermeister Jung, WSTLA, NSDAP Gau Wien, Amt für Kommunalpolitik 1942-1945.

45 Zum Parteiaufbau in Wien siehe Botz, Wien, S. 204 ff. Mitgliederzahl vor dem "Anschluß" ("alte Kämpfer" und "Illegale") für Wien/Niederösterreich: 64.919/57.171; Stand 1942: 172.746/178.706 (entsprach in Wien 9 %, in Niederösterreich 10,5 % der Bevölkerung, der Durchschnitt für die "Ostmark" lag bei 9,9 %), vgl. dazu Luža, Österreich, S. 324 f., 328. Nach ihrer sozialen Struktur kamen die NS-Mitglieder in beiden Gauen vor allem aus dem Mittelstand, überwiegend aus dem "neuen" Mittelstand; Arbeiter und Bauern waren hingegen unterrepräsentiert, vgl. dazu Botz, Wien, S. 213 ff., Ders., Die österreichischen NSDAP-Mitglieder, in: R. Mann (Hg.), Die Nationalsozialisten, Stuttgart 1980, S. 137-154.

46 Botz, Eingliederung, S. 92 ff.

47 Wegen seines hohen Alters (Jahrgang 1887) galt Jury nicht als Idealbesetzung. Ihm wurde daher ein "dynamischer" Stellvertreter aus dem "Reich" an die Steite gestellt (Karl Gerland). Jurys Konkurrent Josef Leopold ging leer aus, er hatte den Gau Niederösterreich seit 1927 geleitet und war von 1935 bis zu seiner Absetzung im Februar 1938 Landesleiter der österreichischen Partei. Der seit März 1938 amtierende Gauleiter und Landeshauptmann Jäger lehnte aus Loyalität zu Leopold eine Bestellung ab, vgl. dazu Bezemek, NS-Machtübernahme, S. 197 f. sowie Jedlicka, Gauleiter Leopold.

48 Die Kontinuität in der Wiener Organisation wurde durch den am 25. 5. 1939 von Gauleiter Bürckel zum stellvertretenden Gauleiter bestellten SS-Brigadeführer Karl Scharizer, ehemals Gauleiter in Salzburg, hergestellt, der dieses Position bis 1945 bekleidete, vgl. AVA RK, Karton 159, sowie Luža, Österreich, S. 303. Globocnik, Jahrgang 1904, ist der Nachwelt besser bekannt als Höherer SS- und Polizeiführer in Lublin, der die Ermordung

der polnischen Juden leitete, vgl. Botz, Wien, S. 202 f. Schirach war ein "alter" Kampfgefährte Hitlers, Chef der Hitler-Jugend und Reichsjugendführer, vgl. Ders., Ich glaubte an Hitler, Hamburg 1967.

49 Zum Stellenwert der Gauleiter im politischen System vgl. P. Hüttenberger, Die Gauleiter, Stuttgart 1969, S. 195 ff. Hitler besetzte nur ungern Gauleiter um, damit deren Unantastbarkeit nicht beeinträchtigt werde, vgl. Botz, Wien, S. 424.

50 Ebenda, S. 130 sowie Rosar, Gemeinschaft, S. 344 f. (Brief Seyss-Inquart an Bürckel, 29.6. 1939).

51 Siehe Anmerkung 17.

52 Zur Kulturpolitik Schirachs vgl. Luža, Österreich, S. 202 ff. Ebenso F.M. Rebhann, Finale in Wien, Wien 1969, Ders., Das braune Glück zu Wien, Wien 1973.

53 Beruhigende Erklärungen an die Beamten waren daher an der Tagesordnung. So erklärte Landeshauptmann Jäger am 12. 3. 1938: "Bangen Sie keiner um Ihre Zukunft! Glauben Sie nicht, daß wir Nationalsozialisten kleinlich sind." Zit. nach Bezemek, NS-Machtübernahme, S. 185.

54 Richtlinie des Deutschen Beamtengesetzes vom 26.1.1937, zit. in einer Verfügung von Landeshauptmann Jury vom 28. 6. 1938, mit der er die Errichtung eines politischen Personalamtes bei der Landeshauptmannschaft Niederdonau bekanntgibt. NÖLA PR 223/30-I.

55 Bezemek, NS-Machtübernahme, S. 193 sowie Die Gemeindeverwaltung der Stadt Wien im Jahre 1938, Verwaltungsbericht, Wien 1941, S. 47.

56 Ebenda, S. 47 f. Ebenso M. Feiler, The Viennese Municipal Service 1933 to 1950, phil. Diss. New York 1964, S. 163.

57 Rot-weiß-rot-Buch, Wien 1946, S. 77.

58 Für Wien Zahl der Beamten (Hoheitsverwaltung und Betriebe, ohne Vertragsbedienstete) im Jahr 1937: 12.947 lt. Statistisches Jahrbuch der Stadt Wien 1938, Wien o.J., S. 201; Landeshauptmannschaft Niederdonau, Stand 13. 3. 1938: 2.108 Bundes- und Landesangestellte, NÖLA Pr I/a-1-1944.

59 Die niederösterreichische Verwaltung sei zu 96% Domäne des CV gewesen, so Landeshauptmann Jäger am 12. 4. 1938 im Schreiben an Staatskommissar Wächter, NÖLA Pr 1734/6-II-1938.

60 Feiler, Municipal Service, S. 203.

61 Genaue Zahlen über wieder eingestellte Sozialdemokraten liegen nicht vor. Verwaltungsbericht 1938, S. 47, berichtete von 340 Sozialdemokraten und Nationalsozialisten, die bei der städtischen Feuerwehr und Unternehmungen der Stadt Wien bis April 1938 wieder aufgenommen wurden. Generell zur Wiedereinstellung von Sozialdemokraten siehe Rundschreiben des Staatskommissars Wächter vom 16. 1. 1939, NÖLA Pr 1519/I/1.

62 Botz, Wien, S. 239. Nach Schätzungen Feilers wurden 1934 300-400 sozialdemokratische Beamte aus der Wiener Stadtverwaltung entlassen. Feiler, Municipal Service, S. 199 f.

63 Eine Ausnahme stellte der ehemals sozialdemokratisch eingestellte, zwischen 1934 und 1938 im Amt verbliebene und nach dem Anschluß zum Leiter der MA 48 (Allgemeine Personalangelegenheiten) bestellte Dr. Viktor Kritscha dar. Nicht nur in dieser Funktion, auch als Lehrender an der Verwaltungsakademie zeigte er eine hohe Identifizierung mit dem NS-System. Nach 1945 stieg er zum Magistratsdirektor auf. Vgl. dazu Feiler, Municipal Service, S. 207 ff.

64 AVA RK wie Anmerkung 4. Für Niederösterreich: Abteilungsleiter bei der Landeshauptmannschaft Niederdonau, NÖLA Pr I/a-1-1944.

65 Die Mehrzahl der so charakterisierten Beamten stand allerdings technischen Abteilungen vor. Ostmark-Jahrbuch 1939-1942, 185.-188. Jg. "Der alte Krakauer Schreibkalender", Wien o.J.

66 Siehe Anmerkungen 2 und 4. Erst in der Ära Bürckel als Wiener Gauleiter kamen einige Außenstehende in Spitzenpositionen der Verwaltung, vgl. Anmerkung 79.

67 Amts-Kalender 1938, Ostmark-Jahrbuch 1939.

68 AVA RK wie Anmerkung 4; NÖLA L.A. I/1-a-430/1 (Landräte in der Ostmark, Feststellung der Mitgliedschaft zur NSDAP, Bericht an Staatskommissar Wächter vom 16. 3. 1939). Ab 1. 1. 1939 hieß der Bezirkshauptmann Landrat, vgl. Pfeifer, Ostmark, 52.

69 Feiler, Municipal Service, S. 202 f.

70 NÖLA Pr I-1945 (Verzeichnis über das gesamte Personal des ehemaligen Landrates Tulln).

71 "Führungsprobleme" der Nationalsozialisten werden damit ebenso wie die Tätigkeit von Widerstandsgruppen - bei der Feuerwehr und in städtischen Unternehmen - nicht in Frage gestellt. Vgl. Botz, Wien, 470 ff. AVA RK, Karton 15: Verschiedene "Vorkommnisse" bei

Straßenbahnen und Gaswerken führte zur Einrichtung einer Stelle für die politische Betreuung der Arbeiter und Angestellten, die der Partei eine direkte Mitwirkung bei allen Personalangelegenheiten als gleichsam übergeordnete Betriebsführung einräumte (Gedächtnisprotokoll vom 19. 10. 1939).

72 G. Botz, Wien und die nationalsozialistische "Ostmark"-Politik, in: Die alte Stadt, 5. Jg. (1978), S. 41 f.

73 Botz, Wien, S. 488 f.

74 Zum Stellenwert dieses Amtes generell Matzerath, Nationalsozialismus, S. 197 ff. Noch im Juli 1939 wird aktenkundig, daß das Gauamt für Kommunalpolitik in Wien abgesehen von der Bestellung Neubachers zum Gauamtsleiter "noch nicht aktiviert ist". WStLA NSDAP Gau Wien, Amt für Kommunalpolitik 1938-1939, Brief vom 28. 7. 1939 an das Hauptamt für Kommunalpolitik in München.

75 Zum Konflikt mit den kommissarischen Bezirksvorstehern vgl. AVA RK, Karton 15.

76 Ebenda, ungeordnete Aktenbestände, Anordnung Reichskommissars Bürckel vom 24. 10. 1938 an Gauleiter Globocnik, ebenso Schriftwechsel zwischen NSDAP Gau Wien, Vize-Bürgermeister der Stadt Wien und Dienststelle des Reichskommissars. Die bisher in den sogenannten Wohnungsämtern der Partei Beschäftigten wurden mit 1. 1. 1939 in die Verwaltung der Gemeinde übernommen.

77 Botz, Wien, S. 437 ff.

78 AVA, RK, Karton 16, Anordnung zur Sicherung engster Zusammenarbeit aller staatlichen, gemeindlichen und wirtschaftlichen Dienststellen und Ämter im Reichsgau Wien vom 5. 10. 1939.

79 Zum Leiter der staatlichen Verwaltung im Reichsgau wurde Karl Barth bestellt, Jakob Knissel stand der Hauptabteilung Stadtkämmerei, Dipl.-Ing. Georg Laub der Hauptabteilung Bauwesen als Kommissarischer Leiter vor. An die Spitze des Personalamts trat Dr. Karl-Heinz Drünkler, die Vertretung der Stadt Wien in Berlin übernahm Dr. Kratz. Das Hauptverwaltungs- und Organisationsamt wurde dem Wiener Parteifunktionär und Intimfeind Neubachers Dr. Wolfgang Scholz unterstellt, der auch das Personalamt der Partei 1939/1940 leitete. Zu Scholz vgl. Luža, S. 171, 296, Anmerkung 8, Ostmark-Jahrbuch 1940.

80 Pfeifer, Ostmark, S. 571 f. Diese Trennung wurde nach dem Muster Hamburgs vorgenommen. Schirach bemühte sich wegen der offensichtlichen Nachteile dieser Regelung, allerdings vergeblich, die Behördenorganisation wie sie seit 1920 bis 1939 bestanden hatte wiederherzustellen. WSTLA - Magistratsdirektion, Ablage Dr. Schaufler 1937-1945, Schriftwechsel Reichsstatthalter mit Reichsministerium des Innern 1942.

81 Zum Konflikt Bürckel-Neubacher vgl. Rosar, Gemeinschaft, S. 337 f. sowie Luža, Österreich, S. 171. Ab Jänner 1940 machte Neubacher Karriere im Auswärtigen Dienst als Sonderbeauftragter auf dem Balkan, vgl. H. Neubacher, Sonderauftrag Südost 1940-1945. Bericht eines fliegenden Diplomaten, Göttingen-Berlin-Frankfurt 1956.

Brigitte Kepplinger

ASPEKTE NATIONALSOZIALISTISCHER HERRSCHAFT IN OBERÖSTERREICH

Auf der Suche nach einer Beantwortung der Frage, warum das nationalsozialistische Regime massenhaft Anhänger mobilisieren und halten konnte, z.T. bis zum Ende des Krieges (und damit bis zum Ende seiner Existenz), versuchte die historische Forschung in den letzten Jahren verstärkt, die regionale Konkretisierung nationalsozialistischer Herrschaft zu erfassen. Nationalsozialistische Herrschaft bedeutet institutionalisierten Terror, soziale Demagogie, aber eben auch die Einleitung partieller Modernisierungsprozesse in Wirtschaft und Gesellschaft. Durch diese Feststellung soll keineswegs eine Aufrechnung "positiver" und "negativer" Seiten des Nationalsozialismus erfolgen mit dem Ziel eines "positiven" oder "negativen" Gesamtergebnisses. Karl R. Stadler ist voll zuzustimmen, wenn er ein solches Aufrechnen folgendermaßen charakterisiert: "Diese Suche nach ‚Objektivität' scheint uns unstatthaft, denn verbrecherische Endziele entwerten auch an sich gutzuheißende Maßnahmen."[1] Die Analyse "an sich gutzuheißender Maßnahmen" oder solcher Maßnahmen, die von weiten Kreisen der Bevölkerung positiv bewertet wurden, dient in diesem Kontext dem Verständnis der Massenanziehung, die das nationalsozialistische System hatte und teilweise für nicht so wenige Österreicher retrospektiv noch hat.

Ein Hauptaspekt der oben erwähnten Modernisierungsprozesse ist die "Entprovinzialisierung der Provinz", die tendenzielle Angleichung des industriellen und kulturellen Niveaus an das der Metropole Wien.[2] Diese Angleichung erfolgte von zwei Seiten: Während einerseits kulturelle und ökonomische Zentren in der Provinz geschaffen wurden, sollte Wien auf das Niveau einer Provinzstadt gebracht werden, nicht mehr Metropole, sondern eine Stadt unter vielen sein. Diese absolute Frontstellung gegen Wien war schon in der Ersten Republik eine zentrale Kampflinie konservativer Politik. Die Weiterführung dieser Politik bei gleichzeitiger Stärkung der provinziellen Identität im Nationalsozialismus ist meines Erachtens ein wichtiges Erklärungselement, warum der Nationalsozialismus gerade in der Provinz eine wesentliche soziale Basis seiner politischen Herrschaft fand.

Gerade am Beispiel Oberösterreichs läßt sich diese Aussage empirisch untermauern. Die ökonomischen Strukturwandlungen, die unter dem Nationalsozialismus in Gang gesetzt wurden, brachten für Oberösterreich den Durchbruch der Industrialisierung. Die Errichtung des Werks Linz der "Reichswerke Hermann Göring A.G.", die Gründung der Stickstoffwerke in Linz, der Ausbau der Steyr-Werke und der zum Steyr-Konzern gehördenden "Nibelungen-Werke" in St. Valentin sowie der Aufbau des Aluminiumwerks Ranshofen und der Ausbau der Zellwolle Lenzing AG sind in diesem Zusammenhang zu nennen. Daß es sich bei allen erwähnten Betriebsneugründungen und -ausweitungen um

Betriebe der Rüstungs- und Kriegsindustrie behandelte, war für den Erfolg dieser Maßnahmen in der Bevölkerung sekundär. Hand in Hand mit diesem Prozeß der Industrialisierung gingen Pläne für die Herstellung einer leistungsfähigen Infrastruktur: Die Projekte beinhalteten einen forcierten Ausbau des Rhein-Main-Donau-Kanals, die Erschließung der heimischen Wasserkräfte sowie die Erbauung von 1.100 km Autobahn in Oberösterreich. Im selben Kontext ist auch die Wohnbaupolitik des Nationalsozialismus in Oberösterreich zu sehen. Die Errichtung von Wohnungen im großen Stil zählt zu den Infrastrukturmaßnahmen der nationalsozialistischen Industrialisierung; gleichzeitig aber kommen hier Hitlers stadtplanerische Aktivitäten zum Tragen. Hitler beabsichtigte bekanntlich den Ausbau seiner "Patenstadt" Linz zu einem kulturellen Zentrum von europäischem Format. Diese seine "Patenstadt" sollte in bezug auf den Arbeiterwohnbau ein Aushängeschild nationalsozialistischer Sozialpolitik werden.

Mit diesen Plänen Hitlers zur Umgestaltung von Linz ist ein weiteres Moment der nationalsozialistischen Politik einer Stärkung der Position der Provinz angesprochen. Der Ausbau von Linz zu einer Donaugroßstadt, zu einem kulturellen Zentrum der "Ostmark" in bewußter Konkurrierung Wiens sollte wesentlich zur Stiftung einer neuen, nationalsozialistischen kulturellen Identität beitragen.

Diese Bereiche, in denen der Nationalsozialismus Modernisierungsprozesse initiierte, bilden zusammen mit einer Untersuchung der Machtübernahme der NSDAP und der Konsolidierung dieser Macht die Schwerpunkte des vorliegenden Aufsatzes.

Nur am Rande konnte der Widerstand gegen das nationalsozialistische Herrschaftssystem berücksichtigt werden; eine Entscheidung, die aufgrund der schon existierenden Dokumentation "Widerstand und Verfolgung in Oberösterreich"[3] getroffen wurde. Gleichfalls nur gestreift wurde der von Hans Maršalek eingehend erforschte Bereich des Systems der Konzentrationslager in Oberösterreich.[3a]

1. Vom "Anschluß" zur Volksabstimmung: Die Machtergreifung des Nationalsozialismus in Oberösterreich

In den Wochen vor dem 12. März 1938 traten auch in Oberösterreich - wie in den anderen Bundesländern - die Nationalsozialisten immer offener in Erscheinung. Der oberösterreichische Sicherheitsdirektor, Graf Revertera, gab in der Sitzung der Landesregierung am 2. März 1938 folgende Einschätzung: "Die derzeitige Lage ist für uns absolut ungünstig und, wenn die Nationalen wirklich wollen und wenn das Reich dies decken würde, wäre es heute schon um die Unabhängigkeit Österreichs geschehen."[4]

Gendarmerieberichte aus dem Innviertel, einer Hochburg der Nationalsozialistischen Bewegung, schätzen Anfang März die Anhängerschaft des Nationalsozialismus auf 70%[5] bzw. sprechen von einer "Hakenkreuzpsychose" und von einem "außergewöhliche(n) Grußwille(n) durch Heben der rechten Hand."[6]

In der Landeshauptstadt, in Steyr, Wels und anderen größeren Orten kam es am Freitag, den 11. März 1938, und Samstag, den 12. März, zu einer Machtübernahme durch die lokalen Organisationen der Nationalsozialisten im Zuge pseudorevolutionärer Erhebungen. Am Abend des 11. März organisierten SA und SS einen Fackelzug in Linz. Am Hauptplatz wurden die marschierenden Formationen von einer Menschenmenge empfangen. Der Schriftleiter des illegalen "Österreichischen Beobachters", Dr. Anton Fellner (später Leiter des Gaupresseamtes), und Dr. Josef Plakolm (später Polizeichef von Linz und Leiter des Gaurechtsamtes), beide lokale SS-Führer, organisierten die Übernahme der Bundespolizeidirektion in der Mozartstraße.[7] Ebenfalls am Abend des 11. März vollzog sich der Machtwechsel im Landhaus: Der bisherige Landeshauptmann, Dr. Heinrich Gleißner, mußte sein Büro dem Gauleiter der illegalen NSDAP, August Eigruber, räumen. Analog der Vorgang auf der Ebene der Linzer Stadtverwaltung: Hier wird Bürgermeister Dr. Wilhelm Bock vom Kreisleiter der illegalen NSDAP, Sepp Wolkerstorfer, abgelöst.[8] Beide, Gleißner wie Bock, wurden wenige Tage später in Schutzhaft genommen und mit einem der ersten Transporte ins Konzentrationslager Dachau gebracht.[9]

Noch weitere Positionen sichert sich die NSDAP am 11. bzw. 12. März, wie etwa den Linzer Rundfunksender am Freinberg, über den am 11. März um 2 h früh von Anton Fellner die Machtübernahme verkündet wird.[10] Druckerei und Verlag des ehemaligen Parteiorgans der oberösterreichischen Sozialdemokratie, des "Tagblatt", werden im Verlauf des 11. März von Nationalsozialisten besetzt. Schon am 13. März erscheint im ehemaligen Gutenberg-Verlag die erste Nummer des "Arbeitersturm" (Untertitel: "Kampfblatt der nationalsozialistischen Arbeiter und Angestellten Deutschösterreichs"), in der Hitlers "erste Rede in seiner Heimat" abgedruckt wird und August Eigruber sich als "Gauleiter und Landeshauptmann von Oberösterreich" an die "oberösterreichischen Volksgenossen" wendet.[11]

So vorbereitet erfolgt am 12. März 1938 der Einzug Adolf Hitlers in Linz. Zehntausende bereiten ihm auf dem Hauptplatz einen begeisterten Empfang. Wie die Stimmung in der Bevölkerung binnen weniger Tage massiv zugunsten der Nationalsozialisten umschlug, charakterisiert anschaulich folgende Schilderung eines kommunistischen Schusters, der dem Mitglied der Landesleitung der KPÖ, Peter Kammerstätter, berichtet: "Peter, ich kenn die Leute nicht mehr. Gestern hat mir dieses Weiberl, so eine schwarze Funsn, die Hand ins Gesicht gehalten. ‚Heil Schuschnigg, heil Schuschnigg' und heute provoziert sie mich mit ‚Heil Hitler!' Du kennst die Leute nicht mehr, hast keine Ahnung, was auf der Straße vorgeht."[12] Beim Empfang, den Hitler am 13. März im Linzer Hotel Weinzinger für verdiente "alte Kämpfer" der oberösterreichischen NSDAP gab, wurden zum ersten Mal die Ausbaupläne für die "Patenstadt des Führers" in großen Zügen der Öffentlichkeit präsentiert.[13]

Währenddessen erfolgten im Zuge der Machtübernahme weitere Maßnahmen. Am 15. März wird im "Arbeitersturm" die Zusammensetzung der oberösterreichischen Landesregierung verlautbart:

"Gauleiter der NSDAP Oberösterreichs und Landeshauptmann, August Eigruber. Landesstatthalter: Ing. Breitenthaler, Finanzreferent: Dr. Lorenzoni, Referat für Landwirtschaft: Landwirt Lind aus Mitterkirchen, Schulreferat: Professor Dr. Lenk, Gewerbereferat: Industrieller Hinterleitner, Referat für soziale Fürsorge: der Arbeiter der Steyr-Werke, Kornhäusl."[14]

Gleichzeitig wird die Auflösung der Gemeindetage und die Besetzung der Bürgermeisterposten mit Nationalsozialisten bekanntgegeben.[15] Parallel dazu wird die Gleichschaltung der oberösterreichischen Presse eingeleitet. Schon am 11. bzw. 12. März waren die Druckereien des katholischen Preßvereins in Oberösterreich von SA und SS besetzt worden,[16] das "Linzer Volksblatt", offiziöses Organ der Vaterländischen Front, wurde unter Vorzensur gestellt und hörte schließlich mit 30. Juni 1938 auf zu existieren. Die lokalen Wochenzeitungen des katholischen Preßvereins in Wels und Ried erschienen ab 1. Juli 1938 als "nationalsozialistische Wochenblätter".[17] Die konservative "Tagespost" darf weiter erscheinen, allerdings mit einer nationalsozialistisch dominierten Redaktion. Das Vermögen der Vaterländischen Front wurde eingezogen; Eigruber beauftragte Dr. Steinsky, den späteren Vorsitzenden des Parteigerichts[18], und Linzer Stadtrat mit der Erledigung.

Mit einer vorläufigen Neuordnung des Sicherheitswesens findet diese erste Phase der Machtübernahme ihren Abschluß. Die Sicherheitsdirektion für Oberösterreich in Linz wurde von SS-Sturmbannführer Dr. Rasch übernommen; als Inspekteur der Ordnungspolizei für Oberösterreich, Niederösterreich, Burgenland wurde Oberst der Schutzpolizei, Schroers, eingesetzt und Gruppenkommandant der Ortspolizei Linz wurde der Oberst der Schutzpolizei, Merk.[19]

Was in der obigen Schilderung als geplante und auch planvoll durchgeführte Aktionen der Machtergreifung erscheint, war in der Realität von Spontaneität und Eigenaktivitäten der nationalsozialistischen Basis durchsetzt, die bei näherer Betrachtung den chaotischen Charakter der Ereignisse offenbaren. Insbesondere auf zwei Ebenen wird dies deutlich: Bei der willkürlichen Verhaftung politischer Gegner und von Juden, die z.T. auch von hiezu nicht bevollmächtigten und beauftragten Organen durchgeführt wurden,[20] und bei den wilden Arisierungen, denen im Lauf der beiden Märzwochen nach dem "Anschluß" ein Großteil der jüdischen Geschäfte und Betriebe anheim fiel. Wurden anfänglich sowohl Verhaftungen als auch Arisierungen noch in der Presse verlautbart, so verschwindet diese Öffentlichkeit spätestens gegen Ende März. Lediglich die Etablierung "arischer" Leitungsgremien in arisierten Unternehmen wird in den Zeitungen bekanntgegeben. Die Verhaftungen der ersten Tage konzentrieren sich auf Vertreter des vaterländischen Lagers und auf Juden; die Linke wurde vorläufig mit Zurückhaltung behandelt.[21] Die erste veröffentlichte Liste von Verhafteten zeigt vor allem Exponenten des Ständestaats und jüdische Geschäftsleute aus Linz.[22]

"Im Zuge der Verhaftungen werden folgende Juden wegen volksschädigenden oder staatsgefährlichen Verhaltens hinter Schloß und Riegel gesetzt: Taussig, Schnapsjude in Linz, Wilhelm Mahler, Fabrikant in Linz, die berüchtigten Pofelgeschäftemacher Samuely und Eibuschütz, Dr. Weiß aus Linz, der Papierhändler Pick, die gesamte Judengesellschaft der Firma Kraus und Schober (...), sowie die bekannte Judenfirma Treichinger."[23]

Die Leitung der arisierten Betriebe wurde durchwegs von Nationalsozialisten übernommen.[24]

Die Volksabstimmung am 10. April 1938

Unmittelbar nach der ersten Ordnung der Machtverhältnisse begannen die Vorbereitungen für die Volksabstimmung am 10. April auf allen Ebenen zu laufen. Im Mittelpunkt der Aktivitäten stand die Betonung einer Lösung der brennendsten ökonomischen Probleme; hier sollte gezielt an die Erwartungshaltung weiter Teile der Bevölkerung angeknüpft werden. Als Hauptmotiv der Propaganda erscheint daher die Beseitigung der Arbeitslosigkeit und der Wohnungsnot, die besonders in den Städten im oberösterreichischen Zentralraum schon seit den achtziger Jahren des 19. Jahrhunderts außerordentlich hoch war.[25] Die Propagierung der Herstellung von Vollbeschäftigung und Wohnraum für alle (insbesondere für die Arbeiterschaft) wurde im Rahmen eines allgemeinen Wirtschaftsprogramms präsentiert, das speziell für Oberösterreich den Aufbruch in die Industriegesellschaft bedeuten sollte: hier wurde die Etablierung eines wirtschaftlichen Zentrums der Ostmark geplant. Desgleichen bedeuteten die weitreichenden Umbau- und Ausbaupläne von Linz, Wels und Steyr eine wesentliche Bekräftigung und Steigerung des provinziellen Selbstbewußtseins. Die Sonderstellung Oberösterreichs wurde auch dadurch unterstrichen, daß Linz zur "Patenstadt des Führers" ernannt wurde (und später zusätzlich eine der fünf "Führerstädte" im Deutschen Reich wurde) und daß Hermann Göring Wels zu seiner Patenstadt machte.[26] Bei einer näheren Betrachtung des Komplexes der vor der Volksabstimmung gesetzten Aktivitäten lassen sich mehrere Ebenen unterscheiden, die von Zwangsmaßnahmen gegen politische Gegner (präventive Verhaftungen) bis zu sozialen und wirtschaftlichen Sofortmaßnahmen reichen.

Zum ersten sind hier die programmatischen Äußerungen diverser Spitzenfunktionäre der NSDAP zur Lösung der Probleme Arbeitslosigkeit und Wohnungsnot im Rahmen der nationalsozialistischen Wirtschaftsentwicklungskonzepte zu nennen. Hervorzuheben ist in diesem Zusammenhang das Wirtschaftsprogramm, das Hermann Göring am 26. März 1938 in Wien der Öffentlichkeit vorlegte.[27] Leitmotiv auch hier: "Beseitigung der Arbeitslosigkeit zu 100 Prozent"[28] und, im Zuge der "beschleunigte(n) Nachrüstung", der "gesamte Ausbau der Rüstungsindustrie".[29] Für Oberösterreich bedeutsam ist die Errichtung eines Hüttenwerkes in Linz, der Ausbau der Wasserkraftwerke an Enns und Donau sowie des Rhein-Main-Donau-Kanals, die Forcierung des Kohlebergbaus und die Erbauung einer neuen Donaubrücke in Linz.[30] Auch verkündet Göring die Wiederaufnahme aller Ausgesteuerten in die Arbeitslosenversicherung.

Dieses allgemeine Wirtschaftsprogramm wird nun auf oberösterreichischer Ebene durch lokalspezifische Punkte ergänzt. So z.B. wird der Ausbau der Linzer Schiffswerft verkündet[31], die Wiederaufnahme des Förderbetriebs im verödeten oberösterreichischen Kohlenrevier[32], diverse Bauvorhaben in Linz,

Wels, Steyr und der sofortige Beginn von Meliorisationsarbeiten im Ibmer Moor und von Straßenbauarbeiten im Salzkammergut. Diese Projekte werden vom Arbeitsdienst in Angriff genommen, für den allein in Oberösterreich 30 Lager projektiert sind, 6 davon werden als Sofortmaßnahme noch im März 1938 gegründet.[32]

Diese wirtschaftspolitischen Vorstellungen werden der Bevölkerung in einem mit modernsten Mitteln geführten Propagandafeldzug präsentiert. Nicht nur, daß zahlreiche Vertreter der nationalsozialistischen Prominenz hier zum Einsatz kommen, es beeindruckt vor allem auch die perfekte Organisation - die Faszination wirkt bei Teilnehmern an solchen Versammlungen teilweise heute noch nach:

> "Am 13. März sind sie einmarschiert, natürlich sind sie auch nach Reichenau gekommen. (...) ... da hat man im Ort Reichenau ein Tischchen hingestellt und jeder, der Arbeit haben wollte, konnte sich hier anmelden. Da bildete sich dann eine Schlange von etwa 100 Arbeitern, die sich hier erfassen ließen, und am nächsten Tag bekamen die Leute Geld, um nach Linz zu fahren, und erzählten bei der Rückkehr am Abend, in Linz seien Werkzeuge und alles Notwendige bereitgestanden und sie hätten sofort Arbeit gehabt."[33]

Eingebettet in diesen Propagandafeldzug sind diverse publikumswirksame Sofortmaßnahmen, wie etwa die Freigabe von 1,2 Millionen Schilling für die NSV, die für Geldunterstützungen und Bekleidungsaktionen für Ausgesteuerte, Säuglingsfürsorge und Ausspeisungen verwendet werden sollten[34], oder die Gehaltserhöhungen bei der Gemeinde Linz[35] bzw. einmalige Geldzuwendungen vieler Betriebe an die Belegschaft.[36]

Besondere Aufmerksamkeit wurde einer Gewinnung der sozialdemokratischen Arbeiterschaft zugewendet. Bei jeder einschlägigen Gelegenheit betonen die Führer der oberösterreichischen NSDAP den "wahrhaft sozialistischen" Charakter ihrer Bewegung. Gezielt wird auf die gemeinsame Zeit der Verfolgung im Ständestaat hingewiesen, was manchmal zu eher skurrilen Aussagen führt: "Unser Linzer Bürgermeister" Josef Wolkerstorfer, wird vorgestellt als "auch einer, der alle Gefängnisse kennt".[37] Wie in Wien, so versucht man auch in Oberösterreich durch "Wiedergutmachungsaktionen" an ehemaligen Teilnehmern der Februarkämpfe eine entsprechende Wirkung zu erzielen. In Linz werden in einem Betriebsappell der städtischen Unternehmen ESG und EBG vom Präsidenten Falkensammer Februarkämpfer, die 1934 entlassen worden waren, wieder eingestellt[38]. In Steyr gelingt es, den ehemaligen Bürgermeister Sichelrader, einen der führenden örtlichen Sozialdemokraten, zu gewinnen. Bei einer Kundgebung auf dem Steyrer Urnenhain, die zum Gedenken an die gefallenen Februarkämpfer durchgeführt wird, ist Sichelrader der Hauptredner:

> "Damit haben wir Abschied genommen von unseren Toten - von unserer Partei. Es liegt nun an der nationalsozialistischen Arbeiterpartei, der Arbeiterschaft und dem ganzen deutschen Volk eine bessere Zukunft zu erkämpfen. Das bisherige Werk Hitlers, der Blut von unserem Blute ist und der unserer Heimat entstammt, ist Garant hiefür."[39]

In den letzten Tagen vor dem 10. April häuften sich im Parteiorgan "Arbeitersturm" die Zuschriften, in denen Arbeiter ihre Hinwendung zum Nationalsozialismus ausdrücken.[40] Besonders hervorgehoben wird immer wieder der tiefe Eindruck, den die KdF-Fahrten ins Altreich bei den Teilnehmern hinterließen.[41]

Nicht zuletzt aber werden in den Wochen vor der Volksabstimmung potentielle politische Gegner durch Verhaftung neutralisiert. Eine telefonische Anweisung des stellvertretenden Leiters der Staatspolizeistelle Linz[42], des SS-Sturmbannführers Dr. Mildner, vom 15. März 1938 besagt folgendes:

> "Die Postenkommandanten bzw. die Leiter der Polkoate (Polizeikommissariate) Wels und Steyr haben alle Personen marxistischer Einstellung, also Kommunisten, revolutionäre Sozialisten usw., die verdächtigt sind, in irgendeiner Art die nationalsozialistische Staatsführung nachteilig zu beeinflussen, festzustellen. Von diesen Personen sind jene in Schutzhaft zu nehmen, die vermöge ihres staatsgefährlichen Einflusses die am 10. April d.J. stattfindende Volksabstimmung durch Gegenpropaganda gefährden könnten. Dasselbe gilt für jene Personen, die in der Folge eine staatsgefährliche Betätigung entfalten. Bei der Auswahl der in Schutzhaft zu nehmenden Personen ist nicht kleinlich vorzugehen. Sollte zu erwarten sein, daß prominente Personen aus legitimistischen Kreisen die Volksabstimmung sabotieren, wären auch solche in Schutzhaft zu nehmen."[43]

Wieviele Verhaftungen vor dem 10. April 1938 in Oberösterreich stattfanden, war nicht zu eruieren. Nach vorsichtiger Schätzung dürfte es sich um einige hundert handeln.[44] Die Volksabstimmung selbst brachte das erwartete Ergebnis: 99,82% der Stimmberechtigten stimmten mit "Ja"[45], für die NSDAP eine mehr als deutliche Legitimation des "Anschlusses". Bemerkenswert ist in diesem Zusammenhang, daß eine "generelle Fälschung der Wahlergebnisse von oben" nicht nachgewiesen werden kann.[46] Allenfalls kleinere Manipulationen des Abstimmungsergebnisses - bedingt durch die relativ große Ermessensfreiheit der Wahlleiter - sind anzunehmen.[47]

2. Die Konsolidierung der Macht

Nach dieser Legitimation des Regimes durch die Volksabstimmung wurde der Aufbau des nationalsozialistischen Parteiapparats verstärkt fortgesetzt. Auf der Ebene der Verwaltung dauerte dieser Prozeß, bedingt durch die im Zuge der Eingliederung Österreichs entstehenden Probleme, um einiges länger.[48]

Zum Zweck des Parteiaufbaus in der Ostmark wird von Goebbels eine allgemeine Versammlungsruhe bis 25. 4. 1938 verordnet; die einzige Ausnahme bilden Kundgebungen und Festveranstaltungen zum Geburtstag Hitlers am 20. April.[49] Dieser "Osterfrieden" wird schließlich noch bis 11. Mai verlängert. Die Zeit soll nach Anweisung von Reichskommissar Bürckel zur Erfassung und Aufnahme der Mitglieder der NSDAP genutzt werden.[50] Erfaßt werden sollten diejenigen, die bisher schon Mitglieder waren, sowie diejenigen, "die bis zum 11. März 1938 sich als Nationalsozialisten betätigt haben und durch ihre nationalsozialistische Betätigung die Voraussetzungen zu der Entwicklung des 11. März geschaffen haben."[51]

In Oberösterreich betrug die Anzahl der Mitglieder der NSDAP parteieigenen Schätzungen zufolge im Dezember 1938 rund 40.000.[52] Damit liegt in Oberösterreich der Anteil der NSDAP-Mitglieder, in Beziehung zur Gesamtpartei, nur wenig unter dem Anteil der oberösterreichischen Bevölkerung an der Gesamtbevölkerung Österreichs (11,6% bzw. 13,4%)[53].

Am 24. Mai 1938 wurden die Gauleiter der Ostmark von Hitler ernannt. Dieser Bestellung waren wochenlange Auseinandersetzungen um die Anzahl der Gaue bzw. um die Posten der Gauleiter vorangegangen.[54] In Oberösterreich wird August Eigruber als Gauleiter bestätigt; er steht auch weiterhin an der Spitze der "Landeshauptmannschaft", der vormaligen Landesregierung, ist also nach wie vor Chef der Verwaltung. Wenige Tage später wird die Bestellung der Kreis- und Gauamtsleiter der NSDAP im Gau Oberdonau bekanntgegeben[55], im Juli 1938 erfolgt sukzessive die Ernennung der Ortsgruppenleiter der NSDAP in den einzelnen Kreisen.[56] Damit war die Organisation eines Hauptträgers politischer Macht, der NSDAP, im wesentlichen abgeschlossen.

Schwieriger gestaltete sich der Aufbau der staatlichen Verwaltung. In diesem Bereich bildete die Ostmark ein Experimentierfeld für die Vereinfachung des Verwaltungsaufbaus bei gleichzeitiger Verklammerung von Partei und Staat. Auf der Basis des Ostmarkgesetzes vom 14. April 1939 wurde das ehemalige österreichische Staatsgebiet in sieben Reichsgaue eingeteilt; das Land Oberösterreich bildete nun den Reichsgau Oberdonau.[57] Die Reichsgaue waren staatliche Verwaltungsbezirke, Selbstverwaltungskörper und Parteigaue gleichermaßen.[58] An der Spitze des Reichsgaues stand der Reichsstatthalter, der in Personalunion auch Gauleiter der NSDAP war. Sein Vertreter im Bereich der staatlichen Verwaltung war der Regierungspräsident, im Bereich der Gauselbstverwaltung der Gauhauptmann, im Bereich der Partei der Gauleiter-Stellvertreter. Die Behörden der Reichssonderverwaltung waren dem Reichsstatthalter angegliedert, mit Ausnahme der Reichsjustiz-, Reichsfinanz-, Reichsbahn-, und Reichspostverwaltung.[59] Die Aufteilung der einzelnen Bereiche der Reichssonderverwaltung erfolgte im Zuge erbitterter Auseinandersetzungen zwischen den Reichsstatthaltern, da die entsprechenden Behörden vielfach für ein mehrere Reichsgaue umfassendes Gebiet etabliert werden sollten und jeder Reichsstatthalter die Zuständigkeit für sich beanspruchte.

In Oberösterreich war der Aufbau der staatlichen Verwaltung 1940 im wesentlichen abgeschlossen. Die Funktionen waren folgendermaßen besetzt:

Gauleiter der NSDAP und Reichsstatthalter des Reichsgaues Oberdonau: August Eigruber
Regierungspräsident: Dr. Hans von Helms
Zentralabteilung: Dr. Hans von Helms
Abteilung I: Allgemeine und innere Angelegenheiten: Theodor Nonweiler
Abteilung II: Erziehung, Volksbildung, Kultur- und Gemeinschaftspflege: Dr. Rudolf Lenk
Abteilung III: Volkspflege: Dr. Hans Baumgartner
Abteilung IV: Landwirtschaft, Siedlung und Umlegung, Wirtschaft und Arbeit: Oskar Hinterleitner
Abteilung V: Bauwesen: Dipl.-Ing. August Schmöller[60]

Gauleiter-Stellvertreter wurde mit 1. Mai 1940 Christian Opdenhoff, Gauhauptmann Oskar Hinterleitner.[61] Baumgartner und Schmöller waren gleichzeitig Gauamtsleiter der NSDAP (Amt für Volksgesundheit, Amt für Technik), Hinterleitner war Gauinspekteur (Beauftragter für die Gauwirtschaft) und zusätzlich noch Präsident der Wirtschaftskammer.[63] Zur Gewährleistung einer stärkeren

Kontrolle durch die reichsdeutschen Zentralstellen wurde 1940 der bisherige Gauleiter-Stv. Eisenkolb durch Christian Opdenhoff abgelöst, "zweifellos ein Überwachungsauftrag gegenüber Gauleiter Eigruber".[64] Auch die Funktion des Regierungspräsidenten wurde mit einem Reichsdeutschen besetzt. 1940 kam es im Bereich der Stadt Linz zu einer personellen Veränderung: Eigrubers Protegé Sepp Wolkerstorfer mußte wegen einer Betrugsaffäre mit Lebensmittelkarten von seinem Posten enthoben werden. Seine Nachfolge trat der ehemalige Welser Oberbürgermeister Dr. Leopold Sturma an, der wiederum 1944 von Franz Langoth abgelöst wurde.[65]

Darüber hinaus blieb die personelle Struktur der NS-Führung weitgehend erhalten. Als weitere Machtträger etablierten sich Wehrmacht und Wirtschaft: der Ausbau des oberösterreichischen Zentralraums zu einem Rüstungsschwerpunkt erster Ordnung vollzog sich nach den Erfordernissen der Wehrmacht. Linz war Sitz der Wehrwirtschafts-Inspektion XVII (Generalmajor Gautier), die Leitung und Koordination der Produktion der Rüstungsbetriebe innehatte. Auf die Kompetenzverteilung bzw. die Machtverhältnisse innerhalb der einzelnen Stellen genau einzugehen, ist im Rahmen dieses Aufsatzes nicht möglich; feststeht, daß mit Kriegsbeginn die Erfordernisse der Wehrwirtschaft tendenziell alle anderen Bereiche des wirtschaftlichen und politischen Lebens dominieren.

3. Die Umstrukturierung der Wirtschaft

Im Zentrum der nationalsozialistischen Pläne für die wirtschaftliche Eingliederung Österreichs stand die Nutzbarmachung der österreichischen Ressourcen für die Rüstung. Allerdings gab es in dieser Frage keine einheitlichen Vorstellungen der einzelnen Interessengruppen. Für die deutschen Konzerne war die Eingliederung Österreichs eine Chance für einen Beutezug in eigener Sache. Die Interessen von Partei- und Staatsführung standen dem partiell entgegen, waren aber auch voneinander verschieden. Während die Wirtschaftsführung Österreich vor allem als Rohstoff- und Arbeitskräftereservoir sah und daher nur eine begrenzte Neubautätigkeit im industriellen Bereich befürwortete, ging es für die Parteiführung um eine Erprobung ihres Wirtschaftsprogramms in der Praxis, auch und gerade im Hinblick auf eine Beseitigung der Arbeitslosigkeit. Außerdem kam in den auf Österreich bezogenen wirtschaftspolitischen Maßnahmen auch die Tatsache zum Tragen, daß Oberösterreich als "Heimat des Führers" ein industrielles Aushängeschild werden sollte.

Als dritter Faktor kamen noch die Interessen der Wehrmacht ins Spiel, die mit Kriegsbeginn und Fortdauer des Krieges ein immer größeres Gewicht erhielten.[66]

Die Umstrukturierung der österreichischen Wirtschaft ist darüber hinaus unter dem Aspekt der langfristigen Rahmenplanungen zu sehen, die für einen europäischen Wirtschaftsgroßraum ausgerichtet waren.

> "Der Westen Österreichs sollte ganz den Rohstoff- und Energiebedürfnissen des Altreichs untergeordnet werden (dort daher sofortiger Aufbau und Aufschwung), der Osten mit Wien

dagegen sollte in einer künftigen europäischen Großraumwirtschaft das deutsche Ausstrahlungszentrum nach Südosteuropa bilden und danach ausgerichtet werden. Da es sich hierbei aber um eine langfristige Planung handelte, die augenblicklich noch keinen Gewinn abzuwerfen versprach, zögerte man im Osten Österreichs mit dem Einsatz großzügiger Investitionen."[67]

Auch Oberösterreich - insbesondere der Zentralraum - entwickelte sich aufgrund der Standortvorteile und aus den erwähnten Prestigegründen zu einem großindustriellen Zentrum. Wie gravierend dieser Umstrukturierungsprozeß war, zeigen folgende Zahlen: Von 1937 bis Ende 1942 erhöhte sich der Beschäftigtenstand in Betrieben mit mehr als 100 Beschäftigten um 117% (von 30.000 auf 65.000), während die Beschäftigten im Handwerk im gleichen Zeitraum um 33% abnahmen (von 72.000 auf 48.000) und auch der Handel einen Beschäftigungsrückgang von 16% (von 17.000 auf 14.000) zu verzeichnen hatte.[68]

Am 13. Mai 1938 erfolgte der Spatenstich für die Hütte Linz der Reichswerke "Hermann Göring" AG.[69] Das Linzer Werk, ein Lieblingsprojekt Görings, sollte nach dem Vollausbau 12 Hochöfen und eine entsprechende Anzahl weiterverarbeitender Großbetriebe umfassen.[70] Die Reichswerke "Hermann Göring" waren aber darüber hinaus durch die Übernahme der Mehrheitsbeteiligungen der Creditanstalt zu dem dominierenden Konzern in der Ostmark und in Oberdonau geworden. Folgende Unternehmen waren nun im Besitz der Reichswerke: Österreichische Alpine Montangesellschaft, Steyr-Daimler-Puch, Simmeringer Waggonfabrik, Gußstahlwerke Judenburg, Floridsdorfer Paukerwerke, DDSG und Linzer Schiffswerft.[71]

Die Steyr-Werke erfuhren in der Folge einen forcierten Ausbau ihrer Kapazitäten. 1939 wurde mit dem Bau des Luftwaffenwerks in Münichholz begonnen, das in der zweiten Jahreshälfte 1942 den Betrieb aufnahm.[72] Ebenfalls 1939 erfolgte die Gründung der Nibelungenwerke St. Valentin, eines Zweigwerks der Steyr-Daimler-Puch AG. Die Nibelungenwerke waren als reiner Rüstungsbetrieb mit dem Schwerpunkt Panzerproduktion konzipiert und nahmen im März 1941 den Betrieb auf.[73]

Entwicklung der Beschäftigung der Steyr-Daimler-Puch AG:[74]

Werk Steyr: Waffen- und Fahrzeugwerk
Werk Steyr: Münichholz: Luftwaffenwerk (Kugellager, Flugzeugkabinen, Flugmotoren)
Steyr-Letten: Läufe und Schäftefabrikation

1939:	9.390
1940:	13.669
1941:	14.354
1942:	19.264
1943:	23.762
1944:	23.552 (inkl. der Werke Graz, Graz-Thonhof und Kromag Hirtenberg)

Beschäftigungsstand der Nibelungenwerke St. Valentin[75]

1940:	2.268
1944:	4.020

Im Jahr 1939 war auch Baubeginn der "Eisenwerke Oberdonau". Die "Eisenwerke Oberdonau", auf dem Gelände der in Bau befindlichen Hütte Linz errichtet, waren nur auf Rüstungsproduktion ausgerichtet; hier sollten Panzerteile erzeugt werden. Schon 1940 lief die Produktion an.[76]

Beschäftigtenstand der Eisenwerke Oberdonau[77]

1941:	1.394
1942:	6.601
1943:	11.955
1944:	14.100

Am 1. 10. 1941 wurde der erste Hochofen der Hütte Linz angeblasen; dies verringerte die Versorgungsprobleme der umliegenden Rüstungsbetriebe z.T. erheblich.[78] Die Hütte Linz hatte einen durchschnittlichen Arbeiterstand von 9.000.[79]

Ein weiteres Großprojekt im Linzer Raum waren die Stickstoffwerke, deren Gründung einen wesentlichen Punkt im "Wehrwirtschaftlich neuen Erzeugungsplan" (nach seinem Generalbevollmächtigten, dem Direktor der IG Farben, Dr. Carl Krauch, auch Krauch-Plan genannt) darstellte. Die "Aktiengesellschaft Stickstoffwerke Ostmark" war eine Gründung der IG Farben; ihre Konstituierung erfolgte 1939.[80] Im Rahmen des "Pulver-Schnellplans" sollte hier einerseits Schießpulver erzeugt werden,[81] aber auch die Etablierung einer Kunstdüngerproduktion war geplant. Im Krauch-Plan ebenfalls enthalten war die Errichtung eines Aluminiumwerkes in Ranshofen. Dieser Betrieb war eine Gründung der Aluminiumwerke Berlin. Mit den Bauarbeiten wurde 1939 begonnen; das Werk wurde allerdings nur zur Hälfte fertiggestellt.[82]

Diese Massierung von Großbetrieben im oberösterreichischen Zentralraum führte, zusammen mit dem 1938/39 in Angriff genommenen Wohnbauprogramm, der Umgestaltung der Stadt Linz und der Abwerbung von Facharbeitern durch reichsdeutsche Firmen schon im Herbst 1939 zu einem akuten Arbeitskräftemangel.

Rückgang der Arbeitslosigkeit von 1938-1939[83]

	31. Jänner 1938 Insgesamt	31. Jänner 1938 davon Unterstützte	31. Jänner 1939 insgesamt	31. Jänner 1939 davon Unterstützte
Oberösterreich	37.120	33.763	11.145	8.721

Entwicklung der offenen Stellen in Oberösterreich[84]

November 1939:	2.293
Jänner 1940:	6.763
März 1940:	13.900

Man versuchte, das Problem des Arbeitskräftemangels durch eine verstärkte Dienstverpflichtung von Frauen[85], durch den Abzug von Beschäftigten aus Gewerbe, Handel und Landwirtschaft, vor allem aber durch den Einsatz von ausländischen Arbeitskräften (Fremdarbeiter und Zwangsarbeiter), Kriegsgefangenen und KZ-Häftlingen zu lösen.

In Oberösterreich waren im Februar 1943 30,6% der Beschäftigten "Ausländer und Fremdvölkische", im Reichsdurchschnitt 16,5%.[86] Zum Zeitpunkt der Erstellung der folgenden Statistik (Februar 1943) handelte es sich bei den "Ausländern und Fremdvölkischen" überwiegend um Zwangsarbeiter; auch die

KZ-Häftlinge der Außenlager von Mauthausen, die hier zum Einsatz kamen, sind - da Zwangsarbeiter - in dieser Aufstellung enthalten. Fremdarbeiter, d.h. Ausländer mit Zeitverträgen, wurden nach Kriegsbeginn, vor allem aber nach 1940, kaum mehr angeworben; Zwangsarbeiter waren in jedem Fall billiger und auch leichter zu beschaffen.[87] Von den 82.547 laut "Wirtschaftsbericht über den Reichsgau Oberdonau" hier beschäftigten "Ausländern und Fremdvölkischen" waren mehr als die Hälfte, nämlich 42.693, Russen und Polen.[88] Die Anteile ausländischer Arbeitskräfte, nach Betrieben aufgeschlüsselt:[89]

Stickstoffwerke Linz	69,7 %
Aluminiumwerke Braunau	64,7 %
Eisenwerke Oberdonau	60,7 %
Stahlbau GmbH, Linz	58,2 %
Schiffswerft Linz	53,1 %
Zellwolle Lenzing	50,0 %
Hütte Linz	45,0 %
Steyr Werke (Waffen und Kraftwagen)	41,5 %
Steyr Werke (Wälzlager)	31,6 %

4. Nationalsozialistische Wohnungspolitik in Oberösterreich

Wie die NS-Wirtschaftsplanungen die oberösterreichische Industriestruktur grundlegend veränderten und letztlich zur Basis der ökonomischen Entwicklung nach 1945 wurden, so war die Wohnbaupolitik ein weiterer Bereich, der bleibende Resultate erbrachte. In Oberösterreich wurden, wie sonst nur noch in der Steiermark, Arbeiterwohnanlagen in beträchtlichem Umfang errichtet, vor allem in Linz und in Steyr.

Nun bildete die drückende Wohnungsnot in Linz und Steyr zwar einen wichtigen Anknüpfungspunkt für die nationalsozialistische Propaganda, für die Realisierung des Wohnbauprogramms gerade in diesen beiden Städten waren aber überwiegend ökonomische Bestimmungsgründe maßgeblich: Für die Stammbelegschaft der kriegswichtigen Betriebe mußte Wohnraum zur Verfügung gestellt werden. Ein wichtiger zustäzlicher Impuls waren Hitlers persönliche Pläne für den Ausbau von Linz.

Das NS-Wohnbauprogramm zerfällt also in zwei Teile: die Errichtung von Werkswohnungen für die Belegschaft der Hermann-Göring-Werke sowie Werkswohnungsbau für andere Berufsgruppen (Eisenbahn, Wehrmacht etc.) und die Errichtung sogenannter "Volkswohnungen", billiger Wohnungen für die Unterschichten.

Allerdings nahm trotz beachtlicher Leistungen - so wurden bis 1943/44 ca. 11.000 Wohneinheiten in 2.700 Häusern fertiggestellt[90] - die Wohnungsnot nicht ab, sondern wuchs im Gegenteil rapid an. Durch den verstärkten Zuzug nach Linz, der eine Zunahme von 4.000 bis 5.000 Haushalten jährlich mit sich brachte, stieg der "nichtbereinigte Wohnungsbedarf" von 507 Wohnungen 1937 auf 3.809 Wohnungen 1939; in den folgenden Jahren belief sich der Fehlbestand auf 7.974 (1940), 11.171 (1941), 13.898 (1942), 15.485 (1943) Wohnungen.[91] Außerdem wurden für die neuen Projekte Wohnhäuser abgebrochen und ca.

1.000 Wohnungen wurden aufgrund des Alters der Häuser unbewohnbar.

Im Bereich des Wohnbaus existierte kein allgemeines Rahmenkonzept, in das die einzelnen Projekte eingegliedert wurden; die einzelnen Bauträger versuchten ihre Bauvorhaben möglichst rasch zu realisieren. Die Probleme schildert der Leiter des Linzer Wohnungsamtes, Hans Heidenwag, folgendermaßen:

> "Linz war im Jahre 1938 nicht im geringsten auf die Industrialisierung vorbereitet. Es fehlte an Arbeitern, an Unterkünften, an Wohnungen, an Bauland, es fehlte die Planung. Die Ausarbeitung von Plänen, die Erstellung eines Generalbebauungsplanes wäre eine Aufgabe gewesen, die Jahre beansprucht hätte. Gebaut werden aber mußte sofort. Deshalb wurde in freizügigster Weise improvisiert, wodurch es gelang, die ersten Schwierigkeiten zu überbrücken."[92]

Den größten Anteil an den bis 1943/44 fertiggestellten Wohnungen baut die WAG, die "Wohnungs-Aktien-Gesellschaft der Reichswerke ‚Hermann Göring' in Linz". Die von der WAG errichteten Wohnungen waren Werkswohnungen der "Reichswerke Hermann Göring", also nur Werksangehörigen zugänglich. Nach 1938 erfolgte der Baubeginn zur Siedlung Spallerhof der WAG. Das ganze Niedernharter Plateau sollte sukzessive verbaut werden, eine Trabantenstadt für die Belegschaft der "Reichswerke". Insgesamt baute die WAG bis 1944 3.273 Werkswohnungen.[93] Auch die Stadtgemeinde Linz nahm 1938 die Bautätigkeit wieder auf. In Urfahr, an Leonfeldner- bzw. Freistädterstraße, sollte ein neuer Stadtteil entstehen.

Adolf Hitler widmete durch einen Erlaß vom 25. März 1939 die "Stiftung ‚Wohnungsbau Linz a.D.'", mit deren Hilfe der Wohnungsbau finanziert werden sollte. Aus den Mitteln der Stiftung wurde die "Führersiedlung" erbaut, östlich der Leonfeldnerstraße zwischen Harbach und Obersteg, die "mit Parteihalle, Volks-, Haupt- und Oberschule, HJ.-Heim, Badeanlage und den notwendigen Geschäftsläden, Handwerkern, Garagen usw. (...) nach dem Vollausbau auf etwa 1.800 Wohnungen kommen wird..."[94] Die ersten Wohnblöcke der "Führersiedlung" wurden gegen Ende 1940 fertiggestellt.

Weitere Wohnbauträger waren die "Siedlungsgesellschaft der Deutschen Arbeitsfront "Neue Heimat", die für die Umsiedler aus Südtirol Wohnungen errichtete, sowie die Wohnungsgesellschaften der Reichsbahn, der Wehrmacht, der Reichsautobahn.

1940 wurden auch in der Ostmark die im "Altreich" geltenden Bestimmungen über die "Förderung des Baues von Volkswohnungen" eingeführt, nach denen auch bis zu diesem Datum gebaut wurde. Volkswohnungen waren demnach "billige Wohnungen, die in erster Linie für Familien mit Kindern bestimmt sind".[95] "Die Normalwohnung soll die Vierraumwohnung sein, bestehend aus vier Wohn- und Schlafräumen sowie Nebenräumen (Kochküche oder Kochnische, Flur, Abort usw.)"[96]

Die Höhe der Miete wurde mit 20% des Nettofamilieneinkommens festgelegt, durfte aber 40 RM nicht übersteigen. Diese großzügigen Bestimmungen sind allerdings vor dem Hintergrund der nationalsozialistischen Bevölkerungspolitik zu sehen. Die Schaffung von Wohnraum war für die nationalsozialistischen Wissenschafter eine Grundvoraussetzung für die Erhöhung der Kinderzahl: "Gegenwärtig dürften wohl jährlich an die 300.000 Kinder nicht geboren werden, weil die schlechten Wohnverhältnisse den Eltern den Mut dazu nehmen. Das Wohnungselend höhlt die kommenden Generationen in einem erschreckenden Umfang aus."[97] Ein rasches Wachstum des deutschen "Herrenvolkes" aber war in der nationalsozialistischen Konzeption unabdingbare Notwendigkeit, denn "allein der Osten braucht 5-6 Millionen deutsche Einwohner zur Besiedlung! Dazu kommen die westlichen Gebiete und schließlich all die Aufgaben, die zur Zeit mit fremden Hilfsvölkern im Reichsraum bewältigt werden."[98]

Insgesamt wurden in Linz bis 1944 ca. 11.000 Wohnungen gebaut: Die Gestaltung der Wohnsiedlungen orientierte sich am Vorbild des Dorfes, auch der Baustil imitiert die Form der lokaltypischen Bauernhöfe, vor allem des Vierkanters. Ein politischer Repräsentationsbau (Parteihalle, HJ-Heime etc.) sollte das politische Zentrum der Siedlung bilden. Die notwendige Infrastruktur, von den erforderlichen Schulen über Geschäfte bis zu Arztpraxen, sollte die neuen Stadtteile zu selbständigen Einheiten machen. Diese Konzeption wurde allerdings nur im Fall der Siedlung Bindermichl ansatzweise realisiert; in den anderen Fällen wurden die Infrastruktureinrichtungen bis auf die Zeit nach dem Krieg zurückgestellt. Die Ursachen für die Planung der Siedlungen als Trabantenstädte liegen neben der erwähnten Vorbildfunktion des bäuerlichen Dorfes, vor allem auch in der leichteren Kontrollierbarkeit der Bewohner: Eventuelle Demonstrationen wurden durch die Entfernung der Wohnviertel vom eigentlichen Stadtgebiet erschwert. Die Hofbauweise erleichterte die Überwachung der Hausbewohner zusätzlich.

In Steyr wurde in der Nachbarschaft des neugegründeten Münichholz ein ganzer Stadtteil neu errichtet. Auch hier gehen propagandistische Interessen einher mit den Erfordernissen der Rüstungsindustrie. Von den geplanten 4.500 Wohnungen wurden bis 1944 ca. 2.500 fertiggestellt.[99] Auch hier war die Ausstattung der Siedlung mit den nötigen Infrastruktureinrichtungen wie auch mit Repräsentationsbauten der NSDAP geplant, wurde aber nicht mehr realisiert.

5. "Führerstadt Linz": NS-Metropole in der Provinz

Neben der Ansiedlung von Großbetrieben der Schwerindustrie und der chemischen Industrie war die Ernennung zur "Führerstadt" und zur "Patenstadt des Führers" richtungsweisend für die Entwicklung dieser Stadt im Nationalsozialismus.[100] Alle "Führerstädte" sollten sich durch eine besonders prunkvolle Ausgestaltung, durch die Realisierung nationalsozialistischer Stadtplanung und Baupolitik auszeichnen. Sie sollten als Repräsentanten nationalsozialistischer Macht und Herrschaft Jahrtausende überdauern. Bemerkenswert ist, daß sich auch im Bereich der nationalsozialistischen Baupolitik sofort die enge Verzahnung von staatlichem Terror und ökonomischem Gewinnstreben offenbarte: Nach der ersten Phase der Errichtung von Konzentrationslagern wurden neue Lager, wie etwa Mauthausen, bevorzugt in der Nähe von Natursteinvorkommen angelegt, da dieses Material für die unzähligen in Aussicht genommenen Demonstrativbauten in großen Mengen benötigt wurde. Gleichzeitig wurde die SS-eigene DEST zum Branchenführer in der Bauwirtschaft.[101]

Als Leitlinie für die Planungen des Um- und Ausbaues von Linz fungierten vor allem Hitlers persönliche Wünsche und Vorstellungen; Berichten seiner Mitarbeiter und Freunde zufolge war ihm die Umgestaltung von Linz ein wichtiges persönliches Anliegen[102] und beschäftigte ihn bis zum Zusammenbruch des NS-Regimes. Eines der letzten Fotos von Hitler zeigt ihn wenige Tage vor seinem Selbstmord vor einem Modell von Linz, das im Führerbunker der Reichskanzlei aufgestellt war.[103]

Den Plänen Hitlers zufolge sollte Linz zu einer Donaugroßstadt vom Rang Wiens oder Budapests ausgebaut werden und diese Städte an Schönheit noch übertreffen. In einer ersten Phase sollte die Einwohnerzahl auf 320.000 steigen, die endgültige Größe sollte bei ca. 420.000 Einwohnern liegen. Zum Vergleich: 1938 hatte Linz 112.000 Einwohner bei einer Flächenausdehnung von 5.539 ha, Mitte 1944 waren es bereits 194.000 Einwohner, und die Stadtfläche war durch Eingemeindungen auf 9.621 ha angewachsen.[104]

Noch 1938 wurde ein Ausbauplan des Stadtbauamtes, das von Franz Schmuckenschläger geleitet wurde, vorgelegt, der alle wesentlichen Elemente der nationalsozialistischen Änderungsvorstellungen enthält. Vorgesehen waren demnach:

- Monumentalverbauung der beiden Donauufer als politisches und Verwaltungszentrum
- Verlegung der Westbahnstrecke nach Süden, Neubau des Personenbahnhofs
- Errichtung eines kulturellen Zentrums in dem Gebiet zwischen der alten und der projektierten neuen Bahnlinie
- Neubau des Hafens
- Ausbau der Industrie (Hermann-Göring-Werke, Stickstoffwerke)
- Knotenpunkt der Reichsautobahn
- Neugestaltung der innerstädtischen Hauptverkehrswege, Errichtung zweier weiterer Donaubrücken
- Realisierung eines großangelegten Wohnbauprogramms[105]

In Grundzügen blieb dieses Szenario bis Kriegsende aufrecht, die einzelnen Elemente wurden jedoch z.T. mehrmals neu geplant. Diese mehrmaligen Änderungen ergaben sich aus den divergierenden Konzeptionen der nebeneinander existierenden Bauinstanzen bzw. durch die Bestrebungen der einzelnen Architekten, sich durch diese Planungsarbeiten zu profilieren.

Ein besonderes Anliegen war Hitler die Etablierung eines Kulturzentrums von europäischem Rang in Linz. Durch die schon erwähnte Verlegung der Westbahnstrecke nach Süden sollte Raum geschaffen werden für eine Prachtstraße "Zu den Lauben", die vom neuen Opernhaus, das auf dem Gelände der heutigen Blumau geplant war, zum neuen Bahnhof führen sollte. An dieser Prachtstraße sollten Gemäldegalerien, Museen, ein Schauspielhaus und Restaurants situiert sein; auch die Anlage eines großen Stadtparks war geplant.[106] Für die Gemäldegalerien, die dem Louvre oder den Uffizien ebenbürtig sein sollten, wurden ab 1939 in ganz Europa Kunstwerke gesammelt, wobei die Erwerbsmethoden vom Kauf bis zum Raub reichten, und, da die projektierte Neugestaltung von Linz aufgrund des Krieges stockte, in den Stollen des Salzbergwerks von Altaussee gelagert.[107]

Von den geplanten Monumentalbauten wurden lediglich die Nibelungenbrücke und die Brückenkopfverbauung auf der Linzer Seite realisiert. Alle anderen Projekte kamen nicht zur Ausführung, da der Ausbau der Rüstungsindustrie Vorrang hatte und für die projektierten Demonstrativbauten keine Ressourcen mehr vorhanden waren.

6. Abschließende Bemerkungen

Eine Betrachtung der nationalsozialistischen Herrschaft in Oberösterreich zeigt, daß diese Herrschaft vorwiegend von Oberösterreichern errichtet und getragen wurde. Die NSDAP erwies sich als "bodenständige" Kraft, nicht etwa als eine von außen aufgezwungene Organisation. Dies zeigt sich bei der Machtübernahme in den Tagen unmittelbar vor dem "Anschluß", aber auch in der Phase der Konstitution und Konsolidierung dieser Macht.

Mit der Etablierung der Reichssonderverwaltungen (vor allem Bahn, Post, Justiz- und Finanzverwaltung) und dem Anlaufen des Industrialisierungsprogramms wird der reichsdeutsche Einfluß stärker. Besonders der Bereich Wirtschaft wird - was die großen Industriebetriebe betrifft - vom Altreich dominiert. Zwar ist die lokale NSDAP-Führung auch in den einzelnen Aufsichtsräten vertreten, ihr Einfluß bleibt aber dementsprechend begrenzt. Im Bereich Polizei und Sicherheitsdienst ist nicht quantifizierbar, wieviele der ca. 40.000 Angehörigen der regulären Polizei und des SD, die nach 1938 nach Österreich transferiert wurden, in Oberösterreich stationiert wurden.

Erstaunlich auch für Beobachter aus den Reihen der NSDAP war die weitgehende Zustimmung zum Nationalsozialismus, vor allem unter der Arbeiterschaft:

> "Vom März 1938 bis zum Ausbruch des Krieges war hier keine erkennbare kommunistische Tätigkeit zu beobachten. Dies dürfte hauptsächlich auf den momentanen Einsatz aller Arbeitskräfte und die damit verbundene Hebung des sozialen Wohlstandes der breiten Volksmasse zurückzuführen sein. Während des Umbruches und auch noch einige Zeit hernach herrschte hier in der gesamten Arbeiterschaft über den Nationalsozialismus eine Begeisterung, wie sie vorher noch keine Regierung in diese Schicht der Bevölkerung zu tragen vermochte."[109]

Diese Zustimmung reichte auch tief in die Anhängerschaft der Sozialdemokratie hinein. Neben der Beseitigung der verhaßten Regierung des Ständestaates, über die so mancher Sozialdemokrat Genugtuung verspürt haben dürfte, war es die Hoffnung auf eine Wiederbelebung der Wirtschaft und - nicht zuletzt - die Annäherung nicht so weniger Sozialdemokraten an die NSDAP, die im Anschluß an die Niederlage vom 12. Februar 1934 erfolgte. Für Oberösterreich schätzt Helmut Konrad, daß ca. ein Drittel der Schutzbündler, die am

Kampf teilgenommen hatten, den Weg zur NSDAP wählten.[110] Auch Richard Bernaschek, der Kommandant des oberösterreichischen Schutzbundes, machte eine solche Phase der Annäherung an den Nationalsozialismus durch[111]. Erbitterung über das Zurückweichen der sozialdemokratischen Parteiführung und das Angebot eines Kampfbündnisses gegen den Ständestaat seitens der NSDAP waren die Hauptgründe, die zu einer solchen Entscheidung führten, aber auch die Selbstdarstellung der NSDAP als sozialistische, revolutionäre Kraft.[112]

Die Paralysierung der Sozialdemokratie begann sich erst mit Kriegsbeginn zu lösen. Darüber hinaus dauerte es aber relativ lange, nämlich bis 1943, bis eine spürbare Distanzierung der Bevölkerung vom Nationalsozialismus zu bemerken war. Noch im Frühjahr 1943 stellte ein schwedischer Journalist fest: "Nur eine Stadt war - zumindest bis zum Februar - treugeblieben: Hitlers Linz."[113]

Der organisierte Widerstand erfaßte demgegenüber nur eine Minderheit, auch wenn, wie schon erwähnt, unter dem Eindruck des "totalen Krieges" und der intensivierten Repression eine merkliche Distanzierung vom nationalsozialistischen Herrschaftssystem stattfand. Die Chance einer Aufarbeitung der NS-Zeit, ihrer Bestimmungsgründe und lokalen Wurzeln wurde nach 1945 allerdings nicht genutzt. Auch und gerade die Partizipation von Oberösterreichern am NS-System und die nur durch eine partielle "Entnazifizierung" unterbrochene Elitenkontinuität in Wirtschaft und Verwaltung waren kein Thema: hier warten noch weitgehend unerforschte Bereiche auf eine wissenschaftliche Analyse.

Anmerkungen

1 K.R. Stadler, Österreich 1938-1945 im Spiegel der NS-Akten, Wien 1966, S. 39.

2 Vgl. hiezu E. Hanisch, Nationalsozialistische Herrschaft in der Provinz. Salzburg im Dritten Reich, Salzburg 1983, Einleitung, S. 9 ff.

3 Dokumentationsarchiv des österr. Widerstands (Hg.), Widerstand und Verfolgung in Oberösterreich 1934-1945. Eine Dokumentation. 2 Bände, Wien-Linz 1982.

3a H. Maršalek, Die Geschichte des Konzentrationslagers Mauthausen, 2. Auflage, Wien 1980.

4 Original: Notizen Reverteras "Mittwoch, 2. III. 1938, Herrschaftsarchiv Helfenberg, Karton 102a, zit. in: F.L. Carstens, Faschismus in Österreich, München 1978, S. 293.

5 Gendarmeriebericht Ried/Innkreis, 9. 3. 1938, OÖLA, Pol. Akten, Nr. 36 (Ried).

7 Siehe A. Fellner, Die Machtergreifung im Gau Oberdonau, in: Österreichischer Beobachter 4 (1939), 2. Märzfolge, S. 9-12.

8 Siehe E.B. Bukey, Hitler's Hometown Linz, Austria 1908-1945, Bloomington and Indianapolis 1986, S. 166 f., sowie K. Tweraser, Der Linzer Gemeinderat 1934-1962. Ständestaat, NS-Regime und die Ära Koref, in: Historisches Jahrbuch der Stadt Linz 1983, Linz 1985, S. 153-245, hier: 161 ff.

9 Die Verhaftung Gleißners, die am 16. 3. 1938 erfolgte, wurde im "Arbeitersturm", "Kampfblatt der nationalsozialistischen Arbeiter und Angestellten Deutschösterreich" mitgeteilt (Nr.4/17. 3. 1938).

10 Arbeitersturm, Nr.1, 13. März 1938.

11 Ebenda. Name und Konzeption des Blattes gehen zurück auf eine illegale Zeitung der oberösterreichischen NSDAP, die 1933 von Eigruber in Steyr gegründet wurde.

12 Interview mit Peter Kammerstätter, 5. Mai 1986.

13 Siehe G. Botz, Hitlers Aufenthalt in Linz im März 1938 und der "Anschluß". Historisches Jahrbuch der Stadt Linz 1970, Linz 1971, S. 185-214, hier: S. 192. Auch: "Arbeitersturm", 15. 3. 1938.

14 Arbeitersturm, 15. 3. 1938. Die "amtliche" Verlautbarung erfolgte in der Amtlichen Linzer Zeitung vom 18. 3. 1938.
15 Arbeitersturm, 15. 3. 1938.
16 Arbeitersturm, 15. 3. 1938.
17 Volksstimme, Parteiamtliches Blatt des Gaues Oberdonau der NSDAP. 1. Folge, 1. Juli 1938. Die "Volksstimme" löste den "Arbeitersturm" ab; eine ständige Beilage der "Volksstimme" führt diesen Titel weiter.
18 Arbeitersturm, 15. 3. 1938, Ernennung Steinskys zum Vorsitzenden des Parteigerichts: Völkischer Beobachter (Wiener Ausgabe) Nr.74/29. 5. 1938, Bekanntgabe der Bestellung der Kreis- und Gauamtsleiter sowie der Gauinspekteure für Oberdonau.
19 Arbeitersturm, 15. 3. 1938.
20 Verlautbarungen im "Arbeitersturm" und in der "Tagespost" verurteilen "Übergriffe" und belehren die Bevölkerung, wer zu Hausdurchsuchungen bzw. Verhaftungen legitimiert ist. Arbeitersturm Nr. 3, 16. 3. 1938; Nr.5, 18. 3. 1938; Tagespost, 17. 3. 1938.
21 Arbeitersturm, 15. 3. 1938.
22 Ebenda.
23 Ebenda.
24 Die ‚Vereinigte Fettwarenindustrie J. Estermann AG', Inhaber: Dr.Weiß, wurde ab 14. 3. 1938 von Dr.Friedrich Thanner geleitet, als Vizepräsident fungierte Franz Fehrer, Leiter des Gauorganisationsamtes. Siehe Arbeitersturm Nr. 3, 16. 3. 1938.
25 Linz und Steyr hatten schon in der Monarchie die schlechtesten Wohnverhältnisse aller in die statistischen Erhebungen aufgenommenen Städte. Siehe M. John, Von der Bassena zur Wohnmaschine. Arbeiterwohnen in den letzten hundert Jahren - Skizzen und Blitzlichter, in: Arbeit/Mensch/Maschine. Der Weg in die Industriegesellschaft. (Beiträge) Linz 1987, S. 189-204, hier: S. 189 f.
26 Dieser "Ehrentitel" wurde der Stadt Wels am 25. 3. 1938 anläßlich eines Besuchs H. Görings verliehen. Arbeitersturm Nr. 13, 26. 3. 1938.
27 Siehe Völkischer Beobachter (Wiener Ausgabe), Nr. 13/28. März 1938, S. 4 ff.
28 Ebenda, S. 5.
29 Ebenda, S. 6.
30 Ebenda.
31 Arbeitersturm Nr. 12/25. 3. 1938.
32 Völkischer Beobachter (Wiener Ausgabe), Nr. 17, 1. 4. 1938, S. 5.
33 H. Denz, Von der Gruppenbefragung zur Gruppendiskussion: Arbeitslose in einer Mühlviertler Kleingemeinde 1936 bis 1939, in: G. Botz/J. Weidenholzer (Hg.), Mündliche Geschichte und Arbeiterbewegung, Wien-Köln 1984, S. 391-407, hier: S. 396 (Wortmeldung Hattig) Tatsächlich war der reichsdeutsche Propagandazug in diesen Tagen in dieser Gegend unterwegs. Vgl. Arbeitersturm, Nr. 3, 16. 3. 1938.
34 Arbeitersturm, Nr. 16, 29. 3. 1938.
35 Ebenda.
36 Arbeitersturm, Nr. 10, 23. 3. 1938. Meist wurden diese Gratifikationen im Zuge von Betriebsappellen zur Vorbereitung der Volksabstimmung verkündet.
37 Arbeitersturm, Nr. 14/27. 3. 1938.
38 Arbeitersturm, Nr. 11/24. 3. 1938.
39 Arbeitersturm, Nr. 27/11. 4. 1938.
40 Auch ein ehemaliger Schutzbündler ("Kraisinger, Fröbelstraße 33a") ist darunter, der sich von 1934 bis 1937 in der Sowjetunion aufhielt und nun das System des Sozialismus in der Sowjetunion mit dem Nationalsozialismus vergleicht. Arbeitersturm, Nr. 22, 5. 4. 1938.
41 Ebenda. Am 22. 3. 38 waren 700 Mühlviertler nach Wiesbaden abgereist. Arbeitersturm, Nr. 10/23. 3. 1938.
42 Die Sicherheitsdirektionen wurden per Erlaß Himmlers vom 14. 3. 1938 in Staatspolizeistellen umgewandelt. Siehe Völkischer Beobachter (Wiener Ausgabe), Nr. 1, 16. 3. 1938.
43 OÖLA, Politische Akten, Sch.67. Ein Beispiel für die Verhaftung eines Monarchisten: Am 22. 3. 1938 war Erzherzog Josef Ferdinand verhaftet und nach Dachau geschickt worden. Er hatte in der Öffentlichkeit verkündet: "Ich lasse mir jetzt das Götz-Zitat auf die Innenseite der rechten Hand schreiben, so daß, wenn mich jemand mit dem deutschen Gruß grüßt, ich ihm dieses Zitat zeigen kann." Arbeitersturm Nr. 10, 23. 3. 1938. Nach der Volksabstimmung wurde der Erzherzog wieder freigelassen. Arbeitersturm Nr.31/15. 4.1938.
44 OÖLA, Pol. Akten, Sch. 67, Sch. 41 usw. Vollständige Angaben sind aufgrund der Quellenlage nicht möglich.

45 Dies ist das in der Parteizeitung verlautbarte Endergebnis. Arbeitersturm Nr. 27/11. 4. 1938 Allerdings schwanken die Ergebnisse zwischen 99,68% (Linzer Tagespost Nr. 85, 11. 4. 1938) und den erwähnten 99,82%. Ursache sind die unterschiedlichen Angaben über die Anzahl der Stimmberechtigten.
46 Siehe G. Botz, Wien vom "Anschluß" zum Krieg. Nationalsozialistische Machtübernahme und politisch-soziale Umgestaltung am Beispiel der Stadt Wien 1938/39. Wien-München 1978, S. 182.
47 Ebenda; vgl. auch Anm. 45.
48 Siehe G. Botz, Die Eingliederung Österreichs in das Deutsche Reich. Planung und Verwirklichung des politisch-administrativen Anschlusses (1938-1940), Wien 1976, S. 82 ff.
49 Arbeitersturm, Nr. 29, 13. 4. 1938.
50 Völkischer Beobachter (Wiener Ausgabe) Nr. 46, 1. Mai 1938.
51 Ebenda.
52 Bericht der Finanz- und Parteiverwaltung (Mitgliedschaftswesen) in Wien vom 14. Dezember 1938. Original RL BDC, Mappe 303. Zitiert in: Karl R. Stadler, a.a.O., S.37.
53 Berechnet von G. Botz, Soziale "Basis" und Typologie der österreichischen Faschismen im innerösterreichischen und europäischen Vergleich, in: Faschismus in Österreich und international. Jahrbuch für Zeitgeschichte, 1980/81, Wien 1982, S. 15-56, hier: S. 30.
Botz legt seinen Berechnungen ebenfalls die in Anmerkung 52 zitierten Zahlen zugrunde.
54 Vgl. Botz, Die Eingliederung Österreichs, S. 40 ff., sowie H. Slapnicka, Oberösterreich-als es Oberdonau hieß (1938-1945), Linz 1978, S. 11 ff.
55 Völkischer Beobachter (Wiener Ausgabe), Nr. 74/29. 5. 1938.
56 Volksstimme, Nr. 2, 2. Juli 1938.
57 Gerichtsbezirk Bad Aussee. Siehe Slapnicka, Oberösterreich, S. 34.
58 Siehe E. Mannlicher (Hg.), Wegweiser durch die Verwaltung unter besonderer Berücksichtigung der Verwaltung im Reichsgau Wien sowie den Reichsgauen Kärnten, Niederdonau, Oberdonau, Salzburg, Steiermark und Tirol mit Vorarlberg. (Stand vom 1.Februar 1942), Berlin-Leipzig-Wien 1942, S. 356f.
59 Ebenda.
60 Amtskalender für den Gau Oberdonau. Auskunfts- und Geschäftshandbuch für das Jahr 1940, Linz 1940, S. 59 ff.
61 Ebenda, S. 53, S. 71.
62 Völkischer Beobachter (Wiener Ausgabe) Nr. 74, 29. 5. 1938.
63 Siehe E.M. Meixner, Männer Mächte Betriebe, Wirtschaftsgeschichte des Landes OÖ. Band II, Salzburg-Linz 1952, S. 384.
64 Slapnicka, Oberöstereich, S. 478.
65 Siehe Tweraser, Der Linzer Gemeinderat 1934-1962, S. 164.
66 Siehe N. Schausberger, Rüstung in Österreich 1938-1945, Wien 1970, S. 38 f.
67 Ebenda, S. 40.
68 Wirtschaftsbericht über den Reichsgau Oberdonau 1938-1943. Herausgegeben von O. Hinterleitner, Linz 1943, Punkt 17. Siehe auch: Oberdonau im großdeutschen Wirtschaftsraum. Rede des Gauwirtschaftsberaters Oskar Hinterleitner; Leiter der Wirtschaftskammer Oberdonau anläßlich der Abschlußkundgebung der Arbeitsgemeinschaft für Betriebsführer in Linz am 25. April 1941, Linz, o.J. (1941).
69 Völkischer Beobachter (Wiener Ausgabe) Nr. 59, 14. Mai 1938.
70 Schausberger, Rüstung, S. 35.
71 Siehe A. Meyer, Das Syndikat. Reichswerke "Hermann Göring", Braunschweig-Wien 1986, S. 77 f.
72 H. Retzl, Steyr-Münichholz. Ein Stadtteil im Wandel der Zeit. Diss., Linz 1985, S. 17 f.
73 Schausberger, Rüstung, S. 76.
74 Ebenda, Anlage 9, S. 193.
75 Ebenda, Anlage 10, S. 196.
76 Ebenda, S. 47.
77 Ebenda, Anlage 11, S. 197.
78 Ebenda, S. 83.
79 Ebenda, S. 76, Anm. 87.
80 Slapnicka, Oberösterreich, S. 133 f.
81 Schausberger, Rüstung, S. 76.
82 Meixner, Betriebe, S. 391 f.
83 Die Entwicklung der ostmärkischen Wirtschaft seit der Wiedervereinigung mit dem Reich,

in: Monatsberichte des Wiener Instituts für Wirtschafts- und Konjunkturforschung 13 (1939), Sonderheft 2/3.

84 Kriegstagebücher des Kommandos des Rüstungsbereiches Linz der Rüstungsinspektion des Wehrkreises XVII, 2, (1. 1. 1940 - 31. 3. 1940), zit.in: Slapnicka, Oberösterreich, S. 160.

85 Nach Schausberger betrug der Anteil der Frauen an den Beschäftigten in der Rüstungsindustrie 30% (gegenüber einem Reichsdurchschnitt von 22,%), Rüstung, S. 78, Anm. 105.

86 Wirtschaftsbericht über den Reichsgau Oberdonau, Punkt 19 (Ausländer und Fremdvölkische).

87 Siehe A. Meyer, Syndikat, S. 126 ff.

88 Wirtschaftsbericht, Reichsgau, Punkt 19.

89 Ebenda.

90 I. Sarley, Stadtplanung Linz 1938-1945, Linz 1983, S. 7 (Sonderdruck aus: Die Städte Mitteleuropas im 20. Jhdt. Hg. von Wilhelm Rausch, Linz 1984).

91 H. Heidenwag, Die Wohnungsverhältnisse der Gauhauptstadt Linz, in: Linz - Erbe und Sendung. Kulturbericht der Stadt Linz, 1941, S. 59-75, hier: S. 68.

92 H. Heidenwag, Die Industrialisierung und ihre Auswirkung, in: Linz heute, S. 27 - 31.

93 Nach Unterlagen der WAG zusammengestellt von R. Schweitzer, in: Der staatliche geförderte, der kommunale und der gemeinnützige Wohnungs- und Siedlungsbau in Österreich bis 1945. Diss., Wien 1972, Bd. 2, S. 462.

94 F. Schmuckenschläger, Die Großstadt Linz im Aufbau, in: Linz-Erbe und Sendung, S. 76-100, hier: S. 95.

95 Bestimmungen über die Förderungen des Baues von Volkswohnungen in den Reichsgauen der Ostmark und den Sudentendeutschen Gebieten vom 26. 6. 1940.

96 Ebenda.

97 Arbeitswissenschaftliches Institut der Deutschen Arbeitsfront (Hg.), Die Wohnungsfrage, ohne Ort-und Jahresangabe (1941), S. 5.

98 Ebenda, S. 5 f.

99 Siehe Retzl, Steyr-Münichholz, S. 62 f.

100 Den Titel "Führerstadt" erhielten nur fünf Städte: Berlin als Reichshauptstadt, Nürnberg als "Stadt der Reichsparteitage", München als "Hauptstadt der Bewegung", Hamburg als Handelsmetropole und Linz als die Stadt, in der Hitler seine Jugend verbracht hatte. Vgl. J. Dülffer/J. Thies/J. Henke, Hitlers Städte. Baupolitik im Dritten Reich. Eine Dokumentation, Köln-Wien 1983, S. 24.

101 Siehe E. Georg, Die wirtschaftlichen Unternehmungen der SS. Stuttgart 1963, auch: Maršalek, Die Geschichte des Konzentrationslagers Mauthausen, S. 17 ff.

102 Siehe A. Speer, Spandauer Tagebücher, Berlin 1975, S. 112 f.; 163, 255 f., sowie A. Kubiczek, Adolf Hitler, mein Jugendfreund, Graz 1966.

103 Hitler 1945 vor einem Modell von Linz. Bildarchiv Hoffmann, in: Hitlers Städte, S. 280.

104 F. Schmuckenschläger, Die Linzer Frage, in: Linz heute. Buch der Stadt Linz 1950, hg. vom Kulturamt der Stadt Linz o.J. (1950), S. 7-26, hier: S. 19.

105 Sarlay, Stadtplanung, S. 7.

106 Siehe Slapnicka, Oberösterreich, S. 75 f.

107 Ch. d. Jaeger, The Linz File. Hitler's Plunder of Europe's Art. Exeter 1981.

108 E.B. Bukey, Hitler's Hometown under Nazi Rule: Linz, Austria, 1938-1945, in: Central European History XVI (1983), S. 171-186, hier: S. 173.

109 Bericht der Gestapo Linz an das RSHA in Berlin betreffend Verhalten kommunistischer und marxistischer Kreise, 30. 12. 1940, DÖW 1449.

110 Diskussionsbeitrag H. Konrad, in: Internationale Tagung der Historiker der Arbeiterbewegung ("X. Linzer Konferenz 1974"), ITH-Tagungsberichte 9, Arbeiterbewegung und Faschismus - Der 12. Februar 1934 in Österreich, Wien 1976, S. 441-445, hier: S. 442.

111 Siehe hierzu I. Kykal/K.R. Stadler, Richard Bernaschek. Odyssee eines Rebellen, Wien 1976, S. 130 ff.

112 Auch der latente Antisemitismus mancher Sozialdemokraten, der in einer Kritik an der "jüdischen Führung in Wien" zum Ausdruck kommt, dürfte hier eine Rolle gespielt haben. Siehe hierzu etwa O. Huschka, Wie stand es damals wirklich? Zum 12. Februar 1934, in: Österreichischer Beobachter (4) 1939, 2. Februarfolge, S. 1-4. Otto Huschka war bis 1934 Kommandant des Linzer Schutzbundes, ging nach dem 12. Februar zur "Österreichischen Legion" und kehrte 1938 als SS-Obersturmführer nach Linz zurück.

113 A. Fredberg, Behind the Street Wall. London 1944, S. 200, zit. in: Stadler, Österreich im Spiegel der NS-Akten, S. 302.

Ernst Hanisch

WESTÖSTERREICH

1. Pflichterfüllung auf nationalsozialistisch

Am 21. September 1944 trat Heinrich Himmler in einer seiner vielen Machtrollen auf, diesmal als Chef des Ersatzheeres, wozu er von Hitler nach dem 20. Juli 1944 ernannt worden war. Vor den Wehrkreisbefehlshabern hielt er auf der Jägerhöhe eine seiner großen Geheimreden. Vom Wehrkreis XVIII, der die österreichischen Alpengaue umfaßte, war General Julius Ringel anwesend, ein illegaler Nationalsozialist und treuer Anhänger Hitlers.[1] Himmler sprach ziemlich ungetarnt ("Ich bin immer jemand, der die Dinge offen ausspricht."[2] "Sie können nun denken, ich sei ein furchtbarer Barbar. Wenn Sie wollen: ja, das bin ich, wenn es sein muß"[3]). Tatsächlich enthüllte der Reichsführer SS und nach Hitler wohl mächtigste Mann eines der Geheimnisse des Dritten Reiches: "1. Es ist niemandem etwas zu sagen, was er nicht zur Durchführung seines Auftrages zu wissen braucht. 2. Es ist niemand von Dingen Kenntnis zu geben als dem kleinen Kreis, der für die Durchführung des Auftrages notwendig ist."[4]

Die Begründung lieferte Himmler gleich mit. Nur die Reichsführung habe den vollen Überblick über die Lage, nur sie könne entscheiden. Alle anderen haben ihre Pflicht zu erfüllen und aus ihrer begrenzten Sicht vollen Gehorsam zu leisten.

Das Geheimnis der NS-Herrschaftstechnik war es nun, die traditionelle obrigkeitsstaatliche "Pflichterfüllung" aufgenommen, zersetzt und in den Dienst gigantischer Verbrechen gestellt zu haben. Jeder tat in seinem kleinen Bereich nur seine Pflicht, die Verantwortung für diese Pflichterfüllung wurde auf die nächsthöhere Instanz abgeschoben. So wurde die Verantwortung parzelliert und der zentralen Frage ausgewichen, wozu diese "Pflicht" nun tatsächlich diente. Nach 1945 wirkte genau dieser Mechanismus weiter. Niemand fühlte sich verantwortlich; Hitler und Himmler waren tot; alle anderen hatten eben nur ihre Pflicht getan. Dieser grandiose Verblendungszusammenhang war allerdings nur in einer modernen Industriegesellschaft möglich, in der zahlreiche Subsysteme ausdifferenziert, gleichzeitig weitgehend selbständig funktionierten und der "Sinn" des Gesamtsystems nur mehr mühsam zu vermitteln war. Tarnsprache auf der einen Seite, technische Perfektion und Appelle an traditionelle Werte, die gleichzeitig umgedeutet wurden, auf der anderen Seite vervollständigten diesen Verblendungszusammenhang.

Was hat eine so abstrakte Beobachtung mit einer simplen regionalhistorischen Studie zu tun? Ziemlich viel, denke ich. Denn hier liegt ein Schlüssel für den Verdrängungsmechanismus, der den regionalen und lokalen Bereich besonders dicht absperrte. Es war für Einzelpersonen einfach zu schwierig, den

Zusammenhang herzustellen zwischen dem Dienst in der Deutschen Wehrmacht, den ein Bauernbursche ableistete, und der Judenvernichtung, zwischen dem Gebet für den Führern in der Dorfkirche und den unsäglichen Leiden in den KZs, zwischen dem Arbeitsbeschaffungsprogramm und der Vernichtung "unwerten Lebens", zwischen dem Gemeinschaftserlebnis in der HJ und der Ausgrenzung von "Volksschädlingen"[5] usw. Aber tatsächlich konnte der Holocaust nur exekutiert werden, solange die Front hielt, die Bauern ihre Produkte ablieferten und die Züge nach Auschwitz abgefertigt wurden. Weil man diesen Zusammenhang nicht herzustellen vermochte, schwieg man, blendete aus, wollte vergessen. Josef Haslinger stellte in seinem "Essay über Österreich" die provokative Frage: "Wer soll sich heute an die Realität von damals erinnern, wenn er sie damals gar nicht sah?"[6] Dazu nur ein kleines historiographisches Beispiel. Einer meiner Studenten untersuchte 45 Salzburger Heimatbücher auf Aussagen über die NS-Zeit im lokalen Bereich. Zwei Drittel der Heimatbücher umgehen diese Jahre fast vollständig; die NS-Herrschaft im Ort fand nicht statt![7]

Auf einer etwas höheren Ebene folgt die Politik der Landesarchive diesem Trend. Allerdings kann man ein deutliches Ost-West- und Nord-Südgefälle beobachten. In Ost-Österreicher wird die Praxis der Archivöffnung weitaus liberaler als im Westen und Süden durchgeführt. Salzburg allerdings hat sich, dank der Einsicht der Politiker, in der Frage der Archivöffnung eher vom Westen abgekoppelt. Vorarlberg und Tirol hingegen mauern nach wie vor.

Ost- und Westösterreich unterschieden sich auch 1938/39 in verschiedenen strukturbedingten mentalen Dimensionen:

- Einige Hinweise sprechen dafür, daß die Zustimmung zum Nationalsozialismus im Westen - nach 1938 - deutlich positiver als im Osten ausfiel; daß die Zahl der NSDAP-Mitglieder überproportional hoch war.[8]
- Der Westen profitierte auch ökonomisch stärker als der Osten; die Arbeitslosenrate sank rascher.[9] Ich habe an anderer Stelle diesen Prozeß als Entprovinzialisierung beschrieben.[10] Der Kern dieser These besagt: Die ungleichgewichtige sozioökonomische Entwicklung des 19. Jahrhunderts soll partiell aufgeholt werden, das technologische Niveau der Zentren erreicht, aber ihr soziales und kulturelles Muster zerstört werden; die Vision einer hochmodernen, technifizierten Gesellschaft als Voraussetzung für eine ausgesprochen antimoderne Zielsetzung; die Verschränkung, das Nebeneinander von Modernität und Regression, von technokratischer Leistungsgesellschaft und reaktionärer Bilderbuchideologie à la Blut und Boden; der Plan, mit den Mitteln der Modernität eine antimoderne Gesellschaft zu schaffen. Von diesem ambivalent-widersprüchlichen Programm wurde die Provinzgesellschaft deshalb stärker angezogen, weil sie hier ökonomische und politsische Erfolge erwarten konnte, ohne das eigene kulturelle Selbstverständnis aufgeben, die eigene Identität an die beunruhigende Moderne anpassen zu müssen. So konnte man von Blut und Boden träumen, aber die Landwirtschaft vehement technifizieren. Virtuos wurde dabei die provinzielle Mentalität des gemeinen Mannes angesprochen und die Biertischphilosophie zur Staatsphilosophie verallgemeinert.

- Die Anschlußsehnsucht scheint im Westen deutlich ausgeprägter als im Osten gewesen zu sein. Dafür sprechen nicht nur die Anschlußabstimmungen des Jahres 1921; auch wenn sie vielfach manipuliert waren, als Signal blieben sie haften! Dafür sprechen auch die traditionellen historischen, ökonomischen und gesellschaftlichen Bindungen und Beziehungen an und ins Deutsche Reich: vom Viehhandel über die Gesangsvereine und Alpenvereine zum Fremdenverkehr ganz allgemein. Dafür sprechen auch die Anti-Wien-Emotionen in den Alpenländern. Der Einbruch der Reichsdeutschen wurde im Westen zunächst doch weniger störend als im Osten empfunden. Denn das war ja die andere Seite der Entprovinzialisierung: daß Wien in der NS-Zeit verprovinzialisierte und viel von seiner Zentrumsqualität einbüßte. Thomas Mann sprach von der "Denaturierung Wiens zur deutschen Provinzstadt"[11]. Das empörte Schreiben eines reichsdeutschen Offiziers über den skandalösen Zustand in Wien und Umgebung war zunächst eben nur für den Osten signifikant: "Allen Deutschen aus dem Altreich ist es bekannt, daß die Ostmärker allem, was aus dem Altreich kommt, mit fanatischem Haß begegnen, es mindestens aber soweit als möglich lächerlich zu machen suchen."[12]

2. Der "Anschluß"

Gauleiter Friedrich Rainer hat in einer offiziellen Denkschrift den "Anschluß" korrekt als dreifachen Prozeß beschrieben: "Die Machtübernahme war sohin ein Werk der Partei, gestützt auf die Einmarschdrohung des Führers und den legalen Stützpunkt Seyß-Inquart in der Regierung."[13] Die wissenschaftliche Forschung hat diese These im wesentlichen bestätigt, ausgefaltet, sprachlich anders formuliert und (selbstverständlich) in einen anderen Interpretationsrahmen gestellt.[14]

a) Die imperialistische Intervention des Deutschen Reiches: der Anschluß von "außen"

Ort des Geschehens war hier Wien, im erzwungenen Rücktritt Bundeskanzler Schuschniggs gipfelnd. Aber an der deutsch-österreichischen Grenze in den westlichen Bundesländern stand die deutsche Wehrmacht zum Sprung bereit; das war in den Landesregierungen bekannt und hatte sie tief verunsichert. Am 12. März marschierten dann die deutschen Truppen ein; nicht mit Schüssen, sondern mit Blumen empfangen, ein wahrer "Blumenkrieg", wie sich ein Teilnehmer erinnert. Das österreichische Bundesheer stand stramm und begrüßte die deutschen "Brüder". Lediglich am Fernpaß in Tirol wäre es beinahe zu einem bewaffneten Zusammenstoß gekommen.[15] Intern frohlockte ein Wehrmachtsbericht über den Einmarsch in Tirol: "Ein strahlender schöner Frühlingstag und der Jubel der Bevölkerung begleitete die Truppen auf ihrem Marsch... Die in einem Begeisterungstaumel befindliche Menge umdrängte die Wagen, überschüttete sie mit Blumen und streckte die Hände zum Gruß entgegen."[16] Um ein wenig die Optik zu wahren und die "Wiedervereinigung" sichtbar zu machen, marschierten einige Tiroler und Salzburger Truppenteile auch in Süddeutschland ein.

Dieser Blumenfeldzug darf jedoch die vorhergehende brutal-zynische Einmischung des Deutschen Reiches in innere österreichische Angelegenheiten nicht überdecken. Auf diese Ebene bezogen, ist die Annexionsthese durchaus richtig; Österreich war tatsächlich ein Opfer der deutschen Aggression. Doch die nach 1945 verbreitete Opferthese verschweigt die beiden anderen Aspekte des "Anschlußes".

b) Die pseudo-revolutionäre Machtergreifung: der Anschluß von "unten".

Zwischen dem 12 Februar und 11. März 1938 etablierte sich in Österreich eine Art Doppelherrschaft, bei der sich das Machtpotential immer mehr zugunsten der Nationalsozialisten verschob. Symbolisch dafür stehen die Ereignisse des 21. Februar in Salzburg. Hinter verschlossenen Türen tagten die Amtswalter der Vaterländischen Front. Offen und demonstrativ auf der Straße - mit "lodernden Fackeln" und mit "lodernden Herzen" - marschierten die Nationalsozialisten; an der Spitze der illegale Gauleiter. Ein Teil der österreichischen Polizei zog bereits mit.[17] Hier berührten sich der Anschluß von "unten" und von "oben". In einem privaten Tagebuch lautete die Eintragung am 22. 2. 1938:

> "Eine Begeisterung, daß sich mindestens 15.000 Menschen heiser schreien. Das kommt davon, wenn man einen erheblichen Teil der Bevölkerung jahrelang dem Druck der Willkür der Polizeigewalt aussetzt... Staatsgewalt und Richter, Professoren und Lehrer, Beamte aller Ämter und Rangklassen marschierten in dem Zug und riefen ‚Heil Hitler!' und ‚Sieg Heil!'"[18]

Am Abend des 11. März erfolgte dann die staatsstreichartige Machtergreifung in den Bundesländern. Auf Befehl der NS-Landesleitung in Wien wurden überall große Demonstrationen organisiert; aus dieser Siegesstimmung heraus und wiederum einem Wiener NS-Befehl folgend, besetzten die regionalen NSDAP-Führungen die Herrschaftszentren in den Ländern. Paradigmatisch kann das Salzburger Beispiel gelten. Der illegale Gauleiter Anton Wintersteiger beorderte einen SA-Sturm zu sich und marschierte zum Chiemseehof, dem Sitz der Landesregierung. Die dort postierten österreichischen Wachen (Polizei und Bundesheer) traten zur Seite, grüßten mit Heil Hitler - Wintersteiger ging in das Arbeitszimmer von Landeshauptmann Rehrl, ließ sich die Telephonanlage erklären und meldete gegen 21 Uhr nach Wien: er habe die Macht ergriffen. Historisch genauer indessen wird man sagen müssen, daß die Macht ihm einfach zufiel. Nirgendwo regte sich ein Widerstand.

Hier ist der Zeitpunkt nun tatsächlich von Bedeutung. Denn um 21 Uhr, ca. 1 Stunde bevor Bundespräsident Miklas den Innenminister Seyß-Inquart zum Bundeskanzler ernennen wird, hatten die Nationalsozialisten die regionalen Herrschaftszentren in allen Bundesländern bereits in ihren Händen.[19] Diese Tatsache widerspricht eindeutig einer simplen Opferthese. Ebenso wie:

c) Die scheinlegale Machtergreifung: der Anschluß von "oben".

Seit 1937 hielten die Nationalsozialisten - als Folge des Juliabkommens - bereits eine quasi legale Position in ihren Händen: die volkspolitischen Referate in der Vaterländischen Front[20]; eine ambivalente ausbaufähige Position, die als eine Art trojanisches Pferd diente. Zwar waren manche dieser Volkspolitischen Referenten offiziell noch keine Parteimitglieder, aber, wie es der Salzburger Referent offen formulierte, "gesinnungsmäßig in ihrer Mehrheit Nationalsozialisten".[21] Sie vermittelten zwischen illegaler Partei und Regierung, verhandelten und bereiteten die "Machtergreifung" von oben her vor.

Volkspolitische Referenten
Vorarlberg: Dipl.-Ing. Johann Martin Luger
Tirol: Bankbeamter Linert
Salzburg: Dr. Albert Reitter

Durchsetzt von illegalen Nationalsozialisten waren jedoch auch andere Teile des Herrschaftsapparates in den Ländern: die Sicherheitsdirektion, die Polizei und die Landesbürokratie selbst. Im März 1938 mußte dann nur mehr die Spitze ausgewechselt werden, ein etwas niedriger plazierter, verdeckter Nationalsozialist rückte vor. Presse und Wirtschaft waren schon längst nationalsozialistisch aufgeweicht. Zwischen diesen traditionellen deutschnationalen Regionaleliten und der dynamischen Partei brachen bald Spannungen auf. Der Besitzer und Herausgeber des "Salzburger Volksblattes", einer Zeitung, die immer wieder getarnte NS-Propaganda betrieben hatte, notierte skeptisch in seinem Tagebuch:

"12. 3. 1938. Die neue Zeit - unsere Zeit? ist angebrochen.
18. 3. 1938. Gott sei Dank wir haben heimgefunden... so der Himmel will, treiben wir den Teufel nicht durch Beelzebub aus!
31. 5. 1938. Ein alter Gaul lernt keine neue Gangart - was soll ich bei der Zeitung? Es ist verboten... es ist unerwünscht... darf nicht gebracht werden."[22]

Die Nationalsozialisten waren peinlichst besorgt, einen scheinlegalen Übergang sicherzustellen. Unter Ausnützung der autoritären Struktur der Bundesverfassung von 1934 ernannte der neue Bundeskanzler Seyß-Inquart am 12. März 1938 die neuen Landeshauptleute, praktisch die illegalen Gauleiter.

NS-Landeshauptleute
Vorarlberg: Anton Plankensteiner
Tirol: Edmund Christoph
Salzburg: Dipl.-Ing. Anton Wintersteiger

Dieser dreifache "Anschluß" kann quellenmäßig exakt rekonstruiert werden. Die Quellen lassen den Historiker jedoch im Stich, wenn er der Frage nachgeht: Wie reagierte die Bevölkerung? Die häufig gehörte Antwort - viele jubelten auf der Straße, viele weinten in ihren Wohnungen - ist höchst unbefriedigend. Denn: wer jubelte und wer weinte, wieviele jubelten und wieviele weinten? Eine exakte Antwort gibt es nicht, aber man kann die Fragen genauer stellen und die Plausibilität der Antwort abwägen.

Zunächst wird man regional differenzieren müssen. In Westösterreich sah das Stimmungsbild anders aus als im Osten. Immerhin hatte die NSDAP bei den letzten freien Wahlen, bei der Gemeinderatswahl in Innsbruck 1933, 41 % der Simmen erreicht und war zur stärksten Partei aufgerückt. Für die urbanen Zentren in den ländlichen Gebieten dürfte dieser Trend ziemlich typisch gewesen sein. Aber entscheidend ist ein anderes Argument: Bereits Bundeskanzler Schuschnigg soll zu Beginn des Jahres 1938 erklärt haben - 25 Prozent der Bevölkerung seien für ihn und 25 Prozent für Hitler, die übrigen richteten sich danach, wie der Hase laufe.[23] Ähnlich argumentierte Stefan Zweig: die große Masse rolle immer zu der Seite hin, "wo die Schwerkraft der momentanen Macht liegt".[24] Kurz, wir müssen auf das Herr-Karl-Phänomen achten. Daran jedenfalls kann es kaum einen Zweifel geben, daß im März 1938 das dynamische Zentrum, die mobilisierten Energien bei den Nationalsozialisten lagen, und die Anziehungskraft der durch die Rüstungsindustrie auf Volldampf arbeitenden deutschen Volkswirtschaft wirkte im Westen besonders intensiv. Genügend vorhandene negative Informationen über das Dritte Reich wurden in der Wahrnehmung gefiltert und als nebensächlich abgetan. Ob es uns paßt oder nicht: eine nüchterne historische Bilanz wird um die Feststellung nicht herum kommen, daß im Frühjahr 1938 eine überragende Mehrheit der Bevölkerung ihre Hoffnung auf ein besseres Leben an Adolf Hitler knüpfte. Wie es ein einfacher Mann formulierte: "Freuen tut sich halt alles, daß es Frühling wird und daß es besser werden soll."[25]

Gewiß teilten nicht alle diese Hoffnung. Die "Vaterländischen" zum Beispiel, die Funktionäre des "Ständesstaates", die Polizeibeamten, die sich im Kampf gegen die illegalen Nationalsozialisten besonders exponiert hatten. Sie wurden zuerst verhaftet und in manchen Orten persönlich schwer gedemütigt und mit Schandsymbolen durch die Straßen getrieben. Allein in Salzburg wurden 63 Gendarmeriebeamte gemaßregelt.[26] Dann katholische Kreise, die durch die offizielle Anbiederungspolitik der Kirche zutiefst verstört waren und die die Kehrtwendung nicht mitzumachen bereit waren. Die Jubelberichte über den Einmarsch der deutschen Truppen in Tirol mußten immerhin feststellen: "In abgelegenen Ortschaften machen einzelne Leute noch einen eingeschüchterten Eindruck. Sie sehen in den deutschen Truppen Unterdrücker, was teilweise durch die Verhetzung klerikaler Kreise herzurühren scheint."[27] Selbstverständlich die in Westösterreich nicht sehr zahlreichen Juden, dann Kernschichten der Arbeiterklasse, die Kommunisten voran, die sich nicht täuschen ließen, sich zwar duckten, aber an ihrer Gesinnung festhielten. Eine Zigarrenfabrikarbeiterin aus Hallein formulierte die Grunderfahrung innerhalb des Arbeitermilieus so:

> "Hauptsache, daß wir unsere Arbeit gehabt haben, haben wir uns gedacht. Bei den großen Umstellungen vom Staat, da hast Du dir ja ohnehin nicht helfen können. Da hast du dich abfinden müssen. Da hast du nichts machen können, weil du kannst nicht gegen den Wind blasen."[28]

Die ideologisch gefestigten Kreise innerhalb der Arbeiterklasse waren im Westen ziemlich schmal; auch ein Großteil der Arbeiterschaft gravierte zunächst zum Schwerpunkt - rollte zu den neuen Machthabern hinüber. Entscheidend für den Westen blieb das katholisch-ländliche Milieu. Hier liegt die eigentliche Verantwortung, hier liegt das große Versagen der Bischöfe, dieses Milieu durch ihre Erklärung dem Regime kurzfristig zugeführt zu haben. Längerfristig hingegen blieb das katholisch-ländliche Milieu intakt. Die erste quantitative Analyse des österreichischen Widerstandes zeigt deutlich, daß in Tirol der Widerstand nicht nur überrepräsentiert, daß die katholisch-traditionale Gruppe dort auch die weitaus stärkste war.[29]

3. Verwaltungsorganisation

Nach der triumphalen Volksabstimmung vom 10. April 1938 begann ein hektisches Planen, ein wildes Intrigieren in den einzelnen Herrschaftszentren. Immer wieder geisterte ein großer Westgau durch die Entwürfe, der Vorarlberg, Tirol und Salzburg umfassen sollte. Schließlich siegte im großen und ganzen die alte "historisch-politische Individualität" der Länder. Nur die Ränder wurden angenagt, und die Grenzen verschoben sich. Vorarlberg fiel an Tirol, zunächst nur parteiorganisatorisch, dann ab 1940 auch verwaltungsmäßig. Dafür mußte Tirol den Bezirk Lienz (Osttirol) an Kärnten abtreten.[30]

Besonders heftig rauften die einzelnen Parteigruppen und Aspiranten um die Gauleiterposten. Endlich ernannte Hitler am 23. Mai 1938 zu Gauleitern:
in Tirol-Vorarlberg: Franz Hofer (geb. 1902)
in Salzburg: Dr. Friedrich Rainer (geb. 1903)

Hofer hatte sich seit seiner spektakulären Flucht aus dem Gefängnis einen eigentümlichen Nimbus geschaffen, er hatte draußen im "Reich" gute Beziehungen angeknüpft, er war so nicht zu umgehen, obwohl sich in Tirol teilweise heftiger Widerstand gegen seine Person regte. Rainer wiederum, in der österreichischen NS-Landesleitung fest verankert, verkörperte geradezu in Reinkultur den Typus des akademisch gebildeten, organisatorisch gewandten NS-Aufsteigers mit technokratischen Neigungen, gepaart mit landesfürstlichen Allüren. Beide Gauleiter trugen die antiklerikalen Traditionen der österreichischen Provinzbourgeoisie in das NS-Regime hinein und entfachten seit dem Herbst 1938 einen wilden Kirchenkampf. Rainer hate sich obendrein frühzeitig dem SS-Machtkomplex angeschlossen und wurde von ihm weiter hinaufgetragen. Während Rainer seine Taten mit dem Tode in Jugoslawien büßte, konnte sich der geschickte, opportunistische Hofer nach 1945 durchschwindeln; er kam mit einigen Jahren Gefängnis davon und lebte später unbescholten in der Bundesrepublik.[31]

Zwischen den Landeshauptleuten Toni Plankensteiner von Vorarlberg, Franz Hofer von Tirol und Friedrich Rainer von Salzburg entfachte sich rasch ein Kampf um jeden Machthappen. Während Plankensteiner auf verlorenem Posten kämpfte, denn als Kreisleiter unterstand er befehlsmäßig Gauleiter Hofer, hingegen war er verwaltungsmäßig als Landeshauptmann mit ihm gleichrangig, konnte Rainer in Salzburg mit dem Sitz des Wehrkreises XVIII eine enorme Positionsverbesserung aufweisen. Plankensteiner resignierte rasch. Verbittert schrieb er an Hofer:

> "Es ist nutzlos, sich gegenseitig immer und immer wieder zu ärgern und zu quälen. Vielleicht haben Sie mit Ihrem patriarchalischen Terror, wie Sie sich ausdrückten, und auch sonst, recht. Mich soll es freuen, nur glaube ich vorerst nicht daran. Ich weiß nur eines, daß ich diesen Zustand so oder so ehrlich und offen beenden muß, da ich sonst langsam seelisch und gesundheitlich zugrunde gehe..."[32]

Die Selbständigkeit Vorarlbergs war nicht zu retten; Plankensteiner ging ins "Altreich".

Auch Rainer beschuldigte den bulligen Hofer des fortgesetzten "Terrorismus"[33], doch der Salzburger Gauleiter konnte sich weit besser behaupten. Die folgende Tabelle unterstreicht den Zugewinn an zentralörtlichen Funktionen, den Salzburg während der NS-Zeit erreichte.

Verwaltungsmäßige Zugehörigkeit des Reichsgaues Salzburg (Unterstreichung: Sitz der Behörde).

NSDAP Gau Salzburg (Salzburg)
SA Gruppe Alpenland (Tirol-Vorarlberg, Salzburg, Oberdonau)
NSKK Gruppe Alpenland (Tirol-Vorarlberg, Steiermark, Kärnten, Salzburg)
SS Oberabschnitt, Alpenland (Tirol-Vorarlberg, Steiermark, Kärnten, Salzburg)
HJ Gebiet 32 (Salzburg)
Gestapo Staatspolizeistelle (Salzburg)
Reichsnährstand Landesbauernschaft, Alpenland (Tirol-Vorarlberg, Salzburg)
DAF Gauverwaltung (Salzburg)
Wehrmacht Wehrkreis XVIII (Tirol-Vorarlberg, Steiermark, Kärnten, Salzburg)
Kriegswirtschaft Kriegswirtschaftsamt (Tirol-Vorarlberg, Steiermark, Kärnten, Salzburg)
Justiz Oberlandesgericht (Tirol-Vorarlberg, Salzburg)
Finanz Oberfinanzpräsident (Tirol-Vorarlberg, Salzburg)
Arbeitsverwaltung Landesarbeitsamt (Tirol-Vorarlberg, Salzburg)
Versorgung Versorgungsamt (Tirol-Vorarlberg, Salzburg)
Reichsarbeitsdienst Alpenland (Tirol-Vorarlberg, Salzburg)
Bergbau Revierbergamt (Oberdonau, Salzburg)
Forst Regierungsforstamt (Oberdonau, Salzburg)
Jagd Jagdgau (Salzburg)
Eisenbahn Reichsbahndirektion (Oberdonau, Salzburg)
Post Reichspostdirektion (Tirol-Vorarlberg, Salzburg)
Gewerbliche Wirtschaft Wirtschaftsbezirk Alpenland (Tirol-Vorarlberg, Salzburg)
Industrie- und Handelskammer (Salzburg)
Handwerkskammer (Salzburg)

Versicherung Landesversicherungsanstalt (Tirol-Vorarlberg, Salzburg)
Fremdenverkehr Landesfremdenverkehrsamt (Oberdonau-Salzburg)
Gewerbeaufsicht Gewerbeaufsichtsamt (Tirol-Vorarlberg, Salzburg)

Quelle: BA, R 43 II/1358 a; Gerhard Botz, Die Eingliederung, S. 124.

Zwei Herrschaftsträger mit überregionaler Bedeutung konzentrierten sich in Salzburg: Wehrmacht und SS. Der Führer des SS-Oberabschnittes Alpenland war gleichzeitig Höherer SS- und Polizeiführer. Auf beide Herrschaftskomplexe komme ich noch zu sprechen. Als Reichsverteidigungskommissar für den Wehrkreis XVIII (seit 1. 9. 1939) konnte der Salzburger Gauleiter theoretisch eine gewisse Priorität beanspruchen; zumindest einige Folgeämter waren bei ihm konzentriert. Als Ausgleich dazu wanderten dann eine Anzahl von übergreifenden Verwaltungsinstanzen nach Tirol. Insgesamt aber blieb Salzburg machtmäßig eindeutig bevorzugt.

Da es immer wieder zu Reibereien kam, wurden im Laufe des Krieges einige übergreifende Verwaltungsinstanzen aufgelöst und den Gaugrenzen angepaßt (Gewerbliche Wirtschaft, Landwirtschaft etc.). Ab 1942 konnte sich der machtbewußte Tiroler Gauleiter ebenfalls mit dem Titel Reichsverteidigungskommissar schmücken. Tatsächlich holte Hofer gegen Kriegsende im Kompetenzdschungel des Dritten Reiches immer mehr auf. Seit der deutschen Besetzung Norditaliens fuhrwerkte er dort als Oberster Kommissar der Operationszone "Alpenvorland" und war auch als ziviler Befehlshaber des Phantoms "Alpenfestung" vorgesehen.[34] Der Nachfolger Rainers als Gauleiter von Salzburg, Gustav Adolf Scheel, hielt sich aus dem Machtgerangel eher heraus.[35]

So sehr Tirol und Salzburg miteinander stritten, wenn es darum ging, zentrale Instanzen in Wien zu verhindern, waren sich beide Gauleiter sofort einig. Westösterreich wurde total von Wien abgekoppelt und nach Berlin ausgerichtet. Die Errichtung der Reichsgaue in den Jahren 1939/40 etablierte staatliche Verwaltungseinheiten und Parteibereiche, in denen der Reichsstatthalter und gleichzeitig Gauleiter - trotz aller polykratischer Machtdiffusion - mit einer schier unbegrenzten monokratischen Kompetenzvielfalt ausgestattet war und als neofeudaler "Landesfürst" absolutistisch regierte. Das Photo von der Ernennung der Reichsstatthalter in der Berliner Reichskanzlei im Frühjahr 1940 deutete symbolisch einiges an und verschleiert vieles; der vierschrötige Hofer in der Gauleiteruniform, daneben, etwas abseits, der zart aussehende Rainer, scheinbar bescheiden in der Uniform eines einfachen Gebirgsjägers.[36] Beides, brutaler Machtausdruck und Verkleidung und Tarnung, gehörten zur Signatur des Dritten Reiches.

4. Die Wehrmacht als Herrschaftsträger: Wehrkreis XVIII

Die Konzeption der NS-Herrschaft als System polykratischer Herrschaftsträger, die ununterbrochen um Kompetenz- und Machtzuwächse kämpften, hat sich als heuristische Vorgabe für regionale empirische Forschungen vorzüglich bewährt.[37] Aus den vier Herrschaftsträgern - Großwirtschaft, Wehrmacht, Partei und SS/SD-Komplex - wähle ich für eine exemplarische Analyse das Militär aus. Aus folgenden Gründen: erstens wird es in diesem Sammelband nur im Rahmen einer Fallstudie behandelt, - doch die Lebenswelt hunderttausender Österreicher wurde während der NS-Zeit vom "Barras" bestimmt, nicht nur die der Männer, auch die der Frauen; zweitens laufen hier Kontinuitätslinien weit über 1945 hinaus. Wenn man die Selbstdarstellungen der Wehrmacht in der NS-Ära mit den Erinnerungsbüchern der Militärs nach dem Zweiten Weltkrieg vergleicht, kann man fast keinen Unterschied feststellen;[38] von den Traditionen des Kameradschaftsbundes gar nicht zu reden, die in den ländlichen Gebieten besonders ungebrochen weiterwirken; drittens muß der Mythos des "fairen Soldaten" endlich auch in Österreich zerstört werden, ein Mythos, der die Verbrechen des Regimes der SS auflädt und die Wehrmacht ungeschoren davonkommen läßt. Die historische Forschung hat mittlerweile eindeutig nachgewiesen, wiesehr die Armee in diese Verbrechen verwickelt war;[39] und viertens war die Organisation der Wehrkreise gauübergreifend, der Wehrkreis XVIII umfaßte Salzburg, Tirol/Vorarlberg, Kärnten und Steiermark, eine überregionale Analyse wird so erleichtert;[40] letztlich und fünftens kann ich nach einem Studienaufenthalt im Freiburger Militärarchiv einiges neues Material anbieten.

Die Eingliederung des österreichischen Bundesheeres in die deutsche Wehrmacht verlief technisch relativ reibungslos.[41] Doch die österreichischen Militärs paßten mit den preußischen nicht ohne weiteres zusammen. Bereits der "Schulter-an-Schulter-Krieg", der Erste Weltkrieg, hatte zu Spannungen geführt. Viele reichsdeutsche Offiziere kehrten 1938 allzu deutlich ihre scheinbare Überlegenheit hervor und sahen auf den österreichischen Schlendrian mit Verachtung herab. Schließlich war auch der Einmarsch der deutschen Truppen nicht gerade ein Ruhmesblatt für die österreichischen Offiziere. Im Mai 1938 mußte der Oberbefehlshaber der Heeresgruppe 5 jede "abfällige und anmaßende Kritik" verbieten: "Wir wollen aber unseren ostmärkischen Kameraden helfen und ihnen das Einleben in die großdeutsche Wehrmacht erleichtern."[42] Das Ausscheiden der monarchistisch-österreichisch gesinnten Offiziere verknappte das Offiziersangebot. Wie die "Abwehr" im Wehrkreis XVIII klagte, lasse die Gestapo eine Reaktivierung dieser Offiziere häufig nicht zu.[43] Erst gegen Kriegsende, als es scheinbar um die Verteidigung der Heimat gegen den "Osten" ging, besann sich auch ein Mann wie Heinrich Himmler auf die österreichische Militärtradition. In der eingangs erwähnten Geheimrede vor den Wehrkreisbefehlshabern stellte er gleichrangig nebeneinander: die preußische Tradition mit Friedrich II. und die österreichische Tradition mit Prinz Eugen![44]

Befehlshaber im Wehrkreis XVIII
Eugen Beyer: 1. April 1938 - 25. August 1939
Hubert Schaller-Kalide: 26. August 1939 - 31. Jänner 1943
Friedrich Materna: 1. Februar 1943 - 9. Dezember 1943
Franz Böhme: 10. Dezember 1943 - 23. Juni 1944
Julius Ringel: 24. Juni 1944 - 4. Mai 1945
Kurt Versock: 5. Mai 1945 - Kriegsende

Quelle: Tuider, Wehrkreise, S. 56

Mit Ausnahme von Schaller-Kalide und dem praktisch bereits funktionslosen Kurt Versock waren alle übrigen Befehlshaber ehemals österreichische Offiziere. In das mittlere und höhere Offizierskorps allerdings strömten bereits 1938 zahlreiche reichsdeutsche Berufsoffiziere.

1938/39 konnte der Partei die politische Priorität niemand streitig machen. Die Wehrmacht war auf Reichsebene durch die Blomberg-Fritsch-Krise schwer angeschlagen, sie mußte Hitler als Oberbefehlshaber hinnehmen, sie zog sich auf Gauebene in eine militärisch-professionelle Position zurück: das "Menschenmaterial" - wie es schauerlich im NS-Jargon hieß - für den Krieg herzurichten.[45] Dabei konnte sie auf die traditionelle Mentalität der ländlichen Bevölkerung aufbauen: die Militärzeit als harter aber fröhlicher Dienst, der einen Mann erst zum Manne macht! In einer Selbstdarstellung wurde dies "volkskulturell" kitschig ausgeschmückt: "Nach beendeter Musterung wird jeder hoffnungsvolle Krieger von seinem zuständigen, feschen Dirndl freudig erwartet, das ihm stolz seine junge Heldenbrust mit einem bunten Musterungssträußchen schmückt."[46] Diese Kriegspropaganda war deshalb so erfolgreich, weil sie an jahrtausendealte Männlichkeitsrituale anknüpfen konnte: der kämpfende Mann als "natürlicher" Verteidiger von Weib und Kind; wer als Soldat versagt, versagt auch als Mann, ist in seinem innersten Wesen impotent usw. Immer wieder scheiterte die pazifistische Gegenpropaganda an diesen Männlichkeitsritualen.

Über den professionellen Bereich hinaus, suchte sich die Wehrmacht vom Parteieinfluß möglichst freizuhalten. Manche Schreiben der Partei wurden von den Militärdienststellen liegen gelassen - und gar nicht beantwortet.[47]

Die ländlichen Gemeinden verwöhnten zunächst die Armee; Grund und Boden für Heereseinrichtungen wurden großzügig zur Verfügung gestellt.[48] Anders in den Landeshauptstädten. Die zahlreichen Stäbe der Wehrkreisverwaltung brauchten viel Platz, sie beschlagnahmten ein Hotel nach dem anderen und gerieten so in Konflikt mit der Fremdenverkehrswirtschaft. Auf einen Protest des Salzburger Oberbürgermeisters wurde ihm im Jänner 1939 zynisch erwidert: "Rüsten wir auf, oder machen wir in Fremdenverkehr."[49]

So unscharf die Rolle des Militärs im Rahmen der Polykratie auf regionaler Ebene auch bestimmt war, die geplanten Repräsentativbauten in der Stadt Salzburg deuteten doch eine Richtung an. Der Stadtausbau sollte - gemäß einer persönlichen Intervention Hitlers - zwei Herrschaftsträger symbolisch ins Zentrum rücken: auf dem Kapuzinerberg waren die Großbauten der Partei, gegenüber, auf dem Mönchsberg, die Großbauten der Wehrmacht geplant; diese zwei gigantischen Großbauten hätten die Bischofsstadt - nach dem erklärten ideologischen Ziel - im Tale erdrückt und dominiert.[50]

Mit Kriegsbeginn, mit den Blitzkriegen, stieg das Prestige der Wehrmacht steil an; die Partei mußte darauf Rücksicht nehmen: Bei Beschlagnahmungen von Gütern z.B. war im Konfliktfall die Partei gezwungen, zurückzutreten.[51] Ungeniert beschwerte sich das Rüstungskommando Innsbruck am 13. 11. 1939: "Die Partei, Polizei und Behörden fahren nach wie vor mit großen Wagen."[52] Die Wehrmacht übernahm auch eigenständige Propagandaaufgaben. 1940 wurden überall in den Gasthäusern auf dem Lande Wehrversammlungen abgehalten, bei denen alle Wehrüberwachten erscheinen mußten.[53] Im Wehrkreis selbst wurde ein Propagandaoffizier installiert, der gleichzeitig als Verbindungsoffizier zur Gauleitung diente, Zensur ausübte und der offen seine Manipulationsfunktion darlegte: "Ein guter Propagandist", schrieb er dem Beispiel Goebbels folgend, "wird aus allen Mitteilungen etwas machen können, wenn er es nur weiß."[54]

Nachdem das Siegen vorbei war, nach Stalingrad, nach dem 20. Juli 1944 sank die innere Einflußmöglichkeit der Wehrmacht. Im Gegensatz zu Wien, wo den Aufständischen zumindest ein partieller Erfolg gelang und ein Teil der NS-Elite festgenommen werden konnte, verlief der 20. Juli 1944 im Wehrkreis XVIII praktisch ohne jede Komplikation für das Regime. Der Gauleiter und der Wehrkreisbefehlshaber feierten gemeinsam das Mißlingen des Attentats bei einer Flasche Wein, gemeinsam traten sie am 22. Juli bei einer Treuekundgebung für Hitler auf. Damals dröhnte das scheinfromme Gebet über den Platz: "Herrgott, nimm, wenn es sein muß, unser kleines Leben, erhalte unser deutsches Volk, erhalte uns den Führer!"[55] Soviel wir bislang wissen, wurde das Attentat auch von der Mehrheit der Bevölkerung abgelehnt, sicherlich auch von der Mehrheit der Soldaten.[56] Ein Obergefreiter schrieb in einem Feldpostbrief empört an seine Frau in Salzburg: "Hat man je einen bombenwerfenden Oberst gesehen?"[57] Dabei hatte sich der Mentalitätsunterschied zwischen den deutschen und österreichischen Soldaten noch immer nicht abgeschliffen - die Zensurstelle öffnete den Brief eines Österreichers, der am 24. 7. 1944 klagte: "Außerdem mag uns Ostmärker fast niemand in der Kompanie. Beutedeutsche und alle möglichen Namen gibt man uns. Ich habe nicht davon schreiben wollen, aber einmal muß es gesagt werden. Was würde der Führer sagen, wenn er das wüßte, er ist nämlich auch ein Ostmärker."[58]

Der Wehrkreis XVIII hielt am 20. Juli nicht nur still, er bemühte sich auch, besonders tüchtig zu erscheinen. Auf einen Befehl von Goebbels über den totalen Kriegseinsatz mußte der Wehrkreis neuerdings 7000 Mann für die Truppen stellen. Salzburg und Tirol übertrafen sich selbst - und "lieferten" um 150 Mann mehr ab.[59]

War die oberste militärische Hierarchie im Wehrkreiskommando auch extrem regimetreu, auf der Ebene der Unteroffiziere konnte sich eine österreichisch-patriotische Gruppe konstituieren. Ihren Kristallisationskern bildete ein ehemaliger Hauptschullehrer und Gauführer der österreichischen Sturmscharen. Die Anklageschrift gegen die Gruppe formulierte:

"Im Wehrkreiskommando und Wehrmeldeamt in Salzburg, die gemeinsam im ehemaligen Hotel ‚Roter Krebs' untergebracht waren, bildete sich etwa seit 1942 unter dort tätigen Wehrmachtsangehörigen unterer Rangstufen, die vielfach politisch vorbelastet waren, ein Block zersetzender Kräfte, die mit dem alsbaldigen Zusammenbruch des Reiches rechneten und deren führende Elemente die gewaltsame Loslösung der Alpen- und Donau-Reichsgaue vom Reich erstrebten."[60]

Planmäßig hörte die Gruppe ausländische Rundfunksendungen und verbreitete die Informationen im Wehrkreiskommando. Am 20. Juli 1944 soll ein Unteroffizier gesagt haben, es sei schade, daß der Anschlag mißglückt sei. Im September 1944 wurde die Gruppe verhaftet. Auch in Tirol formierte sich gegen Kriegsende eine militärische Widerstandsgruppe, die aktiv bei der Befreiung Innsbrucks mitwirkte.[61]

Seit dem Angriff auf die Sowjetunion öffnete sich die Wehrmacht immer mehr dem Parteieinfluß. Am 11.6.1942 gab das OKH einen Befehl heraus: Grundlage der geistigen Führung des deutschen Heeres sei die NS-Weltanschauung, jeder Soldat habe Träger dieser Weltanschauung zu sein.[62] Immer häufiger wurden Parteiredner in die Kasernen geschickt. Die Offiziere mußten bei diesen NS-Führungsvorträgen teilnehmen. Ein kleines, aber bezeichnendes Ritualdetail - "bei Eintreffen des Parteiredners haben alle Teilnehmer aufzustehen."[63] Im Sommer 1944 übernahm dann Heinrich Himmler den Befehl über das Ersatzheer. Sofort hieß es: "Das kompromißlose Bekenntnis aller Offiziere - besonders der Kommandeure - zum Führer und zur nationalsozialistischen Weltanschauung ist daher bei der Ausbildung des Offizierskorps und beim Dienst in der Truppe im Vordergrund zu stellen."[64] Und der Auftrag des "Führers" lautete: Politische Aktivierung und Fanatisierung der Truppe! Symbolisch kann für die Verschmelzung von Partei und Wehrmacht die Einführung des Hitlergrußes gelten (24. 7. 1944). Allerdings beschwerte sich das Wehrkreiskommando im Jänner 1945, daß noch immer nicht alle Offiziere begriffen haben: der deutsche Gruß heiße - Heil Hitler![65] Den Aufbau des wirkungslosen Volkssturmes (in Tirol bezeichnenderweise Standschützen genannt, um die traditionelle Heimatverteidigung zu mobilisieren)[66] überließ Hitler nicht mehr der Wehrmacht, sondern gab ihn in die Hand der Partei.[67]

Erst knapp vor dem Ende gewann die Wehrmacht für einige Tage und Stunden einen gewissen politischen Spielraum zurück. Die Parteielite war geflohen, und die lokalen Kampfkommandanten ergaben sich den Alliierten Truppen. Der Führerbefehl vom 7. 3. 1945 klang nur mehr als reiner Hohn: "Wer in Gefangenschaft gerät, ohne verwundet zu sein oder nachweisbar bis zum äußersten gekämpft zu haben, hat seine Ehre verwirkt."[68] Diese "Ehre" hatte die Wehrmacht allerdings längst verloren: in Polen, in Rußland, am Balkan - und im eigenen Lande.

5. Wehrmacht-Wirtschaft-SS

Eine Lektion hatte die militärische Führung aus dem Ersten Weltkrieg jedenfalls gelernt: ein moderner Krieg erfordert eine moderne Kriegswirtschaft.[69] Daher wurde jedem Wehrkreis eine Wehrwirtschaftsinspektion mit untergeordneten Wehrwirtschaftsstellen angegliedert. Die Mobilisierungspläne enthielten so auch einen "X-Fall" für die Wirtschaft. Der Schwerpunkt der Rüstungswirtschaft im Wehrkreis lag gemäß der Industriestruktur im Süden, für Westösterreich reichte ein Rüstungskommando in Innsbruck aus (so die Umbenennung seit 1. 12. 1939)[70]. Ab 1942 unterstand die Rüstungsinspektion dem Reichsministerium für Bewaffnung und Munition, der Domäne Albert Speers.

Die Organisation der Rüstungswirtschaft basierte teilweise auf Zwang, teilweise auf Freiwilligkeit. Aus den Akten gewinnt man leicht den Eindruck, daß der Zwang eher gering, die Freiwilligkeit ziemlich groß war. Die regionalen Unternehmen drängten geradezu in die Rüstung. Hier waren satte Gewinne zu erwarten, Arbeiter wurden bevorzugt zugeteilt und durch Gestapo, DAF und Wehrbezirkskommando ruhiggestellt.[71] Ohne große Schwierigkeiten konnten die Betriebe die Arbeitszeit ausdehnen, bei Kriegsbeginn auf 10 Stunden täglich, später, ab 1943, wurde die 72-Stunden-Woche eingeführt.[72] Die Rüstungsinspektion konnte ihre Aufgabe auf Betreuung und Überwachung einschränken; im Be-darfsfall für finanzschwache Firmen Kredite vermitteln usw. Kurz: die regionale Wirtschaft unterwarf sich umstandslos der NS-Kriegspolitik. Schließlich erwartete sie, in den eroberten Gebieten im Osten riesige Profite zu machen.

Den kämpfenden Truppen folgten nicht nur die SS-Einsatztruppen als Mordkommandos, sondern auch die Rüstungsinspektionen als Industriespione. Beispielsweise beim Angriff auf Jugoslawien 1941. Sofort setzte die Salzburger Rüstungsinspektion Erkundungspatrouillen in Gang, die in Krain und Südsteiermark geeignete Rüstungsbetriebe requirieren sollten.[73]

In der regionalen Wirtschaft verschärfte sich während des Krieges der ohnedies seit Jahrzehnten angelegte Differenzierungsprozeß: Die großen und mittleren Betriebe, die für die Rüstung im weitesten Sinne notwendig waren, profitierten, die kleinen und kleinsten Betriebe kamen unter die Räder, soweit sie sich nicht als Landeslieferungsgenossenschaften zusammenschlossen. Zwar wehrten sich die Gauleitungen aus ideologischen Gründen gegen die geplanten Betriebsstillegungen (Auskämmaktionen), doch ohne Erfolg - die Logik der Rüstungswirtschaft siegte.[74] Im Gleichklang opponierten dann Partei, Rüstungsinspektion und regionale Wirtschaftssprecher gegen die zahlreichen Betriebsverlagerungen aus den luftkriegsbedrohten Zentralräumen des Reiches in den noch sicheren Süden. Allein 1943 erfolgten 24 solcher Verlagerungen nach Tirol und Vorarlberg, 1944 schließlich zählte man bereits 68 Rüstungsbetriebe allein in diesem Gau. "Immer wieder fällt auf, daß bei Verlagerungswünschen Tirol und Vorarlberg wegen der besseren Verbindung zum Altreich bevorzugt werden, während die anderen Reichsgaue nicht gefragt sind."[75] Hier wiederum sprach Berlin ein Machtwort, und die regionalen Instanzen mußten schweigen.

Zwischen der Wehrmacht und der Wirtschaft spielte sich rasch ein relativ konfliktfreies Kooperationsverhalten ein. Schwieriger gestaltete sich die Beziehung zwischen Wehrmacht und Partei, zumindest anfänglich. Zunächst versuchte die Wehrmacht ihren eigenen Herrschaftsbereich möglichst abzuschirmen. Das Ansinnen der SA, die vormilitärische Ausbildung mit Waffen aus Wehrmachtsbeständen durchzuführen, wurde vom Wehrkreiskommando kühl blockiert.[76] Je mehr Menschen dieser mörderische Krieg verschlang, je kürzer die Ausbildungszeiten in den Kasernen wurden, desto positiver reagierte das Militär auf das vormilitärische Kriegstraining durch HJ und SA.[77]

Doch der dynamischste, expansivste Herrschaftsträger im Dritten Reich war die SS. Nur kurzfristig vermochte die Wehrmacht diese Dynamik abzublocken. So zu Kriegsbeginn, als das konservative Salzburger Armeekorps gegen Himmlers Züchtungsbefehl vom 28. Oktober 1939 vehement protestierte, und General Beyer in diesem Befehl einen offiziellen Aufruf zur Unzucht erblickte. Jeder kämpfende Soldat, so Beyer, müsse nun an der Front fürchten, daß zuhause Frauen und Töchter von der SS verführt werden.[78]

Immer mehr baute die SS in der Waffen-SS ihr eigenes militärisches Potential auf. Im Fronteinsatz unterstand zwar auch sie dem OKW, im Hinterland hingegen formierte sie sich als zweiter "Waffenträger der Nation", mit eigenen Rekrutierungsstellen, ideologisch weitaus aggressiver, auch jünger, und so ein immer stärkerer Konkurrent für die Wehrmacht.[79] Im Wehrkreis existierten wenig Möglichkeiten, die Waffen-SS zu kontrollieren. Lediglich bei der Freigabe von SS-Freiwilligen vermochte das Wehrbezirkskommando mitzureden. An diesem Recht versuchte die Wehrmacht zäh festzuhalten.[80]

Neben dem Gauleiter als Zentrum der regionalen NS-Herrschaft, neben dem Wehrkreiskommandanten als militärischem Befehlshaber trat zunehmend selbstbewußter der Höhere SS- und Polizeiführer als eigenständiger Machtträger. Er war am Sitz des Wehrkreises lokalisiert, ihm unterstanden Polizei, Gestapo, SD, zivile SS und Waffen-SS, kurz, die wichtigsten Terrorinstrumente. Je mehr Heinrich Himmler Herrschaftsbereiche an sich raffte, desto stärker wurde die Stellung des Höheren SS- und Polizeiführers, der als persönlicher Vertreter Himmlers im Wehrkreis galt. Ganz im Sinne der NS-Machtphilosophie wurde seine Kompetenz nie genau abgegrenzt, er mußte selber zusehen, wo er Einfluß gewinnen konnte.[81] Die Gauleiter von Tirol/Vorarlberg und Salzburg, beide ebenfalls hohe SS-Führer, beide als Parteiführer und Chefs der Verwaltung gut abgesichert, ließen ihm zunächst kaum einen Machtspielraum. Ganz im Gegenteil, der heiklen Position im Wehrkreis XVIII, zwischen vier Gauleitern stehend, war der ehemalige Fabriksarbeiter und Marinesoldat SS-Gruppenführer Alfred Rodenbücher sowenig gewachsen, daß er von Himmler 1941 amtsenthoben werden mußte und zur Marine entwich.[82]

Höhere SS- und Polizeiführer im Wehrkreis XVIII
Alfred Rodenbücher: 25. 4. 1939 - 30. 4. 1941
Gustav-Adolf Scheel: 30. 4. 1941 - 24. 11. 1941
Erwin Rösener: 16. 12. 1941 - Kriegsende
(Ab 1943 kam Tirol-Vorarlberg zum HSSPF Italien: Karl Wolff)

Quelle: Ruth Bettina Birn, Die Höheren SS- und Polizeiführer, S. 70, 76.

Die kumulative Radikalisierung der NS-Herrschaft läßt sich an der Position der Höheren SS- und Polizeiführer klar nachweisen. Zunächst ein Schreibtischtäter, der die NS-Rassenpolitik bürokratisch exekutierte, später dann der Leiter der Partisanenbekämpfung in Krain und Südsteiermark, wo ein Kampf geführt wurde, der immer mehr aus der Hand der Wehrmacht entglitt und an die SS überging, ein Kampf, der mit ungeheurer Brutalität geführt wurde und zum hemmungslosen Terror gegen die slowenische Zivilbevölkerung ausartete.[83] Gemäß dem Befehl Heinrich Himmlers:

> "Die Aktion hat alle Elemente der Bevölkerung, die gutwillig die Banden durch Gestellung von Menschen, Verpflegung, Waffen und Unterschlupf unterstützt haben, unschädlich zu machen. Die Männer einer schuldigen Familie, in vielen Fällen sogar die Sippe, sind grundsätzlich zu exekutieren, die Frauen dieser Familien sind zu verhaften und in ein Konzentrationslager zu bringen, die Kinder sind zu entfernen und im Altreichsgebiet des Gaues zu sammeln."[84]

Die Höheren SS- und Polizeiführer waren eine der wichtigsten Zentralen des NS-Terrors. In dieser Position wirkten überproportional viele Österreicher. Von 47 HSSPF stammten 9 (= 20%) aus Österreich![85]

Doch die größten Verbrechen des Regimes geschahen in Westösterreich nicht bei der Partisanenbekämpfung, sondern bei der systematischen Vernichtung sowjetischer Kriegsgefangener. Und dafür war nicht die SS, sondern die Wehrmacht zuständig, nicht jugendliche Rassenfanatiker, sondern ältere Soldaten, Landesschützen bewachten die Kriegsgefangenen.[86] Erst im September 1944 ging das Kriegsgefangenenwesen an die SS über. Diese Verbrechen hier im Lande, vor der Haustür, sind aus der Erinnerung der Zeitgenossen gestrichen, nicht wahrgenommen, vergessen.

Im Wehrkreis XVIII entstanden zwei große Kriegsgefangenenlager, das eine in Wolfsberg in Kärnten, das andere in St. Johann in Salzburg, damals Markt Pongau genannt. Beide unterstanden dem Kommandanten der Kriegsgefangenen, 1942 dem Generalmajor von der Linde.[87]

Zahl der Kriegsgefangenen im Stalag 317 (c) in St. Johann

	insgesamt	sowjetische Kriegsgefangene
1. 9. 1941	10.238	-
1. 12. 1941	20.097	2.677
1. 4. 1942	16.623	-
1. 12. 1942	19.280	ca. 5.000
1. 8. 1943	18.850	ca. 5.000
1. 10. 1943	22.452	-
1. 1. 1944	22.487	ca. 6.000
1. 12. 1944	23.067	ca. 7.000
1. 1. 1945	23.029	ca. 7.000

Quelle: MA, RW 6/452.

Die Tabelle täuscht insofern, als keine Zu- und Abgänge verzeichnet sind. Doch aus anderen Quellen wissen wir, daß fast 4.000 sowjetische Kriegsgefangene in St. Johann umgekommen sind: erfroren, verhungert, durch Seuchen, erschossen. Viele sind bereits kurz nach der Ankunft gestorben, nach zwei Wochen Fahrt, ohne Essen. Anfänglich gab es an die 40 Tote täglich. Wie sich ein Einheimischer erinnert, mußten die sowjetischen Kriegsgefangenen "Gras und Würmer fressen".[88] Erst ab 1943/44, als die Arbeitskräfte im Reich immer knapper wurden, sorgte das Regime für eine bessere Ernährung, um die Sklavenarbeit auch der Sowjetrussen auszubeuten. Wer von den Verbrechen gegen die deutschen Kriegsgefangenen in Sibirien redet, darf von diesem unfaßbaren Geschehen nicht schweigen.

Ich komme auf den Anfang zurück. Wer war für diese Verbrechen verantwortlich, die nicht irgendwo im Osten, sondern hier, vor der Haustür, geschahen? Wie konnte Gauleiter Scheel voller Unschuld in seinen persönlichen Aufzeichnungen nach 1945 schreiben: "Ich war allenfalls ein Fanatiker der Humanität"; "ich hatte keine Kenntnisse ungesetzlicher Ziele, kein Bewußtsein der Rechtswidrigkeit"; "Schuldfrage: Ich bin erschüttert über Judenfrage, Gewaltpolitik. Die deutsche Jugend habe das nicht gewollt. Ich lebte in einer völlig anderen Welt."???[89] Und die Landesschützen, die das alles sahen und mithalfen? Der Bürgermeister, der nach dem Krieg wieder in Amt und Würde kam? Die hohen Offiziere? Kreisleiter und Landesräte? Alle taten nur ihre Pflicht! Wessen Pflicht?

Anmerkungen

1 E.A. Schmidl, März 38. Der deutsche Einmarsch in Österreich, Wien 1987, S. 54; E. Hanisch, NS-Herrschaft in der Provinz. Salzburg im Dritten Reich, Salzburg 1983, S. 233.
2 Militärarchiv, Freiburg (MA), RH 14/2. Ein kurzer Absatz aus der Rede in: Heinrich Himmler, Geheimreden 1933 bis 1945, hg. von B.F. Smith u.a., Frankfurt/M. 1974, S. 242.
3 Ebd.
4 Ebd.
5 Vgl. dazu: "Als der Geist der Gemeinschaft eine Sprache fand". Sprache im Nationalsozialismus, Opladen 1984.
6 J. Haslinger, Politik der Gefühle. Ein Essay über Österreich, Darmstadt 1987, S. 138.
7 Seminararbeit von M. Westreicher am Institut für Geschichte, Universität Salzburg, SS 1987.
8 G. Botz, Soziale "Basis" und Typologie der österreichischen Faschismen im innerösterreichischen und europäischen Vergleich, in: Jahrbuch für Zeitgeschichte 1980/81, Wien 1982, Tabelle 5; ders., Die österreichischen NSDAP-Mitglieder, in: Die Nationalsozialisten, hg. von R. Mann, Stuttgart 1980, S. 119; ders., Austria, in: The Social Basis of European Fascist Movement, ed. D. Mühlberger, London 1987; ders., Quantitative Analyse der Sozial- und Altersstruktur der österreichischen NSDAP-Mitglieder (1926-1945), erscheint demnächst; R. Luža, Österreich und die großdeutsche Idee in der NS-Zeit, Wien 1977, S. 329.
9 N. Schausberger, Die Auswirkungen der Rüstungs- und Kriegswirtschaft 1938-1945 auf die soziale und ökonomische Struktur Österreichs, in: Kriegswirtschaft und Rüstung 1939-1945, hg. von F. Forstmeier/H. Volkmann, Düsseldorf 1977, S. 236.
10 Hanisch, NS-Herrschaft, S. 9-16.
11 Österreichs Fall. Schriftsteller berichten vom "Anschluß", hg. von U. Weinzierl, Wien 1987, S. 161 f.
12 Schreiben vom 15. 12. 1940. MA, RH 14/46/Bd. 3.
13 Denkschrift Rainers vom 6. 7. 1939, in: Der Prozeß gegen die Hauptkriegsverbrecher vor dem Internationalen Militärgerichtshof in Nürnberg, 26. Bd., Nürnberg 1947, S. 358.
14 G. Botz, Der ambivalente "Anschluß" 1938/39, in: Zeitgeschichte 6 (1978); ders., Wien vom "Anschluß" zum Krieg, Wien 1978, S. 107-111; zuletzt: Schmidl, März 38, Wien 1987.
15 Schmidl, März 38, S. 124.
16 MA, RH 53-18/115.
17 Hanisch, NS-Herrschaft, S. 20.
18 Tagebuch Hans Glaser. Für die Einsicht danke ich Frau E. Salzer.
19 Schmidl, März 38, S. 107. Zu Tirol vgl. J. Riedmann, Tirol als Bestandteil des nationalsozialistischen Deutschen Reiches (1938-1945), in: Geschichte des Landes Tirol, 3. Bd., erscheint demnächst. Für die Einsicht in das Manuskript möchte ich mich sehr herzlich bedanken. Zu Vorarlberg vgl.: M. Schönherr, Vorarlberg 1938. Die Eingliederung Vorarlbergs in das Deutsche Reich 1938/39, Dornbirn 1981.
20 I. Bärnthaler, Die Vaterländische Front. Geschichte und Organisation, Wien 1971; Das Jubliabkommen von 1936. Vordergründe, Hintergründe und Folgen, hg. von L. Jedlicka u.a., Wien 1977.
21 A. Reitter, Frontbekenntnis und Nationalsozialismus, in: Salzburger Quellenbuch. Von der Monarchie zum Anschluß, Salzburg 1985, S. 297 f.
22 Tagebuch Glaser.
23 Schmidl, März 38, S. 75.
24 Österreichs Fall, S. 12.
25 Hanisch, NS-Herschaft, S. 54.
26 DÖW 3165a.
27 Schmidl, März 38, S. 202.
28 I. Bauer, Das sozialistische Lager 1938 bis 1945, in: Mitteilungen des Karl-Steinocher-Fonds, Heft 7.
29 R. Luža, Der Widerstand in Österreich 1938-1945, Wien 1983, S. 335; vgl. auch: Widerstand und Verfolgung in Tirol 1934-1945, 2. Bd., Wien 1984; G. Wanner, Kirche und Nationalsozialismus in Vorarlberg, Dornbirn 1972; Von Herren und Menschen. Verfolgung und Widerstand in Vorarlberg 1933-1945, hg. von d. Johann August Malin-Gesellschaft, Bregenz 1985.

30 G. Botz, Die Eingliederung Österreichs in das Deutsche Reich. Planung und Verwirklichung des politisch-administrativen Anschlusses (1938-1940), Wien 1976; Schönherr, Vorarlberg, Dornbirn 1981.
31 Über ihn vgl. Schönherr, Vorarlberg, S. 192; A. Maislinger, "Zurück zur Normalität". Zur Entnazifizierung in Tirol, in: Verdrängte Schuld, verfehlte Sühne. Entnazifizierung in Österreich 1945-1955, hg. von S. Meissl u.a., Wien 1986, S. 337-348; biographische Angaben über Hofer und Rainer in: K. Höffkes, Hitlers politische Generale. Die Gauleiter des Dritten Reiches, Tübingen 1986.
32 Zit. in: Schönherr, Vorarlberg, S. 110.
33 Hanisch, NS-Herrschaft, S. 178.
34 K. Stuhlpfarrer, Die Operationszonen "Alpenvorland" und "Adriatisches Küstenland" 1943-1945, Wien 1969.
35 Zu Scheel vgl. Hanisch, NS-Herrschaft, S. 188-192.
36 Photo in den Zeitungen und in "Unser Alpenkorps", Jg. 1940.
37 Grundlegend: P. Hüttenberger, Nationalsozialistische Polykratie, in: Geschichte und Gesellschaft 2 (1976), S. 417-442.
38 Vgl. etwa: Bewaffnete Alpenheimat. Ein Buch vom Ersatzheer im Alpenraum, hg. von Major Manz, Innsbruck 1941; Gebirgsjäger an allen Fronten hg. von A. Buchner, Hannover 1954; J. Ringel, Hurra, die Gams! Ein Gedenkbuch für Soldaten der 5. Geb.Div., Graz 1956; K. Ruef, Odyssee einer Gebirgsdivision. Die 3. Geb.Div. im Einsatz, Graz 1976; ders., Gebirgsjäger zwischen Kreta und Murmansk. Das Schicksal der 6. Geb. Division, Graz o.J. Alle diese Bücher erschienen in hohen Auflagen.
39 Vgl. z.B. K.J. Müller, Armee, Politik und Gesellschaft in Deutschland 1933-1945, Paderborn 1979; Ch. Streit, Keine Kameraden. Die Wehrmacht und die sowjetischen Kriegsgefangenen 1941-1945, Stuttgart 1978; A. Streim, Die Behandlung sowjetischer Kriegsgefangener im "Fall Barbarossa". Eine Dokumentation, Heidelberg 1981; siehe den Beitrag von Manoschek/Safrian in diesem Sammelband.
40 O. Tuider, Die Wehrkreise XVII und XVIII 1938-1945, Wien 1975.
41 P. Gschaider, Das österreichische Bundesheer 1938 und seine Überführung in die deutsche Wehrmacht, phil.Diss. 1967.
42 MA, RW15/439, Schreiben vom 30. 5. 1939.
43 MA, RW15/439, Schreiben vom 27. 1. 1940.
44 MA, RH14/2.
45 M. Messerschmidt, Die Wehrmacht im NS-Staat, in: Nationalsozialistische Diktatur 1933-1945, hg. von K.D. Bracher, Düsseldorf 1983, S. 465-479; J. Schmädeke, Die Blomberg-Fritsch-Krise: Vom Widerspruch zum Widerstand, in: Der Widerstand gegen den Nationalsozialismus. Die deutsche Gesellschaft und der Widerstand gegen Hitler, hg. von J. Schmädeke und P. Steinbach, München 1986, S. 386-382; K.-J. Müller, Armee und Drittes Reich 1933-1939, Paderborn 1987.
46 Bewaffnete Alpenheimat, S. 174.
47 MA, RW 15/437, Vorgang vom Juli 1938.
48 MA, RW 20-18/10, Aktenvermerk vom 18. 6. 1941.
49 Hanisch, NS-Herrschaft, S. 125; vgl. auch: MA, RW 21-28/1.
50 Vgl. jetzt: Ch. Baumann, Stadtplanung in Österreich von 1918 bis 1945 unter besonderer Berücksichtigung der Stadt Salzburg, Wien 1986, S. 113-137.
51 MA, RW 21-28/1. Kriegstagebuch Rüstungskommando Innsbruck, 24. 10. 1939.
52 Ebd., 13. 11. 1939.
53 MA, RW 15/456.
54 MA, RH 53-18/379.
55 Hanisch, NS-Herrschaft, S. 233-237.
56 Vgl. dazu Bayern in der NS-Zeit, hg. von M. Broszat, 1. Bd., München 1977.
57 MA, RH 13/53 Briefzensurstelle.
58 Ebd.
59 MA, RH 15/126.
60 DÖW, OFG -S. 410.
61 Widerstand und Verfolgung in Tirol 1934-1945, 2. Bd., Wien 1984, S. 519-533.
62 MA, RW 15/439.
63 MA, RW 15/427, Innsbruck, Standortbefehl Nr. 41 vom 19. 4. 1943.
64 MA, RH 14/10, Befehl vom 18. 9. 1944.
65 MA, RW 15/428.

66 Vgl. J. Riedmann, Tirol als Bestandteil.
67 K. Mammach, Der Volkssturm. Bestandteil des totalen Kriegseinsatzes der deutschen Bevölkerung 1944/45, Berlin 1981.
68 MA, RH 15/109.
69 Vgl. Das Deutsche Reich und der zweite Weltkrieg, 4 Bde., Stuttgart 1979 ff. A.S. Milward, Der Zweite Weltkrieg. Krieg, Wirtschaft und Gesellschaft 1939-1945, München 1977.
70 St. Karner, Kärntner Wirtschaft 1938-1945. Unter besonderer Berücksichtigung der Rüstungsindustrie, Klagenfurt 1976; ders., Die Steiermark im Dritten Reich 1938-1945, Graz 1986.
71 St. Karner, Arbeitsvertragsbrüche als Verletzung der Arbeitspflicht im "Dritten Reich", in: Archiv für Sozialgeschichte 21 (1981), S. 269-328.
72 MA, RW 20-18/20, Kriegstagebuch Rüstungsinsp. Salzburg, 22. 1. 1943.
73 MA, RW 20-18/10.
74 MA, RW 21-28/1, 6. 4. 1940.
75 MA, RW 20-18/18; 18/20; 18/22; 18/21; J. Riedmann.
76 Hanisch, NS-Herrschaft, S. 126.
77 Vgl. dazu: Alpenwacht. Nachrichten der SA-Gebirgs-Jägerstandarte 59 Salzburg.
78 K. Müller, Das Heer und Hitler. Armee und nationalsozialistisches Regime 1933-1940, Stuttgart 1969, S. 459 f.
79 B. Wegner, Hitlers Politische Soldaten: Die Waffen-SS 1933-1945, Paderborn 1983.
80 MA, RW 15/443.
81 R.B. Birn, Die Höheren SS- und Polizeiführer, Düsseldorf 1986.
82 Ebd., S. 344, vgl. auch: Himmler an Rodenbücher, 30. 4. 1941, in: Reichsführer! Briefe an und von Himmler, hg. von H. Heiber, München 1968, S. 114.
83 Vgl. zuletzt: Ch. Fleck, Koralmpartisanen. Über abweichende Karrieren politisch motivierter Widerstandskämpfer, Wien 1986; dann: J. Rausch, Der Partisanenkampf in Kärnten im Zweiten Weltkrieg, Wien 1979; I. Pust, Titostern über Kärnten 1942-1945, Klagenfurt 1984; K. Prusnik-Gasper, Gemsen auf der Lawine. Der Kärntner Partisanenkampf, Klagenfurt 1984.
84 Zit. in: Birn, Die Höheren SS- und Polizeiführer, S. 167, Anm. 3.
85 Ebd. S. 353.
86 Streit, Keine Kameraden; Streim, Die Behandlung sowjetischer Kriegsgefangener.
87 MA, RW 15/454.
88 R. Stadler/M. Mooslechner, St. Johann/Pg. 1938-1945, St. Johann 1986, S. 98-116; R.H. Gatterbauer, Arbeitseinsatz und Behandlung der Kriegsgefangenen in der Ostmark während des 2. Weltkrieges, Phil.Diss., Salzburg 1975.
89 Hanisch, NS-Herrschaft, S. 190 f.

Stefan Karner

"... DES REICHES SÜDMARK"

Kärnten und Steiermark im Dritten Reich 1938-1945

Als Hitler im März 1938 am Wiener Heldenplatz den "Anschluß" Österreichs an das Dritte Reich proklamierte und der "Ostmark" ihre nationalsozialistische "Mission" verlieh, nämlich "Bollwerk" zu sein, so galt dies insbesondere für die südösterreichischen Bundesländer, die "Südmark"; in Kärnten und der Steiermark war die Grenze, auch im nationalen Sinne, längst Teil ihrer Identität geworden. Die ursprünglich militärische Grenzfunktion beider Länder war im 19. Jahrhundert von einer neuen, politisch-deutschnationalen, aber auch wirtschaftlichen (unter Übernahme einer Brückenpfeilerfunktion gegenüber dem Balkan) überlagert worden. "Grenzer" brauchte man nicht erst im März 1938 zu werden, Grenzer war man bereits. Zur nationalen Grenzer-Funktion brachte der Nationalsozialismus noch die rassische Komponente dazu: die Überlegenheit der deutschsprechenden Kärntner und Steirer gegenüber den Slowenen im Lande.

Mit der Aufwertung der Provinzen am südöstlichen Rand des mitteleuropäischen bzw. deutschen Sprach- und Wirtschaftsraumes zu Grenz-Gauen des Tausendjährigen Reiches wurde in Südösterreich auch die "Entprovinzialisierung der Provinzen" begründet. Kärnten wie die Steiermark sollten hier an der Südostecke des Dritten Reiches Aushängeschilder der Leistungen und der Modernität des Deutschen Reiches sein. Was den beiden Ländern allein vom Wirtschaftlichen her dazu noch fehlte, sollte in übermäßig raschem Tempo aufgeholt werden. Die Förderungen des Dritten Reiches für die Wirtschaft beider Länder, die direkten und indirekten Aufträge für die Wirtschaft und der Ausbau der Industriekapazitäten, die Umschuldung der Landwirtschaft usw. erreichte hier eine besondere Dichte. Beide Länder, besonders jedoch die wirtschaftlich weitaus gewichtigere Steiermark, sollten Aushängeschilder nationalsozialistischer Leistungen, Gaue zum Herzeigen, "Mustergaue" werden. Dies alles auf mehreren Ebenen: in der politischen Ausrichtung der Bevölkerung und der Länder, in der Wirtschaft, in der Kultur, aber auch in der Verfolgung der Menschen aus politischen, rassischen oder religiösen Gründen.

Der Beitrag gliedert sich daher in fünf Teile: Zunächst wird versucht, Bedingungen und Erklärungsebenen für die starke Zustimmung zum Nationalsozialismus in Südösterreich anzuführen, danach werden Besonderheiten der nationalsozialistischen Politik in den Ländern/Reichsgauen Kärnten und Steiermark dargestellt. Die Kapitel über die Wirtschaft und Kultur versuchen, einen Überblick über die wichtigsten Daten und Zusammenhänge in diesen wichtigen Erklärungsbereichen für den anfänglichen Erfolg des Nationalsozialismus in Südösterreich zu geben. Schließlich werden kurz Widerstand und Verfolgung dargestellt. Es ist österreichweit bis heute relativ unbekannt geblieben, daß gerade in den vom Nationalsozialismus besonders stark erfaßten Ländern Kärnten und Steiermark gegen Kriegsende auch die Widerstands- und Partisanenbewegung besonders stark und effizient war. Das letzte Kapitel umreißt das Kriegsende und das Ende der NS-Herrschaft in Südösterreich. Wenn die "Südmark" 1938 zuletzt von der deutschen Wehrmacht besetzt wurde, so hatten sieben Jahre später hier auch die alliierten Truppen ihren Wettlauf um Österreich beendet. Graz war die letzte österreichische Landeshauptstadt, die von alliierten Truppen (Sowjets) besetzt wurde. Bis zuletzt konnte daher in Südösterreich der Nationalsozialismus seine Schreckensherrschaft der letzten Wochen aufrecht erhalten.

Wirtschaftlich-soziale Bedingungen für den Aufstieg des Nationalsozialismus

Im Februar 1942 gab es in Kärnten und der Steiermark zusammen 152.022 Mitglieder der NSDAP, was 9,7 Prozent der Bevölkerung beider Länder entsprach und damit etwa im österreichischen Durchschnitt lag.[1] Allerdings hatten beide Länder die höchsten Illegalen-Raten in Österreich (rund ein Drittel).[2] Dazu kamen - gemessen an der Gesamtbevölkerung der Länder - hohe Mitgliedsraten in der SS, SA und anderen Parteigliederungen. Die Steiermark zählte auch absolut die meisten SA- und NSKK-Mitglieder, Kärnten die bei weitem meisten SS-Mitglieder in Österreich.[3]

Welche Faktoren bedingten nun die so starke Rekrutierung der NSDAP, vor allem vor 1938, in Südösterreich? Lagen Strukturen oder Konjunkturlagen in der Zwischenkriegszeit vor, die von den anderen Bundesländern wesentlich verschieden waren? Stärker als anderswo waren hier im 19. Jahrhundert durch die Grenzlage zum slawischen Kulturkreis deutschnationale Strömungen verankert. Der nationale Gegensatz zwischen Deutsch- und Slowenischsprechenden war ein Hauptstreitpunkt seit Beginn der gewählten Landtage. Viele Wurzeln des Deutschnationalismus in Österreich lassen sich geographisch nach Steiermark und Kärnten zurückverfolgen. Hier wurden die ersten deutschnationalen "Schutzvereine" Österreichs gegründet. Sie waren einer der Wege, auf denen das Bürgertum von der liberalen zur deutschnationalen Politik gelangte. Die "Südmark"-Bewegung hatte seit Ende des 19. Jahrhunderts hier die entscheidenden Stützpunkte. Sicherlich auch deshalb, weil von slowenischer Seite den Intentionen der deutschnationalen Vereine energischer Widerstand entgegengesetzt wurde. Die neue österreichische Südgrenze, die in der Steiermark die Abtrennung eines Drittels des Landes mit rund 500.000 Menschen (und in Kärnten durch die jugoslawischen Ansprüche auf die südlichen Landesteile massive "Abwehrkämpfe" und eine für Österreich entschiedene Volksabstimmung bewirkt hatten), ließ in der Steiermark den Wunsch nach Rückgewinnung dieser Gebiete stark werden. Dazu kamen entscheidende, nach den beiden Bundesländern zu differenzierende Faktoren, wie die nazifreundliche Haltung eines Teils des katholischen Klerus mit dem Kärntner/Gurker Bischof Hefter[4], der regional starke Anteil an Protestanten in der Obersteiermark und in Mittelkärnten, die angeblich Kärnten-feindliche Haltung der christlichsozialen Wiener Regierungen, die sehr spezifische Parteienlandschaft in Kärnten (siehe Tabelle 1), in der die Christlichsozialen nur eine untergeordnete Rolle zu spielen vermochten[5] und der Landbund besonders stark war, die in der Steiermark dominierenden Heimwehren und Christlichsozialen, der geglückte, weitgehende Schulterschluß zwischen dem Steirischen Heimatschutz und der NSDAP, und die NS-Agitation leitender Manager der Alpine-Montan-AG, wodurch die in der Obersteiermark besonders starke Sozialdemokratie an der Basis unterlaufen wurde. Bei Anstellungen wurden in den Jahren der höchsten Arbeitslosigkeit seitens der Alpine NS-Mitglieder und -Sympathisanten bevorzugt. Im Mürztal, am Erzberg, im Kohlenrevier Seegraben und im Ennstal hatten die Nationalsozialisten in den dreißiger Jahren den stärksten Zulauf. In der Steiermark kamen viele ehemalige Untersteirer, die nach der Abtrennung des Gebietes in die Steiermark, teilweise geflüchtet waren, in führende Positionen. U.a. waren der Grazer Bürgermeister des Ständestaates, Hans Schmid, und einer der wesentlichen Führer der steirischen NSDAP und Volkspolitische Referent, Armin Dadieu, Marburger. Neben diesem Faktorenbündel und den allgemein auch für Österreich geltenden und die Ausbreitung des Nationalsozialismus fördernden Prämissen, wie der Ausschaltung der Sozialdemokratie 1934, dem wenig attraktiven autoritären christlichen Ständestaat und seinem Selbstverständnis als dem "besseren deutschen Staat", blieben bis heute die ökonomischen und sozialen Rahmenbedingungen weitgehend unbekannt, die in Südösterreich ebenso entscheidend zur Ausbreitung des Nationalsozialismus beigetragen haben.

Tabelle 1: Die Ergebnisse der Landtagswahlen in Kärnten und der Steiermark in der Zwischenkriegszeit

	1919		1920	1921	1923		1927		1930	
Parteien	Ktn	Stmk	Stmk	Ktn	Ktn	Stmk	Ktn	Stmk	Ktn	Stmk
Sozialdemokraten	18	24	24	19	15	24	16	21	15	17
Christlichsoziale	11	35	31	8	9	34	6	24	6	17
Großdeutsche	13	-	8	4	5		4		2	-
Landbund (Bauernp./Bauernb.)	14	9	7	7	10	12	9	9	6	8
Nat.Wirtschaftsblock	-	-	-	-	-	-	-	-	-	
Heimatblock	-	-	-	-	-	-	-	-	3	6
NSDAP	-	-	-	1	1	-	1	-	2	-
Handels- u.Gewerbebund	-	-	-	1	-	-	3	-	-	-
Völkisch-sozialer Block	-	-	-	-	-	-	1	-	-	-
Udeverband	-	-	-	-	-	-	-	2	-	-
Korska slov. stranka	-	-	-	2	2	-	2	-	2	-
Vertreter d. Offiziere und Mannschaften	2	-	-	-	-	-	-	-	-	-
Deutschdemokraten	-	2	-	-	-	-	-	-	-	-
Zahl der Landtagssitze	58	70	70	42	42	70	42	56	36	48

Die überwiegende Mehrzahl der Kärntner und Steirer begrüßte 1938 den Nationalsozialismus vor allem auch aus rein wirtschaftlich-sozialen Überlegungen, ehe sich viele mit Kriegsbeginn 1939, den Slowenenaussiedlungen ab 1941 in der Untersteiermark und 1942 in Kärnten und den anderen, im wesentlichen in ganz Österreich synchronen Stimmungsveränderungen abzuwenden begannen. Die wirtschaftlich-sozialen Komponenten für den Aufstieg des Nationalsozialismus zu negieren, hieße jedenfalls, eine wesentliche Erklärungsvariante für die immer wieder gestellte Frage: "Wie konnte das geschehen?" außer acht zu lassen. Die folgenden Thesen entstanden aus der intensiveren Beschäftigung mit diesem Thema und können als erste Diskussionsgrundlage dienen:[6]

1. Die wirtschaftskonjunkturelle Entwicklung zwischen 1928/29 (also den Hochkonjunkturjahren der Zwischenkriegszeit) und 1934 (dem Ende der Weltwirtschaftskrise) entsprach etwa dem österreichischen Durchschnitt (siehe Tabelle 2). Arbeitslosigkeit und Fremdenverkehr hatten sich in der Steiermark genau im österreichischen Durchschnitt, in Kärnten etwas schlechter entwickelt, weil seit 1933 Hitlers "Tausend-Mark-Sperre" besonders den auf den deutschen Gast eingestellten Fremdenverkehr getroffen hatte. Eine signifikante Abweichung vom österreichischen Durchschnitt läßt lediglich der Einlagenstand der Raiffeisenkassen vermuten: Der deutliche Rückgang an Einlagen zeigt die schwere Krise der südösterreichischen Landwirtschaft an. Der Ertrag an Bundessteuern zwischen 1929 und 1935 sank um 23 Prozent in Kärnten und um 27 Prozent in der Steiermark, was dem Durchschnitt aller österreichischen Bundesländer entsprach. Kärnten war demnach im großen und ganzen kein Stiefkind der Wiener Regierungen geworden, als das es in vielen - nicht nur nationalsozialistischen - Schriften bezeichnet worden war; die von der Eisen- und Stahlindustrie dominierte Steiermark wurde durch die Weltwirtschaftskrise nicht wesentlich stärker in Mitleidenschaft gezogen als andere Länder auch.

Tabelle 2: Kennzahlen konjunktureller Entwicklung in Steiermark und Kärnten im Vergleich zum österreichischen Durchschnitt 1929 - 1935 (in Prozent)

	Österreich	Steiermark	Kärnten
Unterstützte Arbeitslose	+ 59	+ 60	+ 98
Einnahmen des Landes	- 22	- 13	- 3
Ertrag der Bundessteuern	- 22	- 27	- 23
Einlagenstand der Sparkassen	+ 19	+ 4	+ 8
Einlagenstand der Raiffeisenkassen	+ 11	- 14	- 22
Fremdenverkehr: Anz.d.Übernachtungen	+ 17	+ 17	+ 13

Quelle: Gerundete Werte nach: Wirtschaftsstat. Jahrbuch 1936, Jg. 11, Wien 1936, S. 414 f.

2. Die Strukturen von Industrie und Gewerbe sowie der Anteil der Landwirtschaft an der Gesamtwirtschaft und deren Struktur wichen kaum vom österreichischen Durchschnitt ab. Die Kleingrößenstruktur dieser Wirtschaftsbereiche war kein südösterreichisches Spezifikum. Etwa 82 Prozent der Betriebe hatten 1934 weniger als 5 Beschäftigte, lediglich die Steiermark hatte Unternehmen mit mehr als 1000 Beschäftigten (Mur-Mürz-Furche und Grazer Raum). Industrie und Gewerbe wurden in beiden Bundesländern von der mittelständischen Wirt-

schaft geprägt; gerade sie erhoffte sich durch einen wirtschaftlichen "Anschluß" neue Aufträge und eine Besserung ihrer Ertragslage.

Etwa dieselbe Größenstruktur findet man in der südösterreichischen Land- und Forstwirtschaft: Von den insgesamt 37.404 Kärntner Betrieben[7] waren knapp drei Viertel unter 20 Hektar groß; nur 3 Prozent verfügten über mehr als 100 Hektar. In der Steiermark war die Kleinstruktur der Landwirtschaft noch ausgeprägter: Von den 98.047 landwirtschaftlichen Betrieben waren 1939 sogar 87 Prozent kleiner als 20 Hektar.[8] Die Verschuldung der bäuerlichen Betriebe war enorm. In der Steiermark wurden in den dreißiger Jahren jährlich über 1000 Bauernhöfe zwangsversteigert. Die durchschnittliche Hektarverschuldung der steirischen Bergbauern lag schon 1934 bei 384,- Schilling; ein Wert, der - angesichts der schlechten Absatz- und Verkaufsmöglichkeiten - für die meisten nicht mehr rückzahlbar war. Gläubiger der Bauern waren vor allem Sparkassen, Genossenschaften und Private. Von den Verwandten-Geldern entfielen jeweils fast die Hälfte auf Erb- und Altenteile, was die Geldsorgen nur kurzfristig mildern konnte.[9] Die ideologische Hebung des Bauernstandes im Nationalsozialismus, die im Deutschen Reich vorexerzierten Förderungen und finanziellen Zuwendungen an die Landwirtschaft wirkten vielversprechend. Und tatsächlich gab es in Kärnten und der Steiermark 1940 fast keine Gemeinde mehr, in der nicht zumindest ein Hof durch die "Entschuldung" vor der sicher scheinenden Zwangsversteigerung bewahrt worden wäre.

3. Verbindungen zwischen Industriebetrieben und der NSDAP waren nicht nur vorhanden, sie wurden, wie vor allem bei der Alpine-Montan, dem größten österreichischen Betrieb, oder von Böhler, während der Jahre der hohen Arbeitslosigkeit auch offen für Anstellungsbevorzugungen für illegale Nationalsozialisten genutzt. Überhaupt sympathisierte in beiden Bundesländern ein Großteil der Firmenleitungen mit der NS-Bewegung. Diese versprachen sich von einem "Anschluß" die Vorteile einer Großraumwirtschaft, vor allem Aufträge, Kapazitätserweiterungen und Gewinne. Dazu kam die Randlage beider Bundesländer zum mitteleuropäischen Zentralraum und die "halbtote" Grenze gegenüber Jugoslawien. So dürften die Verbindungen zwischen NSDAP und Industriellen in Südösterreich stärker gewesen sein als in den übrigen österreichischen Bundesländern. So hatten sich etwa für die offizielle Trauerfeier der steirischen Handelskammer für Bundeskanzler Dollfuß 1934 führende Vertreter der steirischen Industrie entschuldigen lassen. Bei der Grazer Handelskammer mußte wegen der starken Sympathie führender Kammermitglieder zur illegalen NSDAP 1934 sogar ein Regierungskommissär bestellt und das Präsidium abgelöst werden.[10] Einige der die NSDAP in der Illegalität unterstützenden Firmen ließen sich ihre Haltung nach der Machtübernahme durch entsprechende Auftragsvergaben - teilweise aus der deutschen Rüstung - honorieren.

4. Technisierung und Motorisierung beider Länder hinkten stark gegenüber dem österreichischen Standard nach. Während etwa in Kärnten 1936 auf ein Radio 25 und in der Steiermark 17 Personen kamen, war im österreichischen Durch-

schnitt das Verhältnis bereits 1:12.[11] Die Motorisierung lag ebenfalls weit unter dem österreichischen Durchschnitt: Auf ein Kraftfahrzeug kamen 1935 in Kärnten noch 124, in der Steiermark noch 92 Personen, während es etwa im Bundesländerdurchschnitt nur noch knapp über 70 Personen waren.[12] Ähnlich stand es um die Mechanisierung in der Landwirtschaft:[13] Es fehlte in erster Linie an Elektromotoren, Schrotmühlen und Kartoffelerntemaschinen. Gerade hier konnte die NSDAP mit ihrem Modernisierungsanspruch viele Hoffnungen nähren und nach 1938 teilweise auch erfüllen.

5. Die NSDAP rekrutierte ihre Mitglieder in Süd- und Südostösterreich vor allem aus dem mittelständischen (in Mittel- und Unterkärnten sowie in der Mittelsteiermark) und dem bäuerlichen Bereich (Oberkärnten, Gurktal sowie in den agrarischen Teilen der Obersteiermark, wie dem Enns- und oberen Murtal). Vor allem in den Zentren der Alpine-Montan war sie aber auch eine Heimstätte der Arbeiterschaft oder von arbeitslosen Arbeitern. Hier hatte der größte österreichische Betrieb, seit 1925/26 in mehrheitlich reichsdeutschem Besitz, über sogenannte "gelbe" (= Unternehmer-)Gewerkschaften die vorwiegend sozialdemokratisch organisierte Arbeiterschaft zu rekrutieren versucht. Eine Analyse der letzten freien Wahlen der 1. Republik müßte daher auf diese Besonderheit Rücksicht nehmen und für beide Bundesländer getrennt durchgeführt werden. In Kärnten zeigte es sich, daß die NSDAP vor allem in jenen Bezirken über dem Landesdurchschnitt abschneiden konnte, wo es einen besonders hohen Anteil an Selbständigen (meist Bauern) oder Beamten und Angestellten gab. Ersteres traf vor allem für Oberkärnten und die Bezirke Wolfsberg und Villach-Land, letzteres für die Städte Klagenfurt und Villach zu (s. Graphik 1). In der Steiermark, wo nicht einmal in der Hälfte der Gemeinden gewählt wurde, trat die NSDAP nur in jenen Gemeinden mit einer eigenen Liste an, in denen sie über eine entsprechende Ortsgruppenorganisation und geeignete Kandidaten verfügte. In anderen Gemeinden wurde seitens der NSDAP Wahlenthaltung bzw. die Wahl "nationaler" Kandidaten in anderen Parteien empfohlen. Über eigene Listen verfügte die NSDAP besonders in den Bezirken Leoben, Gröbming und Bruck sowie in allen Bezirkshauptstädten. In den Bezirken der Ost-, Mittel- und Weststeiermark trat die NSDAP 1932 nur ganz selten mit eigenen Gemeinderatswahllisten auf. In jenen steirischen Gemeinden jedoch, in denen die NSDAP mit eigenen Wahllisten antrat, erreichte sie bei den Gemeinderatswahlen 1932/33 durchwegs zwischen 11,8 Prozent (Durchschnitt Bruck) und 30,0 Prozent (Durchschnitt Murau) der abgegebenen gültigen Stimmen. Eine geographische Zuordnung der Gebiete mit hohen NSDAP-Wahlerfolgen zeigt die Bezirke Gröbming, Murau und Liezen als eine, und die übrigen steirischen Bezirke als eine andere relativ gleichförmige Einheit. In der entsprechenden Cluster-Analyse werden beide Regionen erst mit einem sehr niederen Zusammenhang über das Grazer Wahlergebnis von 1929 miteinander verflochten.[14] Ein Blick auf die Sozialstruktur der steirischen Bezirke[15] zeigt, daß die Bezirke mit den höchsten NS-Stimmenanteilen (Gröbming, Liezen, Murau) in ihrer Sozialstruktur kaum vom Landesdurchschnitt abwichen. Auch die Arbeitslosenraten

Graphik 1: Die Ergebnisse der Gemeinderatswahlen 1932 in Kärnten (Entwurf und Zeichnung: Stefan Karner)

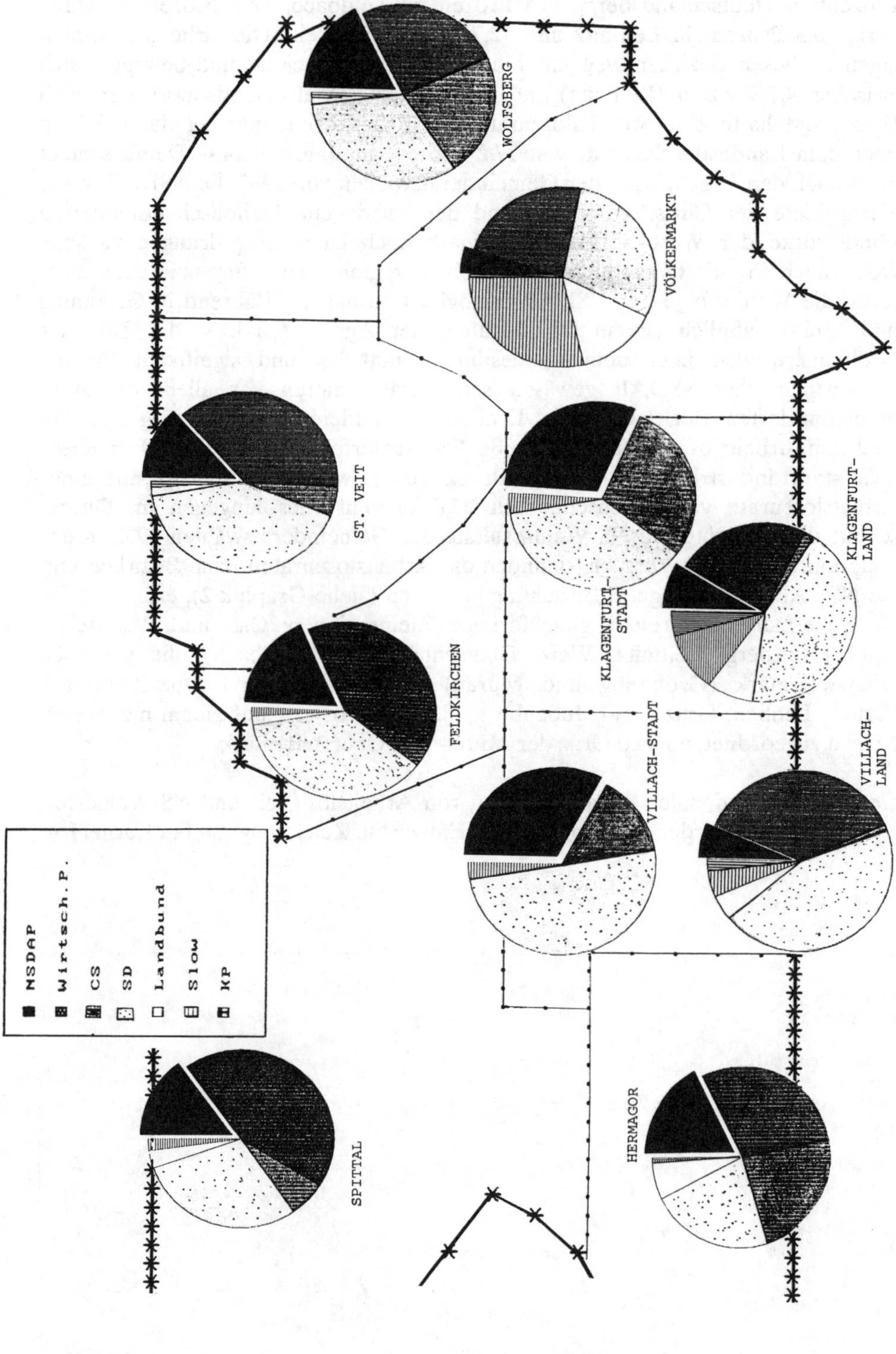

entsprachen in etwa dem steirischen Durchschnitt. Anders in den Bezirken der Ost- und Weststeiermark: Hier dominierte 1934 der Agrarsektor mit 72,3 Prozent in Deutschlandsberg, 76,5 Prozent in Feldbach, 72,1 Prozent in Hartberg, 76,3 Prozent in Leibnitz und 72,7 Prozent in Weiz. Die Arbeitslosenraten lagen in diesen Bezirken weit unter dem Landesdurchschnitt und bewegten sich zwischen 4,7 Prozent (Leibnitz) und 10,8 Prozent (Deutschlandsberg). Lediglich Graz-Land hatte eine Arbeitslosenrate von 19,2 Prozent und lag damit knapp über dem Landesdurchschnitt von 17,2 Prozent im Jahre 1934.[16] Damit scheint auch nach den Ergebnissen der Gemeinderatswahlen von 1932 die NSDAP in die Kerngebiete der Christlichsozialen und der vorwiegend katholisch dominierten Landbezirke der West- und Oststeiermark noch kaum eingedrungen zu sein. Doch auch in der Obersteiermark scheinen regional zu differenzierende Faktoren die Wahlerfolge der NSDAP ermöglicht zu haben. Während in Gröbming und Murau, ähnlich wie in Oberkärnten, der Agraranteil bzw. die Zahl der Großbauern weit über dem Landesdurchschnitt lag und signifikant für die Wahlerfolge der NSDAP gewesen sein dürfte, hatten vor allem die stark industrialisierten Bezirke Liezen, Leoben und Judenburg gleichzeitig mit den höchsten Arbeitslosenraten auch große NS-Wahlerfolge aufzuweisen. Der ebenfalls stark industrialisierte Bezirk Bruck (inklusive Mürzzuschlag) mit einer Arbeitslosenrate von durchschnittlich 23,8 Prozent wies hingegen im Durchschnitt die schlechtesten NS-Wahlresultate der Gemeinderatswahlen 1932 in der Steiermark aus. Der Versuch, dennoch die Arbeitslosenraten nach Bezirken und die NSDAP-Wahlerfolge in Beziehung zu setzen (siehe Graphik 2), erbrachte für die Steiermark drei relativ gleichförmige Kleinregionen: Ost- und Weststeiermark (Hartberg, Leibnitz, Weiz, Deutschlandsberg, Feldbach), die westliche Obersteiermark (Gröbming und Murau) sowie Mittel- und Obersteiermark (Bruck, Leoben, Graz-Land, Judenburg). Liezen wird erst auf einem niedereren Niveau zugeordnet, ebenso Graz der Mittel- und Obersteiermark.

Graphik 2: Regionaler Zusammenhang von Arbeitslosigkeit und NS-Wahlerfolgen in der Steiermark 1932 (Entwurf u. Zeichnung: Stefan Karner)

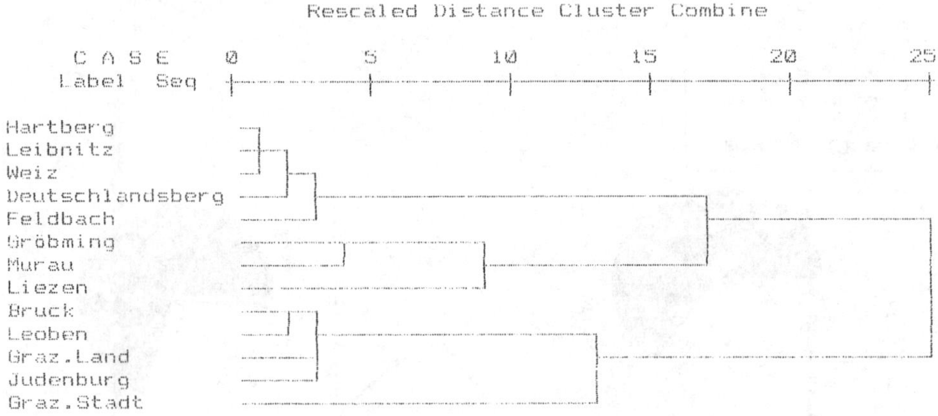

6. Die Arbeitslosigkeit war in beiden Bundesländern die einschneidendste soziale und wirtschaftliche Komponente dieser Jahre. Sie bildete *einen* wichtigen Faktor der Stimmung für den Nationalsozialismus. So entsprach in Kärnten auch der Zulauf zu den Nationalsozialisten im wesentlichen der Steigerung der Arbeitslosenraten (s. Graphik 3).[17] Die Arbeitslosigkeit prägte die soziale Grundstimmung, wenn diese auch regional zu differenzieren ist. Bei näherem Betrachten stellte sich nämlich heraus, daß die NSDAP in Kärnten 1932 vor allem in jenen Bezirken deutlich über dem Landesdurchschnitt lag, wo es eine signifikant hohe Arbeitslosigkeit unter Angestellten, Beamten, Ingenieuren, Lehrern, dem mittleren Management und sozialen Aufsteigern gab. Insbesondere ließ sich das wiederum an den Städten Klagenfurt und Villach nachweisen, wo die NSDAP in den Gemeinderatswahlen von 1932 jeweils rund ein Drittel aller Stimmen für sich buchen konnte.

Graphik 3: Ansteigen der registrierten Arbeitslosen und NSDAP-Anteile bei Wahlen in Kärnten (in %). Entwurf u. Zeichnung: Stefan Karner

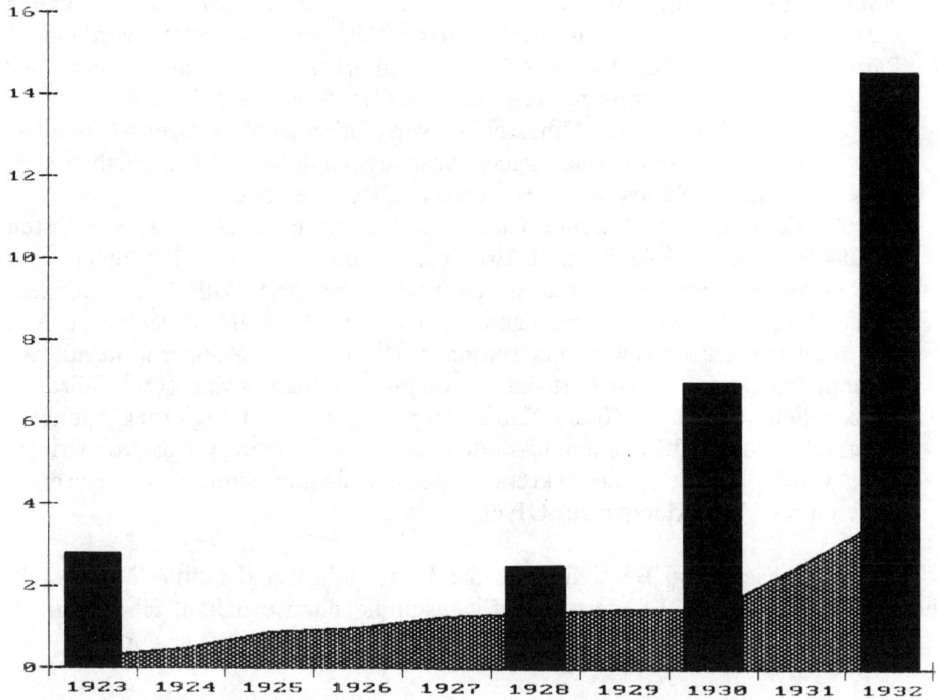

Kärnten und die Steiermark hatten auf den ersten Blick während der Jahre der NS-Herrschaft eine gleichförmige Entwicklung mitgemacht bzw. u.a. auf folgenden Gebieten selbst gestaltet:[18]

- Beiden Ländern wurden 1938 größere Gebietsteile eingegliedert. Die Steiermark erhielt das südliche Burgenland, Kärnten wurde Osttirol zugesprochen. Beide Länder zusammen hatten über 1,5 Millionen Menschen.

- Beiden Reichsgauen wurden 1941 - nach der Besetzung Jugoslawiens - slowenische Gebiete angegliedert: das 1918/19 an Jugoslawien abgetretene ehemals untersteirische Gebiet an die Steiermark, Oberkrain und das 1918/19 ebenfalls von Kärnten abgetrennte Miestal gingen an Kärnten. In den neu angegliederten Gebieten wurden Zivilverwaltungen eingerichtet, denen die Gauleiter bzw. Reichsstatthalter von Kärnten und der Steiermark als Chefs der Zivilverwaltungen vorstanden.
- Beide Länder bildeten in vielen Bereichen eine organisatorische Einheit:[19] in der SA-Gruppe Südmark, im Reichsarbeitsdienst (Arbeitsgau XXXVI, Südmark), bei der SS (Abschnitt XXXV). Die übergeordnete Organisation für die Justiz und die Finanz mit dem Sitz in Graz wurde 1938 beibehalten. Ebenso entsprach die großflächigere Wirtschaftsorganisation in der "Südmark" (Landwirtschaft und Gewerbe) den ökonomischen Gegebenheiten und hat auch heute ähnliche Strukturen. In der Rüstung und Wehrwirtschaft waren beide Länder Salzburg zugeordnet (Wehrkreis XVIII).
- In beiden Ländern war die Machtergreifung 1938 von einer starken illegalen NSDAP durchgeführt worden. Allerdings wurden in der Folge wichtige Parteipositionen mit "neuen" Personen besetzt, was bei vielen "verdienten" Parteigenossen große Unzufriedenheit hinterließ. Sie sollten nach der Eingliederung der slowenischen Gebiete teilweise "entschädigt" werden.
- Die Gauleiter Rainer und Uiberreither verstanden sich als Grenz-Gauleiter. Ihre Parteigaue sollten Mustergaue, Aushängeschilder nationalsozialistischer Leistungen an der Südostecke des Deutschen Reiches sein.
- Die Aussiedlung von Slowenen (in der Untersteiermark ab 1941, in Kärnten ab 1942), ihre Verfolgung und Ermordung (oft als Geiseln) bildeten eine erstrangige Motivation für die starke Partisanen- und Widerstandstätigkeit, zunächst in den gemischtsprachigen Gebieten, ab 1944 größerflächig auch in den Industriezentren der Obersteiermark. Die teilweise Kooperation mit der kommunistisch geführten Partisanenbewegung in Jugoslawien (OF) führte in Einzelfällen, wie bei Böhler-Kapfenberg, sogar zur Dirigierung alliierter Bomberflugzeuge auf bestimmte Bodenziele.[20] Noch wenige Tage vor Kriegsende wurde eine leitende Sekretärin des Reichsstatthalters der Steiermark wegen ihrer Verbindungen zur OF erschossen.

Andere, wesentliche Bereiche, wie die Kulturpolitik und kulturelle Entwicklung, haben in beiden Ländern ihre Eigenständigkeiten erhalten. Sie waren oft gerade dadurch wichtige Stützen des NS-Systems im Lande selbst geworden.

Politik

Die Machtübernahme der Nationalsozialisten im März 1938, die in ganz Österreich unter großem außenpolitischen und militärischen Druck seitens Hitler-Deutschlands von innen her erfolgt war, hatte wesentliche und beschleunigende Impulse von der Steiermark erfahren. Hier hatte sich in der zweitgrößten Stadt Österreichs seit 19. Februar 1938 das ereignet, was der Stadt Graz später den nationalsozialistischen Ehrentitel "Stadt der Volkserhebung" eingetragen hatte. Fünf Tage später, am 24. Februar 1938, wehte vom Grazer Rathaus (nach Verhandlungen zwischen den Nationalsozialisten und den Vertretern des Ständestaates) - zum ersten Mal von einem österreichischen Amtsgebäude - die Hakenkreuzflagge. Die rot-weiß-rote Fahne wurde zerrissen, während der Rede Bundeskanzler Schuschniggs das "Horst-Wessel-Lied" gesungen und Kundgebungen veranstaltet, sodaß die Kanzlerrede nicht verstanden werden konnte. In den folgenden Tagen hielten die Nationalsozialisten (vor allem unter Armin Dadieu, dem Volkspolitischen Referenten der VF, und den SA-Führern Hellmut Wolf und Sigfried Uiberreither) die Grazer Innenstadt unter Kontrolle. Der Besuch des Bundesleiters der Volkspolitischen Referate der VF, Innen- und Sicherheitsministers Seyss-Inquart, Anfang März sollte die aufgeputschte Situation beruhigen, erreichte allerdings das Gegenteil. Seyss-Inquart grüßte die an ihm vorbeimarschierenden SA-Männer mit dem verbotenen Hitler-Gruß und schritt als Sicherheitsminister nicht ein, als während der Kundgebungen SS-Einheiten die Rolle der abwesenden Polizei übernommen hatten. Bundespolitisch hatte der Graz-Besuch Seyss-Inquarts zwei wesentliche Akzente:

- Mit seinem Auftreten hatte er offen die Verordnungen des "Systems", die er als zuständiger Minister selbst erlassen hatte, unterlaufen.
- Das Tragen des NS-Abzeichens und der Hitler-Gruß wurden von Seyss-Inquart für den privaten Bereich erlaubt. Das Deutschlandlied durfte von nun an gesungen werden, soferne vorher auch eine Strophe der melodiegleichen österreichischen Bundeshymne gesungen worden war.

Der Widerstand Schuschniggs gegen das Vorpreschen seines Ministers dauerte keine 24 Stunden. Schon am 5. März konnte Seyss-Inquart in Linz, nach einer Vereinbarung mit Schuschnigg, die offizielle Aufhebung dieser Verbote bestätigen.

In Graz gingen die Nationalsozialisten nun von den bloßen Kundgebungen und Demonstrationen ab und zu offenem Widerstand gegen das "System" und seine Einrichtungen über. In den steirischen Bezirkshauptstädten, wie auch in anderen größeren Städten der Steiermark, etwa in Fürstenfeld und Knittelfeld, gingen u.a. Lehrer gemeinsam mit ihren Schülern auf die Straße und veranstalteten Demonstrationen. Schuschnigg selbst bezeichnete die Entwicklung in der Steiermark mit als Anlaß für seinen Entschluß, die österreichische Bevölkerung "zur freien Willensäußerung und zum Bekenntnis" aufzurufen.

Die Ablösung des prononcierten NS-Gegners und steirischen Landeshauptmannes Dr. Karl Maria Stepan am 3. März und die Einsetzung seines CV-Bundesbruders und Freundes von Schuschnigg, Dr. Rudolph Trummer, war für die Nationalsozialisten nur eine weitere Etappe zur Übernahme der Macht. Der neue Landeshauptmann verhandelte mit Vertretern der Nationalsozialisten unter Odilo Globocnik und dem späteren Grazer Bürgermeister Dr. Julius Kaspar über einen "Einbau" weiterer Parteigenossen in die Verwaltung und Landespolitik.

Die mit dem Druck der Straße vorgebrachten Forderungen reichten von drei Landesräten bis zu vielen untergeordneten Exekutivbeamten.

Der österreichische Ständestaat war in der Steiermark schon vor Schuschniggs "Gott schütze Österreich" am Abend des 11. März zu Ende gegangen. Nationalsozialisten kontrollierten die Straßen der Landeshauptstadt, doch auch in den größeren steirischen Städten war die Situation besonders angespannt. Am 12. März um 1.30 Uhr früh übernahm der Landesbeamte und illegale Gauleiter Dipl.-Ing. Sepp Helfrich als kommissarischer Landeshauptmann die Macht.

In Kärnten, wo es ebenfalls eine besonders straffe illegale Parteiorganisation gab, war es Ende Februar/Anfang März zu keinen Demonstrationen und Kundgebungen der Nationalsozialisten, die die Exekutivgewalt des "Systems" entscheidend herausfordern hätte können, gekommen. Trotzdem war Kärnten am 11. März der erste österreichische Gau, der die Machtübernahme durch die NSDAP nach Wien meldete.[21] Landeshauptmann Dr. Arnold Sucher übergab die Regierungsgeschäfte an den Landesbeamten Dr. Wladimir Pawlowski als kommissarischem Landeshauptmann. In anderen Kärntner Städten war die de-facto-Machtübernahme noch früher erfolgt: In Villach wehte schon am späteren Nachmittag eine NS-Fahne vom Polizeikommissariat und einzelne Bezirksgendarmeriekommandos hatten es toleriert, daß die Beamten Hakenkreuz-Armbinden trugen. Schon vor Mittag des 11. März wurden die Führer des nationalsozialistischen Soldatenringes im Bereich der 7. Division (Kärnten und Osttirol unter Gen. Mj. Eduard Barger) angewiesen, für die von Schuschnigg proklamierte Volksbefragung am 13. März "Wahlenthaltung" zu befehlen und die "nationale Erhebung" zu unterstützen.[22] In Klagenfurt und in anderen größeren Städten des Landes war es am 11. März zu NS-Demonstrationen und Kundgebungen gekommen. Wenige Stunden vor der Machtübernahme, kurz nach 17.00 Uhr, hatte die SS in Klagenfurt de facto die Polizeidirektion übernommen.[23]

In den Einmarschplanungen für die einrückende deutsche 8. Armee (unter General von Bock) spielte Südösterreich keine Rolle. In der Aufmarschanweisung vom 10. März hieß es sogar: "Kärnten und Steiermark sind vorerst nicht zu besetzen." Die Wehrmacht hatte bei ihrem Vorgehen nach Wien lediglich die Alpenpässe zu sichern. Erst am 12. März entschied Hitler, daß ein Teil der Armee auch in den südlichen Bundesländern einzumarschieren hätte, um "gerade diesen um die deutsche und nationalsozialistische Sache besonders verdienten Ländern bald Freude zu machen..."[24] Tatsächlich wurden Kärnten und die Steiermark - sieht man von den Luftlandetruppen ab - militärisch erst eine Woche nach dem bereits vollzogenen "Anschluß" besetzt. Dies, obwohl gerade in Graz in den ersten Märztagen besonders viele Einheiten des österreichischen Bundesheeres konzentriert worden waren. Einen organisierten Widerstand gegen den militärischen Einmarsch und die NS-Machtergreifung gab es weder in Kärnten noch in der Steiermark. Regimegegner und führende Persönlichkeiten des Ständestaates, wie Stepan, Gorbach, Sucher oder Zelburg, wurden sofort verhaftet. Der steirische Fürstbischof Ferdinand Pawlikowski wurde unter Hausarrest gestellt und am 13. März für 24 Stunden in die Zelle 1 des Grazer Polizeigefängnisses eingesperrt. Er war und blieb damit der einzige von den

Nationalsozialisten eingesperrte Bischof des Dritten Reiches.[25]

Die erste Phase der politischen Machtergreifung des Nationalsozialismus in Kärnten und der Steiermark war geprägt durch einen zunächst behutsam wirkenden Machtwechsel. In beiden Ländern übernahmen etwa NS-Führer als kommissarische Landeshauptleute und sehr bald als Gauwahlleiter die Macht, die allgemein als gemäßigt galten. Auch auf Gemeinde- und Bezirksebene bediente sich die NSDAP zunächst kaum radikaler NS-Führer, sondern setzte in weiten Kreisen der Bevölkerung geachtete Persönlichkeiten als Bürgermeister ein. Einige Bezirkshauptleute, wie der Hartberger Stull, blieben überhaupt im Amt. Ähnlich verhielt es sich in anderen Institutionen. Selbst größere Übergriffe auf Juden und Slowenen unterblieben.

Die gebremste Machtübernahme gehörte sicherlich auch mit zu den wahlwerbenden Begleitmaßnahmen für die Volksabstimmung für den bereits vollzogenen "Anschluß" am 10. April 1938. Während dieses kurzen "Wahlkampfes" zog die NSDAP in beiden Ländern alle damals verfügbaren Register der Propaganda. Von der Propagierung entsprechender Wahlempfehlungen (der österreichischen Bischöfe, von Karl Renner bis zu den Heimatdichtern Hans Kloepfer oder Josef Friedrich Perkonig) bis zur Propaganda im Film, über Wahlkampf-Großveranstaltungen (mit Göring und Hitler) bis zur wirtschaftlich-sozialen Wahlwerbung (Volksausspeisungen, Eintopfessen, Neueinstellungen von Arbeitslosen, Lohnerhöhungen, Absatzerleichterungen und Kreditaktionen für Bauern, sozialrechtliche Besserstellungen für "Ausgesteuerte", Ehestandsdarlehen und Verkehrsprogramme sowie Freizeitaktionen mit KdF) wurde von einer im Hintergrund wirkenden straffen Organisation alles in die Wahlpropaganda gebracht. Das Ergebnis der Volksabstimmung war dementsprechend und lag über dem österreichischen Durchschnitt von 99,6 Prozent Ja-Stimmen. In Kärnten kamen auf eine Nein-Stimme 589 Ja-, in der Steiermark auf eine Nein-Stimme 784 Ja-Stimmen.[26] Das Wahlresultat allerdings als plumpe Fälschung der Nationalsozialisten im und nach dem Wahlgang hinzustellen, hieße, sich wiederum den vielen Erklärungs- und Interpretationsebenen, die zur weitverbreiteten Begeisterung im März 1938 - gerade in Süd- und Südostösterreich - geführt hatten, zu verschließen. Zu diesen Erklärungsebenen gehören die im Eingangskapitel erwähnten nationalen, wirtschaftlich-sozialen und kulturellen Komponenten ebenso, wie die Opportunität vieler Menschen, die nackte Angst vor Repressalien, die Ausschaltung bereits inhaftierter oder den örtlichen NS-Funktionären als Gegner des Regimes bekannter Personen (in der Steiermark allein durften 40.000 Menschen nicht abstimmen), von Juden und Zigeunern sowie die kursierende Mundpropaganda, wonach die Wahl mit "gezinkten" Wahlkarten durchgeführt würde.[27]

Im Zuge der Festigung der NS-Herrschaft, der zweiten Etappe der politischen Machtübernahme und der Um- bzw. Gleichschaltung der wichtigsten Organisationen und Körperschaften, der territorialen Neugestaltung des österreichischen Gebietes und der Länder wurden die kommissarischen Landeshauptleute und Gauleiter neu besetzt: Im Mai 1938 übernahm in Kärnten Hubert Klausner, der zugleich auch als Stellvertreter des "Reichskommissars für die

Wiedervereinigung Österreichs mit dem Deutschen Reich", Bürckel, Mitglied der österreichischen Regierung war, die Gauleitung, wobei vor allem nach dem Tode Klausners im Februar 1939 der stellvertretende Gauleiter, SS-Standartenführer Franz Kutschera, die Geschäfte führte.[28] In der Steiermark wurde der gebürtige Salzburger und SA-Brigadeführer Sigfried Uiberreither Gauleiter und kommissarischer Landeshauptmann.

Die ersten Maßnahmen des Regimes nach der zweiten Phase der Machtübernahme galten der Beseitigung und Linderung der Arbeitslosigkeit und Armut, der Schaffung von Wohnraum, dem infrastrukturellen Ausbau der Versorgung am Lande und der Beseitigung von Armut unter den "Volksgenossen". Die Arbeitsplatzbeschaffung wurde im wesentlichen auf drei Ebenen, abgesehen von der Wirkung der Einberufungen zur Wehrmacht und zum RAD, versucht:
- durch gezielte und planmäßig durchgeführte Auftragsvergaben deutscher Rüstungsbeauftragter und öffentlicher Stellen an heimische Unternehmen,
- durch Strukturverbesserungen im landwirtschaftlichen, öffentlichen und gewerblich-industriellen Sektor (z.B. Stallbau, Verkehrswege-Ausbau, Bereitstellung öffentlicher Mittel für Betriebserweiterungen usw.), was zu einer starken Belebung der Bauwirtschaft führte,
- durch den Abzug von Facharbeitern nach Deutschland.

In der Steiermark konnte so die Arbeitslosigkeit bereits im Spätsommer 1938, also knapp ein halbes Jahr nach der Machtübernahme durch die Nationalsozialisten, beseitigt werden.[28a] Die verbleibenden Arbeitslosen rekrutierten sich zum überwiegenden Teil aus Frauen. Erstmals waren nämlich seit August 1938 die Arbeitslosenziffern der Frauen über die der Männer angestiegen. Zusätzlich dokumentiert der durchschnittliche Anstieg der Industriebeschäftigungen in der Steiermark (von März bis November 1938 um knapp 40 Prozent) deutlich das "Greifen" der eingeleiteten Maßnahmen und Wirtschaftsprogramme.[29] In Kärnten war die Arbeitslosigkeit im Sommer 1939 beseitigt. Die Arbeitsämter meldeten sogar wieder einen Arbeitskräftemangel.[30]

Ebenfalls im Jahr 1938 wurden die besonders hohe Verschuldung der Kärntner und steirischen Gemeinden sowie der Landwirtschaft geregelt und den Bauern zusätzlich Aufbaukredite bewilligt. Damit hatte das NS-System jene breiten Bevölkerungsgruppen von Anfang an anzusprechen versucht, die dem Nationalsozialismus aus sozialdemokratischer bzw. christlicher Tradition eher skeptisch gegenübergestanden waren.

Allen anderen Zweiflern impften die Zeitungen unaufhörlich ein, doch tatsächlich Deutsche, ja, als Grenzer sogar bessere Deutsche zu sein, und eine besondere Aufgabe in der Entwicklung der NS-Bewegung erfüllt zu haben und für das Deutsche Reich weiterhin zu erfüllen.[31] Auch dafür wurde die Landeshauptstadt Graz zur "Stadt der Volkserhebung" erklärt und damit als vergleichsweise doch relativ kleine Stadt auf eine Ebene mit Berlin, Hamburg, München und Nürnberg gestellt. Das Bauprogramm der Landeshauptstadt sollte eine großdeutsche Fasson bekommen und ähnlich Linz unter der besonderen Fürsorge Hitlers stehen. Die Karl-Franzens-Universität erhielt die Ausrichtung als "südöstlichste deutsche und Grenzlanduniversität". Bei den Säuberungen der Universität wurden mit den 35 Professoren und anderen Lehrenden auch die Nobelpreisträger Erwin Schrödinger, Viktor Hess und Otto Loewi entlassen. Viele Kärntner waren stolz darauf, ein eigenes Land, ein eigener Gau, der südlichste des Dritten Reiches geblieben zu sein und sogar noch Osttirol dazuerhalten zu haben. Beide Gaue präsentierten sich am Reichsparteitag in Nürnberg 1938 in einer riesigen, vom Konditor hergestellten Landkarte als "des Reiches Südmark".[32] In der Wirtschaft und in einigen Verwaltungs- und NS-Bereichen hatte man tatsächlich den größerflächigen Zusammenschluß in der "Südmark" erreicht.

Mit den neuen Grenzgauleitern Uiberreither und Klausner bzw. ab 1941 Friedrich Rainer hatten auch die österreichische SA und SS ihre Forderungen nach einem Gauleiter aus ihren Reihen erfüllt erhalten. Trotzdem gelang es den beiden erstrangigen Herrschaftsträgern nicht, in der Steiermark und in Kärnten jene wichtige Position im Herrschaftsgefüge des NS-Systems zu erreichen, die sie in anderen Ländern bzw. auf der Reichsebene selbst einnehmen konnten. Auch anderen Herrschaftsträgern, wie dem Reichsnährstand, der DAF oder der Verwaltung, gelang es in Südösterreich kaum, Einfluß auf die Politik zu nehmen. Ihre Versuche, im stärkeren Maße bei Entscheidungen mitzubestimmen, wurden von Uiberreither und von Rainer unterdrückt. Dies galt im besonderen Maße, etwa in der Steiermark, für die Verwaltung, der der Reichsdeutsche Otto Müller-Haccius als Regierungspräsident vorstand, und die Wirtschaft. Hier an der Süd- und Südostecke des Dritten Reiches wurde, wie sonst kaum anderswo, der Führerstaat demonstriert. Polykratische Herrschaftsformen blieben, nicht zuletzt auf Grund der starken Persönlichkeiten der beiden Gauleiter, in Ansätzen stecken.[32a]

Lediglich in den Rassen- und volkspolitischen Fragen der 1941 angegliederten slowenischen Gebiete hatten sich die Gauleiter und Chefs der Zivilverwaltungen den Anordnungen der SS bzw. des Höheren SS- und Polizeiführers Alpenland in Salzburg (Erwin Rösener) unterzuordnen. So setzte die SS 1942 gegen den Protest Uiberreithers die Aussiedlungen fort. Im Rahmen der Aussiedlungen wurden zwischen 1941 und 1943 aus der Untersteiermark allein in das Deutsche Reich 35.092 Slowenen, aus Oberkrain und dem Miestal 3.324 Slowenen und aus Kärnten im Jahre 1942 - trotz Protesten u.a. vom Dichter Josef Friedrich Perkonig und des Gurker Bischofs Andreas Rohracher - 917 Slowenen ausgesiedelt.[33]

Obwohl sich die Volkstums- und Rassenpolitik des NS-Regimes in Südösterreich in erster Linie mit der Slowenenfrage beschäftigte, soll dennoch auf die Vertreibung und Vernichtung der Juden und Zigeuner in beiden Ländern hingewiesen werden. Allerdings hatte sich der Antisemitismus in der Steiermark und besonders in Kärnten - etwa im Vergleich zu Wien - im wesentlichen ohne Juden entwickelt. In beiden Ländern lebten 1938 nur rund 3.000 Juden, die wenigsten Kärntner oder Steirer hatten in ihrem Leben jemals einen Juden gesehen.

Neben der Volks- und Rassenpolitik führte auch die Kirchenabfallpropaganda und die kirchenfeindliche Haltung der NSDAP zu einem Stimmungsumschwung im Lande. Trotz anfänglicher, scheinbarer "Erfolge" dieser kirchenfeindlichen Politik (in Kärnten traten 1938 1,45 Prozent, in der Steiermark 4,01 Prozent aus der Römisch-Katholischen Kirche aus[34]) wurde der Widerstand in beiden Ländern anfänglich wesentlich von kirchlicher Seite mitunterstützt. Zu Jahresende 1938 waren allein in der Steiermark schon 63 Priester wegen politischen Fehlverhaltens verhaftet worden. Und Uiberreither beschwerte sich noch zu Weihnachten beim bischöflichen Kanzler über die vehemente Opposition in der steirischen Priesterschaft. In einzelnen Orten protestierten Katholiken öffentlich gegen die Abschaffung des Schulgebetes. In Kärnten protestierte die Katholische Kirche gegen die Entfernung von Kreuzen aus Betrieben, Schulen und Krankenhäusern. Stärker als der steirische Fürstbischof Pawlikowski hatte der Kärntner Bischof Adam Hefter den "Anschluß" zunächst freudig begrüßt, ehe er - unter den ernüchternden Folgen der NS-Herrschaft - 1939 resigniert hatte und von seinem Amt zurückgetreten war.[35]

Seit 1944/45 hatten die Grenz-Reichsgaue auch militärische Grenz-Sicherungsaufgaben übertragen erhalten: Bau des "Südostwalls" entlang der steirisch/deutsch-ungarischen Grenze, Ausbau der "Alpenfestung" und der Operationszonen "Alpenvorland" und "Adriatisches Küstenland".[36] Uiberreither und Rainer waren dazu auch zu Reichsverteidigungskommissaren ernannt worden. An den Verteidigungsanlagen arbeiteten täglich zehntausende Menschen, vor allem Fremdarbeiter, ungarische Juden und Hitlerjugend. Die letzten Reserven an Menschen und Material wurden im "Volkssturm" aufgeboten.

Wirtschaft

Wenn die NS-Politik in Kärnten und der Steiermark primär vom Grenzland-Bewußtsein, vom Grenzer-Mythos und von der Höherwertigkeit des Deutschen gegenüber dem Slawen und Juden geprägt wurde, womit eine Basis für die Aufwertung der süd- und südostösterreichischen Provinzen angesprochen ist, so artikulierte sie sich in ihrer zweiten Ausprägung, der Entprovinzialisierung der Provinzen, über die wirtschaftliche Stärkung der Grenzland-Regionen. Besonders die südlicheren Gebiete beider Länder waren nach 1919 - nicht zuletzt aufgrund der neuen Grenzziehung gegenüber Jugoslawien - eine Problemzone ersten Ranges geworden: Der Handel über die Grenze war wenig intensiv, gegenüber den sozioökonomischen Hauptregionen des mitteleuropäischen Wirtschaftsraumes (zumal Deutschlands) war man an den Rand gedrückt, in der Grenzregion selbst herrschten ungünstige Erwerbs- und Einkommensverhältnisse, eine mangelhafte Versorgung mit Bildungs- und Gesundheitseinrichtungen und eine ungünstige Erschließung durch Verkehrsmittel. Diese Standortnachteile bewirkten unter den Unternehmern keine Risikobereitschaft für Investitionen im Sachgüter- und Dienstleistungsbereich, was zu Abwanderungen aus dieser Region in das Innere des Landes und damit zu einem Rückgang der Wohnbevölkerung in den südlichen und östlichen Bezirken der Steiermark sowie in den südlichen, meist gemischtsprachigen Gegenden Kärntens geführt hatte. Eine damit verbundene weitere wirtschaftliche Schwächung beider Länder war die logische Folge.

Diese, auch heute noch typischen Grenzland-Nachteile sollten nach dem "Anschluß" ausgeglichen werden. Die "Südmark" sollte ein wirtschaftliches Aushängeschild nationalsozialistischer Leistungen sein, zumal man sich im Schaufenster gegenüber dem Südosten Europas befand. Wo immer der Händler vom Balkan her die Steiermark oder Kärnten betrat (ob in Rann/Brežice bei Agram/Zagreb, in Spielfeld oder in Krainburg/Kranj), sollte er mit den wirtschaftlichen und sozialen "Errungenschaften" des "Dritten Reiches" konfrontiert werden und merken, daß er sich nicht in einer Randprovinz, sondern mitten im Deutschen Reich befand. Der Zusammenschluß beider Länder zu einer weitgehenden wirtschaftlichen Einheit in der "Südmark" bedeutete nicht nur die ökonomische Organisierung rund eines Drittels der österreichischen Fläche und einen wirtschaftlichen Binnenmarkt von über 1,5 Millionen Menschen, das Gebiet verfügte vielmehr über überdurchschnittlich hohe ökonomische Ressourcen und erbrachte in der Folge wirtschaftliche und industrielle Leistungen, die weit über die bloße Größe der Flächen- und Bevölkerungszahl hinausgingen.

Die Steiermark und Kärnten brachten dem Dritten Reich wirtschaftlich Spitzenwerte ein: Die Eisen- und Stahlindustrie der Mur-Mürz-Furche mit ihrer Rohstoffquelle, dem steirischen Erzberg, und ihren freien Kapazitäten war ein wichtiger Bestandteil des ökonomischen Potentials Österreichs. Dazu kamen die noch weitgehend abbaufähigen Eisenerzlager am Hüttenberger Erzberg in Kärnten und die Kärntner Eisen- und Stahlindustrie, vor allem in Ferlach und Klagenfurt. Daneben brachten beide Länder dem Deutschen Reich vor allem Magnesit (in Veitsch und Radenthein wurde nahezu der gesamte deutsche Magnesit abgebaut, beide Gesellschaften waren die größten Magnesitproduzenten der Welt), Graphit, Kohle (in den Fohnsdorfer, Köflacher und Lavanttaler Revieren), Strom (hier boten sich Mur und Drau als ideale Reserven für Wasserkraftwerke sowie die Kohlenreviere als ideale Rohstofflieferanten für Dampfkraftwerke an), große Blei- und Zinklager in den Revieren der Bleiberger Bergwerksunion (1939 erzeugte die BBU 3 Prozent des deutschen Jahresverbrauchs an Blei), die Molybdän- und Antimonvorkommen des gleichen Unternehmens in Kärnten und im südlichen Burgenland, einen gut ausgebildeten, teilweise arbeitslosen Facharbeiterstand und landwirtschaftliche Qualitätsprodukte ein.

Die ersten wirtschaftlichen Maßnahmen des Dritten Reiches - auch im Zusammenhang mit der Beseitigung der Arbeitslosigkeit - reichten von größeren Ankaufsaktionen für Obst, Vieh und Holz, über besondere Zuwendungen an das Grenzland-Schulwesen bis zu außerordentlichen Reichszuschüssen an Gemeinden und Bezirke bzw. später Landkreise zur Einbindung des Landes in das Netz der Reichsautobahnen und der Modernisierung der Kärntner und steirischen Industriebetriebe. Der Ausbau der Hütte Donawitz und der Stahlwerke in der Mur-Mürz-Furche - trotz stärkster Förderung der Hütte Linz - kam dem steirischen Selbstverständnis als "eherner Mark" ebenso entgegen, wie die Einbeziehung der Kärntner Großfirmen Bleiberger Bergwerksunion, der Treibacher Chemischen Werke und der Faserplattenwerke von Leitgeb und Funder in die deutschen Produktionen das Selbstwertgefühl der Kärntner Wirtschaft hebte. Die Geburtenzunahmen zeigen - neben der ideologischen Komponente ("Dem Führer ein Kind schenken") - auch die Hoffnung vieler Menschen auf eine wirtschaftliche Besserung.[36a]

Binnen weniger Monate nach dem "Anschluß" waren die wichtigsten Produktionsstätten der Industrie in die Lieferungen für die deutsche Wehrmacht einbezogen und mit Aufträgen des OKW belegt worden. Insgesamt wurden bis Kriegsende in der Steiermark und in Kärnten zusammen 126 Firmen zu Rüstungsbetrieben erklärt und über 300 Betriebe (inklusive der Untersteiermark und von Oberkrain) in Wehrmachtslieferungen eingeschaltet. Im vorletzten Kriegsjahr beschäftigte die steirische und Kärntner Rüstung zusammen 83.236 Menschen. Dazu kamen noch die Beschäftigten in den Zulieferbetrieben, sodaß 1944 etwa 140.000 Menschen in der "Südmark" für die deutsche Waffen- und Kriegsproduktion arbeiteten, was etwa ein Fünftel aller unselbständig Beschäftigten war. Von den 21.284 im Juni 1944 in der Kärntner Rüstungsindustrie Tätigen waren 4.896, also 23 Prozent, Ausländer (Kriegsgefangene und Fremd- bzw. Zwangsarbeiter). Ähnlich hoch war der Ausländeranteil in der steirischen Rüstung. So arbeiteten 1944 etwa bei der Veitscher Magnesitwerke AG in Veitsch elf Nationalitäten, von 1529 Arbeitern waren 524 Ausländer, darunter Spanier, Indochinesen, Ungarn und Holländer.

Nach der Angliederung der untersteirischen und Oberkrainer Gebiete im Jahr 1941 wurde die großflächige Organisation im Bereich der gewerblichen Wirtschaft, der Landwirtschaft, aber auch der Rüstungsindustrie bzw. Wehrwirtschaft zugunsten kleinerer Einheiten, der Reichsgaue, aufgelöst. Die "Südmark" hörte im wesentlichen zu bestehen auf. Klagenfurt wurde ein eigenes Rüstungskommando, von Graz abgetrennt, und war nun für die Rüstungsindustrie und Belange der Kriegswirtschaft im Reichsgau Kärnten und in den angegliederten Oberkrainer Gebieten zuständig.

Die Bedeutung der Kärntner und steirischen Industriebetriebe für die Kriegswirtschaft und Rüstungsindustrie des Dritten Reiches nahm mit Fortdauer des Krieges zu. Denn in den letzten Monaten des Krieges hatten gerade die von den Kriegshandlungen noch eher verschonten Rüstungsbetriebe größere Bedeutung auch für die Reichsrüstung erlangt. In der Steiermark gehörte etwa die Maschinenfabrik Andritz zu den 15 wichtigsten Firmen des Reiches, die Laufkräne fertigten. Die Stahlwerke St. Marein und Kapfenberg zählten zu den Engpaßwerken der Eisen- und Stahlindustrie; Donawitz zu einem Engpaßwerk zweiter Ordnung. Bei der Inbetriebnahme des Böhler-Stahlwerkes in St. Marein 1944 hatte Rüstungsminister Albert Speer eine 3prozentige Steigerung der gesamten Edelstahlproduktion des Dritten Reiches durch dieses Werk angekündigt. Tatsächlich hatte Böhler 1944 dreimal mehr Edelstahl erzeugt als noch vier Jahre vorher. Auch die übrigen Produktionssteigerungen der Firma konnten sich sehen lassen und sollen hier stellvertretend für die enorme Produktionsausweitung in der steirischen Rüstungsindustrie stehen: 400 Prozent bei Blechen, 500 Prozent bei Gesenkschmiedestücken, knapp 400 Prozent bei Panzergehäusen, das Zwanzigfache bei Geschützen über 7,5 cm, das 4,7fache im

Munitionsausstoß und fast das Zehnfache bei Ventilkegel für Flugmotoren. Damit lag Böhler-Kapfenberg klar über dem Reichsdurchschnitt. Unter den 26 Betrieben der "Reichsvereinigung Eisen", die für das "Führer-Notprogramm" im Februar 1945 unbedingten Flak-Schutz erhielten, waren auch das Stahlwerk Donawitz der Alpine und der Böhler-Komplex in Kapfenberg und St. Marein. Aber auch kleinere Firmen, wie die Elin AG in Weiz, erlangten gerade im vorletzten Kriegsjahr erhöhte Rüstungsbedeutung: Elin fertigte etwa mehr als die Hälfte aller deutschen U-Boot-Motoren für die U-Boot-Schleichfahrt. Die Firmen Treiber in Graz waren einige der ganz wenigen Produktionsstätten im Deutschen Reich, die Chrom-Nickelstahl verarbeiten konnten. Sie erzeugten damit Auspuffanlagen ("Ringsammler") für die deutschen Flugzeuge. Die Rüstungs-Großbetriebe von Steyr-Daimler-Puch, Werk Thondorf, und VDM-Luftfahrtwerk in Marburg/Maribor produzierten Flugzeugmotoren, Fahrwerke und Propeller; die Betriebe der Eisen- und Metallindustrie in der Obersteiermark alle Arten von Munition und Geschützen, wie Bomben bei der Schmidhütte in Liezen. Dazu kam die Bedeutung der Rohstoff- und Halbzeugfertigungen in den Betrieben der Alpine Montan, Reichswerke "Hermann Göring", die in Kärnten und der Steiermark während des Zweiten Weltkrieges auf insgesamt 17 Standorten produzierten (siehe zu den wichtigsten steirischen Waffenproduktionen die Graphik 4).

Anders die Situation in Kärnten: Sieht man von den Grundstoffproduktionen der Bleiberger Bergwerksunion und der Radentheiner Magnesitwerke ab, so lag die rüstungsindustrielle Bedeutung der Industriebetriebe des Landes vor allem in der End- und spezialisierten Teilefertigung. In der Wehrmachtsteilefertigung wurde Kärnten in erster Linie durch das Zweigwerk der Wr. Neustädter Flugzeugwerke in Klagenfurt, das Seiten- und Heckleitwerke für die deutschen Messerschmitt-Flugzeuge lieferte, vertreten. Von einiger Bedeutung waren auch die Panzererzeugungen bei der Kesta AG in Ferlach, der Krainischen Industriegesellschaft in Aßling/Jesenice, dem größten Stahlwerk Kärntens und der angegliederten Gebiete, sowie die Holmgurtenerzeugung des Stahlwerkes in Streiteben/Ravne. Eine ganz spezielle und im Hinblick auf die weitere Kriegsentwicklung äußerst brisante Aufgabe erfüllten schließlich die Treibacher Chemischen Werke. Mit seiner Radium- und Uranabteilung arbeitete das Werk mit großer Sicherheit sogar an den Versuchen zur Entwicklung einer deutschen Atombombe mit, indem es den drei großen Forscherteams im Deutschen Reich über Mittelsfirmen Uran lieferte. Durch die Errichtung von zwei Faserplattenwerken, Leitgeb und Funder, während der NS-Zeit errang Kärnten auch auf dem Gebiet der Holzindustrie größere Bedeutung. Die Kapazitäten wurden während des Krieges vor allem für den Segelflugzeug- und Attrappenbau eingesetzt. Funder war damals immerhin die drittgrößte Holzindustriefirma des Dritten Reiches, der jedoch Leitgeb um nichts nachstand. Gemeinsam verfügten die beiden Kärntner Firmen sogar über das größte Holzkontingent der "Ostmark". Das Luftfahrtgerätewerk Hakenfelde in Krainburg/Kranj war als Zweigwerk der Berliner Firma direkt an den Hochtechnologie-Produktionen der Firma Siemens, die u.a. die Steuerung der V 2 entwickelt hatte, involviert (die

Graphik 4: Die wichtigsten Waffen- und Kriegsgeräte-Produktionen der Steiermark 1938-1945 (Entwurf u. Zeichnung: Stefan Karner)

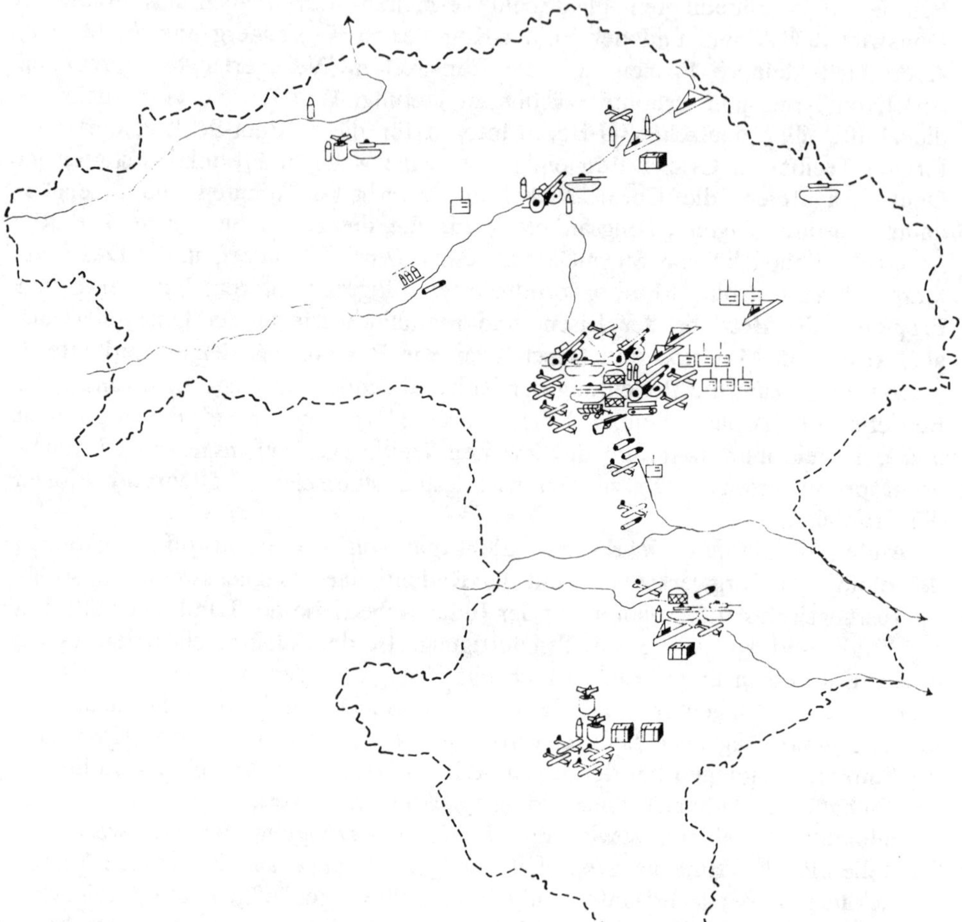

- Zugkraftwagen gepanzert, Panzerspähwagen und Sturmgeschütze
- Zugkraftwagen ungepanzert und Wehrmachtsfahrzeuge mit motorischem Antrieb
- U-Bootskörper, U-Boote und Kriegsschiffe (Teile dazu), Zellen für Boote, Panzermaterial
- Pionier-Brückengerät und Pionier-Sprenggerät
- Geschütze, Minenwerfer, Flak
- Munition über 2 cm und Artilleriegeschosse ab 7,5 cm, Torpedos, Wasserbomben, Seeminen
- Wehrmachtsfahrzeuge ohne motorischen Antrieb
- Luftfahrtausrüstung (auch Zellen für Flugzeuge), Flugmotorenbau, Plexiglas für Flugzeuge
- Elektrische Ausrüstungen (Scheinwerfergeräte, Fernsteuerungen, Zündeinrichtungen, Nachrichtengeräte)
- Munitionspackgefäße
- Handfeuerwaffen und Waffen bis zu 2 cm
- Flugzeugbomben
- Ladestreifen, MG-Gurte
- Zünder und Zündschrauben, Patronenhülsen, Kartuschhülsen

Graphik 5 zeigt die Großindustriebetriebe Kärntens und der angegliederten Oberkrainer Gebiete im Jahr 1943; sie alle produzierten für die deutsche Rüstung und Kriegswirtschaft).

Graphik 5: Die Großindustriebetriebe Kärntens 1943
(Entwurf u. Zeichnung: Stefan Karner)

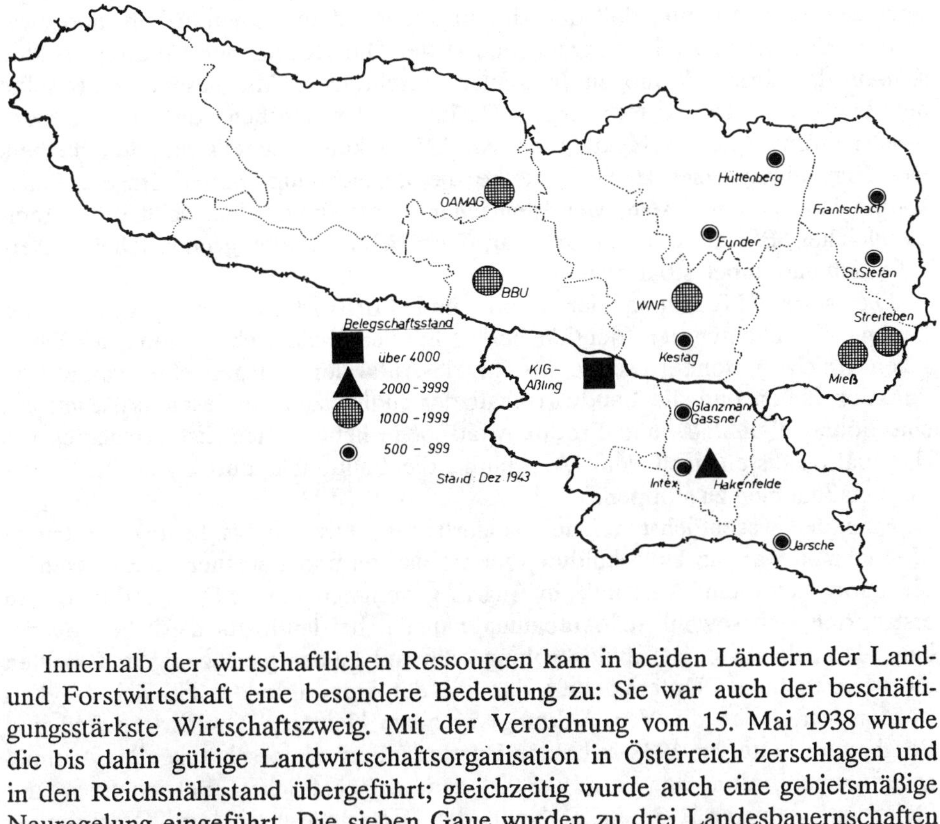

Innerhalb der wirtschaftlichen Ressourcen kam in beiden Ländern der Land- und Forstwirtschaft eine besondere Bedeutung zu: Sie war auch der beschäftigungsstärkste Wirtschaftszweig. Mit der Verordnung vom 15. Mai 1938 wurde die bis dahin gültige Landwirtschaftsorganisation in Österreich zerschlagen und in den Reichsnährstand übergeführt; gleichzeitig wurde auch eine gebietsmäßige Neuregelung eingeführt. Die sieben Gaue wurden zu drei Landesbauernschaften als Verwaltungseinheiten zusammengefaßt, wobei Kärnten und die Steiermark die "Südmark" bildeten. Sitz der "Landesbauernschaft Südmark" wurde Graz. Zum Landesbauernführer der "Südmark" wurde Sepp Hainzl, bis dahin Gaubauernführer in der Steiermark und Landeshauptmann-Stellvertreter, ernannt. Geistige Grundlage des Reichsnährstandes bildete die "Blut- und Bodenideologie" des Nationalsozialismus. Der Bauernstand als "Lebensquell der nordischen Rasse" sollte zum angesehensten Stand im Deutschen Reich erhoben werden. Im Bauerntum sah man auch den Garanten für die "Blutreinheit" und die Erneuerung des deutschen Volkes. Kinderreichtum wurde "geadelt" - die Einführung des Mutterkreuzes wurde von vielen Bäuerinnen, deren Belastung durch Arbeit und Sorgen um die Familie und Hausgemeinschaft vor allem im bergbäuerlichen Bereich an die Grenze des Zumutbaren reichte, dankbar empfunden. Nur wenige erkannten die Kehrseite der Medaille: die Frau in ihrer primären Rolle als Mutter und Hüterin der Hausgemeinschaft, die stets nur Gefährtin des Mannes zu sein hatte, im Hintergrund steht und die Kinder im nationalsozialistischen Sinne zu erziehen hat. Selbst in der Erbfolge des Hofes sollte die Ehefrau des Bauern nach dem Reichserbhofgesetz (eingeführt am 1. 8. 1938) nicht berücksichtigt werden. Das Reichserbhofgesetz, das "fundamentalste Gesetz zur Neugestaltung der bäuerlichen Lebensordnung", das im Dritten Reich in Kraftgesetzt wurde, bestimmte, daß der Hof ungeteilt auf nur einen Erben, und zwar in der männlichen Linie, überzugehen hatte. Die Rechte der Miterben sollten sich auf das übrige Vermögen des Bauern beschränken. Mit diesem Gesetz sollte der land- und forstwirtschaftliche Besitz in der Größenordnung von einer Ackernahrung (ca. 7,5 Hektar) bis ca. 125 Hektar ungeteilt erhalten bleiben. Der Eigentümer eines Erbhofes sollte die Bezeichnung "Bauer" tragen. Bauer konnte hingegen nur sein, wer "deutscher Staatsbürger, deutschen oder stammesgleichen Blutes und ehrbar" war. Der Erbhof sollte grundsätzlich unveräußerlich und unbelastbar bleiben.[37]

Die starke Förderung der Land- und Forstwirtschaft entsprach in der "Südmark" nicht nur der Identität beider Länder (waldreichste Gaue des Deutschen Reiches), sondern sollte in den NS-Autarkieplanungen eine wesentliche Funktion haben und die Landwirtschaft der südlichsten Landesbauernschaft auf eine höhere Qualitäts- und Produktivitätsebene heben. Zunächst versuchten die Nationalsozialisten nach dem "Anschluß", die Landflucht durch gezielte Förderungsmaßnahmen zu stoppen.

Eine der wesentlichsten, auch längerfristig (teilweise bis heute) wirkenden Maßnahmen war die Umschuldung der steirischen und Kärntner Landwirtschaft, die sofort nach dem "Anschluß" in Angriff genommen wurde. Die Kreditaktionen erstreckten sich sowohl auf Aufbaumaßnahmen bei landwirtschaftlichen Betrieben, als auch auf eine Schuldregelung oder auf beides gleichzeitig und stellten die weitestgehende Unterstützung dar, die den Bauern in der NS-Zeit gegeben worden war. Denn die Verschuldung vor allem kleinerer Landwirtschaften und Bergbauern hatte vor 1938 in beiden Bundesländern ein erschreckendes Ausmaß angenommen. Von den rund 98.000 landwirtschaftlichen Betrieben in der Steiermark reichten 1938 im Rahmen der "Entschuldungsaktion" (Verordnung vom 5. Mai 1938) 27.373 einen Entschuldungsantrag bei der dafür neugeschaffenen Landstelle ein. Ein Teil der Antragsteller zog später den Antrag wieder zurück, einerseits, weil neue Absatz- und Preissituationen eine "Entschuldung" aus eigener Kraft ermöglicht hatten, andererseits die "Entschuldungsbedingungen" (vor allem im formalen Bereich) von vielen Antragstellern als unzumutbar empfunden wurden. Bei der Landstelle Graz wurden insgesamt 12.081 Entschuldungsverfahren eröffnet, bei der Landstelle in Leoben waren es 6.248. Von den insgesamt 37.404 bäuerlichen Betrieben in Kärnten wurden rund 16.000 umgeschuldet. Ihre Gesamtverschuldung dürfte 150 Millionen Schilling betragen haben. Zusätzlich zu den Umschuldungskrediten erhielten die Bauern noch Aufbaudarlehen, die ebenfalls niedrig verzinst und mit einer hohen Laufzeit versehen waren (noch bis vor wenigen Jahren zahlten einige Bauern in Kärnten und der Steiermark ihre "Entschuldungs"- und Aufbaudarlehen zurück). Der umgeschuldete Landwirt (auch Pächter) erhielt somit die Möglichkeit, mit dem in bar erhaltenen Geld die bisherigen Gläubiger zu befriedigen und - durch die im "Aufbauplan" festgelegten und erhaltenen Geldmittel - darüber hinaus noch betriebserhaltende Investitionen zu tätigen. Die propagandistisch als "Entschuldung" verkaufte Umschuldung brachte somit den landwirtschaftlichen Betrieben der "Südmark" eine Veränderung ihrer vielen kurzfristigen Verpflichtungen in langfristige Darlehen. Außerdem war es seit 1938 für jeden landwirtschaftlichen Betrieb Pflicht, sich einer sogenannten Hofkarte zu bedienen, aus der die Anbauverhältnisse, der Viehbestand (jahrweise), die maschinellen Einrichtungen und deren Zuwachs sowie die Jahres-Ernteergebnisse ersichtlich waren. Im Bereich der Landesbauernschaft "Südmark" gab es praktisch kein Dorf, in dem nicht wenigstens ein Bauernhof auf diese Weise vor dem finanziellen Ruin bewahrt werden konnte. Entsprechend wirkten diese Kreditgewährungen für eine günstige Stimmung unter der Bauernschaft.

Mit dem erhaltenen Geld konnten von den Bauern auch neue Maschinen angekauft und damit die Produktion auf den Wirtschaften erhöht werden. So stieg im Bereich der Landesbauernschaft Südmark von 1938 bis Ende 1939 die Anzahl der eingesetzten Pflüge von 2.200 auf 12.000 Stück, die Anzahl der Dreschmaschinen von 380 auf 2.000 Stück, die Anzahl der Traktoren von 100 auf 510, die Anzahl der eingesetzten Kartoffelroder von 220 auf 1500 und die Zahl der Mähmaschinen von 400 auf rund 4.000 Stück an.[38] Dazu kamen Modernisierungsmaßnahmen im Bereich der Viehhaltung, der Stallungen, der Melkeinrichtungen und der Aufbringung von Futtermitteln.

Wie bereits erwähnt, galten die Bemühungen um die Landwirtschaft während des Krieges in erster Linie der Sicherstellung der Versorgung der Bevölkerung. Trotzdem konnten, vor allem wegen des zunehmenden Arbeitskräftemangels, diese hochgesteckten Erwartungen nicht erfüllt werden. Mit den abnehmenden Ernteerträgen und den gleichbleibenden Viehzahlen nahmen die Versorgungsprobleme bis zum Kriegsende weiter zu. Es war der NS-Wirtschaft nicht gelungen, trotz größten propagandistischen Aufwandes, bessere Ernteergebnisse zu erzielen. Auch die landwirtschaftlich genutzte Fläche nahm mit der Verstädterung und der Anlage von Siedlungen weiter ab. Der Ernterückgang führte besonders bei Futtergetreide (z.B. Gerste) zu Engpässen. Schweine mußten 1944 zum Teil schon untergewichtig abgegeben bzw. geschlachtet werden.

Insgesamt konnte jedoch die Lebensmittelversorgung bis Kriegsende auf einem minimalsten Stand aufrecht erhalten werden. Erst nach Ende des Krieges, den umfangreichen Requirierungen der durchziehenden Armeen und Flüchtlinge sowie den disziplinlosen Plünderungen durch Teile der eigenen Bevölkerung brach die Versorgung streckenweise vollkommen zusammen.

Im Bereich der Energiewirtschaft, die ja die Basis für die industrielle und gewerbliche Produktion darstellte, konzentrierte sich die NS-Wirtschaftspolitik neben dem forcierten Abbau in den Kohlenrevieren von Fohnsdorf, Köflach-Voitsberg und des Lavanttales vor allem auf die Ausweitung der Kapazitäten zur Erzeugung des elektrischen Stromes. Zwei Hauptlinien sind dabei festzuhalten: Einerseits ging man bewußt von der Wien-Orientierung der Stromlieferungen auf die Orientierung nach Süd- und Mitteldeutschland über (s. Graphik 6). Andererseits versuchte man, die Strombereitstellung auch auf eine qualitativ andere Basis zu stellen. Hatte bisher in der steirischen und Kärntner Elektrizitätswirtschaft die Wasserkraft unbedingten Vorrang, so versuchte man zwischen 1938 und 1945, besonders die Dampfkraft-Kapazitäten zu erhöhen, was den Vorteil einer weitaus rascheren Strombereitstellung sowie des Stromangebotes auch im Winter hatte.

Graphik 6: Kärnten und Steiermark in den Elektrizitäts-Planungen für Österreich 1938/39 (Entwurf u. Zeichnung: Stefan Karner)

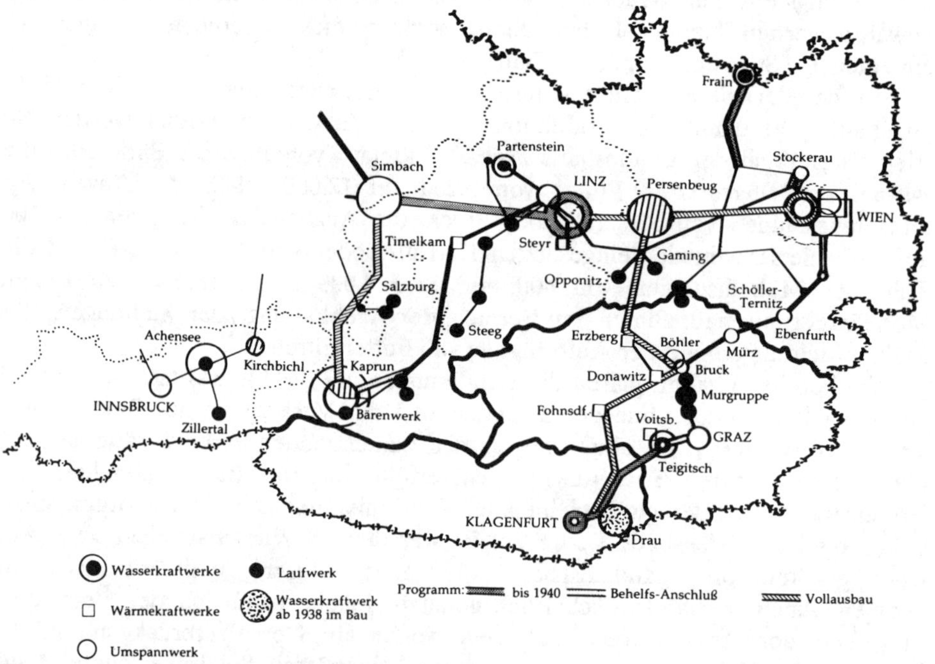

Um einen direkten Zugriff auf die Landesstromgesellschaften STEWEAG und KÄWAG zu erhalten, übernahmen die reichseigene Vereinigte Industrie-Unternehmungen-AG und ihre Tochter, die Alpen-Elektrowerke-AG in Wien, zusammen bedeutende Aktienpakete der Landesgesellschaften. In Kärnten wurde zudem 1939 als Nachfolge-Landesgesellschaft die KELAG gegründet. Damit wurde die Elektrizitätswirtschaft in beiden Ländern von den Alpen-Elektrowerken als der übergeordneten Verbund-Gesellschaft und den beiden Landesgesellschaften STEWEAG und KELAG bestimmt.

Neben der Erweiterung kleiner Anlagen wurden an Großbauvorhaben u.a. das Dampfkraftwerk Voitsberg I, ein Netz von Hochspannungsleitungen (darunter je eine 100-kV-Leitung zwischen Kärnten und der Steiermark und von der Steiermark nach Niederösterreich), das Murkraftwerk Dionysen, das Umspannwerk in Hessenberg bei Donawitz und das Drau-Großkraftwerk Schwabegg sowie die ersten Stufen der Draukraftwerke Lavamünd und Marburg/Maribor errichtet. Beide Länder wurden über die Hochspannungsleitungen der AEW in das "ostmärkische" Verbundnetz integriert, das wiederum nach Mitteldeutschland ausgerichtet war. Die installierte Leistung der Kraftwerke in den beiden Ländern wurde zwischen 1938 und 1944 fast verdoppelt: Allein in der Steiermark stieg sie von 66.300 kW auf 117.510 kW an. Die Modernisierung in den steirischen und Kärntner Betrieben, aber auch auf vielen Höfen wäre ohne die notwendige Bereitstellung von elektrischem Strom unmöglich gewesen.

Kultur

Im Bereich der Kulturpolitik wurde in beiden Ländern die NS-Ideologie mit den althergebrachten Formen der Volkskultur verbunden. So behielt etwa in der Steiermark die steirische Tracht, der "graue Rock" des Erzherzog Johann, ihre Funktion, sollte nun aber auch Ausdruck nationalsozialistischer Gesinnung sein. Dss "Kärntner Lied" wurde besonders gepflegt.

Provinzkultur an der Grenze wurde in der ideologischen Aufwertung Grenzland-Kultur und als solche integrativer Bestandteil der deutschen Staatskultur. Schon im Herbst 1938 wurde das Klagenfurter Stadttheater zum Kärntner "Grenzlandtheater" umfunktioniert und neu eröffnet. Im Rahmen eines Preisausschreibens des stellvertretenden Kärntner Gauleiters Kutschera wurde der Kärntner Lyriker Herbert Strutz für einen Gedichtband, der Dramatiker Hans Sittenberger für ein Stück, das den NS-Juliputsch in Kärnten zum Inhalt hatte und das im Grenzland-Theater uraufgeführt wurde, ausgezeichnet. Der Kärntner Maler Suitbert Lobisser erhielt gemeinsam mit dem steirischen Dichter Hans Kloepfer den Mozartpreis der Goethe-Stiftung. Das Konservatorium in Klagenfurt wurde in Grenzland-Konservatorium umbenannt, der Kärntner Musikverein erhielt neue Säle für Konzertveranstaltungen.

Während man in Kärnten das Bodenständige mit der NS-Ideologie vereinte, so daß es fast synonym wurde, ging die Steiermark darüber hinaus einen eigenständigeren Weg. Unter den obersten Zielen: NS-deutsche "Grenzland"-Kulturpolitik zu machen, diese aus der Abhängigkeit von Berlin zu lösen und als betont steirisch zu formulieren, artikulierte sich die NS-Kulturpolitik in der Steiermark vor allem

- in den Schulen als einem der wichtigsten Sozialisationsfaktoren (der Lehrer als berufener Kulturpfleger),
- beim Ausbau der Grenzland-Schulen,
- bei der besonderen materiellen Förderung der Lehrer im Grenzland,
- beim Einsatz steirischer Lehrer zur Germanisierung in den Schulen der Untersteiermark,

- beim Einsatz der Lehrer zur Abhaltung von tausenden Deutschkursen für Erwachsene (bis Mitte April 1943 5171 Deutschkurse mit 215.000 Teilnehmern) in allen Orten der Untersteiermark,
- bei kulturellen Brauchtumsveranstaltungen,
- bei der Förderung der Musikpflege auf breiter Basis,
- bei der inhaltlichen Orientierung an "großen" Steirern, wie Rosegger, und ihrer Vereinnahmung für die kulturpolitischen Ziele,
- in der Feier des "Rosegger-Jahres" 1943 (100. Geburtstag des Dichters),
- bei der Kulturarbeit an Landschaft und Heimat (z.B. Ortsbildpflege, Förderung des steirischen Bauens, Begabtenförderung usw.),
- im Aufbau einer lebendigen Museumskultur,
- durch die Einbindung von Fachleuten verschiedener Disziplinen in die Ausformulierung der Kulturpolitik; Gründung von Schriftenreihen, wo der "steirische Weg der Betreuung des Volkes" gewiesen wurde, nämlich, "unserem Denken, Fühlen, Wollen, Handeln und Tun die adäquate nationalsozialistische Form zu geben",
- in der Betonung der beklemmenden These eines West-Ost-Kulturgefälles und der damit verbundenen Abwertung aller Einflüsse slawischer Traditionen.

Besonders stark kam das Eigenständig-Steirische im Bereich des Bauwesens zum Tragen. Kultur-Landesrat Papesch: "Man kann eine Reichsautobahn oder den deutschen Volkswagen oder eine große Kaserne oder ein großes Verwaltungsgebäude mit 400 Büros nicht ‚steirisch' bauen, das ist unmöglich. Wenn wir aber auf 800 Meter Höhe in der Steiermark, in einem kleinen Dorf zum Beispiel, eine Schule bauen oder ein Bürgermeisteramt, dann müssen wir hier unseren Anspruch erheben. Hier verlangt unsere Landschaft unser Grün..."

Widerstand und Verfolgung

Auf den relativ hohen Organisationsgrad des Widerstandes in der Steiermark und in Kärnten wurde bereits hingewiesen. Wie stark die Gegnerschaft gegenüber dem NS-Regime besonders in der Steiermark war, geht u.a. daraus hervor, daß zur Volksabstimmung vom 10. April 1938 40.000 Steirer nicht zugelassen wurden. In den Grazer Gefängnissen waren im Dritten Reich rund 36.000 Regimegegner inhaftiert worden. Allein aus politischen Gründen wurden rund 8000 Steirer hingerichtet, die relativ höchste Zahl in Österreich!

Allerdings kam ein größerflächig organisierter Widerstand erst nach 1943 zustande. Er wurde in erster Linie aktiviert durch die Aussiedlungen in der Untersteiermark und in Südkärnten und war demnach auch maßgeblich von Partisanen, die mit jugoslawischen Einheiten Kontakte pflegten, bestimmt. Zuvor gab es vor allem Einzelwiderstand in größeren Industriezentren, aber auch im Bereich der katholischen Kirche. Zentren des größerflächigen Widerstandes und der Partisanentätigkeit waren 1944/45 das ganze Südkärntner Gebiet, die Sau- und Koralpe, das obersteirische Industriegebiet und die angegliederten Gebiete der Untersteiermark und von Oberkrain. Die Aktionen des Widerstandes und der Partisanen beeinträchtigten die Produktion der steirischen und Kärntner Industriebetriebe teilweise beträchtlich, in vielen Fällen wurde die Produktion von Rüstungsgütern verhindert. Die Formen des Widerstandes waren vielfältig und reichten von der artikulierten Verunglimpfung und Verspottung von NS-Dogmen ("Es gibt keine minderwertige Rasse, wohl aber Minderwertiges in jeder Rasse", Viktor von Geramb) bis zum bewaffneten Kampf, zu Aktionen auf der Eisenbahn (z.B. in Knittelfeld), zur Sprengung von Strommasten, Verschleppung und Ermordung von NS-Funktionären.[39]

In Kärnten gelang es der Widerstandsbewegung schon im Februar 1945, in Klagenfurt-Weitmannsdorf eine Funkstation zu bauen und die Verbindung zu österreichischen Emigrantenkreisen in London und Rom und zu englischen Kommandostellen in Italien herzustellen. Informationen über die Stimmung in der Bevölkerung wurden auf diesem Wege an die Alliierten weitergegeben.[40]

Kriegsende und Ende der NS-Herrschaft 1945

Das Kriegsende selbst war in der Steiermark und in Kärnten gekennzeichnet von mehreren parallel und gleichzeitig ablaufenden Aktionen: Seit zwei Jahren flogen fast täglich britische und amerikanische Bomber-Geschwader über das Land. Im Luftkrieg starben in Kärnten und der Steiermark zusammen rund 4.000 Zivilisten. Tausende Wohnungen und unzählige Gebäude wurden zerstört, Graz war die meistangegriffene Stadt Österreichs (Ausweichziel).[41]

Gleichzeitig rückten die Ostfront und die Südfront näher. Am 29. März 1945 überschritten die Russen bereits die Reichsgrenze und damit die Grenze des Reichsgaues Steiermark bei Klostermarienberg (in der Nähe von Rechnitz) im Burgenland.

Der Bedrohung am Boden, in der Luft, aber auch im Inneren des Landes durch die Widerstands- und Partisanenbewegung setzte das NS-Regime letzte Verteidigungsmaßnahmen entgegen. Überall wurden Luftschutzbunker angelegt und Stollen errichtet. Die Grazer Stollensysteme konnten bei Luftangriffen über 100.000 Menschen Zuflucht bieten. An den Grenzen zum Osten wurden riesige Verteidigungsanlagen, der "Südostwall", z.T. unter Einsatz tausender ungarischer Juden, errichtet, in Kärnten im Frühjahr 1945 die gesamte Bevölkerung zum Stellungsbau abkommandiert. Unter der Bewachung von SA- und NSDAP-Funktionären wurden Schanzgräben ausgehoben und Panzersperren errichtet. Seit April 1945 appellierten die Gauleiter im Radio an die Bevölkerung zum Durchhalten und ließen Durchhalteparolen plakatieren. Für die meisten Menschen hingegen ging es bloß noch ums nackte Überleben. Für die Menschen in der Oststeiermark waren die letzten Wochen des NS-Regimes zu einem Leben zwischen den Grenzen und Demarkationslinien geworden.

Im Inneren des Landes war die Widerstandsbewegung erstarkt. Katholiken, Sozialdemokraten, Konservative und Kommunisten hatten ein dichtes Netz von Aktionen eingeleitet. Immer mehr Menschen wandten sich vom System ab, boykottierten angeordnete Maßnahmen oder verhielten sich abwartend. Das Regime antwortete brutal: Bis zuletzt häuften sich Erschießungen.

Die Übernahme der Regierungsgewalt durch Vertreter der sich im Untergrund formierenden demokratischen Parteien erfolgte in beiden Ländern bereits vor dem Eintreffen der alliierten Armeen in Graz und Klagenfurt. In beiden Fällen hatten die Gauhauptmänner, Meinrad Natmeßnig (Kärnten) und Armin Dadieu (Steiermark), die Verbindungen zwischen den demokratischen Parteienvertretern und den Gauleitern hergestellt. Rainer war am 7. Mai spätabends, Uiberreither am 8. Mai 1945 von seinem Amt zurückgetreten. Gleichzeitig hatten in beiden Ländern provisorische Landesregierungen die Verwaltung übernommen. In beiden Ländern standen Sozialdemokraten an der Spitze dieser provisorischen Regierungen: in Kärnten Hans Piesch, in der Steiermark Reinhard Machold. Die Steiermark wurde in der Folge fünffach besetzt (Amerikaner, Sowjets, Bulgaren und Tito-Partisanen sowie Engländer), Kärnten zweifach (Engländer und Tito-Partisanen). Ende Juli 1945 wurden beide Länder britische Besatzungszone und blieben es zehn Jahre lang.

Anmerkungen

1 Die NS-Mitgliedsraten, gemessen an der Bevölkerung (Volkszählung 1939) betrugen (in Prozent) in Wien: Wien 8,9, Niederösterreich 11,0, Steiermark 9,5, Oberösterreich 8,5, Tirol und Vorarlberg 14,4, Kärnten 10,0 und Salzburg 10,5. Radomir Luža, Österreich und die großdeutsche Idee in der NS-Zeit, Wien-Köln-Graz 1977 (=Luža), S. 324 f. und: Volkszählung 1939, Heft 1, Berlin 1943.

2 Zu den NS-Mitgliederzahlen und den Anteilen der Illegalen vgl. u.a.: Dieter Stiefel, Entnazifizierung in Österreich, Wien 1981 (=Stiefel), S. 98 f.

3 Ebd. - Von den in Österreich 1946 registrierten 22.729 SS-Angehörigen waren 13.333 in Kärnten registriert worden. Von den insgesamt 61.198 SA-Mitgliedern in Österreich waren 1946 14.384 in der Steiermark registriert. Die West- und Südwanderung von Nationalsozialisten nach 1945 allein kann die hohen Raten nicht ausreichend erklären.

4 Dazu insbesondere: Claudia Fraess-Ehrfeld-Kromer, Adam Hefter, Kirche und Staat in der 1. Republik, in: Festschrift für Franz Koschier. Beiträge aus Volkskunde, Naturkunde und Kulturgeschichte, Klagenfurt 1974, S. 139 ff; sowie etwas konträr: Helmut Rumpler, Die Katholische Kirche in Kärnten in der Zwischenkriegszeit. Referat bei der Österreich-DDR-Historikertagung in Leipzig 1986.

5 Vgl. Wilhelm Wadl, Das Jahr 1945 in Kärnten. Ein Überblick, Klagenfurt 1985 (= Wadl), S. 107, der hier erstmals darauf verwies, daß die Christlichsozialen in der Zwischenkriegszeit in Kärnten keine eigene Partei bildeten und nicht einmal als Verein eingetragen waren. In den verschiedenen Wahlgängen fand sich das zersplitterte bürgerliche Lager zu Wahlbündnissen zusammen.

6 Stefan Karner, Die Steiermark im Dritten Reich 1938-1945. Aspekte ihrer politischen, wirtschaftlich-sozialen und kulturellen Entwicklung, Graz, 1.u.2. Aufl.1986 (= Karner, Die Steiermark im Dritten Reich) sowie Stefan Karner, Wirtschaftlich-soziale Bedingungen für den Aufstieg des Nationalsozialismus in Kärnten, in: Geschichte und Quellen. Festschrift für F. Hausmann, Graz 1987 (= Karner, Nationalsozialismus in Kärnten), S. 299-308.

7 Statistische Übersichten für den Reichsgau Kärnten, Wien 1941, S. 11.

8 Karner, Die Steiermark im Dritten Reich, S. 271 f.

9 Ebd., S. 283 sowie Wilhelm Reichert, Die landwirtschaftliche Entschuldung 1938 als Folge der Grundentlastung 1848, in: Geschichte und Gegenwart 1/1987, S. 31 f. und Dorothea Schafhuber, Der Bauer zwischen Ideologie und Wirklichkeit. Seminararbeit im Rahmen des Seminars "Alltag im Dritten Reich" am Institut für Wirtschafts- und Sozialgeschichte, WS 86/87 (Seminarleiter: Univ.-Doz. Dr. Stefan Karner) (= Schafhuber), S. 17 ff.

10 Stefan Karner, Die Grazer Industrie 1938, in: Histor. Jb. der Stadt Graz, 1988 (im Druck).

11 Wirtschaftsstatistisches Jahrbuch 1936, 11. Jg., Wien 1936, S. 145.

12 Berechnungen nach der Volkszählung 1934 und der Statistik der Kraftfahrzeuge in Österreich am 31. 12. 1935, in: ebd., Tabellenheft 2, S. 388 f.

13 Wie Anm. 11.

13a Siehe den Beitrag von Mooslechner/Stadler in diesem Sammelband.

14 Herrn Univ.Ass. Dr. Peter Teibenbacher danke ich an dieser Stelle sehr herzlich für die zeitaufwendigen Rechenarbeiten am PC des Instituts für Wirtschafts- und Sozialgeschichte (SPSS/PC). Die Clusteranalyse wurde auf der Basis einer "Squared Euclidean distance coefficient matrix" nach der Methode UPGMA (Avarage Linkage between Groups) gerechnet. Die Methode bringt für regionale Wahlanalysen den Vorteil, die Distanz zwischen zwei Clustern als den Durchschnitt der Distanzen zwischen allen Fall-Paaren, wobei ein Mitglied eines jeden Fall-Paares jeweils aus dem anderen Cluster stammt, zu definieren.

15 Die Sozialstruktur der steirischen Bezirke wurde aus der Volkszählung 1934 errechnet.

16 Die Arbeitslosigkeit wurde 1934 nur von den unselbständig Erwerbstätigen verzeichnet.

17 Karl Dinklage, Geschichte der Kärntner Arbeiterschaft, Bd. 2, Klagenfurt 1982, S. 101 sowie Stefan Karner, Kärntens Wirtschaft 1938-1945. Unter besonderer Berücksichtigung der Rüstungsindustrie, Wissenschaftliche Veröffentlichungen der Landeshauptstadt Klagenfurt, Bd. 2, Klagenfurt 1976 (= Karner, Kärntens Wirtschaft), S. 28.

18 Vgl. dazu im einzelnen: Karner, Kärntens Wirtschaft sowie Karner, Die Steiermark im Dritten Reich.

19 Vgl. dazu vor allem: Gerhard Botz, Die Eingliederung Österreichs in das Deutsche Reich, Wien 1972, vor allem S. 124 f.

20 Siegfried Beer/Stefan Karner, Krieg aus der Luft, Graz 1988 (im Druck).

21 Vgl. Richard Moschner, Kärnten. Grenzland im Süden, Berlin 1940, S. 14. - Nach Angaben von Dr. Tobias Portschy hatte das Burgenland als erster, damals noch selbständiger Gau die Machtübernahme durch die NSDAP vollzogen. Vgl. dazu auch: Gerald Schlag, Burgenländische Politik in den Jahren 1934-1938 und 1945/46, in: Stefan Karner (Hg.), Das Burgenland im Jahr 1945. Beiträge zur Landes-Sonderausstellung 1985, Eisenstadt 1985, S. 57, der das Burgenland "als eines der ersten österreichischen Bundesländer noch am Abend des 11. 3. in Händen der Nationalsozialisten" sieht.

22 Vgl. Erwin Schmidl, März 38. Der deutsche Einmarsch in Österreich, Wien 1987 (= Schmidl), S. 118.

23 Ebd., S. 117.

24 Ebd., S. 135-160 und 187 ff. sowie Friedrich Fritz, Der deutsche Einmarsch in Österreich 1938. Militärhistorische Schriftenreihe, Heft 8, Wien 1968, S. 17 ff. und 22 sowie Norbert Schausberger, Der Griff nach Österreich, Wien 1978, S. 559 ff. Zu den militärischen Weisungen an die 8. Armee zählen die Aufmarschanweisungen für die 8. Armee, gez. von Brauchitsch als Oberbefehlshaber des Heeres und zwei Weisungen für die Operation "Otto" vom 11. 3. 1938, gez. von Bock. Vgl.: Der Hochverratsprozeß gegen Dr. Guido Schmidt vor dem Wiener Volksgericht, Wien 1947, S. 576 f.

25 Vgl. vor allem: Maximilian Liebmann, Die Geheimverhandlungen zwischen Nationalsozialismus und Kirche 1938 in Österreich, in: Geschichte und Gegenwart 1/1982, S. 44 und Oskar Veselsky, Bischof und Klerus der Diözese Seckau unter nationalsozialistischer Herrschaft. Diss. der Univ. Graz, Bd. 54, Graz 1981, S. 263 ff.; Wadl, S. 10 und Karner, Die Steiermark im Dritten Reich, S. 54.

26 Im österreichischen Durchschnitt kamen auf eine Nein-Stimme 382 Ja-Stimmen, vgl. Gerhard Botz, "Volksbefragung" und "Volksabstimmung", in: Anschluß 1938, Wien 1981, S. 239.

27 Vgl. Karner, Die Steiermark im Dritten Reich, S. 69 f. und Wadl, S. 10 f.

28 Vgl. Karner, Kärntens Wirtschaft, S. 23; Pawlowski wurde später Regierungspräsident in Kärnten.

28a Vgl. Karner, Die Steiermark im Dritten Reich, S. 303 f.

29 Ebd., S. 298 ff. - Die folgenden Beispiele zeigen exemplarisch einige Arbeitsplatzbeschaffungsmaßnahmen in der Steiermark:

- Sofort nach dem "Anschluß" wurden bei der Elin AG in Weiz rund 300 und 1939 weitere 400 Arbeiter für Wehrmachtsaufträge, vor allem der Kriegsmarine, neu eingestellt.
- Das seit der Weltwirtschaftskrise im Fahrzeug- und Kesselbau stillgestandene Werk der Grazer Waggon- und Maschinenfabriks AG, vorm. Weitzer, erhielt von der Deutschen Reichsbahn Großaufträge auf Eisenbahnwaggons und konnte noch im Sommer 1938 den Betrieb mit 600 Beschäftigten (Neueinstellungen) wieder aufnehmen.
- In Schlaining (Burgenland) wurde mit den Arbeiten zur Aufschließung eines Antimon-

bergbaues begonnen. 1944 war Schlaining mit fast 400 Beschäftigten der größte Antimonerzeuger Großdeutschlands geworden.

- Bei der Alpine, die mit ihrer Rohstoffseite schon 1937 in den Auftragssog des deutschen Vierteljahrplanes gekommen war und etwa am Erzberg (Eisenerz) die Arbeitslosigkeit beseitigt hatte, konnte die Gesamtbeschäftigtenzahl von 13.388 am 14. 3. 1938 auf 16.437 zu Jahresende 1938 erhöht werden. Fast durchwegs wurden - bis auf den Bergbau - ansässige Arbeiter angestellt.
- Im Donawitzer Stahlwerk der Alpine wurden schon am 15. März 1938 400 Arbeiter eingestellt, nachdem man seit Jahresbeginn rund 500 entlassen hatte.
- Die Grazer Puchwerke AG erhöhte, vor allem auf der Grundlage des 4,3-Millionen-Schilling-Wehrmachtsauftrages an den Konzern vom 23. Juni 1938, ihre Belegschaft von 1.821 im März auf 2.603 im November 1938.
- Die Eisenwerke Krieglach stellten bis zum 4. Oktober 1938 167 Beschäftigte ein und stockten damit ihre Belegschaft auf 492 auf, mehr als sie im Hochkonjunkturjahr 1928 betragen hatte.
- Das Stahlwerk Böhler in Kapfenberg nahm von März bis Dezember 1938 rund 1.000 Beschäftigte auf.
- Die Steirischen Gußstahlwerke in Judenburg stellten 1938 251 Beschäftigte neu ein und erhöhten ihren Beschäftigtenstand auf 1.102 Arbeiter und Angestellte.
- Außer den neugegründeten Landeslieferungsgenossenschaften wurden 1938 in der Steiermark zwei Rüstungsbetriebe der Textilbranche neu gegründet bzw. auf eine neue Basis gestellt und in die Wehrmachtsproduktion eingeschaltet.
- Zusätzlich wurden noch 1938 acht Betriebe zu Wehrmachts- bzw. Rüstungsbetrieben erklärt und mit Rüstungsaufträgen belegt. Binnen kurzer Zeit hatten die voll laufenden Betriebe die Arbeitslosen (vor allem Facharbeiter) der näheren Umgebung aufgesogen.

Dazu kamen etwa im Bereich der Strukturverbesserungen der Bau von Straßen, Wegen, Molkereien, Schulen, Kindergärten, öffentl. Gebäude und Wohnungen. Bei den SS-Bauten in Graz-Wetzelsdorf (vier Mannschaftskasernen, Fahrzeughallen usw.) waren 1.300 Arbeiter beschäftigt. Den quantitativ bedeutenden sozialen Wohnbau in der Steiermark untersuchte Helmut Lackner, Der soziale Wohnbau in der Steiermark 1938-1945, Graz 1984.

30 Vgl. Karner, Kärntens Wirtschaft, S. 28. - Die registrierten Arbeitslosenziffern betrugen in Kärnten im Jänner 1938 15.986, im Jänner 1939 7.483 und im Juni 1939 225 Personen.

31 Falls nicht anders ausgewiesen, bezieht sich das Folgende auf die entsprechenden Passagen in meinen Büchern: Kärntens Wirtschaft und: Die Steiermark im Dritten Reich.

32 Privater Stummfilm über den Reichsparteitag in Nürnberg 1938, von SA-Mann Rudolph.

32a Siehe dazu die in Vorbereitung befindliche 3. Aufl. meines Buches: Die Steiermark im Dritten Reich.

33 Stefan Karner, Die Aussiedlungen der Slowenen in der Untersteiermark, in: ÖGL 3/1978, S. 163 und Wadl, S. 12. Die ursprünglichen Aussiedlungslisten waren in Kärnten 1939 von den Kreisbauernführern Südkärntens unter der Aufforderung erstellt worden, allgemein als Slowenen bekannte Personen bzw. Familien zu nennen. Dieser Umstand erklärte auch die Entrüstung der Kreisbauernführer, als ihre Listen 1942 die Unterlage für die Aussiedlungen wurden. Bis zuletzt konnten durch Interventionen von Kreisbauernführern und Bürgermeistern hunderte zur Absiedlung vorgesehene Slowenen aus den Listen gestrichen werden. Freundliche Mitteilung des Völkermarkter Kreisbauernführers Hubert Manner (+), Krumpendorf, an den Verfasser.

34 AVA, Bürckel-Akten, Fasz. 269. Statistik der Religionsaustritte in den Reichsgauen der Ostmark 1938 und im ersten Halbjahr 1939.

35 Vgl. Fraess-Ehrfeld-Kromer, wie Anm. 4, S. 173 ff.

36 Vgl. dazu: Karl Stuhlpfarrer, Die Operationszonen "Alpenvorland" und "Adriatisches Küstenland" 1943-1945, Wien 1969.

36a Vgl. die Beiträge von Mulley und Berger in diesem Sammelband.

37 Erst 1943 wurden auch Ehefrauen der Besitzer am Erbhof erbberechtigt.

38 Schafhuber, Anhang 4.

39 Vgl. dazu vor allem: Josef Rausch, Der Partisanenkampf in Kärnten im Zweiten Weltkrieg, Militärhistorische Schriftenreihe, Heft 39/40, Wien 1979 und Christian Fleck, Koralmpartisanen, Graz-Köln-Wien 1986.

40 Wadl, S. 19 f.

41 Wie Anm. 20 und Manfried Rauchensteiner, Krieg in Österreich 1945, Wien 1984, S. 68 ff.

Gerhard Jagschitz

VON DER "BEWEGUNG" ZUM APPARAT

Zur Phänomenologie der NSDAP 1938 bis 1945

Die NSDAP bis 1938

Die Geschichte der Nationalsozialistischen Deutschen Arbeiterpartei in Österreich ist eine Geschichte von zahlreichen Brüchen. Nur bei oberflächlicher oder unkritischer Betrachtung scheint sich eine gerade Linie von den ersten Anfängen in der österreichisch-ungarischen Monarchie über den Aufstieg Anfang der Dreißigerjahre, das Wachsen in der Illegalität, den triumphalen Sieg im März 1938 und das Niederzwingen durch die Niederlage im Krieg zu ergeben. Vielmehr stellt die Entwicklung der Partei einen ständigen Wechsel der Ausrichtung, ein Abbrechen begangener Wege und ein personelles und inhaltliches Neuorientieren dar, die nicht durch die Wirksamkeit einer kontinuierlichen, geschlossenen Parteiarbeit, sondern durch die wechselnde Wirksamkeit verschiedener Strömungen gekennzeichnet ist. Diese Inhomogenität in der Entwicklung, die durch zeitweise eingegangene Bündnisse der verschiedenen Gruppen und Ideologien bewirkt wurde, war durch die "Bewegung" in der Illegalität verdeckt worden. Die hinter der scheinbaren Einheit verborgenen Interessenslagen und -gruppen waren aber weiterhin vorhanden, hatten weitreichende Auswirkungen auf die Struktur der NSDAP und brachen in der Realität nationalsozialistischer Herrschaft sehr bald wieder auf. Dies ist eine wesentliche Ursache für den raschen Verfall nach dem Überschreiten der Höhe des Erfolgs im Jahr 1938. Die ideologische Absetzbewegung wurde aber durch die materiell begründete Absetzbewegung jener noch verstärkt, die im Nationalsozialismus nur den Garanten für Arbeit, Nahrung und Schuldenbefreiung gesehen hatten und sich in der beginnenden Entbehrung verraten fühlten.

Die NSDAP war also in einer bestimmten historischen Situation eine Sammelbewegung völkischer, nationalliberaler, bündischer, groß- und kleindeutscher, katholisch-romantischer, antisemitischer, antimarxistischer, antiparlamentarischer, autoritärer und jugendlich-aktivistischer Strömungen, die, über die Prägungen des politischen Tagesgeschehens hinaus, auf ein Jahrhunderte gewachsenes Obrigkeit-Untertanenverhältnis und einen ebenso lange entwickelten Staats- und Polizeibegriff zurückgreifen konnte. Sie erlangte ihre einigende Kraft aber erst dann, als die bedingungslose Unterordnung unter einen unbestrittenen politischen Führer und ein einziges politisches und soziales Realisationsmodell erfolgte.

Die 1903 in Aussig gegründete "Deutsche Arbeiterpartei", die sich 1918 in "Deutsche Nationalsozialistische Arbeiterpartei" umbenannte, konnte unter Führung des Rechtsanwaltes Walter Riehl infolge des Zerbrechens der österreichisch-ungarischen Monarchie ihr am Volkstumskampf orientiertes Modell einer national-sozialen, liberalen Arbeiterpartei nicht mehr verwirklichen. Trotz einiger Erfolge versank sie in Richtungsstreitigkeiten und verlor die ohnedies geringe politische Wirksamkeit. Diese "österreichische" Tradition der NSDAP machte sich jedoch immer wieder bemerkbar. 1926 wurde die "Hitlerbewegung" als bewußte Gegenorganisation gegen die Riehl-Gruppe gegründet und ordnete sich München und damit Adolf Hitler unter. Die relative Selbständigkeit wurde aber mit der ersten "Verpreußungswelle" 1931 beendet, eine Reihe reichsdeutscher Funktionäre, vor allem Theo Habicht, übernahm Schlüsselpositionen, es erfolgte eine totale Unterordnung der österreichischen Organisation. Das Parteiverbot vom Juni 1933 spaltete die Partei in zwei Teile, zum einen in die von den in das Deutsche Reich geflüchteten Parteifunktionären getragene Organisation, zum anderen in die in der Illegalität im Lande kämpfenden Nationalsozialisten, die zudem noch in Befürworter und Gegner eines terroristischen Weges zerfielen. Der mißglückte Juliputsch 1934 bedeutete das Ende einer Kontinuität, die Exilorganisation wurde zerschlagen, Hitler ließ die Partei fallen und setzte auf ein Infiltrationskonzept mit Hilfe des deutschen Botschafters von Papen.

In der Folge entwickelten sich zwei Strömungen in der Partei, die eine, die zu einem Arrangement mit der Regierung gelangen wollte und jene gemäßigten Nationalsozialisten umfaßte, die auch mit einer Regierungsbeteiligung liebäugelten, und die andere, die für einen bedingungslosen Konfrontationskurs eintrat. Mit dem Juliabkommen 1936 verriet Hitler die Parteiorganisation in Österreich zum zweiten Mal, als er die Vertreter des dominierenden Konfrontationskonzepts desavouierte und sich direkt mit der österreichischen Regierung arrangierte.[1]

Partei und "Anschluß"

Zu Beginn des Jahres 1938 stellte sich die NSDAP in Österreich keinesfalls als gefestigte Gesamtorganisation dar. Wohl gab es einzelne Gliederungen und Gruppen, die straffer organisiert, meist in legalen Vereinen oder Verbänden getarnt, ihre Schulungen und Appelle durchführten, doch verfügte die Partei in manchen Bundesländern über keine nennenswerte Schlagkraft. Die illegale Parteiarbeit zwischen 1936 und 1938 war vor allem dadurch beeinträchtigt worden, daß infolge unklarer hierarchischer Verhältnisse Einzelne Führungspositionen usurpierten, Gegner wahllos ausschlossen oder bei der Polizei denunzierten und sich in innerparteiliche Querelen verstrickten. Dazu kam noch eine unklare Situation bei den Parteimitgliedschaften. Die konspirativen Vorsichtsmaßnahmen führten dazu, daß kaum Übersicht über die Zahl der Anhänger bestand, ja daß viele Mitgliedsbeiträge irgendwo versandeten und die Einzahler gar nicht wußten, ob sie anerkannte Parteimitglieder waren oder nicht. Die Führungsstreitigkeiten, die oft in erbitterte Machtkämpfe ausarteten, bewirkten eine tiefgreifende Zersplitterung, die Herausbildung verschiedener Machtzentren in den einzelnen Ländern und Gebieten und ein häufig gestörtes Verhältnis zwischen Führung und Basis. Dazu kam noch, daß sich ab Mitte 1937 die höchsten Entscheidungspositionen der Partei dramatisch veränderten. Hitlers Entschluß im Juli 1937, den SS-Gruppenführer Wilhelm Keppler mit der Behandlung des Österreich-Problems und damit auch der Parteiangelegenheiten zu betrauen, bedeutete die Forcierung der Politik der wirtschaftlichen Unterwanderung Österreichs, selbst um den Preis einer Aufgabe der Parteiorganisation in Österreich. Die dominierende SS hatte aber auch zwei weitere Parteifunktionäre an entscheidender Stelle placieren können: Friedrich Rainer und Odilo Globocnik. Diese Vertreter der "Kärntner Gruppe" vertraten einen subversiven, aggressiven Weg, tarnten sich jedoch hinter der Person Arthur Seyss-Inquarts, der - seit Februar 1938 Innen- und Sicherheitsminister - ein profilierter Vertreter der evolutionären Entwicklung des Nationalsozialismus in Österreich war.

Verlagerten sich die Machtpositionen allmählich auf die erwähnten Personen und Gruppen, so blieb dabei der Repräsentant der gewachsenen österreichischen Parteiorganisation, Landesleiter Josef Leopold[2], auf der Strecke. Leopold hatte einen radikal-eigenständigen Weg vertreten - so war er wohl einer der wenigen Nationalsozialisten, die an der Wende zum Jahr 1938 gegen einen Anschluß Österreichs an das Deutsche Reich in Form einer Unterordnung auftraten - und war dadurch unbequem geworden. Sein Krieg mit Botschafter Papen, Seyss-Inquart und verschiedenen hohen Parteifunktionären hatte seine Position geschwächt, die Auffindung eines Umsturzplanes ("Tavs-Plan") im Wiener Büro der NSDAP im Jänner 1938 durch die Polizei hatte ihn öffentlich diskreditiert. Papen hatte schon längere Zeit - und sicher nicht gegen den Willen Hitlers - Leopold und seine Gruppe bei der Staatspolizei denunziert und die österreichischen Behörden damit zu Handlangern der Liquidation eines Teils der illegalen Parteiorganisation gemacht.

Mit dem Berchtesgadener Abkommen vom Februar 1938 hatte sich Hitler zum dritten Mal gegen seine eigene Parteiorganisation entschieden und dem bilateralen Lösungskonzept den Vorzug gegeben. Am 21. Februar wurde Leopold von Hitler in einer persönlichen Aussprache abgesetzt und Hubert Klausner, der in einem losen Naheverhältnis zur "Kärntner Gruppe" stand, zu seinem Nachfolger als Landesleiter bestimmt.

Es gehört zur vielzitierten Ironie der Geschichte, daß die zentrale Parteiorganisation, von der politischen Entwicklung im März 1938 überrascht, einige Tage handlungsunfähig war und durch den Druck der Straße einerseits sowie die konkreten Okkupationsmaßnahmen Hitlers andererseits in die später so lauthals reklamierte "nationalsozialistische Revolution" hineinstolperte, ohne zum konkreten Geschehen viel beigetragen zu haben.[3] Der Plan der Volksbefragung Schuschniggs für den 13. März 1938 traf die Parteiorganisation gänzlich unvorbereitet. Seyss-Inquart erklärte sich unter bestimmten Voraussetzungen mit der Abstimmung einverstanden, während die Landesleitung sofort einen Emissär zu Hitler sandte, um seine Meinung zu erkunden, inzwischen aber zur Wahlenthaltung aufrief und weitere Weisungen in Aussicht stellte.[4] Am 10.

März 1938 trafen sich die Landesleitung, alle Gauleiter und alle SA-Brigadeführer zu einer Lagebesprechung, bei welcher die Landesleitung Stillhalten anordnete - was Rainer damit begründete, daß Hitler nicht wünsche, daß Österreich schon jetzt nationalsozialistisch würde -, die Ländervertreter aber zum Handeln drängten und schließlich die Sitzung mit dem Bemerken verließen, sie würden in den Ländern die Aktionen selbständig auslösen.[5]

Hitlers Entscheidung, der Keppler-Gruppe grünes Licht zu geben, die immer massiver werdenden Straßendemonstrationen in den Bundesländern[6] - nur als Aufstand der Basis gegen die nationalsozialistische Führung und der Bundesländer gegen Wien interpretierbar -, die Absage der Volksbefragung, der Rücktritt Schuschniggs und der Einmarsch deutscher Truppen führten zu jenem "Gesetz über die Wiedervereinigung Österreichs mit dem Deutschen Reich" am 13. März 1938, das das Ende der Unabhängigkeit Österreichs und die totale Unterordnung unter das Deutsche Reich markierte.[7]

Die Nationalsozialisten aber lagen in einem wahren Taumel. Das Fehlen einer zentralen Parteiführung und die Dynamik des Augenblicks bewirkten, daß allerorten ohne Unterschied von Rang, Herkunft, Verdienst oder Berechtigung Nationalsozialisten das Gesetz des Handelns an sich rissen. Einige Grundlinien dieser "Machtergreifung" sind erkennbar. Die Verwaltungsträger in Staat, Ländern und Gemeinden wurden - soferne sie sich nicht als illegale Nationalsozialisten entpuppten - mehr oder minder gewaltsam entfernt, Nationalsozialisten übernahmen kommissarisch die Geschäfte. Gebäude und strategisch wichtige Punkte wurden von SA und SS besetzt. Öffentliche Einrichtungen wie etwa Zeitungen mußten an Nationalsozialisten übergeben werden, häufig waren dies Illegale der jeweiligen Institution. Anhänger und Funktionäre des Ständestaates, sonstige politische Gegner oder als solche einfach Deklarierte wurden wahllos festgenommen, ihre Wohnungen und ihre Vermögenswerte beschlagnahmt[8]; es ist anzunehmen, daß dabei auch zahlreiche alte Rechnungen beglichen wurden. Juden oder als solche Verdächtigte wurden festgenommen, interniert oder mußten unter erniedrigenden Bedingungen Aufräumungs- oder Reinigungsarbeiten verrichten, ihre Wohnungen wurden beschlagnahmt. Diese Willkür, die zumindest in den ersten Tagen nicht selten den Charakter von Terror annahm, hatte mehrere Funktionen. Sie schloß die Frage nach der Legitimation des Handelns aus und machte die Taten inappellabel, die Partei hatte die Nase vorne, und erst viel später wurden Regeln aufgestellt und der institutionalisierte Terror kam zum Zug. Sie förderte die Gruppenbildung und schweißte die Formationen schneller zusammen, als dies durch Schulungen oder Appelle möglich gewesen wäre. Und schließlich bedeutete sie das deutliche Signal an Neutrale und Gegner, das Gewaltmonopol der Partei in diesen Tagen zu akzeptieren, da diese sonst selbst Opfer der Gewalt zu werden drohten.

Die aufwendige Inszenierung des "Anschlusses" fand ihren sichtbaren Ausdruck in einer Fülle von Appellen, Massenveranstaltungen, Märschen und Kundgebungen. Oft standen sie in einem Zusammenhang mit Symbolen der Unterdrückung durch das vergangene ständestaatliche System, so wurde etwa im Rahmen einer Feier eine Baracke des ehemaligen Anhaltelagers Wöllersdorf niedergebrannt. Die Euphorie jener Tage ließ sich in der wirkungsvollsten Propagandaparole, die in tausenden Sprechchören geschrien und in hundertausendfacher Auflage als Flugzettel und Plakate verbreitet wurde zusammenfassen: "Ein Volk, ein Reich, ein Führer".

Hitler war nicht nur gewillt, eine Unterordnung Österreichs unter Reichsinteressen zu verwirklichen, er wollte auch in bezug auf die Partei in Österreich reinen Tisch machen. Schon am 13. März 1938 betraute er den Saarpfälzischen Gauleiter Josef Bürckel, der die Eingliederung des Saarlandes rücksichtslos betrieben hatte, mit der Aufgabe, die NSDAP in Österreich zu reorganisieren und eine Volksabstimmung vorzubereiten.[9] Bürckel war in dieser Eigenschaft kommissarischer Leiter der NSDAP von Österreich, unbeachtet der Tatsache, daß daneben noch die Landesleitung unter Klausner existierte. Aber das war nur eine von vielen Varianten des Nebeneinander, bei dem es darauf ankam, wer sich gegen die anderen durchsetzte. Bürckel ordnete schon drei Tage später an, daß jede organisatorische Tätigkeit bis zum 10. April - dem Tag der Volksabstimmung - zu unterbleiben habe und erst danach der Aufbau der Partei und ihrer Verbände beginnen werde.[10] Er behielt sich alle personellen Entscheidungen vor und ernannte 9 Gau-Wahlleiter[11], zumeist die illegalen Gauleiter der Bundesländer, die darin ein gewisses Präjudiz sahen und sich Hoffnung auf eine spätere definitive Bestellung als Gauleiter machten. Die NSDAP und ihre Gliederungen gingen vollständig in der Propaganda für die Volksabstimmung auf, ein dichtes Netz von Beeinflussungsmöglichkeiten wurde mit einem System von Kreis-Wahlleitern, Wahl-Kreisinspektoren, Ortsgruppen-Wahlleitern, Orts-Wahlleitern, Block-Vertrauensmännern, Zellen- und Haus-Wahlvertrauensmännern über Österreich gespannt und verläßliche Parteimitglieder als Agitatoren eingesetzt, es standen etwa 2000 Politische Leiter zur Verfügung.[12] Dabei zeigte sich die signifikante Frauenfeindlichkeit der Partei, denn es sollten nur in den untersten Dienststellungen - und auch das nur in Ausnahmefällen - Frauen in der Wahlwerbung eingesetzt werden.[13] Parteiformationen sollten zielgruppenorientiert eingesetzt werden, etwa der BdM (Bund deutscher Mädchen) und die NS-Frauenschaft sollte für Frauen bunte Nachmittage und Singveranstaltungen organisieren, die nationalsozialistische Betriebszellenorganisation Betriebsversammlungen veranstalten, die HJ plakatieren, die SA auf Lastwagen durch Arbeiter- und Bauerngebiete fahren und alle Formationen noch am Wahltag durch klingendes Spiel auf die Wahl aufmerksam machen und säumige Wähler zu den Urnen nötigen.[14] Der massive Einsatz der Partei und die großzügige Verwendung finanzieller Mittel[15] hatte nicht unerheblichen Einfluß auf den Ausgang der Volksabstimmung mit einem überwältigenden "Ja".

In diesen Wochen nach dem "Anschluß" erreichte die "Bewegung" ihren Höhepunkt: Ein gegnerisches Regime war gestürzt, man hatte sich - wenn auch nicht immer persönlich, doch wenigstens als Teil des Ganzen - diesen Sturz erkämpft, hatte gelitten, war verfolgt worden oder hatte sich nur ängstlich versteckt; und nun war der Sieg da, lagen die Feinde am Boden, es waren Ehren, Posten, Funktionen, jedenfalls öffentliche Anerkennung zu erwarten, der

Schwung der Partei war Garant für die rasche Verwirklichung des neuen Staates mit neuen Menschen. Doch kaum ein Parteimitglied oder Sympathisant, der jubelnd durch die Straßen zog oder bei Versammlungen, Appellen, Reden und Anordnungen von diesem neuen Geist erfüllt war, merkte, daß gleichzeitig straffe Hierarchien aufgebaut wurden, sich hinter den Kulissen die "Kriegsgewinnler" an die Beute machten, ohne jemals den Kopf hingehalten zu haben, sich aus Arisierungen bereicherten, wichtige Positionen einnahmen oder langjährige Illegale zurückdrängten. Zu einer Zeit, als das öffentliche Auftreten der Partei dynamischen Aufbau suggerierte, nahm sich die Bürokratie der "Bewegung" an, entwickelte ein fein verästeltes System von bürokratischen Wegen, Vorschriften und Formeln und erstickte damit den optimistischen Schwung, der ein Charakteristikum der NSDAP auf dem Weg zur Macht gewesen war.

Die Verteilung der Beute

Die NSDAP verstand es, für sich als Organisation und für ihre Mitglieder wirtschaftliche Vorteile aus der politischen Umwälzung zu erlangen. Wenngleich die Geheime Staatspolizei in großem Stil Vermögensbeschlagnahmen von Gegnern des Nationalsozialismus und Juden vornahm, so waren doch auch die Partei und ihre Gliederungen in den Raub von Vermögenswerten von Juden oder Oppositionellen verwickelt. Die Gelder der Vaterländischen Front und ihrer Untergliederungen - etwa 8,5 Millionen Reichsmark - und das gesamte bewegliche und unbewegliche Vermögen wurden der NSDAP und ihren Gliederungen übergeben, die Landesleitung Österreich verlegte ihren Sitz in das frühere Haus der Vaterländischen Front.[16] Bürckel und hohe Parteifunktionäre, die zu diesen Geldern Zugriff hatten, verwendeten sie großzügig nach eigenem Gutdünken. So bemühte sich etwa ein Vertreter des Reichsschatzmeisters vergeblich, den Verbleib von 1 1/2 Millionen Reichsmark VF-Gelder beim Wiener Gauleiter Globocnik zu klären, wofür keine Belege vorhanden waren.[17] Beschlagnahmte Villen, Güter und Fahrzeuge wurden von der Partei, von höheren Parteifunktionären oder von den Gliederungen beansprucht.[18] Die von der SA beschlagnahmten Wertpapiere, Sparbücher und Devisen machten 386.333,21 Reichsmark aus und waren restlos ausgegeben worden.[19] Dazu kamen noch ungeheure Werte aus beschlagnahmten Amts- oder Vereinskassen, Einrichtungsgegenständen, Spenden und Bestechungen, wobei nicht gesagt werden kann, wieviel sich die Requirierer selbst behielten.[20]

Auch jüdische Geschäfte unterlagen wilden Arisierungen durch Parteimitglieder oder Gliederungen der Partei, es kam zu Schließungen, Zusammenlegungen oder kommissarischen Verwaltungen, die nach Anlaufen einer geordneten Arisierung nicht mehr rückgängig gemacht wurden.[21] Die Partei konnte dabei bevorzugt Grund- und Hausbesitz erwerben, war mit politischen Gutachten über die Arisierungswerber befaßt und mußte bei jedem Vertrag und jeder Zwangsveräußerung von den staatlichen Genehmigungsbehörden um eine Stellungnahme ersucht werden.[22] Es scheint aber, als ob die Verhaftungen und Vermögensbeschlagnahmungen regional sehr unterschiedlich gehandhabt wurden, so gab es etwa in der Steiermark keine derartigen Fälle.[23]

Gegen die Beschlagnahmungen gab es zum Teil scharfe Gegenmaßnahmen. Himmler ordnete an, daß jeder SS-Angehörige, der sich daran beteiligte, zu verhaften und aus der SS auszuschließen sei. Im April 1938 wurden 17 Reichsdeutsche, die Vermögenswerte österreichischer Vereine beschlagnahmen wollten, verhaftet und ins "Altreich" abgeschoben, und der Beauftragte des Reichsschatzmeisters Schwarz suchte die Konten aufgelöster Institutionen zu sperren, um einzelnen Parteistellen den Zugriff unmöglich zu machen. In zahlreichen Erlässen wurden Eingriffe in Vermögen strengstens verboten.[24] Daß die Beschlagnahmungen allerdings mit Billigung der obersten Führungsschicht erfolgten, beweist die Anordnung Hitlers, sich die Verwendung aller, zum Teil sehr wertvoller Kunstwerke vorzubehalten.[25] Gegen Jahresmitte 1938 wurde der Zustand offenbar so unhaltbar, daß es Weisungen an alle Parteistellen gab, die beschlagnahmten Gegenstände zu sammeln und der Gestapo zu übergeben sowie genaue Aufstellungen der beschlagnahmten Werte zu machen.[26]

Eine dubiose Geldbeschaffungsaktion unternahm die SS im September 1939, als Himmler ersucht wurde, dem Gauleiter Jury von Niederdonau die Anweisung zu geben, die Lizenzerteilung an das Spielcasino Baden an die Auflage zu binden, die Überschüsse an den von der SS geführten Verein "Lebensborn" abzuliefern. SS-Gruppenführer Kaltenbrunner entschuldigte dies als Übergriff seines Vertreters, der "in seiner ersten Begeisterung, für die Schutzstaffel Geld zu wittern, zuweit gegangen" sei,[27] traf dann aber doch mit Jury eine Abmachung, nach Anlegung von Reserven und Investitionen in fernerer Zukunft im Falle von Reinerträgen Gelder an den Reichsführer-SS abzuführen.

Ein wichtiges Kapitel stellt auch der Komplex der wirtschaftlichen Unternehmungen der Partei dar, hier fehlt jedoch noch weitgehend die Forschungsgrundlage. Ein Teilaspekt ist das nationalsozialistische Presseimperium. Schon am 16. März 1938 brachte der Eher-Verlag die erste Nummer einer Wiener Ausgabe des "Völkischen Beobachters" heraus und legte damit den Grundstein für ein bis 1945 florierendes Zeitungsgeschäft, da der Völkische Beobachter Amtscharakter erhielt und es gegen Kriegsende nur mehr wenige Konkurrenzblätter gab. Im Juli 1938 wurden drei große parteiamtliche Verlage und Tageszeitungen geschaffen. In Linz die "Volksstimme", in Innsbruck die "Innsbrucker Nachrichten" und in Graz die "Tagespost", wozu noch Regionalausgaben kamen.[28] Die Partei gründete auch eigene Gauverlage und übernahm dabei beschlagnahmte Verlage, etwa in der Steiermark die Druckerei Leykam.

Nach anfänglicher Abstinenz erkannte die Partei die Notwendigkeit, auch die Wirtschaft unter ihre Kontrolle zu bringen. Als Schlüsselfigur etablierte sich Walter Rafelsberger, der - obwohl als Staatskommissar in der Privatwirtschaft - den Parteiinteressen kompromißlos zum Durchbruch verhalf. Zunächst wurden Vertrauensleute der Partei zwangsweise in Aufsichtsräte und Verwaltungsräte entsandt und alle wirtschaftlichen Begünstigungen an die Zustimmung von Parteidienststellen gebunden. Doch gelang dieses Konzept nur bei

Klein- und Mittelbetrieben, denn als Rafelsberger und Bürckel auch die großen Industrien angingen, suchten die betroffenen reichsdeutschen Zentralstellen dies zu verhindern. Es kam zu einem großen Konflikt, bei dem die Ansprüche der Partei schließlich den Wirtschaftsinteressen untergeordnet wurden.[29] Im Hintergrund setzte Rafelsberger aber seine Politik fort, und man kann sagen, daß eine so weitgehende Etablierung von Parteiinteressen in der Wirtschaft - vom Herbst 1938 bis März 1939 waren etwa 350 Betriebe erfaßt[30] - auf deutschem Reichsgebiet keine Entsprechung fand.

War die Partei in ihrer Gesamtheit bei der Erlangung wirtschaftlicher Vorteile nicht wenig erfolgreich, so galt dies bei einzelnen Parteimitgliedern und Sympathisanten noch in weit höherem Maß. Gleich nach dem "Anschluß" fühlten sich viele berufen, über die Medien auf Verdienste für die NSDAP hinzuweisen. Die Zeitungen waren voll von "Räubersgeschichten" aus der Illegalität mit listenreichen, nicht wankenden Parteianhängern und tolpatschigen Systembütteln. Der Tenor war dabei immer gleich: Den unmenschlichen, charakterlosen und heimtückischen Repräsentanten des ständestaatlichen Regimes standen die aufrechten, moralischen, in der Unterdrückung nicht verzagenden und die nationalsozialistische Freiheit erwartenden "Deutschen" in Österreich gegenüber. Dies sollte aber nicht nur die Überlegenheit des neuen Regimes darstellen und so systemstabilisierend wirken, es stellte vielmehr den Hintergrund für ein sehr reales Ziel dar: eigene Verdienste aufzuwerten, um nun den gerechten Lohn einfordern oder die erlangten Positionen rechtfertigen zu können.

Ein Hexensabatt der Leidenschaften, Habgier und Denunziation, ein Drängen zur Futterkrippe, zu äußeren Ehren und lukrativen Posten erfaßte die NSDAP lawinenartig. Es gab genug zu verteilen: Wohnungen, Geschäfte und Einrichtungsgegenstände, Parteiposten oder zumindest Pöstchen, Pfründe und Geldvorteile. Menschen warfen die letzten Hemmungen fort; wo es notwendig war, reklamierte man sich als illegalen Helden. Heimwehrangehörige dienerten sich als alte Kämpfer an, es war die Stunde der politischen Hemdwechsler, und immer wieder fand sich jemand, der bestätigte, befürwortete, unterstützte und intervenierte. Der Partei kam eine überragende Machtstellung zu. Sie war jedoch auf diese Verteilungsfunktion nicht vorbereitet, und so kam es, daß unter dem Deckmantel von Staats- und Parteiinteressen, die in dem rasch Verbreitung findenden, schnoddrigen, knapp und präzise sein wollenden Ton vorgetragen wurden, Cliquen und Gruppen ihre persönliche Interessen verfolgten und Intrigen blühten. Eine Fülle von Beschwerden, Bitten, Eingaben und Informationen, meist die persönliche Lage, Arbeit, Position, Vermögensvorteile oder Vermögensbeschlagnahmen, Notstandsunterstützungen oder Darlehen betreffend, überschwemmte die Ämter, Parteistellen und das Reichskommissariat für die Wiedervereinigung. Ob Hoch oder Nieder, ob Groß oder Klein, Unzählige versuchten ihren Anteil an der Beute zu erhaschen und bedienten sich immer der gleichen Methode: Herausstreichen der eigenen Kenntnisse, Verdienste um die Partei mit einer Reihe von Zeugen und Diskreditierung oder Denunziation der Konkurrenten. Nicht selten entstanden Streitigkeiten zwischen Parteimitgliedern wegen Arisierungen, dann gab es Interventionen und Schlichtungen bis in höchste Partei- und Staatsstellen hinauf. Fälle, bei welchen jemand aus einer verliehenen Funktion wieder entfernt wurde, belasteten den Apparat besonders, das Führerprinzip wurde hier zum Bumerang, denn fast alle Betroffenen wollten eine direkte Entscheidung Hitlers in ihrer Angelegenheit.

Höchste Parteifunktionäre versuchten ohne großen Erfolg, die Postenjägerei zurückzudrängen, vor allem Bürckel wetterte in der Öffentlichkeit immer wieder gegen diese Erscheinung und ordnete an, daß jemand, der die Umbesetzung eines Postens verlange, niemals selbst diesen Posten beanspruchen könne. Auch gab er einmal die Verhaftung von zwei Postenjägern bekannt.[31] Seine Drohung, die Partei von Korruption und Denunziantentum säubern zu wollen, blieb jedoch, angesichts der vielen Köpfe der Hydra ohne reale Auswirkung. Nicht selten verstanden es Parteifunktionäre, die erworbene Position für eigene finanzielle Vorteile auszunutzen, weshalb es immer wieder zu Entlassungen kam. Prominente Fälle waren etwa jene des Wiener Gauleiters Globocnik oder des Linzer Bürgermeisters Wolkerstorfer.[32]

Die Partei versuchte auch auf dem Gebiet von Postenvermittlungen und Wiedergutmachungen für erlittene Schäden im Ständestaat einzelnen Betroffenen materielle Hilfe zu gewähren. Im Juni 1938 rief Bürckel die Betriebsführer auf, freie Posten der Partei bekanntzugeben, um vor allem SA- und SS-Männer einstellen zu können. Auch sollten "Alte Kämpfer" in Betrieben bevorzugt untergebracht werden.[33] Als "Alte Kämpfer" galten alle Parteimitglieder mit einem Eintrittsdatum vor dem Parteiverbot im Juni 1933, alle Blutordensträger und in Ausnahmsfällen jene, die nachgewiesenermaßen eine "außerordentlich verdienstvolle Tätigkeit vor dem 11. März 1938 ausgeübt haben"[34]. Es scheint aber, als ob zahlreiche Betriebe diesem Konzept gegenüber hinhaltenden Widerstand leisteten. Einfacher war die Unterbringung im öffentlichen Dienst, die wegen nationalsozialistischer Betätigung im Ständestaat Entlassenen wurden wieder eingestellt, die Zeit der Außerdienststellung wurde ihnen dienstrechtlich anerkannt. Auch kamen viele Parteimitglieder bei der Exekutive und in Landes- oder Gemeindeverwaltungen unter. Im Umfang nicht faßbar ist der Druck, der auf Beamte ausgeübt wurde, der Partei beizutreten, und die Dimension der im Weigerungsfall vorgenommenen Entlassungen.

Für die Wiedergutmachung gab es zwei Wege: Die Hinterbliebenen von gefallenen oder justifizierten Nationalsozialisten - hier waren es vor allem Angehörige von Juliputschisten des Jahres 1934 - und zum Tod Verurteilte, aber Begnadigte, erhielten von der Reichsleitung eine Rente als "Ehrensold"[35]. Der andere Weg war die Übergabe von erheblichen Beträgen durch Bürckel an die Gauleitungen im Jahr 1938 zur Einrichtung von Sozialfonds, aus denen die Gauleiter ohne viel Kontrolle Unterstützungen verteilen konnten.[36]

Die neue Führung

Während der von Bürckel proklamierten Stillhaltephase und der lärmenden Teilnahme der Partei an der Wahlwerbung fanden in einem kleinen Kreis entscheidende Weichenstellungen für die künftige Führungsstruktur statt. Folgt man der Einteilung von Gerhard Botz von drei um Machtpositionen ringenden Funktionärsgruppen, nämlich die 1933/34 ins Deutsche Reich geflüchteten, meist terroristischen Parteifunktionäre, die zwischen 1934 und 1938 tätigen "revolutionären" Illegalen und die "Kärntner Gruppe"[37] der "Anschlußmacher", so waren erstere zunächst einmal eindeutig die Verlierer. So sehr die ehemaligen Parteigrößen versuchten, die Partei in Österreich wieder in die Hand zu bekommen, und Hitler mit diesbezüglichen Vorschlägen bedrängten, so eindeutig war dessen Beharren auf der "reichsdeutschen" Lösung, deren Garant Bürckel war. Bürckel behielt sich Einzelgenehmigungen vor, trat aber sonst dafür ein, die Emigranten im Reich zu belassen und auch nicht in der Werbung für die Volksabstimmung einzusetzen, um nicht Führungsfragen zu provozieren.[38] In der Diffamierung dieser Gruppe war man nicht zimperlich, ob man sie als Strasser-Anhänger verdächtigte, Eitelkeiten oder Korruptionen andeutete und sie der Illoyalität gegenüber Hitler zieh. Immer war das Ende das Ausscheiden aus dem politischen Machtspiel.

Ein seltsames Schicksal erlitt Walter Riehl, der Mitbegründer der österreichischen NSDAP, er wurde schon am 18. März 1938 in Schutzhaft genommen und erst auf Hitlers Weisung wieder freigelassen.[39] Das goldene Parteiabzeichen wurde ebenso abgelehnt wie seine Aufnahme in die NSDAP. Und auch Riehls Kuhhandelsangebot, dem Hauptarchiv der NSDAP Unterlagen zur Geschichte der Partei zu überlassen, wenn er unter seiner alten Parteinummer wieder aufgenommen würde, fand keine Resonanz, die herrschenden Funktionäre wollten mit ihm nichts zu tun haben. Der starke Mann vor dem Parteiverbot, Theo Habicht, durfte gar nicht mehr nach Österreich zurückkehren, er blieb Oberbürgermeister der Stadt Wittenberg und wurde 1939 Unterstaatssekretär im Auswärtigen Amt. Der ehemalige Landesleiter Alfred Proksch kam zwar zurück, wurde aber mit dem Posten eines Reichstreuhänders der Arbeit und Präsidenten des Landesarbeitsamtes Wien-Niederdonau abgespeist. Der profilierte Wiener Gauleiter Alfred Eduard Frauenfeld war 1935 Präsident der Reichstheaterkammer geworden und machte verzweifelte Anstrengungen, seinen Gau wieder zu erhalten[40], doch vergeblich. Er wurde schließlich während des Krieges als Generalkommissar für die Krim abgeschoben. Der ehemalige Gauleiter der Steiermark, Walther Oberhaidacher, wurde 1938 zum Polizeipräsidenten von Bochum, der ehemalige oberösterreichische Gauleiter Andreas Bolek 1938 zum Polizeipräsidenten von Magdeburg ernannt. Der Ex-Gauleiter von Oberösterreich, Klaushofer, kam sogar für zwei Jahre in ein Konzentrationslager.[41] Der Mitbegründer der NSDAP in Österreich Richard Suchenwirth war 1936 Direktor der Hochschule für Lehrerbildung in München-Pasing und mußte dies, trotz beharrlicher Interventionsversuche und ständiger Hinweise auf seine Verdienste für die Partei, bleiben.[42] Diese Liste ließe sich beliebig verlängern, es gab eine große Zahl ähnlicher Schicksale.

Auch aus der Gruppe der revolutionären Illegalen konnten sich viele nicht in das neue Regime hinüberretten. Josef Leopold wurde zwar noch auf eigenartige Weise von Hitler protegiert - so wünschte er bei Bürckel, daß Leopold doch im Wahlkampf eingesetzt würde -, konnte dann aber nirgends Fuß fassen und meldete sich nach zahlreichen Demütigungen durch die Parteibürokratie und vergeblichen Versuchen, eine Gauleiterstelle zu erhalten, zur Wehrmacht und fiel an der Ostfront.[43]

Ein besonderer Fall war jener der "Österreichischen Legion". Diese ins Deutsche Reich geflüchteten Nationalsozialisten, die in SA-Lagern zusammengefaßt worden waren, hatten 1934 noch Hitler dazu gedient, der österreichischen Regierung zu drohen, er werde mit der Legion in Östereich einmarschieren und die Macht ergreifen. Nach dem Juliputsch 1934 war sie zwar entmachtet worden, stellte aber immer noch eine außenpolitische Bedrohung für Österreich dar. Die Legionäre selbst verstanden es als ihre Aufgabe, sich für das militärische Eingreifen in Österreich vorzubereiten. Umso enttäuschter waren sie, als sie beim Einmarsch nicht herangezogen wurden, ja Bürckel, Himmler und Seyss-Inquart einigten sich darauf, daß die Legion überhaupt nicht nach Österreich zurückkehren dürfe. Erst die Intervention des SA-Führers Reschny bei Hitler erreichte, daß die Legion in Österreich geschlossen und bewaffnet einmarschieren durfte, jedoch erst Anfang April, als kaum mehr ein Zusammenhang mit den unmittelbaren Ereignissen des "Anschlusses" herzustellen war.[44] Danach wurde die Legion liquidiert, im Oktober war die Abrüstung der etwa 10.000 Mann beendet und ihre Unterbringung im Berufsleben wenigstens teilweise gelungen.[45]

Aber auch jene, die bei der Durchführung des "Anschlusses" eine Rolle gespielt hatten - vor allem Seyss-Inquart und seine Gruppe -, konnten zwar für kurze Zeit Positionen in der staatlichen Verwaltung erhalten, wurden jedoch auch bald von den Schalthebeln der Macht entfernt, eine Parteikarriere wurde ihnen verwehrt.

Nach dem "Anschluß" erfolgte die zweite "Verpreußungswelle" der NSDAP in Österreich. Gauleiter Josef Bürckel, ein Rheinpfälzer, hatte den Auftrag erhalten, die traditionellen Parteistrukturen in Österreich zu liquidieren und die zum Separatismus neigende Partei streng reichseinheitlich auszurichten. Er suchte dies zunächst mit einer Schar von Vertrauensleuten, die er aus der Pfalz und der Saar mitgebracht hatte, abzusichern und baute sie in sein Amt und später in das Reichskommissariat ein. In Wien kursierte darauf der böse Witz von der Aufstellung eines neuen Wehrmachtsteils, dem "Pfälzer-Postenjäger-Regiment".[46] Den Gau-Wahlleitern vor der Volksabstimmung gab er je einen Mann bei, der sich im Saarabstimmungskampf besonders bewährt hatte, und Mitte März 1938 überschwemmten 120 reichsdeutsche Kreisleiter Österreich, die in den Kreisen die Wahlvorbereitungen und den anschließenden Parteiaufbau überwachen sollten.[47] Diese Kreisleiter erhielten aber vor allem dadurch großen Einfluß, daß sie weitgehend in die als unzulänglich empfundene Organisation eingriffen, durch politische Beurteilungen über die Karrieren der zu beratenden österreichischen Parteifunktionäre entschieden und Ordnung und bürokratische Disziplin nach reichsdeutschem Muster durchzusetzen versuchten.[48]

Für die Personalentscheidungen in der höheren Ebene erlangte der reichsdeutsche Reichsamtsleiter Christian Opdenhoff entscheidene Bedeutung, weil er - im Stab Bürckels eingebaut - die Auswahl der für hohe Funktionen in Betracht kommenden Personen vornahm und gleichzeitig die Wünsche der deutschen Führung durchsetzte.[49] Auf seinen Vorschlag sollte den aus Österreich gebürtigen Gauleitern jeweils ein reichsdeutscher Stellvertretender Gauleiter zur Seite gestellt werden, doch erreichten hier die hinhaltenden Interventionen österreichischer Parteifunktionäre das weitgehende Scheitern dieses Konzepts. Im Falle von Umgliederungen wurde jedoch von Seite reichsdeutscher Behörden immer wieder ein Nichtösterreicher als Stellvertretender Gauleiter ins Spiel gebracht.[50] Auch im SS-Führungsamt erwog man anläßlich der Aufstellung einer neuen SS-Standarte für Österreich im April 1938, die Positionen der Standarten- und Sturmbannführer mit Reichsdeutschen zu besetzen.[51]

Tatsächlich rückten 1938 und 1939 zahlreiche Reichsdeutsche in Positionen der staatlichen Verwaltung. In geringerem Ausmaß galt dies für die Besetzung von Parteistellen. So waren etwa im Bereich der Finanzlandesdirektion Linz 12 österreichische und 10 reichsdeutsche leitende Beamte, bei den unterstellten Dienststellen 23 Österreicher und 20 Deutsche in leitender Position, die Spitzenpositionen der Reichsgauverwaltung von Oberdonau lagen ausschließlich in Händen reichsdeutscher Beamter.[52] Wichtige von Reichsdeutschen besetzte Parteiposten waren etwa der Leiter des SS-Abschnitts VIII SS-Oberführer Jung Kunz, der Leiter der SA-Gruppe Alpenland SA-Gruppenführer Paul Giesler. 1940 wechselte Opdenhoff als Stellvertretender Gauleiter nach Oberdonau. Auch diese Liste ließe sich noch beträchtlich verlängern. Die Reichsdeutschen stellten jedoch ein nicht zu unterschätzendes Problem dar. Sie waren stets - und ab dem Kriegsbeginn in steigendem Maß - Objekte der Mißstimmung, man warf ihnen Überheblichkeit, Inanspruchnahme von Privilegien und Luxus vor. Und wie ein roter Faden zog sich durch die Verwaltungsgeschichte des nationalsozialistischen Österreich die Frage, ob ein Österreicher oder ein Reichsdeutscher mit den wachsenden Schwierigkeiten leichter fertig werden würde.

Bürckel stand bei der Reorganisation der Partei vor dem Problem, wo er Österreicher einbauen konnte und welche Personen dafür in Betracht kämen. Selbstverständlich wirkten viele Kräfte auf die Personalentscheidungen ein, und Bürckels Freiraum beschränkte sich darauf, die Interessen der Mächtigen auf einen Nenner zu bringen und daneben seine eigene Richtung nicht ganz zu verlieren. In einem Aufruf an die Parteimitglieder stellte er die Frage, wer denn den Führungsanspruch erheben könne, ob einem alten Parteigenossen oder einem im Anhaltelager Inhaftierten der Vorzug gebühre.[53] Nach den von ihm aufgestellten Richtlinien wurde gefragt, seit wann sich der einzelne öffentlich als Nationalsozialist bekannte, wie groß die Opfer seien, mit denen er sein Bekenntnis zum Nationalsozialismus bestätigte, und ob der Betreffende charakterlich und sachlich geeignet sei, ein Amt zu übernehmen. Diese Auswahlkriterien blieben allerdings am Papier, denn einerseits begann der Druck von jenen, die befürchteten, übergangen zu werden, zum anderen reichten die personellen Kapazitäten nicht aus, wobei die Situation noch dadurch verschärft wurde, daß die Wirtschaft begann, qualifizierte Kräfte aufzunehmen, die der Partei nicht mehr zur Verfügung standen. Sie reagierte mit der Verleihung von Ehrenpositionen als Politische Leiter, SA- oder SS-Führer für Wirtschaftsführer, um wenigstens auf diese Weise Bindungen herzustellen. Die Einstellung der Organisationsarbeit - zunächst bis 10. April festgelegt, dann zweimal bis endgültig 10. Mai 1938 verlängert[54] - ermöglichte daher die nötige Ruhepause, um die in Unordnung geratenen Machtstrukturen wieder auszutarieren. Bürckel wurde, nach Beendigung seiner Aufgabe, durch die Ernennung zum "Reichskommissar für die Wiedervereinigung Österreichs mit dem Deutschen Reich" am 23. April 1938 fest verankert, er erhielt damit eine überragende Position, war Hitler direkt unterstellt und hatte nur seine Grenzen im Machstreben und in den Interessen der hohen Partei- und Staatsfunktionäre.

Die nach außen verordnete Ruhe verdeckte aber einen harten und die neuen politischen Strukturen in Österreich stark belastenden Machtkampf um die politischen Führungspositionen, vor allem der Gauleiter. Wohl war das Motiv, die verschiedenen Strömungen zufriedenzustellen und eine Machtbalance wieder herzustellen sehr stark, doch tatsächlich zeigten die Vorgänge um die Ernennung der österreichischen Gauleiter den rapide ansteigenden Machtzuwachs der SS. Denn Himmler und der in Personalfragen dominierende Stabsleiter des "Stellvertreters des Führers", Martin Bormann waren die letztlich Entscheidenden, die auch gelegentlich geäußerte Wünsche Hitlers ignorieren konnten.

Opdenhoff machte sich in enger Zusammenarbeit mit den Mitarbeitern Bormanns daran, die für Führungspositionen in Betracht kommenden Kandidaten zu überprüfen, und arbeitete zahlreiche, nach den jeweiligen Einflüssen wechselnde Besetzungsvorschläge für Gauleiter und deren Stellvertreter aus.[55] Als Idee stand dabei zunächst im Vordergrund, eine österreichische Identität überhaupt restlos zu zerschlagen, die historischen Ländergrenzen aufzulösen, Tirol an Bayern anzuschließen und nur 4 Gaue zu schaffen. Diese Regelung für die Partei sollte auch gleichzeitig Vorlage für die staatliche Umstrukturierung werden. Es war aber der erklärte Wille Hitlers, die österreichischen, historisch gewachsenen Strukturen in ihrer Substanz nicht anzutasten. Außer einigen kleinen Gebietskorrekturen, der Zuordnung Osttirols an Kärnten und der außer Streit stehenden Auflösung des Burgenlandes und Vorarlbergs sollten keine Veränderungen vorgenommen werden. Von den verschiedenen Varianten zwischen 4 und 7 Gauen setzte sich schließlich die Regelung von 7 Gauen durch: Vorarlberg wurde mit Tirol vereinigt, das Burgenland auf Niederösterreich und die Steiermark aufgeteilt. Diese Gebietsänderungen traten für die Partei am 1. Juni 1938, für den Staat aber erst am 15. Oktober 1938 in Kraft.[56]

Aus den Bemerkungen Opdenhoffs kann man eine Art Psychogramm des idealen Gauleiters erschließen. Nach seinen Vorstellungen müsse dieser energisch, hart, klar, willensstark, tatkräftig und zäh mit hohem Durchsetzungsvermögen sein. Er müsse eigenschöpferisch tätig, repräsentativ, zuverlässig und entwicklungsfähig und vor allem kein Kleingeist sein. Er müsse organisatorische und propagandistische Fähigkeiten sowie Führungsfähigkeiten besitzen, weltanschaulich gefestigt sein und immer die Linie der Partei verfolgen. Nun waren die diesen Anforderungen entsprechenden Funktionäre rar, und es war ja nur ein Selbstbetrug zu meinen, daß sie tatsächlich den Personalentscheidungen zugrunde gelegt würden. Vielmehr erfolgte die Auswahl nach machtpolitischer Brauchbarkeit, es wurde darauf Rücksicht genommen, ob ein Kandidat die Strukturen im Gau beherrschen und Ruhe nach außen garantieren könne, die erwähnten Anforderungen spielten dann nur in der letzten Phase eine eher marginale Rolle. Die Entscheidungen erhielten aber auch dadurch eine Brisanz, daß man, vom Prinzip der Unantastbarkeit der Gauleiter ausgehend, einen unbrauchbaren Führer nicht einfach abberufen wollte. Dies ist auch der Grund, warum es in einigen Fällen so lange dauerte, bis ein als unhaltbar empfundener Personalzustand endlich geregelt wurde.

Am 22. Mai 1938 ernannte Hitler die Gauleiter für Österreich.[57] Für Wien war dies Odilo Globocnik, für Niederdonau Hugo Jury, für Steiermark Siegfried Uiberreither, für Kärnten Hubert Klausner, für Oberdonau August Eigruber, für Salzburg Friedrich Rainer und für Tirol-Vorarlberg Franz Hofer. Für 4 Gaue (Salzburg, Oberdonau, Steiermark, Kärnten) wurden Stellvertreter bestellt, in der Steiermark war dies der ehemalige burgenländische Gauleiter Tobias Portschy. Während der Tätigkeit Klausners als Stellvertreter Bürckels in Wien und nach seinem Tod im Februar 1939 führte der Stellvertretende Gauleiter Franz Kutschera die Geschäfte in Kärnten. Das Alter war sehr niedrig; 5 Gauleiter waren zwischen 30 und 36 Jahre alt, nur Klausner (46) und Jury (51) gehörten der nächsten Generation an. Es gab einen deutlichen Überhang von Intellektuellen und Vertretern der Mittelschicht: den 3 Akademikern, Rainer als Notariatsanwärter, Jury als Facharzt und Uiberreither als Jurist, standen Klausner als Offizier, Globocnik als gelernter Baumeister und Hofer als Kaufmann gegenüber; lediglich Eigruber vertrat als Mechaniker die "proletarische" Richtung in der NSDAP. Das Naheverhältnis zur SS war unübersehbar: Globocnik, Rainer und Jury hatten SS-Ränge, Eigruber gehörte - durch einen Irrtum Himmlers - gleichzeitig der SS und der SA an, Hofer bewarb sich - allerdings vergeblich, sein einziger Gliederungsrang war der eines NSKK Obergruppenführers - um den Rang eines SS-Gruppenführers; nur Uiberreither gehörte der SA an. Klausner stand allen Gruppen nur nahe, hatte aber seine Qualifikation durch die Unterstützung der "Kärntner Gruppe" beim "Anschluß" erbracht.[58] Auch der 1941 neu eingesetzte Salzburger Gauleiter Scheel war SS-Führer und hatte Dienst beim Reichsführer-SS gemacht. Jeder der neuen Gauleiter war bestrebt, sich sofort einen Freundes- und Vertrautenkreis aufzubauen[59]. Von der Tragfähigkeit dieser Gruppenbildung hing es ab, wie störrisch die Gauleiter gegenüber dem Willen der Zentralleitung dann wurden. Selbst Hofer, gegen den die Mehrzahl der Parteiführer Tirols bei Bürckel aufgetreten war, erreichte bald den Aufbau einer ihm ergebenen Clique. Die Einheit von Partei und Staat wurde dadurch hergestellt, daß mit Ausnahme Wiens, wo Neubacher als Bürgermeister auch Landeshauptmann war, die Gauleiter auch die Spitze der staatlichen Verwaltung in ihren Ländern darstellten.

Das gescheiterte Monopol

Bürckel erhielt bei seiner Bestellung als Reichskommissar auch die Generalvollmacht für die Reorganisation der Partei, er war weisungsberechtigt gegenüber allen Dienststellen der NSDAP. Unmittelbar nach dem "Anschluß" hatte Hitler die Weisung erteilt, alle österreichischen nationalsozialistischen Organisationen zu liquidieren. Schon im März wurde die ehemalige Landesleitung Österreich aufgelöst, das Flüchtlingshilfswerk unter Rodenbücher war Ende Juni 1938 liquidiert und nur bei dem SA-nahen Hilfswerk Nordwest unter Reschny gab es Schwierigkeiten, die Abwicklung zog sich noch bis in das Jahr 1939 hinein.[60]

Bürckel ging vom Konzept des Primats der Partei aus und mußte bald merken, daß er ziemlich allein in dem Bestreben stand, eine straff gegliederte, einheitliche Führungsstruktur aufzubauen, denn schon Bormann wollte Gliederungen selbständige Rechte einräumen.[61] Der Reichskommissar geriet vollends in Konflikte, als er sich mit jenen Repräsentanten anlegte, die auf dem Prinzip der Mehrgleisigkeit und des Nebeneinander ihre Herrschaft aufgebaut hatten. Trotz ständiger Versuche, die Macht in seiner Hand zu halten - so ordnete er an, daß alle Weisungen an die Gauleiter über die Hauptabteilung für politische Organisation zu laufen hätten und die Verbindung mit der Partei nur über die Gauleitungen erfolgen dürfe[62] -, konnte Bürckel nicht verhindern, daß sich die Gauleiter eigene, umfang- und einflußreiche Machtzentren aufbauten. Der Reichskommissar hatte dies in gewissem Maß selbst provoziert, da er gegenüber den Berliner und Münchner Zentralstellen einen radikalen Kurs der Emanzipation der österreichischen Parteiorganisation steuerte, und nun bei den sich zunehmend verselbständigenden Gauleitungen von oben keine Hilfe erbitten konnte und wollte. Die von Bürckel ausgegebene Richtung der Parteiarbeit, die Erfassung des "kleinen Mannes", die Mitarbeit am wirtschaftlichen Aufbau und das Schmieden des "Bandes der Gemeinschaft"[63], zielte auf die Verwirklichung des Totalitätsanspruches der Partei, die Kontrolle der Wirtschaft und die Umwandlung der Menschen zu "Volksgenossen" ab.

Die Partei stand in den ersten Wochen ständig vor dem Zusammenbruch, weil sie außerstande war, den von ihr geforderten Monopolanspruch für politische Beurteilungen zu verwirklichen. Zu viele drängten sich heran und mußten durch die Schleusen der Prüfung ihrer politischen Verläßlichkeit, ihres Verhaltens im Ständestaat und des zu erwartenden Wohlverhaltens geführt werden. So kam es, daß sich diese Beurteilungen, die allerdings oft existenz- oder karriereentscheidend waren, auf fragwürdige Zeugen, Wichtigmacher und denunziatorische Angaben stützten - was die Postenjäger und Opportunisten begünstigte, die nicht aus politischer Überzeugung, sondern um des persönlichen Vorteils willen die neuen Machthaber umschwirrten. Verschärft wurden diese Schwierigkeiten noch durch die Fülle autonomer Handlungen von örtlichen Parteiorganisationen oder Gliederungen in der Anfangsphase. Es bedurfte einiger Zeit und rief viele Aufregungen und Verstimmungen hervor, bis eine straffere politische Struktur hergestellt war.

Durch die rasche Übernahme der entsprechenden Reichsgesetze suchte die Partei ihr Monopol, ihr Ansehen und ihre Unantastbarkeit öffentlich abzusichern[64] und gleichzeitig, unter Berufung auf das Gesetz zur Sicherung der Einheit von Partei und Staat, die beiden Bereiche zu vermischen und eine Kontrolle der Partei über die Verwaltung aufzubauen. Die Usurpation quasistaatlicher Funktionen - begünstigt durch die im nationalsozialistischen Reich so häufig unklaren Kompetenzen - und die Versuche konkreter Eingriffe in die Verwaltung und Justiz[65] führte zur raschen Einigung der staatlichen Machtträger, dies nicht zu dulden. Damit war die Niederlage der Partei gegenüber der staatlichen Bürokratie besiegelt. Schließlich reduzierte sich der Anspruch der Partei auf Ansuchen um Informationen oder Akteneinsicht, die Interventionen nahmen ab und ein Hineinregieren kam nur mehr in Einzelfällen vor.

So mußte sich die Partei einem Gebiet widmen, wo es keine Konkurrenz gab. Nach Auflösung zahlreicher Organisationen des Ständestaates übernahm die Partei die Kontrolle der zugelassenen Vereine und Verbände und suchte durch eine Bestätigung der Vereinsfunktionäre durch die Kreisleitung sicherzustellen, daß nur jene Personen Tätigkeiten ausübten, die Parteimitglieder waren oder zumindest der Partei wohlwollend gegenüberstanden.[66] Die einzelnen Interessengruppen wurden vollständig in die entsprechenden nationalsozialistischen Verbände eingegliedert.

Mit großem Ernst widmete sich die Partei auch der Beseitigung des in den ersten Wochen der Machtergreifung blühenden nationalen Kitsches. Die gestickten Hakenkreuzpolster, Kaffeehäferln mit dem Hitlerbild, Führerbüsten in Fleischhauergeschäften, aufgehenden Hakenkreuzsonnen über öffentlichen Gebäuden und sonstigen schauerlichen Postkarten wurden verbannt. Sämtliche Erzeugnisse von Parteisymbolen oder Darstellungen von Parteiführern einschließlich Hitlers mußten dem jeweiligen Gaupropagandaamt zur Genehmigung eingereicht werden, für den Handel war eine Bewilligung notwendig.[67] Dahinter lag aber auch oft die Absicht der Partei, das Geschäft mit nationalen Devotionalien selbst zu machen.

Wesentlich weniger komisch war die rasche Einbindung, ja - vor allem in Wien - vorwärtstreibende Tätigkeit der Partei bei der Judenverfolgung. Hatten schon Partei- und Formationsmitglieder in den März- und Apriltagen des Jahres 1938 die Ausschreitungen gegen Juden dominiert, so bemächtigte sich die Partei bald schon der administrativen Diskriminierungsmaßnahmen. Die Kennzeichnungspflicht für jüdische Geschäfte, die Einschränkungen der Freizügigkeit von Juden und die wirtschaftliche Ausbeutung wurden von Parteiinstanzen initiiert oder angeordnet. Schon im Juni 1938 führte der Wiener Gauleiter Globocnik - der später eine höchst herausragende Rolle bei der Ausrottung der Juden im Osten spielen sollte - für Beamte, Gewerbetreibende, Ehewillige und jüdische Mischlinge die Bestätigung eines kleinen Abstammungsnachweises durch das Amt für Sippenforschung der Wiener Gauleitung ein[68] und sorgte so für die rasche Wirksamkeit der Nürnberger Rassegesetze. Im Sommer 1938 häuften sich die Fälle, wo Dienststellen der NSDAP Hausbesitzer anwiesen, innerhalb von 14 Tagen Juden die Wohnung zu kündigen, und es bedurfte einiger Interventionen bei Bürckel, um gegenüber der Partei in diesen Fällen das gesetzliche Kündigungsverfahren durchzusetzen.[69] Eine wichtige Rolle spielte die Partei auch bei der Arisierung. Der Erwerb des Vermögens von Juden war an eine politische Beurteilung des Bewerbers gebunden, und der riesige Ansturm bewirkte in Wien, daß eine zentrale Beurteilung unmöglich wurde und nicht die zuständige Gauleitung, sondern zu deren Entlastung die Kreisleitungen die politischen Beurteilungen durchführten.[70]

Eine weitere wichtige Aufgabe sah die Partei auch in der Überwachung der politischen Tätigkeit der Bevölkerung, von den Ortsgruppen aufwärts wurden politische Lageberichte verfaßt. Politischen Gegnern wurde besonderes Augenmerk geschenkt, und es kam häufig vor, daß als Oppositionelle Verdächtigte oder sich kritisch Äußernde zur politischen Leitung (Ortsgruppenleiter, Kreisleiter) vorgeladen und verwarnt wurden. Half das nichts, so scheuten sich die Parteifunktionäre nicht, die Betreffenden bei der Geheimen Staatspolizei anzuzeigen. Auch dieses tolerierte Denunziantentum bewirkte, wie die häufig mangelhafte ethische Haltung oder Qualifikation, eine ständig wachsende Mißstimmung in der österreichischen Bevölkerung gegen Parteifunktionäre und Parteimitglieder. Die Berufung auf den Idealismus war schon im Herbst 1938 einem Gefühl der Nüchternheit gewichen. Dennoch kam es immer wieder vor, daß sich Parteifunktionäre bis hinauf zu Bürckel für die Freilassung von Schutzhäftlingen oder die Einstellung von Verfolgungsmaßnahmen einsetzten. Doch versteifte sich die Haltung des Reichssicherheitshauptamtes und der Geheimen Staatspolizei ab 1939 zusehends und wurde kaum mehr beeinflußbar, die nationalsozialistische Terror- und Mordmaschinerie begann sich zu verselbständigen.[71]

Parteiorganisation und Mitgliedschaft

Bis zum Herbst 1938 war der Aufbau der Partei in Kreise, Ortsgruppen, Zellen und Blocks erfolgt und somit der Anspruch der Partei, in alle Lebensverhältnisse einzugreifen, organisatorisch sichergestellt. Die Personalbesetzungen in der Parteiorganisation waren weitgehend abgeschlossen und hatten die Unruhe der ersten Monate stark reduziert. Diese Organisation stellte einen gewaltigen Apparat dar, so gab es etwa in Wien 426 Ortsgruppen, 2.370 Zellen und 14.254 Blocks. 450 Personen waren hauptamtlich, 35.000 Personen in der politischen Organisation und 65.000 in den Gliederungen ehrenamtlich tätig, sodaß etwa 100.000 Personen im Dienste der Wiener NSDAP standen.[72] Mit dem Beginn des Krieges belasteten die Einrückungen die Parteiarbeit. Die Tätigkeit der Ortsgruppen, Zellen und Blocks drohte einschneidend reduziert zu werden, weshalb man sich entschloß, „auch ältere Personen, die wegen Überschreitens eines bestimmten Alters nicht in die Partei aufgenommen werden konnten, dennoch aufzunehmen, um mit diesem "Partei-Volkssturm" die Funktionsfähigkeit der Organisation einigermaßen sicherzustellen.[73] Neben dem Ausbau der politischen Organisation lag der Schwerpunkt auf der Betriebsarbeit durch Etablierung der Nationalsozialistischen Betriebszellenorganisation (NSBO) in Betrieben mit wenigstens 5 Mitarbeitern.[74] Von der politischen Führung und damit von der Beeinflußbarkeit durch Bürckel unabhängig, baute die SA und vor allem die SS ihre Organisation in Österreich auf. Am 15. März 1938 wurde die österreichische SA in den Gesamtverband eingegliedert und als "Gruppe Österreich" zusammengefaßt.[75] Auch die SS wurde rasch neu organisiert, aus dem illegalen SS-Abschnitt VIII wurde der "SS-Oberabschnitt Österreich", der das gesamte Gebiet Österreichs umfaßte und in 3 SS-Abschnitte und 6 bis 8 SS-Standarten gegliedert war. Die Führung übernahm SS-Brigadeführer Ernst Kaltenbrunner.[76] Im Juni 1938 wurde der Name auf "Donau" geändert und im Juni 1939 in Analogie zu den beiden Wehrkreiskommanden auf österreichischem Gebiet zwei neue Oberabschnitte eingerichtet, der "SS-Oberabschnitt Alpenland", der Salzburg, Steiermark, Kärnten und Tirol-Vorarlberg umfaßte, und der "SS-Oberabschnitt Donau" für das östliche Österreich. Mit der Eingliederung der Untersteiermark wurde dort 1941 eine Vorfeldorganisation der NSDAP, der "Steirische Heimatbund" geschaffen.

Ein außergewöhnlich belastendes Problem für die Partei stellte die Frage der Mitgliedschaft dar. Da nach dem Parteiverbot im Jahr 1933 keine ordnungsgemäße Aufnahme von Mitgliedern erfolgt war, also keine Klarheit über alte Mitgliedschaften oder nationalsozialistische Betätigung bestand und überdies diejenigen, die die Zeichen der Zeit zu verstehen glaubten, in die Partei aufgenommen werden wollten, kapitulierte die Parteiführung (angeführt von dem für diese Frage zuständigen Reichsschatzminister) und verhängte nach dem Einmarsch deutscher Truppen in Österreich eine sofortige Aufnahmesperre. Gleichzeitig wurde ein Erfassungsverfahren eingeführt, in welchem die Parteimitgliedschaft vor dem Parteiverbot und eine Tätigkeit für die Partei in der Illegalität bis 1938 überprüft werden sollte.[77] Die alte Mitgliedschaft wurde nur bestätigt, wenn sich das Mitglied auch in der Verbotszeit aktiv betätigt hatte, im Falle der Ablehnung wurde der Erfassungsantrag an ein Parteischiedsgericht übergeben. Die ungeheure Bürokratisierung der Mitgliederbestätigung, die Ausgabe von immer wieder geänderten Formularen, provisorischen Mitgliedskarten, Zwischenbescheiden und detaillierten Anordnungen führte zu einer Vielzahl von Klarstellungen, Erläuterungen und präzisierenden Weisungen. Die Vorgangsweise war so kompliziert, daß sich nicht einmal die Zuständigen auskannten. Die Mitgliederangelegenheiten führten zu einem heillosen Wirrwarr. Allein in Wien wurden bis Mitte Dezember 1938 274.000 Anträge eingereicht, jedoch nur 144.000 provisorische Mitgliedskarten ausgestellt, 13.000 Anträge zur Ergänzung zurückgereicht und 17.550 Anträge zurückgestellt, das Parteigericht war mit 16.450 Anträgen hoffnungslos überlastet.[78] Die Erfassungsverfahren wurden so schleppend abgewickelt, daß noch im Jahr 1944 unerledigte Anträge vorhanden waren, Anträge verloren gegangen waren, den schließlich doch

Abgelehnten die oft jahrelang bezahlten Beiträge zurückerstattet werden mußten und schließlich überhaupt die Erledigung auf die Zeit nach dem Kriegsende verschoben wurde.[79] Es war dies ein signifikanter Fall, bei welchem die Parteibürokratie an den von ihr ausgeheckten Formalismen selbst erstickte.

Nicht genug mit der unbewältigbaren Dimension des Mitgliedschafts-Prüfungsverfahrens, gab es noch eine Reihe zusätzlicher Verwirrungen. Für die österreichischen Parteimitglieder war ein Nummernblock von 6,1 Millionen bis 6,9 Millionen bei der Nummerierung der Mitgliedskarten reserviert worden. Nun begannen aber die Interventionen, denn eine niedrige Nummer drückte die Zugehörigkeit zum Parteiadel aus, und zahlreiche Interessenten suchten alle Hebel in Bewegung zu setzen, boten Zeugen auf, suchten Befürworter oder beschwerten sich bei der Reichsleitung, um doch eine niedrige Parteinummer zu ergattern.[80] Es stellte sich auch oft heraus, daß es Kreisleiter, sogar Stellvertretende Gauleiter gab, die gar keine Parteimitglieder waren. Lange Debatten gab es auch um die Anerkennung jener Mitgliedschaften, die beim Steirischen Heimatschutz (der 1933 ein Kooperationsabkommen mit der NSDAP geschlossen hatte, das nun als ungültig deklariert wurde) und bei den Exilorganisationen für Österreicher im Deutschen Reich erworben worden waren. Um doch auch Interessenten eine neue Mitgliedschaft zu ermöglichen, wurde die Kategorie eines "Parteianwärters" für provisorische Aufnahmen verwendet, Ende 1939 erfolgte die Aufhebung der generellen Aufnahmesperre, wurde aber im Jahr 1942 wieder für die Kriegsdauer eingeführt. Eine Aufnahmemöglichkeit war mit dem vollendeten 18. Lebensjahr gegeben, die Höchstzahl von Parteianwärtern und Mitgliedern wurde mit 20% der Gesamtbevölkerung in den einzelnen Gauen festgelegt.[81]

Unklarheiten bestanden auch hinsichtlich der Mitgliedschaft katholischer und evangelischer Priester. Zahlreiche Geistliche hatten bereits vor dem Parteiverbot der NSDAP angehört und sich in der Illegalität für die Partei betätigt. Nach dem März 1938 steckten viele Partei- oder Sympathieabzeichen an den Rock, ohne formell Mitglied zu sein.[82] Es gab sogar eine eigene Vereinigung von mit der NSDAP sympathisierenden katholischen Priestern, die "Arbeitsgemeinschaft für den religiösen Frieden", die im Oktober 1938 durch das Episkopat verboten wurde und zu diesem Zeitpunkt 525 geistliche Mitglieder und 1844 sympathisierende Priester umfaßte.[83] Mitte 1938 entschied der Reichsschatzmeister, daß auch in Österreich analog zum "Altreich" kein Angehöriger des Klerus in die Partei aufgenommen werden konnte, nur jene, die vor dem Parteiverbot 1933 schon Mitglieder waren, konnten diese Mitgliedschaft behalten.

Die Mitgliederzahlen für Österreich liegen für den Zeitraum vom 30. 6. 1937 bis zum Mai 1943 vor.[84] Danach gab es im Juni 1937 75.572 Parteimitglieder, im Dezember 1937 105.035 und im März 1939 221.017. Der höchste Mitgliederstand (einschließlich der "ruhenden" Mitgliedschaften für Angehörige der Wehrmacht und der Hilfsdienste) betrug im März 1943 693.007. Daraus ist abzuleiten, daß, entgegen der Tendenz in den Gestapo-, Gerichts- und Sicherheitsdienst-Akten, die immer kritischer werdende Stimmung gegen die Partei sich nicht in sinkenden Mitgliedszahlen ausdrückte. Auch die Mitgliederzahlen der SS für den nachweisbaren Zeitraum von 1941 bis 1944 waren nahezu gleichbleibend, im Jahr 1941 20.272 und im Jahr 1944 20.309, im Jahr 1938 lagen sie bei 11.560 Mann.[85]

Die Erstarrung

Die Partei stand beständig im Spannungsfeld zwischen Zentralismus und Autonomie, wobei die verschiedenen Persönlichkeiten eine Rolle spielten. Schon mit dem einmarschierenden Troß der deutschen Truppen und anschließend kam eine Flut von persönlichen Vertretern, Sonderbevollmächtigten und Beauftragten reichsdeutscher Staats- und Parteistellen nach Österreich, die mit Beschlagnahmungen, Verhandlungen und Anordnungen begannen. Es gab Überschneidungen, Zusammenstöße und Zwistigkeiten in endloser Zahl, da jeder seinen Anteil an Macht und Beute erhaschen wollte. Ein Machtzuwachs für eine Reichsstelle in Österreich hatte ja auch insgesamt ein Vorrücken an Bedeutung zur Folge. Die Zustände wurden so unhaltbar, daß der "Stellvertreter des Führers" alle selbständigen Verhandlungen reichsdeutscher Stellen verbot und in jedem Einzelfall an eine Zustimmung durch Bürckel knüpfte.[86]

Wesentlich tiefergehend war der Konflikt zwischen dem Reichsschatzmeister und Bürckel beziehungsweise einigen Gauleitungen, vor allem von Wien. Schwarz suchte den eine unkontrollierbare Finanzpolitik betreibenden Globocnik auf vielfältige Weise an die Kandare zu nehmen. Der Konflikt mit Bürckel gipfelte in der Drohung des Reichskommissars, die notwendigen Gelder selbst zu beschaffen, während der Reichsschatzmeister die Auszahlung von Geldern sperrte, bis sich Bürckel den Reichsvorschriften unterordne.[87] Die Rivalitäten und Eifersüchteleien brachen vor allem an der Frage des Verhältnisses zwischen Partei und Staat auf, die Staatsstellen wachten mißtrauisch über jede Kompetenzausweitung der Partei. Sogar Heinrich Himmler, der immerhin der Führer der bedeutendsten Parteigliederung war, beschwerte sich einmal bei Bormann, daß Gauleiter Eigruber von Oberdonau in einer Rede die Reichseinheitlichkeit als alleinige Sache der Partei bezeichnet und damit die Verwaltung, insbesondere die Polizei zurückgesetzt hatte.[88]

Die personellen Veränderungen auf der Ebene der Gauleiter hielten sich in engen Grenzen. Im Jänner 1939 enthob Hitler Globocnik seines Amtes als Wiener Gauleiter und betraute mit dieser Funktion zusätzlich zu seinen anderen Posten Bürckel. Doch auch die Position Bürckels, dessen eigenwilliger Führungsstil verschiedene Zentralstellen zu einer gegnerischen Interessenkoalition zusammenfinden hatte lassen, war bald unhaltbar, sodaß dieser im Juli 1940 durch den Reichsjugendführer Baldur von Schirach ersetzt wurde. Schließlich wurde der lange kommissarisch geführte Gau Kärnten im November 1941 mit Friedrich Rainer besetzt, sein Nachfolger in Salzburg wurde der Reichsstudentenführer Gustav Adolf Scheel. Alle Versuche, bei dieser Gelegenheit die beiden Gaue zusammenzulegen, scheiterten am Widerstand Hitlers.[89]

Ab dem Sommer 1938 versuchte die Partei durch zahlreiche Schulungsveranstaltungen die weltanschauliche Aufrüstung der in der Illegalität ideologisch zu kurz gekommenen Parteimitglieder. Sie traf dabei auf viele Hindernisse. Die von starkem Aktivismus getragene österreichische Parteibasis sah die Notwendigkeit einer derartigen Schulung nicht ein, sie hatte sich mit einem naiven Repertoire einiger grober Grundbegriffe begnügt und überließ die mühsame Auseinandersetzung mit dem nationalsozialistischen Ideologiegemisch den wenigen professionellen Theoretikern und den bemühten, doch nicht sehr überzeugenden Handlungsreisenden in "Ideologie für den Hausgebrauch". Es scheint, als ob die Ausführungen von Schulungsrednern und die - meist als schematisierte Stehsätze auftretenden - Ideologiepassagen von Parteifunktionären bei Versammlungen keine Resonanz hatten und keineswegs zur Ideologisierung der Parteimitglieder und "Volksgenossen" führten.[90] Andererseits waren die Inhalte der österreichischen Mentalität wenig entsprechend. Was sollten die Nachfahren eines mitteleuropäischen Völkergemischs mit dem Germanenkult, den deutschen Tugenden oder einem Geist der Volksgemeinschaft schon anfangen? Jedenfalls war diese Indoktrination mühsam und wenig erfolgreich, was als Beweis dafür gelten kann, daß den Österreichern die konkreten positiven Auswirkungen des Nationalsozialismus wesentlich wichtiger waren als irgendeine weltanschauliche Überzeugung. Ehe diese Festlegung auf nationalsozialistisches Gedankengut wirksam werden konnte, begann der Zweite Weltkrieg und reduzierte die gesamte weltanschauliche Arbeit der Partei auf die Rechtfertigung des Krieges. Man muß also wohl auch von einer starken ideologischen Diskrepanz zwischen dem Reich und Österreich in dieser Zeit ausgehen.

Die weltanschauliche Schulung stützte sich auf einige allgemeine Schwerpunkte und entwickelte für Österreich offenbar auch eigene Problemstellungen.[91] Im Rahmen der Schulungen wurden die Schaffung eines neuen Denkens durch den Nationalsozialismus, die organische Volksgemeinschaft, die Überlebensfähigkeit des Volkes auf dem Fundament von Volkstum und Rasse, das Führerprinzip und das Prinzip der Auslese sowie die Bedrohung durch Feinde, wie den Liberalismus, den Marxismus, den Bolschewismus, die Freimaurer und Juden, behandelt. Auffallend ist jedoch, daß nach einer Phase des pragmatischen Antisemitismus nach dem "Anschluß" erst wieder ab den Jahren 1940 und 1941 verstärkt antisemitische Angriffe in das Repertoire der Propaganda und Schulung aufgenommen wurden. Mit der Fortdauer des Krieges kam auch das Thema der fremdvölkischen Unterwanderung durch Fremdarbeiter hinzu. Intensiv wurden die österreichischen Vorläufer einer Vereinigung mit dem Deutschen Reich, in erster Linie Schönerer, herausgestellt. Ein weiteres Thema, das zunehmend breiteren Raum einnahm, war die Auseinandersetzung mit dem Katholizismus. Es wurde neben den konkreten Diffamierungen des Ständestaates versucht, dem christlichen Jenseitsglauben einen germanischen Diesseitsglauben gegenüberzustellen, was jedoch kaum eine Wirkung auf die in Österreich verbreitete, im Barock wurzelnde Volksfrömmigkeit hatte. Viel Mühe und Geschick entwickelte die Partei bei der Gestaltung von Feiern, die als bewußte Gegenmodelle zu christlichen Feiern konzipiert wurden.

Im Selbstverständnis war die Partei "die feste Brücke zwischen Volk und Führung"[92], sie sollte dem Volk die Richtung geben, es erziehen und ihm gleichzeitig die Maßnahmen und Entschlüsse der Führung begreiflich machen. In der Praxis bedeutete dies den Versuch einer vollständigen Erfassung der Menschen, vor allem der Jugend. Im April 1939 wurden alle weiblichen und männlichen Jugendlichen zum Dienst in der Hitlerjugend verpflichtet, eine intensive politische Arbeit erfolgte gegenüber den Frauen.[93] Besonders subtile Methoden entwickelte die Partei, im Alltag eine Volksgemeinschaft zu erzwingen. Politische Gegner wurden in Zeitungen (vor allem in den Ländern) unter voller Namensnennung an den Pranger gestellt. Druck, einer Gliederung der Partei beizutreten, wurde ausgeübt (hier galt die Mitgliedschaft zur NSV, der Nationalsozialistischen Volkswohlfahrt als das kleinste Übel), und Namen von Personen wurden bekanntgegeben, die bei Sammlungen zu wenig spendeten oder die Spenden verweigerten. Diese Vorgangsweise verstärkte das Bewußtsein in der Bevölkerung, sich einem gewissen Naheverhältnis gegenüber der Partei nicht entziehen zu können. Waren die Parteifunktionäre mit Zeichen äußeren Bekenntnisses zumeist zufrieden, so wurden die Angelegenheiten abweichender Überzeugung zunehmend Aufgabe der Geheimen Staatspolizei.

In dem Maß, in dem die NSDAP beim Erwecken der Masse versagte, die Volksgemeinschaft auf sich warten ließ und von der Dynamik einer "Bewegung" kaum mehr etwas übrig war[94], begann die Partei durch bürokratische Strukturen und Hierarchien zu erstarren. Die Bürokratisierung aller Abläufe ließ Formalismen wichtiger als Inhalte erscheinen, Formulare und Karteikästen, Stempel, Bestätigungen, Befürwortungen, detaillierte Aufnahmsrituale und die Regelung jeder Kleinigkeit begannen die politische Arbeit zu verdrängen. Es war nicht nur verständlich, daß mit den ununterbrochen nach oben zu meldenden Tabellen, Zahlen, Meldungen und Leermeldungen in mehrfacher Ausfertigung weniger Zeit für Politik blieb, es war damit auch der Rückzug aus der Öffentlichkeit, in der der zunehmende Verlust der Problemlösungskapazität und die immer enger werdende Verflechtung mit einem Unterdrückungssystem registriert wurde, verbunden.[95]

Partei und Krieg

Mit Kriegsbeginn begannen immer wiederkehrende Wellen von Versammlungen der Partei, in denen die Notwendigkeit des Krieges und die Zuversicht eines Endsieges im Mittelpunkt standen.[96] Die Appelle, bedingungslos hinter der Führung zu stehen, sollten auch immer wieder das öffentliche Bekenntnis zur Partei und zu Hitler dokumentieren. Mit der Betonung der deutschen Sendung - vor allem im Osten - war meist die Behandlung des antibolschewistischen Kampfes und die Schilderung der bolschewistischen Bedrohung für den deutschen Lebensraum verbunden. Der Propagierung ideologischer Grundsätze wurde der Appell, den Glauben an die Zukunft zu behalten, zur Seite gestellt. Durch alle Kriegsjahre zog sich auch die antisemitische Polemik, die Juden seien am

Krieg schuld, würden an ihm nur verdienen und hätten es auf die Vernichtung Deutschlands abgesehen. Ab 1943 nahm die Propagierung des totalen Kriegseinsatzes breiten Raum ein, die Partei übernahm die Organisation der sogenannten "Heimatfront". Die Gliederungen der Partei waren bei der Wehrertüchtigung, den zahlreichen Sammlungen (Winterhilfswerk, Bücher, Kleidung), beim Ernteeinsatz und bei der Organisation von Unterhaltungsveranstaltungen für die Wehrmachtsangehörigen sowie sozialen Betreuungsmaßnahmen eingesetzt. Ein Generalmitgliederappell Ende 1943 und die Veranstaltung von Propagandamärschen in allen Gauen konnte ebensowenig an der wachsenden Ablehnung der Partei durch die Bevölkerung etwas ändern wie die neue Mobilisierungswelle im Februar 1944.

Mit dem Beginn des Bombenkrieges war es mit Versammlungen nicht mehr getan. Die Ortsgruppen suchten Hilfen für Bombenopfer zu organisieren, während die Zellen- und Blockleiter für die Einhaltung der Luftschutzvorschriften und im Falle eines Bombardements für Bergungs- und Löscharbeiten eingesetzt wurden. Die Partei trat also auch hier doppelbödig auf, einmal durch Anordnungen, Befehle, Denunziations- und Strafdrohungen den Kriegseinsatz tragend, ein Rädchen in der großen Kriegsmaschinerie darstellend, und zum anderen als Hilfsorganisation bei den Folgen eines Krieges, zu dem sie noch wenige Jahre vorher enthusiastisch aufgerufen hatte. Die Überbringung von Gefallenenmeldungen durch Parteifunktionäre in Uniform verlor bald den Charakter der Sorge um die "Volksgenossen", denn die Angehörigen von Frontsoldaten waren schon beunruhigt, wenn sie den Ortsgruppenleiter zu ungewohnter Stunde in Uniform auf der Straße auftauchen sahen: "er wirkt geradezu als Unglücksbote: wen wird es heute treffen?"[97]

Hinter dem öffentlichen Auftreten verbarg sich aber noch eine andere Tätigkeit. Die Partei wurde mit der Rekrutierung der Reserven für den Kriegseinsatz betraut. Und so übernahm sie das Auskämmen von Betrieben, um Frontaugliche festzustellen, und empfahl diesen oder jenen für den Einsatz. Kreisleiter und Ortsgruppenleiter wurden zu gefürchteten Instanzen über Einberufung oder Rückstellung, ja somit auch über Leben oder Tod. Die Bevölkerung suchte diese bald als Zwingherren empfundenen Träger des Systems bei Laune zu halten, ihre Aufmerksamkeit und schon gar ihren Unwillen nicht zu erwecken. Die Angst begann das Verhältnis zwischen Partei und Bevölkerung zu beherrschen. Immer rücksichtsloser organisierte die Partei den Einsatz für den Krieg, zog Männer, Frauen und Kinder zu Verteidigungsmaßnahmen heran.[98] In hohem Maß wurde die Partei aber auch während des Krieges Zutreiber für die Geheime Staatspolizei, eine große Zahl von Verhaftungen, Verfolgungsmaßnahmen, Verurteilungen und Hinrichtungen von Angehörigen des Widerstandes ging auf Denunziationen von Parteiangehörigen oder -funktionären zurück. Die Partei wurde in dem Maß überflüssig, als es nichts mehr zu verteilen gab und sie nur mehr die Entbehrung und den Schlachtentod propagierte und das Henkerbeil verteidigte.

Ungezählte Widerstandshandlungen in ganz Österreich betrafen Mißfallensäußerungen gegen die Partei, die politischen Führer und Hitler. Eine Fülle von

Witzen kursierte im Untergrund und gab die Mächtigen der Lächerlichkeit preis. Besonders intensiv versuchte die Partei, die zunehmenden Angriffe auf die "Preußen" und "Piefkes" sowie die wachsenden Österreich-Tendenzen zu bekämpfen.[99] Das Tragen der Parteiabzeichen nahm immer mehr - auch unter den Block- und Zellenleitern - ab, man begann in Österreich wieder mit "Grüß Gott" zu grüßen.[100]

Ab etwa 1941 wurde aus der Sicht der Partei die Kirche zum Hauptgegner, als sie begann, den nationalsozialistischen Wertvorstellungen christliche Werte gegenüberzustellen, die diesen vorzuziehen seien. Katholische Vereine blühten auf, der Kirchenbesuch nahm zu, die Kirche bot das Bild einer lebendigen, dynamischen Gemeinschaft, die die Herausforderung einer in Lähmung befindlichen Partei annahm. Und obwohl die Partei alle Machtmittel kontrollierte, war dieser Kampf so ungleich nicht. Denn es war der Partei nicht gelungen, die Religiosität aus den Parteimitgliedern zu entfernen, und so kam es zu unzähligen direkten Konfrontationen zwischen der Kirche und Parteiinteressen. Da spendete die Frau eines Ortsgruppenleiters für kirchliche Zwecke, die Spendenfreudigkeit war ein Vielfaches bei der Kirche gegenüber der Partei. Parteimitglieder waren Firmpaten und legten zur Feier das Parteiabzeichen ab, Personen, die kirchliche und Parteifunktionen innehatten und vor die Entscheidung gestellt wurden, eines von beiden aufzugeben, verließen meist die Partei.[101] HJ-Veranstaltungen und kirchliche Jugendveranstaltungen wurden zu gleicher Zeit angesetzt, meist war die Parteiveranstaltung kaum besucht, BdM-Führerinnen nahmen an der Fronleichnamsprozession teil, die kirchlichen Feiern gewannen an Attraktivität, die Parteifeiern boten meist ein trauriges Bild, kurz, die Partei war gegenüber der Kirche überall auf dem Rückzug.

In den letzten Kriegswochen, als die Parteifunktionäre immer noch vom Durchhalten, Siegen und Opfern sprachen, während sich die Front näherte und die alliierten Truppen österreichischen Boden betraten, als sie Kinder in einen sinnlosen Tod hetzten[102] und noch in vielen Orten an den letzten Kriegsgreueln (Geiselerschießungen, Taktik der "verbrannten Erde" usw.) beteiligt waren, begann die offene Auflehnung. In Wien wurden Parteifunktionäre beschimpft, bespuckt und mit Steinen beworfen, Arbeiterbezirke konnten sie manchmal nur mehr mit entsicherter Pistole betreten.[103]

Als das Ende kam, gab es wieder viele Funktionäre, die untertauchten oder aus dem Osten Österreichs in den Westen flüchteten, in der Hoffnung, dort überleben zu können. Die ersten Maßnahmen der Alliierten galten der Beseitigung des Nationalsozialismus, doch wurde das Problem damals nicht gelöst, es wurde vielmehr zu einer Hypothek, die die Zweite Republik noch lange beschäftigen sollte.

Anmerkungen

1 Zur Geschichte der NSDAP in Österreich vgl. F.L. Carsten, Faschismus in Österreich. Von Schönerer zu Hitler, München 1978; Gerhard Jagschitz, Der Putsch. Die Nationalsozialisten 1934 in Österreich, Graz-Wien-Köln 1976, S. 20 ff.; G. Jagschitz, Zwischen Befriedung und Konfrontation. Zur Lage der NSDAP in Österreich 1934 bis 1936, in: Das Juliabkommen von 1936. Vorgeschichte, Hintergründe und Folgen. Protokoll des Symposiums in Wien am 10. und 11. Juni 1976. Wissenschaftliche Kommission des Theodor-Körner-Stifungsfonds und des Leopold-Kunschak-Preises zur Erforschung der österreichischen Geschichte der Jahre 1927 bis 1938, Band 4, Wien 1977, S. 156-187; Bruce F. Pauley, Hahnenschwanz und Hakenkreuz. Der Steirische Heimatschutz und der österreichische Nationalsozialismus 1918-1934, Wien 1972; Andrew G. Whiteside, Austrian National Socialism before 1918, Den Haag 1962.

2 Ludwig Jedlicka, Gauleiter Josef Leopold (1889-1941), in: Geschichte und Gesellschaft. Festschrift Karl Richard Stadler zum 60. Geburtstag. Hgg. von Gerhard Botz, Hans Hautmann und Helmut Konrad, Wien 1974, S. 143-161.

3 Vgl. dazu G. Jagschitz, NSDAP und "Anschluß" in Wien 1938, in: Wien 1938. Forschungen und Beiträge zur Wiener Stadtgeschichte, Band 2, Wien 1978, S. 147-157.

4 Weisungen. National Archives, Washington, World War II Collection of Seized Enemy Records, Captured German Records Microfilmed at Alexandria. T 84/Roll 16/44295. Mikrofilm im Österreichischen Institut für Zeitgeschichte, Wien (ÖifZ); Flugblatt "Deutsche Frauen und Männer!" zur Volksbefragung am 13.3.1938. Bundesarchiv Koblenz (BAK), NS 26, Band 2067; Wolfgang Rosar, Deutsche Gemeinschaft. Seyss-Inquart und der Anschluß, Wien-Frankfurt-Zürich 1971, S. 246 ff.

5 Alfred Persche, Erinnerungen aus der Geschichte der nationalsozialistischen Machtergreifung in Österreich. Jahre 1936-1938. Niedergeschrieben von einem Alten Kämpfer der NSDAP. Maschinschriftliches Manuskript, Dokumentationsarchiv des österreichischen Widerstandes, Wien Nr. 1460, S. 277 ff.

6 Erwin A. Schmidl, März 38. Der deutsche Einmarsch in Österreich, Wien 1987, S. 111 ff.

7 In der Historiographie herrscht eine weitgehende terminologische Unklarheit über die Bezeichnung dessen, was am 13. März 1938 mit dem Deutschen Reich "wiedervereinigt" wurde und durch die Proklamation der politischen Parteien am 27. April 1945 seine Unabhängigkeit wieder erlangte. Es besteht kein Zweifel, daß Österreich als staatsrechtlich selbständiger Staat mit der Okkupation im März 1938 zu bestehen aufhörte. Doch bestand nach nationalsozialistischer Rechtsmeinung dieses Land weiter, allerdings ohne Staatscharakter. Es gab daher eine Österreichische Landesregierung (Reichstatthalter) und auch der Begriff "Österreich" wurde laufend verwendet. Mit dem Ostmarkgesetz und der endgültigen Einrichtung der Reichsgaue hörte am 31. März 1940 Österreich als Rechtssubjekt endgültig zu bestehen auf, Rechten und Pflichte gingen auf die selbstverwalteten Gaue oder das Reich über. Die verwaltungsmäßige Eingliederung war zu diesem Zeitpunkt aber noch nicht beendet und war dies in manchen Bereichen bis zum Kriegsende im Jahr 1945 immer noch nicht. Die politischen Versuche, den Begriff "Österreich" zu eliminieren, jedoch um eine Sammelbezeichnung nicht herumzukommen, führten zur Verwendung des Begriffs "Ostmark" - der bereits viele Jahre traditionell im nationalsozialistischen Vokabular in Verwendung stand - oder "Reichsgaue der Ostmark" nach dem 1. April 1940. Anfang Februar 1942 wurde auch die Bezeichnung "Ostmark" als unerwünscht erklärt und der Sammelbegriff "Alpen- und Donaureichsgaue" eingeführt. Angestrebt wurde aber, eine Sammelbezeichnung nach Möglichkeit überhaupt zu vermeiden.
Gerhard Botz, Die Eingliederung Österreichs in das Deutsche Reich, Planung und Verwirklichung des politisch-administrativen Anschlusses (1938-1940). Schriftenreihe des Ludwig-Boltzmann-Instituts für Geschichte der Arbeiterbewegung, Band 1, Wien 1972; Ludwig Jedlicka, Verfassungs- und Verwaltungsprobleme 1938-1955, in: Vom alten zum neuen Österreich. Fallstudien zur österreichischen Zeitgeschichte 1900-1975, St. Pölten 1975, S. 404-426; Helfried Pfeifer, Die Ostmark. Eingliederung und Neugestaltung, Wien 1941, S. 80 ff.

8 Die willkürlichen Verhaftungen und Beschlagnahmen nahmen einen derartigen Umfang an, daß die SA-Gruppe Österreich am 17. März 1938 den Befehl erließ, alle auf diese Weise zusammengekommenen Werte genau zu erfassen, Gegenstände von Ariern wieder zurückzugeben und in Zukunft jede Requisition zu unterlassen. Am gleichen Tag beschwerte sich

der Chef der Sicherheitspolizei in einem Brief an die Gauleitung Wien der NSDAP, daß im Zuge der Machtergreifung willkürlich von Parteimitgliedern Verhaftungen und Beschlagnahmen vorgenommen worden waren. Jede Verhaftung, Durchsuchung oder Beschlagnahme könne nur durch die Gestapo erfolgen.
Allgemeines Verwaltungsarchiv Wien (AVA), Reichskommissar für die Wiedervereinigung Österreichs mit dem Deutschen Reich (RKfdWÖ), Materienregistratur, Karton 164, Ordner 322 und Karton 149, Ordner 293 (NSDAP Parteiangelegenheiten allg.). Ein Bericht über die Machtergreifung in Vöcklabruck etwa in: Völkischer Beobachter Berliner Ausgabe 14. 3. 1938.

9 Anordnung 4/38 Adolf Hitler, 13.3.1938 in Linz. BAK Sammlung Schumacher 304.

10 Der Beauftragte des Führers für die Volksabstimmung in Österreich Bürckel, Anordnung 16/38, 18.3.1938. BAK Sammlung Schumacher 304; Bekanntmachung des Beauftragten des Führers für die Reorganisation der NSDAP in Österreich Bürckel an alle Dienststellen der Reichsleitung der NSDAP, 31.3.1938, BAK Sammlung Schumacher 303 I.

11 Wien: Franz Richter, Niederösterreich: Dr. Roman Jäger, Oberösterreich: August Eigruber, Salzburg: Ing. Anton Wintersteiger, Tirol: Edmund Christoph, Vorarlberg: Toni Plankensteiner, Steiermark: Ing. Josef Helfrich, Kärnten: Franz Kutschera, Burgenland: Dr. Tobias Portschy. Der Beauftragte des Führers für die Volksabstimmung in Österreich Bürckel, Verfügung 1/38, 17.3.1938, BAK Sammlung Schumacher 304.

12 Gerhard Botz, Wien vom "Anschluß" zum Krieg. Nationalsozialistische Machtübernahme und politisch-soziale Umgestaltung am Beispiel der Stadt Wien 1938/39, Wien-München 1978, S. 204.

13 Der Beauftragte des Führers für die Volksabstimmung in Österreich Bürckel, Verfügung 1/38, 17.3.1938. BAK Sammlung Schumacher 304.

14 Befehl des Führers der Gruppe Österreich der SA BBNr. 500/38, 30.3.1938. BAK Sammlung Schumacher 302 I; Richtlinien für die Steigerung des Propagandakampfes für die Volksabstimmung 10. April 1938, Gaupropagandaleiter Karl Wenzl, ohne Datum. BAK Sammlung Schumacher 304; Richtlinien für den Wahlsonntag den 10. April 1938, AVA, RKfdWÖ, Materienregistratur Karton 9, Ordner 19.

15 Der Revisor der Reichsleitung Willy Schiffer berichtete über den Gau Oberösterreich, daß das Wort Bürckels "Geld spielt keine Rolle" eine verheerende Wirkung auslöste. Gauwahlleiter und Parteigenossen "waren hinsichtlich der Propaganda und der Beschaffung jeder Art wie von einem Taumel erfaßt, der jede klare Übersicht und jede Erkenntnis für die Vernunftgrenze vermissen ließ." Willy Schiffer Revisor der Reichsleitung an Reichsschatzmeister der NSDAP, 13.4.1938. BAK, NS 1, Bd. 277.

16 Korrespondenzen und Aufstellungen über beschlagnahmte Vermögen und Gebäude 1938. AVA, RKfdWÖ, Materienregistratur Karton 53, Ordner 105, Mappe 2035/1 (Beschlagnahme von Vermögenswerten), Völkischer Beobachter Berliner Ausgabe 14.3.1938.

17 Geheimbericht über den Parteiaufbau in der Ostmark, Reichsamtsleiter Meiler, 3.8.1938. BAK Sammlung Schumacher 302 I.

18 Korrespondenzen und Aufstellungen über beschlagnahmte Vermögen und Gebäude 1938. AVA, RKfdWÖ, Materienregistratur Karton 53, Ordner 105, Mappe 2035/1 (Beschlagnahme von Vermögenswerten); SS Führungsamt, Bericht über die Dienstreise vom 25.-30.4.1938 in den SS-Oberabschnitt Österreich. BAK, NS 33, Bd. 182.

19 Korrespondenz und Aufstellungen über beschlagnahmte Vermögen und Gebäude 1938, ebenda.

20 Botz, Wien, S. 416 ff.

21 Bürckel an Göring, 29. 4. 1938. AVA, RKfdWÖ, Materienregistratur Karton 10, Ordner 22, Mappe 1400 (Reichskommissar Allgemeines) Reichs- und Preuß. Minister des Innern i.A. Stuckart an Bürckel, 21.3.1938. AVA, RKfdWÖ, Materienregistratur Karton 53, Ordner 105, Mappe 2025 (Maßnahmen und Vorfälle gegen Juden); Bericht an Kreisleiter Knissel, 26. 11. 1938. AVA, RKfdWÖ, Materienregistratur Karton 53, Ordner 105, Mappe 2025 (Maßnahmen und Vorfälle gegen Juden).

22 NSDAP der Stellvertreter des Führers, Anordnung 43/39, 25.2.1939. AVA, RKfdWÖ, Materienregistratur Karton 73, Ordner 143, Mappe 2160/0, Band I (Maßnahmen zur Ausschaltung der Juden aus dem deutschen Wirtschaftsleben allgemein).

23 Geheime Staatspolizei Staatspolizeistelle Graz an Gauleitung der NSDAP Steiermark, 6.8.1938. AVA, RKfdWÖ, Materienregistratur Karton 53, Ordner 105, Mappe 2034 (Schutzhaft allgemein).

24 Der Beauftragte des Reichsschatzmeisters der NSDAP Mackensen an alle Dienststellenlei-

ter der Gliederungen der NSDAP im Gauwahlbezirk Niederösterreich, 5.4.1938. BAK, NS 1, Bd. 277; Kurzbericht über die Verhältnisse in Österreich, Stabsleiter Saupert des Reichsschatzmeisters, 7.4.1938. BAK, NS 1, Bd. 2325; SA der NSADP Führer der Gruppe Österreich, Erlaß BBNr. 636/38 ; Nur für den Dienstgebrauch, 31.3.1938. AVA, RKfdWÖ, Materienregistratur Karton 164, Ordner 322, Mappe 4605 (Sturmabteilungen SA der NSDAP einschließlich ‚Österreichische Legion'); Himmler an SS-Oberabschnitt Donau, 27.6.1938. AVA, RKfdWÖ, Materienregistratur Karton 164, Ordner 322, Mappe 4610 (SS-Schutzstaffeln der NSDAP Schriftwechsel).

25 Der Regierungspräsident München, Anordnung, 24.1.1941. BAK, Sammlung Schumacher 304.

26 Rundschreiben Bürckel, 9.8.1938. AVA, RKfdWÖ, Materienregistratur Karton 53, Ordner 105, Mappe 2035/1 (Beschlagnahme von Vermögenswerten); Anweisung des Reichskommissars für die Wiedervereinigung Österreichs mit dem Deutschen Reich, 17.11.1938. AVA, RKfdWÖ, Materienregistratur Karton 53, Ordner 105, Mappe 2035/1 (Beschlagnahme von Vermögenswerten).

27 SS Gruppenführer Kaltenbrunner an Chef des Persönlichen Stabes Reichsführer-SS SS-Gruppenführer Wolff, 30.9.1939. BAK, NS 19, Bd. 1039.

28 Nora Aschacher, Die Presse der Steiermark von 1918 - 31. Juli 1955, Phil.Diss., Wien 1972, S. 225 f.

29 Radomir Luza, Österreich und die großdeutsche Idee in der NS-Zeit. Forschungen zur Geschichte des Donauraumes, Band 2, Wien-Köln-Graz 1977, S. 138 ff.

30 Ebenda.

31 Wiener Zeitung 23. 3. 1938, S. 1.

32 Der Höhere SS- und Polizeiführer bei den Reichsstatthaltern in Wien, Niederdonau und Oberdonau im Wehrkreis XVII Kaltenbrunner an den Chef des Persönlichen Stabes des Reichsführers-SS Wolff. BAK, NS 19, Bd. 3245; Botz, Wien, S. 413 ff.

33 Neuigkeits-Welt-Blatt 3.6.1938, S. 2. Bürckel wetterte darin auch gegen Inserate: "Die Methode der Ausschreibung in Zeitungen zeugt von wenig Verständnis für die Partei, denn die anonyme Ausschreibung ist, wenn auch ungewollt, geradezu eine Ablehnung unserer SA- und SS-Männer. Wer nicht mit der SA und der SS ist, ist gegen uns." In der Steiermark waren im Juli 1938 auf Grund des Bürckel-Aufrufes 87,9% der gemeldeten verdienten Kämpfer durch die Arbeitsämter untergebracht worden.
Landesarbeitsamt Graz an Gaupersonalamt des Gaues Steiermark, 12.7.1938. AVA, RKfdWÖ, Materienregistratur Karton 38, Ordner 76, Mappe 1915 (Arbeitsvermittlung und Arbeitsaufnahme allgemein).

34 Anordnung Nr. 34/38 des Reichskommissars für die Wiedervereinigung Österreichs mit dem Deutschen Reich, Bürckel, 23.9.1938. BAK, Sammlung Schumacher 303 I.

35 Hilfskasse der NSDAP Reichsleitung Geißelbrecht an Reichsamtsleiter Opdenhoff, 28.7.1938. AVA, RKfdWÖ, Materienregistratur Karton 10, Ordner 22, Mappe 1427 (Adressenlisten der Hinterbliebenen der Opfer der Bewegung).

36 Gauleiter von Salzburg Scheel an Reichsschatzmeister Schwarz, 20.10.1942. BAK, Sammlung Schumacher 208 I, Bd. 2. Der Gauleiter ersuchte darin um anderweitige Verwendung der aus der Unterstützungsaktion übergebliebenen 40.000,- Reichsmark.

37 Botz, Eingliederung, S. 93.

38 Verschiedene Korrespondenzen 1938. AVA, RKfdWÖ, Materienregistratur Karton 10, Ordner 21, Mappe 1355. Betrifft: Abstimmung der Österreicher im Reich bzw. Rückkehr in die Heimat, 22.3.1938. AVA, RKfdWÖ, Materienregistratur Karton 9, Ordner 19, Mappe 1300 (Wahldurchführung und Wahlpropaganda allgemein).

39 Korrespondenzen betreffend Walter Riehl 28.3.1938 - 5.3.1939. AVA, RKfdWÖ, Personalregistratur Karton 75, Ordner 154, "Riehl".

40 Alfred Eduard Frauenfeld, Und trage keine Reu'. Leoni am Starnberger See 1978, S. 166.

41 Harry Slapnicka, Oberösterreich - als es ‚Oberdonau' hieß (1938-1945), Linz 1978, S. 57.

42 Bürckel an Reichsminister Frick, 12.12.1938. AVA, RKfdWÖ, Materienregistratur Karton 10, Ordner 21, lose - ohne Mappenbezeichnung; Suchenwirth an Bürckel, 13.5.1938. AVA, RKfdWÖ, Materienregistratur Karton 173, Ordner 337, Mappe 4800 (Personalfragen der NSDAP Verschiedenes).

43 Stabsleiter Bormann an Bürckel, 18.3.1938. AVA, RKfdWÖ, Materienregistratur Karton 9, Ordner 19, Mappe 1320 (Redner- und Kreisleitereinsatz); Jedlicka, Leopold, S. 154 ff.

44 Meldung 24.3.1938 über Österreichische Legion. AVA, RKfdWÖ, Materienregistratur Karton 164, Ordner 322, Mappe 4605 (Sturmabteilungen SA der NSDAP einschließlich ‚Österr. Legion', Submappe ‚Österreichische Legion'); Illustrierte Kronen-Zeitung 1.4.1938, S. 6 f.

45 SA der NSDAP Österr. Legion Lagebericht über die Liquidierung der Österr. Legion, 22.6.1938. AVA, RKfdWÖ, Materienregistratur Karton 164, Ordner 322, Mappe 4605 (Sturmabteilungen SA der NSDAP einschließlich ‚Österreichische Legion', Submappe ‚Österreichische Legion'); Bericht der SA der NSDAP Hilfswerk Nordwest Nr. 5162/38, 16.7.1938. BAK, Sammlung Schumacher 302 I.
46 Seyss-Inquart an Himmler, 19.8.1939. BAK, Nachlaß Seyss-Inquart, Bd. 3.
47 Bürckel an Hitler, 18.3.1938. AVA, RkfdWÖ, Materienregistratur Karton 9, Ordner 19; Akten-Vermerk Reichsrevisor Schieder, 18.3.1938. BAK, NS 1, Bd. 2325.
48 Zusammenstellung der Auszüge aus den Berichten der reichsdeutschen Kreisleiter die den österreichischen Kreisleitern als Berater zugeteilt sind, Juli 1938. AVA, RKfdWÖ, Materienregistratur Karton 148, Faszikel 293, Mappe 4000 (Parteiangelegenheiten allgemein).
49 Besetzungsvorschläge und Korrespondenz Opdenhoff 1938. BAK, Sammlung Schumacher 304.
50 Etwa beim Planspiel der Versetzung des Gauleiters der Steiermark Uiberreither im Jänner 1944; Vorlage Walkenhorst, 31.1.1944. BAK, Sammlung Schumacher 209.
51 SS-Führungsamt, Bericht über Dienstreise vom 25.-30.4.1938 nach SS-Oberabschnitt Österreich. BAK, NS 33, Bd. 182.
52 Slapnicka, Oberösterreich, S. 64.
53 Bürckel: "Ein offenes Wort an alle Kämpfer und Parteigenossen Österreichs", 6.3.1938 (muß richtig 6.5.1938 heißen d.V.). AVA, RKfdWÖ, Materienregistratur Karton 9, Ordner 19, Mappe 1300 (Wahldurchführung und Wahlpropaganda allgemein).
54 Botz, Wien, S. 193.
55 Den folgenden Zusammenfassungen liegen die Besetzungsvorschläge und Korrespondenzen Opdenhoffs aus den Jahren 1938 und 1939 zugrunde. BAK Sammlung Schumacher 304.
56 Botz, Wien, S. 201.
57 Besetzungsvorschläge Opdenhoff 1938. BAK Sammlung Schumacher 304; Wiener Neueste Nachrichten 25.5.1938, S. 1 f.
58 Reichsführer SS Persönlicher Stab, Aktennotiz, 12.7.1938. BAK, NS 19, Bd. 2787; Hofer an Himmler, 17.8.1939. BAK, NS 19, Bd. 1133; Hofer-Akten.AVA, RKFdWÖ, Materienregistratur Karton 149, Ordner 293a; Botz, Wien, S. 196 ff.
59 Stefan Karner, Die Steiermark im Dritten Reich 1938-1945. Aspekte ihrer politischen, wirtschaftlich-sozialen und kulturellen Entwicklung, Graz-Wien 1986, S. 468 f.; Slapnicka, Oberösterreich, S. 61.
60 Tätigkeitsbereich des Hauptamtes II (Reichshaushaltsamt) für das Jahr 1938. BAK, NS 1, Bd. 487.
61 Bormann an Bürckel, 16.8.1938. BAK, Sammlung Schumacher 304.
62 Luza, Großdeutsche Idee, S. 76 f.
63 Wiener Neueste Nachrichten 25.5.1938, S. 1.
64 Etwa das Gesetz zum Schutz der Parteiuniformen vom 25. März 1938; Neues Wiener Journal 7.7.1938, S. 4.
65 Vgl. entsprechende Vorgänge in AVA, RKfdWÖ, Materienregistratur Karton 31, Ordner 61, Mappe 1800; Amtsgerichtspräsident in Wien an Bürckel, 5.9.1939. AVA ebenda.
66 Für Wien vgl. Gauringleiter Gustav Zettl, NSDAP Gauleitung Wien Gaupropagandaamt an Reichsringleiter Tiessler, 1.7.1940. BAK, NS 18, Bd. 818.
67 Völkischer Beoachter, Wiener Ausgabe 5.6.1938, S. 23.
68 Wiener Neueste Nachrichten 19.6.1938.
69 So lautete etwa ein derartiges Schreiben an eine Hauseigentümerin: "Nachdem Sie wissen, dass Wien eine deutsche Stadt werden muss und sich in ihrem Haus ... noch immer rassenfremde Mieter befinden, fordern wir sie auf, den letzteren sofort zu kündigen." Nach der Einräumung einer 14tätigen Frist hieß es abschließend: "Sie werden aufmerksam gemacht, dass eine Nichtbeachtung dieser Verfügung als Störung des beabsichtigten grossen Aufbauwerkes betrachtet und jede derartige Handlung als gegen die Partei gerichtet gewertet wird." NSDAP Gau Wien Kreis 8 Wohnungs-Referat an Frau Lea Roth, 29.6.1938. AVA, RKfdWÖ, Personalregistratur Karton 43, Ordner 89 "Kenedi"; Korrespondenzen zur Frage der Kündigungen von Judenwohnungen, Juli-September 1938. AVA, RKfdWÖ, Materienregistratur Karton 31, Ordner 61, Mappe 1800.
70 NSDAP Gauleitung Wien Gaupersonalamt an Vermögensverkehrsstelle Pg. Schubert, 6.7. 1939. AVA, RKfdWÖ, Materienregistratur Karton 73, Ordner 144, Mappe 2160/00 Band III (Arisierung Vermögensverkehrsstelle).
71 Diesbezügliche Korrespondenz in AVA, RKfdWÖ, Karton 53, Ordner 105, Mappe 2034 (Schutzhaft).

72 Botz, Wien, S. 208, 223.
73 NSDAP Gauleitung Wien, Gauschatzmeister an Reichsschatzmeister, 21.1.1943. BAK, Sammlung Schumacher 303 I.
74 Anordnung 2/38 und 3/38 des Reichskommissars für die Wiedervereinigung Österreichs mit dem Deutschen Reich, 12.5.1938. BAK, Sammluch Schumacher 302 I.
75 Befehl des Obersten SA-Führers Lutze, 15.3.1938. BAK, Sammlung Schumacher 302 I.
76 Reichsführer-SS Befehl, 12. 3. 1938. BAK, Sammlung Schumacher 304; SS-Führungsamt, Bericht über Dienstreise vom 25.-30.4.1938 nach SS-Oberabschnitt Österreich. BAK, NS 33, Bd. 182; Führer SS-Oberabschnitt Alpenland, Befehl 1.6.1939. BAK, NS 33, Bd. 96; SS-Befehl RF-SS, 24.6.1938. BAK, NS 33, Bd. 182.
77 Der Beauftragte des Führers für die NSDAP in Österreich, Bekanntgabe 3/38, 11.5.1938. AVA, RKfdWÖ, Materienregistratur Karton 150, Ordner 296, Mappe 4010; Mitteilungsblatt des Gaues Niederdonau, 1.9.1941. BAK, Sammlung Schumacher 206.
78 Finanz- und Parteiverwaltung Mitgliedschaftswesen Gau Wien an Finanz- und Parteiverwaltung Reichsamtsleiter Meiler, 14.12.1938. BAK, Sammlung Schumacher 303 I.
79 Sonderbeauftrager des Reichsschatzmeisters Hermann Haag an Reichsschatzmeister Schwarz, 23.4.1938. BAK, Sammlung Schumacher 303 I; NSDAP Gauleitung Wien, Gauleiter Schirach an Reichsschatzmeister Schwarz, 12.8.1943. BAK, Sammlung Schumacher 303I; NSDAP Gauleitung Niederdonau Gauschatzmeister an Reichsschatzmeister Schwarz, 28.2. 1944. BAK, Sammlung Schumacher 303 I.
80 NSDAP Gauleitung Kärnten Gauschatzmeister an Reichsschatzmeister Reichsrechtsamt, 13.11.1940. BAK, Sammlung Schumacher 303 I.
81 Anordnung 37 des Gauleiters Bürckel, ohne Datum (aus anderen Quellen ist der 19.11.1938 erschließbar d.V.). BAK, Sammlung Schumacher 303 I.
82 Vorschläge zur Erfassung der Mitglieder von Parson und Dr. Hämmerle, 24.6.1938. BAK, Sammlung Schumacher 303 I.
83 Franz Loidl, Religionslehrer Johann Pircher. Sekretär und aktivster Mitarbeiter in der "Arbeitsgemeinschaft für den religiösen Frieden" 1938. Miscellanea aus dem kirchenhistorischen Institut der katholisch-theologischen Fakultät Wien XXV. Wien 1972, S. 6 ff., 13.
84 Listen mit Mitgliederständen 1937-1943. BAK, Sammlung Schumacher 376.

Österreich	Ruhend	Gesamt	Zahlend
30 .6.1937	75.572	75.572	
31.12.1937	105.035	105.035	
31. 3.1939	2.009	221.017	219.008

Nach Gauen (Stand der zahlenden Mitglieder)

	Kä	ND	OD	SBG	STMK	Ti-V	W
Juni 1940	34.838	140.690	60.174	22.783	88.716	59.009	129.536
Dez. 1940	36.231	140.248	60.678	23.286	85.648	58.320	140.684
März 1941	36.823	138.680	60.666	22.827	86.028	58.229	140.066
Sept.1941	36.196	135.439	63.035	22.096	85.008	56.415	140.781
Feb. 1942	35.617	130.299	67.501	21.045	87.230	54.590	133.802
März 1943	35.040	127.272	66.393	20.572	83.858	53.049	133.802
Mai 1943	34.699	130.895	67.669	20.386	83.213	53.678	132.195

Nach Gauen (Stand einschließlich Wehrmacht und Hilfsdienst)

	Kä	ND	OD	SBG	STMK	Ti-V	W
Juni 1940	38.578	170.373	70.934	26.133	100.848	67.802	153.046
Dez. 1940	40.836	174.353	72.793	27.220	99.865	68.426	168.973
März 1941	41.878	176.512	75.366	27.060	101.106	68.792	170.991
Sept.1941	43.936	177.156	79.949	27.259	102.813	69.832	171.465
Feb. 1942	44.992	178.706	87.588	27.068	107.030	70.348	172.746
März 1943	47.100	181.746	90.475	27.357	107.098	71.991	167.240
Mai 1943	47.898	167.526	93.023	27.354	107.883	73.223	166.288

Den Versuch einer sozialstrukturellen Aufschlüsselung der Parteimitglieder hat Gerhard Botz in mehreren Aufsätzen unternommen, vor allem: The Changing Patterns of Social Support for Austrian National Socialism (1918-1945) in: Who were the Fascists. Social Roots of European Fascism. Ed. by S.U. Larsen, B. Hagtvet, J.P. Myklebust, Bergen-Oslo-

Tromso 1980, S. 202-225 und Strukturwandlungen des österreichischen Nationalsozialismus (1904-1945) in: Politik und Gesellschaft im alten und neuen Österreich. Festschrift für Rudolf Neck zum 60. Geburtstag, hg. von Isabella Ackerl, Walter Hummelberger, Hans Mommsen, Bd. II, Wien 1981, S. 163-193.

85 SS-Führungsamt, Bericht über Dienstreise vom 25.-30.4.1938 nach SS-Oberabschnitt Österreich. BAK, NS 33, Bd. 182; Statistisch-wissenschaftliches Institut des RF-SS, Stärkemeldungen der SS von 1941-1944. BAK, NS 19, Bd. 1471.

86 SS-Standortführer der Hauptstadt der Bewegung München, SS-Standortbefehl Nr. 7/1938, 15.3.1938. BAK, Sammlung Schumacher 304.

87 Korrespondenz zwischen Schwarz, Bürckel, Bormann, November 1938 in BAK, Sammlung Schumacher 304; Finanz- und Parteiverwaltung in Österreich beim Beauftragten des Führers für die NSDAP in Österreich Meiler an Reichsschatzmeister z.H. Stabsleiter Saupert, 2.9.1938. BAK, Sammlung Schumacher 303 I.

88 Bericht SS-Sturmbannführer Malz an Reichsführer-SS, 31.12.1942 und Himmler an Bormann, 14.1.1943. BAK, NS 6, Bd. 160.

89 Der Führer, Verfügung, 18.11.1941. BAK, Sammlung Schumacher 203; Korrespondenz zwischen Scheel und Himmler, Oktober und November 1941. BAK, NS 19, Bd. 2229. Himmler empfahl Scheel "lieber die Finger auf eine glühende Herdplatte" zu legen als die Frage der Zusammenlegung von Kärnten und Salzburg aufzurühren.

90 Weltanschauliche Lageberichte Gauschulungsamt Niederdonau, Nr. 18, 25.8.1942. BAK, NS 26, Bd. 639.

91 Grundlage bilden neben den weltanschaulichen Lageberichten des Gauschulungsamtes Niederdonau vom August 1942 bis August 1944 (BAK, NS 26, Bd. 639) hektographierte Schulungsunterlagen und Leitblätter des Gauschulungsamtes Wien aus den Jahren 1938 und 1939 im Besitz des Verfassers.

92 Wiener Neueste Nachrichten 25.5.1938, S. 1.

93 Das Kleine Volksblatt 6.4.1939, S. 4; Brigitte Lichtenberger-Fenz, Kinder, Küche, Kriegsarbeit - Frauenalltag unter dem NS-Regime in Wien, in: IWK-Mitteilungen des Instituts für Wissenschaft und Kunst, 1/1986, S. 13-18; Georg Tidl, Die Frau im Nationalsozialismus, Wien-München-Zürich 1984.

94 Bei einer Tagung der Propagandisten des Gaues Wien erhob der Stellvertretende Gauleiter Scharizer die Forderung, die herantretenden Aufgaben "wieder mit dem Schwung der Kampfzeit anzupacken und zu lösen". Neues Wiener Tagblatt 7.11.1943.

95 In einem Lagebericht wurde bemängelt, daß die persönliche Werbung und der persönliche Besuch durch Parteifunktionäre immer weniger würden: "Wenn Block-, Zellen- und Ortsgruppenleiter diesen Weg wie früher zu gehen verstünden, bliebe der Partei manches Versagen erspart." Weltanschauliche Lageberichte Gauschulungsamt Niederdonau, Nr. 22, 26.3.1943. BAK, NS 26, Bd. 639.

96 Gauringleiter Gustav Zettl NSDAP Gauleitung Wien, Gaupropagandaamt an Reichsringleiter Tiessler, 31.1.1940. BAK, NS 18, Bd. 818. Vgl. einige wahllos herausgegriffene Zeitungsberichte: Völkischer Beobachter Wiener Ausgabe, 27.10.1940, S. 13; Das Kleine Blatt, 27.4. 1941, S. 6; Völkischer Beobachter Wiener Ausgabe, 14.9.1941, S. 9; Wiener Kronen-Zeitung, 31.1.1944, S. 3 f.

97 Weltanschauliche Lageberichte Gauschulungsamt Niederdonau, Nr. 20, 3.11.1942. BAK, NS 26, Bd. 639.

98 Partei-Kanzlei Bormann, Rundschreiben an alle Gauleiter, 29.1.1943. BAK, Sammlung Schumacher 304.

99 Weltanschauliche Lageberichte Gauschulungsamt Niederdonau, Nr. 18, 25.8.1942; Nr. 22, 26.3.1943; Nr. 24, 10.9.1943. Ludwig Jedlicka, Ein unbekannter Bericht Kaltenbrunners über die Lage in Österreich im September 1944, in: Österreich in Geschichte und Literatur 4. Jg. 1960, Heft 2, S. 85; Luza, Großdeutsche Idee, S. 206 ff; Völkischer Beobachter Wiener Ausgabe, 12. 10. 1941, S. 7, Artikel von Leo Schödl "Das Ende der Piefkitis".

100 Weltanschauliche Lageberichte Gauschulungsamt Niederdonau, Nr. 24, 10.9.1943. BAK, NS 26, Bd. 639.

101 Diese Beispiele finden sich in den Weltanschaulichen Lageberichten Gauschulungsamt Niederdonau, Nr. 18, 25.8.1942, Nr. 21, 23.12.1942, Nr. 22, 26.3.1943, Nr. 23, 31.5.1943 und Nr. 25, 30. 9. 1943. BAK, NS 26, Bd. 639.

102 Ralf Roland Ringler, Illusion einer Jugend. Lieder, Fahnen und das bittere Ende. Hitler-Jugend in Österreich. Ein Erlebnisbericht, St. Pölten 1977, S. 132 ff.

103 Vermerk für Chef der Sicherheitspolizei und des SD, 10.3.1945. BAK, NS 6, Bd. 756.

Walter Sauer

ÖSTERREICHS KIRCHEN 1938 - 1945

1. Vergangenheitsbewältigung in den Kirchen?

1945 schweigen die Kirchen auf kritische Fragen nach ihrem Anteil an der Zerschlagung der Selbständigkeit Österreichs, ihrem institutionellen Vorbeisehen an faschistischem Terror und Völkermord, ihrer bis zuletzt aufrechterhaltenen Rechtfertigung des Krieges gegen den bolschewistischen Erzfeind. Wird im Hirtenbrief des evangelischen Bischofs Gerhard May zum 26. November 1945 immerhin davon gesprochen, auch die Kirche sei nicht schuldlos durch die große Versuchung gegangen, Menschenworten mehr als Gottes Worten zu glauben,[1] so ist auf katholischer Seite ein Schuldbekenntnis nicht einmal ansatzweise erkennbar: Nicht die Kirche könne für den Vernichtungskrieg verantwortlich gemacht werden, schreiben die Bischöfe in ihrem ersten Nachkriegshirtenbrief vom 21. September, sie habe vielmehr das drohende Unheil abzuwenden gesucht, Versprechungen glaubend, die ihr gemacht, jedoch nicht eingelöst worden seien; statt dessen habe man die Kirche systematisch ihrer Rechte beraubt und in ihrer Sendung behindert.[2]

Nationalsozialistische Herrschaft als "Kirchenkampf": Für die Bischöfe, die nach dem Krieg die erneute religiöse Durchdringung des öffentlichen Lebens und die Re-Integration der Kirche ins politische System der 2. Republik erfolgreich betreiben,[3] steht naturgemäß diese Perspektive im Vordergrund. Und zweifellos sind die 15 hingerichteten oder die mehr als 800 inhaftierten Geistlichen, die vielen ihrer religiösen Überzeugung wegen schikanierten Gläubigen auch Opfer eines "Kirchenkampfes", Opfer des Gesinnungsterrors des faschistischen Gewaltsystems gewesen. Bei dieser Zugangsweise unerwähnt und damit unbewältigt bleiben aber die "Feierliche Erklärung" des Episkopats von 1938, die Stellungnahmen des Oberkirchenrats vom selben Jahr oder der nicht minder beschämende Kommunismus-Hirtenbrief von 1941. Die Diskussion wird auf den Konflikt zwischen Kirchen und Nationalsozialismus, genauer: auf den Konflikt zwischen den Kirchen und der Ideologiepolitik des Nationalsozialismus eingeschränkt. Im dunkeln bleibt die Zustimmung oder zumindest das Schweigen der Kirchen zu den anderen Bereichen der faschistischen Machtausübung in Österreich: zur politischen Gleichschaltung, der wirtschaftlichen Ausplünderung, dem rassistischen Terror, kurz: zum Gesamtsystem der nationalsozialistischen Herrschaft. Gerade der Chronist des "Kirchenkampfs" rühmt sich noch 1947 guten Gewissens, sich den Machthabern gegenüber nicht gebeugt, den Einrichtungen des Staates gegenüber aber seine sittliche Pflicht gewissenhaft erfüllt zu haben.[4]

Zwar beginnt nach 1960 (dem Jahr der Unterzeichnung des ersten Zusatzvertrages zum Konkordat von 1933) mit den Arbeiten von Erika Weinzierl[5] die wissenschaftliche Erforschung des Themas; verschiedene relevante Aspekte sind von der Forschung seither bearbeitet worden, andere, nicht weniger wichtige Bereiche freilich nach wie vor ungeklärt. Ob das jüngst gesprochene "nostra culpa" Kardinal Königs[6] der kirchlichen Vergangenheitsbewältigung neue Impulse verleihen wird, bleibt vorläufig offen.

Der vorliegende Beitrag, der sich erstmals auch auf Akten des seinerzeitigen "Reichsministeriums für die kirchlichen Angelegenheiten" in Berlin stützen kann,[7] fragt erstens nach dem Beitrag der österreichischen Kirchen zu Etablierung und Stabilität der nationalsozialistischen Herrschaft; zweitens nach jenen übergeordneten strategischen Zielen, um deretwillen der Nationalsozialismus in Österreich auf ein Bündnis mit den Kirchen offensichtlich verzichtet; drittens nach der Bedeutung des daraus entstehenden ideologischen Konflikts für den antifaschistischen Widerstand. Denn:

> "Dieselben Kirchen, die den völkermordenden Faschismus bis zum Schluß als göttlich eingesetzte Obrigkeit anerkennen, haben wie keine andere ideologische Macht die Kraft, sich seinen Versuchen der Gleichschaltung und der Zerstörung ihrer Einflußbereiche zu widersetzen."[8]

Das Resumee, das Jan Rehmann aus seiner anregenden Studie über die deutschen "Kirchen im NS-Staat" zieht, ist offensichtlich auch auf Österreich übertragbar.

2. Kirchen und deutscher Faschismus

Die gemeinsamen Werte

Von sehr unterschiedlichen Positionen aus vollzieht sich vor 1938 die Auseinandersetzung mit dem bzw. die Rezeption des Nationalsozialismus in den österreichischen Kirchen. Die katholische Kirche ist in dem "christlich, deutschen Bundesstaat auf ständischer Grundlage" zur ideologischen Trägerin des Regimes aufgerückt.[9] Ihre Bischöfe stehen naturgemäß offiziell in Distanz, zeigen zum Teil unverhohlene Gegnerschaft zum Nationalsozialismus. Intern freilich ist von einer einheitlichen Position keine Rede. Vor allem der Wiener Kardinal Theodor Innitzer sowie der Fürstbischof von Gurk-Klagenfurt, Adam Hefter, denken mehrfach an eine Verständigung. Offiziell wird die Annäherung allerdings nur vom steirischen Kurienbischof Alois Hudal betrieben; Hudal ist sowohl Herausgeber eines offiziösen Standardwerks über den "Katholizismus in Österreich" (1931) als auch Autor der in Österreich fünfmal aufgelegten "Grundlagen des Nationalsozialismus" (1937).[10]

Antiparlamentarismus, Antisemitismus und eine spezifische "gesamtdeutsche" Geschichtsauffassung sowie die traditionelle Gegnerschaft zur Arbeiterbewegung bzw. zu sozialistischen oder bürgerlich-demokratischen Entwicklungen in anderen Ländern (Sowjetunion, Mexiko, Spanien) werden weithin als verbindende Elemente mit dem Nationalsozialismus empfunden.

> "Ich schäme mich", sagt im nachhinein der damalige Kaplan Ferdinand Klostermann, "daß wir alle miteinander damals gepredigt haben, das wahre Deutschtum sei das Christentum, ohne zu erkennen, daß wir damit schon einen Grundwert der Nazis übernommen hatten".[11]

Einschlägige Medien zeichnen Hitler 1933/34 als katholischen Politiker, den Nationalsozialismus als glaubensfreundliche Bewegung.[12] Vor allem seit dem Juliabkommen von 1936, das von den österreichischen Bischöfen als Beilegung einer "innerlichen Spaltung" des deutschen Volkes gefeiert wird,[13] verbreitert sich im katholischen Spektrum das rechtsextreme Netzwerk nationalsozialistischer oder zumindest sympathisierender Intellektueller, Jugendfunktionäre und Priester.[14] Die Enzyklika Pius XI. zum sog. deutschen Kirchenkampf findet 1937 nur mehr wenig Beachtung. Der Wunsch nach stärkerer Mitarbeit der Katholiken in NS-Institutionen ist vielfach mit der Hoffnung verbunden, von Österreich aus das "Altreich" missionieren, den Faschismus taufen zu können.[15]

Fast gegensätzlich vollzieht sich die Entwicklung in der evangelischen Kirche. Die ausgeprägte Katholizität des Dollfuß-/Schuschnigg-Regimes wird hier als Bedrohung der verfassungsmäßig verankerten Glaubensfreiheit empfunden.[16] Reale Benachteiligungen werden von der illegalen NSDAP nicht ungeschickt ausgenützt; 1936 veröffentlicht der wegen Hochverrats amtsenthobene österreichische Staatsanwalt und NSDAP-Parteirichter Robert Kauer in Zürich seine Kampfschrift "Die Gegenreformation in Neu-Österreich", die Österreich als ein Regime der Glaubensverfolgung zeichnet und die Hoffnung auf eine "Befreiung" durch das Deutsche Reich ausdrückt.[17]

Oberösterreichische Geistliche knüpfen die ersten nachweisbaren Verbindungen evangelischer Kreise zur NSDAP schon in den zwanziger Jahren. Beeindruckt von der "Partei neuen Typs", deren geschichtliche Mission es sei, "den Marxismus zu erledigen und die politische Macht der kath. Kirche zu brechen",[18] vollzieht etwa der Gosauer Pfarrer Hans Eder seinen Parteieintritt. "Allerdings kann ich nicht leugnen, daß die Tatsache, daß ich der NSDAP als Mitglied beitrat, ihr in meiner Gemeinde einen starken Auftrieb gegeben hat."[19] Ähnlich verläuft die Entwicklung in anderen Gemeinden des Salzkammerguts, in Linz, in Salzburg und Innsbruck. Die illegale NSDAP propagiert den Kircheneintritt aus politischen Gründen, Subsidien deutscher staatlicher und kirchlicher Institutionen unterstützen den Prozeß der Unterwanderung der Kirche entscheidend.[20] Am nationalsozialistischen Putschversuch sind 1934 bereits zahlreiche evangelische Glaubensgenossen beteiligt.

Zwischen 1932 und 1937 steigt die Mitgliedszahl der evangelischen Kirche von 280.049 auf 331.871 an. Daß "die Gegnerschaft zum Ständestaat eine nicht unerhebliche Motivation in diesem insgesamt höchst vielschichtigen Phänomen einer Übertrittsbewegung darstellte", ist nach heutigem Forschungsstand nicht zu leugnen.[21] Ganze Sektoren der evangelischen Kirche fungieren vor 1938 als Tarnorganisationen der Nationalsozialisten. Zwei Drittel aller evangelischen Geistlichen rühmen sich einer illegalen Parteimitgliedschaft. Viele von ihnen sowie ein hoher Prozentsatz der evanglischen Lehrer treten nach dem "Umsturz" sofort aus der Kirche aus und zum Teil direkt in die Dienste der NSDAP über.[22]

Kirchen und "Anschluß"

Unmittelbare Folge der Ablöse des "ständestaatlichen" Regimes ist ein politischer Umsturz innerhalb der evangelischen Kirche. Auf Druck der nationalsozialistisch durchsetzten Akademikerschaft fordern am 12. März die Superintendenten die Kirchenleitung zum Rücktritt auf. Von der Regierung Seyß-Inquart wird ein neuer Oberkirchenrat ernannt, mit Ausnahme des Wiener Pfarrers Erich Stöckl aus lauter illegalen Parteigenossen bestehend.

Der "Usurpation des Oberkirchenrates durch die Nazis" folgen - wo notwendig - analoge Aktionen in den Gemeinden.

> "In einer ersten Säuberungswelle entledigt sich die nationalsozialistische Gefolgschaft in der Kirche ihrer Gegner; bevor die GESTAPO noch zugreift, werden Pfarrer an Leib und Leben bedroht (z.B. in Arriach und Ramsau), wird der Dekan der Evangelisch-Theologischen Fakultät, Professor Beth, vom jüngsten Fakultätsmitglied Gustav Entz zur Amtsniederlegung aufgefordert und müssen zahlreiche altgediente Gemeindevertreter, Presbyter und sonstige Mitarbeiter unter dem Druck der Ereignisse und dem ihrer ‚Mitbrüder' ihre Ämter und Funktionen niederlegen..."[23]

Sichtlich in Übereinstimmung mit dem Gros seiner Kirche sendet der neue OKR-Präsident Kauer am 13. 3. Hitler erste Glückwünsche entgegen:

> "In Namen der mehr als 330.000 Evangelischen Deutschen in Österreich begrüße ich Sie auf österreichischem Boden. Nach einer Unterdrückung, die die schrecklichsten Zeiten der Gegenreformation wiederaufleben ließ, kommen Sie als Retter aus fünfjähriger schwerster Not aller Deutschen hier ohne Unterschied des Glaubens. Gott segne Ihren Weg durch dieses Deutsche Land, Ihre Heimat!"[24]

Ähnlich wird in einer wenige Tage später veröffentlichten Erklärung des Oberkirchenrats sowie in zahlreichen Predigten und Kirchenblättern Hitler als Erlöser gefeiert.

Weniger spektakulär vollzieht sich die Machtergreifung der fünften Kolonne der Nazis in der katholischen Kirche. An Stelle der verhafteten traditionellen Repräsentanten des politischen Katholizismus übernehmen für die kommenden Monate selbsternannte "katholisch-nationale Brückenbauer" die Initiative. Während für die evangelische Kirche bei der enthusiastischen Anerkennung des neuen Regimes die Idee der "Befreiung" und eines nun folgenden "religiösen Frühlings" im Vordergrund steht, ist auf katholischer Seite in erster Linie von der Wahrung des katholischen Charakters des Landes auch im nationalsozialistischen Großreich (einem sowohl für die Hierarchie als auch für die NS-Katholiken wichtigen Thema) die Rede. Insbesondere der Antrittsbesuch Innitzers bei Hitler, den Kreise um den deutschen Sondergesandten von Papen und den kurzzeitigen Bundeskanzler Seyß-Inquart für den 15. März 1938 vermitteln, soll diesem Ziel dienen. Das Gespräch verläuft in ihren Augen erfolgreich. Innitzer berichtet über eine Zusage Hitlers, die Kirche werde ihre Treue gegenüber dem Staat nicht bereuen; wenn sich in Österreich eine gute Zusammenarbeit ergebe, könne dieser religiöse Frühling auch auf das Altreich Auswirkungen haben. Man müsse das im einzelnen noch zum Gegenstand von Besprechungen machen.[25]

Wenige Tage zuvor noch hat Innitzer Schuschnigg der Loyalität der Kirche versichert. Nun läßt er - in einer vorformulierten Erklärung seiner neuen "Berater" - die "Vorsehung" zwischen den beiden faschistischen Wegen zur Durchsetzung der gemeinsamen Werte entscheiden:

"Seelsorger und Gläubige stellen sich restlos hinter den großen deutschen Staat und seinen Führer, dessen weltgeschichtlicher Kampf gegen den verbrecherischen Wahn des Bolschewismus und für die Sicherung des deutschen Lebens, für die Beschaffung von Arbeit und Brot, für die Macht und Ehre des Reiches und für die Einheit des deutschen Volkes offenkundig vom Segen der Vorsehung begleitet ist."[26]

Die "Feierliche Erklärung"

Nicht ohne weiteres akzeptieren die Machthaber den schnellen Kurswechsel der katholischen Kirche. Der Reichskommissar für die Wiedervereinigung Österreichs, Josef Bürckel, besteht auf einem Loyalitätsbekenntnis des Gesamtepiskopats. Diese "Feierliche Erklärung" wird am 18. März von sechs Erzbischöfen und Bischöfen (in Abwesenheit des Vorarlberger Weihbischofs Franz Tschann) unterzeichnet, nach dreitägigen kirchenpolitischen Verhandlungen am 21. März von Innitzer und dem Salzburger Erzbischof Sigismund Waitz mit einem "Vorwort" versehen, am 27. März mit einer zusätzlichen Interpretation des vatikanischen Nuntius in den Kirchen verlesen und tags darauf - gemeinsam mit einer ungezeichneten Erklärung von nationalsozialistischer Seite[27] - in Österreich und Deutschland veröffentlicht.[28] Von den beteiligten Bischöfen ohne erkennbaren äußeren Druck autorisiert und nie widerrufen, signalisiert sie die volle Unterwerfung der ideologischen Führungsmacht des Austrofaschismus unter das Diktat der Besatzungsmacht.

Entgegen der These, die Bischöfe hätten nur eine "unverfängliche Version" des Dokuments unterschrieben, bleibt festzuhalten: Die staats- und gesellschaftspolitisch relevanten Passagen der "Erklärung" in ihrer publizierten Version werden von den Bischöfen nahezu wortgleich aus dem im Büro Bürckel erstellten Entwurf übernommen. In allen redaktionellen Fassungen des Textes werden die Erfolge der NSDAP "auf dem Gebiet des völkischen (!) und wirtschaftlichen Aufbaues sowie der Sozialpolitik" gewürdigt, wird dieser Tätigkeit "für das Deutsche Reich und Volk und namentlich für die ärmsten Schichten des Volkes" die (in den Entwürfen teils "dankbare", teils "aufrichtige", schließlich "freudige") Anerkennung der Kirche ausgesprochen. Damit erfährt die Politik des deutschen Faschismus (inklusive seiner Rassenpolitik) eine vorbehaltlose Rechtfertigung von kirchlicher Seite. Ebenso findet sich der Hinweis auf die durch den Nationalsozialismus abgewehrten Gefahren des Bolschewismus in allen Entwürfen wie im endgültigen Text wieder. Bürckels Wunsch, die Arbeit der Partei dem kirchlichen Gebet zu empfehlen, entsprechen die Bischöfe durch eine Erteilung von "Segenswünschen" und fügen von sich aus noch die Ermahnung der Gläubigen "in ähnlichem Sinne" hinzu. Wortident bleibt weiters die Forderung, sich "am Tage der Volksabstimmung" als "Deutsche zum Deutschen Reich zu bekennen", womit - ebenso wie im "Vorwort" - der deutsche Überfall auf Österreich seine volle Rechtfertigung findet.

Die bestürzten Reaktionen in In- und Ausland auf die "Feierliche Erklärung", die praktisch die Illegalisierung der Anhänger des früheren "Ständestaats" und für den Nationalsozialismus einen Propagandagewinn ersten Ranges bedeutet, sind den Kirchenfürsten nur schwer verständlich. "Man glaubte, den Versuch machen zu sollen, in unwichtigen Sachen entgegenzukommen, um Größeres zu erwirken, mitzuhelfen, daß die Regelung des Verhältnisses zwischen Staat und Kirche im Frieden erfolge", schreibt Fürsterzbischof Waitz in sein Tagebuch.[29] Noch halten die Kirchen - katholisch wie evangelisch - einen "modus vivendi" mit dem neuen Regime, ihre Eingliederung ins Herrschaftsgefüge des deutschen Faschismus für möglich.

3. Zur kirchenpolitischen Strategie des Nationalsozialismus

Bürckels Scheitern

Die pragmatische, an der raschen Etablierung der NS-Herrschaft orientierte Politik Bürckels, die in den Kirchen immerhin einen Machtfaktor sieht und ihnen eine für den Staat notwendige Legitimationsfunktion zuerkennt,[30] kommt - bei allen tagespolitischen Irritationen der "Umbruchszeit" - den Intentionen der kirchlichen Repräsentanten entgegen. Den Vorstellungen des Reichskommissars zufolge sollen auf dem Vertragsweg zunächst mit dem katholischen Episkopat, später aber auch mit dem Evangelischen Oberkirchenrat die Aufgabenbereiche von Kirchen, Staat und Partei abgegrenzt und damit der Anfang einer "endgültigen dauernden religiösen kulturellen Befriedung des gesamten Deutschen Volkes" gemacht werden. In der Tat sind sowohl die ab April mit Gestapo und Reichsjugendführung geschlossenen Vereinbarungen über die kirchlichen Jugendverbände als auch das Angebot Bürckels, das etwa staatlichen Schutz für die kirchliche Tätigkeit und die Einstellung der religionsfeindlichen Propaganda der NSDAP vorsieht, für die Kirchen relativ günstig.[31]

1938 jedoch wird die an Hitlers Kirchenpolitik von 1933/34 orientierte Strategie des Reichskommissars nur mehr von einer Minderheit der faschistischen Entscheidungsträger akzeptiert. Die Isolation Bürckels in dieser Frage kommt in der Beobachtung von Oberkirchenratspräsident Kauer zum Ausdruck, "daß von verschiedenen Staats- und Parteistellen vollkommen verschiedene Gesichtspunkte in der Einstellung zur Evang. Kirche (und analog zur katholischen, Anm. d. A.) wahrnehmbar sind".[32] Abgesehen von Interventionen der Berliner Ministerien, von SS und "Braunem Haus" - die alle erst relativ spät von den kirchenpolitischen Vorgängen auf österreichischem Boden erfahren[33] - sind es vor allem die kirchenpolitischen Maßnahmen des Stillhaltekommissars (Neuaufrollung der kirchlichen Vereinsfrage, Auflösung des Deutschen Ordens) sowie der Kultusbürokratie (Maßnahmen gegen die kirchliche Schulpräsenz), deretwegen die Bischöfe Anfang September auf Anraten des Vatikans auf die Unterzeichnung des Abkommens endgültig verzichten, später auch der evangelische Vertrag nicht zustandekommt.

Für das besetzte Gebiet Österreich laufen die kirchenpolitischen Vorstellungen des Nationalsozialismus in eine andere Richtung. Nicht zufällig versichern die zuständigen Beamten des Ministeriums für innere und kulturelle Angelegenheiten in Wien, Staatskommissar Plattner und Oberregierungsrat Krüger, dem Berliner Kirchenministerium,

> "daß sie die Sonderunternehmungen des Reichskommissärs Bürckel auf kirchenpolitischem und staatskirchenrechtlichem Gebiet nicht schätzen und bemüht seien, sich in diese Sachen einzumischen, um Unheil zu verhindern. Der Staatskommissär erklärte, daß er gegen jede Art von Vertragsabschluß mit den Kirchen sei".[34]

Schon lange bevor in Wien die Verhandlungen über einen "Modus vivendi" beginnen, ist in Berlin die Entscheidung gegen jede Kooperation mit den österreichischen Kirchen gefallen.

Konkordatsfreier Raum

Schon am 22. März wird vom Reichskirchenministerium das österreichische Konkordat zur Diskussion gestellt: "Durch einen Großteil seiner Bestimmungen", heißt es in einem gutächtlich untermauerten Schreiben Minister Kerrls an das Auswärtige Amt,

> "macht das Konkordat die beabsichtigte und bevorstehende Einführung reichsrechtlicher Bestimmungen unmöglich, die notwendige Angleichung Österreichs an das Reich wird durch das Konkordat gehindert oder gehemmt. Es sei nur hingewiesen auf die konkordatsrechtlich festgelegte vollkommene Konfessionalisierung des Schulwesens, vor allem aber auf die eherechtlichen Bestimmungen..."[35]

Kerrl sieht in dieser Situation eine erneute Gelegenheit, die formelle Kündigung des Reichs- sowie der (etwa in Bayern) bestehenden Länderkonkordate zu betreiben.

Ausgelöst durch konkrete Schwierigkeiten auf eherechtlichem Gebiet (im Gegensatz zu Deutschland besteht in Österreich für Katholiken nach einer Scheidung keine Möglichkeit zur Wiederverheiratung) geht die entscheidende Initiative Anfang Mai jedoch vom Reichsinnenministerium aus. In Behördenverhandlungen werden verschiedene Strategien zur Beendigung des konkordatären Zustands in Österreich zur Diskussion gestellt.[36]

Die Entscheidung darüber wird vor dem 22. Mai - dem Tag, an dem Bürckel zum Vortrag über kirchenpolitische Fragen empfangen wird - durch den "Führer" getroffen. Hitler schließt sich im wesentlichen der von Kirchen-, Außen- und Justizministerium vertretenen These an, durch den Untergang Österreichs als Völkerrechtssubjekt seien seine völkerrechtlichen Verpflichtungen, also auch das Konkordat, erloschen; er nimmt jedoch zugleich von einer Übertragung des Reichskonkordats auf Österreich Abstand,

> "da dieses Konkordat auf die Verhältnisse des Altreiches zugeschnitten ist und infolge dieser Eigenart auf die Verhältnisse in Österreich keine sinngemäße Anwendung finden kann... Daraus ergibt sich, daß in Österreich zur Zeit ein konkordatsloser Zustand herrscht".[37]

Mit dieser Entscheidung, die den Kirchen nicht zur Kenntnis gebracht wird,[38] ist eine letztlich für die gesamte Kirchenpolitik in Österreich relevante Grundentscheidung gefallen: Der vom Beifall der Kirchenleitungen begrüßte Nationalsozialismus fühlt sich zum Verzicht auf ein Bündnis mit den Kirchen stark genug. Statt eines solchen soll die "Politik der Entkonfessionalisierung"[39] - weiter, als dies im "Altreich" möglich ist - vorangetrieben werden. Welche Funktion dieser Strategie im Rahmen der nationalsozialistischen Herrschaftsausübung zukommt, kann am Beispiel Österreichs sehr klar umrissen werden.

Antiklerikalismus als Identifikationselement

"Entkonfessionalisierung" wird vom deutschen Faschismus erstens als Instrument zum Erhalt seiner Massenbasis verstanden. Der Nationalsozialismus appelliert nicht - wie vor ihm der "grüne Faschismus" - an die religiöse Loyalität der Bevölkerung, sondern macht sich den unter der konfessionellen Ebene traditionell verwurzelten Antiklerikalismus zunutze.

Die dadurch tendenziell eintretende Entfremdung von großen Teilen der konfessionell gebundenen Bevölkerung erscheint den Machthabern zumindest zunächst als ein tragbares Risiko. "Antikirchliche Tendenzen waren und sind weiter in der ostmärkischen Bevölkerung durchaus populär", formuliert etwa der Inlandsbericht des SD des SS-Oberabschnitts Donau vom 20. 12. 1939.

> "Die Kirche selbst betrachtet ganze Gaue für sich als verloren, wie sich kürzlich ein hoher kirchlicher Würdenträger äußerte. Als ein wirklich katholisches Land kann lediglich Tirol bezeichnet werden... In Wien selbst ist die anti-klerikale Politik des Nationalsozialismus gerade von der Arbeiterschaft immer anerkannt worden, sodaß sich ein Nachgeben gegenüber den Kirchenforderungen nur kaum positiv, dagegen in einem sehr starkem Masse negativ auswirken würde. Für die Gaue Steiermark und Kärnten gilt das für Wien Gesagte in noch weit größerem Masse. Dort ist nicht nur die Arbeiterschaft, sondern die Bevölkerung in ihrer Gesamtheit seit altersher unbedingt antiklerikal eingestellt."[40]

Dieser Antiklerikalismus kommt in verschiedenen Varianten zum Ausdruck. Zum einen stellt sich das Regime immer wieder als Vollstrecker traditioneller Forderungen des Liberalismus dar, so in der Neuordnung des Schulwesens,

> "der unter anderem auch die Absicht zugrunde lag, den konfessionellen Einfluß auf die Schule völlig zu beseitigen und die Grundsätze der Trennung von Kirche und Schule zu verwirklichen".[41]

Eingebettet in diese "liberale Demagogie" werden kirchenpolitische Maßnahmen als Modernisierung, als Überwindung einer unter Zwang konservativkatholisch geprägten öffentlichen Sittlichkeit hingestellt.[42] Oft geschieht dies nicht ohne fundamentum in re,[43] zugleich aber eindeutigen politischen Zielen des Faschismus untergeordnet. So ist das neue Eherecht vom Juli 1938, das in Österreich erstmals ein generelles Recht auf Ehescheidung und Wiederverheiratung einführt, zugleich mit der Durchführung der Nürnberger Rassengesetze verbunden. Ebenfalls werden zur Durchsetzung des "Rechts auf Gewissensfreiheit" im September 1938 religiöse Verpflichtungen in den Schulen sowie behördliche Austrittserschwerungen aus der katholischen Kirche beseitigt; der nationalsozialistische Gewissenszwang in den Schulen jedoch ist zu dieser Zeit bereits unerträglich geworden.

Zum anderen bietet der Rekurs auf den Antiklerikalismus vor allem den Sicherheitsdiensten und der NSDAP ein geeignetes Ventil, um politische Emotionen zu kanalisieren. Versuche einer Liquidation der Kirchen durch "Selbsthilfemaßnahmen" (Mißhandlung und Schikanierung von Gläubigen, Zwang zum Kirchenaustritt oder Religionsstörungen) kommen sofort nach dem "Anschluß" zum Tragen, bleiben aber keineswegs auf die ersten Monate der nationalsozialistischen Herrschaft beschränkt. Neben den bekannten Aktionen gegen Kardinal Innitzer[44] (etwa den Sturm auf das erzbischöfliche Palais vom 8. Oktober 1938) soll hier auch auf derartige Vorfälle lokaler Natur hingewiesen werden, etwa auf die "Strafexpedition" der NSDAP Mistelbach gegen den "klerikal verseuchten Ort Wultendorf" im Oktober 1939 oder auf den Überfall auf evangelische Gemeindemitglieder in Oberpullendorf im September 1944.[45]

Wir stark diese Ansätze innerhalb der NS-Elite verwurzelt - und zugleich umstritten - sind, zeigt sich etwa an der Diskussion im Vorfeld von Hitlers Weisung vom Mai 1940, "während des Krieges alle nicht unbedingt notwendigen Maßnahmen zu vermeiden ..., die das Verhältnis des Staats und der Partei zur Kirche verschlechtern könnten".[46] So wird vom steirischen Regierungspräsidenten Otto Müller-Haccius am 12. 4. 1940 zwar beteuert, "daß auch die Steiermark, zumal jetzt im Kriege, selbst wenn örtliche Schwierigkeiten dadurch entstehen, in die große Linie der Reichspolitik einschwenkt", zugleich aber wird die seiner Ansicht nach "zu weiche" österreichische Kirchenpolitik vehementer Kritik unterzogen: "... ist es schwer tragbar, wenn gegenüber der katholischen Kirche Verwaltungsmaßnahmen angeordnet werden, die ... als Zeichen des Zurückweichens der Staatsgewalt aufgefaßt werden." Das Wiener Ministerium wiederum antwortete mit dem Antrag an den Reichskirchenminister, "ihn (Müller-Haccius) anzuweisen, seinen Organen in Sachen der Behandlung kirchenpolitischer Fragen die gebotene Zurückhaltung aufzuerlegen".[47]

Konflikt um Ressourcen

Von Anfang an wird die Kirchenfrage von der Besatzungsmacht auch unter ökonomischen Aspekten betrachtet. "München möchte den Rechtserwerb der Toten Hand, insbesondere der Kirche eingeschränkt wissen", heißt es in einer Information für den Wiener Regierungsdirektor Barth am 28. 7. 1938; ein Reichsgesetz zu dieser Frage sei zurückgestellt, es ergebe sich die Möglichkeit eines Sonderzustandes für Österreich.[48] Zweifellos sind Maßnahmen gegen die wirtschaftliche Basis der Kirchen in Österreich (angesichts der akuten Finanzkrise der evangelischen Kirche[49] kommt hier vor allem die katholische in Betracht) auch als Mittel der weltanschaulichen Auseinandersetzung gedacht. Dessen ungeachtet aber sind hinter der Politik der "Entkonfessionalisierung" auch starke wirtschaftliche Motive erkennbar.

So im Fall des Kirchenbeitragsgesetzes, für das bereits Anfang Herbst 1938 die Planungen in Wien beginnen.[50] Die Proponenten des Abgehens vom bisherigen System der Konfessionsfinanzierung weisen dabei auf die fiskalischen Vorteile hin: Immerhin 19 Mio Schilling enthält das Kulturbudget für 1937 an Staatsleistungen für die Kirchen.[51] Weiters wird seitens der Generaldirektion der staatlichen Salinen aus betriebswirtschaftlichen Gründen die Beendigung der Holz- und Brennstoffdeputate an den Klerus gefordert.[52] Durch die Aufhebung des sog. Religionsfonds werden ferner ca. 64.000 ha Forst und 26.000 ha Landwirtschaft auch de iure dem Ärar eingegliedert,[53] und nicht zuletzt unterliegen die eingehobenen Kirchenbeiträge selbstverständlich auch der Besteuerung.[54]

Ausgeprägte wirtschaftliche und vor allem organisatorische Bedürfnisse kommen andererseits im forcierten Enteignungsprogramm der nationalsozialistischen Behörden zum Ausdruck. Schon ab April/Mai 1938, als der Salzburger Gauleiter Rainer den ersten Versuch zur Räumung der fürsterzbischöflichen Residenz unternimmt,[55] wird von verschiedenen staatlichen oder parteiamtlichen Stellen mit der Einziehung kirchlicher Gebäude begonnen. Insgesamt 26 große österreichische Stifte (darunter Klosterneuburg, Kremsmünster, St. Peter in Salzburg, Admont, St. Paul in Kärnten, Mehrerau und Wilten), 188 kleinere Klöster sowie Hunderte andere kirchliche Räumlichkeiten werden unter verschiedenen Begründungen (Raummangel, staatspolizeiliche Gründe, behauptete oder tatsächliche sexuelle "Verfehlungen") beschlagnahmt und zumeist für staatliche, militärische oder gesellschaftliche Zwecke verwendet.[56] Weiters wird eine Reihe kircheneigener Wirtschaftsbetriebe privatisiert oder geschlossen, so die Glockengießerei in St. Florian oder Mühle und Brauerei in Stift Reichersberg,[57] was in Konkurrenzkreisen auf lebhaftes Echo stößt: "Die in Salzburg vorgenommene Schließung von zwei kirchlichen Orden gehörenden Gaststätten fand in der Bevölkerung bis auf die schwarzen Kreise restlose Zustimmung."[58]

Dabei geht es nicht nur um den Aspekt der materiellen Bereicherung. Vielmehr ist die rasche Etablierung von NS-Institutionen in Österreich, teilweise auch die Durchführung des großangelegten faschistischen "Sozialprogramms", schon rein räumlich nur unter Inanspruchnahme des Vermögens der "toten Hand" möglich.[59] In Linz beispielsweise ziehen die Parteigliederungen der NSDAP in die beschlagnahmten Bürogebäude der katholischen Volks- und Frauenvereine ein; die Deutsche Arbeitsfront übernimmt die Heime der Christlichen Arbeiterbewegung - allein in Tirol acht Kolping- sowie sechs Arbeitervereinshäuser; Vermögen und Räumlichkeiten zahlreicher kirchlicher Sozialhilfseinrichtungen in allen Bundesländern fließen der NS-Wohlfahrt zu oder werden als kommunale Krankenhäuser oder Sozialeinrichtungen (so in Wien das "Haus der Barmherzigkeit") fortgeführt; Ferienheime der katholischen oder evangelischen Jugendverbände werden nun von BDM oder HJ zur Freizeitgestaltung verwendet. Nur durch die Enteignung kirchlicher Institutionen kann die Etablierung all dieser Einrichtungen in Österreich so rasch erfolgen. Nationalsozialistische Kirchenpolitik in diesem Bereich orientiert sich an der Erschließung der knappen räumlichen und infrastrukturellen Ressourcen Österreichs für die Besatzungsmacht.

Kampf um die weltanschauliche Hegemonie

Die Politik der "Entkonfessionalisierung" ist drittens auch in Hinblick auf das ideologiepolitische Hauptziel des deutschen Faschismus, die Umformung der konkurrierenden Ideologien des bürgerlichen Lagers in eine "nationalsozialistische" Weltanschauung, einen "ehernen Fels glaubens- und willensmäßiger Verbundenheit", zu betrachten; dieses Ziel der "weltanschaulichen Einigung" ist unmittelbarer Bestandteil der von Hitler angestrebten "Reorganisation" des Volkes gegen seine inneren und äußeren Feinde und somit mit der gesellschaftspolitischen Funktion des Faschismus aufs engste verbunden.[60] In Österreich ist eine Kollision mit den traditionellen Ansprüchen der katholischen Kirche in den Bereichen Jugenderziehung, Volksbildung und öffentliches Leben, also ein Konflikt um die ideologische Führungskompetenz, unausweichlich.

Neben den Feiertagen (die mit kriegswirtschaftlichen Tendenzen zur Verlängerung der Arbeitszeit in Widerspruch stehen), den öffentlich abgehaltenen kirchlichen Liturgien oder Kulturveranstaltungen sowie dem Kampf um die religiöse Literatur ist vor allem die Schulfrage für beide Kontrahenten von zentraler Bedeutung. Für die NS-Schulverwaltung ist, ausgehend vom Grundsatz des NSDAP-Programms, wonach "die Schulerziehung des deutschen Volkes ausschließlich dem Staat" obliege, die starke kirchliche Präsenz in diesem Bereich nicht akzeptabel. Neben Religionsunterricht und kirchlicher Schulaufsicht geht es vor allem um das dominierende katholische Privatschulwesen; im Burgenland, um das krasseste Beispiel zu nennen, befinden sich 318 von 388 Volksschulen in konfessioneller Hand.[61]

Durch eine Reihe von Maßnahmen der Landesschulräte bzw. des Wiener Ministeriums wird der kirchliche Einfluß schrittweise zurückgedrängt.[62] Bis zum September 1938 werden alle konfessionellen Privatschulen und Schülerheime geschlossen bzw. in öffentliche Trägerschaft übergeführt; die theologischen Fakultäten in Innsbruck und Salzburg aufgehoben; der Religionsunterricht mit dem Gesetz über Maßnahmen auf dem Gebiete des Schulwesens in Österreich vom 1. 2. 1939 sowie mehreren Grundsatzerlässen zum "unverbindlichen Gegenstand" erklärt und eine Anmeldepflicht innerhalb der ersten Schulwoche verhängt; zahlreiche - katholische wie evangelische - Pfarrer erhalten Berufsverbot.

Zumindest für einzelne Regionen sind die Auswirkungen dieser Maßnahmen katastrophal. Am 12. 12. 1939 weist etwa der Kapitelvikar von Gurk-Klagenfurt, Andreas Rohracher, das Reichsministerium für Wissenschaft auf "die unhaltbare Lage des katholischen Religionsunterrichts im Gau Kärnten" hin: Im Schulbezirk Klagenfurt/Land sei zwar in 65 Volks- und Hauptschulen das erforderliche Anmeldequorum der Schüler erreicht worden, jedoch seien die vom Personalamt der NSDAP zum Unterricht zugelassenen Priester nur in der Lage, drei dieser

Schulen zu versorgen; im Bezirk Völkermarkt könne der Religionsunterricht an 33 von 42 Schulen nicht abgehalten werden.[63] Rohrachers Beschwerde, unterstützt von Interventionen anderer Kirchenfürsten sowie des vatikanischen Nuntius, löst unterschiedliche Reaktionen bei den Berliner Reichsstellen aus. Während das Kirchenministerium der Ansicht ist, so weitgehende Erschwerungen des Religionsunterrichts seien "in der gegenwärtigen Zeit nach Möglichkeit" zu vermeiden, äußert sich das Ministerium für Wissenschaft und Erziehung am 7. 5. 1940 eindeutig positiv.[64]

Mit Beginn des Schuljahres 1942/43 wird der schulische Konfessionsunterricht im Gau Kärnten überhaupt verboten.[65]

4. Gemeinsame Feinde

Zwei Jahre nach dem "Anschluß" erscheint die Loyalität der österreichischen Kirchen gegenüber dem Regime ungebrochen, zugleich aber erheblich irritiert. Die im Kern antinationalsozialistische Manifestation der katholischen Jugend Wiens vom 7. Oktober 1938 bleibt zwar als solche ein Einzelfall, vor allem auf lokaler kirchlicher Ebene aber mehren sich Stimmen partieller Kritik. So wird etwa aus weiten Teilen des Landes im April 1940 gemeldet,

> "daß in Predigten und in der konfessionellen Mundpropaganda Vergleiche des Führers mit Napoleon angestellt werden. Die Tendenz dieser Vergleiche läuft darauf hinaus, daß auch der mächtigste Mann zu Fall kommen kann".[66]

In Tirol wird - nicht ohne aktuelle Bezüge - über die römische Christenverfolgung gepredigt: "Es war einmal eine Zeit, wo die Messen versteckt in den Katakomben abgehalten werden mußten...".[67] Bis Kriegsende werden hunderte Priester wegen "Kanzelmißbrauchs" angezeigt und verurteilt. Das beherrschende Thema des in den Gottesdiensten zum Ausdruck gebrachten Unmuts ist der "Kirchenkampf"; andere Problembereiche der nationalsozialistischen Herrschaft, etwa Judenvernichtung oder Euthanasie, werden kaum angesprochen.[68]

Von den Kirchenleitungen werden die Machthaber in zahlreichen Beschwerdeschriften auf den - ihrer Meinung nach - Grundfehler der Kirchenpolitik aufmerksam gemacht: "Gerade die Förderung des Verteidigungswillens des Deutschen Volkes fordert, daß jeder Katholik seinem religiösen Bedürfnis genügen kann...".[69] In ähnlicher Intention argumentiert der evangelische Theologe Gustav Entz in seinem Schreiben vom 5. 12. 1941 an Adolf Hitler,

> "...daß in der Partei eine bewußt und schroff antichristliche Richtung weithin zur Herrschaft gelangt ist... Dadurch wird mitten im Krieg die Volksgemeinschaft in der frivolsten Weise zerrissen, und unzählige deutsche Volksgenossen, die ebenso treu an ihrem Deutschtum und an ihrer nationalsozialistischen Einstellung wie an ihrer christlichen Überzeugung festhalten wollen, Volksgenossen, die gerade jetzt während des Krieges ihre nationale Pflicht in der Heimat und vor dem Feind auf das treueste erfüllen, werden dadurch in schwerste innere Konflikte gestürzt."[70]

Der radikale Abbau der kirchlichen Position in der Gesellschaft hat Kritik, jedoch nicht den Entzug der Loyalität der Kirchen (zumindest ihrer führenden Kreise) zur Folge. Von ihnen wird das NS-Regime vielmehr weiterhin als legitime Obrigkeit anerkannt, vor allem in jenen Fragen, "wo es um das Wohl des Volkes geht".[71] In der positiven Einstellung der Kirchenführer zum Weltkrieg ("Die Erde ist den Menschen nicht gegeben als eine Stätte faulen Friedens, sondern als ein Kampfplatz zur Bewährung", antwortet das Wiener Kirchenblatt 1940 auf die Frage, warum Gott den Krieg zulasse)[72] kommt dies zum Beispiel zum Ausdruck.

Nicht zuletzt ist der Hirtenbrief der katholischen Bischöfe Österreichs vom 27. 11. 1941 zur Frage "Kirche und Bolschewismus" im Rahmen dieser Strategie der Beschwörung von (mit dem Faschismus) gemeinsamen Werten oder gemeinsamen Feinden zu sehen - ein heute weithin in Vergessenheit geratenes Dokument, das in seiner politischen Brisanz wohl der "Feierlichen Erklärung" an die Seite gestellt werden muß.[73]

> "In dem ungeheuren Ringen an der Ostfront führt Deutschland nicht bloß einen Kampf gegen ein Reich, das seine Untertanen in bisher unerhörtem Maß unterdrückt, sondern gegen eine Weltanschauung, die für die ganze abendländische Kultur von nicht abzusehender Gefahr ist",

heißt es in diesem (in allen Kirchen zu verlesenden) Hirtenbrief, der einem verschiedentlich geäußerten Vorwurf, "daß die katholische Kirche in dem gegenwärtigen Kampfe gegen den Bolschewismus ein auffallendes Schweigen bewahre", entgegentritt. Die Kirche habe im Gegenteil

> "zu den Vorgängen in Rußland nicht geschwiegen, sondern wiederholt Stellung genommen, so daß die Katholiken nicht im Unklaren sein können, welchen Gefahren ganz Europa entgegengeht, wenn der Bolschewismus siegte".

Dies wird im folgenden durch eine ausführliche Zusammenstellung päpstlicher und bischöflicher Äußerungen über soziale Frage, Marxismus und Sowjetunion erläutert. Die kirchenpolitische Absicht:

> "Die ungeheuerlichen Übel des Kommunismus entspringen einem Quell geistiger Irrungen und können daher endgültig nur mit geistigen Waffen erfolgreich bekämpft werden. Unbestreitbar nimmt aber unter den moralischen und religiösen Mächten die katholische Kirche den ersten Rang ein. Das Wohl der Menschheit verlangt es, daß man ihr keine Hindernisse in den Weg lege..."

Nach dreijährigem "Kirchenkampf" und nach zwei Jahren Weltkrieg liefern die Bischöfe so eine erstklassige Legitimationsgrundlage für den faschistischen Terror, auf die die politische Diskussion im kirchlichen Raum immer wieder Bezug nimmt. "Mit allem können wir uns, wenn es sein muß, abfinden, nur mit dem Bolschewismus nicht", wird ein Pfarrer am 22. 2. 1943 vom SD-Abschnitt Linz zustimmend notiert; und ein anderer: "Der Nationalsozialismus ist solange notwendig, bis der Bolschewismus niedergerungen ist."[74]

5. Potentiale des Widerstands

Angesichts dessen wird leichter verständlich, warum die christlichen Aktivisten - und letztlich Opfer - des politischen Widerstands in den Kirchen so wenig Widerhall finden, warum - um nur einige Beispiele zu nennen - die Kapläne Roman Scholz und Heinrich Maier, die Ordensschwester Helene (Restituta) Kafka, der Kriegsgegner Franz Jägerstätter oder der Ordenspater Jakob Gapp, protestantischerseits die Theologen Zsigmond Varga oder Erwin Kock letztlich nur Einzelfälle bleiben.[75] Bei der fortbestehenden Loyalität gegenüber dem faschistischen Staat ist es trotz des gleichzeitigen Dissenses zur nationalsozialistischen Religionspolitik zu einem breiten antifaschistischen kirchlichen Widerstand nicht gekommen. Wohl aber beginnen sich unter dem Druck der Maßnahmen des faschistischen Staates Potentiale und Strukturen möglicher Opposition herauszubilden.

Unter der Oberfläche

Durch die Eliminierung der Präsenz der Kirchen in der Öffentlichkeit werden ihre Aktivitäten in schwer überschaubare Räume der Privatheit zurückgedrängt. Vieles von dem, was die nationalsozialistischen Kultusbehörden als Errungenschaft buchen, wird daher von den Sicherheitsbehörden mit großem Argwohn betrachtet. Geistliche seien sowohl in Amtskleidung als auch in Zivil ständig unterwegs, heißt es etwa in einer Meldung des SD-Abschnitts Linz vom 30. 11. 1942, und als Folge der gesteigerten Hausbesuchstätigkeit sei eine vermehrte Inanspruchnahme konfessioneller Einrichtungen zu bemerken.[76]

Die neue pastorale Strategie der Hausbesuche[77] hat auch äußere Gründe. Laut Gesetz steht den Kirchen etwa das Recht auf die Einhebung der Kirchenbeiträge zu; behördliche (Melde- oder Finanz-)Unterlagen werden den Kirchen nach einer Anweisung des Reichsfinanzministeriums jedoch nicht zur Verfügung gestellt.[78] So erweist es sich für die Kirchen als nötig, die Erhebungen über Beitragsgrundlagen etc. auf persönlichem oder schriftlichem Weg durchzuführen. Analog dazu wird für die Anmeldung zum Religionsunterricht oder die Teilnahme an religiösen Jugendveranstaltungen (die in den Schulen nicht angekündigt werden dürfen) bei Hausbesuchen geworben.

Der Aufschrei in NSDAP- und Gestapo-Kreisen ist unüberhörbar. "Immer wieder werden Fälle bekannt", schreibt etwa der SD Wien am 23. 10. 1939,

> "daß die Kirche die ihr gegebene Erlaubnis des Besuches von Volksgenossen wegen Austritt aus der Kirche in absolut abwegiger Art ausnützt. Nach einem Abkommen zwischen der Geheimen Staatspolizei, Leitstelle Wien, und dem Wiener Ordinariat sind bei diesen Besuchen rein sachliche Fragen erlaubt. Wie nicht anders zu erwarten, nützten jedoch die von den einzelnen Pfarren beauftragten Personen diese Erlaubnis so aus, daß sie die einzelnen Volksgenossen in ihrem Sinne zu beeinflussen suchen oder überhaupt propagandistisch wirken. Es besteht hier die Gefahr, daß ein gefährlicher Nachrichtendienst eingerichtet wird."[79]

Nicht nur in Kärnten werden im November 1939 Geistliche wegen ihrer Hausbesuchstätigkeit verwarnt oder verhaftet.[80] In Wien wird zwischen 1939 und 1944 in mehreren Fällen gegen die unbefugte Beschaffung persönlicher Daten für Kirchenbeitragsangelegenheiten ermittelt.[81] Um das als subversiv verdächtigte Kommunikationsnetz zwischen Pfarrhof und Privatwohnungen zu zerreißen, verhängt SS- und Polizeiführer Kaltenbrunner am 17. 11. 1939 für den Bereich der Erzdiözese Wien sowie der Diözesen St. Pölten und Linz ein generelles Verbot von Hausbesuchen für Priester.[82] Der Sicherheitschef macht sich - wie Kardinal Innitzer in Beschwerdeschriften an diverse Reichsstellen ausführt - nahezu lächerlich: der Priester habe doch "als deutscher Staatsbürger dasselbe Recht wie jeder andere...".[83] Wenige Tage darauf muß der Erlaß zurückgenommen werden.

Bekennerromantik

Auch im Bereich der Jugenderziehung werden die Kirchen infolge der Einschränkungen des Religionsunterrichts sowie des Verbotes, Kinder außerhalb der HJ in Vereinen zu organisieren, zu neuen, schwer kontrollierbaren Tätigkeitsformen gezwungen. Nicht nur organisatorisch, sondern auch methodisch und inhaltlich beginnen nationalsozialistische und (vor allem) katholische Funktionäre um die Loyalität der Jugend zu konkurrieren. Nicht selten wird der "außerschulische Konfessionsunterricht" mit Lichtbildvorführungen, Gesängen oder Nähkursen ausgestaltet, was behördlicherseits zwar als "unerlaubte Freizeitgestaltung" beanstandet wird, für die Zielgruppe aber offenbar attraktiv ist, wie zahlreiche HJ-Beschwerden über die kirchliche Jugendarbeit belegen.[84] Ferdinand Klostermann hat anhand seiner eigenen Erfahrung in Oberösterreich die Strategien beim Aufbau des neuartigen kirchlichen Organisationsnetzes geschildert.[85]

Über persönliche Kontakte oder brieflich werden Interessenten für die katholische Jugend geworben (S. 103); systematisch wird ein diözesanes Netz von Jugendseelsorgern und Jugendverantwortlichen in den einzelnen Schulen errichtet (S. 98, 109); die Werbetätigkeit wird ergänzt durch religiöse oder literarische Texte, vervielfältigt in der illegalen Druckerei im Linzer Bischofshof (S. 86, 96 f.); für den Raum Linz werden im Turmzimmer des Alten Doms regelmäßig Gruppenführer herangebildet (S. 91), landesweit unter dem Deckmantel von Freizeitaktivitäten Schulungen veranstaltet, so 1941 auf einer Hochalm bei Großraming für Vertrauensleute aller oberösterreichischen Schulen (S. 109, 111); das jugendliche Gemeinschaftsleben wird durch Radwallfahrten, Zelten, Skitouren im Winter, Ausflüge - "oft genug getarnt unter den Uniformen der Hitler-Jugend" (S. 91) - intensiviert, in entlegenen Pfarrhöfen, Klöstern, Berghütten oder Bauernhöfen werden (verbotene) Einkehrtage, Exerzitien und Messen gehalten (S. 96, 102).

Wie stark mit dieser Neuorientierung kirchlicher Jugendarbeit auch der Versuch verbunden ist, vom Nationalsozialismus besetzte Bereiche der Jugendkultur nunmehr kirchlich zu integrieren, wird an folgender Erinnerung deutlich:

> "Einmal waren wir ganz kühn und hielten, als ‚Hitler-Jugend' getarnt, zugleich mit einer echten HJ-Gruppe (letzteres freilich unbeabsichtigt) ein Skilager auf der Simonyhütte. Sogar eine nächtliche Eucharistiefeier gelang, und am Abend hatten doch **wir** die wilderen Lieder gesungen" (S. 103).

Milieukatholische Resistenz

"...daß ein Kirchenkampf von der bäuerlichen Bevölkerung in ihrer bekannt konservativen Einstellung nie gut aufgenommen wird",[86] müssen die NS-Behörden nicht nur im Salzburger Pongau erfahren. In Geheimdienstberichten aus ganz Österreich, vor allem aber aus katholischen Kerngegenden wie etwa aus Tirol, wird eine immer wieder mit Hinweisen auf die "kirchenfeindliche" Einstellung des Nationalsozialismus begründete Resistenz der Agrarbevölkerung gegen ideologische Beeinflussungsversuche gemeldet. Versuche etwa in Salzburg, pseudoreligiöse Konkurrenzliturgien aufzubauen, besitzen wenig Chancen,[87] statt dessen halten die Bauern am überkommenen milieukatholischen Brauchtum fest.

Zum einen spielen hier Anzahl und Gestaltung der Feiertage, mit deren Verminderung aus wirtschaftlichen Gründen die Gauleiter schon 1938 beginnen, eine emotionalisierende Rolle. In Osttirol, um ein Beispiel zu nennen, unterzeichnen im Dezember 1939 über 130 Personen aus St. Johann im Wald und Umgebung eine Petition, die die Schulfreierklärung von sechs (kirchlichen) Feiertagen fordert.[88] Einschränkungen bzw. Schikanen gegen kirchliche Feste stoßen auf Entrüstung: "Die ... Maßnahmen während der Abhaltung der Fronleichnamsprozession haben namentlich bei der bäuerlichen Bevölkerung Unzufriedenheit ausgelöst", hält der Gendarmerieposten in St. Johann/Tirol im Juni 1939 fest.[89] Zur selben Zeit kommt es im Ötztal zu einem für die Machthaber offenbar sehr peinlichen Aufruhr:

> "Das Ansuchen der Musikkapellen, bei der (Fronleichnams-) Prozession mitmarschieren zu dürfen, wurde nicht bewilligt. Die Folge davon war, daß diese auch zum großen Teil in Zivil mitmarschierten und am Schlusse der Prozession in den Gemeindeämtern erschienen, ihre Musikinstrumente ablieferten und erklärten, sich auflösen zu wollen. Sie erklärten, keine Lust zu haben, KdF-Gäste abzuholen, bei den Kreistagen zu spielen und anderes mehr, wenn sie nicht einmal für ihren Herrgott bei der Prozession mitgehen dürften..."[90]

Zu einer Protestdemonstration gegen die Beschlagnahme von Prozessionsstatuen und -fahnen kommt es im März 1941 in Oberhofen.[91]

Zum anderen beunruhigt der Abbau der religiösen Präsenz in den Schulen die Gemüter. Als im niederösterreichischen Sindelburg im Mai 1940 der Kaplan Schulverbot erhält und daher kein schulischer Erstkommunionunterricht mehr gehalten wird, fangen schon in der Kirche "zahlreiche Frauen zu weinen an. Nach dem Hochamte sammelten sich zahlreiche Frauen auf dem Kirchenplatze und vereinbarten, am nächsten Tag beim Bürgermeister von Wallsee vorzusprechen, um eine Zurücknahme des Verbotes zu erwirken. Tatsächlich begaben sich etwa 40 Frauen zum Bürgermeister ... wurde gegen die Maßnahme protestiert und verlangt, der Bürgermeister wolle veranlassen, daß die Kinder wieder Religionsunterricht erhielten";

vier Frauen werden für zehn Tage in Schutzhaft genommen; von einer ähnlichen Kundgebung wird 1939 aus Haag berichtet.[92] Zu ausgesprochenen Schulboykotten (z.B. wegen der Entfernung von Schulkreuzen) kommt es im Tiroler Pustertal oder in Elmen im Lechtal.[93]

Widerstand?

Dem nationalsozialistischen Totalitätsanspruch setzen die Kirchen eine Resistenz eigenen Charakters entgegen. Durch die "Entkonfessionalisierung" wird das kirchliche Leben aus der Öffentlichkeit abgedrängt, es verlagert sich in weniger durchschaubare und kontrollierbare Bereiche, wird kriminalisiert, zieht sich weiter zurück, wird schließlich tendenziell Untergrund. Vor allem die katholische Kirche verfügt Anfang der vierziger Jahre über ein relativ funktionierendes, behördlich nur schwer erfaßbares Kommunikationsnetz. An vielen Stellen wird außerdem die traditionelle milieukatholische Einstellung der Bevölkerung, die Verbindung der bäuerlichen Lebenswelt mit einem auf überirdische Werte vertrauenden Weltbild, als Resistenzpotential im Rahmen ländlichen Widerstands gegen die nationalsozialistische Penetration aktiviert; in einem Brief an den Pfarrer von St. Radegund am 22. 2. 1943 nimmt Franz Jägerstätter noch vor seiner Hinrichtung darauf Bezug: "...schließen Sie mich in das Meßopfer ein, solange ihr noch eines darbringen dürft".[94] Dennoch kommt es nicht zu einer massenhaften Beteiligung von Katholiken und Protestanten am antifaschisten Widerstand. Zu klären, warum das religiöse Beharrungsvermögen der Gläubigen und die darauf aufbauenden kirchlichen Strukturen vom politischen Widerstand nicht als anzusprechendes Potential genutzt werden oder genutzt werden können, bleibt ein dringendes Anliegen der zeitgeschichtlichen Forschung.

Anmerkungen

1 Vgl. J. Dantine, Die Evangelische Kirche in Österreich im Jahre 1945, in: Informationsdienst der Salzburger Gruppe, Dez. 1985, S. 10-15.
2 Zit. n. J. Fried, Nationalsozialismus und katholische Kirche in Österreich, Wien 1947, S. 235.
3 Vgl. W. Sauer, Katholizismus und politisches System in Österreich, in: Zeitgeschichte 7, Aug./Sept. 1980, S. 406-426.
4 Fried, Nationalsozialismus, S. 17.
5 E. Weinzierl-Fischer, Österreichs Katholiken und der Nationalsozialismus I-III, in: Wort und Wahrheit XVIII, 1963, S. 417-439 und 493-526 sowie XX, 1965, S. 777-804.

6 Die Furche, Wien, 2. 10. 1987.

7 Für die Erlaubnis zur Benützung dieses Bestandes danke ich der Direktion des Zentralen Staatsarchivs der DDR in Potsdam sehr herzlich. Für freundliche Hilfe und Unterstützung bin ich ferner der Christlich-Demokratischen Union (CDU) der DDR, vor allem Herrn Rainer Viererbe, zu großem Dank verpflichtet.

8 J. Rehmann, Kirchen im NS-Staat. Untersuchungen zur Interaktion ideologischer Mächte, Berlin 1986, S. 13.

9 Vgl. E. Hanisch, Der Politische Katholizismus als ideologischer Träger des "Austrofaschismus", in: E. Tálos/W. Neugebauer (Hg.), "Austrofaschismus", Wien 1984, S. 53-73; E. Weinzierl, Kirche und Politik, in: E. Weinzierl/K. Skalnik, Österreich 1918-1938 I, Graz-Wien-Köln 1983, S. 437-496.

10 Weinzierl, Kirche und Politik, S. 459-467; V. Reimann, Innitzer. Kardinal zwischen Hitler und Rom, Wien-München 1967, S. 59 f. und 65-67.

11 F. Klostermann, Ich weiß, wem ich geglaubt habe, Wien-Freiburg-Basel 1987, S. 10.

12 P. Eppel, Zwischen Kreuz und Hakenkreuz, Wien-Köln-Graz 1980, S. 199-201; zum relativen Wahrheitsgehalt dieser Berichte vgl. Rehmann, Kirchen, S. 53 f.

13 Wiener Kirchenblatt, 27. 6. 36.

14 Weinzierl, Österreichs Katholiken II, S. 500-508; W. Rosar, Deutsche Gemeinschaft, Seyß-Inquart und der Anschluß, Wien-Frankfurt-Zürich 1971.

15 Weinzierl, Kirche und Politik, S. 467; Klostermann, Ich weiß, S. 24.

16 H. Gamsjäger, Evangelische Kirche und Vaterländische Front, in: Zeitgeschichte 6, Feb. 1979, S. 165-176; H. Unterköfler, Evangelische Kirche und Nationalsozialismus in Österreich I und II, in: Informationsdienst der Salzburger Gruppe, Dez. 1985, S. 5-9 sowie März 1986, S. 29-34; K. Schwarz, Der konfessionelle Übertritt, in: JbGPö 98, 1982, S. 264-285.

17 Die von Schwarz aus inhaltlichen Gründen vermutete Autorenschaft Kauers wird durch einen entsprechenden Hinweis in einem Schreiben an das Reichskirchenministerium vom 10. 10. 1938 bestätigt (ZStA Potsdam, RKM Nr. 21.712, Bl. 47).

18 G. Mecenseffy, Die Lebensgeschichte des Bischofs Dr. Hans Eder, von ihm selbst erzählt II, in: JbGPÖ 86, 1970, S. 33.

19 Ebda., S. 32.

20 Daran ist m.E. nach den Akten des Reichskirchenministeriums nicht mehr zu zweifeln, vgl. etwa ZStA Potsdam, RKM Nr. 21.712 und 21.717.

21 Schwarz, Übertritt, S. 270.

22 Unterköfler, Evangelische Kirche I, S. 8; II, S. 34.

23 Ebda. II, 31.

24 Wiener Zeitung, 15. 3. 1938.

25 Fried, Nationalsozialismus, S. 23; Weinzierl, Österreichs Katholiken II, S. 508 f.; M. Liebmann, Kardinal Innitzer und der Anschluß, Graz 1982, S. 81-99.

26 Die Erklärung wird in Österreich allerdings nicht und im "Altreich" nur auszugsweise (ohne die Bemerkungen Hitlers) veröffentlicht (Frankfurter Zeitung, 29. 3. 38).

27 Diese Erklärung ("Mit Freude und aufrichtiger Genugtuung..." ist offenbar ursprünglich als "Erklärung des Führers" gedacht, wird schließlich aber ungezeichnet veröffentlicht (ZStA Potsdam, RKM Nr. 21.700, Bl. 8f.).

28 Liebmann, Innitzer, S. 7-30 und öfter; kritisch zur apologetischen Intention des Autors: L. Volk, Flucht aus der Isolation, in: Stimmen der Zeit 200, München 1982, S. 651-661, sowie F. Sölkner, Maximilian Liebmanns Verarbeitung der kirchlichen Zeitgeschichte oder Kirchengeschichtsschreibung als ungültige Beichte, in: Grenzfeste deutscher Wissenschaft, Graz 1985, S. 119-144.

29 Zit. n. Liebmann, Innitzer, S. 105.

30 "Die Religion hat die Leute brav zu machen, das ist ihre Aufgabe, und da soll sie frei wirken können" (zit. n. Weinzierl, Österreichs Katholiken, II, S. 510).

31 Zum Verlauf der Verhandlungen ausführlich Weinzierl, Österreichs Katholiken III; Dokumentation bei Liebmann, Innitzer, S. 35-59 und 115-152.

32 Zit. n. Liebmann, Innitzer, S. 41.

33 Interventionen des Kirchenministeriums in ZStA Potsdam, RKM Nr. 21.700, Bl. 82-86 und öfter; von SS und NSDAP DÖW, Film 99/14, fol. 41.766.

34 ZStA Potsdam, RKM Nr. 21.700, Bl. 128; vgl. W. Goldinger, Die Überleitung der österreichischen Kultusverwaltung nach dem März 1938, in: Zeitgeschichte 5, Aug./Sept. 1978, S. 418-429.

35 ZStA Potsdam, RKM Nr. 21.699, Bl. 12.
36 Ausführlich bei: K. Scholder, Österreichisches Konkordat und nationalsozialistische Kirchenpolitik 1938/39, in: ZEvKR 20, 1975, S. 230-243.
37 Schreiben von Dr. Lammers an die beteiligten Ministerien vom 12. Juli (ZStA Potsdam, RKM Nr. 21.699, Bl. 54). Erinnert man sich an die Funktion des Reichskonkordats, die kirchliche Zustimmung zur Auflösung der Zentrumspartei zu erhalten, so ist leicht erkennbar, warum Hitler eine "sinngemäße Anwendung" in Österreich nicht notwendig scheint.
38 ZStA Potsdam, Nr. 21.699, Bl. 61; eine Anfrage des Vatikans vom 14. 6. 1938 wird einer Absprache zwischen Außen- und Kirchenministerium zufolge unbeantwortet gelassen (Ebda., Bl. 49-53).
39 Rehmann, Kirchen, S. 70 ff.
40 DÖW, Film 99./14, fol. 40.606 f.
41 Schreiben Plattners an Kerrl vom 31. 10. 1939, ZStA Potsdam, RKM Nr. 21.701, Bl. 187.
42 Anschauliche Beispiele aus Vorarlberg bei: H. Walser, Anpassung und Widerstand: Vorarlbergs Kirche im NS-Staat, in: Von Herren und Menschen, Bregenz 1985, S. 114 f.
43 Mehrere Regelungen der NS-Kirchenpolitik werden später von der Zweiten Republik beibehalten, so die Ehescheidung, das Kirchenbeitragsgesetz (mit Ausnahme des § 4) oder die Gesetze über die Rechtsstellung des Oberkirchenrats und die religiöse Kindererziehung.
44 Vgl. G. Botz, Wien vom "Anschluß" zum Krieg, Wien-München 1978, S. 383-388; Fried, Nationalsozialismus, S. 32-35 und 202 f.
45 WuV Niederösterreich III, S. 257; ebda. Burgenland, S. 163.
46 Dokumentiert bei: H. Mohr, Katholische Orden und deutscher Imperialismus, Berlin-DDR 1965, S. 316 f.
47 ZStA Potsdam, RKM Nr. 21.701, Bl. 327-330 und 358-360.
48 AVA, Bürckel-Akten, Karton 136, fasc. 2506, fol. 9-11.
49 Schreiben Kauers vom 31. 8. 1938, zit. n. Liebmann, Innitzer, S. 52.
50 ZStA Potsdam, RKM Nr. 21.711, Bl. 1; danach zu korrigieren: W.M. Plöchl, Zur Vorgeschichte und Problematik des Kirchenbeitragsgesetzes in Österreich, in: S. Grundmann (Hg.), Für Kirche und Recht, Köln-Graz 1959, S. 108-119.
51 AVA, Bürckel-Akten, Karton 136, fasc. 2506, fol. 18.
52 Intervention vom 16. 3. 39 (Ebda., fol. 4-7).
53 P. Leisching, Ansprüche der katholischen Kirche im Rahmen des Staatsvertrages und ihre Grundlagen, in: ÖAKR 8, 1957, S. 84.
54 ZStA Potsdam, RKM Nr. 21.711, Bl. 83.
55 ZStA Potsdam, RKM Nr. 21.700, Bl. 62-64.
56 Fried, Nationalsozialismus, S. 72 f.
57 WuV Oberösterreich II, S. 132 und 145.
58 Stimmungsbericht des SD des SS Oberabschnitts Donau, 17. 9. 1939 (DÖW, Film 99./14, fol. 41.117).
59 Nachstehende Beispiele aus den verschiedenen Bänden von "Widerstand und Verfolgung".
60 Vgl. Rehmann, Kirchen, S. 40-42.
61 WuV Burgenland, S. 108.
62 Vgl. R. Höslinger, Die nationalsozialistischen Maßnahmen gegen das kirchliche Schulwesen in Österreich, in: W. Plöchl/I. Gampl, Im Dienste des Rechtes in Kirche und Staat, Wien 1963, 111-125; H. Tschol, Der Kampf um den schulischen Religionsunterricht in Tirol 1938-1945, in: 45. Jahresbericht des bfl. Gymnasiums Paulinum, 1977/78, S. 32-57; ebda., 46. Jahresbericht, 1978/79, S. 31-54.
63 ZStA Potsdam, RKM Nr. 21.701, Bl. 210 f.
64 ZStA Potsdam, RKM Nr. 21.701, Bl. 191 und 307.
65 WuV Tirol II, S. 81.
66 H. Boberach (Hg.), Meldungen aus dem Reich 1938-1945, Herrsching 1984, S. 1035.
67 WuV Tirol II, S. 201.
68 Bezüglich letzterem soll ein bisher unbekanntes Beispiel kirchlicher Kritik angeführt werden. In einer Heldenandacht am 1. 11. 1941 in der katholischen Pfarrkirche Mödling "war es besonders bemerkenswert, daß darin die Euthanasie angegriffen wurde. Der Prediger (ein Pfarrer Lengauer, Anm. d. A.) meinte, man dürfe ‚diese Leute nicht einfach wegräumen, wie das vielfach heute gesagt wird. Man solle überhaupt nicht so sehr auf das Heute hören...'" (Bericht des Reichspropagandaamts Wien vom 20. 12. 1941, ZStA

Potsdam, RKM Nr. 21.739, Bl. 42). Zur Haltung der Kirchen in der Judenfrage vgl. E. Weinzierl, Zu wenig Gerechte. Österreicher und die Judenverfolgung 1938-1945, Graz-Köln-Wien 1969, S. 95-112.

69 Eb. Ordinariat Wien am 20. 11. 1939 an Kaltenbrunner, ZStA Potsdam, RKM Nr. 21.701, Bl. 167.

70 Zit. n. WuV Wien III, S. 152 f.

71 Fastenhirtenbrief von 1939, in: Wiener Diözesanblatt 77/4, 23. 2. 1939.

72 Wiener Kirchenblatt, 7. 7. 1940. Vgl. Klostermann, a.a.O., S. 105-109.

73 Hektographierte Beilage zu den Diözesanblättern, in den jeweiligen Diözesanarchiven.

74 DÖW, Film 54.

75 Für nähere Angaben betreffend den kirchlichen Widerstand sei hier global auf die einzelnen Bände von "Widerstand und Verfolgung" verwiesen. Seither erschienen: H.Tschol, Pater Jakob Gapp, in: das Fenster 36, Herbst 1984, S. 3562-3574; A. Stein, Zsigmond Varga, in: JbGPÖ 97, 1981, S. 124-132; J. Grössing, Erwin Kock, in: Informationsdienst der Salzburger Gruppe, Dez. 1986, S. 17-28.

76 WuV Oberösterreich, S. 174 und öfter.

77 Vgl. K. Rudolf, Aufbau im Widerstand, Salzburg 1947, S. 400, 416-424.

78 ZStA Potsdam, RKM Nr. 21.711, Bl. 67 f.

79 DÖW Film 99./14, fol. 40.980. Weitere Beispiele etwa in WuV Wien III, S. 76-78; Oberösterreich II, S. 162.

80 ZStA Potsdam, RKM Nr. 21.701, Bl. 190.

81 WuV Wien III, S. 78; DÖW Nr. 8.479.

82 ZStA Potsdam, RKM Nr. 21.701, Bl. 166.

83 ZStA Potsdam, RKM Nr. 21.701, Bl. 167.

84 Z.B. Beschwerde der NSDAP-Kreisleitung Zwettl (ZStA Potsdam, RKM Nr. 21.735, Bl. 107 und 142) sowie zahlreiche andere Beispiele in WuV.

85 Klostermann, Ich weiß..., Seitenangaben jeweils im Text.

86 E. Hanisch, Nationalsozialistische Herrschaft in der Provinz, Salzburg 1983, S. 104.

87 Ebda., S. 271 f.

88 ZStA Potsdam, RKM 21.739, Bl. 2-4.

89 WuV Tirol II, S. 105.

90 WuV Tirol II, S. 257 f.

91 WuV Tirol II, S. 266.

92 WuV Niederösterreich III, S. 154 und 159.

93 Tschol, Religionsunterricht I, S. 44 f.; WuV Tirol II, S. 69 und 283.

94 WuV Oberösterreich II, S. 331.

Wolfgang Neugebauer

WIDERSTAND UND OPPOSITION [1]

Im Zuge der durch den Fall Waldheim ausgelösten Kontroversen wurde auch der Stellenwert des österreichischen Widerstandes und der Widerstandsforschung zur Diskussion gestellt. In einer für die Betroffenen - Widerstandskämpfer und Opfer des Faschismus - oft schmerzlichen Weise wurden Stimmen, meist engagierter jüngerer Antifaschisten laut, die den österreichischen Widerstand gegen das NS-Regime vor allem gegenüber der österreichischen "Mittäterschaft" abwerteten und/oder seinen Alibi- und Legitimationscharakter hervorhoben.[2] Daß der österreichische Widerstand seitens des offiziellen Österreich stärker als je zuvor in außenpolitische Argumentationen und Aktivitäten (zur Abwehr von Vorwürfen hinsichtlich der NS-Vergangenheit oder zur Imagepflege) eingebracht wird, ist evident.[3] Doch wer, wie der Autor, sich seit vielen Jahren mit der Widerstandsforschung beschäftigt, weiß, daß diese keineswegs staatlichem oder öffentlichem Wohlwollen ihre Existenz verdankt. Im Gegenteil: Das 1963 gegründete Dokumentationsarchiv des österreichischen Widerstandes (DÖW) entsprang der Initiative des betroffenen Personenkreises selbst: Widerstandskämpfer, Verfolgte, Exilierte bauten es mühsam und zu Beginn ohne jede staatliche Unterstützung auf.[4] Erst in den 70er Jahren konnte das DÖW seine Tätigkeit ausweiten und eine systematische Erforschung von Widerstand, Verfolgung und Exil im Zeitraum 1934-1945 in Angriff nehmen. Durch die pluralistische, staats- und parteiunabhängige Konstruktion des DÖW sind von Anfang an politisch motivierte Einengungen der Widerstandsforschung (wie in der BRD und DDR, in Ansätzen auch in Österreich) unterblieben, und man begann, das gesamte politische Spektrum des österreichischen Widerstandes, aber auch schon sehr früh die verschiedenen Formen von nichtorganisiertem Widerstand und Oppositionsverhalten, zu archivieren und aufzuarbeiten.[5] Ihren wissenschaftlichen Niederschlag hat diese Forschungsarbeit vor allem in der Reihe "Widerstand und Verfolgung in österreichischen Bundesländern 1934-1945" gefunden, von der bislang 11 umfangreiche Bände über Wien, Burgenland, Oberösterreich, Tirol und Niederösterreich vorliegen.[6]

Im folgenden wird versucht, auf der Grundlage dieser von mir mitgestalteten Arbeiten sowie auf der anderer Autoren und Werke einen Überblick über den österreichischen Widerstand 1938-1945 zu geben, wobei im Hinblick auf die anderen Beiträge im Sammelband das politische, soziale, wirtschaftliche und kulturelle Umfeld weitgehend ausgeklammert werden kann. Bezüglich Forschungsentwicklung und -stand, Methoden- und Theorieprobleme der Widerstandsforschung kann hier nur auf einschlägige Arbeiten verwiesen werden.[7]

Anfänge und Probleme des Widerstandes

Obwohl zum Zeitpunkt der Besetzung Österreichs die politische Linke bereits einen mehr als vierjährigen Untergrundkampf gegen eine "austrofaschistische" Diktatur[8] hinter sich hatte, bedeutete der März 1938 mehr als den bloßen Übergang von einem zu einem anderen faschistischen Herrschaftssystem; er war eine tiefgreifende Zäsur, die die politischen und gesellschaftlichen Rahmenbedingungen stark veränderte. Insbesondere hinsichtlich Ausmaß der ideologisch-propagandistischen Durchdringung der Gesellschaft, der inneren und äußeren Stabilität, politischer, ökonomischer und militärischer Potenz sowie Umfang und Intensität der Repression politischer Gegner bestanden wesentliche Unterschiede zwischen Austrofaschismus und Nazifaschismus, die wiederum Rückwirkungen auf Ausmaß und Formen von Widerstand und Opposition hatten. Gerade in der Zeit unmittelbar nach dem 11. März 1938 stieß die Organisierung des Widerstandes auf nicht geringe Schwierigkeiten. Der kampflose Untergang Österreichs, die Passivität der Westmächte, die totale nationalsozialistische Machtergreifung und die mit deutscher Gründlichkeit und Schnelligkeit durchgeführten Verfolgungsmaßnahmen[9] wirkten sich verheerend aus. Die erzwungene Flucht tausender potentieller NS-Gegner reduzierte die menschliche Basis des Widerstandes. Hinzu kam als weiteres, vor allem psychologisches Hemmnis die Stimmungssituation nach dem 11. März. Der nazistische Siegestaumel hatte - nicht zuletzt dank der Wirkung einer in Österreich beispiellosen Propagandakampagne - breite, weit über die NS-Sympathisanten hinausgehende Kreise der Bevölkerung erfaßt. Auch viele, die dem Nationalsozialismus ablehnend gegenüberstanden und später in den Widerstand gingen, wollten erst abwarten, was das neue Regime in der Praxis bringt. Zweifellos bedeuteten auch die verschiedenen anschlußfreundlichen Erklärungen österreichischer Institutionen und Persönlichkeiten, namentlich die der österreichischen Bischöfe vom 18. März und das Zeitungsinterview Karl Renners vom 3. April, eine Entmutigung der jeweiligen Anhänger.[10] Diese Faktoren führten dazu, daß eine breitere Formierung von illegalen Organisationen erst im Sommer und Herbst 1938 stattfand.

Weiters ist auch darauf zu verweisen, daß in anderen besetzten Ländern von vornherein ein klares Feindbild bestand und der Widerstand zur Sache aller nationalen Kräfte wurde, während Kollaborateure isoliert und geächtet waren. In Österreich hingegen hatten die Widerstandskämpfer in einer zum Teil feindlichen, von Denunzianten und fanatischen Regimeanhängern durchsetzten Umwelt zu wirken. Hier war der Widerstand nicht nur ein Kampf gegen fremde Besatzung, sondern hatte auch den Charakter eines Bürgerkrieges Österreicher gegen Österreicher.

Der politisch-gesellschaftlichen Struktur Österreichs entsprechend, fand das NS-Regime zwei annähernd gleich starke Hauptgegner vor: die organisierte Arbeiterbewegung, hauptsächlich in den Industriezentren im Osten Österreichs konzentriert, und das katholisch-konservative-bürgerliche Lager. Innerhalb dieser beiden Lager verflossen im Widerstand die Grenzen zwischen Sozialdemokraten, Kommunisten, Gewerkschaftern und anderen Linksgruppen einerseits und ehemaligen Christlichsozialen, Heimwehrangehörigen, Monarchisten und Katholiken andererseits. Zwischen den Lagern gab es Kontakte und gegenseitigen Respekt, aber in der Regel war es kein gemeinsamer Widerstand, sondern ein rechter oder linker Widerstand.[11]

Bei den verschiedenen Gruppen des Widerstandes traten auch verschiedene Motivationen zutage: politische, ideologische, religiöse, soziale, sittliche, humanistische, österreichisch-patriotische. Eine gemeinsame nationale Wurzel des Widerstandes,[12] die - ungeachtet auch dort bestehender politischer Differenzierung - für die anderen von Hitlerdeutschland besetzten Länder charakteristisch war, war aufgrund der besonderen "nationalen" Situation Österreichs lange Zeit kaum vorhanden, sie entwickelte sich in Ansätzen erst gegen Kriegsende. Trotzdem kann Ernst Hanischs Auffassung von einem "spezifischen österreichischen Widerstand" zugestimmt werden, nicht zuletzt, weil organisatorisch eine nahezu völlige Trennung zwischen österreichischen und deutschen Widerstandsgruppen bestand.

Sozialistischer Widerstand

Auch für die illegale Arbeiterbewegung, die schon seit vier Jahren im Untergrund wirkte, über konsolidierte illegale Kader verfügte und große konspirative Erfahrungen gewonnen hatte, bedeutete der März 1938 einen tiefen Einschnitt. In Erkenntnis der ungleich schärferen Verfolgungsmaßnahmen des Naziregimes hatte das Zentralkomitee der Revolutionären Sozialisten (RS) die Weisung ausgegeben, alle Aktivitäten für drei Monate einzustellen. In einem grundsätzlichen Artikel im "Sozialistischen Kampf" in Paris im Juli 1938 wurde dies bekräftigt:[13]

> "Es darf heute keine Zeitungen, keine Flugblätter, keine regelmäßigen Mitteilungsblätter und Broschüren geben... Die bisherigen Organisationen sind erledigt. Die neuen müssen ohne Anknüpfung an die bisherigen Formen aufgebaut werden. Die Träger der neuen Organisationsgebilde können zunächst nur Menschen sein, die wegen geringerer bisheriger Aktivität oder absoluter Deckung in der bisherigen Arbeit nicht belastet sind."

Dies, sowie die Verhaftung vieler RS-Aktivisten und die erzwungene Flucht oder Auswanderung belasteter Funktionäre führten zu einem organisatorischen Niedergang.

Über das Verhalten von Sozialisten und Schutzbündlern zur Volksabstimmung am 10. April 1938 berichtete der Inspekteur der Sicherheitspolizei in Wien am 28. März 1938:[14]

> "Wegen der Beflaggung wird anheimgestellt, die Fenster nicht zu schmücken. Besonders bei der Wahl am 10. April 1938 ist darauf zu sehen, daß die ausländischen Vertreter viele Fenster ohne jeden Schmuck sehen. Damit soll die offene Ablehnung Hitlers dokumentiert werden. Für den Wahltag selbst ist alles daran zu setzen, daß möglichst viele Stimmen gegen den Anschluß sind."

Die weiter aktiven Funktionäre der RS konzentrierten ihre Tätigkeit auf die Unterstützung von Angehörigen von Verfolgten, und die schon 1934 bestehende Unterstützungsaktion "Sozialistsiche Arbeiterhilfe" (SAH) - Gegenstück zur kommunistischen "Roten Hilfe" - wurde gleichsam zum Ersatz für die Parteiorganisation. Der erste Prozeß des Volksgerichtshofes in Wien am 9. Juni 1939, über den der Völkische Beobachter auf der Titelseite berichtete, richtete sich gegen die Führungsspitze der SAH. Eine zweite Führungsgarnitur, welche die SAH neu aufbaute und mit der Auslandsvertretung der Sozialisten in Brünn bzw. Paris Verbindungen unterhielt, wurde im Juli 1939 von der Gestapo ausgehoben. Für die Organisierung des sozialistischen Widerstandes war es besonders verhängnisvoll, daß ein führender Funktionär, der ehemalige AZ-Sportredakteur Hans Pav, zum Verräter wurde. Pav war wie andere RSler im März 1938 verhaftet worden und hatte sich unter dem psychischen Druck der Gestapo bereit erklärt, Spitzeldienste zu leisten. Als Agent provocateur trat Pav mit vielen Genossen zwecks Aufbaues der RS in Verbindung und traf sich mit RS-Funktionären im Ausland. Seinem Wirken fiel die gesamte zentrale RS-Organisation zum Opfer.[15]

Von besonderer Wichtigkeit war die Rolle der amerikanischen Frau des RS-Vorsitzenden Joseph Buttinger, Muriel Gardiner. Diese - laut VGH-Urteil - "eifrige marxistische Agentin" verhalf zahlreichen gefährdeten Antifaschisten durch falsche Pässe und finanzielle Unterstützung zur Ausreise und stellte auch Gelder für die illegale Parteiarbeit der Sozialisten in den Bundesländern zur Verfügung.[16]

Die Verfolgungsmaßnahmen und das Abreißen der Verbindungen zur Emigration nach dem Kriegsausbruch 1939 führten dazu, daß der sozialistische Widerstand in einzelne, voneinander isolierte Gruppen zerfiel. Einzelne Funktionäre wie Felix Slavik und Alfred Migsch unternahmen Versuche zum Neuaufbau von Organisationen. Slavik nahm auch Kontakte zu katholischen und monarchistischen Kreisen auf und wurde gemeinsam mit diesen vor den Volksgerichtshof gestellt.[17] Von den noch weiterexistierenden sozialistischen Widerstandsgruppen war die von dem Wiener Hauptschullehrer Dr. Johann Otto Haas geführte Gruppe der Revolutionären Sozialisten am bedeutendsten. Sie hatte bis zu ihrer Aufdeckung im Juli 1942 Stützpunkte in Wien, Salzburg, Tirol und unter den Eisenbahnern sowie Verbindungen zu sozialistischen Gruppen in Süddeutschland.[18]

Die gesamtdeutsche Linie, "die Umwandlung des bestehenden nationalsozialistischen in ein sozialistisches Deutschland",[19] die von der sozialistischen Emigration vertreten wurde, war im wesentlichen auch für die sozialistischen Widerstandsgruppen maßgeblich. Bezeichnenderweise fehlt in den Anklagen gegen die Sozialisten die gegen Kommunisten und Monarchisten stets erhobene Beschuldigung der "Losreißung der Alpen- und Donaugaue vom Reich". Erst im Laufe des Krieges und besonders nach der Moskauer Deklaration, in der die Unabhängigkeit Österreichs zum alliierten Kriegsziel erklärt wurde, erfolgte ein Umdenken.

Infolge des verschärften Terrors beschränkten viele oppositionelle Sozialdemokraten ihre Kontakte mit Gesinnungsfreunden auf den engsten Kreis und verzichteten auf jede nach außen gerichtete Tätigkeit. Anstelle fester Organisationen bildeten sich lose Gesinnungsgemeinschaften - von der Gestapo als "Stammtischrunden" ironisiert.[20] Im Zusammenhang mit den Ereignissen des 20. Juli 1944 kam diesen meist aus bekannten Sozialdemokraten zusammengesetzten Kreisen eine nicht zu unterschätzende Bedeutung zu. Vertreter des deutschen Widerstandes versuchten mehrmals, österreichische Sozialdemokraten und Christlichsoziale zur Mitarbeit zu gewinnen, mußten aber zur Kenntnis nehmen, daß österreichischerseits der Wunsch nach Unabhängigkeit bereits stärker war als die Verbundenheit mit Deutschland.

Adolf Schärf berichtet dies über sein Gespräch mit Wilhelm Leuschner, einem der führenden sozialdemokratischen Verschwörer.[21] Nach dem Scheitern des Anti-Hitler-Putsches wurden auch viele sozialdemokratische Funktionäre verhaftet, darunter Adolf Schärf, Theodor Körner, Johann Böhm und Karl Seitz, der in einem Fernschreiben aus Berlin am 20. Juli als politischer Beauftragter für den Wehrkreis XVII (Österreich) genannt worden war. In der Endphase der Naziherrschaft spielten diese vornehmlich dem rechten Flügel der Sozialdemokratie zuzuzählenden Kräfte wieder eine Rolle, da sie vielfach als Repräsentanten des sozialistischen Lagers überparteilichen Widerstandsgruppen angehörten und nach dem Zusammenbruch als erste beim Wiederaufbau der sozialistischen Bewegung zur Stelle waren.[22]

Kommunistischer Widerstand

Wenn man von den vorhandenen Polizei- und Gerichtsmaterialien ausgeht, war der Widerstand der Kommunisten zahlenmäßig der weitaus stärkste von allen politischen Gruppen. Von den 2800 belegbaren Verfahren vor dem Oberlandesgericht Wien (OJs-Akte) betreffen schätzungsweise mehr als 80 Prozent Kommunisten; das gleiche gilt für die Volksgerichtshof-Akten und für die Tagesberichte der Gestapo Wien. Auch die illegalen Druckwerke dieser Zeit sind annähernd 90 Prozent kommunistischer Provenienz.[23] In keiner Periode ihrer Geschichte hatte die KPÖ eine solche Bedeutung innerhalb der Arbeiterbewegung wie im Widerstand gegen Hitler. Radomir Luža errechnete, daß etwa 85 Prozent der kommunistischen Widerstandskämpfer vor 1934 Mitglieder sozialdemokratischer Organisationen waren, nach 1934 jedoch massiv der KPÖ zuströmten.[24]

Diese Einflußnahme auf die Arbeiterschaft war möglich, weil die KPÖ von Anfang an - ohne Rücksicht auf Verluste - die Parole des aktiven Widerstandes ausgab. Schon in der ersten, am 12. März 1938 in Prag beschlossenen Erklärung des ZK trat die KPÖ für die Wiederherstellung der Unabhängigkeit Österreichs ein und gab ihrem Widerstand eine betont österreichisch-patriotische Orientierung.[25] Während die kommunistischen Widerstandsgruppen in Unkenntnis dieser Beschlüsse anfangs noch eine revolutionär-klassenkämpferische Linie vertraten, setzte sich unter dem Einfluß der Auslandsleitung und ihrer Emissäre die Volksfronttaktik durch, als deren Folge anstatt der Diktatur des Proletariats der Kampf um die Wiederherstellung eines freien und demokratischen Österreichs gefordert wurde.

Analog zur Entwicklung in anderen von Hitlerdeutschland besetzten Ländern, wo breite, meist unter kommunistischer Führung stehende nationale Widerstandsbewegungen entstanden, propagierten die österreichischen Kommunisten die Bildung einer überparteilichen "Österreichischen Freiheitsfront". Es liegen jedoch nur wenige Hinweise auf ein Zusammenwirken mit bürgerlichen Kreisen vor - etwa die katholische Akademikergruppe Kühnl-Meithner; im allgemeinen blieb der KP-Einfluß auf die Arbeiterschaft beschränkt. In diesem Bereich konnte die KPÖ ihre größte Wirkung erzielen, weil viele zum Widerstand bereite Arbeiter, ehemalige Sozialisten und Gewerkschafter, infolge weitgehenden Fehlens eigener Organisationen mit den Kommunisten zusammenarbeiteten. Etwa ab Sommer 1938, als der Neuaufbau bzw. die Aktivierung der illegalen Organisationen in Angriff genommen wurde, entstanden unzählige Lokal- und Betriebszellen, wurden immer wieder Bezirks-, Stadt- und zentrale Leitungen gebildet. Gerade die letzteren fielen nacheinander der Gestapo in die Hände. Laut einem Bericht des Oberreichsanwaltes vom 28. Mai 1942 konnte die Gestapo Wien 1500 verdächtige Kommunisten mangels Haftraums nicht festnehmen.[26] Darüber hinaus leisteten viele Aktivisten im Sinne der Parole "Du bist die Partei" individuellen Widerstand, wie die unzähligen Festnahmen wegen kommunistischer Mundpropaganda beweisen.[27]

Besonders aktiv war die von der Gestapo "Tschechische Sektion der KPÖ" genannte Widerstandsgruppe von Wiener Tschechen, die Anschläge gegen verschiedene nationalsozialistische Einrichtungen durchführte. Auch die - angeblich mehr als siebzig - von den Alliierten abgesetzten Fallschirmagenten, die hier nachrichtendienstliche oder militärische Aufgaben zu erfüllen hatten, standen zum Teil mit dem Parteiapparat der KPÖ in Wien in Verbindung.[28]

Im Mittelpunkt der auf Massenwiderstand zielenden kommunistischen Aktivitäten stand die Verbreitung illegaler Druckwerke, die das Meinungsmonopol des NS-Regimes durchbrechen sollten. Unzählige Streuzettel, Flugblätter und Zeitschriften wurden unter größten Schwierigkeiten und Gefahren hergestellt und verbreitet. Viele der illegalen Aktivitäten, wie Streu- oder Schmieraktionen trug hauptsächlich der Kommunistische Jugendverband (KJV), wobei besonders die massenhaft an österreichische Frontsoldaten verschickten "zersetzenden" Briefe sowie die Unterwanderung der HJ durch Jungkommunisten die Aufmerksamkeit der Gestapo hervorriefen.[29]

Bis Ende 1943 konnte die Gestapo mit ihren berüchtigten brutalen Methoden die meisten bestehenden kommunistischen Gruppen aufdecken und zerschlagen, sodaß 1944 die Zahl der Hochverratsdelikte abnahm. In einem Bericht der Gestapo Wien vom März 1944 werden folgende Zahlen von Festnahmen kommunistischer Widerstandskämpfer genannt:[30]

1938	742	1941	1507
1939	1132	1942	881
1940	837	1943	1173

Das sind zusammen rund 6300 Festgenommene. Viele von ihnen wurden hingerichtet oder kamen in Gefängnissen und Konzentrationslagern um. Für die KPÖ bedeutete diese Einbuße von tausenden meist jungen Aktivisten einen unersetzlichen Verlust.

Widerstand in Betrieben

Neben den sozialistischen und kommunistischen Parteiorganisationen entwickelte sich der Widerstand in den Betrieben. Als Initiatoren und Leiter der Betriebszellen traten fast immer kommunistische Funktionäre auf, doch die Mehrzahl der Mitglieder - von Gestapo und Gerichten durchwegs als Kommunisten abgestempelt und verurteilt - kam aus den Reihen der Sozialisten. Maria Szecsi und Karl R. Stadler umreißen die typische Form einer solchen Betriebszelle folgendermaßen:[31] Sie wahrte den gesinnungsmäßigen Zusammenhalt unter ihren Mitgliedern, sammelte Gelder für die Familien von Verhafteten und Verfolgten, suchte Einfluß auf allfällige Lohnverhandlungen und sonstige gewerkschaftliche Fragen zu gewinnen und führte - wo sich die Gelegenheit dazu bot - Streu- und Flugzettelaktionen im Betrieb durch. Bereits die bloße Spendenleistung aus Solidarität oder karitativen Motiven wurde als "kommunistischer Hochverrat" geahndet.

Betriebszellen dieser Art gab es in fast allen größeren Betrieben Österreichs. Auch unter den vielen tausenden "Fremdarbeitern" bildeten sich Widerstandsgruppen, die größtenteils kommunistisch orientiert waren.[32]

Die trotz gewisser Tricks letztlich extrem arbeiterfeindliche Politik des NS-Regimes führte nicht nur zur Bildung von Widerstandsgruppen, sondern auch - damit in engem Zusammenhang - zu Arbeitskonflikten, Streiks, Arbeitsniederlegungen und Arbeitsverweigerungen. Es versteht sich fast von selbst, daß solche spontane Aktionen der Arbeiter - als Reaktion auf Unternehmerdruck und Schikanen - strengstens verboten waren und auch dementsprechend geahndet wurden.[33]

Andere linke Widerstandsgruppen

Zum Unterschied von den aktivistischen Kommunisten kapselten sich die verschiedenen trotzkistischen Kleingruppen (Kampfbund zur Befreiung der Arbeiterklasse, Proletarische Internationalisten, Organisation Proletarischer Revolutionäre, Gegen den Strom) weitgehend ab, verbreiteten ihre - in bemerkenswerter Kontinuität erscheinenden - Publikationen nur im eigenen Kreis und konnten auf diese Weise ihre Organisationen bis 1945 aufrechterhalten. Nur die Gruppe "Gegen den Strom" wurde 1943 von der Gestapo zerschlagen. Auf die Existenz einer anarchistischen Gruppe kann nur aus dem Vorliegen illegaler Flugschriften geschlossen werden.[34]

Auch in Wien bildeten sich linke NSDAP-Absplitterungen in der Art der Schwarzen Front, die von der Gestapo als "nationalbolschewistisch" verfolgt wurden. Linksorientiert war auch die sehr aktive Jugendgruppe um den Gymnasiasten Josef Landgraf sowie die aus "Mischlingen" im Sinne der Nürnberger Rassengesetze zusammengesetzte Mischlingsliga Wien. Zu den aktivsten Widerstandsgruppen in Wien zählte die von dem jugoslawischen Kommunisten Karl Hudomalj 1942 initiierte Anti-Hitler-Bewegung Österreichs, die auch mit der sozialistischen Gruppe Migsch sowie zu Ostarbeitern Verbindungen hatte und bis zu ihrer Aufrollung Anfang 1944 die illegale Zeitschrift "Wahrheit" herausgab.[35]

In diesem Zusammenhang wäre auch auf das Problem der Effizienz des Arbeiterwiderstandes einzugehen. Von konservativen Historikern, insbesondere in der BRD, wird die Auffassung vertreten, daß nur der Widerstand von Teilen der herrschenden Klasse des Staatsapparates und faschistischer Fraktionen, der in der Aktion des 20. Juli 1944 gipfelte, politisch relevant war, während die Klein- und Kleinstgruppen der Linken eigentlich bedeutungslos waren.[36] Dem ist entgegenzuhalten, daß der Widerstand der Arbeiterbewegung nicht nur zahlenmäßig mit Abstand am stärksten, sondern auch machtpolitisch von nicht geringer Bedeutung war, weil er sich an wichtigen Positionen, nämlich in den Produktionsstätten, in Versorgungseinrichtungen, in Verkehrsbetrieben etc. formierte. Schließlich war es im wesentlichen der von der Linken kommende Widerstand, der bis zum bewaffneten Kampf gesteigert wurde. Im übrigen aber muß deutlich ausgesprochen werden, daß im Grunde genommen sowohl der linke als auch der rechte Widerstand in dem Sinn "ineffizient" war, als die Befreiung das Werk der Alliierten war.

Widerstand im bürgerlichen und christlichen Lager

Anders als auf der Linken sah die Situation im bürgerlichen und christlichen Lager aus. Die mit Innitzers Anschluß-Erklärung eingeleitete Phase der Verhandlungen zwischen dem NS-Regime und der katholischen Kirche ging erst im Herbst 1938 in die offene Konfrontation über, so daß viele dem Nationalsozialismus feindlich gegenüberstehende Katholiken eine Abwartehaltung einnahmen. Die politischen Kräfte, die bis zum März 1938 die Träger der Staatsgewalt waren, mußten erst den Sturz von der Höhe der Macht in die Tiefe der Verfolgung und Illegalität überwinden und mühsam illegale Organisationen aufbauen.

Die katholische Kirche als Institution stand zwar nicht im aktiven Widerstand gegen das NS-Regime, aber allein ihr Vorhandensein, ihre weltanschaulich-geistige Tätigkeit wirkte dem nationalsozialistischen Totalitätsstreben entgegen.[37] Antikatholische Maßnahmen, Diskriminierung und Verfolgung von Funktionären der ehemaligen Vaterländischen Front, führten zur Bildung katholischer Widerstandsgruppen, die ebenso wie die nicht geringen monarchistischen Widerstandsgruppen meist großösterreichische Vorstellungen hatten.

Ab Sommer/Herbst 1938 entstanden große konfessionelle und monarchistische Widerstandsgruppen, wie etwa die drei Österreichischen Freiheitsbewegungen (Scholz, Kastelic und Lederer) oder die Gruppe Hebra.[38] Lediglich einige Jugendgruppen entfalteten schon früher eine illegale Aktivität. So wurde - laut Anklageschrift des Sondergerichtes beim Landesgericht Wien (Jugend) - die Widerstandsgruppe "Frei-Jungdeutschland" um die Brüder Alfred und Johann Ellinger, die sich aus ehemaligen Mitgliedern des Österreichischen Jungvolkes, des Studentenfreikorps und der Marianischen Studentenkongregation an der Canisiuskirche in Wien zusammensetzte, bereits Anfang April 1938 gegründet.[39] Otto Molden berichtet, daß die Führergruppe des "Grauen Freikorps" ("Studentenfreikorps im Österreichischen Jungvolk") schon am Abend des 11. März 1938 die Bildung von Widerstandsgruppen beschloß[40] - freilich wurden einige ihrer Führer infolge Verhaftung in den nächsten Tagen und Wochen an diesem Vorhaben gehindert. Auch die monarchistische Studentenverbindung "Ottonen" ging nach ihrer Selbstauflösung "geschlossen in die Illegalität". Ihr Senior, Hauptmann Karl Burian, wurde am 13. März 1944 hingerichtet.[41]

Die christliche Arbeiterbewegung wurde - als Bestandteil des Schuschnigg-Systems - im März 1938 zerschlagen; ihre führenden Funktionäre wanderten in Gefängnisse und KZ. Ansätze zum illegalen Neuaufbau der Organisation sind nicht festzustellen. Einzig der 1938 aufgelöste Karl Vogelsang-Bund setzte seine Tätigkeit bis zur Verhaftung Anton Orels 1943 fort. Zweifellos wurden aber gewisse Verbindungen zwischen den früheren Funktionären der christlichen Arbeiterbewegung aufrechterhalten, und auch zu deutschen christlichen Gewerkschaftern um Jakob Kaiser und damit zum Verschwörerkreis des 20. Juli 1944 bestanden Kontakte. Felix Hurdes und Lois Weinberger, führende Persönlichkeiten dieses Lagers, wurden im Herbst 1944 verhaftet.[42]

Nach der weitgehenden Zerschlagung der meisten katholischen und monarchistischen Widerstandsgruppen bis etwa 1940 formierten sich erst wieder gegen Kriegsende Widerstandskreise im bürgerlichen Lager, die jedoch meist nicht aktivistische Organisationen, sondern eher lose Verbände darstellten, wobei bei ihren Zusammenkünften in Wohnungen und Gaststätten Pläne für die Nach-NS-Zeit erörtert wurden. Sowohl bei den christlichen Arbeiterfunktionären als auch bei den Bauern und Gewerbetreibenden gab es solche Ansätze, sodaß Ludwig Reichhold in seiner Geschichte der Österreichischen Volkspartei zurecht auf deren Entstehen im Widerstand hinweisen konnte.[43]

Eine der wenigen konfessionellen Gruppen, die ihre Tätigkeit fast unbeeindruckt von den historischen Ereignissen des März 1938 fortsetzte, war die in Österreich schon seit 1935/36 verbotene Sekte "Internationale Bibelforschervereinigung" (Zeugen Jehovas). Ihr Wirken kann - wie die illegal verbreiteten Schriften beweisen - nicht einfach als religiöser Fanatismus abgetan werden, sondern hatte auch eine freiheitliche, antitotalitäre Komponente. Die Ablehnung des Wehrdienstes stand im Mittelpunkt ihres Widerstandes. Auch die ebenfalls wehrdienstfeindliche Sekte der Adventisten setzte ihre verbotene religiöse Tätigkeit fort. Wehrdienstverweigerer aus den Reihen christlicher Kirchen wurden von Nazigerichten zum Tode verurteilt oder in KZ eingewiesen.[44]

Bewaffneter Widerstand, Partisanenkampf

Die österreichischen Widerstandskämpfer beschränkten sich in der Hauptsache auf Propagandaaktionen gegen den Nationalsozialismus. Gewaltsame Aktionen, auch Sabotage, waren eher selten. Erst etwa ab 1942 bildeten sich, meist auf Initiative von Kommunisten, bewaffnete Widerstandsgruppen. Vor allem in Südkärnten formierten sich slowenische Partisanengruppen, die durch die brutale Germanisierungspolitik der NS-Machthaber und die einsetzende Aussiedlung[45] auf die Unterstützung weiter Kreise der Kärntner Slowenen zählen konnten. Operativ und programmatisch waren sie Teil der jugoslawischen Volksbefreiungsarmee Titos. Die slowenischen Partisanen konnten sich organisatorisch, politisch und militärisch in Kärnten fest etablieren und lieferten den dort zur "Bandenbekämpfung" eingesetzten Polizei-, SS- und Wehrmachtseinheiten schwere Gefechte. Mit mehr als 500 gefallenen Kämpfern ist ihr Einsatz als wichtigster "eigener Beitrag" zur Befreiung Österreichs von der NS-Herrschaft anzusehen.[46]

Im Unterschied zu den auf die Sympathie der slowenischen Bauern sich stützenden Kärntner Partisanen fiel es den mit Fallschirmen abgesetzten Kampfgruppen (z. B. den "Koralmpartisanen")[47] sehr schwer, in der Bevölkerung Fuß zu fassen, da hier die NS-Propaganda mit ihren antibolschewistischen Feindbildern noch stark wirksam war. Von den bewaffneten Widerstandsgruppen (außerhalb Kärntens) trat nur die Partisanengruppe Leoben-Donawitz militärisch in Erscheinung, während andere vielfach als "Partisanen" bezeichnete Gruppen (Salzkammergut, Ötztal) über die Aufbau- und Bewaffnungsphase nicht hinauskamen oder aus Angst vor Repressalien gegen die Zivilbevölkerung den Kampf nicht aufnahmen.[48]

In diesem Zusammenhang ist auch auf die im Rahmen der Jugoslawischen Volksarmee im Herbst 1944 aufgestellten "österreichischen Bataillone" in Slowenien zu verweisen, die die einzigen militärischen Einheiten unter österreichischem Kommando auf seiten der Anti-Hitler-Koalition waren, die im Krieg tatsächlich zum Einsatz kamen.[49] Eine längere Dauer des Krieges im Jahr 1945 hätte möglicherweise allen diesen militärischen Widerstandsgruppen - wie in anderen Ländern - ein größeres politisches und militärisches Gewicht gegeben.

Überparteiliche und militärische Widerstandsgruppen

Gegen Ende des Krieges formierten sich vielfach überparteiliche Widerstandsgruppen, deren Aktivisten aus verschiedenen politischen und sozialen Lagern stammten; hier waren die Ablehnung des Nationalsozialismus, die Abkürzung des Krieges, die Erkämpfung der Freiheit das einigende Band. Die größte und bekannteste dieser Widerstandsgruppen war die Gruppe 05, die mit der militärischen Widerstandsgruppe im Wehrkreiskommando XVII in Wien (unter der Leitung von Major Carl Szokoll) in Verbindung stand. Die Gruppe von Szokoll war bereits beim Anti-Hitler-Putsch im Juli 1944 spektakulär in Aktion getreten, als im Zuge der "Operation Walküre" die gesamte NS-Führung in Wien festgenommen wurde, die nach dem Scheitern in Berlin allerdings wieder freigelassen werden mußte. Im April 1945 glückte zwar die Kontaktaufnahme mit der Roten Armee durch Oberfeldwebel Ferdinand Käs, doch der Aufstandsplan und damit die kampflose Übergabe der Stadt Wien fielen einem Verrat zum Opfer, drei österreichische Widerstandskämpfer - Major Karl Biedermann, Hauptmann Alfred Huth und Oberleutnant Rudolf Raschke - wurden von einem SS-Standgericht noch am 8. April 1945 gehenkt.[50]

In anderen Orten und Gegenden konnten Widerstandskräfte die Zusammenbruchs- und Rückzugsphase der NS-Streitkräfte und -behörden ausnützen und Befreiungsaktionen durchführen. So konnte etwa die Tiroler Widerstandsbewegung unter der Leitung des späteren Landeshauptmanns Karl Gruber die Stadt Innsbruck am 3. Mai 1945 - noch vor dem Eintreffen der ersten US-Truppen - befreien.[51] Neben der Beendigung sinnloser, verlustreicher Kämpfe ging es dabei vielfach auch um die Verhinderung der von den NS-Machthabern anbefohlenen Zerstörungen von Gebäuden, Betrieben, Verkehrs- und Nachrichtenverbindungen etc.

Widerstand in Gefängnissen und Lagern

Auch in den Gefängnissen, Zuchthäusern und Konzentrationslagern des Dritten Reiches, in denen zehntausende Österreicher aus politischen Gründen inhaftiert waren, formierte sich - trotz der noch größeren Gefahren und Schwierigkeiten - der Widerstand. Dabei standen die Organisierung der Solidarität, die Hilfe für die anderen Kameraden, die Sorge um das nackte Überleben im Vordergrund; man versuchte, die von der SS geschaffenen fürchterlichen Zustände zu verbessern, doch wurden auch politische Diskussionen und Schulungen abgehalten, Ausbruchsversuche unterstützt und andere illegale Aktivitäten unternommen. Ein Zeugnis von diesem, meist international organisierten Widerstand legten die österreichischen Antifaschisten Burger, Friemel und Wessely ab, die im Dezember 1944 wegen des Ausbruchsversuchs gemeinsam mit polnischen Kameraden im KZ Auschwitz hingerichtet wurden.[52] In der Endphase der NS-Herrschaft ging es insbesondere um die Verhinderung der befürchteten Liquidierung der Gefängnis- und Lagerinsassen. In dem auf österreichischem Boden gelegenen KZ Mauthausen gelang es der internationalen Widerstandsbewegung, das Lager in der schwierigen Zeit zwischen dem Abzug der SS und dem Eintreffen der alliierten Truppen in die Hand zu bekommen, während in dem großen Zuchthaus Stein an der Donau noch am 6. April 1945 386 Häftlinge und 3 Beamte von der SS niedergemetzelt wurden.

In diesem Zusammenhang darf auch die antifaschistische Tätigkeit von Österreichern in alliierten Kriegsgefangenenlagern nicht übersehen werden. Vor allem in den sowjetischen Lagern konnte - von emigrierten kommunistischen Funktionären - eine intensive Schulungs- und Propagandaarbeit geleistet werden. Manche Kriegsgefangene stellten sich für die - nicht ungefährliche -

Zersetzungsarbeit im Frontbereich oder für einen Kampfeinsatz in Österreich selbst zur Verfügung.[53]

Widerstand von einzelnen. Oppositionsverhalten

Andere Formen von Widerstand und Opposition - nichtorganisierter Widerstand von einzelnen, passive Resistenz, Nonkonformismus, soziales Protestverhalten u. dgl. - sind lange Zeit vernachlässigt worden und erst in den letzten Jahren in das Blickfeld der Widerstandsforschung gekommen.[54] Der nichtorganisierte Widerstand zeigte sich in den verschiedensten Formen: Der Bogen reicht von antinazistischer Haltung und Äußerungen über das verbotene Abhören ausländischer Sender bis hin zur Sabotage und zur Hilfeleistung für Verfolgte (Juden, Fremdarbeiter, Kriegsgefangene u. a.). Humanitäre Erwägungen, Mitleid für den verfolgten Nächsten, Abneigung und Haß gegen ein verbrecherisches Regime waren die Wurzeln dieses unorganisierten, aus dem Volke kommenden Widerstandes, der genauso rigoros wie der organisierte Widerstand verfolgt wurde und auch zahlenmäßig keineswegs geringer war als dieser. So bezieht sich z. B. der Großteil der rund 10.000 Verfahren vor dem Sondergericht Wien auf Delikte nach dem sogenannten "Heimtückegesetz", das waren defätistische Äußerungen, Verbreiten von Gerüchten, Witze über bzw. Beleidigungen von führenden NS-Funktionären, prokommunistische oder prokatholische Äußerungen, Singen verbotener Lieder, Eintreten für Juden, Ausländer etc., Verweigerung von Spenden oder des Deutschen Grußes u. v. a. Diese regimefeindlichen Äußerungen spiegelten bis zu einem gewissen Grad die Stimmung der Bevölkerung wider, weil sie ja in den meisten Fällen nicht bewußt als "heimtückische Äußerung" oder "Wehrkraftzersetzung", sondern als spontaner Ausdruck der Enttäuschung, der Erbitterung und des Hasses gegen das NS-Regime getan wurden. Daß dabei in zunehmendem Maße antipreußische/antideutsche und pro-österreichische Stimmen zum Ausdruck kamen, kann gewiß nicht als Zufall abgetan werden.[55] Aufgrund der Fülle dieser Fälle wird dieser "individuelle Widerstand" nicht zu Unrecht als "kollektive Systemopposition" (Gerhard Botz)[56] verstanden.

Zu den scheinbar "unpolitischen" Formen von Opposition zählen auch Arbeitsbummelei, Krankfeiern, diverse Formen von Arbeitsvertragsbrüchen etc., die solches Ausmaß annahmen, daß das Regime besondere Repressionsmaßnahmen (Schnellverfahren durch den "Reichstreuhänder der Arbeit", Einweisung in Arbeitserziehungslager)[57] einführte. Auf die vor allem in Wien verbreiteten nonkonformistischen und oppositionellen Verhaltensweisen von Jugendlichen wird in einem speziellen Beitrag eingegangen.[58]

Schließlich müßten in diesem Vorfeld von Widerstand und Opposition auch die verschiedenen Formen "asozialen" Verhaltens (was immer die Nazis darunter verstanden), die massenhaft abgeurteilte Pseudokriminalität (wie etwa Verstöße gegen die Kriegswirtschaftsverordnungen, also Schwarzschlachten, Nichtablieferung von bäuerlichen Produkten, Schleichhandel), Homosexualität, "Rassenschande", die - terroristisch abgeurteilte - normale Kriminalität behandelt werden, um das ganze Ausmaß all jener Verhaltensweisen zu erfassen, die vom NS-Regime unerwünscht waren und verfolgt wurden. Etwa für die Beurteilung der Einstellung im bäuerlich-katholischen Milieu ist die Aufarbeitung dieses "Resistenzverhaltens" unbedingt erforderlich. Im Unterschied zur BRD, wo das vom Institut für Zeitgeschichte München durchgeführte Bayern-Projekt bahnbrechend wirkte,[59] geschieht dies in Österreich bestenfalls erst in Ansätzen.

Größenordnung, Ergebnisse und Bedeutung des Widerstandes

Eine Größenordnung der Zahlen über den Umfang des Widerstandes anzugeben, ist ungeheuer schwierig und zugleich problematisch. Wer kann heute feststellen, wieviele Aktivisten, Mitglieder oder Sympatisanten die in tiefster Illegalität wirkenden Widerstandsgruppen aufwiesen? Bestenfalls ungefähre Anhaltspunkte liefern die Zahlen der Opfer, also die festgenommenen, gerichtlich abgeurteilten oder in KZs eingewiesenen Widerstandskämpfer. Diese Zahlen sind insofern einigermaßen verläßlich, als in Österreich nach 1945 aufgrund des Opferfürsorgegesetzes eine amtliche Feststellung der anspruchsberechtigten Opfer des Faschismus erfolgte. Danach sind mindestens 2700 Österreicher als aktive Widerstandskämpfer zum Tode verurteilt und hingerichtet worden und ca. 32.000 Österrreicher kamen in KZs und Gefängnissen, vor allem bei der Gestapo um, wobei allerdings zwischen Widerstandskämpfern und Opfern präventiver Verfolgung nicht unterschieden werden kann. Mehr als 220 von fast 1750 Freiwilligen fielen als Kämpfer für die Freiheit Spaniens 1936-1939, über 500 als Partisanen. Auch in der Zahl der 65.000 ermordeten österreichischen Juden sind Widerstandskämpfer - meist jüdische Funktionäre der illegalen Arbeiterbewegung - enthalten. Die Zahl der inhaftierten Österreicher - aufgrund von Gestapoberichten und Gerichtsurteilen grob geschätzt - dürfte in der Größenordnung von etwa 100.000 gelegen sein.[60] Radomir Luža hat in seiner an sich verdienstvollen Untersuchung über den österreichischen Widerstand[61] auch den Versuch einer quantitativen Analyse des österreichischen Widerstandes unternommen, deren Ergebnisse jedoch im Hinblick auf die noch ausstehende kritische Auseinandersetzung mit Quellenbasis und Gliederungskategorien hier nicht referiert und erörtert werden können.

Zweifellos ist es erforderlich, um nicht zu falschen Schlüssen zu kommen, den Widerstand, sein Ausmaß und seine Bedeutung, im Zusammenhang mit dem Gesamtverhalten der Österreicher in der NS-Zeit, also unter Berücksichtigung des österreichischen Nationalsozialismus, der verschiedenen Formen des "Mitläufertums", der partiellen oder zeitweisen Zustimmung von Bevölkerungsgruppen zum System u. a. Faktoren, zu beurteilen. Eine solche Beurteilung kann freilich nicht in Form einer Gegenüberstellung von - größenordnungsmäßig - 100.000 Widerstandskämpfern mit 700.000 NSDAP-Mitgliedern erfolgen; denn die einen hatten ihre gesamte Existenz zu riskieren, die anderen genossen alle Vorteile einer alleinige Macht ausübenden Staatspartei. Nur eine - noch weitgehend ausstehende - detaillierte Analyse in kleinen, überschaubaren Bereichen (Betriebe, Wohnviertel, Dörfer etc.) wird hier zu brauchbaren Ergebnissen führen.

Gemessen an der unerhörten Zahl der Opfer waren die praktischen Ergebnisse des Widerstandskampfes - etwa in Richtung einer Gefährdung des NS-Regimes oder einer ernstlichen Schädigung der NS-Kriegsmaschinerie - eher bescheiden. Die Befreiung Österreichs von der faschistischen Herrschaft war nicht das Werk einer Revolution von unten oder eines nationalen Freiheitskampfes, sondern das ausschließliche Verdienst der alliierten Streitkräfte. Dennoch darf der Widerstandskampf nicht als eine sinnlose oder vergebliche Sache abgetan werden. Er stellte unter Beweis, daß nicht alle Österreicher - wie es die 99,7%-Volksabstimmung der Welt vorgaukeln sollte - im Lager des deutschen Faschismus standen.

Der Widerstand bedeutete aber nicht nur eine gewisse politisch-moralische Rehabilitierung Österreichs, er war im Hinblick auf den in der Moskauer Deklaration der Alliierten geforderten eigenen Beitrag Österreichs zu seiner Befreiung von eminent politischem Wert, wie sich bei den Bemühungen um den Staatsvertrag mit den Alliierten herausstellte.[62]

Innenpolitisch waren die im Widerstand und Konzentrationslager geknüpften Kontakte zwischen Rechts und Links eine nicht unwichtige Voraussetzung für die Zusammenarbeit 1945 und danach. Darüberhinaus war in weiten Kreisen der österreichischen Bevölkerung gerade durch das Erlebnis der Realisierung des "großdeutschen Traumes" eine entscheidende Bewußtseinsveränderung vom Deutschtum zum Österreichertum angebahnt worden.[63] Das im Widerstand, in Verfolgung und Emigration bei Sozialisten, Konservativen und Kommunisten gewachsene Bekenntnis zu Österreich, zur staatlichen Unabhängigkeit und nationalen Eigenständigkeit, wurde zu einer wesentlichen geistig-politischen Grundlage der Zweiten Republik.

Anmerkungen

1 Durch den Ausfall eines ursprünglich vorgesehenen Beiträgers stand für die Abfassung dieses Beitrages nur kurze Zeit zur Verfügung, sodaß zum Großteil auf bereits vorhandene Arbeiten zurückgegriffen wurde.

2 Auf solche Auffassungen bin ich in zahlreichen mündlichen wie schriftlichen Diskussionen gestoßen; siehe dazu etwa: R. Beckermann, Immer wieder Illusionen haben, in: Die Linke-Magazin, 2. 4. 1987, S. 29 ff.

3 In öffentlichen Kontroversen um die Vergangenheit Kurt Waldheims und im besonderen um die Haltung der Österreicher im Nationalsozialismus haben die österreichischen Botschafter in Washington und London in ihren - ziemlich gleichlautenden - Argumentationen an vorderster Stelle auf die Opfer des österreichischen Widerstandes hingewiesen; offenbar liegen zentrale Argumentationsanleitungen vor.

4 Siehe dazu ausführlich: W. Neugebauer, Zwanzig Jahre Dokumentationsarchiv des österreichischen Widerstandes (1963-1983), in: H. Konrad/W. Neugebauer (Hg.), Arbeiterbewegung - Faschismus - Nationalbewußtsein, Wien-München-Zürich 1983, S. 405 ff.

5 W. Neugebauer, Widerstandsforschung in Österreich, in: I. Ackerl u. a. (Hg.), Politik und Gesellschaft im alten und neuen Österreich. Festschrift für Rudolf Neck zum 60. Geburtstag, Wien 1981, Bd. II, S. 359-376; ders., Neue Forschungen und Forschungslücken zur

Geschichte des Widerstandes, in: Bericht über den 16. Österreichischen Historikertag in Krems/Donau veranstaltet vom Verband österreichischer Geschichtsvereine in der Zeit vom 3. bis 7. September 1984, Wien 1985, S. 168-180.

6 Dokumentationsarchiv des österreichischen Widerstandes (Hg.), Widerstand und Verfolgung in Wien 1934-1945, 3 Bde., Wien 1975 (im folgenden: Widerstand Wien bzw. Oberösterreich ...); Widerstand und Verfolgung im Burgenland 1934-1945, Wien 1979; Widerstand und Verfolgung in Oberösterreich 1934-1945, 2 Bde., Wien-Linz 1982; Widerstand und Verfolgung in Tirol 1934-1945, 2 Bde., Wien 1984; Widerstand und Verfolgung in Niederösterreich 1934-1945, 3 Bde., Wien 1987.

7 Siehe dazu u.a.: G. Botz, Methoden- und Theorieprobleme der modernen Widerstandsforschung, in: Konrad/Neugebauer, S. 137 ff.; W. I. Holzer, David und Behemoth. Projekte zur Erforschung von Verfolgung und Widerstand 1933/34 in Bayern und Österreich, in: Zeitgeschichte, 9. J., 9/10, Juni/Juli 1982, S. 341 ff; E. Hanisch, Gibt es einen spezifischen österreichischen Widerstand, in: P. Steinbach (Hg.), Widerstand. Ein Problem zwischen Theorie und Geschichte, Köln 1987, S. 163 ff.; G. Jagschitz, Individueller Widerstand, in: Widerstand Niederösterreich, Bd. 3, S. 517 ff.

8 Siehe dazu: E. Talos/W. Neugebauer (Hg.), "Austrofaschismus". Beiträge über Politik, Ökonomie und Kultur 1934-1938, 3. erw. Aufl., Wien 1985.

9 Siehe dazu den Beitrag über das NS-Terrorsystem.

10 Siehe dazu ausführlich: W. Neugebauer/H. Steiner, Widerstand und Verfolgung in Österreich (im Zeitraum vom 12. Februar 1938 bis zum 10. April 1938), in: Anschluß 1938. Protokoll des Symposiums am 14. und 15. März 1978, Wien 1981, S. 86 ff.

11 Siehe dazu K. R. Stadler, Österreich 1938-1945 im Spiegel der NS-Akten, Wien 1966, S. 13.

12 Hanisch, S. 173.

13 Der Sozialistische Kampf, Juli 1938, S. 43.

14 DÖW 7596.

15 Akt des Landesgerichts für Strafsachen Wien Vg 1i Vr 4064/45. Pav wurde 1947 zu 15 Jahren Kerker verurteilt. Siehe dazu weiters: Widerstand Wien, Bd. 2, S. 46 ff.

16 M. Gardiner/J. Buttinger, Damit wir nicht vergessen. Unsere Jahre 1934-1947 in Wien, Paris und New York, Wien 1978, S. 73 ff.

17 DÖW 3299.

18 Widerstand Wien, Bd. 2, S. 63 ff.

19 DÖW Bibliothek 4074/106 (Flugschrift Gustav Richter, Österreich und Deutschland).

20 DÖW 1668.

21 A. Schärf, Österreichs Erneuerung 1945-1955, Wien 1955, S. 19 ff.

22 Widerstand Wien, Bd. 2, S. 10 und 75 ff.

23 Siehe dazu die entsprechenden Kapitel über den kommunistischen Widerstand in den in Anmerkung 6 genannten Dokumentationen.

24 Radomir Luža, Der Widerstand in Österreich 1938-1945, Wien 1985, S. 350 f.

25 Siehe dazu: Die nationale Frage und Österreichs Kampf um seine Unabhängigkeit, Paris 1939, S. 209 ff.

26 DÖW 4935.

27 Siehe dazu die zahlreichen Belege in: Widerstand Wien, Bd. 2, S. 82 ff., und die entsprechenden Kapitel in den anderen Bundesländer-Dokumentationen.

28 Siehe dazu: L. Banny, Ihre Namen sind verweht ... Österreicher bei Geheimunternehmen in ihrer Heimat während des 2. Weltkrieges 1938-1944, unveröffentlichtes Manuskript im DÖW, 1981; ders., Krieg im Burgenland I. Warten auf den Feuersturm. Eisenstadt 1983.

29 W. Göhring, Der illegale Kommunistische Jugendverband Österreichs, phil. Diss., Wien 1971; E. Rabofsky, Über das Wesen der Gruppe "Soldatenrat". Erinnerungen und Einschätzungen, in: Konrad/Neugebauer, S. 213 ff.

30 DÖW 5080.

31 M. Szecsi/K. Stadler, Die NS-Justiz in Österreich und ihre Opfer, Wien 1962, S. 69.

32 Siehe dazu die entsprechenden Kapitel in den in Anmerkung 6 genannten Dokumentationen.

33 Widerstand Wien, Bd. 2, S. 401 ff.

34 Ebenda, S. 407 ff.

35 Ebenda, S. 435 ff. und 420 ff.

36 Siehe dazu ausführlicher: W. Neugebauer, Was ist Widerstand? in: Jahrbuch 1986 des Dokumentationsarchivs des österreichischen Widerstandes, Wien 1986, S. 64 f.

37 Siehe dazu den Beitrag von W. Sauer über Österreichs Kirchen 1938 - 1945.

38 Widerstand Wien, Bd. 3, S. 82 ff.
39 Ebenda, S. 89 f.
40 O. Molden, Der Ruf des Gewissens. Der österreichische Freiheitskampf 1938 - 1945, Wien 1958, S. 53 ff.
41 Ebenda, S. 57 ff.
42 Widerstand Wien, Bd. 3, S. 88 und 115 ff.
43 L. Reichold, Geschichte der ÖVP, Graz 1975, besonders S. 25 ff.
44 Widerstand Wien, Bd. 3, S. 88 und 115 ff.
45 Siehe dazu den Beitrag von Valentin Sima über die Kärntner Slowenen unter nationalsozialistischer Herrschaft.
46 J. Rausch, Der Partisanenkampf in Kärnten im Zweiten Weltkrieg, Wien 1979; K. Prusnik-Gasper, Gemsen auf der Lawine. Der Kärntner Partisanenkampf, Klagenfurt 1980.
47 C. Fleck, Koralmpartisanen. Über abweichende Karrieren politisch motivierter Widerstandskämpfer, Wien-Köln 1986.
48 Widerstand Tirol, Bd. 2, S. 573 ff.
49 W. I. Holzer, Die österreichischen Bataillone im Verband der NOV I POJ. Die Kampfgruppe Avantgarde/Steiermark. Die Partisanengruppe Leoben-Donawitz, phil. Diss., Wien 1971.
50 Widerstand Wien, Bd. 3, S. 412 ff und bes. S. 427 ff.
51 Widerstand Tirol, Bd. 2, S. 573 ff.
52 H. Langbein, Menschen in Auschwitz, Wien 1972, S. 304 ff., ders., ...nicht wie die Schafe zur Schlachtbank. Widerstand in den nationalsozialistischen Konzentrationslagern, Frankfurt a. Main 1980.
53 Siehe dazu u. a.: K. Frick, Umdenken hinter Stacheldraht. Österreicher in der UdSSR, Wien 1967.
54 Siehe dazu: Neugebauer, Was ist Widerstand?, S. 63 f. und 66 f.
55 Siehe dazu die entsprechenden, umfangreichen Kapitel in den in Anmerkung 6 genannten Dokumentationen, ferne: B. Frei, Der kleine Widerstand, Wien 1978; Hanisch, S. 168 ff.
56 G. Botz, Widerstand von einzelnen, in: Widerstand Oberösterreich, Bd. 1, S. 353.
57 Siehe dazu u. a.: Widerstand in Oberösterreich, Bd. 1, S. 336 ff.
58 Siehe dazu den Beitrag von C. Gerbel u. a., Die "Schlurfs". Verweigerung und Opposition von Wiener Arbeiterjugendlichen im "Dritten Reich".
59 Bayern in der NS-Zeit, 6 Bde., München-Wien 1977 ff.
60 Diese Zahlenangaben wurden aufgrund von amtlichen Unterlagen vom DÖW berechnet; die Zahl von 100 000 Inhaftierten ist vom Autor grob geschätzt.
61 Luža, S. 325 ff.
62 Siehe dazu: G. Stourzh, Geschichte des Staatsvertrags 1945-1955. Österreichs Weg zur Neutralität, 2. Aufl., Graz-Wien-Köln 1980, S. 27 ff. und 179.
63 Siehe dazu und zur diesbezüglichen Literatur: W. Neugebauer, Zur Entwicklung des österreichischen Nationalbewußtseins, in: Jahrbuch 1987 des Dokumentationsarchivs des österreichischen Widerstandes, Wien 1987, S. 46 ff.; Hanisch, S. 174.

Peter Eppel

ÖSTERREICHER IM EXIL 1938 - 1945

Flucht und Vertreibung

Zwischen März 1938 und November 1941 trieben die Nationalsozialisten durch diskriminierende Erlässe, Gesetze und offenen Terror mehr als 130.000[1] Österreicherinnen und Österreicher - eine Größenordnung, die etwa der Bevölkerung der Stadt Salzburg entspricht - in das Exil bzw. in die Emigration. Die Grenzen zwischen "Exil" und "Emigration" sind fließend.

Bertolt Brechts Definition, wonach Emigration freiwillige Auswanderung, nur Exil erzwungen sei, läßt sich nicht konsequent nachvollziehen, weil es unzählige Menschen gibt, die sich selbst als Emigranten verstehen, obwohl sie sehr wohl flüchten mußten. Dieser Arbeit liegt die Auffassung zugrunde, daß Exil Rückkehr voraussetzt, Emigration dauerhaften Charakter hat. So gesehen sind die Grenzen zwischen Exil und Emigration schon deshalb fließend, weil es keinesfalls immer von vornherein klar war, ob der Betreffende heimkehren würde oder nicht.

Der Großteil von ihnen waren "Juden" im Sinne der "Nürnberger Gesetze" von 1935. Die vom NS-Regime zunächst beabsichtigte Vertreibung der jüdischen Bevölkerung wurde durch sogenannte "Beurlaubungen" und "Versetzungen in den zeitlichen Ruhestand", durch "Arisierungen" sowie psychische und physische Zwangsmaßnahmen erzielt. Im August 1938 wurde zur Beschleunigung der jüdischen "Auswanderung" und zum Zwecke der staatlich gelenkten "Schröpfung" der Vertriebenen die "Zentralstelle für jüdische Auswanderung in Wien" des Wiener Judenreferenten Adolf Eichmann errichtet, im Oktober 1941 aber jede Auswanderung verboten, und am 2. November 1941 ging "die letzte Auswanderungsgruppe von Wien via Portugal" ab.[2]

Bei der großen Anzahl aus sogenannten "rassischen" Gründen vertriebener Juden überwog "das mittelständische Element", während "das proletarische und bäuerliche Element unterrepräsentiert" war.[3] Desweiteren befanden sich unter den Juden und Nichtjuden, die sich zur Flucht oder, falls sie im März 1938 gerade im Ausland waren, zum dortigen Verbleib gezwungen sahen, insbesondere politisch aktive Menschen, die sich dem NS-Regime verweigerten sowie nonkonformistische Intellektuelle aus überwiegend wissenschaftlichen und kulturellen Arbeitsbereichen, die dem Verlust geistiger sowie moralischer Identität bzw. kreativer Verkümmerung entgehen wollten.

Österreich leistete in jenen Jahren "wahrscheinlich den gewaltigsten Export an Kultur, wissenschaftlichen Kenntnissen, ‚Sachverstand' und künstlerischer Qualität seiner Geschichte"[4]. Sämtliche österreichische Nobelpreisträger, die 1938 an einer österreichischen Universität wirkten, wurden damals entlassen und ins Exil getrieben.

Aufnahme-, Lebens- und Arbeitsbedingungen

Bis zur endgültigen hermetischen Schließung der Grenzen Hitler-Deutschlands für österreichische Juden hatten 128.500 von diesen, "also ungefähr zwei Drittel der vor dem März 1938 in Österreich ansässigen, das Land verlassen. 55.505 von ihnen waren in europäische Länder emigriert, 28.700 nach Nordamerika, 11.580 nach Mittel- und Südamerika, 28.172 nach Asien und dem Nahen Osten, 1880 nach Australien und Neuseeland, 644 nach Afrika. Die meisten, 30.850, hatte Großbritannien aufgenommen. Ihm folgten die Vereinigten Staaten mit 28.615, China, hauptsächlich Shanghai, mit 18.124 und Palästina mit 9195. Auf dem europäischen Kontinent führte Italien mit der Aufnahme von 4460 österreichischen Juden, dann kam Belgien mit 4270, die Schweiz mit 2265, Polen mit 2260, Jugoslawien mit 1644, Frankreich mit 1615, Holland mit 1151, Ungarn mit 915".[5] Nach Großbritannien, den USA und Palästina waren im Rahmen ihrer beschränkten Möglichkeiten Kuba, die Niederlande und Dänemark relativ aufnahmebereit.

Einerseits hätten viele menschliche Tragödien verhindert und viel mehr Menschenleben gerettet werden können, wenn sich das Ausland Hitler-Flüchtlingen gegenüber weniger fremdenfeindlich verhalten hätte, andererseits wurden auch in Ländern mit einer restriktionistischen Einwanderungspolitik unzählige Hilfsaktionen für österreichische Exilanten durchgeführt.

Die genauere Kenntnis der österreichischen Exilgeschichte sollte die Österreicher des Jahres 1988 jedenfalls nicht zu pauschalen Vorwürfen gegenüber dem Ausland verleiten, sondern zu verstärkter Sensibilität gegenüber den Problemen von Asylwerbern, die nach Österreich kommen, und zu mehr praktischer Solidarität. Ihre Probleme von heute ähneln unseren von gestern.

1938 konnten sich die wenigsten Flüchtlinge ihr Exilland aussuchen. Am Beginn der Flucht stand der Kampf um Besucher-, Einwanderungs- oder Transitvisa, Arbeitserlaubnis, Schiffstickets, gültige Personal- und Reisedokumente, was für Österreicher mit besonderen Schwierigkeiten verbunden war, da sie Bürger eines nicht mehr existierenden Staates waren. Illegaler Grenzübertritt war mit der Gefahr, an die Gestapo überstellt zu werden, legaler Grenzübergang mit unglaublichen bürokratischen Schikanen verbunden. Österreicher, die in der Tschechoslowakei, Frankreich, Belgien, Holland, Norwegen, Dänemark Zuflucht gesucht hatten, wurden von der Gestapo verhaftet oder von Land zu Land weitergetrieben, als Hitler diese Länder überfiel und besetzte.

Selbst in Ländern, die Hitler nicht besetzte, wurden Österreicher vorübergehend als "feindliche Ausländer" eingestuft, verschiedenen Beschränkungen der persönlichen Freiheit unterworfen, interniert und auch deportiert. Die Goebbelsche Propaganda, wonach es sich die Emigranten in den Kaffeehäusern von Paris, London oder New York gut gehen ließen, wirkt bis in die Gegenwart nach. Die Wahrheit ist aber, daß die meisten Emigranten bitterste materielle sowie seelische Not litten, also von der Wohltätigkeit und Solidarität von Glaubens- und Gesinnungsgenossen abhingen.

Die Aufnahme-, Lebens- und Arbeitsbedingungen waren in den einzelnen

Ländern unterschiedlich, aber einige wesentliche Probleme waren wohl überall mit dem Exilleben verbunden: "Heimweh, das Gefühl des Ausgestoßenseins, des Unverstandenseins, der unüberbrückbaren Barrieren von Sprache, Tradition, Erziehung, Gewohnheit, familiären Bezügen, die den Emigranten von jenen trennen, unter denen er Asyl gefunden hat"[6] sowie der selbstquälende Vorwurf, im Vergleich zu den tot oder lebendig Zurückgebliebenen relativ verschont geblieben zu sein, bei gleichzeitiger Angst, vielleicht doch noch selbst an weiterer Verfolgung, Krankheit oder Armut zugrundegehen zu müssen.

Zu den größten Problemen, mit denen Österreicher im Exil - von der deutschsprachigen Schweiz abgesehen - fertigwerden mußten, gehörte die Umstellung auf eine neue Sprache.[7] Zum Heimweh kam häufig der Unwille, sich dem neuen Land mit seinen anderen Lebensbedingungen anzupassen - und dadurch den Status Quo des Exils als nicht nur vorübergehend anzusehen. Das Heimweh rief nicht selten das "Chez nous"-Syndrom der "Krankheit" Exil hervor: die Gewohnheit, in zugunsten des Heimischen übertriebenen Vergleichen die Dinge "bei uns" als besser und zuverlässiger darzustellen. Die gegenteilige Reaktion äußerte sich in radikaler Ablehnung der Heimat und überschnellem, verkrampftem Sich-Anpassenwollen.

Das Problem der "doppelten Loyalität" stellte sich besonders drastisch nach Kriegsausbruch, als die einzige Alternative zu einem Schrecken ohne Ende nur noch in der Bekämpfung jener gesehen werden konnte, "denen man mit allen Fasern durch Herkunft, Kindheitserlebnisse, Landschaft, Freundschaft und Verwandtschaft immer noch verbunden war"[8]. Der Verlust all dessen, was bisher ihr Leben ausgemacht hatte, insbesondere beruflicher sowie sozialer Abstieg, bewirkte bei vielen Exilanten, daß sie unter dem Gefühl der Sinnlosigkeit ihrer Existenz litten und mit dem "Bernhardiner-Syndrom" reagierten: der Gewohnheit, die eigene Bedeutung in der Heimat maßlos zu übertreiben. "Von Leuten dieser Art wurde gesagt, sie gäben sich als Bernhardiner aus, obschon sie in ihrem Herkunftsland nur Dackel gewesen wären."[9] Die gewaltsame Trennung von Familien infolge Vertreibung bewirkte nicht nur bei Kindern, die die Eltern verloren, einen Trennungsschock und gehört offenbar zu jenen Charakteristika des Exils, die die Krankheit Exil als "vererbbar" erscheinen läßt. In den nachfolgenden Generationen von Exilanten dürfte es relativ oft von neuem zersprengte Familien bzw. Wanderer zwischen zwei Welten geben.[10]

Der Selbstmord Stefan Zweigs und viele andere Beispiele beweisen, daß das Exil in der Regel nicht nur nicht unbeschwerlich, sondern eine mitunter tödliche Krankheit bedeutete. Eine Minderheit unter Österreichs Vertriebenen, vorwiegend Künstler und Wissenschaftler, schaffte es allerdings, ihr Schicksal als Herausforderung zu sehen und einen beruflichen sowie sozialen Aufstieg zu nehmen, wie er zu Hause wohl nie möglich gewesen wäre. Sigmund Freud wird daher nicht allein geblieben sein, mit der ironischen Bemerkung: "Mir geht es in der Emigration so gut, daß ich geradezu versucht bin, ‚Heil Hitler!' zu rufen!"[11]

Im allgemeinen dürfte die Umstellung auf zumeist völlig veränderte Lebens- und Arbeitsverhältnisse jüngeren Menschen leichter gefallen sein als älteren-

das gilt besonders für das Erlernen der Fremdsprache -, Frauen etwas leichter als Männern, und "Weltbürgern" weniger schwer als Menschen, die zuvor kaum aus ihrer unmittelbaren Umgebung herausgekommen waren.

"Unpolitische Massenemigration"

Ein erheblicher Teil der von den Nationalsozialisten aus Österreich Vertriebenen wurde früher oder später vom Exilant zum Emigrant, "Emerikaner", Amerikaner etc., versuchte eine neue Existenz aufzubauen, sich zu assimilieren, die Staatsbürgerschaft des Aufnahmelandes zu erwerben, änderte eventuell den Namen. Aber auch von diesen Emigranten wirkten viele durch individuelle Aufklärungsarbeit oder durch die Mitarbeit in einer der unzähligen Exilorganisationen, in Gesprächen, Zeitungen, Verlagen, Radiosendungen, kulturellen Schriftenreihen und Veranstaltungen; Kabaretts, Theateraufführungen, Konzerten etc. für Österreich. Zu einem Zeitpunkt als Österreich von der Landkarte verschwunden war, trugen sie durch Informationen über den wahren Charakter des Nationalsozialismus und Österreichs zur nationalen Identitätsfindung Österreichs und dazu bei, daß Österreich 1945 wiedererrichtet werden konnte. Durch materielle Hilfe, berufliche Leistungen sowie Kultur- und Öffentlichkeitsarbeit für Österreich haben österreichische Emigranten in aller Welt der alten Heimat auch nach 1945 wertvolle Dienste geleistet.

Politisches Exil

Unter jenem Teil der österreichischen Hitler-Flüchtlinge, die konsequent mit der Rückkehr nach Österreich rechneten, den Exilanten, die unzählige Exilorganisationen gründeten und Nachkriegskonzepte entwarfen, waren "links": Sozialdemokraten, Revolutionäre Sozialisten, Kommunisten, marxistische Splittergruppen, "rechts": Bürgerlich-Konservative, Anhänger des Ständestaates, Legitimisten.

Ein Spiegelbild der politischen Strukturen in der Heimat bot das österreichische Exil insofern nicht, als sehr wenige Spitzenfunktionäre der Christlichsozialen Partei bzw. des autoritären Ständestaates ins Exil geflohen waren.

Die politische Arbeit der Exilanten litt unter Geldmangel, Mißtrauen bzw. Gleichgültigkeit von seiten der einheimischen Bevölkerung sowie unter den Konsequenzen aus der Tatsache, daß Österreichs Besetzung von den Alliierten ohne Protest hingenommen worden war und seine Befreiung erst durch die Moskauer Deklaration vom 1. November 1943 zum Ziel der Alliierten erklärt wurde.

Die politische Tätigkeit österreichischer Exilkommunisten wurde generell durch den deutsch-sowjetischen Nichtangriffspakt, in Frankreich und in den USA auch dadurch erschwert, daß dort das Bekenntnis zum Kommunismus schwerwiegende Konsequenzen gehabt hätte. Dennoch, und obwohl sie den

Sozialisten auch im Exil zahlenmäßig weit unterlegen waren, dominierten auf der Linken die Kommunisten. Sie waren glänzend organisiert, entfalteten eine rege Tätigkeit, und ihre Volksfrontpolitik innerhalb sogenannter Massenorganisationen bezog neben "unpolitischen" jüdischen Emigranten auch Legitimisten sowie Anhänger des autoritären Ständestaates ein.[12]

Auf der Rechten, die der kommunistischen Bündnisstrategie in unterschiedlichem Maße entgegenkam, hatten anfangs die Legitimisten ein deutliches Übergewicht, das auf ihre guten Beziehungen zu Regierungskreisen in England und Amerika zurückzuführen ist.

> "Dazwischen nun standen die Sozialisten, die sich lange Zeit aus der Emigrationspolitik zurückhielten, und kleinere Gruppen von bürgerlichen Demokraten und Christlichsozialen, die sich in England erst sehr spät zu einer Vertretungskörperschaft ohne Kommunisten und Monarchisten zusammenfanden. Allen gemeinsam aber war, gleichviel, in welchem Erdteil und unter welchem politischen Sysem sie wirkten, daß sie sich als Österreicher deklarierten und für Österreichs Interessen - wie sie sie sahen - eintraten. Nur in der Frage der österreichischen Unabhängigkeit und Souveränität gab es (besonders) anfangs eine bezeichnende Differenz unter den Sozialisten, wobei es um das Verhalten der österreichischen Arbeiterschaft im Fall einer sozialistischen Revolution in Deutschland oder in ganz Europa ging..."[13]

Nationale Frage

Im Exil trugen vor allem Schriftsteller zur Entwicklung des österreichischen Nationalbewußtseins bei, aber auch alle österreichischen Exilgruppen, mit Ausnahme einiger Sozialisten, von denen Friedrich Adler der prominenteste war, traten spätestens zum Zeitpunkt der Moskauer Deklaration für Österreichs Unabhängigkeit sowie für die Forderung ein, von den Behörden der Exilländer als Österreicher (und nicht als Deutsche) anerkannt zu werden.

Nachdem das ZK-Mitglied der KPÖ Alfred Klahr im theoretischen Parteiorgan "Weg und Ziel" bereits im Frühjahr 1937 den Gedanken einer eigenen östereichischen Nation vertreten hatte, veröffentlichte das ZK der KPÖ, das damals noch in Prag agierte, am 12. März 1938 einen Aufruf zum Kampf für das Wiedererstehen eines freien und unabhängigen Österreich. Diese Parole wurde von den österreichischen Kommunisten später lediglich in der Zeit des deutsch-sowjetischen Nichtangriffspaktes weitgehend durch die Forderung nach dem Selbstbestimmungsrecht ersetzt. In der Frage der zukünftigen Staatsform Österreichs legten sie sich, u.a. aus Rücksicht auf ihre Bündnispartner, bis Kriegsende nicht fest.[14] Die Exilorganisationen der Bürgerlich-Konservativen und Anhänger des Ständestaates hatten in der nationalen Frage zwar unterschiedliche Zukunftsvorstellungen, aber eine gemeinsame Aversion gegen den "Anschluß" und die "preußisch-protestantische Überfremdung" Österreichs. Die Legitimisten traten für Österreichs Unabhängigkeit ein und propagierten gleichzeitig die Errichtung einer Donauföderation, die wohl zur Restauration der Habsburgermonarchie unter Einbeziehung der Nachbarländer führen sollte. Persönlich appellierte Otto Habsburg-Lothringen am 15. März 1938 in Paris "an das Gewissen aller Völker, ... das österreichische Volk in seinem unbeirrbaren

Willen nach Wiedergewinnung der Unabhängigkeit und Freiheit zu unterstützen".[15] Als aber im Jahre 1945 Karl Renner die Unabhängigkeit der Republik Österreich proklamierte, bemühte sich Otto Habsburg sehr, die Regierung Renner von den USA aus in Mißkredit zu bringen.

Die Haltung österreichischer Sozialdemokraten und Revolutionärer Sozialisten im Exil in der sogenannten nationalen Frage sei ein wenig ausführlicher skizziert, weil diese Haltung immer wieder ex-post als geradezu unmoralisch verurteilt wird:

Otto Bauer, der bedeutendste Führer der Sozialdemokratischen Arbeiterpartei Österreichs, veröffentlichte etwa vier Wochen vor seinem Tod im "Sozialistischen Kampf" vom 2. Juni 1938 von Paris aus die nachstehenden Sätze:

> "... Aus all diesen Erwägungen müssen wir uns, um mit Engels zu reden, der vollzogenen Tatsache der Annexion gegenüber kritisch verhalten, aber nicht reaktionär. Wir haben in unversöhnlicher Kritik an der despotischen Herrschaft des deutschen Faschismus das österreichische Volk zu überzeugen, daß seine gewaltsame Unterwerfung unter die Tyrranei des Dritten Reiches nicht der Anschluß, nicht die nationale Einheit in Freiheit ist, die wir in den Tagen des Zusammenbruches der Habsburgermonarchie gewollt haben. Aber die Parole, die wir der Fremdherrschaft der faschistischen Satrapen aus dem Reiche über Österreich entgegensetzen, kann nicht die reaktionäre Parole der Wiederherstellung der Unabhängigkeit Österreichs sein, sondern nur die revolutionäre Parole der gesamtdeutschen Revolution, die allein mit den anderen deutschen Stämmen auch den österreichischen Stamm der Nation von der Gewaltherrschaft der faschistischen Zwingherren befreien kann."[16]

Joseph Buttinger, der in Österreich an der Spitze der Revolutionären Sozialisten gestanden war, und seine amerikanische Frau Muriel haben zwar europäischen Exilanten ein unglaubliches Maß an Hilfe zukommen lassen, aber Buttinger zog sich seit dem Tag von Pearl Harbor (7. Dezember 1941) konsequent von jeglicher Form der Exilpolitik zurück, weil er die Überzeugung gewonnen hatte, daß der Sieg der Alliierten im Zweiten Weltkrieg die erhoffte Revolution und eine autonome sozialistische Entwicklung unmöglich machen werde.[17]

Im Sinne Otto Bauers dominierte im sozialistischen Exil bis zur Niederwerfung europäischer Länder durch Hitler die Vorstellung, daß eine gesamtdeutsche Revolution, danach die Erwartung, daß eine gesamteuropäische Revolution mit womöglich sozialistischem Inhalt den Nationalsozialismus besiegen werde. Konzepte eines unabhängigen Österreich vertraten bei den Exilsozialisten vor der Moskauer Deklaration lediglich einzelne Personen wie Otto Leichter in New York bzw. der Klub österreichischer Sozialisten in Schweden in der Stockholmer Resolution vom 28. Juli 1943.[18] Daß die Exilsozialisten in Schweden für die österreichische Unabhängigkeit eintraten, war vor allem das Werk Bruno Kreiskys, der damals infolge guter Kontakte zu britischen Diplomaten in Stockholm von der Absicht der Alliierten wußte, "sich auf ein unabhängiges Nachkriegsösterreich zu einigen", und auch die Wende des "London-Büro der österreichischen Sozialisten" in der nationalen Frage mitbeeinflußt haben dürfte.[19]

Nach der Moskauer Deklaration vertraten auch unter den Exilsozialisten nur noch wenige ein anderes Konzept als das der österreichischen Unabhängigkeit. Der prominenteste und am heftigsten attackierte "Abweichler" war Friedrich Adler, der Sekretär der Sozialistischen Arbeiter-Internationale. Friedrich Adler blieb nach der Moskauer Deklaration konsequent bei der Meinung, daß die Österreicher im Land selbst über ihre Zukunft entscheiden sollten, die Rückkehr zum Kleinstaat Österreich wiederum zur "Schachfigur im diplomatischen Spiel" machen würde, internationale Solidarität und politische Moral gegen den österreichischen Separatismus sprächen, das Bekenntnis zur österreichischen Nation die Flucht aus der historischen Verantwortung dafür bedeute, daß zu den ärgsten NS-Verbrechern Hitler, Seyss-Inquart und viele andere Österreicher gehörten.[20]

Keine Exilregierung

Die ersten einer ganzen Reihe von gescheiterten Versuchen zur Bildung einer offiziell anerkannten Auslandsvertretung Österreichs gingen von Paris aus, wo in den ersten Kriegstagen das "Conseil National Autrichien" unter dem Altersvorsitz des ehemaligen (christlichsozialen) Bundesministers Hans Rott zusammentrat, Ende 1939 der österreichische Pharmakologe Univ. Prof. Dr. Richard Wassitzky die Gründung eines "Office Autrichien" initiierte.

Danach gründete Hans Rott im Oktober 1940 von Toronto aus ein "Free Austrian Movement" als Sammelbewegung zur Wiederherstellung eines unabhängigen Österreich, im September 1941 in den USA das "Free Austrian National Council", das sich als Rechtsnachfolger der letzten österreichischen Regierung bis März 1938 und als legitime österreichische Vertretung in den USA betrachtete. Sich selbst übertrug Hans Rott die Funktion eines provisorischen Bundespräsidenten und Willibald Plöchl (vormals Wiener Univ. Doz. für Kirchenrecht) die Funktion eines provisorischen Bundeskanzlers. Rott, der als Minister ohne Portefeuille der Regierung Schuschnigg angehört hatte, berief sich dabei auf Bestimmungen, die die Maiverfassung des autoritären Ständestaates aus dem Jahre 1934 für den Fall der Verhinderung von Bundespräsident und Kanzler vorgesehen hatte. Rotts Pläne scheiterten ebenso wie der in London von Robert Habsburg unternommene Versuch, ohne Einbeziehung des politischen Exils ein anerkanntes Treuhänderkomitee unter dem Vorsitz des ehemaligen Botschafters Sir George Frankenstein zu bilden, oder der in den USA von Otto Habsburg geförderte Versuch, eine österreichische Exilregierung unter der Führung Richard Coudenhove-Kalergis zu installieren (Otto Habsburgs Vorgänger als Präsident der Paneuropa-Bewegung).

Berthold König, in Österreich Zentralsekretär der Eisenbahnergewerkschaft, schrieb Coudenhove-Kalergi am 25. November 1941 von Los Angeles nach New York die Meinung,

> "daß über das Schicksal und die zukünftige internationale Stellung Österreichs nicht im Ausland weilende Emigranten, sondern einzig und allein das österreichische Volk unbeeinflußt und frei zu entscheiden habe, wobei ich persönlich für eine freie, demokratische

Republik bin. Es ist mir jedoch unmöglich, Ihre mir eingesandte Erklärung zu unterschreiben, die von einem fünfjährigen heroischen Kampf um die Erhaltung der Selbständigkeit und Freiheit Österreichs spricht, einer Regierung, die mit Mussolinis Hilfe an die Macht gelangt war und sich durch blutige Verfolgungen meiner Partei und Einkerkerung deren Mitglieder an der Macht zu erhalten suchte. Es ist verwunderlich, daß Sie mich als ‚führende österreichische Persönlichkeit im Exil' zur Unterschrift einladen, obwohl es die Regierung Dollfuß-Schuschnigg war, die mich im Februar 1934 als vogelfrei erklärte und mich im April 1934 meiner österreichischen Staatsbürgerschaft beraubte. Obwohl ich persönlich - da ich nur persönlich und in niemandes Namen zu sprechen berechtigt bin - für die Unabhängigkeit und Freiheit der österreichischen Republik einzutreten jederzeit bereit bin, kann ich für die Erreichung dieses Zieles niemals gemeinsam mit Leuten kämpfen, die, um sich an der Macht zu halten, gegen mich und meine Parteigenossen nur blutigen Terror und Rechtsraub gebrauchten. Die österreichische Arbeiterschaft war jederzeit und auch im März 1938 bereit, mit Einsatz ihres Lebens den Kampf gegen Hitler aufzunehmen und nur die Weigerung Schuschniggs, ihr die einfachsten geraubten Freiheitsrechte wiederzugeben, vereitelte diese entschlossene mutige Einsatzbereitschaft zum Kampf zur Tat werden zu lassen..."[21]

Diverse Versuche zur Bildung einer anerkannten Exilregierung Österreichs wurden von Exilsozialisten abgelehnt, die die fehlende Verbindung zur Heimat kritisierten, die Toten des Februar 1934 sowie die Abschaffung ihrer Rechte in den Jahren vor dem sogenannten Aufstand zu lebhaft in Erinnerung hatten, die rechtsstehende Emigration für unrepräsentativ hielten und/oder die gesamtdeutsche bzw. europäische Revolution in den Vordergrund ihrer Überlegungen stellten. Die Unterschiedlichkeit der Standpunkte innerhalb der und zwischen den einzelnen Exilgruppen, der keineswegs nur von Nationalsozialisten angeprangerte sogenannte "Emigrantenstreit", hat ein gemeinsames Vorgehen erschwert. Sich daran zu stoßen, ist aber "ebenso unvernünftig wie das gelegentlich geäußerte Bedauern über die Meinungsvielfalt in der Demokratie"[22], und der Vorwurf, "politische Querelen hätten die Bildung einer Exilregierung verhindert und damit den langen Leidensweg der Besatzung bis zum Staatsvertrag verschuldet, ... ist natürlich unhaltbar."[23] Die Westmächte anerkannten nur Exilregierungen ihrer Bundesgenossen und waren lange Zeit unsicher bezüglich der Nachkriegsgestaltung Österreichs, aber entschlossen, diese nicht einer österreichischen Auslandsvertretung zu überlassen. Die Sowjetunion orientierte sich früher auf die Wiederherstellung eines unabhängigen Österreich, verhielt sich aber gemäß der Überzeugung, "daß sich nach der Befreiung in Österreich selbst die politischen Kräfte für die Bildung einer Regierung finden werden - wie es dann auch im April 1945 geschah."[24]

Die Charakterisierung als weitverzweigte "Dachorganisation" trifft von allen österreichischen Exilorganisationen am ehesten auf das "Free Austrian World Movement" ("FAWM") zu. Die österreichischen Kommunisten in Großbritannien hatten zunächst ein "Council of Austrians" gegründet, das danach zum "Free Austrian Movement in Great Britain" ("FAM") und noch später zum "FAWM" ausgebaut wurde. Schon dem "FAM" waren alle konservativen und bürgerlichen Gruppen des "Anderen Österreich" beigetreten, nicht aber die Sozialisten. Als zentrale Aufgabe erachtete das "FAWM" die Propagierung eines unabhängigen Österreich nach dem Krieg. Insgesamt umfaßte das Programm des "FAWM" bei seiner Gründung am 11. März 1944 nachstehende 10 Punkte:

"1. Wiederherstellung eines unabhängigen und demokratischen Österreich.
2. Unterstützung der nationalen Freiheitsbewegung in Österreich, welche die Entwicklung eines Volkskrieges gegen die deutsche Fremdherrschaft zum Ziele hat.
3. Mobilisierung der Österreicher im Kampf der Vereinten Nationen für den Sieg über Hitlerdeutschland und seine Verbündeten.
4. Errichtung einer österreichischen Kampfeinheit.
5. Enge Zusammenarbeit mit allen Staaten auf der Basis der Moskauer Deklaration über Östereich.
6. Unterstützung der in der Atlantik Charta niedergelegten Prinzipien.
7. Bestrafung der Verräter Österreichs und der Kriegsverbrecher.
8. Bereitstellung von Nahrungsmitteln und Rohmaterialien für das befreite österreichische Volk.
9. Die Bildung eines von den Alliierten anerkannten Komitees, das als Treuhänder der Interessen Österreichs und der Österreichischen Freiheitsfront, gestützt auf die Einheit der Auslandsösterreicher, imstande sein wird, dem nationalen Unabhängigkeitskampf unseres Volkes die wirkungsvollste Unterstützung zu geben.
10. Einheit der Österreicher in allen Ländern zur Erreichung dieser Zielsetzungen."[25]

Dem "FAWM" schlossen sich u.a. nach dem Muster des Londoner "FAM" entstandene Gruppen in Lateinamerika, in einer Reihe von asiatischen Asylländern (meist unter britischer Kolonial- oder Mandatsherrschaft), in den USA, in Australien, Palästina, Ägypten, Südafrika sowie in den befreiten westeuropäischen Ländern an.[26]

Österreichs Beitrag zu seiner Befreiung

Am 1. November 1943, zu einem Zeitpunkt als der Zusammenbruch des nationalsozialistischen Staates dank des Vormarsches der Alliierten offenkundig war, veröffentlichten die USA, Großbritannien und die Sowjetunion als Teilergebnis einer Konferenz in Moskau gemeinsam die "Moskauer Deklaration über Österreich". Darin wurde u.a. der Wunsch nach einem freien und unabhängigen Österreich sowie die Nicht-Anerkennung des "Anschlusses" artikuliert und Österreich "daran erinnert, ... daß, anläßlich der endgültigen Abrechnung, Bedachtnahme darauf, wieviel es selbst zu seiner Befreiung beigetragen haben wird, unvermeidlich sein wird."[27] Unzählige Exilösterreicher empfanden die Moskauer Erklärung als Ermunterung zu verstärkter Anstrengung im Sinne des Widerstandes gegen den Nationalsozialismus, und nachfolgend seien solche Aktivitäten österreichischer Exilanten angeführt, die nach Meinung des Verfassers als "eigener Beitrag" im Sinne der Moskauer Deklaration betrachtet werden können, wobei die Reihenfolge der Beispiele nicht als Wertung zu verstehen ist:

Österreichische Emigranten und Exilanten leisteten ihren Beitrag zur Befreiung Österreichs als Soldaten, Militär- oder Regierungsberater, indem sie die militärische und psychologische Kriegsführung der alliierten Streitkräfte über den Rundfunk, durch Geheimdiensttätigkeit und durch Kontakte zu Kriegsgefangenen sowie in Form wissenschaftlicher Mitarbeit an kriegswichtigen Projekten unterstützten und nicht zuletzt dadurch, daß sie sich in den besetzten Ländern örtlichen Widerstandsgruppen anschlossen, in einigen Fällen auch, als französische Fremdarbeiter getarnt, in die besetzte Heimat zurückschicken ließen.

So hat beispielsweise in den USA Hans Kelsen Roosevelt bei der Ausarbeitung der Atlantik-Charta beraten, Willibald Plöchl Spionageberichte im Hinblick auf kriegswirtschaftliche Entwicklungen auf dem Gebiet des ehemaligen Österreich analysiert, dem amerikanischen Militär Otto Halpern bei Kriegsbeginn eine neuartige Gegenradaranlage, Albert Löwy bei Kriegsende ein Handbuch geliefert, das die einmarschierenden Truppen mit den österreichischen Verhältnissen vertraut machte, sowie als juristischer Berater des kommandierenden Generals wichtige Dienste im Sinne guter Kooperation zwischen der amerikanischen Besatzungsmacht und dem Nachkriegsösterreich geleistet.[28]

Etwa 10.000 Österreicher dürften in alliierten Armeen für die Befreiung ihrer Heimat gekämpft haben.[29] Sie gingen damit ein hohes Risiko ein, viele von ihnen starben im Kampf oder nach der Gefangennahme, nicht wenige erhielten hohe Auszeichnungen und Offiziersränge. Von den rund 1650 Österreichern, die in den Jahren 1936 bis 1939 im Spanischen Bürgerkrieg auf der Seite der Spanischen Republik gegen die Truppen Francos, Hitlers und Mussolinis kämpften, fielen mehr als 200.[30] In französischen Armeen dienten mindestens 4000 Österreicher "als prestataires, als Art Hilfssoldaten ohne Waffen"[31], oder kämpften mit der Waffe in der Hand, beispielsweise als Fremdenlegionäre in Nordafrika. Zu den britischen Streitkräften meldeten sich rund 3500 Österreicherinnen und Österreicher. Frauen versahen bei den Briten beispielsweise als Flughostessen Kriegsdienst, männliche Österreicher meldeten sich zu sämtlichen britischen Waffengattungen, nachdem das britische Parlament im April 1943 die Zustimmung gegeben hatte. Davon abgesehen, waren viele Österreicherinnen in Uniform- und Kriegsausrüstungsbetrieben beschäftigt.

Die Aufstellung einer österreichischen Kampfeinheit verlief - von Spanien abgesehen - nur in Jugoslawien erfolgreich, obwohl entsprechende Versuche auch in Frankreich[32], Großbritannien[33], Schweden[34], USA sowie in der Sowjetunion unternommen wurden. In den USA wurde tatsächlich, und zwar nicht erst in den letzten Kriegstagen, sondern im November 1942, das sogenannte selbständige Infanteriebataillon Nr. 101 als österreichische Truppeneinheit, als "Austrian Battalion" aufgestellt, bestand am 2. April aus 199 Mann, die keineswegs nur Österreicher waren, und wurde am 3. Mai 1943 wieder aufgelöst. Das "Austrian Battalion" war von einem sogenannten "Military Committee for the Liberation of Austria" des Otto Habsburg, der sich "Otto of Austria" nannte, propagiert und anfangs von einigen konservativen österreichischen Exilanten sowie Präsident Roosevelt und Teilen des State Department unterstützt worden.

Otto Habsburg dürfte im Austrian Battalion vor allem einen Schritt auf dem Weg zur Anerkennung eines unabhängigen, über die Grenzen von 1937 hinausgehenden Österreich unter seiner Führung gesehen haben und war nicht bereit, den Vorsitz im "Military Committee for the Liberation of Austria" abzugeben. Die geringe Zahl der feiwilligen Zumeldungen und die vielen Protestaktionen von Republikanern - vor allem Sozialdemokraten - aus österreichischen Emigrationskreisen, Vertretern der anderen Nachfolgestaaten der österreichisch-ungarischen Monarchie, Protestaktionen, die das rasche Ende der Einheit herbeiführten, drückten vor allem den Unwillen aus, die Monarchisten, nur weil der amerikanische Präsident eine Vorliebe für "gekrönte" Häupter habe, als repräsentativ anzuerkennen.[35]

Im Gegensatz zu Erika Weinzierl kann sich der Verfasser nicht der Meinung Franz Goldners anschließen, daß die Bewilligung zur Aufstellung des "Austrian Battalion" den "einzigen erfolgreichen Versuch einer politischen Emigrationsgruppe aus Österreich" bedeute, "in irgendeiner Form die Anerkennung der Selbständigkeit Österreichs zu erreichen."[36] Tatsache ist, "daß einzig Jugoslawien ... die Aufstellung einsatzfähiger österreichischer Einheiten auch faktisch ermöglichte."[37] In Jugoslawien wurden 1944-1945 fünf österreichische Bataillone aufgestellt, von denen das I. Österreichische Bataillon in Stärke von etwa 100 Mann auf seiten von Titos Partisanenarmee tatsächlich zum militärischen Kampfeinsatz gelangte und darüberhinaus besonders die Bevölkerung Kärntens sowie der Steiermark mittels Flugblatt- und Rundfunkpropaganda zur Unterstützung der Partisanen aufrief. Die Angehörigen des I. Bataillons, unter österreichischer Kommandoform, trugen jugoslawische Uniformen mit dem österreichischen Wappen auf dem linken Oberärmel. Das Kaderpersonal der fünf Bataillone wurde großteils aus der Sowjetunion eingeflogen: Friedl Fürnberg und andere kamen aus dem Moskauer Exil.

Wenngleich auch in französischen, englischen, ägyptischen und amerikanischen Kriegsgefangenenlagern der Kontakt von Exilanten mit Kriegsgefangenen deren Weg aus den Lagern in die alliierten Armeen förderte, so wurde doch in der Sowjetunion auf die Arbeit in den Kriegsgefangenenlagern besonderer Wert gelegt. Durch Schulungs- und Kulturarbeit, Lehrtätigkeit und "Wandzeitungen" wurden dort österreichische Kriegsgefangene in sogenannten "Antifa-Schulen" von Exilanten "zu Österreichern, zu Feinden der deutsch-faschistischen Ideologie und zu Freunden der Sowjetunion, zu allen freiheitsliebenden Völkern und besonders auch den slawischen Nachbarvölkern Österreichs" erzogen.[38]

Willy Verkauf-Verlon beteiligte sich als Exilant in Palästina bei einem Propagandasender der britischen Armee, in der Abteilung "psychological warfare", an Sendungen für österreichische Kriegsgefangene in afrikanischen Lagern und für österreichische Soldaten in Jugoslawien. Antifaschistisch eingestellte Kriegsgefangene aus Österreich stenographierten die Sendungen mit und gestalteten daraus kleine Flugblätter, die dann verteilt wurden. Fritz Bock - nicht zu verwechseln mit dem gleichnamigen Vizekanzler der Zweiten Republik - gestaltete zunächst von Paris aus, unter der Losung "Harret aus! Österreich wird wieder frei!", Eduard März von Boston aus, unter der Losung "Freiheit Österreich!", eine Radiosendereihe, die ins besetzte Gebiet, speziell nach Österreich ausgestrahlt wurden und zum Widerstand aufriefen. Die erwähnten und unzählige vergleichbare Sendungen von Robert Bauer, Ernst und Walter Fischer, Prälat Johannes Österreicher, Clementine Zernik, Erwin Zucker-Schilling etc. wurden - wie Gerichtsurteile bezeugen - gehört, obwohl, wer das Gehörte weitererzählte, mit der Todesstrafe rechnen mußte.

Sehr gefährlich war auch die Tätigkeit jener Exilanten, die sich in den besetzten Ländern, einzeln oder in Gruppen organisiert, den Widerstandsbewegungen anschlossen. Aus dem Exilwiderstand in Belgien sei das Beispiel der "Mädel-" und "Streugruppen" herausgegriffen: Gruppen von zwei bis drei Mädchen gingen in Lokale, in denen Soldaten der deutschen Wehrmacht verkehrten, versuchten, diese über die Sinnlosigkeit des Krieges sowie über die notwendige Eigenstaatlichkeit Österreichs aufzuklären und forderten sie beim zweiten oder dritten Rendezvous auf, mitgebrachtes Propagandamaterial in den Kasernen aufzulegen.[39] Auch in Frankreich gehörten zur Widerstandstätigkeit der Exilanten die illegale Herstellung und Verbreitung von Zeitungen sowie Flugblättern, die Streuung und Übergabe der Schriften, Fälschung von Dokumenten, verschiedenste Arten von Sabotage etc.

Von den ca. 25 Österreichern, die von der Résistance, als französische Femdarbeiter getarnt, nach Österreich zurückgeschickt wurden, um Widerstandsgruppen in den Betrieben zu organisieren und die Verbindung zum heimischen Widerstand herzustellen, entging nur ein einziger - Egon Kodicek-der Verhaftung.[40]

In den Akten alliierter Geheimdienste findet man sowohl Beschreibungen und Zeichnungen kriegswichtiger Ziele in Österreich aus der Feder österreichischer Exilanten als auch Hinweise darauf, daß Österreicher als Agenten alliierter Geheimdienste - vor allem gegen Kriegsende - mit dem Fallschirm über dem Gebiet des Deutschen Reiches absprangen, um den alliierten Kontrollstellen über Funk geheimdienstliche Informationen zukommen zu lassen und zukünftiges Frontgebiet zu erkunden bzw. für eine möglichst widerstandslose Übergabe an die alliierten Truppen vorzubereiten.

Aus den Akten der Alliierten gewinnt man den Eindruck, daß als Österreichs "eigener Beitrag zu seiner Befreiung" im Sinne der Moskauer Deklaration fast ausschließlich die Hilfeleistung in der Heimat agierender politischer Kräfte bei der Befreiung 1945 gewertet wurde. Merkwürdigerweise dürften auch die österreichischen Gesprächspartner bei den zehnjährigen Verhandlungen um den Staatsvertrag die Moskauer Beitragsklausel fast nie auf Exiltätigkeit bezogen haben und wenn sie es ausnahmsweise doch taten, so hauptsächlich auf den Exilwiderstand mit der Waffe in der Hand.[41]

Schwierige Heimkehr

Nur wenige der von den Nationalsozialisten aus ihrer Heimat vertriebenen Österreicher sind nach dem Krieg zurückgekommen, "aus Großbritannien und Westeuropa insgesamt ... nur vier Prozent ..., 1003 Personen"[42], und zwar aus mehreren Gründen: Weil man nicht die Kinder entwurzeln, nicht mühsam erworbene berufliche Positionen und Freunde aufgeben wollte; weil man dem Immigrationsland gegenüber Dankbarkeit und Wertschätzung empfand; weil Aus- sowie Einreisebewilligung zu erhalten anfangs mit Schwierigkeiten verbunden war, Österreich in den Nachkriegsjahren arm und besetzt war; weil die Erinnerungen an in der alten Heimat erlittenes Unrecht und Leid mit der vielfach berechtigten Angst verbunden waren, zumindest erneut auf Ablehnung zu stoßen. Immer wieder trifft man auf die Enttäuschung jener Mehrheit der Vertriebenen, die nicht zurückgebeten wurden. Es ist richtig, daß der Repatriierungsmöglichkeit in der unmittelbaren Nachkriegszeit - hinsichtlich Einreiseerlaubnis, Wohnungsbeschaffung und Verwendungsmöglichkeit - natürliche Grenzen gesetzt waren, aber wie kann Nationalbankpräsident Heinz Kienzl 1986 behaupten, daß die Aufforderung zur Rückkehr der Vertriebenen in den Jahren 1945 bis 1955 aufgrund der damals herrschenden wirtschaftlichen und politischen Verhältnisse verantwortungslos gewesen wäre?[43]

Tatsächlich blieben Einladungen zur Rückkehr nicht zuletzt deshalb Ausnahmefälle, weil der Antisemitismus weiter- die Goebbelsche Propaganda gegen die "vaterlandslosen Gesellen" und "Landesverräter" nachwirkte und nicht wenige Österreicher um ihre Positionen bzw. um ihre "arisierten" Wohnungen, Möbel oder Geschäfte fürchteten. Sogar ein österreichischer Exilant in den USA, "G.B." (Georg Bittner?), schrieb, daß man das Judentum im Nachkriegsösterreich beschränken solle, um das Nazitum zu unterdrücken.[44] Die SPÖ besetzte im Nationalrat der Jahre 1945-49 4 von 76 Mandaten mit ehemaligen Exilanten (KPÖ 3 von 4), in den Jahren 1949-53 5 von 67 (KPÖ 4 von 5)[45] und achtete darauf, nicht wieder in den Ruf einer Judenpartei zu kommen.[46] Auf bürgerlich-konservativer Seite waren, wie erwähnt, wenig Funktionäre ins Exil gegangen und von diesen hatten sich die Katholiken Hans Rott und Ernst Karl Winter ihre Rückkehr zweifellos anders vorgestellt. Hingegen wurden die österreichischen Exilanten in der Sowjetunion, die Hitlers Krieg, aber auch die Stalinistischen Säuberungen überlebt hatten, unmittelbar nach Kriegsende mit Hilfe der sowjetischen Besatzungsmacht zurückgeholt, sodaß im ZK der KPÖ 1947 unter 39 Mitgliedern 26 ehemalige Exilanten, im Laufe der fünfziger Jahre gar 40 unter 60 waren.[47]

Die Art und Weise wie Viktor Matejka als Wiener Stadtrat für Kultur und Volksbildung die exilierten österreichischen Künstler und Wissenschaftler in einem Aufruf vom 10. Oktober 1945, der in der "Austro American Tribune" (New York) und in "Nueva Austria" (Buenos Aires) abgedruckt wurde, sowie in unzähligen Briefen zur Rückkehr einlud, ist bis heute einmalig geblieben, obwohl Matejka seither etliche Bundes- sowie Landesregierungen und die politischen Parteien zur Nachahmung aufforderte.[48] Matejkas Korrespondenz dokumentiert u.a., wie sehr sich Exilösterreicher damals bemühten, der alten Heimat Lebensmittel, Geldspenden, Kleider, Bücher etc. zukommen zu lassen und, daß sie an das Nachkriegsösterreich Erwartungen herantrugen, die noch nicht ganz befriedigt worden sein dürften. So schrieb beispielsweise Dr. Kurt H. Jabloner aus Caracas (Venezuela) an Matejka am 9. Februar 1946 die Zeilen:

"... Nach wie vor verfolgen wir Österreicher im Ausland die leider allzu spärlichen Nachrichten aus der Heimat mit leidenschaftlichem Interesse. ... Die offensichtlich nicht genügend bekämpften antisemitischen Demonstrationen in Kinos u.ä. Gelegenheiten, die - von seiten der Betroffenen erklärliche, aber wieder anscheinend nicht genügend energisch zurückgewiesene - Abneigung, den geraubten jüdischen Besitz zurückzuerstatten, das

Auftauchen politischer Persönlichkeiten an wichtigen Posten mit eindeutig antisemitischer Vergangenheit, dies alles zusammen mit der, auch offiziellerseits zugegebenen allzu langsamen Denazifizierung Österreichs in politischer und administrativer Hinsicht lassen es dem patriotischen, jüdischen Auslandsösterreicher mehr und mehr fraglich erscheinen, ob das Land, welches seines war und welches er als sein Vaterland betrachtet, dies auch sein will. Ob er und die Seinen dorthin zurückkehren können ohne Gefahr zu laufen, als Staatsbürger zweiter Klasse betrachtet zu werden oder gar neuen Verfolgungen ausgesetzt zu werden. ... Um wieviel leichter wäre für uns, die wir in der österreichischen Bewegung arbeiten, unsere Arbeit, wenn wir unseren Leuten sagen könnten: Es ist wahrhaft ein neues Österreich, für das Ihr gebt, für das Ihr werbet, für das Ihr Anerkennung, Hilfe, Verständnis und wirtschaftliche Stützpunkte erkämpft! Es ist ein Land, das Euch freudig begrüßt als seine Söhne, die heimkehren oder die, wenn sie im Ausland bleiben, als Pioniere Österreichs, seiner Wirtschaft, seiner Kultur, seiner Weltgeltung betrachtet werden. ... Was wir brauchen, ist Eure moralische Unterstützung unserer Arbeit: vor allem ein klares, eindeutiges Bekenntnis, daß der Antisemitismus niemals wieder ein Werkzeug der österreichischen Politik sein darf, daß er proskribiert ist und daß Regierung und politische Parteien ihr ganzes moralisches Gewicht dafür einsetzen, daß diese unselige politische Vergangenheit durch Aufklärung und Erziehung endgültig begraben werde..."[49]

In einem Schreiben Jabloners vom März 1947, dessen Veröffentlichung im "Österreichischen Tagebuch" vom 10. Mai 1947 Matejka veranlaßte, heißt es:

"... Wir haben volles Verständnis für die übergroßen, oft unmenschlich schweren Aufgaben, welche sich täglich den Mitgliedern der Regierung, den politischen Parteien, kurz allen, die die Verantwortung für das Wiedererstehen des neuen, freien Österreich tragen, entgegentürmen. Wir verstehen ganz gut, daß die Alltagssorgen so übermächtig sind, daß vieles ungetan bleiben muß, was man unter leichten Umständen tun würde, ... Worauf wir seit bald zwei Jahren warten ... das ist, daß man unsere Existenz zur Kenntnis nimmt. Wir warten auf das Bekenntnis, daß Österreich auf seine Mitbürger im Ausland Wert legt, daß es sie weiter als Mitbürger haben will, ob sie nun zurückkehren oder im Ausland bleiben wollen. Daß Österreich dankbar ihres Ausharrens, ihres Festhaltens am Begriff Österreich in schwerster Zeit und trotz des Schweren, das sie erduldet hatten, gedenkt, daß es die bereits geleistete Hilfe zur Kenntnis nimmt und weitere, weit größere und ausgiebigere Hilfe verlangt! ... Wir warten darauf, daß das neue Österreich Gebrauch macht von dem Anerbieten großer österreichischer Forscher, Lehrer und Techniker, zurückzukehren, oftmals aus guten Positionen, um am Wiederaufbau mitzuarbeiten. Wir warten darauf, daß Österreich Gebrauch macht von den ungeheuren Möglichkeiten in wirtschaftlicher, geistiger, kultureller und propagandistischer Hinsicht, welche im Vorhandensein vieler tausender Patrioten in der ganzen Welt, in der Existenz österreichischer Vereine und Kulturzentren in allen Teilen der Erde liegen... Wir warten mit einem Wort darauf, ob das neue, freie, demokratische Österreich uns Auslandsösterreicher als solche haben will oder nicht. Es ist nicht gut, wenn erst gewartet wird, bis man eine unangenehme, sicher oft übertriebene Auslandsmeldung dementieren will oder muß, um die Bereitwilligkeit Österreichs, alle guten Österreicher als solche zu begrüßen, hervorzuheben. Man soll positive Gelegenheiten suchen, nicht auf negative warten..."[50]

Allen Heimkehrern der ersten bzw. zweiten Stunde bot sich der trostlose Anblick eines Landes, das wirtschaftlich darniederlag, aber ansonsten machten die aus dem Exil Zurückkehrenden sehr unterschiedliche Erfahrungen: Noch bevor es Franziska Tausig und ihrem Mann 1938 gelungen war, selbst nach Shanghai zu entkommen, hatten sie ihren damals 16 Jahre alten Sohn, den heutigen Burgschauspieler Otto Tausig, in einem von Quäkern geführten Kindertransport nach London geschickt. Als Franziska Tausig 1947 zurückkehrte, wurde sie am Bahnhof von einem sichtlich verlegenen jungen Mann gefragt: "Entschuldigung, gnädige Frau, sind Sie vielleicht meine Mama?"[51] Der bedeutende Wiener Architekt und Städteplaner Victor Grün, der "Vater des Einkaufszentrums", mußte nach seiner Rückkehr als erstes beweisen, daß er zum Führen des Titels Architekt berechtigt sei. Er gewann den Prozeß gegen die Architektenschaft, aber die klagende Partei bestand darauf, daß sein Titel mit "c" geschrieben würde, also "Architect".[52]

Bruno Kreisky wurde vorerst von den Amerikanern an der Rückkehr gehindert, von Parteifreunden 1946 mit vielen Blumen empfangen, aber gebeten, der Heimat zunächst im diplomatischen Auslandsdienst zu dienen, 1951 endgültig Heimkehrer und später sogar Bundeskanzler. Ein anderer Exilant stieß bei seiner "Heimkehr auf Probe" auf die Worte "Was, sie san wieder da? Und mir ham glaubt, sie san verbrennt wurdn."[53] Dieser Mann beschloß, Österreich nunmehr für immer zu verlassen, wiederum andere wurden zu Wanderern zwischen zwei Welten.

Im Rahmen des von der Stadt Wien zu diesem Zweck gegründeten Dr. Anton Pick-Fonds - Pick war Präsident der Israelitischen Kultusgemeinde Wien - haben die Stadt Wien, die Israelitische Kultusgemeinde Wien und der "Jewish Welcome Service" erstmals 1983 eine Gruppe bedürftiger Juden, die 1938 aus Wien vertrieben worden waren, zu einem Wienbesuch eingeladen.

Emigranten/Exilanten im öffentlichen Bewußtsein

Das öffentliche Ansehen der Hitler-Flüchtlinge wurde auch noch nach der Ära des Nationalsozialismus von führenden österreichischen Politikern untergraben, und ihre Leistungen wurden in Österreich lange Zeit sowohl von den Schulen als auch von der wissenschaftlichen Forschung stark vernachlässigt, verdrängt, tabuisiert. Ein 1975 in Wien abgehaltenes "Internationales Symposium zur Erforschung des österreichischen Exils von 1934 bis 1945", dessen Beiträge zwei Jahre später in Buchform erschienen, wurde seinerzeit von der österreichischen Tageszeitung "Die Presse" als eine "subventionierte Fleißaufgabe zum Jubiläumsjahr 1975" charakterisiert, und als drei Jahre danach der FPÖ-Abgeordnete des Nationalrats und spätere Ombudsmann Helmuth Jossek an eine Versammlung von Akademikern die Worte richtete: "... aber schuldlos soll auch der nicht sein, der aus dem sicheren Ausland hetzte, schimpfte und Haßtiraden sandte", sprach Volkesstimme aus ihm.[54] Seither hat Österreichs Generalmusikdirektor Karl Böhm in einem öffentlichen Interview erklärt, "die anderen, die in die Emigration gegangen sind, hatten es ja eigentlich besser als ich, der ich zu Hause geblieben bin. Sie hatten keine Bombenangriffe zu überstehen; sie hatten Arbeit"[55], und 1980 erschien in Wien ein Ausstellungskatalog mit dem verharmlosenden Titel "Die uns verließen".

Dennoch zeichnet sich in den letzten Jahren ein im Vergleich zur Vergangenheit gesteigertes Interesse und Verständnis für österreichische Emigration/Exil der NS-Zeit ab, das sich in verstärkter Forschungstätigkeit, besseren Unterrichtsmaterialien, einschlägigen Ausstellungen, Filmen sowie Hörfunk- und Fernsehprogrammen widerspiegelt.[56] Bemerkenswert ist auch, daß sich seit 17. September 1987 ein 50-Schilling-Schein mit dem Bildnis Sigmund Freuds in

Umlauf befindet. Bedauerlich ist allerdings, daß Exilforscher noch immer Österreicher in fast gesamtdeutscher Manier dem "deutschen Exil" einverleiben; schrecklich, daß Wiener Juden 1987 wiederum Angst haben, flüchten zu müssen.

Anmerkungen

1 Sämtliche einschlägigen Publikationen des Dokumentationsarchivs des österreichischen Widerstandes (DÖW) verweisen auf 130.000, F. Kreissler, Die Bedeutung der österreichischen Emigration bis 1945, in: Österreich und die Sieger, A. Pelinka und R. Steininger (Hg.), Wien 1986, S. 10, auf 150.000 österreichische Hitler-Flüchtlinge. Leider scheint es nicht möglich zu sein, die Zahl der Vertriebenen genauer zu überprüfen.
2 Widerstand und Verfolgung in Wien 1934-1945, DÖW, Bd. 3, 2. Aufl., Wien 1984, S. 200.
3 K. Stadler, Leben in der Fremde, in: Österreicher im Exil 1934-1945, Kammer für Arbeiter und Angestellte für Oberösterreich (Hg.), Linz o.J., S. 19.
4 R. Knoll, Die Emigration aus Österreich im 20. Jahrhundert, in: Austriaca, Februar 1979, Sonderheft, S. 267.
5 E. Weinzierl, Zu wenig Gerechte. Österreicher und Judenverfolgung 1938-1945, 2. Aufl., Graz-Wien-Köln 1985, S. 51 f.
6 H. Spiel, Psychologie des Exils, in: Österreicher im Exil 1934 bis 1945. Protokoll des Internationalen Symposiums zur Erforschung des österreichischen Exils von 1934 bis 1945, DÖW und Dokumentationsstelle für neuere österreichische Literatur (Hg.), Wien 1977, S. XXV.
7 Siehe H. Maimann, Sprachlosigkeit. Ein zentrales Phänomen der Exilerfahrung, in: Leben im Exil. Probleme der Integration deutscher Flüchtlinge im Ausland 1933-1945, W. Frühwald/W. Schieder (Hg.), Hamburg 1981, S. 31-38.
8 Spiel, Psychologie, S. XXXIII.
9 Ebd. S. XXIX.
10 Ebd. S. XXXV f.
11 G. Heindl, Und die Größe ist gefährlich, Wien-Berlin 1969, S. 234.
12 Vgl. Biographisches Handbuch der deutschsprachigen Emigration nach 1933, W. Röder/H. A. Strauss (Hg.), Bd. I: Politik, Wirtschaft, Öffentliches Leben, München-New York-London-Paris 1980, S. XXXVI; Stadler, Leben, S. 19; Kreissler, Bedeutung, S. 12 ff.
13 Stadler, Leben, S. 19.
14 Vgl. R. Bollmus, Österreichs Unabhängigkeit im Widerstreit. Neuere Arbeiten über das politische Exil der Österreicher in Großbritannien und der Sowjetunion 1938-1945, in: Zeitgeschichte, Jg. 4, Heft 2, 1976, S. 56 f.; H. Exenberger/S. Ganglmair/U. Weinzierl, Die nationalsozialistische Besetzung Österreichs 1938-1945. Methoden und Objekte der Propaganda (Widerstand, Exil, Alliierte), S. 2 f. (DÖW Bibliothek 9604); Österreicher im Exil 1934 bis 1945, DÖW (Hg.), S. 98.
15 H. Andics, Österreich 1804-1975, Bd. 3: Der Staat, den keiner wollte, Wien-München-Zürich 1980, S. 308.
16 Der Sozialistische Kampf, Nr. 1, 2. 6. 1938, S. 2 ff.
17 Vgl. J. Buttinger, Am Beispiel Österreichs. Ein geschichtlicher Beitrag zur Krise der Sozialistischen Bewegung, Köln 1953, S. 595; R.G. Ardelt, "WER SIND WIR?" - Zur Krise sozialdemokratischer Exilpolitik in den USA 1940/41, in: Unterdrückung und Emanzipation. Festschrift für Erika Weinzierl zum 60. Geburtstag, R. G. Ardelt/W. J. A. Huber/A. Staudinger (Hg.), Wien-Salzburg 1985, S. 281 und 291.
18 Vgl. B. Kreisky, Zwischen den Zeiten. Erinnerungen aus fünf Jahrzehnten, Berlin 1986, S. 391 ff.; Der junge Kreisky. Schriften, Reden, Dokumente 1931-1945, hg. von O. Rathkolb und I. Etzersdorfer, Wien-München 1986, S. 271; H. Maimann, Der März 1938 als Wendepunkt im sozialdemokratischen Anschlußdenken, in: Sozialdemokratie und "Anschluß", H. Konrad (Hg.), Wien-München-Zürich 1978, S. 65 f.
19 Vgl. G. Botz, Eine deutsche Geschichte 1938 bis 1945, in: Zeitgeschichte, Jg. 14, Heft 1, Oktober 1986, S. 33; P. Dusek, Nachkriegskonzeptionen für Österreich. Der Exilwiderstand und die nationale Frage, in: Österreicher im Exil 1934 bis 1945, DÖW (Hg.), S. 241.

20 Vgl. R. G. Ardelt, Das "Problem" Friedrich Adler, in: Konrad (Hg.), Sozialdemokratie, S. 71-87; ders., "WER SIND WIR?", S. 277-294; E. Glaser, Im Umfeld des Austromarxismus. Ein Beitrag zur Geistesgeschichte des österreichischen Sozialismus, Wien-München-Zürich 1981, S. 173 f.; E. Hanisch, Gab es einen spezifisch österreichischen Widerstand?, in: Widerstand. Ein Problem zwischen Theorie und Geschichte, P. Steinbach (Hg.), Köln 1987, S. 171; W. Neugebauer, Die nationale Frage im Widerstand, in: Konrad (Hg.), Sozialdemokratie, S. 92 f.

21 DÖW 7893, Brief Berthold Königs vom 25. 11. 1941 an Richard Coudenhove-Kalergi.

22 K. Stadler, Der Durchbruch der österreichischen Nationalidee in Verfolgung und Emigration, in: Parlament und Partei: Alfred Maleta zum 70. Geburtstag, Andreas Khol u.a. (Hg.), Graz-Wien-Köln 1976, S. 125.

23 Ebd. Vgl. Wiener Montag, 27. 2. 1967; Wiener Montag, 6. 3. 1967; Wiener Zeitung, 9. 2. 1947; Bollmus, S. 64 ff.; H. Exenberger, Internationales Symposium zur Erforschung des österreichischen Exils von 1934-1945. In: Die Gemeinde, 9. 7. 1975, S. 15; H. Steiner, Das österreichische politische Exil von 1934 bis 1945, in: Österreicher im Exil 1934-1945, Kammer (Hg.), S. 14; F. Fellner, Österreichs Wiederherstellung als Kriegsziel der Alliierten, in: Die Zweite Republik, Erika Weinzierl/Kurt Skalnik (Hg.), Bd. 1, Wien-Köln-Graz 1972, S. 79 ff.

24 H. Steiner, Probleme des österreichischen politischen Exils 1934-1945, in: Österreicher im Exil, S. 8.

25 S. Bolbecher/K. Kaiser, Exilbedingungen und Exilkultur in Großbritannien, in: Aufrisse, Jg. 8, Nr. 1, 1987, S. 12 f.

26 Vgl. H. Maimann, Das österreichische Exil in Großbritannien 1938-1945, in: Aufrisse, Jg. 8, Nr. 1, 1987, S. 21; F. West, Die österreichische Weltbewegung. Weder Exilregierung noch Nationalkomitee, in: Österreicher im Exil, S. 93-96.

27 Rot-Weiss-Rot-Buch, 1. Teil, Wien 1946, S. 199.

28 P. Eppel, Österreichische Emigranten in den USA 1938-1945, in: Exil, Jg. V, 1985, S. 61 f.

29 Kreissler, Bedeutung, S. 20.

30 Für Spaniens Freiheit. Österreicher an der Seite der Spanischen Republik 1936-1939, DÖW (Hg.), Wien-München 1986, S. 369 f.

31 Vgl. Unser Kampf. In Frankreich für Österreich. Interviews mit Widerstandskämpfern, F.R. Reiter (Hg.), Wien-Köln-Graz 1984, S. 12; Rot-Weiss-Rot-Buch, 1. Teil, Wien 1946, S. 168.

32 Siehe E. Schwager, Die österreichische Emigration in Frankreich 1938-1945, Wien-Köln-Graz 1984, S. 123 f.

33 Siehe F. Goldner, Die österreichische Emigration 1938 bis 1945, Wien-München 1972, S.65.

34 Der junge Kreisky, Rathkolb/Etzersdorfer (Hg.), S. 122 f.

35 Eppel, Emigranten, in: Exil, S. 62.

36 E. Weinzierl, Der österreichische Widerstand 1938 bis 1945, in: Das neue Österreich. Geschichte der Zweiten Republik, E. Weinzierl/K. Skalnik (Hg.), Graz-Wien-Köln 1975, S. 25.

37 W. Holzer, Die österreichischen Bataillone in Jugoslawien 1944-45. Zur Widerstandsstrategie der österreichischen kommunistischen Emigration, in: Zeitgeschichte, 4, 1976/77, S. 46. Vgl. Rot-Weiss-Rot-Buch, 1. Teil, Wien 1946, S. 145 f., 167, 173 f., 180 f.

38 K. Frick, Umdenken hinter dem Stacheldraht. Österreicher in der UdSSR, Wien-Frankfurt-Zürich 1967, S. 37.

39 Vgl. Österreicher im Exil - Belgien 1938-1945. Eine Dokumentation, DÖW (Hg.), Wien-München 1987, S. 47.

40 Vgl. Reiter, Unser Kampf, S. 185 ff.

41 Vgl. Wiener Zeitung, 9. 2. 1947; Rot-Weiss-Rot-Buch, 1. Teil, Wien 1946, S. 135.

42 Bollmus, Unabhängigkeit, S. 66.

43 Vgl. Offener Brief Heinz Kienzls an Paul Steiner, in: Austria Today, 3, 1986, S. 13 f.; K. Stadler, Adolf Schärf. Mensch, Politiker, Staatsmann, Wien-Frankfurt-Zürich 1982, S. 244 ff.

44 DÖW 15899/33, Nachlaß Plöchl, Material "Die Juden und die Rückwanderungsfrage in den Ländern des Donaubeckens", o.D.

45 H. Mehringer/W. Röder/D.M. Schneider, Zum Anteil ehemaliger Emigranten am politischen Leben der Bundesrepublik Deutschland, der Deutschen Demokratischen Republik und der Republik Österreich, in: Leben im Exil, Frühwald/Schieder (Hg.), S. 217.

46 Vgl. J. Braunthal, The Tragedy of Austria, London 1948, S. 121; J.T. Simon, Augenzeuge, W. Neugebauer (Hg.), Wien 1979, S. 329; E. Scharf, Zeitzeuge, M. Sporrer/H. Steiner (Hg.), Wien-München-Zürich 1986, S. 54.

47 Vgl. Mehringer/Röder/Schneider, Emigranten, S. 210; Hanisch, Widerstand, in: Widerstand, S. 343.
48 Vgl. V. Matejka, Unverbesserlicher Judenknecht. Notizen zu meiner jüdischen Autobiographie, in: Das jüdische Echo, September 1978, S. 9 f.; ders., Widerstand ist alles. Notizen eines Unorthodoxen, Wien 1984, S. 190 ff.; Austro American Tribune, November 1945; Nueva Austria, Jänner 1946; DÖW 18861/1-166, Korrespondenz Matejka.
49 DÖW E 17844, Brief Kurt H. Jabloners vom 9. 2. 1946 an Viktor Matejka.
50 DÖW E 17844, Schreiben Kurt H. Jabloners vom März 1947, das dem Brief vom 5. 4. 1947 an Viktor Matejka beilag.
51 F. Tausig, Shanghai-Passage. Flucht und Exil einer Wienerin, Wien 1987, S. 154.
52 Arbeiter-Zeitung, 17. 2. 1980.
53 Brief Paul Elbogens vom 11. 8. 1982 an den Verfasser.
54 Aula, Jg. 28, Folge 11, 1978, S. 1.
55 Kurier, 4. 2. 1979.
56 Als aktuellstes Beispiel sei auf das Internationale Symposium "Vertriebene Vernunft. Emigration österreichischer Wissenschaft" verwiesen, das das Ludwig Boltzmann-Institut für Geschichte der Gesellschaftswissenschaften und das Institut für Wissenschaft und Kunst vom 19. bis 23. Oktober 1987 in Wien veranstalteten. Vgl. Eppel, Emigranten, in: Exil, Anmerkung 71.

Ulrich Weinzierl

ÖSTERREICHISCHE SCHRIFTSTELLER IM EXIL

"Ich grüße alle meine Freunde! Mögen Sie die Morgenröte noch sehen nach der langen Nacht! Ich, allzu Ungeduldiger, gehe ihnen voraus."[1] Mit diesen Worten nahm Stefan Zweig von seiner Welt, der "Welt von gestern", Abschied. Als sie die Öffentlichkeit erreichten, hatte er bereits seinen Frieden gefunden: Gestorben in Petropolis am 23. Februar 1942 von eigener Hand und doch als Opfer Hitlers. Seinem Sarg und dem seiner Frau Lotte folgten Abertausende, der brasilianische Präsident erwies ihm die letzte Ehre eines Staatsbegräbnisses und des persönlichen Geleits. Stefan Zweig hatte nie unter materiellen Sorgen gelitten, im Gegensatz zu fast allen emigrierten österreichischen Schriftstellern flossen ihm reichlich Tantiemen zu, wurde er geachtete und verehrt, übersetzt und gelesen. Ihn hat die geistige, die psychische Not des Exils gefällt, das Unvermögen, an ein freies Morgen, an ein Wiedererstehen eines demokratischen Europa zu glauben, an einen Neubeginn.

Als Joseph Roth 1939 in Paris den Tod des Trinkers starb, schrieb ihm Alfred Polgar einen Nachruf: "Nicht das Exil, nicht das Unrecht, das er duldete und andere erdulden sehen mußte, hat Joseph Roth verzweifeln lassen. Was ihm die Aufgabe weiterzuleben so unerträglich schwer machte, war der Triumph des Bösen und der Dummheit, die Niedertracht, die sich als Gesetz statuierte..."[2]

Anton Kuh, einer der brillantesten Feuilletonisten und Redner der Epoche, hielt als Fünfzigjähriger in New York einen Vortrag vor einschlägigem, vor Emigrantenpublikum: "Die Kunst, Hitler zu überleben". Anton Kuh hat sie nicht erlernt, er erlag einige Monate danach einem Herzinfarkt.

In die Heimaterde zurückgekehrt ist Franz Werfel: Im Juli 1975 wurden Werfels sterbliche Überreste gegen seinen bei Lebzeiten erklärten Willen exhumiert und in einer Holzkiste verpackt nach Wien überstellt, um dort in einem Ehrengrab beigesetzt zu werden.[3]

"Wir gingen ins Exil wie entthronte Könige. Einige von uns hausten tatsächlich wie solche an der Riviera. Andere würgten das Brot der Armut und der Knechtschaft"[4], berichtete der Lyriker und Regisseur Berthold Viertel. Keinerlei majestätische Perspektive vermochte im Rückblick sein lebenslanger Freund Alfred Polgar zu entdecken: "Der Weg ins Exil war hart für die meisten von den vielen, die ihn gehen mußten. Nicht wenige blieben auf der Strecke. Tausende verdarben und starben im fremden Land, das Zuflucht schien und Falle wurde."[5]

Mit einem herben Vers resümierte Theodor Kramer sein Geschick: "Die Wahrheit ist, man hat mir nichts getan."[6] Und in der Tat, gemessen am Schicksalsspektrum, wirkt Kramers Los relativ glimpflich. Man denke an einen Jura Soyfer, der - 27 Jahre alt - im KZ Buchenwald starb; an Fritz Grünbaum, umgekommen in Dachau; an den deportierten und verschollenen Peter Hammerschlag; an Alma Johanna König, ermordet in Minsk; an Fritz Beda-Löhner und Heinrich Steinitz, umgebracht in Auschwitz; an Felix Grafe, der 1942 als Widerstandskämpfer im Wiener Landesgericht unters Beil des Henkers kam; an Ernst Weiß, der beim Einmarsch der deutschen Truppen in Paris Gift nahm; an Egon Friedell, der sich an den Iden des März 38 aus dem Fenster stürzte, oder an Rudolf Olden, der im Ozean ertrank, als das Schiff, das ihn aus England nach Kanada bringen sollte, torpediert wurde. Oder an Emil Alphons Rheinhardt, einen tatsächlichen Rivierabewohner, der wegen seiner Verbindung zur Résistance von der Gestapo verhaftet wurde und 1945 in Dachau zugrunde ging.

Andere, wie Raoul Auernheimer, mußten 1938 zumindest ein "Gastspiel in der Hölle", sprich: einen mehrmonatigen Zwangsaufenthalt im Konzentrationslager, absolvieren, bevor sie in die Vereinigten Staaten auswandern durften. Hermann Broch war drei Wochen im Bezirksgericht Bad Aussee interniert. "Im Flugzeug von Österreich nach England" verfaßte er unter selbigem Titel ein Gedicht, in dem es heißt: "ich spürte bloß/ich spürte bloß/ich spürte bloß den Schlingenstrick,/den um den Hals ich trug".[7]

Wer außer Sigmund Freud konnte mit allerhöchster ausländischer Fürsprache - von Präsident Roosevelt bis zum König von Griechenland - rechnen? Indes erhielt auch Freud erst nach zermürbenden Schikanen die Ausreisegenehmigung. Als er den Gestapobeamten schriftlich bestätigen sollte, daß alles den Vorschriften entsprechend abgewickelt worden sei, soll er gefragt haben: "Darf ich hinzusetzen: Ich kann die Gestapo aufs beste jedermann empfehlen?"[8]

In weniger prominenten Fällen nützte selbst Protektion nichts: Nicht einmal die Zusicherung des bulgarischen Monarchen verschaffte Alexander Roda Roda einen Paß dieses Landes.[9]

Während in Österreich, der nunmehrigen "Ostmark", mit der nationalsozialistischen Machtergreifung auch das poetische Mittelmaß triumphierte, die Stunde der Marktschreier, der Karrieristen, der verzückten Nazibarden schlug[10], leerte sich der Parnaß der österreichischen Literatur: Beinahe alle, deren Namen heute internationalen Klang hat, flohen oder konnten nicht mehr einreisen. Außer den bereits Genannten seien hier nur stellvertretend angeführt: Robert Musil und Franz Blei, Friedrich Torberg und Hans Weigel, Hilde Spiel[11] und Hermynia Zur Mühlen, Elias Canetti und Manès Sperber, Ernst Waldinger und Fritz Brügel, Franz Theodor Csokor, Erich Fried und Jakob Haringer, Albert Ehrenstein und Ernst Schönwiese, Richard Beer-Hofmann und die Geschwister Braun (Käthe, Felix, Robert), Ferdinand Bruckner und Fritz Hochwälder, Felix Salten, Ernst Fischer und Bruno Frei, Elisabeth Freundlich, Ödön von Horváth und Ernst Lothar, Martina Wied und Hertha Pauli, Jean Améry und Leopold von Andrian-Werburg, Robert Neumann, Hermann Hakel und Oskar Jellinek, Paula Ludwig, Leo Perutz, Heinz Politzer und Albert Drach, Alexander Sacher-Masoch, Otto Soyka und Arnold Höllriegel (Richard Arnold Bermann).

Was sie, sei's auf der Flucht, sei's im "angeschlossenen" Wien, sei's im Untergrund in besetzten Ländern erlebten, konnten sie - wenn überhaupt - erst mit langem zeitlichen Abstand für sich und die Nachwelt festhalten.

Abgesehen von notorischen Bestsellerproduzenten wie Werfel und Zweig, war kaum einer imstande, in seinem angestammten Metier Fuß zu fassen. Vertrieben aus Vaterland und Muttersprache - Emigranten in der Schweiz waren mit einem Veröffentlichungsverbot belegt -, mußte man sich in anderen Berufen durchschlagen, war auf die Mildtätigkeit von Hilfsorganisationen und Menschenfreunden angewiesen.[12]

Daß jemand - wie etwa Gina Kaus als Drehbuchautorin und Psychotherapeutin der Alfred Adler-Schule - im vermeintlichen Paradies Hollywood Erfolg haben konnte, war keineswegs die Regel. Eine ähnliche Ausnahme verkörperte der Publizist Willi Schlamm, der sich binnen Kürze unter dem amerikanisierten Vornamen "William S." als einer der einflußreichsten Mitarbeiter des "Time & Life"-Konzerns zu etablieren vermochte.

Von größeren Werken der österreichischen Exilliteratur - zum Thema "Anschluß", Flucht und Verfolgung, verfaßt in den Jahren der Naziherrschaft - gibt es nur wenige wirklich erstrangige, die zugleich populär wurden: Joseph Roths "Die Kapuzinergruft" (1938), Franz Werfels "Jacobowsky und der Oberst" (1944), Stefan Zweigs "Schachnovelle" (1942) und Friedrich Torbergs "Mein ist die Rache" (1943). Manès Sperbers ab 1940 entstandene Romantrilogie "Wie eine Träne im Ozean" ist ein gewaltiges Epos vom Widerstand gegen den Faschismus, mehr aber noch von der Tragödie jener Revolutionäre, die unter Stalin von der eigenen, pervertierten Revolution ausgelöscht wurden. Und ein so durchaus interessanter Roman wie Robert Neumanns "By the Water of Babylon" (1939; Deutsch: 1945) hat bis zum heutigen Tag nicht die ihm rechtens zukommende Beachtung gefunden. Den meisten Autoren allerdings mußte "Das Wunder des Überlebens", wie der Titel von Ernst Lothars Autobiographie lautet, genügen. Sie schrieben, falls sie dazu in der seelischen Verfassung waren, großteils für die Schublade - "Ich suche Trost im Wort, das niemals noch mich trog",[13] bekannte Theodor Kramer.

Politische Publizistik und Lyrik hatte selbstverständlich bessere Chancen auf Veröffentlichung. Im Grunde waren es jedoch nicht mehr als vier Periodika des österreichischen Exils, die den verjagten Schriftstellern ein angemessenes Forum boten: In Paris "Die Österreichische Post" und die zweisprachigen "Nouvelles d'Autriche", in London später der "Zeitspiegel" und gegen Kriegsende vor allem die New Yorker "Austro American Tribune", die über eine - von Elisabeth Freundlich redigierte - Beilage für Literatur und Kunst verfügte.

Trost in kämpferischen Formulierungen verschaffte sich der Altösterreicher Joseph Roth. Seine Attacken gegen die, so meinte er, preußische Nazidiktatur, hatten den Schwung der Empörung, waren gefärbt von der Melancholie des Pessimisten und bewiesen den unverlierbaren Stolz auch des Besiegten. "Keine Messe und kein Kaddisch wird Österreich zugebilligt", schrieb er in den Märztagen 1938, da seine Heimat, was das ausländische Echo betrifft, beinah sang- und klanglos unterging. "Die europäische Kulturwelt müßte sozusagen ein Begräbnis erster Klasse veranstalten, im wahrsten Sinne des Wortes: ein ‚Staatsbegräbnis'; aber sie gleicht einem Gelähmten, der im Rollstuhl Totenwache neben einem Katafalk halten soll."[14]

Größe und Elend antinazistischer Publizistik läßt sich am Beispiel Roth unschwer erkennen: Die Feder als Waffe taugt gegen brutalste Übermacht naturgemäß wenig, ihre Wirkung liegt im Psychologischen - den Gefährten Hoffnung, den Sprachlosen Stimme zu geben, den Erniedrigten und Beleidigten das Gefühl individueller Würde im kollektiven Schicksal. Insofern können solche Beiträge österreichischer Autoren nicht hoch genug eingeschätzt werden. Gleich welcher ideologischer Richtung sie anhingen, ob sie an Habsburg oder an den Kommunismus glaubten - sie verteidigten die kulturelle Tradition Österreichs, das große Erbe eines kleinen, sogar von den Karten gelöschten Staates. Ungeachtet allen Wunschdenkens, aller romantischen, realitätsfernen Vorstellungen, übernahmen Schriftsteller auf eigene Faust ein wichtiges Amt: Sie waren außerordentliche und von niemandem bevollmächtigte Botschafter eines Landes, das nur mehr in ihren Köpfen existierte: als Erinnerung und als Vision. Auch gemeinsame Erfahrungen brachten sie auf den Begriff, hoben sie aus dem Bezirk des Bedrückend-Undefinierten.

Kein Zweifel: Nach dem Zusammenbruch des Dritten Reichs wurden viele hochgespannte Erwartungen auf Heimkehr und Wiederaufbau, auf ein Willkommensein zuschanden. "Du bist mein Wagnis - und ich muß dich wagen",[15] schloß der junge Erich Fried sein Gedicht "An Österreich". "Erst in der Heimat bin ich ewig fremd", dichtete später Theodor Kramer, der ein halbes Jahr vor seinem Tod nach Wien übersiedelte.[16] Noch schärfer umreißt ein oft zitierter Aphorismus Alfred Polgars das Dilemma der Exilanten, der in jeder Hinsicht "displaced person": "Emigranten-Schicksal: Die Fremde ist nicht Heimat geworden. Aber die Heimat Fremde."[17]

Auf die Frage, warum die Mehrzahl der Flüchtlinge in ihren Asylländern geblieben sei, statt sich wieder auf Dauer in der Bundesrepublik oder in Österreich niederzulassen, antwortete Robert Neumann 1963 nicht ohne Bitterkeit:

> "Wer ruft ihn zurück? Niemand! Die restaurative Rechte begreiflicherweise nicht: unter diesen Heimkehrern wären zu viele mit einem peinlicherweise guten Gedächtnis. Aber auch die sogenannte literarische Linke, also die Leute, die ihre Malaise gegenüber der Restauration an sich schon für eine Gesinnung halten und ihre Jugend für ein literarisches Prärogativ unter Nachsicht der Taxen - was sollten die, um Gottes willen, mit lebendigen Heimkehrern machen? Tote - das ginge noch. Aber Lebendige?"[18]

Genauer betrachtet, hatten auch die emigrierten Literaten eine "Reise ohne Wiederkehr" (Carl Zuckmayer) angetreten. Ihre Behandlung seitens der Zweiten Republik ist kein Ruhmesblatt in einem sonst gern glorifizierten Kapitel der österreichischen Nachkriegsgeschichte. Dabei machte die Sensibilität der Vertriebenen deren Diagnosen schmerzhaft genau und ließ sie manche Probleme vorausahnen, mit denen Österreich anno Waldheim im Inneren wie nach außen hin zu kämpfen hat. "Tausende sind in Deutschland und Österreich gemordet worden", notierte Alfred Polgar bereits 1945 im "Aufbau", "weil sie den so heldenhaften wie aussichtlosen Versuch gewagt haben, die Herrschaft der Bestialität zu unterminieren. Die Gefahr besteht, daß die Erinnerung an solche Taten der Heimat verdunkelt werden könnte von der Erinnerung an die Schandtaten, die dort verübt wurden."[19]

Doch wie sagten die Lateiner: nemo propheta in patria sua. Ansätze zu einer "Wiedergutmachung" kamen beschämend spät, schienen meist nicht mehr zu sein als lieblose Akte eines schlechten Gewissens, das man gar nicht hatte, nur demonstrativ vorzeigen wollte. In dem vor kurzem veröffentlichten Band eines Nachgeborenen - "Schattentaucher" von André Heller - findet sich eine eindrucksvolle, überhöhte und verdichtete Szene, in deren Mittelpunkt der "alte Dichter Flamm" steht - ein sehr freies Porträt von Hans Flesch-Brunningen:

> "...vor dem Ersten Weltkrieg war er berühmt gewesen und nach dem Zweiten vergessen worden. Und als eine offizielle Stelle zu seinem siebenundachtzigsten Geburtstag an ihn erinnert wurde, verlieh man ihm verschämt das Silberne Ehrenzeichen der Stadt Wien, lud an einem glühenden Sommervormittag in den Roten Salon des Rathauses und reichte Mayonnaisebrote und Grapefruitjuice. Der Kulturstadtrat lobte Flamms Bücher, deren Titel er nicht richtig aussprechen konnte und denen er in den letzten Jahren die geringen Zuschüsse versagt hatte, die eine Wiederveröffentlichung bei einem Avantgardeverlag ermöglicht hätten, und nannte ihn ‚Wegbereiter des Expressionismus' und ‚Zeuge großer Zeiten'.

Der alte Dichter Flamm indes hält eine unerwartete und bemerkenswerte Rede:

> ",Herr Bürgermeister, meine Damen und Herren Stadträte, ich danke für diese Auszeichnung. Sie sehen an mir den Triumph Adolf Hitlers; alles, was ich lieben konnte, hat man ermordet: Vater, Mutter, Geschwister, Frau und Kinder, durch die Schornsteine von Auschwitz geflogen: Bewohner der Aschenwelt. (...) Österreich und Deutschland sind beinahe judenfrei. Die Begabung und Phantasie vertrieben. Allerorten Kriegsgewinnler der Literatur, der Musik, der bildenden Kunst. Niemals in der langen Zeit nach dem Zweiten Weltkrieg hat die Regierung Österreichs die Emigranten zurückgebeten. Man brauchte die Wohnungen für ausgebombte Nazis.'"
> Und zum Schluß: "Ich bin über Bombay, Singapur, Hongkong und Neuseeland nach Wien zurückgekehrt, weil Gott mit mir etwas Großes vorhatte. Er wollte, daß ich am Ende meiner Tage das Silberne Ehrenzeichen der Stadt Wien erhalte. Für ein Werk, das keiner mehr kennt; für Bücher, die nicht mehr gedruckt werden. Gott ist groß, und es ist schön, ein alter Mann zu werden. Ich danke Ihnen.'"[20]

Anmerkungen

1 Vgl. D.A. Prater, Stefan Zweig. Das Leben eines Ungeduldigen. Aus dem Englischen von Annelie Hohenemser, München-Wien 1981, S. 457.

2 A. Polgar, Kleine Schriften, Bd. 4: Literatur. Hg. von M. Reich-Ranicki in Zusammenarbeit mit U. Weinzierl, Reinbek 1984, S. 143.

3 Vgl. P.S. Jungk, Franz Werfel. Eine Lebensgeschichte, Frankfurt 1987, S. 343 f.

4 Zit. nach M. Winkler (Hg.), Deutsche Literatur im Exil 1933-1945, S. 52.

5 A. Polgar, Der Emigrant und die Heimat, in: A. Polgar, Kleine Schriften, Bd. 1: Musterung. Hg. von M. Reich-Ranicki in Zusammenarbeit mit U. Weinzierl, Reinbek 1982, S. 209-221, S. 209.

6 Zit. nach W. Emmerich/S. Heil (Hg.), Lyrik des Exils, Stuttgart 1985, S. 100.

7 Vgl. auch P.M. Lützeler, Hermann Broch. Eine Biographie, Frankfurt 1985, S. 231 f.

8 Vgl. D. Berthelsen, Alltag bei Familie Freud. Die Erinnerungen der Paula Fichtl, Hamburg 1987, S. 83.

9 Vgl. R. Hackermüller, Einen Handkuß der Gnädigsten. Roda Roda, Bildbiographie, Wien-München 1986, S. 220.

10 Vgl. u.a. U. Weinzierl (Hg.), Österreichs Fall. Schriftsteller berichten vom "Anschluß", Wien-München 1987.

11 Von Hilde Spiel stammt der bis heute aufschlußreichste Aufsatz über die "Psychologie des Exils". Siehe H. Spiel, Kleine Schritte. Berichte und Geschichten, München 1976, S. 27-47.

Vgl. ferner, H. Maimann, Exil als Lebensform, in: Jahrbuch für Zeitgeschichte 1979, Wien 1980, S. 9-57.

12 Vgl. dazu u.a. U. Weinzierl, Carl Seelig, Schriftsteller, Wien-München 1982, insbesondere S. 78-114.

13 Zit. nach Emmerich/Heil (Hg.), Lyrik des Exils, S. 249.

14 J. Roth, Totenmesse, in: Joseph Roth: Werke. Herausgegeben und eingeleitet von H. Kesten, Bd. 4, Köln o.J., S. 729 ff., S. 729.

15 E. Fried, An Österreich, in: E. Fried, Österreich. Zürich 1946, S. 13.

16 Zit. nach H. Zohn, Aus Theodors Kramers letzten Jahren, in: K. Kaiser (Hg.), Theodor Kramer 1897-1958. Dichter im Exil. Aufsätze und Dokumente, Wien 1983, S. 81.

17 Polgar, Der Emigrant und die Heimat, S. 221.

18 Vgl. H. Kesten (Hg.), Ich lebe nicht in der Bundesrepublik, München Cop., 1963, S. 127.

19 Polgar, Der Emigrant und die Heimat, S. 213.

20 A. Heller, Schattentaucher. 61 Beschreibungen aus dem Leben des Ferdinand Alt, Frankfurt 1987, S. 53 ff.

Peter Malina/Gustav Spann

DER NATIONALSOZIALISMUS IM ÖSTERREICHISCHEN GESCHICHTSLEHRBUCH

Die Erfahrungen der Schulbuchkritik in Österreich sind wenig ermutigend. Stießen sie in den Anfängen (Ende der siebziger Jahre) noch auf eine affektgeladene Abwehr und eine massive Verteidigungsfront der Schulbuchautoren, so hat sich seither eine flexible "Rückwärtsverteidigung" durchgesetzt. Wollte man zuerst die Berechtigung der Kritik nicht zur Kenntnis nehmen, so ging man in der Folge dazu über, lediglich die Hinweise auf offenkundige Fehler und verzerrende Formulierungen aufzunehmen. Damit glaubte man, die Schulbücher "verbessern" und der Kritik den Wind aus den Segeln nehmen zu können. Die grundsätzliche Auseinandersetzung mit den Texten und dem in ihnen deutlich werdenden Geschichtsbild stieß freilich nach wie vor auf Unverständnis. Noch immer scheint es Autoren wie Verlagen wichtiger zu sein, durch kosmetische Operationen am Erscheinungsbild der Geschichtslehrbücher "Modernität" und "Fortschrittlichkeit" zu dokumentieren. Dazu kommt, daß der bunte Markt der Schulbuchproduktion nur ein scheinbar vielfältiges Angebot präsentieren kann.[1]

Dennoch ist Schulbuchkritik nötig und sinnvoll. Zum einen, weil das Geschichtslehrbuch immer noch einen nicht unbeträchtlichen Anteil an der Vermittlung von Vergangenheitswissen abdeckt - sei es, daß die Schüler das dort Angebotene zu lernen und wiederzugeben haben, sei es, daß die Schulbuchtexte zur Vorbereitung der Lehrenden und zur Strukturierung des Unterrichtsstoffes herangezogen werden. Geschichtslehrbücher sind vor allem aber Ausdruck des Geschichtsbewußtseins der Erwachsenen und ein Zeugnis dafür, was die ältere Generation den Jüngeren an Wissen über die Vergangenheit zumuten möchte. Nicht zuletzt sind Geschichtslehrbücher eine Dokumentation der "amtlich" sanktionierten Vorstellung von Geschichte, die in den Schulen vermittelt, aber auch abgeprüft werden soll.

Bemerkenswert ist, daß die österreichischen Geschichtslehrbücher, die gerade bei der Darstellung der Wiedererrichtung Österreichs nach 1945 zu Recht den nationalen, demokratischen Konsens betonen, in ihren Texten selbst für Diskussion, Auseinandersetzung und Austausch verschiedener Erfahrungen wenig Verständnis haben. Geschichte wird diskussionslos so dargestellt, als wüßten die Autoren ganz sicher, wie es "eigentlich" gewesen sei. Abgesehen von der geschichtstheoretischen Fragwürdigkeit dieses Ansatzes, zeigt eine Analyse der Schulbuchtexte deutlich, daß auch sie von den jeweils sehr verschiedenen Lebenserfahrungen ihrer Autoren beeinflußt sind. Die Tendenz, dies nicht wahrhaben zu wollen und sich statt dessen in eine (überdies nicht begründete) vermeintliche "Objektivität" zurückzuziehen, führt dazu, daß die Darstellung der Vergangenheit in den österreichischen Geschichtslehrbüchern vielfach in der Unverbindlichkeit einer blassen Lebensferne steckenbleibt. Der Lebensbezug der

Geschichtsbücher kommt hingegen vor allem dadurch zum Ausdruck, daß in ihnen die Lebens-Geschichte ihrer Autoren in die Texte mit hineingeschrieben wird. Manfred Overesch hat dieses Grundsatzproblem in der Einleitung zu seiner Schulbuchuntersuchung (in der auch österreichische Schulbücher berücksichtigt werden) folgendermaßen formuliert:

> "Geschichte ist zwar eine Summe objektiver Geschehnisse und Tatbestände, aber für den rück- und zuschauenden Beobachter in dieser Objektivität nicht vollständig erfahrbar. Der Grund liegt nicht etwa in einer unzulänglichen (weil unvollständig oder oberflächlich angewandten) Forschungsmethode, sondern darin, daß die jeweils gegenwärtigen gesellschaftspolitischen Strukturen immer ‚mitdenken', wenn Vergangenes re-präsentiert wird."[2]

Einer selbstkritischen Schulbuchkritik kann es primär nicht um ein "Gefecht der Wörter" oder eine penible Zitatenanalyse gehen[3] und schon gar nicht um die Bestätigung der eigenen Vorurteile über die Mangelhaftigkeit von Schulbüchern - so verführerisch dies auch sein mag. Die letzten beiden Jahre haben gezeigt, daß die von den Schulbüchern in geradezu klassischer, so freilich nicht gemeinter Weise vorgenommene Bestandsaufnahme des Bewußtseins Österreichs und der Österreicher von "ihrer" Geschichte einer "Bewältigung" der Gegenwart deutlich im Wege steht. Verdrängung und Verharmlosung, Vertuschung und Abschleifung von Gegensätzen, eine bemerkenswerte Konfliktscheu und eine mangelnde Sensibilität gegenüber den drängenden Fragen an die Vergangenheit sind Kennzeichen dieses Geschichtsbewußtseins, das meint, durch Ausblenden "peinlicher" Tatsachen sich über die Geschichte hinwegschwindeln zu können.[4]

Diktaturen werden errichtet oder:
Kannst du erahnen, wohin diese Situation fast zwangsläufig führen mußte?

Die Informations- und Interpretationsangebote des Geschichtsunterrichts über die Entstehung faschistischer Herrschaft sind von wesentlicher Bedeutung für die politische Bildung. Nur wenn es gelingt, Jugendlichen die vielschichtige Komplexität des politischen Phänomens Faschismus bewußt zu machen, können sie der Aufgabe gewachsen sein, die ihnen ihre Eltern- und Großelterngeneration aufgeladen hat: die Wiederholung ihrer eigenen Fehler und ihres Versagens gegenüber der faschistischen Versuchung zu vermeiden. Antifaschistische Aufklärung darf nicht in einer moralisierenden Verurteilung steckenbleiben, sondern muß beharrlich versuchen, ein möglichst differenziertes Bild des Zusammenwirkens von ideologischen, gesellschaftlichen, sozialpsychologischen und interessenspezifischen Faktoren zu zeichnen, welche die Etablierung faschistischer Herrschaft bewirkt haben. Hier hätte das Schulbuch eine wichtige Aufgabe zu erfüllen.

Befragt man Geschichtslehrbücher nach den Ursachen der Entstehung faschistischer Herrschaft, so geben sie durchgehend als wichtigstes Ursachenfeld die wirtschaftliche Situation der 20er Jahre und die sich daraus ergebenden gesellschaftlich-politischen Konflikte an. Als unmittelbare Konsequenz der krisenhaften Wirschaftsentwicklung konstatieren sie eine meist nicht näher beschriebene Krise der Demokratie, als deren markantestes Symptom dann eine nicht weiter erläuterte innenpolitische "Radikalisierung" angegeben wird. Ein Beispiel sei für das fast durchgängige Grundmuster dieses Erklärungsansatzes angeführt:

"Die Wirtschaftskrise hatte in Deutschland eine politische Krise zur Folge... Die innenpolitischen Spannungen wurden verschärft durch eine wachsende Radikalisierung weiter Bevölkerungskreise und einen neuerlichen Trend, sich extrem links- oder rechtsstehenden Parteien zuzuwenden, eine Folge der rasch wachsenden Arbeitslosenzahlen."[5]

Faschismus als Konsequenz ökonomischer Krisen und ihrer sozialen Folgen (insbesondere der Arbeitslosigkeit) darzustellen, ist wohl die am häufigsten verwendete Argumentationsfigur, derer man sich seit 1945 gerne bediente, um die Zuwendung der Massen zum Nationalsozialismus zu erklären und damit gleichzeitig zu entschuldigen. Die Geschichtslehrbücher legen auf diesen Erklärungsansatz eine starke Betonung, und manche gehen so weit, damit eine geradezu "zwangsläufige" Gesetzmäßigkeit der Zuwendung zum Faschismus zu suggerieren, wie dies etwa Göhring/Hasenmayer[6] tun. Auch ein anderes, um eine differenzierende Sicht der Probleme und psychosozialen Folgen von Arbeitslosigkeit bemühtes Lehrbuch lenkt das Denken der Schüler mit einer Wiederholungsaufgabe in diese Richtung: "Kannst du erahnen, wohin diese Situation fast zwangsläufig führen mußte? Sprich in der Klasse über deine Vermutungen."[7] Nun besteht zweifellos ein Zusammenhang zwischen Wirtschaftskrise und steigenden Schwierigkeiten im demokratischen Interessenausgleichsgefüge und der Zuwendung zum Faschismus. Die bevorzugte Schwerpunktsetzung auf diesen Erkärungsansatz unter Vernachlässigung anderer Ursachen verengt jedoch Zugänge zu anderen zumindest ebenso wichtigen Erklärungsangeboten. Nur Berger/Schausberger weisen ausdrücklich darauf hin, daß Nationalsozialismus "aus der politischen und wirtschaftlichen Destruktion ... allein nicht zu erkären"[8] sei. Faschismus als ein unabwendbares Schicksal darzustellen, bedeutet überdies die Infragestellung der Notwendigkeit der Beschäftigung mit den Ursachen seiner Entstehung und der Diskussion von möglichen Alternativen und Abwehrversuchen. Bezeichnenderweise wird die Tatsache, daß die Wirtschaftskrise der 20er Jahre doch auch andere Nationen sehr schwer traf, sich aber beispielsweise in den USA, Großbritannien, den Niederlanden oder der Tschechoslowakei keine faschistische Herrschaft etablieren konnte, in den Geschichtslehrbüchern nicht angeschnitten.

Die Tendenz zur Schuldabwehr, die hinter solchen Argumentationen erkennbar wird, spricht auch aus anderen Erklärungsmustern, die Faschismus entweder seuchenhaft "wie eine ansteckende Krankheit"[9] wirksam werden lassen oder ihn relativierend als "gesamteuropäische Erscheinung"[10] verstanden wissen wollen. Auch damit kann der Frage nach den hinter dieser Entwicklung stehenden Interessen ausgewichen werden. Als Beispiel für die häufige Scheu der Lehrbuchautoren, sich der Frage nach den hinter den Rechtstendenzen stehenden gesellschaftlichen Gruppen zu stellen, seien in diesem Zusammenhang die folgenden, in ihrer nebulosen Unverbindlichkeit für den Informationswert mancher Geschichtslehrbücher geradezu paradigmatischen Formulierungen angeführt:

"Diktaturen werden errichtet.
Schon im ersten Nachkriegsjahrzehnt kam es in einer Reihe von Staaten zur Errichtung einer Diktatur, indem die demokratische Verfassung aufgehoben, die Parteien zum Teil verboten, die Rechte des Parlaments beschnitten und die Pressefreiheit eingeschränkt wurde."[11]

In einem anderen Schulbuch heißt es:

"Die rasch steigende Arbeitslosigkeit führte bei den Betroffenen und ihren Familien zu tiefer Mutlosigkeit, ja Verzweiflung. Diese Lage benutzten einige ehrgeizige und verantwortungslose Männer, um durch aufreizende Reden Unruhe und Verwirrung zu stiften. Sie übten scharfe Kritik an den Maßnahmen der Regierung und gaben vor, einen Ausweg aus der schwierigen Situation zu wissen. Damit hofften sie, viele Anhänger zu gewinnen und mit ihrer Hilfe an die Macht zu kommen."[12]

Derart von der historischen Realität abgehobene Darstellungen, die krampfhaft der Erörterung der politischen Dimension ausweichen, um nur ja nicht etwa die Frage des cui bono stellen oder vielleicht gar die hinter solchen Machinationen wirksamen Interessensgruppen und Machtkonstellationen näher bestimmen zu müssen, sind für den Schüler im Grunde wertlos. Dem Anliegen des Unterrichtsprinzips Politische Bildung wird auf solche Weise jedenfalls nicht gedient. Ein geringer Erklärungswert muß auch dem folgenden, vermutlich durch Abschreib- oder Druckfehler verschärften pseudowissenschaftlichen Kauderwelsch zugemessen werden:

"Die Zeit bis zur Weltwirtschaftskrise war einerseits durch einen starken Konjunkturaufschwung bei wachsender Auslandsverschuldung und relativ hoher Arbeitslosigkeit, andererseits durch Vernichtung des Vermögens des Mittelstandes und der kleinen Sparer gekennzeichnet.Diese Entwicklung führte zwangsläufig zu einer Regierungsform, in der das revolutionär-autoritäre dem traditionell-demokratischen, von der parlamentarischen Mehrheit getragenen staatlichen Ordnungssystem gegenübertreten mußte. Solcherart gelang es außerparlamentarischen Gruppen, die öffentliche Meinung an diktatorische Gedankengänge zu gewöhnen."[13]

In Zeiten der Unruhe und Not rufen viele nach einem starken Mann...

Doch zurück zu der von den Schulbüchern aus der Weltwirtschaftskrise hergeleiteten "Krise" oder dem "Verfall der Demokratie"[14]. Diese "Krise" wird fast durchgängig nicht als Ergebnis des permanenten Drucks rechtsextremer Gruppierungen und der hinter ihnen stehenden Interessengruppen dargestellt. Vielmehr wird sie entweder den demokratischen Parteien beziehungsweise pauschal "den" Demokraten angelastet, die nach Meinung der Lehrbuchautoren nicht mit der Demokratie umzugehen wußten, oder es wird überhaupt eine Krise der Demokratie als Institution diagnostiziert. Hier werden besonders die "parlamentarische Schwäche (Vielparteiensystem, wechselnde Koalitionen)" der Weimarer Republik,[15] vor allem aber die Uneinigkeit der politischen Parteien angeführt, die einander bekämpften und dadurch den Eindruck erweckten, daß sie die demokratische Regierungsform und deren Regeln "noch nicht genügend beherrschten"[16]. In einem anderen Lehrbuch wieder wird festgestellt, daß nach dem Sturz der Monarchien den Vertretern der politischen Parteien die politische Erfahrung fehlte: "...vor allem waren sie und die Bevölkerung der jungen Republiken kaum zu demokratischer Zusammenarbeit fähig, Streiks, Gewalt und Revolutionen waren die Folge."[17]

Angesichts eines solchen Szenarios, in dem die wichtigsten Informationen über die Verursacher und Betreiber dieser chaotischen Zustände dem Schüler vorenthalten werden, muß es ihm nur allzu verständlich scheinen, daß dies "viele aus dem Mittelstand und aus den Kreisen der Jugend" abstieß[18]. Auch der fettgedruckte Merksatz: "In Zeiten der Unruhe und Not rufen viele nach einem starken Mann"[19] wird dem Schüler durchaus plausibel erscheinen, verläßt er sich, was nicht zu hoffen ist, allein auf die Darstellung seines Geschichtslehrbuchs. Feststellungen wie: "Hitler verstand es geschickt, das Verlangen weiter Kreise des partei- und parlamentsmüden Bürgertums nach einer starken, ordnenden Hand für seine Partei zu nützen"[20], lenken von den Verursachern der Zerstörung der parlamentarischen Demokratie ab. Anstatt den Schüler über die Ursachen der Weltwirtschaftskrise zu informieren und die sozialen und sozialpsychologischen Auswirkungen auf die Betroffenen zu erklären und nachvollziehbar zu machen, werden jene diffamiert, welche die Opfer dieser Entwicklung gewesen sind. Ihnen wird ihre angebliche Unfähigkeit im Umgang mit demokratischen Entscheidungsformen angelastet und darüber hinaus wird unterstellt, sie hätten mit ihrem Ruf nach dem "starken Mann" den Faschismus geradezu herbeigewünscht. Der Zusammenhang zwischen Wirtschaftskrise und der Entwicklung und Förderung faschistischer Bewegungen zum Zweck der Niederwerfung genau dieser Bevölkerungsschichten wird dagegen in der bereits bekannten Art und Weise entweder nur nebulos angedeutet oder gänzlich ausgeblendet.

Neben dieser angeblichen Demokratie- und Parlamentsmüdigkeit wird auch gerne auf eine zumeist nicht näher definierte Radikalisierung und Steigerung der innenpolitischen Spannungen hingewiesen, die "weite Bevölkerungskreise"[21] erfaßte, ein Trend, der angeblich von "extrem links- oder rechtsstehenden Parteien" aufgenommen wurde. Ein anderes Lehrbuch wird deutlicher:

> "Während dieser Krisenzeit formierten sich die Gegner der Republik. Es waren vor allem die Nationalsozialisten und die Kommunisten. Beide übten auf die Innenpolitik einen derart starken Druck aus, daß nur mehr mit Notverordnungen regiert werden konnte."[22]

Daß die ständig angeführte Radikalisierung ihre Ursachen nicht in der vordergründigen Verschärfung der Konfliktaustragungsformen und in der Polarisierung innerhalb des politischen Spektrums hatte, sondern vor allem auf tiefgehende soziale Gegensätze zurückzuführen war, wird von den Geschichtsbüchern beharrlich verschwiegen. Ebenso die Tatsache, daß es bei dem Kampf um die Regierungsform und die Destabilisierung der Demokratie vor allem für Bürgertum, Industrie und Finanzkreise um die Durchsetzung von Krisenlösungsmodellen ging, deren wesentliche Forderungen im Sozialabbau zulasten der Unterschichten bestanden.

Ein Lehrbuch führt ausgerechnet Engelbert Dollfuß und den später wegen seiner Affinität zum Nationalsozialismus bekannt gewordenen Roost van Tonningen als Zeugen für die These von der Krise der Demokratie an, und zwar derart ungeschickt, daß die Formulierung in die Nähe der Apologie gerät:

> "Die parlamentarische Demokratie in Österreich befand sich in einer schweren Krise. Engelbert Dollfuß sprach bereits im Oktober 1932, wenn auch sehr vorsichtig formuliert, von der Notwendigkeit, 'selbst ohne vorherige endlose parlamentarische Kämpfe sofort gewisse dringliche Maßnahmen in die Tat umzusetzen'. Der Völkerbundkommissär, Roost van Tonningen, notierte in seinem Tagbuch: 'Zusammen mit Kanzler (gemeint ist Dollfuß) und Kienböck (Minister im Kabinett Seipel) haben wir die Ausschaltung des Parlaments für notwendig gehalten, da dieses Parlament die Rekonstruktionsarbeiten sabotierte.'"[23]

Man verschrieb sich dem Totalitarismus...

Nicht nur aus der häufigen und undifferenzierten Gleichsetzung von linkem und rechtem "Radikalismus" wird deutlich, daß eine Reihe von Geschichtslehrbüchern bei der Darstellung des Nationalsozialismus/Faschismus noch immer der Totalitarismustheorie verpflichtet ist, welche Faschismus und Kommunismus gleichzusetzen trachtet. Diese Theorie hat zwar ihre Bedeutung für den wissenschaftlichen Diskurs längst verloren und dient in der Tagespolemik vornehmlich zur Anfachung antikommunistischer Affekte. Dennoch handeln manche Lehrbücher noch immer Faschismus und Stalinismus gemeinsam als "totalitäre Systeme" ab.[24] Noch dazu wird eine Vulgärversion kultiviert, die bei einer oberflächlichen Gleichsetzung der Herrschaftssysteme von Kommunismus und Nationalsozialismus stehenbleibt:

> "Man verschrieb sich dem Totalitarismus. Der Herrschafts- und Kontrollanspruch des Staates dehnte sich auf alle Lebensbereiche des Staatsbürgers aus. Durch gezielte Propaganda mit Hilfe der Massenkommunikationsmittel Presse und Rundfunk manipulierte man die öffentliche Meinung in einem bis dahin unbekannten Ausmaß. Schwierige Probleme wurden zu primitiven Schlagworten vereinfacht. Die verschiedenen Parolen wurden der Bevölkerung so lange eingehämmert, bis sie bedingungslos daran glaubte. Massenkundgebungen, Aufmärsche von Parteiorganisationen und Militärparaden demonstrierten die Macht der herrschenden Partei. Gegner des Regimes wurden rücksichtslos verfolgt.
> Im äußeren Erscheinungsbild glichen die Diktaturen einander weitgehend. Weltanschaulich befanden sie sich in verschiedenen Lagern, von der extremen Linken bis zur äußersten Rechten. Zu den autoritär geführten Staaten zählten unter anderem das kommunistische Rußland unter Lenin und Stalin, das japanische Kaiserreich, das faschistische Italien und das nationalsozialistische Deutschland."[25]

Zwar gehen nicht alle Lehrbuchautoren so weit wie Ebner/Majdan, die ihre eigene Totalitarismustheorie den Schülern als ausgearbeitetes Erklärungsmodell vorgeben. In einer Tabelle werden "autoritäre Systeme" wie Kraut und Rüben durcheinandergebracht und noch dazu als Merkstoff vorgeschrieben.

Daß das Totalitarismuskonzept nicht nur ein sehr brauchbares Vehikel für die Umlenkung antifaschistischer Energien auf die Mühlen eines unkritischen Antikommunismus, sondern auch eine fast immer funktionierende Diskussionstaktik darstellt, um einer Auseinandersetzung über Faschismus/Nationalsozialismus auszuweichen, wird von den Autoren offenbar bewußt in Kauf genommen. Manche begnügen sich damit, diese Gleichsetzung dem Schüler zwischen den Zeilen nahezubringen: "Wie Stalin verstand es auch Hitler, die Masse des

Volkes auf seine Seite zu bringen und gleichzeitig jede Opposition mit brutaler Gewalt auszuschalten."[26] Andere wiederum meinen: "Den Marxismus hat Hitler zwar abgelehnt, aber viel von ihm übernommen."[27] Solche Nebenbemerkungen genügen um die Assoziationsbrücke zum Kommunismus herzustellen, können sie doch mit dem in unserer politischen Kultur fest verankerten antikommunistischen Affekt rechnen, der nach Belieben wie ein Reflex auszulösen ist.

In die Nähe der Apologie geraten die Lehrbuchautoren zweifellos dann, wenn mit dem Hinweis auf den Kommunismus als "Gefahr für den Staat"[28] geradezu eine Existenzberechtigung für Faschismus suggeriert wird oder wenn ein anderes Autorenteam meint, daß Reichswehr, Wirtschafts- und Finanzkräfte den Nationalsozialismus als "Bollwerk gegen den Kommunismus"[29] unterstützten. Vollends als apologetisch müssen folgende Formulierungen verstanden werden:

> "Es kam (in Italien, Verf.) häufig zu Streiks und Gewaltaktionen, Fabriken und Großgrundbesitzungen wurden von radikalen Elementen besetzt. Die Unzufriedenen bildeten eine Gefahr für den Staat, zumal sie sich kommunistischen Gedankengängen zuwandten. Zur Abwehr einer drohenden Revolution schlossen sich Frontkämpfergruppen zusammen, bewaffneten sich und wehrten mit Gewalt Übergriffe ab. Diese Faschisten... wurden aus Angst vor einer bolschewistischen Revolution vom gemäßigten Bürgertum und von der Armee unterstützt. Damit war ihnen der Weg zur Machtergreifung geebnet."[30]

Für die Anliegen der politischen Bildung erweist sich die Totalitarismustheorie als kontraproduktiv, blockiert sie doch mit ihrer Tendenz zu platter Gleichsetzung das differenzierende Denken und die vergleichende Analyse der Ideologien. Doch gerade die Auseinandersetzung mit der Ideologie des Nationalsozialismus ist notwendig, denn ihre Relikte haben die Zerstörung des Herrschaftsapparates überlebt und vernebeln noch heute die Gehirne. Wir haben eben keine kommunistische, sondern eine nationalsozialistische Vergangenheit aufzuarbeiten.

Hitler war entschlossen, die Juden auszurotten und er tat dies auf bestialische Weise...

Geht es an die Darstellung der Geschichte des Nationalsozialismus, verfällt ein großer Teil der Geschichtslehrbücher in eine Personalisierungstendenz, die Adolf Hitler zum Alleinverantwortlichen für zwölf Jahre nationalsozialistischer Gewaltherrschaft macht. Auch dieser Zugang hat in einem hohen Maß Schuldabwehrfunktion, schiebt er doch die Frage nach der Mitbeteiligung der Gefolgschaft Hitlers weit aus dem Blickfeld. Die Reduzierung auf die Person des "Führers" hat sich schon einmal als Enlastungsinstrument bewährt. In der unmittelbaren Nachkriegszeit, in der Phase der Verfolgung von Kriegsverbrechern und der Entnazifizierung war die Ausrede auf den toten Hitler ein Standardargument für alle Mitschuldigen und Auslöser für eine Dämonisierungswelle, die sich in der politischen Kultur der Nachkriegszeit deutlich bemerkbar niederschlug.

Eine Reihe von Schulbüchern lassen das Kapitel über die Geschichte des

Nationalsozialismus mit der Biographie Hitlers beginnen und können sich dann offenbar schwer von dieser Zugangsweise lösen. Gar nicht so wenige[31] versprechen sich offenkundig von dem Hinweis auf die mangelhaften Schulleistungen und die gescheiterte Künstlerkarriere des jungen Hitler eine besondere Abschreckungswirkung auf das junge Leserpublikum. Sie erwecken damit den Eindruck, daß Hitler die Antipathie der Schulbuchautoren weniger seinem politischen Programm als seinen schlechten Schulnoten verdankt.

Mit der Konzentration der Darstellung auf die Person Hitlers werden die ohnehin sehr zögernd benannten und schonend behandelten Handlanger und die als Steigbügelhalter fungierenden Machtkartelle und ihre spezifische Rolle bei der Etablierung der NS-Herrschaft in den Hintergrund gerückt. Dies geht so weit, daß ein Autorenteam formuliert: "Als Reichskanzler vereinigte Hitler nun die gesamte Macht in seiner Hand und machte sich (!) zum unumschränkten Diktator".[32] Für die Hemmung der Autoren, konkret die Interessen aufzudecken, welche die Eliten des Staates, Militär, Industrie und Finanzkapital bewogen, Hitler zu unterstützen, zeugt nicht nur der geringe Stellenwert, den dieser Aspekt in den meisten Darstellungen einnimmt. Dies wird auch am Beispiel des Ermächtigungsgesetzes deutlich, bei dem nach fast durchgängiger Meinung der Schulbücher[33] die Parteien, die diesem Gesetz zustimmten, von Hitler "getäuscht", oder durch allerlei Versprechungen hereingelegt worden seien. Zwei Lehrbücher führen gleichlautend als zusätzliche Entschuldigung an: "Kaum einer der Parlamentarier, die für das Gesetz stimmten, war sich klar, daß damit das Todesurteil über die Republik gesprochen war."[34]

Eine bemerkenswerte Fehlleistung, die auch nicht mit gutem Willen zu entschuldigen ist, leistet sich ein anderes Autorenteam, wenn es, im Glauben, die Dokumente würden schon für sich selbst sprechen, breite Passagen aus Hitlers "Mein Kampf" ohne begleitenden Kommentar abdruckt und dann noch in den Kontrollfragen Hitlers Meinung zum abzuprüfenden Lehrstoff macht: "Wie sieht Hitler die Aufgabe der Propaganda", "Was versteht Hitler unter Lebensraum", "Was bedeutet Rassenhygiene, und welche Folgen hat diese Auffassung", "Wie sieht Hitler die Juden", "Was war die Aufgabe der Rassengesetze?"[35]. Wenn den Schülern keinerlei Zusatzinformationen oder Anleitung für eine kritische Auseinandersetzung mit den Textpassagen aus "Mein Kampf" gegeben wird, sprechen die Dokumente in ihrer ursprünglichen propagandistischen Absicht wirklich "für sich selbst".

Voll zur Wirkung kommt die personalisierende Geschichtsbetrachtung bei der Darstellung der Vernichtung der Juden. Hier ist es allein "Hitlers Rassenpolitik"[36], die zum Massenmord an den Juden führte:

> "Hitler war entschlossen, die Juden auszurotten und er (!) tat es auf bestialische Weise"[37]... "Sein besonderer, geradezu krankhafter Haß galt den 'volksfremden' Juden"[38]... "Im Rahmen des totalen Krieges entschloß sich Hitler auch zur 'Endlösung der Judenfrage'"[39]... "An der Spitze der Unmenschlichkeit stand der Antisemitismus, den Hitler bereits in seinem Buch 'Mein Kampf' propagiert hatte."[40]

Keine Rede weit und breit von einem alle Bevölkerungsschichten durchdringenden Antisemitismus, der die gesamte politische Kultur schon lange vor Hitler geprägt hatte, keine Rede auch von der großen Zahl willfähriger Helfer und Schreibtischtäter, die später alle nichts gewußt oder nur ihre Pflicht erfüllt haben wollten. Im Gegenteil: wenn es um die ausführenden Organe des Massenmordes geht, tritt an die Stelle der Personalisierung die Anonymisierung:

> "Nach Kriegsbeginn ging Hitler offen gegen die Juden vor. Vor allem die SS unter Himmler, Heydrich und Eichmann wurde mit der "Endlösung der Judenfrage beauftragt. Zuerst verhinderte man (!) die Flucht der Juden ins Ausland, dann sperrte man (!) sie in Ghettos und schließlich tötete man (!) grausam alle, deren man (!) habhaft werden konnte."[41]

> "Hitlers Judenpolitik vollzog sich (!) in vier Phasen. Zuerst kam es (!) zur allmählichen Ausschaltung der Juden....Im Zuge der Endlösung kamen (!) die arbeitsfähigen Juden zu Arbeitseinsatz... während die anderen in die Vernichtungslager geleitet (!) wurden. Bald erkannte man (!), daß die Vergasungstechnik die rascheste Methode war..."[42]

Wer diese "Unmenschlichkeit" organisierte und durchführte, wird diskret verschwiegen. Statt dessen wird mitgeteilt: Juden "durften" nicht mehr am öffentlichen Wirtschaftsleben teilnehmen, sie "verloren" ihre beruflichen Stellungen, es "wurde" ihnen der Besuch kultureller Einrichtungen verboten, sie "hatten" als Zeichen ihrer "Abstammung" den Judenstern zu tragen.[43] Die politische Funktion einer solchen personalisierend/anonymisierenden Geschichtsschreibung ist klar: Sie lenkt durch den einengenden Blick auf den Führer und die in allgemeinen Formulierungen sich verlierende Darstellung von den Mittätern und der Mitverantwortung der Anhängerschaft ab. Im Zusammenhang mit der Geschichte des Nationalsozialismus bedeutet sie darüber hinaus jedoch im nachhinein noch ein Hereinfallen auf das Führerprinzip. Mit dem auf diese Weise verbauten Blick auf die Anhängerschaft geht eines der wichtigsten Anliegen der politischen Bildung verloren: das Problem der Faszination des Faschismus und die Frage nach den Motiven der Zuwendung der breiten Masse der Anhänger zum Nationalsozialismus. Hier erweisen sich die Geschichtslehrbücher weitgehend als hilflos, wobei ihnen zugestanden werden muß, daß auch die Wissenschaft auf diesem Forschungsfeld noch viel zu arbeiten hat. Von den wenigen, die sich dieser Problematik zu nähern versuchen, seien Berger/Schausberger genannt, die sich aber ohne einsichtigen Grund darüber wundern, daß die Ideen des Nationalsozialismus "seltsamerweise" auch "Eingang in die intellektuellen Kreise der Nation" fanden, als ob nicht gerade die Universitäten in Österreich Zentren des Deutschnationalismus und Antisemitismus gewesen wären. Am besten behilft sich hier ein Autorenteam, indem es einfach aus der Fachzeitschrift "Vierteljahreshefte für Zeitgeschichte" zitiert.[44]

Hitler ließ deutsche Truppen in Österreich einmarschieren...

Das Szenario des Februar/März 1938 in Österreich ist in den Schulbüchern bestimmt durch die steigenden Pressionen des nationalsozialistischen Deutschland, das Desinteresse des Auslands am Schicksal Österreichs und die vergeblichen Versuche der österreichischen Regierung, auf diplomatischem Wege (Unterredung von Berchtesgaden) beziehungsweise durch die für den 13. März

1938 angekündigte "Volksbefragung" die Souveränität des Staates aufrechtzuerhalten. Da innenpolitische Voraussetzungen nur bedingt und die Entwicklung des Anschlußproblems bestenfalls andeutungsweise behandelt werden, ist die Rolle Österreichs für manche Schulbücher von vornherein festgeschrieben und das Ergebnis eindeutig: "Der kleine Staat im Herzen Europas hatte zu bestehen aufgehört. Die erste Aggression Hitlers war ungestraft in Szene gegangen. Daß dieses Opfer nicht das einzige bleiben würde, war vorauszusehen."[45]

Österreichs "Anschluß" ist für die Schulbücher vor allem eine diplomatische und militärische Operation. Von den Österreichern und ihrer Haltung zu den deutschen Invasoren ist so gut wie keine Rede:

> "Inzwischen hatten die Kolonnen des deutschen Heeres Wien erreicht, deutsche Luftgeschwader waren auf österreichischen Flugplätzen gelandet, und Mitglieder der NSDAP hatten alle Schlüsselpositionen besetzt. Österreichs Bundesheer wurde nicht eingesetzt, weil die maßgeblichen Stellen den Widerstand gegen die deutschen Divisionen ohne Unterstützung von außen als sinnlos ansahen."[46]

Die Konzentration auf die obersten politischen Entscheidungsträger und die Beschränkung vor allem auf die diplomatische Geschichte erlauben es den Geschichtslehrbüchern, die Frage von Mitbeteiligung, Zustimmung und Unterstützung des Nationalsozialismus in Österreich und durch Österreicher stillschweigend beiseite zu lassen. "Anschluß" ist für sie vor allem eine Angelegenheit der Verhandlungen zwischen den politischen Funktionären des "Ständestaates" und den Nationalsozialisten, nicht aber ein Problem, das weit in die österreichische Gesellschaft hineinreichte: Als die Repräsentanten des österreichischen Staates schließlich unter deutschem Druck kapitulierten, war der "Anschluß" nun nicht mehr aufzuhalten: Mit dem Rücktritt Schuschniggs und seiner Abschiedsrede im österreichischen Rundfunk war nun

> "der Weg für die Nationalsozialisten frei. Miklas weigerte sich zwar zunächst, den deutschen Forderungen zu entsprechen und Seyß-Inquart mit dem Kanzleramt zu betrauen, lenkte schließlich doch ein. Die Bildung einer Regierung unter Seyß-Inquart in der Nacht vom 11. zum 12. März 1938 konnte den Einmarsch deutscher Truppen am Morgen des 12. März 1938 nicht mehr verhindern."[47]

"Anschluß", das ist also - in der Diktion eines Schulbuchs - "Hitlers Einmarsch"[48]. Die Österreicher sind in diesem Geschichtskonzept nicht einmal ein willenloses "Opfer" - sie kommen gar nicht mehr vor: "Obwohl Schuschnigg Hitlers Forderungen erfüllt und Seyss-Inquart sein Amt angetreten hatte, rückten schon am nächsten Tag deutsche Truppen in Österreich ein. Der Name 'Österreich' wurde ausgelöscht. Das Land wurde unter der Bezeichnung 'Ostmark' ein Teil des neuen 'Großdeutschland'".[49] Verantwortlich für die Okkupation Österreichs sind vor allem die "anderen", wobei nicht zuletzt die mangelnde Unterstützung der Westmächte angeführt wird: "Als Hitler im März 1938 seine Truppen in Österreich einmarschieren ließ und in Wien unter tosenden 'Sieg-Heil'-Rufen die Heimkehr seiner Heimat ins Deutsche Reich verkündete, ging wieder alles glatt über die Bühne. Die Großmächte nahmen die Aggression hin".[50] In der Bildunterschrift zu der historischen Szene Kundgebung auf dem Heldenplatz in Wien wird dem Leser als Erklärung lediglich mitgeteilt: "Hitler spricht auf dem Heldenplatz (März 1938)".[51]

Warum der Nationalsozialismus in Österreich auf keinerlei militärische Gegenwehr stieß, wird ebensowenig erklärt wie die Tatsache der Kooperationsbereitschaft eines Teiles der österreichischen Bevölkerung zur Sprache kommt. Dort, wo auch von den Österreichern die Rede sein müßte, ziehen sich die Schulbuchtexte auf allgemeine Formulierungen zurück, wie zum Beispiel in einem Lehr- und Arbeitsbuch für Handelsschulen, wo es lediglich heißt: "Gleichzeitig mit dem Einmarsch hatten Mitglieder der NSDAP die Schlüsselpositionen in der staatlichen Verwaltung und bei der Polizei übernommen".[52] Der österreichische Anteil des "Anschlusses" bleibt so im Dunkel allgemeiner Formulierungen: unter dem Eindruck der Reaktion der Großmächte und des "Empfanges, den die Bevölkerung seiner alten Heimat Oberösterreich Hitler bei seinem Besuch am 12. März in Linz bereiteten", gab dieser den Auftrag zur Ausarbeitung des "Anschlußgesetzes", und am 14. März fand dann "am Heldenplatz in Wien eine Befreiungskundgebung statt"[53].

Da der "Anschluß" ausschließlich als ein Ergebnis der Aggressionen Hitler-Deutschlands beziehungsweise der Ambitionen Hitlers dargestellt wird, erübrigt sich die Frage nach den Voraussetzungen der "Anschlußideologie" und den ideologischen Voraussetzungen für die Resonanz des Nationalsozialismus in Österreich. Allerdings ist es auch dem Geschichtslehrbuch nicht vollkommen möglich zu verschweigen, daß es diesen Nationalsozialismus auch in Österreich schon vor 1938 gegeben hat: "Nun rissen die Nationalsozialisten die Macht an sich. Gleichzeitig überschritten schwerbewaffnete deutsche Soldaten, von Panzern und Flugzeugen begleitet, Österreichs Grenzen".[54] Österreichs Schicksal war damit besiegelt:

> "Damit hatte unser Vaterland seine Freiheit und Unabhängigkeit verloren, es wurde dem Deutschen Reich eingegliedert. Zehntausende aufrechte Österreicher wurden in Gefängnisse und Konzentrationslager gebracht. Die Gold- und Devisenschätze der Österreichischen Nationalbank, ein beachtlicher Teil des Eigentums der katholischen und evangelischen Kirche sowie des jüdischen Vermögens wurden von Hitler eingezogen und nach Deutschland gebracht."[55]

In der kargen Formulierung einer Kurzfassung lautet dies dann so: "12. März 1938: Hitler ließ deutsche Truppen in Österreich einmarschieren: Österreichs Freiheit und Unabhängigkeit waren zu Ende."[56]

Daß der "Anschluß" sehr wohl auch seine Resonanz in bestimmten Gruppen der österreichischen Gesellschaft gefunden hat, die keineswegs so geschlossen hinter diesem Österreich stand, wie es die Schulbücher gerne haben wollen, kommt nur ansatzweise in einigen Texten zum Ausdruck. Selbst dann freilich wird die Fremdbestimmung Österreichs betont: "Das innerlich zerrissene Österreich sollte eine leichte Beute der Nationalsozialisten und ihrer Propaganda werden. Am 12. März 1938 zog der 'Führer', begleitet von Panzern und Flugzeugen, unter brausendem Jubel der Bevölkerung als 'Befreier' in Österreich ein".[57] Nur wenige Schulbücher sind bereit, ihre Leser auf die Problematik des "Anschlusses" und vor allem auf seine organisierte Zustimmung aufmerksam zu machen:

"Der 'Anschluß' Österreichs war von vielen Österreichern jubelnd begrüßt worden: von österreichischen Nationalsozialisten, aber auch von Menschen, die sich einfach eine Besserung der schlechten wirtschaftlichen Lage und eine Beendigung der Arbeitslosigkeit erhofften. Hitlers Propaganda hatte schließlich nicht mit Versprechungen gespart! Es gab aber auch nicht wenige Österreicher, die ahnten, was der Nationalsozialismus unserem Lande wirklich bringen werde, und diese standen in stummer Verzweiflung abseits."[58]

In der Regel ist der "Anschluß" kurz abgehandelt: "Hitler verkündete am 13. März 1938 den Anschluß Österreichs an das Deutsche Reich, den er bald darauf durch eine von der NSDAP kontrollierte Volksabstimmung bestätigen ließ."[59] Österreicher waren daran offensichtlich nicht beteiligt.

Vielen Österreichern gingen nun die Augen auf

Im Grunde ist der Nationalsozialismus für das österreichische Geschichtslehrbuch etwas, das von "außen" importiert wurde und dem die Österreicher aus verschiedenen Gründen einfach erliegen mußten: "Für jedes Lebensalter und jeden Berufsstand hatte das nationalsozialistische Deutschland politische oder militärische Organisationen, denen sich auch die Österreicher nur schwer entziehen konnten".[60] Die von den meisten Schulbüchern konstatierte allmählich steigende Skepsis gegenüber dem Regime wird freilich nicht auf eine grundsätzliche Opposition gegen die Unmenschlichkeit oder den Terror des NS-Herrschaftssystems zurückgeführt. In einer bemerkenswert enthüllenden, offenkundig als entschuldbar und entschuldigend gemeinten Argumentation wird zum Beispiel darauf hingewiesen, daß die deutschen Okkupanten die österreichische Eigenart nicht respektierten und auch die Karrierehoffnungen der Österreicher nicht zu erfüllen vermochten: "Immer mehr Parteifunktionäre und Beamte aus dem 'Altreich' strömten in Österreich ein, schalteten ohne jede Rücksicht auf die österreichische Eigenart und auf österreichische Belange Verwaltung, Kultur und Wirtschaft gleich und verdrängten österreichische Nationalsozialisten von ihren Stellen."[61] Fazit für das Schulbuch: "Der Jubel der Anschlußtage war verstummt. Vielen Österreichern, die anfänglich mit den Nationalsozialisten sympathisiert hatten, gingen nun die Augen auf, und sie begannen sein wahres Gesicht zu erkennen."[62] Vergessen wird dabei eines: Auch in Österreich etablierte sich der Nationalsozialismus nicht als eine Geheimideologie, deren "wahre" Ziele nur Wissenden und Eingeweihten bekannt gewesen sein konnten.

Der so klaglos vollzogene "Anschluß" ist für das Schulbuch hingegen die Folge eines geschickten Manövers der deutschen Okkupanten gewesen, die die arglosen Österreicher mit Gewalt und List und unterstützt durch einen gewaltigen Propagandaapparat über ihre wahren Absichten täuschten:

"So geschickt arbeitete die nationalsozialistische Propaganda, daß es ihr sogar gelang, die österreichische Bischofskonferenz mit Kardinal Innitzer an der Spitze von den Vorteilen des Anschlusses zu überzeugen, und zu einem entsprechenden Wahlaufruf zu bewegen. Selbst Dr. Karl Renner, den die Nationalsozialisten nicht verhaftet hatten, um die österreichischen Sozialdemokraten zu gewinnen, erklärte am 3. April, daß er den Anschluß gutheiße."[63]

Die Ergebnisse der "Volksabstimmung" führen die zitierten Autoren daher vor allem auf den enormen Propagandaaufwand und die "noch nie dagewesene Art der Massenbeeinflussung", aber auch auf die Repressionsmaßnahmen des neuen Regimes zurück.[64]

Diese wohl so nicht gemeinte, im Grunde aber apologetische Darstellung der deutschen Okkupation Österreichs 1938 wird dort deutlich, wo von den Opfern die Rede sein sollte. Auch die Diskriminierung, Ausgrenzung, Austreibung und Vernichtung der Juden in Österreich ist eine Sache der "anderen" gewesen. Von Mitbeteiligung und Mitschuld durch Wegschauen, Erdulden und Gewährenlassen, aber auch durch administrative Mithilfe und aktive Präsenz der Österreicher ist auch hier nicht die Rede. An die Stelle einer (selbst)kritischen Analyse tritt die Klage über das geschehene Unrecht, die allerdings nicht zu erklären vermag, wie es dazu gekommen ist:

> "Besonders hart und unmenschlich war das Vorgehen der nationalsozialistischen Machthaber gegen die jüdische Bevölkerungsgruppe in Österreich. Es erregte bald das Entsetzen aller jener, denen Menschlichkeit und Gerechtigkeit unverrückbare Begriffe geblieben waren. Schon von allem Anfang an waren die Juden Schikanen ausgesetzt. Diese steigerten sich besonders seit der 'Reichskristallnacht' ins Unerträgliche."[65]

Daß die Judenpolitik des NS-Systems mit dem "Anschluß" Österreichs entscheidend eskalierte und daß dabei Österreicher wesentlich mitbeteiligt gewesen sind, mag das österreichische Schulbuch nicht zur Kenntnis nehmen; daß der Antisemitismus der Nationalsozialisten seine spezifischen österreichischen Traditionen hatte, wird dem Leser der Geschichtslehrbücher ebenso vorenthalten wie die Tatsache, daß 1938 die "Arisierungen" im Grunde nichts anderes waren als die Ausplünderung jüdischer österreichischer Bürger. Nur vereinzelt wird darauf hingewiesen, was diese "Arisierungen" konkret bedeuteten: "Kommissarische Verwalter und Treuhänder übernahmen die Betriebsführung und trachteten, sich selbst oder ihre Freunde und Verwandte zu Eigentümern zu machen oder bei der Überführung in den Besitz des Deutschen Reiches zu profitieren".[66]

Ehemalige Christlichsoziale und Sozialdemokraten ... bildeten gut organisierte Widerstandsgruppen

Die Fiktion eines in sich geschlossenen Österreich, das "den" deutschen Okkupanten ausgeliefert gewesen ist, ermöglicht es, die Rolle Österreichs unbefangen als die eines "Opfers" darzustellen. Für das österreichische Geschichtslehrbuch ist es schwer, zur Kenntnis zu nehmen, daß die Realität Österreichs unter deutscher Besetzung durch Kooperation wie durch Widerstand gekennzeichnet gewesen ist. Dies führt unter anderem dazu, daß nach Möglichkeit die Mitmacher verschwiegen oder hinter gewagten Satzkonstruktionen versteckt werden müssen. Geyer/Fink/Luger zum Beispiel schildern ein Österreich, in dem alle oppositionellen Österreicher vom NS-Regime unterdrückt worden sind: "Alle Gegner der Nationalsozialisten" - so meinen sie - "egal ob Sozialisten oder Christlichsoziale, Heimwehr, Schutzbündler oder Funktionäre der Vaterländischen Front, verloren ihren Posten oder wanderten ins Gefängnis".[67]

Gewiß ist es historisch richtig und notwendig, auf den österreichischen Widerstand hinzuweisen, der - alles in allem - weitaus umfangreicher gewesen ist, als dies im allgemeinen angenommen wird. Der Widerstand gegen das NS-Regime wird allerdings nur dann in seinem Stellenwert begreifbar, wenn auch von jenem "anderen" Österreich gesprochen wird, welches das System billigte und/oder durch sein Wohlverhalten stützte. Widerstand war nicht nur ein Widerstand "trotz des Terrors"[68], wie dies die Schulbücher vor allem betonen, sondern auch ein Widerstand trotz der mangelnden Unterstützung durch die Bevölkerung. War es nach 1945 realpolitisch gesehen durchaus vernünftig, sich vor allem auf den österreichischen Widerstand zu berufen, so ist es nun angesichts der deutlich werdenden Verdrängungstendenzen angebracht, auf das breite Spektrum der Reaktionen auf den Nationalsozialismus in Österreich hinzuweisen, das Widerstand und Kollaboration, Verweigerung und Billigung, Opposition und Unterstützung umfaßte. Dazu ist es jedoch notwendig, über die Konzentrationslager und ihre Opfer zu sprechen und - wie es in einem "Denkanstoß" in einem Schulbuch heißt - "die rund vierzig Jahre zurückliegenden Untaten heute noch als beschämend" zu empfinden[69]. Diese Scham hat freilich nur dann Sinn und Wirkung, wenn auch von den Verfehlungen und dem Mittun der "anderen" Österreicher gesprochen wird.

Insgesamt ist die Darstellung des Widerstands vor allem auf eine Organisationsgeschichte beschränkt, wobei die Geschichtslehrbücher versuchen, "Gruppen" zusammenzufassen und damit abfragbaren Lehrstoff zu produzieren. Gründe, Ursachen, Zielsetzungen des Widerstandes, seine verschiedenen politischen Konzepte und auch seine unterschiedlichen Vorstellungen von dem erwünschten und erwarteten Nachkriegsösterreich bleiben dem Leser durchwegs vorenthalten. Selbst dort, wo dieser Widerstand zum Thema gemacht wird, beschränkt sich die Darstellung auf eine bloße Erwähnung von Tatsachen und zeigt immer noch eine bemerkenswerte Scheu, konkret anzugeben, wer mit welchen Mitteln und mit welchen Zielen in Österreich gegen das NS-Regime zum Widerstand bereit gewesen ist. Der Rekurs auf ein nicht weiter hinterfragtes "Österreich" bietet die Möglichkeit, die komplexe Struktur des österreichischen Widerstands beiseite zu lassen. "Widerstand" wird in der Regel nicht zur Diskussion gestellt, sondern nach einem immer wieder geübten Darstellungsmuster lediglich als Kurzinformation mitgeteilt: "Zahlreiche Österreicher aller Weltanschauungen wurden unter nationalsozialistischer Herrschaft hingerichtet oder ins KZ gesperrt, das österreichische Judentum fast völlig ausgerottet."[70] So entsteht dann das Bild eines Österreich unter der NS-Herrschaft, das die Realität von Widerstand und Resistenz auf Worthülsen reduziert und sein weites politisches Spektrum vornehm verschweigt: "1940-1944: Ehemalige Christlichsoziale und Sozialdemokraten, wie Becker, Hofer und Bernaschek, bilden gut organisierte Widerstandsgruppen."[71]

Da Fragen wie Kollaboration, Unterstützung der Aggressoren, Mittun und Mitmachen, aber auch Wegschauen und hilfloses Geschehenlassen, nicht gestellt werden, bleibt auch für das Schulbuch jener Absatz der "Moskauer Deklaration" ohne Konsequenz, in dem Österreich daran erinnert wird, daß es seine Verantwortung für die Teilnahme am Krieg an der Seite Hitlers trage. Nationalsozialismus in Österreich ist - wenn er überhaupt erwähnt wird - eine Sache der von außen gekommenen führenden NS-Funktionäre gewesen, mit denen die Österreicher im Grunde nichts zu tun hatten. Der braune Spuk verschwand 1945 ebenso plötzlich, wie er 1938 überraschend in dieses Land eingebrochen war: "Als im März 1945 die sowjetischen Truppen von Osten her über die österreichische Grenze drangen, flüchteten die führenden Nationalsozialisten nach dem Westen und überließen die Bevölkerung ihrem Schicksal".[72] Österreich war nun allein dem "Chaos, Not und Grauen" der Kriegsfolgen ausgesetzt.

Die politischen Gegensätze waren durch gemeinsames Leid abgeschliffen...

Die Zweite Republik Österreich ist für das Schulbuch von allem Anfang an durch einen alle Gegensätze überwindenden Konsens bestimmt. Kontroversen um den Umgang mit der NS-Vergangenheit Österreichs haben daher hier keinen Platz. Im Vordergrund der Darstellung stehen die Bemühungen der österreichischen Regierung um den Staatsvertrag und die wirtschaftliche Sanierung des Landes im Zuge des Wiederaufbaus. Die Chronik Österreichs nach 1945 lautet dann in Kurzform:

> "Gründung der Republik Österreich (27.4.1945); Verfassung der 1. Republik übernommen; Hunger und Wohnungsnot; 10 Jahre lang Besetzung durch die vier Großmächte; eingeschränkte Selbständigkeit Österreichs; gemeinsamer Kampf um den Staatsvertrag; sozialer Friede im Inneren; Wiederaufbau (Marshallplan, Hilfe der USA); Gründung des Verbandes der Unabhängigen (VdU) 1949, als Partei WdU (Wahlpartei der Unabhängigen); Gescheiterter Generalstreik der Kommunisten und Linkssozialisten (26.9.-6.10.1950)..."[73]

Für das österreichische Geschichtslehrbuch gab es 1945 keine Konflikte: "In einem halben Jahr war so, allen Widerwärtigkeiten zum Trotz, Österreich zu einer arbeitsfähigen Demokratie geworden. In der vielfachen Not jener Tage hatten Menschen der verschiedenen Parteien und Weltanschauungen zueinander gefunden und arbeiteten gemeinsam am Wiederaufbau ihres hart getroffenen Vaterlandes".[74] Für Geyer/Fink/Luger ist das Österreich der Nachkriegszeit bereits während des Krieges vorbereitet worden: "Als Österreich 1945 frei wurde, kamen fast alle Politiker aus dem Widerstand oder aus den Konzentrationslagern. Da sie einig waren und klare Ziele vor Augen hatten, waren sie auch erfolgreich".[75] Eine Folge dieser Harmonisierungsideologie ist es, daß politische Interessenunterschiede und Konflikte nun nicht mehr zur Kenntnis genommen werden können: "Die politischen Gegensätze waren durch gemeinsames Leid abgeschliffen worden, die undemokratischen Elemente waren ausgeschieden"[76], und für das Schulbuch ist damit alles wieder in Ordnung.

Die belastende Vergangenheit Österreichs kommt bestenfalls (und dann mit äußerster Diskretion) dort zur Sprache, wo es um die Rekonstruktion des Parteiensystems geht: "Bis 1945 waren auch Kommunisten in der Regierung Figl vertreten, dann schieden sie wegen Differenzen über die Durchführung einer Währungsreform... aus. Seither gab es nur eine Zweiparteien-Koalition, die von der Bevölkerung bei den Nationalratswahlen 1949 mit großer Mehrheit bestätigt wurde. Es fanden sich aber auch Unzufriedene - zum Teil aus den Reihen ehemaliger Nationalsozialisten, die jetzt wieder ihr Wahlrecht ausüben durften..."[77] Die Darstellung des Nachkriegsösterreich entspricht damit durchaus jenem österreichischen Mythos, der in den letzten beiden Jahren freilich einer notwendigen Ernüchterung weichen mußte:

> "Der Lebensstandard der Bevölkerung stieg merklich an, die Österreicher konnten sich wieder satt essen und entsprechend kleiden, die Bombenschäden wurden mehr und mehr beseitigt, Kraftwerke gebaut, Industriewerke erweitert oder neu errichtet und wertvolle Außenhandelsbeziehungen angeknüpft..."[78]

Folgt man ausschließlich dem Schulbuch, so ist "Vergangenheitsbewältigung" kein Problem der österreichischen Gesellschaft nach 1945 gewesen. Die Reorganisation der Wirtschaft, die Beseitigung der Kriegsschäden und die Hebung des Lebensstandards - das sind jene Fragen, die dem Schulbuch für die "Bewältigung" der Jahrzehnte nach 1945 wichtig erschienen. Nationalsozialismus ist offenkundig eine abgeschlossene Angelegenheit der Vergangenheit. Schuld und Verantwortung sind daher auch nicht das Thema ihrer Darstellung. Selbst auf die Erfahrungen der Konzentrationslager wird bestenfalls dann zurückgegriffen, wenn es darum geht, die Konfliktlösungsmuster der Zweiten Republik zu "erklären". Geyer/Fink/Luger etwa führen das Aufbrechen der Koalition 1966 darauf zurück, daß nun Politiker mit anderen Erfahrungen in die Führungspositionen einrückten, denn die Koalition beruhte "auf der persönlichen Freundschaft der Funktionäre beider Parteien, geschlossen auf dem gemeinsamen Leidensweg im KZ..."[79]

Auch dort, wo die Frage der "Entnazifizierung" nach 1945 überhaupt gestellt wird, suggerieren die Schulbuchtexte durch ihre Darstellung, daß ohnedies alles geschehen sei. Nationalsozialismus wird auf eine Angelegenheit der Justiz und der Verwaltung reduziert:

> "Auch in Österreich wurden die führenden Nationalsozialisten auf Grund gesetzlicher Grundlagen verurteilt. Das 'Verbotsgesetz' und das 'Wirtschaftssäuberungsgesetz' dienten der Ausmerzung des Nationalsozialismus in Österreich. Ähnlich wie in Deutschland wurde auch in Österreich gegen die ehemaligen Mitglieder der NSDAP und ihrer Gliederungen vorgegangen und wurden strenge Gesetze gegen ein Wiederaufleben des Nationalsozialismus erlassen. Allenthalben wurden und werden bis zum heutigen Tag in Österreich wie in vielen Staaten Europas und in Übersee nationalsozialistische Kriegsverbrecher aufgespürt und der gerechten Bestrafung zugeführt."[80]

Dieser fragmentierte Zugriff auf die österreichische Vergangenheit erlaubt es dann auch, sich ohne Rücksicht auf das historische und das historisch gewordene gesellschaftlich-politische Ambiente den einzelnen Ereignissen zu widmen. Im Anschluß an die Darstellung des Kriegsgeschehens können dann zum Beispiel die Autoren des Schulbuchs "Aus Vergangenheit und Gegenwart" unbekümmert formulieren:

"Österreich hatte im Zweiten Weltkrieg Schweres mitgemacht, Luftangriffe hatten große Schäden angerichtet; der Osten unserer Heimat war 1945 zum beträchtlichen Teil zerstört worden... In der Nachkriegszeit hatten es die Menschen zunächst kaum leichter. Österreich wurde von alliierten Truppen, von Russen, Amerikanern, Engländern und Franzosen besetzt. Es wurde von den Besatzungsmächten in vier Besatzungszonen geteilt, die vorerst streng voneinander geschieden waren... Die Bevölkerung Österreichs verlor dennoch nicht den Mut. Sie war überzeugt, daß Österreich lebensfähig sei und begann mit den Aufräumungsarbeiten und dem Wiederaufbau."[81]

Wichtig sind nicht, wie zu erwarten, Fragen der politischen und mentalen Rekonstruktion Österreichs, sondern lediglich "die Ausschreitungen der Besatzungsmächte, die furchtbare Hungersnot, der Schleichhandel und die Inflation"[82]. Die Einbindung der ehemaligen Nationalsozialisten in die österreichische Gesellschaft nach 1945 stellt die Schulbücher allerdings insoferne vor beträchtliche Schwierigkeiten, als nun auf einmal über Nationalsozialisten in Österreich gesprochen werden muß, die es vorher nicht gegeben haben darf. Dies umsomehr, als der "Anschluß" und die Etablierung des Nationalsozialismus in Österreich - folgt man den Texten - offenkundig in einem politisch "leeren" Raum und gegen den Widerstand ganz "Österreichs" stattgefunden hat. Lediglich andeutungsweise ist von "Minderbelasteten"[83] die Rede. Kriegsverbrecher hat es in Österreich nicht gegeben.

Daß die Integration der ehemaligen Nationalsozialisten ein Problem der österreichischen Innenpolitik nach 1945 war, das beide großen Parteien nicht unbeträchtlich interessieren mußte, bleibt den Lesern in der Regel vorenthalten. Selbst dort, wo davon die Rede ist, beschränkt sich die Information weitgehend auf die Erwähnung der bloßen "Fakten", ohne auf die politischen Konsequenzen näher einzugehen. So kann es dann geschehen, daß für ein Schulbuch die Integration der ehemaligen Nationalsozialisten in die österreichische Gesellschaft nach 1945 vor allem zu einem Mengenproblem wird: 1949, so wird den Schülern mitgeteilt, verlor die ÖVP die absolute Mehrheit - "es gab mehr Wähler als 1945 (Rückkehr der Kriegsgefangenen, Wahlrecht für unbelastete ehemalige Nationalsozialisten)"[84]. Die Etablierung des VdU, für die demselben Schulbuch die Bezeichnung "zweite bürgerliche Partei" zur Information der Schüler ausreichend erscheint, ergab "erstmals ein unverzerrtes Spiegelbild der Meinungs- und Kräfteverhältnisse"[85]. Für ein anderes Schulbuch ist dies der Anlaß, darauf hinzuweisen, daß damit auch das politische Spektrum Österreichs endgültig wiederhergestellt worden sei, denn nun, "da die Kriegsgefangenen größtenteils wieder heimgekehrt und die minderbelasteten ehemaligen Nationalsozialisten wieder zur Wahl zugelassen waren", sei der politische Wille des österreichischen Volkes wieder vollständig zum Ausdruck gekommen[86].

Selten genug wird den Schülern mitgeteilt, daß es Nationalsozialisten auch in Österreich gegeben habe - und gar nicht so wenige: "Die NSDAP wurde verboten: 523.833 NSDAP-Mitglieder wurden registriert. Sie erhielten Berufsverbot und andere Strafsanktionen, außerdem verloren sie das Wahlrecht. 1948 wurden rund 482.000 Minderbelastete als 'entnazifiziert' erklärt und waren damit von weiteren Sühneleistungen befreit."[87] Diese Nationalsozialisten, die nun so plötzlich die Bühne des Geschehens betreten, sind - so muß der Eindruck sein - die Opfer der neuen Verhältnisse: durch das "Nationalsozialistengesetz" (dessen Vorgeschichte in der Regel nicht näher beschrieben wird) "verloren ehemalige Nationalsozialisten je nach Belastungsstufe ihren Arbeitsplatz oder wurden zu Sühneleistungen verurteilt"[88]. Der Hinweis, was unter "Belastungsstufe" konkret zu verstehen sei, hätte hier sicherlich zum besseren Verständnis beitragen können.

Die Gemeinsamkeit des Leidens

Die diskrete Ausblendung der gesellschaftlichen und politischen Voraussetzungen des Faschismus in Österreich und des österreichischen Anteils am Nationalsozialismus hat zur Konsequenz, daß über die Klage über die eigenen Opfer das an anderen begangene Unrecht beiseite gelassen wird. Selbstbemitleidung und Bedauern des eigenen Schicksals ersetzen Selbstbesinnung und das Nachdenken über Mit-Schuld und Mit-Verantwortung. Aus der Perspektive dieses "leidenden" Österreich gesehen ist die Nachkriegszeit eine Periode von Not und sich nur langsam mildernder Verzweiflung: Das eigene Schicksal wird beklagt - von den Opfern des Widerstandes wie der Verfolgungen des NS-Regimes ist nicht mehr die Rede:

> "Das Ende des Krieges und der nationalsozialistischen Herrschaft im April 1945 bedeutete für die Österreicher zunächst freilich keinen Grund zum Jubeln: Zu arg waren die Zerstörungen in Stadt und Land, zu groß die Trauer um die vielen Toten, zu drückend die Sorge um die kriegsgefangenen Männer. Dazu kam die Angst vor den fremden Soldaten... Niederdrückend wirkte auch die Unsicherheit der politischen Zukunft des Landes, das, wie du weißt, in vier Besatzungszonen eingeteilt wurde."[89]

Nun kann auch von einer "Gemeinsamkeit" des Leides gesprochen werden, das "alle" - Opfer wie Täter, Mitläufer wie Gegner - betraf und von "Österreichern verschiedenster politischer Herkunft in Hitlers Armeen oder Konzentrationslagern, in Luftschutzkellern oder Gefängnissen gemeinsam ertragen" worden war[90].

Sicherlich nimmt die Darstellung der terroristischen Aktivitäten des deutschen Faschismus und seiner Opfer im Vergleich zu früher in den österreichischen Geschichtslehrbüchern einen unvergleichlich größeren Platz ein. Sympathie für die Opfer wird dann aber zu einem Alibiunternehmen, wenn sie nicht auch konkret den politischen und gesellschaftlichen Rahmenbedingungen nachgeht, unter denen nach 1945 das Schicksal der Opfer des Faschismus behandelt worden ist. "Opfer" sind im Schulbuch vor allem jene, die im Zuge der Aggressionspolitik des Regimes zu Schaden kamen: die Soldaten und jene Österreicher, die "im Bombenkrieg in der Heimat" den Tod fanden. Von den Überlebenden der Konzentrationslager ist nicht die Rede. Dafür wird auf die Lasten hingewiesen, die Österreich nun zu tragen hatte: "Über eine halbe Million Kriegsopfer, Versehrte und Hinterbliebene mußten versorgt werden. Dazu verschlangen die Besatzungskosten, die Österreich zu tragen hatte, zunächst fast ein Drittel der Staatsausgaben".[91] Wichtig ist das eigene Schicksal:

> "In dieser Zeit hielten sich in Österreich über eineinhalb Millionen Flüchtlinge und Heimatvertriebene auf... etwa 350.000 Volksdeutschen wurde die österreichische Staatsbürgerschaft verliehen. Tatkräftig setzte sich die österreichische Bundesregierung für die Rückführung der Kriegsgefangenen ein. Für die Bestrafung ehemaliger Nationalsozialisten wurde 1947 ein eigenes Gesetz erlassen."[92]

Mit dem Kriegsende 1945 ist für das österreichische Schulbuch das Kapitel Nationalsozialismus in Österreich weitgehend abgeschlossen. Entnazifizierung und Rechtsextremismus in Österreich spielen so gut wie keine Rolle. Hintergründe und Beweggründe, Konflikte und Interessen, die mit dieser Frage verbunden gewesen sind, bleiben unerwähnt. Für das österreichische Schulbuch nehmen der Umgang mit dem (österreichischen) Nationalsozialismus oder die Behandlung von Minderheiten, das Aufbrechen von Vorurteilen und die Auseinandersetzung mit der österreichischen NS-Vergangenheit einen relativ bescheidenen Platz ein. Es ist kein Zufall, daß in einem Überblick über die Probleme der Gegenwart wohl unter dem Titel "Die Gegenwart: Erkenntnisse Leistungen und Probleme der heutigen Menschheit" von Neomarxismus und der Neuen Linken, vom Theismus und der Weltraumfahrt, nicht aber vom Rechtsextremismus und Neofaschismus die Rede ist.[93]

Zeitgeschichte ist für das österreichische Geschichtslehrbuch auf weiten Strecken immer noch eine Periode, die trotz der Nähe zur unmittelbaren Gegenwart "weit" weggeschoben und nach Möglichkeit abgehoben und abgetrennt von den konkreten gesellschaftlichen und politischen Verhältnissen dargestellt wird. Die Konzentration auf eine eng gefaßte diplomatische Geschichte führt überdies dazu, daß wesentliche Aspekte der historischen Wirklichkeit von vornherein ausgeblendet bleiben. Dazu kommt, daß die Betonung einer personalisierten Geschichtsschreibung die geschichtsmächtig Handelnden von vornherein auf einen kleinen Kreis von Personen beschränkt. Geschichte wird so zu einer Angelegenheit einiger weniger, die überdies permanent "Zwängen" ausgesetzt sind. Damit geraten die gesellschaftlichen Ursachen von Faschismus in Österreich außerhalb des Blickwinkels der österreichischen Geschichtslehrbücher. Nun muß auch nicht mehr nach den Beteiligten und den Ursachen für Faschismus in Österreich gefragt werden. Das "Unglück" des Nationalsozialismus ist dann nur mehr eine Sache der "großen" Diplomatie und außenpolitischer Umstände, denen sich die österreichischen Politiker beugen mußten. "Dazu werden" - so Manfred Overesch - "deskriptive Fakten geboten, deren Auswahlkriterien weitgehend unerkannt bleiben. Die Bewertung tritt hinter ein summarisches Tradieren zurück. Die Geschichte gerät so eher zur narratio denn zum Ausdruck jenes gesellschaftlichen Umfeldes, aus dem heraus sie geschrieben ist."[94]

Die Misere der österreichischen Schulgeschichtsbücher besteht daher nicht so sehr darin, daß hier Grundfalsches berichtet wird. Daß Österreich 1938 okkupiert wurde, daß sich Österreicher gegen das NS-Regime stellten, daß dieses Land nach 1945 in vielen Dingen von vorne neu beginnen mußte, daran besteht wohl kein Zweifel. Dort aber, wo historische Begriffe nicht auf ihren gesellschaftlich-politischen und auf ihren historischen Untergrund befragt werden, dort, wo Geschichte als eine nachträgliche Verharmlosung der eigenen Mitverantwortung mißverstanden wird, dort wird gerade das nicht erreicht, was das Schulbuch bewirken sollte: die eigenständige, kritische, lebensbezogene Aneignung der jüngsten Vergangenheit.

Anmerkungen

1 Die österreichische Schulbuchforschung hat in den letzten Jahren eine Reihe von Untersuchungen vorgelegt. Zur Einführung sei auf folgende Arbeiten verwiesen: Christa Buchberger: Der Faschismus im österreichischen Schulbuch - Inhaltsanalyse österreichischer Geschichtsbücher. In: Sozialdemokraten und "Anschluß". Historische Wurzeln. Anschluß 1918 und 1938. Nachwirkungen. Hrsg. v. Helmut Konrad. Wien, München, Zürich, 1978. 128-132; Eduard Fuchs: Schule und Zeitgeschichte. Wie kommen die Jugendlichen zu politischen Klischeevorstellungen? Wien, Salzburg, 1986 (Veröffentlichungen zur Zeitgeschichte. 5); Manfred Hahn: Die Behandlung der Anschlußfrage im Schulbuch. In: Sozialdemokratie und "Anschluß", 133-137; Walter Kissling: Schulbuchforschung in Österreich - eine zu nutzende und gemeinsam zu entwickelnde Hilfe für die Schulbuchpraxis. In: Informationen für Geschichtslehrer zur postuniversitären Fortbildung. 9. Graz, 1987, 67-79; Peter Malina: Geschichte ohne Vergangenheit? Überlegungen zum Umgang mit Geschichte im österreichischen Geschichtslehrbuch. In: Vergangenheitsbewältigung. Schulheft 43. Wien, 1986, 121-127; Peter Malina - Gustav Spann: Faschismus in Österreich: Hilflose Schulbücher. In: "Austrofaschismus". Beiträge über Politik, Ökonomie und Kultur 1934-1938. Hrsg. v. Emmerich Talos, Wolfgang Neugebauer. Wien, 1984 (Österreichische Texte zur Gesellschaftskritik. 18), 247-266; Österreichische Schulbuchwirklichkeit. Zeitgeschichtliche Aspekte im österreichischen Geschichtslehrbuch. In: Die Republik, 1977, 3, 16-50; Gustav Otruba: Das Deutschlandbild in den Lehrbüchern der Geschichte an den Oberstufen der Allgemein- und Berufsbildenden Schulen Österreich. In: Das Deutschlandbild in internationalen Geschichtslehrbüchern. Hrsg. v. Reinhard Sprenger. Kastellaun, 1976 (Zur Sache Schulbuch. 10), 33-52; Manfred Overesch: Der Zeitraum von 1945 bis 1955 im deutschsprachigen Schulbuch (Österreich, Schweiz, Bundesrepublik Deutschland und DDR). In: Das Schulbuch: Analyse - Kritik - Konstruktion. Ausgewählte Analysen und Beurteilungen von Geschichtsbüchern. Hrsg. v. E. Horst Schallenberger, Irmgard Hantsche. Kastellaun, 1978 (Zur Sache Schulbuch. 8), 27-58; Josef Thonhauser: Österreichbewußtsein und Vergangenheitsbewältigung im Spiegel der Lehrbücher. In: Zeitgeschichte, 15(1987/88), 1, S. 37-53.

2 Manfred Overesch, Der Zeitraum von 1945 bis 1955 im deutschsprachigen Schulbuch, S. 33.

3 Gerd Stein, Schulbuchwissen, Politik und Pädagogik. Untersuchungenzu einer praxisbezogenen und theoriegeleiteten Schulbuchforschung. Kastellaun, 1977 (Zur Sache Schulbuch. 10), S. 39.

4 Die zur Analyse herangezogenen Geschichtslehrbücher werden im folgenden in alphabetischer Reihenfolge angeführt. Bei der weiteren Zitierung werden jeweils nur die Autoren und der Kurztitel angegeben:

Walter Aspernig, Albert Atzl, Klaus Volker, Gerhard Winkler: Gestaltete Welt 3. Von der Neuzeit zur Gegenwart. Ein approbiertes Arbeits- und Lehrbuch für Geschichte und Sozialkunde. Wien 1984 (4. Jg. d. Höheren technischen Lehranstalten; 3. Kl. d. gewerblichen, technischen und kunstgewerblichen Fachschulen).

Albert G. Absenger, Walter Knarr, Herbert Pfeifer, Irmfried Speiser: Der Mensch im Wandel der Zeiten 3. Teil. Lehr- und Arbeitsbuch der Geschichte und Sozialkunde. Wien 1985 (4. Jg. HTL; 3. Kl. Gewerbliche, technische u. kunstgewerbliche Fachschulen; 4. u. 5. Jg. Höhere Lehranstalten f. wirtschaftliche Frauenberufe; 2. u. 3. Jg. Höhere Lehranstalt f. Mode und Bekleidungstechnik; 4. u. 5. Jg. Höhere Lehranstalt f. Fremdenverkehrsberufe; Höhere land- und forstwirtschaftliche Lehranstalten).

Albert G. Absenger, Herbert Pfeifer: Geschichte für Fachschulen 2. Teil, Wien 1984 (3. Kl. 3-jährige Fachschulen für wirtschaftliche Frauenberufe; 2. Kl. Fachschulen f. Mode und Bekleidungstechnik; 3. Kl. Hotelfachschulen).

Franz Berger, Edith Loebenstein, Hermann Schnell, Klemens Zens: Zeiten, Völker und Kulturen. Ein Lehr -und Arbeitsbuch für den Unterricht in Geschichte und Sozialkunde. 3. Bd.; für die 4. Klasse der Hauptschulen und der allgemeinbildenden höheren Schulen: Das Zeitalter der Weltpolitik und der Technik. Einführung in die Sozialkunde und in die Staatsbürgerkunde. Wien, 1982 (4. Kl. HS u. AHS).

Franz Berger, Norbert Schausberger: Zeiten, Völker und Kulturen. Lehrbuch der Geschichte und Sozialkunde für die Oberstufe der allgemeinbildenden höheren Schulen. Band für die 8. Klasse: Geschichte des 20. Jahrhunderts. 2. Aufl. Wien, 1977 (8.Kl. AHS).

Anton Ebner, Harald Majdan: Zeitgeschichte. Lehr- und Arbeitsbuch für Handelsschulen. Wien 1979 (2. Kl. Handelsschulen).

Anton Ebner, Harald Majdan, Kurt Soukop: Geschichte für die Oberstufe der allgemeinbildenden höheren Schulen 4. 3. Aufl. Wien 1975 (8. Kl. AHS).

Franz Göbhart, Erwin Chvojka: Geschichte und Sozialkunde. Vom Ersten Weltkrieg bis zur Gegenwart. Lehr- und Arbeitsbuch. 2. Aufl. Wien 1975 (8. Kl. AHS, Musisch-pädagogische Realgymnasien, 4. Jg. Höhere technische und gewerbliche Lehranstalten).

Roderich Geyer, Karl Fink, Franz Luger: Durch die Vergangenheit zur Gegenwart. Ein Lehr- und Arbeitsbuch für Geschichte und Sozialkunde für die 8. Kl. der allgemeinbildenden höheren Schulen, Wien 1980 (8. Kl. AHS).

Walter Göhring, Herbert Hasenmayer: Zeitgeschichte. Ein approbiertes Lehr- und Arbeitsbuch für Geschichte und Sozialkunde. 2. Aufl. Wien 1979 (8. Kl. AHS; 4. Jg. Berufsbildende höhere Schulen).

Herbert Hasenmayer, Johann Payr, Kurt Tschegg: Epochen der Weltgeschichte 3. Vom Ersten Weltkrieg bis zur Gegenwart. Ein approbiertes Arbeits- und Lehrbuch für Geschichte und Sozialkunde (Wirtschaftsgeschichte). Wien 1983 (4. Jg. Handelsakademien).

Herbert Hasenmayer, Johann Payr, Kurt Tschegg: Die Welt im 20. Jahrhundert. Ein approbiertes Arbeits- und Lehrbuch für Zeitgeschichte. Wien 1980 (2. Kl. Handelsschulen).

Herbert Hasenmayer, Erich Scheithauer, Werner Tscherne: Aus Vergangenheit und Gegenwart. Ein approbiertes Arbeits- und Lehrbuch für Geschichte und Sozialkunde. 2. Aufl. Wien 1985 (4. Kl. AHS).

Walter Knarr, Gustav Otruba, Hans Mairinger: Der Mensch im Wandel der Zeiten. Lehrbuch für Geschichte und Sozialkunde 3. Teil. Wien 1973 (Techn. u. gewerbl. Lehranstalten; Höhere Lehranstalten f. wirtschaftliche Frauenberufe).

Leopold Rettinger, Leopold Hohenecker: Zeitbilder. Geschichte und Sozialkunde 4. Vom Wiener Kongreß bis zur Gegenwart. Wien 1983 (4. Kl. HS und AHS).

Felix Riccabona, Karl-Heinz Kopeitka, Klaus Markovits, Norbert Riccabona, Hermine Schuster: Geschichte und Sozialkunde. Politische Bildung. 8. Schulstufe. 4. Klasse Hauptschule. 2. Aufl. Linz 1985 (4. Kl. HS).

5 Ebner/Majdan/Soukop, Geschichte für die Oberstufe der allgemeinbildenden höheren Schulen, S. 90.

6 Göhring/Hasenmayer, Zeitgeschichte, S. 67.

7 Hasenmayer/Scheithauer/Tscherne, Aus Vergangenheit und Gegenwart, S. 76.

8 Berger/Schausberger, Zeiten, Völker und Kulturen, S. 83.

9 Riccabona/Kopeitka/Markovits/Riccabona/Schuster, Geschichte und Sozialkunde, S. 55.

10 Hasenmayer/Payr/Tschegg, Epochen der Weltgeschichte, S. 37.

11 Rettinger/Hohenecker, Zeitbilder, S. 76 f.

12 Berger/Loebenstein/Schnell/Zens, Zeiten, Völker und Kulturen, S. 170 f.

13 Göhring/Hasenmayer, Zeitgeschichte, S. 67.

14 Hasenmayer/Scheithauer/Tscherne, Aus Vergangenheit und Gegenwart, S. 77.

15 Hasenmayer/Scheithauer/Tscherne, Aus Vergangenheit und Gegenwart, S. 78.

16 Rettinger/Hohenecker, Zeitbilder, S. 76.

17 Hasenmayer/Payr/Tschegg, Epochen der Weltgeschichte, S. 34.

18 Hasenmayer/Scheithauer/Tscherne, Aus Vergangenheit und Gegenwart, S. 78.

19 Riccabona/Kopeitka/Markovits/Riccabona/Schuster, Geschichte und Sozialkunde, S. 59.

20 Ebner/Majdan/Soukop, Geschichte für die Oberstufe der allgemeinbildenden höheren Schulen, S. 91.

21 Ebner/Majdan, Zeitgeschichte, S. 119.

22 Hasenmayer/Payr/Tschegg, Die Welt im 20. Jahrhundert, S. 44.
23 Hasenmayer/Scheithauer/Tscherne, Aus Vergangenheit und Gegenwart, S. 28.
24 So zum Beispiel Hasenmayer/Payr/Tschegg, Epochen der Weltgeschichte, und Hasenmayer/Payr/Tschegg, Die Welt im 20. Jahrhundert.
25 Ebner/Majdan, Zeitgeschichte, S. 107.
26 Riccabona/Kopeitka/Markovits/Riccabona/Schuster, Geschichte und Sozialkunde, S. 61.
27 Geyer/Fink/Luger, Durch die Vergangenheit zur Gegenwart, S. 293.
28 Hasenmayer/Scheithauer/Tscherne, Aus Vergangenheit und Gegenwart, S. 78.
29 Absenger/Pfeifer, Geschichte für Fachschulen, S. 106.
30 Hasenmayer/Scheithauer/Tscherne, Aus Vergangenheit und Gegenwart, S. 78.
31 So zum Beispiel: Göhring/Hasenmayer, Zeitgeschichte, S. 67; Geyer/Fink/Luger, Durch die Vergangenheit zur Gegenwart, S. 292; Ebner/Majdan, Zeitgeschichte, S.117; Absenger/Pfeifer, Geschichte für Fachschulen, S. 101; Hasenmayer/Payr/Tschegg, Epochen der Weltgeschichte, S. 41; Hasenmayer/Payr/Tscheg, Die Welt im 20. Jahrhundert, S. 44; Riccabona/-Kopeitka/Markovits/Riccabona/Schuster, Geschichte und Sozialkunde, S. 69.
32 Berger/Loebenstein/Schnell/Zens, Zeiten, Völker und Kulturen, S. 172.
33 So zum Beispiel: Geyer/Fink/Luger, Durch die Vergangenheit zur Gegenwart, S. 259; Ebner/Majdan/Soukop, Geschichte für die Oberstufe der allgemeinbildenden höheren Schulen, S. 92; Göbhart/Chvojka, Geschichte und Sozialkunde, S. 110; Aspernig/Atzl/Volker/Winkler, Gestaltete Welt, S. 110; Riccaboba/Kopeitka/Markovits/Riccabona/Schuster, Geschichte und Sozialkunde, S. 59; Rettinger/Hohenecker, Zeitbilder, S. 81; Ebner/Majdan, Zeitgeschichte, S. 122.
34 Ebner/Majdan, Zeitgeschichte, S. 123; Ebner/Majdan/Soukop, Geschichte für die Oberstufe der allgemeinbildenden höheren Schulen, S. 92.
35 Absenger/Pfeifer, Geschichte für Fachschulen, S. 102 ff.
36 Ebner/Majdan, Zeitgeschichte, S. 128.
37 Geyer/Fink/Luger, Durch die Vergangenheit zur Gegenwart, S. 297.
38 Berger/Loebenstein/Schnell/Zens, Zeiten, Völker und Kulturen, S. 171.
39 Ebner/Majdan, Zeitgeschichte, S. 156.
40 Hasenmayer/Payr/Tschegg, Epochen der Weltgeschichte, S. 58.
41 Geyer/Fink/Luger, Durch die Vergangenheit zur Gegenwart, S. 97.
42 Göhring/Hasenmayer, Zeitgeschichte, S. 93.
43 Ebner/Majdan/Soukop, Geschichte für die Oberstufe der allgemeinbildenden höheren Schulen, S. 155.
44 Hasenmayer/Payr/Tschegg, Epochen der Weltgeschichte, S. 42.
45 Berger/Schausberger, Zeiten, Völker und Kulturen, S. 98.
46 Ebner/Majdan/Soukop, Geschichte für die Oberstufe der allgemeinbildenden höheren Schulen, S. 151.
47 Ebenda, S. 137.
48 Riccabona/Kopeitka/Markovits/Riccabona/Schuster, Geschichte und Sozialkunde, S. 58.
49 Ebenda.
50 Ebenda, S. 64.
51 Ebenda.
52 Ebner/Majdan, Zeitgeschichte, S. 101.
53 Ebenda, S. 102.
54 Berger/Loebenstein/Schnell/Zens, Zeiten, Völker und Kulturen, S. 178.
55 Ebenda.
56 Ebenda, S. 179.
57 Rettinger/Hohenecker, Zeitbilder, S. 93.
58 Ebenda, S. 104.
59 Göbhart/Chvojka, Geschichte und Sozialkunde, S. 125.
60 Ebner/Majdan/Soukop, Geschichte für die Oberstufe der allgemeinbildenden höheren Schulen, S. 154.
61 Ebenda.
62 Ebenda, S. 154.
63 Ebenda, S. 153.
64 Ebenda.
65 Ebenda, S. 155.

66 Ebenda, S. 156 f.
67 Geyer/Fink/Luger, Durch die Vergangenheit zur Gegenwart, S. 83.
68 Riccabona/Kopeitka/Markovits/Riccaboba/Schuster, Geschichte und Sozialkunde, S. 74.
69 Ebenda, S. 153.
70 Knarr/Otruba/Mairinger, Der Mensch im Wandel der Zeiten, S. 168.
71 Ebner/Majdan/Soukop, Geschichte für die Oberstufe der allgemeinbildenden höheren Schulen, S. 197.
72 Berger/Loebenstein/Schnell/Zens, Zeiten, Völker und Kulturen, S. 209.
73 Absenger/Pfeifer, Geschichte für Fachschulen, S. 172.
74 Ebner/Majdan/Soukop, Geschichte für die Oberstufe der allgemeinbildenden höheren Schulen, S. 223.
75 Geyer/Fink/Luger, Durch die Vergangenheit zur Gegenwart, S. 83.
76 Ebenda, S. 136.
77 Absenger/Pfeifer, Geschichte für Fachschulen, S. 183.
78 Ebner/Majdan/Soukop, Geschichte für die Oberstufe der allgemeinbildenden höheren Schulen, S. 254.
79 Geyer/Fink/Luger, Durch die Vergangenheit zur Gegenwart, S. 140.
80 Ebner/Majdan, Zeitgeschichte, S. 190.
81 Hasenmayer/Scheithauer/Tscherne, Aus Vergangenheit und Gegenwart, S. 100.
82 Ebner/Majdan/Soukop, Geschichte für die Oberstufe der allgemeinbildenden höheren Schulen, S. 256.
83 Berger/Schausberger, Zeiten, Völker und Kulturen, S. 235.
84 Geyer/Fink/Luger, Durch die Vergangenheit zur Gegenwart, S. 140.
85 Ebenda.
86 Ebner/Majdan, Zeitgeschichte, S. 206.
87 Absenger/Knarr/Pfeifer/Speiser, Der Mensch im Wandel der Zeiten, S. 352.
88 Hasenmayer/Payr/Tschegg, S. 71.
89 Rettinger/Hohenecker, Zeitbilder, S. 112.
90 Ebenda.
91 Hasenmayer/Scheithauer/Tscherne, Aus Vergangenheit und Gegenwart, S. 131.
92 Ebenda.
93 Geyer/Fink/Luger, Durch die Vergangenheit zur Gegenwart, S. 148 f.
94 Overesch, Der Zeitraum von 1945 bis 1955 im deutschsprachigen Schulbuch, S. 39.

Siegfried Mattl/Karl Stuhlpfarrer

ABWEHR UND INSZENIERUNG IM LABYRINTH DER ZWEITEN REPUBLIK

Es gibt Staaten und Nationen, die ihr Selbstbewußtsein im antifaschistischen und nationalen Befreiungskampf gegen die Aggressoren Deutschland, Italien oder Japan entwickeln konnten. Österreich gehört nicht zu ihnen. Österreich hat sich nicht aus eigenen Kräften vom Faschismus befreit. Es ist als selbständiger Staat wiedererstanden, aber sein eigener Beitrag zu seiner Befreiung ist bei allen Anstrengungen der österreichischen Patrioten im Untergrund und im Exil im Vergleich zu anderen Ländern im großen und ganzen bescheiden geblieben. Die Wahrnehmung des antifaschistischen Widerstands in Österreich, der hauptsächlich von Kommunisten und Katholiken getragen wurde, leidet nicht nur unter der Ausstoßung der Kommunisten aus der Regierung im Zuge der österreichischen Westintegration nach dem Zweiten Weltkrieg, sondern auch unter ihrer Ausschaltung aus dem patriotischen Bewußtsein jener Österreicher, die im Antikommunismus ihr dominierendes Weltbild entwickelten. Das führte dazu, daß mit den Kommunisten der antifaschistische Widerstand als unpatriotisch wahrgenommen und stigmatisiert werden konnte.

Das österreichische Selbstbewußtsein speist sich aus anderen, nicht minder heroischen Quellen als das anderer Nationen. Es nährt sich aus der Inszenierung seiner Vergangenheit, in der sich seine Opferrolle, seine friedlichen Wiederaufbauleistungen und seine Gewißheit, die Prüfung in Demokratie, die die alliierten Besatzungsmächte ihm abverlangt hatten, mit großem Erfolg bestanden zu haben, amalgiert mit den älteren Vorstellungen, dem Lande und seinen Menschen käme von Natur aus eine Brückenfunktion zwischen dem Osten und Westen zu, die einmal als Bollwerk, einmal als Verbindung interpretiert werden könne. Das notorische und durch nichts gerechtfertigte Überlegenheitsgefühl über die südosteuropäischen Völker verknüpfte sich mit dem ebenso durchgängigen Minderwertigkeitskomplex gegenüber dem Westen.

Deshalb ist nicht die neurotische Berührungsangst vor einer Gemeinsamkeit mit den Deutschen, die nur durch die hysterische Identitätskriecherei gegenüber Deutschland übertroffen wird, das eigentliche Thema der österreichischen Verdrängung seiner Vergangenheit. Das eigentliche traumatische Verhältnis besteht zwischen den Österreichern und den unterdrückten Völkern der Habsburgermonarchie, vor allem wenn diese nicht belieben, sich nach dem österreichischen Heterostereotyp zu verhalten. Die neidische Konkurrenz mit der Tschechoslowakei der zwanziger und dreißiger Jahre, der das Bild von den ewig unruhestiftenden, fensterstürzenden, raubenden und mordenden Tschechen entgegengesetzt wurde, den Zertrümmerern der Monarchie, denen auch heute noch voll arglistiger Schadenfreude ihre Situation als Quittung dafür vorgehalten wird, daß sie die Monarchie zerstört hätten, ist ein Beispiel dafür. In den Juden, aus denen sich der fortschrittlichste Teil des österreichischen großstädtischen Bürgertums zusammensetzte, nahmen die Antisemiten nur ihre eigenen Ängste vor ihrem Schicksal in einer sich modernisierenden Gesellschaft wahr und verknüpften ihr Feindbild mit dem Stereotyp des fremden, kulturbedrohenden Juden aus dem Osten des Habsburgerreiches.

Das Wort von der Vergangenheitsbewältigung hat einen doppelten, meist unausgesprochen bleibenden Hintergrund: einen ethisch-religiösen, der in Schuld und Sühne denkt, und den fortschrittlich-modernisierenden, an dem sich die stete Weiterentwicklung zu mehr Demokratie, zu entwickelteren, wohl auch menschlicheren Umgangsformen abzeichnen soll. Der eine ist durch den fortschreitenden Laisierungsprozeß fragwürdig geworden, den auch neue Formen der Innerlichkeit und der Religiosität nicht aufheben können. Beim zweiten ist nicht zu sehen, aus welchen Motiven er gleichsam automatisch vor sich gehen sollte, und tatsächlich tut er es auch nicht.

Eine identische Vergangenheitsbewältigung ist auch gar nicht möglich, so wenig nämlich wie es eine Identität von Tätern und Opfern, von Augenzeugen, Mitwissern, Komplizen und Unschuldigen geben kann. Der Umgang mit der Vergangenheit unterscheidet sich über seinen lebensgeschichtlichen Zusammenhang hinaus, wie er sich in der Familie oder auch am Stammtisch präsentiert, durch seine Thematisierung in den wichtigsten Sozialisationsagenturen unserer Gesellschaft, von der Schule bis zur Universität, von den Kirchen bis zu den Massenmedien. Und es ist nicht gleichgültig, in welchem staatlichen Kontext des politischen Systems und in welchem kulturellen, sei es auch nur hochkulturellen Kontext Vergangenheit durchgearbeitet, verdrängt oder verschwiegen wird. Die Folgen sind auch andere, wenn die Möglichkeit der nationalen Bündelung der Aggressionen nach außen besteht, wie dies das Beispiel nicht nur des deutschen Faschismus gezeigt hat, oder wenn sich diese Aggression nach innen richtet, gegen sich selbst - ablesbar an der hohen Selbstmordrate - und gegen andere. Das manifestiert sich bis heute an der Gewalttätigkeit gegen Kinder, am Umgang mit den Hilflosen und der Einstellung gegenüber Außenseitergruppen und Minderheiten.

Vergangenheitsbewältigung unterscheidet sich also in vielfältiger Weise. Sie unterscheidet sich durch die Personen oder Personengruppen, die sie unternehmen, sie unterscheidet sich in den Formen, in denen sie vollzogen wird, sie unterscheidet sich aber vor allem in ihren Inhalten. Es ist ja dann auch nicht gleichgültig, welche dieser Inhalte das Geschichtsbild eines Landes bestimmen, ob zum Beispiel die affirmative Tradition von Nazi- und Kriegsverbrechen vorherrscht, oder ob diese verharmlost werden, oder ob sie nicht nur als isoliertes Phänomen in aller Deutlichkeit klargestellt, sondern auch in ihren Ursachen und Bedingungsfaktoren erforscht und ihren weitreichenden Folgen erkannt worden sind. Wenn nämlich tatsächlich nur die ideengeschichtlichen Traditionen des Nationalsozialismus die Herrschaft des deutschen Faschismus überdauert haben sollten[1], dann brauchte sich niemand um die großen Vorfeldorganisationen zu bekümmern, die dem Nationalsozialismus in Österreich Rekrutierungsbasis und Versteck geboten haben, dann müßten auch nicht jene

Instrumente staatlicher Macht daraufhin geprüft werden, ob sie nicht noch immer tauglich dafür sind, so wie schon zweimal in Österreich zur Einrichtung einer faschistischen Diktatur beizutragen.

Diese unterschiedlichen Einschätzungen der Vergangenheit und diese unterschiedliche Einstellung zu ihr bestimmen nämlich dann auch die Art des Umgangs mit ihr, ob sie als vergangene Vergangenheit für unschädlich gehalten, abgetan und in die Märchenbücher verbannt werden kann, oder ob sie als noch immer gegenwärtige Vergangenheit Anlaß und Aufforderung bildet, sie in allen ihren Formen aufzuspüren zu suchen, das Erkennen von ihr und den Umgang mit ihr zu lehren und sie aktiv zu bekämpfen. Aber Vergangenheitsbewältigung als Aktion hat auch ihre ganz anderen Seiten.

Ein Mann machte von sich reden. Im Mai 1986 bestieg er eine Linienmaschine, um nach Odessa zu fliegen. Zu jenem Zeitpunkt, als die Wolken von Tschernobyl Europa in Angst und Schrecken versetzten, wollte dieser Österreicher noch einmal dorthin, wo er die eindrucksvollsten Jahre seines Lebens verbracht hatte: an die russische Front. Für diese Wiedersehensfreude schien ihm auch das radioaktive Risiko nicht zu groß.

Wolfgang Pohrt hat angesichts der ungebremsten Konjunktur von Büchern und Fotoreportagen über den Zweiten Weltkrieg eine verblüffende Enträtselung für ein solches Phänomen gefunden: Der Weltkrieg war der eigentliche Beginn des mitteleuropäischen Massentourismus; auch wenn es dann nochmals dreißig Jahre dauern sollte, bis den Mobilisierten zwar nicht die ganze Welt, aber immerhin die Adria, wie Goebbels schon 1943 prognostiziert hatte, die Riviera, die Ägäis, die Costa del Sol und schließlich auch noch die afrikanische Nordküste - mit Ausnahme der Großen Syrte - gehören sollte; am Schwarzen Meer ist es bisher nur zur Bildung von Brückenköpfen gekommen.

Es war eine Reisegesellschaft eigener Art, die hier zwischen 1939 und 1945 unterwegs war. Und ihre Erlebnisse reichen tiefer, als jene des Instant-Camera-Tourismus. Noch Anfang der sechziger Jahre waren sie virulent. Als der Soziologe Leopold Rosenmayr achthundert Lehrlinge in Wien und Niederösterreich über ihre Familienbeziehungen und ihre Freizeitgewohnheiten befragte, zeigte sich, daß die Kriegserlebnisse der Väter ein beherrschendes Thema der Familiengespräche darstellten. Die Väter sprachen zu ihren Söhnen öfter über den Krieg als über Politik, Religion, Lieblingsbeschäftigungen, ja selbst häufiger als über Sport. Nur noch der Beruf war ein wichtigeres Thema.[2] Kriegserfahrungen sammelte man aber nicht nur an der Front, sondern auch im "Hinterland". Über den Bombenkrieg gibt es viele Filme, Bilder und Schilderungen. Die Zerstörungen blieben bis weit in die Nachkriegszeit sichtbar, auch jene im Inneren der Menschen.[3]

Das nationalsozialistische Regime in Österreich kehrte seine zivile Seite nur einige Monate hervor. In der Substanz war es ein Kriegsregime, wenn auch ein solches besonderer Art. Die Koinzidenz von Nationalsozialismus und Krieg hat unzweifelhaft ein für Österreicher spezifisches Erfahrungsfeld hervorgebracht, das unabhängig davon besteht, ob sich daran nach 1945 eskapistische Strategien zum Umgang mit der eigenen Verstrickung in nationalsozialistische Verbrechen festmachen ließen oder nicht. Kriegserlebnis, deutsche Niederlage, Wiedererstehung der Republik und Verarbeitung der Vergangenheit gehen aber nicht in einer einfachen Ursache-Wirkung-Relation auf.

Kurt Skalnik, heute in der Kanzlei des Bundespräsidenten, schrieb 1960 in der Wochenzeitung "Die Furche" fast wie selbstverständlich:

> "Ohne Niederlage der deutschen Wehrmacht kein freies Österreich. Das Erkennen und Aussprechen dieser Tatsache mindert in keinem Fall die persönliche Tapferkeit einzelner Soldaten. Ihr Tod unter fremden Fahnen war ein doppelt bitterer. Wir vergessen sie keineswegs. Nur, für Österreich und seine Freiheit sind sie nicht gestorben. Wer das sagt, ebnet einer Geschichtslüge den Weg."[4]

Wir wissen, daß diese so selbstverständlich klingende Tatsache der deutschen Niederlage als Voraussetzung für die Wiedererrichtung eines selbständigen Österreich auch heute noch nicht die Geschichtsbilder aller Österreicher bestimmt. Wesentlicher noch ist aber festzustellen, daß auch Skalnik meint, nicht ohne Rücksichtnahme auf die offensichtlich tief verankerten Gefühle der Kriegsheimkehrer auskommen zu können, ihrem Anspruch Rechnung zu tragen, zumindest nicht zur Gänze ihren Kriegsdienst als wertlos empfinden zu müssen. Das ist der Sinn der Tradierung der Wertschätzung militärischer Tugenden, wie des Heroismus, der persönlichen Tapferkeit, die jedoch abgelöst von den Inhalten selbst wieder fragwürdig werden.

Der Nachweis des Zusammenhanges von nationalsozialistischem Terror, Machtantritt, Verfolgung und Genozid, der von einer historischen und kritischen Betrachtung her möglich und unumgänglich ist, befindet sich unausweichlich in Konflikt mit der hartnäckigen Weigerung der Zeitgenossen, diesen Zusammenhang zur Kenntnis zu nehmen; insbesondere solange sie nicht die besondere Zeitstruktur der NS-Herrschaft in Österreich und ihre Allianz mit konventionellen Dispositiven des Kriegs ernster nimmt.

Im Mittelpunkt dieses Dispositivs stehen die (österreichischen) Soldaten der Wehrmacht und die Kriegsheimkehrer. Bis 1949 waren das rund 470.000 Menschen, Männer im sozial und politisch aktivsten Lebensabschnitt, aus allen sozialen Gruppierungen, aus allen politischen Lagern der Vorkriegszeit. 140.750 kamen noch 1946 aus US-Gefangenschaft, 134.000 aus britischer Gefangenschaft, 136.000 sind in zwei großen Wellen 1945 und 1947 aus sowjetischer Gefangenschaft zurückgekehrt. Kleinere Kontingente kamen aus Frankreich (58.000), Belgien (1.500) und Polen (600).[5]

Manche von ihnen haben im vollen Wortsinn ihre "Identität" verloren, sie wußten nicht, wie sie hießen, wo sie lebten, wer sie waren. Für den größeren Teil gilt es, die amtliche Identität wieder mit der sozialen Position zur Dekkung zu bringen. Das ist nicht unbedingt leicht. Aus der Sicherheit der militärischen Disziplin und Zwangsgewalt fallen die Heimkehrer in einen Alltag von Chaos und Spontaneität.[6] Sie sind ihrer "männlichen" Funktionen verlustig gegangen. Frauen haben die gesellschaftlichen und privaten Aufgaben der Männer übernommen, von der Industriearbeit bis zum Familienvorstand. Ein "Geschlechterkrieg" vollzieht sich, der öffentlich nur dann zur Kenntnis genommen wird, wenn rapide Scheidungsraten, abnehmende Gebärbereitschaft und Jugendkriminalität bei Gericht, Kliniken und Polizei "auffällig" werden. Doch dieser "Geschlechterkrieg" ist keine Episode im Prozeß der Modernisierung. Er verkettet sich mit archaischen Situationen.

Die militärisch besiegten "Heimkehrer" sehen nicht nur ihr Land besetzt und unterworfen, die Unterwerfung greift auf den Körper der eigenen Frauen über. Da sind die "Soldatenbräute", die ein ständiges, allem Anschein nach maßlos übertriebenes öffentliches Ärgernis bieten. Im Juni 1948 sorgt ein Aufruf des Vorstands der Wiener Klinik für Haut- und Geschlechtskrankheiten für Aufregung: Die Jugendprostitution habe derart um sich gegriffen, daß jedes fünfte Mädchen zwischen 13 und 21 Jahren geschlechtskrank sei.[7] In einer über Monate geführten Debatte in der sozialistischen Frauenzeitschrift zum "Heimkehrerproblem" melden sich auch ehemalige Soldaten zu Wort, die sich verzweifelt geben über die Verachtung, die sie bei ihrer Rückkehr erlebt hätten, und die "große Mode" der Besatzungssoldaten.

Und auch die andere Seite kommt mit Beschwerden zu Wort: über die Maßlosigkeit, mit der die zurückgekehrten Männer wieder ihre Macht antreten wollen, über die familiären Konflikte, die auftreten, wenn die Kinder plötzlich ihre Symbiose mit der alleinstehenden Mutter durch die heimgekehrten Väter gestört sehen; über die sexuelle Verunsicherung, die sich aus vielfältigen Quellen speist: aus den physischen und psychischen Folgen der Lagerhaft, aus der Angst vor sexuellen Beziehungen der Frauen zu anderen Männern während ihrer Abwesenheit. Zahlen, statistische Erhebungen, quantifizierende Berichte spielen in dieser sensiblen psychischen Sphäre eine nur unbedeutende Rolle. Das kollektive Phänomen des "Verdachtes" durchzieht das soziale Leben nach 1945. Der allerschlimmste Verdacht wird nur dem Psychoanalytiker gegenüber ausgesprochen: der Verdacht, daß die eigene Frau Opfer einer Vergewaltigung geworden sein könnte.[8]

Die Heimkehrer suchen ihre Identität nicht als "Österreicher" oder als "Deutsche", als ehemalige oder noch immer Nationalsozialisten, als Konservative, Sozialisten oder Kommunisten. Sie suchen ihr Selbst als "Mann", die Wiedereroberung ihrer Autorität gegenüber den Frauen und Kindern; und diese Suche vollzieht sich in den bestimmenden Jahren nach Kriegsende in einem Umfeld der Ohnmacht. Die gewählten und bestellten Organe der Zweiten Republik sind vorerst nicht eigenständig handlungsfähig. Auch nach den Lockerungen der alliierten Kontrolle regiert man bloß mit einer beschränkten Autonomie. Übergriffe ausländischer Besatzungssoldaten führen die Schwäche der staatlichen Sicherheitsorgane vor Augen. Andererseits hat sich noch in den Tagen der Befreiung eine spezifische österreichische Bürokratie behauptet, die von den ersten Stunden der wiedererstandenen Republik weg die Eigenhandlungsmöglichkeiten erstickt. Einzig am Schwarzmarkt liefert sich die Bevölkerung mit der Behörde einen unentschiedenen Kompetenzkampf.

Die Entnazifizierung veränderte den österreichischen Behördenapparat vorerst nicht unerheblich.[9] Aber es blieb für die restrospektive Beobachtung auch bei ganz beachtlichen Kontinuitäten, innerhalb derer nicht auszumachen ist, wie die österreichische politische Führungsklasse damals meinen konnte, den Teufel mit dem Beelzebub auszutreiben, die Institutionen der Vergangenheit aktiv umgestalten und gleichzeitig nicht geringe Elemente von Rechtsnormen und Befugnissen der nationalsozialistischen Periode beibehalten zu können, ohne daß mit diesen Institutionen, diesen Instrumenten staatlicher Macht auch alter Geist mittransportiert würde.

Ende März 1946 konstituierte sich im Sozialministerium die Zentrallohnkommission, auf die im wesentlichen die Befugnisse des NS-Treuhänders der Arbeit übergingen. Alle Lohn- und Gehaltsänderungen, ausgenommen jene der öffentlich Bediensteten, bedurften ihrer Zustimmung, bevor sie dem Lohnamt der Alliierten Kommission zur Genehmigung vorgelegt werden mußten. Diese korporatistische Kontinuität des Verhältnisses von Kapital und Arbeit, diese Zwangsorganisation von Vertretern der Unternehmer und der Lohnabhängigen, wurde mit der wirtschaftlichen Not legitimiert, sie sollte dazu beitragen, "Arbeitgeber und Arbeitnehmer einander näher zu bringen und soziale Spannungen und Kämpfe auszuschließen, die gerade in der schwierigen Zeit des Wiederaufbaus vermieden werden müssen."[10]

Diese Kontinuität wurde mit der Bekämpfung der Folgen des Faschismus gerechtfertigt. Die Bekämpfung des Wiederauflebens von Faschismus erlaubte eine andere Kontinuität: Bei der Präsentation der Aufgaben der neuen politischen Polizei Österreichs, der Staatspolizei, wurde im März 1946 diese als Hort der Demokratie gelobt[11], obwohl sie in ihrer Rechtsgrundlage nicht durch ein demokratisches Polizeigesetz legitimiert wurde, sondern durch das Behörden-Überleitungsgesetz vom Juli 1945, in dem es hieß:

> "Die Geheime Staatspolizei und ihre Dienststellen werden aufgelassen. Soweit ihre Geschäfte auch weiterhin geführt werden, gehen sie auf die sachlich und örtlich in Betracht kommende Sicherheitsbehörde über."[12]

Die österreichische Justiz hat in der unmittelbaren Nachkriegszeit eine beachtliche Leistung in der Verfolgung von nationalsozialistischen Gewaltverbrechen vollbracht. Allein bis zum Jahre 1957 ist gegen mehr als 130.000 Personen ein Verfahren wegen Verbrechen nach dem Verbotsgesetz und nach dem Kriegsverbrechergesetz durchgeführt worden. 30 Todesurteile wurden vollstreckt, über 13.000 Schuldsprüche ausgesprochen und Freiheitsstrafen von in der Mehrzahl zwischen 1 und 5 Jahren verhängt.[13] Aber die Intensität der Aktivitäten der österreichischen Justiz erstreckte sich nicht gleichmäßig über Österreich, und ihre Milde war vor allem dadurch charakterisiert, daß sie sich auf die Beurteilung ihrer eigenen Vergangenheit richtete.[14]

Eine Serie von Kontinuitäten leitete also die neue, postfaschistische Zeit ein, aber auch eine Serie von Zusammenbrüchen. Der Übergang von einer Situation existenzieller Angst in die andere, auch wenn es ein Übergang von einer mehr körperlichen zu einer mehr psychischen Gefährdung sein mochte, konnte sich nur in symbolischen Formen bewältigen lassen.[15] Mehr als auf den ersten Blick vermutbar, hat die Kirche in Österreich dieses Ritual organisiert; die Parteien und Institutionen kamen erst hinten nach.

Die Alltagssprache hat sich von der Psychoanalyse den Begriff der "Vergangenheitsbewältigung" ausgeborgt, um jenen Prozeß zu kennzeichnen, der zum Nicht-Wissen-Sollen bestimmter, für unser Thema bedeutsamer geschichtlicher Ereignisse geführt hat. Es ließe sich aber auch aus der analytischen Nomenklatur ein anderes Wort finden, das unter Umständen besser den Prozeß der kollektiven psychischen Barrieren gegenüber der Totalität des Nationalsozialismus erfaßt: die "Nachträglichkeit". Gegen die lineare psychische Entwicklung des Individuums führt die Psychoanalyse ins Treffen, daß "Erfahrungen, Eindrücke, Erinnerungsspuren ... später aufgrund neuer Erfahrungen und mit dem Erreichen einer anderen Entwicklungsstufe umgearbeitet" werden. "Sie erhalten somit gleichzeitig einen neuen Sinn und eine neue psychische Wirksamkeit."[16] Die Ermittlung solcher Metonymien, des übertragenen Gebrauchs eines Wortes für einen verwandten Begriff, könnte helfen, diese individuelle Technik in der Gesellschaft zu entdecken und damit ihre Protagonisten zu identifizieren.

Die Besetzung der Sprache durch die wiederholte Ausgrenzung der Opfer geht damit Hand in Hand. Wenn von Heimkehrern die Rede ist, dann sind nicht jene gemeint, die aus dem Exil heimkehren, wenn von Kriegsopfern die Rede ist, dann sind nicht jene damit angesprochen, die Opfer des Hitlerschen Angriffskrieges wurden, wenn von Vertriebenen die Rede ist, dann sind damit nicht jene identifiziert, die nach 1938 aus politischen Gründen oder weil sie Juden waren, ihre österreichische Heimat zu verlassen gezwungen waren.

Worum handelt es sich dann, 1945 und die folgenden Jahre, als die Stütze der diktatorischen Ordnungsmacht und die kollektiven Machtphantasien zusammengebrochen waren? Zunächst wohl darum, mit den traumatischen Erlebnissen von Todesangst, öffentlichen Mordhandlungen, Blut, Feuer, Verstümmelungen umzugehen. Die letzten beiden Kriegsjahre haben auch im Hinterland zu einer "Überschreitung" geführt, zu einer Lebensführung, die von Schrecken und Taumel statt von Gesetz und Ordnung beherrscht war. Ein Leiden und Sterben, das ureigenste Domäne der Kirche war - und die sich im übrigen auf Grund eben dieser Kompetenz gegenüber dem Nationalsozialismus und sogar in dessen engerer Anhängerschaft gehalten hat.[17]

An diesen Schrecken und diese Angst knüpfte die Kirche in Österreich an, als sie unmittelbar nach Kriegsende begann, einen neuen Totenkult zu fördern. Kriegerdenkmäler entstanden überall im Lande, Denkmäler, die sich jedoch von denen des 19. Jahrhunderts und der Vorkriegszeit augenscheinlich unterschieden. Sie stellten nicht mehr die "Nation" in den Vordergrund, sondern das sogenannte "Wesen" des Krieges; selbst wenn die Formel "Gefallen für die Heimat" blieb, so bedeutete diese Heimat jetzt etwas anderes als beispielsweise 1918. Das Versprechen einer größeren nationalen Zukunft, wozu diese vorangegangenen Kriegsdenkmäler identitätsstiftend wirken sollten[18], war nach der verheerenden Niederlage der Suche nach dem Anschluß an ein supranationales Gebilde gewichen.

Kriegsdenkmäler, die die Vergangenheit nicht erklären, sondern inszenieren, haben in Österreich Tradition. Schon 1901 ist in Graz ein Denkmal aufgestellt worden, das der Erinnerung an jene steirischen Soldaten dienen sollte, die "für

Kaiser und Vaterland im Jahre 1878 in Bosnien und der Herzegowina vor dem Feind" gefallen waren. Man hat nur bis heute darauf vergessen hinzuweisen, daß diese steirischen Soldaten die Aggressoren waren und der Feind die einheimische Bevölkerung gewesen ist, die ihr Vaterland verteidigt hat. Eine Untersuchung von 150 Aufschriften von Kriegsdenkmälern in Österreich hat gezeigt, daß diese keinen Unterschied zwischen dem ersten und dem Zweiten Weltkrieg machen, daß der mit Abstand am häufigsten vorkommende Begriff "Held" oder "Helden" ist und daß beim Begriff "Vaterland" nicht zwischen der Habsburgermonarchie, der Republik Österreich und NS-Deutschland unterschieden wird.[19]

Zur Semantik der Kriegsdenkmäler zählt jedoch möglicherweise viel bedeutsamer, daß sie mit der Sakralisierung des eben geendeten Krieges verbunden waren. Ein Beispiel kann das treffend illustrieren. Bei der Errichtung einer "Helden-Gedächtnisstätte" in Feldbach in der Steiermark begnügte man sich nicht mit einem Monument alten Typs. Auf Initiative des örtlichen Kameradschaftsbundes und mit Unterstützung durch den Bürgermeister und den Stadtpfarrer wurde eine alte Kultstätte reaktiviert: die um 1900 säkularisierte Taborkirche.

Durch die Weihe eines Tischaltars zur Zelebrierung der Heiligen Messe revitalisierte die katholische Kirche den sakralen Raum und schuf eine neue Tradition. Die toten Soldaten des Zweiten Weltkriegs - aber auch die Ziviltoten der Gemeinde, die hier aufgenommen wurden, sofern sie Kriegshandlungen zum Opfer gefallen sind - stand in einer Reihe mit den (deutschen) Siedlern und Grenzländlern, die seit dem 14. Jahrhundert hier eine "Kulturmission" ausgeübt haben sollen.

Die Toten des Zweiten Weltkrieges wurden symbolisch auf "geweihtem Boden" einer Generation mit Generation verbindenden heiligen Stätte bestattet, die sie noch mit dem konturenlosen "Mittelalter" - die Taborkirche stand auf einer mittelalterlichen Schädelstätte - verschmelzen sollte. Hiezu hieß es in der Denkschrift zur Errichtung der "Helden-Gedächtnisstätte":

> "Wenn nun in der alten Pfarrkirche das Erinnerungsmal für die Opfer des 1. und 2. Weltkrieges seine geweihte (!) Stätte findet, dann wissen wir, daß diese Stätte durchströmt ist von Erinnerungen an Zeiten voll Not und Opfern, voll Schrecken und Ängsten, aber auch voll Mut und Heimattreue."[20]

Der Rückzug auf jahrhundertealte Kultstätten bei der Auswahl der Kriegsdenkmäler war kein Einzelfall. Barocke und gotische Kirchen waren schon in Fohnsdorf, Obdach und St. Marein bei Neumarkt revitalisiert worden, ehe man in Feldbach an die Resakralisierung schritt. Zumindest in der Steiermark war diese Neuentdeckung des "heiligen" Raumes Zeitgeist. In Feldbach, und dies mag ein spezifischer Zug der Gegend sein, stellte man den Zweiten Weltkrieg in eine Tradition der "deutschen" Verteidigungskriege seit dem Ende der Völkerwanderung. Ungarn, Türken und Tataren sind hier abgewehrt worden oder haben das Land mit Plünderungen, Morden und Brandschatzungen überzogen. Die Suggestion, auch der letzte Krieg wäre dieser Kontinuität der Verteidigung verpflichtet gewesen, war dem weltlichen Betreiber der Gedächtnisstätte anzulasten. Aber die Kirche zeichnete hier wie anderswo für die sakrale Aura verantwortlich, in der die profane Legende zum historischen Mythos gedeihen konnte.

Die Allianz zwischen Kirche und Kameradschaften kam aber nirgends deutlicher zum Ausdruck als bei der Errichtung eines Gefallenendenkmals im Kärntner Zollfeld. Die Idee zur Gründung ging auf eine Dank- und Gedenkfeier der Heimkehrer und der Frauen von Kriegsgefangenen und Vermißten am 10. Oktober 1947 in Maria Saal zurück, die gänzlich unter der Patronanz der Kirche gestanden war. Deutlich zeigte sich hier, wo auch das feierliche Gelöbnis zur Errichtung des Denkmals abgelegt worden ist, wie unter der Schirmherrschaft der Kirche jene nachträgliche Kriegsverarbeitung vor sich gegangen ist. Der Krieg war nicht ein Überfall, ein Verbrechen, eine Aggression, er war auch nicht an ein bestimmtes Herrschaftsmodell oder eine Ideologie gebunden, d.h. er war nicht konkret, sondern der Krieg war eine Art Strafgericht, eine Kartharsis als Vorbereitung der Völkerverständigung - zumindest der Völker Europas. Und dies unter dem Zeichen des Kreuzes, der Passion, die reell - als "Heimkehrerkreuz" am Ort der Gedenkfeier - und imaginär angerufen worden ist, denn:

> "... diese Gedenkstätte ist auch eine Verpflichtung, die wir der Jugend gegenüber schuldig sind; sie soll sie mahnen, der Zukunft in Eintracht entgegenzugehen und die Opfer ihrer Väter zu ehren, wie den Kreuzestod des Herrn."[21]

Krieg und Kampf prägt in Kärnten mehr als in anderen österreichischen Bundesländern das Geschichtsbild, das der permanenten Legitimierung antislowenischer Politik dient. Die permanente Aufrechterhaltung der heroischkämpferischen Funktion des "Abwehrkampfes" soll auch vergessen lassen, daß nationalsozialistische Kärntner führend an der deutschen Entnationalisierungs- und Verfolgungspolitik gegen die Slowenen nicht nur in Kärnten selbst, sondern vor allem auch im deutschbesetzten Slowenien jenseits der Karawanken beteiligt waren. Die perfekte Inszenierung der Defensive in den Volksabstimmungsfeiern zur Erinnerung an den 10. Oktober 1920 überspringt diese Periode ebenso wie sie die Tatsache negiert, daß nicht der Anteil der deutschsprachigen Kärntner relativ und absolut zurückgegangen ist, sondern in dramatischer Weise jener der slowenischsprachigen.

Es versteht sich dann fast von selbst, daß auch die alten Positionen der zwanziger Jahre durch den Nationalsozialismus nicht desavouiert erschienen, sondern über ihn hinweg wieder aufgenommen wurden. In dem Augenblick, in dem die Gebietsansprüche Jugoslawiens nach dem Zweiten Weltkrieg erledigt schienen, trat die Betonung der demokratischen Volksabstimmung gegen den "Abwehrkampf" zurück und dieser erhielt wie damals in den zwanziger Jahren seine Hauptorientierung nach innen, gegen die Arbeiterbewegung. Der Zusammenschluß der Kriegsteilnehmer des Zweiten Weltkrieges mit den "Abwehrkämpfern" im "Bund der Heimattreuen" im Jahre 1948 markiert den Auftakt zu jenem Wahlkampf 1949, in dem die sozialistische Mehrheit im Kärntner Landtag gebrochen und die Schulregelung von 1945 rückgängig gemacht werden sollte.[22]

Sich in die antislowenische Front einzureihen, verweigerte sich die katholische Kirche. Gedächtnisstätten des Krieges, wie in Maria Saal, verbanden sich mit sakralen Räumen. Die Gedächtnisstätte - ein "Ehrenmal", und zwar für die Gefallenen aller Kriege und alle toten Soldaten - hatte eine kleine Kapelle in der Nähe von Maria Saal zu ersetzen und sollte für die "schlichte Pflichterfüllung" sowie als Stätte mitteleuropäischer Kultur und christlichen Gedankens der Völkerverbindung stehen. Das Denkmal durfte monumental sein, aber - hier trat doch das Subordinationsverhältnis in Friedenszeiten hervor - es sollte den historischen Dom von Maria Saal nicht konkurrenzieren.[23]

Es wäre noch anzumerken, daß an der Spitze der prominent besetzten Jury für den öffentlich ausgeschriebenen Architektenwettbewerb neben Clemens Holzmeister auch Wilhelm Kreis tätig war. Der Architekturprofessor aus Berlin hatte schließlich schon große Erfahrung mit Kriegerdenkmälern, Völkerverständigung, Sakralbauten und dem christlichen Europa. Von ihm stammen die Skizzen zu den Monumentalbauten, die nach der Unterwerfung Europas und der angrenzenden Gebiete zu Ehren der deutschen Wehrmacht auf besonderen Plätzen der besetzten Gebiete errichtet werden sollten - mächtige architektonische Zeichen der Unterwerfung in Polen, in Nordafrika, am Dnjepr und wo immer die Deutschen sich festsetzen sollten.[24]

Die Haltung der Kirche war weniger spekulativ, als der traumatischen Situation kongenial. Mit der Ontologisierung des Krieges fügte sie einen modernen Angriffskrieg und imperialistischen Akt in die Wiederkehr des ewig Gleichen ein, wo auch der Einzelne nur ein Rädchen im Spiel des Schicksals war. Daran mochten auch energische Verurteilungen des Nationalsozialismus durch kleinere oder bedeutendere Kirchenführer nicht viel ändern, und diese Verdikte mußten nicht zu der großen tröstenden Funktion in Widerspruch geraten, die die kirchliche Aura zu spenden vermochte. Dem Tod einen Sinn zu geben, das war nach 1945 wohl ebenso wichtig geworden, wie die Versorgung mit Brot und Kohle.

Österreich war nicht nur wieder ein katholisches Land geworden, seine Bevölkerung war auch wieder in einen Zustand politischer Apathie zurückgefallen, wie sie seit den achtziger Jahren des vorigen Jahrhunderts nicht mehr gekannt worden ist. Die herausragende Organisationsdichte der Partei- und Interessensvertretungen mag oberflächlich den Blick darauf verstellen, daß die politischen Leidenschaften und der Hang zu historischen politischen Projekten verloren gegangen waren.

Noch in den siebziger Jahren, also vor nicht allzulanger Zeit, zogen zwei Drittel der Österreicher - mit der Frage konfrontiert - ein "etwas sichereres" dem "etwas freieren" Leben vor.[25] Schon die Lebensentwürfe von vierzehnjährigen Schülern zeichneten sich im ersten Nachkriegsjahrzehnt durch soziale Anpassung, das Streben nach einer "Normalbiografie" und politischen Eskapismus aus. Die "indifferente, ja fast feindliche Einstellung" der Jugendlichen gegenüber Politik und Parteien bereiteten auch jenen Unbehagen, die ansonsten ihren "Realismus" und ihr hohes "Arbeitsethos" bewunderten.[26]

Wenn sich auch die staatliche Macht einer erstmals ungeteilten Bewunderung und Anerkennung erfreuen durfte, so konnten die Parteien dies nicht ohne weiteres beanspruchen. Andererseits bestimmten sie mit ihrer Tagespolitik das gesellschaftliche Klima, in dem die nationalsozialistischen Jahre historisch aufgelöst werden mußten. Der Umgang mit dem "Erbe" der nationalsozialistischen Diktatur war im Handlungsfeld der politischen Parteien viel komplexer und vielschichtiger als bei der Kirche; ob er auch wirkungsvoll war, rührt an ein anders gelagertes Problem. Jedenfalls kreuzten sich politische Pragmatik, Selbsterläuterungsversuche, Machttechniken und Programmatik zu einem schwer abwägbaren Komplex.

Es war nicht nur "Opportunismus" in Hinsicht auf die Wählerstimmen der ehemaligen Nationalsozialisten, die eine Konkurrenz zwischen den Großparteien stimulierte. Ganz entscheidend sollte sich - zuletzt in den siebziger Jahren - hierfür auch erweisen, welche politische Soziologie den Machtpolitiken zugrunde lag: Konnte man mit einer gleichsam naturwüchsigen "Proletarisierung" rechnen, die auf seiten der SPÖ ausschlagen mußte, oder doch mit der Konstanz einer "bürgerlichen" Gesellschaft, die es politisch durch ein Drei-Parteien-Modell zu spalten galt? Wie konnte man zwischen diesen binnenpolitischen und den außenpolitischen Erfordernissen taktieren, ohne die Reputation als "annektiertes" oder "okkupiertes" Opfer des Nationalsozialismus zu gefährden? Und letztlich: Wie vertrauenswürdig war der jeweilige Koalitionspartner nach den Erfahrungen der - wenn man es genauer betrachtet - drei Bürgerkriege vom Februar 1934, Juli 1934 und März 1938 - den zwei tatsächlichen, in denen die Staatsgewalt ihre Gegner zur Kapitulation zwang, und dem vermiedenen, in dem die Staatsgewalt kapitulierte, bevor er stattfand? In diesem Feld von Anforderungen blieb die "aufklärerische" Funktion der politischen Großparteien beiläufig; was nicht gleichbedeutend damit ist, daß ihre Politik - beispielsweise in der NS-Gesetzgebung, der Opferfürsorge, der Wiedergutmachung - nicht Effekte einer "negativen Integration" hätte zeitigen können. In ihren Reflexionen zur Geschichte möchte man den Parteien aber doch bloß die Rolle eines Verstärkers zuschreiben. Auch aus der Betrachtung dessen, was die Parteien vorzuweisen hatten.

Für die Österreichische Volkspartei war der Nationalsozialismus ein fremdes Produkt. Es war eben "nichtösterreichisch" und damit waren seine Scheußlichkeiten auch schon hinlänglich erklärt. Denn österreichisch, das war vor allem eine Frage des "Geistes", der "Kultur". "Österreichisch" war das Beste, was es an europäischer - und damit allgemein-menschlicher Tradition gab: das friedliche Nebeneinander von Völkern und Nationen, wie es die Bürokratie des Hauses Habsburg meisterhaft gestaltet habe; echtes Künstlertum, das seinen Kern in der barocken Frömmigkeit und seinen höchsten Ausdruck in der "österreichischen" Musik finden sollte; schließlich der Hang zum Pazifismus. Alle diese Autostereotypen sind auch im 1954 produzierten österreichischen Spielfilm "1. April 2000" in besonders rein ausgeprägter Form zu finden, sollte er doch in ironischer Form das Opfer-Schicksal Österreichs durch die Erduldung der Vier-Mächte-Besatzung seit dem Ende des Zweiten Weltkrieges bis in das Jahr 2000 verlängert thematisieren.

Ganz im Gegensatz zu diesem katholischen Vermächtnis trat der norddeutsche Protestantismus in der Gestalt des Nationalsozialismus auf. Ein barbarischer Geist, der sich selbst noch unter den Opfern desselben Menschenschlages festsetzte; zumindest wenn wir Felix Hurdes, selbst KZ-Häftling, Mitbegründer der ÖVP und ihr langjähriger Unterrichtsminister, ein dem "linken" Flügel der Partei zuzuordnender Mann, Glauben schenken. Noch im Konzentrationslager hätten sich die Österreicher von den Deutschen durch ihre Höflichkeit und ihren Willen zur Wahrheit unterschieden.

Österreich, so stellt sich die ÖVP-Geschichte Österreichs dar, war nach einem heldenhaften Widerstand im März 1938 überwältigt worden, weil die europäischen Mächte es im Kampf gegen Hitler im Stich gelassen hätten oder auch weil sich vor 1938 das sozialdemokratische Lager nicht an diesem Widerstand beteiligt hätte.[28] Der österreichische Widerstand habe demnach schon lange vor dem März 1938 begonnen, doch habe man bisher offiziell mit unangebrachtem Understatement operiert. Den nur 50.000 illegalen Nationalsozialisten vor dem "Anschluß" müßten in der Beurteilung der Verantwortung Österreichs nach dem "Anschluß" 50.000 aktive Widerstandskämpfer der Gruppe Scholz, des "Freien Österreich", der "Österreichischen Freiheitsbewegung", der "05" und anderer Gruppen entgegengesetzt werden; Widerstandsgruppen mit weitgespannten Netzen - "bis Cairo", "bis Canaris" - und Verwicklungen in "jedes Attentat auf Hitler". Schließlich habe die Alt-Ausseer Gruppe des "Freien Österreich" die 6. Armee zur Waffenstreckung gebracht, der österreichische Widerstand habe "großen Anteil" an der Befreiung Ostösterreichs und Wiens. Tausende "U-Boote" und Sabotagehandlungen zeugten von der Abneigung der Österreicher gegenüber dem NS-Regime, und dafür, "daß auch das österreichische Volk in seiner Gesamtheit nur auf den gegebenen Zeitpunkt harrte, der ihm seine Freiheit bringen mußte, können", so hieß es, "noch zahlreiche andere Beweise angeführt werden..."[29]

Die gewiß für die Gewinnung der österreichischen Selbständigkeit, vor allem aber des österreichischen Selbstbewußtseins, wichtige Rolle des österreichischen antifaschistischen Widerstands ist seitdem einer realistischeren Einschätzung gewichen. Die Version vom Widerstand des austrofaschistischen Österreich ist allerdings im Verlauf der auf eine Wende nach BRD-Muster gerichteten ÖVP-Politik in den vergangenen Jahren wiederaufgenommen worden, ohne daß man sich viel um die Forschungsergebnisse der sechziger und siebziger Jahre gekümmert hätte.[30]

Die ÖVP-Führung der Jahre bis 1947, die noch wesentlich von der Anti-Hitler-Koalition geprägt war, zeigte wenig Interesse an einer verständnisvollen Motivsuche zugunsten der "Ehemaligen", sie war entschieden antinationalsozialistisch, ja sie zog sogar ihr Österreich-Bewußtsein und ihre Auffassung vom nationalen Zusammengehörigkeitsgefühl aller Österreicher gerade aus der Verfolgung durch das NS-Regime. Das wird nirgends deutlicher als bei einer Ansprache Bundeskanzler Figls vor der Konstituierenden Generalversammlung des KZ-Verbandes am 31. März 1946:

"In jeder Situation in den KZ des Nazismus waren wir immer eines: Wir waren Österreicher! Wir waren einig! Und dieses wertvolle Gut unserer KZ-Gemeinschaft wird uns auch in aller Zukunft über die schwierigsten Probleme in Einigkeit hinweghelfen, wenn es gilt, für Österreich zusammenzustehen."[31]

Doch diese Haltung wurde mit der Wiederbelebung von Mythen gestützt, die sich schon vor 1938 bedingt produktiv gezeigt hatten, und die zumindest ambivalent geblieben sind gegenüber der diktatorischen Entwicklung Österreichs noch vor dem März 1938. Eine Stellungnahme zum Verhalten der Österreicher vor und unter dem Nationalsozialismus fehlte ebenso wie die Auseinandersetzung mit dem Genozid. Die NSDAP als innerösterreichische Kraft wurde ebenso geflissentlich übersehen, wie persönlicher Opportunismus als ausreichende Rechtfertigung für den Beitritt zur "Partei" betrachtet wurde. Mit dem "Nationalsozialisten-Gesetz" vom Februar 1947 sollte sich eine Akzentverschiebung einstellen.

Mit der Differenzierung zwischen den "belasteten" und "minderbelasteten" Nationalsozialisten begannen letztere als Wählerpotential wieder interessant zu werden. So meinte in einer Parteidebatte zum Thema "Entnazifizierung oder Nazifizierung?" ein Adolf Priesner: Österreich sei schon lange vor der alliierten Befreiung "entnazifiziert" worden, und zwar "bis tief hinein in die Kreise der Parteiabzeichenträger"; die NS-Gesetze und die Kollektivstrafen, die auch die Kinder der "Ehemaligen" noch erfasse, drohe aber erneut eine nationalsozialistische Front zu schaffen. Nur indem man den Nationalsozialisten mit Demokratie und Gerechtigkeit begegne, könne man den Prozeß der Entnazifizierung fördern.[32]

Diese Meinung war nicht so ohne weiteres von der Hand zu weisen, sie sollte aber erst politikfähig werden, als sich mit dem Verband der Unabhängigen eine echte bürgerliche Konkurrenz etablierte. Auch ihr gegenüber blieb die ÖVP zunächst eher mit antifaschistischen Argumenten ablehnend, die sich allerdings mit der Besorgnis um die antiklerikalen und kulturliberalen Attitüden der Restbestände des großdeutschen Lagers in Österreich mischten. An den Ausführungen Priesners war allerdings ein Absatz besonders interessant, weil er in ein von der ÖVP bisher nicht berührtes Vakuum vorstieß und zur offenen Identifizierung einlud. Priesner schrieb: "Auch der Nationalsozialismus und der Faschismus haben, selbstverständlich vor allem in den Friedensjahren, neben all dem, was wir mit vollem Recht verwerfen, Werke von bleibendem Wert geschaffen." Nämlich Industriebauten, Kunstwerke und ähnliches aus der Werkstatt eines Todt und Speer. "Es wäre ungehörig, dem besiegten Gegner die Anerkennung dort, wo er sie verdient, zu versagen."[33]

Die nachfolgenden Bemühungen um Integration prominenter "Ehemaliger" bis hin zur berüchtigten Konferenz in Oberweis[34], wo Spitzenleute der ÖVP (Raab, Maleta, Brunner) mit dem ehemaligen engen Mitarbeiter Kaltenbrunners im Reichssicherheitshauptamt in Berlin, Dr. Wilhelm Höttl, dem nationalsozialistischen Redakteur und Mitarbeiter im Stab Kaltenbrunners, Theo Wührer, mit Taras Borodajkiewicz und anderen im Mai 1949 verhandelt haben, blieben erfolglos. Noch einmal wurde kurzzeitig das Stigma "Nationalsozialismus" ins

Spiel gebracht, aber schon mit der Betonung der Nebeneffekte im Ausland, die eine VdU als Sammelpartei der Nationalsozialisten hervorrufen müßte.[35]

Im Wahlkampf 1949 hatte sich die ÖVP noch an die potentiellen Wähler der WdU gewandt und sie zur "antimarxistischen Einheit" aufgerufen, zur Verhinderung der "Volksdemokratie". Als Gegenzug für die Absage dieser Wähler an die WdU versprach die ÖVP den völligen Abbau der NS-Gesetze, also die Rehabilitierung selbst der NS-Prominenz.[36] Nach den Wahlen, als zu sehen war, daß die "vierte Partei" nicht mehr zu behindern war, und als mit dem Übergang von der Marshallplan-Ära zur "Marktwirtschaft" ernste Belastungsproben auf die Große Koalition zukamen, wechselte die ÖVP auf eine Linie der Zusammenarbeit.

Dabei mag eine nicht unwesentliche Rolle die Erfahrung der Bundespräsidentenwahlen von 1951 gespielt haben. Der vom VdU aufgestellte Präsidentschaftskandidat übte durch seine Tätigkeit als Arzt im sowjetischen Kriegsgefangenenlager eine besondere Anziehungskraft auf die Kriegsteilnehmer aus und erzielte besonders in den westlichen Bundesländern einen so starken Einbruch in das Wählerreservoir, daß ein stärkerer Stimmenverlust der ÖVP bei den nächsten Nationalratswahlen nicht ausgeschlossen schien.[37] Die Wende von 1952 in der ÖVP ging um den Preis der Eliminierung der "Revolutionsgarnitur" um Leopold Figl, wie sich dessen schärfste innerparteilichen Gegner auszudrücken pflegten, vor sich.[38] Die neue Führungsgruppe der ÖVP unter dem Generalsekretär Maleta und mit der Führungsfigur von Julius Raab unternahm 1953 nach den Nationalratswahlen den ernsthaften Versuch, den VdU als Zusatzgewicht gegen die SPÖ in eine Konzentrationsregierung einzubringen. Oder versuchte sie gar, eine kleine Koalition zu installieren? Oder ein Sonderarrangement der beiden bürgerlichen Parteien innerhalb der Dreierkonzentration zu arrangieren? Der Bundespräsident nahm jedenfalls seine in der Verfassungsnovelle von 1929 begründete Machtvollkommenheit in Anspruch und erklärte sich zu einer Regierungsbeteiligung des VdU nicht bereit.[39]

Für die Österreichische Volkspartei war aber schon spätestens 1951 der Nationalsozialismus kein Thema mehr, oder nur noch in Verbindung mit den Staatsvertragsverhandlungen. Binnenpolitisch wollte der neugewählte Generalsekretär Alfred Maleta festgestellt wissen:

> "Wir kennen keine KZ-ler, keine ehemaligen Nazi und keine Heimkehrer als Dauereinrichtung für die Zukunft. Das alles sind Erlebniszustände und Erziehungseindrücke der Vergangenheit, aber keine ideologischen Plattformen für die Zukunft... Wir kennen nur im harten Schicksalskampf der letzten Jahre geformte Österreicher, deren persönliche Erlebnisse im KZ oder an der Front, oder wo immer es gewesen sein mag, uns helfen sollen, die Probleme der Gegenwart und die noch größeren der Zukunft zu lösen..." Die paar "bescheidenen Wünsche" der KZ-ler und Nazi-Opfer sollten noch rasch erfüllt werden, "damit von dieser Seite einer vernünftigen Liquidation des leidigen NS-Problems keine Schwierigkeiten aus berechtigter Verärgerung mehr bereitet werden." Doch dann sollte Schluß sein. "Wir brauchen überall einen dicken Schlußstrich und einen neuen Anfang, der den krebsartigen Zustand beendet, daß wegen irgendeiner vergangenen politischen Gesinnung des Mannes schuldlose Familien durch Existenzvernichtung leiden."[40]

Im Blick zurück fällt es leicht, die Hofierung der ehemaligen Nationalsozialisten, ja auch noch ihrer Nachzügler als den "Sündenfall" der beiden großen Gründungsparteien der Zweiten Republik dingfest zu machen - denn auch die SPÖ hatte ihr Interesse am Aufbau einer "vierten Partei" zur Spaltung des bürgerlichen Wählerstimmenblocks nie verleugnet.[41] Doch dies trifft vielleicht mehr die Bequemlichkeit der politischen Kommentatoren als die tieferen Ursachen einer nationalen Verständnislosigkeit und Verstörung, wenn vierzig Jahre nach Kriegsende von "Pflichterfüllung" die Rede ist. Der Vorwurf des "Verschweigens" und des "Tabus" trifft nur auf Teile, wenn auch essentielle Teile der Jahre von 1938 bis 1945 zu. Zumindest in den ersten Jahren ihres Bestehens hat die ÖVP darüber gesprochen. Aber selbst dort, wo sich die Verfolgten des NS-Regimes zu Wort meldeten, gelang es der ÖVP nicht, den Nationalsozialismus als "geschichtliche Zeit" zu erfassen und anzunehmen; also das zu leisten, was man eine "Theorie des Faschismus" nennen könnte, eine politische Theorie, die den inneren Zusammenhang von totalitärer Diktatur, Krieg, Todes-Ästhetik und Massenpsychologie zum Sprechen bringen konnte. Es blieb eigentlich nur eine politisch-kulturelle Chronologie als profane Flankendeckung der kirchlichen Strategie.

Dieser profane Teil wiederum war auf die "zukünftige" Zeit verwiesen, wenn er nicht seine eigentliche Funktion als politische Bewegung verlieren wollte, und diese Zukunft sah man weniger aus den Erfahrungen der Jahre 1938 bis 1945 hervorgehen, denn als Kontinuität einer barocken Großmacht, die 1938 jäh und ohne eigenes Zutun unterbrochen worden ist. So diente das Sprechen über den Nationalsozialismus eigentlich als negative Folie, als eine Art Pseudo-Beweis dafür, was man davor als Legitimierung der eigenen Diktatur imaginiert hatte: als Beweis für ein besonderes, ein diplomatisch/nicht gewalttätiges, pazifistisches/nichtimperialistisches, musisches/nicht instrumentelles und frommes/nicht heidnisches, kurz ein österreichisches Wesen.

Füllte die Sozialistische Partei den Bedarf an Erläuterungen? Das Verhältnis der SPÖ zum Faschismus und Nationalsozialismus war ein "unproblematisches"; immerhin reichte der sozialistische Widerstand schon in das Jahr 1933 zurück. Allem Anschein nach war auch das theoretische Verhältnis zum Faschismus keine Herausforderung. Soweit die Aufmerksamkeit nicht von den dringendsten Fragen des Wiederaufbaus gefangen war, galt stillschweigend die austromarxistische Kontinuität; das hieß: eine reichlich schematische und dogmatische Klassenanalyse, der die faschistische Mentalität keine vordringliche Aufgabe gewesen ist und die mit der Hervorhebung des instrumentellen Verhältnisses von Staatsapparat und Massenbewegung ihr Auslangen zu finden meinte.

Zumindest war sich Oscar Pollak sicher, daß der Nationalsozialismus dem österreichischen Volk tief verhaßt war, nicht zuletzt wegen des Bombenkrieges. Aber das setzte eine andere und komplexere Einsicht in die Verantwortung für den Luftkrieg als jene voraus, die einfach jene, die die Bomben werfen, für die letzte Ursache ihrer Misere halten. So drohte eine faschistische Gefahr nur vom Staatsapparat und dessen Bürokraten. Die Bourgeoisie war in diesem Konzept durch die Präsenz der Besatzungstruppen in Österreich und durch die

"Weltsituation" - in Großbritannien war eine Labour-Regierung an der Macht - paralysiert.[42]

Der historische Komplex, der die SPÖ wirklich an sensibler Stelle traf, war der "Februar 1934" und die Zeit des Austrofaschismus. Teile der ÖVP-Führung haben das in ihrer ganzen Tragweite nie wirklich wahrgenommen. Charakteristisch für eine solche Haltung ist zum Beispiel jene des langjährigen ÖVP-Handelsministers und Vizekanzlers Fritz Bock, der selbst Funktionär im austrofaschistischen Regime gewesen war, und der dieser Sensibilität der SPÖ von 1945 noch Anfang der achtziger Jahre mit vollständigem Unverständnis gegenüberstand.[43] Die Jahre des Austrofaschismus, das waren die Jahre des Heroismus, die das Selbstverständnis der Sozialisten prägten. Es waren auch die Jahre, in denen sozusagen die "reine Politik" herrschte, nicht verfälscht durch Verkettungen mit Krieg und Rüstungsökonomie, in denen die Ambitionen der Kontrahenten klar zutage lagen: hier Freiheit und Sozialismus, dort Diktatur und - noch dazu krisengeschüttelter - Kapitalismus.

Ein singuläres Memento stammte allerdings auch aus den Reihen der SPÖ, nämlich Benedikt Kautskys Buch über die Konzentrationslager: "Teufel und Verdammte". Das heißt, singulär hinsichtlich der Anklage des NS-Völkermordes durch eine österreichische politische Autorität. Ganz und gar nicht "singulär" wollte man in der SPÖ dagegen die Intentionen von "Teufel und Verdammte" verstanden wissen, denn - wie Jacques Hannak betonte, nachdem er - eigenartig angesichts des wirklichen Grauens in den Lagern - den "leidenschaftslosen", "sachlichen", "zurückhaltenden" Stil Kautskys gelobt hatte: "Nicht das KZ in der spezifischen Form, das ihm die Nazi gegeben haben, ist der große Angeklagte, sondern alle Formen des Staatsterrors und alle Formen der Staatssklaverei, wo und wann immer sie sich in der Geschichte finden mögen."[44]

Nun ging es 1947 und namentlich der SPÖ nicht um eine Verurteilung der Pharaonen oder der asiatischen Despotien der vorchristlichen Zeit, sondern um den Stalinismus in der Sowjetunion, der Sowjetzone und der europäischen kommunistischen Parteien. Die - verständliche - Angst vor der kommunistischen Konkurrenz in der Arbeiterklasse rief allerdings Aversionen wach, die den feinen ethischen Unterschied zwischen Tätern und Opfern verwischen konnte. Die illegale Lagerorganisation der Kommunisten wurde in der rhetorischen Dialektik der verspäteten Austromarxisten zum Spiegelbild der SS, der sie "geistesverwandte Methoden entgegenzustellen" vermocht hätten. Die Kommunisten - bis auf einzelne "gute" - seien zugleich "verlängerter Arm der SS" und Kräfte der Unterminierung gewesen, sie hätten ihre Stellung in den Lagern ausgenützt und - das wiegt wohl schwerer als der Aspekt der "Unterminierung" - "gegen die Häftlinge ebenso und noch mehr gewütet als die SS. Viele von ihnen haben skrupellos auch Sozialisten umbringen lassen, bloß weil sie Sozialisten waren."[45]

Nun war nicht von der Hand zu weisen, welche tragischen Konflikte sich innerhalb der KZ-Häftlingsorganisationen ereignet haben, und gerade in den letzten Jahren finden die ehemaligen Häftlinge die Kraft, auch über die furchtbaren Entscheidungssituationen zu berichten, wen man vor der Vernichtung und auf wessen Kosten retten konnte und sollte. Doch darum war es hier nicht zu tun. Hannak zielte auf die ausschließlich aktuelle politische Interpretation, die wiederum zu einer fatalen Exkulpation des Nationalsozialismus führen konnte. Es ging ihm darum, den Druck, den die Kommunistischen Parteien auf die Sozialdemokraten zur Bildung einer "Einheitsfront" ausübten als Verlängerung und Verewigung des "Terrors der KZ" zu brandmarken, noch dazu von "Agenten, die nie ein KZ gekannt haben". Unter solchen Vorzeichen wurde die Soziologie der Lager, die man aus Kautskys Buch ermitteln konnte, zu einem grotesken Vorspiel der eigentlichen stalinistischen Hölle, denn - dies muß Hannak wohl mit seinem Lob der "Objektivität" eines "geschulten Marxisten" gemeint haben - während die SS-Mannschaften nur noch als "faule" Bande, die eine parasitäre Existenz führte, gleichsam das Modell der spätkapitalistischen Bourgeoisie abgeben sollte, entpuppten sich die Kommunisten als die raffinierte, aktive, grausame und terroristische "neue" Klasse.[46]

Der Nationalsozialismus und der "Anschluß" bildeten für die SPÖ, so hat es den Anschein, ein Strafgericht, das die katholisch-austrofaschistischen Führer des Staatsstreiches von 1933/34 ereilt hat. Der Rest war nur noch eine Frage der Schadensabwicklung. Die SPÖ, genauer: ihre politische Führung, stellte sich den Jahren 1938 bis 1945 dort, wo es aus "Staatsnotwendigkeiten" unumgänglich war: in Angelegenheit der Reparationen, in der Frage der Gültigkeit des Konkordats, in der Causa der Wiedergutmachung. Hier meldete sich dann auch der Parteivorsitzende Adolf Schärf selbst zu Wort, wie etwa unter dem Titel "Was hat der Krieg Österreich gekostet?" Schärf bilanziert hier den Schaden durch Kriegshandlungen, den Verlust an Menschenleben und materiellen Werten und die Ansprüche der Alliierten, insbesondere der Sowjets, neben der Plünderung der österreichischen Finanzwerte durch die Nationalsozialisten, eine Bilanz, deren politischer Intention hier nicht näher nachgegangen werden soll. Jedenfalls sollte sie den Verhandlungspartnern der Alliierten die ökonomische Misere des Landes und die Lebensbedrohung durch die sowjetischen Forderungen klar machen und gleichzeitig die eigene Bevölkerung vor der Hoffnung auf ein baldiges Ende der Wiederaufbau-Misere bewahren. In dieser Bilanz hat Adolf Schärf aber ausgespart, was er selbst sehr gut wissen mußte: die Verluste Österreichs an jüdischen Mitbürgern, die Arisierungen und die nationalsozialistischen Transfers.[47] War es ein Wunder, wenn die jüdischen Wiedergutmachungsansprüche bei der ersten Verhandlung mit der österreichischen Bundesregierung Ende Juni 1953 abgelehnt wurden? Die von Schärf vertretene Annexionstheorie hatte ja gewissermaßen zweierlei Vorteile für seine Protagonisten. Sie machte das zwischen dem Vatikan und dem austrofaschistischen Regime geschlossene Konkordat ungültig, weil der Staat, der es abgeschlossen hatte, 1938 untergegangen war. Dazu äußerte sich Schärf 1950.[48] Sie entließ aber Österreich auch aus der Verantwortung für den Beitrag, den Österreicher selbst zum Nationalsozialismus geleistet hatten.

Die SPÖ, die vielleicht am berufensten gewesen wäre, den totalen Charakter des Nationalsozialismus zu erläutern, hatte nicht - wie in der Zeit vor und nach 1918 - die innere Kraft, Geschichte zumindest für ihre Klassenbasis zu symbolisieren. Sie trug eher dazu bei, Faschismus und Nationalsozialismus "arbeitsteilig" zu begreifen, als politisch-juridisches Problem. Extensiv interpretiert könnte man sagen, der Nationalsozialismus war für die Sozialisten, soweit sie daran überhaupt Interesse zeigten, nur eine weitere Bestätigung der "klassischen" Bonapartismustheorie von Marx. Die volle Konzentration galt der Staatsmacht, die komplizierten gesellschaftlichen und sozialpsychologischen Entwicklungskomponenten des Nationalsozialismus fanden kaum Aufmerksamkeit. Schon gar nicht der latent totalitäre Zug der "Moderne"[49]; wie sonst wäre es möglich gewesen, daß im theoretischen Organ der Sozialistischen Partei der einzige Beitrag, der "Zur Judenfrage" erschienen ist, auch 1950 noch und mit Berufung auf die Katastrophe bloß "die Selbstauflösung des Judentums" als "natürliche Lösung seiner Probleme" nennen durfte[50]; daß der Erfolg des Nationalsozialismus als Usurpation der sozialistischen Genie-Idee der "Planwirtschaft" rekapituliert werden konnte[51]; daß in wohlmeinender Sorge um die Zukunft des "Staatsvolkes" fleißige und anerkannte Genossen die Zwangssterilisierung von Epileptikern, Tuberkulosen, geistig Behinderten und sozial Verwahrlosten in Diskussion brachten.[52]

Es ist einer anderen Generation vorbehalten geblieben, die versteckten Quellen des Nationalsozialismus aufzuhellen. Es geht nicht um eine "Indienstnahme" positiver und positivistischer technischer, sozialer, wissenschaftlicher, ästhetischer Traditionen, die ihrem Ursprung nach Toleranz und Humanität verpflichtet waren, es geht nicht um eine glanzvolle Technik der "Verführung". Es geht darum, daß die Geschichte der "Aufklärung" ihren eigenen Hang zur Normierung, Kontrolle und zur Ausgrenzung besitzt, daß unter dem Vorzeichen der Besserung des Menschen und des Lebens eine Affirmation kodifizierter Lebensweisen durchgesetzt wurde, in einer Pädagogisierung der Gesellschaft, die abweichenden Lebensäußerungen den Spielraum mehr und mehr einengte; diese bürgerliche moderne Gesellschaft war gegen den aristokratischen Despotismus entstanden, und sie hatte der Willkür des Souveräns über den Tod seiner Untertanen deren Recht auf Leben entgegengestellt. Doch diese historische Prägung einer "Strategie des Lebens", der sich Ökonomie, Medizin, Demographie usw. verpflichtet fühlten, konnte sich auch mit der "Strategie des Todes" überlappen, und der Nationalsozialismus stellte diese Überlappung in zugleich trivialster und "heimtückischester" Form dar.[53]

Die Parteien der Nachkriegszeit haben am Nationalsozialismus dessen Todesstrategie verurteilt, aber sie haben die besondere Art der Verknüpfung mit einer Strategie des "richtigen" Lebens nicht tangiert. Das haben zunächst besondere Gruppen der Opfer zu spüren bekommen: die Homosexuellen, die Zigeuner, die Kriminellen, die Behinderten. Das Zigeunerlager in Lackenbach ist von den österreichischen Behörden nicht als Konzentrationslager anerkannt worden, was eine erhebliche Verschlechterung der Position der dort inhaftierten Zigeuner bei der Durchsetzung ihrer Ansprüche bedeuten mußte. Wagten Zigeuner den Gang vor Gericht, so bedeutete das nicht, daß sie einer fairen Abwicklung des Verfahrens sicher sein konnten. "So wurden die Aussagen der Zigeuner stark angezweifelt; Gutachten wurden von Ärzten erstellt, die den

Peinigern nahestanden."[54] Und die Polizeibehörden hatten aus den Erfahrungen des NS-Regimes offensichtlich den Schluß gezogen, daß zu den Praktiken der Vorkriegszeit bei der Bekämpfung des "Zigeunerunwesens", wie es in einem Erlaß der Generaldirektion für die öffentliche Sicherheit im September 1948 bereits wieder hieß, zurückgekehrt werden konnte. "Die Nachkriegsgesellschaft, zumindest ihre Mehrheit", so faßt Erika Thurner ihre Forschungsergebnisse zusammen, "hatte wenig Interesse daran, dieser verfolgten Minderheit gegenüber Schuld zuzugeben und ein Zeichen der Verständigung zu setzen."[56]

Ein völlig anders gelagertes Phänomen, eigentlich bloß eine individuelle Geschichte, kann bei der Orientierung weiterhelfen, ob nicht die nationalsozialistische Erfahrung eine erhöhte Sensibilität gegenüber Stigmatisierung und Verfemung des "Anderen" mit sich gebracht hat. Die Geschichte handelt von einem nicht ganz dreißigjährigen Mann, dem außerehelichen Kind einer Magd, der im Alter von zwei Jahren erblindet war, nach der Erziehung in der Blindenschule ein Musikinstrument lernte und schlecht davon lebte, im Männerheim in der Meldemannstraße. Dieser Blinde wurde zum "Fall", als er begann in mehrfachen Eingaben an die Regierung gesundheitspolitische Fragen der Blindenfürsorge vorzutragen und die gesetzliche Besserstellung der Blinden forderte. Damit und mit Versammlungen im Männerheim, schließlich mit dem Ansuchen um formelle Aberkennung seiner Bürgerrechte wurde er "auffällig" und rief die Fürsorge auf den Plan.

Bezeichnend für die Vorgangsweise der Fürsorge und der mit ihr kooperierenden Psychiatrie[57] ist der enorme Aufwand, mit dem auf ein abweichendes Verhalten reagiert worden ist, die - allem Anschein nach - Unverhältnismäßigkeit der Mittel, die angewendet werden, nicht, um der Situation des Ausgegrenzten, in diesem Fall der Zivilblinden, nachzugehen, oder die juridischen Fallstricke und Polizeimaßnahmen zu durchforsten, in denen sich Menschen abseits der Norm verfangen können; sondern nur, um die Irritation der Behörden abzustellen. Es ist ein Symptom für das rigoros-disziplinierende Klima der frühen Zweiten Republik, die nicht nur äußere, sondern besonders auch "innere Besatzungsmächte" in ihren Grenzen hatte.

Die Befreiung 1945 vollzog sich als bürokratisch-militärisches Unternehmen. Der Mangel an revolutionären Impulsen belastete das neue Österreich von Beginn an mit einer Schwäche: Die Republik war nicht aus einer kollektiven historischen Handlung in die Welt gesetzt, der Nationalsozialismus nicht in einem die Ängste überwindenden Gewaltakt zerstört worden. Das Leben geht weiter, war das Motto. Und der neue österreichische Film entzieht sich der Anstrengung, den kollektiven Verführungsmechanismen auf die Spur zu kommen, die wenn schon nicht ökonomischen, dann wenigstens politischen Ursachen des Faschismus aufzudecken. Der Film "Der weite Weg" wird 1946 mit der charakteristischen Geste der Flucht aus der Politik angekündigt. Denn das Drehbuch schildert "fernab jeder Politik, das Schicksal österreichischer Kriegsgefangener und das Los aller in der Heimat Lebenden während des Krieges."[58] Und so konnte sich Österreich schon im Oktober 1945 wieder als "Vorbild der Toleranz" feiern. In seiner Schlußansprache an die Länderkonferenz zeigte Staatskanzler Renner den Ausweg: "Es waren tragische Verflechtungen des Schicksals, daß wir in nationale Eroberungssucht anderer, in uferlose Pläne der Herrschaft über andere Völker verstrickt worden sind."[59]

Die gemeinsame Sinnstiftung erfolgte im nachhinein und an einem anderen Objekt als der eigenen Befreiungsaktion - an der alliierten Besatzung und den zähen Verhandlungen um den Staatsvertrag. Die politischen Repräsentanten Österreichs waren gut beraten, den Nationalsozialismus als exogenen Faktor darzustellen. Je mehr Gewicht die "Opfer"-Rolle Österreichs erzielen konnte, wie sie bereits - jedoch mit Mitverantwortung gekoppelt - in der Moskauer Deklaration von 1943 angesprochen war, um so rascher und günstiger mußte es zur Wiedererlangung der Souveränität kommen. Und dieser Österreichische Staatsvertrag ist gemeinsam mit der Neutralitätserklärung doch auch ein Stück praktischer Vergangenheitsbewältigung, die ebenso wie die Erinnerung an die Vergangenheit nicht ganz allein und nicht ganz freiwillig geleistet wurde.

Es ist dabei nicht so sehr von Bedeutung, ob Österreich der Staatsvertrag aufgrund einer besonderen weltgeschichtlichen Situation in den Schoß gefallen ist oder ob es sich ihn verdient hat. In beiden Fällen bietet er Österreich einen Erwartungshorizont, wie es in der Vergangenheit mit seiner Vergangenheit hätte umgehen können, wie in Zukunft immer noch umgehen könnte. Wohl ist es der österreichischen Verhandlungskunst oder der alliierten Gleichgültigkeit zu verdanken, daß die Mitschuldklausel aus der Präambel des Vertrags im letzten Augenblick getilgt wurde, aber diese Präambel verschweigt nicht Österreichs "Teilnahme am Kriege als integrierender Teil Deutschlands" nach seiner Annexion. Sie verkündet aber auch den Staatsvertrag als Belohnung für die Anstrengungen des österreichischen Volkes zur Wiederherstellung und zum demokratischen Wiederaufbau des Landes, verbindet sie jedoch mit der Forderung, daß Österreich diese Anstrengungen "auch weiter zu machen haben wird."[60]

Das Verbot des Anschlusses, die Sicherung der Menschenrechte, die Auflösung der nazistischen und faschistischen Organisationen und das Verbot ihrer Wiederbetätigung, die Aufrechterhaltung und Sicherung der demokratischen Einrichtungen und die Rechte der slowenischen und kroatischen Minderheiten in Österreich sind somit Markierungspunkte, Orientierungshilfen und das Maß, an dem andauernd und öffentlich, im Inland und im Ausland festgestellt werden soll, in welcher Weise Österreich diesen Anstrengungen weiterhin nachgekommen ist und noch nachkommen wird. Und das gilt nicht nur für das Verbot der neofaschistischen und neonazistischen Kernorganisationen, das spricht auch deren große Vorfeldorganisationen an, auf denen, wie beim Österreichischen Turnerbund, dem Kärntner Heimatbund und dem Schulverein Südmark, besondere historische Verantwortung wegen der Unterstützung und Beherbergung des illegalen Nazismus in Österreich ruht, das meint vor allem auch die Bekämpfung aller nationalsozialistischen Ideologieelemente, die vielfach unbekümmerter denn je die öffentliche Meinung bestimmen, als hätten sie sich unabwendbar in den Köpfen festgesetzt.[61]

Die Bereitschaft, sich sozusagen "offiziell" Rechenschaft zu geben über den moralischen und materiellen Anteil Österreichs und der Österreicher am Krieg, der Besetzung und Ausbeutung fremder Länder, der Grausamkeiten und Verbrechen an und hinter der Front und am Holocaust blieb gering. Gibt es eine "Pflicht zum Wissen"? Mario Erdheim hat die Beobachtungen aus verschiedenen Zeiten und verschiedenen Kulturen gesammelt, daß unter den Bedingungen der Tyrannei und der Bedrohung des eigenen Lebens, nach dem Zusammenbruch der gewohnten Kommunikationsformen, die psychische Abwehr der Individuen gegen die Diktatur zusammenbricht. Die Regression, die einsetzt, führt zur Aufhebung der Grenzen von Innen und Außen, "Phantasie" und Realität fallen zusammen.[62]

Die Erfahrungen, die man in Österreich sammeln kann, weisen gleichfalls in diese Richtung. Sollte man die widersprüchlichen Berichte über das "Wissen" um die Lager im Osten, um Geiselerschießungen und Massenmord nicht doch ernster nehmen, als sie als bloße Schutzbehauptung, sozusagen als kriminologisches Phänomen abzutun? Kann es nicht tatsächlich sein, daß das Leben unter einer mörderischen Diktatur zur Veränderung der Wahrnehmung führt, zur Selbstzensur bereits dem gegenüber, was das Ohr erreicht und was - um wörtlich zu bleiben: am Beispiel der "Feindhörer" - das eigene Leben kosten kann; bloß dieses Wissen, noch weit entfernt vom Handeln. Auch für die politischen Repräsentanten der postfaschistischen Ära mag man die "Pflicht zum Wissen" in Abrede stellen, wenngleich sie in dutzenden äußerst praktischen Angelegenheiten ihre Kompetenz auch hier herausstellen mußten: bei den Entnazifizierungsverfahren, bei den Opfergesetzen, beim Parteiengesetz, in der Bildungspolitik usw. Doch hier ist das Risiko, das man damit eingeht, ein ungleich größeres. Es kann sich, wie 1986, zu einer höchst unfruchtbaren politischen Krise auswachsen, in der beinahe jeder Schritt, der gesetzt wird, wenn nicht zur Lüge, so zumindest zur Halbwahrheit wird, wo im öffentlichen Vorwurf an die "Schreibtischhistoriker" die mißglückte eigene Verdrängung von "Schreibtischtätern" manifest wird.[63]

"Aber Vergangenheitsbewältigung darf nicht zur Flucht in die Vergangenheit werden"[64], ist vergangenes Jahr zur gleichen Gelegenheit geschrieben worden, als wäre nicht die Flucht aus der Vergangenheit das permanente österreichische Problem seit den Jahren des Nazifaschismus. "Schauen wir nicht mehr nach rückwärts, sondern nur mehr nach vorwärts", hatte Bundeskanzler Figl - aber unter anderen Umständen und mit anderen Zielen - schon im Februar 1946 bei einer Großkundgebung der ÖVP im Konzerthaus in Wien gerufen.[65] Allerdings manifestiert sich im Umgang mit der Vergangenheitsbewältigung zugleich und zuallererst der Kampf um das österreichische Geschichtsbild.

Heute mehr als früher verbindet sich mit dem Aufruf, nur in die Zukunft zu sehen und die Vergangenheit ruhen zu lassen, die Absicht, nur eine bestimmte Auswahl aus der Vergangenheit in unserem Geschichtsbild zuzulassen. Die Opfer sollen aus der Geschichte gedrängt werden - sind nicht schließlich alle Opfer gewesen? - Die österreichische Beteiligung an den Verbrechen des NS-Regimes soll verniedlicht, verharmlost oder gar geleugnet werden - sind nicht doch die Deutschen an allem schuld? Und waren die beteiligten Österreicher nicht damals Deutsche? Die Opfer der Verfolgung des NS-Regimes werden damit aber neuerlich ausgegrenzt, wie damals in der Zeit des NS-Regimes selbst, sie werden ein zweites Mal vernichtet, in unserer Erinnerung, aus unserem Geschichtsbewußtsein getilgt - oder sollen es werden. Wir stehen heute also dem neuerlichen Versuch gegenüber, die nationalsozialistische Vergangenheit Österreichs zu segmentieren, d.h. das angeblich "Gute" als erinnerungswert vom "Schlechten" als Vergessenswertes oder als etwas gar nicht Geschehenes zu trennen, und damit die Interpretation der österreichischen NS-Vergangenheit durch die Täter und Mitläufer zu monopolisieren.

Hauptsächlich diese sind es nämlich, die von einer Kollektivschuld sprechen, um sie im gleichen Atemzug für sich zurückzuweisen, ohne sich daran erinnern zu wollen, daß es Goebbels gewesen ist, der die Kollektivverantwortung der Juden dekretiert hatte.[66] Sie versuchen damit die Bildung eines historischen Bewußtseins in Österreich zu verhindern, das sich klarmacht und anerkennt, daß auch heute noch gemeinsam Verantwortung für österreichische NS-Vergangenheit getragen werden muß, weil sie fortwirkt. Es geht also nicht darum, sich das verdrängte persönliche Schuldgefühl der Eltern- und Großelterngeneration als kollektives ausreden zu lassen, sondern die Verantwortung für das Geschichtsbild zu tragen, das die ganze, nicht segmentierte NS-Vergangenheit enthält und aus ihr die Lehren zieht, d.h. jenen österreichischen Grundkonsens aufrechtzuerhalten, der im antifaschistischen Auftrag der Wiedergewinnung der Selbständigkeit Österreichs durch die Niederwerfung des deutschen Faschismus begründet ist und international durch den Österreichischen Staatsvertrag mit allen seinen Bestimmungen sichergestellt wird. Es gibt also Gräben, die aufgerissen worden sind und unter Gefahr des Rückfalls in die Nazibarbarei nicht zugeschüttet werden dürfen. Diese Gräben hat in Österreich der Faschismus selbst aufgerissen, und es sind die Gräben zwischen Faschismus und Demokratie.

Anmerkungen

1 A. Pelinka, Die Wurzeln der nationalsozialistischen Ideologie. Ihr Weiterleben heute, in: Aus Politik und Zeitgeschehen B 22/79, 2. 6. 1979.
2 L. Rosenmayr, Familienbeziehungen und Freizeitgewohnheiten jugendlicher Arbeiter, Wien 1963, S. 75.
3 Vgl. Th. Bernhard, Die Ursache. Eine Andeutung, Salzburg 1975, S. 44 f.
4 Die Furche Nr. 20/1960, zitiert nach Forum 7 (1960), S. 363.
5 Das Buch des österreichischen Heimkehrers. Hg. v. BM für Inneres, Wien 1949, S. 61.
6 A. Schütz, Die Heimkehrer. Gesammelte Aufsätze, Bd. 2, Den Haag 1972, S. 70 ff.
7 Stimme der Frau, Nr. 26/1948.
8 Vgl. E. Stransky, Mehrfachdeterminanten der Sexualstörungen bei Heimkehrern, in: Die Sexualität des Heimkehrers. Beiträge zur Sexualforschung. Vorträge gehalten auf dem 4. Kongreß der Deutschen Gesellschaft für Sexualforschung in Erlangen 1956, Stuttgart 1957, bes. S. 25.
9 D. Stiefel, Entnazifizierung in Österreich, Wien, München 1981.
10 Wiener Zeitung v. 3. 4. 1946, S. 5; vgl. BGBl Nr. 50/1946.
11 Vgl. Wiener Zeitung v. 12. 3. 1946.

12 Behörden-Überleitungsgesetz vom 20. 7. 1945, StGBl Nr. 94/1945, § 14.

13 Volksgerichtsbarkeit und Verfolgung von nationalsozialistischen Gewaltverbrechen in Österreich 1945-1972. Hg. v. BM f. Justiz, Wien 1977.

14 Vgl. O. Bronner, Die Richter sind unter uns, in: Forum 12 (1965) 1. Sonderheft; Chr. Broda, Die Republik hat einen Schlußstrich gezogen, in: Forum 12 (1965), S. 570-573.

15 Zu Struktur und Funktion des Symbols als Bewältigungsstrategie vgl. C. Offe, in: M. Edelman, Politik als Ritual. Die symbolische Funktion staatlicher Institutionen und politischen Handelns, Frankfurt am Main, New York 1976, S. VII ff.

16 J. Laplanche/J.-B. Pontalis, Das Vokabular der Psychoanalyse, Bd. 1, Frankfurt am Main 1977, S. 313.

17 Zu Kirche und Nationalsozialismus als konkurrierende Symbolwelten vgl. K. Vondung, Magie und Manipulation. Ideologischer Kult und politische Religion des Nationalsozialismus, Göttingen 1971, S. 104 ff.

18 R. Koselleck, Kriegerdenkmale als Identitätsstiftung der Überlebenden, in: O. Marquard/K. Stierle (Hg.), Identität, München 1979, S. 256.

19 A. Maislinger, Projektbericht "Tirol in der NS-Zeit", Jubiläumsfonds der Nationalbank, Nr. 2390; vgl. Die Furche v. 11. 8. 1982, S. 2.

20 Denkschrift zur Errichtung einer Helden-Gedächtnisstätte in Feldbach, o.O. 1954, S. 14.

21 Ich hatt einen Kameraden (ff: Die Kameradschaft) 1 (1953), 13. 9. 1953, S. 1.

22 Vgl. K. Stuhlpfarrer, Volksabstimmungsfeiern und Geschichtsbild, in: Kärnten. Volksabstimmung 1920. Voraussetzungen, Verlauf, Folgen, Wien, Kleinenzersdorf 1981, S. 13-27.

23 Ich hatt einen Kameraden, 13. 9. 1953, S. 1.

24 Kameradschaft 4/25. 12. 1953; zu W. Kreis vgl. M. Lurz, Die Kriegerdenkmalentwürfe von Wilhelm Kreis, in: Hinz/Mittig/Schäche/Schönberger (Hg.), Die Dekoration der Gewalt. Kunst und Medien im Faschismus, Gießen 1979, S. 185 ff.

25 Journal für Sozialforschung Nr. 3/1975, S. 26 ff.

26 Vgl. A. Eder, Wenn ich dreißig Jahre sein werde. Auswertung eines Aufsatzes vierzehnjähriger Mädchen/Buben, in: Wiener Archiv für Psychologie, Psychiatrie und Neurologie, IV. Bd., S. 107 ff., S. 166 ff.; V. Bd., S. 168 ff.

27 Vgl. Österreichische Monatshefte 1/1945, S. 218 f., Böhm 7/1945, S. 267 f.; Breithofer 5/1947, S. 203 f.

28 Ebenda. Beiträge Weber 6/1945, S. 218 f.; Böhm 7/1945, S. 267 f.; Breithofer 5/1947, S. 203 f.

29 Ebenda, Beitrag Breithofer anläßlich der Besprechung von H. Becker, Österreichs Freiheitskampf, 1946.

30 Vgl. G. Kindermann, Hitlers Niederlage in Österreich, Hamburg 1984.

31 Wiener Zeitung v. 2. 4. 1946, S. 3.

32 Österreichische Monatshefte, Preisner 12/1947, S. 508 ff.

33 Ebenda, 30 Jahre später konnte man es in der soignierten "Presse" lesen, daß die Reichsautobahnen des Fritz Todt geradezu vorbildlicher Landschaftsplanung unterworfen worden waren und seine Energiewirtschaftspläne die Ökologiebewegung eigentlich schon vorweggenommen haben; vgl. Presse 21./22. 2. 1987, Rezension zu F.W. Seidler, Fritz Todt-Baumeister des Dritten Reiches, S. VIII.

34 Vgl. F. Kreissler, Der Österreicher und seine Nation, Wien-Köln-Graz 1984, S. 431.

35 Österreichische Monatshefte, 1/1950, S. 38 ff., Beitrag Böhm.

36 Vgl. Wahlaufruf der ÖVP 1949, abgedruckt in: Österreichische Monatshefte 12/1949, S.499.

37 Vgl. R. Stäuber, Der Verband der Unabhängigen (VdU) und die Freiheitliche Partei Österreichs (FPÖ), Diss. Zürich 1974, S. 105 ff.; V. Reimann, Die Dritte Kraft in Österreich, Wien-München-Zürich-New York 1980, S. 234 ff.

38 Österreichische Monatshefte 1951, S. 553 ff.

39 Österreichische Monatshefte 3/1954, S. 1 ff., Beitrag Maleta; vgl. Stäuber, S. 121 f. und Reimann, S. 256 ff.

40 Österreichische Monatshefte 1951, S. 388 ff., Beitrag Maleta.

41 J. Hannak, Bestandsaufnahme Österreich 1945-1963, Wien 1963, S. 18 f.

42 Die Zukunft 1/Mitte März 1946, S. 2 ff.

43 F. Bock, Rückblick auf ein Jubeljahr, in: Österreichische Monatshefte 37 (1981), S. 66. Die bezeichnendste Geschichtsklitterung findet sich in diesem Zusammenhang im Aufruf der Provisorischen Staatsregierung an die Bevölkerung Österreichs anläßlich der bevorstehenden Wahlen, in dem die Zerstörung der Demokratie in Österreich nicht dem Austrofa-

schismus, sondern dem Nationalsozialismus angelastet wird. Wiener Zeitung, 28.10.1945, S.1.

44 Die Zukunft 2/Februar 1947, S. 43 ff.
45 Ebenda.
46 Ebenda.
47 Die Zukunft 3/März 1948, S. 71 ff.
48 Die Zukunft 2/Februar 1950.
49 J.F. Lyotard, Ökonomie des Wunsches, Bremen 1984, S. 315.
50 Die Zukunft 6/Juni 1950, S. 166 ff., Beitrag Heilsberg.
51 Die Zukunft 2/Mitte Februar 1947, S. 33 ff., Beitrag Duschek.
52 Die Zukunft 6/Juni 1948, S. 1875 ff., Beitrag Kohlich.
53 M. Foucault, Sexualität und Wahrheit, Bd. 1: Der Wille zum Wissen, Frankfurt/Main 1983.
54 E. Thurner, Nationalsozialismus und Zigeuner in Österreich, Wien-Salzburg 1983 (Veröffentlichungen zur Zeitgeschichte 2.), S. 220.
55 Thurner, Anhang Nr. XXVIII.
56 Thurner, S. 220 f.
57 Wiener Archiv für Psychologie, Psychiatrie und Neurologie, II. Bd., März 1952, S. 28 ff.
58 Wiener Zeitung v. 17. 5. 1946, S. 3.
59 Wiener Zeitung, v. 12. 10. 1945, S. 1.
60 BGBl. Nr. 152/1955.
61 Vgl. aus der umfangreichen Literatur nur: Von Hitler zu Burger? Zur Geschichte, Ideologie und Rechtssituation der NDP, Wien 1981; Am Beispiel der ANR. Neonazismus in Österreich, Wien o.J.
62 M. Erdheim, Die gesellschaftliche Produktion von Unbewußtheit, Frankfurt am Main 1984, S. 416 ff., S. 434.
63 Postwurfsendung der Initiative Dr. Kurt Waldheim Nr. 17/1986.
64 Ebenda.
65 Wiener Zeitung v. 13. 2. 1946, S. 1.
66 E.K. Bramstead, Goebbels und die nationalsozialistische Propaganda 1925-1945, Frankfurt/Main 1971, S. 498.

AUSWAHLBIBLIOGRAPHIE

In dieser Bibliographie wird eine Auswahl der seit Mitte der 70er Jahre erschienenen, vornehmlich deutschsprachigen Literatur zum Thema Nationalsozialismus vorgestellt. Weiterführende Literaturhinweise zu einzelnen Aspekten und zur NS-Herrschaft in Österreich finden sich in den Anmerkungen zu den Beiträgen des Sammelbandes. Eine umfassende Bibliographie der bis Ende der 70er Jahre erschienenen Literatur bei Peter Hüttenberger, Bibliographie zum Nationalsozialismus, Göttingen 1980.

Faschismustheorien, Forschungsberichte, Historikerstreit

Karl Dietrich Bracher, Zeitgeschichtliche Kontroversen. Um Faschismus, Totalitarismus, Demokratie, München/Zürich 1984[5].

Dan Diner (Hg.), Ist der Nationalsozialismus Geschichte? Zu Historisierung und Historikerstreit, Frankfurt 1987.

Dietrich Eichholtz, Kurt Gossweiler (Hg.), Faschismusforschung. Positionen, Probleme, Polemik, Berlin 1980.

Gernot Erler u.a., Geschichtswende? Entsorgungsversuche zur Deutschen Geschichte, Freiburg i. Br. 1987.

Faschismus und Ideologie, Argument-Sonderband 1 u. 2, Berlin 1986.

Kurt Gossweiler, Aufsätze zum Faschismus, Berlin 1986.

Jürgen Habermas, Eine Art Schadensabwicklung, Frankfurt 1987.

Wolfgang Fritz Haug, Faschisierung des Subjekts. Die Ideologie der gesunden Normalität und die Ausrottungspolitiken im deutschen Faschismus, Materialanalysen, Berlin 1986.

Josef Henke, Das Schicksal deutscher zeitgeschichtlicher Quellen in Kriegs- und Nachkriegszeit. Beschlagnahme - Rückführung - Verbleib, in: Vierteljahreshefte für Zeitgeschichte 30. Jg., Heft 4, 1982.

Eike Hennig, Bürgerliche Gesellschaft und Faschismus in Deutschland. Ein Forschungsbericht, Frankfurt 1977.

Andreas Hillgruber, Endlich genug über Nationalsozialismus und Zweiten Weltkrieg? Forschungsstand und Literatur, Düsseldorf 1982.

"Historikerstreit" - Die Dokumentation der Kontroverse um die Einzigartigkeit der nationalsozialistischen Judenvernichtung, München 1987.

Reinhard Kühnl (Hg.), Texte zur Faschismusforschung 1: Positionen und Kontroversen, Reinbek 1974.

Reinhard Kühnl (Hg.), Texte zur Faschismusdiskussion 2: Ein Leitfaden, Reinbek 1979.

Reinhard Kühnl (Hg.), Vergangenheit, die nicht vergeht - Die "Historiker-Debatte". Dokumentation, Darstellung, Kritik, Köln 1987.

Richard Saage, Faschismustheorien, München 1977[2].

Gert Schäfer, Franz Neumanns Behemoth und die heutige Faschismusdiskussion, in: Franz Neumann, Behemoth. Struktur und Praxis des Nationalsozialismus 1933-1944, Frankfurt 1977.

Bernd Weil, Faschismustheorien. Eine vergleichende Übersicht mit Bibliographie, Frankfurt 1984.

Wolfgang Wippermann, Faschismustheorien, Darmstadt 1975[2].

Wolfgang Wippermann, Europäische Faschismen im Vergleich 1922-1982, Frankfurt 1983.

Gesamtdarstellungen

Karl-Dietrich Bracher, Manfred Funk u. Hans-Adolf Jacobsen (Hg.), Nationalsozialistische Diktatur 1933-1945. Eine Bilanz, Düsseldorf 1983.

Martin Broszat, Der Staat Hitlers, Grundlegung und Entwicklung seiner inneren Verfassung (dtv-Weltgeschichte d. 20. Jhs., 9) München 1983[10].

Martin Broszat, Norbert Frei (Hg.), Ploetz. Das Dritte Reich. Ursprünge, Ereignisse, Wirkungen. In Verbindung mit dem Institut für Zeitgeschichte München, Freiburg/Würzburg 1983

Martin Broszat, Elke Fröhlich, Artur Grossmann, Bayern in der NS-Zeit, 6 Bände, München 1977-1983.

Martin Broszat, Horst Möller (Hg.), Das Dritte Reich. Herrschaftsstruktur und Geschichte, München 1983.
Karl Dietrich Erdmann, Deutschland unter der Herrschaft des Nationalsozialismus 1933-1939, München 1982[3].
Norbert Frei, Der Führerstaat. Nationalsozialistische Herrschaft 1933-1945, München 1987.
Klaus Hildebrand, Das Dritte Reich, München/Wien 1980[2].
Gerhard Hirschfeld, Lothar Kettenacker (Hg.), Der "Führer-Staat": Mythos und Realität. Studien zur Struktur und Politik des Dritten Reiches, Stuttgart 1981.
Ian Kershaw, The Nazi Dictatorship. Problems and Perspectives of Interpretation, London 1985.
Wolfgang Michalka (Hg.), Das Dritte Reich. Dokumente zur Innen- und Außenpolitik, 2 Bände, München 1985.
Franz Neuman,, Behemoth. Struktur und Praxis des Nationalsozialismus 1933-1944, Köln/Frankfurt 1977.
Manfred Overesch, Das Dritte Reich 1939-1945, Düsseldorf 1983.
David Schoenbaum, Die braune Revolution. Eine Sozialgeschichte des Dritten Reiches, Köln 1980.
Hans Ulrich Thamer, Verführung und Gewalt, Berlin 1986.

Wehrmacht, Zweiter Weltkrieg, Kriegsgefangenschaft

Waczlaw Dlugoborski (Hg.), Zweiter Weltkrieg und sozialer Wandel, Göttingen 1981.
Das Deutsche Reich und der Zweite Weltkrieg. Hg. v. Militärgeschichtlichen Forschungsamt, Stuttgart 1979 ff., 4 Bände, Bd. IV: H. Boog u.a., Der Angriff auf die Sowjetunion, Stuttgart 1982.
Deutschland im Zweiten Weltkrieg. Von einem Autorenkollektiv unter Leitung von Wolfgang Schumann, 6 Bände, Berlin 1974-1985.
Michael Geyer, Krieg als Gesellschaftspolitik. Anmerkungen zu neueren Arbeiten über das Dritte Reich im Zweiten Weltkrieg, in: Archiv f. Sozialgeschichte XXVI, 1986.
Albrecht Lehmann, Gefangenschaft und Heimkehr, München 1986.
Wolfgang Schuhmann, Konzept für die "Neuordnung" der Welt. Die Kriegsziele des faschistischen deutschen Imperialismus im zweiten Weltkrieg, Berlin 1977.
Arthur L. Smith, Heimkehr aus dem Zweiten Weltkrieg. Die Entlassung der deutschen Kriegsgefangenen, Stuttgart 1985.
Alfred Streim, Die Behandlung sowjetischer Kriegsgefangener im Fall "Barbarossa". Eine Dokumentation, Heidelberg/Karlsruhe 1981.
Christian Streit, Keine Kameraden. Die Wehrmacht und die sowjetischen Kriegsgefangenen 1941-1945, Stuttgart 1978.

Faschistische Öffentlichkeit u. Propaganda

Faschistische Öffentlichkeit, in: Ästhetik und Kommunikation 7. Jg., Heft 26, 1976.
Inszenierung der Macht/Ästhetische Faszination im Faschismus. Hg. v. d. Gesellschaft für bildende Kunst, Berlin 1987.
Ian Kershaw, Der Hitler-Mythos. Volksmeinung und Propaganda im Dritten Reich, Stuttgart 1980.
Ian Kershaw, Popular Opinion and Political Dissent in the Third Reich. Bavaria 1933-1945, Oxford 1983.
Peter Longerich, Propagandisten im Krieg. Die Presseabteilung des Auswärtigen Amtes unter Ribbentrop, München 1987.
Karsten Witte, Der Apfel und der Stamm. Jugend und Propagandafilm am Beispiel "Hitlerjunge Quex", in: Deutscher Werkbund (Hg.), Schock und Schöpfung. Jugendästhetik im 20. Jahrhundert, Neuwied 1986.

Rüstung und Industrie

Manfred Asendorf, Hamburger Nationalklub, Keppler-Kreis, Arbeitsstelle Schacht und Aufstieg Hitlers, in: 1999, 2. Jg., Heft 3, 1987.
Joseph Borkin, Die unheilige Allianz der I.G. Farben. Eine Interessengemeinschaft im Dritten Reich, Frankfurt/New York 1979.

Das Daimler-Benz-Buch. Ein Rüstungskonzern im "Tausendjährigen Reich", hg. v. d. Hamburger Stiftung für Sozialgeschichte des 20. Jahrhunderts, Nördlingen 1987.

Dietrich Eichholtz, Geschichte der deutschen Kriegswirtschaft, Band 1: 1939-1941, Berlin 1971; Band 2: 1941-1943, Berlin 1985.

Michael Geyer, Deutsche Rüstungspolitik 1860-1980, Frankfurt 1984.

George W.F. Hallgarten u. Joachim Radkau, Deutsche Industrie und Politik von Bismarck bis in die Gegenwart, Frankfurt 1986.

Ludolf Herbst, Der Totale Krieg und die Ordnung der Wirtschaft. Die Kriegswirtschaft im Spannungsfeld von Politik, Ideologie und Propaganda 1939-1945, Stuttgart 1982.

August Meyer, Das Syndikat. Reichswerke "Hermann Göring", Braunschweig-Wien 1986.

Office of Military Government for Germany, United States (OMGUS), Ermittlungen gegen die I.G. Farben, Nördlingen 1986.

OMGUS, Ermittlungen gegen die Deutsche Bank, Nördlingen 1986.

OMGUS, Ermittlungen gegen die Dresdner Bank, Nördlingen 1986.

Peter Wolfram Schreiber, IG-Farben. Die unschuldigen Kriegsplaner, Stuttgart 1978

Klaus-Jörg Siegfried, Rüstungsproduktion und Zwangsarbeit im Volkswagenwerk 1939-1945, Frankfurt/New York 1986.

Henry A. Turner, Die Großunternehmer und der Aufstieg Hitlers, Berlin 1985.

Arbeiterschaft und Sozialpolitik

Heinz-Gerhard Haupt u.a. (Hg.), Soziale Bewegungen. Jahrbuch 1: Arbeiterbewegung und Faschismus, Frankfurt/New York 1984.

Ulrich Herbert, Zur Entwicklung der Ruhrarbeiterschaft 1930-1960 aus erfahrungsgeschichtlicher Perspektive, in: Lutz Niethammer u. Alexander Plato (Hg.), "Wir kriegen jetzt andere Zeiten". Auf der Suche nach der Erfahrung des Volkes in nachfaschistischen Ländern, Berlin/Bonn 1985.

Gunther Mai, Arbeiterschaft und Nationalsozialismus in der Phase der Machtergreifung, in: Klaus Malettke (Hg.), Der Nationalsozialismus an der Macht, Göttingen 1984.

Timothy W. Mason, Arbeiterklasse und Volksgemeinschaft. Dokumente und Materialien zur deutschen Arbeiterpolitik 1936-1939, Opladen 1975.

Timothy W. Mason, Sozialpolitik im Dritten Reich. Arbeiterklasse und Volksgemeinschaft, Opladen 1977.

Michael Prinz, Vom neuen Mittelstand zum Volksgenossen. Die Entwicklung des sozialen Status der Angestellten von der Weimarer Republik bis zum Ende der NS-Zeit, München 1986.

Marie-Luise Recker, Nationalsozialistische Sozialpolitik im Zweiten Weltkrieg, München 1985.

Carola Sachse, Tilla Siegel, Hasso Spode, Wolfgang Spohn, Angst, Belohnung, Zucht und Ordnung. Herrschaftsmechanismen im Nationalsozialismus. Mit einer Einleitung von Timothy W. Mason, Opladen 1982.

Manfred Scharrer (Hg.), Kampflose Kapitulation. Arbeiterbewegung 1933, Reinbek 1984.

Michael Voges, Klassenkampf in der Betriebsgemeinschaft. Die Deutschland-Berichte der Sopade (1934-40) als Quelle zum Widerstand der Industrie-Arbeiter im Dritten Reich, in: Archiv für Sozialgeschichte XXI, 1981.

Wolfgang Franz Werner, "Bleib übrig". Deutsche Arbeiter in der nationalsozialistischen Kriegswirtschaft, Düsseldorf 1983.

Zwangsarbeit

Ulrich Herbert, Fremdarbeiter, Politik und Praxis des "Ausländer-Einsatzes" in der Kriegswirtschaft des Dritten Reiches, Berlin/Bonn 1985.

Herrenmenschen und Arbeitsvölker. Ausländische Arbeiter und Deutsche 1939-1945. Beiträge zur nationalsozialistischen Gesundheits- und Sozialpolitik 3, Berlin 1986.

Ingrid Schupetta, Frauen- und Ausländererwerbstätigkeit in Deutschland von 1939 bis 1945, Köln 1983.

Frauen

beiträge zur feministischen theorie und praxis, 8. Jg. Heft 14: Frauen zwischen Auslese und Ausmerze, Köln 1985.

Gisela Bock, Zwangssterilisation im Nationalsozialismus. Studien zur Rassenpolitik und Frauenpolitik, Wiesbaden/Opladen 1986.
Angelika Ebbinghaus (Hg.), Opfer und Täterinnen. Frauenbiographien des Nationalsozialismus, Nördlingen 1987.
Frauengruppe Faschismusforschung (Hg.), Mutterkreuz und Arbeitsbuch. Zur Geschichte der Frauen in der Weimarer Republik und im Nationalsozialismus, Frankfurt 1981.
Anette Kuhn, Valentine Rothe, Frauen im deutschen Faschismus, 2 Bände, Düsseldorf 1982.
Timothy W. Mason, Zur Lage der Frauen in Deutschland 1930 bis 1940: Wohlfahrt, Arbeit und Familie, in: Gesellschaft. Beiträge zur Marxschen Theorie 6, Frankfurt 1976.
Annemarie Tröger, Die Planung des Rationalisierungsproletariats, in: Anette Kuhn, Jörn Rüsen (Hg.), Frauen in der deutschen Geschichte II, Düsseldorf 1982.
Christine Wittrock, Weiblichkeitsmythen. Das Frauenbild im Faschismus und seine Vorläufer in der Frauenbewegung der 20er Jahre, Frankfurt 1983.

Rassismus, NS-Wissenschaft und Gesellschaftspolitik

Götz Aly u.a., Aussonderung und Tod. Die klinische Hinrichtung der Unbrauchbaren. Beiträge zur nationalsozialistischen Gesundheits- und Sozialpolitik, Berlin 1985.
Götz Aly, Karl Heinz Roth (Hg.), Die restlose Erfassung. Volkszählen, Identifizieren, Aussondern im Nationalsozialismus, Berlin 1984.
Angelika Ebbinghaus, Heidrun Kaupen-Haas, Karl Heinz Roth (Hg.), Heilen und Vernichten im Mustergau Hamburg. Bevölkerungs- und Gesundheitspolitik im Dritten Reich, Hamburg 1984.
Lothar Gruchmann, Justiz im Dritten Reich 1933-1940, München 1987.
Heidrun Kaupen-Haas (Hg.), Der Griff nach der Bevölkerung. Aktualität und Kontinuität nazistischer Bevölkerungspolitik, Nördlingen 1986.
Ernst Klee, "Euthanasie" im NS-Staat, Die "Vernichtung lebensunwerten Lebens", Frankfurt 1983.
Hans-Martin Lohmann (Hg.), Psychoanalyse und Nationalsozialismus. Beiträge zur Bearbeitung eines unbewältigten Traumas, Frankfurt 1984.
Peter Lundgreen (Hg.), Wissenschaft im Dritten Reich, Frankfurt 1985.
Herbert Mehrtens, Steffen Richter (Hg.), Naturwissenschaft, Technik und NS-Ideologie. Beiträge zur Wissenschaftsgeschichte des Dritten Reiches, Frankfurt 1980.
Benno Müller-Hill, Tödliche Wissenschaft. Die Aussonderung von Juden, Zigeunern und Geisteskranken 1933-1945, Reinbek 1984.
Projektgruppe für die vergessenen Opfer des NS-Regimes in Hamburg e.V., Verachtet - verfolgt - vernichtet. Zu den vergessenen Opfern des NS-Regimes, Hamburg 1986.
Karl Heinz Roth (Hg.), Erfassung zur Vernichtung. Von der Sozialhygiene zum "Gesetz über Sterbehilfe", Berlin 1984.
Martin Rudnick, Behinderte im Nationalsozialismus, Weinheim/Basel 1985.

Judenverfolgung und -vernichtung

Hans-Jürgen Döscher, Das Auswärtige Amt im Dritten Reich. Diplomatie im Schatten der "Endlösung", Berlin 1987.
Ulrich Herbert, Arbeit und Vernichtung. Ökonomisches Interesse und Primat der "Weltanschauung" im Nationalsozialismus, in: Dan Diner (Hg.), Ist der Nationalsozialismus Geschichte? Frankfurt 1987.
Raul Hilberg, Die Vernichtung der europäischen Juden. Die Gesamtgeschichte des Holocaust, Berlin 1982.
Konrad Kwiet, Judenverfolgung und Judenvernichtung im Dritten Reich. Ein historiographischer Überblick, in: Dan Diner (Hg.), Ist der Nationalsozialismus Geschichte? Frankfurt 1987.
Ezra Mendelsohn, The Jews of East Central Europe between the Wars, Indiana 1983.
Sozialpolitik und Judenvernichtung. Gibt es eine Ökonomie der Endlösung? Beiträge zur nationalsozialistischen Gesundheits- und Sozialpolitik 5, Berlin 1987.
Joseph Walk (Hg.), Das Sonderrecht für die Juden im NS-Staat. Eine Sammlung der gesetzlichen Maßnahmen und Richtlinien - Inhalt und Bedeutung, Heidelberg/Karlsruhe 1981.

Konzentrationslager und SS

Ruth Bettina Birn, Die Höheren SS- und Polizeiführer. Himmlers Vertreter im Reich und in den besetzten Gebieten, Düsseldorf 1986.
Ludwig Eiber (Hg.), Verfolgung - Ausbeutung - Vernichtung. Die Lebens- und Arbeitsbedingungen der Häftlinge in deutschen Konzentrationslagern 1933-1945, Hannover 1985.
Rainer Fröbe u.a., Konzentrationslager in Hannover, KZ-Arbeit und Rüstungsindustrie in der Spätphase des Zweiten Weltkrieges, 2 Bände, Hildesheim 1985.
Walter Grode, Die "Sonderbehandlung 14f13" in den Konzentrationslagern des Dritten Reiches. Ein Beitrag zur Dynamik faschistischer Vernichtungspolitik, Frankfurt/Bern/New York 1987.
Eugen Kogon, Der SS-Staat. Das System der deutschen Konzentrationslager, München 1974.
Eugen Kogon, Hermann Langbein, Adalbert Rückerl u.a. (Hg.), Nationalsozialistische Massentötungen durch Giftgas. Eine Dokumentation, Frankfurt 1983.
Helmut Krausnick, Hans-Heinrich Wilhelm, Hitlers Einsatzgruppe. Die Truppe des Weltanschauungskrieges. Die Einsatzgruppen der Sicherheitspolizei und des SD 1938-1942, Stuttgart 1981.
Heinrich Kühnrich, Der KZ-Staat. Die faschistischen Konzentrationslager 1933 bis 1945, Berlin 1980[2].
Falk Pingel, Häftlinge unter SS-Herrschaft. Widerstand, Selbstbehauptung und Vernichtung im Konzentrationslager, Hamburg 1978.
Elke Suhr, Die Emslandlager. Die politische und wirtschaftliche Bedeutung der emsländischen Konzentrations- und Strafgefangenenlager 1933-1945, Bremen 1985.
Hannah Vogt, KZ Mohringen. Männerlager, Frauenlager, Jugendschutzlager. Eine Dokumentation, hg. v. d. Gesellschaft für Christlich-Jüdische Zusammenarbeit Göttingen, Göttingen 1983.
Bernd Wegner, Hitlers politische Soldaten. Die Waffen-SS 1933-1945, Paderborn 1982.

Soziale Basis und Sozialstruktur

Jürgen W. Falter, Die Wähler der NSDAP 1928-1933, in: Wolfgang Michalka (Hg.), Die nationalsozialistische Machtergreifung, Paderborn 1984.
Mathilde Jamin, Zwischen den Klassen. Zur Sozialstruktur der SA-Führerschaft, Wuppertal 1984.
Michael H. Kater, The Nazi Party, Oxfort 1983.
Stein Uglevik Larsen, Bernd Hagtvet, Jan Petter Myklebust (Hg.), Who were the Fascists. Social Roots of European Fascism, Bergen/Oslo/Tromsö 1980.
Wolfgang Schieder (Hg.), Faschismus als soziale Bewegung, Göttingen 1983[2].
Christoph Schmidt, Zu den Motiven "alter Kämpfer" in der NSDAP, in: Detlev Peukert, Jürgen Reulecke (Hg.), Die Reihen fast geschlossen. Beiträge zur Geschichte des Alltags unterm Nationalsozialismus, Wuppertal 1981.

Alltag

Johannes Beck u.a. (Hg.), Terror und Hoffnung in Deutschland 1933-1945. Leben im Faschismus, Reinbek 1980.
Dieter Galinski u.a. (Hg.), Nazis und Nachbarn, Schüler erforschen den Alltag im Nationalsozialismus, Reinbek 1982.
Lutz Niethammer (Hg.), "Die Jahre weiß man nicht, wo man die heute hinsetzen soll." Faschismuserfahrungen im Ruhrgebiet, Berlin/Bonn 1983.
Lutz Niethammer (Hg.), "Hinterher merkt man, daß es richtig war, daß es schiefgegangen ist." Nachkriegserfahrungen im Ruhrgebiet, Berlin/Bonn 1983.
Detlev Peukert, Volksgenossen und Gemeinschaftsfremde, Anpassung, Ausmerze und Aufbegehren unter dem Nationalsozialismus, Köln 1982.
Detlev Peukert, Das "Dritte Reich" aus der Alltags-Perspektive, in: Archiv für Sozialgeschichte, XXVI, 1986.
Hasso Spode, Der deutsche Arbeiter reist: Massentourismus im Dritten Reich, in: Gerhard Huck (Hg.), Sozialgeschichte der Freizeit. Untersuchungen zum Wandel der Alltagskultur in Deutschland, Wuppertal 1980.
Lothar Steinbach, Ein Volk, ein Reich, ein Glaube? Ehemalige Nationalsozialisten und Zeitzeugen berichten über ihr Leben im Dritten Reich, Berlin/Bonn 1983.

Widerstand

Martin Broszat, Elke Fröhlich, Alltag und Widerstand - Bayern im Nationalsozialismus, München 1987.
Willi Dickhut, Proletarischer Widerstand gegen Faschismus und Krieg, Düsseldorf 1987.
Richard Löwenthal, Patrik von zur Mühlen (Hg.), Widerstand und Verweigerung in Deutschland 1933 bis 1945, Berlin/Bonn 1982.
Klaus Mammach, Widerstand 1939-1945. Geschichte der deutschen antifaschistischen Widerstandsbewegung im Inland und in der Emigration, Berlin 1987.
Klaus-Jürgen Müller (Hg.), Der deutsche Widerstand 1933-1945, Paderborn 1986.
Detlev Peukert, Arbeiterwiderstand. Formen und Wirkungsmöglichkeiten, in: Widerstand und Exil der deutschen Arbeiterbewegung 1933-1945, hg. v. d. F.-Ebert-Stiftung, Bonn 1982.
Detlev Peukert, Die KPD im Widerstand. Verfolgung und Untergrundarbeit an Rhein und Ruhr 1933 - 1945, Wuppertal 1980.
Ger van Roon, Europäischer Widerstand im Vergleich, Berlin 1985.
Jürgen Schmädeke, Peter Steinbach (Hg.), Der Widerstand gegen den Nationalsozialismus. Die deutsche Gesellschaft und der Widerstand gegen Hitler, München 1985.
Peter Steinbach (Hg.), Widerstand. Ein Problem zwischen Theorie und Geschichte, Köln 1987.

Jugend und Erziehung

Arbeitsgruppe Pädagogisches Museum (Hg.), Heil Hitler, Herr Lehrer. Volksschule 1933-1945. Das Beispiel Berlin, Reinbek 1983.
Heinz Bude, Deutsche Karrieren. Lebenskonstruktionen sozialer Aufsteiger aus der Flakhelfer-Generation, Frankfurt 1987.
Kurt Ingo Flessau, Elke Nyssen, Günter Pätzold (Hg.), Erziehung im Nationalsozialismus. "... und sie werden nicht frei ihr ganzes Leben lang!" Köln/Wien 1987.
Dick Geary, Jugend, Arbeitslosigkeit und politischer Radikalismus am Ende der Weimarer Republik, in: Gewerkschaftliche Monatshefte 34, 1983.
Hermann Giesecke, Vom Wandervogel bis zur Hitlerjugend, München 1981.
Matthias Hellfeld, Bündische Jugend und Hitlerjugend. Zur Geschichte von Anpassung und Widerstand 1930-1939, Köln 1987.
Matthias Hellfeld, Arno Klönne, Die betrogene Generation. Jugend in Deutschland unter dem Faschismus. Quellen und Dokumente, Köln 1985.
Ulrich Herrmann (Hg.), "Die Formung des Volksgenossen". Der "Erziehungsstaat" des Dritten Reiches, Weinheim/Basel 1985.
Karl Christoph Lingelbach, Erziehung und Erziehungstheorien im nationalsozialistischen Deutschland, Frankfurt 1987.
Klaus Martin, Mädchen in der Hitler-Jugend, Köln 1980.
Klaus-Martin, Mädchenerziehung zur Zeit der faschistischen Herrschaft in Deutschland. Der Bund deutscher Mädel, Frankfurt 1983.
Irmtraud Götz von Olenhusen, Die Krise der jungen Generation und der Aufstieg des Nationalsozialismus, in: Jahrbuch des Archivs der deutschen Jugendbewegung 12, 1980.
Dieter Rossmeissl, "Ganz Deutschland wird zum Führer halten..." Zur politischen Erziehung in den Schulen des Dritten Reiches, Frankfurt 1985.
Rolf Schörken, Luftwaffenhelfer und III. Reich. Die Entstehung eines politischen Bewußtseins, Stuttgart 1984.

Jugendopposition

Gerrit Helmers, Alfons Kenkmann, "Wenn die Messer blitzen und die Nazis flitzen..." Der Widerstand von Arbeiterjugendcliquen und -banden in der Weimarer Republik und im "Dritten Reich", Lippstadt 1984.
Karl-Heinz Jahnke, Jugend im Widerstand 1933-1945, Frankfurt 1985[2].
Michael Jovy, Jugendbewegung und Nationalsozialismus. Zusammenhänge und Gegensätze. Versuch einer Klärung. Münster 1984.
Arno Klönne, Jugend im Dritten Reich. Die Hitlerjugend und ihre Gegner, Köln 1984
Heinrich Muth, Jugendopposition im Dritten Reich, in: Vierteljahreshefte f. Zeitgeschichte 3/1982.
Detlev Peukert, Die Edelweißpiraten. Protestbewegungen jugendlicher Arbeiter im Dritten Reich, Köln 1983[2].

VERZEICHNIS DER AUTOREN UND AUTORINNEN

AMANN, Klaus, geb. 1949, Universitätsdozent am Institut für Germanistik der Universität Klagenfurt.

BERGER, Karin, geb. 1953, Sozialwissenschaftlerin und Publizistin, Wien.

DACHS, Herbert, geb. 1943, Professor für Politikwissenschaft an der Universität Salzburg.

EPPEL, Peter, geb. 1950, Mitarbeiter des Dokumentationsarchivs des österreichischen Widerstandes, Wien.

FREUND, Florian, geb. 1953, Historiker, Mitarbeiter des Dokumentationsarchivs des österreichischen Widerstandes, Wien.

GERBEL, Christian, geb. 1962, Historiker, Wien.

HAAS, Hanns, geb. 1943, Universitätsdozent für Neuere österreichische Geschichte, Universität Salzburg.

HANISCH, Ernst, geb. 1940, Professor für Neuere österreichische Geschichte, Universität Salzburg.

HAUSJELL, Fritz, geb. 1959, Kommunikationswissenschaftler, Lehrbeauftragter für Mediengeschichte, Wien.

JAGSCHITZ, Gerhard, geb. 1940, Professor für Neuere Geschichte mit besonderer Berücksichtigung der Zeitgeschichte, Universität Wien.

KARNER, Stefan, geb. 1952, Universitätsdozent für Wirtschafts- und Sozialgeschichte und für österreichische Zeitgeschichte, Universität Graz.

KEPPLINGER, Brigitte, geb. 1952, Assistentin am Forschungsinstitut für Sozialplanung der Universität Linz.

KERNBAUER, Hans, geb. 1949, Wirtschaftswissenschaftler und Wirtschaftshistoriker, Wien.

KERSCHBAUMER, Gert, geb. 1945, Lehrer an der Höheren Technischen Lehranstalt in Hallein und Lehrbeauftragter am Institut für deutsche Sprache und Literatur, Universität Salzburg.

LICHTENBERGER-FENZ, Brigitte, geb. 1949, Historikerin und Publizistin, Wien.

MALINA, Peter, geb. 1941, Leiter der Fachbibliothek am Institut für Zeitgeschichte, Universität Wien.

MANOSCHEK, Walter, geb. 1954, Politikwissenschaftler, Wien.

MATTL, Siegfried, geb. 1954, Historiker, Wissenschaftlicher Mitarbeiter am Ludwig Boltzmann-Institut für Geschichte der Gesellschaftswissenschaften.

MEJSTRIK, Alexander, geb. 1961, Historiker, Wien.

MOOSLECHNER, Michael, geb. 1959, Historiker, Salzburg.

MOSER, Jonny, geb. 1925, Historiker, Wien.

MULLEY, Klaus-Dieter, geb. 1953, Dokumentar in der Sozialwissenschaftlichen Dokumentation der Kammer für Arbeiter und Angestellte, Wien.

NEUGEBAUER, Wolfgang, geb. 1944, Leiter des Dokumentationsarchivs des österreichischen Widerstandes, Wien.

PERZ, Bertrand, geb. 1958, Historiker, Wien.

SAFRIAN, Hans, geb. 1952, Historiker, Mitarbeiter des Dokumentationsarchivs des österreichischen Widerstandes, Wien.

SAUER, Walter, geb. 1951, Universitätslektor am Institut für Wirtschafts- und Sozialgeschichte der Universität Wien, Journalist.

SELIGER, Maren, geb. 1937, Beamtin im Wiener Stadt- und Landesarchiv, Politikwissenschaftlerin, Wien.

SIEDER, Reinhard, geb. 1950, Assistent und Lehrbeauftragter am Institut für Wirtschafts- und Sozialgeschichte, Universität Wien.

SIMA, Valentin, geb. 1953, Assistent am Institut für Zeitgeschichte, Universität Klagenfurt.

SPANN, Gustav, geb. 1942, Wissenschaftlicher Beamter am Institut für Zeitgeschichte, Universität Wien.

STADLER, Robert, geb. 1957, Historiker, Salzburg.

STUHLPFARRER, Karl, geb. 1941, Universitätsdozent am Institut für Zeitgeschichte, Universität Wien.

TALOS, Emmerich, geb. 1944, Professor für Politikwissenschaft, Universität Wien.

VENUS, Theodor, geb. 1952, Kommunikationswissenschaftler, Lehrbeauftragter für Mediengeschichte, Wien.

WEBER, Fritz, geb. 1947, Wirtschaftshistoriker, Wien.

WEINZIERL, Ulrich, geb. 1954, Kulturkorrespondent der "Frankfurter Allgemeinen" für Österreich.

WITEK, Hans, geb. 1957, Historiker, Wien.